2016
中国—东盟商务年鉴

主编　王　雷

綫裝書局

广西投资集团简介

广西投资集团成立于1988年，是广西壮族自治区重要的投融资主体和国有资产经营实体，广西资产总量最大的地方国企，国内优秀的产融资本运营管理专家，具有双AAA信用评级的企业。集团肩负着参与自治区重点项目建设、培育发展资源优势产业、壮大国有资本、创造价值、服务社会、成就员工的光荣使命。

集团注册资本47.54亿元，2015年资产总额2411.31亿元，实现营业收入844.78亿元，利润50.19亿元。截至2016年上半年，集团资产总额达2492.55亿元，拥有参控股企业140家，员工22000多人。集团连续8年入围中国企业500强，2015年排名中国企业500强第199位。

集团实施“产融结合、双轮驱动”创新战略，按“总部-平台-企业”三级管控模式，着力打造金融、能源、铝业、医药医疗健康、文化旅游、国际业务等六大业务板块，稳步推进产业间协同发展模式，加快资产全面资本化和证券化过程，推动产业转型升级。

能源
ENERGY SECTOR

金融
FINANCE SECTOR

铝业
ALUMINUM SECTOR

国际业务
INTERNATIONAL BUSINESS

文化旅游
CULTURAL TOURISM

医药医疗健康
MEDICAL AND HEALTH

取予有道 润泽中华

华润，与香港风雨同行，迄今已有七十多年历史。1938年，华润的前身“联和行”在维多利亚湾畔注册成立，1948年，“联和行”易名为“华润”。

七十多年来，华润始终坚守“诚信为本”的经营理念，以服务香港、贡献国家为宗旨，与各界同仁携手共进，从当初一间只有三个人的小商号，发展为一家商誉卓著的多元化、实业化企业集团，位列“《财富》全球500强”第 91 位。

致力于“携手共创美好生活”的企业使命，华润仍将一如既往，不断创新发展，努力回馈社会，实现超越利润之上的追求！

www.crc.com.hk

中国石油

每逢东盟博览会，员工们就像过节一样开心

为返乡顾客提供热姜茶

中国石油天然气股份有限公司广西销售公司成立于2000年10月，原隶属于中石油西南销售分公司，2008年12月上划中国石油天然气股份有限公司直接管理，主要负责中国石油在广西地区的成品油市场开发和销售工作，主要从事成品油批发和零售业务，以及便利店、润滑油、化工产品等非油品业务。

公司机关设有12个职能处室和7个直附属机构，下辖13个地市分公司和2个专业分公司，另外有8个控股公司和1个参股公司。公司现有员工总数近5000人，资产规模77.91亿元，累计开发加油站555座，投用加油站500座，油库10座，总库容28.97万方。

公司秉承中国石油“奉献能源、创造和谐”的企业宗旨，通过了质量、职业健康安全和环境三个管理体系认证，先后荣获全国青年文明号、全国工人先锋号、中央企业劳动模范、中央企业先进职工等多项荣誉。

十六年来，公司认真按照集团公司的各项决策要求，紧密结合广西成品油销售的特点，奋力开拓广西市场，快速发展销售网络，不断精细企业管理，实现了由小到大、由弱到强的跨越式发展。特别是上划以来，公司充分发挥大资源、大市场、大项目的三大带动作用，牢牢抓住广西经济快速发展良机，提出了“三年三大步”“五年大发展”的战略思路，成品油销量能力由上划前不足百万吨，跃升至2015年的300万吨，市场份额不断扩大，竞争力明显增强，公司已经进入规模发展、有序发展、效益发展的快速上升期，已经成长为具有较强竞争实力的油品销售企业。

中国石油

八桂之地

石油精神

中国石油广西销售公司

中国石油广西销售公司
GUANGXI SALES COMPANY OF CNPC
地址：南宁市民族大道157号财富国际广场1号楼13—18楼
邮编：530022
电话（传真）：0771—5651568

（南珠宫服务号）

（中国南珠博物馆服务号）

源生珠宝
ORIGINAL JEWELRY
源于深海·优雅一生

张鸿修艺术传记

张鸿修，河南鄢陵人。1962年毕业于西安美术学院国画系。陕西历史博物馆研究员。

早年受教于国画系首席教授冯友石；美术考古、理论家王子云；人物画师从刘文西、陈光健、张义潜、陈忠志；山水画师从陈瑶生、罗铭；花卉画师从郑乃珖。

工作中曾先后从事美术设计、书法、山水画、古代壁画及石刻艺术的研究工作。

古代壁画研究立足于壁画遗迹的保护临摹。在尊重原壁的基础上，尽力完备其造型；在不失真的原则上保持线条、色块、墨迹的完整统一，再现古代艺术的风采和神韵。同时作为文化交流的重要展品，随陕西文物赴多国展出。

山水画，继承传统技法。走进生活，融合自然气韵。在创作中力求笔法、墨色融为一体，与章法协调统一，具现大自然之美感。在传统技法基础上创新立意，自成一体。风格写实，色彩淡雅，在展出中被誉为“山水大家”。

书法，启蒙老师蔡明五。以碑贴为师，得法于欧阳询父子及裴休书圭峰碑。以后酷爱北朝书体，并刻意临习，数年不辍。创作中力求笔法、结体、气韵融为一体，并求其平稳、均衡、方正，一气贯通，从中探索古代书法艺术的深厚造诣。

专著有：《苔芳馆印存》《刘晖书画选》《陕西文物展图录》《唐代墓志纹饰选编》《北朝石刻艺术》《陕西汉画》《龙集》《中国唐墓壁画集》《楷书汉赋》《隋唐石刻艺术》《陕西珍贵文物集成(书画卷)》《中国历代壁画》等12部。其中《中国唐墓壁画集》在西北、西南九省和黄河“金牛杯”图书评比中，均获一等奖，并获陕西省文物局优秀科研奖。《龙集》在“全国优秀文物图书”评比中获二等奖。

2003年《人民日报》（海外版）刊出“古代艺术学者张鸿修的绘画”。应邀参加瑞士举办的国际学术活动，获世界文化名人成就奖并编入《雄才伟略之志》一书。1999年9月，书法作品在“全国工艺美术书法大展”中获金奖。

1987年应邀在日本举办个人画展，出版专著《唐墓壁画集（日文版）》，并在福冈、群马等地举办“唐代壁画”、“国画技法”、“中国龙文化”的演讲活动。

个人画展“中国历代壁画及山水书法展”中，600余幅作品展示了国画传统技法和民族文化艺术的根脉。尤其是专著《中国历代壁画》的展示和出版，被誉为“留住行将消失的国宝”，颂之以“功德无量”，引起广泛关注。中央电视台也为之拍摄了专题片《出彩人生——守护丹青》，并在科教频道“讲述”栏目播出，反响热烈，好评如潮。

在《世界华人艺术家成就博览大典》、《中国美术书法界名人名作博览》、《世界文化名人辞海》等有辞条，并被授予世界文化名人成就奖。

初唐 仕女图

魏晋 进食图

北魏 飞天

初唐 供养菩萨

东汉 车马出行图

◆ 电话：13319252688　13992896960
◆ 邮箱：1297302542@qq.com
◆ 陕西历史博物馆
◆ 西安市小寨东路91号　710061

资讯服务

南博网依托强大的官方支持和畅通的信息来源渠道，日均近千知的信息更新量，为客户提供贸易促进、投资促进、商务活动等商机信息。并每天根据当天热点汇编《中国—东盟每日经贸快讯》及每周汇编《中国—东盟商务电子周刊》，并免费发送到用户邮箱。

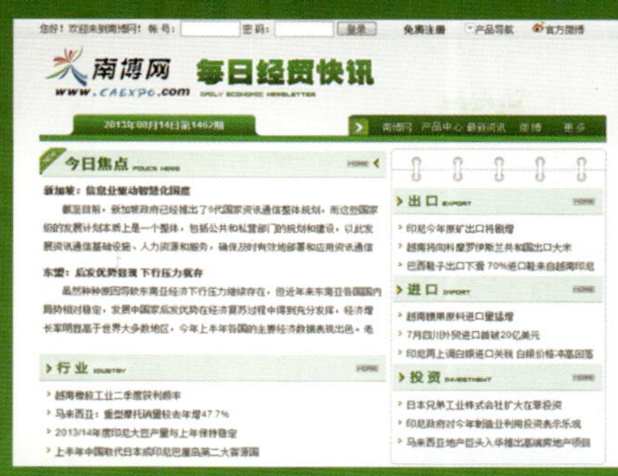

市场研究

南博网经过十年的资源积累，建成了信息数量大、数据权威的“中国—东盟商务数据库”，充分利用数据挖掘技术，通过对中国、东盟市场商务数据的分析研究，推出了中国—东盟市场动态监测分析版块，并每年编撰出版《中国—东盟商务年鉴》，为企业市场开拓及投资决策保驾护航。

南宁市

Nan Ning

南宁简称“邕”，寓意为“南疆安宁”，建制于东晋大兴元年（公元 318 年），距今已有 1690 多年的历史。南宁是广西壮族自治区首府，全区的政治、经济、文化、教育、科技和金融中心。现辖五县七区和三个国家级开发区，总面积 2.21 平方公里，总人口 740 多万。

金湖广场

金湖广场夜景

广西体育中心

璀璨的广西体育中心

南宁区位优势突出，位于中国广西中南部，面向东南亚，东邻粤港澳，西邻北部湾，背靠大西南，是中国华南经济圈、西南经济圈和东盟经济圈的结合部，是距离东盟国家最近的省会城市，是西南出海大通道的重要枢纽，是中国－东盟博览会的永久举办地。同时，南宁还处在中国－东盟自由贸易区、泛北部湾经济合作、大湄公河次区域合作、泛珠三角区域合作等多个区域合作交汇点，核心战略地位突出。

南宁交通发达便利，近海、近边、沿江，距钦州港 104 公里、防城港 172 公里、北海港 204 公里，距中越边境 200 公里，是亿吨级西江黄金水道的重要口岸城市。南宁至北上广及区内主要城市的高铁已经开通，经泛亚铁路可直通越南、泰国、新加坡等东盟国家；高速公路纵横南北、横穿东西，南宁经友谊关至越南河内仅需 4 小时；南宁机场年旅客吞吐量超过千万人次。水路上溯左右江可至中越边境及贵州、云南两省，顺流而下可直达粤港澳。规划的八条地铁线正加快建设，其中 1 号线已经开通试运营。南宁作为中国面向东盟的区域性交通枢纽地位在不断巩固和强化。

南宁生态环境优美，一年四季绿荫如盖、繁花似锦。多年来，南宁立足良好的生态优势，致力打造“中国绿城”城市品牌，环境质量持续改善，空气质量指数位居全国省会城市前列，地表水源水质达标率保持 100%，森林覆盖率 47.68%，城市建成区绿化覆盖率 43.52%，人均公园绿地面积 13.21 平方米。享有联合国人居奖、全国文明城市、国家卫生城市、国家森林城市、国家生态园林城市等荣誉称号，“半城绿树半城楼”的城市风貌广受赞誉。

南宁政策优势叠加，享有国家西部大开发、沿海开放、少数民族自治、边境地区开放、广西北部湾经济区等众多优惠政策。近年来，在中央和自治区的大力支持下，中国－东盟人民币跨境结算中心在南宁设立，区域性跨境贸易电子商务综合服务平台挂牌运营，中国－东盟信息港、南宁 · 中关村创新中心建设全力推进，延边金融综合改革试验区加快建设，南宁保税物流中心已升级为综合保税区。同时，着力打造具有广泛影响力和竞争力的区域性国际金融中心、商贸物流中心、会展中心、信息中心和文化创意中心。

民歌湖－南湖沿岸

青秀山风景区

青秀山风景区亭台楼阁

南宁具有较好的产业发展基础，拥有18个专业化、功能化的开发区和工业园区，形成了以电子信息、先进装备制造、生物医药、铝加工、食品加工、清洁能源等为主的现代工业集群，战略性新兴产业发展态势良好。正在重点打造的五象新区，规划面积近200平方公里，重点建设总部基地、物流基地、金融产业、文化产业、体育产业等重要功能板块，力争打造成国内一流、世界先进、独具特色的现代产业新城。

近年来，南宁主动适应经济发展新常态，着力抓项目、抓投资、促消费，全面深化改革，扩大开放合作，着力改善民生，从严管党治党，经济社会实现又好又快发展。2015年，全市实现地区生产总值3410.09亿元、增长8.6%，财政收入572.48亿元、增长8.71%，固定资产投资3366.89亿元、增长16.64%，社会消费品零售总额1786.68亿元、增长10.5%，规模以上工业增加值969.55亿元、增长8.3%，城镇居民人均可支配收入29106元、增长7.5%，农村居民人均纯收入9408元、增长9.7%。同时，政治建设、文化建设、社会建设、生态文明建设以及党的建设都取得了新进步。

绿荫成林的青秀山风景区

当前，全市上下坚持发展第一要务，牢固树立创新、协调、绿色、开放、共享的发展理念，坚持稳中求进的总基调，主动适应经济发展新常态，着力推动产业转型升级，着力服务项目和企业，着力提升生态宜居水平，着力推进改革创新，着力扩大开放合作，着力保障改善民生，稳住基本面，培育新动能，推动经济社会平稳健康发展，不断增强首府的支撑力、辐射力和先导带动作用，勇当广西“两个建成”排头兵。

民族大道

民族大道夜景

会展中心－航洋国际夜景

民歌湖

Fangchenggang is a nice place

是个好地方

在中国大陆海岸线的最西南端，广西北部湾经济区核心区域，有一座极具特色的沿海沿边城市、生态海湾城市、海洋文化名市、重要枢纽城市、临港工业城市、边关开放城市——防城港市。

生态海湾城市

西部第一大海港——防城港

国家AAAA景区——白浪滩

海湾新区一角

>> 这里是“一带一路”有机衔接的重要门户

江山半岛潭蓬古运河是古代海上丝绸之路的始发港之一。当下，“一带一路”带来的历史性机遇，防城港市来往东盟最便捷的主门户、大通道的战略地位更加突显；

>> 这里是发展弯道超车与生态环境保护同步的典范

近年来全市 GDP 保持两位数增长，是广西人均 GDP 最高的城市，而城市空气质量却是广西最好的城市；

>> 这是一座蛮拼的城市

正在打造海湾新区，加快建设“海湾新区”，实施建设“边海经济带”，打造“港口经济、口岸经济、旅游经济、海洋经济、互联网经济和生态经济”六大经济业态战略及东兴国家重点开发开放试验区，奋力实现“在全区率先发展，在沿海后来居上，迈入沿海开放城市第一集团”目标……

今天，这座新兴的生态海湾城市发展日新月异；明天，防城港市的发展前景将更加美好！

中国白鹭之乡

中国金花茶之乡

城在海中、海在城中的防城港市

玉林市

玉林位于广西东南部，毗邻粤港澳，南接北部湾，是一座有着两千多年州郡史的城市。现辖玉州区、北流市、容县、陆川县、博白县、兴业县、福绵区和玉东新区，总面积 1.28 万平方公里，总人口 700 多万。

玉林有几个鲜明的特点：一是华侨之乡。全市有华侨 100 多万，是广西最大、全国著名的侨乡。二是农业大市。是广西重要的粮食、水果、禽畜生产基地，是全国著名的“荔枝之乡”“桂圆之乡”“三黄鸡之乡”和“沙田柚原产地”，也是全国九个海峡两岸农业合作试验区之一，全市家禽、生猪养殖量均占广西的 1/5，其中三黄鸡就占了珠三角市场份额的 70%。三是非公经济示范市。玉林商贸底蕴深厚，民营经济活跃，中小企业众多，素有“岭南都会”的美誉，获评为全国首批“中国创业之城”和“流通领域商贸物流示范城市”，形成了以机械制造、医药食品、陶瓷、电子信息等八大产业集群，是全国最大的内燃机生产基地，被誉为“中国动力之城”和“绿色动力之都”、“中国南方药都”，也是全国最大的日用陶瓷生产出口基地之一，国家级的建材生产出口基地、皮革服装基地和食品加工基地。四是生态宜居城市。玉林山清水秀，风景秀丽，素有“岭南美玉，胜景如林”的美誉，是中国优秀旅游城市，“全国绿化模范城市”“国家森林城市”、“国家园林城市”，被确定为第一批国家生态文明先行示范区。

玉林市区

玉林市园博园

玉东湖

当前，我们正围绕“两个建成”目标，深入推进“东靠南下、通江达海”开放发展，全面融入国家“一带一路”发展战略和自治区“双核驱动、三区统筹”发展布局，全面实施“大交通、大城市、大产业、大商贸、大田园”五大战略，努力把玉林建设成广西乃至中南地区出海新通道，北部湾经济区开放发展新增长点，珠江－西江经济带开放合作新高地，加快实现与全国、全区同步全面建成小康社会，加快建设区域性大城市、北部湾城市群商贸中心、国家非公经济发展示范城市。

近年来，玉林市采取积极措施大力发展会展业，经过多年的培育和发展，目前已经形成玉博会、药博会、陶博会三大品牌展会领头，其他专业性展会紧随的现代会展业新格局。

2015年，第十一届中小企业商机博览（中国·玉林）在中国—东盟小商品交易中心隆重举行，为中小企业商机博览向中国—东盟小商品交易会转型迈出关键的一步。

中国—东盟小商品交易会

简称“玉博会”，是中小企业商机博览（中国·玉林）的升级版。中国—东盟小商品交易会是玉林市主动接受中国—东盟博览会辐射，主动融入中国—东盟自由贸易区、北部湾经济区、泛珠三角经济区，于中国—东盟博览会期间在玉林市举办的大型小商品交易会。玉博会于 2004 年开始举办，先后获评为中国政府主导型 50 强展会、中国最负盛名经洽会、2011—2012 年度中国十大品牌展览会、2012—2013 年度中国最具影响力展览会 50 强、2013 年度最具行业品牌博览会、2015 年度十佳品牌展览会。

中国（玉林）中医药博览会

简称“药博会”，是依托玉林市雄厚的中医药健康产业基础、借助“玉博会”孵化产生的国际性专业展会。以“弘扬中医药文化，发展中医药产业，壮大南方药都”为宗旨，以“健康·发展·合作·共赢”为主题，设南方药都论坛、中医药民族医药展示展销等内容，全力打造具有海内外广泛影响力、以中华医药为媒介的招商引资平台和中医药品牌展览会、药材药品贸易会、招商引资洽谈会、城市形象展示会、文化交流促进会。2009 年开始举办，每年 5 月 16—18 日举行。2013 年，国家中医药管理局、国家民委、自治区政府共同主办的中国 - 东盟传统医药高峰论坛与药博会强强合作、同期举办。2016 年，素称世界传统药物学界“奥林匹克”盛会的国际传统药物学大会再次携手药博会，同期在玉林市举办。药博会先后获评为全国政府主导型展会 50 强、2011-2012 年度中国优秀品牌展会奖、2012-2013 年度中国十大优秀特色展会、2015 年度十佳特色展览会，被商务部列为 2012 年、2013 年度广西唯一的全国引导支持展会。

第16届国际传统药物学大会和第八届药博会开幕瞬间

中国（北流）国际陶瓷博览会

简称“陶博会”，是依托北流市雄厚的日用陶瓷产业基础、借助“玉博会”孵化产生的国际性专业展会。以“弘扬陶瓷文化，发展陶瓷产业，打造绿色瓷城、文化瓷城、商贸瓷城”为宗旨，设经贸洽谈、合同签约、日用陶瓷学术研讨、陶瓷展览、陶瓷作品评奖、文化旅游等内容，全力打造全国知名、在世界有一定影响的专业品牌展会。2011 年开始举办，每年 4 月 18—20 日在北流市举行。获评为 2012-2013 年度中国优秀特色展会。

中国 - 东盟小商品交易中心

外商在三环展馆选购产品

展馆全景

在 2015 年中国—东盟矿业合作论坛上，中国广西地矿局与柬埔寨王国矿产能源部矿产资源总局签署柬埔寨国家地质实验室建设合作项目

广西壮族自治区地质矿产勘查开发局

广西地质矿产勘查开发局（简称广西地矿局）成立于 1956 年，2001 年经广西壮族自治区人民政府批准由原地矿、有色、核工业系统驻桂地质勘查队伍重组而成，为自治区人民政府直属的正厅级事业单位。重组后的广西地矿局集中了全区 90% 以上的地质矿产勘查工作力量，是承担广西基础性、公益性地质调查和战略性、商业性矿产勘查工作的核心技术力量。

目前，全局设有 41 家局属企事业单位，在职职工约八千人，持有各类资质 236 个（其中甲级资质 72 个，房建总承包资质 5 个，公路总承包资质 2 个），在基础地质调查、矿产资源能源勘查、工程勘察与施工、找水打井、地质灾害防治、水文地质与工程地质调查、海洋地质调查、农业地质评价、遥感技术应用、岩矿分析测试、国土测绘和地质科研等方面有着雄厚实力。全局有 5 个单位获“功勋地质队”，10 个单位获“全国国土资源系统先进集体”等荣誉称号。

“十二五”时期，广西地矿局全面贯彻落实中共十八大和十八届三中、四中、五中全会精神，以及中共广西壮族自治区委员会、自治区人民政府重大战略部署，主动适应地勘经济新常态，扎实推进“走出去”工作，地勘经济快速发展，综合实力不断增强。“十二五”期间，全局地勘经济快速增长，实现经济总量 187.56 亿元，比“十一五”增长了 66.64%。地质找矿取得重大突破，新发现矿产地数量大幅

农业地质工作在广西区内广泛开展，广西地矿局已为区内圈定优质富硒耕地与园地约 50 万亩，查明富硒土地面积居全国第一

广西地矿局拥有多架无人机，该技术广泛运用到农业承包经营权确权及国土测绘等项目中

广西地矿局在北部湾海域开展海洋地质调查

广西地矿局领导班子成员在鹿寨地区页岩气勘查项目进行实地调研，并与一线工作人员合影

提升。“十二五”时期，共承担各类地勘项目 2582 项，其中新发现矿产地 140 处，其中特大型 2 处，大中型 61 处，新提交铝土矿 1.34 亿吨、铅锌矿 270.44 万吨、钨矿 3.09 万吨、铜矿 4.00 万吨、金矿 82.86 吨、银矿 394.16 吨、锑矿 2747.68 吨、铁矿 611.94 万吨、锰矿 464.59 万吨、锡矿 6.22 万吨、稀土矿 21.97 万吨、镓矿 801.36 吨、高岭土矿 2.05 亿吨、膨润土 309.74 万吨、重晶石矿 77.19 万吨、地热水 24.80 亿立方米、叶腊石 39.45 万吨、流纹斑岩 174.34 万吨、大理岩（饰面石材）394.35 万立方米、耐火粘土矿 1018.96 万吨、煤矿 166.67 万吨等一批矿产资源 / 储量，为广西资源安全战略提供了重要保障。地质技术服务民生成绩斐然。“十二五”时期，全局为广西缺水地区找水打井 2731 口，每天涌水量 76 万吨，从根本上解决了 177 万多人的饮水不安全问题；全局在广西 3 个国家级基本农田保护示范区和 18 个旱涝保收高标准农田建设示范县（区）开展了 1:5 万土地质量地球化学评价工作，为广西圈定优质富硒耕地与园地约 50 万亩。“走出去”基础不断夯实。连续成功举办 6 届中国—东盟矿业合作论坛项目签约、推介、洽谈会，共签约境外地质项目协议 42 份，组织境外项目勘查 23 个。承担了援建柬埔寨国家地质实验室、东盟地学数据库建设任务，为广西矿业融入“一带一路”建设，推动中国—东盟矿业领域合作，夯实合作平台贡献力量。

“十三五”时期是我国全面建成小康社会的决胜阶段，也全局抢抓机遇、深化改革、夯实基础、创新发展的重要机遇期。广西地矿局将继续贯彻创新、协调、绿色、开放、共享五大发展理念，着力推进创新驱动发展、产业转型升级、集团发展、“走出去”发展战略，实施基础地质、找矿突破、服务“三农”、生态地质、海洋地质、工勘强优、资源开发、商贸集群等 8 大工程和 31 个重点项目建设的“4831”工程，形成特色鲜明的“大地质、大服务、大作为”新格局，为广西实现“两个建成”目标提供更有力的矿产资源保障和地质技术支撑。

广西地矿局为中国高铁建设做基础性工程勘察设计

广西地矿建设集团在钦州港保税区进行基础施工的场景

广西地矿局承担了广西区内大量地灾治理项目，为人民的生命财产安全保驾护航

《中国—东盟商务年鉴》（2016卷）

特别鸣谢单位

1、广西投资集团有限公司
2、华润（集团）有限公司
3、贵州茅台酒股份有限公司
4、招商局集团有限公司
5、中国银行股份有限公司
6、中国移动通信集团广西有限公司
7、中国石油广西销售公司
8、北京银行股份有限公司
9、广西南珠宫投资控股集团有限公司
10、中国太平洋保险集团
11、广州汽车集团乘用车有限公司
12、柳州两面针股份有限公司
13、广西三环企业集团股份有限公司
14、广州蒂法妮商贸有限公司
15、广西龙州东盟国际商贸城
16、广西运德集团
17、北海源生商贸有限公司
18、广西东方南珠珠宝有限公司
19、柳州笑缘林业有限责任公司
20、张鸿修壁画
21、宝投传媒集团
22、南宁市人民政府
23、防城港市人民政府
24、玉林市人民政府
25、广西壮族自治区地质矿产勘查开发局

2016
中国—东盟商务年鉴

主编　王　雷

线装书局

图书在版编目（CIP）数据

2016中国—东盟商务年鉴 / 王雷主编. —北京：线装书局，2016.11

ISBN 978-7-5120-2391-8

Ⅰ. ①2… Ⅱ. ①王… Ⅲ. ①自由贸易区—商务—中国、东南亚国家联盟—2016—年鉴 Ⅳ. ①F752.733-54

中国版本图书馆CIP数据核字（2016）第213990号

2016中国—东盟商务年鉴

主　　编：王　雷
责任编辑：李　旻
装帧设计：黎筱燕
出版发行：线装书局

地　　址：北京市西城区鼓楼西大街41号（100009）
电　　话：010—64045283（发行部）64045583（总编室）
网　　址：www.zgxzsj.com

经　　销：新华书店
印　　制：广西地质印刷厂
开　　本：890mm×1240mm　　1/16
印　　张：35.75
字　　数：1100千字
版　　次：2016年11月第1版第1次印刷
印　　数：0001—2000册

更多资讯请访问官网

定　　价：300.00元

《2016 中国—东盟商务年鉴》主创单位及人员

主办单位 中国—东盟博览会秘书处

承办单位 广西南博国际信息有限公司

支持单位 中国驻文莱达鲁萨兰国大使馆经济商务参赞处
中国驻柬埔寨王国大使馆经济商务参赞处
中国驻印度尼西亚共和国大使馆经济商务参赞处
中国驻马来西亚大使馆经济商务参赞处
中国驻缅甸联邦共和国大使馆经济商务参赞处
中国驻菲律宾共和国大使馆经济商务参赞处
中国驻新加坡共和国大使馆经济商务参赞处
中国驻泰王国大使馆经济商务参赞处
中国驻越南社会主义共和国大使馆经济商务参赞处
中华人民共和国商务部驻南宁特派员办事处
北京市商务委员会　辽宁省商务厅
贵州省商务厅　福建省商务厅
海南省商务厅　内蒙古自治区商务厅
陕西省商务厅　广西壮族自治区商务厅
中国纺织品进出口商会　中国对外承包工程商会
中国机电产品进出口商会　中国五矿化工进出口商会

特邀顾问 （以姓氏笔画为序）
王力威　申晓庆　吕　勇　闫立刚　江　辉　孙炜东　吴政平
陈　锋　房秋晨　姚超英　徐湘平　黄新銮

专家委员会 （以姓氏笔画为序）
王　勤　王新哲　古小松　石　峡　李欣广　李振艺　吴砚峰
张文山　张蕴岭　陆建人　徐长文　高　歌　黄丽馨　廖东声

编委会主任 王　雷

编委会副主任 黄　媛　时祖耀　杨雁雁　黄平西　曾　忠　范隆海　余向东

编委会委员 黄　革　熊智琳　成　功　梁艺光　庞志军　覃维炳　覃霄岗
蔡　艳　莫轻思　韦利婷

主编 王　雷

执行主编 李　梅

编辑人员 冯耀飞　徐　芬　凌彩姻　何绪莉　韦宏媛　谢丽青　黄伟颖
刘　帅　卢艳英　廖伟令　刘富林　唐崧展　李林通

英文编辑 覃银萍　卢　艺

编辑说明

一、《中国—东盟商务年鉴》是一部国际商务性年鉴，着重收载中国和东盟各国商务方面的基本资料及重要信息，旨在为企业开拓东盟市场提供商务指导，帮助企业快速、全面了解东盟商机，促进双边贸易发展，并促进中国—东盟自由贸易区建设及宣传和提高东博会的商务影响力。

二、本年鉴从2008年起逐年编纂出版。本卷年鉴着重记述2015年中国—东盟商务的相关资料，但为提高年鉴的时效性，卷中东盟商务资讯的信息着重于2016年1～6月份；中国—东盟商务大事记已整理至2016年6月份。

三、本卷年鉴共设篇目14个。分别是国别篇、贸易投资篇、行业篇、商务资讯篇、政策法规篇、企业案例篇、经商实务篇、区域合作篇、活动篇、大事记、数据统计篇、数据挖掘篇、文献、附录等。其中，东盟各国资料的编排，依国际惯例按国名的英文字母顺序排序；一国之内发生的事情，在同一篇目中按时序编排。

四、本年鉴由中国—东盟博览会秘书处主办。本年鉴供稿者均为专事东南亚研究领域的专家及学者，资料来源主要来自国内外权威机构、书籍、传媒或网站，具有一定的权威性和较高的参考价值，涉及的统计表格主要来自海关统计数据及国家商务部网站公开数据。

五、作为资料性工具书，本年鉴内容资料的选题选材和编排，条目的内容要素和记述程序等，都按照既定的体例有所规范。为方便读者阅读、检索，还配备双重检索系统：书前刊有详细目录，书后配有按照字母顺序索引。

六、本年鉴所涉及的单位名称、撰稿人职务均以截稿日期为准。

七、由于资料采集不易和成书时间仓促，本卷年鉴难免有所疏漏和不足，敬请国内外各界读者指正，我们将在今后的编纂工作中努力改进。

八、本卷年鉴在编纂过程中对一些作者和出版机构的著作进行了引用或选编，因时间仓促，部分作者和出版机构未能取得联系，请有关作者或出版机构见到本书后尽快与我们联系，我们将按照国家有关规定支付相应稿酬。

九、本年鉴在策划、组稿、编辑加工过程中，得到有关领导、机关单位、协办单位及社会各界人士的大力支持，谨表示衷心的感谢！

Contents

From the Editors

Board of Editor

China and ASEAN Member Countries ······ 1

Profile ······ 1

The People's Republic of China ······ 1

Brunei Darussalam ······ 3

The Kingdom of Cambodia ······ 5

The Republic of Indonesia ······ 8

The Lao People's Democratic Republic ······ 11

Malaysia ······ 13

The Republic of the Union of Myanmar ······ 16

The Republic of the Philippines ······ 19

The Republic of Singapore ······ 22

The Kingdom of Thailand ······ 24

The Socialist Republic of Vietnam ······ 27

Bilateral Relations ······ 29

Sino-Bruneian Bilateral Relations ······ 29

Sino-Cambodian Bilateral Relations ······ 31

Sino-Indonesian Bilateral Relations ······ 33

Sino-Laotian Bilateral Relations ······ 36

Sino-Malaysian Bilateral Relations ······ 39

Sino-Myanmar Bilateral Relations ······ 41

Sino-Philippine Bilateral Relations ······ 44

Sino-Singaporean Bilateral Relations ······ 46

Sino-Thai Bilateral Relations ······ 49

Sino-Vietnamese Bilateral Relations ······ 51

Trade and Investment ······ 54

The Maritime Silk Road in the 21st Century ······ 54

Investment Environment in ASEAN Member Countries ······ 60

Procedures and attentions of Investment Cooperation in Asean Countries ······ 110

Procedures and attentions of Investment Cooperation in Brunei Darussalam ······ 110

Procedures and attentions of Investment Cooperation in Cambodia ······ 114

Procedures and attentions of Investment Cooperation in Indonesia ······ 118

Procedures and attentions of Investment Cooperation in Laos ······ 122

Procedures and attentions of Investment Cooperation in Malaysia ······ 125

Procedures and attentions of Investment Cooperation in Myanmar ······ 129
Procedures and attentions of Investment Cooperation in Philippines ······ 133
Procedures and attentions of Investment Cooperation in Singapore ······ 141
Procedures and attentions of Investment Cooperation in Thailand ······ 145
Procedures and attentions of Investment Cooperation in Vietnam ······ 153
Industries ······ 159
Analysis of ASEAN Key Markets ······ 159
Industrial Specific Analysis of ASEAN Member Countries ······ 164
Business Information ······ 212
Laws, Regulations and Policies ······ 267
Laws, Regulations and Policies on Foreign Investment and Cooperation in ASEAN Member Countries ······ 267
Corporate Cases ······ 329
Trade Practice ······ 346
Visa Guide for Chinese Citizens Going to ASEAN Member Countries ······ 346
ASEAN Trademark Guide ······ 365
Asean Patent Guide ······ 378
Asean Industrial Design ······ 391
Regional Cooperation ······ 399
China-ASEAN Free Trade Area ······ 400
The Great Mekong Subregional Cooperation ······ 407
Pan-Beibu Gulf Economic Cooperation Forum 2015 ······ 417
Activities ······ 418
China-ASEAN Expo ······ 418
China-ASEAN Business and Investment Summit ······ 426
Conference&Forum ······ 429
Chronological Events ······ 437
Statistics ······ 446
Data Minning ······ 496
China-ASEAN Macroeconomy ······ 496
Market Dynamic Monitoring on Key Countries among China and ASEAN Countries ······ 503
Market Dynamic Monitoring on Key Industries among China and ASEAN Countries ······ 511
Documents ······ 519
Appendix ······ 528
Index ······ 544

目　录

编辑说明
主创单位及人员

国别篇

概　况 …… 1
中国 …… 1
国名 …… 1
国旗 …… 1
国徽 …… 1
国歌 …… 1
部分节日 …… 1
国土与资源 …… 1
国民 …… 2
行政区划 …… 2
经济 …… 2
文莱 …… 3
国名 …… 3
国旗 …… 3
国徽 …… 3
部分节日 …… 3
自然地理 …… 3
国民 …… 4
行政区划 …… 4
国体政体 …… 4
经济 …… 4
传媒 …… 5
柬埔寨 …… 5
国名 …… 5
国旗 …… 5
国徽 …… 5
部分节日 …… 5
自然地理 …… 5
国民 …… 6
行政区划 …… 6
国体政体 …… 6
经济 …… 7
传媒 …… 8
印度尼西亚 …… 8
国名 …… 8
国旗 …… 8
国徽 …… 8
部分节日 …… 9
自然地理 …… 9
国民 …… 9
行政区划 …… 9
国体政体 …… 9
经济 …… 10
传媒 …… 11
老挝 …… 11
国名 …… 11
国旗 …… 11
国徽 …… 12
部分节日 …… 12
自然地理 …… 12
国民 …… 12
行政区划 …… 12
国体政体 …… 12
经济 …… 13
传媒 …… 13
马来西亚 …… 13
国名 …… 13
国旗 …… 13
国徽 …… 14
部分节日 …… 14
自然地理 …… 14
国民 …… 14
行政区划 …… 14
国体政体 …… 14
经济 …… 15
传媒 …… 16
缅甸 …… 16
国名 …… 16
国旗 …… 16
国徽 …… 16

部分节日 …… 16
自然地理 …… 17
国民 …… 17
行政区划 …… 17
国体政体 …… 17
经济 …… 18
传媒 …… 19
菲律宾 …… 19
国名 …… 19
国旗 …… 19
国徽 …… 19
部分节日 …… 19
自然地理 …… 19
国民 …… 20
行政区划 …… 20
国体政体 …… 20
经济 …… 21
传媒 …… 22
新加坡 …… 22
国名 …… 22
国旗 …… 22
国徽 …… 22
部分节日 …… 22
自然地理 …… 22
国民 …… 22
行政区划 …… 22
国体政体 …… 23
经济 …… 23
传媒 …… 24
泰国 …… 24
国名 …… 24
国旗 …… 24
国徽 …… 24
部分节日 …… 24
自然地理 …… 24
国民 …… 25
行政区划 …… 25
国体政体 …… 25
经济 …… 26
传媒 …… 27
越南 …… 27
国名 …… 27
国旗 …… 27
国徽 …… 27
部分节日 …… 27
自然地理 …… 27
国民 …… 28
行政区划 …… 28
国体政体 …… 28
经济 …… 28
传媒 …… 29
双边关系 …… 29
中国与文莱双边关系 …… 29
中国与柬埔寨双边关系 …… 31
中国与印度尼西亚双边关系 …… 33
中国与老挝双边关系 …… 36
中国与马来西亚双边关系 …… 39
中国与缅甸双边关系 …… 41
中国与菲律宾双边关系 …… 44
中国与新加坡双边关系 …… 46
中国与泰国双边关系 …… 49
中国与越南双边关系 …… 51

贸易投资篇

“21世纪海上丝绸之路” …… 54
“21世纪海上丝绸之路”的由来 …… 54
“一带一路”能源合作渐入佳境 …… 56
“互联网＋”与“一带一路”能否擦出火花？ …… 57
南方电网“一带一路”探索：从技术交流到人文交流 …… 58
东盟十国投资环境 …… 60
文莱投资环境分析 …… 60
柬埔寨投资环境分析 …… 66
印度尼西亚投资环境分析 …… 72
老挝投资环境分析 …… 77
马来西亚投资环境分析 …… 80
缅甸投资环境分析 …… 84
菲律宾投资环境分析 …… 91
新加坡投资环境分析 …… 95
泰国投资环境分析 …… 100
越南投资环境分析 …… 105

在东盟十国开展投资合作的手续及注意事项 …… 110
在文莱开展投资合作的手续及注意事项 …… 110
在柬埔寨开展投资合作的手续及注意事项 …… 114
在印度尼西亚开展投资合作的手续及注意事项 …… 118
在老挝开展投资合作的手续及注意事项 …… 122
在马来西亚开展投资合作的手续及注意事项 …… 125
在缅甸开展投资合作的手续及注意事项 …… 129
在菲律宾开展投资合作的手续及注意事项 …… 133
在新加坡开展投资合作的手续及注意事项 …… 141
在泰国开展投资合作的手续及注意事项 …… 145
在越南开展投资合作的手续及注意事项 …… 153

行业篇

东盟重点市场分析 …… 159
东南亚瓷砖新兴市场“庞大” 消费需求多样 …… 159
中国轮胎投资东盟市场机会多 …… 160
低成本助推制造业涌入东南亚 …… 160
东盟加速推进“蓝天下的互联互通” …… 162
东盟地区钢铁产业投资分析 …… 162
东盟国别行业专题分析 …… 164
文莱 …… 164
文莱保险业较发达 …… 164
文莱旅游产业如何发展壮大? …… 166
柬埔寨 …… 168
柬埔寨建筑业前景广阔 …… 168
柬埔寨稻米产业大有可为 …… 169
柬埔寨旅游业高速发展 …… 170
印度尼西亚 …… 171
印度尼西亚售电侧市场潜力巨大 …… 171
2016年印度尼西亚水泥市场展望：需求增长 竞争激烈 …… 172
印度尼西亚：保险市场处于初级阶段投资前景向好 …… 172
印度尼西亚移动电子商务具有无限的可能性 …… 175
老挝 …… 177
老挝水泥市场浅析 …… 177
老挝地质矿产资源发展概况 …… 178
老挝汽车市场：二手车比例高 中国卡车畅销 …… 179
马来西亚 …… 180
投资马来西亚房地产业正当时 …… 180
马来西亚移动电商市场潜力大 …… 181
马来西亚环保建筑业迎来新契机 …… 184
能源成本上涨 马来西亚加速发展照明产业 …… 185
缅甸 …… 186
缅甸花梨木价格走势未来将一路看涨 …… 186
缅甸酒店餐饮业发展浅析 …… 187
缅甸电子商务缓慢升温 …… 188
菲律宾 …… 188
菲律宾渔业发展良好 …… 188
菲律宾电商发展趋向利好 …… 189
菲律宾印刷业蓬勃发展 …… 191
新加坡 …… 193
新加坡：“泊”来的石油之城 …… 193
小国家的大战略——新加坡航空产业发展的启示 …… 195
新加坡房地产市场仍显疲弱 …… 197
中国出口新加坡LED照明市场分析 …… 197
泰国 …… 199
泰国有望成为东盟物流中心 …… 199
泰国文化创意产业繁荣发展 …… 200
泰国电商产业成为外商进军东盟的跳板 …… 202
旅游业成为拉动泰国经济增长的“关键牌” …… 203
越南 …… 205
外资加速涌入越南零售业 …… 205
越南房地产市场前景乐观 …… 206
越南汽车工业不断扩大 …… 207
越南纺织业：机遇与风险并存 …… 208

商务资讯篇

东盟重点商务资讯 …… 212
AEC时代热闹的东盟汽车工业 …… 212
南宁成为中国面向东盟的铁路枢纽 …… 214

"一带一路"加强中国与东盟间的经济联系 …… 214
中国与东盟传统医药健康旅游发展前景广阔 …… 214
东盟与中国合作有望向东北等内陆地区拓展 …… 215
阿里巴巴看中东盟市场 与广西联手开拓境外电商 …… 216
东南亚：中国企业并购下一站 …… 216
东盟国别商务资讯 …… 217
文莱 …… 217
中国银行获准开设文莱分行 …… 217
文莱欲加大生物产业国际合作 …… 217
文莱对中国游客放宽落地签证政策 …… 217
"一带一路"提升中国—文莱海上互联互通 …… 217
文莱国际机场商业服务设施将采用公私合营模式建设运营 …… 218
文莱首都斯里巴加湾生活质量位居东盟第3位 …… 219
文莱初级资源及旅游行业锁定4大发展目标 …… 219
文莱—广西经济走廊成为"一带一路"产业合作新平台 …… 219
文莱宣布经济改革措施 …… 220
恒逸石化定增38亿元人民币投资文莱项目 …… 220
柬埔寨 …… 220
成衣业仍支撑柬埔寨的经济增长 …… 220
广西对柬埔寨投资爆发式增长 投资额达7.26亿美元 …… 221
柬埔寨出台矿产执照管理新条例 …… 221
柬埔寨小额信贷业发展迅速 …… 221
柬埔寨保险业被视为最瞩目和最关注的领域之一 …… 221
瑞峰糖厂在柬埔寨正式投产 …… 221
集茂公司投资2.62亿美元建设柬埔寨最大水泥厂 …… 222
柬埔寨两家企业以60万元人民币购买海南沉香技术 …… 222
柬埔寨商业部拟成立橡胶协会 …… 222
中国在柬埔寨投资房地产势头强劲 …… 223
百家企业聚首金边为人民币在柬埔寨市场流通铺路 …… 223
"一带一路"建设助力中柬合作进入快车道 …… 223
中柬农业促进中心项目启动 …… 224
印度尼西亚 …… 224
印度尼西亚"雅—泗中速铁路"工程将对外招标 …… 224
印度尼西亚电商市场投资潜力大 …… 224
印度尼西亚将出台外资投资电子商务规范条例 …… 225
印度尼西亚颁布玉米进口新规：不允许直接进口 …… 225
中国与印度尼西亚可再生能源合作前景广阔 …… 225
印度尼西亚成为全球第3大咖啡生产国 …… 226
印度尼西亚与中国海洋合作潜力巨大 …… 226
印度尼西亚缩短办理商业准证时间 …… 226
中国企业已获印度尼西亚3500万千瓦近半电站项目 …… 226
印度尼西亚进出口新规致使中国果品更便宜 …… 226
中国公司承建的印度尼西亚塔扬桥通车 …… 227
印度尼西亚将简化煤矿营业许可证办理程序 …… 227
比亚迪公司成功获签印度尼西亚雅加达150辆电动大巴订单 …… 227
印度尼西亚推动与中国企业合作发展藤家具业 …… 228
印度尼西亚向私企开放港务管理业 …… 228
印度尼西亚启用11个保税物流中心 …… 228
印度尼西亚计划大力推动房地产投资业发展 …… 228
老挝 …… 228
中信重工最大功率高压变频器批量出口老挝 …… 228
老挝颁布扩大木材出口禁令 收紧木材业务 …… 229
老挝汽车进口量将继续增加 …… 229
老挝启动电子原产地证书发行系统 简化出口流程 …… 229
中国水利电力在老挝投资的第一个煤电一体化 …… 230
中国电建投资的老挝南欧江六级电站2号

机组并网发电 …… 230
老挝将引进智能海关征税新系统 …… 230
原生态老挝大米正式进入中国市场 …… 230
老挝“铁路梦”走近现实 …… 231
中国至老挝高铁耗时5年终签约　中方投资占7成 …… 231
中国云南农垦集团与老挝合作拓展天然橡胶产业 …… 231
中国与老挝正式签署老挝卫星合资公司股东协议 …… 232
老柬越公路联运跨境线路开通 …… 232
中老签署磨憨—磨丁经济合作区建设共同总体方案 …… 232

马来西亚 …… 233

马来西亚政府重视半导体业发展 …… 233
中国与马来西亚船舶企业签署合作协议 …… 233
马来西亚中小企业进军中国清真市场 …… 233
马来西亚医疗设备行业增长潜力大 …… 233
2020年马来西亚可再生能源规模将达2080兆瓦 …… 234
马来西亚邮政快递每年增长10%至15% …… 234
中国游客赴马来西亚签证办理手续费调整为200元人民币 …… 234
马来西亚将成为中国“一带一路”倡议最大受惠国 …… 234
马来西亚银行联合银联商务开拓中国银行卡市场 …… 235
中国北部湾港与马来西亚巴生港缔结姐妹港 …… 235
东盟自由贸易区全面落实将促进马来西亚中药产品走出去 …… 235
广东省与马六甲州政府签署7项谅解备忘录 …… 235
马来西亚与中国广东合作建首个木材业联盟 …… 236
马来西亚与中国拟合作开拓东盟汽车市场 …… 236
马来西亚大力推广绿色科技项目 …… 236

缅甸 …… 237

缅甸推动加油站私营化进程 …… 237
缅甸仰光多个领域产业预计持续增长 …… 237
广西与缅甸合作大有可为 …… 237
中国华为手机在缅甸市场的份额达38% …… 238
中国投资在缅甸居首位 …… 238
缅甸将批准更多外资公司进入保险市场 …… 238
中国成为缅甸房地产市场第3大投资商 …… 238
缅甸被列为化妆及个人护理用品的“未来市场” …… 238
缅甸成衣加工成为制造业主导产业 …… 239
缅甸批准合资公司进口药品 …… 239
缅甸首次发现近海深水区块天然气 …… 239
缅甸风力发电潜力巨大 …… 240
缅甸正式批准第4家电信经营商 …… 240
缅甸房地产市场国外投资竞争激烈 …… 240
印缅泰国际公路开始试通车 …… 240
缅甸服装业迎来转机 …… 240
缅甸皎漂经济特区建设即将启动 …… 241
缅甸市场咖啡豆价格每公斤3000缅元至3300缅元 …… 241
缅甸移动用户增速位居全球第四 …… 241
2020年缅甸全国电力需求量将至323万千瓦 …… 241
缅甸红宝石市场期待中国买家 …… 242
中国与缅甸的边境水果贸易方式正在改变 …… 242
缅甸将在毛淡棉开设首个橡胶交易中心 …… 242
缅甸保险业年增长率达40% …… 242
缅甸计划吸引人造卫星提供商 …… 242
缅甸增设6个新工业区 …… 243

菲律宾 …… 243

菲律宾电子商务稳定增长 …… 243
菲律宾饲料加工业发展态势良好 …… 243
菲律宾基建项目带动水泥行业蓬勃发展 …… 243
菲律宾将推出全国电子交易结算系统 …… 243
菲律宾拟采用大数据解决交通问题 …… 244
2018年菲律宾电子商务产值有望翻番 …… 244
菲律宾写字楼需求将进一步增长 …… 244
菲律宾汽车销量保持增长 …… 244
菲律宾推出奶业计划 …… 244
菲律宾有望增加食糖进口 …… 245
菲律宾消费者信心指数居东南亚首位 …… 245

菲律宾经济自由度指数排名全球第 70 位 …… 245
中国华为公司助力菲律宾培养信息人才 …… 245
菲律宾最大房地产公司看好中国市场 …… 245
亚洲发展银行确定未来 3 年对菲律宾重点援助领域 …… 245
菲律宾搭“末班车”加入亚洲投资银行 …… 246
新加坡 …… 246
天津市与新加坡跨境人民币创新业务试点启动 …… 246
国际零售商进军亚太　新加坡仍是首选城市之一 …… 246
新加坡航空交通流量 10 年后料倍增至 70 万趟 …… 247
阿里旅行布局新加坡市场 …… 247
广东惠州引入新加坡模式的“小贩中心”开业 …… 247
中国与新加坡“海关 AEO 互认”3 年来企业通关成本下降 …… 248
新加坡位居世界食品安全榜前列 …… 248
新加坡电子道路收费系统有效缓解交通拥堵 …… 249
新加坡将开放天然气市场 …… 249
中行新加坡分行与中新天津生态城签署 30 亿银企合作意向书 …… 250
中国西部最大集装箱港开通至新加坡直航航线 …… 250
CMEC 首个海外区域中心落户新加坡 …… 250
泰国 …… 251
泰国现代零售渠道经营商积极抢夺电商市场 …… 251
泰国政府抛出税费、土地等“利好”吸引山东企业投资 …… 251
投资泰国最佳时机　中国企业最高可免税 8 年 …… 252
泰国商家火热投资 10 大未来产业 …… 252
泰国修订民商法获准　新公司注册手续简化 …… 253
泰国工业院促进增建垃圾发电厂 …… 253
中车长客出口泰国米轨客车启运 …… 254
泰国宋卡橡胶工业园引资反响热烈 …… 254
泰国拟推微型贷款　总额 500 万泰铢 …… 254
泰国将建两处高铁　投资超 2000 亿泰铢 …… 254
泰国东北部经济明朗　受投资者青睐 …… 255
无人机在泰国等东南亚国家市场畅销 …… 255
泰国钢铁产业趋向复苏 …… 256
泰国橡胶木成色佳　出口中国前景看好 …… 256
未来泰国能源使用将持续增长 …… 257
泰国放开屋顶光伏发电试验项目 …… 257
泰国高端仓储：需求增加带来增长机遇 …… 257
泰国医疗旅游仍持续增长 …… 258
泰国商业部联合阿里巴巴助力泰国发展电子商务 …… 258
中泰铁路带来物流商机 …… 259
越南 …… 259
中国稳居越南汽车进口市场第三 …… 259
越南罗非鱼产业重点用于出口市场 …… 259
越南富安省营造良好的投资环境 …… 260
越南消费者信心指数创新高 …… 260
需求剧增　越南煤炭 2030 年有望达 1.5 亿吨 …… 260
越南成立同奈生物高科技区 …… 260
日本企业拟在越南投资建设废弃物处理厂 …… 260
越南纺织服装业依靠知识产权工具提高产品价值 …… 261
越南和中国推进水果和农产品贸易通关便利化 …… 261
越南进口玩具及电器需本地测试证书 …… 262
越南石油需求量猛增　将成为原油净进口国 …… 262
“中国制造”助力越南加气砖制造 …… 262
中国成为越南四大金枪鱼出口市场之一 …… 262
越南出口服务增值税零税率适用范围扩大 …… 263
越南河静省永昂港集装箱运输线开通 …… 263
越南将减少水稻耕种面积 …… 263
越南零售业发展前景广阔 …… 263
越南批准调整国家电力发展规划 …… 264
越南有望成为中国在东盟最大贸易伙伴 …… 264

越南纺织服装业的海外需求不断增加 …… 265
越南水产业前景看好 …… 265

政策法规篇

东盟十国对外国投资合作的法规和政策 …… 267
文莱对外国投资合作的法规和政策 …… 267
柬埔寨对外国投资合作的法规和政策 …… 271
印度尼西亚对外国投资合作的法规和政策 …… 275
老挝对外国投资合作的法规和政策 …… 282
马来西亚对外国投资合作的法规和政策 …… 286
缅甸对外国投资合作的法规和政策 …… 292
菲律宾对外国投资合作的法规和政策 …… 297
新加坡对外国投资合作的法规和政策 …… 304
泰国对外国投资合作的法规和政策 …… 313
越南对外国投资合作的法规和政策 …… 320

企业案例篇

企业案例 …… 329
华电集团标杆工程点亮印度尼西亚巴厘岛 …… 329
碧桂园海外战略再升级：森林城市升格免税区 …… 330
比亚迪全球最大电动 BRT 公交系统落户马来西亚 …… 332
三环集团：国礼荣耀下的东盟市场开拓 …… 333
玉柴动力出海　打造国际品牌 …… 334
顺丰速运布局东盟　打造国际范 …… 335
中设集团：以民心相通打造责任工程 …… 337
金龙客车在泰国打造中国制造金字品牌 …… 338
企业访谈 …… 339
中国电动车深耕越南市场：抱团才能发展 …… 339
“海螺”水泥海外生根　布局东南亚市场 …… 340
中国大唐集团：为柬埔寨“既造车又修路” …… 341
阿里巴巴试点马来西亚：倾力打造电商生态系统 …… 342

经商实务篇

中国公民赴东盟十国签证 …… 345
文莱签证办理指南 …… 345
柬埔寨签证办理指南 …… 346
印度尼西亚签证办理指南 …… 347
老挝签证办理指南 …… 349
马来西亚签证办理指南 …… 350
缅甸签证办理指南 …… 352
菲律宾签证办理指南 …… 354
新加坡签证办理指南 …… 357
泰国签证办理指南 …… 361
越南签证办理指南 …… 362
东盟十国商标指南 …… 364
文莱商标指南 …… 364
柬埔寨商标指南 …… 365
印度尼西亚商标指南 …… 366
老挝商标指南 …… 367
马来西亚商标指南 …… 369
缅甸商标指南 …… 370
菲律宾商标指南 …… 371
新加坡商标指南 …… 373
泰国商标指南 …… 374
越南商标指南 …… 376
东盟十国专利指南 …… 377
文莱专利指南 …… 377
柬埔寨专利指南 …… 378
印度尼西亚专利指南 …… 379
老挝专利指南 …… 381
马来西亚专利指南 …… 382
缅甸专利指南 …… 383
菲律宾专利指南 …… 384
新加坡专利指南 …… 386
泰国专利指南 …… 387
越南专利指南 …… 388
东盟十国工业品外观设计指南 …… 390
文莱工业品外观设计指南 …… 390
柬埔寨工业品外观设计指南 …… 391
印度尼西亚工业品外观设计指南 …… 391
老挝工业品外观设计指南 …… 392
马来西亚工业品外观设计指南 …… 393
缅甸工业品外观设计指南 …… 394

菲律宾工业品外观设计指南 …………………… 395
新加坡工业品外观设计指南 …………………… 396
泰国工业品外观设计指南 …………………… 397
越南工业品外观设计指南 …………………… 398

区域合作篇

中国—东盟自由贸易区 …………………… 399
概述 …………………… 399
提出 …………………… 399
目标 …………………… 400
重要性 …………………… 400
内容框架 …………………… 400
发展进程 …………………… 402
大湄公河次区域合作 …………………… 405
背景 …………………… 405
地理态势 …………………… 406
合作目标 …………………… 406
主要机制 …………………… 406
领导人会议 …………………… 407
进展 …………………… 408
国际关注 …………………… 413
2016 泛北部湾经济合作论坛 …………………… 414
时间 …………………… 414
宗旨 …………………… 414
主题 …………………… 415
主要活动 …………………… 415
组织机构 …………………… 415
特点 …………………… 415
论坛成果 …………………… 415

活动篇

中国—东盟博览会 …………………… 417
概况 …………………… 417
会徽 …………………… 417
会歌 …………………… 418
吉祥物 …………………… 418
缘起 …………………… 418
背景 …………………… 418
定位 …………………… 419
内容 …………………… 419
特色 …………………… 419
组织机构 …………………… 419
常设机构 …………………… 420
历届出席领导 …………………… 420
主题 …………………… 422
第 12 届中国—东盟博览会 …………………… 422
历届中国—东盟博览会基本数据 …………………… 422
述评 …………………… 423
中国—东盟商务与投资峰会 …………………… 425
概况 …………………… 425
背景 …………………… 425
会徽 …………………… 425
宗旨 …………………… 425
组织机构 …………………… 425
历届概况 …………………… 426
第 12 届中国—东盟商务与投资峰会 …………………… 427
时间 …………………… 427
主题 …………………… 427
出席领导 …………………… 427
成就回眸 …………………… 427
会议论坛 …………………… 428
2015 中国—东盟电子商务峰会 …………………… 428
2015 中国—东盟环境合作论坛 …………………… 429
2015 中国—东盟农资产业高峰会议 …………………… 429
贸易便利化暨纪念 WTO 成立 20 周年高层研讨会 …………………… 430
2015 中国—东盟市长论坛 …………………… 431
首届中国—东盟保险合作与发展论坛 …………………… 431
第 3 届中国—东盟技术转移与创新合作大会 …………………… 432
第 3 届中国—东盟药品合作发展高峰论坛 …………………… 433
第 10 届中国—东盟文化论坛 …………………… 434
中国—东盟信息港论坛 …………………… 434
2015 泰国领导人与中国企业 CEO“圆桌对话” …………………… 435

大事记

2015 年 7～12 月 …………………… 436
2016 年 1～6 月 …………………… 439

数据统计篇

2015年1～12月中国对东盟国家贸易统计 …… 445
2015年1～12月中国省份对东盟国家进出口贸易统计 …… 445
中国对文莱进出口商品构成表（2015年） …… 446
中国对柬埔寨进出口商品构成表（2015年） …… 450
中国对印度尼西亚进出口商品构成表（2015年） …… 454
中国对老挝进出口商品构成表（2015年） …… 458
中国对马来西亚进出口商品构成表（2015年） …… 461
中国对缅甸进出口商品构成表（2015年） …… 465
中国对菲律宾进出口商品构成表（2015年） …… 469
中国对新加坡进出口商品构成表（2015年） …… 473
中国对泰国进出口商品构成表（2015年） …… 476
中国对越南进出口商品构成表（2015年） …… 480
马来西亚对外贸易年度和月度表 …… 484
马来西亚对主要贸易伙伴出口额（2015年） …… 485
马来西亚自主要贸易伙伴进口额（2015年） …… 485
马来西亚贸易差额主要来源（2015年） …… 486
泰国对外贸易年度和月度表 …… 486
泰国对主要贸易伙伴出口额（2015年） …… 487
泰国自主要贸易伙伴进口额（2015年） …… 488
泰国贸易差额主要来源（2015年） …… 488
新加坡对外贸易年度和月度表 …… 489
新加坡对主要贸易伙伴出口额（2015年） …… 490
新加坡自主要贸易伙伴进口额（2015年） …… 490
新加坡贸易差额主要来源（2015年） …… 491
印度尼西亚对外贸易年度和月度表 …… 491
印度尼西亚对主要贸易伙伴出口额（2015年） …… 492
印度尼西亚自主要贸易伙伴进口额（2015年） …… 493
印度尼西亚贸易差额主要来源（2015年） …… 493

数据挖掘篇

中国—东盟整体经济 …… 495
2015年中国—东盟重点产品进出口趋势发展分析 …… 495
中国—东盟重点国别市场动态监测 …… 502
2015年1～12月中国—文莱重点产品进出口趋势分析 …… 502
2015年1～12月中国—柬埔寨重点产品进出口趋势分析 …… 502
2015年1～12月中国—印度尼西亚重点产品进出口趋势分析 …… 503
2015年1～12月中国—老挝重点产品进出口趋势分析 …… 504
2015年1～12月中国—马来西亚重点产品进出口趋势分析 …… 505
2015年1～12月中国—缅甸重点产品进出口趋势分析 …… 506
2015年1～12月中国—菲律宾重点产品进出口趋势分析 …… 507
2015年1～12月中国—新加坡重点产品进出口趋势分析 …… 507
2015年1～12月中国—泰国重点产品进出口趋势分析 …… 508
2015年1～12月中国—越南重点产品进出口趋势分析 …… 509
中国—东盟重点行业市场动态监测 …… 510
2015年1～12月中国与东盟进出口电子贸易分析 …… 510
2015年1～12月中国与东盟进出口动植物油贸易分析 …… 511
2015年1～12月中国与东盟进出口钢铁贸易分析 …… 512
2015年1～12月中国与东盟进出口机械贸易分析 …… 513
2015年1～12月中国与东盟进出口家具贸易分析 …… 514
2015年1～12月中国与东盟进出口矿物燃料贸易分析 …… 515
2015年1～12月中国与东盟进出口针织服装贸易分析 …… 516
2015年1～12月中国与东盟进出口珍珠宝石

贸易分析 …… 517

文　献

重要文献 …… 519
中马联合声明 …… 519
中新联合声明 …… 520
中印尼关于加强两国全面战略伙伴关系的联合声明 …… 522
中越联合声明 …… 525

附　录

中国驻东盟各国大使馆 …… 528
东盟各国驻中国外交机构 …… 528
中国驻东盟各国总领馆 …… 529
东盟国家贸促机构与商协会通讯录 …… 530
中国—东盟自由贸易区部分关税削减时间表 …… 533
中国和东盟各国的主要港口及国际航空港 …… 533
东盟国家的主要报纸 …… 534
中国和东盟各国主要通讯社、电台、电视台 …… 534
中国—东盟博览会参展物主要入境口岸局一览 …… 536
东南亚国家联盟 …… 536
亚洲基础设施投资银行 …… 539
中国—东盟博览会出入境检验检疫服务指南 …… 540
中国—东盟中心 …… 543
索引 …… 544

国别篇

概　况

中　国

国 名

中华人民共和国（The People's Republic of China），简称中国或中华。

国 旗

中华人民共和国国旗是五星红旗。红色象征革命。旗上的五颗五角星及其相互关系象征中国共产党领导下的革命人民大团结。五角星用黄色是为了在红地上显出光明，而且黄色较白色明亮美丽。四颗小五角星各有一尖正对着大星的中心点，这是表示围绕着一个中心而团结，在形式上也显得紧凑美观。

中国国旗

中国国徽

国 徽

中华人民共和国国徽的内容为国旗、天安门、齿轮和麦稻穗，象征中国人民自“五四”运动以来的新民主主义革命斗争和工人阶级领导的以工农联盟为基础的人民民主专政的新中国的诞生。

国 歌

2004 年 3 月 14 日，第十届全国人大二次会议通过宪法修正案，规定“中华人民共和国国歌是《义勇军进行曲》”。由田汉作词、聂耳作曲的《义勇军进行曲》，被称为中国民族解放的号角，自1935年在民族危亡的关头诞生以来，在人民中广为流传，对激励中国人民的爱国主义精神起了巨大的作用。

部分节日

新年（1 月 1 日，放假一天）；春节（农历新年，除夕、正月初一、初二放假三天）；清明节（农历清明当日，放假一天）；国际劳动妇女节（3 月 8 日，妇女放假半天）；植树节（3 月 12 日）；国际劳动节（5 月 1 日，放假一天）；中国青年节（5 月 4 日，14 至 28 周岁的青年放假半天）；端午节（农历端午当日，放假一天）；国际护士节（5 月 12 日）；儿童节（6 月 1 日，未满 14 周岁的少年儿童放假一天）；中国共产党诞生纪念日（7 月 1 日）；中国人民解放军建军纪念日（8 月 1 日，现役军人放假半天）；教师节（9 月 10 日）；中秋节（农历中秋当日，放假一天）；国庆节（10 月 1 日，放假三天）；记者节（11 月 8 日）。中国重大的传统节日还有元宵节。此外，各少数民族也都保留着自己的传统节日。

国土与资源

中国位于亚洲大陆的东部、太平洋西岸，陆地面积约 960 万平方公里。中国领土北起漠河以北的黑龙江江心（北纬 53°30′），南到南沙群岛南端的曾母暗沙（北纬 4°）；东起黑龙江与乌苏里江汇合处（东经 135°05′），西到帕米尔高原（东经 73°40′）。从南到北，从东到西，距离都在 5000 公里以上。中国陆地边界长达 2.28 万公里。中国同 14 国接壤，与 8 国海上相邻。领海由渤海（内海）和黄海、东海、南海三大边海组成，东部和南部大陆海岸线 1.8 万千米。内海和边海的水域面积约 473 万平方千米。海域分布有大小岛屿 7600 个，其中台湾岛最大，面积 35798 平方千米。

中国丽江古城

国 民

人　口　中国国家统计局发布国民经济运行情况显示：2015年年末，中国大陆总人口（包括31个省、自治区、直辖市和中国人民解放军现役军人，不包括香港、澳门特别行政区和台湾省以及海外华侨人数）137462万人，比2014年年末增加680万人。其中，60周岁以上人口增加958万人，占总人口比例增加了0.6个百分点。

民　族　中国有56个民族，即汉族、蒙古族、回族、藏族、维吾尔族、苗族、彝族、壮族、布依族、朝鲜族、满族、侗族、瑶族、白族、土家族、哈尼族、哈萨克族、傣族、黎族、傈僳族、佤族、畲族、高山族、拉祜族、水族、东乡族、纳西族、景颇族、柯尔克孜族、土族、达斡尔族、仫佬族、羌族、布朗族、撒拉族、毛南族、仡佬族、锡伯族、阿昌族、普米族、塔吉克族、怒族、乌孜别克族、俄罗斯族、鄂温克族、德昂族、保安族、裕固族、京族、塔塔尔族、独龙族、鄂伦春族、赫哲族、门巴族、珞巴族、基诺族。

宗　教　宪法规定公民享有宗教信仰自由。中国宗教徒信奉的主要有佛教、道教、伊斯兰教、天主教和基督教。中国公民可以自由地选择、表达自己的信仰和表明宗教身份。据不完全统计，中国现有各种宗教信徒1亿多人，信教人数呈平稳增长态势。宗教活动场所8.5万余处，宗教教职人员约30万人，宗教团体3000多个。宗教团体还办有培养宗教教职人员的宗教院校74所。

行政区划

一级行政区划　中国行政区划为34个省、自治区、直辖市和特别行政区。即黑龙江、吉林、辽宁、河北、山西、山东、江苏、浙江、安徽、江西、福建、台湾、河南、湖北、湖南、广东、海南、云南、贵州、四川、陕西、甘肃、青海等23个省，广西、西藏、新疆、内蒙古、宁夏等5个自治区，北京、天津、上海、重庆等4个直辖市，香港、澳门2个特别行政区。

主要城市　首都北京市，简称京，位于华北平原西北端，周围被河北省和天津市所包围，是中国政治、经济、文化和国际交流中心，综合性产业城市，著名古都，重要航空港。面积16800多平方千米。2015年年末，全市常住人口2170.5万人。其他主要城市有：上海、广州、天津、哈尔滨、长春、沈阳、大连、呼和浩特、太原、石家庄、济南、青岛、南京、苏州、杭州、合肥、福州、厦门、南昌、郑州、武汉、长沙、南宁、桂林、深圳、海口、昆明、贵阳、成都、重庆、拉萨、乌鲁木齐、兰州、西安、西宁、银川、香港、澳门、台北、高雄等。

经 济

国内生产总值　2015年，中国国内生产总值（GDP）为108648.77亿美元，约合676708亿元人民币，按可比价格计算，比2014年增长6.9%。按国内生产总值与2015年末人口总数测算，人均国内生产总值7923.54美元，约合49351元人民币。（数据来自中华人民共和国2015年国民经济和社会发展统计公报）

产　业　2015年，第一产业增加值9771.85亿美元，约合60863亿元人民币，增长3.9%；第二产业增加值44036.67亿美元，约合274278亿元人民币，增长6%；第三产业增加值54840.25亿美元，约合341567亿元人民币，增长8.3%。

2015年，全年粮食种植面积11334万公顷，比2014年增加62万公顷；棉花种植面积380万公顷，减少42万公顷；油料种植面积1406万公顷，增加1万公顷；糖料种植面积174万公顷，减少16万公顷。全国粮食产量62144万吨，比2014年增加1441万吨，增产2.4%。其中，夏粮产量14112万吨，同比增产3.3%；早稻产量3369万吨，同比减产0.9%；秋粮产量44662万吨，同比增产2.3%。全年谷物产量57225万吨，比2014年增产2.7%。其中，稻谷产量20825万吨，同比增产0.8%；小麦产量13019万吨，同比增产3.2%；玉米产量22458万吨，同比增产4.1%。全年棉花产量561万吨，比2014年减产9.3%；油料产量3547万吨，同比增产1.1%；糖料产量12529万吨，同比减产6.2%；茶叶产量224万吨，同比增产6.9%。全年肉类总产量8625万吨，比2014年下降1.0%。其中，猪肉产量5487万吨，同比下降3.3%；牛肉产量700万吨，同比增长1.6%；羊肉产量441万吨，同比增长2.9%；禽肉产量1826万吨，同比增长4.3%。禽蛋产量2999万吨，同比增长3.6%。牛奶产量3755万吨，同比增长0.8%。年末生猪存栏45113万头，同比下降3.2%；生猪出栏70825万头，同比下降3.7%。全年水产品产量6690万吨，比2014年增长3.5%。

2015年，全国规模以上工业增加值按可比价格计算比2014年增长6.1%。规模以上工业企业实现利润10203.9亿美元，约合63554亿元人民币，比2014年下降2.3%。

财　政　2015年，财政收入稳定增长，全国公共财政收入24439.18亿美元，约合152217亿元人民币，比2014年增加1336.46亿美元，约合8324亿元人民币，增长5.8%；其中税收收入20052.02亿美元，约合124892亿元人民币，增加917.89亿美元，约合5717亿元人民币，增长4.8%。

金　融　货币名称为人民币，单位为元。主要银行有中国人民银行、中国建设银行、中国工商银行、中国农业银行、中国银行、中国农业发展银行、中国进出口银行、国家开发银行、交通银行、中国光大银行、中信实业银行等，其中中国人民银行是国家中央银行。主要保险公司有中国人民财产保险股份有限公司、中国人寿保险股份有限公司、中国太平洋财产保险股份有限公司、中国太平洋人寿保险股份有限公司、中国平安财产保险股份有限公司、中国平安人寿保险股份有限公司、新华人寿保险股份有限公司等。证券交易所有上海证券交易所和深圳证券交易所。

2015年年末国家外汇储备33304亿美元，约合207430.63亿元人民币，比2014年年末减少5127亿美元，约合31933.01亿元人民币。2015年年末人民币与美元的汇率为6.2284∶1，比2014年年末贬值1.4%。

进出口贸易　2015年进出口总额39454.92亿美元，约合245741亿元人民币，比2014年下降7.0%，其中，出口22679.18亿美元，约合141255亿元人民币，下降1.8%，进口16775.58亿美元，约合104485亿元人民币，下降13.2%。进出口相抵，顺差5903.60亿美元，约合36770亿元人民币。

就　业　2015年年末，全国就业人员77451万人，其中城镇就业人员40410万人。全年城镇新增就业1312万人。年末城镇登记失业率为4.05%，略低于2014年末的4.09%。全国农民工总量为27747万人，比2014年增长1.3%。其中，外出农民工16884万人，增长0.4%；本地农民工10863万人，增长2.7%。

文　莱

国名

文莱达鲁萨兰国（Brunei Darussalam），简称文莱。

国旗

文莱国旗呈横长方形，长宽之比为2∶1。由黄、白、黑、红四色组成。黄色的旗地上横斜着黑、白宽条，中央绘有红色的国徽。黄色代表苏丹至高无上，黑、白斜条是为纪念两位有功的亲王。

文莱国旗

文莱国徽

国徽

文莱国徽呈红色。一弯新月环抱着一根棕榈树干，其上为展开的双翼，双翼之上为一顶华盖和一面旗帜，这象征文莱信奉伊斯兰教和苏丹至高无上。在新月中央用马来文写着“永远在真主指导下，万事如意”。中心图案两侧有两只手臂，表示人民向真主祈求，人民对苏丹和政府的拥护。国徽底部的饰带上写着“和平之城——文莱”。

部分节日

独立日：1月1日。国庆日：2月23日。现任苏丹哈吉·哈桑纳尔·博尔基亚的生日：7月15日。开斋节是最盛大的节日，每年日期根据伊斯兰教历均有变化。

自然地理

文莱达鲁萨兰国位于加里曼丹岛北部，国土面积5765平方公里。北濒南中国海，东南西三面与马来西亚的沙捞越州接壤，并被沙捞越州的林梦分隔为不相连的东西两部分。海岸线长约161公里，沿海为平原，内地多山地，有33个岛屿。东部地势较高，西部多沼泽地。属热带雨林气候，炎热多雨。年均气温28℃。

文莱水村

国 民

人　口　根据世界卫生组织公布数据显示，2015年文莱的人口总数为42.8981万。

民　族　主要民族有20个。其中马来人占66.71%，华人占11.2%，其他种族占22.09%。

语　言　文莱的国语为马来语，通用英语，华语使用较广泛。

宗　教　国教是伊斯兰教，其他还有佛教、基督教、道教等。

行政区划

首都为斯里巴加湾市，位于文莱—穆阿拉区，面积16平方公里，人口约6万。原称文莱市，从17世纪起即成为文莱首都，1970年10月4日改为现名。全国分区、乡和村三级。全国划分为4个区：文莱—穆阿拉、马来奕、都东、淡布隆。区长和乡长由政府任命，村长由村民民主选举产生。

国体政体

国　体　文莱是一个“主权、民主和独立的马来穆斯林君主国”。君主（苏丹）拥有行政、立法、司法全部权利，同时也是宗教领袖。设宗教、枢密、内阁、立法、世袭等5个委员会（1984年独立后，立法委员会停止运作，内阁委员会改为内阁政府），协助苏丹理政。

宪　法　1959年9月29日颁布第一部宪法。1971年和1984年曾进行重大修改。宪法规定，苏丹为国家元首和宗教领袖，拥有全部最高行政权力和颁布法律的权力。设宗教委员会、继承与册封委员会、枢密院、立法院和内阁部长会议协助苏丹理政。2004年9月，重新设立的立法院第一届会议审议并通过宪法修正案，内容涉及司法、宗教、民俗等多个方面，共13项内容，包括赋予苏丹无须经立法院同意而自行颁布紧急法令等法令的权利；制定选举法令，让人民参选从政；增加立法院议员人数；伊斯兰教仍为国教，但人民有宗教信仰自由；仍以马来语作为官方语言，英语可作为法庭办案语言等。

议　会　立法院由33人组成。1962年曾举行选举。1970年取消选举，议员改由苏丹任命。1984年2月，苏丹宣布终止立法会，立法以苏丹圣训方式颁布。2004年7月，苏丹宣布重开立法会。9月，立法会恢复运作。2005年9月，苏丹解散立法会，重新任命议长和议员。2011年2月，苏丹任命伊萨为立法会新任议长，6月任命新一届立法会议员。2015年2月，苏丹任命拉赫曼为立法会新任议长。

国家政要　文莱元首是苏丹·哈吉·哈桑纳尔·博尔基亚·穆伊扎丁·瓦达乌拉，1967年10月5日继位，兼任首相、国防大臣和财政大臣；王储穆赫塔迪·比拉，1998年8月册封为王储。

政　府　1988年12月1日，苏丹宣布组成政府，1989年1月进行改组。2005年5月，苏丹再次改组内阁，新增首相府高级部长、能源部长、第二财政部长、第二外交部长4个职位，将国家大祭司、总检察长两职位由副部级升至正部级，并首次宣布所有内阁部长以及副部长的任期均为5年。本届政府于2010年5月成立。现内阁成员16人：首相、国防部长和财政部长由苏丹兼任，首相府高级部长阿尔穆塔迪·比拉王储，外交和贸易部长穆罕默德·博尔基亚亲王，教育部长阿布·巴卡尔，卫生部长阿德南，发展部长苏约伊，交通部长阿卜杜拉，工业和初级资源部长叶海亚等。

司　法　司法体系以英国习惯法为基础。2014年5月正式实施伊斯兰教刑法。一般刑事案件在推事庭或中级法院审理，较严重的案件由高级法院审理。最高法院由上诉法院和高级法院组成。最高法院首席大法官基弗拉维。民事案件最终可上诉至英国枢密院。此外还设有伊斯兰教法院审理穆斯林的宗教案件。宗教法院首席法官阿卜杜勒·哈密德。

政　党　1985年5月30日，苏丹宣布允许政党注册，随后出现了文莱国家民主党和文莱国家团结党。1988年文莱政府将国家民主党取缔，目前仅存文莱国家团结党。另有国民党醒党和国民进步党两个小党。

经 济

国内生产总值　据国际货币基金组织的数据显示，2015年文莱国内生产总值（GDP）为116.36亿美元，约合161.74亿文莱元。人均GDP为27759.05美元，约合19970.54文莱元。

产　业　文莱拥有丰富的石油和天然气资源。2015 年文莱原油产量为 127 千桶/日，环比增加 0.26%。旅游方面，2015 年文莱入境游客达到 21.82 万人次，同比增幅 8.6%。这主要得益于入境文莱的中国游客达 3.69 万人次，位居第 2 位，仅次于马来西亚。中国是文莱重要的客源市场，中国游客在文莱入境游客中所占比重逐渐增加。

金　融　货币名称：文莱元（Brunei Dollar），与新加坡元等值。文莱元是文莱的法定流通货币，标志为 B$。在新加坡，文莱元可以在当地使用，即使其没有法定地位。同样，新加坡元在文莱广泛使用。文莱不设国家中央银行，在财政部设货币局和金融局负责金融的管理。全国有 10 家银行、5 家金融公司、26 家保险公司和 1 家证券交易公司。2015 财年，文莱财政预算为 64 亿文莱元（约合 46 亿美元），实际财政收入 41.2 亿文莱元（约合 29.8 亿美元）。受国际油价持续低位徘徊影响，文莱政府收入锐减导致财政严重入不敷出，2015 财年赤字额高达 22.8 亿文莱元（约合 16.5 亿美元）。2015 年，文莱元与美元的汇率约为 1.39∶1。（据中华人民共和国驻文莱达鲁萨兰国大使馆数据）

进出口贸易　据中国海关统计，2015 年，中国与文莱双边贸易额 15.1 亿美元，同比下降 22.2%，其中中国对文莱出口 14.1 亿美元，同比下降 19.3%；中国自文莱进口 1 亿美元，同比下降 48.8%。

外　资　目前，文莱加大招商引资力度，发展外向型经济。中国恒逸集团的炼化项目、葫芦岛钢铁集团的钢管厂项目、韩国东阳公司的挤压铝厂项目等正在筹备中，2016 年将陆续进入建设或投产期，从而带动经济增长。文莱重点招商领域为石油化工、清真产品、信息通讯、伊斯兰金融服务、航空和油田服务，并出台一系列优惠政策，如基础设施建设、税收减免、自由贸易、适当放宽劳工政策等，以发展私营经济，实现经济多元化。《2015 年营商便利指数报告》中，文莱在 189 个国家中排名降至第 101 位，因此文莱仍需努力改善营商环境。据中方统计，截至 2015 年年底，文莱累计对中国实际投资 26.9 亿美元。2015 年，文莱新增对中国实际投资 7258 万美元，同比增长 2.3%。

传 媒

文莱新闻社是文唯一官方新闻机构，创建于 1959 年。主要报纸：《婆罗州公报》（英、马来文），日发行量 7 万份；《文莱灯塔报》（马来文），每周三出版，发行 4.5 万份；马来西亚中文日报《美里日报》、《诗华日报》、《国际时报》和《星洲日报》设有文莱新闻版，在文发行。

文莱广播电视台创建于 1957 年 5 月，以马来语、英语、华语和尼泊尔语播音。在马来奕区还设有一个专门为英国廓尔喀部队广播的英国军队广播服务台。电视台从 1975 年起开设彩色电视频道，播放马来文和英文节目。

柬埔寨

国 名

柬埔寨王国（The Kingdom of Cambodia），简称柬埔寨。

国 旗

柬埔寨国旗呈横长方形，长宽之比为 3∶2。由三个平行的横长方形相连构成，中间是红色宽面，上下均为蓝色长条。红色象征吉祥和喜庆，蓝色象征光明和自由。红色宽面中间绘有白色镶金边的吴哥庙、著名的婆罗门教建筑，象征柬埔寨悠久的历史和古老的文化。

柬埔寨国旗

柬埔寨国徽

国 徽

柬埔寨国徽是以王剑为中心线两边对称的图案。菱形图案中的王剑由托盘托举，意为王权至高无上；两侧为由狮子守护的五层华盖，“五”在柬埔寨风俗中象征完美、吉祥；两边的棕榈树叶象征胜利。底部的饰带上用柬埔寨文写着“柬埔寨王国之国王”。整个图案象征柬埔寨王国在国王的领导下，是一个统一、完整、团结、幸福的国家。

部分节日

独立日（建军日）：11 月 9 日（1953 年摆脱法国殖民统治，宣布独立）；国庆日：6 月 24 日（1991 年 8 月柬埔寨全国最高委员会决定将 1991 年 6 月 24 日柬埔寨停火日定为柬埔寨新的国庆日）。

自然地理

柬埔寨位于东南亚中南半岛南部，北接老挝，西北部与泰国为邻，东和东南部与越南接壤，西南濒泰国湾。陆地面积为18万多平方公里，海岸线长460公里。中部和南部是平原，东部、北部和西部被山地、高原环绕，大部分地区被森林覆盖。豆蔻山脉东段的奥拉山海拔1813米，为境内最高峰。湄公河在境内长约500公里，流贯东部。洞里萨湖是中南半岛的最大湖泊，低水位时面积达2500多平方公里，雨季湖面达1万平方公里。沿海多岛屿，主要有戈公岛、隆岛等。属热带季风气候，年平均气温29℃～30℃。5～10月为雨季，11月至次年4月为旱季。受地形和季风影响，各地降水量差异较大，象山南端可达5400毫米，金边以东约1000毫米。

柬埔寨塔仔山

国民

人　口　据世界卫生组织数据显示，2015年柬埔寨总人口为1540万人。

民　族　有20多个民族，其中高棉族占人口总数的80%，华人、华侨约70万。其他还有占族、普农族、老族、泰族和斯丁族等少数民族。

语　言　高棉语为通用语言，与英语、法语同为官方语言。

宗　教　国教为佛教，全国93%以上的人信奉佛教；占族多信奉伊斯兰教；少数城市居民信奉天主教。

行政区划

首都为金边（Phnom Penh）。全国分为23个省和1个直辖市。金边地处洞里萨河与湄公河交汇处，是柬埔寨政治、经济、文化和宗教中心。

国体政体

政　体　柬埔寨实行君主立宪制。国王是终身制国家元首、武装力量最高统帅。

宪　法　柬埔寨现行宪法于1993年9月21日经柬埔寨制宪会议通过、由西哈努克国王于同年9月24日签署生效。1999年3月4日，第二届国会通过宪法修正案。宪法规定，柬埔寨实行自由民主制和自由市场经济，立法、行政、司法三权分立。国王是终身制国家元首、武装力量最高统帅，是国家统一和永存的象征，有权宣布大赦，在首相建议并征得国会主席同意后有权解散国会。国王因故不能理政或不在国内期间由参议院主席代理国家元首职务。王位不能世袭，国王去世后由首相、佛教两派僧王、参议院和国会正副主席共9人组成王位委员会在7日内从安东、诺罗敦和西索瓦三支王族后裔中遴选产生新国王。

议　会　国会是柬埔寨国家最高权力机构和立法机构，每届任期5年。首届国会成立于1993年，由120名议员组成，其中奉辛比克党58人，人民党51人，佛教自由民主党10人，莫里纳卡党1人。人民党主席谢辛任国会主席。国会下设9个专门委员会。第二届国会成立于1998年9月，由122名议员组成，其中人民党64人，奉辛比克党43人，森朗西党15人。人民党、奉辛比克两党联合执政，森朗西党拒绝入阁，成为国会合法的反对党。奉辛比克党主席诺罗敦·拉纳烈任国会主席。第三届国会成立于2004年7月，由123名议员组成，其中人民党73人，奉辛比克党26人，森朗西党24人。拉纳烈连任国会主席。2006年3月，拉纳烈辞去国会主席。2006年3月21日，柬埔寨国会举行全体会议，投票选举原第一副主席、人民党名誉主席韩桑林为国会主席，人民党中央常委阮涅为第一副主席，奉辛比克党成员尤霍格里为第二副主席。2006年12月27日，国会投票表决通过奉党成员洪逊霍为国会第二副主席。第四届国会成立于2008年9月，由123名议员组成，其中人民党90人，森朗西党26人，人权党3人，拉纳烈党和奉辛比克党各2人。韩桑林任国会主席，阮涅为第一副主席，赛冲为第二副主席。2012年3月24日，赛冲转任柬参议院第一副主席并辞去国会第二副主席。2012年4月25日，国会召开第四届第八次全体会议，投票选举宫桑达里为国会第二副主席。第五届国会成立于2013年9月，由123名议员组成，人民党68席，救国党55席。

国家政要　国王诺罗敦·西哈莫尼，2004年10月就任；首相洪森，1998年起任职；参议院议长谢辛，1999年3月任职；国会议长韩桑林，2006年3月任职，2013年9月连任。太皇诺罗敦·西哈努克，2004年10月7日宣布退位。奉辛比克党前主席诺罗敦·拉那烈。

政　府　柬埔寨第五届政府于2013年9月成立，洪森为首相。设9个副首相，15个国务大臣，27个部和1个国务秘书处。

政　党　1993年大选时柬埔寨共有40多个政党参选。1998年大选时有39个政党参选。2003年大选时有23个政党参选。2008年大选时有11个政党参选。主要政党有：

柬埔寨人民党：该党前身为成立于1951年6月28日的柬埔寨人民革命党。1991年10月改为现名。现任党主席谢辛，副主席洪森，名誉主席韩桑林。现有党员410万。1993年大选后，人民作为第二大党与第一大党奉辛比克党联合执政。1998年大选获胜，成为第一大党，洪森出任首相。在2002年初举行的地方选举中，人民党获得绝大多数乡（区）长职位。2003年大选人民党获胜，获73个国会议席。2008年大选人民党再次获胜，赢得90个国会议席。洪森蝉联首相。2013年大选人民党再次获胜，赢得68个国会席位。洪森蝉联首相。该党主张对内维护政局稳定，致力于经济发展和脱贫，建立民主法制国家。对外奉行独立、和平、中立和不结盟政策，支持建立国际政治经济新秩序，主张加强南南合作、缩小贫富差距及加强区域合作，维护地区和平与繁荣。重视同周边邻国的友好合作以及与中、日、法等大国发展友好关系，积极改善同美国及西方的关系。

奉辛比克党：该党前身为“争取柬埔寨独立、中立、和平与合作”的民族团结阵线，由西哈努克于1981年创建，并由西哈努克担任主席。1992年改为现名，盖博拉斯美任主席。目前有党员约40万。该党信奉西哈努克主义，对内主张政治民主化、经济私有化，维护君主立宪制；对外奉行独立、和平、中立与不结盟外交政策，主张与世界各国和一切友好政党建立和发展友好合作关系，主张以和平方式解决与邻国的边界领土争端。2003年大选获得26个国会议席，仍居第二位。2004年7月与人民党组成第三届联合政府。2006年10月，奉党召开全国特别代表大会，决定由盖博拉斯美取代拉纳烈任奉党主席，卢莱斯棱任第一副主席，西索瓦·西里拉任第二副主席，涅本才任秘书长。2008年大选该党获2个国会议席。2011年4月2日，奉辛比克党金边召开代表大会，选举盖博拉斯美为该党领袖（主席），卢莱斯伦为名誉主席，涅本才担任执行主席，负责党的日常工作。2012年参议院选举奉辛比克党未获席位。2012年5月24日，奉辛比克党执行主席涅本才和诺罗敦·拉那烈党主席诺罗敦·拉那烈亲王签署协议，两党将在柬埔寨第三届乡、分区理事会选举后重新合并，由拉那烈亲王任党主席，涅本才任副主席。2012年8月24日，柬埔寨政党诺罗敦·拉那烈党改名为“民族主义党”，邵拉尼当选民族主义党主席。8月25日，民族主义党与奉辛比克党正式合并为奉辛比克党。2013年3月23日，奉辛比克党举行代表大会，阿伦公主被推选为该党主席。2013年大选中，奉辛比克党未获议席。

救国党：2012年8月20日，森朗西党和人权党在内政部注册联合成立新政党“救国党”。该党推崇西式自由、民主、人权；铲除贪污、腐败；发展自由经济，提高人民生活水平。在柬埔寨知识分子、工人、市民和青年学生中有较大影响。2013年大选救国党获得55个国会议员席位。

经济

国内生产总值　2015年，柬埔寨宏观经济继续稳定增长。2015年，柬埔寨国内生产总值（GDP）达185.02亿美元（约合749320亿瑞尔），同比增长6.9%，人均GDP增至1228美元（约合4973400瑞尔），同比增长9.4%。

产　业　2015年，柬埔寨产业结构不断优化。柬埔寨农林渔牧业增长1%，其中农业、渔业、畜牧业、林业分别占GDP比重为60%、22%、11%和7%。2015年，柬埔寨农业产量微增，渔业增长显著。2015年柬埔寨稻谷产量933.5万吨，同比增长0.12%，除满足国内需求外尚余稻谷约450万吨、大米290万吨可供出口。截至2015年年底，柬埔寨天然橡胶产量12.68万吨，同比增长30.7%。2015年，柬埔寨渔业产量14.3万吨，同比增长19.2%。2015年，柬埔寨工业同比增长8.7%，服务业同比增长9%。2015年柬埔寨工业总产值达到88.73亿美元，其中制衣制鞋业继续壮大，建筑业快速回升。2015年，柬埔寨旅游业增速放缓，中国游客增加显著。2015年，柬埔寨共接待外国游客477.52万人次，同比增长6.1%，旅游收入为30.1亿美元，占GDP的16.3%。越南、中国、老挝、韩国和泰国为柬埔寨前5大游客来源国，其中，中国游客69.5万，同比增长24%。

财　政　2015年，柬埔寨国家预算收支结余4.62亿美元（约合18723.44亿瑞尔）。其中，预算执行收入为29.16亿美元（约合118125.3亿瑞尔），同比增长12.1%，占GDP的15.76%；预算执行支出38.76亿美元（约合156995.29亿瑞尔）。财政赤字 9.6 亿美元（约合 38869.99 亿瑞尔），占菲律宾 GDP 的 5.19%。

金　融　货币名称：瑞尔（Riel）。2015 年，柬埔寨外汇储备为 49.26 亿美元（约合 199503 亿瑞尔），可满足 4.5 个月产品和服务进口需要。据柬埔寨国家银行统计，2015 年柬埔寨通货膨胀率为 3%，低于 2014 年的 3.9%。瑞尔与美元的汇率继续保持稳定，年平均汇率为 4050∶1。

进出口贸易　2015 年，柬埔寨对外贸易持续增长，对外贸易总额达 205.34 亿美元（约合亿 831627 瑞尔），同比增长 12.6%。其中，出口 89.9 亿美元（约合 364095 亿瑞尔），同比增长 16.7%；进口 115.44 亿美元（约合 467532 亿瑞尔），同比增长 9.6%。主要出口产品为服装、鞋类、大米、橡胶和木薯等，其中服装鞋类出口 71.7 亿美元，同比增长 18%，出口占比接近 8 成；引人注目的大米出口 54.48 万吨，较 2014 年增长 17.7 万吨，增幅达 48.1%；橡胶出口 12.87 万吨，同比增长 31.6%；木薯出口 36.4 万吨，同比增长 29.1%。主要进口产品为服装原材料、建材、汽车、燃油、机械、食品、饮料、药品和化妆品等，主要贸易伙伴为美国、欧盟、中国、日本、韩国、泰国、越南和马来西亚等。中国作为柬重要的贸易伙伴和投资来源地，对推动柬对外贸易增长作出了重要贡献。根据中方统计，2015 年，中国与柬埔寨双边贸易额 44.3 亿美元（约合 179415 亿瑞尔），同比增长 18%，其中，柬埔寨向中国出口 6.7 美元，同比增长 38.1%。

外　资　2015 年，柬埔寨投资总量明显回升，基础设施投资倍增。2015 年，柬埔寨投资总额达到 46.44 亿美元（约合 188082 亿瑞尔），同比增长 18%，其中，国内投资 32.17 亿美元，占总投资额的 69.3%，创 5 年来新高。投资结构方面，基础设施领域投资额达到 31.3 亿美元，同比增长 7.8 倍，占投资总额的 67.4%，成为拉动投资的重要引擎；农业领域投资额 4.83 亿美元，同比增长 82.3%；工业领域投资 9.2 亿美元，旅游业投资 1.1 亿美元，同比分别下降 67.56%和 76.67%。2015 年外国直接投资柬埔寨金额达 14.73 亿美元（约合 59656.5 亿瑞尔），占总投资额的 30.7%。其中，中国以 8.65 亿美元对柬埔寨的投资额，高居柬埔寨外资来源国的首位，同比下降 10%，占柬埔寨投资总额的 18.62%。据中方统计，2015 年，中国对柬埔寨非金融类直接投资 3.9 亿美元，同比下降 11%，累计直接投资约 36.1 亿美元；新签承包工程合同额 14.2 亿美元，同比增长 0.5%，完成营业额 12.1 亿美元，累计合同额 121.1 亿美元，完成营业额 76.6 亿美元。

传 媒

柬埔寨有 132 家报刊，其中柬文报纸 97 家，英、法、中、日文报刊 35 家。柬埔寨有很多私人报纸，发行量较少。较有影响的有《柬埔寨之光报》（柬埔寨文，日报）、《柬埔寨日报》（英文、柬埔寨文）、《和平岛报》（柬埔寨文、日报）、《人民报》（人民党党报，柬埔寨文）、《金边邮报》（英文，双周报）、《柬埔寨时报》（英文，柬埔寨文，周报）、《华商日报》（中文，日报）、《星洲日报》（中文，日报）和《柬华日报》等。

柬埔寨新社（AKP）为柬埔寨唯一的官方通迅社，成立于 1980 年。

柬埔寨目拥有 11 家超短波电台，其中 FM103 电台属国家所有，每天播音 18 个小时。电视台 6 家，国家电视台（建于 1984 年，以柬埔寨语节目为主）；仙女台（人民党党产）；第 9 频道（私营）；第 5 频道（军队台）；首都第 3 频道（官方开办）；巴戎台（私营）；CTN 电视台（私营）。有线电视台：柬埔寨有线电视台、金边有线电视台、微波无线电视公司。

印度尼西亚

国 名

印度尼西亚共和国（The Republic of Indonesia），简称印度尼西亚。

国 旗

印度尼西亚国旗旗面由上红下白两个相等的横长方形构成，长宽之比为 3∶2。红色象征勇敢和正义，还象征印度尼西亚独立以后的繁荣昌盛；白色象征自由、公正、纯洁，还表达印度尼西亚人民反对侵略、爱好和平的美好愿望。

印度尼西亚国旗

印度尼西亚国徽

国 徽

印度尼西亚国徽由一只金色的鹰、一面盾和鹰爪抓着的一条绶带组成。鹰象征创造力。鹰两翼各有17根羽毛，其中尾羽8根，这是为了纪念印度尼西亚的独立日——8月17日。鹰胸前的盾面由五部分组成：黑色小盾和金黄色的五角星代表宗教信仰，也象征“潘查希拉”——印度尼西亚建国的五项基本原则；水牛头象征主权属于人民；榕树象征民族意识；棉桃和稻穗象征富足和公正；金色饰环象征人道主义和世代相传。盾面上的粗黑线代表赤道。鹰爪抓着的绶带上用印度尼西亚文写着“异中有同”。

部分节日

独立日：8月17日（1945年）；国庆日：8月17日（1945年）。

自然地理

印度尼西亚位于亚洲东南部，地跨赤道，是世界上最大的群岛国家，由太平洋和印度洋之间的17508个大小岛屿组成，其中约6000个岛屿有人居住。陆地面积为1904443平方公里，海洋面积3166163平方公里（不包括专属经济区），因此，印度尼西亚素称千岛之国。印度尼西亚北部的加里曼丹岛与马来西亚接壤，新几内亚岛与巴布亚新几内亚相连。东北部面临菲律宾，东南部是印度洋，西南与澳大利亚相望。海岸线总长54716公里。属热带雨林气候，年平均温度25℃～27℃。印度尼西亚是一个火山之国，全国共有火山400多座，其中活火山100多座。全国各岛处处青山绿水，四季皆夏，人们称它为“赤道上的翡翠”。

印度尼西亚金巴兰海滩

国 民

人 口 根据联合国报告显示，印度尼西亚是人口增加较快的国家之一。2015印度尼西亚人口超过2.55亿人，到2020年，将增加到约2.6亿人。2025年将增至2.8亿人，而2050年，印度尼西亚人口将达约3.3亿人。

民 族 印度尼西亚拥有100多个民族，其中爪哇族占人口的45%，巽他族占14%。

语 言 官方语言为印度尼西亚语。各民族语言有200多种。通用英语。

宗 教 全国约87.2%的人信奉伊斯兰教，是世界上穆斯林人口最多的国家。其他宗教有：基督教6.1%、天主教3.6%、印度教2%、佛教1%，其余为原始拜物教等。

行政区划

首都为雅加达。印度尼西亚全国共有一级行政区34个，包括雅加达首都特区，日惹和亚齐达鲁萨兰3个地方特区和31个省。二级行政区（县/市）497个。

国体政体

政 体 实行总统内阁制。人民协商会议是国家最高权力机构，负责制定、修改与颁布宪法和国家总方针政策，选举总统，副总统（2004年后改由全民直选），监督和评价总统执行国家大政方针情况和在总统违背宪法时对其进行弹劾或罢免。只设中央一级。成员700名，任期5年。

宪 法 现行宪法为《“四五”宪法》，于1945年8月18日颁布实施，1949年12月和1950年8月分别为《印度尼西亚联邦共和国宪法》和《印度尼西亚共和国临时宪法》所替代，1957年7月5日恢复实行。1999～2002年先后通过4个修正案。宪法规定，印度尼西亚为单一的共和制国家，“信仰神道、人道主义、民族主义、民主和社会公正”是建国五项基本原则（简称“潘查希拉”）。实行总统制，总统为国家元首、行政首脑和武装部队最高统帅。2004年起，总统和副总统不再由人民协商会议选举产生，改由全民直选；每任5年，只能连任一次。总统任命内阁，内阁对总统负责。

人 协 全称“人民协商会议”。国家立法机构，由人民代表会议（国会）和地方代表理事会共同组成，负责制定、修改和颁布宪法，并对总统进行监督。如总统违宪，有权弹劾罢免总统。每5年换届选举。本届人协于2014年10月成立，共有议员692名，包括560名国会议员和132名地方代表理事会成员。设主席1名，副主席4名。现任主席为祖尔基夫里·哈桑。

国 会 全称“人民代表会议”。国家立法机构行使除修宪和制定国家大政方针之外的一般立法权。国会无权解除总统职务，总统也不能宣布解散国会。但若总统违反宪法，国会有权建议人协追究总统责任。本届国会于2014年10月成立，共有议员560名，兼任人协议员。任期五年。设议长1名，副议长4名。现任议长为塞特亚·诺凡多。

国家政要 佐科·维多多总统，2014年10月就任，任期至2019年，是第7任总统；2014年7月9日，尤素夫·卡拉再次当选印度尼西亚副总统。

政　府 本届内阁于2014年10月组建，现任阁员34人，任期至2019年，包括：政治法律安全统筹部长特佐·埃迪·普尔迪亚特诺、经济统筹部长索菲安·贾里尔、海洋统筹部长英德罗约诺·苏西洛、人类发展与文化统筹部长布安·马哈拉尼、国务秘书部长普拉蒂克诺、内政部长扎赫约·库莫罗、外交部长蕾特诺·马尔苏迪、国防部长里亚米扎尔德·里亚库杜、司法人权部长亚索纳·劳利、财政部长班邦·布罗佐内戈罗、能源与矿产资源部长苏迪尔曼·赛义德、工业部长萨利赫·胡辛、贸易部长拉赫马特·戈贝尔、农业部长阿姆兰·苏莱曼等。

司　法 实行三权分立，最高法院独立于立法和行政机构。最高法院院长由最高法院法官选举，现任院长哈达·阿里。

政　党 1975年政党法只允许三个政党存在，即专业集团、印度尼西亚民主党、建设团结党。1998年5月解除党禁。1999年1月28日新政党法规定，50名以上年满21岁的公民只要遵循“不宣传共产主义，不接收外国资金援助，不向外国提供有损于本国利益的情报，不从事有损于印度尼西亚友好国家的行为”的原则，便可成立政党。2014年大选中，共有15个政党参选，10个政党获得国会议席，民主斗争党成为国会第一大党。主要大党包括：

民主党：成立于2001年9月9日，以“潘查希拉”为政治纲领，以维护和巩固国家统一为目标，倡导民族主义、宗教信仰自由、多元主义和人道主义。2009年4月国会选举中获148个议席，2014年国会选举中议席大幅下滑。现任总主席为苏西洛·班邦·尤多约诺。

专业集团党：1959年组成松散的专业集团联合秘书处，1964年10月由61个群众组织联合成立专业集团，1970年12月扩大为包括291个群众组织的专业组织，1967年至1999年6月为事实上的执政党，但一直自称为社会政治组织。1999年3月7日正式宣布为政党。以“潘查希拉”为政治纲领，主张在民主和民权基础上进行政治体制改革，保障人权，改善民生。2014年国会选举中获91个议席，国会第二大党。总主席阿布里扎尔·巴克利。

民主斗争党：由原印度尼西亚民主党分裂出来的人士组成，1998年10月正式成立。民主斗争党系民族主义政党，印度尼西亚世俗政治力量代表。以“潘查希拉”为政治纲领，弘扬民族精神，反对宗教和种族歧视。2014年国会选举中民主斗争党获109个议席，成为国会第一大党。现任总主席为梅加瓦蒂·苏加诺普特丽。

大印尼运动党：成立于2008年2月6日，以“潘查希拉”为政治纲领，倡导民族主义、人道主义。2009年大选中大印度尼西亚运动党力推普拉博沃参选，因实力不济竞选失败。在2014年国会选举中大印度尼西亚运动党获73个议席。总主席普拉博沃·苏比延托。

国家使命党：成立于1998年8月23日，党员多为印度尼西亚第二大穆斯林团体穆哈玛迪亚（Muhammadiyah）成员，具有伊斯兰现代派特征。主张三权分立制衡、人民主权、经济平等、种族宗教和睦等。2009年国会选举中获53个议席，成为国会第五大党。现任总主席为哈达·拉加萨。

建设团结党：1973年1月由伊斯兰教士联合会、印度尼西亚穆斯林党、印度尼西亚伊斯兰教士联盟党和白尔蒂伊斯兰教党合并组成。20世纪80年代后伊斯兰教士联合会退出。原政治纲领为“潘查希拉”，现回归伊斯兰教，并将党徽重新改回麦加天房图案。主张司法独立，实施广泛地方自治和宗教平等，全面提高人口素质。2009年国会选举中建设团结党获38个议席，成为国会第六大党。现任总主席为苏尔亚达尔马·阿里。

经　济

国内生产总值 2015年印度尼西亚国内生产总值（GDP）达8617.70亿美元，约合11540.8万亿印尼盾，同比增长9.2%。人均国内生产总值约达3377美元，约合4518万印尼盾。（据印尼中央统计局数据）

产　业 2015年，印度尼西亚政府继续加大对各经济领域，特别是基础设施建设、粮食安全、扶贫、投资环境改善等方面的投入。按产业统计，印度尼西亚信息通讯同比增长10.06%，金融保险同比增长8.53%，商业服务同比增长7.69%，教育服务同比增长7.45%，采矿业、供电供气业和批发零售业增长相对滞后。

金　融 货币名称：印度尼西亚盾（Rupiah）。2015年，印度尼西亚家庭消费同比增长4.96%，政府开支同比增长5.38%。2015年，印度尼西亚保持7.5%的较高基准利率。从总体情况看，印度尼西亚经济继续保持一定增长幅度，但增速进一步放缓，2015年经济增长率为2009年以来最低。印度尼西亚经济增长低于预期增长的主要原因：国际市场持续不振影响印度尼西亚大宗产品出口；国内消费和外来投资增幅下降；国内为抑制高通胀和货币贬值维持较高利率而采取的货币从紧的政策。2015年，印度尼西亚外汇储备仍较充足，国家债务负担较轻。截至2015年年底，印度尼西亚外汇储备升至1059亿美元。外汇储备的增加源自印度尼西亚政府的外国贷款、油气出口收入与发行全球国债等因素。2015年，印度尼西亚盾与美元的平均汇率为13391.97∶1。（据中华人民共和国外交部网站数据）

进出口贸易 据印度尼西亚国家统计局统计，2015年，印度尼西亚货物进出口额为2930.9亿美元（约合3925.05万亿印尼盾），比2014年同期下降17.3%。其中，出口1503.9亿美元，下降14.7%；进口1427.0亿美元，下降19.9%。贸易顺差76.9亿美元，而2014年同期为逆差18.9亿美元。从国别（地区）看，2015年印度尼西亚对其主要贸易伙伴出口均出现程度不同下降，按出口金额排列依次为：日本－22.2%、美国－1.8%、中国－14.6%，新加坡－24.7%、印度－4.4%，马来西亚－21.5%。上述6国合占印度尼西亚出口贸易总额的54.5%。印度尼西亚自中国、新加坡、日本、马来西亚、韩国和泰国的进口额分别占其进口总额的20.6%、12.6%、9.3%、6.0%、5.9%和5.7%，合计为60.1%；增减幅依次为－4.0%、－28.4%、－22.0%、－21.4%、－28.9%和－17.4%。2015年，印度尼西亚前6大逆差来源国依次为中国、新加坡、泰国、沙特阿拉伯、阿塞拜疆和巴西。

外　资 印度尼西亚经济近年来的优异表现带动了一波又一波的外国投资热潮。据印度尼西亚外国投资部数据显示，2015年印度尼西亚经济运行良好，吸引外国直接投资292.8亿美元，与2014年相比增长2.6%。2015年，在印度尼西亚的外国投资增长率高达19.2%，其中新加坡落实投资额59亿美元为最多，中国香港投资增长率103%为最高。在印度尼西亚投资来源国排行榜上，中国位列第9位。2015年，中国投资者在印度尼西亚申请的计划投资额达277.59万亿印尼盾，相比2014年增加了67%，占印度尼西亚外国计划投资总额的22.96%。中国投资者热衷的行业侧重于基础设施领域，最大投资计划是在电力领域，占中国投资计划总额的54.36%；其次是铁路运输领域占26.62%，金属工业领域占6.04%，住房、工业园与办公楼领域占5.03%，以及贸易领域占3.36%。

传媒

共有各类报刊3000多种。主要印度尼西亚文报纸有《罗盘报》、《专业之声报》、《印度尼西亚媒体报》、《共和国日报等》、《革新之声报》和《印度尼西亚商报》；英文报纸有《雅加达邮报》、《雅加达环球报》、《印度尼西亚观察家报》等；中文报纸有《国际日报》、《商报》《千岛日报》和《星洲日报》（原《印度尼西亚日报》）等。

通讯社目前只有安塔拉通讯社，系官方通讯社，1937年12月13日创立，在印度尼西亚27个省设有分社，约有300名记者。该社2007年3月恢复了北京分社，并派驻常驻记者。

广播电视主要有公立的印度尼西亚国家电台和印度尼西亚国家电视台。印度尼西亚国家电台于1945年9月11日成立，设有53个分台和对外广播的“印度尼西亚之声”台（用10种语言广播）。印度尼西亚电视台于1962年8月17日正式运营，共有13个分台，395个转播器，覆盖印度尼西亚全境。原为政府经营，2000年后成为公共电视台。

私营电视台有鹰记电视台、教育电视台、美都电视台等11家全国性电视台以及众多的地方电视台。各地的电台多达1800多个。

老　挝

国名

老挝人民民主共和国（The Lao People's Democratic Republic），简称老挝。

国旗

老挝国旗旗面中间平行长方形为蓝色，占旗地一半，上下为红色长方形，各占旗地的四分之一。蓝色部分中间为白色圆轮，轮的直径为蓝色部分宽度的五分之四。蓝色象征富饶，红色象征革命。白色圆轮表示圆月。此旗原为老挝爱国战线旗帜。

老挝国旗

老挝国徽

国 徽

老挝国徽呈圆形，由两束稻穗环饰的圆面上有具象征意义的图案：大塔是著名古迹，它是老挝的象征；齿轮、拦河坝、森林、田野等分别象征工业、水力、林业；稻穗象征农业。两侧的饰带上写着“和平、独立、民主、统一、繁荣昌盛”，底部的饰带上写着“老挝人民民主共和国”。

部分节日

独立日：10 月 12 日（1945 年）；国庆日：12 月 2 日（1975 年）；老挝人民军成立日：1 月 20 日（1949 年）；老挝人民革命党成立日：3 月 22 日（1955 年）；老挝新年（宋干节，也叫泼水节）：佛历 5 月，一般从每年公历 4 月 13 日开始，前后共 3 天；塔銮节：佛历 12 月，公历 11 月。

自然地理

老挝位于中南半岛北部，地处北纬 13°52′～22°05′、东经 100°10′～107°30′。老挝国土面积 23.68 万平方公里，位于中南半岛北部的内陆国家。北邻中国，南接柬埔寨，东接越南，西北达缅甸，西南毗连泰国。境内 80％的国土为山地和高原，且多被森林覆盖，有“印度支那屋脊”之称。地势北高南低，北部与中国云南的滇西高原接壤，东部老挝、越南边境为长山山脉构成的高原，西部是湄公河谷地和湄公河及其支流沿岸的盆地与小块平原。全国自北向南分为上寮、中寮和下寮，上寮地势最高，川圹高原海拔 2000～2800 米。最高峰比亚山峰海拔 2817 米。发源于中国的湄公河是最大河流，流经西部 1900 公里。属热带、亚热带季风气候，分为雨季（5～10 月）和旱季（11 月至次年 4 月）。

老挝香通寺

国 民

人　口　2015 年，老挝总人口数约 691.1 万（据世界银行统计数据）。

民　族　2008 年 11 月，老挝六届国会六次会议审议确定，老挝只有一个民族即老挝族，下分 49 个少数民族，分属老挝泰语族系、孟—高棉语族系、苗—瑶语族系和汉—藏语族系。

语　言　官方语言是老挝语。部分国民也使用泰语、华语。老挝语和泰语大致可以相通。

宗　教　90％的国民信奉小乘佛教，少数信奉基督教、原始宗教等。

行政区划

首都为万象。全国划分为 17 个省、1 个直辖市。

国体政体

国　体　老挝宪法规定：老挝人民民主共和国是人民民主国家，全部权利属于人民，各族人民在老挝人民革命党带领下行使当家做主的权利。

宪　法　1991 年 8 月，老挝最高人民议会第二届六次会议通过了老挝人民民主共和国第一部宪法。

议　会　国会（原称最高人民议会，1992 年 8 月改为现名）是国家最高权力机构和立法机构，负责制定宪法和法律。国会每届任期 5 年，每年召开两次会议，特别会议由国会常委会决定或由三分之二以上的议员提议召开。国会议员由地方直接选举产生。第七届国会选举于 2011 年 4 月 30 日举行，共选出国会议员 132 名。2011 年 6 月 15 日，老挝第七届国会第一次会议在万象召开，会议选举老挝人民革命党中央委员会总书记朱马里·赛雅颂为国家主席，中央政治局委员通邢·塔马冯出任政府总理。会议还选举中央政治局委员巴妮·雅陶都为老挝第七届国会主席。

国家政要　老挝人民革命党中央总书记、国家主席朱马里·赛雅颂，朱马里在 2006 年 3 月和 6 月分别当选为老挝人民革命党中央委员会总书记和国家主席。2011 年 3 月和 6 月，朱马里分别再次当选为中央委员会总书记和国家主席。总理通邢·塔马冯，于 2011 年 6 月当选。第 7 届国会主席巴妮·雅陶都，于 2011 年 6 月当选连任。2016 年 4 月，老挝第 8 届国会第 1 次会议在万象召开，会议选举老挝人民革命党中央委员会总书记本扬·沃拉吉为国家主席，选举中央政治局委员通伦·西苏里为政府总理。

政　府　政府是老挝国家最高行政机关。老挝本届政府于 2011 年 6 月组成，下设 21 个部门（18 个部和 3 个直属机构）。总理通邢和四位副总理均连任。总理府更名为政府办公厅，设 6 名政府办公厅部长（1 名兼任办公厅主任）。撤消国家邮电署、科技署、水资源与环境管理署和公务员管理署。新成立邮电通信部、科技部、自然资源与环境部和民政事务部。原教育部和国家体育总局合并为教育体育部、原新闻文化部和国家旅游局合并为新闻文化与旅游部。主要成员有朱马里·赛雅颂（国家主席、中央国防和治安委员会主席），通邢·塔马冯（政府总理），巴妮·雅陶都（女，国会主席），本扬·沃拉吉（国家副主席），宋沙瓦·凌沙瓦（政府常务副总理），阿桑·劳里（政府副总理兼国家监察署主席、党中央党政监察委员会主任）等。

司　法　老挝最高人民法院为最高司法权力机关。最高人民法院院长坎潘·西提丹帕，2011年6月当选；最高人民检察院检察长坎山·苏冯，2011年6月当选。

政　党　老挝人民革命党是老挝唯一的政党和执政党，于1955年3月22日建立，原称老挝人民党，1972年召开“二大”时改为现名。目前有党员约19.2万名。其宗旨是：领导全国人民进行革新事业，建设和发展人民民主制度，建设和平、独立、民主、统一和繁荣的老挝，为逐步走上社会主义创造条件。

经济

国内生产总值　2015年，老挝政治保持稳定，经济增长率为7%。2015财年，老挝国内生产总值（GDP）为128亿美元（约合102.32万亿基普），人均GDP为1970美元（约合1580万基普）。

产　业　目前，老挝经济以农业为主，工业基础薄弱。1988年起推行革新开放，调整经济结构，即农林业、工业和服务业相结合，优先发展农林业；取消高度集中的经济管理体制，转入经营核算制，实行多种所有制形式并存的经济政策。2015财年，老挝农林业增长3%，占GDP的23.7%，全年稻谷产量387.2万吨；工业增长8.9%，占GDP的29.1%，其中能源矿产产量18.93万亿基普，占比12%；服务业增长9.1%，占比39.8%，全年入境游客430万人，旅行收入6.72亿美元。近年来，老挝旅游业也取得了快速的发展，外国游客人数由2013年的378万人次增至2015年的460万人次。

金　融　货币名称：基普（Kip）。2015年，老挝全年通胀率仅为1.33%。2015年前9个月，老挝的通货膨胀率月均为1.3%，远低于2014年同期4.62%的水平。老挝90%的产品需要进口，基普相对美元和泰铢升值而导致通胀率下降。2015财年，老挝财政负债额升至30亿美元，税收完成23.82万亿基普。基普与美元汇率约为8000∶1。（据中华人民共和国外交部网站数据）

进出口贸易　据中国海关统计，2015年中国与老挝双边贸易额27.8亿美元，同比下降23.1%。其中，中国对老挝出口12.3亿美元，同比下降33.3%；中国自老挝进口15.5亿美元，同比下降12.6%。老挝出口的商品主要有纺织品、咖啡、木制品和农产品，进口的商品主要有汽车零部件、工业制品、汽油和天然气、建材和食品。

外　资　2015财年，老挝投资项目5604个，总额超过7.63万亿基普，其中内资3.2万亿基普，外资4.42万亿基普。据中方统计，截至2015年年底，中国对老挝直接投资存量58.5亿美元。2015年，中国对老挝直接投资13.6亿美元，同比增长36.2%。

传媒

全国各类报刊约有20种。《人民报》为老挝人民革命党中央机关报，创刊于1950年8月13日，用老挝文出版。其他还有《新万象报》、《人民军报》和《青年报》等。外语报有英文报《VIENTIANETIMES》和法文报《LERENOVATEUR》。

巴特寮通讯社是官方通讯社，于1968年1月成立。

广播电台有老挝国家广播电台、老挝人民军广播电台和14个省级广播电台。老挝国家广播电台设在首都万象，用老挝语广播，对外用越、柬、法、英、泰语广播。电视台有老挝国家电视台和17家省（直辖市）电视台。老挝国家电视台建于1983年12月，每天播放老挝语节目5小时左右。此外还有17家省级电视台。

马来西亚

国名

马来西亚（Federation of Malaysia），简称马来西亚。

国旗

马来西亚国旗呈横长方形，长宽之比为2∶1。主体部分由14道红白相间、宽度相等的横条组成。左上方有一深蓝色的长方形，上有一弯黄色新月和一颗有14个尖角的黄色星。14道红白横条和14颗星象征马来西亚的13个州和政府。蓝色象征人民团结及马来西亚与英联邦的关系（英国国旗以蓝色为旗底），黄色象征国家元首，新月象征马来西亚的国教伊斯兰教。

马来西亚国旗

马来西亚国徽

国徽

马来西亚国徽中间为盾形徽。盾徽上面绘有一弯黄色新月和一颗14个尖角的黄色星，盾面上的图案和颜色象征马来西亚的组成及其行政区划。盾面上部列有5把入鞘的短剑，它们分别代表柔佛州、吉打州、玻璃市州、吉兰丹州和丁加奴州。盾面中间部分绘有红、黑、白、黄4条色带，分别代表雪兰莪州、彭亨州、霹雳州和森美兰州。盾面左侧绘有蓝、白波纹的海水和以黄色为地并绘有3根蓝色鸵鸟羽毛，这一图案代表槟榔屿。盾面右侧的马六甲树代表马六甲州。盾面下端左边代表沙巴州，图案中绘有强健的褐色双臂，双手紧握沙巴州州旗。盾面下端右边绘有一只红、黑、蓝3色飞禽，代表沙捞越州。盾面下部中间的图案为马来西亚的国花——木槿，当地人称“班加拉亚”。盾徽两侧各站着一头红舌马来虎，两虎后肢踩着金色饰带，饰带上书写着格言“团结就是力量”。

部分节日

全国各地大小节日约有上百个，政府规定的全国性节日有10个，即：国庆（又称独立日，8月31日）、元旦、开斋节、春节、哈芝节、屠妖节、五一节、圣诞节、卫塞节、现任最高元首诞辰。除少数节日日期固定外，其余节日的具体日期由政府在前一年统一公布。

自然地理

马来西亚位于东南亚，地处太平洋和印度洋之间，陆地国土面积33万平方公里。全境被南中国海分成东马来西亚和西马来西亚两部分。西马来西亚为马来亚地区，位于马来半岛南部，北与泰国接壤，西濒马六甲海峡，东临南中国海。东马来西亚为沙捞越地区和沙巴地区的合称，位于加里曼丹岛北部，海岸线全长4192公里。属热带雨林气候，内地山区年均气温22℃～28℃，沿海平原为25℃～30℃。马来半岛西岸每年9～12月为雨季，西马东岸、沙巴、沙捞越等地雨季为每年10月至翌年2月。

马来西亚马布岛

国民

人　口　马来西亚国家统计局发布公告，截至2015年2月，马来西亚人口总数为3040万人。马来西亚国家统计局预测，到2040年，马来西亚人口将达到3850万人，其中男女比例基本持平，分别为1960万人和1900万人。

民　族　沙捞越州原住居民以伊班族为主，沙巴州以卡达山族为主。

语　言　马来语为国语，通用英语，华语使用也较广泛。

宗　教　伊斯兰教为国教，其他宗教有佛教、印度教、基督教、拜物教等。

行政区划

首都为吉隆坡。全国分为13个州，包括西马的柔佛、吉打、吉兰丹、马六甲、森美兰、彭亨、槟榔屿、霹雳、玻璃市、雪兰莪、丁加奴以及东马的沙巴、沙捞越，另有3个联邦直辖区：吉隆坡、纳闽和普特拉贾亚（Putra Jaya，联邦政府行政中心）。

国体政体

政　体　实行君主立宪联邦制。因历史原因，沙捞越州和沙巴州拥有较大自治权。

宪　法　1957年颁布马来亚宪法，1963年马来西亚成立后继续沿用，改名为马来西亚联邦宪法，后经多次修订。宪法规定：最高元首为国家首脑、伊斯兰教领袖兼武装部队统帅，由统治者会议选举产生，任期5年。最高元首拥有立法、司法和行政的最高权力，以及任命总理、拒绝解散国会等权力。1993年3月，马来西亚议会通过宪法修正案，取消了各州苏丹的法律豁免权等特权。1994年5月修改宪法，规定最高元首必须接受并根据政府建议执行公务。2005年1月，马来西亚议会再次通过修正宪法案，决定将各州的水供事务管理权和文化遗产管理权移交中央政府。

统治者会议 由柔佛、彭亨、雪兰莪、森美兰、霹雳、丁加奴、吉兰丹、吉打、玻璃市等9个州的世袭苏丹和马六甲、槟州、沙捞越、沙巴等4个州的州元首组成。其职能是在9个世袭苏丹中轮流选举产生最高元首和副最高元首；审议并颁布国家法律、法规；对全国性的伊斯兰教问题有最终裁决权；审议涉及马来族和沙巴、沙捞越土著民族的特权地位等重大问题，未经该会议同意，不得通过有关统治者特权地位的任何法律。内阁总理和各州州务大臣、首席部长协助会议召开。2011年10月14日，在马来西亚统治者会议举行的特别会议上，阿卜杜勒·哈利姆·穆阿扎姆·沙阿获选为马来西亚第14任最高元首。12月13日，阿卜杜勒·哈利姆就任马来西亚最高元首，成为马来西亚成立以来首位两次担任这一职务者。2012年4月11日，阿卜杜勒·哈利姆在首都吉隆坡的国家皇宫正式登基。

议　会 也称国会，为最高立法机构。由上议院和下议院组成。下议院共设议席222个，任期5年，可连任。2013年6月，新一届下议院中国阵占133席，反对党联盟人民联盟占89席。下议长丹·斯里·达图·班迪卡·阿敏，2008年4月28日就任，2013年6月24日连任。上议院共70席，由全国13个州议会各选举产生2名，其余44名由最高元首根据内阁推荐委任，任期3年，可连任两届。目前共有上议员52名，空缺18名。现任上议长丹·斯里·阿布·扎哈，2010年4月26日就任，2013年5月21日连任。

国家政要 最高元首端古·阿尔哈吉·阿卜杜尔·哈利姆·慕阿扎姆·沙阿，2011年12月就职，为马来西亚第14任最高元首。2012年4月正式登基；总理纳吉布·敦·拉扎克，2009年4月宣誓就职，2013年5月连任。

政　府 即内阁，联邦政府采用责任内阁制，内阁是马来西亚最高行政机关，由在选举中占半数以上的政党组成。政府首脑是总理，由最高元首任命。2014年6月，纳吉布总理宣布新一届内阁名单，共设24个部门，内阁成员有：总理兼财政部长达图·斯里·穆罕默德·纳吉布·宾·敦·哈吉·阿卜杜尔·拉扎克，副总理兼教育部长丹·斯里·达图·哈吉·穆希丁·宾·穆罕默德·雅辛，自然资源与环境部长达图·斯里·帕拉尼维尔·戈文达萨米，旅游和文化部长达图·斯里穆罕默德·纳兹里·宾·阿卜杜尔·阿齐兹，国防部长达图·斯里·希沙慕丁·宾·敦·侯赛因，交通部长达图·斯里·廖中莱，乡村及地方发展部长达图·斯里·哈吉·穆罕默德·沙菲·宾·哈吉·阿普达尔，国际贸易及工业部长达图·斯里·慕斯塔法·宾·穆罕默德等。

司　法 最高法院于1985年1月1日成立。1994年6月改名为联邦法院。设有马来亚高级法院（负责西马）和婆罗洲高级法院（负责东马），各州设有地方法院和推事庭。另外还有特别军事法庭和伊斯兰教法庭。联邦法院首席大法官丹·斯里·达图·斯里·扎基，于2007年12月11日获任命。总检察长丹·斯里·阿卜杜尔·甘尼·帕泰尔，于2002年1月1日就任。

政　党 注册政党有40多个。13个政党组成国民阵线联合执政。2001年5月，沙巴人民正义党解散，并入巫统。2002年1月，反对党沙巴团结党重返国民阵线。2008年4月，反对党人民公正党、民主行动党和伊斯兰教党联合组成“人民联盟”。2008年9月，沙巴进步党宣布退出国民阵线，成为独立政党。主要执政党有：马来民族统一机构：马来人政党。成立于1946年5月11日。目前有党员280万名。1996年，从巫统分裂出去的“四六”精神党重返新巫统后再次还名为“巫统”。现有党员338万。巫统主席和署理主席代表国阵出任政府正、副总理。现任主席纳吉布，署理主席穆希丁。马来西亚华人公会：最大的华人政党。于1949年2月27日成立，原名马来亚华人公会，马来西亚成立后改为现名。目前有党员110万名。现任总会长廖中莱，署理总会长魏家祥。

马来西亚印度人国大党：于1946年8月2日成立。马来西亚印度国大党和巴基斯坦族政党旨在争取和维护两族利益。目前有党员55万名。主席达图·帕拉尼威·哥维达萨米，2010年12月6日就任。

经济

国内生产总值 2015年马来西亚国内生产总值（GDP）为3134.79亿美元，约合10626亿林吉特，同比增长5%。人均GDP为10073.17美元，约合34148.05林吉特。（据马来西亚统计局数据）

产　业 2015年马来西亚经济持续增长，主要源于建筑业、服务业、制造业的蓬勃发展。其中，2015年建筑业是国内经济增长最快的领域，增长率为8.2%。2015年，马来西亚原棕油产量达到1996万吨，出口2620万吨棕油产品，创造收入为632亿林吉特。2015年，马来西亚木材及木制品出口额达

217亿林吉特，同比增长6.3%。2015年，马来西亚制造业的生产力增长率为7.1%，建筑业为5.5%，服务业为3.3%。农业是唯一负增长的工业领域，生产水平同比下跌2.4%。

金　融　货币名称：林吉特（Ringgit）。截至2015年7月15日，外汇储备金降至3794亿林吉特，约合1119.17亿美元。2015年，马来西亚林吉特兑美元平均汇率为3.39∶1。

进出口贸易　据马来西亚统计局统计，2015年，马来西亚货物进出口额为3759.4亿美元（约合12744.37亿林吉特），同比下降15.2%。其中，出口为1999.6亿美元，同比下降14.6%；进口1759.8亿美元，同比下降15.8%。贸易顺差239.8亿美元，同比增长6.4%。马来西亚主要出口商品有机电产品、矿物燃料、机械设备、植物油、塑料及制品等。2015，马来西亚前五大逆差来源国依次为中国、中国台湾、瑞士、韩国和沙特阿拉伯，逆差额分别为71.7亿美元、33.0亿美元、17.2亿美元、14.9亿美元和10.6亿美元。顺差主要来自新加坡、中国香港、日本、美国和印度，顺差额依次为67.6亿美元、65.2亿美元、52.1亿美元、46.8亿美元和42.3亿美元。

外　资　根据马来西投资发展局发布的报告显示，2015年总投资额1867亿林吉特，同比下滑了21%。其中，本地投资额为1506亿林吉特（占比80.7%），外国直接投资额为361亿林吉特（占比19.3%）。马来西亚政府2015年共批准投资项目4887个，可创造18万个就业机会。从投资领域看，服务业投资1082亿林吉特（占比58%），同比下降29.5%；制造业投资747亿林吉特（占比40%），同比增长3.9%；原产业投资38亿林吉特（占比2%）。服务业共批准4150个项目，主要领域是房地产、运输、金融服务、公共事业、全球机构、贸易分销、酒店与旅游等；制造业共批准680个项目，主要领域是石油产品、天然气、电子电器、交通设备、非金属矿产制品等。从投资国别（地区）看，2015年马来西亚制造业领域最大外资来源地是美国，投资额达41.5亿林吉特，其次是日本40.1亿林吉特，第三是中国香港31.8亿林吉特，中国大陆位列第四位，投资额为18.7亿林吉特。

传媒

全国约有50份报纸，用8种文字出版。主要报纸有马来文的《马来使者报》、《每日新闻》、《祖国报》；英文的《新海峡时报》、《星报》、《马来邮报》；华文的《南洋商报》、《星洲日报》等。马来西亚国家新闻社（简称马新社）是一个半官方的通讯社，成立于1968年，在亚太地区设有33家分社。

马来西亚广播电台属官办，建于1946年，拥有6个广播网，用马来语、英语、华语和泰米尔语广播。马来西亚之声电台建于1963年，用马来语、阿拉伯语、英语、印尼语、缅甸语、他加禄语和泰语等对外广播。马来西亚电视台属官办，建于1963年，设有两个频道，用马来语、英语、华语和泰米尔语播放。另外还有第三电视台（TV3）、城市电视（METRO VISION）和国民电视（NTV）三家私营电视台。近年还开办了ASTRO卫星有线电视频道。2004年1月开播了8TV电视台。

缅　甸

国名

缅甸联邦共和国（Republic of The Union of Myanmar），简称缅甸。

国旗

2010年10月21日，根据缅甸国家和平与发展委员会颁布的法令，缅甸正式启用《缅甸联邦共和国宪法》确定的新国旗、新国徽，国歌保持不变。缅甸的新国旗为黄、绿、红三色，中有白色五角星。绿色代表和平、安宁、草木茂盛、青葱翠绿的环境，黄色描绘出团结，红色象征勇敢与决心。白星反映出坚强联邦永恒不坠的意义。

缅甸国旗

缅甸国徽

国徽

现行缅甸国徽于2010年10月21日开始使用，由1974年版的缅甸国徽修改而来。1974年版缅甸国徽中间为缅甸版图置于一个十四齿的齿轮，齿数象征缅甸的省和邦，外饰以稻穗；新国徽中间为缅甸版图置于橄榄枝中间，两头圣狮为守护兽。两者之间为花卉状图案，顶端为一颗象征独立的五角星。下方是绶带。

部分节日

独立节：1月4日（1948年）。泼水节（缅历新年）：4月13日。联邦节：2月12日。农民节：3

月2日。建军节：3月27日，初为抗日节，1955年改为建军节。工人节：5月1日。烈士节：7月19日。民族节：12月1日。

自然地理

缅甸位于中南半岛的西部，在西藏高原和马来半岛之间，领土约67.7万平方公里。西北与印度和孟加拉国接壤，东北与中国为邻，东南与老挝、泰国毗邻，西南濒临孟加拉湾和安达曼海，海岸线长3200公里，均在南部。属热带季风气候，分热、雨、凉三季，3～5月为热季，6～9月为雨季，10月到次年2月为凉季。各地年平均气温为27℃。森林覆盖率占总面积的50%以上。

缅甸仰光大金寺

国民

人　口　据联合国人口基金消息，缅甸公布2015年总人口普查结果显示，缅甸总人口数量为5150万。

民　族　主要有缅族、克伦族、掸族、克钦族、钦族、克耶族、孟族和若开族等，缅族约占总人口的65%。

语　言　缅甸语为官方语言，各少数民族均有自己的语言，其中缅、克钦、克伦、掸和孟等族有文字。

宗　教　全国85%以上的人信奉佛教，约8%的人信奉伊斯兰教。

行政区划

首都为内比都。全国分七个省和七个邦。省是缅族主要聚居区，邦多为各少数民族聚居地。缅甸国家和平与发展委员会于2011年1月27日颁布了缅甸经济特区法，缅甸南部深水港土瓦被确定为经济特区。

国体政体

政　体　缅甸实行总统制，总统为国家元首和政府首脑。

宪　法　1974年缅甸制定了《缅甸社会主义联邦宪法》。1988年军政府接管政权后，宣布废除宪法，并于1993年起召开国民大会制订新宪法。2008年5月，新宪法草案经全民公决通过，并于2011年1月31日正式生效，国名更名为“缅甸联邦共和国”。

国家政要　总统吴登盛，2011年2月当选；副总统赛茂康，2011年2月14日，在联邦议会选举中当选缅甸联邦共和国副总统；副总统吴年吞，2012年8月15日，在缅甸第一届联邦议会第四次会议第六日会议上，当选缅甸副总统并宣誓就职。2015年11月8日，缅甸举行大选，昂山素季领导缅甸全国民主联盟赢得大选。2016年3月15日，缅甸联邦议会举行例会，吴廷觉当选为半个多世纪以来首位民选总统，吴敏瑞当选第一副总统，亨利班提育当选第二副总统。

政　府　主要成员有：国防部部长韦伦中将，内政部部长哥哥中将，边境事务部部长岱乃温中将，外交部部长温纳貌伦，宣传部部长吴昂基，农业与水利部部长吴敏莱，环保林业部部长吴温吞，财税部部长吴温欣，建设部部长吴觉伦，国家计划与经济发展部部长坎佐，商务部部长吴温敏。

司　法　缅甸法院和检察院共分4级。设最高法院和最高检察院，下设省邦、县及镇区3级法院和检察院。联邦最高法院为国家最高司法机关，首席法官吴吞吞乌。最高检察院为国家最高检察机关，联邦检察长吞欣博士。

政　党　1988年9月18日，缅甸军队接管国家政权，宣布废除一党制，实行多党民主制。1990年5月27日举行首次多党制大选，有93个政党参加竞选，后大批政党自行解散或被取缔。2010年11月7日缅甸举行全国多党民主制大选，共有37个获批准注册的政党参选，包括4个原合法政党和33个新成立政党。2012年4月1日，缅甸议会对45个空缺席位进行了补选。2015年11月8日缅甸举行全国大选，共有91个政党推举的5728名候选人和310名独立候选人参选。现有主要政党：

联邦巩固与发展党：该党由1993年成立的缅甸联邦巩固与发展协会转变而成，2010年5月正式注册成为政党，总部设在内比都，共有党员约1800万人。其宗旨是实现国家永固，主权独立，民族团结，和平稳定，繁荣发展，保护百姓的安全、改善民生，维护人权，实现民主。奉行多党民主制度、市场经济制度和独立、积极的外交政策。2012年10

月，缅甸选举现任总统吴登盛继续担任该党主席。根据缅甸宪法，当选国家领导人的政党领袖在履行公职期间不可从事党务活动。因此，吴登盛只是名义上继续担任党的领袖。2013年5月吴登盛正式辞去主席，由人民院议长吴瑞曼接任；副主席为吴埃敏、吴泰乌，总书记为吴貌貌登，现有中央执委44人。

全国民主联盟：简称民盟，总部设在仰光，成立于1988年9月29日，昂山素季任总书记。在1990年5月大选中，该党获得485个议席中的396席，后因军政府拒绝移交权力而与政府进行了长期斗争，系缅甸最大反对党。2010年11月7日缅举行全国多党民主制大选，民盟拒绝重新注册参选，根据选举法规定失去合法政党资格。2011年11月18日，民盟决定向联邦选举委员会申请重新注册政党。2012年1月5日，联邦选举委员会正式批准民盟申请，民盟重新成为合法政党，并于4月1日举行的议会补选中获得大胜。2015年11月8日缅甸大选，民盟在1150个议席中斩获886席，成为议会最大党。

民族团结党：主席吴吞伊，总书记吴丹丁，副总书记吴钦貌基。该党由原执政的缅甸社会主义纲领党于1988年9月24日改组而成，系缅甸第二大政党。总部设在仰光，各级组织机构健全，在中央、省/邦、县、镇区等各级设有党委会。宗旨是维护民族团结，维护国家独立和主权，为人民服务，为国家政治、经济和社会等各领域发展服务。

掸族民主党：主席吴赛埃榜。该党总部设在仰光。宗旨是维护民族团结，实现掸邦的经济、交通、教育、农业等领域发展。主席吴赛埃榜。

若开民族发展党：主席为埃貌博士，副主席为吴翁丁、吴丁温、吴梭漂、吴昂班达，总书记为吴吴腊梭，书记为吴吞昂觉、吴钦貌喇、吴达吞腊、吴凯比梭。总部设在若开邦博达坦镇区。该党于2010年5月注册成立，由若开邦和仰光省的若开族人组成，宗旨是团结全国人民，实现民主，促进国家政治、经济和社会发展，保护若开民族宗教信仰和风俗文化，维护若开民族利益和联邦利益。

全国民主力量党：主席为吴钦貌瑞（原民盟中央执委），副主席为吴梭温和拉梭纽博士。2010年5月成立，总部设在仰光省淡汶镇区。由原民盟中吴钦貌瑞、丹宁博士、温奈博士、吴登纽等4名中央执委，吴盛腊乌、吴梭温、吴丹温等3名中央委员在内的28名民盟前成员另立的新党。2011年12月以来，共有3名该党联邦议会议员宣布重返民盟。

经济

国内生产总值 2015年缅甸国内生产总值（GDP）为657.75亿美元，约合78.93万亿缅元。人均GDP为1268.68美元，约合152.24万缅元。（据国际货币基金组织数据）

产　业 2015年，缅甸经济增长主要源自政府对住宅、能源、公用事业、基础设施建设的投资和外来投资的增长。2015年缅甸建筑行业市场价值为82亿美元。据缅甸商务部统计，2014～2015年财年，缅甸成衣制造业出口额为8.96亿美元。能源方面，2015～2016年财年（2015年4月至2016年3月），缅甸天然气出口额达40亿美元。旅游方面，截至2015年11月底，2015年入境缅甸的游客人数超过420万。

金　融 货币名称：缅元（Kyat）。截至2015年6月30日，缅甸外债余额为90.99亿美元，约合10.92万亿缅元。2015年，缅元兑换美元的平均汇率为1200∶1。

进出口贸易 据缅甸商务部数据显示，2015～2016财年（2015年4月至2016年3月），缅甸进出口贸易总额达260多亿美元，其中缅甸出口100多亿美元，缅甸进口150多亿美元。缅甸五大出口目的国依次为中国、泰国、印度、新加坡和日本。出口方面，缅甸主要的出口商品为：天然气40多亿美元；服装6.75亿美元；玉石5.70亿美元；黑绿豆4.33亿美元；大米3.96亿美元；金属和矿石2.79亿美元；绿豆2.77亿美元；玉米2.72亿美元；水产品2.39亿美元；木豆1.74亿美元。据悉，2015～2016财年，天然气出口同比增长显著，但水产品、玉石等出口有所下降。进口方面，缅甸主要进口来源国依次为中国、新加坡、泰国、日本和印度。主要的进口商品为：汽车及相关产品16.8亿美元；石油16亿美元；机械和零部件15亿美元；船舶及相关产品11亿美元；钢铁建筑材料7.49亿美元；钢铁材料7.39亿美元；电话及通信材料5.78亿美元；塑料原料4.56亿美元；摩托车3.19亿美元。

外　资 根据缅甸投资与公司管理局统计，2015～2016财年缅甸共批准外国投资94.81亿美元，约合11.38万亿缅元，同比增长18%。同时，该财年也是缅甸自1988年开放外资以来，吸引外资第二高的年份。投资领域方面，2015～2016财年外资进入最多的是石油天然气领域，占总投资额的51%。具体包括中国广东振戎在缅甸南部建设的大型炼油厂，荷兰皇家壳牌等欧美公司在印度洋上的天然气开发项目等。其次为通讯运输领域，占总投资额的20%，包括挪威电信和卡塔尔电信等移动运营商在缅甸对通信基础设施的投资。外资进入较多的领域还包括制造业、房地产和电力领域。投资国别方面，2015～2016财年新加坡占总投资额的45%，继续蝉联第一。排名第2为中国，占该财年总投资额的35%，投资额是2014～2015财年的6倍。来自日本的投资额也出现大幅提升，排名上升至2015～2016财年的第8位。至此，1988～1989财年至2015～2016财年，缅甸共吸引了45个国家和地区的637.2亿美元的总投资，中国、新加坡和泰国位居对缅投资来源国的前3名。

传媒

缅甸报纸均为官办，全国发行的报纸有3种：《缅甸之光》缅文版、《缅甸新光》英文版和1992年9月复刊的《镜报》。地方性的报纸有仰光市出版的《首都报》、曼德勒市出版的《曼德勒日报》和《雅德那榜报》3份。此外，全国还有近180多种杂志和期刊，如《妙瓦底》、《秀玛瓦》、《威达意》、《视野》、《财富》、《缅甸时报》、《声音》、《七日新闻周刊》、《仰光时报》、《时尚》等等，其中《金凤凰》为唯一一份中文期刊。

缅甸通讯社为国家通讯社。缅甸现有电视台6个，包括缅甸之声电视台、妙瓦底电视台、MRTV－4、缅甸国际（MRTV－3）、Channel－7、Skynet－TV。广播电台有缅甸之声广播电台和9个调频电台，包括缅甸之声、城市、曼德勒、波达妙、瑞、彬萨瓦底、茄丽、蒲甘、德仁。

菲律宾

国名

菲律宾共和国（The Republic of The Philippines），简称菲律宾。

国旗

菲律宾国旗呈横长方形，长与宽之比为2∶1。靠旗杆一侧为白色等边三角形，中间是放射着八束光芒的黄色太阳，三颗黄色的五角星分别在三角形的3个角上。旗面右边是红蓝两色的直角梯形，两色的上下位置可以调换。平时蓝色在上，战时红色在上。太阳和光芒图案象征自由，八道较长的光束代表最初起义时争取民族解放和独立的8个省，其余光芒表示其他省。3颗五角星代表菲律宾的3大地区：吕宋、萨马和棉兰老。蓝色象征忠诚、正直，红色象征勇气，白色象征和平和纯洁。

菲律宾国旗

菲律宾国徽

国徽

菲律宾国徽为盾形，中央是太阳放射光芒的图案，3颗五角星在盾面上部，其寓意同国旗。左下方为蓝地黄色的鹰，右下方为红地黄色狮子。狮子和鹰图案分别为在西班牙和美国殖民统治时期菲律宾的标志，象征菲律宾摆脱殖民统治、获得独立的历史进程。盾徽下面的白色绶带上用英文写着“菲律宾共和国”。

部分节日

独立日：6月12日（1898年）。国庆日：6月12日（1898年）。自由日：2月25日。巴丹日（纪念二战时阵亡的战士）：4月9日。五月花节：5月最后一个星期日。国家英雄日：8月27日。英雄节（纪念民族英雄黎刹就义）：12月30日。

自然地理

菲律宾位于亚洲东南部，西濒南中国海，东临太平洋，是一个群岛国家，共有大小岛屿7107个。这些岛屿像一颗颗闪烁的明珠，星罗棋布地镶嵌在西太平洋的万顷碧波之中，菲律宾也因此拥有“西太平洋明珠”的美誉。菲律宾陆地面积29.97万平方公里，其中吕宋岛、棉兰老岛、萨马岛等11个主要岛屿占全国总面积的96%。菲律宾海岸线长达18533公里，多天然良港。菲律宾属季风型热带雨林气候，高温多雨。植物资源十分丰富，热带植物多达万种，素有“花园岛国”的美称。其森林面积为1585万公顷，覆盖率达53%，产有乌木、檀木等名贵木材。

菲律宾巴拉望岛

国民

人　口　据菲律宾国家统计协调委员会统计，截至2015年7月，菲律宾人口为1.01亿。在东盟成员国中菲律宾人口增长率最高，菲律宾是全球人口增长最快的国家和地区之一。预计到2040年，菲律宾人口将翻一番，超过1.84亿，迈入世界人口10大国的行列。（据新华网数据）

民　族　菲律宾是一个多民族国家，马来族占全国人口的85%以上，包括他加禄人、伊洛戈人、邦班牙人、比萨亚人和比科尔人等。少数民族和外国后裔有华人、印尼人、阿拉伯人、印度人、西班牙人和美国人，以及为数不多的原住民。

语　言　菲律宾有70多种语言。国语是以他加禄语为基础的菲律宾语，英语为官方语言。

宗　教　国民约85%信奉天主教，4.9%信奉伊斯兰教；少数人信奉独立教和基督教新教；华人多信奉佛教；原住民多信奉原始宗教。

行政区划

全国划分为吕宋、维萨亚和棉兰老三大部分。全国设有首都地区、科迪勒拉行政区、棉兰老穆斯林自治区等17个地区，下设82个省、135个市和1493个行政市。

国体政体

政　体　菲律宾实行总统内阁制。总统是国家元首、政府首脑兼武装部队总司令。

宪　法　菲律宾独立后共颁布过三部宪法，现行宪法于1987年2月由全民投票通过并正式生效。该宪法规定：菲律宾实行三权分立政体；总统拥有行政权，由选民直接选举产生，任期6年，不得连选连任；总统无权实施戒严法，无权解散国会，不得任意拘捕反对派；禁止军人干预政治；保障人权，取缔个人独裁统治；进行土地改革等。

议　会　又称国会。为最高立法机构，由参议院、众议院两院组成。参议院由24名议员组成，由全国直接选举产生，任期6年，每三年改选1/2，可连任两届。众议院由250名议员组成，其中200名由各省、市按人口比例分配，从全国各选区选出；25名由参选获胜政党委派，另外25名由总统任命。众议员任期3年，可连任3届。2010年6月8日，菲律宾国会参众两院联合委员会完成总统选举的检票工作，自由党总统候选人、菲律宾前总统阿基诺夫人的独子阿基诺三世赢得选举，成功当选总统。阿基诺三世在6月30日正式宣誓就职，成为菲律宾第15任总统。在副总统角逐中，菲律宾民众力量党候选人杰乔马·比奈共获得约1464万张选票，当选副总统。2016年，菲律宾举行总统大选。

国家政要　2016年5月9日，菲律宾举行大选，罗德里戈·杜特尔特当选为总统。2016年5月30日，菲律宾国会参众两院召开联席会议，宣布罗德里戈·杜特尔特成为新一届菲律宾总统，马里亚·罗夫雷多为副总统。

政　府　本届政府内阁于2010年6月组成，此后略有调整。截至2014年9月，内阁成员32名：副总统杰乔马·比奈，文官长帕奎托·奥乔亚，外交部长阿尔韦特·德尔罗萨里奥，财政部长塞萨尔·普利斯马，司法部长莱拉·德利玛，农业部长普罗塞索·阿尔卡拉，国防部长伯尔泰勒·加斯明，贸易与工业部长格里高利·多明戈等。

司　法　菲律宾司法权属最高法院和各级法院。最高法院由1名首席法官和14名大法官组成，均由总统任命，拥有最高司法权。下设上诉法院、地方法院和市镇法院。检察工作由司法部检察长办公室负责，总检察长克莱罗·阿里拉诺。

政　党　菲律宾共有政党100余个，大多为地方性小党。主要政党包括：自由党：是菲律宾执政党，1945年11月自国民党中分裂出来。自由党创始者曼努埃尔·罗哈斯是菲律宾第三共和国的第一任总统，之后，自由党的党首埃尔皮迪奥·基里诺和迪奥斯达多·马卡帕加尔也先后当选为总统。自由党政府在1992年大选中失利，成为在野党。2000年，自由党领导了反对时任总统约瑟夫·埃斯特拉达的群众运动，将其推翻。2010年，自由党候选人贝尼格诺·阿基诺三世参选总统获胜，自由党重新成为菲律宾执政党。2010年，自由党在菲律宾国会中拥有4个参议员席位和19个众议员席位。

基督教穆斯林民主力量党（简称“拉卡斯”）：系前总统拉莫斯于1991年底创立，由人民力量党、全国基督教民主联盟、菲律宾穆斯林民主联盟、团结党等整合而成。主张实行两党制，通过修宪扩大地方政府权力，改革选举制度，将总统任期6年一届修改为4年一届，可连任两届；主张通过谈判实现民族和解，促进社会稳定。经济上重视农业发展，增加就业，扶助贫困，加快私有化进程；倡导经济外交，奉行开放政策。1992年该党在大选中获胜，成为执政党。1998年大选中败于菲律宾民众奋斗党联盟。2001年阿罗约就任总统后，该党成为执政联盟的核心。2002年10月，该党针对2004年大选，对执政联盟进行再次整合改组。该党主席是雷比利亚，总裁是前众议长诺格拉雷斯，前总统拉莫斯任名誉主席。

民族主义人民联盟（NPC）：是前总统埃斯特拉达的执政党联盟——爱国民众战斗党（LAMP）成员之一。2000年10月，埃斯特拉达被弹劾后成为独立党派，目前为菲律宾众议院第二大党。该党支持修改宪法。为防止总统权力过大，主张实行议会制政体及实行两党制，支持加快国有企业私有化。现任主席为前众议员圣胡安。

摩洛伊斯兰解放阵线（简称“摩伊解”）：菲律宾最大的穆斯林反政府组织。现有武装力量12500人，主要活跃在棉兰老岛。1978年，以哈希姆·萨拉马为首的强硬派从摩解脱离后建立。2003年萨拉马去世后，穆拉特任主席。主张建立独立的伊斯兰国家，坚持武装斗争。摩伊解与政府虽多次签署停火协议，但均未能得到有效执行。2000年4月摩伊解与政府冲突升级为“全面战争”，摩伊解的营地被政府军全部攻占，其武装力量溃散后，继续以小股武装袭击政府军和民用设施。自2001年开始，阿罗约政府与摩伊解重开和谈，并曾签署停火协议与和平协议，但双方武装冲突仍时有发生。2003年，南部地区发生多起恐怖爆炸案件，政府认为是摩伊解所为，宣布通缉其主要领导人，威胁要将摩伊解列为恐怖组织。此后，在马来西亚协调下，双方进行多轮谈判，取得了一定进展。阿基诺总统主张同南部“摩洛伊斯兰解放阵线”等分离组织进行全面和谈，推动外国斡旋调停，促进国家团结和民族和解。2012年10月，菲律宾政府同“摩伊解”达成和平框架协议，2014年3月正式签署。

经济

国内生产总值　2015年菲律宾国内生产总值（GDP）为2993.14亿美元（约合135050亿比索），人均GDP为2951.15美元（约合133155.88比索）。

产　业　菲律宾是东南亚新兴工业国家，并且是世界的新兴市场之一。菲律宾经济的组成以农业及工业为主。2015年，菲律宾经济良好表现得益于服务业、建筑业和旅游业等行业。菲律宾服务业对整体经济增长的贡献举足轻重，2015年菲律宾服务业总产值为1718亿美元，同比增长6.7%，成为第一大创汇来源。2015年菲律宾工业产值为901.9亿美元，同比增长6%。其中，制造业、建筑业、能源和矿业产值占比分别为65%、22.3%、10.2%和2.5%。菲律宾制成品主要是电子、食品等轻工产品，占制造业产出的比重近60%。2015年，菲律宾建筑业继续高速发展，增幅达10.3%，连续第4年实现两位数增长，成为工业领域的亮点。此外，菲律宾能源行业同比增长1.2%，矿业略为下降17.2%。2015年，菲律宾农业产值为299.7亿美元，同比微增0.2%，低于亚洲其他发展中国家3%的平均增速。2015年菲律宾旅游收入达50亿美元，同比增长5.9%，约占GDP的8%。

金　融　货币名称为比索（Peso）。菲律宾国家统计局数据显示，2015年菲律宾通胀率为1.4%，低于2%～4%的政府预期目标范围。菲律宾中央银行经济研究部副主任丹尼斯表示，这主要是由于石油价格下跌、食品供应充足等。2015年年末，菲律宾外汇储备达到806.7亿美元（约合36398.3比索），同比增长1.4%，但低于807亿美元的年度目标。目前菲律宾外汇储备充足，是菲律宾短期外债的6倍。2015年菲律宾比索兑美元平均汇率为45.12∶1。中华人民共和国外交部网站数据显示，菲律宾失业率为6.6%（2015年1月）；2015年年末，菲律宾外债774亿美元（约合34922.88亿比索），占GDP的比重为26.5%。

进出口贸易　据菲律宾国家统计局数据显示，2015年该国进出口贸易总额达1253.3亿美元，同比下降1.7%。其中，进口额666.9亿美元，同比增长2%。从产品类别看，电子产品仍是菲律宾进口的主要产品，进口额为202亿美元，占比30.2%，同比增长32%；其次是矿物燃料和润滑油，进口额为79亿美元，占比11.8%，同比下降40%；第三大类是交通设备，进口额59亿美元，占比8.8%，同比下降5.2%。从进口来源国看，中国仍是菲律宾最大进口来源地，占比16.2%，同比增长9.7%；美国、日本次之，进口额分别是72.2亿美元、63.8亿美元，占比10.8%和9.6%。2015年该国总出口额为586.48亿美元，同比下降5.6%。2015年，日本仍为菲律宾首要出口国，菲律宾对日本出口123.8亿美元，占比21.1%，同比下降10.9%。美国、中国为第二、三大出口国，2015年出口总额分别为88亿美元和63.9亿美元，占比15%和10.9%，同比分别增长1.6%和下降24.5%。

外　资　2015年，菲律宾得益于建筑业和固定设备投资超过两位数的增长，社会资本形成同比增长4.8%，占菲律宾GDP的比重为23.5%，对经济增长的贡献与日俱增。据菲律宾国家统计局统计，2015年菲律宾吸收的协议外资金额达2452亿比索（约合53.9亿美元），同比增长31.2%。荷兰、日本、韩国、美国、新加坡为主要投资来源国，分别占比 33.7%、22.3%、9.4%、8.9%和 6.9%。而来自中国的直接投资额仅占总额的 0.6%，同比下降 87.3%。分行业而言，制造业（1346 亿比索）、电力、燃气、蒸汽和空调供应（465 亿比索）、行政和支持服务（229 亿比索）为吸收外国直接投资最多的行业。

传 媒

主要英文日报：《马尼拉公报》、《菲律宾星报》、《菲律宾每日问询者报》、《自由报》、《马尼拉时报》、《马尼拉纪事报》。菲律宾文日报：《消息报》、《菲律宾快报》。华文日报：《世界日报》、《商报》、《菲华时报》、《联合日报》和《环球时报》。

成立于 1973 年的菲律宾通讯社为官方通讯社，与中国、马来西亚、印度尼西亚、泰国、巴基斯坦、日本等 15 个国家和地区的通讯社建有新闻交换关系，与美联社、路透社均有工作联系。新闻组织有菲律宾全国新闻记者俱乐部、菲律宾新闻摄影家协会、菲律宾出版者协会等。全国有 257 家出版机构。

全国有 629 家广播电台，其中商业电台 488 家，菲律宾商业电台 51 家，32 家为政府所有，10 家为宗教台，7 家为教育台。有 137 家电视台，其中广播局和人民电视台属官方性质，其余均为私人所有。菲律宾广播电台、电视台使用的语言主要是英语、菲律宾语和华语。

新加坡

国 名

新加坡共和国（The Republic of Singapore），简称新加坡。

国 旗

新加坡国旗由上红下白两个相等的横长方形组成，长宽之比为 3∶2。左上角有一弯白色新月和五颗白色五角星。红色代表人类的平等，白色象征纯洁和美德。新月象征国家，五颗星代表国家建立民主、和平、进步、正义和平等的思想。新月和五颗星的组合紧密而有序，象征新加坡人民团结和互助的精神。

新加坡国旗

新加坡国徽

国 徽

新加坡国徽由盾徽、狮子、老虎等图案组成。红色的盾面上镶有白色的新月和五角星，其寓意与国旗相同。红盾左侧是一头狮子，这是新加坡的象征，新加坡在马来语中是“狮子城”的意思；右侧是一只老虎，象征新加坡与马来西亚之间历史上的联系。红盾下方为金色的棕榈枝叶，底部的蓝色绶带上用马来文写着“前进吧，新加坡”！

部分节日

独立日：8 月 9 日（1965 年）。华人新年：每年 1 月或 2 月的农历新年。中秋节：农历 8 月 15 日。开斋节：回历 10 月新月出现之时。泰米尔新年：4、5 月间。大宝森节：泰米尔历的 1～2 月间。蹈火节：10～11 月。卫塞节：5 月的月圆日。圣诞节：12 月 25 日。复活节：3 月 21 日月圆后的周日。

自然地理

新加坡位于马来半岛南端、马六甲海峡出入口，北隔柔佛海峡与马来西亚相邻，南隔新加坡海峡与印度尼西亚相望。由新加坡岛及附近约 63 个小岛组成，其中新加坡岛占全国面积的 88.5%。地势低平，平均海拔 15 米，最高海拔 163 米，海岸线长 193 公里。属热带海洋性气候，常年高温潮湿多雨。年平均气温 24℃～27℃，日平均气温 26.8℃。年平均降水量 2345 毫米，年平均湿度 84.3%。

新加坡滨海湾花园

国 民

人 口 2015 年 6 月，新加坡总人口 553.5 万。（据中华人民共和国外交部网站数据）

语 言 马来语为新加坡国语，英语、华语、马来语、泰米尔语为官方语言，英语为行政用语。

宗 教 主要宗教为佛教、道教、伊斯兰教、基督教和印度教。

行政区划

首都为新加坡。新加坡市行政上相当于国家，因此是一个城市国家。新加坡土地面积约为 718.3

平方公里（2014年），以符合都市规划的方式将全国划分为五个社区，由相应的社区发展理事会管理。

国体政体

国　体　新加坡实行议会共和制。总统为国家元首，由全民选举产生，任期6年。实行立法、行政、司法三权分立。

宪　法　1963年9月，新加坡并入马来西亚后，颁布了州宪法。1965年12月，州宪法经修改后成为新加坡共和国宪法，并规定马来西亚宪法中的一些条文适用于新加坡。宪法规定：实行议会共和制。总统为国家元首。1992年国会颁布民选总统法案，规定从1993年起总统由议会选举产生改为民选产生，任期从4年改为6年。总统委任议会多数党领袖为总理；总统和议会共同行使立法权。总统有权否决政府财政预算和公共部门职位的任命，可审查政府执行内部安全法令和宗教和谐法令的情况；有权调查贪污案件。总统在行使主要公务员任命等职权时，必须先征求总统顾问理事会的意见。

国　会　实行一院制，任期五年。国会可提前解散，大选须在国会解散后三个月内举行。年满21岁的新加坡公民都有投票权。国会议员分为民选议员、非选区议员和官委议员。其中民选议员从全国9个单选区和14个集选区中，由公民选举产生。集选区候选人以3至6人一组参选，其中至少一人是马来族、印度族或其他少数种族。同组候选人必须同属一个政党，或均为无党派者，并作为一个整体竞选。非选区议员从得票率最高的未当选候选人的反对党中任命，最多不超过6名，从而确保国会中有非执政党的代表。官委议员由总统根据国会特别遴选委员会的推荐任命，任期两年半，以反映独立和无党派人士意见。本届国会于2011年5月7日选举产生，共有99名民选议员，其中人民行动党81人，工人党6人。

国家政要　总统陈庆炎，2011年8月28日当选，2011年9月1日就任，任期6年。总理李显龙，2001年11月起兼任财政部长至今，2004年8月任总理，2006年5月和2011年5月两度连任。议长哈莉玛，是首位女议长。2015年9月11日，人民行动党再次赢得大选，李显龙再度接任总理一职。

政　府　本届内阁于2011年5月21日组成，2012年8月1日改组。主要成员有：总理李显龙，副总理兼国家安全统筹部长及内政部长张志贤，副总理兼财政部长及人力部长尚达曼，贸工部长林勋强，总理公署部长林瑞生，通讯及新闻部长雅国，国家发展部长许文远，国防部长黄永宏，环境及水资源部长维文，外交部长兼律政部长尚穆根等。

司　法　新加坡设有最高法院和总检察署。最高法院由最高法庭和上诉庭组成。1994年废除上诉至英国枢密院的规定，确定最高法院上诉庭为终审法庭。最高法院大法官由总理推荐、总统委任。大法官陈锡强，总检察长桑德莱什·麦农。

政　党　已注册的政党共25个。主要有：

人民行动党：执政党。1954年11月由李光耀等人发起成立。党的纲领是维护种族和谐，树立国民归属感；建立健全的民主制度，确保国会拥有多元种族代表，努力建立一个多元种族、多元文化和多元宗教的社会。人民行动党从1959年至今一直保持执政党地位。李光耀长期任该党秘书长，1991年吴作栋接任。2004年12月，李显龙接替吴作栋出任该党秘书长。现任党主席许文远。

工人党：1957年11月创立。主张和平、非暴力的议会斗争。1971年重建领导机构，提出废除雇佣制，修改国内治安法，恢复言论和结社自由。近年来影响有所扩大。1981年起，在大选中数次赢得议席。2011年大选中工人党获6席。现任主席林瑞莲，秘书长刘程强。

经　济

国内生产总值　2015年新加坡国内生产总值（GDP）为2939.59亿美元，约合4203.61亿新加坡元。人均国内生产总值53224.27美元，约合76110.71新加坡元。（中华人民共和国外交部数据）

产　业　新加坡贸工部公布的数据显示，2015年新加坡经济增长2%，低于2014年3.3%的增长率。2015年，新加坡制造业萎缩5.2%，其中除化工业外的所有领域都出现萎缩，建筑业增长放缓至2.5%；得益于批发零售贸易及金融保险领域的增长，服务业增长3.4%，但仍略低于2014年的3.6%。2015年，新加坡初步预估接待外国游客1520万人，旅游业收入下滑6.8%至220亿新加坡元，因商务旅游、会议、奖励旅游、大型企业会议和展览游客减少。2015年，中国仍是新加坡的第2大旅游客源国，来自中国的游客同比增长了22%。

金　融　货币名称：新加坡元（Singapore Dollar）。2015年12月，新加坡外汇储备为2477.5亿美元，约合3542.83亿新加坡元。2015年第4季度，新加坡经济同比增长1.8%。其中，由于运输工程业和电子制造业产量下降，占新加坡GDP五分之一的制造业持续萎缩，同比下降6.7%；建筑业同比增长 4.9%；服务业同比增速则放缓至 2.8%。2015 年，新加坡元兑美元平均汇率为 1.43∶1。（中华人民共和国外交部数据）

进出口贸易 据新加坡国际企业发展局统计，2015 年新加坡货物进出口额为 6435 亿美元，约合 9202.05 亿新加坡元，较 2014 年下降 17.1%。其中，出口 3467 亿美元，同比下降 15.4%；进口 2968 亿美元，同比下降 19%。贸易顺差 499 亿美元，增长 14.7%。分国别（地区）看，2015 年新加坡对中国、中国香港、马来西亚和印度尼西亚的出口额分别占其出口总额的 13.8%、11.4%、10.9% 和 8.2%，同比下降 7.3%、12.0%、23.0% 和 26.1%；自中国、美国、马来西亚和中国台湾省的进口额分别占新加坡进口总额的 14.2%、11.2%、11.1%和 8.3%，同比下降 5.1%、12.0%、15.3% 和 17.8%。分商品看，机电产品、矿产品和化工产品是新加坡的主要出口商品；机电产品和矿产品是新加坡进口的前两大类商品。

外　资 在世界银行公布的《2015 年营商环境报告》中，新加坡高居全球营商环境排名榜首。这是新加坡连续 9 年荣膺这一称号。据中国商务部公布数据显示，截至 2015 年 10 月底，新加坡已成为中国第 2 大对外直接投资目的国。

传 媒

英文报有《海峡时报》、《商业时报》、《新报》；华文报有《联合早报》、《联合晚报》、《新明日报》；马来文报有《每日新闻》。此外还有泰米尔文报《泰米尔日报》。

广播电台于 1936 年开播，1959 年 1 月起用马来语、英语、华语、泰米尔语广播。新加坡广播电台拥有并经营 12 个国内电台和 3 个国际电台。电视于 1963 年开播，1974 年开始播送彩色节目。1995 年有线电视网开通，用户可接收 30 多个频道、10 余个国家的电视节目。1995 年开通卫星电视，有 387 万用户。1999 年，经营电视和广播业的数家公司合并而成新传媒集团，共经营 6 个电视频道，主要有第 5 波道、第 8 波道、亚洲新闻台等。播送华语、英语、马来语、泰米尔语节目。另有私营的报业控股集团设立的优频道和电视通频道。

泰　国

国 名

泰王国（The Kingdom of Thailand），简称泰、泰国。

国 旗

泰国国旗呈长方形，长宽之比为 3∶2。由红、白、蓝三色的五个横长方形平行排列构成。上下方为红色，蓝色居中，蓝色上下方为白色。蓝色宽度相等于两个红色或两个白色长方形的宽度。红色代表民族和象征各族人民的力量与献身精神。白色代表宗教，象征宗教的纯洁。泰国是君主立宪政体国家，国王至高无上，蓝色代表王室。蓝色居中象征王室在各族人民和纯洁的宗教之中。

泰国国旗

泰国国徽

国 徽

泰国国徽图案是一只大鹏鸟，鸟背上蹲坐着那莱王。传说大鹏鸟是一种带有双翼的神灵，那莱王是传说中的守护神。

部分节日

宋干节（公历 4 月 13～15 日）；水灯节（泰历 12 月 15 日）；国庆日（国王诞辰日，公历 12 月 5 日）；农耕节：6 月（泰历）。节日由占卜师选择在每年 5 月（泰农历 6 月）的一个吉日良辰按照婆罗门教的习俗举行。农耕节是泰国的重要节日，每年到农耕节时，泰国都要在曼谷大王宫旁边的王家田广场举行大典。农耕节大典始于 13 世纪的素可泰王朝。

自然地理

泰国国土面积约 51.3 万多平方公里，位于亚洲中南半岛中南部，东南临泰国湾（太平洋），西南濒安达曼海（印度洋），西和西北与缅甸接壤，东北与老挝交界，东南与柬埔寨为邻，疆域沿克拉地峡向南延伸至马来半岛，与马来西亚相接，其狭窄部分居印度洋与太平洋之间。属热带季风气候。全年分为热、雨、凉三季。全年平均气温 27.7℃，最高气温可达 40℃以上。年平均降水量为 1100 毫米。平均湿度为 66%～82%。

泰国苏梅岛

国民

人　口　2015年泰国总人口6768万。

民　族　全国约有30多个民族，其中泰族人数居多，占人口总数的40%，泰国华侨约占泰国总人口的14%，其余为老挝族、马来族和高棉族。还有一些居住在山地的少数民族，如克伦、掸、瓦、瑶、苗、阿卡、拉祜、傈僳等。在马来半岛山区的热带森林中还有些古老民族，如塞芒人和沙盖人等。此外，还有些因种种原因迁移来的汶人、孟人、越南人、印度人等。

语　言　泰语为国语。

宗　教　泰国的宗教信仰以佛教为主，其中又以小乘佛教为主。佛教对泰国的政治、经济、社会生活和文化艺术等领域具有重大影响。佛教徒占泰国总人口的94.6%，伊斯兰教占4.6%，基督教占0.7%，其他占0.1%。

行政区划

首都为曼谷。全国分中部、南部、东部、北部和东北部五个地区，目前有76个府。府下设县、区、村。曼谷是唯一的府级直辖市。各府名称如下：曼谷（直辖市）、暖武里、巴吞他尼、大城、北标、北揽、佛统、夜功、那空那育、红统、信武里、素攀武里、乌泰他尼、猜那、华富里、龙仔厝、甘烹碧、北榄坡、帕、拍瑶、披集、清莱、夜丰颂、南邦、南奔、素可泰、清迈、程逸、彭世洛、碧差汶、难、呵叻、四色菊、加拉信、色军、孔敬、武里南、耶梭通、乌汶、乌隆、素林、那空帕农、猜也奔、莫达汉、廊开、黎逸、玛哈沙拉堪、巴真、北柳、尖竹汶、春武里、罗勇、达叻、巴蜀、叻丕、北碧、佛丕、达、甲米、北大年、宋卡、沙敦、也拉、拉农、洛坤、春蓬、陶公、素叻、普吉、博达伦、董里、攀牙、沙缴、安纳乍能、廊莫那浦。

国体政体

政　体　实行君主立宪制。国王普密蓬·阿杜德是国家元首、武装部队最高统帅。1946年继位，是当今世界在位最久的君主。

宪　法　2007年8月24日，泰国国王普密蓬·阿杜德签署御令，批准施行在8月19日全民公决中通过的泰国新宪法草案。新宪法将在发布正式公告当日生效。2011年2月，泰国国会首次对这部宪法进行了修正。这两份修正案的内容包括：下议院席位将增至500个，其中375个由直选产生，125个为按比例分配；政府与外国签署国际协定不必通过国会表决批准。在2014年5月22日因泰国军方宣布军事政变后暂停。现行临时宪法于2014年7月22日经普密蓬国王批准生效，主要涉及国家立法议会、内阁、国家改革大会、制宪委员会等机构组建及职能等内容，共48条。

议　会　国会是最高立法机构，实行上、下两院制。上议院议员150人，其中76人直选产生，74人遴选产生，任期六年。下议院议员500人，任期四年。最新一届下议院于2011年8月组成，2013年12月解散。上议院于2008年3月组成。

国家政要　国王普密蓬·阿杜德1946年即位，1950年5月加冕；总理巴育，2014年8月正式任职，是第29任总理；全国维持和平秩序委员会（维和委员会）主席巴育，2014年5月出任；下议院议长兼国会主席颂萨·革素拉暖，2011年8月当选。

政　府　2014年8月30日经国王批准组成。现任成员名单如下：总理巴育·詹欧差上将，副总理兼国防部长巴威·翁素万上将，副总理比里亚通·贴瓦军亲王，副总理永育·育塔翁，副总理兼外交部长塔纳萨·巴迪玛巴功上将，副总理威沙努·科岩，国务部长巴纳达·迪沙军亲王，国务部长素瓦攀·丹育万塔纳，国防部副部长武东德·西达布上将，财政部长颂迈·帕西，财政部副部长威素·西素攀，外交部副部长敦·帕马威奈，旅游与体育部长葛甘·瓦塔纳瓦朗军（女）等。

司　法　属大陆法系，以成文法作为法院判决的主要依据。司法系统由宪法法院、司法法院、行政法院和军事法院构成。宪法法院主要职能是对议员或总理质疑违宪、但已经国会审议的法案及政治家涉嫌隐瞒资产等案件进行终审裁定，以简单多数裁决。由1名院长及14名法官组成，院长和法官由上议长提名呈国王批准，任期9年。行政法院主要审理涉及国家机关、国有企业及地方政府间或公务员与私企间的诉讼纠纷。行政法院分为最高行政法院和初级行政法院两级，并设有由最高行政法院院长和9名专家组成的行政司法委员会。最高行政法院院长任命须经行政司法委员会及上议院同意，由总理提名呈国王批准。军事法院主要审理军事犯罪和法律规定的其他案件。司法法院主要审理不属于宪法法院、行政法院和军事法院审理的所有案件，分最高法院、上诉法院和初审法院三级，并设有专门的从政人员刑事厅。另设有司法委员会，由最高法院院长和12名分别来自三级法院的法官代表组成，负责各级法官任免、晋升、加薪和惩戒等事项。司法法院下设秘书处，负责处理日常行政事务。

政　党　截至2011年10月，共有61个政党在选举委员会登记注册。主要政党有：

为泰党：2007年9月20日成立。党首乍鲁蓬·荣素旺，秘书长普坦·卫差亚猜，执委31人。在上届国会中拥有下议员262名。在全国设有5个支部，党员23778人。

民主党：1946年4月6日成立。党首阿披实·威差奇瓦，秘书长察伦猜·希欧，执委19人。在上届国会中拥有下议员160名。在全国设有176个支部，党员287.3万人。

自豪泰党：2008年11月5日成立。党首披帕·颇沃拉蓬，秘书长蓬提瓦·纳卡塞，执委12人。在上届国会中拥有下议员34名。在全国设有5个支部，党员36370人。

泰国发展党：2008年4月18日成立。党首提拉·翁萨姆，秘书长潘贴·素里萨廷，执委11人。在上届国会中拥有下议员19人。在全国设有6个支部，党员14957人。

为国发展党：2007年10月3日成立。党首宛纳勒·参努军，秘书长巴帕·林巴攀。在上届国会中拥有下议员7名。在全国设有8个支部，党员9416人。

春府力量党：2011年5月4日成立。党首曹·玛尼翁，秘书长比兰迪鲁·吉达探。在上届国会中拥有下议员7名。

祖国党：2008年11月3日成立。党首颂提·汶亚拉格林，秘书长曼·帕塔诺泰，执委15人。在上届国会中拥有下议员2名。在全国设有5个支部，党员7760人。

大众党：1998年2月10日成立。党首阿披勒·西里纳温，秘书长派讪·蒙恩。在上届国会中拥有下议员1名。党员110万人。

新民主党：2011年4月21日成立。党首素拉廷·披赞，秘书长威蒙·讪玛诺。执委9人。在上届国会中拥有下议员1名。

经济

国内生产总值　据国际货币基金组织的数据显示，2015年泰国国内生产总值（GDP）为3735.36亿美元（约合127936.08亿泰铢）。人均GDP为5426.30美元（约合185850.78泰铢）。

产　业　2015年泰国服务业发展较好，占GDP的比重超过58%。泰国享有“东南亚粮仓”的美誉，农业产值占GDP的12%，是亚洲唯一的粮食净出口国。泰国主要农产品包括大米、橡胶、木薯、玉米和水果等。旅游方面，2015年中国赴泰国旅游游客高达793.47万余人次。自2012年以来，中国一直是泰国最大的旅游客源国。

财　政　2015年财年（2014年10月至2015年9月）泰国政府财政收入22074.76亿万泰铢，财政支出26014.22亿万泰铢，财政赤字达3195.7亿万泰铢。截至2015财年年底，泰国国库金剩余达4261.77亿万泰铢。统计数据显示，泰国政府2015年财年上缴国库收入达21991.25亿万泰铢，高于2014年财年年约1234.61亿万泰铢，主要原因是燃油国货税、个人所得税收入年比取得增长，加上3G经营执照竞标的第2期收入上缴。

金　融　货币名称：泰铢（Thai Baht）。据泰国经济与社会发展委员会透露，2015年泰国通货膨胀率为−0.9%。2015年泰国通货膨胀水平呈现下降状态，主要原因是成品油和农产品的价格波动大，出现明显下跌。据泰国商业部透露，2015年10月，泰国通货膨胀率连续第10个月下跌，同比降低0.77%。2015年泰铢兑美元平均汇率为34.25∶1。

进出口贸易　据泰国海关统计，2015年泰国货物进出口额为4128亿美元，约合141384亿泰铢，比2014年下降8.9%。其中，出口2108.7亿美元，同比下降6.3%；进口2019.4亿美元，同比下降11.5%。分国别来看，2015年泰国主要贸易国为中国、日本和美国。分商品来看，出口方面，机电产品、运输设备和塑料橡胶是泰国的主要出口商品，2015年出口额分别为664.4亿美元、282.4亿美元和239.8亿美元，同比分别下降3.2%、0.2%和12.9%，合计占泰国出口总额的56.3%。进口方面，机电产品、矿产品和贱金属及制品是泰国的主要进口商品，2015年进口额为649.8亿美元、307.6亿美元和250.3亿美元，同比分别下降3.9%、36.8%和10.8%，合计占泰国进口总额的62.8%。

外　资　据泰国投资促进委员会的数据显示，

2015 年 1～11 月，外国投资者对泰国的投资额同比暴跌 78%，仅有 938 亿泰铢（约合 170 亿元人民币）。曾经是泰国最大投资来源地的日本在 2015 年对泰国的投资急剧下滑 81%。欧盟对泰国投资暴跌至 2015 年的 20 亿泰铢，跌幅近 98%。美国对泰国的投资也大幅下跌，只有中国的投资微跌。泰国投资促进委员会副秘书长阿乍林表示，2015 年的外国直接投资泰国的金额下跌，可能是泰国政府制定的新投资奖励政策自 2015 年起生效造成的。新投资奖励政策旨在吸引高科技和创新的产业，以及强化泰国作为区域及国际贸易枢纽。2015 年，外国直接投资泰国的数据显示非常疲弱，表明外国投资者对泰国经济的信心十分脆弱。

传媒

媒体以私营为主，按市场规则运作。泰文媒体是主流媒体，英文、华文媒体居辅助地位。主要泰文报纸有《民意报》、《泰叻报》、《经理报》、《每日新闻》等。主要华文报纸有《新中原报》、《中华日报》、《星暹日报》、《亚洲日报》、《京华中原》和《世界日报》等。

主要英文报纸有《曼谷邮报》、《民族报》等。广播电台有 230 多家，其中由政府民众联络厅掌管的有 59 家。泰国国家广播电台为国家电台，设有国外部，用泰、英、法、中、马来、越、老、柬、缅、日等语言广播。无线电视台共 6 家，均设在曼谷，大部分电视节目通过卫星转播。地方有线电视公司 86 家。电视网覆盖全国。

越　南

国名

越南社会主义共和国（The Socialist Republic of Viet Nam），简称越南。

国旗

越南国旗为长方形，长宽之比为 3∶2，红底中间有五角金星。国旗旗底为红色，旗中心为一枚五角金星。红色象征革命和胜利。五角金星象征越南劳动党对国家的领导，五星的五个角分别代表工人、农民、士兵、知识分子和青年，即通常说的金星红旗。

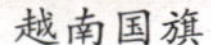

越南国旗

越南国徽

国徽

呈圆形。红色的圆面上方镶嵌着一颗金黄色的五角星；下端有一个金黄色的齿轮，象征工业；圆面周围对称地环绕着两捆由红色饰带束扎的稻穗，象征农业；金色齿轮下方的饰带上用越文写着“越南社会主义共和国”。国徽图案于 1956 年选定。

部分节日

国庆日（独立日）：9 月 2 日（1945 年）；越南南方解放日：4 月 30 日（1975 年）；越南共产党成立日：2 月 3 日（1930 年）；胡志明诞辰日：5 月 19 日（1890 年）；越南民族传统节日主要有春节、清明、端午、中秋、重阳等，其中春节为最盛大的节日。

越南龙山寺

自然地理

越南位于中南半岛东部，北与中国接壤，西与老挝、柬埔寨交界，东面和南面临南海，海岸线长 3260 多公里，国土面积约为 32.95 万平方公里。越南地形狭长，南北长 1600 公里，东西最窄处为 50 公里。越南地势西高东低，境内四分之三为山地和高原。北部和西北部为高山和高原。中部长山山脉纵贯南北。主要河流有北部的红河和南部的湄公河。红河和湄公河三角洲地区为平原。全国森林覆盖率从 1998 年的 32%上升到 2010 年的 39.5%。越南全国地处北回归线以南，高温多雨，属热带季风气候，年平均气温 24℃左右，年平均降雨量为 1500～2000 毫米。北方分春、夏、秋、冬四季。南方雨旱两季分明，大部分地区5～10月为雨季，11月至次年4月为旱季。河内时间：GMT+7小时（比北京时间晚1个小时）。

国民

人　口　根越南统计总局数据显示，2015年越南人口总数为9158.3万。

民　族　有54个民族，京族占总人口86%，岱依族、傣族、芒族、华人、侬族人口均超过50万。

语　言　通用越南语。

宗　教　主要宗教有佛教、天主教、和好教和高台教。

行政区划

首都为河内。全国划分为58个省和5个直辖市。2008年8月1日，原河内市与整个河西省、永富省迷灵县、和平省梁山县4个乡合并成新河内市，总面积达3340平方公里。

国体政体

国　体　越南宪法规定：越南是社会主义国家，越南共产党是领导国家和社会的力量，国家的一切权利属于人民，实行人民代表制度。

宪　法　越南现行宪法是第四部宪法，于1992年4月15日在八届国会11次会议上通过，是1946年、1959年、1980年宪法的继承和发展，体现了越共“七大”提出的社会主义目标与国家全面革新路线。宪法规定：越南社会主义共和国国家政权属于人民，越南共产党以马克思列宁主义和胡志明思想为指导思想。2013年11月底，越南十三届国会第六次会议通过1992年宪法修正案，2014年1月1日正式生效。

议　会　也称为国会，是国家最高权力机关，通常每年举行两次例会。目前为第十三届国会，共有500名国会代表。现任国会主席阮生雄，于2011年7月23日当选。

国家政要　越南社会主义共和国共中央总书记阮富仲，2011年1月当选；国家主席张晋创，2011年7月当选；国会主席阮生雄，2011年7月当选；总理阮晋勇，2006年6月当选，2007年7月当选，2011年7月再次当选。2016年3月31日，在越南首都河内，新当选的国会主席阮氏金银在会议现场宣誓就职。越南第13届国会第11次会议31日上午在首都河内举行全体会议，选举阮氏金银为国会主席和国家选举委员会主席。阮氏金银是越南第一位女性国会主席，也是第一位跻身越南党和国家最高领导层的女性。

政　府　国家最高行政机关。本届政府于2013年12月组成。主要成员有：总理阮晋勇、副总理阮春福、副总理黄忠海、副总理武文宁、副总理武德担、副总理（兼外交部长）范平明、国防部长冯光青、公安部长陈大光、内务部长阮太平、司法部长何雄强、计划投资部长裴光荣、财政部长丁进勇、工贸部长武辉煌、农业与农村发展部长高德发、交通运输部长丁罗升等。

司　法　司法体系由最高人民法院、最高人民检察院及地方法院、地方检察院和军事法院组成。最高人民法院院长张和平，于2011年7月当选连任；最高人民检察院检察长阮和平，于2011年7月当选。2016年3月，越南第13届国会第11次会议在首都河内举行，选举阮氏金银为国会主席和国家选举委员会主席。阮氏金银是越南第1位女性国会主席。

政　党　越南共产党是唯一政党，于1930年2月3日成立，同年10月改名为印度支那共产党，1951年更名为越南劳动党，1976年改用现名。目前有党员约360多万人，基层组织近5.4万个，同世界上180多个政党建有党际关系。越南共产党十一届中央总书记为阮富仲。

经济

国内生产总值　越南统计总局数据显示，2015年越南国内生产总值（GDP）为2040亿美元，约合4386万亿越南盾，增长6.68%。人均GDP为2228美元，约合4790.2万越南盾。

产　业　据越南统计总局统计资料显示，2015年越南农林渔业产值同比增长2.6%，工业生产指数同比增长9.8%，商品零售和服务业增长9.5%，消费价格指数同比增长0.63%。其中，工业和服务业占GDP的比重为82.5%。旅游方面，2015年前11个月，越南接待外国游客量约达707.14万人次。

金　融　货币名称：越南盾（Vietnamese Dong)。2015年越南通胀率为0.63%，是过去14年来的最低水平。截至2015年11月15日，从国家财政拨出的投资总额达194.1万亿越南盾，相当于计划的92.2%，同比增长4%。国家财政总收入约达807万亿越南盾，相当于预算的88.6%；国家财政总支出约达全年预算的83.9%，其中债务支出和援助资金为132.9万亿越南盾，相当于预算的88.6%。2015年越南盾与美元的平均汇率为21500∶1。(据中华人民共和国外交部网站数据)

进出口贸易　据越南统计总局数据显示，2015

年，越南商品进出口总额达3280亿美元，约合7052万亿越南盾。其中，出口1624亿美元，同比增长8.1%；进口1656亿美元，同比增长12%。2015年，越南出口额处于较低水平的主因是许多主力产品的出口价格指数均同比下降，平均降幅为3.8%。进口方面，中国保持越南第1大进口来源地，越南自中国进口额预计达493亿美元，同比增长13%，占越南进口总额的29%。此外，越南从韩国、东盟进口额分别为187亿美元和55亿美元，同比分别增长28%和45%。出口方面，从出口商品结构上看，重工业和矿业出口额约达740亿美元，同比增长11.9%，占出口总额的45.5%。美国是越南最大出口市场，越南对美国出口额约达335亿美元，同比增长17%。其次是欧洲市场，出口额达309亿美元，同比增长10.7%，占越南出口总额的19%；越南对中国出口额约达170亿美元，同比增长13.7%；越南对日本和韩国市场出口额分别为141亿美元和90亿美元。

外　资　据越南统计总局数据显示，2015年越南吸引外资总额达227.6亿美元，同比增长12.5%。截至2015年12月15日，2015年外商对越南直接投资新增项目共2013个，合同金额155.8亿美元，增资项目814个，新增投资额71.8亿美元。其中，制造业吸引外资规模最大，合同投资总额达152.3亿美元，占全国吸引外资总额的66.9%。电力供应、能源产业等行业吸引外资28亿美元，占比12.4%。房地产业吸引外资23亿美元，占比10.5%。从地区来看，胡志明市吸引外资28亿美元，为越南全国之首，其次为茶荣省（25亿美元）、平阳省（24亿美元）和同奈省（14亿美元）。2015年，韩国是越南最大投资来源国，投资金额达26.8亿美元，占比17.2%；马来西亚对越南投资24亿美元，占比15.7%。

传媒

越南新闻出版法规定报纸由国家控制。中央及地方新闻单位共450家。主要出版社有国家政治出版社、文化出版社、文学出版社、科技出版社、教育出版社和世界出版社等。各种出版物13515种，年发行量2.18亿册。报社约150家，其余为行业小报。主要报刊有：《人民报》，越共中央机关报，1951年创刊，在国外设有3个分支机构，1998年5月开设电子版；《人民军队报》，越南人民军总政治局机关报；《大团结报》，祖国阵线中央机关报；《西贡解放报》（越文和中文版），越共胡志明市委机关报；《共产主义》月刊，越共中央政治理论刊物，1956年创刊，2001年设电子版；《全民国防》月刊。

越南通讯社：国家通讯社，于1945年创立，1976年越南南方解放通讯社与之合并。在全国各省市均设有分社，驻外分社有27个。1998年8月开设互联网（越、英、法、西班牙文）。

“越南之声”广播电台：成立于1954年，有四套对内节目，用越南语及数种少数民族语言播音；对外广播用中国普通话、广东话、俄语、英语、法语、西班牙语、日语、泰语、老挝语、柬埔寨语、印尼语、马来语等。

越南中央电视台：成立于1971年，目前有7套节目。

双边关系

中国与文莱双边关系

一、双边政治关系与重要往来

中国和文莱于1991年9月30日建立外交关系，双边关系发展顺利，各领域友好交流与合作逐步展开。1999年，两国签署联合公报，进一步发展在相互信任和相互支持基础上的睦邻友好合作关系。2013年，两国建立战略合作关系。

近年来，中国访文莱的领导人主要有：江泽民主席（2000年）、李鹏委员长（2001年）、朱镕基总理（2001年）、吴仪副总理（2005年）、顾秀莲副委员长（2007年）、胡锦涛主席（2005年）、周铁农副委员长（2008年）、戴秉国国务委员（2010年1月）、温家宝总理（2011年11月）、贾庆林政协主席（2012年4月）、杨洁篪外交部长（2012年8月）、王毅外交部长（2013年5月）、常万全国务委员兼国防部长（2013年5月）、李克强总理（2013年10月）。

近年来，文莱访华的领导人主要有：穆罕默德·博尔基亚亲王（2004年、2010年5月）、穆罕默德·比拉王储（2009年）、叶海亚部长（2010年10月）、林玉成外交部长（2012年5月）、哈桑纳尔·博尔基亚苏丹（1993年、1999年、2001年、2004年、2006年、2008年、2012年4月、2013年4月）、林玉成部长（2016年6月）、亚斯敏部长（2016年6月）。

2011年9月30日，中国国家主席胡锦涛与文莱达鲁萨兰国苏丹哈桑纳尔互致贺电，热烈庆祝两国建交20周年。

2012年4月，全国政协主席贾庆林对文莱进行正式友好访问，这是两国建交以来中国全国政协主席对文莱的首次正式友好访问。

2013年10月9日至11日，应文莱达鲁萨兰国苏丹和国家元首苏丹哈吉·哈桑纳尔·博尔基亚·穆伊扎丁·瓦达乌拉邀请，中华人民共和国国务院总理李克强于2013年10月9日至11日对文莱进行正式访问。访问期间，双方发表《中华人民共和国和文莱达鲁萨兰国联合声明》。

2016年6月，为加快推进文莱—广西经济走廊建设，文莱首相府部长兼外交与贸易部第二部长林玉成、首相府能源与工业部部长亚斯敏共同率领代表团专程访问广西。

二、双边经贸关系

建交初期，两国经贸合作进展缓慢。自2000年起，中国开始从文莱大量进口原油，双边贸易额大幅上升。2008年5月，两国举行首次经贸磋商。2008年9月，广东省海洋渔业局和文莱工业与初级资源部渔业局签署渔业合作谅解备忘录。2008年10月，中国工业和信息化部与文莱交通部签署关于加强信息通信领域合作的谅解备忘录。

进入21世纪，中文双边贸易额大幅上升。2008年4月、2011年4月和2013年3月，两国分别举行三次经贸磋商。2014年中国与文莱双边贸易额19.36亿美元，增长7.96%，中方从文进口的商品主要是原油，向文出口的商品主要为纺织品、建材和塑料制品等。

2014年，中国与文莱双边贸易额为19.36亿美元，同比增长7.96%，创历史新高。中国自文莱进口以原油为主，近年来随着国际油价的变化，进口额波动较大；中国对文莱出口近年来呈现高速增长，2010～2014年间涨幅分别达161.8%、102.5%、68.2%、36.3%和2.51%，2014年出口额已达17.47亿美元。另外，两国在投资、承包劳务等方面合作成效显著。截止2014年11月底，文莱累计对华实际投资26.2亿美元，中国累计在文非金融类直接投资7633万美元。

2015年，中国与文莱双边贸易额为15.1亿美元，同比下降22.2%。其中，中国对文莱出口14.09亿美元，同比下降19.34%；中国自文莱进口0.97亿美元，同比下降48.78%。

三、其他领域的交流与合作

两国在民航、卫生、文化、旅游、体育、教育、军事、司法等领域的交流与合作逐步展开。先后签署了《民用航空运输协定》（1993年）、《卫生合作谅解备忘录》（1996年）、《文化合作谅解备忘录》（1999年）、《中国公民自费赴文旅游实施方案的谅解备忘录》（2000年）、《高等教育合作谅解备忘录》（2004年）、《旅游合作谅解备忘录》（2006年）。两国于2002年和2004年分别签署了《中华人民共和国最高人民检察院和文莱达鲁萨兰国总检察署合作协议》和《最高法院合作谅解备忘录》。两国各领域的交流与合作继续扩大。文莱大学和中国驻文莱大使馆共同举办首届“中国语言与文化周”。2010年3月，文莱皇家航空公司重开斯里巴加湾至上海航线。2013年10月，两国政府签署《关于海上合作的谅解备忘录》。

2003年9月，中央军委委员、总参谋长梁光烈访文莱，双方签署了《关于开展军事交流的谅解备忘录》。11月，中国海军舰艇编队首次访文莱。2004年9月，文莱武装部队司令哈尔比少将访华。2005年10月，文莱国防部副部长亚斯敏访华。2006年7至8月，中国人民解放军军乐团赴文莱参加文莱苏丹60岁诞辰国际军乐节庆典活动。2007年，中国、文莱两国互设武官处。2008年1月，中央军委副主席、国务委员兼国防部长曹刚川访文莱。2008年9月，文莱武装部队司令哈尔比少将访华并观摩“砺兵—2008”军事演习。2009年2月，中国人民解放军副总参谋长葛振峰访文莱。2009年8月，中国人民解放军海军南海舰队司令员苏支前少将访文莱，并率“广州号”导弹驱逐舰出席文莱第二届国际防务展。

自2003年7月起，中国对持普通护照来华旅游、经商的文莱公民给予免签证15天的待遇。2005年6月，两国就互免持外交、公务护照人员签证的换文协定生效。

2004、2005年分别成立中国—文莱友好协会和文莱—中国友好协会。

2012年7月5日，中国浙江大学校长杨卫和文莱大学校长祖尔卡内在文莱大学签署合作备忘录。

2013年，中国交通建设集团三航局兴安基公司承建文莱特里赛—鲁木高速公路项目，合同金额约1亿美元。

2013年10月，文莱苏丹哈芝哈山纳柏嘉和中国国务院总理李克强在汝鲁伊曼皇宫举行了双边会议。

四、重要双边文件

1991 年 9 月，钱其琛外长和文莱外交大臣穆罕默德·博尔基亚亲王在纽约签署了《中华人民共和国政府和文莱达鲁萨兰国苏丹陛下政府关于两国建立外交关系的联合公报》。

1999 年 8 月，文莱苏丹在对华进行工作访问期间，双方发表关于两国关系未来发展方向的《联合公报》。

2005 年 4 月，胡锦涛主席在对文莱进行国事访问期间，双方发表了联合新闻公报。

另外，两国还签有《鼓励和相互保护投资协定》(2000 年)、《避免双重征税和防止偷漏税的协定》(2004 年)、《促进贸易、投资和经济合作谅解备忘录》(2004 年)、《农业合作谅解备忘录》(2009 年)。

2011 年 11 月 21 日，中国国家开发银行同文莱最大的伊斯兰银行在文莱首都斯里巴加湾市签署《双边合作协议》。

2012 年 4 月，两国签署了《中华人民共和国商务部与文莱达鲁萨兰国工业及初级资源部关于农业领域经贸合作的谅解备忘录》。

2013 年 4 月 2 日，两国在北京签署了中国海油与文莱国油合作协议。

2013 年 4 月 5 日，双方共同发表了《中华人民共和国和文莱达鲁萨兰国联合声明》。

2013 年 10 月 11 日，李克强总理对文莱进行正式访问，双方发表《中华人民共和国和文莱达鲁萨兰国联合声明》。

（来源：中华人民共和国外交部网站 . http://www. fmprc. gov. cn/web/gjhdq_676201/gj_676203/yz_676205/1206_677004/sbgx_677008/. 2016—06—09）

中国与柬埔寨双边关系

一、双边政治关系与重要往来

中柬两国有着悠久的传统友谊。1958 年 7 月 19 日两国正式建交。长期以来，中国几代领导人与西哈努克国王建立了深厚的友谊，为两国关系的长期稳定发展奠定了坚实的基础。1955 年 4 月，西哈努克亲王在万隆亚非会议上与周恩来总理结识。

近年来中国访柬埔寨的领导人主要有：周恩来总理（1955 年 4 月、1960 年）、刘少奇主席（1963 年）、江泽民主席（2000 年 11 月）、朱镕基总理（2002 年 11 月）、温家宝总理（2006 年 4 月、2012 年 11 月）、贾庆林政协主席（2008 年 12 月）、习近平副主席（2009 年 12 月）、回良玉副总理（2010 年 3 月）、吴邦国委员长（2010 年 11 月）、胡锦涛主席（2012 年 3 月）、傅莹外交部副部长（2012 年 5 月）、戚建国副总参谋长（2013 年 1 月）、郭声琨国务委员（2015 年 4 月）、王毅外长（2016 年 4 月）等。

近年来柬方访华的领导人主要有：西哈努克亲王（1956 年 2 月、1958 年、1965 年、1970 年、1979 年、1992 年、1994 年、1999 年）、谢辛参议院主席（1992 年、1995 年）、拉纳烈国会前任主席（1994 年、1999 年）、洪森首相（1994 年、1996 年、1999 年、2004 年 4 月、2009 年 10 月、2010 年 5 月、2010 年 12 月、2013 年 4 月）、韩桑林国会主席（2011 年 12 月）、贺南洪副首相（2012 年 2 月）、西哈努克太皇和莫尼列太后（2012 年 4 月）、西哈莫尼国王（2005 年 8 月、2012 年 2 月、2016 年 3 月）等。

2008 年 7 月 18 日，中柬在柬埔寨首都金边共同庆祝中柬建交 50 周年。

2008 年 8 月 8 日，柬埔寨太皇诺罗敦·西哈努克前来出席北京奥运会开幕式。

2008 年 10 月 22～25 日，柬埔寨首相洪森前来出席第 5 届中国—东盟博览会及第 5 届中国—东盟商务与投资峰会开幕式。

2009 年 10 月，西哈努克太皇出席中国建国 60 周年国庆招待会和天安门观礼活动。2009 年 10 月，洪森首相来华出席第 6 届中国—东盟博览会，温家宝总理会见。2009 年 12 月，习近平副主席访问柬埔寨。2010 年 3 月，回良玉副总理访问柬埔寨。2010 年 5 月，洪森首相出席上海世博开幕式，胡锦涛主席会见。2010 年 12 月，习近平副主席访问柬埔寨。

2012 年 3 月 30 日，中国国家主席胡锦涛抵达柬埔寨首都金边，开始对柬埔寨进行国事访问，受到柬埔寨王室、政府和人民热烈欢迎。

2012 年 3 月 30 日至 4 月 2 日，时任国家胡锦涛主席对柬埔寨进行国事访问，双方发表了《中华人民共和国和柬埔寨王国联合声明》。2012 年年 11 月，温家宝总理对柬埔寨进行正式访问。

2013 年 4 月 6 日至 10 日，柬埔寨王国首相洪森对中国进行正式访问，双方发表联合新闻公报。

2014年4月28日，柬埔寨王国副首相兼国防大臣迪班在金边会见到访的中国人民武装警察部队副政委于建伟，双方就增进中国武警部队和柬埔寨宪兵部队之间的交流与合作交换了意见。

2016年3月，中国国家主席习近平在北京举行仪式，欢迎柬埔寨国王诺罗敦·西哈莫尼对中国进行国事访问。

2016年4月，应文莱首相府部长兼外交与贸易部第二部长、柬埔寨国务兼外交国际合作部大臣和老挝外长的邀请，外交部长王毅对文莱、柬埔寨和老挝进行访问。

二、双边经贸关系

中柬两国经贸关系发展较快，合作领域不断拓宽。1996年，两国签订了贸易、促进和投资保护协定，并于2000年成立两国经济贸易合作委员会。据中国海关统计，2011年中柬双边贸易额达24.99亿美元，同比增长73.5%。目前，已有300多家实力雄厚的中国企业在柬埔寨开展贸易、投资等多种业务，在互惠互利的基础上实现共同发展。

2013年，中国是柬埔寨重要的贸易伙伴，双边贸易总额达37.72亿美元，同比增长29.05%，占柬埔寨对外贸易总额的23.7%，其中向中国出口3.62亿美元，同比增长67.92%；自中国进口34.11亿美元，同比增长25.95%。值得一提的是，2013年柬埔寨与中国香港的贸易额同比增长19%，达10亿美元。其中，柬埔寨出口到中国香港的贸易额达1.08亿美元，增长60%。

据柬埔寨发展理事会统计，2013年中国企业对柬埔寨投资总额达4.27亿美元，同比增长62%。截至2013年底，中国对柬埔寨协议投资累计达96亿美元，主要投资领域为制衣、农业、旅游业、房地产、矿产、水电站等。

近年来，中柬双边贸易呈持续增长态势。据中国海关统计，2014年，中柬双边贸易额为37.57亿美元，同比下降0.39%。其中，中国对柬埔寨出口32.75亿美元，同比下降3.99%，主要商品包括纺织原辅料、机械设备等；中国自柬埔寨进口4.83亿美元，同比增长33.54%，主要商品包括木材、针织服装、天然橡胶等。

2015年，中柬双边贸易额为44.3亿美元，同比增长17.95%。其中，中国对柬埔寨出口37.65亿美元，同比增长14.98%；中国自柬埔寨进口6.67亿美元，同比增长38.08%。

三、其他领域的交往与合作

近年来，中柬在各个领域的交流与合作不断扩大。双方在政治、经贸、文化、教育、军事等领域的友好合作不断加强，在国际和地区问题上保持良好的协调和合作。两国先后签署了文化、旅游、农业等合作文件，两国议会、军队、警务、新闻、卫生、文教、信息、水利、气象、建设、农业、文物保护等部门领导人先后实现了互访。

两国外交部保持良好合作关系。1994年两国外交部官员团实现互访；1995年2月时任中国外交部副部长唐家璇访柬埔寨；1999年1月王毅部长助理赴柬埔寨进行外交磋商；1999年6月柬埔寨国务大臣兼外交、国际合作部大臣贺南洪访华；2000年7月，柬埔寨外交国务秘书吴金安来华进行外交磋商。2003年6月，中国外长李肇星访柬埔寨；2005年11月，中国外交部部长助理李金章访柬埔寨；2006年7月，柬埔寨副首相兼外交大臣贺南洪访华等；2008年1月，中国外交部长杨洁篪访柬埔寨。

2008年10月，柬埔寨参议院主席谢辛访华。同月，中国人民解放军副总参谋长张黎访柬埔寨。11月，国务委员、公安部部长孟建柱访柬埔寨。12月，全国政协主席贾庆林、全国人大常委会副委员长陈至立分别访柬埔寨。

2009年1月，温家宝总理致信西哈努克太皇夫妇祝贺新春。2009年2月，全国政协主席贾庆林礼节性会见西哈莫尼国王。同月，柬埔寨副首相兼内政部大臣韶肯来华出席“万国禁烟会”一百周年纪念大会。

2010年5月27日至31日，中国全国政协外事委员会主任赵启正率团访问柬埔寨，柬埔寨参议院主席谢辛亲王会见。参议院外事委员会主任迪波拉西、柬埔寨外交国际合作部国务秘书龙威萨罗分别与代表团举行会谈。

2010年12月，柬埔寨首相洪森访华，两国建立全面战略合作伙伴关系。

柬埔寨已在中国广州、上海、香港、昆明、重庆和南宁等地设立总领馆。中方保留在柬埔寨设领权力。

据柬埔寨旅游部统计数据，2013年赴柬中国游客突破46万人次，同比增长38%，中国已成为柬埔寨第2大国际游客来源国。

2014年2月27日，中国农业部副部长余欣荣与柬埔寨农林渔业部国务秘书曼安诺在金边市郊共同为“中柬优质水果蔬菜示范基地”揭牌。中柬优质水果蔬菜示范基地位于金边市郊，占地 30 公顷。该基地于 2012 年 8 月开始建设，目前已实验播种有哈密瓜、甜糯玉米、牧草、豆角等多种水果蔬菜品种。

四、重要双边文件（1996 年以来）

《中柬贸易协定》（1996 年 7 月）；

《中柬关于促进和保护投资协定》（1996 年 7 月）；

《中柬关于柬在香港特别行政区保留名誉领事馆的换文》（1997 年 4 月）；

《中柬关于柬在广州设立总领事馆的协议》（1997 年 12 月）；

《中柬在柬台通航问题上的协议》（1997 年 12 月）；

《中柬引渡条约》（1999 年 2 月）；

《中柬文化协定》（1999 年 2 月）；

《中柬旅游合作协定》（1999 年 2 月）；

《中柬关于柬在上海设立总领事馆的协议》（1999 年 5 月）；

《中柬关于柬驻香港领事馆升格为总领事馆的协议》（1999 年 7 月）；

《中柬关于双边合作的联合声明》（2000 年 11 月）；

《中柬关于成立经济贸易合作委员会协定》（2000 年 11 月）；

《中柬农业合作谅解备忘录》（2000 年 11 月）；

《中国红十字会与柬红十字会合作与互助协议》（2004 年 4 月）；

《中柬教育、青年和体育部体育合作协议》（2004 年 4 月）；

《中柬两国政府关于加强文物保护合作的谅解备忘录》（2004 年 4 月）；

《中柬关于旅游规划合作的谅解备忘录》（2004 年 4 月）；

《中柬联合公报》（2006 年 2 月）；

《中柬关于打击跨国犯罪的合作协议》（2006 年 4 月）；

《中柬卫生合作的谅解备忘录》（2006 年 4 月）；

《中柬关于大湄公河次区域信息高速公路项目柬埔寨段建设的谅解备忘录》（2006 年 4 月）；

《中柬关于合作保护吴哥古迹二期项目的协议》（2006 年 4 月）；

《中柬互免持外交、公务护照人员签证协定》（2006 年 7 月）；

《中华人民共和国审计署与柬埔寨国家审计署谅解备忘录》（2007 年 8 月）；

《中柬关于禁止非法贩运和滥用麻醉药品和精神药品的合作谅解备忘录》（2008 年 11 月）；

《中华人民共和国和柬埔寨王国领事条约》（2010 年 2 月）；

《中柬道路桥梁基础设施发展合作备忘录》（2010 年 6 月）；

中柬两国海关《合作协议》（2010 年 6 月）；

《中华人民共和国和柬埔寨王国联合声明》（2012 年 4 月）；

《中柬两国经济技术合作协定》（2012 年 11 月）；

《中华人民共和国和柬埔寨王国联合新闻公报》（2013 年 4 月）。

（来源：中华人民共和国外交部网站 .http://www.fmprc.gov.cn/web/gjhdq_676201/gj_676203/yz_676205/1206_676572/sbgx_676576/.2016—06—09）

中国与印度尼西亚双边关系

一、双边政治关系与重要往来

中国与印度尼西亚于 1950 年 4 月 13 日建交。1965 年印度尼西亚发生“9・30 事件”后，两国于 1967 年 10 月 30 日中断外交关系。

20 世纪 80 年代，两国关系开始松动。1989 年，时任中国外交部部长钱其琛在日本分别与印度尼西亚总统苏哈托和国务部长穆迪约诺就复交问题举行会晤。同年 12 月，两国就关系正常化的技术性问题进行会谈，并签署会谈纪要。1990 年 7 月印度尼西亚外长阿拉塔斯应邀访华，两国发表《关于恢复两国外交关系的公报》。2014 年两国元首发表中印度尼西亚全面战略伙伴关系未来规划。

1990 年 8 月 8 日，时任中国国务院总理李鹏在访问印度尼西亚期间，两国外长分别代表本国政府签署《关于恢复外交关系的谅解备忘录》，宣布自当日起正式恢复两国外交关系。

近年来，中国访印度尼西亚的领导人主要有：胡锦涛主席（2000 年、2005 年、2009 年 11 月）、朱镕基总理（2001 年）、李鹏委员长（2002 年 9 月）、吴官正中纪委书记（2006 年）、贾庆林政协主席（2006 年）、陈炳德上将（2007 年 8 月）、戴秉国国务委员（2010年1月）、吴邦国委员长（2010年11月）、李源潮委员（2011年6月）、杨洁篪外交部长（2011年7月、2012年8月、2013年9月）、温家宝总理（2011年4月、2011年11月）、梁光烈国务委员兼国防部长（2011年5月）、李源潮中组部部长（2011年6月）、李长春常委（2012年4月）、回良玉副总理（2012年4月）、王毅外交部长（2013年5月）、万钢政协副主席（2013年8月）、常万全国务委员（2013年12月）、范长龙中央军委副主席（2014年8月）、王家瑞政协副主席（2014年9月）、陈晓光政协副主席（2014年12月）、孟建柱中央政法委书记（2015年2月）、习近平（2013年10月、2015年4月）等。

近年来，印度尼西亚访华的领导人主要有：梅加瓦蒂总统（2002年）、阿敏人协主席（2002年）、阿贡·拉克索诺议长（2005年）、希达亚特人协主席（2007年）、尤素夫·卡拉副总统（2007年、2008年）、印度尼西亚经济统筹部长哈达（2010年4月、2011年6月）、布迪约诺副总统（2010年10月）、普尔诺莫·尤斯吉安托罗国防部长（2012年2月）、马蒂外交部部长（2012年3月）、苏西洛总统（2005、2006年、2008年、2010年10月、2012年3月）、马尔祖基国会议长（2011年4月）、马尔迪外长（2011年4月）、希达多人协主席（2013年10月）、佐科总统（2015年3月）等。

双方除互设使馆外，中国在印度尼西亚泗水、棉兰设有总领馆，正在筹建驻登巴萨总领馆，印度尼西亚在中国香港、广州、上海设有总领馆。

2010年1月，中国国务委员戴秉国对印度尼西亚进行正式访问并主持两国副总理级对话机制第二次会议。4月，印度尼西亚经济统筹部长哈达和贸易部长冯慧兰来华出席上海世博会开幕式。5月，印度尼西亚社会部长沙里姆·塞加特访华。7月，印度尼西亚政治法律安全统筹部长苏延多来华参观上海世界博览会。8月，印度尼西亚人民福利统筹部长阿贡来华参观上海世博会。10月，印度尼西亚总统苏西洛来华参观上海世界博览会，同月，印度尼西亚副总统布迪约诺出席第7届中国—东盟博览会并进行工作访问。11月，中国十一届全国人大常委会委员长吴邦国访问印度尼西亚。

2012年4月26日，中共中央政治局常委李长春在雅加达会见了印度尼西亚国会议长马祖基。2012年3月22日至24日，印度尼西亚总统苏西洛对中国进行国事访问，双方发表联合声明。

2013年8月，全国政协副主席万钢访问印度尼西亚。9月，杨洁篪国务委员访问印度尼西亚并主持两国副总理级对话机制第四次会议。10月，习近平主席对印度尼西亚进行国事访问，并赴巴厘岛出席亚太经合组织第二十一次领导人非正式会议。李克强总理在东亚领导人系列会议期间会晤印度尼西亚总统苏西洛。印度尼西亚人协主席希达多访华。11月，中共中央政治局委员、天津市委书记孙春兰访问印度尼西亚。同月，印度尼西亚新任总统佐科来华出席亚太经合组织第二十二次领导人非正式会议。12月，国务委员兼国防部长常万全访问印度尼西亚。

2014年8月，中央军委副主席范长龙访问印度尼西亚。2014年9月，全国政协副主席、中联部部长王家瑞访问印度尼西亚。2014年10月，习近平主席特使、全国人大常委会副委员长严隽琪赴印度尼西亚出席佐科总统就职仪式。2014年12月，全国政协副主席陈晓光访问印度尼西亚。

2015年1月，印度尼西亚经济统筹部长索菲安来华主持召开两国高层经济对话首次会议。2月，中共中央政治局委员、中央政法委书记孟建柱访问印度尼西亚。

2015年3月，中国国家主席习近平在北京同印度尼西亚总统佐科举行会谈。两国元首共同总结中印尼关系发展取得的成功经验，对两国未来合作作出规划和部署，一致同意在过去65年友好关系发展的基础上，继往开来，共同推动中印尼全面战略伙伴关系在新时期向前发展，为地区和世界和平稳定繁荣作出贡献。

2015年4月，中国国家主席习近平在雅加达会见印度尼西亚总统佐科。习近平指出，2015年是中印尼建交65周年，双方要共同努力，推动双方达成的共识更多更快地转化为实际成果。

二、双边经贸关系和经济技术合作

两国经贸合作发展顺利。复交后双方签订了《投资保护协定》、《海运协定》、《避免双重征税协定》，并就农业、林业、渔业、矿业、交通、财政、金融等领域的合作签署了谅解备忘录。1990年两国成立了经济贸易技术合作联委会。2001年底，双方将农业、能源和资源开发以及基础设施建设确定为经贸合作重点领域。2002年3月成立两国能源论坛，9月召开首次会议。2006年10月，双方在上海召开了第二次会议。2008年12月，能源论坛第三次会议在雅加达举行。2007年9月，双方在上海召开第九次经贸技术联委会。2008年3月，中国银行泗水分行复行。2009年，中方支持建设的印度尼西亚泗马大桥举行通车仪式。2009年，两国央行签署总额为1000亿元人民币的双边本币互换协议。

2011年4月，两国签署关于扩大和深化双边经贸合作的协议。2011年，两国贸易额突破600亿美元，较2010年增长近50%。中国成为印度尼西亚非油气类贸易的最大伙伴、最大进口来源地和第二大出口市场。

2012年1至11月，印度尼西亚最大出口市场兼最大进口来源国还是中国。在出口市场方面，中国吸收印度尼西亚商品价值189亿美元。2012年印度尼西亚对中国出口家具约达4000万美元。目前欧美市场需求下降，印度尼西亚将把出口市场移向中国，并将协助印度尼西亚家具企业拓展中国市场，主要目标为上海、北京和广州。同时为保证产品供应充足，印度尼西亚家具生产商将在中国开设仓库。

2013年10月，两国签署经贸合作五年发展规划，续签双边本币互换协议。2013年中国与印度尼西亚双边贸易额683.55亿美元，同比增长3.23%，其中中国对印度尼西亚出口369.32亿美元，同比增长7.7%；中国自印度尼西亚进口314.22亿美元，同比下降1.59%。

2014年中国与印度尼西亚双边贸易总额达635.86亿美元，同比下降6.98%，占中国与东盟十国双边贸易总额的13.2%，是中国在东盟的第5大贸易伙伴。其中，中国自印度尼西亚进口245.25亿美元，同比下降21.95%；对印度尼西亚出口390.62亿美元，同比增长5.77%。

2015年中国与印尼双边贸易总额达542.3亿美元，同比下降14.7%，占中国与东盟10国双边贸易总额的11.49%，是中国在东盟的第5大贸易伙伴。其中，中国自印尼进口198.88亿美元，同比下降18.91%；对印尼出口343.42亿美元，同比下降12.08%。

三、其他领域的交流与合作

两国在民航、科技、教育、卫生、旅游等领域的交流与合作不断发展。1991年1月两国签署航运协定，开辟直飞航线；1992年1月两国签署新闻合作谅解备忘录，新华社在雅加达开设分社，人民日报向印度尼西亚派驻记者。1994年两国签署旅游、卫生、体育合作谅解备忘录，启动互派留学生项目。1997年两国成立科技合作联委会，迄今为止已举行两次会议。2000年7月两国签署《刑事司法互助条约》。2001年11月两国重新签署《文化合作协定》。2001年印度尼西亚正式成为中国公民自费出境旅游目的地国。两国民航部门于2004年12月就扩大航权安排问题达成协议。2005年，两国相互免除持外交与公务护照人员签证，印度尼西亚政府宣布给予中国公民落地签证待遇。2005年，两国成立海上合作技术委员会，迄今已举行8次会议。2012年，两国成立海上合作委员会并举行首次会议。2013年10月，两国签署《关于探索与和平利用外层空间的合作协议》，同意成立航天合作联委会。

2012年4月26日，在中共中央政治局常委李长春和印度尼西亚国会议长Marzuki Alie的共同见证下，中国国家汉办许琳主任与印度尼西亚文教部部长代表Syawal Gultom总司长在雅加达共同签署了《关于印度尼西亚汉语教师培养合作协议》。

双方地方政府交流活跃。两国结好省市共18对，包括北京市—雅加达特区、广东省—北苏门答腊省、福建省—中爪哇省、云南省—巴厘省、上海市—中爪哇省、海南省—巴厘省、河南省—马鲁古省、天津市—东爪哇省、成都市—棉兰市、漳州市—巨港市、柳州市—万隆市、广州市—泗水市、厦门市—泗水市、北海市—三宝垄市、汕尾市—日里昔利冷县、防城港市—槟港市、济南市—徐图利祖市、东营—巴里巴班市。2013年印度尼西亚旅华人数60.5万人次，中国公民赴印度尼西亚人数87.9万人次。

四、重要双边文件

1990年7月，钱其琛外长与阿拉塔斯外长在北京签署《中华人民共和国政府和印度尼西亚共和国政府关于恢复两国外交关系的公报》。

2000年5月，唐家璇外长与阿尔维·希哈布外长在北京签署《中华人民共和国和印度尼西亚共和国关于未来双边合作方向的联合声明》及《关于成立中华人民共和国政府与印度尼西亚共和国政府双边合作联合委员会的谅解备忘录》。

2005年4月，胡锦涛主席与苏西洛总统在雅加达签署《中华人民共和国与印度尼西亚共和国关于建立战略伙伴关系的联合宣言》。

2005年7月，印度尼西亚总统苏西洛对华进行国事访问。两国发表《中华人民共和国与印度尼西亚共和国联合声明》。

2007年11月，中国国家海洋局局长孙志辉访问印度尼西亚。双方签署《中华人民共和国与印度尼西亚共和国海洋领域合作谅解备忘录》。

2007年11月，印度尼西亚国防部长尤沃诺访华。双方签署《中华人民共和国与印度尼西亚共和国关于防务领域合作的协议》。

2008年12月，李克强副总理访问印度尼西亚。双方签署了《中华人民共和国中华全国青年联合会和印度尼西亚共和国青年事务和体育部就青年事务合作的谅解备忘录》和《中华人民共和国政府和印度尼西亚共和国政府体育合作谅解备忘录》。

2009年3月，印度尼西亚央行行长布迪约诺访华。两国签署了金额达1000亿元人民币的双边本币互换协议。7月，印度尼西亚外长哈桑访华。双方签署了《中华人民共和国和印度尼西亚共和国引渡条约》。

2010年1月，国务委员戴秉国对印度尼西亚进行正式访问。双方签署了《中华人民共和国政府和印度尼西亚共和国政府关于落实战略伙伴关系联合宣言的行动计划》。

2012年3月，苏西洛总统对中国进行国事访问，双方发表《中华人民共和国和印度尼西亚共和国联合声明》。

2013年10月2日至3日，应印度尼西亚共和国总统苏西洛·班邦·尤多约诺邀请，中华人民共和国主席习近平对印度尼西亚共和国进行国事访问。访问期间，中国和印度尼西亚在雅加达发表《中华人民共和国和印度尼西亚共和国全面战略伙伴关系未来规划》。

（来源：中华人民共和国外交部网站.http://www.fmprc.gov.cn/mfa_chn/gjhdq_603914/gj_603916/yz_603918/1206_604954/sbgx_604958/.2016—05—06）

中国与老挝双边关系

一、双边政治关系与重要往来

中国和老挝是山水相连的友好邻邦，两国人民自古以来和睦相处。1961年4月25日，中国和老挝正式建立外交关系，两国保持睦邻友好关系。20世纪70年代末至80年代中期，两国关系曾出现曲折。1989年中老关系正常化以来，双边关系得到全面恢复和发展，两国领导人频繁互访，在政治、经济、军事、文化、卫生等领域的友好交流与合作不断深化，双方在国际和地区事务中保持密切协调与合作。老挝政府坚持一个中国的立场，支持中国人民和平统一大业。

中老关系正常化以来，中国访老挝的领导人主要有：李鹏总理（1990年12月）、邹家华副总理（1992年11月）、乔石委员长（1996年11月）、吴邦国副总理（1997年10月）、江泽民主席（2000年11月）、霍英东全国政协副主席（2001年1月）、阿不来提·阿不都热西提全国政协副主席（2004年1月）、吴仪副总理（2004年3月）、温家宝总理（2004年11月、2008年3月、2012年11月）、王忠禹全国政协副主席（2005年12月）；胡锦涛主席（2006年11月）、回良玉副总理（2010年3月）、习近平主席（2010年6月）、孟建柱国务委员（2011年2月）、贺国强中央纪委书记（2012年6月）、李建国国家常委会副委员长（2012年12月）、戚建国国家人民解放军副总参谋长（2013年5月）、彭清华人大常委会主任（2014年3月）、刘永富国务院扶贫办主任（2014年8月）、艾力更·依明巴海人大常委会副委员长（2015年9月）、宋涛中联部部长（2016年1月）、王毅外交部长（2016年4月）。

中老关系正常化以来，老方访华的领导人主要有：凯山·丰威汉部长会议主席（1989年10月）、坎代·西潘敦总理（1991年、1993年）、凯山·丰威汉主席（1992年4月）、诺哈·冯沙万主席（1995年6月）、沙曼·维亚吉国会主席（1995年5月、2000年1月、2005年12月）、坎培·乔布拉帕副总理（1995年11）、本扬·沃拉吉副主席（1997年7月、2002年2月、2010年10月、2013年5月）、乌敦·卡迪亚国家副主席兼建国阵线中央主席（1998年3月）、西沙瓦·乔本潘建国阵线中央主席（1999年1月、2002年5月、2009年9月）、坎代·西潘敦主席（2000年7月、2003年6月）、波松·布帕万总理（2004年1月、2007年8月、2008年10月、2010年10月）、蓬沙瓦副外长（2009年8月）、阿桑·劳里副总理（2010年10月）、宋沙瓦·凌沙瓦政府常务副总理（2010年11月、2013年6月）、巴妮·雅陶都国会副主席（2010年12月、2013年6月）、通伦·西苏利副总理兼外长（2011年8月）、朱马里主席（2006年6月、2008年8月、2009年9月、2010年4、2011年9月、2013年9月、2014年7月）、通邢·塔马冯国会主席（2008年3月、2010年10月、2012年5月）、通邢·塔马冯总理（2012年9月、2014年4月）、沙万空·拉姆提副部长（2015年4月）。

2013年9月2日，中国国务院总理李克强在广西南宁会见前来出席第10届中国—东盟博览会的老挝总理通邢。

2014年4月，中国国务院总理李克强在海南省三亚市同来华进行正式访问的老挝总理通邢举行会谈。双方共同宣布启动中老政府间铁路协议商谈，争取尽早签署。

2015年4月，以老挝记协主席、老挝新闻文化旅游部副部长沙万空·拉姆提为团长的老挝新闻代表团对华进行为期7天的友好访问。本次代表团访华主题为“中国全面深化改革及全面推进依法治国新举措”。9月，全国人大常委会副委员长艾力更·依明巴海率代表团访问老挝。访问期间，艾力更·依明巴海分别会见老挝总理通邢、国会主席巴妮，并与国会副主席赛颂蓬举行会谈。

2016年1月，习近平总书记特使、中联部部长宋涛专程访问老挝，向老挝总书记本扬转交习近平总书记的贺信并转达口信。习近平总书记在口信中对本扬当选老挝人民革命党中央总书记表示热烈祝贺。4月，中国外交部长王毅访问老挝，向老挝总书记本扬转达了习近平的亲切问候。

二、双边经贸关系

中国企业于20世纪90年代开始赴老挝投资办厂，目前是老挝主要投资方之一。投资领域涉及水电、矿产开发、服务贸易、建材、种植养殖、药品生产等。中国企业在老挝还积极参与劳务和工程承包。

中国在力所能及的范围内，采取无偿援助、无息贷款或优惠贷款等方式向老方提供援助，领域涉及物资、成套项目援助、人才培训及技术支持等。中方为老挝援建的项目有地面卫星电视接收站、南果河水电站及输变电工程、老挝国家文化宫、琅勃拉邦医院及扩建工程、乌多姆赛戒毒中心、老挝地震台、昆曼公路老挝境内1/3路段、万象凯旋门公园、老挝国家电视台三台、老北农业示范园、国际会议中心、万象瓦岱国际机场改扩建等。

中老经贸关系发展顺利。双方先后签署了贸易、投资保护、旅游、汽车运输等经贸合作文件，成立了双边经贸与技术合作委员会。2011年中老双边贸易额为3.17亿美元，同比增长66.8%。其中，老挝对华出口0.65亿美元，同比增长−17.7%，主要商品有木材和木材产品（0.11亿美元）、矿产（0.36亿美元），占出口额的72.3%；老挝自华进口2.52亿美元，同比增长127.0%，主要商品有投资项目项下进口（0.77亿美元）、一般商品（1.43亿美元）、无偿援助（0.15亿美元），占进口额的93.3%。（中国商务部网站）

2011年12月28日，中老双方签署《塔銮湖专业经济区开发协议》。“塔銮湖专业经济区”开发项目由上海万峰房地产有限公司投资，占地面积365公顷，项目总投资约128000亿吉普（约合16亿美元），拟在万象塔銮湖地区建成集文化、旅游、休闲、居住为一体的湖滨新城，一期工程于2012年2月开工。

2012年3月，以李纪恒省长为团长的云南省代表团出访老挝，代表团访问老挝期间，李纪恒省长会见了老挝国家主席朱马里·赛雅颂、总理通邢·塔马冯、国会主席巴妮·亚陶都和副总理宋沙瓦·凌沙瓦。滇老双方共签署10个双边合作项目，涉及教育文化、旅游、农业、城市建设等多个领域。总金额达4.67亿美元。

2012年12月9日，中国水利水电建设股份有限公司在老挝首个水电站BOT项目、也是中国企业在老挝的第二个BOT水电项目——南俄5水电站项目投产发电，该项目中国水利水电建设股份有限公司与老国家电力公司共同投资开发，于2008年10月1日正式开工建设，总装机容量12万千瓦，项目投资额1.99亿美元，位于老北琅勃拉邦省和川圹省交界处。该项目的顺利建成得到了老挝的认可和积极评价。

2013年1月9日，东方电气集团与老挝政府南芒河1水电站特许经营协议及与老挝国家电力公司购电合作协议签字仪式在万象举行。该电站位于波里坎塞省，装机容量6.4万千瓦时，总投资9949万美元，特许经营期25年，计划于2016年3月建成发电。

2013年是中老经贸合作取得重大发展的一年，中老双边经贸关系发展顺利，合作水平不断提高，合作领域不断扩大，合作内容不断丰富。据中方统计，2013年1～11月，中老贸易额达20.3亿美元，同比增长29.62%。据老方统计，截至2013年11月，中国在老挝投资额累计50.85亿美元，已经成为所有在老挝投资国家中的第一位。

据中方统计，2014年中国与老挝双边贸易额为36.14亿美元，同比增长31.87%。其中，中国对老挝出口18.43亿美元，同比增长7.13%；中国自老挝进口17.72亿美元，同比激增73.56%。其中，主要出口的商品包括矿产品、农产品和畜牧产品、木制品；主要进口的商品包括电子产品、通讯产品、建材、日用品、工业用品、汽车及零配件等。

2015年，中国与老挝双边贸易额为27.8亿美元，同比下降 23.1%。其中，中国对老挝出口 12.27 亿美元，同比下降 33.3%；中国自老挝进口 15.54 亿美元，同比下降 12.6%。

三、其他领域的交流与合作

两国在文化、教育、卫生等领域交流与合作发展迅速。1989 年以来，中老双方先后签订了文化、新闻合作协定及教育、卫生和广播影视合作备忘录。两国文艺团体、作家和新闻记者往来不断。中老两国于 1990 年开始互派留学生和进修生。老挝是中国对外提供奖学金人数最多的国家之一。目前老挝在华留学生人数每年保持在近 300 名。两国青年团交往密切，保持互访传统。2002 年以来，中国共向老挝派遣 89 名青年志愿者。

中老两军关系顺利发展，中国军队领导人迟浩田、张万年、于永波、梁光烈等先后访老挝，老挝副总理兼国防部长隆再·皮吉等军队领导人多次访华。

老挝分别于 1992 年、1999 年在昆明、香港设有总领事馆。2009 年在南宁增设总领馆。

2012 年，中老之间的经济技术合作取得了重要成果。为支持老挝主办第九届亚欧首脑会议，中国援建或投资建设老挝国际会议中心、第九届亚欧峰会元首官邸别墅项目和万象市瓦岱国际机场改扩建项目。在“中老合作农业试验基地”的基础上，中老合作农作物优良品种试验站顺利建成，将进一步促进中老两国在农作物良种繁育、种质资源保护、品种综合试验以及新品种展示与人员培训方面的合作。

2012 年 6 月，工商银行万象分行成功获得代表老挝国家银行（央行）行使人民币清算中心职责，成为老挝国家银行之外的在老挝第一家、也是唯一一家货币清算银行，同时也是中国工商银行首个在海外获得人民币清算行资格的海外机构。

据老方统计的数字，目前在老挝的中资企业有 700 余家，其中在使馆备案的有近 300 家，主要以地方企业和民营企业为主，有 20 余家央企在老挝水电、矿产、农业、通信等领域开展合作，在两国重大项目中发挥主导作用。

2014 年 2 月 17 日至 20 日，应老挝妇联中央邀请，中华全国妇联副主席、书记处书记崔郁率中国妇女代表团一行访问老挝。老挝党中央政治局委员、中央书记处常务书记、国家副主席本扬，老挝党中央委员、妇联中央主席西赛分别会见代表团。

2014 年 4 月 23 日，由老挝人民民主共和国商务部、老挝人民民主共和国驻南宁总领事馆共同主办的“中国—老挝综合产业经贸文化交流会”在老挝首都举办。基于区域经济一体化、中老合作在各个行业上不断加深的背景下，老挝人民民主共和国商务部决定在老挝首都举办“2014 年中国—老挝综合产业经贸文化交流会”，以此促进中国—老挝文化交流和经贸合作。

四、重要双边文件（1996 年以来）

《中老旅游合作协定》（1996 年 10 月）；

《中老关于成立两国经贸技术合作委员会协定》（1997 年 5 月）；

《中老边界制度条约的补充议定书》（1997 年 7 月）、《中老民事刑事司法协助条约》（1999 年 1 月）；

《中老避免双重征税协定》（1999 年 1 月）；

《中国、老挝、缅甸和泰国四国澜沧江—湄公河商船通航协定》（2000 年 4 月）；

《中华人民共和国与老挝人民民主共和国关于双边合作的联合声明》（2000 年 11 月）；

《中国国土资源部与老挝工业手工业部合作开发万象钾盐矿的原则协议》（2000 年 11 月）；

《中老经济、贸易和技术合作委员会首次会议纪要》（2000 年 11 月）；

《中国农业部和老挝农林部关于农业合作的谅解备忘录》（2000 年 11 月）；

《中华人民共和国和老挝人民民主共和国引渡条约》（2002 年 2 月）；

《中国人民银行与老挝人民民主共和国银行双边合作协议》（2002 年 2 月）；

《中华人民共和国教育部与老挝人民民主共和国教育部 2002—2005 年教育合作计划》（2002 年 2 月）；

《老挝广播电视系统改造项目考察换文》（2004 年 3 月）；

《贸促会与老挝国家工商会合作备忘录》（2004 年 3 月）；

《关于加快万象钾盐资源开发的原则协议》（2004 年 3 月）；

《关于拟承担老挝北部矿产地质调查项目考察工作换文》（2004 年 11 月）；

《关于拟承担援老挝北部综合开发总体规划项目换文》（2004 年 11 月）；

《关于拟承担援老挝国家电力规划项目换文》（2004 年 11 月）；

《中华人民共和国教育部与老挝人民民主共和国教育部2005—2010年教育合作计划》（2005年10月）；

《中华人民共和国与老挝人民民主共和国联合新闻公报》（2006年6月）；

《中老越三国国界交界点条约》（2006年10月）；

《中老联合声明》（2006年11月）；

《中华人民共和国政府与老挝人民民主共和国政府关于禁止非法贩运和滥用麻醉品和精神药物的合作协议》（2006年11月）；

《中华人民共和国卫生部与老挝人民民主共和国卫生部卫生合作谅解备忘录》（2006年11月）；

《中国国家质量监督检验检疫总局与老挝农林部关于动植物卫生和食品安全合作谅解备忘录》（2007年8月）；

《中国全国政协与老挝建国阵线合作协议》（2008年12月）；

《中国和老挝农业合作谅解备忘录》（2010年3月）；

《中老两国政府关于发展交通基础设施领域合作的协定》（2010年6月）；

《中华人民共和国政府和老挝人民民主共和国政府关于边界管理制度的协定》（2011年8月）；

《中华人民共和国政府和老挝人民民主共和国政府关于边境口岸管理制度的协定》（2011年8月）；

《中华人民共和国政府向老挝人民民主共和国政府集束弹药受害者提供援助的谅解备忘录》（2011年8月）；

《中华人民共和国政府和老挝人民民主共和国政府外交部合作议定书》（2011年8月）；

《中老两国政府经济和技术合作规划》（2011年9月）；

《中国证券监督管理委员会和老挝证券交易委员会有关证券期货监管合作的谅解备忘录》（2011年9月）；

《中华人民共和国国家发展和改革委员会与老挝人民民主共和国新闻文化和旅游部关于在老挝采用中国地面数字电视传输标准合作建设老挝数字广播电视全国网项目的谅解备忘录》（2012年3月）；

《中国教育部与老挝教育和体育部2011—2016年教育合作计划》（2012年7月）；

《中国商务部和老挝工业贸易部关于农产品贸易领域合作的谅解备忘录》（2012年7月）；

《中老两国政府关于边界第一次联合检查的议定书》（2012年11月）；

《中华人民共和国和老挝人民民主共和国联合声明》（2013年9月）；

《中华人民共和国和老挝人民民主共和国联合新闻公报》（2014年4月）；

《中老联合声明》（2016年5月4日）。

（来源：中华人民共和国外交部网站．http://www.fmprc.gov.cn/web/gjhdq_676201/gj_676203/yz_676205/1206_676644/sbgx_676648/.2016—05—04）

中国与马来西亚双边关系

一、双边政治关系与重要往来

中国与马来西亚于1974年5月31日正式建立外交关系。建交后，两国关系总体发展顺利。进入20世纪90年代，中马关系开始进入新的发展阶段，双方在政治、经济、文化、教育等各个领域的友好交流与合作全面展开，并取得丰硕成果。2004年，两国领导人就发展中马战略性合作达成共识。2013年，两国建立全面战略伙伴关系。

近年来中国访马来西亚的领导人主要有：江泽民主席（1994年）、李鹏总理（1990年、1997年）、朱镕基总理（1999年）、李瑞环政协主席（1995年）、胡锦涛副主席（2002年）、姜春云副委员长（2002年）、李岚清副总理（2003年）、吴邦国委员长（2005年、2012年9月）、贾庆林政协主席（2006年、2013年2月）、胡锦涛主席（2009年）、孟建柱国务委员（2011年2月、2012年10月）、华建敏副委员长（2011年3月）、温家宝总理（2011年4月）、陈健商务部副部长（2012年3月和6月）、贺国强中央纪委书记（2012年6月）、习近平（2013年10月）、杨洁篪国务委员（2012年8月、2014年10月）、李克强总理（2015年11月）等。

近年来马来西亚访华的领导人主要有：阿兹兰最高元首（1990年、1991年）、贾阿法最高元首（1997年）、萨拉赫丁最高元首（2001年）、西拉杰丁最高元首（2005年）、巴达维总理（2004年、2006年、2008年）、拉姆利下议长（2007年）、米赞最高元首（2008年）、巴达维前总理（2010年12月）、旺·朱乃迪下议长（2010年12月）、纳吉布总理（2011年10月、2012年4月、2014年5月）、希沙慕丁内政部长（2012年8月）、潘迪卡尔国会下议院议长（2014年6月）、哈利姆最高元首（2014年9月）、穆希丁副总理（2014年12月）。

2009年3月，全国人大常委会副委员长兼秘书长李建国访马来西亚。2009年6月，应温家宝总理邀请，马来西亚总理纳吉布正式访华。双方签署中马《战略性合作共同行动计划》等合作文件，并举办一系列建交35周年庆祝活动。2009年11月，胡锦涛主席对马来西亚进行国事访问，双方签署了多份合作文件。2009年12月，中共中央政治局委员、北京市委书记刘淇访马来西亚。

2010年3月28日至4月1日，中共中央政治局委员、全国人大常委会副委员长王兆国访马来西亚。2010年4月3日至6日，马来西亚王弗明上议长访华。2010年4月8日至11日，马来西亚前总理巴达维出席博鳌亚洲论坛年会，并当选论坛新一届理事。2010年9月，马来西亚旅游部长黄燕燕出席上海世博会马来西亚国家馆日活动。2010年12月，马来西亚巴达维前总理出席广州亚残运会开幕式，旺·朱乃迪副下议长出席闭幕式。

2011年10月21日，国务院总理温家宝在广西南宁会见出席第8届中国—东盟博览会和第8届中国—东盟商务与投资峰会开幕式的马来西亚总理纳吉布和东盟秘书长素林。

2012年9月21日，时任中国国家副主席习近平在广西南宁会见出席第9届中国—东盟博览会的马来西亚副总理穆希丁。

2014年5月27日至6月1日，中华人民共和国和马来西亚建立外交关系40周年。中华人民共和国国务院总理李克强于5月29日下午在人民大会堂同马来西亚总理纳吉布举行会谈。双方一致表示将以建交40年为契机，充实两国全面战略伙伴关系内涵。2014年6月24日，中国国家主席习近平在人民大会堂会见马来西亚国会下议院议长潘迪卡尔。2014年9月，马来西亚最高元首哈利姆对华国事访问。2014年10月，中华人民共和国国务委员杨洁篪访问马来西亚。2014年11月，马来西亚总理纳吉布来华出席APEC领导人非正式会议。2014年12月，马来西亚副总理穆希丁访华。

2015年2月，习近平主席特使、中央政治局委员、中央政法委书记孟建柱访问马来西亚。11月，中国国务院总理李克强出席东亚合作领导人系列会议并对马来西亚进行正式访问。此次访问对于推动中国与东盟的关系，助力东亚合作和深化中马全面战略伙伴关系具有重要意义。

二、双边贸易关系和经济技术合作

两国签有《避免双重征税协定》、《贸易协定》、《投资保护协定》、《海运协定》、《民用航空运输协定》等10余项经贸合作协议。1988年成立经贸联委会，迄今为止已举行8次会议。2002年4月成立中马双边商业理事会。

2011年，中国和马来西亚的双边贸易额历史性地达到900亿美元，马来西亚连续第四年成为中国在东盟的最大贸易伙伴，中国也是马来西亚最大的贸易伙伴。

2012年4月1日，中国国务院总理温家宝在广西钦州与马来西亚总理纳吉布共同出席中马钦州产业园区开园仪式。

两国金融合作成效显著。2000年，中国银行和马来亚银行分别在吉隆坡和上海互设分行。2009年2月，中国人民银行与马来西亚国家银行签署了双边货币互换协议。2010年4月，中国工商银行马来西亚分行在吉隆坡开业。2009年7月，中国银行在马来西亚设立的第三家分行中国银行巴生分行开业。2009年8月，两国批准在各自银行间外汇市场开办人民币兑林吉特即期交易业务。2012年2月，中国人民银行与马来西亚国家银行续签双边货币互换协议。2012年4月，中国人民银行与马来西亚国家银行签署了关于马国家银行在华设立代表处的协议。2013年10月，马来西亚国家银行在北京设立代表处。2014年11月，两国央行就在吉隆坡建立人民币清算安排签署合作谅解备忘录。2015年4月，中国银行吉隆坡人民币清算行正式启动。

2013年中马贸易额1060.8亿美元，同比增长11.9%，其中中方出口459.3亿美元，同比增长25.8%，进口601.4亿美元，同比增长3.1%。马来西亚是中国在东盟国家中最大的贸易伙伴。中国自马来西亚进口主要商品有集成电路、计算机及其零部件、棕油和塑料制品等；中国向马来西亚出口主要商品有计算机及其零部件、集成电路、服装和纺织品等。

2014年中马贸易额1020.2亿美元，同比下降3.8%，其中中方出口463.6亿美元，同比增长0.9%，进口556.6亿美元，同比下降7.5%。中国连续7年成为马来西亚最大贸易伙伴，马来西亚是中国在东盟国家中最大的贸易伙伴。

2015年中马贸易额达972.9亿美元，同比下降4.6%，其中，中国对马来西亚出口439.9亿美元，同比下降4.95%；中国自马来西亚进口533亿美元，同比下降 4.3%。中国继续保持马来西亚第 1 大贸易伙伴国、第 1 大进口来源地和第 2 大出口目的国地位。马来西亚仍是中国在东盟第 1 大贸易伙伴，占中国与东盟贸易总额的 20.6%，中马贸易继续在东盟国家中发挥引领作用。马来西亚仍是中国在全球第 6 大贸易伙伴国。

三、其他领域的交往与合作

两国在科技、教育、文化、军事等领域的交流与合作顺利发展。1992 年签署《科技合作协定》，成立科技联委会，迄已举行 3 次会议。双方还签署了《广播电视节目合作和交流协定》（1992 年），《促进中马体育交流、提高体育水平的谅解备忘录》（1993 年），《教育交流谅解备忘录》（1997 年），《文化合作协定》（1999 年），《中马航空合作谅解备忘录》（2002 年），《空间合作及和平利用外层空间的协定》（2003 年），《在外交和国际关系教育领域合作谅解备忘录》（2004 年）等合作协议。2005 年，双方签署了《卫生合作谅解备忘录》，并续签了《教育合作谅解备忘录》。2009 年，两国签署《高等教育合作谅解备忘录》。2011 年，两国签署《关于高等教育学位学历互认协议》。新华社、中新社在吉隆坡设立分社，中央电视台在马设立记者站，央视 4 套和 9 套节目在马落地，《人民日报》海外版在马来西亚出版发行。马新社在北京设立分社，《星报》在华设立办事处。江苏省与马六甲州、厦门市与槟城市分别结为友好省市。双方签署了《旅游合作谅解备忘录》。1995 年，两国互设武官处，军事交往增多，两国海军军舰多次互访。2005 年 9 月，两国签署《防务合作谅解备忘录》。2014 年，马来西亚赴中国游客 112.96 万人次，中国公民首站赴马来西亚 98.19 万人次。中国已成为马来西亚海外主要客源国之一。

四、重要双边文件

1974 年 5 月，马来西亚总理拉扎克访华，周恩来总理与其签署《中华人民共和国政府和马来西亚政府关于两国建立外交关系的联合公报》。

1999 年 5 月，马来西亚外长赛义德·哈密德访华，时任中国外交部部长唐家璇与其签署《中华人民共和国政府和马来西亚政府关于未来双边合作框架的联合声明》。

2005 年 12 月，中国国务院总理温家宝总理访问马来西亚，与马来西亚总理巴达维发表《中华人民共和国和马来西亚联合公报》。

2009 年 6 月，马来西亚总理纳吉布访华。杨洁篪外长与马来西亚外长阿尼法签署《中华人民共和国政府与马来西亚政府关于中马战略性合作共同行动计划》。

2012 年 11 月 8 日，中国银行与马来西亚旅游部在吉隆坡签署关于“马来西亚—我的第二家园推广计划”合作谅解备忘录。

2013 年 10 月 5 日，中国和马来西亚在吉隆坡发表《中华人民共和国和马来西亚联合新闻稿》。

2014 年 5 月 5 日，澳大利亚、马来西亚和中国的高级别部长举行会议，共同发表《澳、马、中三方会议联合新闻公报》。

2014 年 5 月 27 日至 6 月 1 日，中华人民共和国和马来西亚建立外交关系 40 周年之际，应中华人民共和国国务院总理李克强邀请，马来西亚总理达图·斯里·穆罕默德·纳吉布·宾·敦·阿卜杜尔·拉扎克对中国进行正式访问。访问期间，中马双方签订了《中华人民共和国和马来西亚建立外交关系 40 周年联合公报》。

2015 年 11 月 23 日，中华人民共和国和马来西亚在吉隆坡发表《中华人民共和国和马来西亚联合声明》。

（来源：中华人民共和国外交部网站．http://www.fmprc.gov.cn/web/gjhdq_676201/gj_676203/yz_676205/1206_676716/sbgx_676720.2016—06—10）

中国与缅甸双边关系

一、双边政治关系与重要往来

中缅两国是友好邻邦，两国人民之间的传统友谊源远流长。自古以来，两国人民就以“胞波”（兄弟）相称。两国于 1950 年 6 月 8 日正式建交。20 世纪 50 年代，中缅共同倡导了和平共处五项原则。20 世纪 60 年代，两国本着友好协商、互谅互让精神，圆满解决了历史遗留的边界问题，为国与国之间解决边界问题树立了典范。长期以来，中缅两国坚持睦邻友好，在国际和地区事务中保持良好合作，双边关系稳步发展。

中缅领导人有着互访传统。刘少奇主席、周恩来总理、陈毅副总理等老一辈中国领导人都曾访缅甸，缅甸吴奈温主席、吴山友总统和吴貌貌卡总理等也多次访华。周恩来总理九次访缅甸和吴奈温十二次访华被两国人民传为佳话。

2001年12月，时任中国国家主席江泽民对缅甸进行国事访问，这是中国最高领导人首次访缅甸，在中缅关系史上具有里程碑意义。双方确定了农业、人力和自然资源开发、基础设施建设等重点合作领域，并签署了有关双边合作文件。此次访问为中缅传统睦邻友好关系在新世纪不断发展奠定坚实基础。

近年来，中国访缅甸的领导人主要有：李鹏总理（1994年12月）、李瑞环政协主席（1995年12月）、吴邦国副总理（1997年10月、2012年9月）、胡锦涛副主席（2000年7月）、李岚清副总理（2003年1月）、吴仪副总理（2004年3月）、何鲁丽副委员长（2008年1月）、习近平副主席（2009年12月）、温家宝总理（2010年6月）、周铁农副委员长（2010年6月）、何勇中共中央书记处书记（2010年9月）、贾庆林政协主席（2011年4月）、李源潮委员（2011年6月）、戴秉国委员（2011年12月）、戚建国人民解放军副总参谋长（2013年1月）、中央军事委员会副主席范长龙（2013年7月）、严隽琪副委员长（2014年5月）、王家瑞政协副主席（2014年9月）、李克强总理（2014年11月）、王毅外长（2014年8月、2015年4月）。

近年来，缅方访华的领导人主要有：苏貌主席（1991年8月）、丹瑞主席（1996年1月、2003年1月、2007年9月）、貌埃副主席（1996年10月、2000年6月、2003年8月）、钦纽总理（2004年7月）、吴梭温总理（2004年10月、2005年10月、2006年2月、2006年10月）、貌埃副大将（2009年6月）、吴丁昂敏乌秘书长（2009年10月、2010年7月）、吴年温外长（2010年6月）、吴登盛总统（2007年6月、2008年8月、2008年10月、2009年4月、2011年5月、2013年4月、2013年9月、2014年6月）、吴瑞曼议长（2008年12月、2010年9月、2012年2月）、吴温纳貌伦外长（2011年10月、2012年6月）、吴钦昂敏议长（2008年9月、2009年8月、2012年9月）、吴年吞副总统（2010年7月、2012年3月、2014年4月）、敏昂莱国防军总司令（2013年10月）、瑞曼联邦议会议长（2014年4月）、昂山素季外长（2015年6月）等。

2011年5月，缅甸总统吴登盛对中国进行国事访问，两国发表联合声明，宣布建立全面战略合作伙伴关系。

2012年6月13日，中国国务院副总理李克强在中南海紫光阁会见缅甸外长吴温纳貌伦。李克强表示，中缅互为重要邻国，有着深厚的传统友谊，值得倍加珍惜。

2013年4月5日至7日，缅甸总统吴登盛赴海南三亚出席博鳌亚洲论坛并对华进行国事访问。中华人民共和国国家主席习近平与登盛举行会谈，就发展中缅全面战略合作伙伴关系深入交换意见，双方并发表联合声明。

2013年9月2日，中国国务院总理李克强在广西南宁会见前来出席第10届中国—东盟博览会暨中国—东盟商务与投资峰会的缅甸总统吴登盛。

2014年6月28日，中国国务院总理李克强在人民大会堂分别会见缅甸总统吴登盛和印度副总统安萨里，欢迎他们访华并出席和平共处五项原则发表60周年纪念活动。2014年8月，中国王毅外长出席东亚合作系列外长会并访问缅甸。2014年9月，中国政协副主席、中联部部长王家瑞率中共代表团访问缅甸，缅甸副总统年吞来华出席第11届东博会。2014年10月，缅甸副总统赛茂康来华出席第45届世界体操锦标赛开幕式。2014年11月，缅甸总统登盛来华出席加强互联互通伙伴关系对话会，李克强总理出席东亚合作领导人系列会议并访问缅甸。2014年12月，中华人民共和国国家副主席李源潮赴缅甸出席中国—东盟文化交流年闭幕式。

2015年4月，应缅甸外长昂山素季的邀请，中国王毅外长访问缅甸。2015年9月，缅甸副总统赛茂康来华出席第12届东博会。

二、双边经贸关系和经济技术合作

双边经贸协定：1971年中缅签署贸易协定，双方相互给予最惠国待遇。1994年，中缅两国政府签署《关于边境贸易的谅解备忘录》。1997年中缅两国政府签署《关于成立经济贸易和技术合作联合工作委员会的协定》。2001年中缅两国政府签署《关于鼓励促进和保护投资协定》。

中缅经贸合作取得长足发展，合作领域从原来单纯的贸易和经援扩展到工程承包、投资和多边合作。双边贸易额逐年递增。2011年1～12月，缅甸进出口总额为895.265亿缅元，比2010年增长18.2%。其中，中缅贸易额为258.758亿缅元，占总额的28.9%，居第1位。

据缅甸官方公布的数据，2012年1～7月，缅甸中国双边贸易额为29.4亿美元，其中对华出口14.54亿美元，自华进口14.87亿美元，占同期缅甸进出口总额（103.41亿美元）的28.4%，中国排名第1位。

2013年2月23日，缅甸银联MPU与中国银联CUP业务合作启动，中国银联卡的用户可以直接通过缅甸银联的ATM机提取缅币，或者在缅甸银联的POS机上实现刷卡消费。

2013～2014财年，缅甸与亚洲国家的贸易额达230亿美元，占其总外贸额的95.22%，缅甸与中国贸易额排名首位，其中缅甸向中国出口总额为29.09亿美元，从中国进口总额为40多亿美元。

从1988年到2013年9月30日，中国企业对缅甸的投资总额达到141.9亿美元，占同期缅甸政府接受外国直接投资总额的32%。另一方面，缅甸接受的实际投资总额达到336.7亿美元，其中，有近42%来自中国企业，总额达到141.2亿美元。中国企业在缅甸主要投资在水电大坝、矿业项目和目前正在进行的中缅油气管道项目上。

2014年中国对缅甸出口93.70亿美元，同比增长27.66%；从缅甸进口156.03亿美元，同比激增455.18%。中国对缅甸主要出口机电产品、成套设备、摩托车配件和化工产品等，从缅甸主要进口珍珠宝石、原木、农产品和矿产品等。据缅甸中央统计局统计，2013/2014财年，中国保持缅甸第1大贸易伙伴。

三、其他领域的交流与合作

中缅两国山水相连，文化交流源远流长。据史料记载，中缅两国的友好交往始于汉代。盛唐时期，缅甸骠国王子率领乐工曾访问中国古都长安。著名记者白居易为之感动，写下了千古绝唱“骠国乐”。中华人民共和国成立后，中缅两国的友好关系不断发展，文化交流日益频繁。1960年中国国庆期间，吴努总理率领由文化、艺术、电影代表团组成的400多人友好代表团访华，并在北京举办了“缅甸文化周”。1961年1月缅甸独立节期间，周恩来总理率领由文化、艺术、电影代表团组成的530多人代表团回访缅甸，并在仰光举办了“中国电影周”。两国领导人率如此庞大的友好代表团互访，充分体现了中缅两国之间的“胞波”情谊，成为两国文化交流史上的佳话。建交60多年来，两国文化交流稳定发展，部长级文化代表团互访不断。1996年1月两国在北京签署了《中华人民共和国文化部和缅甸联邦文化部文化合作议定书》。两国在文学、艺术、电影、新闻、教育、宗教、考古、图书等领域内进行了广泛的合作与交流。中国国宝级文物佛牙舍利曾于1955年、1994年和1996年三次应邀来缅巡礼，受到缅政府和社会各界的热烈欢迎。2011年缅甸总统登盛访华时提出再次迎请佛牙舍利来缅贡奉的请求，2011年11月6日至12月24日中国佛牙舍利第四次巡礼，赴缅甸内比都、仰光、曼德勒等地接受贡奉。2013年，中方援助缅主办东南亚运动会，为开闭幕式提供技术支持，取得圆满成功。2014年，缅方捐建的缅式佛塔在洛阳白马寺落成。

2004年，中缅签署了《中华人民共和国教育部与缅甸联邦政府教育部教育合作谅解备忘录》。2010年8月，应教育部长袁贵仁邀请，缅教育部长千迎博士率团参加了在贵阳举办的第3届“中国—东盟教育交流周”活动和并出席了首届“中国—东盟教育部长圆桌会议”。

2010年11月，时任缅奥委会主席、体育部长杜拉埃敏率118人缅甸体育代表团，参加了在广州市举办的第16届亚运会。2011年12月，国家体育总局刘鹏局长率团访缅，并与缅甸政府饭店与旅游部长兼体育部长丁山续签了《中华人民共和国国家体育总局与缅甸联邦共和国体育部体育合作协议》。

近年来，两军关系发展势头良好，高层互访不断。2013年1月，中国人民解放军副总参谋长戚建国中将访缅，与梭温副总司令在内比都举行了两军首次战略安全磋商。2013年7月，中央军委副主席范长龙访缅。2013年10月，缅国防军总司令敏昂莱大将访华。2014年5月，国务委员兼国防部长常万全上将访问缅甸并出席10+1防长会。同月，缅空军司令钦昂敏访华。2014年11月，缅国防军参谋长拉泰温来华出席香山论坛并访华。

四、重要双边文件

《中华人民共和国政府和缅甸联邦政府建交公报》(2000年11月)。

《中华人民共和国和缅甸联邦关于未来双边关系合作框架文件的联合声明》(2003年7月)。

《中国与缅甸关于建立全面战略合作伙伴关系的联合声明》(2011年5月)。

2012年2月14日，中国长江三峡集团及中国水电顾问集团昆明勘测设计研究院与缅甸电力二部合作签署缅甸国家电力系统规划项目谅解备忘录。

2013年4月，中华人民共和国国家主席习近平与缅甸总统吴登盛共同发表了《中华人民共和国和缅甸联邦共和国联合新闻公报》。

2014年11月14日，中华人民共和国和缅甸联邦共和国在内比都发表《中华人民共和国与缅甸联邦共和国关于深化两国全面战略合作的联合声明》。

《中华人民共和国和缅甸联邦共和国联合新闻稿》(2015年9月4日)。

(来源:中华人民共和国外交部网站.http://www.fmprc.gov.cn/web/gjhdq_676201/gj_676203/yz_676205/1206_676788/sbgx_676792/.2016—06—04)

中国与菲律宾双边关系

一、双边政治关系与重要往来

中国同菲律宾于1975年6月9日建交。建交以来,中菲关系总体发展顺利,各领域合作成效显著。

建交以来,中国访菲律宾领导人主要有:李鹏总理(1990年12月)、乔石委员长(1993年8月)、江泽民主席(1996年11月)、朱镕基总理(1999年11月)、李鹏委员长(2002年9月)、吴邦国委员长(2003年8月)、胡锦涛主席(2005年4月)、温家宝总理(2007年1月)、贾庆林政协主席(2009年11月)、严隽琪特使(2010年6月)、蒋树声副委员长(2011年5月)、梁光烈国防部长(2011年5月)、傅莹外交部副部长(2012年10月)、王毅外交部长(2015年11月)等。

建交以来,菲方访华领导人主要有:马科斯总统(1975年6月)、阿基诺总统(1988年4月、2011年8月、2014年11月)、拉莫斯总统(1993年4月)、埃斯特拉达总统(2000年5月)、阿罗约总统(2001年11月、2004年9月、2007年6月、2010年6月)、德贝内西亚众议长(2008年1月)、卡敦戈格空军司令(2008年7月)、诺格拉雷斯众议长(2008年10月)、比奈副总统(2010年12月)、贝尔蒙特众议长(2011年6月)、德尔罗萨里奥外长(2011年7月、2012年8月、2013年8月)、旅游部长吉米内兹(2012年11月)、加西亚副外长(2013年4月)。

1996年,时任中国国家主席江泽民对菲律宾进行国事访问期间,两国领导人同意建立中菲面向21世纪的睦邻互信合作关系,并就在南海问题上"搁置争议,共同开发"达成重要共识和谅解。2000年,双方签署了《中华人民共和国政府和菲律宾共和国政府关于二十一世纪双边合作框架的联合声明》,确定在睦邻合作、互信互利的基础上建立长期稳定的关系。

2005年,中国国家主席胡锦涛在对菲律宾进行国事访问期间,两国领导人确认建立致力于和平与发展的战略性合作关系。

2007年1月,时任中国国务院总理温家宝对菲律宾进行正式访问,双方发表了联合声明,愿共同全面深化中菲致力于和平与发展的战略性合作关系。

2007年4月,阿罗约总统来华出席博鳌亚洲论坛2007年年会。2007年6月,阿罗约对成都和重庆考察访问。2007年10月,阿罗约来华出席上海特奥会并顺访山东烟台。

2008年1月,菲律宾众议长德贝内西亚来华访问。2008年8月,阿罗约总统来华出席北京奥运会开幕式并顺访成都。2008年10月,阿罗约总统来华出席亚欧首脑会议并顺访武汉和杭州。2008年10月,菲律宾众议长诺格拉雷斯到广西南宁出席第5届中国—东盟博览会并顺访昆明和厦门。2008年10月,菲律宾副总统德卡斯特罗到成都出席第9届中国西部国际博览会。2008年11月,菲律宾副总统德卡斯特罗到南京出席第4届世界城市论坛并访问安徽和上海。2008年12月,阿罗约总统到中国香港出席"克林顿全球倡议论坛"亚洲会议。

2009年10月,中国外交部部长杨洁篪对菲律宾进行正式访问,双方共同签署《中菲战略性合作共同行动计划》和《中菲领事条约》。

2009年11月,中国全国政协主席贾庆林对菲律宾进行正式友好访问,双方共同签署《中华人民共和国政府和菲律宾共和国政府关于相互承认高等教育学历和学位的协议》、《中国政府向菲律宾政府提供1000万元人民币无偿援助换文》和《中国政府向菲律宾政府提供20万美元现汇的紧急人道主义救灾援助交接证书》。

2009年4月,菲律宾副总统德卡斯特罗到安徽出席第4届中国中部投资贸易博览会。2010年4月,菲律宾副总统德卡斯特罗来华出席上海世界博览会开幕式,2010年5月赴宁波出席上海世博会"信息化与城市发展"主题论坛。2010年6月9日,时任菲律宾总统阿罗约来华出席上海世界博览会菲律宾国家馆日活动。

菲律宾总统阿基诺三世于2011年访华期间,两国领导人同意将2012～2013年定为"中菲友好交流年"。

2012年3月20日,"中菲友好交流年"菲方启动仪式在菲律宾外交部隆重举行。

2013年6月14日,中国和菲律宾第19次外交磋商在北京举行。双方就中菲关系和共同关心的问题坦诚、深入交换意见，一致认为中菲关系健康稳定发展符合两国和两国人民的根本长远利益。

2013年8月，菲律宾外交部长德尔罗萨里奥来华参加中国—东盟特别外长会。

2014年11月，菲律宾总统阿基诺应邀来华出席亚太经合组织（APEC）第二十二次领导人非正式会议，期间中国主席习近平同其简短会面。

2015年6月，应中国共产党邀请，由缅甸民盟主席昂山素季率领代表团访华。

2015年11月，应菲律宾外交部长德尔罗萨里奥邀请，中国外交部长王毅对菲律宾进行工作访问。

中菲两国外交部自1991年起建立磋商机制，迄今已举行19次外交磋商。中菲除互设大使馆外，中国在宿务设有总领馆，在拉瓦格开设领事馆。菲律宾在厦门、广州、上海、重庆、香港和澳门分别设有总领馆。

二、双边经贸关系和经济技术合作

1999年两国农业部签署《关于加强农业及有关领域合作协定》。2000年双方有关部门签署中方向菲方提供1亿美元信贷协议书。由中方援建的“中菲农业技术中心”于2003年3月在菲律宾竣工。中国优良杂交稻种和玉米在菲律宾试种成功，目前正逐步推广。2004年两国签署《渔业合作谅解备忘录》。2007年1月，两国农业部签署《关于扩大深化农渔业合作的协议备忘录》。据中华人民共和国海关总署统计，2011年，中菲关系总体向好，两国合作交流取得新进展。双方贸易额超过300亿美元，人员往来超过100万人次。2011年双边贸易额较2010年增长22%，达到322.54亿美元，超越2007年创下的最高纪录。

据中华人民共和国海关统计，中菲间双边贸易仍保持较快增长势头。2012年中菲双边贸易额达到364亿美元，创下历史最高纪录，较2011年同比增长12.8%。根据菲方统计，菲律宾对中国大陆和香港地区的出口额已占到菲律宾对外出口总额五分之一以上。中国多年来已成为菲律宾最大出口市场。截至2013年12月底，菲律宾累计对中国实际投资额为30.8亿美元，中国累计对菲律宾直接投资额为3.8亿美元。2014年，中菲双边贸易额432.81亿美元，同比增长13.7%。2015年，中菲双边贸易额456.5亿美元，同比增长2.7%。其中中国出口266.73亿美元，增长13.7%，进口189.76亿美元，下降9.57%。

三、其他领域的交往与合作

中菲在文化、科技、司法、旅游等领域的交流与合作不断深化。两国迄今为止共签署了11个双年度文化合作执行计划，举行了13次科技合作联委会会议，共确定了244个科研合作项目。中国新华社在马尼拉设有分社。中国中央电视台第四套节目在菲律宾落地。中菲两国签有：《科技合作协定》（1978年）、《文化合作协定》（1979年）、《民用航空运输协定》（1979年）、《体育合作备忘录》（2001年）、《信息产业合作备忘录》（2001年）、《打击跨国犯罪合作备忘录》（2001年）、《引渡条约》（2001年）、《打击贩毒合作协议》（2001年）、《旅游合作备忘录》（2002年）、《海事合作谅解备忘录》（2005年）、《青年事务合作协议》（2005年）、《卫生和植物卫生合作谅解备忘录》（2007年）、《教育合作谅解备忘录》（2007年）、《文化遗产保护协议》（2007年）、《卫生合作协议》（2008年）、《中国国务院新闻办公室和菲总统府新闻传播办公室友好交流与合作两句诶备忘录》（2011年）、《体育合作备忘录》（2011年）、《旅游合作谅解备忘录》（2011年）等一系列合作文件。2004年，双方建立年度防务安全磋商机制。

中菲结有27对友好省市，分别为杭州市和碧瑶市、广州市和马尼拉市、上海市和大马尼拉市、厦门市和宿务市、沈阳市和奎松市、抚顺市和利巴市、海南省和宿务省、三亚市和拉普拉市、石狮市和那牙市、山东省和北伊洛戈省、淄博市和万那威市、安徽省和新怡诗夏省、湖北省和莱特省、柳州市和穆汀鲁帕市、贺州市和圣费尔南多市、哈尔滨市和卡加延一德奥罗市、来宾市和拉瓦格市、北京市和马尼拉市、江西省和保和省、广西壮族自治区和达沃市、兰州市和阿尔贝省、北海市和普林塞萨港市、福建省和内湖省、无锡市和普林塞萨港市、广西壮族自治区和宿务省、河南省和达拉省、黄冈市和依木斯市。

近几年中菲军事交往增多。2002年4月，菲律宾国防部长雷耶斯访华。2002年6月，菲律宾海军舰队首次访华。2002年9月，时任中华人民共和国中央军事委员会副主席、国务委员兼国防部长迟浩田访菲律宾。2004年，菲律宾武装部队总参谋长阿巴亚和国防部长克鲁兹先后访华，双方建立年度防务安全磋商机制。2005年5月，中国人民解放军副总参谋长熊光楷上将赴菲律宾，与菲律宾国防部副部长桑托斯举行中菲首次防务与安全磋商。2006 年 5 月，菲律宾武装部队总参谋长森加上将访华。2006 年 10 月，菲律宾国防部副部长桑托斯访华，双方举行第二次中菲防务安全磋商。2006 年 10 月，中国海军北海舰队访菲律宾，与菲律宾海军举行非传统安全联合演习。2007 年 5 月，中国人民解放军副总参谋长章沁生访菲律宾，双方举行第三次中菲防务安全磋商。2007 年 9 月，中华人民共和国中央军事委员会副主席、国务委员兼国防部长曹刚川访菲律宾。2009 年 12 月，菲律宾军总参谋长维克托·伊布拉多访华。

据中国国家汉语国际推广领导小组办公室统计，目前，菲律宾是中国派出汉语教师最多的国家之一，名列第二。汉语教学不仅遍及菲律宾全国各地华校，而且已进入部分主流学校。中国在菲律宾共有三所孔子学院，分别为：中山大学和雅典耀大学合办的雅典耀大学孔子学院、西北大学和布拉卡国立大学合办的布拉卡国立大学孔子学院、福建师范大学和红溪礼士大学合办的红溪礼士大学孔子学院。

四、重要双边文件

1975 年 6 月，周恩来总理和菲律宾总统马科斯在北京签署《中华人民共和国政府和菲律宾共和国政府建交联合公报》。

2000 年 5 月，菲律宾总统埃斯特拉达对中国进行国事访问，与江泽民主席在北京共同签署《中华人民共和国政府和菲律宾共和国政府关于 21 世纪双边合作框架的联合声明》。

2004 年 9 月，菲律宾总统阿罗约对中国进行国事访问，双方发表《中华人民共和国与菲律宾共和国联合新闻公报》。

2005 年 4 月，中国国家主席胡锦涛对菲律宾进行国事访问，双方发表《中华人民共和国与菲律宾共和国联合声明》。

2007 年 1 月，中国国务院总理温家宝对菲律宾进行正式访问，双方发表《中华人民共和国与菲律宾共和国联合声明》。

2009 年 10 月，杨洁篪外长对菲律宾进行正式访问，双方共同签署了《中华人民共和国政府和菲律宾共和国政府关于战略性合作共同行动计划》。

2010 年 2 月 26 日，中国批准了《中华人民共和国和菲律宾共和国领事协定》。

2011 年 8 月 30 日至 9 月 3 日，菲律宾总统阿基诺三世对中国进行国事访问，这是阿基诺首次对中国进行国事访问，双方签署《中华人民共和国与菲律宾共和国联合声明》。

（来源：中华人民共和国外交部网站．http://www.fmprc.gov.cn/web/gjhdq_676201/gj_676203/yz_676205/1206_676452/sbgx_676456/.2016—03—04）

中国与新加坡双边关系

一、双边政治关系与重要往来

两国于 1990 年 10 月 3 日建立外交关系。建交以来，两国高层交往频繁。两国外交部自 1995 年起建立磋商机制，迄今已举行 7 轮磋商。两国除互设使馆外，新加坡在上海、厦门、广州、成都和香港设有总领事馆。

近年来，中国访新加坡的领导人主要有：杨尚昆主席（1993 年）、江泽民主席（1994 年）、李瑞环政协主席（1995 年）、李鹏总理（1997 年）、朱镕基总理（1999 年）、胡锦涛主席（2002 年、2009 年）、李岚清副总理（2002 年）、吴邦国委员长（2005 年）、温家宝总理（2007 年）、孟建柱公安部长（2011 年 2 月）、梁光烈国防部长（2011 年 5 月、2011 年 6 月）、王岐山副总理（2011 年 7 月）、蔡武文化部部长（2012 年 5 月）、杨洁篪外交部长（2012 年 5 月）、艾平中联部副部长（2012 年 8 月）、王毅外交部长（2013 年 5 月）、张高丽副总理（2013 年 10 月）、习近平主席（2010 年 11 月、2015 年 11 月）等。

近年来，新加坡访华的领导人主要有：黄金辉总统（1991 年）、李光耀总理（1990 年）、吴作栋总理（1993 年、1994 年、1995 年、1997 年、2000 年、2003 年）、王鼎昌总统（1995 年）、纳丹总统（2001 年、2010 年 8 月）、李显龙总理（2008 年、2010 年 9 月、2012 年 9 月、2013 年 8 月）、黄根成副总理（2010 年 6 月、2010 年 7 月、2011 年 4 月）、吴作栋国务资政（2007 年、2010 年 6 月、2011 年 4 月、2011 年 9 月、2013 年 4 月、2013 年 9 月）、尚穆根外长（2012 年 2 月）、张志贤副总理（2012 年 5 月、2013 年 9 月）、尚达曼副总理（2013 年 5 月）、陈庆炎总统（2015 年）等。

2008 年 8 月，李光耀内阁资政来华出席北京奥运会开幕式，纳丹总统来华观看北京奥运会比赛。2008 年 9 月，中国王岐山副总理与新加坡黄根成副总理在天津共同主持召开中新双边合作联委会第五次会议、苏州工业园区联合协调理事会第十次会议和天津生态城联合协调理事会第一次会议。新加坡国务资政吴作栋到天津出席第二届“夏季达沃斯”年会。2008年10月，新加坡总理李显龙来华出席第七届亚欧首脑会议并正式访华，李光耀内阁资政随美国摩根大通国际理事会高级代表团访华。

2009年1月，全国人大常委会副委员长周铁农访新加坡。

2010年4月，吴作栋国务资政来华出席博鳌亚洲论坛，中共中央政治局委员李源潮访问新加坡，张志贤副总理兼国防部长访华。2010年5月，李光耀内阁资政访华。2010年7月，黄根成副总理来华与王岐山副总理共同主持了中新双边合作联委会等三个会议。8月，纳丹总统访华并参观上海世界博览会。9月，李显龙总理访问重庆、湖南、湖北、江苏、上海，并出席上海世界博览会有关活动。11月，习近平副主席对新加坡进行正式访问。

2011年2月，中国国务委员、公安部长孟建柱访新加坡。4月，吴作栋国务资政访华并出席博鳌亚洲论坛年会，黄根成副总理访问上海并出席“新加坡日”活动。5月，新前总理李光耀访华，中国国务委员、国防部长梁光烈访新加坡。6月，梁光烈国务委员兼国防部长赴新加坡参加“香格里拉对话”。2012年5月29日，新加坡总统陈庆炎会见了到访的中国外交部长杨洁篪。陈庆炎表示，新中关系发展势头令人鼓舞，双方高层互访不断，人员往来频繁，合作项目进展顺利，领域不断扩大。在当前国际经济和金融形势下，新中加强合作交流尤为重要。相信在双方共同努力下，新中关系一定能够进一步发展，这符合两国和两国人民的共同利益，也有利于本地区的发展和进步。

2012年9月8日，中国外交部副部长傅莹与新加坡外交部常任秘书金喜在新加坡共同主持中新第六次外交磋商，双方就中新关系、中国与东盟关系、东亚合作等问题坦诚深入交换意见。

2013年4月，新国务资政吴作栋出席博鳌亚洲论坛年会并访问广东。5月，外交部长王毅访问新加坡。同月，新加坡副总理兼财政部长尚达曼访华。8月，新加坡总理李显龙正式访华。9月，中国国务院总理李克强在广西南宁会见前来出席第10届中国—东盟博览会的新加坡副总理张志贤。同月，新加坡荣誉国务资政吴作栋访华，出席天津生态城5周年庆祝活动。10月，张高丽副总理访问新加坡并主持双边合作机制会议。11月，中共中央政治局委员、天津市委书记孙春兰访问新加坡。同月，中共中央政治局委员、中央书记处书记、中组部部长赵乐际赴新出席“中新领导力论坛”。

2014年4月，新加坡荣誉国务资政吴作栋来华出席博鳌亚洲论坛年会并访问山东。同月，中共中央政治局委员、广东省委书记胡春华访新。6月，新外交部长兼律政部长尚穆根访华。7月，新加坡副总理兼国家安全统筹部长及内政部长张志贤来华举行第二届中新治理高层论坛。8月，新加坡总统陈庆炎来华出席南京青奥会开幕式，习近平主席会见。同月，杨洁篪国务委员访新。9月，新加坡总理李显龙来华出席中国—东盟博览会并访问广东、广西和香港。10月，新加坡副总理兼国家安全统筹部长及内政部长张志贤访华并与张高丽副总理共同主持中新双边合作机制年度会议。11月，新加坡总理李显龙来华出席亚太经合组织第二十二次领导人非正式会议。

2015年2月，习近平主席特使、中共中央政治局委员、中央政法委书记孟建柱访问新加坡。3月，新加坡前总理李光耀逝世。习近平主席、李克强总理、张德江委员长、张高丽副总理分别向新加坡领导人发唁电。李源潮副主席作为习近平主席特使应邀赴新加坡出席李光耀国葬。4月，新加坡副总理兼国家安全统筹部长及内政部长张志贤来华出席第5届中新领导力论坛。6月底至7月初，新加坡总统陈庆炎对华进行国事访问。11月，中国国家主席习近平对新加坡进行国事访问。此访旨在推动中新关系，为两国政治关系开创新前景，为深化务实合作和人文交流提供新动力。

二、双边经贸关系和经济技术合作

1999年10月，中新签署《经济合作和促进贸易与投资的谅解备忘录》，建立了两国经贸磋商机制。双方还签署了《促进和保护投资协定》、《避免双重征税和防止漏税协定》、《海运协定》、《邮电和电信合作协议》、《成立中新双方投资促进委员会协议》等多项经济合作协议。2008年10月两国签署中新自由贸易协定，2009年1月1日正式生效。

中新经贸合作发展迅速。2011年，中新双边贸易额达到634.8亿美元，同比增长11.2%；2001～2010年十年间，双边服务贸易额增长近9倍，2011年达到171.2亿美元。1999年10月，中新签署《经济合作和促进贸易与投资的谅解备忘录》，建立了两国经贸磋商机制。双方还签署了《促进和保护投资协定》、《避免双重征税和防止漏税协定》、《海运协定》、《邮电和电信合作协议》、《成立中新双方投资促进委员会协议》等多项经济合作协议。2008年10月两国签署中新自由贸易协定，于2009年1月1日正式生效。2011年2月18日，中新两国签署外交、公务和公务普通护照持有者互免签证协定，协定自2011年4月17日起生效。

2012年5月18日，新加坡国际港务集团与天津港股份有限公司签署了战略合作框架协议，为开展更多领域、更深层次合作奠定基础。根据中方统计数字，中国和新加坡双边贸易在2012年全球经济充满挑战的背景下仍增长8.7%，达到692.76亿美元。新加坡是中国在东盟的第3大贸易伙伴。就新加坡的海外投资情况来看，2012年新加坡在华投资至63亿美元（约78亿新加坡元），同比上升3.4%。

2013年3月7日，新加坡金融管理局与中国人民银行续签了双边本币互换协议，互换规模由原来的300亿新加坡元（1500亿人民币）扩大至600亿新加坡元（3000亿人民币）。

近年来，中新经贸合作发展迅速。2013年和2014年，中国连续两年成为新加坡最大贸易伙伴，新加坡连续两年成为我第一大投资来源国。两国间主要合作项目有苏州工业园区、天津生态城、广州知识城、吉林食品区、川新创新科技园等。新加坡与山东、四川、浙江、辽宁、天津、江苏、广东等7省市分别建有经贸合作机制。2014年，中国与新加坡双边贸易额为797.4亿美元，增长5%。其中，中方出口489.1亿美元，增长6.7；进口308.3亿美元，增长2.4%。

据中国海关统计，2015年中国与新加坡双边贸易额为795.7亿美元，下降0.1%。其中，中国对新加坡出口520.08亿美元，同比增长6.47%；中国自新加坡进口275.56亿美元，同比下降10.54%。

三、其他领域的交往与合作

近年来，中新金融合作发展迅速，成为两国互利合作新亮点。2012年6月，中国人民银行批准新加坡金管局在华设立代表处。2013年5月，新加坡金管局北京代表处正式揭牌。2012年7月，两国签署中新自贸协定框架下有关银行业事项的换文。10月，新方授予中国银行和中国工商银行新加坡分行特许全面拍照。2013年2月，中国人民银行授权中国工商银行新加坡分行担任新加坡人民币业务清算行。4月，中国工商银行新加坡分行在新人民币清算业务正式启动。

2013年3月，中国人民银行同新加坡金融管理局续签中新双边本币互换协议，互换规模扩大至3000亿元人民币/600亿新加坡元，有效期3年。10月，中国人民银行确定新加坡市场人民币合格境外机构投资者（RQFII）投资额度为500亿元人民币。2014年10月，两国外汇市场正式推出人民币和新加坡元直接交易。

两国在人才培训领域的合作十分活跃，主要项目有中国赴新加坡经济管理高级研究班、中央党校中青年干部培训班赴新考察、两国外交部互惠培训项目等。2001年，双方签署《中华人民共和国外交部关于中新两国中、高级官员交流培训项目的框架协议》，并分别于2005年、2009年和2014年三次续签。2004年5月，双方决定成立“中国—新加坡基金”，支持两国年轻官员的培训与交流。2007年7月，双方签署《关于借鉴运用新加坡园区管理经验开展中西部开发区人才培训合作的谅解备忘录》。2009年以来，双方已联合举办四届“中新领导力论坛”。

2012年9月，首届中新社会管理高层论坛在新加坡举行，双方签署关于加强社会管理合作的换文。2014年7月，第二届中新社会治理高层论坛在华举行。

1992年，两国科技部门签署《科技合作协定》，次年建立中新科技合作联委会。1995年成立“中国—新加坡技术公司”，1998年设立“中新联合研究计划”，合作项目共计28个。2003年10月，中国科技部火炬中心驻新代表处正式挂牌成立。

1999年，两国教育部签署《教育交流与合作备忘录》及中国学生赴新学习、两国优秀大学生交流和建立中新基金等协议，中国15所高等院校在新开办了20个教育合作项目。2013年，我在新留学人员13985人，新在华留学生5290人。

1996年，两国文化部签署《文化合作谅解备忘录》。2006年，两国政府签署《文化合作协定》。项目每年逾200起。双方在文化艺术、图书馆、文物等领域的交流与合作不断深入。

两国在旅游、质检和环保等领域也进行了密切的交流与合作。2013年，双边人员往来238.4万人次。2007年，两国有关部门分别签署《出入境卫生检疫合作谅解备忘录》和《关于在城镇环境治理和水资源综合利用领域开展交流与合作的谅解备忘录》。2013年10月，双方签署《关于农产品质量安全和粮食安全合作的谅解备忘录》。

四、重要双边文件

1990年10月3日，时任中国外交部部长钱其琛和新加坡外交部长黄根成在纽约签署了《中华人民共和国政府和新加坡共和国政府关于建立外交关系的联合公报》。

2000年4月，新加坡总理吴作栋在访华期间，两国政府在北京发表了面向21世纪的《中华人民共和国政府和新加坡共和国政府关于双边合作的联合声明》。

2008年10月23日，在中国国务院总理温家宝和新加坡总理李显龙的共同见证下，中国商务部部长陈德铭与新加坡贸工部长林勋强代表各自政府在北京人民大会堂签署了《中华人民共和国政府和新加坡共和国政府自由贸易协定》。同时，双方还签署了《中华人民共和国政府和新加坡共和国政府关于双边劳务合作的谅解备忘录》。

2011年2月18日，中新两国签署外交、公务和公务普通护照持有者互免签证协定。

2012年7月6日，在中新双边合作联委会第九次会议上两国签署了《中华人民共和国政府和新加坡共和国政府自由贸易协定》框架下的金融合作协议。

2013年10月，双方签署《关于农产品质量安全和粮食安全合作的谅解备忘录》。

2015年11月7日，中华人民共和国和新加坡共和国在新加坡发表《中华人民共和国和新加坡共和国关于建立与时俱进的全方位合作伙伴关系的联合声明》。

（来源：中华人民共和国外交部网站．http://www.fmprc.gov.cn/web/gjhdq_676201/gj_676203/yz_676205/1206_677076/sbgx_677080/. 2016—05—03）

中国与泰国双边关系

一、双边政治关系与重要往来

1975年7月1日，中国与泰国建立外交关系。两国关系保持健康稳定发展。2001年8月，两国政府发表《联合公报》，就推进中泰战略性合作达成共识。2012年4月，两国建立全面战略合作伙伴关系。2013年10月，两国政府发表《中泰关系发展远景规划》。

两国互设大使馆，中国在泰清迈、宋卡、孔敬设有总领馆，泰在广州、昆明、上海、香港、成都、厦门、西安、南宁、青岛设有总领馆。

近年来，中国访泰国的领导人主要有：江泽民主席（1999年）、李鹏委员长（1999年、2002年）、胡锦涛副主席（2000年）、朱镕基总理（2001年）、胡锦涛主席（2003年）、杨洁篪外长（2009年）、温家宝总理（2009年、2012年11月）、梁光烈国防部长（2009年）、严隽琪副委员长（2010年3月）、吴邦国委员长（2010年11月）、陈至立副委员长（2011年1月）、贾庆林政协主席（2012年4月）、孟建柱国务委员（2012年7月）、王毅外交部长（2013年5月）、习近平主席（2011年12月、2012年7月、2014年11月）、李克强总理（2013年10月、2014年12月）、俞正声政协主席（2015年）等。

近年来，泰方访华的领导人主要有：诗丽吉王后（2000年）、哇集拉隆功王储（1998年）、沙玛总理（2008年6月、2008年8月）、巴索素上议长（2008年6月）、沙南副总理（2008年8月、2010年6月、2010年12月）、颂猜总理（2008年10月）、朱拉蓬公主（2008年10月、2009年2月）、格实外长（2009年6月、2010年7月）、阿披实总理（2009年6月、2010年9月、2011年11月）、猜·奇触国会主席（2010年1月）吴拉吞财税部长（2010年5月）、素帖副总理（2010年7月）、诗琳通公主（2008年4月、2008年8月、2009年4月、2009年7月、2010年4月、2010年7月、2012年4月、2013年4月）、泰坤蓬·素旺那达国防部长（2012年4月）、英拉总理（2012年4月）、素拉蓬外交部长（2012年7月）、颂萨·革素拉暖国会主席兼下议院议长（2012年9月、2013年4月）、尼空·瓦拉帕尼上议院议长（2013年1月）、巴育总理（2014年12月）、派汶·昆差部长（2015年9月）、敦·帕马威奈外长（2015年10月）等。

两国除互设大使馆外，中国在泰国清迈、宋卡设有总领馆，泰国在广州、昆明、上海、香港、成都、厦门设有总领馆，在西安、南宁设有领事办公室。

2015年9月18日，中国国务院副总理张高丽在广西南宁会见前来出席第12届中国—东盟博览会的泰国副总理塔纳萨。

二、双边经贸关系

1985年两国成立部长级经贸联委会。2003年6

月升格为副总理级。2004年7月，吴仪副总理与差瓦利副总理在北京共同主持联委会首次会议。2005年9月，吴仪副总理与颂奇副总理在泰国清迈共同主持联委会第二次会议。2014年11月，王勇国务委员和泰国副总理比里亚通在北京共同主持联委会第三次会议。

双方还签订了《促进和保护投资协定》（1985年）、《避免双重征税和防止偷漏税协定》（1986年）、《贸易经济和技术合作谅解备忘录》（1997年）、《双边货币互换协议》（2011）等。2003年10月，两国在中国—东盟自由贸易区框架下实施蔬菜、水果零关税。2004年6月，泰国承认中国完全市场经济地位。2009年6月，两国签署《扩大和深化双边经贸合作的协议》。2012年4月，两国签署《经贸合作五年发展规划》。2014年12月，两国央行签署《关于在泰国建立人民币清算安排的合作谅解备忘录》，并续签《双边本币互换协议》。

2013年中泰双边贸易额712.6亿美元，同比增长2.2%，其中中国出口327.4亿美元，同比增长4.9%，进口385.2亿美元，同比下降0.1%。2013年，泰国对中国直接投资新增4.8亿美元，同比增长521.5%。中国对泰国非金融类直接投资新增3.9亿美元，同比下降10.5%。中国企业在泰国新签对外承包工程、劳务合作和设计咨询合同额22.8亿美元，同比增长187.9%，完成营业额13.2亿美元，同比增长22.3%。

2014年中泰双边贸易额726.7亿美元，同比增长2%，其中中国出口343亿美元，同比增长4.8%，进口383.7亿美元，同比下降0.4%。2014年，泰国对中国直接投资新增0.61亿美元，同比下降87.5%。中国对泰国非金融类直接投资新增3.7亿美元，同比下降5.6%。中国企业在泰国新签对外承包工程、劳务合作和设计咨询合同额17.8亿美元，同比下降21.9%，完成营业额18.4亿美元，同比增长39.4%。

2015年中泰双边贸易额754.6亿美元，同比增长3.%。其中，中国对泰国出口382.93亿美元，同比增长11.64%；中国自泰国出口371.7亿美元，同比下降3.14%。

三、其他领域的交流与合作

两国在科技、文化、卫生、教育、体育、司法、军事等领域的交流与合作稳步发展。双方成立了泰中友好协会（1976年）、中泰友好协会（1987年）。两国还缔结了30组友好城市和省府。双方签署了《科技合作协定》（1978年，成立了科技合作联委会）、《海运协定及两个补充议定书》（1979年）、《民用航空运输协定和对方全权证书》（1980年）、《旅游合作协定》（1993年）、《引渡条约》（1993年）、《民商事司法协助和仲裁合作协定》（1994年）、《文化合作谅解备忘录》（1996年）、《卫生医学科学和药品领域合作谅解备忘录》（1997年）、《关于高等教育合作谅解备忘录》（1999年）、《关于加强禁毒合作的谅解备忘录》（2000年）、《文化合作协定》（2001年）、《刑事司法协助条约》（2003年）、《环境保护合作谅解备忘录》（2005年）、《中华人民共和国教育部与泰王国教育部关于相互承认高等教育学历和学位的协定》（2007年）、《中华人民共和国教育部与泰王国教育部教育合作协议》（2009年）、《中华人民共和国国家质量监督检验检疫总局和泰王国农业与合作部关于泰国水果过境第三国输往中国检验检疫要求议定书》（2009年）等。

两国军方长期保持友好交往，领导人经常互访，军事院校定期互换学员培训。2001年，两国国防部建立年度防务安全磋商机制。

2003年10月，中方向泰方提供一对大熊猫，与泰方进行为期10年的学术研究和交流。2009年5月，大熊猫生下一只幼仔“林冰”。

2012年5月11日，泰国教育部在总理府举办“中国汉语教师志愿者来泰任教大会”，泰国总理英拉·钦纳瓦、管木大使和国家汉办副主任马箭飞出席并分别发表讲话。2012年6月14日，泰国吉拉达王宫学校举办了庆祝孔子课堂成立三周年活动。诗琳通公主在管木大使陪同下出席了活动，参观孔子课堂成立三周年图片展并观看了中泰文化融合的文艺演出。

2013年7月10日，“2013泰国·中国广西文化年——美丽广西”展演交流活动在泰国曼谷中国文化中心开幕，活动以展览、演出等多种形式向泰国观众集中展现广西民族文化的独特魅力。泰国诗琳通公主为开幕式剪彩。2013年9月，泰方按合作协议将“林冰”运送回中国。2015年6月，双方签署关于大熊猫“创创”和“林惠”合作延期协议。

两国人员往来密切，2014年中国大陆赴泰游客442.21万人次，泰国来华游客61.31万人次。

四、重要双边文件

《中泰建交联合公报》（1975年7月）；

《中华人民共和国和泰王国关于二十一世纪合作计划的联合声明》(1999 年 2 月);

《中国与泰国联合公报》(2001 年 8 月);

《中泰战略性合作共同行动计划》(2007 年 5 月);

《扩大和深化双边经贸合作的协议》(2009 年 6 月);

《中华人民共和国和泰王国关于建立全面战略合作伙伴关系的联合声明》(2012 年 4 月);

《中泰关系发展远景规划》(2013 年 10 月);

《中华人民共和国政府和泰王国政府联合新闻公报》(2014 年 12 月)。

(来源:中华人民共和国外交部网站.http://www.fmprc.gov.cn/web/gjhdq_676201/gj_676203/yz_676205/1206_676932/sbgx_676936/.2016—06—05)

中国与越南双边关系

一、双边政治关系与重要往来

中国和越南于 1950 年 1 月 18 日建交。中越两国和两国人民之间的传统友谊源远流长。在长期的革命斗争中,中国政府和人民全力支持越南抗法、抗美斗争,越南视中国为坚强后盾。两国在政治、军事、经济等领域进行了广泛的合作。20 世纪 70 年代后期,中越关系恶化。1991 年 11 月,应时任中共中央总书记江泽民和中国国务院总理李鹏的邀请,越共中央总书记杜梅、部长会议主席武文杰率团访华,双方宣布结束过去,开辟未来,两党两国关系实现正常化。

此后,两党两国关系全面恢复并深入发展。两国领导人保持频繁互访和接触,双方在各领域的友好交往与互利合作不断加强。1999 年初,两党总书记确定了新世纪两国“长期稳定、面向未来、睦邻友好、全面合作”关系框架。2000 年,两国发表关于新世纪全面合作的《联合声明》,对发展双边友好合作关系作出了具体规划。

近年来两国高层互访情况(按时间顺序排列):

近年来,中国访越南的领导人主要有:李鹏总理(1992 年、1996 年 6 月)、乔石委员长(1996 年 11 月)、李瑞环政协主席(1997 年)、尉健行书记(1998 年 9 月)、朱镕基总理(1999 年)、李鹏委员长(2001 年 9 月)、江泽民主席(1994 年、2002 年)、贾庆林政协主席(2006 年 3 月)、胡锦涛主席(1998 年 12 月、2001 年 4 月、2005 年、2006 年 11 月)、温家宝总理(2004 年、2010 年 10 月)、戴秉国国务委员(2009 年 3 月、2011 年 9 月)、傅莹外交部副部长(2012 年 3 月)、厉无畏政协副主席(2012 年 4 月)、刘云山中宣部部长(2012 年 6 月)、王国强卫生部副部长(2012 年 12 月)、李建国副委员(2012 年 12 月)、何厚铧政协副主席(2013 年 5 月)、李克强总理(2013 年 10 月)、俞正声政协主席(2014 年 12 月)、习近平主席(2011 年 12 月、2012 年 12 月、2015 年 11 月)等。

近年来,越南访华的领导人主要有:杜梅总书记(1991 年、1995 年)、黎德英主席(1993 年)、黎可漂总书记(1999 年)、范世阅常委(1999 年 10 月)、陈德良主席(2000 年 12 月、2003 年、2005 年)、阮文安国会主席(2002 年)、潘文凯总理(1998 年、2000 年 9 月、2004 年、2005 年)、阮明哲主席(2007 年 5 月、2008 年 8 月)、范家谦副总理(2007 年、2008 年 1 月)、黄忠海副总理(2008 年 10 月、2012 年 3 月)、农德孟总书记(1994 年、2001 年、2000 年、2003 年、2006 年、2008 年 5 月)、阮晋勇总理(2007 年 10 月、2008 年 10 月、2009 年 4 月、2009 年 10 月、2010 年 4 月)、冯光青国防部长(2010 年 4 月)、丛氏放国会副主席(2012 年 1 月)、范平明外交部长(2012 年 2 月)、阮青山外交部副部长(2012 年 5 月)、阮善仁副总理(2012 年 6 月、2013 年 5 月)、张晋创国家主席(2013 年 6 月、2014 年 11 月)、阮志咏国防部副部长(2013 年 6 月)、阮晋勇总理(2013 年 9 月)、阮氏缘副主席(2014 年 5 月)、黎鸿英越共中央书记处常务书记(2014 年 8 月)、阮富仲总书记(2007 年 4 月、2011 年 10 月、2015 年 4 月)。

2010 年 4 月 26 日至 5 月 1 日,越南政府总理阮晋勇来华出席上海世博会开幕式并顺访上海、苏州、浙江,中国国家主席胡锦涛会见。

2010 年 10 月 28 日至 30 日,中国国务院总理温家宝赴越南河内出席东亚领导人系列会议,会见越共中央总书记农德孟、政府总理阮晋勇。

2011 年 10 月,越共中央总书记阮富仲对中国进行正式访问,双方发表《中越联合声明》。

2011 年 12 月 24 日下午,中共中央政治局常委、国家副主席习近平圆满结束对越南、泰国的正式访问,回到北京,陪同人员同机抵达。

2013 年 6 月,越南国家主席张晋创对中国进行国事访问,双方发表联合声明。

2013 年 9 月 2 日，中国国务院总理李克强在广西南宁会见前来出席第 10 届中国—东盟博览会的越南总理阮晋勇。

2014 年 1 月 22 日，中共中央总书记、国家主席习近平同越共中央总书记阮富仲进行热线通话。双方互致新春问候并就两国关系发展交换了意见。

2014 年 5 月 20 日至 21 日，越南国家副主席阮式缘来华出席亚信峰会。其间，中共中央总书记、国家主席习近平同其简短交谈。

2014 年 8 月 26 日至 27 日，越共中央总书记特使、越共中央政治局委员、书记处常务书记黎鸿英访华，中共中央总书记、国家主席习近平，中共中央政治局常委、中央书记处书记刘云山分别会见会谈。

2014 年 11 月 9 日至 11 日，越南国家主席张晋创来华出席 2014 亚太经合组织第二十二次领导人非正式会议，中共中央总书记、国家主席习近平会见。

2014 年 12 月 25 日至 27 日，中共中央政治局常委、全国政协主席俞正声对越南进行了正式访问。访问期间，俞正声主席分别会见了越共中央总书记阮富仲、国家主席张晋创、政府总理阮晋勇、越共中央书记处常务书记黎鸿英，并与越南祖国阵线主席阮善仁举行了会谈。

2015 年 2 月 11 日，中共中央总书记、国家主席习近平同越共中央总书记阮富仲进行热线通话。

2015 年 11 月 5 日至 6 日，中共中央总书记、国家主席习近平对越南进行了国事访问。期间，习近平会晤了阮富仲总书记、张晋创主席、阮晋勇总理、阮生雄国会主席等越南党和国家领导人，双方谈双边关系，谈党的建设，谈治国理政，谈传统友谊，谈务实合作。双方就当前形势下两党两国的共同利益、共同挑战、共同需要、共同任务达成高度共识。

二、双边经贸关系和经济技术合作

中华人民共和国驻越南社会主义共和国大使馆经济商务参赞处的数据显示，中越双边贸易额 1991 年为 3200 万美元，2011 年已突破 400 亿美元，增长 1000 多倍。两国力争到 2015 年将双边贸易额提高到 600 亿美元。

2012 年，中越双边贸易再创新纪录，中国对越南投资继续增加，且从传统的制造业向服务业延伸。中华人民共和国海关总署统计表明，2012 年 1～10 月，中越贸易额为 399. 65 亿美元，同比增长 25. 7%。仅 2012 年上半年，中方企业对越南新增的投资额同比翻了一番，而且合作呈现互利双赢格局，在电力、交通、化工等多个领域的合作中，中国企业凭借成熟的技术和丰富的经验，为越南经济发展和国家建设做出了贡献。中国还向越南提供了 16 亿美元优买贷款和数十亿美元的出口信贷。

2013 年中越双边贸易额达 502 亿美元，增长了 21. 9%，也是首次突破 500 亿美元大关，其中，越南对中国出口额达 132. 6 亿美元。中国继续是越南最大贸易合作伙伴，并是越南第四大出口国，仅次于欧盟、美国和日本。

2014 年中越双边贸易额约为 836. 4 亿美元，同比增长 27. 7%。中国连续 11 年成为越南第一大贸易伙伴，越南成为中国在东盟第二大贸易伙伴。中国出口商品主要为机电产品、机械设备和面料、纺织纤维以及其他原辅料，从越南主要进口矿产资源和农产品等。

2015 年中越双边贸易总额 959. 7 亿美元，同比增长 14. 7%。其中，中国对越南出口 661. 24 亿美元，增长 3. 8%；自越南进口 298. 42 亿美元，增长 49. 9%。中国连续 12 年成为越南第 1 大贸易伙伴，越南是中国在东盟仅次于马来西亚的第 2 大贸易伙伴。

三、其他领域的交流与合作

中越关系正常化以来，两国在文化、科技、教育和军事等领域的交流与合作不断向广度和深度发展，党、政、军、群众团体和地方省市交往日趋活跃，合作领域不断扩大。双方还开展了社会主义理论研讨会和青少年交流活动。两国部门间签署了外交、公安、经贸、科技、文化、司法等合作文件近 40 项。两国空运、海运、铁路等均已开通。

2006 年 11 月，双方成立中越双边合作指导委员会。双方一致认为，这有利于加强对中越各领域合作的宏观指导、统筹规划和全面推进，协调解决合作中出现的问题，将为两国睦邻友好与全面合作关系长期、稳定、健康、持续发展发挥重要作用。2008 年 1 月，国务委员唐家璇与越南政府副总理兼外长范家谦共同主持双边合作指导委员会第二次会议。2009 年 3 月，国务委员戴秉国与越南政府副总理兼外长范家谦共同主持双边合作指导委员会第三次会议。2010 年 6 月，国务委员戴秉国与越南政府副总理兼外长范家谦共同主持双边合作指导委员会第四次会议。2011 年 9 月，国务委员戴秉国与越南政府副总理阮善仁共同主持双边合作指导委员会第五次会议，双方就进一步推进中越友好、深化全面合作达成一系列共识。2013 年 5 月，国务委员杨洁篪与越南政府副总理阮善仁共同主持双边合作指导委员会第六次会议。2014 年 10 月，国务委员杨洁篪与越南政府副总理兼外长范平明共同主持双边合作指导委员会第七次会议。2015 年 6 月，中国国务委员杨洁篪和越南副总理兼外长范平明共同主持双边合作指导委员会第八次会议。

四、重要双边文件

《贸易协定》（1991 年 11 月 7 日）；

《经济合作协定》（1992 年 2 月 14 日）；

《关于互免签证的协定》（1992 年 2 月 14 日）；

《邮电合作协定》（1992 年 3 月 8 日）；

《民用航空运输协定》（1992 年 3 月 8 日）；

《海运协定》（1992 年 3 月 8 日）；

《关于鼓励和相互保护投资协定》（1992 年 12 月 2 日）；

《文化协定》（1992 年 12 月 2 日）；

《科学技术合作协定》（1992 年 12 月 2 日）；

《中国人民银行与越南国家银行关于结算与合作协定》（1993 年 5 月 26 日）；

《关于货物过境的协定》（1994 年 4 月 9 日）；

《关于保证进出口商品质量和相互认证的合作协定》（1994 年 11 月 22 日）；

《关于成立经济、贸易合作委员会的协定》（1994 年 11 月 22 日）；

《汽车运输协定》（1994 年 11 月 22 日）；

《关于对所得避免双重征税和防止偷漏税的协定》（1995 年 5 月 17 日）；

《卫生合作协定》（1996 年 4 月 16 日）；

《医药合作协定》（1996 年 5 月 10 日）；

《领事条约》（1998 年 10 月 19 日）；

《关于民事和刑事司法协助的条约》（1998 年 10 月 19 日）；

《边贸协定》（1998 年 10 月 19 日）；

《陆地边界条约》（1999 年 12 月 30 日）；

《在北部湾领海、专属经济区和大陆架的划界协定》（2000 年 12 月 25 日）；

《和平利用核能合作协定》（2000 年 12 月 25 日）；

《北部湾渔业合作协定》（2000 年 12 月 25 日）；

《关于扩大和深化双边经贸合作的协定》（2006 年 11 月 16 日）；

《关于加强预防和打击拐卖人口合作的协定》（2010 年 9 月 15 日）；

《中越联合声明》（2011 年 10 月）；

《中越联合声明》（2013 年 6 月）；

《新时期深化中越全面战略合作的联合声明》（2013 年 10 月 15 日）；

《中越联合公报》（2015 年 4 月 8 日）；

《中越联合声明》（2015 年 11 月 6 日）。

（来源：中华人民共和国外交部网站. http://www.fmprc.gov.cn/mfa_chn/gjhdq_603914/gj_603916/yz_603918/1206_605002/sbgx_605006/. 2016—03—07）

贸易投资篇

“21 世纪海上丝绸之路”

“21 世纪海上丝绸之路”的由来

一、观点的由来

建设“21 世纪海上丝绸之路”，是 2013 年 10 月习近平总书记访问东盟国家时提出来的。

古老的海上丝绸之路自秦汉时期开通以来，一直是沟通东西方经济文化交流的重要桥梁，而东南亚地区自古就是海上丝绸之路的重要枢纽和组成部分。习近平总书记基于历史，着眼中国与东盟建立战略伙伴 10 周年这一新的历史起点上，为进一步深化中国与东盟的合作，构建更加紧密的命运共同体，为双方乃至本地区人民的福祉而提出“21 世纪海上丝绸之路”战略构想。同时，“21 世纪海上丝绸之路”是中国在世界格局发生复杂变化的当前，主动创造合作、和平、和谐的对外合作环境的有力手段，为中国全面深化改革创造良好的机遇和外部环境。

李克强总理在 2014 年 3 月 5 日所作的政府工作报告提出，抓紧规划建设“丝绸之路经济带”和“21 世纪海上丝绸之路”。

打造“21 世纪海上丝绸之路”虽存在一些风险和挑战，但沿线国家加强与中国合作是大势所趋。实施策略将从现有区域合作机制着手，把这些国家和地区串联起来，搭建战略平台，携手重现海上丝绸之路繁荣，促进沿线国家的经济发展与共同富强。不仅保证了中国的国际战略安全，并能让沿线国家和中国互惠互利共赢。

二、历史背景

海洋是各国经贸文化交流的天然纽带，共建“21 世纪海上丝绸之路”，是全球政治、贸易格局不断变化形势下，中国连接世界的新型贸易之路，其核心价值是通道价值和战略安全。尤其在中国成为世界上第 2 大经济体，全球政治经济格局合纵连横的背景下，“21 世纪海上丝绸之路”的开辟和拓展无疑将在极大程度上增强中国的战略安全。“21 世纪海上丝绸之路”、“丝绸之路经济带”、上海自由贸易区、高铁战略等均基于这个大背景下提出的。

“21 世纪海上丝绸之路”的战略合作伙伴并不仅限与东盟，而是以点带线，以线带面，增进同沿边国家和地区的交往，将串起连通东盟、南亚、西亚、北非、欧洲等各大经济板块的市场链，发展面向南海、太平洋和印度洋的战略合作经济带，以亚欧非经济贸易一体化为发展的长期目标。由于东盟地处海上丝绸之路的十字路口和必经之地，将是新海丝战略的首要发展目标，而中国和东盟有着广泛的政治基础，坚实的经济基础，“21 世纪海丝战略”符合双方共同利益和共同要求。

自 2003 年中国与东盟建立战略伙伴关系以来，携手开创了“黄金十年”。东博会连续举办 12 年，以经济合作为重点，逐渐向政治、安全、文化等领域延拓，在应对国际金融危机和抗击重大灾害中守望相助、同舟共济，形成了合作交流的良好局面。2010 年中国—东盟自由贸易区建成，中国成为东盟第 1 大贸易伙伴，东盟成为中国第 3 大贸易伙伴，以自由贸易区升级为标志，关系已进入成熟期，合作已进入快车道。“21 世纪海上丝绸之路”作为重要推力和载体，将从规模和内涵上进一步提升双方贸易政治关系。随着美国经济模式向出口推动型转变，亚太多国均面临出口市场萎缩的巨大压力，加快建设中国—东盟自由贸易区已成为共识。

三、受益潜力地区

“21 世纪海上丝绸之路”战略一旦成功，受益地区将是全局性的，不仅会促进沿线国家的经济繁荣，更能对中国的经济改革，产业升级创新，资源有效配置产生强大推力。特别是中国沿海的各个口岸依据不同地缘潜力更会得到相应的大提升，以下列举几个国内可能受益最大的潜力地区。

1. 上海。上海自由贸易区试验中最关键的一个目标是成为像新加坡一样的中转港。如今，中国的许多期货交易虽然在国内，但是货物的交割地点多在新加坡，尤其是中国期交所挂牌的大宗货物的交货地多数都在新加坡。主要原因是中转港是大进大出的物流中心，而物流中心就是资金流中心，资金要能够自由进出进行交割交易，自由贸易需要自由金融的支撑，但中国不是新加坡这种城市国家，基于国家金融风险考量无法开放，因此，国外货物就不能或不便在上海中转交割，所以，上海自由贸易区的试验重点便是金融封关。航运业中，大船的运费大大低于小船的运费，货主都希望用大船装运；另一方面，大船因为太大船上货物的目的地往往不单一，例如船期到装船的时候，有部分货物还没有买家，又不能少装 10 万吨只装 20 万吨，这样就增加运费成本。那么船东一定是选择先用 30 万吨大船运到新加坡转船，然后先转 2 条 10 万吨的小船运不同目的港，剩下的在有自由贸易区政策的新加坡交易市场上交易。

由于通过马六甲的货物绝大部分是中国、日本和韩国，而上海港距离日韩比新加坡近，不仅意味着在上海转船更经济，也能为国内企业降低运输成本。而自由贸易区政策则是实现的前提。上海自由贸易区的意义不仅是物流，更重要的是货物交易的平台，同时也意味着定价权和资源配置权，并带来几百万优质的就业岗位和巨大商机，对于当前的就业形势尤是利好。

2. 宁波舟山。上海虽然有最理想的地缘位置，作为长三角经济区域的龙头上海的辐射作用也极其明显，甚至可以江海联运通过长江一直渗透到武汉长沙这样的中部地带，加上其商业配套齐备，极适宜建立全国性航运中心，但上海河口港的港口条件远远无法满足航运中心的条件，于是上海向浙江租借了大小洋山岛在外海建人工深水港。而作为长三角最好的港口，宁波北仑港在直面上海港的竞争下背靠浙江发达的经济，依然在 2013 年勇夺中国大陆港口吞吐量第 3 位、世界前 4 位。由于洋山港和宁波北仑港同处杭州湾口，相距不到 80 公里。未来怎样顶层设计统筹分工协作，共同“做大蛋糕”，将是上海港能否成为国际航运、金融中心的关键，也是如何整合区域共赢的课题。

3. 泉州。泉州地处上海与中国香港中间。海上丝绸之路留给泉州的政治经济遗产是真实巨大的存在，作为中国第 1 侨乡，东南亚有 700 多万泉籍华侨，还有超 4 成祖籍泉州的台胞，无论基于统战，或国家层面所需的历史文化软实力支撑，整合泉州丰厚又分散的历史遗存都势在必然。

而更关键的是，泉州拥有超级深水良港。对于泉州和福建而言，地处航运要道，所有北上日本和韩国的船只都经过这里，便有可能在未来国家层面上获得一个中转港机会，中转港两个基本条件是自贸区政策和港口条件，由于海运业大船化趋势越发明显，对超级良港的要求越发急迫，而整个东南沿海条件最适合当中转港的天然深水良港是湄洲湾和宁波北仑港。深水港口是泉州和福建的天然地缘优势，而福建同时拥有湄洲湾、三都奥等超级良港。在福建几个深水港的深水岸线，面积位置，港口后方土地面积等综合比较优势中，湄洲湾是最优选择。湄洲湾南岸属于有经济腹地的福建经济中心泉州，因此泉州港湄洲湾港区早在 1990 年就被交通部规划成远期的国际中转港。

作为国际中转港需要泊位、仓储、维修等等众多支持系统，又要依托深水岸线发展临港工业把港口价值最大化，需要的港区土地自然是多多益善。如果福建发展国际中转港，一定是以综合条件最好的泉州港湄洲湾港区为主港，整合南北港口，以一个分工配合的港口群来提升福建在沿海经济带的位置和竞争力，同时也能解决福建省内南北发展的不平衡。

4. 广东、中国香港、中国澳门。珠江三角洲经济圈是中国最发达的经济区域之一，是 3 大增长极之一。广东是改革开放的最前沿，是中国经济第 1 大省，面临产业转型升级的历史性任务。在转型阶段，“21 世纪海上丝绸之路”战略将对珠三角的港口覆盖面、产业升级产生巨大促进和提升。同时广东也是华侨大省，与沿线国家和地区人文纽带长期不断，这个优势将很好促进广东与“21 世纪海上丝绸之路”战略良好结合。

随着广东、中国香港和中国澳门经济一体化水平不断提高，资金、技术、人才、信息等各类要素资源加快聚集。广东和港澳间功能体系对内相对有机联系，对外则相对完整独立，对区域内外的。但广东、中国香港和中国澳门合作中也碰到像上海宁波一样的区域竞争合作问题。客观而言，经济的腾飞使得中国香港成为了人才和资本的避风港，并在大陆被封锁后长达 30 年时间里成为大陆与外界进出口的唯一中转港。随着中国的全面开放，中国香港的地位下降势难避免。中国香港只有融入中国大陆特别是珠三角地区，与之携手打造具有国际竞争力的城市群，形成世界级新经济区域才能并维系香港当前的地位。虽然由于中国的全面开放让中国香港失去了世界物流中心的地位，但中国香港在自由港政策及完善的法律制度经验借鉴上对中国对珠三角具有不可替代的价值。广东、中国香港和中国澳门之间加大联结，合作互利、加速融合，凭借广东巨大的经济实力和港澳地区长期的国际化优势，并不难塑造出一个与上海自由贸易区截然不同，同时更为自由而繁荣的合作范例。

四、规划建设

1. 加强政府往来，增进沟通了解，巩固政治和战略深化与相关国家开展经济、贸易、能源、金融、服务、基础设施等领域合作，共同建立跨境经济合作区，完善当地基础设施建设，在区内实行更加自由便利的贸易、投资及物流政策，利用双方的互补优势开展各项经济合作，促进地区繁荣。

2. 建立完善基础设施互联互通，推动合作交流国际化，以海洋经济为突破口，共同建立海洋养殖合作基地，探索产业园区双向投资，健全常态化的合作交流机制；构筑双方海上互联互通网络，开拓港口、海运物流和临港产业等领域合作，积极发展好海洋合作伙伴关系。

3. 全面拓宽对外开放合作格局，促进共同发展，抓好信息、通关、质检等制度标准的“软件衔接”，推动政策沟通、设施联通、贸易畅通、资金融通、民心相通，为企业创造更为便利的原产地证书申领和核准环境，推动优惠政策的更好落实。加强与各国海关和签证机构的沟通与合作，建立国际安全合作机制，保证海路资源运输的安全，加强海上战略通道的保障能力。

4. 以海上丝路建设为契机，促进产业结构调整升级，通过技术创新，提高相关产业的技术含量，实现产业升级，提升在国际产业分工的地位，实现共赢。

5. 全面提升海上丝路学术研究水平。提升海上丝绸之路的学术研究水平。加强媒体间文化间的交流与合作，增进交流，加强文化，媒体等领域的合作，做好民间友好组织的合作与交流，提高合作向心力。

“21世纪海上丝绸之路”平行推进基础设施互联互通、产业金融合作和机制平台建设，加快实施自由贸易区战略，加深沿线区域经贸合作，加强安全领域交流与合作，筹建亚洲基础设施投资银行，加强基础文化建设，优先发展海上互联互通，在港口航运、海洋能源、经济贸易、科技创新、生态环境、人文交流等领域，促进政策沟通、设施联通、贸易畅通、资金融通、民心相通，携手共创区域繁荣。

“一带一路”能源合作渐入佳境

当前，“一带一路”呼声高涨，“一带一路”奋力推进，“釜底加薪”更能使“一带一路”的发展蒸蒸日上。在2015年3月中国发布的《推动共建丝绸之路经济带和21世纪海上丝绸之路的愿景与行动》中，能源、交通、电信基础设施互联互通成为“一带一路”建设的优先领域。

一、合作基础：优势互补

“‘一带一路’沿线国家的油气资源在生产、消费和贸易方面占据了全球50%以上的份额，也是全球能源的半壁江山。该地区又集中在亚洲地区，其能源合作不仅有独特的互补性，而且有很强的基础。能源应成为‘一带一路’沿线国家开展广泛合作的一个先行领域和重要支撑。”中国石油和化学工业联合会副会长李润生认为。

随着中国—东盟经济的发展，双方对资源、能源的需求不断上升。据预测，到2020年，东盟国家对能源的需求将占世界总需求的32%。以泰国为例，预计到2017年，泰国在能源方面的消费将达到2.1万亿泰铢。作为当今世界仅次于美国的第2大经济体，近些年来，中国在矿产、油气等资源方面的对外依存度也越来越高。中国和亚洲其他一些国家在能源油气领域的合作资金近年约达700亿美元，有3500亿吨年输入量的原油，在20多个国家拥有90多个项目。

“东盟具有很丰富的矿产资源、大宗商品以及油气，而中国在新能源方面有很大潜力。例如地热、太阳能、风能以及水能。中国—东盟不是竞争关系，而是优势互补的竞合关系。在新能源方面，东盟有自己的绿色时间表体系，旨在使东盟各国实现绿色发展。中国巨大的太阳能生产以及研发技术，将使马来西亚受益。东盟和中国间应紧密加强新能源、资源领域的合作，尤其是油气领域的合作。”马来西亚前人力资源部长、马来西亚可持续能源发展局前董事长冯镇安表示。

目前，东盟正在调整现有的传统能源结构并大力发展新能源，积极研发推广风能、太阳能、地热、潮汐、煤炭清洁及再生能源等新能源技术，争取在2030年将东盟的能源结构稳定在一个相对合理的水平。中国—东盟正致力于推进在绿色经济、节能环保、新能源、可再生能源领域的交流合作，并已在太阳能、生物质能源等新能源与可再生能源开发应用领域建立了广泛的、良好的合作关系。

二、商机初显：电能先行

电力是生产劳动的重要能源，中国—东盟商务理事会执行理事长许宁宁认为，未来东盟地区将面临大量快速的电力增长需求，丝路的建设将为中国与东盟电力合作提供更多有利条件，双方企业合作商机纷呈。

根据2009年亚洲开发银行与亚行学院联合发布的《亚洲基础设施建设》报告，2010～2020年亚洲基础设施投资总需求预计为8.28万亿美元。其中，国别投资需求约为8万亿美元，区域投资需求为2800亿美元。从行业分布看，电力建设投资需求最大，占亚洲国别投资需求的51%。电力设施建设本身就会为中国与“一带一路”沿线国家带来许多合作项目，而电力属于二次能源，二次能源并不能凭空产生，需要以一次能源作为基础，因而也会在石油、天然气、煤炭等一次能源领域引出更多投资、贸易、承包、劳务等方面的合作机会。

中国和东盟国家在电力行业方面互补性强，发展潜力巨大。一方面，近年来东盟国家经济快速发展，电力需求增长迅速。至2025年，越南将需要520亿美元投资于电力发电。为筹资建设电力项目，越南政府鼓励私人和外资投资电力项目。另一方面，中国企业在开发东盟基础设施市场方面具有较大优势：依托相互毗邻的地理位置，中国开发的电力设备在东盟国家具有更高的适应性；发电设备、输变电设备、电气自动化设备、电力软件等产品不仅品质优越，相对欧美、日本的同类产品而言，更具有得天独厚的制造成本、人力成本、物流成本以及价格因素等方面的优势，成为东盟国家采购商钟爱的产品。

中国与东盟双方供需两端的契合，注定了中国—东盟在电力行业合作的巨大潜力。近日，由中国南方电网公司、中电国际和越南煤炭集团电力公司在越南平顺省共同投资建设的永兴煤电项目开工，成为中国与东盟国家能源合作的务实之举。

当前，能源市场建立在“一带一路”建设区域的能源基础设施互联的框架之下，逐步形成了能源的区域联网，深刻地影响着全球的政治和经济格局，这将是一个意义深远且有利于世界和平发展的长久大计。

（来源：中国东盟传媒网．http://www.cacom.cn/show－33－3229－1.html.2015－12－22）

“互联网＋”与“一带一路”能否擦出火花？

纵观当今世界一些发达国家的经济发展轨迹不难发现，步入21世纪后，互联网在其中扮演着越来越重要的角色。智能交通、智能农业、物联网、工业4.0……这些“互联网＋”的应用在英国、美国、德国等发达国家早已被提上日程，有的甚至是作为国家创新战略的重点来发展和研究。

“互联网＋”与同样广受关注的“一带一路”能否擦出火花？有不少专家学者认为，在共建“一带一路”的大背景下，将“互联网＋”与“一带一路”建设相结合，可以产生“1＋1＞2”的效应。

一、“一带一路”与“互联网＋”

“‘一带一路’横跨欧亚大陆，覆盖60多个不同文化的国家和地区，地区差异大，发展不平衡，建设‘一带一路’，绝非一日之功。‘一带一路’国家发展网能够更加方便地跨越时空界限，用‘互联网＋’思维建设网上‘一带一路’，将与陆地、海上‘一带一路’相互呼应，相互补充。”中国国家发展改革委国际合作中心“一带一路”文化传播与经济发展课题组秘书长徐蕴峰表示。

“一带一路”是连接东亚经济圈与欧洲经济圈，贯通中亚、东南亚、南亚、西亚等地区的世界经济大走廊，其根本意义在于促进这些地区的经济要素有序自由流动、资源高效配置和市场深度融合，从而实现沿线各国多元、自主、平衡、可持续的发展。在这过程中，以“连接、带动、合作”为特点的“互联网＋”无疑是最好的连接器，能够为“一带一路”建设的资金、贸易、资源等互联互通奠定基础。

因此，随着“一带一路”建设的展开，沿线国家在积极推进公路、铁路、航运等基础设施领域的同时，还应该为“一带一路”建设注入时代发展的前沿元素——“互联网＋”，通过建立和完善网络基础建设平台、技术合作平台以及信息共享平台来实现沿线各国的信息互联互通。这既可以与实体道路相互呼应、相互补充，形成“一带一路一网”的大格局，同时还能从整体上缩小“一带一路”经济体与发达国家在信息化发展的鸿沟。

二、“一带一路”下的跨境电商

近年来，随着互联网经济的蓬勃发展及“一带一路”建设的展开，带动了沿线地区跨境电子商务的发展。“海丝”沿线的马来西亚、泰国等国家的水果、燕窝、化妆品等可以通过电商渠道源源不断走进中国市场。电子商务引领的“互联网＋”正成为一条不可忽视的“网上丝绸之路”。

那么，在“一带一路”建设的大背景下，跨境电商将会有哪些历史发展机遇？又该瞄准哪块“沃土”？

早前，跨境电商市场主要“瞄准”欧美日等发达经济体，但随着东盟国家经济的持续高速增长，培育了大量中产阶级和巨大消费需求。专家预计，到2020年，东盟国家的电子商务市场规模将达到204亿美元，东盟将成为继欧美、中国之后又一个最有潜力的消费市场。东盟无疑可以作为“一带一路”跨境电商的突破口。

其次，随着2015年年底东盟经济共同体建成，东盟形成拥有6亿多人口的单一市场和生产基地，可实现货物、贸易、服务、投资和熟练劳动力的自由流动。因此，欲布局“一带一路”的跨境电商企业可将东盟市场作为其首要站点，大展身手。

另外，值得一提的是，为了助力中国跨境电商“走出去”，深化与“一带一路”沿线国家的经贸合作水平，中国还出台了多个针对跨境电商的关、检、税、汇等监管政策，以及仓储、物流、支付等配套服务政策。如积极开展跨境电子商务综合改革试点工作，鼓励跨境电子商务企业通过规范的“海外仓”等模式，融入境外零售体系；优化通关流程，对跨境电子商务出口商品简化归类，对进出口商品采取集中申报、查验、放行和24小时收单等便利措施；实行跨境电子商务零售出口货物退免税政策等。

若能用“互联网＋”思维来推动“一带一路”建设，“一带一路”将不再是一个普通的地理概念，而是一个由沿线数10亿消费者、零售商、制造商、服务提供商和投资者组成的网络经济体，这些都为跨境电商的海外拓展提供了广阔的空间。在此背景下，跨境电商企业可搭乘“一带一路”的顺风车，顺势而为。

（来源：中国东盟传媒网．http://www.cacom.cn/show—33—3233—1.html.2015—12—22）

南方电网“一带一路”探索：从技术交流到人文交流

从山水相连到电网互联互通，从技术交流到情感友谊深切，南方电网与“一带一路”国家的交流合作更上一层楼。

一、地缘相接，一衣带水文化相通。

“我住江之头，君住江之尾；共饮一江水，彼此情无限。”在澜沧江—湄公河国家间，有这么一首优美的歌曲在民间传颂着。

千百年来，中国、柬埔寨、老挝、缅甸、泰国和越南，六国间地缘相接，山水相连，民族间血脉相承，六国人民同是澜沧江—湄公河养育的儿女，有着一样的黄皮肤、黑眼睛，这是自然形成的纽带，也让这六国成为了发展的命运共同体。

柬埔寨学员Sovanneeth Nong最爱中国的太极拳，慕名已久，心向往之，没想到这次培训中专门开设了中国文化体验的环节。

正是这种由于山水相连和文化相通所带来的亲切感，使得参加培训的各国学员间一见如故，没有隔阂。

“东南亚国家人民非常看重感情。”湄公学院负责此次项目的协调员Tina是一名来自中国东北的女孩。在泰国工作了8年的Tina认为，人文交流对区域内合作带来的促进有着重要的意义。“这份情感，是发自肺腑的以心交心，是增信释疑的过程，也是未来合作的基础。”

国之交在于民相亲，民相亲在于心相通。区域的经济合作乃至一体化的形成，都有其共同的文化底蕴作支撑。在考察的过程中，大湄公河次区域（GMS）六国的学员们了解了中国与自己国家相近的少数民族，譬如中国的傣族与老挝的佬族、泰国的泰族，中国的景颇族和缅甸的克钦族，中国的壮族和越南的岱依族、依族等，民族文化相通，让各国学员一下子找到了共鸣点。“我认为合作伙伴的选择是建立在彼此信任和了解的基础上，深入的人文交流将让GMS国家间的合作更顺利。”老挝学员Phonepasong Phonekeo表示。

二、电网相连，“一带一路”合作久远。

老挝国家电力公司副总经理够本赞·佩阿萨曾表示，与南方电网合作的独特之处在于，山水永相连，合作更久远。

过去10余年中，南方电网公司积极与GMS国家开展电力合作，已经实现了与越南、老挝、缅甸的电网互联互通，开展了境外购售电贸易、水电项目投资、境外工程总承包等业务，合作卓有成效。云南电网公司也因地缘优势，与GMS国家电力机构开展了不同层次、多达十余次的技术交流培训。

2014年7月，新到任仅5周的湄公学院院长瓦查拉·里拉瓦特到访云南电网公司，“我听说了中国提出的‘一带一路’倡议，湄公学院和中国企业必将从中得到更多合作机会。”

按照《次区域新十年（2012～2022年）战略框架》，GMS六国将致力于实现区域间电网互联，进一步促进GMS能源资源优化配置，使推动能源使用朝着更加节能、低碳、可持续的方向发展。“GMS国家间的电网互联互通，首先要建立在技术标准和规范的统一上，这需要搭建一个交流的平台，让各国技术互通有无。”越南国家电力公司国家调度中心电力系统分析规划部高级专家PhamTuanNgoc称。

作为GMS六国政府组成的区域性国际组织，湄公学院的使命是针对GMS国家人力资源开发需求提供区域合作培训服务，旨在通过区域内各相关领域专业人员的能力建设和提升促进GMS经济、社会的持续发展和推动区域合作。而瓦查拉·里拉瓦特看中的南方电网，是GMS国家中的电力技术领头羊和管理先进的电网企业。近年来，南方电网积极推进区域间技术交流，通过奖学金项目资助了38名老挝学生到中国留学，也为GMS国家电力人员提供过多次专业培训。

双方合作意愿不谋而合，瓦查拉·里拉瓦特院长与南方电网的沟通按下了快车键。

早前，南方电网与湄公学院共同签署了《合作框架协议》，明确双方利用南方电网的先进技术资源优势和湄公学院的雄厚培训资源优势，致力于大湄公河次区域电力专业技术能力建设与能源领域人力资源开发，为GMS电力合作和人文交流搭建良好的专业平台和提供广泛的交流机会，共同为推动GMS电网互联做好专业知识保障和技术支撑服务。

据了解，该合作协议开启了南方电网“走出去”战略实施的新模式，也是南方电网参与GMS电力合作的新尝试。

作为合作协议下的落地项目之一，2015年9月，大湄公河次区域国家电网及联网规划建设专业技术交流培训班在云南昆明开班。来自GMS成员国的电力机构和电力企业的27名中层技术管理人员参加了为期3周的技术交流培训。除了课堂学习，学员们还到南方电网±800千伏换流站、500千伏和220千伏变电站等实地考察，每到一个考察点，学员们便拉着现场工作人员深入了解技术，问题之深好几次都把翻译难住了，只得打电话向南方电网的专家请教。

“这次学习的高压直流输电技术、智能变电站、变电站设计负载预测方法、直升机巡线、海底电缆敷设等知识非常先进，也非常实用，将来我们也可以应用到柬埔寨的工程建设中去。”柬埔寨学员SovanneethNong认为，这次培训为GMS电力同行搭建了交流的平台，共享次区域电网互联互通发展现状和可持续发展的一些实践案例，更让GMS国家成员国建立了深厚的友谊，为未来次区域联网奠定了良好基础。

令人可喜的是，因为各国学员们对该项目给予了极高的赞誉，湄公学院已将其确定为加强GMS人力资源开发交流合作的旗舰项目。

湄公学院院长瓦查拉·里拉瓦特认为，在湄公学院未来5年战略规划中，科技创新与能源领域的互联互通将是其中一个支柱项目。南方电网与湄公学院的合作相得益彰，这次培训交流各国学员的反馈都非常好，这将在极大程度上激励我们更紧密地与南方电网合作。

南方电网公司副总经理王久玲表示，南方电网公司与湄公学院合作框架协议的签署，标志着大湄公河次区域的能源领域合作又将迈出重要一步。双方将联合开展基于大湄公河次区域电力合作的专业培训，共享培训设施和教学资源，共同为推动区域电网互联做好专业知识保障和技术支撑服务。

三、融入变革，自我提升面向国际。

利用国际合作项目为公司员工提供展现自我和提升自我的机会，挖掘和培养一批南方电网自己的优秀国际化复合型人才，推动南方电网“走出去”从硬实力向软实力转变，是唐敏心里的一个期盼。“要服务好‘一带一路’和南方电网‘走出去’战略，我们需要思考如何走活人才这步棋。”

为做好南方电网与湄公学院合作开展的首期电力专业技术培训项目——GMS国家电网及联网规划建设专业培训，并为公司系统培养和储备国际化复合型人才，云南电网公司在云南电网系统内选拔出23名英语基础较好并在各相关专业领域有专长的业务骨干，进行了长达1个月的“闭关修炼”。除邀请了昆明理工大学的教授对他们进行基础英语和电力专业英语培训外，还特别邀请湄公学院瓦查拉·里拉瓦特院长亲临昆明讲授国际授课技巧及培训项目管理等内容。

这23名培训师资后备人员中，有来自云南电网科研院所的技术骨干，有供电局的技术人员，也有来自生产运行、营销法律等专业的年轻员工。在GMS电力合作交流培训中，他们被委以重任：担任授课讲师、助教或现场考察翻译任务等。通过强化培训和实战经历，他们感触非常深，“时代在发展，企业在发展，自己也要不断加强学习，提升自己，主动融入变革的潮流。”

2015年10月，云南省副省长高树勋表示，云南电网公司努力推动大湄公河次区域的专业技术提升、人力资源开发及人文交流等工作，为全省电力“走出去”奠定了基础，希望未来继续拓宽合作领域，打造出推动GMS人文交流的品牌项目和示范项目。

当前，创建国际先进电网企业的战略目标，需要靠人来推动。据国际知名管理咨询机构麦肯锡调查，国际化人才短期是导致对外投资失败和跨国经营能力较低的最大瓶颈。当前，公司已具备国际先进电网技术，但员工的国际化思维和国际交流能力仍显不足。以国际项目搭建临时国际化团队或许是一种有益尝试，激励员工在公司积极落实和服务国家“一带一路”和公司“走出去”战略的工作中，在企业发展的新机遇中努力寻找成长的机会，不断开阔视野、增长见识、提升实力。

（来源：南方电网. http://www.cpnn.com.cn/zdyw/201510/t20151023_847234.html.2015—10—23）

东盟十国投资环境

文莱投资环境分析

从投资环境来看，文莱的竞争优势也十分明显，其政治稳定，国家富裕，市场化程度高，税收政策优惠，政策透明度较高，同时地理位置较为优越，辐射东盟东部地区，贸易和投资的风险相对较低。近年来，文莱政府陆续推出一系列措施，在努力延伸油气产业链的同时，对政府所属企业和公共事业实行私有化，鼓励创新产业和中小企业发展，加大吸引外资力度。未来，文莱油气中下游加工、高新科技产业、清真食品、生物科技、农业和旅游业等多元化重点行业将迎来良好发展机遇。

目前，文莱在本地市场规模、劳动力资源供应、产业配套能力以及社会工作效率等方面仍存在诸多不足，总体营商环境仍有待提高。在世界银行《2015年全球营商环境报告》排名中，文莱位列189个经济体中101位。

根据美国传统基金会和《华尔街日报》发布的2015经济自由度指数，在全球178个经济体中，文莱的经济自由度排名第40位。

根据联合国开发计划署发布的《2014年人类发展报告》，2014年文莱的人类发展指数（HDI）为0.852，位列187个国家中的第3位。

一、自然资源

文莱油气资源丰富，根据《文莱首相府经济计划发展局统计公报》，文莱已探明原油储量为14亿桶，天然气储量为3900亿立方米。除石油以外，其他矿产资源较少。国土面积仅为海南岛六分之一的文莱，因盛产石油，是全球人均国民生产总值最高的国家之一。文莱林业资源丰富，全国共有11个森林保护区，面积为2277平方公里，占国土面积的39%，森林覆盖率达70%以上，86%的森林保护区为原始森林。

二、基础设施

1. 公路

截至2013年，文莱公路总长3166.9公里。贯穿文莱2/3陆地，长135公里的摩拉—都东—马来奕高速公路连结首都斯里巴加湾市、石油城诗里亚和马来奕区。主要居民点之间都有现代化道路网连通。

文莱是东南亚地区拥有私车比例最高的国家之一，公共交通不发达，全国共有8条公交线路，105辆公交车辆，45辆出租车，另有20辆出租车专门提供往返机场服务。文莱和马来西亚沙巴和沙捞越均有公路连接，但尚无跨国高速公路建成。

2. 空运

首都国际机场于1974年建成。国家航空公司为“文莱皇家航空公司”（Royal Brunei Airlines，简称RBA），创建于1974年，现有6架波音767、2架空中客车A320和2架空中客车A319。每周有多个航班直达东盟、澳大利亚、中东、欧洲、中国等国家的15个城市。此外，还与其他国家的航空公司开通了代码共享的航线。2013年，文莱国际机场进出港乘客171万人次，年货运吞吐量1.62万吨。目前，该机场正在扩建，计划将年载客能力提高到300万人次。

文莱有直航航班飞往中国香港和上海，其中香港每天一个航班，上海每周一、三、五往返。

3. 铁路

文莱国内目前并未铺设铁路设施。

4. 水运

水运是文莱重要的交通渠道。2013年共有各类注册船只1070艘，主要为渔船、小型客运船只和游艇。文莱海运主要目的地有新加坡、中国香港、吉隆坡和马尼拉等周边码头。

文莱的海港包括：(1) 摩拉深水海港，占地24公顷，码头长861米，泊位8个，吃水深度12.5米，另有一个87米长的集料码头。港区有装卸设备、集装箱场地、冷冻设备和水泥密封库。此港停靠货船经常来往于东盟各国、中国香港等国家和地区。2014年3月，文莱正式启动摩拉港集装箱码头扩建计划，委托咨询公司开展项目设计、规划、监管以及编制招标文件。(2) 斯里巴加湾市有93米长的商业码头，141米长的海军和政府船舶使用的泊位和40米长的旅客码头。(3) 马来奕港可停靠2条船，有744平米的货仓，1837平米的露天存货场。(4) 诗里亚和卢穆特两港口主要供石油与天然气出口使用。

文莱境内还有几条内河，发挥一定的货运与客运作用。

5. 通信

文莱已基本完成对全国固定电话网络的改造，全面使用由中国华为公司提供的“下一代网络(NGN)”服务，可与160多个国家直通电话和数据交换服务。据文莱交通部数据显示，截至2013年年底，文莱共拥有电话交换线5.6万条，平均每百人14条；国内移动电话用户达46.9万，普及率已达115%，2015年约有50万个手机用户。华为与文莱最大的移动通信服务商DS丁合作开发的4G网络已正式启用。

文莱互联网普及率在东南亚地区位居前列。文莱信息通讯工业局(AITI)最新调查显示，2013年，文莱63%的家庭使用互联网，使用互联网人数占总人口68%；其中，使用固网宽带的家庭占60%，移动宽带32%，拨号上网2%，其他方式6%。文莱正在建设“光纤入户”项目，接入光纤后，固网宽带速度最快可达15Mbps。移动宽带网络方面，3G速度较慢，打开国内网站用时较长，最新推出的4G网络上网速度最高可达20Mbps。

文莱政府大力推动电子政务建设和IT技术在教育、培训领域的普及。根据联合国《2014年电子政务调查报告》，文莱在全球193个经济体中排名86位。2001年文莱开始推行电子政务，2010～2014年文莱政府在信息通讯领域累计投资超过5亿文元发展重点项目，包括建立安全的政府网络、世界领先的数据中心、标准化共享服务及多种政府企业系统等。同时，文莱将会推出“2015～2020数字政府”战略，加强不同部门间合作，以民众和企业需求为导向，提供创新、高效的服务，并建立民众和政府双向沟通平台，使民众能够参与国家政策和其他重大公共事项决策。文莱希望通过提高通讯技术水平配套产业发展，进而实现“2035宏愿”。

6. 电力

截至2013年年底，文莱用电普及率为99.9%，采用油气发电，电力装机容量为917.5兆瓦，2013年发电量39.8亿度。文莱电力供应较充足，目前能够满足工农业生产基本要求。

为节省天然气资源，文莱政府计划进口马来西亚沙捞越州的水利发电，替代部分本国天然气发电，配套输变电设施正在建设中。

三、重点/特色产业

1. 油气产业：文莱油气资源丰富，根据2015《BP世界能源统计年鉴》，截至2014年年底，文莱已探明石油储量为11亿桶，占全球总量的0.1%；天然气储量为3000亿立方米，占全球总量的0.1%。文莱政府一方面积极勘探新油气区，另一方面对油气开采奉行节制政策。近年来，文莱石油日产量控制在20万桶以下，是东南亚第3大产油国；天然气日产量在3500万立方米左右，为世界第4大天然气生产国。

除陆地油田外，文莱现有冠军号(Champion)、西南艾姆巴(South West Amba)、费尔里(Fairly)、费尔里—巴拉姆(Fairly—Baram)(与马来西亚共管)、迈格帕(Magpei)、甘纳特(Gannet)、铁公爵(Iron Duke)7个海上油田。文莱90%的石油和几乎全部商用天然气出自上述7个海上油田。海上油田共有46个钻井台，490多个油井，1300公里海底输油与输气管道。

表 1：2007～2013 年文莱原油、天然气产量

	单位	2007 年	2008 年	2009 年	2010 年	2011 年	2012 年	2013 年
生产								
原油	千桶/日	194	175	167	170	166	159	135
天然气	MMscf /日	1215	1182	1140	1208	1256	1230	1201
出口								
原油	千桶/日	173	153	148	155	155	151	126
天然气	MMBtu /日	996	999	920	935	985	958	961
价格								
原油	美元/桶	79.09	100.99	64.54	79.27	116.13	117.58	115.07
天然气	美元 /MMBtu	6.2954	12.93	10.46	11.64	16.50	17.69	16.92

（资料来源：文莱首相署经济计划发展局）

荷兰壳牌集团（Royal Dutch/ Shell Group of Companys）最早进入文莱，与文莱政府及日本企业先后成立了四家合资公司，即文莱壳牌石油公司（BSP）、文莱壳牌销售公司（BSM）、文莱液化天然气公司（BLNG）、文莱天然气运输公司（BGC）。

道达尔公司（Total FinaElf E&P Borneo B. V.）1986 年开始在文莱经营，1989 年与文莱签署包括 393 平方公里的岸外 B 区块石油开采协议。1999 年商业化开采成功，所产原油和天然气销售给文莱壳牌石油公司和文莱液化天然气公司加工。2002 年年初，以道达尔公司为首的国际财团被文莱政府授予了文莱深水 J 区块的勘探许可证，道达尔公司作为该区块的作业者拥有 60%的股权，澳大利亚的 BHP Billiton 石油公司拥有 25%股权，AmeradaHess 公司拥有剩余 15%股权。

2002 年壳牌国际的分公司壳牌海外集团以超过 10 亿美元的价格购下壳牌深海（婆罗）公司（Shell Deepwater Borneo Ltd）。这一并购将壳牌在新西兰、澳大利亚和文莱的油气运营整合起来。壳牌深海（婆罗）公司与 Unocal（26.95%）和文莱政府（46.10%）建立的合资公司共同开发 A 区块（Bendehara Selatan 油田）和 C，D 区块（Laksamana Utara 油田以及 East Egret 油田），它拥有 26.95%股份。

除上述公司外，2010 年文莱和马来西亚两国已就海上两个争议区块归属问题达成一致，文莱深海区块勘探开发力度将加快，油气储量预期大幅提升。文莱将深海油田划分为两个区块，分别为 CA1 和 CA2 区块，多家国际大型公司已参与文莱深海油田勘探开发。CA1 区块股份中，法国 Total 占 54%，澳大利亚 BHP Billiton 占 22.5%，美国 Hess 占 13.5%，马来西亚国家石油公司和美国 Murphy 各占 5%。CA2 区块中，马来西亚国家石油公司占 45%，美国墨菲占 30%，壳牌占 12.5%，美国 ConcocoPhillips's 和日本三菱各占 6.25%，该区块预计投资 90 亿～100 亿美元。

文莱致力于到 2017 年将油气产业本地成分从目前的 15%提高到 25%，到 2035 年提高到 60%，并实现油气行业岗位本地人占据 80%，达 5 万人。

2. 工业：文莱工业政策是鼓励发展进口替代和出口导向型工业。文莱工业基础薄弱，经济结构单一，多年来主要以石油和天然气开采与生产为主。建筑业在数年前曾发展较快，其收入占国内生产总值的 5%，为文莱第二大工业。

3. 农业：随着 20 世纪 70 年代油气和公共服务业的发展，很多人弃农转业，使文莱传统的农业受到冲击。现仅种植少量水稻、橡胶、胡椒和椰子、木瓜等热带水果。2014 年农业收入在国内生产总值中仅占 0.8%。

文莱牛肉及制品主要从澳大利亚、印度等地进口，近年来中国品牌牛肉进入文莱市场并受到欢迎。文莱大力扶持国内以养鸡业为主的家禽饲养业，鸡肉 96%自给，鸡蛋已经实现自给。

随着政府大力实施经济多元化战略，农业对 GDP 的贡献有所增加。但蔬菜、水果、装饰植物、鲜花尚只能部分满足国内市场需求，而肉类、大米和新鲜牛奶的自给率还非常低，离自给自足目标相差较远，约 90%的食品仍需进口。

文莱政府近年来制定政策，鼓励和推动国际合作。为保障国家粮食安全，提高粮食自给率，文莱政府于 2009 年年初制定了农业中长期发展规划，主要目标如下表：

表 2：文莱农业中长期发展规划指标

（单位：万文莱元）

	2008 年	2013 年	2023 年
农业加工品产值	4470	1900	4900
畜牧业加工品产值	790	32100	182100
农作物产值	4130	11500	26700
畜产产值	13160	15700	60000

（资料来源：中华人民共和国驻文莱达鲁萨兰国大使馆经济商务参赞处）

在文莱苏丹的亲自督促下，发展水稻种植成为农业领域工作的重中之重，但目前文莱稻米自给率

仅有4%左右。

中国、韩国、菲律宾、新加坡、越南等国通过各种形式参与文莱水稻实验和发展项目，但均未取得实质性成果。

4. 林业：文莱森林覆盖率为75%，有11个森林保护区，面积为2277平方公里，占陆地面积的39%，86%的森林保护区为原始森林。森林保护区分为5类：保护林、主要保护区、次要保护区、再生林区和森林生产区。文莱限制森林砍伐和原木出口，实行以保护为主旨的森林管理政策。从1997年开始，为推动林业长期发展，保护自然环境，文莱实行"砍一树，种十树"和每年10万立方米限额（价值2700万文莱元以内）的伐木政策（主要满足国内市场需要）。

5. 渔业：文莱有162公里的海岸线，200海里渔业区内有丰富的渔业资源，水域没有污染，又无台风袭击，适宜养殖鱼虾。全国共有50个鱼虾养殖场。文莱政府推行经济多元化发展战略，渔业被列为重点发展领域，文莱目前国内50%渔产品依赖进口，反映文莱渔业领域发展潜力巨大。政府发展渔业目的之一即减少国家对进口渔产的依赖，进而降低外汇的流失。政府渔业发展政策包括港口设施现代化、设立新渔业设施、提升港口内外设施、提供奖励和培训等。

文莱政府鼓励外资与文莱本地公司开展渔业合作。为促进渔产加工业的发展，政府计划成立贮藏和分销中心以及进出口中心，为加工业提供各种服务。中资企业已经进入文莱渔业养殖领域。文莱政府推行保护海洋鱼产资源政策，并大力发展水产养殖业。据文莱渔业局公布的资料，计划至2023年将文莱渔业年均产值提升至约4亿文莱元，其中捕捞业1.12亿文莱元，养殖业2亿文莱元，加工业0.61亿文莱元，海洋生态旅游业0.27亿文莱元。

6. 清真产业：作为推动经济多元化战略的重要举措之一，文莱政府近年来积极打造"文莱清真"品牌，并将其作为首个国家清真品牌推向世界。2009年7月，文莱工业与初级资源部与中国香港Kerry FSDA公司联合设立Ghanim国际公司，作为"文莱清真"专业认证企业，目前其认证领域主要为食品、药品和化妆品，认证内容除原材料供应外，还包括加工制造、包装和仓储运输等。目前，在Ghanim国际公司积极推动下，一批中资企业的产品如杯面、鸡块、薯片、曲奇饼干等已陆续获得"文莱清真"认证标签。

文莱政府于2000年颁布实施清真肉品、食品、认证及标签等法律和相关法规。2010年1月，文莱政府颁布全球首个清真药品加工标准，并推出一本《清真药品指南》。

文莱已成立清真产业创新中心，以促进清真认证产业发展。目前，文莱清真产业园区包括农业科技园和生物创新走廊，正大力招商引资。

7. 金融业：2000年，文莱成立国际金融中心，标志着文莱正朝着银行业、证券业和保险业方面深入发展，为文莱成为本区域金融服务中心的构想打下了基础。一些国际知名银行纷纷在中心注册，发展离岸金融业务，加拿大皇家银行成为在中心注册的第一家离岸银行，花旗银行、汇丰银行等也相继在该中心注册。由于在2008年全球金融危机中凸现规避金融风险方面的独特优势，伊斯兰金融得到了文莱政府的大力推动。2008年，文莱财政部颁布伊斯兰银行法令和伊斯兰保险法令，以加强对金融系统的监管，并通过各种宣传途径向公众灌输伊斯兰金融投资理念。2011年元旦，文莱苏丹宣布文莱国家金融管理局正式启动，负责执行国家货币政策及监督金融体制运作，任命皇储比拉担任董事局主席，于2012年成立。苏丹还表示文莱将继续维持与新加坡之间货币挂钩的制度。2014年2月，中国证监会与文莱金融管理局签署了两国证券期货管理合作谅解备忘录。该备忘录是文莱与外国金融与证券管理机构签署的第5份类似文件，标志着文莱金融机构可向中国证监会申请合格境外机构投资者资格并进入中国市场投资。

8. 旅游业：根据文莱政府制定的2012～2016年旅游业发展蓝图，2016年文莱旅游业收入预计将突破3.5亿文莱元（约17.8亿元人民币），旅游业将成为石油天然气以外新的经济增长点。

四、国内市场

（一）销售总额

根据CIA数据，2014年，文莱家庭消费支出占GDP20.6%，政府消费支出占GDP19.9%。

（二）生活支出

根据2005年文莱统计局公布的数据，文莱中低收入家庭平均收入分别为4661文莱元和3640文莱元。每户居民平均每月支出2735文莱元，其中70%左右用于以下4项支出：住房、水电及煤气（占32.0%）；交通（占16.5%）；食品饮料（占14.0%）；家具、家用设备及日常房屋维护（占7.5%）。城镇人口的平均支出是乡村人口的1.2倍。近几年没有新数据公布，人们的生活水平没有太大变化。

（三）物价水平

文莱物价基本稳定。2015 年当地部分食品价格如下：

表 3：2015 年文莱部分食品价格

（单位：文莱元）

产品名称	单位	市场平均零售价
本地大米	公斤	1.25
普通面粉	公斤	1.00
挂面	公斤	5.00
白面包片	600 克/袋	2.00
冰鲜牛肉	公斤	14.80
冻鸡肉（全鸡）	公斤	4.30
冻鸡翅	公斤	7.60
冰冻鱼	公斤	3.50
冰鲜虾仁	公斤	9.00
鲜牛奶	2 升/瓶	9.10
鸡蛋	30 个/盘	6.00
植物油	2 升/瓶	6.50
白砂糖	公斤	1.25
矿泉水	1.5 升/瓶	0.90
红富士苹果	10 个/袋	3.90
香蕉	公斤	3.00
橙子	10 个/袋	3.60
芒果	公斤	6.90
土豆	公斤	1.10
白菜	公斤	4.95
胡萝卜	公斤	1.15
长豆角	公斤	2.90
黄瓜	公斤	3.30
鲜辣椒	公斤	7.00
西红柿	公斤	2.40
洋葱	公斤	1.10

（资料来源：文莱超市）

五、金融环境

近年来，文莱的政治局势稳定，金融环境不断改善，外汇管制宽松，为外国投资营造了良好的环境。

（一）当地货币

文莱货币为文莱元。根据文莱与新加坡政府的货币互换协议，新加坡元与文莱元等值流通。人民币与文莱元不可直接兑换。

2014 年上半年，文莱元对美元保持小幅升值，7 月份达到顶峰，平均汇率为 1：1.243。2014 年下半年，随着美元走强，文莱元汇率快速走低，12 月份兑美元平均汇率下滑到 1.316。按 2014 年年底汇率 1.321 计算，文莱元兑美元全年贬值 4.6%。

（二）外汇管理

文莱无外汇限制。银行允许非居民开户和借款。外资企业在当地开立外汇账户须提供公司注册文件及护照复印件等材料。

个人可自由携带现金出入境，不需要申报。

个人及公司外汇可自由汇出，但须在汇出时说明原因。

（三）银行机构

2012 年元旦，文莱国家金融管理局正式成立，执行央行职能，负责制定国家货币政策及监督金融体制运作，皇储比拉担任董事局主席。

文莱当地主要商业银行是佰都利银行和文莱达鲁萨兰伊斯兰银行；外资银行有香港汇丰银行、英国渣打银行、新加坡华联银行、马来亚银行等国际银行。

（四）融资条件

在融资条件方面，新注册外资企业须提供母公司信用情况证明材料。具体融资条件需要和银行协商确定。

中资企业需要将人民币兑换为文莱元或相应外汇以用于在文莱开展投资或国际贸易结算，文莱达鲁萨兰伊斯兰银行通过中银香港进行人民币清算。

根据世界银行统计数据，2014 年文莱存款利率为 0.3%，贷款利率为 5.5%。

（五）信用卡使用

文莱当地信用卡使用比较普遍。中国发行的 VISA 卡和万事达卡在当地可以使用。目前，中国银联已与文莱但都里银行合作，开通银联卡客户在佰都里银行 ATM 机终端提款业务。

六、对外经贸

（一）贸易关系

贸易总量：文莱外贸收入受国际市场原油价格影响较大，由于油气出口大幅缩减，2014 年文莱进出口贸易总额 176.06 亿文莱元（约 138.22 亿美元），同比下降 6.5%。其中出口 133.15 亿文莱元（约 104.53 亿美元），同比下降 6.9%；进口 42.91 亿文莱元（约 33.69 亿美元），同比下降 5.1%。

主要贸易伙伴：据文莱官方统计，2014 年文莱主要贸易伙伴为日本（31.4%）、韩国（9%）、马来西亚（7.7%）、新加坡（7.6%）和印度（7%）。

大宗出口产品为原油和天然气。前 5 大原油出口市场分别为印度（22.2%）、澳大利亚（17.9%）、印度尼西亚（13.6%）、韩国（13.1%）

和泰国（12.3%）；液化天然气主要出口市场为日本（74.7%）、韩国（10.5%）、中国台湾（9.4%）、马来西亚（3.5%）。

文莱主要进口来源市场依次为马来西亚（21.9%）、新加坡（21.7%）、中国大陆（10.6%）、美国（9.6%）和泰国（4.8%）。

贸易结构：文莱主要出口商品是原油和天然气，2014年，原油和液化天然气共占出口总额92.2%。其中原油出口额比2013年同比下降14.6%，液化天然气下降8.1%。文莱进口贸易中，主要进口商品为机械及交通设备、工业制成品、食品、化工制品等。

（二）辐射市场

全球贸易协定：文莱于1993年12月9日加入关贸总协定，1995年1月1日成为世界贸易组织（WTO）成员国。

区域贸易协定：文莱于1984年1月7日加入东盟（ASEAN），成为东盟第6个成员国。1996年以来，文莱苏丹出席了历届东盟国家领导人会议。

文莱作为东盟成员国，享有东盟自由贸易区内所有优惠政策。2015年东盟共同体建成后，东盟地区国家间经贸联系将更加紧密。在文莱投资项目生产产品可辐射整个东南亚地区。

2005年4月，文莱以创始国成员身份加入跨太平洋战略经济伙伴协定（TPP），并于2010年主办了第3轮谈判，对谈判态度积极，希望借助参与该协定增加文莱在国际社会的知名度。同时，文莱还积极参与“区域全面经济伙伴关系”（RCEP）建设，并于2013年5月承办了第1轮谈判。

此外，文莱享受东盟—中国、东盟—日本、东盟—韩国、东盟—印度、东盟—澳新自由贸易区的自由贸易政策。文莱支持中国提出的“打造中国—东盟自由贸易区升级版”倡议，并积极参与推动相关谈判讲展。

文莱重视与其他穆斯林国家的合作，近年来大力推动在清真食品、穆斯林用品以及伊斯兰金融领域的发展，“文莱清真”品牌在伊斯兰世界得到认可。

（三）吸收外资

据联合国贸发会议发布的2015年《世界投资报告》显示，2014年，文莱吸收外资流量为5.7亿美元；截至2014年年底，文莱吸收外资存量为62.2亿美元。

在文莱投资的世界著名跨国公司包括壳牌公司、法国道达尔、日本三菱煤气、日本尹藤忠商社等。

近年来，中国对文莱直接投资不断增加，主要有浙江恒逸集团、中海油田服务股份有限公司、北京同仁堂、葫芦岛七星集团、广东国泰海洋生物有限公司、北京芝视界科技有限公司等。

（四）中文经贸

中国与文莱于1991年9月30日建交。1993年10月和12月，文中两国先后在对方首都设立使馆，并互派大使。建交以来，两国关系稳步发展，双方高层接触频繁，各领域友好交流与合作不断扩大。

双边贸易：2015年中文贸易额为15.1亿美元，同比下降22.2%。中国自文莱进口以原油为主，近年来随着国际油价的变化，进口额波动较大；中国对文莱出口近年来高速增长，2010～2014年间涨幅分别达161.8%、102.5%、68.2%、36.3%和2.51%，2014年出口额已达17.47亿美元。

表4：近9年中国和文莱贸易统计

（单位：万美元）

年份	进出口额	进口额	出口额	累计比去年同期增减（%）		
				进出口	进口	出口
2007	35,488	11,273	24,216	12.7	13.1	12.5
2008	21,800	8,900	12,800	−39.1	−63.9	15
2009	42,300	28,200	14,000	93.5	217.5	8.4
2010	103,000	65,800	36,800	143.0	133.3	161.8
2011	131,000	56,600	74,400	27.1	−14.0	102.5
2012	161,000	36,000	125,000	22.6	−37.3	68.2
2013	179,357	8,980	170,377	11.4	−75.9	36
2014	193,600	19,000	174,700	7.96	111.37	2.51
2015	151,000	9,700	140,900	−22.2	−48.78	−19.34

（资料来源：中华人民共和国海关）

据中国海关统计，近年来，中国对文莱出口商品主要类别包括：①家具、寝具、灯具、活动房；②电机、电气、音像设备及其零附件；③钢铁制品；④机械器具及零件；⑤钢铁；⑥有机化学品；⑦橡胶及其制品；⑧陶瓷产品；⑨盐、硫磺、土及石料；⑩铝及其制品。

据中国海关统计，近年来，中国从文莱进口商品主要类别包括：①矿物燃料、矿物油及其产品；沥青等；②木浆等纤维状纤维素浆；废纸及纸板；③塑料及其制品；④铜及其制品；⑤家具；寝具等；灯具；活动房；⑥木及木制品；⑦鱼及其他水生无脊椎动物；⑧玩具、游戏或运动用品及其零件；⑨谷物粉、淀粉等或乳的制品；⑩陶瓷产品。

承包劳务：据中国商务部统计，2014年中国企业在文莱新签承包工程合同7份，新签合同额1541万美元，完成营业额3822万美元；2014年派出各类劳务人员34人，2014年年末在文莱劳务人员124人。新签大型工程承包项目包括华为技术有限公司承建文莱电信，同方威视技术股份有限公司承建文莱项目等。2015年3月，中国港湾中标文莱大摩拉岛大桥项目，项目合同额约2亿美元，工期3年。

表5：近8年中国在文莱经济合作统计

（单位：万美元/人）

年份	承包工程		劳务合作	
	合同额	营业额	当年派出人数	年末在外人数
2007年	530	530	2	48
2008年	66	72		7
2009年	529	1954	1	6
2010年	14241	3843	147	135
2011年	20000	4377	188	233
2012年	765	6257	167	291
2013年	1738	8766	235	209
2014年	1541	3822	34	124

（资料来源：中华人民共和国商务部）

双向投资：文莱对华直接投资主要以在文莱金融中心注册的离岸公司在中国投资为主。据中国商务部统计，截至2014年12月累计实际对中国投资额为26.2亿美元。据中国商务部统计，2014年中国对文莱直接投资流量－328万美元。截至2014年年末，中国对文莱直接投资存量6955万美元。

表6：中国对文莱直接投资统计

（单位：万美元）

年份	流量	存量
2003	—	13
2004	—	13
2005	150	190
2006	—	190
2007	118	438
2008	182	651
2009	581	1737
2010	1653	4566
2011	2011	6613
2012	99	6635★
2013	852	7212

注："★"表示该国家（地区）2012年末存量数据中包含对以往历史数据进行调整部分。（资料来源：中华人民共和国商务部）

【来源：选编自商务部国际贸易经济合作研究院，商务部投资促进事务局、中华人民共和国驻文莱达鲁萨兰国大使馆经济商务参赞处共同主编．《2015版对外投资合作国别（地区）指南——文莱》．第12～30页】

柬埔寨投资环境分析

柬埔寨投资环境的主要优势在于：实行开放的自由市场经济政策，经济活动高度自由化。据美国传统基金会"2014年度经济自由度指数"排名，柬埔寨居第108位。东盟成员国中，柬埔寨排在新加坡、马来西亚、文莱、菲律宾、泰国和印度尼西亚之后，地区排名第7位。在亚太区域42个国家和地区中排名第23位。竞争劣势是：柬埔寨未来经济展望出现不确定因素，气候变化、全球经济再度陷入衰退和外来援助"枯竭"，将对柬埔寨经济和政府财政构成威胁。

据世界经济论坛《2014～2015年全球竞争力报告》显示，柬埔寨在全球最具竞争力的144个国家和地区中，排名第95位。

一、自然资源

柬埔寨盛产柚木、铁木、紫檀、黑檀、白卯等高级木材，并有多种竹类。木材储量约11亿多立方米。森林覆盖率61.4%，主要分布在东、北和西部山区。矿藏主要有石油、天然气、金、铁、铝土等。水资源丰富，洞里萨湖为东南亚最大的天然淡水湖，素有"鱼湖"之称。西南沿海多产鱼。

二、基础设施

2004年以来，柬埔寨政府把对基础设施的建设和改善列为"四角战略"的重要任务之一，加快恢复和重建的步伐。目前，以公路和内河运输为主的交通网络已取得极大进步。

1. 公路

公路运输是柬埔寨最主要的运输方式，占客运运输总量的65%，货运运输总量的69%。

截至2014年年底，柬埔寨路网总长度约为52239公里，包括国道5622公里，省级公路6617公里，农村公路约4万公里，无高速公路。公路密度（公里/平方公里）为0.25；沥青路面公路密度极低，仅为0.011。国道主要是以首都金边为中心的8条公路，基本达到中国三级公路标准，沥青路面铺设。

2. 铁路

柬埔寨仅有南北两条铁路线，总长655公里，均为单线米轨。北线从金边至西北部城市诗梳风，全长385公里，建于1931年；南线从金边至西哈努克港，全长270公里，建于1960年。由于多年战乱及年久失修，上述两条铁路基本处于瘫痪状态。无客运列车，仅有的一点货运平均时速仅20公里，主要是向金边运输发电机用重油以及水泥和大米，向西哈努克市运输出口用木材和石料。

为改善柬埔寨铁路现状，2010年起，柬埔寨政府利用亚洲发展银行的低息贷款和澳大利亚政府提供的无偿援助，开始修复现有两条并新建一条48公里的铁路，总耗资1.4亿美元。2012年12月28日，南线铁路—金边西港256公里铁路运输线正式启用，时速30公里，北部337公里连接金边和卜迭棉芷省波比市和泰国的铁路线于2014年和2015年分阶段启用。

3. 空运

柬埔寨空运主要为客运，货运不发达。柬埔寨有11个机场，包括金边和暹粒两个国际机场。由于柬埔寨政府执行航空开放政策，近年来，开通柬埔寨航线的航空公司数量稳步增长。金边机场现运营至马来西亚、新加坡、泰国、越南、中国、中国香港、中国台湾、韩国等8个国家/地区的航线。

中国至柬埔寨的主要航线包括：北京—广州—金边、昆明—南宁—金边、中国香港—金边、上海—金边、台北—金边、重庆—暹粒、上海—昆明—暹粒。

4. 水运

柬埔寨水运分为海运与河运。

西哈努克港是柬埔寨唯一的深水海港，有2个泊位，码头长度分别为240米和160米，前沿水深9米，2012全年货物吞吐量为25.54万个标准集装箱，同比增长7%，主要进口商品有原料、车辆、药品和日用品，主要出口商品有服装、农产品，特别是大米。该港海运线路可抵达美国、欧盟、中国、中国香港、印度尼西亚、日本、马来西亚、菲律宾、新加坡、韩国、泰国、越南等国家和地区（多个地区需通过新加坡中转）。

柬埔寨内陆水系主要包括湄公河、洞底萨河和巴萨河，雨季总长度约为1750公里，旱季缩减为580公里。全国有7个主要河运港口，包括金边港、磅湛码头、桔井码头、上汀码头、奈良码头、磅清扬码头和重涅码头。2013年1月22日，由中国提供优惠出口买方信贷支持的金边港新建集装箱码头项目竣工。金边港新建集装箱码头距离位于金边以南湄公河畔，距金边市约21公里，码头长300米，宽22米，有2个500吨级货轮泊位，设计年集装箱吞吐量12万个标准箱。

2014年西哈努克港吞吐量342.39万吨，同比增长13.67%，金边港162.71万吨，同比下降15.87%。

5. 通信

电话：柬埔寨邮电通信部是柬埔寨电信行业决策和管理部门。全国共有非移动电话公司8家，国际通信服务运营商3家，移动服务运营商7家。

柬埔寨共有2条国际电话端口，国际电话服务费用占邮电通信部收入的85%左右，是政府主要收入源之一。国际电话成本虽已降低1/4到1/3，但价格仍然偏高。

在大湄公河流域次区域电讯发展计划框架下及外来投资的推动下，柬埔寨正在加快落实和实施光缆发展计划，该项目完成后，光缆及相应配套设施将覆盖全国，届时将大幅改善通讯条件和质量，降低通讯成本。

互联网：经加拿大国际发展研究中心协助，互联网服务于1997年引入柬埔寨，由邮电通信部下设的CamNe公司负责提供互联网接入服务。柬埔寨现有30余家网络服务公司，15家网络电话（VOIP）公司。2012年，柬埔寨互联网用户270万。

6. 电力

目前，柬埔寨全国电力供应无法满足本国基本电力需求，依靠从邻国泰国和越南的进口。工业矿产能源部数据显示，2014年，柬埔寨全国电力供应48.73亿度，同比增长70.3%。其中，国内发电29.2亿度，同比增长13.4%，其中水电18.41亿度，全为中国BOT投资水电站项目所发，同比增长70.3%，从泰国、越南、老挝引进21.53亿度。在柬埔寨大部分城市和农村地区，电力供应质量仍不稳定，无法保证24小时供电。供电价格远高于国际标准，电价约为0.25～0.88美元/千瓦时。

柬埔寨政府正在制定电力中期规划，通过建设大型火电及天然气厂实现能源供应多元化，减少对石油的依赖性，降低发电成本，计划开发所有具备潜力的水电站。柬埔寨拥有巨大的水电潜能，高达1万兆瓦，目前建成及正在建设中的水电站发电能力只占1万兆瓦总蕴藏量的13%。预计2013～2017年期间，柬埔寨将增加1609兆瓦电力供应。柬埔寨还计划到2020年将电网覆盖全国，总长度从2010年的554公里增加至2020年的2106公里，到2020年，实现村村通电；到2030年，实现70%的乡村家庭能用上电。

三、重点/特色产业

柬埔寨经济产业可简略地划分为3类：农业、工业（主要是纺织服装产业，约占工业总产值的90%）、服务业（主要是旅游业，约占25%）。

1. 农业：农业是柬埔寨国民经济的第一大支柱，具有举足轻重的地位。尽管存在基础设施和技术落后、资金和人才匮乏、土地私有制问题等制约因素，但柬埔寨农业资源丰富、自然条件优越、劳动力充足、市场潜力较大、农业经济效益良好。此外，柬埔寨历届政府都高度重视农业发展，将农业列为优先发展的领域，竭力改善农业生产及其投资环境，充分挖掘潜力，发挥优势，开拓市场。柬埔寨农业发展前景广阔。

2014年，柬埔寨全国稻谷种植面积305.2万公顷，稻谷总产量923.4万吨，同比增长1.7%，除满足国内粮食需求和收割过程中损失外，剩余450万吨可供出口。柬埔寨政府高度重视稻谷生产和大米出口。天然橡胶种植面积35.78万公顷，产量约9.67万吨，同比增长13.4%。

2. 工业：制衣业和建筑业是柬埔寨工业的两大支柱。2012年，柬埔寨充分利用欧盟给予的新普惠制（GSP）和美国、欧盟、日本等28个国家给予的最惠国待遇（MFN）等优惠政策，凭借本国劳工成本低廉的优势，积极吸引外资投入制衣和制鞋业。

2014年，柬埔寨制衣制鞋业产品出口达57.2亿美元，同比增长9.6%，占全年出口总额的71.2%。截至2014年年底，柬埔寨全国有960家制衣厂和制鞋厂，创造约63万个就业岗位。纺织制衣业既是柬埔寨工业的支柱，又是柬埔寨提供就业、消减贫困、保持社会稳定的主要力量。建筑业复苏态势日益明显。2014年，柬埔寨新批建筑项目1960个，投资额达25.07亿美元，同比下降10%，建筑面积646.02万平方米，同比大幅增长53%。项目主要包括住宅、工厂、商业大楼、酒店和赌场等。

3. 旅游业：柬埔寨是旅游资源十分丰富的国家。首都金边有塔仔山、王宫等名胜古迹；北部暹粒省吴哥王朝遗址群的吴哥窟是世界七大奇观之一；西南部的西哈努克港是著名的海滨休闲胜地。连年战乱的结束和国内政局的逐渐稳定，柬埔寨旅游业得到了恢复并较快发展。

2014年，柬埔寨共接待外国游客450.28万人次，同比增长7%。前3大外国游客来源国分别为：越南（90.6万人次）、中国（56万人次）、老挝（46万人次）。2014年，柬埔寨旅游收入达25亿美元，约占GDP的15.4%。

近年来，沿海地区逐步成为继吴哥景区之后又一重要的旅游目的地，在柬埔寨旅游业发展中扮演重要角色。自2011年7月柬埔寨沿海四省被纳入世界最美海滩俱乐部以来，柬埔寨政府高度重视沿海各省旅游业的发展。2012年1月13日，柬埔寨首相洪森主持召开内阁会议，讨论并通过了《柬埔寨海滩地区开发和管理委员会王令》和《柬埔寨王国海滩地区开发规划》等议案。根据上述议案，柬埔寨将成立沿海发展管理国家委员会，旨在加强海滩地区的开发与管理，包括海滩与海岛开发，公路与水路连接等。2013年，柬埔寨举办了世界最美海滩俱乐部第九次会议和海洋节，吸引了大批国内外游客。2014年3月27日，柬埔寨允许持普通护照的中国公民在抵达其入境口岸时，可办理落地签证。柬埔寨对中国游客开放落地签，给旅游市场带来爆发性增长。

旅游业的发展将继续带动金融、交通运输、酒店、餐饮和服务业等相关产业的发展，成为未来柬埔寨经济的重要支柱和收入来源。柬埔寨开展了“清洁、绿色”为主题的清洁旅游城市竞赛和“一名游客一棵树”等活动，制订了2015年实现“无废弃塑料袋海滩”的目标，积极宣传推介旅游项目，加强沿海区域管理法等相关法律法规的执行力度，禁止污染项目进入，改善旅游设施，成立旅游监督队伍，提高旅游质量。目前，柬埔寨政府正在制订“暹粒吴哥和金边至西南沿海地区和东北生态旅游地区”的旅游产品多样化战略，积极开发自身独具优势的旅游资源，促进当地经济发展。柬埔寨旅游部对旅游业发展充满信心，制定了未来旅游计划，预计2020年将接待外国游客700万人次，为80万人提供就业机会。

四、国内市场

（一）销售总额

柬埔寨暂无销售总额的统计数据。有关2011年柬埔寨商品市场的需求量如下表：

表 1：2011 年柬埔寨商品市场需求量

类别	需求量
日用品	约 16.5 亿美元
高档消费品（包含进口香烟、有色酒、啤酒）	约 4.3 亿美元
衣物	约 6000 万美元
建筑材料（包含房地产、企业厂房建设所需材料）	约 15 亿美元
汽油	150 万吨

（资料来源：柬埔寨商业部）

（二）生活支出

据国际货币基金组织柬埔寨发展报告数据显示，2012 年柬埔寨全国储蓄总额占国民生产总值的 13.9%，政府储蓄总额占 1.2%，私人存款总额占 12.8%，全国固定投资额占 24.0%，私人投资额占 16.4%。

（三）物价水平

2014 年，柬埔寨国内消费市场价格温和上涨，全年通货膨胀率为 3.9%。

表 2：柬埔寨物价水平（市场平均参考价）

品名	单位	2012 年	2013 年	增幅（%）
1 号大米	瑞尔/公斤	3607	3738	3.63%
2 号大米	—	2883	2816	−2.32%
绿豆	—	5273	6211	17.79%
大豆	—	3647	4600	26.13%
花生	—	7708	7689	−0.25%
大蒜	—	4949	4583	−7.40%
胡椒	—	37803	35003	−7.41%
牛肉	—	29033	32859	13.18%
猪肉	—	17146	17891	4.35%
鸡肉	—	22877	21786	−4.77%
鸡蛋	10 个	4012	4644	15.75%
鸭蛋	瑞尔/公斤	4818	5507	14.30%
棕榈糖	—	3733	4184	12.08%
盐	—	1145	1077	−5.94%
西红柿	—	2645	2562	−3.14%
黄瓜	—	2199	2187	−0.55%
汽油	瑞尔/升	5300	5091	−3.94%
柴油	—	5049	4754	−5.84%

（资料来源：柬埔寨商业部）

五、金融环境

随着政治局势基本稳定，柬埔寨政府采取一些积极措施改善和加强对财政与金融的管理，取得了一定的成效。

（一）当地货币

柬埔寨货币为瑞尔。1993 年，柬埔寨政府通过并实施《外汇法》，规定汇率由市场调节。近 5 年来，汇率基本稳定在 4000 瑞尔兑 1 美元。2015 年 3 月 31 日，瑞尔对美元汇率中间价为 4015。

表 3：2007～2014 年柬埔寨汇率变动情况

年份	瑞尔兑美元平均汇率
2007	4056.2
2008	4129.3
2009	4148.5
2010	4048
2011	4005
2012	4040
2013	4010
2014	4020

（资料来源：亚洲开发银行）

美元被允许在市场上流通。近 10 多年来，美元成为柬埔寨社会的主要交换媒介，流通量占市场货币流通总量的 85%以上。

人民币与瑞尔不可直接兑换，与瑞尔进行结算需以美元搭桥。

（二）外汇管理

根据柬埔寨《外汇法》规定：允许居民自由持有外汇。通过授权银行进行的外汇业务不受管制，但单笔转账金额在 1 万美元（含）以上的，授权银行应向国家银行报告。

只要在柬埔寨商业主管部门注册的企业均可开立外汇账户。

（三）银行机构

柬埔寨银行体系由国家银行和商业银行构成。

国家银行的主要职能是：建立金融体系的法律框架，维持稳定的价格体系，为制定金融政策提供依据，增加国家资本、承担政府间的财务清算和管理本国货币，管理外汇储备，监督和调控商业银行、专门金融机构等依法运营。

截至 2014 年年底，柬埔寨共有商业银行 36 家、专业银行 9 家、小额存贷款机构 37 家。加华银行、外贸银行等五大商业银行集中了全国商业银行总资产的 60%，储蓄存款的 70%和提供贷款的 70%。2013 年柬埔寨成立了第一家人寿保险公司，截至

2014年年底，柬埔寨境内共有6家保险公司、3家人寿保险公司和2家小额保险公司。

柬埔寨政府实施的宽松外汇政策，使外资商业银行获得了较快的发展。中国银行、中国工商银行都已在柬埔寨设立分行。

（四）融资条件

柬埔寨商业银行业务范围相对较窄，尽管能够提供海外资本划拨、信用证开立及外汇服务，但是提供不动产抵押、贷款等服务仍很困难，且借款期限较短，利率较高。

目前人民币在柬埔寨不能自由流通，中资企业不能使用人民币在柬埔寨开展跨境贸易和投资合作。

（五）信用卡使用

2007年起，信用卡消费在柬埔寨中上阶层开始兴起。柬埔寨全国共有7家银行发行超过10000张信用卡，主要种类为万事达卡、VISA卡和美国运通卡。但由于本地基础设施和技术限制，信用卡在商业领域使用还非常有限，只能在少数高档酒店、餐厅、大型超市使用信用卡付账。

中国发行的银联卡可在当地大型商场、银行使用。

六、对外经贸

（一）贸易关系

贸易总量：柬埔寨自成为东盟成员国和加入WTO后，经济发展较快，进出口贸易连年增长。2014年，柬埔寨进出口总额181.35亿美元，同比增长14%。其中，出口76.96亿美元，同比增长11.5%；进口104.39亿美元，同比增长15.5%。

主要贸易伙伴：根据柬埔寨商业部统计，柬埔寨主要出口市场为美国、中国香港、德国、英国、加拿大、新加坡、日本、法国、越南和西班牙，主要进口来源地为东盟和东亚国家/地区，且自东盟国家进口增长迅速。

表4：近6年柬埔寨贸易情况统计

（单位：亿美元）

年份	2009年	2010年	2011年	2012年	2013年	2014年
进出口总额	93.5	104.72	114.7	136.3	158.8	181.35
出口	39	43.63	48.7	54.9	69	76.96
进口	54.5	61.09	66	81.4	90	104.39
进出口差额	−15.5	−17.46	−17.3	−26.5	−21	27.92

（资料来源：柬埔寨海关）

贸易结构：柬埔寨工业产业结构近年来无明显变化和改进。2014年，主要出口商品是服装、橡胶、大米和木薯等，服装和鞋类，其中出口服装和鞋类54.8亿美元，占全国出口总额的71.2%。此外，水产、橡胶及木制品也有少量出口。2014年，柬埔寨主要进口商品为成衣原辅料、燃油、机械、电子设备、交通工具等。

（二）辐射市场

近10多年来，在众多发达国家给予普惠制（GSP）和配额优惠的条件下，柬埔寨积极吸引外商投资，努力扩大对外贸易，成为最不发达国家中第一个出口超过10亿美元的国家。

全球贸易协定：2003年柬埔寨正式成为世界贸易组织（WTO）成员，是该组织成立以来第一个来自最不发达国家的成员。为符合WTO的有关规定，柬埔寨政府一方面积极修改立法，完善司法体系，促使国内市场走向成熟；另一方面加大推行贸易自由化政策的力度，加强国际合作，积极与国际接轨。

区域贸易协定：1999年，柬埔寨加入东盟。根据东盟第31次经济部长会议的决定，柬埔寨、老挝、缅甸、越南4个新成员国将按步骤实现中国—东盟自贸区的降税目标，于2015年以前将进口关税降到零。作为东盟成员国，柬埔寨同样受东盟与其他国家签署的自由贸易协定关税减让的约束。根据中国—东盟自由贸易区协议，中柬双方于2009年10月1日起正式启动降税程序。中国于2010年1月1日率先对柬埔寨绝大部分产品实现零关税，柬埔寨2011年实行降税，并于2013年、2015年进一步实施降税安排，最终于2015年对中国90%以上产品实现零关税。

（三）吸收外资

由于柬埔寨社会政治逐步稳定，外国投资者对柬埔寨经济未来发展充满信心和期待。据柬埔寨发展理事会统计，1994～2014年柬埔寨共吸收外国投资291.67亿美元。其中，中国是最大外资来源国，累计投资101.5亿美元，占柬埔寨吸引外资总额的34.79%。2014年柬埔寨前3大外资来源国分别是中国大陆（5.36亿美元）、中国香港（1.01亿美元）、英国（0.87亿美元）。主要投资领域为制衣、制鞋、大米、橡胶、木薯种植加工等。

据联合国贸发会议发布的2015年《世界投资报告》显示，2014年，柬埔寨吸收外资流量为17.3亿美元；截至2014年年底，柬埔寨吸收外资存量为130.4亿美元。

（四）中柬经贸

中柬两国自1958年7月建交以来，双边经贸关系持续发展，尤其是1993年柬埔寨王国政府成立后，两国经贸合作关系得到全面恢复和发展。1996年7月，两国政府签署了《贸易协定》和《投资保护协定》。2004年时任中国国务院副总理吴仪在柬埔寨首相洪森首相访华期间，双方签署25项经贸合作协议；2006年4月时任中国国务院总理温家宝访柬埔寨期间，双方签署11项合作协议；2009年12月时任中国副主席习近平访柬埔寨期间，双方签署14项经贸合作协议。2010年1月1日，中国—东盟自由贸易区的全面建成，进一步为中柬经贸合作开辟更加宽广和畅通的渠道，提供更多的机会。2010年，中国十一届全国人大常委会委员长吴邦国访柬期间，双方签署16项协议，涉及基础设施建设、水利资源开发利用、通讯技术、能源开发等领域，两国深化双边经贸合作大有可为。2012年3月，时任中国主席胡锦涛访柬埔寨期间，双方发表联合声明，一致同意到2017年实现两国贸易额翻一番，达到50亿美元。2014年12月杨洁篪国务委员访问柬埔寨，参加中柬政府间协调委员会第二次会议，会议期间双方签署6项经贸合作文件，涉及互联互通规划、基础设施建设、医疗等诸多领域，为推动两国进一步加强经贸合作起到积极作用。

1. 双边贸易：近年来，中柬双边贸易呈持续增长态势。据中国海关统计，2015年，中柬双边贸易额为44.3亿美元，同比增长17.95%。其中，中国对柬埔寨出口37.65亿美元，同比增长14.98%，主要商品包括纺织原辅料、机械设备等；自柬埔寨进口6.67亿美元，同比增长38.08%，主要商品包括木材、针织服装、天然橡胶等。

表5：近9年中国和柬埔寨贸易情况统计

（单位：亿美元）

年份	进出口额	出口额	进口额	累计比去年同期增减(%)		
				进出口	出口	进口
2007	9.33	8.82	0.51	27.3	26.4	45.6
2008	11.33	10.94	0.39	21.3	24.0	−23.8
2009	9.44	9.07	0.37	−16.7	−17.1	−5.2
2010	14.41	13.48	0.94	52.6	48.5	153.6
2011	24.99	23.15	1.84	73.5	71.8	96.8
2012	29.23	27.08	2.15	17	17	16.8
2013	37.72	34.11	3.62	29.1	26	67.9
2014	37.57	32.75	4.83	−0.39	−3.99	33.54
2015	44.3	37.65	6.67	17.95	14.98	38.08

（资料来源：中华人民共和国商务部）

2. 对柬埔寨援助：长期以来，中国向柬埔寨提供了力所能及的援助。援助涉及成套项目、物资项目和农业、教育、体育、警务等领域的经济技术合作项目。这些项目取得了良好的经济和社会效益。

成套项目主要包括政府办公大楼、参议院会议厅和办公楼、国会办公楼、柬埔寨国家7号公路、8号公路、76号公路、57号公路、62号公路、干丹省波雷格丹洞里萨河大桥、波雷达马湄公河大桥、茶胶寺修复、吴哥周萨神殿、金边制药厂、金边市毛泽东大道、100口饮用水井等。

此外，中国帮助柬埔寨培训了大批经济建设急需人才。截至2014年年底，中国通过多边和双边渠道，共为柬埔寨培训了1450名经济人才，培训范围涉及外交、金融、商务、工业、农业、交通和卫生等诸多领域，生源囊括了首相府、外交国际合作部、财经部、商业部、工矿能源部、农林渔业部、公共工程运输部、卫生部、国土规划与建设部和国家银行等柬埔寨政府核心部门。

3. 双向投资：目前，柬埔寨企业基本没有对华投资。据中国商务部统计，2014年中国对柬埔寨直接投资流量4.38亿美元。截至2014年年末，中国对柬埔寨直接投资存量32.22亿美元。投资产业主要分布在水电站、电网、通讯、服务业、纺织业、农业、烟草、医药、能源矿产、境外合作区等。主要中国企业有：中国华电集团公司、中国重型机械总公司、中国水电建设集团、中国电力技术进出口公司、中国大唐公司、中海油有限公司、神州石油有限公司、广西有色、广东外建、上海建工、云南建工、江苏红豆集团、柬埔寨光纤通信网络有限公司、华岳集团、华立生态、盾安有限公司、优联发展集团有限公司、宜佳旅游发展有限公司、申洲有限公司、欣兰制衣厂有限公司等。其中，江苏红豆集团在柬埔寨投资的“西哈努克港经济特区”是中国商务部首批境外经贸合作区之一。一期规划面积5.28平方公里，预计投资3.2亿美元。截至2014年年底，已有超过80家企业入驻。

表6：近6年中国对柬埔寨直接投资情况

（单位：万美元）

年份	2009年	2010年	2011年	2012	2013年	2014年
金额	21583	46651	56602	55966	48978	43827

（资料来源：中华人民共和国商务部，《对外直接投资统计公报》）

4. 承包劳务：据中华人民共和国商务部统计，2014年中国企业在柬埔寨新签承包工程合同71份，新签合同额14.11亿美元，完成营业额9.65亿美元；当年派出各类劳务人员 4872 人，年末在柬埔寨劳务人员 7108 人。

中国企业在柬埔寨实施的承包工程涉及柬埔寨社会各领域，对柬埔寨经济建设和发展起了积极的推动和促进作用。截至 2014 年年底，中国在柬承包工程累计合同额 106.88 亿美元，累计营业额 64.49 亿美元。中国企业在柬实施的承包工程涉及柬埔寨社会各领域，对柬埔寨经济建设和发展起了积极的推动和促进作用。截至 2014 年年底，以 BOT 方式参与柬埔寨水电站项目建设取得积极进展，累计合同金额达 27.19 亿美元。目前，已经完成投产和正在进行的项目主要包括基里隆 I 号水电站项目、贡不省甘再水电站项目、基里隆号 1 号、3 号水电站、戈公省达岱水电站、斯登沃代水电站、额勒赛水电站项目及西港燃煤电厂等。

表 7：2007～2014 年中国在柬埔寨经济合作情况

（单位：万美元、人）

年份	对外承包工程		对外劳务合作		对外设计咨询	
	合同额	营业额	当年派出人数	年末在外人数	合同额	营业额
2007	53621	15367	1932	5767	1521	243
2008	34015	35977	1944	3026	35	31
2009	132440	39782	1323	3960		
2010	134365	64818	498	1632		
2011	50467	82530	3473	6247		
2012	295579	117150	5672	6650		
2013	110865	143077	5810	7125		
2014	141059	96533	4872	7108		

注：承包工程统计中含设计咨询合作

（资料来源：中华人民共和国商务部）

【来源：选编自商务部国际贸易经济合作研究院，商务部投资促进事务局、中华人民共和国驻柬埔寨王国大使馆经济商务参赞处共同主编.《2015 版对外投资合作国别（地区）指南——柬埔寨》. 第 14～28 页】

印度尼西亚投资环境分析

近年来，印度尼西亚（以下简称印尼）吸引外资持续较快增长，特别是 2008 年以来，每年保持 15%以上增速，并连创历史新高。从投资环境角度看，印尼的竞争优势主要表现在以下方面：政治稳定；自然资源丰富；经济增长前景看好，市场潜力大；地理位置重要，控制着关键的国际海洋交通线；人口众多，有丰富、廉价的劳动力；市场化程度较高，金融市场充分开放。

据世界经济论坛《2014～2015 年全球竞争力报告》显示，印尼在全球最具竞争力的 144 个国家和地区中，排第 34 位，比 2013～2014 年上升 4 位。

一、自然资源

印度尼西亚共和国是世界上最大的群岛之国，拥有 17500 多座大小岛屿，自然资源丰富，有“热带宝岛”之称。盛产棕榈油、橡胶等农林产品，其中棕榈油产量居世界第一，天然橡胶产量居世界第二。主要矿产资源有石油、天然气、锡、铝、镍、铁、铜、锡、金、银、煤等，储量均非常丰富。

二、基础设施

印尼基础设施建设发展相对滞后，是制约印尼经济增长和投资环境改善的一个主要瓶颈。与此同时，加强基础设施建设也是保证印尼经济能够年均增长 6%的重要因素。印尼是群岛国家，与邻国直接接壤较少，外界互联互通主要通过海路、航空等方式。

1. 公路

陆路运输比较发达的地区是爪哇、苏门答腊、苏拉威西、巴厘岛等。全国公路网在 1989～1993 年期间已经形成。印尼公路全长 34 万公里，但公路质量不高，高速公路建设停滞不前。截至 2014 年底，高速公路总里程不到 1000 公里。印尼将把高速公路建设列为重点工程之一，根据《2015～2019 年印尼中期发展规划》，2014～2019 年内，印尼政府将建设 2650 公里长的公路和 1000 公里的高速公路，维修全长 46770 公里的现有公路。

2. 铁路

印尼铁路所有权为国家所有，由印尼国有资产管理公司经营，大规模运输任务都由铁路承担。印尼全国铁路总长 6458 公里，窄轨铁路长 5961 公里，爪哇岛和苏门答腊岛铁路运输比较发达，其中爪哇岛铁路长 4684 公里，占全国铁路总长的 73.6%。根据规划，2014～2019 年，印尼政府将新建 3258 公里的铁路网，其中将在爪哇地区发展南部铁路以及贯通南北的铁路线，并逐渐建设双向铁轨，在加里曼丹和苏拉威西地区将进行铁路运输的调研及准备工作，在雅加达、泗水、锡江和万鸦佬地区考虑建设城市轨道交通。

3. 空运

随着经济发展和旅游业兴旺，印尼航空运输日益繁忙。各省、市及偏远的地区均通航，全国有

179个航空港，其中达到国际标准的有23个。开有国际航班、国内航班、朝勤航班、先锋航班等。航空公司主要有Garuda航空公司、Merpati航空公司、Lion航空公司、Sriwijaya航空公司。政府的空运业发展方案包括当前主要机场的维护、改进和扩建，以及新机场的建设和旧机场的替代，具体项目包括棉兰、龙目机场建设项目。据2008年美国《世界概况》统计，印尼共有机场652个。目前为满足日益增长的航空运输需求，印尼交通运输部计划在2019年之前新建15个机场。

4. 水运

印尼水路运输较发达，水运系统包括岛际运输、传统运输、远洋运输、特别船运。印尼全国有水运航道21579公里，其中苏门答腊5471公里，爪哇/马都拉820公里，加里曼丹10460公里。印尼有各类港口约670个，其中主要港口25个。雅加达丹绒不碌港是全国最大的国际港，年吞吐量约250万个标准箱，泗水的丹戎佩拉港为第2大港，年吞吐量为204万个标准箱。政府发展规划主要集中在境内水运航线和港口的建设方面，包括加里曼丹地区的河运交通建设项目、建设一系列渡口码头和湖泊码头。在海运方面，印尼政府希望尽快扩大其港口的货物处理能力，使其与国家的整体经济相匹配，解决由于装卸能力不足导致的货物滞留问题。2014～2019年内将兴建24个大型港口项目。为解决资金问题，印尼政府正在逐步放宽对港口的控制，并计划允许私人机构通过BOT方式建设和管理港口。

5. 通信

印尼电信发展潜力巨大，电信建设增长势头迅猛，跨国运营商和资本介人较多。Telkomsel为印尼国内最大的电信公司，Indosa则为最大外资电信公司。印尼3G网络正处于起步阶段并开始运营，印尼5家公司将加大在该基建方面的投入。另外，为保证未来3G网络的顺利建设，印尼固话无线网络将进行频率转移，所有固定无线网络运营商的设备将进行网络调整和扩容以及更新终端用户设备。另外，印尼政府还在推行全国村村通电话工程。

印尼大部分地区都通互联网，但印尼的带宽较小，网速较慢。政府计划在印尼东区兴建全长1.2万公里的光导纤维网，使其拥有3个终端与其他国家连接。该3个终端包括可与菲律宾连接的印尼万鸦佬终端、可与澳洲连接的巴布亚终端，以及可与新加坡和马来西亚连接的加里曼丹终端。印尼共有2.6亿移动终端用户，2015年3G用户数量约增至45%。

6. 电力

印尼目前电力装机容量仅为约4000万千瓦，用电普及率不到75%，仍有超过四分之一的人口没用上电，电力需求年均增长10%～15%。即使首都雅加达偶尔也会因缺电实施轮流停电。由于目前印尼个人和企业用电比例为7：3，使企业发展对电力的需求更为迫切。为满足国内日益增长的电力需求，印尼政府启动新一期电力发展规划，计划在未来5年内建设3500万千瓦电站项目，并发展4万公里的电网。

三、重点/特色产业

目前印尼油气产业占GDP的比重约为7.3%；非油类产业占92.27%，其中第一产业农林牧渔业占14.44%；采矿业占11.78%，制造业占23.94%，电气水供应业占0.79%，建筑业占10.45%，合计第二产业占46.96%；贸易、住宿、餐饮业占13.90%，运输通信业占6.66%，金融房地产商业服务业占7.26%，其他服务业占10.78%，合计第三产业占38.60%。

1. 石油天然气：印尼油气资源丰富，共有66个油气盆地，其中15个盆地生产石油天然气。政府公布的石油储量为97亿桶，折合13.1亿吨，其中核实储量47.4亿桶，折合6.4亿吨。印尼天然气储量176.6万亿标准立方英尺（TCF），折合4.8万亿～5.1万亿立方米。石油勘探开发基本上依靠国外石油公司。

印尼石油天然气出口收入是其财政的主要支柱，石油基准价格是财政收入的量化标准。自2003年以来，印尼已成为石油净进口国，2008年年初印尼宣布退出石油输出国组织（欧佩克）。近年来印尼石油产量逐渐下降，2012年印尼原油和凝析油产量降至87万桶/日，低于政府制定的93万桶/日产量目标。印尼最大的石油企业为国家石油公司（Pertamina）。据2014年《财富》公布，印尼国家石油公司成为首个进入世界500强的印尼企业，排名第123位。

2. 农林渔业：2013年，第一产业农林牧渔业占GDP比重为15.04%。印尼是一个农业大国，全国耕地面积约8000万公顷，从事农业人口约4200万人。印尼自然条件得天独厚，气候湿润多雨，日照充足，农作物生长周期短，主要经济作物有棕榈油、橡胶、咖啡、可可。2012年，印尼棕榈油产量达到2850万吨，成为全球最大的棕榈油生产国。

印尼森林覆盖率为54.25%，达1亿公顷，是世界第三大热带森林国家，全国有3000万人依靠林业维持生计；胶合板、纸浆、纸张出口在印尼的出口产品中占很大份额，其中藤条出口占世界80%～90%的份额。印尼最大的林业和造纸企业集团为金光集团（Sinar Mas）作为世界上最大的群岛国家，印尼海岸线8.1万公里，水域面积580万平方公里，包括领海渔业区270万平方公里，专属经济区310万平方公里。渔业资源丰富，海洋鱼类多达7000种，政府估计潜在捕捞量超过800万吨/年，目前已开发的海洋渔业产量占总渔业产量的77.7%，专属经济区的渔业资源还未充分开发。

3. 采矿业：印尼矿产资源丰富，分布广泛。采矿业为印尼国民经济发展创造了可观的经济收益，它是出口创汇、增加中央和地方财政收入的重要来源，也为保持经济活力、创造就业和发展地区经济做出了积极贡献，同时还具有辐射社会经济其他领域的间接作用以及对边远地区发展的推动作用。印尼主要的矿产品有铝、镍、铜、金、银、煤等。印尼最大的国有矿业公司为安塔公司（Antam），另外还有印尼国有锡业集团公司（PT Timah Tbk）。

4. 工业制造业：印尼的工业化水平相对不高，制造业有30多个不同种类的部门，主要有纺织、电子、木材加工、钢铁、机械、汽车、纸浆、纸张、化工、橡胶加工、皮革、制鞋、食品、饮料等。其中纺织、电子、木材加工、钢铁、机械、汽车是出口创汇的重要门类。印尼最大的钢铁企业为国有克拉卡陶钢铁公司（Krakatau Steel），年产量约300万吨。

5. 旅游业：印尼旅游资源非常丰富，拥有许多风景秀丽的热带自然景观、丰富多彩的民族文化和历史遗迹，发展旅游业具有得天独厚的条件。从20世纪70年代起，印尼政府大力发展旅游业，兴建星级酒店等旅游基础设施，通过发展旅游业的法规，逐步扩大到印尼旅游免办签证的国家，并采取其他有力措施，多方吸引外国游客，目前旅游业日益成为印尼创汇的一个重要行业。2013年赴印尼旅游的国外游客年增长9.4%至860万人次，国外旅游收入共计101亿美元，同比上升11%。中国是印尼旅游业最有潜力市场之一，2013年印尼共接待中国游客80万人次。2013年1月，中国主席习近平访问印尼时，两国政府共同签署了《中国—印尼旅游合作谅解备忘录》，通过开发和分享两国的旅游项目、信息和统计资料、组织两国媒体及旅行社互访等推动两国游客互访。此外，印尼政府还采取开通中文旅游网站、增加往返中国和印尼的航班、简化中国游客签证等措施，吸引中国游客赴印尼旅游消费。

四、国内市场

（一）销售总额

印尼人口多，中产阶级比例从2000年占全国人口的20%增至目前的56.5%，印尼已跻身中等收入国家行列，国内消费需求规模较大。近年来个人消费支出占GDP的比例在60%左右，2014年印尼零售总量增长4%。

（二）生活支出

据印尼中央统计局统计，2012年印尼居民消费支出449.6万亿印尼盾（约合500亿美元），固定资本形成273万亿印尼盾（约合300万亿美元）。

（三）物价水平

虽然印尼经济不发达，但物价水平相对较高，近年来平均通货膨胀率在4%左右。2011年通胀风险降低，全年通胀率仅为3.79%，近20年来印尼首次实现GDP增速高于通胀水平。2014年通货膨胀率8.36%。

五、金融环境

1997年亚洲金融危机中，印尼银行业受到巨大冲击，印尼盾严重贬值，出现清偿危机，并导致大规模挤兑现象，银行失去社会信誉。为此，根据与国际货币基金组织（IMF）达成的协议，政府对银行体系实行全面的改革。经过整顿，银行效益明显改观。IMF和亚洲开发银行向印尼提供贷款，在极大程度上改善了印尼的金融环境。

（一）当地货币

印尼货币为印尼盾，印尼盾可自由兑换。在印尼的金融机构、兑换点，印尼盾可与美元、欧元等主要货币自由兑换。2014年以来，受世界经济不景气的影响，印尼出口额不断下降，而印尼国内需求旺盛，进口大幅上升，导致经常项目逆差扩大。2014年印尼盾贬值3%。

（二）外汇管理

印尼实行相对自由的外汇管理制度。印尼盾可自由兑换，资本可自由转移。印尼货币实行自由浮动汇率政策，印尼银行采取一揽子货币汇率定价法，根据印尼主要贸易伙伴的货币汇率的特别提款权的汇率变化来确定印尼盾的对外比价，每日公布其汇率。

（三）银行机构

中央银行：印尼中央银行是印尼银行（Bank Indonesia），是与内阁各部门平级的独立机构，具有不受其他部门干预，独立行使职能的权力；强调维护金融稳定、加强监督；制定并履行货币政策，维护盾币稳定；管理货币流通和利率，调节和保证支付系统工作质利进行；通过监管手段健全银行和贷款体系。

商业银行：印尼当地的主要商业银行银行有：Bank Mandiri，Bank Central Asia，Bank Nasional Indonesia，Bank Rakyat Indonesia，Bank Internasional Indonesia，Bank Danamon。

外资银行：印尼当地外资银行有：汇丰银行、花旗银行、美国运通银行、JP摩根大通银行、荷兰银行、东京三菱银行、德意志银行、渣打银行、盘谷银行以及中国银行和中国工商银行。与中国银行合作较多的当地代理行有汇丰银行、Bank Central Asia。

（四）信用卡使用

印尼信用卡的使用较普遍，中国发行的VISA卡和万事达卡在当地可以使用。中国工商银行印尼分行已经在当地发行VISA卡和万事达卡，中国银行雅加达办事处也已发行借记卡。

六、外贸关系

（一）贸易关系

1. 贸易总量：据印度尼西亚国家统计局统计，2015年印尼货物进出口额为2930.9亿美元，较2014年下降17.3%。其中，出口1503.9亿美元，同比下降14.7%；进口1427亿美元，同比下降19.9%。贸易顺差76.9亿美元，而2014年同期为逆差18.9亿美元。

2. 主要贸易伙伴：从国别（地区）看，2015年印尼对其主要贸易伙伴出口均出现程度不同下降，按出口金额排列依次为：日本－22.2%、美国－1.8%、中国－14.6%、新加坡－24.7%、印度－4.4%、马来西亚－21.5%。上述6国合占印尼出口贸易总额的54.5%。印尼自中国、新加坡、日本、马来西亚、韩国和泰国的进口额分别占其进口总额的20.6%、12.6%、9.3%、6.0%、5.9%和5.7%，合计为60.1%；增减幅依次为－4.0%、－28.4%、－22.0%、－21.4%、－28.9%和－17.4%。2015年，印尼前6大逆差来源国依次为中国、新加坡、泰国、沙特阿拉伯、阿塞拜疆和巴西，分别为143.7亿美元、53.7亿美元、25.5亿美元、13.6亿美元、12.8亿美元、12.6亿美元；增减幅依次为10.4%、－35.9%、－35.4%、－68.8%、－47.0%和19.3%。顺差主要来自印度、美国、日本、菲律宾、荷兰，分别为89.7亿美元、86.5亿美元、47.5亿美元、32.4亿美元和26.6亿美元。

表1：2015年印尼前6位进口国家/地区排名

序号	国别	所占比重（%）	同比增减（%）
1	中国	20.6	－4.0
2	新加坡	12.6	－28.4
3	日本	9.3	－22.0
4	马来西亚	6.0	－21.4
5	韩国	5.9	－28.9
6	泰国	5.7	－17.4
	合计	60.1	

（资料来源：印尼国家统计局）

表2：2015年印尼前6位出口国家/地区排名

序号	国别	所占比重（%）	同比增减（%）
1	日本	13.1	－22.2
2	美国	9.4	－1.8
3	中国	10.0	－14.6
4	新加坡	9.5	－24.7
5	印度	7.0	－4.4
6	马来西亚	5.5	－21.5
	合计	54.5	

（资料来源：印尼国家统计局）

3. 贸易结构：2015年，印尼主要出口商品有矿物燃料、动植物油、机电产品、橡胶及制品，贵金属及制品等。2015年，印尼上述5大类商品的出口总额为733.2亿美元，合占印尼出口贸易总额的48.7%；其它主要出口商品还有矿砂、运输设备、纸张、纺织品、鞋类制品和木制品等。矿物燃料、机械设备、机电产品、塑料制品、钢材是印尼进口的5大类商品。2015年，这5类商品的进口额分别为250.5亿美元、223.8亿美元、155.2亿美元、68.3亿美元和63.2亿美元，合占其进口总额的53.3%。同期，印尼进口的上述5大类商品额均出现程度不同下降，按进口金额顺序排列依次为矿物燃料－43%、机械设备－13.4%、机电产品－9.9%、塑料制品－12.4%、钢材为－24.4%。印尼其它主要进口商品还有有机化学品、运输设备、航天器、钢铁、粮食、肥料、橡胶制品、棉花和无机化学品等。

表3：2015年印尼5大类进口商品

序号	商品	进口额（亿美元）	同比增减（%）
1	矿物燃料	250.50	－43
2	机械设备	223.77	－13.4

续表

序号	商品	进口额（亿美元）	同比增减（%）
3	机电产品	155.18	−9.9
4	塑料制品	68.32	−12.4
5	钢材	63.17	−24.4
合计	占印尼进口总额的53.4%		

（资料来源：印尼国家统计局）

（二）辐射市场

全球贸易协定：1950年2月24日印尼加入《关税与贸易总协定》（GATT），1995年成为世界贸易组织（WTO）的正式成员。

区域贸易协定：印尼参加或正在商谈的区域贸易协定有：《东盟自由贸易区协定》、《中国—东盟自由贸易区协定》、《共同有效优惠关税》、《印尼—日本经济合作协定》、《印尼—澳大利亚—新西兰自由贸易区协定》。

欧盟普及关税体系：印尼还是欧盟提供关税优惠的受惠国。根据2012年11月欧盟委员会公布的新的普惠制（GSP）方案，将印尼列为普惠制第二类国家。自2014年1月1日至2023年12月31日，对印尼等40个低收入和中低收入国家的进口产品按最惠国税率基础上减少3.5%的税收。

（三）吸收外资

2014年印尼吸引外资292亿美元，比2013年增长13.5%。2014年印尼外国投资的前5大来源国为新加坡、日本、马来西亚、荷兰、英国，其中新加坡投资58.32亿美元，占外国投资总额的20.4%；日本投资27.05亿美元，占比9.48%；马来西亚投资17.76亿美元，占比6.23%；荷兰投资17.26亿美元，占比6.05%；英国投资15.88亿美元，占比5.57%。中国投资8亿美元（中方统计为10.52亿美元）排名第7位，占比2.8%。

（四）中国与印尼经贸关系

中国在印尼对外经贸关系中占有比较重要的地位，近年来双边投资贸易合作呈快速上升的趋势。中国—东盟自贸区已于2010年1月1日全面启动，双边贸易投资自由化和便利化程度进一步提高，中印尼经贸关系发展面临着历史性机遇。

1. 双边贸易：据中方统计，2015年中国与印尼双边贸易总额达542.3亿美元，同比下降14.7%，占中国与东盟10国双边贸易总额的11.49%，是中国在东盟的第5大贸易伙伴。其中，中国自印尼进口198.88亿美元，同比下降18.91%；对印尼出口343.42亿美元，同比下降12.08%。

2015年，印尼对中国出口最多的商品为矿物燃料、动植物油、木浆等纤维状纤维素浆、木制品、杂项化学产品，上述5大类商品的出口额依次为45.1亿美元、29.4亿美元、10.9亿美元、8.6亿美元和5.7亿美元，合占对中国出口总额的66.2%。其他对华出口商品还有矿砂、橡胶及其制品、机电产品、塑料制品、铜制品、有机化学品、可可制品、棉花、水产品等。印尼自中国进口的商品品类繁多，主要有机械设备、机电产品、钢材、贱金属及其制品、有机化学品。2015年，印尼进口的上述5类商品合计176.2亿美元，占印尼自中国进口总额的59.9%。除上述产品外，印尼自中国进口的主要商品还有塑料制品、肥料、干鲜水果、无机化学品、化学纤维长丝、鞋类制品、肥料、铝制品、音响器材制品等。

截至2015年12月，中国是印尼仅次于日本和美国的第3大出口目的国和第1大进口来源地。在印尼的10大类进口商品中，中国出口的机电产品、金属制品、纺织品、家具和瓷器处于较明显的优势地位；但中国出口的化工品、塑料制品、光学仪器和运输设备等仍面临着来自欧洲、美国、日本等发达国家的竞争。

2. 双向投资：据中国商务部统计，2014年中国对印度尼西亚直接投资流量12.72亿美元。截至2014年年末，中国对印度尼西亚直接投资存量67.94亿美元。来印尼寻求投资合作的中国企业不断增多，涉及领域日益广泛，大型投资项目不断涌现。

3. 承包劳务：据中国商务部统计，2014年中国企业在印尼新签承包工程合同648份，新签合同额51.88亿美元，完成营业额45.84亿美元；2014年派出各类劳务人员1.60万人，2014年年末在印度尼西亚劳务人员1.63万人。新签大型工程承包项目包括中国港湾工程有限责任公司承建印尼DBK—MRC煤炭开发及运输通道基础设施项目，江苏河海科技工程集团有限公司承建印尼唐格朗围海吹填项目，华为技术有限公司承建印尼电信等。

4. 重要合作项目：中国企业在印尼主要投资和承包的项目有：泗马大桥、加迪格蒂大坝等工程项目，巨港电站、风港电站等一大批电站建设项目，以及巴丹岛岛中石化油储项目、西电变电器生产项目等。

【来源：选编自商务部国际贸易经济合作研究院，商务部投资促进事务局、中华人民共和国驻印

度尼西亚共和国大使馆经济商务参赞处共同主编.《2015版对外投资合作国别(地区)指南——印尼》.第12～24页】

老挝投资环境分析

在世界经济处于缓慢复苏的大背景下，老挝经济高速平稳发展，发展速度在本地区和国际位居前列，宏观经济稳定，通货膨胀只有个位数，本币汇率稳定，贸易与投资持续增长。除了政府采取了比较积极的财政政策外，周边国家，尤其是中国经济的回升、向好，中老贸易、投资合作快速增长，为老挝经济注入了活力。尽管总体上说，目前老挝基础设施较差，但随着其经济的快速发展，基础设施建设将会得到不断改善。

老挝投资潜力巨大。老挝在水电、矿业、农林、加工业等领域投资机会巨大。目前老挝急需获得技术、资金支持，对中国企业来说是很好的机会。老挝拥有丰富的森林、水和矿产等自然资源，入世将使老挝更加重视能源、环境的可持续发展。同时，老挝政府亦致力于简化外资审批程序，以促进外商投资。

根据世界银行发布的《2015年营商环境报告》显示，老挝在全球189个经济体中排名第148位。世界经济论坛《2014～2015年全球竞争力报告》显示，老挝在全球最具竞争力的144个国家和地区中，排名第93位。美国传统基金会和《华尔街日报》发布的《2015经济自由度指数》显示，老挝在全球178个经济体的经济自由度排名中，排名第144位。

一、自然资源

老挝境内自然资源丰富：

1. 矿产资源多未开发。属中国三江成矿带延伸部分，主要矿藏有金、银、铜铁、钾盐、铝土、铅及锌等。

2. 水电资源丰富。老挝是东南亚地区水能蕴藏量最丰富国家之一。湄公河水能蕴藏量60%以上在老挝境内，全国200公里以上河流20余条，有60多个水能丰富的水电站建站点。

3. 农业资源条件良好。老挝土地资源丰富，人口密度为每平方公里28人，属热带季风气候，日照时间长，雨水充足，农业开发条件较好。

二、基础设施

老挝是内陆国，基础设施比较落后，近年来政府加大对基础设施的投入，贯通南北的13号公路保持通畅，中心城市基础设施有所改善。已修建了4座连接泰国的跨湄公河大桥（万象—廊开、沙湾拿吉省—穆达汉府、甘蒙他曲—那空伯侬府、波乔会晒—泰国清孔）。2015年5月9日，老挝、缅甸两国间第一座跨湄公河友谊大桥正式通车。

1. 公路

老挝全国公路里程43604公里，其中混凝土路866公里，柏油路6496公里，碎石路15324公里，土路20919公里。老挝全国没有高速公路，公路运输占全国运输总量的79%。昆曼公路的贯通降低了中国与东南亚国家的陆路运输成本，有利于中国与东南亚国家的经贸往来。

2. 铁路

2014年，老挝现有铁路3.5公里，从首都万象的塔那凉车站通往老泰边境的友谊大桥，由泰国政府投资1.97亿泰铢修建，于2008年5月完工，2009年3月正式通车。2014年12月，中老启动铁路合作。

3. 空运

老挝全国有11个机场，北部有8个小型机场，首都万象机场能起降大飞机，运输量占全国运输总量的2%。万象瓦岱机场、琅勃拉邦机场和巴色机场为国际机场。有12条国际航线：万象—昆明、万象—南宁、万象—广州、万象—曼谷、万象—清迈、万象—河内、万象—胡志明市、万象—金边、万象—暹粒、万象—吉隆坡、万象—新加坡、万象—首尔，客运量为44万人次/年，货运量为2万吨/年。机场有万象瓦岱机场、琅勃拉邦机场和巴色机场等。

4. 水运

水路运输3000公里，湄公河在老挝境内全长1800多公里，流经13个省（市），沿湄公河有20多个小型码头，运输总量占18%。上湄公河部分航道整治后，旱季能通行150吨级船只，雨季能通行300吨级船只，下湄公河航段从会晒以下仍未畅通。

5. 通信

老挝基本建成全国通信网络，光缆分南北和东西走向全长6000公里。老挝固话容量100万门，移动电话容量300万门，3G网于2008年开始投入使用，目前容量28万门。

6. 电力

老挝水电资源丰富，除自用外还可出口，但少部分村、县尚未通电。2014 财年老挝全国 1 兆瓦以上电站 25 座，总装机 324.4 万千瓦，境内输变电线路全长 47，242 公里。老挝国家电力公司下属电站 10 座，装机约 39 万千瓦，占总装机 12.04%；私人投资电站 15 座，装机 285.4 万千瓦，占总装机 87.96%。在建电站项目 12 个，输变电线路项目 64 个。2014 财年发电 154.69 亿度，同比增长 10.44%，出口电力 124.74 亿度，占发电总量的 81%，收入约 6.1 亿美元。自泰国、越南和中国进口电力 12.94 亿度，支出 6722 万美元。

根据老挝国家电力公司（EDL）规划，在 2020 年，局部地区以 115kV 和 230kV 电网作为地区主网，国家级干网、跨区域电网连接以及外送越南和泰国电力网络通过 500kV 输电线路传输。尤其是外送越南和泰国电力需求越来越大，在未来 10 年内有较大的增加（至 2020 年将超过 5000MW），争取在 2020 年让全国 98%的居民用上电。

三、重点/特色产业

1. 农业：2014 年，农林领域保持稳定增长。全国耕地面积 98.1 万公顷，实际种植面积 95.8 万公顷，稻谷产量 400 万吨。其他作物中，甜玉米种植面积 27.1 万公顷，产量 25.6 万吨；薯类 2.1 万公顷，产量 25.9 万吨；蔬菜 15.4 万公顷，产量 136.3 万吨；水果 4.1 万公顷，产量 75.8 万吨；咖啡 8.4 万公顷，产量 9.8 万吨；橡胶 27.1 万公顷，进入割胶期 2.9 万公顷，产胶量 5 万吨。养殖行业增长势头稳定，全年涨幅约 2%。

2. 电力行业：老挝 1 兆瓦以上电站 25 座，总装机 324.4 万千瓦，2014 财年发电 154.69 亿度，同比增长 10.44%，出口电力 124.74 亿度，占发电总量的 81%，收入约 6.1 亿美元。

3. 旅游业：老挝琅勃拉邦市、巴色瓦普寺已被列入世界文化遗产名册，著名景点还有万象塔銮、玉佛寺，占巴塞孔埠瀑布、琅勃拉邦光西瀑布等。革新开放以来，旅游业成为老挝经济发展的新兴产业。近年来，老挝与超过 500 家国外旅游公司签署合作协议，开放 15 个国际旅游口岸，同时采取加大旅游基础设施投入、减少签证费，放宽边境旅游手续等措施，旅游业持续发展。据老挝官方统计，2014 年，老挝接待外国游客共 390 万人次，同比增长 3.9%。旅游业近年来发展迅速，仅次于矿产业，已成为国家外汇收入的第 2 大产业。预计 2020 年老挝外国游客将达到 450 万人次。

四、国内市场

（一）销售总额

老挝的生活成本相对较低，普通老挝居民的人均生活成本为每年 1000 美元。

（二）生活支出

老挝公司员工的平均月工资约为 180 美元。万象市的人均收入和消费水平几乎为全国平均水平的两倍。

老挝居民的消费支出中，食品、住房和家居的开支占主要部分。以居住面积计算，老挝人均住房面积为 20 平方米，每平方米住房平均价格 150 美元，相当于当地人均 1 个月的工资收入。

（三）物价水平

2013 年老挝主要商品全年平均价格如下：

大米：每公斤 7846 基普（约合 0.98 美元）；

猪肉：每公斤 37741 基普（约合 4.72 美元）；

成品油：汽油每升 10239 基普（约合 1.28 美元），柴油每升 9183 基普（约合 1.15 美元）。

长途大巴（单程）：

万象—丰沙里 160000 基普（约合 20 美元）；

万象—琅勃拉邦 80000 基普（约合 10 美元）；

万象—沙湾拿吉 65000 基普（约合 8 美元）；

万象—占巴塞 100000 基普（约合 12 美元）；

万象—沙耶武里 90000 基普（约合 11 美元）。

五、金融环境

老挝金融环境相对宽松，外汇管制逐渐放宽，为外国投资者营造了较好环境。目前，工商银行已在老挝设立分行、富滇银行已成立合资银行、太平洋证券已成立合资证券公司。

（一）当地货币

老挝货币为基普（KIP）。根据老挝外汇管理规定，基普为有条件兑换，鼓励使用本国货币，但在市场上基普、美元及泰铢均能相互兑换及使用。人民币仅在老挝北部中老边境地区兑换及使用。

过去几年，老挝货币兑美元的汇率呈稳定上升的趋势。2005 年老挝公布的汇率是 10600 基普兑换 1 美元。2012 财年，老挝基普对美元升值 1.81%，对泰铢贬值 0.46%。2015 年 4 月公布的基普兑换美元汇率为 8096 基普兑换 1 美元。

（二）外汇管理

根据老挝外汇管理规定，在老挝注册的外国企业可以在老挝银行开设外汇账户，用于进出口结算。外汇进出老挝需要申报。

携带现金如超过10000美元，需要申报并获得同意方可出入境。在老挝工作的外国人，其合法税后收入可全部转出。

（三）银行机构

老挝中央银行即老挝国家银行，是老挝金融管理部门。老挝现有国有商业银行3家，即老挝外贸银行、农业促进银行和老挝发展银行。此外，有1家政策性银行、7家私有银行、3家合资银行、3家外资子行、22家外资分行。

（四）融资条件

老挝尚未建立个人信用体系，银行资金实力不强，经营方式单一，贷款条件及利息较高。

中资企业尚不能使用人民币在老挝开展跨境贸易和投资合作。

（五）信用卡使用

老挝当地信用卡使用尚未普及，但中国银行发行的有银联标志或VISA及万事达卡可以在当地较大商店使用。2014年12月，中国银联、中国国家开发银行和老挝中央银行在万象签署老挝国家银行卡支付系统项目建设合作协议。银联参与老挝国家银行卡支付系统建设。

六、对外经贸

（一）贸易关系

1. 贸易总量：据老方统计，2014财年老挝进出口贸易持续增长，贸易总额达81.35亿美元，同比增长5%，其中出口35.82亿美元，同比下降1.75%，进口45.53亿美元，同比增长11.4%。

2. 贸易结构：老挝出口商品主要以矿产品、电力、农产品、手工业产品为主，进口主要是工业品、加工制成品、建材、日用品及食品、家用电。据老挝工贸部统计，2014年老挝的出口商品主要以黄金、红铜等矿产品为主，矿产品的出口额占出口总额的36.4%，同比下降26.3%。同时，老挝国内的基建项目增多，进口所需材料包括用于旅游等服务行业的产品与日常消费商品增多。

3. 主要贸易伙伴：2014年，老挝与东盟其它国家及周边邻国的经贸合作关系不断加深，特别是泰国、中国、越南、日本、韩国等。进口国方面，2014年老挝从泰国的进口额占61.5%、中国占20%、越南占7.9%；出口国方面，老挝的主要出口国仍是周边邻国，特别是对泰国出口占到出口总额的45.5%。

（二）辐射市场

1. 全球贸易协定：老挝于1997年7月提出申请加入WTO，1998年2月被列为观察国，2001年完成外贸备忘录，2013年2月2日正式加入世界贸易组织。

2. 区域贸易协定：1997年7月老挝正式加入东盟，成为东盟新四国之一；目前是中国—东盟自由贸易区成员（10＋1）及大湄公河次区域（GMS）合作成员。

（三）吸收外资

老挝自1988年开放投资以来，项目投资的资金日益增长。截至2014年，老挝累计吸收外国投资金额约173.65亿美元。项目投资主要在矿业、水电、农业、服务业、工业和手工业等。其中，2014财年，老挝共吸引国外投资97.23亿美元。

据联合国贸发会议发布的2015年《世界投资报告》显示，2014年，老挝吸收外资流量为7.2亿美元；截至2014年底，老挝吸收外资存量为36.3亿美元。

（四）中老经贸

1. 贸易：21世纪以来中老贸易保持稳步增长，据中方统计，2015年中国与老挝双边贸易额为27.8亿美元，同比下降23.1%。其中，中国对老挝出口12.27亿美元，同比下降33.3%；中国自老挝进口15.54亿美元，同比下降12.6%。其中，主要出口的商品包括矿产品、农产品和畜牧产品、木制品；主要进口的商品包括电子产品、通讯产品、建材、日用品、工业用品、汽车及零配件等。

2. 双向投资：据中国商务部统计，2014年当年中国对老挝直接投资流量10.27亿美元。截至2014年末，中国对老挝直接投资存量44.91亿美元。

3. 承包劳务：据中国商务部统计，2014年中国企业在老挝新签承包工程合同94份，新签合同额36.90亿美元，完成营业额23.28亿美元；2014年派出各类劳务人员11717人，2014年年末在老挝劳务人员14815人。新签大型工程承包项目包括云南路桥股份有限公司承建老挝瓮安深水港码头经济区总承包项目，中国水利电力对外公司承建老挝500KV输变电项目（川扩—纳塞通段），中国水利电力对外公司承建老挝500KV输变电项目（桑怒—丰沙湾段）等。

【来源：选编自商务部国际贸易经济合作研究院，商务部投资促进事务局、中华人民共和国驻老挝人民民主共和国大使馆经济商务参赞处共同主编.《2015版对外投资合作国别（地区）指南——老挝》.第12～21页】

马来西亚投资环境分析

马来西亚投资环境的竞争优势体现在5个方面：地理位置优越，位于东南亚核心地带，可成为进入东盟市场和前往中东澳新的桥梁；经济基础稳固，经济增长前景较好；原材料产品资源丰富，人力资源素质较高；工资成本较低，除私营领域外，大部分行业目前尚未出台最低工资限制；民族关系比较融洽，3大种族和谐相处，政治动荡风险较低。

根据世界经济论坛《2014～2015年全球竞争力报告》显示，马来西亚在全球最具竞争力的144个国家和地区中，排名第20位。在亚洲发展经济体中保持最高排名，也在24个转型国家中被评为第二大最具竞争力的国家。

世界银行《2015年营商环境报告》显示，马来西亚2015年营商环境在全球189个经济体中排名第18位，在亚洲仅次于新加坡和中国香港。

一、自然资源

马来西亚是自然资源和农业资源的出口国。马来西亚的主要农产品有棕榈油、橡胶、可可、木材和胡椒等，是世界第2大棕榈油及相关制品的生产国和最大的出口国、世界第3大天然橡胶生产国和出口国。主要矿产资源有天然气、石油等，是最具价值的出口物资。马来西亚大陆架可划分为3个产油盆地区：西部的马来盆地、东部的沙捞越盆地和沙巴盆地。据统计，截至2012年1月，马来西亚已探明石油储量为5.456亿吨，已探明天然气储量为2.35万亿立方米。

二、基础设施

马来西亚的基础设施比较完善，政府向来重视对高速公路、港口、机场、通信网络和电力等基础设施的投资和建设。马来西亚现有的基础设施能较好地为各类投资者服务，同时政府未来的基础建设计划也为外国投资基础建设和开展工程承包提供了契机。

1. 公路

马来西亚高速公路网络比较发达，主要城市中心、港口和重要工业区都有高速公路连接沟通。高速公路分政府建设和民营开发两部分，但设计、建造、管理统一由国家大道局负责。截至2012年，马来西亚公路总长约为18.3万公里。目前，马来西亚高速公路网络由贯穿南北的大道为中心构成。

2. 铁路

马来西亚铁路长度为2400公里，主要在西马来西亚，且全部实现电气化。铁路南可直通新加坡，北与泰国铁路接轨。马来半岛各主要城市间均有铁路相通。马来西亚铁路网贯穿半岛南北，负责运营的是马来西亚铁道公司（KTMB），该公司具备运送多种货物的能力。2014年前3季度，马来西亚铁路共运载旅客167.7万人次，货物608.4万吨。

3. 空运

目前，马来西亚共有8个国际机场，即吉隆坡国际机场、槟城国际机场、兰卡威国际机场、亚庇国际机场、古晋国际机场、马六甲国际机场（无国内航线）、柔佛士乃国际机场以及瓜拉登嘉楼苏丹马穆德机场（2014年4月开通飞新加坡航线），这些机场与其他国内航线机场构成了马来西亚空运的主干网络。马来西亚是东南亚重要的空中枢纽之一，2014年空运旅客8500万人次，货物98.7万吨。中国前往马来西亚有多条航线可供选择，航空公司包括马来西亚航空公司和中国南方航空、东方航空、厦门航空、深圳航空及香港国泰航空，每周定期往返于中国北京、上海、广州、厦门、昆明、香港、澳门与马来西亚吉隆坡、槟城、兰卡威及哥打基纳巴卢之间。

4. 水运

马来西亚95%的贸易通过海运完成，全国主要港口共有32个，主要国际港口包括巴生港、槟城港、柔佛港、丹域柏勒巴斯港、关丹港、甘马挽港以及民都鲁港等。其中吞吐量最大的有巴生港、槟城港和柔佛港。2014年，马来西亚水运5.39亿吨。巴生港濒临马六甲海峡，为马来西亚最大的港口，集装箱年处理能力约500万标准箱，是东南亚集装箱的重要转运中心，其西港有良好的深水码头，可停靠世界最大吨位的货船。

5. 通信

（1）电话：截至2013年年底，马来西亚固定电话用户数为374.6万，固定电话普及率为32.4%。固定电话运营商是马来西亚电信公司（TM）。马来西亚移动电话网络覆盖全国大部分地区，2013年年底移动电话用户数达到4296万，普及率为143.6%。主要移动电话运营商是Celecom、Maxis以及DiGi。

（2）互联网：截至2013年年底，马来西亚共有宽带互联网用户637万，宽带普及率为22.6%。其中237万用户利用ADSL、SDSL、光纤或卫星技术等有线网络上网，389万用户通过移动宽带等无线技术上网，19万人通过“一个马来西亚上网本计划”上网。马来西亚宽带网络建设的目标是到2015年，实现宽带入户比例达75%。

（3）邮政：根据马来西亚邮政总局的资料，截至2013年年底，马来西亚约有1059个邮政局，全部完成电脑化运营，包括355个小型邮政所和704个邮政局。此外，马来西亚还设有24小时自动服务终端（POS24），方便居民使用。

6. 电力

马来西亚的电力由公共能源公司（占98%，包括国家能源公司和州立能源公司）和独立的私人发电厂（占2%）提供，2013年发电量约1318.5亿兆瓦时，其中，燃气机组占45.3%、燃煤机组占38.5%、水电机组占10.6%、柴油机组占5.4%、其他约0.2%。全年装机容量2605.5万千瓦，电力需求峰值1959.9万千瓦，备用余量占33%。

三、重点/特色产业

1. 农业：2014年，马来西亚农业产值为575.28亿林吉特，同比增长2.6%，占GDP的6.9%；农业出口总值为692亿林吉特，同比增长0.6%，占出口总值的9.0%。马来西亚农产品以经济作物为主，主要有棕榈油、橡胶、可可、稻米、胡椒、烟草、菠萝、茶叶等。马来西亚棕榈油委员会数据显示，2014年，马来西亚油棕种植面积为539万公顷，同比增长3.1%；原棕油产量为1967万吨，同比增长2.3%，截至2014年年底，棕油储量为201万吨，同比增长1.3%。马来西亚棕油产量和出口量都仅次于印度尼西亚，为世界第2大生产国和出口国。马来西亚橡胶委员会数据显示，2014年天然橡胶产量为66.9万吨，进口量为90.5万吨，其中48.7%来自于泰国；出口72.2万吨，其中45.9%出口到中国。

2. 制造业：2014年，马来西亚制造业产值为2052亿林吉特，同比增长6.2%，占GDP的24.6%。制造业是马来西亚国民经济发展的主要动力之一，主要产业部门包括电子、石油、机械、钢铁、化工及汽车制造等行业。

3. 服务业：2014年，马来西亚服务业产值为4620.27亿林吉特，同比增长6.3%，占GDP的55.3%。服务业是马来西亚经济中最大的产业部门，吸收就业人数占马来西亚雇用员工总数的60.3%。其中，旅游业是服务业的重要部门之一。2013年，马来西亚吸引游客2572万人次，主要来自新加坡（1318万人次）、印度尼西亚（255万人次）、中国（179万人次）、文莱（124万人次）、泰国（116万人次）、印度（65万人次）、菲律宾（56万人次）、澳大利亚（53万人次）、日本（51万人次）和英国（41万人次）。

4. 采矿业：2014年，马来西亚采矿业产值656.50亿林吉特，同比增长3.1%，占GDP的7.9%；采矿业出口总值104亿林吉特，同比增长7.3%，占出口总值的13.6%。马来西亚采矿业以开采石油、天然气为主。2013年，马来西亚日产原油58万桶，出口额达316.4亿林吉特；全年天然气开采量2.7万亿标准立方英尺，出口2525.2万吨，主要出口到日本、韩国和中国台湾。马来西亚的石油和天然气行业管理及开采都掌握在马来西亚国家石油公司（PETRONAS）手中，该公司也是2014年唯一入选《财富》杂志世界500强的马来西亚企业，排名第69位，全年营业收入1007.44亿美元，实现利润171.80亿美元。

5. 建筑业：2014年，马来西亚建筑业产值329.84亿林吉特，同比增长11.6%，占GDP的3.9%。

四、国内市场

（一）销售总额

2014年，马来西亚消费总额达5489.5亿林吉特（按2005年不变价格计算），其中，私人消费总额为4387.5亿林吉特，公共消费总额为1102亿林吉特。

（二）生活支出

据马来西亚统计局的数据，2009/2010年度，马来西亚每个家庭每月平均总开销约为2190林吉特，其中，食物和软饮料的每月平均花费约为444林吉特，烟酒平均48林吉特，服装、鞋类约75林吉特，水电、燃气等495林吉特，家具及房屋维修平均每月89林吉特，医疗费每月平均29林吉特，交通费327林吉特，通讯费124林吉特，文化休闲101林吉特，教育费用31林吉特，在外用餐住宿费用239林吉特，其他花费190林吉特。

（三）物价水平

马来西亚央行数据显示，2014年马来西亚消费者价格指数增长3.2%，符合市场预期。主要带动CPI上涨的领域包括：酒精饮料及香烟类增长11.6%，交通类增长4.9%，房屋、水电、天然气和其他燃料类增长3.4%。马来西亚城市、郊区和乡村的基本生活品价格水平有一定差别，而且零售店、商场和超级市场的价格也不一致，消费者可根据自身情况选择购买。详细信息可参照马来西亚国内贸易及消费者事务部官方网站的“Price Watch”查阅对比。

表1：吉隆坡市超级市场部分基本生活用品的参考价格（2015年5月10日）

商品名称	单位	价格（林吉特）	商品名称	单位	价格（林吉特）
鸡肉	公斤	6.99	牛肉	公斤	16.89
香蕉	个	3.99	木瓜	公斤	2.79
西瓜	公斤	1.59	鲳鱼	公斤	4.99
圆白菜	公斤	3.99	姜	公斤	5.99
土豆	公斤	1.89	洋葱	公斤	4.99
本地大米	10公斤	24.00	进口大米	10公斤	69.90
鸡蛋	10只	5.20	橙汁	1升	5.99
食用油	5公斤	14.70	辣椒酱	340克	2.40
牛奶	1升	7.39	面粉	公斤	2.39

（资料来源：中华人民共和国驻马来西亚联邦大使馆经济商务参赞处）

五、金融环境

1997年亚洲金融危机使马来西亚金融体系遭到重创，1998年9月2日，马来西亚政府实施固定汇率制，对外汇流出实施严格管制。随着经济状况的好转，2005年7月21日，政府实施管理下的浮动汇率制，外汇管制措施大幅度放宽，为外国投资营造良好环境。

（一）当地货币

马来西亚货币为林吉特（也称令吉，Ringgit Malaysia）。外商可到银行及货币兑换所兑换林吉特，马来西亚所有银行都能兑现旅行支票。目前，林吉特不允许海外自由兑换。

人民币与林吉特不可直接兑换。人民币与林吉特进行结算需以美元搭桥。2010年8月19日起，中国外汇管理局开始公布人民币对林吉特汇率中间价。人民币对林吉特汇率中间价采取间接标价法。2015年5月15日，中国外汇管理局公布的人民币：林吉特汇率为100：57.491。自2005年7月以来，林吉特对美元稳定上升，2008年3月一度升至3.1：1，后略有波动和调整。2006年12月29日1美元约合3.52林吉特，2007年12月31日1美元约合3.31林吉特，2008年10月20日1美元约合3.51林吉特，2009年3月6日1美元约合3.74林吉特。近年来林吉特对美元再次出现波动，2015年5月15日，1美元约合3.6060林吉特。

（二）外汇管理

马来西亚外汇管制条例规定，在马来西亚注册的外国企业可以在当地商业银行开设外汇账户，用于国际商业往来支付。外汇进出马来西亚需要核准。外汇汇出马来西亚不需缴纳特别税金。

马来西亚原则上规定外国公民在入境或离境时携带超过1万美元或等值的其他货币，需向海关申报。

在马来西亚工作的外国人，其合法的税后收入可全部转往国外。

（三）银行机构

马来西亚中央银行是国家银行（www.bnm.gov.my），主要负责维持国家货币稳定，管制和监督银行、金融及保险机构，发行国家货币林吉特。

马来西亚当地主要商业银行有：马来银行、土著联昌银行、大众银行、丰隆银行、兴业银行等。

马来西亚当地外资银行主要有：花旗银行、汇丰银行、标准渣打银行、美国银行、德意志银行、华侨银行以及中国银行和中国工商银行在马来西亚设立的分行等。

与中国国内银行合作较多的当地主要银行有：马来银行、丰隆银行、土著联昌银行等。

（四）融资条件

在融资条件方面，当地商业银行根据企业业绩、信用、发展潜力及具体融资项目对内外资企业的融资要求进行审查，以决定是否给予融资或贷款支持。

马来西亚国家央行的资料显示，2013年年底，马来西亚隔夜利率维持在2.99%，基本贷款利率为6.53%，1年定期存款利息为3.15%。

（五）信用卡使用

马来西亚当地信用卡使用较为普遍。中国银联公司所属VISA和万事达卡可在当地使用。

六、外贸关系

（一）贸易关系

1. 贸易总量：马来西亚统计局公布的数据显示，2015年，马来西亚对外贸易总额为3759.4亿美元，其中，出口额为1999.6亿美元，进口额为1759.8亿美元。贸易顺差239.8亿美元，同比增长6.4%。

2. 主要贸易伙伴：2015年，马来西亚对其主要贸易伙伴出口均出现程度不同下降，其中对新加坡、中国、日本、美国、泰国和中国香港出口的降幅依次为－16.4%、－7.8%、－24.7%、－4.2%、－7.3%和－16.3%。同期，马来西亚对新加坡、中国、日本、美国、泰国和中国香港的出口额分别占马出口总额的13.9%、13%、9.5%、9.4%、5.7%和4.7%，合计占马来西亚商品出口总额的56.3%。同期，马来西亚自中国、新加坡、美国、日本、泰国和中国台湾的进口额分别占其进口总额的18.8%、12.0%、8.1%、7.8%、6.1%和5.3%，合计为58.1%。马来西亚自其主要贸易伙伴的进口商品呈现全面下降，其中自中国、新加坡、美国、日本、泰国和中国台湾的进口降幅依次为－6.2%、－19.9%、－11.4%、－17.7%、－11.7%和－10.9%。

3. 贸易结构：2015年，马来西亚出口结构呈多元化发展趋势，主要出口商品有机电产品、矿物燃料、机械设备、植物油和塑料及制品，合计出口总额达1347.2亿美元，占马来西亚出口总额的67.4%。机电产品、矿物燃料、机械设备、塑料及制品、运输设备是马来西亚进口的5大商品，470.6亿美元、217.9亿美元、198.6亿美元、67.5亿美元和60.8亿美元，合计占马来西亚进口总额的57.7%。同期，马来西亚进口上述5大商品均出现程度不同下降，其中机电产品的降幅为－11.9%、矿物燃料为－38.1%、机械设备为－11.5%、塑料制品为－6.9%、运输设备为－6.5%。马来西亚其它主要进口商品还有珠宝首饰、铜类制品、钢铁、光学仪器产品、橡胶制品、动植物油、有机化学品、航天器及其零附件等。

（二）辐射市场

1. 全球贸易协定：马来西亚于1957年加入《关税和贸易总协定》，是世界贸易组织（WTO）的创始成员国。

2. 区域贸易协定：马来西亚是1967年8月东南亚国家联盟的创始成员国，2002年起东盟国家开始启动自由贸易区建设，在区域内部实现贸易零关税。2012年11月，在第21届东盟峰会上，东盟10国及其6个自由贸易区伙伴（澳大利亚、中国、印度、日本、韩国和新西兰）签署了东南亚区域全面经济伙伴协定（RCEP）并且宣布谈判开始。马来西亚已在东盟项下及双边项下签署了多项自贸协定，截至2013年，马来西亚已与日本、巴基斯坦、新西兰、印度、智利及澳大利亚签署了双边自由贸易协定（FTA），为推动马来西亚商品和服务走向国际市场发挥了重要作用。当前马来西亚正积极同欧盟、土耳其商谈自由贸易协定，并与伊斯兰会议组织（OIC）及发展中8国（D－8）开展贸易优惠安排磋商，同时积极参与下户户谈判。据统计，2014年马来西亚与双边自贸协定伙伴的贸易总额达到9066亿林吉特，同比增长3.9%，其中马来西亚向自贸伙伴出口增长4.7%，占马来西亚对外出口总量的64.1%。

3. 地理辐射：马来西亚位于东南亚的中心位置，其主要辐射的市场范围是东盟其他国家、中东穆斯林国家，以及主要的贸易伙伴美国、日本、中国、欧盟、韩国、澳大利亚和印度等。同时，马来西亚棕油、橡胶等资源丰富，电子电器行业比较发达，对上述资源和产品需求较大的市场也在其辐射范围之内。

（三）吸收外资

马来西亚政府鼓励外商在制造业领域的投资，目前外商投资已成为推动马来西亚经济发展的重要因素。2014年，外商在马来西亚制造业领域的投资主要集中在电子电器、金属产品、化学原料及制品、石化产品、运输设备、食品加工、非金属矿物产品等行业。

据联合国贸发会议发布的2015年《世界投资报告》显示，2014年，马来西亚吸收外资流量为108亿美元；截至2014年年底，马来西亚吸收外资存量为1337.7亿美元。

根据马来西亚投资发展局（MIDA）公布的数据，2014年批准的制造业投资总额是718.53亿林吉特（约合205.29亿美元），其中，内资322.60亿林吉特（约合92.17亿美元），外资395.93亿林吉特（约合113.12亿美元）。2014年，马来西亚批准的制造业外国投资来源国主要是日本、新加坡、中国、德国、韩国、美国和爱尔兰。

目前，在马来西亚投资的世界著名跨国企业较多，例如戴尔、英特尔、索尼、松下、三星等。

（四）中马经贸

1. 贸易：马来西亚统计局公布的数据显示，2015年，马来西亚与中国双边货物贸易额为591.5亿美元，同比下降6.9%。其中，马来西亚对中国出口259.9亿美元，同比下降7.8%，占马来西亚出口总额的13.0%，同比增长1.0个百分点；马来西亚自中国进口331.6亿美元，同比下降6.2%，占马来西亚进口总额的18.8%，同比增长1.9个百分点。中国贸易顺差71.7亿美元，同比增长0.3%。截至2015年12月底，中国仅次于新加坡为马来西亚第2大出口贸易伙伴和第1大进口来源地。在马来西亚的10大进口商品中，中国出口的机电产品、金属制品、运输设备、纺织品和家具处于较明显的优势地位；但中国出口的化工品、塑料制品、光学仪器和食品等仍面临着来自日本、美国、法国、新加坡和马来西亚周边一些国家的竞争。

2015年，马来西亚对中国出口最多的商品为机电产品、矿物燃料、机械设备、动植物油和橡胶及制品。上述5大类商品的出口额依次为94.1亿美元、37.4亿美元、23.7亿美元、16.2亿美元和13.5亿美元，合占马对中国出口总额的71.1%，其他对华出口商品还有有机化学品、塑料制品、光学仪器制品、矿砂、锡制品、铜制品、木制品等。马来西亚自中国进口的商品品类繁多，主要有机电产品、机械设备、钢材及钢铁制品、塑料制品、铝制品。2015，马来西亚进口的上述5类商品合计199.4亿美元，占马来西亚自中国进口总额60.1%。除上述产品外，马来西亚自中国进口的主要商品还有铜制品、运输工具、无机化学品、铝制品、新鲜蔬菜、纸张、家具和船舶等。

根据中国海关统计，2015年，中国对马来西亚出口商品主要类别包括①机电产品；②贱金属及制品；③化工产品；④塑料橡胶；⑤光学、钟表、医疗设备；⑤运输设备；⑦纺织品及原料；⑧矿产品；⑨植物产品；⑩家具、玩具、杂项制品。

根据中国海关统计，2015年中国从马来西亚进口商品主要类别包括：①机电产品；②矿产品；③塑料橡胶；④动植物油脂；⑤贱金属及制品；⑥化工产品；⑦钟表、医疗设备；⑧食品、饮料、烟草；⑨木及制品；⑩纺织品及原料。

2. 双向投资：马来西亚对华投资始于1984年，1996年达到历史最高水平，当年实际投入资金4.6亿美元。据中国商务部统计，2014年中国对马来西亚直接投资流量5.21亿美元。截至2014年末，中国对马来西亚直接投资存量17.86亿美元。

根据马来西亚投资发展局公布的数据，2014年批准的中国企业在马来西亚制造业投资总额是47.52亿林吉特（约合13.58亿美元）。

3. 承包劳务：据中国商务部统计，2014年中国企业在马来西亚新签承包工程合同153份，新签合同额43.25亿美元，完成营业额31.01亿美元；2014年派出各类劳务人员1.01万人，2014年年末在马来西亚劳务人员1.39万人。

4. 重要合作项目：中国在马来西亚投资的重点项目和企业主要有马中关丹产业园、中国银行马来西亚分行、中国工商银行马来西亚有限公司、华为技术有限公司、山东岱银纺织马来西亚有限公司、中国南车马来西亚轨道交通装备有限公司、中兴通讯马来西亚有限公司等。

马来西亚大型承包工程在建项目主要有曼绒1000MV电站项目、吉隆坡MRT地下工程北段项目、马来西亚炼化一体化（RAPID）等，相关工程进展顺利。此外，中资企业还积极参与马新高铁、南部铁路、沙捞越纸浆厂等马来西亚重点基础设施建设项目。

马来西亚在中国投资主要集中在江苏（11个）、辽宁（6个）、福建（3个）等东部沿海省份，投资领域主要集中在电器电子（18个）、汽车（3个）、发电（3个）等行业。截至2014年11月，1亿美元以上大项目累计达36个。

【来源：选编自商务部国际贸易经济合作研究院，商务部投资促进事务局、中华人民共和国驻马来西亚联邦大使馆经济商务参赞处共同主编.《2015版对外投资合作国别(地区)指南——马来西亚》. 第13～30页】

缅甸投资环境分析

从投资环境吸引力的角度，缅甸的竞争优势有以下4个方面：缅甸有丰富的自然资源、人力资源和文化遗产；缅甸有很大的市场潜力，又是联接东南亚和南亚两大市场的重要通道之一；国内政局相对稳定；缅甸政府欢迎外国企业到缅甸来投资，缅甸政府大力支持以资源为基础的外资投资项目、出口项目，以及以出口为导向的劳动密集型项目，允许投资的范围广泛，包括农业、畜牧水产业、林业、矿业、能源、制造业、建筑业、交通运输业和贸易等。

为进一步吸引外资，缅甸于2012年11月颁布新《外国投资法》，2013年1月颁布缅甸外国投资实施条例。新《外国投资法》宗旨在于：开发资源保障内需，扩大出口；增加就业机会；发展人力资源；发展银行金融业、高级公路、跨国公路、国家电力及能源和现代信息技术等基础实施建设；建设有利于国家整体发展的高等级铁路、航运及航空事业；增强国民的国际竞争力；打造具有国际水准的企业。

世界经济论坛《2014～2015年全球竞争力报告》显示，缅甸在全球最具竞争力的144个国家和地区中，排名第134位。在世界银行《2015营商环境报告》公布的189个国家和地区中，缅甸排名第177位。

一、自然资源

缅甸矿产资源丰富，目前已探明的主要有石油、天然气、铜、铁、镍、铅、锌、银、铁、金、宝石、玉石等。天然气储量 2.5 万亿立方米，位居世界第 10 位。探明石油储量 20.2 亿桶，铜储量 9.6 亿吨，铁储量 2.2 亿吨。铅、锌、银、金储量分别为 30 万吨、50 万吨、750 万吨和 100 吨。

缅甸森林资源十分丰富。林木种类有 2300 种，盛产柚木、檀木、鸡翅木、铁力木、花梨木等名贵硬木，其中柚木占世界总储量的 60%，国际市场 75%的柚木产自缅甸。此外，缅甸还有丰富的水力资源。缅甸海岸线漫长，渔业资源丰富。沿海有具有经济价值的石斑鱼、鲳鱼、龙虾等约 105 种，年捕捞量达 105 万吨。

二、基础设施

缅甸交通以水运为主，铁路多为窄轨。

1. 公路

近年来，缅甸政府大力修筑公路和铁路，陆路运输有较大发展。缅甸交通和铁道部门数据显示，截至 2013 年年底，缅甸全国公路和主要道路总里程约 93653.7 公里，其中公路里程约 34177.6 公里。

缅甸与中国、老挝、泰国、印度、孟加拉国接壤。连接中国与缅甸的公路主要有腾密公路。腾密公路缅甸段起点为云南腾冲与缅甸接壤的中缅南四号界桩，终点是缅甸北部重镇密支那，公路全部由中国援建。印度政府也将提供 5 亿美元经济援助，部分援款将用于修建连接印度、缅甸和泰国的三边公路，公路全长 3200 公里。

2. 铁路

缅甸铁路全长约 5762.2 公里，在建约 2862.6 公里，有 926 个站点和 436 列火车。拥有蒸汽机车 43 台、柴油机车 270 台、客车厢 831 节、货车厢 3906 节。

3. 空运

主要航空公司有缅甸航空公司、缅甸国际航空公司、曼德勒航空公司、仰光航空公司、甘波扎航空公司、蒲甘航空公司、亚洲之翼航空公司、金色缅甸航空公司等。全国有大小机场 73 个，主要机场有仰光机场、曼德勒机场、内比都机场、黑河机场、蒲甘机场、丹兑机场等。仰光、内比都和曼德勒机场为国际机场。截至 2014 年年底，缅甸已与 20 多个国家和地区建立了直达航线，主要国际航线可达曼谷、清迈、北京、昆明、广州、南宁、中国香港、中国台北、新加坡、吉隆坡、达卡、暹粒、金边、河内、胡志明、柏斯、伽雅、加尔各答、达卡、首尔、多哈、法兰克福等城市。

目前，中国前往缅甸的主要航线有：中国国际航空公司的北京—仰光、昆明—仰光航线，东方航空公司的昆明—仰光、昆明—曼德勒、南宁—仰光、昆明—内比都航线，南方航空公司的广州—仰光航线。

国内航线共 17 条，大城市和主要旅游景点均已通航。

4. 水运

主要港口有仰光港、勃生港和毛淡棉港，其中仰光港是缅甸最大的海港。据缅甸交通部数据显示，截至 2013 年年底，内河航道约 14842.6 公里，国内码头 111 个，可供远洋货轮停靠的港口 28 个，各种船只 537 艘，目前仅有缅甸五星轮船公司经营远洋运输。

5. 通信

据缅甸邮电通讯部公布的数字，截至 2013 年年底，缅甸全国共有邮局 1379 个、电报局 515 个和电话交换台 922 个。电话交换台中 392 个为自动交换台，296 个为人工接线台；在移动通讯方面，缅甸共有移动电话 143.53 万部。在国际通讯方面，缅甸不仅开通了国际卫星电话，而且可以通过亚欧海底光缆 2 万条线路与 33 个国家直接连通，并能通过这些国家与世界其他国家进行通话。

表 1：缅甸通讯、媒体等有关数据

科目	数量
邮局	1379
电报局	515
传真	5446
电子电报	140
电话局	922
数字自动交换局	392
人工交换局	296
农村电话	234
电话	2297419
数字自动交换局	794279
ARTS（一种制式）无线电话	3856
DECT（一种制式）无线电话	1949
CDMA 固定电话	20038
移动电话	1435250
CDMA 移动电话	583750
CDMA—800	250000

续表

科目	数量
D—AMPS 移动电话	38400
GSM 移动电话	485100
WCDMA 移动电话	28000
Me WLL 移动电话	50000
电话覆盖率（每千人电话数）	39.95
E—mail/Internet	7885
本地卫星站	1825
本地卫星站频数	7300
国际电话频数	4025
电视台	2
电视台中继站	218
MRTV—4	29
FM 电台	6
FM 电台中继站	42
信息和公共关系办公室	398
信息部	398
图书馆机构	821
农村图书馆	55755
电子图书馆	126
科目	数量
政府印刷机构	7
报纸数	15

目前，中国移动和联通 GSM 电话可在缅甸使用，但是话费及短信费用很高，中国电信和联通 CDMA 在缅甸不能漫游。

6. 电力

截至 2015 年 5 月，缅甸建成电站总装机容量 471.4 万千瓦，其中正在运行的水电站 30 余个，水电 292.9 万千瓦，占全国发电量的 74%；燃气和火电总 83.49 万千瓦。在建项目 58 个，总装机容量 4575.25 万千瓦；计划新建 2 个电站，总装机容量 30.5 万千瓦，年发电量 15.9 亿千瓦时。中国在缅甸已投资和拟投资的水电项目已超过 20 个，总装机容量达 4147.6 万千瓦。随着缅甸经济发展，缅甸用电需求逐年增大。目前，工业用电仍有缺口，但随着越来越多的电站项目建成投产以及输电线路的完善，工业、居民用电将有保障。

三、重点/特色产业

1. 工业：2014 年，缅甸工业产值约占国民生产总值的 27.3%。主要工业有石油和天然气开采、小型机械制造、纺织、印染、碾米、木材加工、制糖、造纸、化肥和制药等。

2 农业：农业为国民经济基础。农业产值占国民生产总值的 4 成左右。主要农作物有水稻、小麦、玉米、花生、芝麻、棉花、豆类、甘蔗、油棕、烟草和黄麻等。据缅方统计，2014 年，缅甸共出口大米 168.8 万吨，同比增长 49.1%，出口额 6.13 亿美元，总比增长 36.7%；缅甸出口各种豆类共计 121 万吨，同比下降 8.3%，出口金额 9.08 亿美元，同比下降 0.2%。畜牧渔业以私人经营为主。缅甸政府允许外国公司在划定的海域内捕鱼，向外国渔船征收费用。1990 年开始同一些外国公司合资开办鱼虾生产和出口加工企业，水产品出口多个国家和地区。

3. 能源：截至 2014 年 12 月底，外国企业在缅甸石油和天然气领域投资 140 个项目，投资额达 169.92 亿美元，占外商在缅甸投资的 32.16%。目前有 16 个国家在 17 个内陆天然气开采区块经营，有 15 家公司在 20 个近海天然气区块进行勘探和生产。2014 年 3 月，缅甸能源部招标了 10 个浅海油气开采区块和 10 个深海油气开采区块。中国的中国石化（SINOPEC）、中国石油（CNPC）、中海油（CNOOC）、北方石油（NORTH PETRO）以及泰国的（PTTEPI）、韩国的大宇（DAEWOO）、法国的道达尔（TOTAL）、越南石油（PETRO VIET-NAM）等公司都已与缅甸签署油气勘探开发区块协议。

4. 采矿业：缅甸矿产资源丰富，现已探明的主要矿藏有铜、铅、锌、银、金、铁、镍、红蓝宝石、玉石等。2012～2013 财年，缅甸开采锡精矿 886 公吨，钨精矿 2 公吨，钨锡白钨矿 601 公吨，煤炭 47.1 万吨，玉石 1.9 万吨，红宝石 85.2 万克拉，蓝宝石 135.1 万克拉，尖晶石 51.4 万克拉，橄榄石 28.6 万克拉。2013～2014 财年，缅甸开采锡精矿 681 公吨，钨锡白钨矿 620 公吨，煤炭 38 万吨，玉石 1.5 万吨，红宝石 44.3 万克拉，蓝宝石 114.2 万克拉，尖晶石 44.6 万克拉，橄榄石 38.4 万克拉。2014～2015 财年，缅甸玉石出口额达 10.7 亿美元，同比增长 11.7%，占缅甸出口总额的 9.7%，为缅甸第 2 大出口产品。

5. 加工制造业：截至 2014 年 12 月，共有 669 家缅甸本国企业和 451 家外资企业投资加工制造业。

6. 旅游业：缅甸风景优美，名胜古迹多。主要景点有世界闻名的仰光大金塔、文化古都曼德勒、万塔之城蒲甘、茵莱湖水上村庄以及额布里海滩等。政府大力发展旅游业，积极吸引外资，建设旅游设施。较著名的饭店有：仰光的喜多娜酒店、茵雅湖酒店、香格里拉—苏雷酒店、皇家公园酒店；内比都的妙多温酒店、丁格哈酒店、阿玛拉酒店；曼德勒的喜多娜饭店、曼德勒山酒店；蒲甘的丹岱饭店、蒲甘饭店等。根据缅甸酒店和旅游部统计数据，2014～2015 财年赴缅游客达到 308 万人次，比 2013～2014 财年的 204 万增长 50.1%，其中游客来源国排名前 5 位的分别为泰国、中国、日本、韩国和马来西亚。

7. 缅甸大型企业：缅甸大型企业主要有缅甸经济控股公司（Myanmar Economic Holding Limited）。

四、国内市场

（一）销售总额

国际货币基金组织数据显示，2012～2013 财年国内销售总额占 GDP 的 24.6%，达 110200 亿缅元，约合 130.7 亿美元。

（二）生活支出

国际货币基金组织数据显示，2014～2015 财年，缅甸 CPI 为 5.9%，缅甸居民储蓄总额为 121413 亿缅元，约合 126.5 亿美元。

（三）物价水平

2014 年 12 月，超市售大米平均价格 1000 缅元/公斤，约合 8 元人民币/公斤，猪肉 5000 缅元/公斤，约合 40 元人民币/公斤，食用豆油价格约 1800 缅元/升，约合 13 元人民币/升，鸡蛋价格一般为 1200 缅元/12 个，平均每个鸡蛋 100 缅元，约合 0.8 元人民币/个。

五、金融环境

（一）当地货币

缅甸法定货币为缅元（Kyat），面额主要有 10000、5000、1000、500、200、100、50、20 和 10。

外汇券：1993 年起，外汇券在缅甸流通，缅元对外汇券汇率与缅元对美元汇率基本相同，截至 2012 年 12 月 31 日，缅甸发行流通的外汇券价值 3092 万美元。2013 年 3 月 20 日，缅甸联邦议会通过取消外汇券的议案。

汇率：缅甸央行于 2012 年 4 月起，采用基于市场情况并加以调控的浮动汇率制，这是缅甸新政府经济改革计划中的重要一环。此次外汇汇率改革，有利于外汇汇率整合、调控及开展国际结算和汇兑业务。

2015 年 8 月 27 日缅甸外汇市场汇率为 1 美元现钞兑换约 1277 缅元，欧元现钞兑换约 1462 缅元。

目前，缅元和人民币尚不能直接结算。

（二）外汇管理

缅甸的外汇管理主要通过缅甸外贸银行由外汇管理员和外汇管理部负责，外汇管理委员会负责分配外汇。缅甸外汇管理规定，未经外汇管理局负责人的许可，任何人在国内不得买卖、借贷、兑换外汇；居住在国外的任何在籍人员不得买卖、借贷、暂时支付、转让、兑换外币。国家规定缅元不得出入国境。但在中缅边境地区，根据贸易部（91）7 号令，边境贸易可使用人民币和缅元。

除外汇管制当局特别批准保留外汇的情况外，非贸易外汇收入必须上缴。外汇当局仅对居住在缅甸，与官方业务有关的外国国民给予这种特许。

缅甸尚未完全解除外汇管制，但随着对外开放力度的加大，外汇汇进汇出与前几年相比自由度增加，外国企业可通过大华银行将美金汇进缅甸，中国工商银行也可协助企业与缅甸外贸银行协商，将投资资本金汇入。

根据缅甸外商投资法第 39 条规定，符合下列条件的外国企业的资金可通过涉外银行按汇率汇往国外：

1. 外资输入人应得的外币；

2. 外资输入人应提取的外币；

3. 从外资输入人年利润中扣除税收及其他费用后的纯收入；

4. 扣除税收及家庭成员生活费用后的外籍职员的收入。

缅甸未规定利润等汇出是否缴税，具体缴税费比例需与缅甸投资管理委员会协商。

从 2012 年 4 月开始，外国人在进入缅甸时，可携带不超过 1 万美元或等值的其他货币而不必向海关申报。

（三）银行机构

缅甸银行机构的相关法律主要有：《缅甸中央银行法》（1990 年 7 月）、《缅甸中央银行法实施细则》（1991 年 4 月）、《缅甸金融机构法》（1990 年 7 月）、《缅甸中央银行金融机构章程》（1992 年 5 月）、《缅甸农业与农村经济发展银行法》（1990 年 7 月）、《储蓄银行业法》（1992 年 6 月）。缅甸已建立以中央银行为中心，以国营专业银行为主体，有多种金融组织并存的金融体系。

1. 缅甸中央银行。缅甸中央银行即国家银行，主要职责是在国内外稳定缅元价值，制定并实施货币政策，是缅甸国内流通货币的唯一发行者，行使缅甸政府的银行职能，作为政府有关经济事务顾问，监督、检查、指导国营和私营金融组织机构的业务工作，管理外汇储备金，以政府的名义参与国际金融事务，代表政府同国际机构进行业务往来。经中央银行批准，可成立国营、国家与私人合营及私营金融组织机构，开展金融活动。

2. 缅甸经济银行。主要职责是接受活期和短期存款，办理储蓄银行存款和发行储蓄单，发放各种贷款，发放退休金，销售汇票及承兑票据。银行分支机构管理缅甸的外汇券（FEC）。缅甸计划今后将缅甸经济银行业务从国内商业银行业务扩展到国际金融服务。

3. 缅甸投资与商业银行。该行始建于1989年，其业务是根据缅甸联邦《外国投资法》、《缅甸公民投资法》为投资筹集资金，为发展私营经济提供必要的国内外银行业务服务。为广泛扩展银行业务，1993年6月在曼德勒开设了缅甸投资与商业银行分行。

4. 缅甸外贸银行。缅甸外贸银行主要经营与外贸业务有关的银行业务。管理外贸中外汇业务和非贸易外汇业务，参与或执行有关外汇收支合同，依据双边贸易协议执行账户清算，经营管理国际国内银行业务，经营的范围有：接受缅元、外币存款；发放担保和未担保贷款；各种债券的发行、接受、贴现、买卖；买卖旅行支票和外币；保险箱业务等。缅甸外贸银行计划今后将逐步从专业银行转变为普通商业银行，第一步是受理个人和公司存款及出口贸易的金融服务。

5. 缅甸农业与农村发展银行。其前身是1953年成立的国家农业银行，1976年更名为缅甸农业银行。根据1990年颁布的《缅甸农业与农村发展银行法》成立的缅甸农业与农村发展银行，其任务是为国内农牧业的发展，为地方经济社会的繁荣进步，每年向农民发放年度、短期和长期贷款。该行在缅甸国内已形成全国性网络，共有14个省邦级分行、164个支行和48个办事处，从1993～1994财年开始实施乡村储蓄动员计划，根据计划向所有农民提供储蓄和贷款服务业务。

6. 缅甸小额贷款公司。根据1990年颁布的《缅甸金融机构法》，小额贷款业务为适应市场经济政策的需要，增进金融活动效率，于1992年3月从缅甸经济银行分离出来后单独成立的缅甸小额贷款公司（Myanmar Small Loans Enterprise）。

7. 缅甸保险公司。缅甸保险公司是缅甸唯一的一家国营保险机构，其任务是为保护投保者和国内外企业主的社会及经济利益，提供人寿、航空、工程、石油天然气、伤残、旅游等多种保险。缅甸保险公司在全国建有34个分支机构。

缅甸金融业的改革打破了由国家垄断银行业的局面。银行所有制有国营、国家和私人联营、私营与外国经营。截至2012年3月，缅甸已开设了4家国有银行和20家私营银行。主要私人银行有：妙瓦底银行、甘波扎银行、合作社银行、伊洛瓦底银行、亚洲绿色发展银行、佑玛银行、环球银行和东方银行等。

缅甸政府允许外国人或外国资本在缅甸建立外资银行或外国银行办事处。目前，共有9个国家的银行在缅甸开设外国银行办事处17家，分别是新加坡4家，日本3家，孟加拉、马来西亚各2家，柬埔寨、泰国、文莱、越南、中国各1家等。上述外国银行办事处的开设，将对缅甸经济、通讯、金融等领域发挥重要作用。

缅甸政府于2014年10月1日为9家外国银行颁发牌照，有限制的准许外国银行经营业务。这是缅甸半个世纪以来首次向外国银行敞开大门。这九家银行分别为：澳大利亚南澳新银行、泰国盘谷银行、日本三菱东京日联银行、中国工商银行、马来西亚银行、日本瑞穗银行、新加坡华侨银行、日本三井住友银行和新加坡大华银行。

（四）融资条件

缅甸中央银行存款利率10%，其他银行存款利率为8%～13%不等，贷款利率高于13%，缅甸融资条件有限，一般可通过项目抵押融资或者在同业之间拆借。

（五）信用卡使用

缅甸祐玛银行、Kanbawza银行等私人银行曾发行过信用卡，但2003年政府叫停所有信用卡的使用。2012年缅甸重启信用卡业务，但缅甸当地使用信用卡的人数仍然很少。VISA、MasterCard等国际信用卡在缅甸的使用场所十分有限，仅在个别高档酒店和珠宝店可以使用。如缅甸Traders Hotel规定可以使用VISA、MasterCard，并向使用者收取4%的费用。从2013年1月1日起，中国银联卡可以在缅甸合作社银行的ATM机上取款，一天可提取3次，每次限额30万缅元（约合2300元人民币），每次取款手续费为5000缅元（约合35元人民币）。目前，除了中国银联支付卡（CUP）以外，万事达信用卡（MasterCard）、维萨信用卡（VISACard）、日本国际信用卡（JBC）3家国际信用卡公司也与缅甸银行签约。

六、对外经贸

(一) 对外贸易

缅甸的贸易规模、贸易伙伴和商品结构的基本情况如下:

1. 贸易规模:贸易额:2014~2015财年,缅甸进出口大幅增长,达到272.6亿美元,较2013~2014财年增长17.1%。其中出口110.3亿美元,同比下降1.8%;进口162.3亿美元,同比增长34.7%。

表2:近6年缅甸进出口总额

(单位:亿美元)

年份	2009~2010	2010~2011	2011~2012	2012~2013	2013~2014	2014~2015
进出口总额	120.38	64.12	181.7	182.42	249.63	272.6

(资料来源:缅甸商务部)

2. 贸易伙伴:亚洲国家为缅甸主要贸易伙伴,缅甸外贸总额的90%都是来自与邻国的贸易。根据缅甸中央统计局最新数据显示,中国为缅甸第一大贸易伙伴。位居前5位的贸易伙伴依次为中国、泰国、新加坡、日本和印度。

表3:近年缅甸主要贸易伙伴

(单位:百万美元)

国家	财年	进口额	出口额	进出口总额
中国	2010~2011	2168.52	1203.56	3372.08
	2011~2012	2786.84	2214.3	5001.14
	2012~2013	2719.47	2238.07	4957.54
	2013~2014	4105.49	2910.75	7016.24
	2014~2015	5020.00	4030.00	9050.00
泰国	2010~2011	709.09	2905.18	3614.27
	2011~2012	691.15	3823.83	4514.98
	2012~2013	696.81	4000.57	4697.38
	2013~2014	1376.99	4306.28	5683.27
新加坡	2010~2011	1645.32	456.99	2102.31
	2011~2012	2516.13	542.75	3058.88
	2012~2013	2535.43	291.35	2826.78
	2013~2014	2910.22	694.03	3604.25
日本	2010~2011	256.35	237.43	493.78
	2011~2012	502.17	320.2	822.37
	2012~2013	1091.73	406.49	1498.22
	2013~2014	1296.24	513.25	1809.49

续表

国家	财年	进口额	出口额	进出口总额
韩国	2010~2011	304.23	148.39	452.62
	2011~2012	451.93	214.82	666.75
	2012~2013	343.21	280.77	623.98
	2013~2014	1217.98	352.92	1570.09
印度尼西亚	2010~2011	275.49	41.11	316.6
	2011~2012	431.82	40.94	472.76
	2012~2013	195.23	31.54	226.77
	2013~2014	438.82	60.04	502.82
马来西亚	2010~2011	145.32	437.8	583.12
	2011~2012	303.41	152.04	455.45
	2012~2013	360.9	97.92	458.82
	2013~2014	839.69	108.87	948.56

(资料来源:中华人民共和国驻缅甸联邦共和国大使馆经济商务参赞处)

3. 商品结构:在过去几十年里,缅甸对外贸易主要用美元、英镑、瑞士法郎、日元以及后来的欧元进行结算。主要出口商品有天然气、大米、玉米、各种豆类、橡胶、矿产品、木材、珍珠、宝石和水产品等,主要进口商品有燃料、工业原料、机械设备、零配件、五金产品和消费品等。

(二) 辐射市场

缅甸辐射市场主要为东盟国家,近年来,缅甸与中国、泰国、新加坡、马来西亚、印度尼西亚、越南等国经贸合作稳步发展,与韩国、日本、印度在投资贸易领域逐步扩大。2012年下半年至今,欧洲国家如英国、德国等也陆续进入缅甸市场,寻求合作机会。

缅甸已通过了美国的普惠制(GSP)审查,已重新获得美国的普惠制待遇,缅甸有5000多种产品可以免税进入美国市场。

缅甸仍是欧盟提供关税优惠的受惠国。根据2012年11月欧盟委员会公布的新的普惠制(GSP)方案,新增缅甸为普惠制第一类国家。自2014年1月1日至2023年12月31日,对缅甸等49个最不发达国家的进口产品实行免关税政策。欧盟给予缅甸的关税普惠制待遇从2013年7月19日起开始生效。除武器外,缅甸其他商品可向欧盟国家出口,并享受普惠制(GSP)待遇。

(三) 吸引外资

据缅方统计,截至2014年12月底,共有36个国家和地区在缅甸12个领域投资860个项目,总投资额528.41亿美元。其中,电力投资193.25亿美元，石油和天然气投资169.93亿美元，制造业投资51.68亿美元，矿业投资28.69亿美元，酒店与旅游业投资21.57亿美元，农业投资2.41亿美元。外国对缅甸投资前5位的分别为：中国（含中国香港、中国澳门）（216.32亿美元）、泰国（102.15亿美元）、新加坡（82.21亿美元）、韩国（37.71亿美元）、英国（35.84亿美元）。主要投资领域为：电力、石油和天然气、矿产业、制造业和饭店旅游业。其中，2014年，缅甸新批外国投资项目217个，同比增长92%；新批外国协议投资金额85.7亿美元，同比激增208.1%。外资主要来自新加坡（50个项目，55.6亿美元）、中国香港（31个项目，4.82亿美元）、英国（10个项目，4.37亿美元）、荷兰（5个项目，4.31亿美元）、中国（32个项目，2.95亿美元）。

据联合国贸发会议发布的2015年《世界投资报告》显示，2014年，缅甸吸收外资流量为9.5亿美元；截至2014年年底，缅甸吸收外资存量为176.5亿美元。

表4：外资在缅甸投资情况（截至2014年12月31日）

排序	行业名称	项目数	批准外资额（亿美元）	占比
1	石油天然气	140	169.93	32.16%
2	电力	8	193.25	36.57%
3	矿业	70	28.69	5.43%
4	制造业	451	51.68	9.78%
5	酒店和旅游业	56	21.57	4.08%
6	房地产	28	21.20	4.01%
7	畜牧业和渔业	32	4.43	0.84%
8	交通运输业	28	30.33	5.74%
9	工业	3	1.93	0.37%
10	农业	16	2.41	0.46%
11	建筑业	2	0.38	0.07%
12	其他服务业	25	2.62	0.5%
	总额	860	528.41	100.00%

（资料来源：缅甸投资委员会）

（四）中缅经贸

中国与缅甸贸易、投资和承包劳务的基本情况如下：

1. 双边贸易：2014年中国对缅甸出口93.70亿美元，同比增长27.66%；自缅甸进口156.03亿美元，同比激增455.18%。中国对缅甸主要出口机电产品、成套设备、摩托车配件和化工产品等，自缅甸主要进口珍珠宝石、原木、农产品和矿产品等。据缅甸中央统计局统计，2013～2014财年，中国保持缅甸第1大贸易伙伴。

2. 双向投资：据中国商务部统计，2014年中国对缅甸直接投资流量3.43亿美元。截至2014年年末，中国对缅甸直接投资存量39.26亿美元。目前中资企业在缅甸投资主要注册独资或合资公司，投资领域主要集中在油气资源勘探开发、油气管道、水电资源开发、矿业资源开发及加工制造业等领域，到缅甸考察加工制造业并投资建厂的中资企业逐渐增多。投资项目主要采用BOT或产品分成合同（PSC）的方式运营。

3. 承包劳务：据中国商务部统计，2014年中国企业在缅甸新签承包工程合同102份，新签合同额12.12亿美元，完成营业额8.19亿美元；2014年派出各类劳务人员3623人，2014年年末在缅甸劳务人员4657人。新签大型工程承包项目包括海洋石油工程股份有限公司承建缅甸ZAWTIKA总包项目，云南小额边境企业汇总承建中国怒江州贡山县—缅甸葡萄县友谊公路，中国中材国际工程股份有限公司承建缅甸5000t/d水泥生产线等。

中国对缅甸纯劳务合作的市场较小，中国在缅甸劳务人员多为承包工程和境外投资所带动的劳务输出，以及中国企业长期派驻缅甸合作企业的管理和技术人员，纯劳务市场近年来逐步萎缩。造成这种情况的主要原因：一是缅甸引进劳工的政策比较严格，雇主只有在优先招聘本国公民而没有合适人选后，才能向缅甸联邦投资委员会申请批准，引进国外劳工；二是缅甸普通工人的工资水平很低，月薪平均不到100美元，此工资水平对中国劳务人员吸引力较小。

4. 主要企业：在缅甸进行投资合作的国内企业主要有：

中石油东南亚管道公司（中缅油气管道项目）、中石化（缅甸油气区块勘探项目）、中国电力投资（伊江上游水电开发项目）、大唐（云南）水电联合开发有限公司（太平江一期、育瓦迪水电开发项目）、云南联合电力（瑞丽江一级水电开发项目）、汉能集团（滚弄电站项目）、长江三峡集团（孟东水电项目）、中国水电建设集团（哈吉水电站项目、勐瓦水电站承包工程项目）、中色镍业（达贡山镍矿项目）、北方工业（蒙育瓦铜矿项目）、中国机械进出口总公司（缅甸车头车厢厂承包工程项目）、中工国际（孟邦轮胎厂改造项目、浮法玻璃项目、桥梁项目、承包工程项目）、葛洲坝集团（其培电站、板其公路承包工程项目）等。

【来源：选编自商务部国际贸易经济合作研究院，商务部投资促进事务局、中华人民共和国驻缅甸联邦共和国大使馆经济商务参赞处共同主编．《2015版对外投资合作国别（地区）指南——缅甸》．第21～37页】

菲律宾投资环境分析

菲律宾位于亚洲大陆的南缘，是商业、贸易的中转站，在泛北部湾经济合作中具有十分重要的战略地位。尽管菲律宾吸收外资的水平还有待提高，但其良好的自然资源环境和日益改善的政府鼓励投资政策，特别是菲律宾目前经济社会形势不断好转，使菲律宾的投资环境得到很大的改善。

竞争优势：菲律宾具有利用外资的环境优势有丰富的旅游业资源、充足的人才资源、低廉的经营成本、巨大的农业发展潜力、前景广阔的采矿业等。菲律宾具有竞争优势的行业包括旅游业、创意产业（广告、音乐、数字内容）、业务流程外包、农商和基础设施等。菲律宾最大的优势是拥有数量众多、廉价、受过教育、懂英语的劳动力。菲律宾居民识字率达到94.6%，在亚洲地区名列前茅。加之菲律宾劳动成本大大低于发达国家的水平，因而吸引了大量西方公司将业务转移到菲律宾。

竞争劣势：菲律宾政局较为动荡、基础设施有待改善、法制改革进展缓慢。经济发展急需的各项改革常在国会争论不休，旨在吸引私人资金的公私伙伴关系（PPP）项目进展缓慢；严重滞后的基础设施，特别是电力系统，成为潜在的外国投资者关注的主要问题。另外，世界银行研究显示，菲对外国企业在关键领域的投资和股权限制是亚洲最严格的地区之一，这是阻碍菲律宾吸引外资的重要因素。根据研究报告，相较马来西亚、越南、印度尼西亚、韩国、中国、日本、泰国和新加坡，菲律宾在允许外国资本在关键行业的合资公司中拥有股份的比例是最低的。

根据世界经济论坛《2015～2016年全球竞争力报告》显示，菲律宾竞争力在全球148个经济体中排名第47位，比2014～2015年上升5位。菲律宾政府提升竞争力的目标定在到2016年，菲律宾要在世界经济论坛（WEF）全球148个经济体的年度竞争力排行榜中达到或超过第43位。

一、自然资源

矿藏主要有铜、金、银、铁、铬、镍等20余种。铜蕴藏量约48亿吨、镍10.9亿吨、金1.36亿吨。地热资源丰富，预计有20.9亿桶原油标准的地热能源。巴拉望岛西北部海域初步探测的石油储量约3.5亿桶。森林面积1585万公顷，覆盖率达53%，有乌木、紫檀等名贵木材。渔产资源丰富，鱼类品种达2400多种，金枪鱼资源居世界前列。

二、基础设施

菲律宾恰好处于亚洲的中心位置，是唯一能在4小时之内抵达本地区主要首都城市的国家。历史上，它一直是地区与全球贸易的中心。甚至在早期西班牙时代，与亚洲邻邦的易货贸易就已经十分活跃。

与老东盟成员相比，菲律宾的基础设施比较落后。但近年来，菲律宾对基础设施的投入不断加大，阿基诺总统也将发展基础设施作为一项重要内容纳入了《2011年至2016年菲律宾发展中期规划》。目前，菲律宾的重要基础设施是根据《建设、经营和转让法》（即BOT法）来建设的。该法律允许私有投资者建设和经营基础设施，在一定时间后再移交菲律宾政府。阿基诺政府执政后，大力提倡通过公私伙伴关系（PPP）项目，吸引私人投资，改善基础设施。着重利用日本、美国、欧盟、世行、亚行及国际货币基金组织的融贷，吸引许多国内外企业参与公共工程投资、兴建及运营，基础设施目前正处在建设和完善的过程中。

1. 公路

菲律宾公路通行里程约21.6万公里，国家级占15%，省级占13%，市镇级占12%，其余60%为乡村土路，道路密集为0.72公里/平方公里。高速公路总长200多公里。全国共有7440座桥梁。

2. 铁路

铁路总长1200公里，主要集中于吕宋岛，其中可运营的铁路400多公里，其余均需改造升级。

3. 空运

大多数主要航线每天或每周都有多个航班从马尼拉飞往亚洲国家和地区以及美国、欧洲与中东的主要城市。菲律宾共有203个机场，其中8个为国际机场（重要的国际机场位于马尼拉和宿务），85个为国营机场，118个为私营机场，但很多机场设施落后，许多省会机场是土石跑道的简易机场。

4. 水运

菲律宾共有414个主要港口。大多数港口需要扩建和升级，以容纳大吨位轮船和货物。菲律宾的集装箱码头设施完善，能高速有效地处理货运。马尼拉国际集装箱码头是亚洲效率最高的5大码头之一。

5. 通信

菲律宾的通信基础设施发展良好，近年来一直在扩建。国内网络质量高成本低，共有6个可用平台：固定线路、移动电话、有线电视、无线电视与广播以及VSAT系统。菲律宾将于2016年年底在全国实现免费WiFi全覆盖，为全国一半的城镇人口提供免费WiFi服务。免费WiFi将覆盖公立学校、医院、机场和公园等公共区域。

6. 电力

菲律宾缺电现象严重，电力成本高昂，居民用电和工业用电价格居世界前列。2014年，菲律宾全国总装机容量为1732万千瓦。菲律宾政府通过对菲律宾国家电力公司进行私有化改革、发展可再生能源等措施，努力提高发电量。按照菲律宾能源部《2012电力发展规划》，2013年至2016年菲律宾将新增装机容量868兆瓦，政府通过对菲律宾国家电力公司进行私有化改革，发展可再生能源等工作，努力提高发电量。

三、重点/特色行业

1. 农业：2014年菲律宾农业产值为319亿美元，占GDP的11.31。主要出口产品为：椰子油、香蕉、鱼和虾、糖及糖制品、椰丝、菠萝和菠萝汁、未加工烟草、天然橡胶、椰子粉粕和海藻。菲律宾农业部提出在未来5～10年赶超泰国、马来西亚和越南，实现农业机械化。

2. 服务外包：2013年菲律宾服务流程外包(BPO)业务收入为133亿美元，同比增长15%，菲律宾7个城市被列入“2013年前100外包投资地”，其中马尼拉排名第2位，宿务排名第8位。

3. 旅游业：2014年到访菲律宾的外国游客约为486万人次，比2013年减少0.62%，旅游业收入48.4亿美元，同比增长10%。

4. 制造业：2014年菲律宾制造业产值为578.3亿美元，同比增长4.5%，占GDP的20.5%。

5. 海外劳工汇款：菲律宾是全球主要劳务输出国之一，在海外工作的劳工有1000多万人。2014年菲海外劳工汇款达269亿美元，同比增长6.2%，占GDP的9.5%。

6. 交通、通讯及仓储业：2014年交通、通讯及仓储业产值为176亿美元，同比增长2.3%，占GDP的6.2%。

7. 采矿和采石业：2013年采矿和采石业产值为26亿美元，占GDP的0.96%。

四、国内市场

（一）销售总额

2014年，菲律宾家庭最终消费支出总额按现价计算约为2043亿美元，同比增长2.6%。

（二）生活支出

2014年3月，菲律宾CPI较上年同期上升3.9%。近年来，菲律宾的家庭储蓄率基本保持在18%左右。根据菲律宾国家统计局公布的数据，菲律宾居民的日常用品、个人卫生用品、服装和食品、医疗等基本生活开销占整个消费支出的比例为69%，其中食品支出平均占45%，服装和鞋帽支出占3%。

（三）物价水平

菲律宾各地区的物价水平极不平衡，总体物价高于中国。其中蔬菜、温带水果（苹果、梨、葡萄、李子等）价格是中国的3～4倍，及日用品、水、电、液化气等价格是中国的2～3倍，宾馆住宿、饭店就餐约为中国的1～2倍，汽车、服装、鞋子等价格与中国相当，房产、海产品、热带水果较中国便宜。

五、金融环境

（一）当地货币

菲律宾货币为比索，可自由兑换。中国银行正在推动人民币与比索直接结算业务。

近年来，比索对美元汇率持续上升，2015年3月31日比索兑美元为100：2.24，比索兑欧元为100：2.07。最近3年的汇率总体走强，时有波动。

（二）外汇管理

1992年开始，菲律宾进行外汇管理制度改革。主要内容是：解除外汇管制，实行浮动汇率；在银行体系之外，可以自由买卖外汇；外汇收入和所得可以出售给授权代理行，也允许在银行体系之外进行交易，还允许在菲律宾国境内外自由存储外币，并且可以自由用于任何目的。

在菲律宾注册的外国企业可以在菲律宾银行开设外汇账户，用于进出口结算。所有进口商品的支付方式均无需中央银行批准，商业银行可以通过下列方式出售外汇用于支付进口：信用证、付款交单、承兑交单、贸易账户和直接汇款。在所有出口商品中，出口商均需向商业银行申领“出口报关单”。对出口可采取如下方式支付：许可的方式、其他许可方式、可兑换的外币。

在菲律宾工作的外国人，其合法税后收入可全部转出。携带现金出入境需要申报，数额规定是1万比索，外汇无限额，1万美元以上需报关。

（三）银行机构

菲律宾中央银行是国家货币管理部门，负责制定和实施国家外汇管理政策。菲律宾的银行系统分为四类：商业银行、储蓄银行、农村银行、政府特设银行。

商业银行是菲律宾银行体系的核心，总资产约占银行业总资产的90%。主要商业银行有：首都银行、BDO银行、菲岛银行、菲律宾国家银行等。根据最新统计数据，菲律宾有36家商业银行，70家储蓄银行及582家农村和合作银行，各级营业网点超过9400家，ATM机超过12000台。从数量上看，外资银行参与菲律宾市场的程度居亚洲新兴市场国家前列，外资银行已成为菲律宾银行体系的重要组成部分。菲律宾当地主要外资银行有：渣打银行、汇丰银行、花旗银行、美洲银行。

菲律宾政府在2013年5月份修订了第10574号共和国法案（即外资参股农村银行法）和1992年的第7353号共和国法案（即农村银行法修正案），允许外国投资者收购或购买农村银行60%的投票权股，解除了20年来阻碍农村银行发展的外资股权限制。

（四）融资条件

在菲律宾注册的外商投资企业进行本地融资没有法律障碍，融资的可能性主要取决于公司资质、项目效益、风险评估等方面的因素。

（五）信用卡使用

中国国内各银行发行的信用卡，只要是Visa或Master卡，都可以在菲律宾的机场、饭店、大型购物中心使用；很多商店也接受使用银联卡。

六、对外经贸

（一）贸易关系

1. 贸易总额：根据菲律宾国家统计局数据，2014年菲律宾对外贸易额为1275亿美元，比2013年增长6.1%。其中出口621亿美元，增长9%；进口654亿美元，增长3%；逆差33亿美元。

2. 主要贸易伙伴：日本、中国、美国、中国香港、新加坡、德国、韩国、中国台湾、泰国和荷兰是菲律宾的前10大贸易伙伴。根据菲方统计，2014年，菲日双边贸易额为191.11亿美元，占比15.13%；菲中双边贸易额177.3亿美元，占比14.03%；菲美双边贸易额143.52亿美元，占比11.3%。

3. 商品结构：菲律宾主要出口商品为服装和服装辅料、电子产品、木制工艺品和家具、椰子油和精炼铜等；主要进口商品为电子产品、工业机械和设备、矿物燃料、润滑油及相关产品、运输设备、有机和无机化工品。

（二）辐射市场

菲律宾是世贸组织（WTO）、亚太经合组织（APEC）和东盟（ASEAN）成员国，承诺推进区域自由贸易和到2020年消除贸易壁垒。迄今为止，菲律宾已同38个国家签订了双边经贸协定。2008年10月8日，菲律宾批准了《日菲经济伙伴关系协议》；2010年10月7日，菲律宾与哈萨克斯塔签订双边《自由贸易协定》和《保护投资协定》；2012年7月11日，菲律宾与欧盟签署《伙伴与合作协议》（PCA）。2013年6月26日，菲律宾与泰国签署了新的双边税务条约，双方决定对已沿用31年的条约进行修改，使其符合新情况。菲律宾已与36个国家签署了税务条约。该条约旨在促进国际贸易和投资，避免双重征税，打击逃税。2014年5月23日，菲律宾与印度尼西亚正式签署海上专属经济区划界协定，规定两国在棉兰老海和西里伯斯海的专属经济区划界。这是菲律宾与外国签署的首个海上划界协定。这份协定不仅有助于两国为保护相关海域丰富海洋资源开展更紧密合作，也将促进两国贸易并提升海上安全。

（三）吸收外资

菲律宾是多边投资担保机构成员，对与外资有关的投资收益汇出不予限制。据联合国贸发会议发布的2014年《世界投资报告》显示，2013年，菲律宾吸收外资流量为38.6亿美元；截至2013年年底，菲律宾吸收外资存量为325.5亿美元。

根据菲律宾贸工部公布的数据，2014年菲律宾吸收外商直接投资为62.01亿美元，2013年为37.37亿美元。这些投资主要来自英属维京群岛、美国、日本，主要流向金融、制造业、矿业和房地产等行业。

据联合国贸发会议发布的2015年《世界投资报告》显示，2014年，菲律宾吸收外资流量为62亿美元；截至2014年年底，菲律宾吸收外资存量为570.9亿美元。在菲律宾投资的著名跨国公司有：宝洁公司、全球解决方案公司（ETEL）、IBM、法国 Teleperformance、德州仪器、雀巢、加德士集团东南亚公司、意大利航空公司、联合快递公司（UPS）和联邦快递公司（FedEx）等。但 2008 年金融危机发生后，英特尔公司关闭了菲律宾生产厂，联邦快递将亚太地区总部移至中国广州市。

（四）中菲经贸

1975 年 6 月 9 日，中菲两国建立正式外交关系之际，签署了第一个政府间贸易协定，之后又签署了双边投资保护协议和避免双重征税协定。2005 年 4 月两国政府签署了《促进贸易和投资合作的谅解备忘录》。2006 年 6 月签署了《关于扩大和深化双边经济贸易合作的框架协定》。

1. 双边贸易：中菲经贸合作发展较快，据中国海关统计，1975 年两国建交时双边贸易额只有 7200 万美元，在过去 10 年中，中菲贸易保持了持续快速增长势头。特别是自 2000 年起，中菲双边贸易以年均 35%的增长快速发展。2007 年更是创下了 306.2 亿美元的历史新高。受国际金融危机影响，2008 年和 2009 年，中菲双边贸易额分别降至 286 亿美元和 205 亿美元，2010 年双边贸易恢复增长，达到 278 亿美元。2012 年，中菲双边贸易额达到 363.7 亿美元，同比增加 12.8%。其中，中国出口 167.3 亿美元，同比增长 17.4%；中国进口 196.4 亿美元，同比增长 9.2%。2013 年，中菲双边贸易额达到 380.66 亿美元，中国出口 198.35 亿美元，中国进口 182.3 亿美元。2014 年，中菲双边贸易额达到 444.43 亿美元，同比增长 16.75%。2015 年，中菲双边贸易额达到 456.5 亿美元，同比增长 2.7%。

表 1：2001～2015 年中国与菲律宾贸易统计

（单位：亿美元）

年份	总额	中国出口	中国进口	中方贸易差
2001 年	35.7（↑13.5%）	16.2（↑10.6%）	19.5（↑16%）	－3.3
2002 年	52.6（↑47.5%）	20.4（↑26%）	32.2（↑65.4%）	－11.8
2003 年	94（↑78.7%）	30.9（↑51.5%）	63.1（↑96%）	－32.2
2004 年	133.3（↑41.8%）	42.7（↑38%）	90.6（↑43.6%）	－47.9
2005 年	175.6（↑31.7%）	46.9（↑9.8%）	128.7（↑42.1%）	－81.8
2006 年	234.1（↑33.3%）	57.4（↑22.4%）	176.7（↑37.3%）	－119.3
2007 年	306.2（↑30.8%）	75（↑30.7%）	231.2（↑30.8%）	－156.2

续表

年份	总额	中国出口	中国进口	中方贸易差
2008 年	285.8（↓6.7%）	90.8（↑21.6%）	195.0（↓15.6%）	－104.2
2009 年	205.3（↓28.2%）	85.9（↓5.4%）	119.5（↓38.7%）	－33.6
2010 年	277.5（↑35.1%）	115.4（↑34.3%）	162.1（↑35.6%）	－46.7
2011 年	322.5（↑16.2%）	142.5（↑23.5%）	180.0（↑11.0%）	－37.5
2012 年	364.48（↑13%）	167.71（↑17.6%）	196.77（↑9.4%）	－29.06
2013 年	380.66（↑4.66）	198.35（↑18.55）	182.3（↓7.17）	16.05
2014 年	444.43（↑16.75）	234.59（↑18.27）	209.83（↑15.10）	24.76
2015 年	456.5（↑2.7）	266.73（↑13.7）	189.76（↓9.57）	76.97

（资料来源：中国海关统计）

据中国海关统计，近年来，中国对菲律宾出口商品主要类别包括：①电机、电气、音像设备及其零部件；②机械器具及零件；③钢铁；④矿物燃料、矿物油，沥青，矿蜡；⑤服装；⑥塑料及其制品；⑦钢铁制品；⑧玩具、游戏和运动器材及其零部件；⑨车辆及其零部件，铁道车辆或电车除外；⑩鞋靴、护腿和类似品及其零件。

据中国海关统计，近年来，中国从菲律宾进口商品主要类别包括：①电机、电气、音像设备及其零部件；②机械器具及零件；③矿砂、矿渣及矿灰；④铜及其制品；⑤食用水果及坚果，柑橘类水果或甜瓜果皮；⑥塑料及其制品；⑦光学、照相、医疗或手术器械等；⑧矿物燃料、矿物油，沥青，矿蜡；⑨动物或植物油脂、油料；⑩玻璃及玻璃制品。

2. 双边投资：据中国商务部统计，2014 年中国对菲律宾直接投资流量 2.25 亿美元。截至 2014 年年末，中国对菲律宾直接投资存量 7.60 亿美元。中国在菲律宾投资主要涉及矿业、制造业和电力等领域。

3. 承包劳务：据中国商务部统计，2014 年中国企业在菲律宾新签承包工程合同 83 份，新签合同额 14.36 亿美元，完成营业额 13.49 亿美元；2014 年派出各类劳务人员 1303 人，2014 年年末在菲律宾劳务人员 1563 人。新签大型工程承包项目包括上海电力建设有限责任公司承建菲律宾考斯瓦根

4X135MW燃煤电厂项目，华为技术有限公司承建菲律宾电信，青建集团股份公司承建东萨马省CP3、CP2公路等。

在中国驻菲律宾大使馆经商参处登记的中国企业有90多家，其中大多是大中型企业的分支机构。主要有中国路桥工程有限责任公司、中国港湾工程有限责任公司、中国水电建设集团国际工程有限公司、中国建筑工程总公司、中技国际招标公司、中机国际招标公司、中国地质工程等经营工程承包的大型企业，也有中兴、华为等电信系统供应商，中国国际航空股份有限公司、中国南方航空股份有限公司、中国远洋集团、中国海运集团等经营海空运输、船舶代理的企业，及中国国家电网公司等。中国企业在菲律宾的机构大多是设立分公司或代表处，以独立法人形式存在的不多。非独立法人的机构在开展业务方面局限性比较大，承接项目、签订合同均要依托母公司进行。按照菲律宾的法律，外资的建设承包商只能做外资项目，对外承包菲律宾本国的工程项目有诸多限制。

【来源：选编自商务部国际贸易经济合作研究院，商务部投资促进事务局、中国人民共和国驻菲律宾共和国大使馆经济商务参赞处共同主编.《2015版对外投资合作国别（地区）指南——菲律宾》. 第12～22页】

新加坡投资环境分析

新加坡是一个岛国，地理位置非常特殊，贸易十分发达，作为一个基本上没有关税的国家，新加坡自由贸易的程度在全球名列前茅。另外，新加坡在投资方面处于世界领先地位。新加坡投资环境的吸引力主要体现在7个方面：地理位置优越、基础设施完善、政治社会稳定、商业网络广泛、融资渠道多样、法律体系健全、政务环境廉洁高效。

投资优势：新加坡的经济竞争优势包括拥有世界级的海陆空交通设施以及良好的宏观经济环境和财政管理。另外，新加坡政府对教育的关注也使得新加坡在高等教育与培训的领域中有所进步。尽管新加坡私人企业界的创新能力越来越强，但仍有进一步提升的空间。

根据KPMG应变能力最新调查报告，新加坡的应变能力指数（ChangeReadiness Index，简称CRI）在127个国家或地区中位居榜首，再次成为世界上应变能力最强的国家。报告指出，新加坡应变能力强的主要驱动力来自3个方面，即开放和多元化经济（新加坡排名1位）、政府执行战略规划和横向发展的能力（新加坡排名第1位），以及强大的人力资本（新加坡排名第4位）。

在世界银行发布的《2015年全球经商环境报告》中，新加坡连续9年名列榜首。

世界经济论坛《2014～2015年全球竞争力报告》显示，新加坡在全球最具竞争力的144个国家和地区中，排名第2位。

在美国传统基金会发布的《2015年全球经济自由度指数报告》中，新加坡排名第1位，仅次于中国香港。

在彭博社发布的《2015年全球创新国家》排行榜中，新加坡排名第8位。

在英国智库Z/Yen集团发布的《2015年全球金融中心指数报告》中，新加坡排名第4位，在纽约、伦敦、中国香港之后。

一、自然资源

新加坡资源比较匮乏，主要工业原料、生活必需品需进口。岛上保留有部分原生植物群。新加坡所使用的能源主要是天然气，很大程度上依赖进口。并且该国必须进口大部分食品。新加坡的土地极其珍贵，农业用地大部分位于和马来西亚接壤的边境地带。其他重要资源，例如水也很稀缺。

二、基础设施

新加坡基础设施完善，拥有全球最繁忙的集装箱码头、服务最优质的机场、亚洲最广泛的宽频互联网体系和通信网络。

1. 公路

新加坡15%的土地面积用于建设道路，形成以8条快速路为主线的公路网络。截至2013年年底，新加坡公路总里程3452千米，其中快速路161千米，干线公路662千米。为缓解高峰时段道路拥堵，新加坡政府于1998年开始实施电子道路收费制度（ERP），2013年底全国共设74个电子收费闸门。

2. 铁路

2011年7月，马来亚铁路新加坡段停运。2013年2月，新加坡与马来西亚达成协议，将修建吉隆坡至新加坡高速铁路（“泛亚铁路”的最南段），计划全长330千米，耗资120亿美元，2020年建成，目前尚未开始招标。截至2013年年底，新加坡轨道交通线路总长182千米，其中地铁（MRT）153.2千米，设105个站点，轻轨（LRT）28.8千米，设

35个站点。

3. 空运

新加坡是亚洲地区重要的航空运输枢纽。新加坡樟宜机场连续多年被评为世界最佳机场，2014年航班起降34.1万架次，客运量5409万人次，货运量221.63万吨。截至2014年年底，100多家航空公司入驻新加坡，形成以新加坡为中心往返60多个国家和地区的250个城市、每周近6600个班次的航空网络。9家航空公司已开通新加坡往返中国26个城市的航线。

4. 水运

新加坡是世界上最繁忙的港口和亚洲主要转口枢纽之一，也是世界最大的燃油供应港。新加坡港已开通200多条航线，连接123个国家和地区的600多个港口，有4个集装箱码头，集装箱船泊位54个，为全球仅次于中国上海的集装箱港口。2014年新加坡港货运量5.81亿吨，集装箱吞吐量3387万标箱。截至2014年年底，新加坡注册船舶4595艘，总吨位8225万吨。

5. 电信

截至2014年年底，新加坡固定电话用户199.5万户，移动电话用户809.3万户，其中3G用户460.9万户、4G用户318.2万户，宽带用户1152.5万户，其中无线宽带用户1007.4万户。

6. 电力

新加坡电力装机容量约10680兆瓦，全部为火电，燃料为天然气和石油。2014年总发电量493.1亿度，销售电量471.8亿度，其中工业用电占43.4%，商业用电占36%，居民用电占14.7%。

三、重点/特色行业

2015年《财富》世界500强企业名单中，新加坡有两家企业上榜，分别为排名第252位的丰益国际（Wilmar International）和排名第453位的伟创力（Flextronics International），2014年两家企业的营业收入分别为430.85亿美元和261.48亿美元。

1. 石化工业：新加坡是世界第3大炼油中心和石油贸易枢纽之一，也是亚洲石油产品定价中心，日原油加工能力超过130万桶，其中埃克森美孚公司60.5万桶，壳牌公司45.8万桶，新加坡炼油公司28.5万桶。2014年石化工业总产值1034.8亿新加坡元，占制造业总产值的34.1%，就业人数2.62万人。主要产品包括石油、石化产品及特殊化学品，企业主要聚集在裕廊岛石化工业园区。

2. 电子工业：新加坡传统产业之一，2014年总产值826.9亿新加坡元，占制造业总产值的27.2%，就业人数7.14万人。主要产品包括：半导体、计算机外部设备、数据存储设备、电信及消费电子产品等。

3. 精密工程业：2014年总产值371.8亿新加坡元，占制造业总产值的12.2%，就业人数9.16万人。主要产品包括半导体引线焊接机和球焊机（全球市场占有率为70%）、自动卧式插件机（全球市场占有率为60%）、半导体与工业设备等。

4. 海事工程业：2014年总产值338.3亿新加坡元，占制造业总值的11.1%，就业人数11.39万人。新加坡岸外海事工程的主要建造和供应商是胜科海事和吉宝集团。

5. 生物医药业：新加坡近年重点培育的战略性新兴产业，2014年总产值214.7亿新加坡元，占制造业总产值的7.1%，就业人数1.68万人。世界10大制药公司等国际著名医药企业主要落户在启奥生物医药研究园区和大士生物医药园区。

6. 批发零售业：2014年产值644.4亿新加坡元，占GDP的16.5%。

7. 商业服务业：2014年产值581.7亿新加坡元，占GDP的14.9%。

8. 金融保险业：新加坡是全球第4大金融中心、第3大外汇交易中心和第6大财富管理中心，是亚洲美元中心市场，也是离岸人民币第2大清算中心。2014年金融保险业产值460.3亿新加坡元，占GDP的11.8%。当地主要商业银行为星展银行（DBS）、大华银行（UOB）和华侨银行（OCBC）。

9. 运输仓储业：2014年产值253.6亿新加坡元，占GDP的6.5%。

10. 旅游业：2014年旅游业收入235亿新加坡元，与2013年持平。2014年到访游客1508.68万人次（不含陆地入境的马来公民），同比下降3.1%，酒店住房率85.5%，前5大客源地依次为印度尼西亚、中国、马来西亚、澳大利亚和印度，其中中国游客172.16万人次，同比下降24.2%，占外国游客总数的11.4%，2014年接待外国游客1508.6万人次。主要景点有圣淘沙岛、植物园、夜间动物园等。

11. 资讯通信业：2014年产值149.2亿新加坡元，占GDP的3.8%。新加坡主要电信企业为新电信、星和电讯和第一通讯。

四、国内市场

（一）销售总额

2014 年，新加坡批发零售营业收入 23963 亿新加坡元（约合 1915 则乙美元），同比增长 10.19%，其中零售业营业收入 425.5 亿新加坡元（约合 340 亿美元），同比增长 0.63%。

（二）生活支出

2014 年，新加坡总储蓄金额 1822.79 亿新加坡元（约合 1438.55 亿美元），同比增长 2.79%；储蓄率 46.7%，同比增长 2.1%。

2014 年，新加坡私人消费支出 1433.75 亿新加坡元（约合 1131.52 亿美元），其中各项本国消费支出占比为：住房 18.9%、文化娱乐 13.1%、交通 11.5%、医疗 7.3%、食品饮料 7.0%、餐饮服务 6.7%、家具设备及房屋维修 5.2%、教育 4.1%、住宿 2.7%、衣着 2.5%、通讯 2.3%、烟酒 2.1%、杂项商品和其他服务 16.6%。

（三）物价水平

2014 年新加坡消费价格指数上涨 1.0%，涨幅继 2013 年的 2.4%继续大幅回落。2015 年 4 月底，新加坡主要基本生活用品平均价格如下：泰国香米（5 公斤装）12.99 新加坡元/袋，400 克普通白面包 1.57 新加坡元/袋，猪廋肉 13.24 新加坡元/公斤，猪五花肉 14.94 新加坡元/公斤，猪排骨 16.73 新加坡元/公斤，牛肉 22.01 新加坡元/公斤，羊肉 18.27 新加坡元/公斤，鸡肉 6.05 新加坡元/公斤，全脂鲜奶 2.81 新加坡元/升，鸡蛋每 10 粒 2.30 新加坡元，食用油（2 公斤装）6.55 新加坡元/瓶。

五、金融环境

（一）当地货币

新加坡的货币为新加坡元（Singapore Dollar）。

新加坡元为可自由兑换货币。新加坡金融管理局通过将新加坡元的贸易加权汇率维持在一定目标区域内实现货币政策目标。新加坡金融管理局每半年发布一次货币政策报告，报告会在金融管理局网站上公布，网址：www.mas.gov.sg/eco _ research/policy _ issues/Monetary _ Policy _ Statements.html。

2011 年以来，新加坡元对美元兑换率基本数据如下表：

表 1：2007～2014 年新加坡元兑美元汇率变化情况

年度	新加坡元/美元	
	当年平均值	年末值
2007	1.5071	1.4412
2008	1.4148	1.4392
2009	1.4545	1.4034
2010	1.3635	1.2875
2011	1.2579	1.3007
2012	1.2497	1.2231
2013	1.2513	1.2653
2014	1.2671	1.3213

（资料来源：新加坡统计局）

2015 年 3 月 20 日美元兑新元的汇率为 1∶1.3884，欧元兑新元的汇率为 1∶4821。

（二）外汇管理

新加坡本国的外汇管理分属三大机构：金融管理局负责固定收入投资和外汇流动性管理，用于干预外汇市场和作为外汇督察机构发行货币；新加坡政府投资公司（GIC）负责外汇储备的长期管理；淡马锡控股利用外汇储备投资国际金融和高科技产业以获取高回报。

新加坡无外汇管制，资金可自由流入流出，企业利润汇出无限制也无特殊税费。但为保护新加坡元，1983 年以后实行新加坡元非国际化政策，主要限制非居民持有新加坡元的规模。包括：银行向非居民提供 500 万新加坡元以上融资，用于新加坡境内的股票、债券、存款、商业投资等，银行需向金管局申请；非居民通过发行股票筹集的新加坡元资金，如用于金管局许可范围外的境内经济活动，必须兑换为外汇并事前通知金管局；如金融机构有理由相信非居民获得新加坡元后可能用于投机新加坡元，银行不应向其提供贷款；对非居民超过 500 万的新加坡元贷款或发行的新加坡元股票及债券，如所融资金不在新加坡境内使用，汇出时必须转换成所需外币或外币掉期等。

个人携带现金出入境有一定限制。根据新加坡政府 2007 年颁布的条例，从 2007 年 11 月 1 日起，旅客出入境新加坡时，如果携带总值超过 3 万新加坡元（或相等币值的外币）与不记名票据（CBNI），必须依照法律规定，如实申报全部数额。对于未如实申报者，最高可被罚款 5 万新加坡元，或被判坐牢不超过 3 年，或两者兼施。所携带的货币与不记名票据也可能被没收。上述不记名票据是指旅行支票或可转让票据。可转让票据即持有人形式、无限制背书、签发给虚构收款人或一经交付即转移持有权的票据，也包括已签署但没写上收款人姓名的可转让票据，可转让票据包括汇票、支票或本票等。（规定详见 www. spf. gov. sg/cbni/）

2015年4月17日，新加坡交易所（SGX）与中国银行（Bank of China）和中银国际（BOC International）签署合作框架，进一步加强人民币相关合作，同时也会推动有助双边金融市场发展的合作项目。有关合作框架是延伸自新交所与中国银行在2013年签署的合作备忘录，有关备忘录的主要内容是共同开发人民币产品和服务，以及互助扩展在中国和新加坡的业务。

（三）银行机构

新加坡不设中央银行，金融管理局行使央行职能。

截至2015年2月末，本地银行5家，外资银行122家。新加坡本地主要银行有：星展银行、大华银行、华侨银行等。

（四）融资条件

新加坡银行的融资成本低，因而具备竞争力。其基础贷款利率为5.35%。

外资企业可向新加坡本地银行、外资银行或中资银行、各类金融机构申请融资业务，并由银行或金融机构审核批准。可申请的贷款和融资类型包括短期贷款、汇款融资、应收账款融资、出口融资、分期付款等。申请银行贷款，需提交申请者自身情况、申请者企业概况、营业计划、盈利情况等必要材料。此外，新加坡政府为鼓励外资进入，在研发、贸易、企业扩展等方面制订了系列优惠或奖励措施，如新企业发展计划、企业家投资奖励计划、全球贸易商计划、地区总部奖等。上述计划由新加坡法定机构管理，如企发局、经发局、金融管理局、标准、生产力与创新局等。企业可根据自身条件申请，以获得税收优惠或手续便利等。

（五）信用卡使用

信用卡在新加坡使用十分普遍。截至2015年1月，各发卡机构在新加坡共发行信用卡973.7万张(其中主卡818.4万张，附属卡155.3万张)。

2014年全年刷卡消费金额445.82亿新加坡元。但政府对申办信用卡有比较严格的规定，如21～55岁之间的申请人年收入需达到3万新加坡元；55岁以上的申请人年收入需达到1.5万新加坡元。外国人向本地发卡行申请信用卡需要提供本人护照、收入证明、工作准证、固定住址证明等，银行对外国居民申请信用卡的收入要求比本国居民高，具体请参考各行政策。

中国银联近年来与新加坡银行的合作发展迅速。通过星展及其他银行的商户网络，中国银联卡刷卡消费业务基本覆盖新加坡的中高端百货商场，并可在绝大多数自动取款机上直接提取新币。

（六）开户及结算

中资企业在新加坡开立银行账户无特殊限制和税费，只需根据开户行要求提供企业相关文件资料即可。一般可开立新加坡元、美元、港币、欧元、澳元等账户。目前新加坡的中国银行、工商银行、星展银行、汇丰银行已推出了人民币业务，可开立人民币账户，人民币可直接结算。

六、对外经贸

（一）贸易关系

1. 贸易总量：据新加坡国际企业发展局统计，2015年新加坡货物进出口额为6435.0亿美元，比上年同期（下同）下降17.1%。其中，出口3467.0亿美元，下降15.4%；进口2968.0亿美元，下降19.0%。贸易顺差499.0亿美元，增长14.7%。

2. 贸易结构：分商品看，机电产品、矿产品和化工产品是新加坡的主要出口商品，2015年出口额分别为1691.2亿美元、438.5亿美元和349.2亿美元，同比分别下降5.4%、36.4%和8.2%，占新加坡出口总额的48.8%、12.7%和10.1%。机电产品中，电机和电气产品出口1181.8亿美元，同比下降5.3%；机械设备出口509.4亿美元，同比下降5.5%。机电产品和矿产品是新加坡进口的前两大类商品，2015年进口额分别为1278.7亿美元和656.7亿美元，同比分别下降8.3%和42.8%，占新加坡进口总额的43.1%和22.1%。由于油价下跌，新加坡矿产品进口额跌幅较大，而进口量还略有提升，其中成品油同比增长9.4%，原油增长2%。

3. 主要贸易伙伴：分国别（地区）看，2015年新加坡对中国、中国香港、马来西亚和印度尼西亚的出口额分别为477.1亿美元、396.7亿美元、377.7亿美元和283.7亿美元，同比下降7.3%、12.0%、23%和26.1%，占新加坡出口总额的13.8%、11.4%、10.9%和8.2%；自中国、美国、马来西亚和中国台湾的进口额分别为421.1亿美元、332亿美元、330.6亿美元和246.7亿美元，同比分别下降5.1%、12%、15.3%和17.8%，占新加坡进口总额的14.2%、11.2%、11.1%和8.3%。新加坡前5大顺差来源地依次是中国香港、印度尼西亚、越南、澳大利亚和泰国，2015年顺差额分别为370.1亿美元、139.9亿美元、85.2亿美元、82.7亿美元和59.8亿美元。贸易逆差主要来自美国、中国台湾和沙特阿拉伯，2015年逆差额分别为114.9亿美元、102.3亿美元和69.5亿美元，同比下降22.9%、26.3%和48.0%。

（二）辐射市场

新加坡国内市场规模小，经济外向型程度高，因此，新加坡政府一直积极参与并推动全球贸易自由化进程。

1. 世界贸易协定：新加坡于1973年加入《关税和贸易总协定（GATT）》，是1995年1月1日世界贸易组织（WTO）创建时的正式成员。

2. 区域贸易协定：新加坡是亚太经合组织（APEC）、亚欧会议（ASEM）、东南亚国家联盟（ASEAN）等区域合作组织的成员，也是世界上签订多双边自由贸易协定最多的国家之一。新加坡签订的自贸协定涵盖了18个地区，其中双边自贸协定涉及24个贸易伙伴，包括秘鲁、中国、美国、日本、韩国、澳大利亚、东盟各国、印度、新西兰、巴拿马、约旦、瑞士、列支敦士登、挪威、冰岛、智利、哥斯达黎加、海合会；另外，新加坡与加拿大、墨西哥、巴基斯坦、乌克兰等国家和组织的自贸协定正在积极商谈中。目前，正参与商谈的主要区域协定包括泛太平洋伙伴关系协定（TPP）和全面经济伙伴关系协定（RCEP）。新加坡地理位置适中，以其为中心的7小时飞行圈覆盖亚洲各主要城市，辐射亚洲2亿人口市场。另外，新加坡国际企业发展局在全球20个国家设有35个代表处，协助企业开拓国际市场，扩展商业网络。

（三）吸收外资

吸引外资是新加坡的基本国策。联合国贸发会议发布的2015年《世界投资报告》显示，2014年，新加坡吸收外资流量为675.2亿美元；截至2014年年底，新加坡吸收外资存量为9123.6亿美元。外资主要来源于欧盟（占26.1%）、美国（占13.4%）、日本（占8.4%）以及英属维尔京群岛、开曼群岛、百慕大等离岸金融中心。

新加坡吸收外资的行业流向主要为：金融保险业（占47.85%）、制造业（占17.67%）、批发零售业（占17.14%）、专业和行政服务业（占6.05%）、运输仓储业（占4.32%）和房地产业（占3.47%）。

1. 双边贸易：新加坡与中国保持着长期密切的贸易关系。近年来，双边贸易持续稳定增长。据中国海关统计，2015年中新双边贸易额898.2亿美元，其中中方出口477.1亿美元，同比下降7.3%，进口421.1亿美元，同比下降5.1%，新加坡为中国在东盟第3大贸易伙伴、第2大出口市场和第3大进口市场。据新加坡国际企业发展局统计，2015年新加坡与中国双边贸易额为898.2亿美元，同比下降6.3%。其中，新加坡对中国出口477.1亿美元，同比下降7.3%；自中国进口421.1亿美元，同比下降5.1%。新方贸易顺差56亿美元，同比下降21.1%。中国为新加坡第1大贸易伙伴、第1大出口市场和第1大进口来源地。

据新方统计，2015年新加坡对中国出口商品主要包括机电产品、塑料橡胶、化工产品和矿产品等；新加坡从中国进口商品主要为机电产品、机械设备、矿产品和贱金属及制品等。

表2：2003～2015年中国和新加坡贸易情况

（单位：亿美元）

年份	进出口额	中国出口	中国进口	累计比去年同期增减（%）		
				进出口	中国出口	中国进口
2003年	193.5	88.7	104.8	37.9	27.3	48.8
2004年	266.8	126.9	139.9	37.9	43.1	33.5
2005年	331.5	166.3	165.2	24.2	31.1	18.0
2006年	408.5	231.9	176.7	23.3	39.4	7.0
2007年	471.6	296.4	175.2	15.4	27.8	0.9
2008年	524.4	323.0	201.4	10.5	7.9	14.9
2009年	478.7	300.7	178.0	−8.8	−6.9	−11.8
2010年	570.6	323.5	247.1	19.2	7.6	38.8
2011年	634.8	355.7	279.2	11.2	10	12.9
2012年	692.8	407.5	285.3	8.9	14.9	1.4
2013年	759.1	458.6	300.5	9.6	12.6	5.4
2014年	796.48	488.46	308.02	4.92	6.50	2.50
2015年	795.7	520.08	275.56	−0.1	6.47	−10.54

（资料来源：中华人民共和国商务部）

2. 双向投资：新加坡与中国双向投资活跃。近年来，中国企业赴新加坡投资呈快速增加趋势，新加坡已成为中资企业开拓国际市场的前沿阵地。据中方统计，2014年新加坡在华直接投资757项，同比增长3.56%，实际投资58.27亿美元，同比下降19.4%，新加坡为中国第2大外资来源地，仅次于中国香港。截至2014年年底，新加坡累计在华直接投资21719项，实际投资额累计723.17亿美元。新加坡对华投资主要集中在江苏、上海、广东等东部沿海省市，但对中西部投资增长较快。2011～2013年，新加坡对华投资制造业占38.5%，房地产业逐步下降至31.7%，服务业则快速上升至29.8%。

据中国商务部统计，2014年中国对新加坡直接投资流量28.14亿美元。截至2014年年末，中国对新加坡直接投资存量206.40亿美元。

目前在新加坡的中资企业主要有：中远控股（新加坡）有限公司、中国国际航空公司新加坡营业部、中国建筑（南洋）发展有限公司、中国银行股份有限公司新加坡分行、中国航油（新加坡）股份有限公司、南洋五矿实业有限公司、华旗资讯（新加坡）私人有限公司、新加坡中国旅行社等。

表3：中国吸收新加坡直接投资统计

（单位：亿美元）

年份	实际利用外资金额	比重（%）
2003年	20.6	3.85
2004年	20.1	3.31
2005年	27.7	4.46
2006年	22.6	3.25
2007年	31.8	3.81
2008年	44.35	4.80
2009年	38.86	4.32
2010年	54.28	4.46
2011年	60.97	4.54
2012年	63.05	4.63
2013年	72.29	6.15
2014年	58.27	4.87

（资料来源：中国商务部）

3. 承包劳务：据中国商务部统计，2014年中国企业在新加坡新签承包工程合同79份，新签合同额37.99亿美元，完成营业额33.76亿美元；当年派出各类劳务人员4.12万人，年末在新加坡劳务人员9.35万人。新签大型工程承包项目包括上海振华重工（集团）股份有限公司承建ZP2237－40新加坡岸桥场桥，上海隧道工程股份有限公司承建新加坡汤申线项目T225，中国电力建设股份有限公司承建新加坡地铁汤申线T227滨海南车站及隧道工程等。

【来源：选编自商务部国际贸易经济合作研究院，商务部投资促进事务局、中华人民共和国驻新加坡共和国大使馆经济商务参赞处共同主编.《2015版对外投资合作国别（地区）指南——新加坡》. 第12～27页】

泰国投资环境分析

从投资环境吸引力的角度，泰国的竞争优势有6方面：社会总体较稳定，对华友好；经济增长前景良好；市场潜力较大；地理位置优越，位处东南亚地理中心；工资成本低于发达国家；政策透明度较高，贸易自由化程度较高。根据世界经济论坛《2014～2015年全球竞争力报告》显示，泰国在全球最具竞争力的144个国家和地区中，排第31位，比2013～2014年上升6位。在世界银行《2015年全球营商环境报告》（2015年报告选取的数据截止期是2014年6月1日）中，泰国营商便利性世界排名有所改善，排名第26名。

一、自然资源

泰国矿藏主要有钾盐、锡、钨、锑、铅、铁、锌、铜、钼、镍、铬、铀等，还有重晶石、宝石、石油、天然气等。其中钾盐储量4367万吨，居世界首位；锡总储量约150万吨，占世界总储量的12%，居世界首位；石油总储量2559万吨；褐煤蕴藏量约20亿吨；天然气蕴藏量约3659.5亿立方米；森林覆盖率20%。

泰国还有丰富的生物资源。全国森林面积1440万公顷，覆盖率达25%。有30多万种植物，其中不少属珍贵林木，柚木是主要的名贵木材。泰国的橡胶产量也居世界首位，年产达210万吨，占世界总产量的三分之一，90%用于出口。此外，泰国河流湖泊众多，因而盛产多种鱼类，良好的气候条件同样使当地的榴莲、山竹、荔枝等热带水果名扬天下。

二、基础设施

泰国2011年遭受特大水灾后，政府计划投入3500亿泰铢进行灾后重建和基础设施建设，并计划在10年内投入730亿美元，完成高速铁路网络、城市运输系统、全面防洪工程等项目。

目前，泰国政府已通过约699亿美元投资基础设施计划，兴建4条高铁将该国主要城市连接起来，并最终连接中国、老挝和马来西亚等国。项目于2014年动工，计划于2020年建成。

1. 公路

泰国的公路交通运输业较发达，公路网覆盖全国城乡各地。泰国全国公路总里程约51537公里。

其中，一级公路7100公里，二级公路10780公里，府级公路33200公里，城际公路280公里。与中国及周边国家互联互通情况如下：

R3A线路：泰国—老挝—中国云南省，全长达1200公里；

R3B线路：泰国—缅甸—中国云南省；

R3E线路或“昆曼公路”：泰国—老挝—中国云南省，全长约1863公里，其中中国境内段全长690公里，老挝境内段全长228公里，泰国境内段全长945公里；

R3W线路：泰国—缅甸—中国，全长约1850公里；

R8线路：老挝—越南—中国广西壮族自治区；

R9线路：泰国—老挝—越南（连接R1线路）—中国广西壮族自治区；

R12线路：泰国曼谷—老挝—越南—中国广西壮族自治区，全长约1769公里。

2. 铁路

泰国铁路系统相对较落后，铁路网里程约4430公里，均为窄轨，覆盖全国47府。4条主要铁路干线以曼谷为中心向北部、东部、南部及东北部延伸。北部到清迈，东部到老挝边境，南到马来西亚国境。根据泰国铁路2002～2031年发展规划，泰国国家铁路公司已完成对1539公里轨道的升级。

目前，从云南昆明连接越南、柬埔寨、泰国、马来西亚、新加坡的铁路大部分路段由现有的铁路联接而成。

3. 空运

泰国航空事业比较发达。航空客运已成为外国游客入境泰国的主要运输方式，乘飞机入境泰国的外国游客人数占入境泰国的外国游客总人数大约80%。在货物运输方面，由于航空货运的费用较高，航空货运总额仅分别占国内货运比重和国际货运比重的0.02%和0.3%，采取航运的产品主要是单位价格高的产品，包括电子配件以及花束等。

泰国全国共有38个大小机场。其中国际机场有7个。从泰国任何一个省份或地区到曼谷的飞行时间仅1小时左右。曼谷是东南亚地区重要的航空枢纽。国际航线可直飞亚洲、欧洲、美洲及大洋洲的30多个城市。中国的香港、北京、上海、广州、昆明、成都、汕头等城市都有固定航班往返曼谷。

4. 水运

泰国的水运包括海运和河运。目前泰国已有122个港口码头，包括8个国际深水港，分别位于曼谷（Khlong Toei Port/Bangkok Port）、东海岸的廉差邦（Laem Chabang Port）和马达朴以及南海岸的宋卡、沙敦、陶公、普吉和拉农等府，年吞吐量超过450万标准集装箱。曼谷是最重要的港口，承担全国95%的出口和几乎全部进口商品的吞吐。湄公河和湄南河为泰国两大水路运输干线，内陆水道约4000公里。重要港口包括清盛港（Chiang Saen Port）、清孔港（Chiang Khong Port）等。

5. 电信

泰国电信业比较发达，目前各种形式的电信网络已覆盖全国各地，包括固定电话、移动电话、ADSL宽带互联网、卫星调制解调器及拨号入网服务等。泰国主要的电信服务商包括国有的CAT、TOT以及民营的AIS、DTAC、TRUE等。2012年，泰国移动通讯服务业增长前景明朗，数据业务使用量激增38%，市场总额约54.7亿美元。全国互联网用户约2400万。目前移动、宽带和固定线路的基础设施已覆盖泰国87%的人口。2012年年底，免费的公共Wi-Fi热点将从1万多个增加至3万个，政府推出的免费Wi-Fi服务已经吸引了近28万用户。从2014年4月1日起，泰国国内6个主要机场的所有区域都能向旅客提供免费的无线LAN服务。

6. 电力

目前，泰国自身发电能力基本能满足国内需求，但伴随经济发展，电力供需矛盾日益突出。据泰国能源部门测算，泰国近年来GDP每增加1%，相应的电力需求就增加1.4%。如果泰国经济维持在4%～5%的增长率，则每年电力需求增长将达到5.8%左右。泰国政府近年来预计在第11个5年计划期间（2012～2016年）投资共计816亿泰株，以应对电力供应不足局面。泰国正与老挝、缅甸等周边国家积极开展合作，以期不断满足本国日益上涨的电力需求。2013年泰国国内发电装机容量为34251兆瓦，外购电力合同量3045兆瓦。天然气发电量占泰国总发电量的65%。其中，自缅甸进口的天然气占到泰国发电用天然气的28%。

泰国的民用供电系统为交流电压220伏/50赫兹，工业用电为交流电压380伏/50赫兹，电费采用分时段费率计收。

三、重点/特色行业

1. 农业：2014年泰国农业产值441.5亿美元。主要农产品包括：稻米、天然橡胶、木薯、玉米、甘蔗、热带水果。2014年，泰国大米出口1096万吨，出口金额53.8亿美元；天然橡胶出口340万吨，出口金额59.6亿美元；木薯出口680万吨，出口金额 15.1 亿美元。

2. 旅游业：泰国旅游资源丰富，有 500 多个景点，主要旅游点有曼谷、普吉、帕塔亚、清迈、清莱、华欣、苏梅岛。2014 年到访的外国游客达 2477 万人次，同比下降 6.66%。旅游业收入约 308 亿美元，同比下降 4.93%。此外，2015 年东盟经济共同体建成使各国游客到东盟贸易投资或旅游休闲更加便利，也将推动泰国旅游业的继续发展。

3. 制造业：2014 年泰国制造业产值 1235 亿美元，占 GDP 的 32.6%，主要制造业门类有汽车装配、电子、塑料、纺织、食品加工、玩具、建材、石油化工等。

4. 大型企业：正大集团（Charoen Pokphand Group，CP Group）由华裔实业家创建于 1921 年，在中国以外称作卜蜂集团。公司已形成以农牧、水产、种子、电信、商业零售为核心，石化、机车、房地产、国际贸易、金融等业务共同发展的格局，是世界上最大的农牧工商一体经营公司。

5. 建筑业：2014 年泰国建筑业产值 95.7 亿美元，占 GDP 的 2.5%。

6. 汽车工业：2014 年泰国汽车产量达 188 万辆。2013 年泰国汽车产量达 250 万辆，跻身全球 10 大汽车生产国。

泰国国家石油有限公司（PTT PCL）是财富杂志世界 500 强中唯一的泰国公司。2013 年公司营业收入 925 亿美元，位列 500 强第 84 位。

诗董橡胶股份有限公司（Sritang Agro Industry PCL）成立于 1987 年，是泰国最大的天然橡胶生产商和出口商之一，员工总数超过 9000 人，年天然橡胶总产销量 80 万吨。

四、国内市场

（一）销售总额

2014 年，泰国居民消费支出总额 6.64 万亿泰铢，约合 1695 亿美元。政府消费支出总额 1.73 亿泰铢，约合 526 亿美元。

（二）生活支出

据泰国统计局数据，2013 年，泰国家庭月均收入 25194 泰铢，支出 19061 泰铢。泰国居民耐用品消费同比增长 31.3%，半耐用品消费同比增长 4.8%，食品消费同比增长 1.9%，非食品类非耐用品消费同比增长 4.7%，服务消费同比下降 1.6%。

（三）物价水平

2015 年 3 月底，曼谷基本生活品物价：食用油 40 泰铢（人民币 8 元）/升；鸡蛋 56 泰铢（人民币 11 元）/10 个；大米约 30～40 泰铢（人民币 6～8 元）/公斤；猪肉 180 泰铢（人民币 38 元）/公斤；去骨鸡肉 85～95 泰铢（人民币 17～19 元）/公斤。

五、金融环境

（一）当地货币

泰国货币单位为铢（Baht）。1 泰铢等于 100 士丁（Satang）。泰铢为可自由兑换货币。2014 年 3 月 25 日，泰国央行公布的泰铢对美元和欧元的汇率中间价分别为 31.79：1 和 38.21：1，人民币与泰铢的汇率中间价为 1：5.02。

近几年来，随着美元疲软，泰铢对美元的汇率呈现稳定升值态势。2005 年年底汇率为 1 美元兑换 40.22 泰铢，2008 年年底为 1 美元兑换 35.0824 泰铢，2009 年年底为 1 美元兑换 33.5168 铢，2011 年年底为 1 美元兑换 31.8319 泰铢，2012 年年底进一步降低至 1 美元兑换 30.7775 泰铢，2013 年年底为 1 美元兑换 31.7856 泰铢，2014 年 7 月 25 日 1 美元兑换 31.84 泰铢，泰铢对美元汇率基本稳定。

（二）外汇管理

泰国外汇管制法规定对所有居民持有的外汇在携带入泰国时没有数量限制，但在带入境后的 7 天内须出售给或存入泰国的商业银行。对投资者带入泰国的外汇如投资基金、离岸贷款等没有限制，但这些外汇需在收到或进入泰国 7 天内出售或兑换成泰铢，或存入一家授权银行的外汇账户。

外资公司向其海外总部汇出利润将征收 10%的汇款税，汇出款项的公司在汇款 7 天内须付清税金。

自 1991 年 4 月 1 日起，泰国充分放宽了对外汇交易的管制。

1. 资金进入：（1）非本国居民：过境的个人通常可以自由携带外汇和可流通的票据；（2）本国居民：携带入境的外汇和流通票据的数量没有限制。但所有的外汇和票据须在收到或进入泰国 7 天内存入一家商业银行的外汇账户上；（3）投资者：对进入泰国的外汇如投资基金、离岸贷款等没有限制，但这些外汇须在收到或存入泰国 7 天内兑换成泰铢，或存入一家授权银行的外汇账户上。

2. 资金汇出：投资基金、分红和利润以及贷款的偿还和支付利息，在所有适用税务清算之后，可以自由汇出。同样，本票和汇票也可以自由汇出境外。

3. 商业交易中的外汇汇兑：泰国居民的外汇账户对以下情况，允许泰国个人和法人保留外汇——

在泰国授权银行开立的账户，存入从国外或从曼谷离岸业务机构借来的外汇。存款人须提交证据，证明在存款日期3个月内，要向国外的个人、授权银行、泰国进出口银行或泰国工业金融公司偿付外汇。但存款人的存款不能超过上述偿付数额。外汇存款票据和银币不能超过2000美元/天。每一个法人所有账户的日到期余额不得超过500万美元，个人不得超过50万美元。

(1) 非本国居民的外汇账户。非本国居民可以在泰国授权银行开立并保留外汇账户。存款需来自海外资金。上述账户的余额可以不受限制地转移。

(2) 非本国居民的银行账户。非本国居民可以在泰国任意一家授权银行开立账户。可以自由提取包括出售境外外汇所得的收入或非本国居民外汇账户上的外汇、其他非本国居民泰铢账户上转移过来的数额、本国居民与非本国居民间偿付债务的款项等。

(3) 进口。进口商可为进口支付而自由购买或从自己的外汇账户上提取外汇。进口商无须得到泰国银行的许可，但在进口货物或交易价值超过50万泰铢时则须提交F.T.2表格以及货物提单给客户。

(4) 出口。出口可不受任何外汇管制。但出口收入或交易超过50万泰铢以上时须自出口之日120天内收到外汇并交予一家授权银行或在收到外汇7天内将其存入授权银行的外汇账户。

(5) 无形交易。在提交支持性文件给授权银行后，非本国居民的汇款可以用于非资本项目，如服务费、利息、红利、利润和税费。居民的旅行支出或教育费用也可自由使用外汇。无形交易的收入须交授权银行或在收到收入7日内存入一家授权银行的外汇账户。

居民可以在泰国内持有或交易黄金珠宝、金币、金条。

(三) 银行机构

泰国中央银行（Bank of Thailand)，主要负责监管国内的金融体系、维护金融体系的稳定、制订货币及汇率政策、发行货币等。

泰国当地主要商业银行有盘谷银行、开泰银行、暹罗商业银行、大城银行、军人银行、泰京银行等。外资银行主要有花旗银行、汇丰银行、大华银行等。盘谷银行、开泰银行、暹罗商业银行等当地银行与中国国内银行合作较密切。中资银行有中国银行曼谷分行、中国工商银行（泰国）有限公司。

(四) 融资条件

在融资方面，外资企业与当地企业原则上享受同等待遇，具体贷款条件由各商业银行根据其对贷款企业及项目的分析及风险控制情况而定，泰国央行对商业银行存贷款利率不做硬性限制。

自2010年8月起，中国政府开始实施多种措施以鼓励和推动人民币在世界贸易和金融市场上发挥更大作用，旨在推动人民币国际化。目前，在泰国大部分商业银行已开办人民币业务，其中包括中国银行曼谷分行、工商银行（泰国)、泰华农民银行等。

(五) 信用卡使用

泰国当地信用卡使用较普遍，国际通行的Visa卡和Master卡在当地均可使用。目前，中国银行（曼谷）分行和中国工商银行（泰国）有限公司均在当地发行了中泰双币信用卡。中国的银联卡在部分场所可以使用，下一步将普及至大部分消费场所。

六、对外经贸

(一) 贸易关系

泰国是WTO的正式成员，与澳大利亚、新西兰、日本、印度、秘鲁等国家有双边优惠贸易安排，并通过东盟与中国、韩国、日本、印度、澳大利亚和新西兰等国签订了自贸区协议。

1. 贸易额：2015年泰国货物进出口额为4128亿美元，同比下降8.9%。其中出口2108.7亿美元，同比下降6.3%；进口2019.4亿美元，同比下降11.5%。贸易顺差额为89.3亿美元。

2. 贸易伙伴：中国、日本和美国是泰国前3大贸易伙伴，2015年泰国对3国分别出口233.1亿美元，197.6亿美元和236.8亿美元，其中对中国和日本出口同比分别下降6.1%和8.2%，对美国出口增长0.2%，3国合计占泰国出口总额的31.7%；自上述三国分别进口409.1亿美元、311.3亿美元和138.2亿美元，其中自日本和美国进口同比分别下降12.5%和5.4%，自中国进口增长6.2%，3国分别占泰国进口总额的20.3%、15.4%和6.8%。中国香港是泰国最大的贸易顺差来源地，2015年顺差额为100.7亿美元，同比下降10.7%。此外，对美国的贸易顺差额为98.6亿美元，同比增长9.1%。贸易逆差主要来自中国和日本，2015年逆差额分别为176亿美元和113.8亿美元。

3. 商品结构：机电产品、运输设备和塑料橡胶是泰国的主要出口商品，2015年出口额为664.4亿美元、282.4亿美元和239.8亿美元，同比分别下降3.2%、0.2%和12.9%，3类产品合计占泰国出口总额的56.3%。另外，食品饮料出口172.6亿美元，同比下降2.6%，占泰国出口总额的8.2%。机电产品、矿产品和贱金属及制品是泰国的主要进口商品，2015年进口额为649.8亿美元、307.6亿美元和250.3亿美元，同比分别下降3.9%、36.8%和10.8%，3类产品合计占泰国进口总额的62.8%。此外，化工产品、运输设备等进口164亿美元和129.4亿美元，同比分别下降8.6%和5.3%，占泰国进口总额的8.1%和6.4%。

（二）辐射市场

作为以贸易立国的外向型经济发展国家，泰国与多国签署有自由贸易协定，与各主要经济大国的贸易关系融洽，市场辐射范围较大，尤其是中日韩、东盟、欧美、澳新、印度一带，属于其重点辐射地区。下一步，伴随东盟共同体的建成及东盟10+3、东盟10+6以及亚太地区各项贸易安排的推进，其市场地位有望进一步提升。

（三）吸收外资

近两年，伴随中国—东盟自由贸易区的全面建成及2015年东盟经济共同体的建成，泰国吸收外资重新进入快速增长期。据联合国贸发会议发布的2015年《世界投资报告》显示，2014年，泰国吸收外资流量为125.66亿美元；截至2014年年底，泰国吸收外资存量为1993.11亿美元。据泰国BOI统计，受泰国原有的以投资地域为基础的投资优惠政策即将到期企业集中申报的影响，2014年泰国共接受外商直接投资优惠申请项目1573个，同比增长38.96%；涉及投资额10229.96亿泰铢，同比增长94.94%，主要来源包括日本、美国、欧盟、中国以及新加坡和马来西亚等东盟国家。

（四）中泰经贸

中泰两国政府于1978年签订贸易协定，1985年签订《关于成立中泰经济联合合作委员会协定》和《关于促进保护投资的协定》，1986年签订《关于避免双重征税的协定》，2003年签订《中泰两国政府关于成立贸易、投资和经济合作联合委员会的协定》。2012年4月，中国和泰国在北京签署了涉及经贸、农产品、防洪抗旱、铁路发展、自然资源保护等领域的7项双边合作文件。中国国务院总理温家宝和泰国总理英拉·西那瓦共同出席了签字仪式。中华人民共和国和泰王国11日在曼谷发表《中泰关系发展远景规划》。2014年12月19日，中国国务院总理李克强访问泰国时，与泰国总理巴育共同见证签署了《中泰农产品贸易合作谅解备忘录》。

1. 双边贸易：

表1：2015年中泰贸易、投资统计

2015年	双边贸易总额	754.6亿美元（同比增长3.8%）
	中国出口	382.93亿美元（同比增长11.64%）
	中国进口	371.7亿美元（同比下降3.14%）
中国对泰国投资		截至2014年实际对泰国投资8.39亿美元
泰国对华投资		截至2014年实际对中国投资6052万美元

（资料来源：中华人民共和国商务部）

塑料橡胶和机电产品是泰国对中国出口的两大重要商品，2015年出口额分别为66.4亿美元和57.2亿美元，其中塑料橡胶出口同比下降14.6%，机电产品出口同比增长3.7%，占泰国对中国出口总额的28.5%和24.5%。此外，植物产品出口额为30.8亿美元，同比增长1.8%，占泰国对中国出口总额的13.2%，为泰国对中国出口的第3大类商品。对中国出口的第4大类商品是化工产品，出口18.6亿美元，同比下降35.1%，占泰国对中国出口总额的8%。

机电产品占据泰国自中国进口总额的半壁江山，2015年进口额202.3亿美元，同比增长6.7%，占泰国自中国进口总额的49.4%。贱金属及其制品、化工产品、塑料橡胶、纺织品原料分居第2至第5大类商品，2015年进口额分别为64.5亿美元、32.3亿美元、20.1亿美元和16.5亿美元，其中贱金属及其制品与塑料橡胶进口同比增长16%和8%，化工产品和纺织品进口同比下降3.7%和2%，上述4类商品合计占泰国自中国进口总额的32.6%。在上述产品上，日本、美国、澳大利亚和马来西亚等是中国的主要竞争对手。

据中国海关统计，近年来，中国对泰国出口商品主要类别包括：①电气设备及其零件；②机械设备及零件；③钢材；④光学仪器设备；⑤自动化数据处理设备；⑥有机化学品；⑦塑料及制品；⑧钢铁深加工产品；⑨交通运输设备及配件；⑩家具及家居用品。

据中国海关统计，近年来，中国从泰国进口商品主要类别包括：①自动化数据处理设备；②天然橡胶；③电气设备及零配件；④电子集成电路；⑤塑料及制品；⑥机械设备及零配件；⑦有机化学品；⑧合成橡胶及制品；⑨能源类矿产品；⑩木薯。

2. 双向投资：据中国商务部统计，2014 年中国对泰国直接投资流量 8.39 亿美元。截至 2014 年末，中国对泰国直接投资存量 30.79 亿美元。2014 年，泰国企业对中国投资流量6052 万美元，同比下降 87.47%；截至 2014 年年末，泰国企业累计对华直接投资 40.13 亿美元。

3. 承包劳务：据中国商务部统计，2014 年中国企业在泰国新签承包工程合同 80 份，新签合同额 17.77 亿美元，完成营业额 18.36 亿美元；2014 年派出各类劳务人员 2530 人，2014 年年末在泰国劳务人员 3742 人。

新签大型工程承包项目包括华为技术有限公司承建泰国电信，中国电建集团中南勘测设计研究院有限公司承建泰国 EA 太阳能 2 期项目，江苏省建筑工程集团有限公司承建泰国普吉岛度假村项目等。

【来源：选编自商务部国际贸易经济合作研究院，商务部投资促进事务局、中华人民共和国驻泰王国大使馆经济商务参赞处共同主编.《2015 版对外投资合作国别(地区)指南——泰国》. 第 15～32 页】

越南投资环境分析

越南吸收外资的主要优势：一是劳动力成本相对较低，根据越南国家统计总局数据，2014 年，越南人均 GDP 约为 2028 美元，不到中国人均 GDP 的 1/3，与中国中西部地区相当；二是地理位置优越，海岸线长达 3260 公里，港口众多，运输便利；三是面向东盟，投资者可利用自贸区优惠政策，将产品销往东盟其他国家；四是对基础设施、配套设施的巨大潜在需求。

影响外资的不利因素：一是近年来宏观经济不稳定，通胀压力大。2014 年年均消费价格指数（CPI）涨幅 4.09%，银行贷款利率高达 12%～16%；二是劳动力素质不高，越南共有约 5400 万劳动力，但受过良好教育和培训的人员仅占 18.4%；三是配套工业较落后，生产所需机械设备和原材料大部分依赖进口。

根据世界银行《2015 营商环境报告》显示，在报告统计的全球 189 个经济体中，越南营商环境便利度排名第 78 位。世界经济论坛《2014～2015 年全球竞争力报告》显示，越南在全球最具竞争力的 144 个国家和地区中，排名第 68 位，竞争力指数 4.23，与秘鲁、哥伦比亚相当。

一、自然资源

越南能源资源丰富、种类储量惊人，种类多样。矿藏资源分为能源类、金属类和非金属类 3 种。已探明石油、天然气、煤炭可采储量分别达 2 亿吨、3000 亿立方米和 38 亿吨，分别可供开采 20 年、35 年和 95 年。此外，已探明铁矿 13 亿吨、铝土矿 54 亿吨、铜矿 1000 万吨、稀土 2200 万吨、铬矿 2000 万吨、钛矿 2000 万吨、锆矿 450 万吨、镍矿 152 万吨、高岭土 2000 万吨。越南盛产大米、玉米、橡胶、椰子、胡椒、腰果、咖啡和水果等农作物。森林面积约 1000 万公顷。

二、基础设施

1. 公路

公路运输为越南主要运输方式，总里程约 20 多万公里，2014 年共运送旅客约 28.7 亿人次，同比增长 7.8%，运输货物约 8.2 亿吨，同比增长 6.9%。目前，在建和拟建的高速公路 40 多条线，全长 6313 公里，分为 5 个路网：一是南北高速路网，含 2 条线路，全长 3621 公里，其中东线长 1753 公里，西线长 1868 公里；二是北部高速路网，含 6 条线路，与首都河内相连，全长 1074 公里；三是中部和西原地区高速路网，含 4 条线路，全长 524 公里；四是南部高速路网，含 8 条线路，全长 1094 公里；五是河内和胡志明市环城高速路网，含 3 条线路，其中河内三环线长 56 公里，四环线长 136 公里，胡志明市三环线长 83 公里。此外，河内五环线和胡志明市四环线建设在拟议中，其主要职能是连接两个城市的周边卫星城。根据规划，越南高速公路建设共需资金 479 亿美元，将主要依靠国家财政投资、民间集资和国际组织和外国政府贷款。

2. 铁路

越南铁路总里程约 2600 公里，以米轨为主（2160 公里，占总长的 83.18%），共 7 条干线，其中河内—胡志明市统一线全长 1726 公里，经 3 次提速后全线行程约 29 小时。2013 年越南铁路共运送旅客约 1300 万人次，同比增长 6%；运输货物约 700 万吨，同比下降 1%。根据《至 2020 年铁路发展规划》，今后越南将重点发展城市铁路交通及连接城内与郊区的铁路运输，首先在河内和胡志明市进行建设。

3. 空运

2014 年越南航空共运送旅客约 1827 万人次，同比增长 8.2%，运输货物 20.2 万吨，同比增长 9.9%。越南航空业拥有 74 架飞机，主要机型包括：AIRBUS（320 型、321 型、330 型）34 架、BOEING—777 型 10 架，此外，还有 BOEING—737 和 767、ATR72、FOKKER70 等机型，平均机龄约 10 年；2015 年，越南民航飞机总数将达到 115 架，2020 年达到 165 架。越南已开通联接国内 20 个城市和国外 26 个城市的 70 条航线，并在各国设立 28 个办事处和 1000 多个代理点；航班延误率为 13%，远低于全球平均水平，信誉较好；共有员工 1.4 万人，其中飞行员 422 人（含 138 名国外飞行员），机组服务员 700 人，技术工程师 283 人，技术工人 590 人。机场建设方面，越南共有 17 个规模较大的机场，包括河内内排国际机场、胡志明市新山一机场、岘港机场、芹苴机场等 4 个国际机场。已有 45 家国际航空公司开通连接越南的 55 条航线。中国北京、广州、上海、重庆等地均有飞往越南河内、胡志明市的航线。

4. 水运

（1）内河运输：越南内河运输的货运量与客运量仅次于公路运输，在全国运输业居第二位。现有 23 个主要的内河装卸码头和若干小码头，年吞吐量约 700 万吨。主要港口位于胡志明、河内、河北、越池、宁平、和平等省市。船队以 5～20 吨级到 1000～2000 吨级的船只为主；牵引力较低，约每马力 4～5 吨；速度慢，每小时 5～8 公里。内河运输是越南普遍使用的运输方式，货物主要包括粮食、煤炭、水泥、石头、沙子等。2014 年越南内河共运送旅客约 1.47 亿人次，同比增长 4.6%，运输货物 1.87 亿吨，同比增长 3.1%。

（2）海洋运输：近年来，越南的海洋运输发展较快。现有海港 49 个，其中一类港口 17 个，二类港口 23 个，三类港口 9 个。分为 6 大港口群，自北向南依次为：广宁省至宁平省的北部港口群、清化省至河静省的北中部港口群、广平省至广义省的中部港口群、平定省至平顿省的南中部港口群、南部港口群和九龙江平原港口群，吞吐量主要集中在北部港口群和南部港口群，约占总吞吐量的 80%。全国海港设计吞吐能力约 4 亿吨，2011 年实际吞吐量约 2.8 亿吨。海港航道水深大多在 10 米以下，还不具备通航 5 万 DWT 级以上船舶的条件。全国尚无国际中转港，进出口货物均需经新加坡、中国香港地区等地中转。越南海运船队主要由国内自产新船和国外进口二手船组成，共有海运船只 1600 艘，总载重量 620 万吨，世界排名第 31 位。越南最大的海运企业为越南航海总公司（Vinalines）。2014 年越南海洋共运送旅客约 516 万人次，同比增长 3.2%，运输货物 5548 万吨，同比减少 5.2%。

5. 通信

越南通讯业发展较快。截至 2014 年年底，越南共有 24 家通信企业获准建立通信网络。超过 100 家企业获准提供通信服务。互联网宽带用户达 1192 万。其中，固定宽带 698 万用户，3G 移动宽带 494 万用户。移动业务用户数量达到 1.39 亿。虽固定宽带用户有下降趋势，但移动业务用户数量增速较快，2014 年通信领域营业收入实现 305 万亿越南盾（约合 142 亿美元）。

6. 电力

2014 年，越南电力集团共生产和购买电力 1422.5 亿千瓦时，比 2013 年增长 11%。2015 年目标为生产和购买电力 1569 亿千瓦时，同比增长约 10%。电力平均零售价为每千瓦时 1515 越南盾（约合 0.071 美元）。该集团 2015 年总装机容量达 3400 万千瓦。由于汇率波动、煤价和水价上涨、农村电网建设支出增加等原因，2014 年越南电力集团支出增加了 16.8 万亿越南盾（约合 7.9 亿美元）。2014 年该集团收入为 196.3 万亿越南盾（约合 93 亿美元），比 2013 年增长 13%，税后利润约 3000 亿越南盾（约合 1420 万美元），股本回报率为 0.2%。随着越南经济持续较快发展，电力需求越来越大，供需较紧张。今后几年，越南政府将继续加大对电力领域的投入，特别是加大对再生能源、火电和核电的投入。越南在南部宁顺省的福营（PHUOC DINH）和永海（VINH HAI）两地各建一座核电站，每座电站有两台 100 万千瓦核电机组，首台机组拟于 2020 年投入运行。今后 10 年，越南将建设 10～13 个核电机组。

2011 年 6 月，越南政府出台关于风电发展机制的第 37 号决定，提出鼓励风电发展的政策措施，包括将风电并网价格提高至 7.8 美分/千瓦时（火电和水电并网价格约 5.5 美分/千瓦时），将风力发电列入越南第 7 个电力发展规划，计划到 2020 年将风电功率提高至 100 万千瓦。此外，越南还鼓励利用太阳能、生物质能和地热等可再生能源发电。

三、重点/特色行业

1. 农林渔业：2014 年，越南农林渔业产值 386

亿美元，同比增长3.9%。其中，全年生产水稻450万吨，同比增长96万吨；水产品341万吨，同比增长5.2%。2014年越南农林水产品出口额为308亿美元，同比增长11.2%。其中，主要农产品出口138亿美元，同比增长5.4%；水产品出口78亿美元，同比增长17.1%；林产品出口42亿美元，同比下降25%。2014年越南出口咖啡169吨，同比增长30.1%，出口额35.6亿美元，同比增长30.9%；出口大米约638万吨，同比下降3.2%，出口额29.6亿美元，同比增长1.1%；出口橡胶约107万吨，同比下降0.7%，出口额17.8亿美元，同比减少28.4%；出口腰果15.5万吨，同比增长17%，出口额20亿美元，同比增长21.4%；出口木制品62.3亿美元，同比增长11.5%。

2. 工业：2014年，越南工业产值524.2亿美元，同比增长15%，工业生产指数同比增长7.6%。矿产开发生产指数同比增长2.5%，加工制造业生产指数同比增长8.7%，电力生产和配送同比增长12.1%，供水及废水、垃圾处理同比增长6.4%。

3. 服务业：2014年，越南服务业同比增长5.82%。全年社会商品零售和服务总额1370亿美元，同比增长10.6%，剔除物价因素实际同比增长6.3%。接待国外游客787万人次，同比增长4%。其中，以休闲旅游为目的入境的旅客约476万人次，同比增长2.6%；从航空入境的旅客约622万人次，同比增长4%；从陆路入境161万人次，同比增长14.8%；从海上入境47.6万人次，同比减少75.4%。其中来自中国的旅客最多，约195万人次，同比增长2.1%；其次是韩国，约84.8万人次，同比增长13.3%；日本64.8万人次，同比增长7.3%。

4. 汽车工业：全行业现有12家外资企业和100多家本国企业，其中近20家从事整车组装、近20家生产汽车车身、60多家生产汽车零部件。总体而言，越南汽车企业以进口部件进行组装为主，国产化率较低，仅5%～10%。越南华重商用车有限公司为中方独资企业，也是在越南唯一的中资汽车企业，位于海防市图山工业区，一期总投资1000万美元，主要生产卡车。

5. 电力工业：全国发电装机总容量约2100万千瓦，高压电网1.3万多公里。其中，500千伏电网全长1531公里，220千伏电网全长3839公里，110千伏电网全长7703公里。每年从中国进口电约50亿度。

全国变电站总功率为2370.9万千瓦。其中，500千伏变电站功率为423.1万千瓦，220千伏变电站功率为847.4万千瓦，110千伏变电站功率为1100.4万千瓦。

根据越南第七个电力发展规划，到2015年全国电力总需求将达到1940～2100亿千瓦时，相当于2010年需求量的2倍；到2020年将达到3400～3700亿千瓦时。再生能源发电特别是风电将与火电、核电一起成为今后越南电力发展的重点。

目前，中资企业在越南电力市场有较强竞争力，已经完成和正在实施的电力项目包括：海防一、二期热电项目，锦普一、二期热电项目，广宁一、二期热电项目，山洞电站项目，永新二期热电项目，沿海一、二、三期热电项目，海阳热电厂，冒溪热电厂和升龙热电厂等。

6. 油气工业：据越方统计，2014年越南原油产量1706万吨，天然气97.5亿立方米。越南首家炼油厂—容桔炼油厂已于2010年5月30日正式投产，投资总额超过30亿美元，年加工原油650万吨，将满足越南成品油需求量的40%。

四、国内市场

（一）销售总额

随着越南经济持续较快发展，人民生活明显改善，国内消费需求不断上升。2014年，越南社会商品零售和服务总额294万亿越南盾（折合1370亿美元），同比增长10.6%。

根据越南加入WTO的承诺，越南已开放分销服务业，允许外商设立独资企业，从事商品批发、零售、佣金代理等业务，已有10余家外资企业在越南投资超市、商业中心等现代零售业态，包括德国的METRO、法国的BIGC、韩国的LOTTE、马来西亚的PARKSON（百盛）等，主要通过双边渠道在越南加入WTO前就已进驻越南市场。

目前，越南农村人口约占总人口的66.9%。高档商品消费仅限于少数人群，主要集中在河内和胡志明市。河内市的中高档商品大多来自欧美、日本、韩国和中国，部分商品来自泰国、马来西亚等周边国家。

（二）生活支出

越南居民储蓄率自1999年以来持续下降。10年前，居民储蓄率约为20%，到2010年降至10%。近年由于通胀压力大，住房、食品和交通已占居民生活总支出的80%～90%。

（三）物价水平

越南2014年12月CPI环比下降0.24%，全年年均CPI涨幅4.09%。截至2013年11月30日越南大米价格持续下跌，离岸价格货值26.5亿美元，到岸价格货值27.6亿美元，平均离岸价格为431美元/吨，平均价格下跌14.5美元/吨。2013年4月，越南市场部分商品价格如下：牛肉9～10美元/公斤、鲤鱼4美元/公斤、黄瓜0.8美元/公斤、鱿鱼8～9美元/公斤。

五、金融环境

（一）当地货币

越南货币为越南盾，不可自由兑换。

2015年3月31日，美元兑越南盾的汇率为：1美元兑换约21458越南盾，1欧元兑换约23304越南盾。最近3年越南盾兑美元实行爬行钉住汇率制，越南盾兑美元比价年均贬值1%左右。

人民币与越南盾不可直接兑换。

（二）外汇管理

外汇管理方面，外国投资者可根据越南外汇管理规定，在越南金融机构开设越盾或外汇账户。如需在国外银行开设账户，需经越南国家银行批准。外国投资者可向从事外汇经营的金融机构购买外汇，以满足项目往来交易、资金交易及其他交易的需求。如外汇金融机构不能满足投资者的需要，政府将根据项目情况，解决其外汇平衡问题。越南海关规定，入出境时如携带5000美元或其他等值外币、1500万越南盾以上现金、300克以上黄金等必须申报，否则超出部分将按越南海关有关规定进行处罚。中国国内团组访问越南，如团费交由专人携带，入出境时超出标准部分应申报，或者分散保管，以免被罚没。

（三）银行机构

1. 中央银行：越南国家银行。越南国家银行规定，从2012年12月24日起，将对农业农村、出口、辅助工业、中小型企业、高新科技企业的越南盾贷款年利率由13%降低为12%。同时，活期和1个月以下定期的存款年利率上限仍保持2%；1个月以上至12个月以下定期的存款年利率上限由9%降低为8%。

此外，根据越南国家银行第2646/Q－NHNN号决定，国家银行将其向商业银行提供贷款的再融资年利率由10%降至9%，并将年均贴现率由8%降至7%，银行间隔夜拆借年利率由11%降至10%。

2. 商业银行：越南本土商业银行包括5家国有控股银行（外贸银行、农业与农村发展银行、工商银行、投资发展银行、九龙江房屋发展银行）、37家城市股份商业银行、18家农村股份商业银行、17家金融公司、12家金融租赁公司。

3. 外资银行：目前，越南有51家外国银行分行、4家合资银行、5家外国全资子银行，50家外国银行代表处。

4. 中资银行：中国工商银行在河内设立了分行；中国银行、中国建设银行、中国交通银行在胡志明市设立了分行；中国农业银行在河内设立了代表处；国家开发银行在河内设立了工作组。

（四）融资条件

融资方面，外资企业与当地企业享有同等待遇。金融机构根据客户的贷款需求和还款能力及自身的资金能力决定贷款额度。金融机构对于单一客户的融资金融不得超过金融机构注册资本金的15%，集团关联企业不得超过金融机构注册资本金的25%。如对一个客户的贷款总余额超过金融机构自有资金的15%或客户有多种融资的需求则各金融机构按越南国家银行的规定发放银团贷款。

在美元贷款方面，越南有严格限制，规定企业申请的美元贷款必须用于支付商品或劳务进口且有能力用自有外汇收入支付还款。

（五）信用卡使用

越南信用卡的使用逐渐普及。中国金融机构发行的VISA卡、万事达卡、银联卡均可在越南使用。

六、对外经贸

（一）贸易关系

1. 贸易总量：2014年，越南进出口总额2982.4亿美元，同比增长12.9%。其中，出口1501.9亿美元，同比增长13.7%，进口1480.5亿美元，同比增长12.1%。

2. 贸易结构：越南出口结构逐步改善，出口商品技术含量和附加值较前提高，电子产品和普通机械设备出口比重增加。2014年主要出口商品包括：电话及零部件（出口236亿美元，同比增长11.1%、纺织品（出口209.5亿美元，同比增长16.8%）、计算机及零配件（出口114亿美元，同比增长7%）、鞋类（出口103亿美元，同比增长22.6%）、水产品（出口78.4亿美元，同比增长17.1%）、原油（出口72.3亿美元，同比下降0.1%）、木制品（出口62亿美元，同比增长10.7%）、运输设备（出口56亿美元，同比增长12%）、咖啡（出口35.6亿美元，同比增长30.9%）、大米（出口29.6亿美元，同比增长1.1%）。

进口以机械设备、成套设备、工业原辅料和农用物资为主，主要进口商品包括：机械设备及零部件（进口225亿美元，同比增长20.4%、电子产品、计算机及零配件（进口272亿美元，同比增长5.6%）、布料（进口94.2亿美元，同比增长13%）、电话及零配件（进口85亿美元，同比增长6%）、成品油（进口76.7亿美元，同比增长9.9%）、钢材（进口78亿美元，同比增长6.4%）、化学原料及中间体（进口63亿美元，同比增长10.5%）、化肥（进口12.4亿美元，同比下降27.3%）、化学品（进口33亿美元，同比增长10%）、燃气（进口7.82亿美元，同比增长21.4%）。

3. 主要贸易伙伴：据越南统计数据，2014年，越南主要出口市场依次为美国（出口285亿美元，同比增长20.3%）、欧盟（出口279亿美元，同比增长14.3%），东盟（出口190亿美元，同比增长2.3%）、中国（出口148亿美元，同比增长13%）；日本（出口147亿美元，同比增长8%）。主要进口来源地依次为中国（进口437亿美元，同比增长13.2%）、东盟（进口237亿美元，同比增长8%）、韩国（进口217亿美元，同比增长4.3%），日本（进口127亿美元，同比增长9.4%）、欧盟（进口92亿美元，同比下降3%）、美国（进口63亿美元，同比增长23.5%）。

（二）辐射市场

1. 世界贸易组织：越南于2006年11月加入世界贸易组织（WTO），2007年1月开始履行入世承诺，逐步削减关税，开放服务领域，营商环境较之前有所改善。

2. 区域和双边贸易协定：截至2014年年底，越南已参加8个自由贸易区，包括6个区域性自由贸易区和2个双边自由贸易区，即东盟自由贸易区、东盟—中国自由贸易区、东盟—日本自由贸易区、东盟—韩国自由贸易区、东盟—澳大利亚—新西兰自由贸易区、东盟—印度自由贸易区以及越南—日本自由贸易区、越南—智利自由贸易区。同时，越南正在与欧盟、俄白哈关税同盟商谈自由贸易区，正在参加《跨太平洋战略经济伙伴协定》谈判。总体看，越南参加的自由贸易区主要位于亚洲，合作内容以商品和服务贸易为主。

（三）吸收外资

1. 外资流量：据越南统计，2014年，越南吸收协议外资250.6亿美元，同比增长16%。其中，新批项目1588个，协议金额156.4亿美元，同比增长9.6%，增资项目594个，增资金额45.8亿美元。2014年，实际到位资金124.5亿美元，同比增长8%。

据联合国贸发会议发布的2015年《世界投资报告》显示，2014年，越南吸收外资流量为92亿美元；截至2014年年底，越南吸收外资存量为909.9亿美元。

2. 外资来源：2014年，共有60个国家和地区在越南投资。越南吸收外资主要来源地依次为：韩国（协议金额73.2亿美元，占外资总额36.2%）、中国香港（30亿美元，占外资总额14.8%）、新加坡（27.9亿美元，占外资总额13.8%）日本（20.5亿美元，占外资总额10.1%）。中国企业对越南协议金额为3.2亿美元，位在越南投资国第7位。

2014年，外国投资商共对越南全境54个省市进行投资，吸引投资最多的是太原省，共33.5亿美元，占吸引外资总额16.6%；其次为胡志明市，共31亿美元，占吸引外资总额15.4；同奈省位第3位，共18.3亿美元，接下来分别是北宁省、平阳省、庆和省，吸引外资分别为15.8亿美元、14.6亿美元和12.5亿美元。

3. 接受国际援助：2014年度，国际社会承诺向越南提供官方发展援助50亿美元，比2013年减少15亿美元。主要用于基础设施建设、教育培训、医疗卫生、扶贫、环保、促进绿色增长等领域。

（四）中越经贸

近年来，中越经贸关系发展迅速，中国连续11年成为越南第1大贸易伙伴。2015年，越南保持中国在东盟的第2大贸易伙伴。2011年，两国签署了《中越经贸合作五年发展规划》。2013年10月，双方签署《中国商务部与越南工贸部农产品贸易领域合作谅解备忘录》。

1. 双边贸易：据中国海关统计，2015年中越双边贸易额为959.7亿美元，同比增长14.7%。其中，中国对越南出口661.24亿美元，同比增长3.8%；自越南进口298.42亿美元，同比增长49.9%；越方逆差362.82亿美元，比2014年逆差小。2015年越中双边贸易额突破900亿美元，中国是越南第1大贸易合作伙伴。

中越贸易呈较强互补性，中方对越南出口以机电产品、成套设备、工业原辅料、半成品和农用物资为主，约占出口总额的85%；自越南进口以农产品和资源性产品为主，约占进口总额的90%，煤炭、天然橡胶、果蔬、水产品和木制品等有较大需求。

据中国海关统计，近年来，中国对越南出口商品主要类别包括：①机械器具及零件；②电机、电气、音像设备及其零附件；③钢铁制品；④针织或钩编的服装及衣着附件；⑤车辆及其零附件，但铁道车辆除外；⑥矿物燃料、矿物油及其产品，沥青等；⑦棉花；⑧钢铁；⑨针织物及钩编织物；⑩肥料。

据中国海关统计，近年来，中国自越南进口商品主要类别包括：①矿物燃料、矿物油及其产品，沥青等；②食用蔬菜、根及块茎；③橡胶及其制品；④机械器具及零件；⑤电机、电气、音像设备及其零附件；⑥棉花；⑦食用水果及坚果，甜瓜等水果的果皮；⑧家具、寝具等，灯具、活动房；⑨木及木制品、木炭；⑩鞋靴、护腿和类似品及其零件。

表1：中越双边贸易统计

年份	进出口总额	中方出口	中方进口	差额	增长率（%）		
					进出口	出口	进口
2008年	194.6	151.2	43.4	107.8	28.7	27.2	34.4
2009年	210.5	163.0	47.5	115.5	8.2	7.8	9.5
2010年	300.8	231.0	69.8	161.2	43.0	41.7	47.1
2011年	402.1	290.9	111.2	179.8	33.6	25.9	59.2
2012年	504.4	342.1	162.3	179.8	25.4	17.6	46
2013年	654.82	485.94	168.88	317.06	29.8	42.1	4.1
2014年	835.16	636.11	199.05	437.05	27.54	30.91	17.86
2015年	959.7	661.24	298.42	362.82	14.7	3.8	49.9

（资料来源：中国海关）

2. 双向投资：中国对越南投资处于起步阶段。据中国商务部统计，2014年中国对越南直接投资流量3.33亿美元。截至2014年末，中国对越南直接投资存量28.66亿美元。

目前，中方对越南投资主要集中于加工制造业、房地产和建设行业，在配套工业、高新技术产业和基础设施等越南政府鼓励外资的领域投资不大，尚有较大发展潜力。较大的投资项目包括：铃中出口加工区、龙江工业园、深圳—海防经贸合作区、圣力（越南）特钢有限公司、河内新希望集团有限公司、永兴一期火电厂等。据不完全统计，中方对越南投资项目已吸纳当地员工约8～10万人，占越南外资企业吸纳当地员工总数的5%～7%，一定程度上缓解了当地就业的紧张状况。

3. 承包劳务

越南是中国在东盟重要工程承包市场。目前，中方承建的部分大型项目陆续建成投产。其中，锦普热电厂一、二期项目已于2011年9月正式移交越方；金贩化肥厂已于2012年1月30日建成投产；宁平煤头化肥厂已于2012年3月30日建成投产；新莱氧化铝厂于2012年12月建成投产。“三线一枢”一期和“荣市一胡志明市”通讯信号改造已于2014年8月完工、永兴二期火电已移交越方、沿海三期火电厂等项目进展基本顺利。据中国商务部统计，2014年中国企业在越南新签承包工程合同165份，新签合同额38.05亿美元，完成营业额39.84亿美元；2014年派出各类劳务人员1.07万人，2014年年末在越南劳务人员1.24万人。新签大型工程承包项目包括中国能源建设集团广东省电力设计研究院有限公司承建越南永兴一期燃煤电厂BOT项目，中国十九冶集团有限公司承建台塑河静高炉工程施工项目，中国海诚工程科技股份有限公司承建理文集团越南后江省年产40万吨包装纸生产线等。

【来源：选编自商务部国际贸易经济合作研究院，商务部投资促进事务局、中华人民共和国驻越南社会主义共和国大使馆经济商务参赞处共同主编.《2015版对外投资合作国别（地区）指南——越南》.第10～23页】

在东盟十国开展投资合作的手续及注意事项

在文莱开展投资合作的手续及注意事项

一、在文莱投资注册企业需要办理的手续

（一）设立企业的形式

在文莱可以设立以下几种形式的企业：独资经营企业、合资或合伙经营企业、公司（私人或公共）及外国公司的子公司。

1. 独资与合伙经营企业：可以是个人、当地企业及外国公司的分支机构，具体规定包括：

（1）合作伙伴不超过20个；

（2）主管部门批准后，将签发企业名称证书，并征收30文莱元；

（3）外国人申请必须事先获得移民局、经济规划和发展局及劳工局的许可。

2. 公司（私人或公共）：可以是以股票或担保或股票及担保承担的有限责任企业，或无限责任企业。具体规定包括：

（1）必须有至少2名及不超过50名股东；

（2）股东可以是非文莱公民或居民；

（3）股东转让股份的权力有限制，禁止任何公众股票招募；

（4）子公司可以持有其母公司股票；

（5）合伙协议必须填写公司注册人及公司名称，同时提供其他标准表格的企业文件；

（6）主管部门批准后，将签发企业证书，并征收2文莱元；

（7）注册费用取决于公司股票资本授权规模；

（8）没有企业最低股本限制。私营企业还有以下要求：①指定当地注册的会计师；②逐年准备资产负债表。

所有企业必须注册名称，名称须经注册师的确认。每个名称征税5文莱元。

2011年1月，文莱财政部宣布修改公司法第138款关于在文莱注册公司对董事会构成的有关规定，并自2010年12月31日生效。根据新法案，公司董事会构成中，至少两位中的一位（如仅两位董事），或者至少两位（如超过两位董事）必须为本地公民。而修改前法令规定本地公民数量在董事会中须占一半以上。新法案将有利于吸引外国投资。

（二）注册企业的受理机构

在文莱注册企业，需向文莱工业与初级资源部企业登记处申请。

（三）注册企业的主要程序

1. 注册私人有限公司。注册程序如下：

（1）按照指定格式（Form A）向文莱总检察长署的企业注册部门提出申请，审核公司名称是否符合要求；

（2）公司名称获得批准后，30天内向公司注册处提供公司合作协议、章程、董事名单、情况说明、所有股东及董事的身份证或护照复印件等规定文件。按照公司资本股金比例收取注册费。最低档为资本金不超过2.5万文莱元的企业（法定最低注册资本），按300文莱元征收注册费；最高档为资本金达到1.5亿文莱元的企业，按3.5万文莱元征收注册费。

2. 外国公司的子公司。注册没有最低股本要求，须提供以下材料：

（1）有关章程企业等证明文件副本；

（2）董事会名单及详细情况；

（3）主管部门批准后，将签发证书，并征收25文莱元。

注册完毕后需保证以下工作顺利开展：

（1）指定在当地注册的会计师；

（2）准备年度财务表、资产负债表及董事会报告；

（3）准备分支机构账目；

（4）每年提交账目报表；

（5）逐年向公司注册处提交申报表。

二、承揽工程项目的程序

（一）获取信息

政府各部门在其公告栏刊登招标公告，并同时在每周的政府公报上刊登。此外，各主要报刊也定期发布招标信息。

（二）招标投标

按照有关规定，政府投资项目一律采用招标方式。大型项目的招标要经过漫长和严密的法律程序；自筹资金承建项目，可通过议标方式进行。

文莱政府工程项目均无预付款，支付方式一般用按工程进度支付，滞后3个月左右，因此承包商须垫资承包。政府项目一般不存在工程款拖欠现象。

按惯例，招标项目标的在500万文莱元以下的项目一般会发标给第一标，即最低标；而500万文莱元以上的项目则不一定是第一标中标，还要考虑其他因素。

（三）许可手续

在文莱承包工程的主管部门是发展部。承包商承揽当地工程需要到该部门申请承包建筑工程许可证，并接受该机构对承包工程的审查和项目监督。文莱经济发展局作为文莱推进经济多元化的重要执行机构之一，近年来逐渐在承包工程招标方面发挥重要作用，文莱政府住房、高速公路项目、机场改扩建项目以及摩拉岛大桥等均由该机构组织招标，并负责相关问题的协调工作。

三、专利申请和商标注册

（一）申请专利

文莱总检察长署（Attorney General's Chambers）负责商标、专利、工业设计等的注册。在英国、马来西亚和新加坡申请的专利，在文莱注册后3年有效。在文莱申请注册的专利，有效期为7年，可延长至14年。

文莱对版权保护尚无特别立法，但在需要时可适用英国的相关法律。

（二）注册商标

1. 申请商标注册程序

在文莱使用商标的第一人可向有关当局注册。该国的商标分类是根据国际分类法，文莱也接受服务商标的注册。文莱也提供多元分类、个别分类和综合分类的申请。

注册商标有下列情形的，有遭撤销之虞：商标于文莱无正当理由有连续五年未使用的情形的，该五年期间系自完成注册之日起算；商标之使用结果变成通用之商品或服务名称的；商标之使用结果易于在社会大众间造成混淆误认的。依新法的规定，提出上述撤销的申请人资格，不限定为利害关系人。再者，提出未使用撤销的申请人不必提出该商标未使用调查报告，举证责任系由商标所有权人提出。

2. 商标注册申请流程

在文莱申请注册商标流程：

（1）查询。商标查询通常是指商标注册申请人在申请注册商标前，为了了解是否存在与其申请注册商标可能构成冲突的在先商标权利，进行的有关商标信息的查询。申请人在申请注册商标前最好进行商标查询，了解在先权利情况。虽然查询结果不等于审查结果，但是，到政府申请查询服务，对整个申请注册过程将极大程度地降低了风险。因此，建议客户选择查询服务。

（2）审查。确认费用已交齐的前提下，商标局会翻查商标记录，以确定在相同或类似的货品或服务，是否有其它商户已经注册或申请注册相同或类似的商标；同时，查核有关商标是否符合商标法律法规的注册规定。如审核通过，申请程序将进入下一阶段（登宪公告阶段）。

（3）登宪公告。商标局核准申请后，便会在商标周刊上公告，为期 3 个月，如无人提出异议，该商标即可成功注册。

（4）注册。商标注册申请被核准后，便会把该商标的详细资料记入注册记录册，并向申请人发出注册证明书。此外，商标局会在商标周刊中公布有关的注册公告。注册日期会追溯至提交申请当日，换言之，作为注册商标拥有人的权利，应由提交申请当日起计。

（5）申请时间。有关申请如无不足之处，又没有遇到反对，则整个程序（由马来西亚商标局接获申请至批准商标注册）需时可短至 14 个月。

四、企业在文莱报税的相关手续

（一）报税时间

报税时间根据企业最初注册时间每年申报一次，最长逾期不能超过规定时间的 3 个月。

（二）报税渠道

通过会计师事务所到税务部门上报。

（三）报税手续

文莱税收较少，报税手续比较简单，相关资料可向当地会计师事务所咨询。

（四）报税资料

企业在文莱报税，需要提交申报表和相关税务收支报表。自 2012 年起，文莱财政部开通网上报税，可登录网站 www. stars. gov. bn 了解相关详细信息。

五、赴文莱的工作准证的办理

（一）主管部门

文莱负责外国人工作许可管理的部门是内政部劳工局和移民局。

（二）工作许可制度

外国人赴文莱工作，必须获得当地劳动部门签发的工作准证。

（三）申请程序

在引进劳工的问题上，文莱对外宣称实施的是开放的政策，但为确保劳工的流入不影响本地人的生活习惯和价值观，实际操作中实行“一事一批、个案处理”。基本操作程序是：

（1）由需要输入劳务的本地公司将公司经营情况、所需劳务的数量、国别及申请理由上报到劳工局。

（2）由劳工局、移民局等相关部门组成的审查委员会审批后下发劳工配额。

（3）申请单位获得配额后须缴纳安全保证金，东盟国家（马来西亚、新加坡、泰国、菲律宾、印度尼西亚）每人 600 文莱元，东盟国家（缅甸、柬埔寨、老挝、越南）每人 900 文莱元，亚太（印度、孟加拉、巴基斯坦、中国、日本、尼泊尔）每人 1800 文莱元。

（4）申请单位获取配额后直接招工或委托招工，招工时应出示的文件包括：劳工局配额批准函、已交纳保证金的证明。

（5）招到劳工后，雇主向移民局提出工作准证申请。移民局批准后，将批准信传真至文莱驻劳工本国使领馆，传真费由雇主承担。此时，劳务人员方可到文莱驻其本国使领馆申办签证。具体流程如下：首先，劳务人员需在本国出入境体检中心办理体检并取得健康证书；取得健康证之后，携带劳工局配额批准函、保证金证明、个人护照和赴文莱单程机票，到文莱使馆办理入境文莱的签证（有效期一般为3个月）。

(6) 劳务人员抵达文莱后，机场移民局给予3周的工作签证，在此期间需接受文莱卫生部的体检，并将体检结果、护照交雇主申请移民局的工作准证。体检一般流程为去公立医院申请体检预约卡，然后凭预约卡去体检中心做血液测试和X光检查；体检通过后办理为期2～3年的工作准证。卫生部将疟疾、肺结核、艾滋病、性病、乙肝、羊癫疯、精神病和毒瘾等疾病列为“不适合工作”病症，除疟疾患者外，其他患者均需遣返。

(7) 文莱政府规定，申请单位（雇主）申请工作准证，必须通过当地专门办理工作准证的中介公司，并且统一为所有劳务人员购买劳工局要求办理的保险。办理时间一般为1～2个月。

(8) 劳工工作准证到期须回国或申请工作准证延期。根据上述流程，从申请到获得配额一般需3个月或更长的时间。

另外，专业人士短期到文莱可以办理有效期3个月（可以延续3次，最长6个月）的专业签证，由雇佣公司持申请信函和护照、执业证书等到移民局申请，此手续办理较快，但需出具相关职业技能证书和有效公正等证明材料。

建筑公司申请劳工时须出示有关项目的清单，如不能证明项目能超过1年，则只能得到1年的配额，如此后再获得新的项目，则可以申请延续配额有效期。

文莱业主办理保证金的方法：

1. 业主在拿到劳工局的配额通知后即向政府指定的银行存入保证金，项目结束外籍劳工都回国后，政府退还保函，业主可以获得全额退款。此方法只有在输入人数较少时或政府有强制要求时使用，它要占用业主一定数额的资金，而且退还保证金的时间较长。

2. 业主在拿到劳工局的配额通知后即向保险公司按比例交纳少量金额，申请一份担保函，凭此担保函到银行办理银行保函，交给政府抵押用。项目执行完毕外籍劳工都回国后，政府取消银行保函即可。实际上业主并不是付出多少钱就可以拿到一大笔银行保函，节约了资金，也减少了风险。如果劳务人员出了问题，需要扣除保证金，也由银行负责。

六、应注意的问题

（一）投资方面

1. 妥善应对本地劳动力短缺问题

文莱劳动力短缺，招募具备合格劳动技能的本地劳工有一定难度。外资企业如果招募本地员工，往往需要开展必要的劳动技能培训；如果引进外籍劳工，则需事先向文莱劳工局申请劳工配额，并向移民局申请工作准证。

2. 适应当地政府部门工作效率

文莱政府机构办事耗时较长，且宗教节假日较多。同时，由于机构重叠，项目审批时间较长。

3. 重视宗教影响

文莱为伊斯兰国家，要注意处理好宗教性敏感问题，遵守宗教习俗，如投资食品加工等行业，必须得到宗教部的批准等。

（二）贸易方面

在文莱经商必须熟悉并适应当地特殊的贸易环境和文化背景，采取有效措施拓展业务。要认识到文莱国内市场规模不大，经营商众多，且以华人为主。同时当地支付方式比较规范，对产品品质要求较高。

（三）承包工程方面

在文莱承包工程，需了解工程承包的基本状况。近年来，文莱建筑市场逐渐复苏，工程量逐年上升，建筑企业间的竞争更加激烈，表现在投标价格一降再降，利润空间十分有限。外国公司在普通建筑工程项目上优势不大。

随着文莱经济稳定发展，一些基础建设项目正逐步展开，同时文莱在努力实施经济多元化战略，制订鼓励投资的法规，吸引外国投资者到文莱投资建厂，这为中国企业开拓文莱工程市场提供了机遇。中国承包商可以结合自身优势，积极寻求发展机会。

（四）劳务合作方面

中国在文莱的劳务人员不多，劳务合作规模不大。但也有劳资纠纷事件发生，主要是因为中国劳务人员在进文莱前没有进行咨询，对用工单位不了解，轻信不实广告和虚假信息，从而上当受骗。建议中国派出劳务人员在签署合同及在外期间须了解使用正当合理的渠道维权，对国内外生活与工作环境的较大反差做好充分准备，在纠纷发生时及时与中国驻文莱使馆沟通，采取适当的方式解决问题。

（五）防范投资合作风险

在文莱开展投资、贸易、承包工程和劳务合作的过程中，要特别注意事前调查、分析、评估相关风险，事中做好风险规避和管理工作，切实保障自身利益。包括对项目或贸易客户及相关方的资信调查和评估，对投资或承包工程国家的政治风险和商业风险分析和规避，对项目本身实施的可行性分析等。相关企业应积极利用保险、担保、银行等保险金融机构和其他专业风险管理机构的相关业务保障自身利益。包括贸易、投资、承包工程和劳务类信用保险、财产保险、人身安全保险等，银行的保理业务和福费庭业务，各类担保业务（政府担保、商业担保、保函）等。

建议企业在开展对外投资合作过程中使用中国政策性保险机构——中国出口信用保险公司提供的包括政治风险、商业风险在内的信用风险保障产品；也可使用中国进出口银行等政策性银行提供的商业担保服务。

中国出口信用保险公司是由国家出资设立、支持中国对外经济贸易发展与合作、具有独立法人地位的国有政策性保险公司，是中国唯一承办政策性出口信用保险业务的金融机构。公司支持企业对外投资合作的保险产品包括短期出口信用保险、中长期出口信用保险、海外投资保险和融资担保等，对因投资所在国（地区）发生的国有化征收、汇兑限制、战争及政治暴乱、违约等政治风险造成的经济损失提供风险保障。

如果在没有有效风险规避情况下发生了风险损失，也要根据损失情况尽快通过自身或相关手段追偿损失。通过信用保险机构承保的业务，则由信用保险机构定损核赔、补偿风险损失，相关机构协助信用保险机构追偿。

【来源：选编自商务部国际贸易经济合作研究院，商务部投资促进事务局、中华人民共和国驻文莱达鲁萨兰国大使馆经济商务参赞处共同主编.《2015版对外投资合作国别(地区)指南——文莱》.第47～52、55～56页】

在柬埔寨开展投资合作的手续及注意事项

一、在柬埔寨投资注册企业需要办理的手续

任何在柬埔寨从事商业活动的企业均须进行注册，否则将被以非法从事商业活动罪论处。

（一）设立企业的形式

在柬埔寨进行经济贸易活动环境比较宽松，经商标准比较低，可以个人、合伙、公司等各种商业组织形式注册。

（二）注册企业的受理机构

柬埔寨商业部负责管理“工商登记薄”，企业应在设立前向柬埔寨商业部商业注册局或商业部指定的工商登记处进行注册。

在柬埔寨设立分支机构或代表处的企业也应到商业部商业注册局注册。

在柬埔寨从事投资的企业或个人如需获得投资优惠，还应先向柬埔寨发展委员会（CDC）提交投资申请，获得有条件注册证书后再进行注册。

（三）注册企业的主要程序

1. 注册申请

企业的一位董事或股东应亲自前往主管部门填写注册登记表，提出申请。柬埔寨商业注册局可为注册者提供公司章程蓝本。注册应提交的文件包括：注册登记申请表、公司章程、文件属实证明、在指定刊物上发布广告的申请、全部董事或股东的身份证或护照复印件和照片、董事无犯罪记录证明、股权分配决定（如有自然人参与）、办公地点以及其他商业部要求的文件。

2. 注册审批

主管部门受理注册申请后，将颁发标有注册号的注册证书。该证书自颁发之日起1个月内为临时证书，在此期间，登记员发现申报材料有误的，可提出异议并吊销注册号。注册审批时间视情而定，一般为1周。注册费用视公司的形式和规模而定。

3. 注册时效

注册证书从注册之日起，有效期3年。企业应在注册证书到期前30天再次申请换发新的证书。若企业延误申请新的证书，则将被视为违法，其原有证书作废，企业必须重新申请注册并缴纳有关费用。

4. 开立银行账户

注册的公司应在柬埔寨境内银行开立1个或以上银行账户。

二、承揽工程项目的程序

（一）获取信息

国家项目由各主管部门发布信息；各省及主要城市也发布本地区的项目信息。此外，各主要报刊也定期发布招标信息。

（二）招标投标

柬埔寨国家投资项目或国际组织贷款和援助项

目，一律用招标方式。招投标基本程序包括：

1. 准备阶段：设计及其费用估算；向银行提交设计及其费用估算，征求银行意见并获得批准；招标文件准备；向银行提交招标文件，征求意见并获得批准。

2. 资格预选阶段：邀请参加资格预选（在报纸上登广告）；评估委员会对资格预选进行评估；资格预选评估报财政部批准；资格预选评估报银行批准；向承包商通知资格预选结果；确定符合资格预选条件的承包商。

3. 招标及评标阶段：发标；承包商准备投标；开标；评标委员会评标；评标结果和授标建议报财经部批准；评标结果和授标建议报银行批准；签署合同。

4. 选择决选名单阶段：邀请说明取费率；顾问或监理准备说明取费率；向项目执行部提交取费说明；评估委员会对取费说明进行评估；公司决选名单报财经部批准；公司决选名单报银行批准。

5. 方案准备阶段：邀请决选名单中的公司提出方案；决选名单中的公司准备方案；提交方案。

6. 技术和财政评估阶段：评估委员会对技术方案进行评估；技术报财经部批准；技术方案报银行批准；请决选名单中的公司公开财政方案；评估委员会对财政方案进行评估；按技术方案和财政方案综合最高分的授标建议报财经部批准；按技术方案和财政方案综合最高分的授标建议报银行批准；签署合同。

（三）许可手续

在柬埔寨承包工程需要提供公司资质证明、母国出具的对外承包工程权证书、柬埔寨商业部注册证书及银行提供履约保函，还要经过招标资审，且要通过评标并中标。

三、专利申请和商标注册

（一）申请专利

柬埔寨《专利、实用新型与工业设计法》规定工业矿产能源部为申请专利、注册实用新型和工业设计的主管部门，发明人应向其提交申请并缴纳相关费用。

为管理专利和专利申请，专利权所有人每年需提前向专利登记处缴纳年费。专利登记处授予或驳回专利申请之前，专利申请人可转为申请实用新型证书。

专利登记处授予或驳回实用新型证书申请之前，专利申请人可转为申请专利。工业设计注册有效期5年。注册后可连续延期两次，每次5年。

（二）注册商标

柬埔寨商业部知识产权局是负责商标事务的主管部门，企业申请商标需向知识产权局提交申请。企业申请商标需提交以下文件：注册申请书、由公证人律师认证的授权书、15份商标范本。商标权的期限10年，期满可以延续，每次10年，同时每5年应向知识产权局报告使用情况，否则商标将被取消。

柬埔寨是世界知识产权组织成员，并于1999年加入《巴黎公约》。如申请人的申请材料中能够证明其已在《巴黎公约》某一成员国提交该商标全境或区域注册申请的，可取得商标注册的优先权。

四、企业在柬埔寨报税的相关手续

（一）报税时间

企业完成商业注册后，需在1个月之内到财经部税务司进行税务登记。税务登记后，企业按月报税，于每月15日前将税务月报表呈交税务局，并按额缴税。每年初呈交上一年度税务年报表。

（二）报税渠道

企业可自行或通过会计师事务所、律师事务所等中介进行报税。

（三）报税手续

纳税人应按税务主管部门规定的格式、时间和地点向税务主管部门报税。纳税人或其法定代表应在纳税申报表上签字。

（四）报税资料

每月提供税务月报表（企业注册资本、当月营业额、当月利润）、年初提供上一年度税务年报表（企业注册资本、年营业额、年利润）。

五、赴柬埔寨的工作准证的办理

（一）主管部门

柬埔寨劳工部负责外国人工作许可管理。

（二）工作许可制度

外国劳工必须持有劳工部颁发的工作许可证，该工作许可证的有效期为1年，可以延期，但延期不得超过居留许可证确定的期限。外国人的工作合同每次期限不超过2年。工作合同可以用外文，但应附有一份柬埔寨文。工作合同应明确规定符合劳动法的主要雇佣条件。外国人在合同工作期满后要在柬埔寨继续工作应重新报批。

（三）申请程序

根据劳工法的规定：需要雇佣外国专业技术和管理人员的企业，必须在每年11月底前向劳工部申请下一年度雇佣外劳的指标，每个企业所雇佣的外劳不得超过企业职工总数的10%。未申请年度用工指标，将不被允许雇佣外劳。

（四）提供资料

包括：1. 雇主预先获得在柬埔寨工作的合法就业证；2. 雇主的聘用证书；3. 有效护照；4. 有效签证；5. 健康证明。

六、应注意的问题

（一）投资方面

1. 准确把握柬埔寨投资政策和法规

企业开展投资活动，首先要做到知法、依法。要全面掌握柬埔寨投资相关的法律法规，准确把握政府在投资保障、投资优惠和限制、外汇、土地使用、商业组织形式等方面的政策。

2. 客观分析对柬埔寨投资的比较优势

在柬埔寨投资的主要优势包括：（1）实行开放的自由市场经济政策，经济活动高度自由化；（2）政府是推动外国直接投资的主要动力，投资相关的法律法规以鼓励外国投资为基本思路，外资基本享受与内资相同的待遇；（3）柬埔寨具有丰富的自然资源，在矿产、水利、农产品、渔业等方面资源较为丰富，这些将为企业提供较多的投资机会。

在柬埔寨投资的主要不利因素包括：水、电、交通、通讯等基础设施条件较为落后，相关成本费用高；与周边的越南、孟加拉等纺织服装竞争对手相比，工人工资水平较高。此外，柬埔寨投资软环境有待改善。主要体现在：（1）政府部门办事花费时间长，工会组织的罢工、示威等活动较为频繁。（2）市场、经营秩序有待提高。柬埔寨无经济法庭，法律、司法对外资的保护力度有待提高。（3）柬埔寨经济发展主要依赖外援和外资。

3. 规避投资风险

企业可采取以下措施规避投资风险：（1）全面了解信息，提高决策质量。主动联系中国驻柬埔寨经商机构，通过正规渠道取得信息，深入进行国情和市场调研，在作出投资决策前全面了解投资风险，防止决策失误；（2）保持清醒头脑，凡事务求落实。企业不可听信一面之词，对于一切承诺均应以正式获得政府批件为准。在选择合作伙伴时，也应对其背景和实力先进行考察。

（二）贸易方面

在柬埔寨经商不受国籍限制，但中国企业和人员必须熟悉并适应当地的特殊贸易环境，采取有效措施拓展业务。

1. 熟悉柬埔寨贸易的主要特点

柬埔寨工业生产以两头在外的制衣业为主，因而其进出口贸易带有如下鲜明特点：1. 工业制成品和服装加工原料几乎全靠进口，出口产品绝大部分为服装；2. 外商投资的服装加工企业是外贸增长的主要力量，近年来柬埔寨服装出口占出口总额的比重一直维持在95%以上；3. 主要出口市场为美、欧，主要进口来源地为其他东盟和东亚国家，近年柬埔寨自东盟国家进口增长迅速。

2. 了解柬埔寨贸易的优势和制约因素

优势：（1）柬埔寨于1999年加入东盟，在共同有效优惠关税体制下东盟成员国将按步骤实现关税减让目标。2002年11月，中国和东盟签署《中国—东盟全面经济合作框架协议》，2010年初全面建成中国—东盟自由贸易区，并给予柬埔寨、老挝、缅甸三国的“早期收获”减免税计划，其中，给予柬埔寨418种商品（主要是农、林、牧、渔产品）进口零关税的优惠待遇。此外，东盟与印度、韩国、日本、澳新的自由贸易区建设也在进行中。东盟经济一体化进程和自由贸易区建设，将在很大程度上推动柬埔寨经济和对外贸易的发展。（2）美国、欧盟、日本等28个国家/地区均给予柬埔寨普惠制待遇（GSP）；对于自柬埔寨进口纺织服装产品，美国给予较宽松的配额和减免征收进口关税，欧盟不设限，加拿大给予免征进口关税等优惠措施。

制约因素包括：（1）柬埔寨贸易结构单一，以出口成衣为主并集中于美欧市场，易受国际经济环境特别是美欧经济形势变化的影响。一方面，全球金融危机导致欧美经济衰退，进口减少，影响柬埔寨成衣出口；另一方面，世界粮油价格的上涨导致成衣企业成本大幅增加，盈利减少。（2）柬埔寨成衣出口仍可享受优惠待遇，但今后将面临日趋平等的待遇和自由竞争的挑战。越南等周边国家的劳动力成本和专业技术与柬埔寨相比具有明显的竞争优势。撒哈拉以南非洲国家纺织品服装出口受到美国免配额免关税待遇后，出口增长迅速。（3）柬埔寨制衣业已趋近饱和状态，该行业越来越难以吸引新的投资，导致近年来外商投资制衣业的项目和金额逐年减少。

3. 灵活运用税务规则

柬埔寨目前主要有以下的税种和税率，分别是：所得税9%或20%、增值税10%、营业税2%。柬埔寨对私人投资企业所征收的主要税种和税率分别是：所得税9%、增值税10%、营业税2%。

4. 注重提升产品质量

质量就是信誉，是企业生存的根本。中国商品出口至柬埔寨的产品主要有纺织品及其原材料、机械、电器、食品、汽车配件、建筑材料、医药、烟草及化工产品。中国企业应注重提升出口产品质量，打造良好的国际商誉。

（三）承包工程方面

1. 抓住市场机遇

大力发展基础设施建设成为柬埔寨政府的重要经济目标之一。世界银行和亚洲开发银行每年向柬埔寨提供近亿美元的优惠贷款，主要涉及技术支持、电力、供排水、道路和机场等基础设施建设，卫生、农业、减贫和教育等领域。中国企业应该抓住柬埔寨基础设施建设的机遇，大力开拓柬埔寨工程市场。

2. 选好承包方式

考虑到柬埔寨政府急需大量资金建设基础设施项目，适应国际竞争的需要，中国企业应选择一些具有较好前景的项目，以 BOT、BOO 等方式进行带资承包，并以此带动中国机电设备、成套设备和劳务出口。

3. 选好承包项目

中国工程承包企业应加紧培养人才，特别是高素质、高技术人才的培养。要充分发挥自身优势，选择专业性较强、技术要求较高的项目，也应努力尝试参与工程咨询性项目的竞争。

4. 进一步开拓市场

中国企业在承担中国政府援助柬埔寨成套项目的同时，应力争树立良好的企业形象，为扎根当地市场打下基础，增加在国际招标中的竞争优势，进一步拓展柬埔寨承包工程市场。

5. 开展良性竞争与合作

中国企业参与竞争和编制报价要坚持以下原则：技术上力所能及、经济上有利可图、执行项目上风险可控。切忌盲目、恶性竞争。企业之间还应进行灵活多样的合作，联合开拓柬埔寨市场，尽量避免孤军奋战或自相残杀。

（四）劳务合作方面

1. 了解中柬劳务合作现状

柬埔寨是中国外派劳务的重要市场之一。除在柬埔寨投资和承包工程带出中国部分劳务人员外，随着柬埔寨制衣业的发展，中国向柬埔寨输出了大量服装加工等技术劳工，主要分布在中、港、台资等数十家制衣厂，大多数劳务人员为服装技工、指导工和熟练操作工。另有部分劳务人员分布在建筑业和服务业。

由于柬埔寨劳务市场秩序有待整顿，加之一些不法商人利用不正当手段或不实劳务项目骗取中国劳工赴柬埔寨的现象时有发生，致使在柬埔寨非法务工的问题较为严重，各类劳务纠纷频繁发生。中国有关部门多次采取措施加强管理，并在媒体上公开发表通告，要求有关企业和劳务人员通过正当、合法途径办理赴柬埔寨务工手续，但此问题仍较为严重。

2. 熟悉劳工政策

柬埔寨政府管理外国劳工的主要依据是 1997 年颁布的《劳工法》、2002 年 1 月柬埔寨劳工部发布的《关于雇用外国人来柬埔寨就业的申请办法的公告》。

柬埔寨有关劳工政策处在不断发展变化之中，但其原则思路始终是：严格控制外劳输入，积极实施技术人才本地化战略，千方百计地解决其国内劳动力大量过剩的问题，努力寻找国外就业市场。

3. 企业要依法用工

如雇用中国劳工，必须符合中国商务部有关规定，通过正当、合法途径办理赴柬务工手续，禁止非法用工。

企业还需在每年 11 月底前向柬埔寨劳工部申请下一年度雇佣外劳的指标，未申请年度用工指标，将不被允许雇佣外劳。所雇佣的外劳还必须满足《劳工法》规定的所有条件。

4. 积极升拓新领域

面对中国在柬埔寨最大的劳务合作领域——纺织服装业已开始出现萎缩的局面，在继续巩固传统劳务市场的同时，中国输出劳务的重点领域应有所转变，并积极开发旅游业、农业、中文教育和职业培训项目等劳务合作领域。

5. 依法办理相关手续

办理工作许可过程中，首先应认真了解法律法规。总体而言，柬埔寨关于劳工规定是完全参照西方发达国家劳动标准制定的，要求较为严格，且很多规定和中国国内规定差异较大。中国企业到柬埔寨投资合作涉及用工问题时，一定要认真阅读有关法律法规，避免出现劳务问题。

在柬埔寨办理工作许可证和雇佣卡的要求比较多，手续比较复杂。建议中国企业及相关人员聘请当地具有丰富经验的律师或中介机构协助办理相关手续。

（五）其他应注意事项

每年 5 月至 11 月是柬埔寨的雨季，全国普降暴雨，个别地区曾出现过当地居民和外国游客被洪水冲走的情况。因此，中华人民共和国驻柬埔寨王国大使馆提醒在柬埔寨的中国公民随时关注最新动态，注意人身安全。如遇紧急情况，可与中华人民共和国驻柬埔寨王国大使馆领事部联系。

（六）防范投资合作风险

在柬埔寨开展投资、贸易、承包工程和劳务合作的过程中，要特别注意事前调查、分析、评估相关风险，事中做好风险规避和管理工作，切实保障自身利益。包括对项目或贸易客户及相关方的资信调查和评估，对投资或承包工程国家的政治风险和商业风险分析和规避，对项目本身实施的可行性分析等。建议相关企业积极利用保险、担保、银行等保险金融机构和其他专业风险管理机构的相关业务保障自身利益。包括贸易、投资、承包工程和劳务类信用保险、财产保险、人身安全保险等，银行的保理业务和福费庭业务，各类担保业务（政府担保、商业担保、保函）等。

建议企业在开展对外投资合作过程中使用中国政策性保险机构——中国出口信用保险公司提供的包括政治风险、商业风险在内的信用风险保障产品；也可使用中国进出口银行等政策性银行提供的商业担保服务。

中国出口信用保险公司是由国家出资设立、支持中国对外经济贸易发展与合作、具有独立法人地位的国有政策性保险公司，是中国唯一承办政策性出口信用保险业务的金融机构。公司支持企业对外投资合作的保险产品包括短期出口信用保险、中长期出口信用保险、海外投资保险和融资担保等，对因投资所在国（地区）发生的国有化征收、汇兑限制、战争及政治暴乱、违约等政治风险造成的经济损失提供风险保障。

如果在没有有效风险规避情况下发生了风险损失，需根据损失情况尽快通过自身或相关手段追偿损失。通过信用保险机构承保的业务，则由信用保险机构核定赔损补偿风险损失，相关机构协助信用保险机构追偿。

【来源：选编自商务部国际贸易经济合作研究院，商务部投资促进事务局、中华人民共和国驻柬埔寨王国大使馆经济商务参赞处共同主编.《2015版对外投资合作国别(地区)指南——柬埔寨》. 第59～62、65～69页】

在印度尼西亚开展投资合作的手续及注意事项

在印度尼西亚开展投资合作，其相关手续和程序问题可向印度尼西亚投资协调委员会等官方机构咨询，也可向律师、投资顾问、咨询机构和中国驻印度尼西亚使（领）馆经商处（室）等部门咨询。

一、在印度尼西亚投资注册企业需要办理的手续

（一）设立企业的形式

在印度尼西亚，投资设立企业的形式包括有限责任公司和代表处两种。

（二）企业注册的受理机构

设立有限责任公司和代表处均需得到印度尼西亚投资协调委员会（BKPM）批准。外国投资可以在印度尼西亚雅加达由投资协调委员会（BKPM）批准，也可以由其在印度尼西亚各地和驻国外的代表机构批准。但是，外资欲在保税区内投资项目，必须经过各保税区管理机构向投资协调委员会（BKPM）递交投资申请，进而获得投资协调委员会的批准。

（三）企业注册的主要程序

1. 查阅投资目录

投资者在印度尼西亚投资前，首先应查阅《非鼓励投资目录》（DNI），该目录包含了对国外投资者禁止和限制经营的业务范围。

2. 资金投资规程

如在印度尼西亚进行资金投资，投资者必须专门查阅《资金投资技术指南》（PTPPM），该《指南》中的一些章节列明了允许投资的具体经营范围，资金投资的申请和运作行为，必须按有关规定操作。

3. 批准机构和证书

若投资申请得到批准，投资协调委员会（BKPM）主席、印度尼西亚政府海外代表机构首席代表或地区投资协调委员会（BKPMD）主席颁布投资批准证书。

4. 批准时间

从收到申请到颁布投资批准证书全过程，最多只需10个工作日。

5. 登记注册

在颁布投资批准证书后，外国投资公司即可按照有限责任公司的有关条款，以章程公证的形式，到税务等政府部门依法登记注册成立。在印度尼西亚投资注册主要程序如图：

外国直接投资（PMA）申请程序及其执行准则

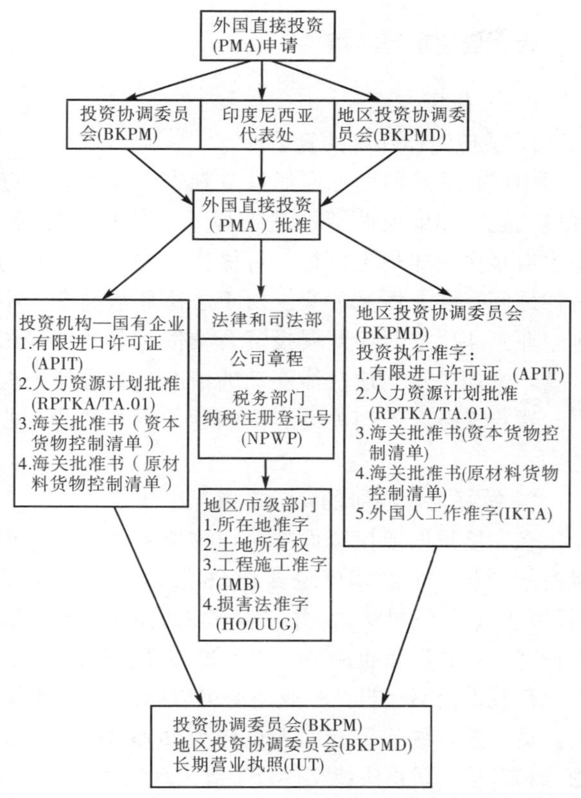

图：外国直接投资（PMA）申请程序及其执行准则

二、承揽工程项目的程序

（一）获取信息

印度尼西亚的承包工程项目主要分为4类，即国际金融机构援助项目，如世界银行、亚洲开发银行、欧洲复兴开发银行等提供资金的项目；外国资金援助的印度尼西亚政府项目；外国和本国资金投资的政府项目；私人资金项目。前3类项目由印度尼西亚国家计委或公共工程部、能矿部、交通部和国家电力公司等具体实施项目部门对外发布项目招标信息。私人项目则多通过商业关系寻求合作伙伴。以上信息，大多可通过印度尼西亚当地报纸、电视、网络等途径获得。

（二）招标投标

根据印度尼西亚国家法律和国际金融组织项目要求规定，由国际金融组织贷款或援助项目，一律采用招标方式；而使用某一特定国家政府贷款项目，一般采用在援助国国籍公司中公开招标形式，但也可通过两国政府协商确定项目实施公司；印度尼西亚政府自筹资金项目的招标形式比较灵活，视情况可进行国际招标或只在印度尼西亚公司中招标；私人项目则由项目业主自行决定议标或招标。

（三）许可手续

在印度尼西亚承包工程的主管部门是公共工程部。中标的外国公司必须在印度尼西亚成立有限责任公司或代表处并取得印度尼西亚公共工程部颁发的承包工程准字，方可与项目业主签约。从事承包工程业务的外国公司，其印度尼西亚合作伙伴必须是具有“A”级资格的印度尼西亚承包商协会或印度尼西亚承包商联合会成员。进行工程咨询业务的公司，印度尼西亚合作伙伴必须是具有“A”级资格的印度尼西亚咨询协会成员。“A”级资格的承包商是指有价值1亿印尼盾的设备，至少有3名工程师，1年至少有10亿印尼盾营业额的工程承包商。

三、专利申请和商标注册

（一）申请专利

按照印度尼西亚专利法规定，专利申请要由发明人或者申请人提出，申请专利需以印度尼西亚文书面向印度尼西亚知识产权理事会提出。专利代理人必须是知识产权理事会注册的知识产权法律顾问。专利申请文件包括：申请日期、申请人地址、发明人姓名及国籍、专利代理人姓名及地址（通过专利代理人提出申请时）、特别授权专利代理人、专利请求书、申请发明专利名称、权利要求书、专利说明书、该专利照片、专利摘要。专利申请相关的费用包括申请费、专利公告费、专利转让记录和公告费、专利许可登记和公告费、强制许可申请费及专利年费。

（二）注册商标

按印度尼西亚《商标法》规定，商标注册申请应以印度尼西亚文书面向知识产权理事会提出。申请书应当包括以下内容：申请日期、申请人的姓名、国籍和住所、代理人的姓名和住所、商标的颜色、国家名称和首次提出商标注册申请的日期。商标注册可以个人提出，也可集体提出，还可由单位提出。相关费用包括：提出商标注册申请及续展申请、提出商标目录复印件申请、商标权转让登记、改变注册商标持有人姓名及地址、商标许可协议登记、提出商标注册申请异议、提出商标注册申请及复审等。

四、企业在印度尼西亚报税的相关手续

（一）报税时间

除根据印度尼西亚政府从1月1日到12月31日财政年度报税外，企业也可使用会计年度报税，企业纳税通过月度分期付款的方式来进行。

（二）报税渠道

企业自行到税务部门报税。

（三）报税手续

纳税年度期间应当由纳税人本人每月缴纳分期支付税款，应纳税额需根据前一纳税年度的《年度所税申报表》到期应付的税款，并且扣除下列所得税：已按规定扣缴的所得税和已征收的所得税；在境外已付或到期应付，并且属于规定的可抵免的所得税。在提交前一年纳税年度《年度所得税申报表》的到期日前，纳税人本人应立即缴纳的分期支付税款的数额，就当等于年度最后月份的分期支付税款的数额。如果在当前纳税年度期间签发了前一纳税年度的税收查定，就应当以有关的税收查定为基础重新计算分期支付税款的数额，并且应当自前一纳税年度的最后月份起生效。

五、赴印度尼西亚的工作准证的办理

（一）主管部门

印度尼西亚负责外国人工作许可管理的是移民局。

（二）工作许可制度

外国人在印度尼西亚工作，必须向印度尼西亚大使馆申请工作签证，以及通过雇主办妥印度尼西亚劳工部工作准证，并在抵达印度尼西亚后规定时间内办理临时居留等相关手续。

（三）申请程序

印度尼西亚雇主向投资协调委员会（BKPM）申请人力资源计划（RPTKA），并向印度尼西亚劳工部申请 TA.01 推荐表，以 TA.01 表格推荐为基础，移民局局长将向印度尼西亚驻外代表机构发出指示，允许为有关外国人签发限期居留签证（VITAS）。有关外国人在得到限期居留签证（VITAS）后，便到印度尼西亚相关移民局办理临时居留证（KITAS）和工作准字。

（四）提供资料

护照或旅行证件的有效期必须在 18 个月以上；1 封海外或印度尼西亚担保人的推荐信；由外国投资公司（PMA）或国内投资公司（PMDN）雇用的申请人、作为海外技术援助专家的外国申请人必须附上行业主管部门和人力资源部、投资协调委员会（BKPM）的推荐信和使用外国人的人力资源计划（RPTKA）批准书；入境费（签证费）：限期居留签证每人 40 美元，限期居留准字每人 12.5 万印尼盾。

六、应注意的问题

（一）投资方面

1. 适应法律环境的复杂性

中国企业到印度尼西亚投资首先应该注意法律环境问题，印度尼西亚的法律体系整体比较完整，但也有很多法律规定模糊，可操作性差，且不同的法律之间存在矛盾和冲突。由于法律环境复杂，中国企业到印度尼西亚开展投资合作依然要坚持守法经营，密切关注当地法律变动的情况，依法保护权利，履行义务。处理关键法律问题，还要聘请专业律师。

2. 做好企业注册的充分准备

在印度尼西亚投资设立公司注册手续繁多，审批时间较长；虽然印度尼西亚政府 2007 年修订了《投资法》、《公司法》，并完善了相关的配套措施，推行“一站式”审批服务，以促进和吸引外国投资，但执行效果仍不理想；企业注册可以聘请专业律师、公证员、投资顾问等专门人员代为办理，但要注意甄选和审核，防止法律文件及手续出现瑕疵。

3. 适当调整优惠政策期望值

为了吸引外国投资，印度尼西亚政府出台了一些投资鼓励政策，但力度并不大。印度尼西亚《投资法》明确规定平等对待内外资，中国企业要调整对优惠政策期望值，不要误以为印度尼西亚也会给予外资很多超国民待遇。

4. 充分核算税赋成本

印度尼西亚的税收体制比较复杂，企业的税赋成本比较高。印度尼西亚国会通过新的《所得税法》调低了企业所得税和个人所得税税率；印度尼西亚税法对于中小微型企业有税收优惠，还有其他产业税收优惠措施等；中国投资者要认真研究相关法律规定，用足用好优惠政策，降低税赋成本。

5. 有效控制工资成本

印度尼西亚的工资成本整体来说相对较低，但由于《劳工法》对于劳工保护规定比较苛刻，对资方不利；如果职工离职，要支付离职费或者补偿金，即使工人罢工，只要程序合法，也要支付薪水。中国企业到印度尼西亚投资要了解当地劳工法关于工资和保护劳工权益的具体规定，精心核算工资成本。

（二）贸易方面

印度尼西亚市场环境整体比较复杂，风险较高。在印度尼西亚开展贸易活动必须做好充分的市场调研，结合当地特殊的贸易环境，采取有效措施拓展业务，规避风险。

1. 注意合作伙伴和中介问题

在印度尼西亚华人数量众多，相同的语言和文化背景，使很多中国企业更愿意通过华人来开展经贸合作，华人中介在其中扮演了重要的角色，起到了很好的促进作用。但由于印度尼西亚华人中介良莠不齐，恶意欺诈等损害中国企业利益的行为也时有发生。中国企业要广泛调查，认真研究，慎重选择合作伙伴和中介。

2. 注重提升产品质量

中国产品在印度尼西亚占有广泛的市场，品类丰富，价格便宜，富有竞争力，但也存在部分质劣产品问题，对中国产品的整体形象造成一定损害。中国企业应该特别重视产品质量和售后服务，维护中国在印度尼西亚市场可持续出口的良好环境。

3. 注意言谈举止

印度尼西亚作为中国企业“走出去”重要目的地，已经吸引了越来越多的企业和人员到印度尼西亚投资兴业，独立个体的行为也会直接影响到中国企业的整体形象。中国企业和人员应注意言行举止，与人交往要文明礼貌，讲究诚信，守法经营，共同维护企业和国家形象。

（三）承包工程方面

中资企业近年来进入印度尼西亚交通、电力、通信市场并逐步站稳了脚跟，占据了相当的市场份额，享有较为广泛的影响力。中资企业应该继续发挥已有优势，开拓印度尼西亚基础设施建设市场，并通过印度尼西亚市场，逐步拓展东盟承包工程市场。

1. 抓住市场机遇

1997年亚洲金融危机之后，印度尼西亚的基础设施建设基本停滞，近年来随着经济逐步恢复，政府加大了对基础设施建设的投入力度，交通、电力、通信等领域的基础设施建设规模日益扩大；中国企业近年来进入印度尼西亚交通、电力、通信市场并逐步站稳了脚跟，占据了相当的市场份额，享有较为广泛的影响力。中国企业应该继续发挥已有优势，开拓印度尼西亚基础设施建设市场，并通过印度尼西亚市场，逐步拓展东盟承包工程市场。

2. 合理控制风险

印度尼西亚财力较弱，外汇储备不够充足，资金较为短缺，偿付能力较差。很多大型项目要求带资承包，或者使用外方提供的优惠贷款。对于印度尼西亚政府不提供政府担保或者不动产抵押的项目，应谨慎操作，合理评估和控制风险。

3. 加强经营管理

印度尼西亚劳动力市场巨大，劳动力成本较低，但劳动力技能普遍不高，工作作风散漫，工作效率低下，因此，加强施工过程中的科学管理十分重要。

（四）劳务合作方面

中资企业在印度尼西亚开展劳务合作，应严格遵守印度尼西亚相关法律法规，适应当地环境。

1. 获取工作许可难度大

印度尼西亚经济处于稳步复苏期，拥有可持续发展的巨大潜力，对于劳动力特别是高素质劳动力的需求不断增加。但由于印度尼西亚对本国劳工保护极为严格，对外国劳工的使用要求非常苛刻，工作签证签发要求很高，除高级管理岗位和高级技术人员之外，本国劳工可以胜任的工作，均不允许使用外国劳工。

2. 非法居留工作问题

因印度尼西亚工作签证审批难度大，外国人使用商务签证或者旅游签证在印度尼西亚务工现象普遍存在，印度尼西亚有关部门经常采取措施进行打击，非法滞留开展商务的外国人被拘捕或处以刑罚的事件也常有发生。

3. 企业用工成本问题

自2012年11月起，印度尼西亚要求所有企业必须遵守2003年颁布的《劳工法》，规定除保洁、保安、司机、矿场服务等少数工种外，不允许企业进行劳务外包，并大幅上调最低工资标准，该项法令过渡期为6个月至1年。据调查，该法令将影响超过1300家使用劳务外包的企业和1400万合同工人。目前中国企业在印度尼西亚开展业务以承包工程为主，对当地劳动力需求较大，该法令将增加我企业用工成本，从而影响企业整体效益。

（五）其他应注意事项

外籍工作人员签证办理手续较为繁琐，费用较高，通常通过中介办理。主要程序如下：

1. 企业须具备经由印度尼西亚劳工部批准的《外籍员工使用计划》，主要包括外派人员数量、职位、组织架构等外派人员仅限于管理职位或当地不能提供的专家，人力资源管理岗位须由当地人员担当。在企业1～3年的外籍员工使用计划获批后，方可开始聘用外籍员工。

2. 在印度尼西亚移民局办理临时居留签证（Visa Berdiam Sementara，简称VBS）。

3. 在印度尼西亚驻中国使馆领取VBS。

4. 持VBS进入印度尼西亚后，须在2周内到以下部门办理有关证件：到印度尼西亚移民局办理外籍人员身份证件（KITTAS）和多次出入境准证（如需要）；到印度尼西亚劳工部办理工作准证及其他文件。

5. KITTAS、工作准证和其他文件需每年办延期手续，每半年办理多次出入境准证延期手续（视需要）。另外，企业须按外籍人员数量，每人每个月缴纳100美元作为当地人员培训费。缴纳该费用是办理工作准证的必备条件，培训费交至劳工部，名为“工作技能发展基金”。

（六）防范投资风险防范

在印度尼西亚开展投资、贸易、承包工程和劳务合作的过程中，要特别注意事前调查、分析、评估相关风险，事中做好风险规避和管理工作，切实保障自身利益。包括对项目或贸易客户及相关方的资信调查和评估，投资或承包工程国家的政治风险和商业风险分析和规避，对项目本身实施的可行性分析等。相关企业应积极利用保险担保，银行等保险金融机构和其它专业风险管理机构的相关业务保障自身利益。包括贸易、投资、承包工程和劳务类信用保险、财产保险、人身安全保险等，银行的保理业务和福费庭业务，各类担保业务（政府担保、商业担保、保函）等。

建议企业在开展对外投资合作过程中使用中国政策性保险机构——中国出口信用保险公司提供的包括政治风险、商业风险在内的信用风险保障产品；也可使用中国进出口银行等政策性银行提供的商业担保服务。

中国出口信用保险公司是由国家出资设立、支持中国对外经济贸易发展与合作、具有独立法人地位的国有政策性保险公司，是中国唯一承办政策性出口信用保险业务的金融机构。公司支持企业对外投资合作的保险产品包括短期出口信用保险、中长期出口信用保险、海外投资保险和融资担保等，对因投资所在国（地区）发生的国有化征收、汇兑限制、战争及政治暴乱、违约等政治风险造成的经济损失提供风险保障。

如果在没有有效风险规避情况下发生了风险损失，也要根据损失情况尽快通过自身或相关手段追偿损失。通过信用保险机构承保的业务，则由信用保险机构定损核赔、补偿风险损失，相关机构协助信用保险机构追偿。

【来源：选编自商务部国际贸易经济合作研究院，商务部投资促进事务局、中华人民共和国驻印度尼西亚共和国使馆经济商务参赞处共同主编．《2015版对外投资合作国别（地区）指南——印度尼西亚》．第47～51、53～56页】

在老挝开展投资合作的手续及注意事项

一、在老挝投资注册企业需要办理的手续

（一）设立企业的形式

可以设立私营企业、股份企业和公司3种。

私营企业指的是个人拥有全部所有权，以个人名义开展经营并无限制承担企业一切债务的企业形式。

股份企业指的是两个或两个以上个人在协议的基础上共同出资、共同经营、共负盈亏的企业形式。股份企业分为一般股份企业和有限股份企业两种。一般股份企业指的是股东以相互信任为基础共同经营并无限制共同承担债务的企业形式；有限股份企业指的是对债务负有限责任，即“债务有限股东”的企业形式。

公司指的是以资金入股，各股价值相同，股东按照入股比率来承担公司债务的企业形式。公司分为有限公司（含一人有限公司）和大众公司两种。有限公司指的是两个或两个以上但不超过30个股东持股的公司形式。只有一个人持股的有限公司叫“一人有限公司”；大众公司指的是由至少9个股东成立并可以自由转让股份和对外公开销售股份的公司形式。

（二）注册企业的受理机构

企业注册由老挝工业贸易部（或省/直辖市工业贸易厅）企业注册办公室受理。

（三）注册企业的主要程序

1. 向老挝计划投资部及其下属省/直辖市计划投资厅或者老挝工业贸易部及其下属省/直辖市工业贸易厅申请外国投资许可证；

2. 获得外国投资许可证2日内向老挝工业贸易部（或省/直辖市工业贸易厅）企业注册办公室递交企业注册申请材料（含：企业注册申请书、企业名称许可证、投资许可证、成立协议、企业章程及授权书等）；

3. 递交申请后10个工作日获得批复（如未获批准将有书面说明）。为便于外国投资者到老挝投资，老挝政府在计划投资部投资促进管理局及省/

直辖市设立“一站式”服务办公室，受理外国投资并负责办理企业投资、注册的相关手续。

二、承揽工程项目的程序

（一）获取信息

国家筹资的项目由各主管部门发布信息；各省及主要城市也设有市政府基础设施管理部门，负责发布本地区的发展战略与项目信息。一般而言，招标项目均在主要报刊上发布招标信息。

（二）招标投标

老挝国家投资或国际组织贷款和援助项目，多数采用招标方式；自筹资金承建项目或国别援助项目可通过议标方式进行。

（三）许可手续

在老挝承包重大工程项目，一般是通过项目业主向老挝总理府报批，获批后即可签订工程承包协议并进行施工，监理单位可由施工单位推荐并由项目业主最终决定。

三、专利申请和商标注册

（一）申请专利

老挝国家科技部是负责包括专利在内的一切知识产权事务的主管部门，下设省/市科技厅，企业或个人申请专利须向其提交申请。

（二）注册商标

在老挝注册商标需到其主管部门科技部提交商标注册申请、授权书、商标样本、商标使用规定、优先使用权证明、缴费单等文件，受理后 60 日内获批。

四、企业在老挝报税的相关手续

（一）报税时间

报税时间是每年 12 月 31 日前，但利润税按季度缴纳，个人所得税逐月缴纳。

（二）报税渠道

根据老挝法律，企业按规定直接向所在税务登记部门缴纳。

（三）报税手续

根据老挝的法律，企业在老挝的纳税手续由企业自己到所在税务登记部门申报并缴纳。

（四）报税资料

企业在老挝纳税需要提供的相关材料包括：税务报表、发票、外国投资许可证、企业营业执照、企业经营许可证等。

五、赴老挝的工作准证的办理

（一）主管部门

老挝负责外国人工作许可管理的部门是老挝劳动社会和福利部外国工作人员管理司。

（二）工作许可制度

外国人赴老挝工作，必须获得当地劳动部门签发的工作许可，并在老挝驻申请人所在国大使馆或领事馆办理 B2 商务签证。

（三）申请程序

工作许可证由在老挝的雇主（公司或个人）向所在地劳动主管部门提出申请，经审核后，14 个工作日内发放工作许可证。

（四）提供资料

申请工作许可证需携带聘用单位的聘用许可证明；1 张 1 寸照片、含 B2 商务签证的护照和办证费用（120 美元/人/年）。

六、应注意的问题

（一）投资方面

1. 客观评估投资环境

老挝的法律、法规基本齐备，但在执行过程中有时存在有法不依、执法不严的问题，需注意法律风险。老挝社会总体稳定，少有暴力、恐怖事件，但有针对外国投资企业的偷盗、抢劫案件发生，需注意人身、财物安全。老挝人口少、市场小，难以规模化生产制造，大部分物资靠进口，成本相对较高，投资经营中需注意成本调查、核算。老挝基础建设条件欠佳，工业较难配套，物流成本较高，运输时间长，煤炭严重缺乏，水电虽丰富，但电网建设跟不上，全国仍有 1/6 的村不通电。老挝劳动力不足，且素质和技能有待提升，当地雇员一般不愿加班加点，赶时间、工期的项目执行难度较大。

2. 适应法律环境的复杂性

近年来随着老挝对外开放力度加大，各种法律都在修改完善之中，需不断关注最新法律、法规和政策的出台和修订，可聘用律师事务所和政府部门中的资深法律专家作为法律顾问，也可随时登门或电话咨询和请教。还需特别注意两点：（1）在同老挝政府签订投资协议中，老方承诺的优惠政策应有法律作依据，否则在执行中仍可能会出现争议；（2）老挝计划投资部为老方外商投资的统一受理窗口部门，但在实际运作中仍存在内部程序多、时间长的问题，因此需要有耐心并保持沟通，及时提供补充资料和解答有关问题。

3. 全面客观了解老挝的优惠政策

老挝政府公布的外商投资优惠政策对不同行业、不同地区、不同贡献企业有不同的标准，要全面、客观了解优惠政策申报条件、时限等，作好科研调查，规避政策风险。进入经济特区、工业园区的投资企业，虽然可享受保税、免税的政策，但企业要自行解决三通一平等基础设施的建设投入，需要统筹评估利弊关系。

（二）贸易方面

1. 贸易管理规定

老挝贸易管理中不同商品有不同的管理规定，比如：木材贸易中原木、锯材等禁止出口，只有木材制成品方可出口；矿产品贸易中原矿禁止出口，必须半加工品以上方可出口；药材贸易中大黄藤需向老挝政府申请配额后方能出口等等。老方进口商品主要按中国—东盟（10＋1）自由贸易区货物贸易协定执行，即除敏感商品外，其余商品在2015年降为零关税，逐年降低。另外，随对老挝援助和投资项目进入老挝的产品在实施期内可享受零关税。

2. 支付条件

由于中老银行之间没有业务往来，因此在双边贸易中一般不开信用证，也不用定金，主要通过现金交易，在现金交易中应注意规避汇率风险和用风险等。

3. 商品质量和服务

由于老挝和泰国之间的文字、信仰、习俗、气候、地理条件相近，老挝公民容易接受泰国产品，而中国产品要进入老挝开展市场竞争必须了解泰国同类产品的质量、性能、包装等，尤其在商品包装的文字方面以及在稳定供货及售后服务等方面要有竞争性，同时注意商品要适应老挝炎热的气候。

4. 商务礼仪

由于老挝语是特殊语种，中方熟练掌握的人不多，在投资贸易的交流合作中因语言不通或不准确，使很多商机失之交臂，一个好的老挝语翻译很重要。老挝是佛教国家，十分讲究礼仪，尊重当地风俗、礼节、规矩及卫生要求十分重要。

（三）承包工程方面

1. 抓住市场机遇

老挝各种基础建设处于起步阶段，公路、铁路、航空、电站、电网等基础建设项目及城市设施项目正陆续实施，农业、矿业等资源开发项目将逐步增多，工程承包市场潜力较大，应密切跟踪项目。企业应树立企业信誉、打造品牌、从小到大、从分包到总包，逐步延伸项目市场，要注意规避竞争风险、资金风险、市场风险等，建议中国企业在当地设立办事处或公司，准确掌握最新发展动向，实现预期目标。

2. 注意选择不同的经营方式

由于老挝政府资金短缺，项目资金主要来源于国际援助、世界银行、亚洲开发银行贷款及外商投资，政府财政资金主要用于项目配套。项目经营方式有带资承包、出口买方信贷、BOT、资源换资产等，要注意研究各种不同项目类型、不同资金渠道，注意规避支付风险。

3. 认真做好劳动成本核算

老挝劳动力数量和质量总体不能满足需要，中国项目承建商需从国内带出劳务，这涉及到在老挝的居住证、就业证、多次往返证等，因证件费用昂贵，企业需认真核算成本。

4. 注意量力而行

随着市场竞争加剧，业主倾向选择有资质、信誉好、有当地业绩的企业作为承包商，因此备齐各种证件，提供有利的竞争条件是必须具备的。企业要客观评价自身实力，量力而行，找好市场切入点，切勿盲目行事。

（四）劳务合作方面

中老两国政府尚未签订劳务合作协议，因此在会计、律师、特种劳务等项目中没有进行劳务合作业务。

（五）其他应注意事项

当地政府对在老挝办理居住证、就业证、多次往返证等有严格的规定，费用昂贵，手续复杂，建议中国企业请当地有经验的律师协助，并要注意这些证件的有效期，需提前办理延期手续，逾期不办将受到罚款、遣返等处理。

（六）防范投资合作风险

在老挝开展投资、贸易、承包工程和劳务合作的过程中，要特别注意事前调查、分析、评估相关风险，事中做好风险规避和管理工作，切实保障自身利益。包括对项目或贸易客户及相关方的资信调查和评估，对项目所在地的政治风险和商业风险分析和规避，对项目本身实施的可行性分析等。建议企业积极利用保险、担保、银行等保险金融机构和其他专业风险管理机构的相关业务保障自身利益。包括贸易、投资、承包工程和劳务类信用保险、财产保险、人身安全保险等，银行的保理业务和福费庭业务，各类担保业务（政府担保、商业担保、保函）等。

建议企业在开展对外投资合作过程中使用中国

政策性保险机构——中国出口信用保险公司提供的包括政治风险、商业风险在内的信用风险保障产品；也可使用中国进出口银行等政策性银行提供的商业担保服务。

中国出口信用保险公司是由国家出资设立、支持中国对外经济贸易发展与合作、具有独立法人地位的国有政策性保险公司，是中国唯一承办政策性出口信用保险业务的金融机构。公司支持企业对外投资合作的保险产品包括短期出口信用保险、中长期出口信用保险、海外投资保险和融资担保等，对因投资所在国（地区）发生的国有化征收、汇兑限制、战争及政治暴乱、违约等政治风险造成的经济损失提供风险保障。

如果在没有有效风险规避情况下发生了风险损失，也要根据损失情况尽快通过自身或相关手段追偿损失。通过信用保险机构承保的业务，则由信用保险机构定损核赔、补偿风险损失，相关机构协助信用保险机构追偿。

【来源：选编自商务部国际贸易经济合作研究院，商务部投资促进事务局、中华人民共和国驻老挝人民民主共和国大使馆经济商务参赞处共同主编.《2015 版对外投资合作国别（地区）指南——老挝》.第 37～39、41～44 页】

在马来西亚开展投资合作的手续及注意事项

在马来西亚办理投资合作相关手续，需向当地律师、专门秘书或代理机构以及相关咨询机构寻求帮助，有关政策事项也可与中国驻当地使馆经商参处/经商室联系。

一、在马来西亚注册企业需要办理的手续

（一）设立企业的形式

在马来西亚，外商投资设立企业的形式主要包括公司代表处（办事处）、分公司、有限责任公司和股份有限公司 4 种。

（二）注册企业的受理机构

中国企业在马来西亚设立代表处（办事处）、分公司、有限责任公司或股份有限公司，均须到马来西亚公司注册委员会（简称 SSM）或通过互联网（www.ssm.com.my）提交申请，进行注册登记。

（三）注册企业的主要程序

1. 注册申请

申请企业填写有关申请表格，向马来西亚公司注册委员会提出申请。

2. 注册审查

公司注册官员审查拟议中的公司名称是否被使用，如未被使用，则该名称为申请者保留 3 个月。

3. 提交材料

3 个月之内，申请者依据不同的企业形式相应地向注册官提供不同的文件，具体需提供的文件清单可咨询专业秘书公司或律师事务所。

4. 批准申请

公司注册官审查申请材料，批准公司注册，并发出同意公司注册文书以及公司代码（主要供缴纳税务使用）。

5. 开设银行账户

公司注册完毕后，可凭有关文件到马来西亚当地银行开设公司银行账号。

二、承揽工程项目的程序

（一）获取信息

马来西亚大型工程项目从可行性研究、设计到最后实施需要较长过程，工程公司应从各种渠道获取工程前期信息，密切跟踪，适时介入。一般而言，政府出资项目由政府主管部门发布信息，私人项目通过主要报刊定期发布招标及项目信息。

（二）招标投标

在马来西亚，由世界银行、亚洲开发银行和其他外来资金参与的项目均按国际标准公开招标。政府财政拨款的工程项目，一般把招标对象限定在拥有 A 级资格的马来西亚本地公司，外国公司需从中分包或合作。私人发展项目招标对象限制较少，但最大的风险是支付保障问题，要慎重选择有实力有信誉的业主。在马来西亚，无论是哪类项目，均存在议标的情况。

（三）许可手续

在马来西亚主管承包工程的政府部门是建筑业发展局（CIDB）。承包商与当地发展商签订承包合同后，需要向该局申请办理施工许可证，并由其查验承包公司资质和监督审查项目进展情况。一般情况下，承包公司还需申请的许可有机械设备使用许可（机械管理部门）和工人现场驻地和设备材料堆放许可（市政管理部门）。

三、专利申请和商标注册

(一）申请专利

外国企业/个人申请专业必须通过马来西亚代理机构向专利管理机构马来西亚知识产权局提出。

(二）注册商标

马来西亚的商标分为商品商标和服务商标两类。外国商标必须在马来西亚登记方能获得合法保护，外国商标登记必须由马来西亚商标代理人向知识产权局提出申请。

四、企业在马来西亚报税的相关手续

(一）报税时间

在马来西亚，个人必须于每年4月30日前呈报前一年度的个人税务；企业必须于企业财政年度结束后的7个月内向税务机关报税。

(二）报税渠道

马来西亚企业可以指派内部有专业资格的人员到税务机关报税，也可委托有税务代理执照的会计师向税务机关报税。

(三）报税手续

根据法律规定，在马来西亚报税的基本程序是企业按照成立时领取的报税编号向税务机关索取有关报税表格，填写有关呈报内容，缴纳税款。

(四）报税资料

企业在马来西亚报税需要提供的资料包括：企业报税编号、企业基本资料（股份及董事会构成等)、企业银行账户、企业财政年报、派发股息情况以及企业资产损益表等。

根据规定，企业每月须向税务机关缴纳自行估计的税务，到财政年度结束时再统一报税，多缴退还，少缴补足。但是如果少缴的税务超过30%，则要罚款10%。如果个别月份利润增长发生变化，需要单独报告说明。

五、赴马来西亚的工作准证的办理

(一）主管部门

负责具体办理外国人工作准证的管理部门是马来西亚内政部移民局（www. imi. gov. my)。

(二）工作许可制度

外国人赴马来西亚工作，必须获得马来西亚内政部移民部门签发的工作许可，赴马来西亚前事先办理好工作准证。

(三）申请程序

1. 制造业公司外籍管理人员职位。由外资公司向马来西亚投资发展局（MIDA）提出申请，投资发展局根据公司投资额核定名额，再交由其内部“一站式”服务部门统筹审批。外籍管理人员期限一般为5年，期满后可再延长5年。

2. 制造业公司雇佣外籍劳务。由雇主向马来西亚投资发展局提交申请，由其内部“一站式”服务部门统筹处理。

3. 制造业以外其他领域雇佣外籍劳务。由雇主向内政部外籍劳工处提交申请。政府对外籍劳工实行个案批准制度，并附带一定条件；雇主必须在尝试雇用本国公民未果后，方可考虑雇佣外籍劳工。

马来西亚建筑业外劳工作准证无条件延长5年。该项措施已于2011年4月正式生效，在新措施下，建筑业外劳可无条件申请准证延期5年，无需缴费370林吉特接受马来西亚建筑发展局（CIDB）重新评估及考取熟练技术文凭。建筑业外劳上一天安全课程，获取建筑发展局发出的绿卡后，便可投入工作，不管有无经验。外劳准证期限最长10年，现有外劳，只要工作期不超过10年，均可申请工作至期限届满。申请手续和以往的既定程序无异，可在各州移民局办理。

(四）提供资料

公司申请信函（申请职位及说明、工作时间、每月工资等)；已缴纳印花税的雇佣合同；公司注册文件；护照原件及复印件、学历证明或技术等级证书复印件及英文翻译件；申请人个人简历；标准护照照片；相关申请表格（一般为Form DP11)。

需要资料及有关费用要求详情请查阅马来西亚内政部移民局官方网站：www. imi. gov. my/eng/perkhidmatan。

办理工作准证过程中应注意：根据马来西亚法律规定，雇主应该亲自向政府提出雇用外籍员工的申请，但由于马来西亚外籍人士办理工作准证手续比较复杂，建议中国企业办理手续前，向当地有经验的人力资源顾问公司咨询，请其提供有关协助。还需注意：最好亲自申请，但必须了解员工情况，熟知程序；合理控制办理准证费用；和移民局官员交涉时注意掌握技巧；委托马来西亚政府认可并批准的中介代理。

六、应注意的问题

(一）投资方面

1. 客观评估投资环境

中国投资者赴马来西亚开展投资合作首先应该客观评估其投资环境，主要注意以下问题：经济规模及产业优势；政府及各界对待外国投资的态度；投资经商的便利化措施；人文、语言及宗教环境；政府部门的执行力及工作效率；经商习惯及民商法律制度；社会治安状况。

2. 适应法律环境的复杂性

马来西亚在独立前，曾经是英国殖民地，因此其法律体系受英国影响很深，成文法与判例法在商业活动中都发挥作用。中国企业到马来西亚投资首先要注意法律环境问题，要严格遵守马来西亚各项法律规定，密切关注当地法律变动情况；聘请当地有经验、易于交流的律师作为法律顾问；处理所有与法律有关的事务，涉及投资经营重大问题和合约谈判及签署，事先一定要听取专业律师的意见。

3. 做好企业注册及申办各类执照的充分准备

在马来西亚投资合作的起步阶段最大的困难是公司注册和申办各类执照。这些执照的申请程序复杂，文件繁多，审批时间较长，需要交涉的事务头绪纷繁。中国企业需对马来西亚关于外国投资注册的相关法律法规有一定了解；聘请专门的秘书公司和专业律师协助处理有关申请事宜；按照要求，提前备齐所需文件，及时履行相关手续。马来西亚各类申请文件及公司文书均须企业法定代表人亲笔签名，并加盖公司的正式印章。

4. 适当调整优惠政策的期望值

马来西亚政府虽然制定了多项投资优惠政策和鼓励措施，但是这些政策不能自动获得，企业必须向政府主管部门提出申请，政府根据企业情况酌情给予一定优惠政策。中国企业要详细了解这些优惠政策的内容、申请条件及程序，适当调整对优惠政策的期望值，并在专业人士指导下向政府申请有关优惠政策。

5. 充分核算税赋成本

马来西亚的税收体系比较复杂，缴纳税务专业要求高。中国投资者要认真了解当地税收政策，仔细听取专业会计和税务人员的意见，充分核算税赋成本，尽量选择在能够获得所得税减免的领域或地区投资。

6. 有效控制工资成本

2012 年，马来西亚出台了最低工资标准，西马半岛为 900 林吉特/月（或 4.33 林吉特/小时），东马沙巴州、砂捞越州及纳闽岛为 800 林吉特/月（或 3.85 林吉特/小时）。企业工薪支出除工资外，还包括雇员公积金（EPF）、社保基金（SCOSO）及保险和年度花红等。中国企业需要了解当地劳动法令关于正常工资和加班工资的具体规定，精心核算工资成本，提高劳动生产效率。

（二）贸易方面

在马来西亚经商必须熟悉和适应当地特殊的贸易环境，采取有效措施拓展业务，规避风险。

1. 谨慎选择贸易伙伴，采用信用证交易适应当地支付条件。

对于贸易伙伴的选择，企业要特别慎重，尽可能通过多种渠道查证企业背景情况，核实项目真伪。必要时，可同马来西亚本地商协会联系，获取相关信息。签订合同内容要全面、详尽，并尽可能约定采用信用证方式付款。马来西亚进口商通常向出口商开立信用证，但曾有部分中国出口商基于彼此信任或急于成交，未坚持要求进口商开具信用证，可能最终因付款问题酿成贸易纠纷，需要注意和警惕。

2. 采用本币结算，规避汇兑风险。

2009 年，中马两国即签署人民币和林吉特互换协议。2015 年 4 月，双方再次续签协议，有效期 3 年，货币互换额度 1800 亿元人民币或 900 亿林吉特。考虑到美元汇率波动风险和货币汇兑产生的成本，中国企业应争取利用人民币作为贸易结算货币，最大限度规避或消除汇率风险，降低经商成本。

3. 坚持以质取胜，提升产品质量。

马来西亚人非常注重商品的质量，认为质量代表着企业的信誉。中国的轻工产品在马来西亚市场份额较高，企业应本着“诚信经营、以质取胜”的理念，着眼长远，在产品质量和售后服务上下功夫，切忌只顾眼前利益，靠过度宣传获取订单，“以次充好”，损害中国产品的声誉。

（三）承包工程方面

1. 抓住市场机遇

近年来，马来西亚经济一直保持稳定增长。政府于 2008 年前后陆续推出 5 大经济发展走廊，2011 年开始国家财政预算又拨出大量款项发展大型基础设施项目和民生工程，改善投资环境，缩小地区差距，全面提升国家经济发展水平。当前，马来西亚政府正在制定第 11 个五年计划（2016～2020），致力使马来西亚在 2020 年迈入发达国家行列，预计马来西亚将迎来新一轮的基础设施建设高潮。目前未来几年，马来西亚的计划实施的重点工程有吉隆坡槟城第二大桥地铁捷运工程 2 期和 3 期（MRT2、MRT3）、吉隆坡周边高速公路项目、南部铁路、马新高铁、边佳兰石油炼化综合项目、砂捞越纸浆厂、国家高速宽频网建设及巴贡水电站等项目。企业应该抓住机遇，积极开拓马来西亚市场，借助其天然的地理区位优势和与中东国家的宗教联系，谋划进入东盟国家和中东国家市场的长远战略。

2. 选好经营方式

马来西亚推行一些大型政府私营化工程，此类项目往往需要马来西亚政府提供担保，向银行、金融公司或外国机构借款，因此中国企业如果想参与，必须选择有实力、讲信誉的当地公司作为项目合作伙伴，利用其关系和背景，共同实施项目。中国工程企业进入马来西亚承包工程项目，为跟踪项目和实施现场管理，建议在当地注册公司。

3. 因地制宜，实行本地化经营

马来西亚外籍劳工数量庞大。截至 2014 年年底，马来西亚共有合法外劳 207 万人，主要集中在建筑业、服务业、制造业、种植业、农业以及家政服务业。尽管外劳技术水平不如中国工人，但因外劳用工成本较低，且马来西亚政府未对华开放普通劳务市场，外劳成为中国企业实施承包工程项目的必然选择。中方人员应主要负责工程项目的统筹管理，并在商务谈判、对外协调、现场管理等岗位聘用马来西亚本地人员，利用其熟悉本地政策法律和工程实践的优势，服务于项目的实施。

4. 量力而行

在马来西亚开展工程承包，业主会根据项目情况要求承包商具备一定资质，项目执行需要一定的管理能力、融资能力和人力资源，跟踪谈判项目需要较强的交涉和谈判能力，洽谈项目合约需要较广的人际关系，否则会遭遇很多困难。中国企业刚进入马来西亚时要客观评估自身实力，重视困难，总结以往中国公司的经验教训，量力而行，找好市场切入点，不要盲目行动，贪大求全，一味追求大型或施工难度高的项目，以免为企业带来不必要的经济损失。

（四）劳务合作方面

马来西亚尚未对中国开放普通劳务市场。根据中马两国政府达成的谅解备忘录。马来西亚自 2004 年开始向中国开放陶瓷、古建筑维护、木器加工以及家具制造四个领域，但是由于马方雇主提供的薪水较低，上述领域劳务合作尚未实际开展。此外，对于中资企业承建的部分大型项目，马来西亚政府允许承包商以个案审批的方式从中国引进紧缺的技术工人和工程师，但需与雇主事先签汀用工合同，约定工资及工作时间，并提前办好工作准证后方能入境。

（五）其他应注意事项

随着马来西亚本地企业的成长，中国大型基础设施建设企业尽管仍保技术优势，但价格优势已大大缩小，往往需要依靠中国对外优惠性质贷款打开大型基础设施建设市场，此类项目跟踪时间长、前期投入大，给企业带来一定负担。

由于马方业主对中国企业了解日益加深，成套设备企业承建项目往往遇到业主公司不断压价，利润空间受挤压，且时有被业主公司利用、形成中国企业自相竞争的情况。

中国房建企业在马来西亚数量较多，一些非传统房建企业为保持企业周转运作而投身房建市场竞争，因房建项目利润薄，部分企业遇到业主拖欠工程款的现象。

（六）防范投资合作风险

在马来西亚开展投资、贸易、承包工程和劳务合作的过程中，要特别注意事前调查、分析、评估相关风险，事中做好风险规避和管理工作，切实保障自身利益。包括对项目或贸易客户及相关方的资信调查和评估，对项目所在地的政治风险和商业风险分析和规避，对项目本身实施的可行性分析等。企业应积极利用保险、担保、银行等保险金融机构和其他专业风险管理机构的相关业务保障自身利益。包括贸易、投资、承包工程和劳务类信用保险、财产保险、人身安全保险等，还有银行的保理业务和福费庭业务，以及政府担保、商业担保、保函等各类担保业务。

建议企业在开展对外投资合作过程中使用中国出口信用保险公司提供的包括政治风险、商业风险在内的信用风险保障产品；也可使用中国进出口银行等政策性银行提供的商业担保服务。

中国出口信用保险公司是由国家出资设立、支持中国对外经济贸易发展与合作、具有独立法人地位的国有政策性保险公司，是中国唯一承办政策性出口信用保险业务的金融机构。公司支持企业对外投资合作的保险产品包括短期出口信用保险、中长期出口信用保险、海外投资保险和融资担保等，对因投资所在国（地区）发生的国有化征收、汇兑限制、战争及政治暴乱、违约等政治风险造成的经济损失提供风险保障。

如果在没有有效风险规避情况下发生了风险损失，也要根据损失情况尽快通过自身或相关手段追偿损失。通过信用保险机构承保的业务，则由信用保险机构定损核赔、补偿风险损失，相关机构协助信用保险机构追偿。

【来源：选编自商务部国际贸易经济合作研究院，商务部投资促进事务局、中华人民共和国驻马来西亚大使馆经济商务参赞处共同主编.《2015版对外投资合作国别(地区)指南——马来西亚》. 第55～58、60～64页】

在缅甸开展投资合作的手续及注意事项

一、在缅甸投资注册企业需要办理的手续

（一）设立企业的形式

根据《缅甸联邦外国投资法》规定，外国企业依据如下投资方式进行投资：

1. 外国企业在委员会许可的领域进行全额投资。

2. 外国企业与国民或相关政府部门、组织进行合资。

3. 根据双方合同进行合作。

（二）注册企业的受理机构

企业注册的受理机构为缅甸投资委员会，缅甸投资委员会由相关经济部门领导组成，自2007年以来，由畜牧水产部长貌貌登准将兼任投资委主席，国家计划与经济发展部副部长都迎佐上校兼任秘书长，商务部长、交通部长、建设部副部长为投资委员会成员。国家计划与经济发展部下属的投资和公司管理局主管公司设立及变更登记、投资建议分析及报批、对投资项目的监督等日常事务。

（三）注册企业的主要程序

1. 根据《缅甸联邦外国投资法》要求，向缅甸投资委员会（MIC）提交申请表（FORMI），申请表应含以下文件：

（1）企业财务状况表（近几年账务审计情况）；

（2）开户银行推荐信；

（3）项目经济可行性报告；

（4）根据合作性质，如果项目属外商独资，则须提供1份拟与主管部门签署的草本合同；如果项目属合资项目，则须提供1份拟与合作公司签署的合同草本。准备必需的协议草案，如：合资协议；租赁协议；独资项目协议（由有关主管部门代表签字）；

（5）若该项目是以有限公司的名义经营的，应提交按《缅甸公司法》起草的《公司备忘录》或《公司章程》；

（6）按《缅甸联邦外国投资法》第10章26款规定提交税务减免申请函。

2. 由投资和公司管理指导委员会（DICA）对所提交项目建议书进行详细研究，并从以下几方面进行审查：

（1）实施项目是否符合被推选条件；

（2）文件是否齐全一致；

（3）经济可行性和项目的商业期限；

（4）技术适用性；

（5）市场状况；

（6）提供就业机会；

（7）项目实施对环境影响。

3. 投资和公司管理指导委员会（DICA）向政府代理公司或投资者及其代表咨询有关技术问题，并将文件提交MIC。

4. 如果所需提交的文件资料齐全，约在2个月内完成报批手续。

二、承揽工程项目的程序

（一）获取信息

一般情况下，缅甸政府各部门及下属司局或直属企业可直接对外发布工程项目招标信息，省级政府亦有部分自筹资金项目对外招标，但市级以下政府对外招标项目数量极少。缅甸主流媒体（缅甸《新光报》、《镜报》等）也会定期发布一些项目招标信息。中国企业一般通过直接联系有关政府部门或通过缅方合作伙伴介绍等方式获取项目信息。

（二）招标投标

缅甸政府规定，承包工程项目原则上采用公开招标的形式，但由政府部门自筹资金且金额在10万美元以上的项目，必须有3家以上的承包商进行投标。通常，发标部门对各投标方的技术细节与价格进行比较，形成授标意见后报请国家采购委员会审批。国家采购委员会一般要与竞标企业再进行一轮价格谈判，之后或维持发标部门的意见，或做出新的授标决定。根据采购委员会的意见，发标部门须上报国家贸易委员会审批，批准后再报内阁批准通过，最后进入实施阶段。

（三）许可手续

按照《商务部关于加强中国驻外使（领）馆经商参处（室）管理对外投资合作工作的指导意见》（商合发［2008］270号）、《对外承包工程项目投（议）标协调办法》以及《对外承包工程项目投（议）表协调办法实施细则》等有关文件规定，中国企业在缅甸承揽工程项目须由驻缅甸经商机构出具推荐函的（详见商合发［2008］270号），须按照有关规定在驻缅甸经商机构对有关项目信息进行备

案，并接受经商机构的指导和协调。

三、专利申请和商标注册

（一）申请专利

专利注册与商标注册类似，也采用注册登记制度，在缅甸农业灌溉部设在各省、邦的注册局办理。依照现行规定，外国人不能直接提出专利注册申请，需以合法注册的缅甸公司的名义或者缅甸当地代理人的个人名义提出申请。注册成功后，需要在报纸上发布公示，时间为1周。公示期间如没有人提出异议，登记注册即可生效。专利权受到侵犯时，可参照商标权的有关规定提起民事诉讼。

（二）注册商标

在商标所有权问题上，缅甸坚持“在先使用”和“先到先得”的原则，并不强制要求商标注册，商标所有人自商标首次使用之日起即获得商标专用权。但是商标注册可以使商标持有人在刑事或者民事诉讼中取得表面证据，从而对抗侵权人。根据缅甸《注册法》（Registration Act）和注册检察长第13号令（Direction No. 13 of the Inspector General of Registration）的规定，可以通过发布商标商号所有权声明的方式实现商标注册。所有权声明并不是商标专用权的最终凭证，但却是初步证据，在刑事诉讼或民事诉讼过程中，当事人出具这种注册证书，将会对诉讼起到很大的帮助作用。注册一旦完成便是永久性的，不需要续展。如果商标持有人的名称、地址、商标的图案、使用商标的商品/服务等事项发生重要变更，那就需要重新进行注册。

缅甸农业灌溉部主管全国的商标注册。中国企业在缅甸办理商标注册时，需要提交以下文件：授权书、企业法人的营业执照以及商标注册证书。上述文件需要办理（中英文）公证，并经中华人民共和国外交部、缅甸驻中国使馆或总领馆认证。所有的文件必须真实有效，如果文件中所指的地址、法人名称等事项发生了变更，需要标注说明。此外，声明文件中还需说明：商标所有人正在以销售为目的在制造或销售的商品上使用商标；该商标是由商标所有人创造出来的；该商标不是对他人商标的假冒或模仿；据商标所有人所知，到目前为止，没有人在类似商品上使用该商标。

商标所有权声明在缅甸农业灌溉部注册后，通常要在当地的报刊上发布商标警示公告，如果是国际性商标，还应当在当地英文报刊上刊登公告。内容包括商标的名字、式样、细节说明、商标持有人的姓名、地址以及对侵犯商标权的简短警告。

依照缅甸《特定救济法》（Specific Relief Act）的规定，一旦商标专用权受到侵犯，可以向法院提起民事诉讼，授权法院对侵权人发出永久的、要求停止侵权的禁令，并可要求侵权人赔偿由此给商标持有人造成的损失。除民事诉讼外，根据缅甸《刑法》（Penal Code）的规定，还可以对使用假冒商标、制造工具假冒商标、销售假冒商标的商品的侵权人处以刑事处罚，包括处以罚款、处以3年徒刑，并处没收和销毁侵权物品和商品等。

四、企业在缅甸报税的相关手续

（一）税收体系和制度

缅甸的财政税收由5个部所属的6个局管理。如下图：

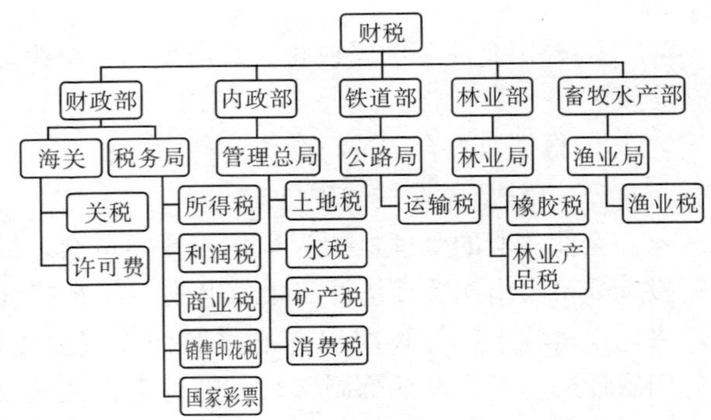

图：缅甸财政和税收管理部门及相关税收表

缅甸财政税收体系包括对国内产品和公共消费征税、对收入和所有权征税、关税、对国有财产使用权征税4个主要项目下的15种税费。以上税收由不同部门管理，其中89%以上的政府各项税收由缅甸国家税务局管理。缅甸纳税实行属地税制，企业每月按照财税部要求，纳税。

（二）报税时间和渠道

根据《缅甸税务法》（1992）、《缅甸国内税收实施细则》（1987）规定，企业可以在取得收益之年年底算起3个月内，凭可靠的证明向各省/邦税务人员申请缴纳所得税，纳税人的收入按从当年的4月1日起至次年3月31日止的财政年度来计算。税款一般在下一个年度按照上一个年度的收入进行估算，做出估算后，既可每个月也可每个季度缴纳一次税。

纳税人如果想离开缅甸，必须向移民局提交一份完税证明。

企业报税需向各省/邦税务人员申请。

（三）报税手续和资料

中国在缅甸纳税的企业需聘请缅甸当地注册的

会计师协助整理账务，中方同意签字后，由该会计师代交缅方税务机关，待税务官核定税款后即通知公司签字交税。

企业月度、季度、年度营业收入、营业费用等财务相关资料。

五、赴缅甸的工作准证的办理

外国公民到缅甸工作，不需要办理工作许可，缅甸未制定外国人在缅甸工作许可制度。

六、应注意的问题

（一）投资方面

中国投资者到缅甸投资兴业应注意以下事项：

1. 缅甸法规有待完善，政策稳定性不足，给投资者带来许多不确定性。部分外国投资者为避开政策限制，借用缅甸人身份在缅开展投资经营活动。由于此类外国投资不受缅甸法律保护，因合作失败或与合作方利益纠纷而致外国投资者蒙受损失的现象时有发生。中国投资者对此应格外注意。

2. 缅甸基础设施落后。由于缅甸工业发展水平低，交通、通讯等基础设施较为落后，电力供应不足，燃料短缺，给外国投资者带来诸多不利影响。

3. 缅甸金融环境不佳。缅甸金融体制和服务落后，外商在当地融资困难；政府宏观调控能力弱化，汇率和利率变动不合理，严重影响外商投资收益。

4. 长期以来，缅中央政府和部分少数民族组织之间的关系极为微妙。中国投资者应尽可能避免擅自同缅甸地方政府以及在少数民族控制区进行投资合作，此类合作一旦有意外事件发生，两国政府将难以及时有效介入。

5. 中国企业在缅甸面临竞争压力加大。近年缅甸国内改革及经济快速发展，各国投资者纷纷到缅甸考察。例如，泰国、新加坡、马来西亚等东盟国家持续对缅甸投资；日本计划运用日元贷款帮助缅甸改善基础设施；美国企业拟对缅甸通信、电力、机场、能源等领域实施投资。由此对中国在缅甸企业投资带来的竞争压力加大。

6. 做好企业注册的充分准备。依据《缅甸联邦外资投资法》及《缅甸联邦外国投资法实施细则》的相关规定，办理投资许可证、签署合资协议、注册公司，相关手续如下：

（1）办理投资许可证。外资公司需准备以下材料，按照缅甸《公司法》起草公司章程、备忘录；按照缅甸投资委范本准备项目建议书；准备合同（合资协议）文本，包括资本结构、分成、税收、项目融资、公司管理等内容及其他材料。相关材料准备齐全之后报缅方项目主管部审核——报投资委（MIC）审核——报国家贸易委员会（TC）审核——报内阁审核——内阁批准后由投资委颁发投资许可证。

（2）签署合同（合资协议）。获得投资委颁发的投资许可证后，双方签署合资协议，合资协议具备法律效力。

（3）注册公司。外资公司填写成立公司相关文件经计划与经济发展部下属投资与公司注册局（DICA）审核——由DICA分别征求内政部、财政部、外交部、缅甸联邦总检察署意见——报国家计划与发展部审核——报投资委审核——报贸易委员会审核——报内阁审核——DICA颁发登记执照（公司营业执照）——之后合资协议开始生效。

（二）贸易方面

1. 中国公司应先确认缅方公司是否在缅甸商务部登记注册，具备取得《进口商注册证》或《出口商注册证》的资格（双方签订贸易合同后，缅方才能申请《出口许可证》或《进口许可证》）。进出口许可证未经缅甸商务部批准不得转让。如遇贸易纠纷，须按缅甸现行《仲裁法（1944）》进行解决。

2. 目前缅甸的对外贸易多以美元或欧元通过银行信用证结算，但受美国等西方国家的制裁，缅甸无法直接与中国各银行间开展信用证结算，要通过设在新加坡或中国香港等第三地的公司。因此，对缅甸贸易及结汇均存在风险，需谨慎为之。

中缅两国银行已就中缅边境贸易中以人民币结算问题进行过多次商谈。但从总体看，缅甸银行结算体系、汇率制度等有待进一步完善。

（三）承包工程方面

1. 充分挖掘市场潜力

近年来，缅甸政府努力推行市场导向的经济改革，在坚持继续抓好农业发展的基础上，大力发展基础工业，兴修水利工程，加大交通设施建设投入，合理开采石油矿产资源，经济社会发展有了较大起色，也给承包工程市场带来巨大商机。

近年来，中资企业在缅甸的工程承包合作顺利发展，相继中标并顺利完成电站、桥梁、铁路、工厂、通讯设施以及输变电项目等工程建设，在缅甸创出了品牌，赢得了信任。随着西方国家逐步解除对缅甸经济制裁，来自世界各国的企业纷纷进入缅甸市场，中资企业面临更加激烈的竞争。中资企业应利用自身优势，继续挖掘缅甸市场潜力，推动中缅经贸合作向纵深发展。

2. 建立良好合作关系

与缅甸政府部门及有实力、有影响力的企业建立起良好的合作与互信关系，可以帮助企业更加有效地开拓市场，并在项目实施过程中，获得对方的支持与配合，使企业在缅甸承包工程市场上“游刃有余”。

3. 避免恶性竞争

中资企业在缅甸应严格执行项目备案制度，服从国内有关部门及商会的协调，从大局出发，坚持互利合作，避免恶性竞争，实现中资企业在缅甸承包工程市场上共赢。

4. 造福当地社会

中国企业在缅甸承揽项目，在追求经济利益的同时，应积极回报社会，参与社会公益活动，施惠于当地社会，同当地人民分享劳动成果，赢得地方支持。实现长期、稳定发展。

5. 充分考虑困难与风险

在缅甸开展承包工程业务面临诸多特殊性和实际困难。缅甸基础设施不健全，国内物资匮乏，工业加工水平较低，缺乏质量管理标准和工业标准等客观因素，使外国承包商在缅甸实施工程项目有可能遇到许多困难和不确定性。缅甸外汇储备短缺，政府对外支付工程款项需经过漫长复杂的审批程序，付款不及时或拖欠现象普遍存在。中资企业需充分考虑收汇风险以及汇率变动风险，减少损失。

（四）劳务合作方面

劳务人员到缅甸务工前应与具有外派劳务资质的正规企业或单位签订外派合同，将派遣时限、工作条件、劳动报酬、违约责任等关键条款见诸文字，保存好证据，一旦出现劳务纠纷可有效维护自身权益。

劳务人员进入缅甸工作之前，首先应对缅甸的法律法规、风俗习惯有所了解，做到心中有数。缅甸法律规定对违法犯罪行为处以重罚，劳务人员在缅甸工作务必严格遵守当地法律法规，尊重缅甸人以及缅甸人的风俗习惯，以免因为行为不当给自己带来麻烦。

缅甸处于热带和亚热带地区，卫生防疫条件落后，部分地区疟疾、登革热等疾病盛行。在这些地区工作的人员要具有疾病防范意识，讲究卫生，常备有关药品。

（五）其他应注意事项

1. 金融汇率风险

2012 年 4 月起，缅甸采用基于市场情况并加以调控的浮动汇率制，这有助于在缅甸开展经贸合作的企业进行国际结算和汇兑，在极大程度上降低金融汇率风险。

2. 商业诈骗

以虚假项目信息骗取中资企业赴缅甸考察；有的缅甸企业邀请中资企业以缅甸企业的名义在缅甸开展隐性投资，如双方企业合作期间出现问题，将面临资产无法保全的风险。

3. 安全风险

缅甸北部克钦邦、泰缅边境克耶邦、克伦邦、德林达依省、孟缅和印缅边境实皆省和若开邦存在一定程度战乱方面的安全风险，建议中国企业在缅甸开展业务远离上述区域。

4. 疾病风险

缅甸甲肝病毒携带者较多，北部、南部和西部山区有蚊虫携带疟原虫。企业派员到缅甸前，建议提前注射甲肝疫苗，准备好防治疟疾的药品，来缅甸后，需注意饮食卫生，少吃凉菜，最好饮用瓶装矿泉水。到缅甸进行矿业、水电、油气领域合作的企业要格外重视疟疾防治。

5. 经济政治风险

缅甸新政府上台，一方面加快推动外商到缅甸投资合作，另一方面也对投资方向等方面提出更高要求，缅甸政府鼓励外商企业在缅甸开展无污染、促进就业、增加出口的加工制造业，限制资源开发和存在污染的行业。企业在缅甸开展经贸合作，须严格按照缅甸外商投资法等相关法律法规开展业务，积极履行社会责任，融入当地社会，以期降低经济政治风险。

6. 避险方式

企业在缅甸开展经贸合作时，建议先与中华人民共和国驻缅甸联邦共和国大使馆经济商务参赞处联系，电话或当面咨询缅甸投资法律、经济环境等相关问题，也可直接与缅甸政府部门联系。如出现商业诈骗等问题，应及时向中华人民共和国驻缅甸联邦共和国大使馆经济商务参赞处报告，中华人民共和国驻缅甸联邦共和国大使馆经济商务参赞处将根据情况提供相应协助。

（六）防范投资合作风险

在缅甸当地开展投资、贸易、承包工程和劳务合作的过程中，要特别注意事前调查、分析、评估相关风险，事中做好风险规避和管理工作，切实保障自身利益。包括对项目或贸易客户及相关方的资信调查和评估，对投资或承包工程国家的政治风险和商业风险分析和规避，对项目本身实施的可行性分析等。建议相关企业积极利用保险、担保、银行等保险金融机构和其他专业风险管理机构的相关业务保障自身利益。包括贸易、投资、承包工程和劳务类信用保险、财产保险、人身安全保险等，银行的保理业务和福费庭业务，各类担保业务（政府担保、商业担保、保函）等。

建议企业在开展对外投资合作过程中使用中国政策性保险机构——中国出口信用保险公司提供的包括政治风险、商业风险在内的信用风险保障产品；也可使用中国进出口银行等政策性银行提供的商业担保服务。

中国出口信用保险公司是由国家出资设立、支持中国对外经济贸易发展与合作、具有独立法人地位的国有政策性保险公司，是中国唯一承办政策性出口信用保险业务的金融机构。公司支持企业对外投资合作的保险产品包括短期出口信用保险、中长期出口信用保险、海外投资保险和融资担保等，对因投资所在国（地区）发生的国有化征收、汇兑限制、战争及政治暴乱、违约等政治风险造成的经济损失提供风险保障。

如果在没有有效风险规避情况下发生了风险损失，也要根据损失情况尽快通过自身或相关手段追偿损失。通过信用保险机构承保的业务，则由信用保险机构定损核赔、补偿风险损失，相关机构协助信用保险机构追偿。

【来源：选编自商务部国际贸易经济合作研究院，商务部投资促进事务局、中华人民共和国驻缅甸联邦共和国大使馆经济商务参赞处共同主编．《2015 版对外投资合作国别（地区）指南——缅甸》．第 63～66、68～72 页】

在菲律宾开展投资合作的手续及注意事项

一、在菲律宾投资注册企业需要办理的手续

（一）设立企业的形式

根据菲律宾《1991 年外国投资法》及其他相关法律，外国人在菲律宾可设立的企业形式包括：

1. 个人独资企业

由个人全部出资、独享收益并承担全部责任的企业形式，须向菲律宾贸工部申请设立。

2. 合伙企业

由两名以上合伙人建立，具有区别于其合伙人的独立人格，可以为有限责任或无限责任，在菲律宾证券交易委员会申请设立，要求每名合伙人至少出资 3000 比索。

3. 公司

根据《公司法典》，由 5～15 名发起人设立，向菲律宾证券交易委员会申请注册，实缴资本至少为 5000 比索。

4. 分公司

外国公司的延伸机构，不是独立法人，可以在菲律宾境内取得收入，注册时须向菲律宾境内汇入 20 万美元资本。

5. 代表处

代表母公司在菲律宾境内从事信息发布、联络、促销、质量控制之类的活动，不在菲律宾境内取得收入，注册时须向菲律宾境内汇入 3 万美元资金。

（二）注册企业的受理机构

1. 证券交易委员会（SEC）负责注册法人企业（5 人以上）和合伙企业（3 人以上）；

2. 贸工部（DTI）负责注册商业名称（有效期 5 年）和注册独资企业（以个人名义办公司）；

3. 投资署（BOI）负责注册优先投资计划下的享受优惠企业；

4. 菲律宾经济区署（PEZA）、苏比克湾管理署、克拉克发展署、卡加延经济区署、菲弗德克工业署和三宝颜经济区署负责注册其他享受优惠的投资促进代理机构；

5. 菲律宾中央银行（BSP）负责外国投资注册（以资本回收和利润汇出为目的）；

6. 纳税人还应到对其营业所在地有管辖权的 BIR 地区税务办公室（RDO）注册；

7. 在社会保险系统（SSS）取得雇主社会保险号，在菲律宾健康保险公司（PHIC）取得政府保健保险系统成员资格。

另外，在 SEC 和 DTI 注册之后应取得公司所在地的市长批准。在 SEC 的注册主要包括以下程序：

1. 投资人向 SEC 递交申请；

2. SEC 审核申请；

3. 如果申请批准，投资人支付登记费（相当于实收资本的 1/1000），并递交相关文件。SEC 审核和评估文件，如果用“快速”流程，时间为 1 周。如果批准，SEC 发给注册证明。

自2015年4月起，菲律宾央行规定外国直接投资者（FDI）必须在向菲境内实际汇入资金后1年内向菲律宾央行登记注册。

二、承揽工程项目的程序

（一）获取信息

在菲律宾可以通过以下几个途径获取工程招标信息：

1. 菲律宾政府部门或企业业主在当地媒体上发布招标邀请信息；

2. 业主直接邀请；

3. 业主通过中华人民共和国驻菲律宾共和国大使馆经济商务参赞处、中资企业（菲律宾）协会承包分会发布信息。

（二）招标投标

菲律宾政府工程承包项目根据业务性质分属不同部门管理，如公共工程与公路部负责公路及桥梁等项目，交通部负责铁路、机场、港口等项目，农业部灌溉局主管水利灌溉项目等。使用菲律宾政府财政资金的政府项目，只能由本地企业或外资比例不超25%的合资企业承揽。通讯、电力、房地产等行业多为私企经营，对外资承包商一般没有限制。

工程项目招投标一般需要经历以下程序，业主或融资方还会有各自具体的要求：

1. 招标信息发布；

2. 企业报名，递交意向书；

3. 资格预审；

4. 编制发售招标文件；

5. 投标预备会；

6. 投标；

7. 开标、评标、决授标。

（三）许可手续

外资企业在菲律宾承揽工程项目，均须向菲律宾承包商资格评审委员会（PCAB，隶属菲律宾贸工部）申请特别执照。具体步骤根据企业是否在菲律宾注册略有不同。以在证券委员会注册的中资企业为例，需向PCAB递交外国承包商特殊许可申请表、综合信息表、菲律宾证券委员会出具的公司注册证明、公司章程、公司对授权代表的董事会决议、中国政府部门出具的并由所在地的菲律宾使领馆认可的公司资质证明原件及复印件、菲律宾招标企业出具的工程项目是由外国融资的证明、投标邀请函、母公司出具的背对背保证书、自述书、近6月财务审计报告、资产负债表、银行账户、用于运输及建设的机动车注册证及发票、国内收入局出具的证明、工程技术人员有关证明、历史记录（有关完工的大型工程合同、证明文件以及菲律宾使领馆认证文件）等。PCAB要求一个项目一个执照，承包商需每年更新特别执照。

不同行业的项目业主对承包商的资质要求有所不同，有关程序和手续也有差异，但核心是审查承包商（或设备供应商）在财务、技术等各方面的履约能力（或交付能力）。另一方面，公共项目业主和私营项目业主的资质要求也不相同。公共项目业主要求承包商履行的资格认证手续往往比较复杂，私营项目业主则相对简单。以菲律宾公造部主管的路桥项目为例，承包商须先通过公造部资格审查并注册，审核过程中需提供营业执照、税务登记证、SEC登记证、公司章程、财务审计报告、公司业绩等材料。项目招标时，公造部将在投标邀请函中就具体项目提出资质要求。

【投资署（BOT）注册】

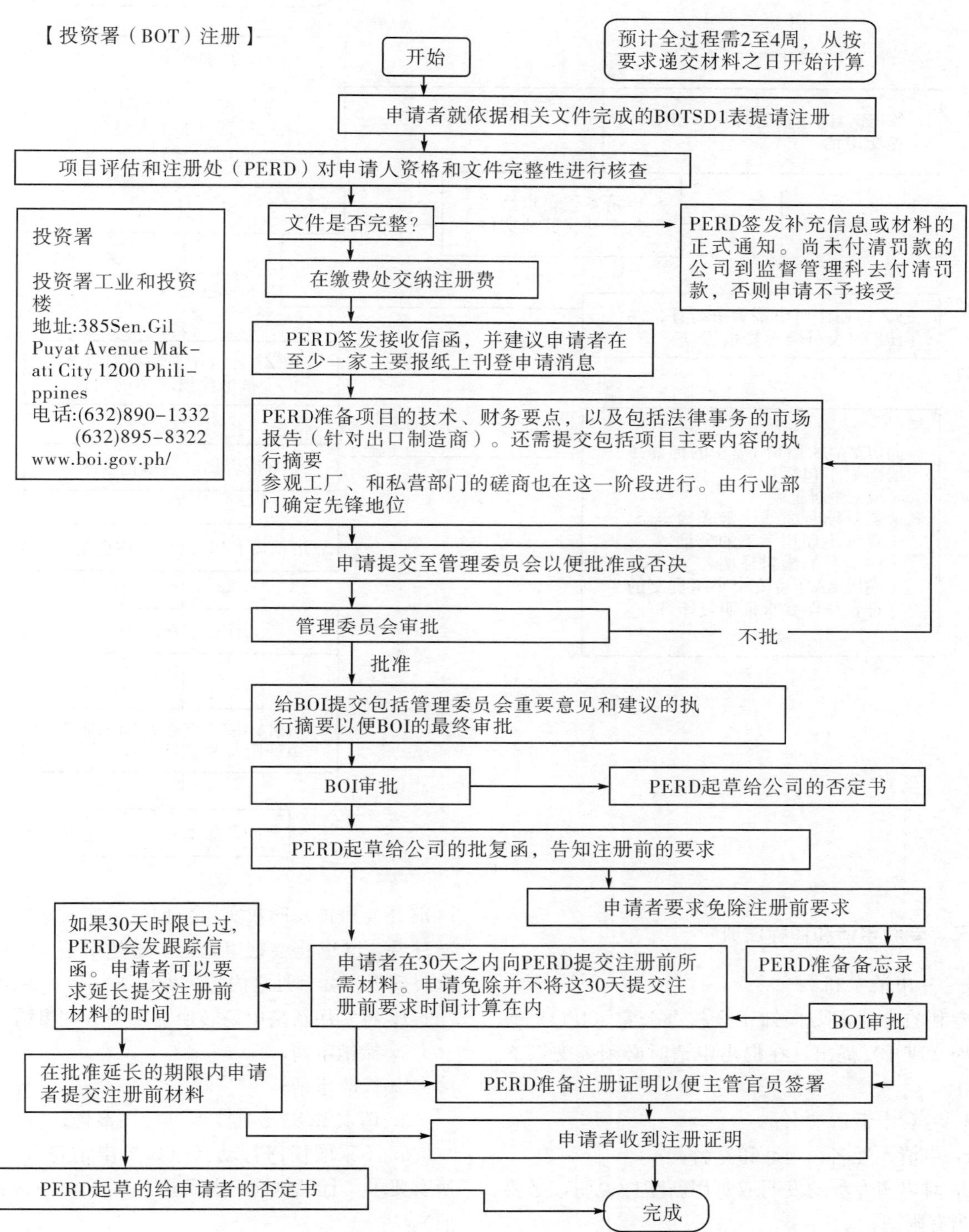
开始
预计全过程需2至4周，从按要求递交材料之日开始计算
申请者就依据相关文件完成的BOTSD1表提请注册
项目评估和注册处（PERD）对申请人资格和文件完整性进行核查
投资署
投资署工业和投资楼
地址:385Sen.Gil Puyat Avenue Makati City 1200 Philippines
电话:(632)890-1332
(632)895-8322
www.boi.gov.ph/
文件是否完整?
PERD签发补充信息或材料的正式通知。尚未付清罚款的公司到监督管理科去付清罚款，否则申请不予接受
在缴费处交纳注册费
PERD签发接收信函，并建议申请者在至少一家主要报纸上刊登申请消息
PERD准备项目的技术、财务要点，以及包括法律事务的市场报告（针对出口制造商）。还需提交包括项目主要内容的执行摘要
参观工厂、和私营部门的磋商也在这一阶段进行。由行业部门确定先锋地位
申请提交至管理委员会以便批准或否决
管理委员会审批
不批
批准
给BOI提交包括管理委员会重要意见和建议的执行摘要以便BOI的最终审批
BOI审批
PERD起草给公司的否定书
PERD起草给公司的批复函，告知注册前的要求
申请者要求免除注册前要求
如果30天时限已过，PERD会发跟踪信函。申请者可以要求延长提交注册前材料的时间
申请者在30天之内向PERD提交注册前所需材料。申请免除并不将这30天提交注册前要求时间计算在内
PERD准备备忘录
BOI审批
在批准延长的期限内申请者提交注册前材料
PERD准备注册证明以便主管官员签署
申请者收到注册证明
PERD起草的给申请者的否定书
完成

【在菲律宾经济区署（PEZA）的注册】

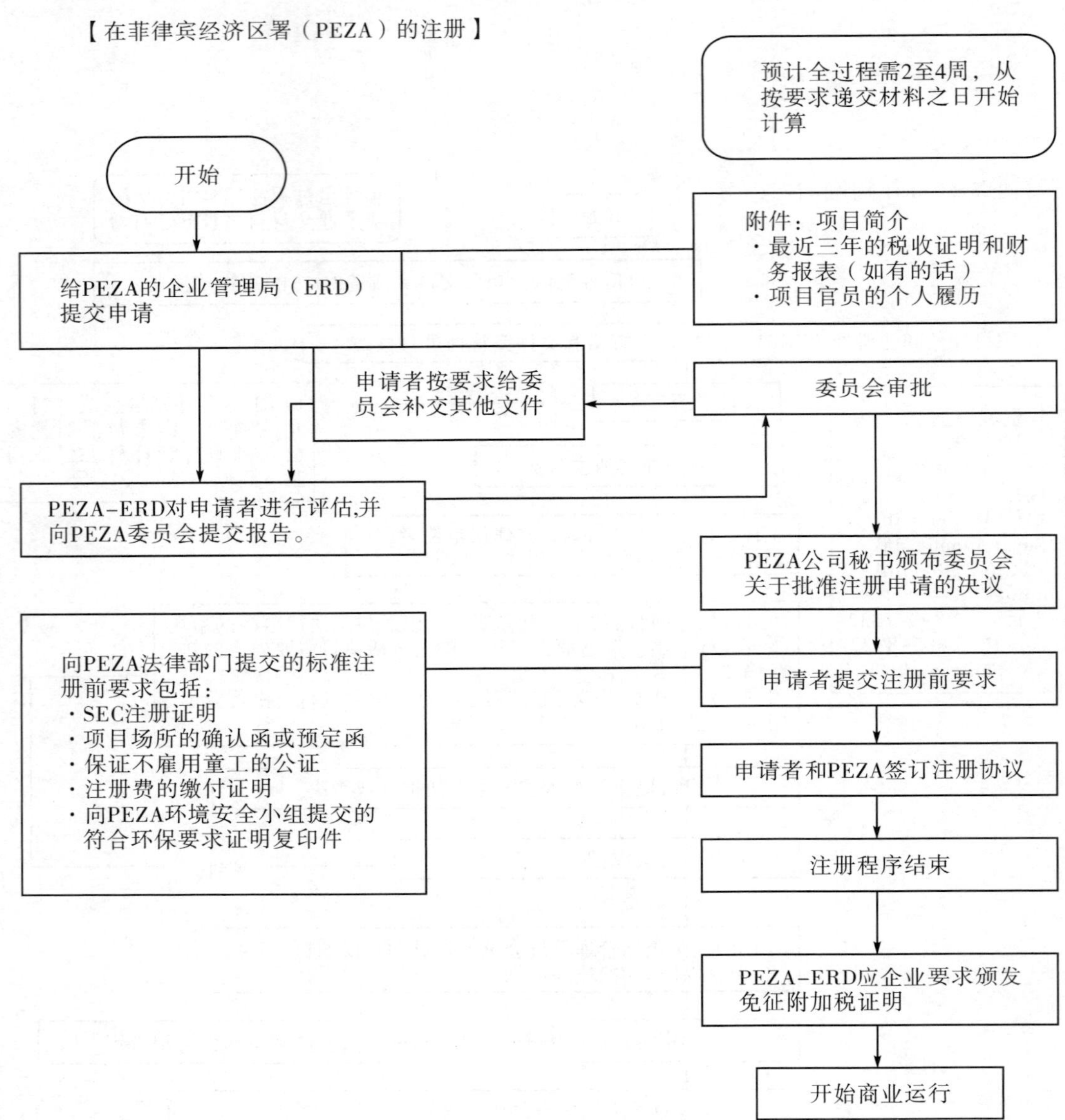

三、专利申请和商标注册

（一）申请专利

专利的申请需要向知识产权办公室（IPO）的专利局（BOP）提出，在提出申请时必须提交以下材料：

1. 专利申请请求书；

2. 申请人姓名、地址和签名；

3. 对申请专利的发明或实用新型做说明，必要时应当有附图；

4. 申请费用；

5. 申请人要求优先权的，应当在申请的时候提出书面声明，写明在外国提出申请的申请日和受理该申请的国家。

在一项发明或实用新型专利被最终批准之前，BOP还要对该发明或实用新型进行实质审查，审查通过后，BOP将会把审查报告送达申请人。申请人在收到报告2个月之内，可做以下任何一种决定：

1. 将实用新型申请转换为发明专利申请；

2. 撤销申请；

3. 修改申请；

4. 请求BOP出具注册可行性报告；

5. 不采取任何行动（但如果申请符合BOP的所有要求，且已付清有关费用，BOP将视为自动注册）。

经IPO注册的发明或实用新型应在登记后半年内，在IPO的公报上按照目录或样图予以公告。

（二）注册商标

商标注册的申请需要向IPO的商标局（BOT）提出，主要步骤如下：

1. 提出申请：提出申请时，要交送商标注册申请书；申请人姓名、地址、联系方式；商标图样（指定颜色的，应当交送着色图样）；将要运用该商标的货物或服务清单。

2. 查证：BOT 将对商标注册申请进行查证，查看是否有类似或相同的商标注册申请。

3. 实质审查：当商标注册申请符合所有要求时，即通过实质审查，商标才被核准；否则，申请将被拒绝。

4. 提出异议：对初步审定的商标，IPO 将在公报上予以公告，任何人均可提出异议。

5. 核准注册：自公告之日起 30 天内，无异议或经裁定异议不能成立的，始予核准注册，发给注册证书，并在 IPO 的公报上予以公告。

四、企业在菲律宾报税的相关手续

外国投资者在菲律宾注册企业后、开始经营活动前，应到国内税务局（BIR）取得税收证明号（TIN）。具体程序为：携带证券交易委员会颁发的企业登记证明（或在菲律宾经商证明）和市长许可证（或申请市长许可证的文件），前往对其营业所在地有管辖权的 BIR 地区税务办公室（RDO），填写 1903 号 BIR 表格，到 RDO 指定银行缴纳 500 比索的年检费用，向 RDO 支付 15 比索的办证费和 15 比索的印花税，RDO 将签发税务登记证明（2303 号表格）。相关详情可以查询菲律宾国内税务局网站：www. bir. gov. ph/reginfo/regtin. htm。

（一）报税时间

上一年所得税（Income Tax）的报税截止时间是当年的 4 月 15 日。

（二）报税渠道

可通过地区办公室授权代理银行（Authorized Agent Bank，简称 AAB）或收入征集官（Revenue Collection Officer）等报税。

（三）报税手续

1. 填写 3 份 1702 号表格；

2. 如果有收入：到注册地临近的 AAB，提交填好的 1702 号表格及收入相关附件；在没有 AAB 的地区，提交给收入采集官表格和相关材料；从相关地点取回盖章的表格及确认件；

3. 没有收入返还的情况：向注册地的地区收入办公室或税收填报中心提交填写好的 1702 表格及相关附件；从 RD0 或税收填报中心取回盖章和确认的表格。

（四）报税资料

申报所得税时，企业或合伙者需要提交以下资料：

1. 不需交纳预提税（Withholding Tax）的，提交收入证明，并填写 BIR 表 2304（如果满足减免条件）；

2. 税收减免的，填报 BIR 表 2307（如果满足相关条件）；

3. 税收减免备忘录（如果满足相关条件）；

4. 国外税收减免（如果满足相关条件）；

5. 如果税收返还有调整，返还前期返还税收；

6. 账户信息表格（AccountInformation Form，简称 AIF）、独立的注册会计师（CPA）和经审计的财务报告；

7. 上一年税收应返还数额（如果满足相关条件）。

五、赴菲律宾的工作准证的办理

（一）主管部门

菲律宾劳动和就业部、移民局。

（二）工作许可制度

在菲律宾工作或提供服务的外国人可办理下列几种签证：

1.《菲律宾移民法案》第九章（d）规定的协议商人/投资者签证

可签发给进入菲律宾并与其所属国从事贸易活动的外国人。移民局要求最初投资不低于 3 万美元或年贸易额不低于 12 万美元。目前，与菲律宾签订友好、商业和航海条约的国家有美国、德国和日本。

2.《菲律宾移民法案》第九章（g）规定的预定雇员签证

签发给在菲律宾从事技术、管理或保密工作的外国人的正规工作签证。外国人被雇用从事的工作或提供的服务，须是本地菲律宾人或居民不愿或不能胜任的，且其录用应有益于公众利益。此类签证需经移民局理事会批准。

申请此签证需向移民局提交外国人就业许可证（AEP）。一般而言，这类签证的有效期与其 AEP 或雇用合同的有效期中先到期的期限一致。AEP 要在担保公司经过劳动力市场需求测试并提交一份替补培训计划后，由劳动和就业部批准。劳动和就业部要求在外国人监督下至少培训两名菲律宾员工。

3. 第 47 章（a）（2）规定的特别非移民签证

此类签证可签发给在菲律宾经济区署和投资署

注册企业雇用的外国人，以及被临时指派到政府项目工作的外国人。尽管这些外国雇员享有多次进入菲律宾的权利，在菲律宾经济区署注册企业的外国雇员无需在移民局留指纹和注册。但是，他们仍需从劳动和就业部获得 AEP。

4. 行政令第 226 号规定的特别非移民签证

此类签证签发给在投资署注册或在菲律宾的跨国公司地区总部工作的外国人。他们享有多次进入菲律宾的权利，并无需支付费用、在移民局留指纹、注册及从劳动和就业部获得 AEP。

5. 总统令第 1034 号规定的特别非移民签证

此类签证签发给在由菲律宾央行正式授权、作为一个离岸银行业务单位运作的离岸银行工作的外国人。他们也享有多次进入菲律宾的权利，并无需支付费用，或在移民局留指纹、注册及从劳动和就业部获得 AEP。

6. 苏比克工作签证

此类签证签发给苏比克自由港内企业雇用的高级管理人员，以及其他拥有高级技能的外国人。

7. 其他移民政策

打算去菲律宾的外国人，可以不用获得 EO 第 408 号规定的签证作为旅游者入境，或在任何国外的菲律宾领事馆获得第 9 章（a）规定的临时访客签证。第 9 章（a）规定签证可用于因经商、游玩或健康等原因入境，该签证通常最初允许外国人停留 59 天，并可延期至 1 年。

进入菲律宾后，移民局允许外国人将其移民身份从游客/临时访客改为另一个类别的签证，无须离开菲律宾。

当外国人变更移民身份的申请被批准时，变更人必须在菲律宾境内，否则变更无效。如果出现申请人不在菲律宾境内的情况，需要再次提出变更申请。

申请人在菲律宾移民局申请更改移民身份期间，申请人应申请临时工作许可证（Provisional Permit to Work）。

（三）申请程序

主要有以下 2 个步骤：

到菲律宾劳动和就业部（Department of Labor and Employment，简称 DOLE）申办劳工许可证（AEP—Alien Employment Permit）。

到菲律宾移民局（Bureau of Immigration）申办 9G 签证，并办理 I—CARD 身份证。

（四）提供资料

需要提交以下材料：

1. 公司在菲律宾证券交易委员会（SEC）注册文件；

2. 公司有效营业执照；

3. 公司最近一年的税务报表或近期经过审计的财务报告。新公司提供在税务局的登记证明；

4. 申办人的护照原件；

5. 个人简历；

6. 个人税号；

7. 2 寸照片 8 张，1 寸照片 6 张；

8. 申办人和用人单位的劳动合同。

办理工作签证程序较繁琐，周期较长，外国员工多通过中介或代理办理，需注意甄别中介资质和诚信，比较代理费用。

六、应注意的问题

（一）投资方面

菲律宾对外商投资持欢迎态度，但在股份比例上对外资有较为严格的限制，加之基础设施老化、政局不稳以及恐怖威胁等不利因素制约，菲律宾吸引外资规模不大。近年来，年引进外资额始终徘徊在 20 亿～30 亿美元之间。2014 年，菲律宾吸引外国直接投资总量为 62 亿美元。中国投资者在菲律宾开展投资合作应该注意以下问题：

1. 熟悉菲律宾有关投资的法律法规

菲律宾投资法律对于大多数产品在菲律宾境内销售的外商投资一般有不超过合资公司 40%股份比例的限制，少数行业在股份比例上有一定浮动，出口型产业的外商投资可控股或独资。因此中国企业赴菲律宾投资应充分了解有关投资法律法规，积极参与菲律宾投资署公布的《投资优先计划》中鼓励投资的领域，或根据《菲律宾经济特区法案》申请经济特区企业有关优惠政策。

2. 认真进行实地考察调研

菲律宾岛屿众多，各地在语言文化、宗教信仰、基础设施、安全局势、政策优惠等方面均存在一定差异。赴菲律宾投资需进行认真、细致地实地调研，寻找最适宜投资的地区，切忌道听途说，盲目投资。

3. 注意合资对象的选择

菲律宾华人众多，经济实力较强，这是中国企业进入菲律宾的有利条件之一，选好合资对象将起到事半功倍的作用，但"华人骗华人"的情况同样存在。中国企业赴菲律宾投资应慎重选择合作伙伴，充分了解合作方信誉、实力、资质，避免上当受骗。

4. 合理有效利用当地人力资源

菲律宾人口众多，民风比较淳朴，英语普及面广，号称世界第3大英语国家，人力资源相对丰富。但菲律宾民众工作效率偏低，大多不愿带薪加班。如何在尊重当地文化和传统的基础上，充分有效利用当地人力资源，也是企业应积极思考的问题。

（二）贸易方面

近年来中菲两国贸易发展迅速，中国已成为菲律宾第3大贸易伙伴，菲律宾则是中国在东盟的第4大贸易伙伴。随着中菲双边贸易额的增长，贸易纠纷也越来越多，中国企业在与菲律宾商人做生意时应该注意以下几个问题：

1. 选择安全稳妥的付款方式

在与菲律宾商人做生意时，应尽量争取采用跟单信用证（L/C）或付款交单（D/P）方式付款，对于赊账销售应慎之又慎。

2. 重视产品质量

菲律宾商人进口中国商品看重的是低价，但中国企业不应以牺牲产品质量为代价片面追求低价销售，特别是食品、药品等关系到身体健康的特殊商品，企业更应该始终视产品质量为生命。一旦发生恶性事件将对整个企业，乃至中国商品的整体形象造成很大损害。同样，从菲律宾进口商品，特别是矿产品，也应该注意到货质量是否与合同规定相符。

3. 注意船运代理的选择

选择信誉好、实力强的船运代理公司也是做贸易时应积极考虑的重要一环，避免不法货代或船代与不法商人勾结骗取货物。目前中国大型船运公司都在菲律宾设有分公司。

4. 充分享受中国—东盟自由贸易协议带来的关税优惠

中国与东盟国家2004年签署了中国—东盟自由贸易区《货物贸易协议》，2005年启动了全面降税进程，并已于2010年与6个东盟成员国（包括菲律宾）取消大部分商品的关税，建成自由贸易区。中国企业在向菲律宾出口商品时，凭检验检疫机构签发的中国—东盟自由贸易区原产地证书就可获得减免关税的优惠待遇。同样从菲律宾进口商品出具当地政府机构签署的原产地证明，也可享受优惠关税待遇。

（三）承包工程方面

1. 抓住承包市场发展机遇

20世纪60～70年代，菲律宾曾一度是亚洲经济比较繁荣的国家。但此后二三十年，由于政治局势不稳定等原因导致经济发展缓慢，基础设施已比较陈旧，不能满足经济发展的需要。阿基诺三世总统上台后，发布了《2011～2016年菲律宾中期发展规划》，强调3大战略为实现包容性增长、创造大量就业与减少贫困。该计划包括5个主题：宏观经济政策、改善财政状况与增强资本募集、促进和平与安全、保护环境与自然资源，以及加强基础设施建设。其中基础设施部分包括：交通、水资源、能源、社会基础设施与通信。中国企业可予以关注，抓住合适的市场机遇，特别是加强与菲私营业主的合作。

2. 选择适当的经营方式

目前菲律宾承包市场项目大致可分为：海外援助项目、菲律宾政府资金项目以及私营项目等3类。中国公司应结合自身实际，根据项目的不同性质，具体问题具体分析，拓宽承揽项目的思维模式，选择适当的经营方式。菲律宾是西方发达国家传统的援助对象国，也是亚洲开发银行总部所在地，近年来对菲律宾援助国也加大了对菲律宾贷款力度，海外贷款资金来源相对充足，项目收款普遍有保障，中国企业可多关注跟踪此类项目。阿基诺总统执政以来，经济发展速度相对加快，国内政府用于基础建设的资金也日益增多，但内资项目一般只允许国内企业参与承包。近年来，房地产、小水电等私营项目数量也不断增多，虽然规模不大，但具有周期短、推进快、效率高的优点，企业可积极跟踪参与。不过不少私营项目需要部分带资承包，还应注意风险控制。

3. 守法规范经营

近年来，中国企业在菲律宾承包工程遇到一些挫折和困难，归根到底是因为对菲律宾国情没有深入了解造成的。中国公司在菲律宾开展承包合作应认真研究当地具体国情，入乡随俗，同时应遵守当地法律，规范经营，避免恶性竞争。

（四）劳务合作方面

菲律宾本身就是世界上重要的劳务输出国之一，海外劳务汇款是菲律宾重要经济支柱。菲律宾对外国人到菲律宾从事普通劳务有严格的限制，只有投资者、高级管理人员、技术人员等经过一系列审批手续后才能或得到工作或居留许可。过去曾发生过中国企业员工不按规定办理手续或违法务工被扣留的事件，因此中国企业不要贪图一时之利，应特别注意遵守菲律宾移民局关于在菲律宾居留和工作的相关规定。

（五）其他应注意事项

菲律宾商业机会较多，但潜在的风险也很大。国际评级机构和西方商会认为，菲律宾的风险因素主要来自政局不稳、社会治安形势不佳、银行呆坏账比例高、汇率风险等方面。因此，在菲律宾开展投资、贸易、承包工程和劳务合作的过程中，要有强烈的风险规避意识，特别注意防范以下风险：

1. 金融汇率风险

经历了1997年东南亚金融危机后，菲律宾金融体系得到一定程度的健全，但受经济规模和结构的制约，菲律宾汇市波动加大。2007年菲律宾比索兑美元升值幅度达19%，成为亚洲表现最强劲的货币，2008年比索却大幅贬值，一度创下2年来最低记录。2012年菲律宾比索兑美元稳步升值，但受美国经济复苏和量化宽松政策退出影响，2013年下半年比索兑美元一度创下44.75的记录，成为近两年来的新低。因此中国企业在菲律宾开展经营活动要注意规避汇率风险。

2. 关于政治和商业问题

菲律宾政治和商业问题比较突出，根据“透明国际”组织公布的2014年廉洁指数排名，在175个国家中菲律宾排名第85位。中国企业在菲律宾开展活动应以遵守当地法律为前提，不做违法和授人以柄之事，避免卷入当地政治斗争，成为政治斗争的牺牲品。

3. 商业风险

近几年，在双边贸易中商业欺诈案件时有发生，货到T/T付款方式是欺诈的惯用方法。通常，个别菲商第一单信守承诺，及时付款，没有任何推迟和延误，从而获取中国公司的信任，第二单开始违反支付条款的承诺，以各种理由延迟或停止支付货款。因此，在做生意时，无论新老客户，成交量大小，均须严格支付条款，要求以100%T/T预付；或T/T预付部分货款，其余在发货前T/T支付；商签合同时，不要接受远期L/C或货到付款D/A、D/P等付款方式，以防造成损失。此外，从菲律宾进口商品时，要谨防以次充好甚至假劣产品。

4. 法律风险

菲律宾各项法律法规十分健全，但执行过程有很大的随意性，执法不严、有法不依的情况十分常见。菲法院办案程序冗杂、耗时极长，且司法腐败现象严重。

5. 防范安全风险和自然灾害

菲律宾棉兰老岛有多个穆斯林武装恐怖组织，吕宋岛北部有菲共游击队（被列为恐怖组织）活动，首都马尼拉时有爆炸、绑架、抢劫、盗窃等刑事案件发生。中国企业应保持与中华人民共和国驻菲律宾共和国大使馆联络和信息沟通，避免夜间在北吕宋山区旅行，在棉兰老岛投资要注意当地安全局势，妥善处理与当地政府、军队、教会以及民众之间的关系，做好应急预案。居住在马尼拉或其他城市时，避免夜间外出及到不安全的场所，避免与陌生人攀谈。此外，菲律宾自然灾害频发，应提高对台风、地震、泥石流以及火山等自然灾害的警惕性和防范意识。

6. 关注大选的影响

2016年菲律宾将举行总统大选，菲律宾的政治和省会生态将会受到一定影响，提醒中资企业和人员关注大选前的政治和社会动向，合理控制投资合作节奏，以免受到负面影响。

7. 防范投资合作风险

在菲律宾开展投资、贸易、承包工程和劳务合作的过程中，要特别注意事前调查、分析、评估相关风险，做好风险规避和管理工作，切实保障自身利益。包括对项目或贸易客户及相关方的资信调查和评估，对投资或承包工程国家的政治风险和商业风险分析和规避，对项目本身实施的可行性分析等。建议相关企业积极利用保险、担保、银行等保险金融机构和其他专业风险管理机构的相关业务保障自身利益。包括贸易、投资、承包工程和劳务类信用保险、财产保险、人身安全保险等，银行的保理业务和福费庭业务，各类担保业务（政府担保、商业担保、保函）等。

建议企业在开展对外投资合作过程中使用中国政策性保险机构——中国出口信用保险公司提供的包括政治风险、商业风险在内的信用风险保障产品；也可使用中国进出口银行等政策性银行提供的商业担保服务。

中国出口信用保险公司是由国家出资设立、支持中国对外经济贸易发展与合作、具有独立法人地位的国有政策性保险公司，是中国唯一承办政策性出口信用保险业务的金融机构。公司支持企业对外投资合作的保险产品包括短期出口信用保险、中长期出口信用保险、海外投资保险和融资担保等，对因投资所在国（地区）发生的国有化征收、汇兑限制、战争及政治暴乱、违约等政治风险造成的经济损失提供风险保障。

如果在没有有效风险规避情况下发生了风险损失，也要根据损失情况尽快通过自身或相关手段追偿损失。通过信用保险机构承保的业务，则由信用保险机构定损核赔、补偿风险损失，相关机构协助信用保险机构追偿。

【来源：选编自商务部国际贸易经济合作研究院，商务部投资促进事务局、中华人民共和国驻菲律宾共和国大使馆经济商务参赞处共同主编.《2015版对外投资合作国别（地区）指南——菲律宾》. 第49～57、61～66页】

在新加坡开展投资合作的手续及注意事项

在新加坡投资合作办理相关手续，需向新加坡法律事务所、公司秘书事务所或会计师事务所寻求咨询和帮助，具体事项请与中华人民共和国驻新加坡共和国大使馆经济商务参赞处、中资企业（新加坡）协会联系。

一、在新加坡投资注册企业需要办理的手续

按照新加坡《公司法令》的有关规定，注册成立的公司应是一个商业实体。要组建公司，必须按照《公司法令》的规定注册。要组建有限责任合伙公司，必须按照《有限责任合伙法令 2005》的规定注册。

在新加坡设立企业的有关规定及程序等可在互联网上查询，网址为：www. business. gov. sg。

（一）设立企业的形式

在新加坡投资设立企业的形式主要有：公司代表处或办事处、分公司、私人有限公司、股份有限公司和有限责任公司。

（二）注册企业的受理机构

会计与企业管理局（ACRA）是《公司法令》、《有限责任合伙法令 2005》的执行机构，负责监管新加坡的公司、商业机构、有限责任合伙以及公共会计师。

新加坡国际企业发展局（IE Singapore）负责为制造业、贸易、贸易物流及与贸易有关的服务业注册代表处。

（三）注册企业的主要程序

在新加坡注册不同的企业形式，需到不同的机构申请。

1. 注册公司

可以通过在线商业注册服务（Online Business Licensing Service）注册公司和申请所需的许可证，网址为 licences. business. gov. sg，也可以通过专业事务所或服务事务处代为注册。

2. 注册外国公司或分支机构

需聘请专业人士帮助准备所需文件并在会计与企业管理局网站 www. acra. gov. sg 通过商业文件系统（Bizfile）申请注册。

3. 注册代表处或办事处

设立银行及保险业的代表处需事先向新加坡金融管理局申请注册，其他行业只需从新加坡国际企业发展局的网站下载注册表格或在 roms. iesingapore. gov. sg 注册。

4. 注意事项

需要注意的事项主要有：

（1）在注册公司之前，需要确定公司商业活动的性质。可通过会计与企业管理局网站 www. acra. gov. sg 的 SSIC Search 在线查找商业活动的相应新加坡标准产业分类（SSIC）代码。

（2）公司在进行某些范围的商业活动前，还需要获得许可证。如公众娱乐、食品商店、广告等。

（3）一家公司可以有一名董事，该董事必须是新加坡公民、新加坡永久居民或者持有就业准证/原则同意书/家属准证。

（4）外国公司必须在新加坡有两位本地代理人代表公司。代理人必须是新加坡公民、新加坡永久居民或者持有就业准证/原则同意书/家属准证。外国人也可作为外国公司在本地的代理人，需向人力部（MOM）工作准证署申请就业准证或原则同意书。

二、承揽工程项目的程序

（一）获取信息

新加坡所有公共工程项目的招标均由各主管部门负责对外公开发布信息，可通过新加坡政府电子政务网站查询项目信息，网站地址：gebiz. gov. sg。私人工程项目由业主通过报纸、网站或邀请投标的方式对外发布信息。

（二）招标投标

新加坡政府工程建设严格实行国际招标制度。建筑承包商只能按照新加坡建设局审定的资质等级所批准的工程类型及范围进行投标，不得跨级、跨范围投标。私人建设项目允许采用公开招标、有限招标、邀标或议标等多种方式。

（三）许可手续

建筑公司完成公司注册程序后，要到新加坡建设局（BCA）申领资质等级，个人公司或合伙制的

企业，首次只能申请C1和L1资质等级。申领到资质等级后，便可开始投标与资质等级相应的工程项目。

三、专利申请和商标注册

（一）申请专利

在新加坡规范专利授予的主要法律是专利法（Patents Act）。

新加坡知识产权局（IPOS）是负责专利事务的主管部门，企业申请专利需向专利登记处（Registry of Patents）提交专利申请。专利申请中应当包含发明的相关信息，包括发明以及操作的说明或披露。在现行法律下，专利有效期是自申请之日起20年，该期限不得被延长。

（二）注册商标

新加坡保护商标的主要法律是商标法（Trademarks Act）。

商标注册可通过新加坡知识产权局网站（www. ipos. gov. sg）或直接到新加坡知识产权局注册。物品及服务基本上分为45个类别。

新加坡知识产权局会对商标的“特征性”进行审查。如果新加坡知识产权局没有提出反对，且该商标符合注册标准，其注册过程通常需要1～2年。商标注册以后长期有效，但须每10年更新一次。

申请专利、商标和设计，可通过新加坡知识产权局网站在线提交申请材料，网址是：www. ipos. gov. sg/topNav/svc/onl/efiling. htm。

四、企业在新加坡报税的相关手续

（一）报税时间

新加坡所得税（包括个人所得税和企业所得税）的申报为年度申报。个人所得税的申报是每年的4月15日之前申报上一年度的个人所得税，夫妻双方应各自填写个人所得税申报表。企业所得税申报的截止日期为每年的11月30日。

新加坡消费税按季度申报，季度结束后的1个月内要完成申报。纳税义务人也可向税务机关申请每1个月或每6个月申报1次。无论是每1个月申报还是每6个月申报，申报时间均为相关期间结束后的1个月内。

（二）报税渠道

新加坡的个人所得税可通过网络或电话进行电子申报（E—filing），也可进行纸质申报（Paper—filing）。通过网络申报个人所得税可登录www. mytax. iras. gov. sg，网上填写提交申报资料；通过电话申报个人所得税，可拨打1800－3568322进行申报。

新加坡企业所得税的申报也分电子申报和纸质申报。电子申报可通过登录www. mytax. iras. gov. sg，网上填报资料；纸质申报可从税务局网站上下载申报表或致电1800—356 8622索取申报表，填好后邮寄到税务机关。新加坡税务局规定，消费税必须通过税务局网站（www. iras. gov. sg）进行电子申报。

（三）报税手续

新加坡个人所得税申报手续为：纳税人在规定时间内进行纳税申报后，税务机关会向纳税人出具缴税通知（Notice of Assessment），纳税人须在接到缴税通知后1个月内缴纳税款，否则税务机关会征收罚款。纳税人也可以向税务局申请分期付款支付个人所得税，最多分12期。雇主无需从个人的月薪预扣个人所得税。

新加坡的企业所得税申报手续为：纳税人在财年结束后3个月内向税务机关报送预估应税收入表（ECI），即便纳税人没有应税收入，也要进行零申报，此为预申报（符合条件的企业可以获得豁免申报）；税务机关在每年3月会向纳税人寄送有编号的申报表C，纳税人收到申报表后按照要求填好，通过电子申报或邮寄等方式报送给税务机关；税务机关会对纳税人报送的申报资料进行审核，并向纳税人寄出缴税通知书（Notice of Assessment），纳税人应在收到预估税通知后1个月内，通过银行转账等方式缴纳税款，否则税务机关会对欠交的税款征收罚款。企业可向税务局申请分期支付企业所得税。

如果纳税人在4月底未收到税务局寄出的有编号的申报表C，可从税务局网站上下载或致电1800－3568622索取。

个人或企业如果发现预估税通知有不准确之处，应在发出通知之日起30日内向税务局提出异议。

（四）报税资料

个人所得税申报资料为个人所得税纳税申报表（表B或B1），若税务机关对个人申报的数据有疑问，会要求纳税人提交相关支持材料；企业所得税的申报资料为申报表C、审计报告以及税款计算表和相关支持文件；消费税的报税资料为消费税申报表。此外，纳税人需按照要求保存经营及账目记录、税务发票，以及进出口等相关文件，以备税务机关检查。

五、赴新加坡的工作准证的办理

（一）主管部门

新加坡负责外国人工作许可管理的部门是新加坡人力部（Ministry of manpower）。

（二）工作许可制度

外籍人员在新加坡工作，必须取得合法工作许可。新加坡针对外籍人员的工作许可分为3类：

1. 就业准证（EP）

适用于高技术和管理人才，主要针对受过良好教育，拥有较高文凭，在新加坡企业中担任行政、管理、财务等较高职位的外籍人员。从2014年1月起，EP最低月薪金标准调高到3300新加坡元。

2. S准证

新加坡政府为弥补国内技术工人不足，从2004年7月1日起，推出S准证以促进引进中等技术水平的外籍劳工。持S准证在新加坡务工的外籍劳工需要满足最低月薪1800新加坡元、拥有大专学历和相关工作经验等条件。2013年7月1日以后，S准证持有人的底薪调高至每月2200新加坡元。

3. 工作准证

适用于技能较低的外籍劳工。

（三）申请程序

雇主或由雇主委托的中介公司可通过互联网向新加坡人力部提出拟聘用外籍人员的工作许可申请，人力部签发相应的工作许可后，外籍人员方可入境工作。

（四）提供资料

如申请就业准证和S准证，需要提交以下资料：

1. 申请表；
2. 学历证明复印件、就业鉴定复印件；
3. 照片1张（3个月以内的证件照）；
4. 申请人旅行证件（如护照）复印件；
5. 雇主的商业注册文件。

如申请工作准证，只需提交申请表，或登录人力部网站提交相应信息，待人力部预核准后，在网站上直接打印预核准信。外籍人员凭预核准信入境新加坡，在完成体检、按指纹等手续后即可获得正式的工作准证。

（五）风险提示

按照新加坡规定，在办理工作许可过程中提交虚假材料属违法行为，劳务人员可能面临坐牢、罚款或两者兼施。即使被中介公司蒙蔽而办理了假文凭的劳务人员，新加坡人力部也会要求劳务人员留在新加坡协助调查，劳务人员通常也会因此而无辜蒙受较大损失。因此，劳务人员切忌心存侥幸，以免造成严重后果。

六、应注意的问题

（一）投资方面

1. 严守法纪。

新加坡是法制国家，对各种违法行为均有明确、严厉的处罚。中国企业切记不可弄虚作假、谎报材料，更要杜绝贿赂等犯罪行为。

2. 充分利用优惠政策。

新加坡政府对吸引外资有多项优惠政策，特别是在新加坡设立分公司、代表处、地区总部、国际总部，具有不同程度的税收优惠。企业可根据自身条件、发展情况和设定的远景目标，选择适当的投资方式，以争取最大的优惠政策。

3. 符合中国审批条件。

到新加坡主板上市，需符合中国有关部门（如发改委、商务部、证监会等）制订的标准条件并经中国主管部门批准。

（二）贸易方面

1. 慎重选择贸易伙伴

在寻找贸易伙伴和贸易机会时，应尽可能通过参加中国与新加坡各种交易会以及实地考察等正式途径接触和了解客户，不要与资信不明或资信不好的客户做生意。进行业务联络的同时，可咨询新加坡工商业联合会、新加坡中华总商会、新加坡中国商会等行业协会组织或委托专业机构对客户进行资本调查。

2. 签订全面有效合同

新加坡法制环境良好，与新加坡商人开展贸易业务须签订全面有效的贸易合同，并尽量在合同中规定仲裁等纠纷处理条款，通过法律途径解决贸易纠纷。

（三）承包工程方面

1. 企业重视与支持

中国国内总公司要加大对新加坡子公司的重视和支持，一方面需提高企业资质等级，在注册资金上予以支持；另一方面需将总公司具有竞争优势的技术带到新加坡，为在新加坡的企业配备外语精通、业务熟练的管理干部。

2. 发挥优势

在新加坡承包工程企业要依托国内总公司在隧道、港口、交通等基础设施领域内的施工经验和成熟技术，发挥劳动力成本较低而素质较高的优势，打造一支市场竞争力强、施工技术先进的中资承包工程企业队伍。

3. 加强合作

进一步加强与新加坡本地和跨国大型承包商的合作，学习其先进的管理经验和施工技术，利用其广阔的市场网络和融资渠道，提升企业的市场竞争力，积极开拓第三地市场。

4. 做好劳务管理

新加坡政府规定建筑企业雇佣外籍劳务的额度限制为 1∶7，即每雇用 1 名新加坡公民或永久居民，公司可最多申请雇佣 7 名外籍工人。公司每个月要为所聘用的外籍工人支付外劳税。同时，建筑工人赴新加坡务工，必须先通过建设局组织的技术资格专门考试，目前在中国北京、南京、杭州、沈阳、济南、郑州和重庆设有考点，考试内容包括木工、抹灰工、钢筋工和电焊工等工程的相关科目。

（四）劳务合作方面

中国外派劳务企业应严格遵守中国外派劳务和对新加坡劳务合作的有关规定，认真办理劳务项目确认、审查以及出境证明等手续，通过制度约束，将劳务合作项目风险降至最低。经营公司应加强对派出人员的技能培训和遵约守诺教育，如实、详细讲解合同条款，不做夸大宣传，并要加强对外派劳务人员的后期管理，及时解决劳务纠纷，避免发生群体性事件。

（五）其他应注意事项

1. 做好充分的调查研究

新加坡社会以华人为主，在语言、传统文化等方面与中国有许多相近之处，双方更容易沟通，这是两国企业开展交流合作的优势条件。但同时也要认识到，新加坡具有自身的鲜明特点，在社会和法律制度、教育体系、人们的思维方式、通用语言、生活习惯等方面与中国有很大不同。因此，在新加坡开展合作要做好充分的调查研究，避免盲目投资。

如可以通过新加坡经济发展局等官方投资促进机构或专业会计师、律师事务所或聘请专业法律和财务顾问，全面了解新加坡相关的法律和制度规定，掌握新方合作伙伴的资信和经营状况，做到心中有数，把握主动。

2. 重合同、守信用

新加坡是法制社会，各项法律法规完善，公民法律意识很强，在商业领域则表现为高度重视并严格依照合同行事。为此，中国企业在与新加坡企业合作或到新加坡投资设立分支机构时，也要充分认识合同的重要性，加强自我保护意识，严格细致地商定合同条款，明确各项权利、义务、免责和救济措施。合同一旦签订，就要按照约定认真履行各项义务，做到重合同、守信用。

（六）防范投资合作风险

在新加坡开展投资、贸易、承包工程和劳务合作的过程中，要特别注意事前调查、分析、评估相关风险，事中做好风险规避和管理工作，切实保障自身利益。包括对项目或贸易客户及相关方的资信调查和评估，对投资或承包工程国家的政治风险和商业风险分析和规避，对项目本身实施的可行性分析等。相关企业应积极利用保险、担保、银行等保险金融机构和其他专业风险管理机构的相关业务保障自身利益。包括贸易、投资、承包工程和劳务类信用保险、财产保险、人身安全保险等，银行的保理业务和福费庭业务，各类担保业务（政府担保、商业担保、保函）等。

建议企业在开展对外投资合作过程中使用中国政策性保险机构——中国出口信用保险公司提供的包括政治风险、商业风险在内的信用风险保障产品；也可使用中国进出口银行等政策性银行提供的商业担保服务。

中国出口信用保险公司是由国家出资设立、支持中国对外经济贸易发展与合作、具有独立法人地位的国有政策性保险公司，是中国唯一承办政策性出口信用保险业务的金融机构。公司支持企业对外投资合作的保险产品包括短期出口信用保险、中长期出口信用保险、海外投资保险和融资担保等，对因投资所在国（地区）发生的国有化征收、汇兑限制、战争及政治暴乱、违约等政治风险造成的经济损失提供风险保障。

如果在没有有效风险规避情况下发生了风险损失，也要根据损失情况尽快通过协商、仲裁、诉讼等方式或根据双边协定的相关条款追偿损失。通过信用保险机构承保的业务，则由信用保险机构定损核赔、补偿风险损失、相关机构协助信用保险机构追偿。

【来源：选编自商务部国际贸易经济合作研究院，商务部投资促进事务局、中华人民共和国驻新加坡共和国大使馆经济商务参赞处共同主编.《2015版对外投资合作国别（地区）指南——新加坡》．第60～64、68～70 页】

在泰国开展投资合作的手续及注意事项

一、在泰国投资注册企业需要办理的手续

（一）设立企业的形式

在泰国，投资设立企业的形式包括合资/合伙企业（两合公司）、私营有限责任公司、公众有限责任公司、合营/合作企业、外国公司分支机构（分公司）、外国公司代表处、跨国公司地区代表处。

1. 合资/合伙企业

根据责任制的不同，泰国主要分为3种不同的合资/合伙形式：

（1）未注册的普通合资/合伙企业的所有合伙人共同承担法律责任，合资的偿还债务责任没有上限。此类合资/合伙企业不是一个合法的实体，并只作为私人个体来收税。

（2）已注册的普通合资/合伙企业是一个法律实体，在商业注册部进行登记后即拥有一个单独的、清楚的、对所有合伙人相对独立的法人身份。已注册的普通合资/合伙企业作为一个公司实体进行征税。

（3）有限责任合资企业是一个或多个合伙人的个人偿还债务责任以各自的投入金额作为上限，以及一个或多个合伙人对所有债务共同承担连带的法律责任的合伙企业。有限责任合资企业作为公司实体来征税。

2. 私营有限责任公司

泰国的私营有限责任公司与通常所说的公司相似。公司可能完全由外国人拥有。然而，在那些泰国国家政策规定中有所保留和保护的商业行业和领域，外资所占的比例通常不能超过49%。

公司股东的债务偿还责任以其被认可的注册资本份额作为上限。然而，如果在公司的合股备忘录或公司章程条款中有所规定，董事会成员的偿还责任也可能没有上限。依据公司的契约宪章以及法律规定，有限责任公司由其董事会进行管理。

虽然法律对于私营有限责任公司没有设定其最低资本的下限，但要求其注册资本必须能满足公司目标的实现。所有的公司股份都必须得到认购，并且至少25%的认购股份必须付清。可以发放普通和优先两种股份，但所有的股份都要有投票权。泰国法律禁止发放没有票面价值的股票；并且规定股票的票面价值在5泰铢或5泰铢以上才允许发售。

泰国公司法有一些特点可能不被外国经商者所熟悉。其中就有禁止发售库存股票（债券股票）；并且要求私营有限责任公司的股份持有者在任何时间都不能少于7位。另外，对于无投票权的股份，无论是普通还是优先股，都不允许发售。原始授权资本股份必须全额认购。

3. 公众有限责任公司

公众有限责任公司的设立程序与设立私营有限责任公司程序极为相似。1992年的公众有限责任公司法案中的条款规定，私营有限责任公司可转化为公众有限责任公司。公众有限责任公司与私营有限责任公司最主要的区别在于，私营有限责任公司禁止向公众发售其公司股票。其他区别在下表中列出：

表1：私营有限责任公司和公众有限责任公司比较

	私营有限责任公司	公众有限责任公司
作为公司发起者的自然人最低数	3人	15人
最低持股人数	3人	15人
发行计划书的公众认购股份	不允许	允许
发行计划书的公众认购债券	在特殊条款下允许	允许
每百万注册资本的注册费用（泰铢）	5500	2000

（资料来源：中华人民共和国驻泰王国大使馆经济商务参赞处）

4. 合营/合作公司

通常情况下合营/合作公司指的是一定数量的自然人或法人签署联合备忘录/协议来共同运作一项事业。在民法和商法典中还未将其认定为一个法律实体。然而，在税收法典中将合营/合作公司的收入纳入公司税收之下并将其归类为一个独立实体。

5. 外国公司的分支机构/分公司

在外国法律下成立的公司可在泰国设立其分支机构。在泰国，外国分支机构只允许维持与其业务相关的账目往来。然而，预先将机构的收入组成向泰国税务部门进行澄清尤为重要，因为泰国税务部门可能将外国总部机构从泰国国内市场资源直接赚取的利润纳入泰国税收范围之内。

作为批准外国公司分支机构的外资营业执照的

条件之一，外资公司必须注入泰国的注册资本最低不能少于300万泰铢。但是，如果内阁法案有特殊规定，这个数目也可有所变化。分支机构存在期限可为无限期，直至其自行解散之日。

6. 外国公司代表处

一个外国法人实体可在泰国设立其代表处来运作有限度的、无利润收入的相关运营活动。这些运营活动的限制如下：

为公司总部开发在本地市场的产品及服务资源，对其总部生产的产品质量及数量进行监控；对其公司总部直接销售给本地分销商和消费者的产品提供相关的、全方位的建议和售后服务；提供和散发其公司总部新产品和服务的信息资料；向公司总部汇报本地业务发展及活动情况；外国公司代表处的最低注册资本与外国公司分支机构一致。

7. 跨国公司地区代表

一个跨国公司可在泰国设立其地区代表处来运作有限度的、无利润收入的相关运营活动。这些运营活动的限制如下：

为本区域内公司相关的业务活动进行联系、合作及监督；为公司相关的分支机构和子公司提供如下服务，包括顾问建议及管理服务、培训及人力资源发展、财务管理、市场监控及促销、产品的研发和发展。

跨国公司地区代表处所有发生的费用均必须来自跨国公司总部。跨国公司地区代表处的最低注册资本与外国公司分支机构一致。

（二）注册企业的受理机构

在泰国注册上述不同的企业形式，特别是设立有限公司等，均需到泰国商业部商业发展厅企业注册处进行申请。

（三）注册企业的主要程序

1. 有限公司注册程序

（1）公司名称登记和核准。在建立一个有限公司之前，首先要将选定的公司名称进行注册登记并通过商业注册厅的审核。登记的公司名称不能与其他公司的名称相似或相同。一些专门的名称不允许登记且必须遵守泰国商业部商业发展厅的公司名称登记准则。批准后的登记公司名称有效注册期为30天，不能延期。

起草一份联合备忘录（公司章程），其内容包括：已批准的公司登记名称、公司的详细注册地址、公司目标和经营范围、公司7个发起者的名字等个人详细资料。股东的股份认购情况以及公司经批准后的注册资本数据。资本信息必须包括股份数量及每股面值，资本可以分期投入，但总额应明确。

法律上没有明确规定最低资本金额，但要求投入资本应能满足业务运作和发展的需要。公司章程的登记费用为注册资本的万分之五，最低下限为500泰铢，最高上限为2.5万泰铢。

（2）召开法定会议。一旦公司股份架构确定后，在法律和公司宪章的批准下组织全体股东召开法定会议，选举出公司董事会，批准公司发起人的交易和支出，任命审计师。第一次投入的资本不应低于资本总额的25%。

（3）注册。在法定会议召开后3个月之内，公司董事会必须向商业注册厅提交公司注册申请。注册费用为注册资本的千分之五，最低下限为5000泰铢，最高上限为2.5万泰铢。

（4）税务登记。在公司正式成立开始营业后60天之内，必须向税收部门申请公司纳税登记卡和企业代码（税号），缴纳所得税。经营者如果年收益超过60万泰铢，必须在其销售额达到60万泰铢之日起30天内申请产品增值附加税（VAT）的登记，成为增值税纳税人。

2. 分支机构、代表处和地区办公室

外国公司如希望通过设立分支机构、代表处和地区办公室在泰国开展业务，必须提交相关的文件资料。这些文件资料必须由其公司总部提供并得到公证部门的公证或泰国在其本地的大使馆或领事部门的证明和批准。

二、承揽工程项目的程序

（一）获取信息

泰国政府项目信息通常通过下列渠道获得：

1. 政府公告。泰国各政府部门都会定期发布各自项目招标公告，投标人可派人到各部门索取投标资料。

2. 政府各部门网站。政府各部门会同时在其各自网站上发布招标信息，投标人可从网站上查找。

3. 报纸公告。某些大型项目，特别是国外资金的大型基础设施项目，主管部门通常会在泰国英文报上发布公告。

4. 邀请投标。某些大型项目，特别是国外资金的大型基础设施项目，主管部门通常会通过商会、大使馆等渠道向各自所在国的承包商发出投标信息。

（二）招标投标

泰国政府项目的招标和投标方式视项目情况而

定，通常采用的方式：一是直接投标，通常适用于一般规模项目，有资格的投标人在购买标书后直接进行商务投标。二是“资格预审＋投标”，通常适用于大型项目，尤其是资金来自国外的大型基础设施项目通常采用此方法。投标人须根据标书要求先进行资格预审，通过者方可有资格参加商务投标。资格审查通常分为一般性资审和技术性资审。一般性资审是投标公司背景、以往业绩、财务状况、人员和设备情况等审查。技术性资审要求投标公司必须根据项目的特性提出具体的施工技术方案，甚至设计或设计扩充方案等。超大型项目通常都要进行一般性资审和技术性资审，而某些国内预算项目则可能只要求一般性资审。三是特别招标/议标，国家预算的小项目（通常不超过1亿泰铢）有可能采用议标特别聘雇的方式招标，而国家预算的国外项目如驻外使领馆等通常也采用议标聘雇的方式招标。

泰国所有政府项目在招标前都必须完成预算，确定项目的中间价，上述前两种招标中若项目的中间价大于1亿泰铢，商务投标就必须采用电子竞标（E－Auction）的方式进行。

（三）许可手续

泰国承包公司（泰国法人）可在政府各部门进行资质申请，相关部门会根据申请人的公司情况审批其资质。最高资质为一级，其次为二级、三级等。具有各级资质的承包公司方能有资格参加相应的国家预算（非外资）项目的投标，而招标人在招标文件规定（Terms of Reference，简称TOR）中通常会规定投标人必须具备的资质等级。泰国没有国家统一的资质注册，在不同部门（如内政部、交通部、农合部等）注册的资质只适用于该部门，不能相互替代。但是参加某些大型基础设施项目，特别是建设资金来源为外资的项目投标的外国承包商、或投标联营体中的外国承包商不受此规定限制。

近年来，泰国大型政府预算项目普遍要求企业所在国驻泰国的使领馆出具企业资信、资质、业绩和股东列表等文件的公（认）证函，只有经过公（认）证后翻译成泰语并交由泰国外交部再认证方可有资格参与项目投标。

三、专利申请和商标注册

（一）申请专利

1. 专利申请的程序

专利申请者在发明或设计一个产品后，可根据其产品性质特点（如发明的复杂性和先进性）和需要来申请合适的专利保护种类。选择的种类有：专利（Patent）、次要专利（petty Patent）和专利保护（Patent Protection）。申请的种类不同，需要的申请费用和手续也相应不同。

在具备专利申请条件后，申请程序如下：

（1）填写专利申请表格（含费用），申请文件包括：专利申请表格、专利发明的法律规定描述、主张的权利、摘要、图纸（如有）、其他文件（如有，例如书面委托协议、雇佣合同、代理人权利及法人证明等）。

如填写的申请文件有明显错误，专利审批官员会通知申请人或其代理人在自通知之日起90天之内进行修改，同时视情况加收申请费用。如逾期不能完成修改则其申请作废。

（2）将专利申请进行公示，期限为90天。公示费用为500泰铢，必须在通知后60天内缴纳。

（3）如果申请的是发明专利，申请者须在公示之日起5年内请求对专利进行审核检查，并缴纳费用。之后，专利审核官员将进行审核是否符合条件与法律，并要求缴纳注册费用及保证金，最后发放专利证书。

如果申请的是产品设计专利，则不需要进行审核申请。专利审核官员将在公示后90天后对提交的文件进行审核，并要求缴纳注册费用及保证金，最后发放产品设计专利证书。

2. 专利期限

发明的专利从申请日起有效期为20年，产品设计专利从申请日起有效期10年，法庭审议专利期间不计算在内。在专利的有效期内，专利所有者是唯一具有使用专利发明和设计、生产和销售产品的权利人。在专利通过前，任何有关该专利的侵权案都不被视为违法。专利所有人可以将其专利授权给其他人所有或使用，但受以下条件限制：专利人不得附加任何条件或限制，或引起不良竞争；在专利的有效期过后，专利所有者不得要求被授权人付费。任何与以上相悖的授权均视为无效。任何协定或许可必须以书面的形式，并进行正式注册。

3. 专利的取消

尽管专利已获批准，任何对此有质疑的人或检察官都可上诉法庭对其提出质疑，取消其专利权。还没有在泰国获准专利的国外专利，不受专利法的保护。但国外专利的持有者或发明、设计权的享有者可与泰国机构合作进入泰国的商务领域，同时通过在特许协定上的契约义务得到相同的保护。由于国外专利、发明和设计不受专利法的保护，泰国不受理因第三机构生产销售外国专利的持有人的产品而未付相关费用，或在泰国申请已在其他国家申请的专利而引起的纠纷。

（二）注册商标

1991年颁布的商标法对商标注册和商标保护进行了规定。该法定义商标为用于说明商品所属的符号。商标必须是唯一的，不能与已注册的商标相同或相似。注册程序：

（1）查询。申请前查询的作用是找出类似或相同并对申请有影响的已申请/注册的商标。查询后再分类为最多10项指定物品或服务，总共有45类。

（2）申请。商标申请由所有者或其代理负责申请，需填写由商标注册署办公室发给的正式申请表。所有者或代理人必须在泰国有确切的地址，以便商标注册署办公室与其联系。提交申请后，商标注册署审查员会对申请进行审查。如申请合乎商标法条例及没有抵触其他注册或已申请注册的商标，商标注册署会发出公告许可证及列明商标获准注册所须遵办的条件。

商标注册署办公室认为该商标可注册，且在正式公布后90天内，没有收到反对意见，则该商标可以获得正式注册。

【商标注册期限】如在公告日期起2个月内无人提出反对，申请人便可申领注册证书。由申请日至发出证书需时大约12～15个月。商标有效期10年。商标所有人必须在商标到期90天之前提出延长申请，再续期10年。

实际还未使用过的商标也可注册。但无权对第三者申请使用此商标的行为提出诉讼。

【处罚】商标所有人是该商标的唯一合法使用者，对侵权者可依法起诉。

【服务标志、证书标志以及集体标志】自1992年2月，服务标志、证书标志以及集体标志也被视为受商标法各款规定约束和保护的商标之中。

四、企业在泰国报税的相关手续

（一）税收体系和制度

泰国的《税务条列》规定了有关所得税的征收细节。概括起来，泰国的所得税可分为公司所得税、增值税（或特定行业营利税）及个人所得税三大类。在此主要介绍公司所得税得的报税相关情况。

泰国财政部是泰国负责财政和税收管理的主管部门，下辖财政政策办公室、总审计长厅、财政厅、海关厅、国货税厅、税务厅、国债管理办公室等8个厅和政府彩票办公室、烟草专卖局、住房银行、泰国进出品银行、扑克牌厂、资产管理公司等16个国有企业。其中负责税收征收管理的主要是税务厅、国货税厅，以及负责关税征收的海关厅。税务厅主要负责征收所得税、增值税、特种行业税以及印花税，国货税厅征收特定商品消费税，海关厅负责进出口关税的征收。地方政府负责财产税以及地方税的征收。

泰国税务厅负责税收征管的最高管理机关，主要征收和管理以下税种：个人所得税、法人所得税、增值税、特别营业税、印花税和石油所得税。税务厅实行厅长负责制，并设四个副厅长。税务厅的组织机构在全国分为两个部分，即中央税收管理和各府税收管理机构。

各府的税收管理包括府税务办公室和曼谷以外的区税务办公室。府以下的税务管理机构由府尹或区行政长官直接管理。

（二）报税时间

公司所得税款征收期以半年为基准，第一次在年度会计期间的前半期，法人应从当年会计年度前半期截止日起2个月内填写报表申报纳税；第二次在当年会计年度后半期终了日起150天内填写报表申报纳税。雇主须从其雇员薪金中扣除个人所得税。除新成立公司外，会计年度一般定为12个月。报税单必须和公司财务报表一并提交给有关部门。

公司纳税人在会计年度的第8个月底前缴付50%的预估年税。纳税人没有按期缴付或者少缴超过25%者将被罚款，罚款额一般为少缴税款的20%。

个人所得税须在获取收入的第2年的3月底之前进行申报，并缴纳及返还。

（三）报税渠道

泰国政府对于报税方式和渠道无硬性规定。但是，泰国的公司所得税申报比较复杂，计算比较繁琐，因此公司一般都聘请专业的会计师事务所来准备申报材料，帮助企业处理申报工作。

（四）报税手续

企业在申报期限之内自行或委托有资格的会计师填写报税表格，准备所需相关材料，然后呈递至当地（府、县）税务部门，缴纳税金。

（五）报税资料

公司报税所需文件有：填写申报税务表格；经过有资格的审计师确认的公司的账簿（收支明细表）、损益表、资产负债表以及其他一些要求出具的相关文件。

五、赴泰国的工作准证的办理

（一）主管部门

泰国劳工部就业厅是外籍人在泰国工作许可的归口管理部门，下属外籍人工作许可证管理局直接管理外籍人在泰国工作许可申请的受理与审批。劳工部会同泰国投资促进委员会、泰国移民局在首都设立境外投资者“一站式服务”窗口；取得当地投资促进优惠政策的企业，其外籍人在申请材料完备的前提下，可在3小时内办妥工作许可证。泰国的外国人就业法规定所有在泰国工作的外国人都必须首先取得工作许可证，如获得泰国投资促进委员会批准的项目，其外籍雇员可在30天内办理申请，并允许其在办理工作证期间工作。申请工作证必须持有非移民签证。

（二）工作许可制度

泰国2008年2月颁布实施的《外国人工作法》，替代了1978年颁布实施的外国人工作法，将“工作”定义为包括任何涉及体力工作或运用知识的活动，有报酬或没有报酬。外国人在泰国工作必须先获得泰国劳工部颁发的外国人劳动许可证，没有工作许可证的外国人禁止在泰国从事任何形式工作。根据《移民法》规定，临时从事必要和紧急的工作，时间15天或之内的情况除外。申请工作许可的外国人必须是根据《移民法》规定，允许在泰国合法居住或持非移民签证进入泰国，持旅游或过境的签证外国人不允许申请工作证。

1. 豁免

该法规定从事下述职业的外国人可以不必有工作许可证：外交使节团成员；领事团成员；联合国及其特别机构的成员国代表和官员；从国外来为上述人员工作的私人服务人员；执行泰国政府与他国或国际机构协议项下公务的人员；为教育、文化、艺术或体育事业而进入泰国的外国人员；经泰国政府特别批准来泰国履行义务或执行任务的外国人。

2. 特别例外

尽管大多数外国人必须申请工作许可证，而且必须在许可证签发后才可开始工作，《外国人工作法》为下列情况提供了特别的待遇。

（1）紧急和重要的工作

根据《移民法》，对暂时进入泰国执行任何紧急和重要事件而且在泰国停留时间不超过15天的人，可以不必取得工作许可证。但是这些人必须提交由本人签字并由其雇主背书的书面报告，并经移民局局长或其指定的委托人同意。享有此项待遇的外国人可凭任何一种签证进入泰国。所谓“紧急、重要的工作”法律上并没有明确的规定，是否给予工作证的豁免完全由管理机关决定。

（2）投资促进

根据《投资促进法》，试图在泰国得到工作许可的外国人必须在收到投资促进委员会的任职通知后30天内提交工作许可申请。这类人可以在政府处理其申请期间从事经授权的工作。

（三）申请程序

该法要求在泰国工作的外国人必须在开始工作前获得工作许可。该法第八章规定，在开始工作前雇主可代其填写申请表格。但是根据《移民法》，只有当该外国人根据移民法进入泰国后方给予发放工作许可证，而且必须由本人亲自领取。

工作许可开始的有效期限仅仅是根据《移民法》该外国人的非移民签证所允许他在泰国居留的时间。因此工作许可将根据签证的延期和更新而进行更新。对于持有泰国居留证的外国人，工作许可证可每年更新。劳工厅具体负责办理各项事宜，原则上工作许可的初始有效期限为1年。工作许可证必须在其到期以前更新，否则将自动失效。

（四）提供资料

申请工作许可需备齐如下文件：

1. 对于非永久性居留，要有1本非移民签证的有效护照；

2. 对于永久居留，需1本有效护照、居留证以及外国人身份证；

3. 申请人的学历证明和原雇主的推荐信（详细说明该申请人过去的职务、职责、表现、工作地点及期限）。如果文件是英文，须附有泰文译文并经泰国大使馆或泰国外交部认证；

4. 近期体检证明；

5. 3张5厘米×6厘米的照片；

6. 如申请表非本人填写，须附有符合规定格式的有效的委托书及10泰铢税票；

7. 填写申请表“工作描述”一栏时，须详细说明申请者将从事何工作，该工作涉及何人以及工作中所需何种设备原料等；

8. 根据该法，如果申请的工作须依照一些特别的法律审批发放执照（证件），则还须附有该执照（证件）的复印件1份（如教师证、医生行医证、新闻记者证等）；

9. 如申请人已和泰国人结婚，须提交下列各项文件的原件及复印件：结婚证明、配偶身份证、子女出生证明（如有）、户口登记表以及申请人护照复印件（每页都要）；

10. 如申请的工作不在曼谷，则申请表应在相关府的劳工厅填写，如没有这样的机构，就在该府市政厅填写；

11. 其他需要的证明。

六、应注意的问题

（一）投资方面

1. 客观评估投资环境

总体而言，泰国拥有较好的投资环境。其地理位置优越，交通便利，是东南亚地区经济、金融中心和航空枢纽，基础设施较为完善。泰国政局虽然不够稳定，但社会秩序和社会治安状况良好。泰国与中国政治外交关系友好，是中国的好邻居、好兄弟、好伙伴。

然而，近几年来，泰国政局持续动荡，各派政治斗争较为激烈，对其投资环境带来一定影响。首先，政局的动荡会影响外国投资者的信心，一些投资者选择观望或停止扩大投资规模；其次，由于政府高层经常变动致使其行政效率较低，投资项目审批程序复杂周期较长。因此，目前中国企业赴泰开展投资合作须考虑政治风险因素，不少项目特别是大型投资项目审批周期长，手续繁杂，前期投入费用较高，投资者须有心理和财力方面的充分准备。

2. 全面了解投资市场

第一，泰国投资市场的竞争相当激烈。一方面泰国企业自身投资能力比较好，另一方面如剔除政治因素，外资企业对到泰国投资多数看好，在泰国主要投资来自日本、美国、欧盟、韩国、新加坡以及中国台湾和中国香港等国家和地区。有传统优势的产业投资市场几乎均已被先期投资者占领，从市场格局、资金实力和技术水平以及国际投资经验等方面看，中国企业到泰国投资面临的挑战较大。

第二，泰国国情、政治制度和法律体系均与中国不同，办事方式和效率不同，中国企业进入泰国投资前一定要将有关情况全面摸清，做好充分准备后再行投资。

第三，泰国人力资源的使用问题。人力资源成本虽低于欧美日，但高于中国，且组织纪律性、生产效率总体比中国工人低。

第四，环保问题。泰国对于环保的要求较高，社区群众及个别NGO组织对于投资项目的影响力较大，有时甚至会产生决定性影响。如何提高技术工艺，满足泰国环保标准，同时妥善处理与周边社区及NGO组织的关系是企业在泰投资必须考虑的重要课题。

3. 注重履行社会责任

在中国深入实施“走出去”战略、不断提高对外开放水平的新形势下，中国驻泰国企业积极履行社会责任具有重要意义。企业在开展跨国经营时，承担更多的社会责任，不但是对企业自身品牌、信誉和社会形象的投资，而且也有利于平衡国家之间、企业之间、企业与社会之间的各种利益关系，并将对企业的经营产生积极影响。驻泰中资企业要本着“互利共赢、共同发展”的原则对外开展业务，热心参与赈灾、济贫、环保、教育、社保、节约资源、劳动保护等各类社会公益活动，融入当地社会，树立中资企业的良好形象，营造与当地社会和谐相处、共同发展的良好氛围。

（二）贸易方面

1. 了解贸易管理体制

泰国贸易管理有关法律法规有《货物进出口控制法》、《关税法》、《出口商品标准法》、《反倾销和反补贴法》、《外商经营企业法》、《直销贸易法》、《外汇管理法》和《商业竞争法》等。泰国负责贸易管理的部门有商业部和财政部海关厅。中国企业与泰国进行贸易活动需了解清楚这些法律法规，了解清楚经营商品是否受限、关税如何、有无技术性贸易壁垒等。建议与泰国投资合作前就有关问题咨询当地律师事务所。

2. 讲究信誉质量

信誉质量是企业的生命线。中国企业对所做商品要有相当细致的了解并对该商品在泰国市场的供求进行细致的调研，在和泰国人进行商品贸易时要讲信誉、重质量并注重售后服务，提升中国商品质量和形象。

3. 做好调查研究

市场调研、资信调查是企业进行贸易活动必须重视的问题之一，也是企业开展贸易活动的重要基础和依据。贸易商品的市场需求、贸易伙伴的资信情况必须了解清楚方能保证贸易的顺利进行。货物样品和实际发货要样货一致，否则很容易引发贸易纠纷。同时，对一些中介商要小心提防，避免上当受骗。

4. 注重商务礼仪

泰国商界比较注重着装，正式场合特别是访问政府部门一般着深色西装。商界见面时也可着长袖衬衫打领带。在泰国，决策花费时间较长，因此同泰国人做生意要保持耐心。

此外，根据泰国人文环境特点，与泰国人做生意还需注意：弄清楚合作对象所在阵营。包括身份、支持政党派别、和王室是否有联系，防止卷入政治纷争。

（三）承包工程方面

1. 了解泰国法律法规，依法经营

中国企业在泰国开展业务时，需了解和遵守当地有关法律法规和政策规定，做到依法经营。必要时聘请当地律师，避免陷入一些不必要的法律问题。如泰国对本国企业法人从事建筑业经营实行登记制，对外国人经营建筑业限制较多。建筑业不是泰国鼓励外资投资的行业。泰国《1999 年外籍人经商法》规定，建筑服务业不对外国人开放。外国投资者从事建筑业经营，必须要通过与当地企业设立合资公司，且当地公司控股（股份占 51%以上）。

由于泰国是劳务输出国，对于输入一般工种的外籍劳务严格限制，输入经营管理类人员也有严格限制，一般规定，企业注册资金在 1 亿泰株以上者，每输入 1 名外国人员需雇用 4 名当地劳工；企业注册资金在 1 亿泰株以下者，每申请 1 名外籍人员则需雇用 5 名当地劳工。中资企业在泰国开展承包工程业务一定要遵守泰国有关法律法规，做到守法经营。尤其在涉及工作签证和工作准证的问题上应严格按照泰国劳工用工方面的法规办事。近年来，部分企业抱着侥幸心理，使用旅游签、学生签或商务签在泰国境内工作被有关部门罚款、查处甚至遣返的案例频发，不仅影响企业正常经营也给境外中资企业总体信誉和声誉带来负面影响。

2. 实施本土化经营策略

本土化是跨国公司生存发展的重要经营策略，只有实施本土化经营和属地化管理，企业才能更加熟悉当地市场情况，适应市场变化，增强对项目的管控能力，从而降低成本，提高竞争力。在泰国中资承包企业实施本土化经营主要有三方面：一是首先要经营观念本土化。按照国际先进的境外项目经营理念指导和开展经营活动，摒弃在国内从事项目管理固有的惯性思维，借鉴国外同行在泰国经营、适用于本地特点的经营意识指导开展业务。二是运作方式的本土化，学习借鉴优秀的国际承包商和本地公司的先进架构、管理经验和运作方式等，博采众长，兼收并蓄，提高公司在激烈的市场竞争中取胜的本领；三是人才本土化，要依靠和任用本地人才。一方面要提高海外公司中当地经营管理人员的比例，充分发挥他们的作用，使之成为中国公司的中高级管理人员，为公司的生存、发展和壮大发挥重要作用。另一方面要使国内派出的经营管理人员的思维方式、工作方法、管理素质等逐步适应当地市场竞争的要求。

3. 审慎选择好的合作伙伴

好的合作伙伴是项目成功的关键因素。中资企业来泰国开展业务，切不可急于求成，盲目合作。对于一些中介机构或中间人介绍的各类项目不可轻信。尤其是一些所谓特大型项目，很有可能是“雷声大、雨点小”。要设法了解清楚合作方的背景情况，审慎选择那些信誉好、实力强、关系硬、能力高、懂营销、善合作的合作伙伴。应重视全面了解合作伙伴的背景情况，必要时在签署有约束力的合同前向中国驻外使领馆经商机构进行咨询。

4. 要高度重视在泰国经营的安全问题

发展是目的，管理是保障，安全是前提。各企业均应将安全问题放在首位。特别是近年来泰国政局不太平稳，泰国南部地区的恐怖活动时有发生，安全风险因素加大，因此，在泰国开展业务的中资企业必须将安全工作放在首要位置。要制定有效的安全防护措施和紧急事件应急机制，切实维护好企业的人员和财产安全。注意防火、防盗、防骗、防爆炸。同时，采取有效措施切实维护国有资产和信贷资金的安全，加强承包工程项目管理，做好成本核算和资金风险控制，保证承包工程项目的质量。

5. 要注重了解泰国自然条件及社会文化环境

这些因素对承揽项目的影响容易为企业所忽略。如：泰国节假日较多，泰国工人经常放假；泰国雨季期间（一般是每年 6 月至 10 月）难以施工，签合同时要考虑工期是否足够；泰国人多数性情温和、注重礼仪，但办事效率相对较低，不少事情拖而不决等。

（四）劳务合作方面

外籍人在泰国工作须及时办理工作许可证。由于劳工许可证不能异地使用，因此外籍人特别是从事建筑业者在申请工作场所时要将总公司、分公司场所分别加以注明。分公司以总公司名义申请时，要在分公司所在地申请。泰国官员不主张外籍人通过中介机构办理外国人工作许可证申请。泰国官方尚没有授权任何中介机构从事代办外籍劳务工作许可业务，建议有关雇主或个人通过合法程序向劳工部申办工作许可，劳工部将提供便利条件。对临时入境提供技术服务的外籍人，如不超过 15 天可免办工作许可证。

中泰两国政府间尚未签订任何劳务合作协定，在泰国从事限制从业的工种是严格禁止的，非限制类工种必须申办工作许可证。

限制进入泰国从业的有39类工种：普通劳工；农、林、牧、渔业（农产管理人员除外）工人；制砖、木匠或其他建筑工种；木雕工；驾驶员（航空器材飞行员、机械师除外）；固定摊贩；市场传销；会计管理；珠宝加工；理发、美容；手工织布；制席；手工造纸；漆器；泰式乐器；乌银镶嵌器；金银器皿制作；泰式嵌石制品；泰式玩具制作；床单、被褥制作；制钵；手工泰丝制品；佛像制作；刀具制作；纸伞、布伞制作；制鞋；制帽；除国际贸易代理外的其他代理；建筑规划设计（专业技术专家除外）；手工艺品制造、设计、估价；首饰设计；泥制品加工；手工卷烟；导游；流动摊贩；泰文打印；手工抽丝；文秘；法律咨询。

（五）其他应注意事项

泰国市场对外开放较早、法律法规相对健全，绝大多数在泰国的中资企业能够做到遵纪守法、规范经营，与当地各方面机构和人建立起比较和谐的社会关系，总体不存在大的风险。但近几年，伴随中国对泰国投资的飞速增长及企业数量的急剧增加，泰国媒体和非政府组织对中国的关注度有所提升，一些夸大渲染甚至不实报道偶有露头，对中资企业和国家形象造成了一定的负面影响。另一方面，中资企业在环保、竞争方式以及扩张速度等方面与当地及其他国家投资企业（尤其是日本企业）偶尔爆发文化和利益冲突。此外中国在当地部分橡胶生产加工企业面临一定的安全威胁。在此情况下，中资企业需心中有数、有的放矢，内部加强经营管理，外部搞好各方面关系，并坚持少说多做、只做不说，低调、务实，实现并保持企业的健康、良性、长远发展。

总体而言，当前泰国经济发展较为平稳，虽有政治动荡，但社会治安状况良好，政府积极鼓励外商投资、实行自由开放的政策取向一直保持不变，人文环境、社会环境和经济环境保持良好。伴随中国经济的持续发展及对外“走出去”战略的大力实施，泰国以其优越的地理位置、优惠的政策举措、良好的设施条件等吸引了越来越多中资企业到泰国投资、发展，但有以下几个方面问题需要予以关注：一是近几年来泰国政局持续动荡，政府更迭频繁，行政效率较低，大型项目落实较为缓慢；二是泰国法律法规设置虽属健全，但司法实施过程中存在人为因素；三是部分当地人尤其是一些华人华侨提供虚假信息，甚至进行欺诈，给中资企业利益和华人形象造成了巨大损害；四是泰国持续经济复苏带来的能源不足、劳工短缺等现象逐步显现，泰铢升值趋势不减，中资企业发展面临一些困难和障碍。

综合以上情况，中资企业到泰国开展投资、贸易、经济合作，要注意事前调查、分析和评估相关风险，事中做好风险规避和管理工作，切实保障自身利益。一是要对项目所在地的政治风险和商业风险进行认真调查，对项目实施的可行性进行系统分析，必要时可聘请当地知名律师事务所、会计师事务所进行调研评估，增强项目决策的科学性。二是对项目或客户及相关方的资信进行详细调查和评估，广泛征询中华人民共和国驻泰王国大使馆经济商务参赞处、驻泰国中资企业商会、泰国官方机构如投资促进委员会（BOI）及当地与中资企业联系紧密的大型银行如盘古银行、泰华农民银行等的意见和建议，全面掌握各方面信息，心中有数、有的放矢。三是积极利用保险、信保、银行等金融机构和其他专业风险管理机构的相关业务保障自身利益。四是密切加强与使馆、驻泰国中资企业商会等的沟通与联系，充分利用中资企业公共平台，增强内部凝聚力及外部影响力，并根据行业积极参加当地的行业组织，融入当地社会，维护自身权益。五是通过使用人民币结算、合同约定、套期保值等各种方式，规避汇率风险，保障企业利益。

（六）防范投资合作风险

在泰国开展投资、贸易、承包工程和劳务合作的过程中，要特别注意事前调查、分析、评估相关风险，事中做好风险规避和管理工作，切实保障自身利益。包括对项目或贸易客户及相关方的资信调查和评估，项目所在地的政治风险和商业风险分析和规避，对项目本身实施的可行性分析等。企业应积极利用保险、担保、银行等保险金融机构和其他专业风险管理机构的相关业务保障自身利益。包括贸易、投资、承包工程和劳务类信用保险、财产保险、人身安全保险等，银行的保理业务和福费庭业务，各类担保业务（政府担保、商业担保、保函）等。

建议企业在开展对外投资合作过程中使用中国出口信用保险公司提供的包括政治风险、商业风险在内的信用风险保障产品；也可使用中国进出口银行等政策性银行提供的商业担保服务。同时要充分利用泰国当地丰富而优质的金融资源。

中国出口信用保险公司是由国家出资设立、支持中国对外经济贸易发展与合作、具有独立法人地位的国有政策性保险公司，是中国唯一承办政策性出口信用保险业务的金融机构。公司支持企业对外投资合作的保险产品包括短期出口信用保险、中长期出口信用保险、海外投资保险和融资担保等，对因投资所在国（地区）发生的国有化征收、汇兑限制、战争及政治暴乱、违约等政治风险造成的经济损失提供风险保障。

如果在没有有效风险规避情况下发生了风险损失，要根据损失情况尽快通过自身或相关手段追偿损失。通过信用保险机构承保的业务，则由信用保险机构定损核赔、补偿风险损失。由于泰国当地政策调整、商业欺诈等原因造成损失，要通过各种途径向泰国有关方面积极反映，并向中华人民共和国驻泰王国大使馆经济商务参赞处报告有关情况。

【来源：选编自商务部国际贸易经济合作研究院，商务部投资促进事务局、中华人民共和国驻泰王国大使馆经济商务参赞处共同主编.《2015 版对外投资合作国别(地区)指南——泰国》. 第 61～70、75～80 页】

在越南开展投资合作的手续及注意事项

一、在越南投资注册企业需要办理的手续

（一）设立企业的形式

在越南，投资设立企业的形式包括：贸易公司、有限责任公司、股份公司等。

（二）注册企业的受理机构

越南政府已将几乎所有外资项目审批权下放至省级部门，仅维持对少数行业的审批。其中，计划投资部负责审批跨省的 BOT 项目；工贸部审批石油和天然气项目；国家银行审批银行等金融机构项目；财政部审批保险项目。对于国家重大项目，由国会决定项目的投资立项和项目标准，政府负责制定项目审批程序和颁发投资许可证。

根据 2006 年 9 月 22 日越南政府第 108 号议定书，外资项目的审批分为登记和审批两种情况：对于总投资 3000 亿越南盾（约合 1500 万美元）以下的项目，外商只需向审批部门提供相关资料进行登记即可，时间约需 15 天；对于总投资 3000 亿越南盾以上的项目，审批部门须征求相关部委意见并对项目进行审查，约需 25 天时间。

（三）注册企业的主要程序

1. 外国独资企业

注册的程序如下：

（1）申请书：成立公司之前，创办者必须向省、中央直辖市人民委员会或相当于公司设立办公地点所在地一级行政单位递交成立公司申请书。

（2）经营登记：公司必须在省、中央直辖市经济仲裁组织或同级的行政单位进行经营登记。

（3）成立公告：根据相关法律法规，在越南投资的外资企业成立后，必须在中央或地方报纸连登 3 期公告。

2. 代表处

按照越南法律规定，企业只要根据中国法律规定已登记进行合法经营，即可获得在越南成立代表处的许可证。需要注意的是，外国企业在越南成立的分公司不能再设立代表处。

3. 分公司

成立分公司要把材料寄到越南工贸部。企业申请获得成立分公司许可证所需的文件包括：

（1）企业申请成立分公司的申请表（按越南工贸部统一规定的格式）；

（2）营业执照副本；

（3）相关文件须经中国公证机关公证，然后由中国外交部领事局认证，之后由越南驻华使馆、领事馆进行领事认证。这样文件才有法律效力。

二、承揽工程项目的程序

（一）获取信息

越南计划投资部通过报刊、网站等渠道公布全国范围的投标信息。中国企业可订购由计划投资部主办的《投标报》或通过该部网站（请见附录）获取项目招标信息。

（二）招标投标

根据越南《投标法》规定，越南国家投资项目或国际组织贷款项目，一律采用招标方式。大型项目的招标需过较长时间的审批。自筹资金项目可通过议标方式进行。

越南对项目审批采取分级管理办法，具体包括：

对于由政府总理审批的项目：总理批准投标计划；批准或委托批准承包商评选结果；批准或委托批准投标过程中产生的相关情况并处理违法行为。对属于国家秘密的项目、为国家利益而紧急实施的项目、涉及能源安全的项目，由总理批准或委托批准投标计划和承包商评选结果。

对于由部长、部级机关领导、中央其他机关领导、中央直属各省市人委会主席审批的项目：由该部门行政首长负责批准投标计划；批准或委托批准招标标书，承包商评选结果。

对于由省以下各级地方政府行政首长审批的项目：由该部门行政首长负责审批授权范围内的招投标内容；对于本部门审批权限范围内的项目，可批准项目招投标计划，批准或授权批准标书、承包商评选结果等。

（三）许可手续

根据越南《投标法》规定，承包商须符合以下条件方可参加投标：一是有所在国职能部门颁发的营业证书；二是有独立经济核算资格；三是财务状况健康。

承包商参加投标，首先要进行资格预审，一般在业主发布招标公告之后、承包商投标之前举行。资格预审的内容包括承包商以往的业绩与信誉、设备与技术状况、人员的技术能力、管理水平和财务状况等。承包商应提供投标意向书、公司章程、公司技术和行政管理的人员名单、公司现有的机械设备清单、过去5年承揽项目的合同清单等。

预审合格的承包须根据业主的通知到指定的机构购买招标文件，并着手编制标书。标书编制完成后，承包商须在规定时间内送达业主指定的招标机构，参加竞标。承包商接到中标通知后，要在规定的时间内与业主商签承包合同，并递交履约保函。

（四）优惠政策

1. 优惠政策享受对象

越南《投标法》规定，在国际投标中享受政策优惠的对象包括：

（1）根据越南《企业法》（2005年11月颁布）和《投资法》在越南成立和经营的企业。

（2）承包联合体中含有上述规定企业，且其实施的合同价值占合同总价值的50%以上，则该联合体可享受政策优惠。

（3）对于商品供应项目，承包商所供应的商品其国内价值占30%以上，可享受政策优惠。

2. 优惠政策具体实施办法

（1）对于设计咨询项目：享受优惠的承包商，其标书综合分数可增加7.5%。如果该项目为高新技术项目，则承包商的技术分可增加7.5%。

（2）对于建造和安装项目，不在政策优惠享受之列的承包商，若其标书出现错误并进行修改后，其评标价需加上参加投标价格的7.5%。

（3）对于商品采购项目，不在政策优惠享受之列的承包商，其评标价需加上相当于商品进口税费总额的价格。不需缴纳进口税费的商品除外。

3. 进出口管理

越南《投标法》规定，除国家禁止进出口的商品外，承包商可进口或暂进再出用于实施项目的设备物资。对于许可证管理的进口商品或专业商品，承包商获得越南工贸部或有关行业管理部委批准后方可进口。进口手续如下：

（1）进口施工设备：承包商中标后，可在海关直接办理施工设备进口手续。

（2）从国外租借施工设备：在实施项目过程中，承包商可免税从国外租借有关施工设备。项目完成后，承包商需再出口所租借的设备。如果在越南处理租借的施工设备，需按越南关于进口二手设备有关规定办理手续。

（3）承包商可免税暂进口施工设备，项目完成后，需进行再出口；承包商可暂出口施工成套设备中的损耗部件，在国外修复或更换后再进口。可直接在海关办理暂进再出或暂出再进手续。

三、专利申请和商标注册

（一）申请专利

自然人或者法人可直接向越南知识产权局及其分支机构提出专利申请，需提交以下文件：一是专利申请书（越南文），列明拟申请专利的产品或技术主要内容，提供申请人详细信息；二是拟申请专利的产品或技术的文字描述及相片，列明该产品或技术的特性；三是已交费证明。知识产权局及分支机构将负责保守拟申请专利产品或技术的秘密，审查时间为自收到申请书之日起12个月。审批通过后，知识产权局将在“知识产权公报”上刊登相关消息。

（二）注册商标

1. 概述

自然人或者法人直接向越南知识产权局提出申请，允许多类申请，商品分类实行尼斯协定分为45类。商标专用权从申请日起算，有效期10年，在期满前6个月申请续展注册，每次续展注册的有效期为10年。注册商标必须使用。如果在注册后连续5年未使用，有可能会被申请撤销。

商标申请或注册商标均可转让。注册商标的转让必须登记才有法律效力。商标申请的转让只有在注册后才能登记。只有注册商标才能许可。许可合同必须登记。

2. 申请资料

申请资料包括：

（1）以法人申请，附《营业执照》或有效登记证明复印件1份；以自然人申请附个人身份证明文件1份；

（2）申请人签署的经公证的授权书1份（申请时可先递交委托书复印件，3个月内提交原件）；

（3）商标的描述：商标含义，非英文单词的英文翻译或者音译；

（4）申请人信息，地址中英文；

（5）商标图样；

（6）需要保护的类别和商品/服务名称；

（7）优先权声明（如需要）。

3. 程序和时间

（1）越南国家知识产权局收到注册商标申请后，进行形式审查（3个月左右）。合格者发出注册受理通知书，给予申请号，申请日期；不合格者发出驳回通知书要求补正或者更正。

（2）形式审查结束后，进入实质审查阶段（9个月左右），审查商标是否具有显著性以及是否存在禁止注册的情况。如通过，颁发注册证，并予以登报公布；不通过，则先发出准备驳回的通知，给申请人2个月的时间作出答复或修改申请（如缩小商品范围）。如仍不能通过，则发出驳回通知书，申请人可以在3个月内对此向国家知识产权局作出上诉，之后可以向法院提出上诉。

若注册过程顺利，需要花费的时间约为12个月。

四、企业在越南报税的相关手续

（一）报税时间

外资企业的计税年度为公历1月1日至12月31日。外资企业可建议越南财政部准予采用其12个月会计年度制，以便于计算和缴纳企业所得税。

（二）报税渠道

企业可以选择向当地税务局自行申报、通过业主代扣或者通过当地会计师事务所代为申报。

企业所得税应税利润，为企业在计税年度中，企业收入总额与支出总额之差额，加上企业其他副业所得的利润后，扣除可转入下一年度的亏损额。外资企业可将经税务机关确认为慈善、人道等目的，向越南组织与个人提供捐助的合理开支，一并计入其总支出。经营过程中，外资企业在向税务机关应税决算后，出现亏损的，可将其亏损额结转入下一年度，该亏损额可从应税收入中扣除，亏损结转期不超过5年。

（三）报税手续

报税手续较简单，企业按规定填写报税单，提供相关文件，缴纳税款后，当地税务局即出具完税证明。

（四）报税资料

企业向当地税务局报税时需要提交的文件包括：税务报表、企业税号文件、报税单等。另外，当地税务局每年不定期抽查企业相关会计凭证和单据是否与上述文件相符。

五、赴越南的工作准证的办理

（一）主管部门

越南负责办理劳动许可证的主管部门是越南劳动伤兵社会部及各省、直辖市的劳动伤兵社会厅。

（二）工作许可制度

在越南工作3个月以上外籍劳务人员须办理由越南省（直辖市）劳动与社会荣军厅颁发的劳动许可证，劳动许可证有效期根据合同期定，但不超过3年，应用工单位的要求，可适当延长期限。

（三）申请程序

1. 居留规定

外国公民须申报入境目的、时间及居留地址，入境活动应与申报相符。外国公民不得在禁区内居留；外国公民在越南公安部所属出入境管理机关办理长期居留手续；越南公安部所属出入境管理机关将为获准在越南居留1年以上的外国公民颁发长期居留证。居留证有效期为1～3年。持证人出入境免签证；长期居留越南的外国公民须每3年1次定期向越南公安部所属出入境管理机关报告；签证、签证加注、签证变更、居留证及居留许可延期申请将在受理之日起5个工作日内完成。

2. 工作许可

越南企业、机关、组织及个人雇佣外籍劳务人员均须签署劳动合同。劳动合同内容应包括：工种、工作时间、工作场所、休息时间、薪资、合同期限、劳动安全、劳动卫生、劳动保险。劳动合同包括书面合同和口头协议两种。外籍劳动者在获得劳动许可证后，用人单位有责任将劳资双方签署的劳动合同复印件呈交给劳动许可证颁发机关，但外籍劳动者系由外方选派到越南工作除外。

3. 社会保险

工作时间超过3个月和无期限合同，须办理强制性社会保险。劳工因工受伤残，雇主须支付医疗费，如未投保，亦按社会保险条件支付赔偿。

（四）提供资料

1. 就业申请书；

2. 本国职能部门颁发的司法履历，如已在越南6个月以上的，需增加由越南所在地司法厅发的司法履历；

3. 体检表；

4. 大学毕业或以上学历证书、工艺技术证等专门技术证书的复印件。如劳工属于具有传统工艺或管理经验的人才，需有该国职能部门的证明；

5. 3张近1年内照的彩照（3厘米×4厘米，免冠、正面、不戴眼镜）。

所提交的材料须公证，并译成越南文。须有复印件与原件、翻译件与原件相符公证。

六、应注意的问题

（一）投资方面

1. 认真进行调查研究和市场考察，避免盲目投资。

2. 充分了解越南吸收外资的法规政策和投资环境，遵守越南的法律法规和相关规定，守法经营。避免引进技术落后、污染严重等越南政府不鼓励投资的项目。

3. 尽量以独资方式投资设厂，如与越方以合资方式设厂，应对越方合作伙伴进行深入了解，寻求信誉好的合作伙伴。

4. 加强投资风险防范，按规定办理国内外投资报批许可手续。签订投资合同时，需仔细考虑合同条款，明确双方的权利与义务，以防发生纠纷时无据可依。

5. 选派能力强、素质高、外语好（越南语或英语）的业务人员赴越开展工作。

6. 处理好与合作方以及当地有关部门的关系，注意内部协调。

7. 项目投产后，需注意履行企业社会责任，与当地百姓搞好关系。

8. 搞好生产经营管理，树立以质取胜的经营理念。

9. 保持与中华人民共和国驻越南社会主义共和国大使馆（经济商务参赞处）的联系，定期向经商参处汇报企业生产经营和管理情况。遇到重大问题要及时向使馆报告。

10. 注意问题。选择项目时，应避免投资技术落后、污染严重等越南政府不鼓励投资的项目；签订投资合同时，要仔细考虑合同条款，明确双方的权利与义务，以防发生纠纷时无据可依；项目投产后，要注意履行企业社会责任，与当地百姓搞好关系。

（二）贸易方面

1. 要坚决贯彻“以质取胜”战略，杜绝假冒伪劣商品。

近年来，越南经济水平迅速提高，对产品质量要求提高很快，中国企业必须严把商品质量关，且重视外观款式，才能适应市场需求，并维护中国商品在越南市场声誉。一些企业忽略质量要求，既影响中国商品在越南市场形象，加深越南消费者对中国商品的偏见，又经常因质量问题引发纠纷，给企业造成经济损失。

2. 要慎重选择合作伙伴，加强风险管理，防止遭受损失。

越南现有国营企业1500多家，私营企业超过20万多家，外资企业1万多家，其中国营企业主要分中央企业和地方企业。越南中央直属国有企业在各行业中占有重要地位，实力相对较强，资金较有保障，与其合作风险相对较小；私营企业数量很多，信誉不一，虽经营方式灵活、决策快，但规模较小，抗风险能力弱，甚至有个别企业在与中国企业合作过程中有恶性欺诈行为，中国企业在合作中应注意甄别，降低风险。

3. 要规范操作，对贸易流程各环节严格把关。

商谈合同应严谨，特别对于质量、运输、交货、结算、争议等条款要认真商谈，仔细审核，避免漏洞。建议采取信用证结算方式，可选择越南外贸银行（Bank for Foreign Trade）、农业与农村发展银行（Bank for Agriculture and Rural Development）、投资发展银行（Bank of Investment and Development）或工商银行（Industrial and Commercial Bank of Vietnam）等信誉较好的银行作为开证行，特别应该注意防止对方在信用证条款中加入与国际惯例不符的条款。另外，应严格按合同执行，在商品质量、运输交货、制单等环节务必严谨，防止被钻空子，造成经济损失。

4. 注意事项。

越南企业习惯用电子邮件进行商务交流，一些商业信息容易被黑客利用来骗、盗取货款；越南企业建议选择以边贸方式进口货物时，应该注意提防越南口岸管理部门临时改变检查检验方式导致交易失败的风险；当前越南宏观经济日益困难，越南企业财务也会受到影响。因此，即使是长期合作伙伴也要通过安全的交易方式进行合作。

（三）承包工程方面

1. 要抓住市场机遇

要抓住市场机遇。越南重视基础设施建设，视之为促进经济发展、保障社会民生的关键，提出包括交通、电力、工业、供排水等在内10个重点领域。中国企业经过多年不懈努力，已逐步在越南工程承包市场打开局面，在水电、火电、通信、水泥、冶金、化肥和路桥等领域有较强竞争优势，市场开发潜力较大。

2. 要实行本地化经营

越南劳动力市场巨大，劳动力整体素质在不断提高，成本相对便宜。今后，中国企业在越南开展工程承包业务的重点在工程设计和施工管理上，应多雇佣当地人员，实行本地化经营，不挤占当地就业机会，与当地企业和谐相处，共同发展。

3. 注意事项

越南对外国人在越劳务管理非常严格，中方承包商在签订合同时应综合考虑工人比例、工程进度问题，避免为赶工程非法使用劳工；越方希望承包商在实施项目过程中向越方传授部分技术，帮助越方提高劳动力技术水平和工业化现代化水平；注意加强对中方劳务人员的安全保障和日常管理，尽量避免与当地百姓发生直接冲突。

（四）劳务合作方面

1. 通过正规中介进行

通过正规中介进行。目前一些非法中介以收费较低为诱饵，擅自招收劳务并输往越南，不与劳务人员签署劳动合同，也不协助办理当地劳动许可证，导致劳务纠纷频频发生，给劳务人员造成较大损失。根据商务部、外交部等相关部委规定，获得外派劳务人员资格的公司方可对外派出劳务。

2. 在当地办理劳动许可证

在当地办理劳动许可证。越南法律规定，不允许外籍人员持旅游签证在越南务工。在越南工作3个月以上的外籍劳务人员须办理劳动许可证。中国劳务人员办理许可证时，需提供省级以上或国家级医院开具的健康证明、所在地派出所出具的无犯罪记录证明、技术能力证明等文件，并经国内公证机关公证、中国外交部和越南驻华使馆认证。整套手续办下来约需2个月时间（含国内公证和认证时间）。

3. 注意问题

在聘用中方劳务人员时，须检查其是否合法入境，是否持有合法证件；在给中方工人支付工资时，争取直接交给工人，避免出现工人工资被克扣或者中介恶意欠薪等劳资纠纷事件发生。

（五）其他应注意事项

中国企业在越南开展经贸合作应注意以下风险：

1. 部分工程承包项目工场周边环境较复杂，偷盗和抢劫事件时有发生。承包企业应建立应急机制，加强防范措施和员工安全教育，设立安全联络员，与当地政府和公安部门保持密切联系，遇事应第一时间向当地公安部门报案并及时报告中国驻越南大使馆，寻找妥善处理办法；

2. 由于越方企业资信参差不齐，企业融资困难，拖欠货款和工程款的现象较多，应采取相应措施，避免人为损失；

3. 当地交通状况复杂，汽车、摩托车多，交通事故频发，应注意交通安全，杜绝酒后驾车；

4. 当前越南社会对中资企业、中国公民存在不友好情绪，在考察市场时要注意避免与越南当地居民发生争吵，避免遭到人身攻击；

5. 越南政府对外汇管理非常严格，赴越南时不要携带过多外币，否则出境时将遇到越南海关等口岸管理部门的严查甚至罚没；

6. 越南工会在为工人争取利益时，与投资企业谈判、博弈中具有较大作用，要注意处理好与越南工会关系。

（六）防范投资合作风险

在越南开展投资、贸易、承包工程和劳务合作的过程中，要特别注意事前调查、分析、评估相关风险，事中做好风险规避和管理工作，切实保障自身利益。包括对项目或贸易客户及相关方的资信调查和评估，对项目所在地的政治风险和商业风险分析和规避，对项目本身实施的可行性分析等。企业积极利用保险、担保、银行等保险金融机构和其他专业风险管理机构的相关业务保障自身利益。包括贸易、投资、承包工程和劳务类信用保险、财产保险、人身安全保险等，银行的保理业务和福费庭业务，各类担保业务（政府担保、商业担保、保函）等。

建议企业在开展对外投资合作过程中使用中国政策性保险机构——中国出口信用保险公司提供的包括政治风险、商业风险在内的信用风险保障产品；也可使用中国进出口银行等政策性银行提供的商业担保服务。

中国出口信用保险公司是由国家出资设立、支持中国对外经济贸易发展与合作、具有独立法人地位的国有政策性保险公司，是中国唯一承办政策性出口信用保险业务的金融机构。公司支持企业对外投资合作的保险产品包括短期出口信用保险、中长期出口信用保险、海外投资保险和融资担保等，对因投资所在国（地区）发生的国有化征收、汇兑限制、战争及政治暴乱、违约等政治风险造成的经济损失提供风险保障。

如果在没有有效风险规避情况下发生了风险损失，也要根据损失情况尽快通过自身或相关手段追偿损失。通过信用保险机构承保的业务，则由信用保险机构定损核赔、补偿风险损失，相关机构协助信用保险机构追偿。

【来源：选编自商务部国际贸易经济合作研究院，商务部投资促进事务局、中华人民共和国驻越南社会主义共和国使馆经济商务参赞处共同主编．《2015版外投资合作国别(地区)指南——越南》．第61～66、69～73页】

行 业 篇

东盟重点市场分析

东南亚瓷砖新兴市场“庞大”消费需求多样

中国海关数据显示，中国陶瓷出口至印度尼西亚的数量下滑了近5成。有专家分析，印度尼西亚的陶瓷市场需求仍在，但是多方面因素致使当地消费购买力不足。而东南亚其他国家市场也基本面临印度尼西亚类似的问题。

一、特价砖大行其道，严重扰乱东南亚市场。

2015年，中国建陶行业萧条，产品同质化严重，冲款砖、特价砖大行其道，对中国陶瓷出口冲击力度大。业内人士分析，2015年，许多来自东南亚的客户频繁更换代理的产品。以往该部分客户主要销售价格低廉的抛光砖、全抛釉产品，但是因为国内市场冲款砖、特价砖的低价冲击，以及产品价格长期波动大且频繁，令这些客户望而止步。

以全抛釉为例，作为曾经的明星产品，800mm×800mm规格全抛釉在两年前的出厂价是35元/片，而现在其价格已经接近同规格抛光砖，大约为18元/片。有业内人士戏称，客户的产品在运输的过程中，或许要面临贬值的风险。

现今，客户以冲款砖、特价砖的“低价”与中国陶企讨价还价，要求中国陶企降价让步。这让中国陶企出口东南亚市场面临更为严峻的难题，如何用品牌的附加值、产品的核心竞争优势取信于客户成为摆在中国出口陶企面前的一座大山。

甚至有出口目的国市场正常销售被“超低价”的冲款砖与特价砖严重扰乱。专家分析称，这些现象都是中国建陶市场的真实写照，国外的市场形式亦如此。因此，许多客户纷涌而至中国，但与以往的合作方式不同，客户寻找的是个性化、差异化的陶瓷产品，而非“大路货”。

二、本土陶企发展致使中国陶瓷出口严重萎缩。

从目前中国陶机设备出口数据来看，印度、越南、巴西等国家正在紧锣密鼓地建设陶瓷厂，产品服务本土并辐射周边市场。有人曾对此提出担忧：这是否对中国陶瓷出口造成冲击？业内人士认为，如果是处在公平公正的环境中，该地区的产品仍对中国出口构不成大影响，因为其生产成本、产业链不具优势。

以东南亚市场为例，中国陶瓷在越南、马来西亚与印度尼西亚等目的国市场表现不尽相同。尽管东南亚也在紧锣密鼓地建设陶瓷厂，但是无论是产能或是产品研发仍然无法与中国陶瓷媲美，因此对中国的陶瓷出口无法构成威胁。

首先，当地建陶企业营销模式不成熟。知情人士介绍，陶瓷在马来西亚的销售是透明、公开、无保护的，不似中国厂家对经销商实行区域保护，在马来西亚何时何地何人均可销售同一款产品，且价格是透明、公开的，对于“经销商”而言，其利润较为微小。

再者，东南亚建陶企业产能与产品研发能力不足以满足当地消费需求。马来西亚、越南等华人群体“庞大”，且消费需求多样，不论是产能，还是产品的花色与表现，都无法满足当地消费者的诉求。

三、中国陶企逐步布局，开发新兴东南亚市场。

传统东南亚市场环境严峻，中国陶企纷纷将目光聚焦于东南亚新兴市场，即除了印度尼西亚、越南、泰国与马来西亚等传统中国陶瓷出口市场外，包括柬埔寨、缅甸等未开发的市场均成为东南亚新兴市场。

据业内人士介绍，中国陶企近年来选择以东南亚新兴市场作为重点开发市场主要是基于以下因素：东南亚属于亚洲，其对陶瓷的审美及诉求较为接近中国，中国的瓷砖产品在该地更容易被接受。另外，当地生产能力不足，一般而言，当地市场会率先从东盟国家进口，一旦无法满足，便会倾向于从中国、欧洲等外围进口。

值得一提的是，东南亚新兴市场华人群体依旧“庞大”，而且把握了当地重要的经济命脉，因此非常利于中国陶瓷出口。

但必须警惕的是，无论是传统市场还是新兴市场，对于中国出口陶企而言，拼价格绝非上策。“客户永远不会满足价格，价格只有更低，没有最低”。因此中国陶企须逐步布局东南亚新兴市场，在传统出口陶瓷产品的基础上形成自己的核心竞争力。同时，也要研发一些个性化产品以满足客户与消费者的差异化需求。

当然，更重要的是给客户提供一些增值服务。产品的品质是无法被客户直接感知的，需要厂家提供详细的培训。目前，为了协助客户更好地销售产品，利华企业针对性地给客户二级经销商提供产品及应用相关的培训。

此外，虽然目前出口至东南亚市场的产品以600mm×600mm规格的抛光砖为主，但是随着客户及当地消费者审美水平的提升，专家建议客户新增一些600mm×900mm、600mm×1200mm、1000mm×1000mm等特殊规格产品，以差异化取胜。

业内人士介绍，2016年业内针对东南亚市场作了一个明显的调整，即与东南亚客户贸易往来采取现款现货的方式。当下东南亚市场汇率波动频繁，极有可能在付款前货币已经贬值，让客户得不偿失。

（来源：综合整理自腾讯亚太网）

中国轮胎投资东盟市场机会多

东盟共同体于2016年年初正式启动。据有关人士分析，东盟各国成为中国轮胎企业最大的商机市场。

业内人士表示，东盟作为中国最近的相邻市场，人口达6亿，汽车产业发展迅速，庞大的市场蕴含着中国企业未来10年掘金的机会。中国轮胎企业应大力关注东盟各国的政策变化和汽车市场，因为这里可为中国轮胎产业提供良好的发展机会。

泰国汇商银行全球副总裁严贤铭认为，在东盟国家中，泰国是具有战略性地理位置的国家，尤其是这个国家的橡胶产业基础雄厚，可为轮胎业投资提供成本上的便利条件。中国企业到东盟投资时，先以泰国为中心，再辐射到其周边国家。

泰中文化促进委员会主席披尼·扎禄颂巴表示，泰国正处于橡胶农业向工业化转型升级的重要时期，越来越多的中国轮胎企业在泰国投资建厂，这都需要大量的专业技术、研发、营销和管理人才。

据了解，在泰国总理巴育·占奥差的支持下，中国青岛科技大学与橡胶谷集团及泰国的院校合作，建立起泰中国际橡胶学院，将为泰国橡胶专业学科建设、人才培养等方面提供帮助。据悉，该学校也将为越来越多在东盟投资的中国轮胎企业提供人才支持。

为了降低成本，更靠近原材料产地，中国轮胎企业纷纷在东南亚投资建厂，如佳通在印度尼西亚建厂，赛轮金宇在越南建厂，玲珑、森麒麟则在泰国建厂。这些企业到异国投资建厂，都面临着管理和技术人才不足的现象。

资料显示，全球94%～95%的天然橡胶产自东南亚，而中国是全球最大的橡胶消费国，且全球80%的轮胎产能在中国。

天然橡胶生产国组织秘书长茜拉·托马斯日前表示，东南亚橡胶生产商希望找到相应的技术和科技来发展橡胶产业，茜拉·托马斯希望资金充裕的中国企业能直接到东盟投资。

专家分析，在东盟各市场中，南部是比较成熟的市场，如马来西亚、新加坡等，人均GDP都比较高。北部的新兴市场如老挝、柬埔寨、缅甸、越南，市场潜力巨大。尤其是缅甸，从基本的消费品到大型基础设施项目，如电力、水电站建设等，市场前景极为可观。

（来源：轮胎世界网.http://www.tireworld.com.cn/news/guancha/2015113/18958.html.2015—11—03）

低成本助推制造业涌入东南亚

德勤会计师事务所与美国竞争力委员会日前发布的全球制造业竞争力指数报告预测，东南亚4国马来西亚、泰国、印度尼西亚、越南和南亚印度的制造业正在崛起，这些国家拥有较低的劳动力成本、灵活的制造能力和日益扩大的市场等，使其有望在2020年跻身全球15个最具制造业竞争力的国家。

一、一个庞大的生产基地正在孕育

占地约1050万平方米的廉差邦港位于泰国著名旅游城市芭提雅以北约25公里，是泰国最大的物流枢纽。有这样的说法，去廉差邦港的南荣A5码头，就可以对泰国汽车制造业的潜力有一个直观的感受。每年，上百万辆在泰国生产的崭新汽车整车从这里运向世界30多个主要港口，再中转交货至100多个国家和地区。巨大的装船出口量，让南荣A5码头成为世界第4大、亚洲第1大汽车滚装出口码头。泰国上市企业南荣码头大众有限公司总裁黄喜源表示，泰国汽车制造业发展已有50多年，近20年来发展极为成熟，已实现汽车完全本地化生产。从曼谷至春武里府的高速沿线，随处可见汽车配件工厂，而且每天都有新的汽车配件工厂建立。南荣A5码头平均每天出口四五千辆汽车，为日本、德国和美国等18个在泰生产汽车的品牌做装船出口业务。

汽车制造业是泰国制造业发展的一个亮点。如泰国一样，东南亚一些国家具备劳动力成本和人口红利优势，制造业发展前景被广为看好。马来西亚双威大学商学院经济系教授姚金龙分析，东南亚正孕育着一个庞大的生产基地，这有点类似于过去30多年的中国，改变着世界制造业图景。随着中国制造业附加值提升，一些具有劳动力和原材料成本相对优势的国家将进入到较低成本的制造业领域。

二、东南亚拥有日益扩大的消费群体

德勤东南亚工业产品及服务负责人黄若诗表示，印度尼西亚、马来西亚、泰国和越南这些东南亚国家凭借技术熟练工和日益提高的生产力，继续吸引着全球制造企业的兴趣。

韩国LG集团所属的显示器公司最近与越南海防市长瑞工业区签署了原则协议，租地40.4公顷建设LED和OLED电子显示屏。这是LG集团在该工业区的第2大投资项目，也是LG集团在全球的第10个显示屏生产基地。

中国家电制造商TCL空调海外营销中心亚洲大区总监程志斌表示，目前TCL在泰国和印度尼西亚都有合作伙伴，考虑到劳动力、制造业成熟度和市场辐射因素，未来可能在印度开设工厂。

联合国工业发展组织于2016年2月发布的《2016年国际工业数据年鉴》显示，印度和印度尼西亚凭借庞大的生产总量进入世界10大制造国之列。

东南亚国家日益扩大的消费群体，为其制造业发展注入了动力。TCL品牌于2016年5月17日在泰国举办新品电视发布会，TCL品牌看好泰国可观的家电消费群体，而该公司的空调产品自2013年进入泰国市场以来，2015年销售达到2.2万套，成为泰国空调行业内销量增长最快的品牌。在马来西亚，考虑到消费者对小型车为主的汽车中长期需求升高，日本丰田汽车近日宣布将在马来西亚建设新的工厂。

除了劳动力、原材料等传统优势，一些东南亚国家也制定了雄心勃勃的制造业长期发展规划。比如，为了吸引企业落户，马来西亚东海岸经济特区政府开出了10年100%所得税豁免、机械和器材的进口税及销售税豁免等奖励配套措施。

目前，越来越多的东南亚制造和印度制造出现在服装、食品、汽车、电子产品等各行业的全球市场。

三、需引进高质量投资和先进技术

先进的制造业技术是打开未来竞争力的“钥匙”。新兴经济体的劳动力和材料成本优势超过发达经济体，发达经济体却在劳动生产率方面占据先机。不可否认的是，尽管制造成本相对较高，一些发达经济体依靠成熟的劳动力、良好的投资环境、充裕的研发投入、高质量的基础设施和良好的治理等，仍然保持着较强的制造业竞争力，而这些方面正是东南亚国家未来发展需要改善之处。

姚金龙教授认为，要想提高制造业的水平和质量，东南亚国家不仅需要实现科学和工程人才翻倍，还需要在公共和私人领域大幅加大研发和创新投入，此外，这些国家还需要吸引来自发达经济体的投资，并制定政策加快引进先进的制造工艺，从而提速自主科技能力的发展。

越南作为亚洲新兴的科技制造中心，正在吸引越来越多国际巨头的目光，包括微软、三星、LG、英特尔、诺基亚、富士施乐等企业，近两年都选择在越南开设新的工厂。

渣打银行亚洲首席经济学家戴维·曼恩表示，自2013年以来，东盟10国的外国直接投资就超过了流入中国的投资，全球较低附加值制造业的投资目的地数量正在增加。渣打银行已经看到一些经济体吸引了一些非常成熟的企业。世界级投资更加开放有助于引进先进技术，再与较低的劳动力成本相结合，有利于提高制造业竞争力。

（来源：综合整理自《人民日报》）

东盟加速推进“蓝天下的互联互通”

近日《东盟领空开放协议》获得正式批准并全面生效，标志着东盟共同体建设在互联互通领域又向前迈出了一大步。

民航领域作为东盟经济发展和地区融合的基础，近年来在便利人员和货物往来、形成和凝聚东盟共识方面发挥着日益重要的作用。因此，加快推进“蓝天下的互联互通”成为整个东盟互联互通的重中之重。据东盟秘书处介绍，《东盟领空开放协议》包括一系列关于开放航空运费、乘客服务、领空安全、管理调度等核心事务的多边协议，对促进本地区空中交通互联互通和航空产业健康发展具有重要作用，将有力推动东盟单一航空市场的加速建立，并进一步方便东盟与对话伙伴间加深航空合作。

亚航首席执行官托尼·费尔南德斯认为，东盟领空开放政策最关键的是在域内取消关税和航空器自由运营，这种实质性取消壁垒的举措有助于东盟一体化进程向纵深推进。欧盟和东盟目前分别有民航飞机4350架和1600架，预计到2032年，该数字将分别达到8010架和3490架。尽管东盟的运力只有不到欧盟的一半，但多数东盟成员国被大海相隔，对航空运输需求旺、潜力大，未来东盟将像欧盟那样从域内不断扩大航空运输业务中获得大量收益，东盟航空市场也将形成更大合力参与国际竞争。

在为该行业提供大量发展机遇的同时，仍有不少问题亟待解决。印度尼西亚国营航空公司——印度尼西亚鹰航首席执行官阿里夫·维博沃认为，航空安全、服务质量和人力资源“三大短板”必须尽快补齐，关键是所有成员国和利益攸关方需尽快统一标准。托尼·费尔南德斯建议，可考虑在位于雅加达的东盟秘书处设立一站式服务平台，提供投资咨询、政策协调、标准统一等服务，尤其是在完善和执行安全标准上，东盟成员国政府应尽快建立东盟航空协会作为统筹协调机构。

东盟此次在民航领域实现全面开放，提高了国际社会对东盟大市场全面性和统一性的信心。印度尼西亚前贸易部长马利表示，国际市场一直敦促东盟尽可能地扩大利益攸关者的参与度，构建便利跨境投资的框架和机制，东盟国家需要更快速、更全面、更深入地向前推进东盟一体化进程，毕竟全球经济发展面临的挑战就在眼前，而且实施结构改革以提高国际竞争力的机遇也稍纵即逝。

（来源：中国经济网．http://www.ce.cn/xwzx/gnsz/gdxw/201605/10/t20160510_11379593.shtml. 2016—05—10）

东盟地区钢铁产业投资分析

中国与东盟一衣带水，在贸易上有着得天独厚的互补优势。随着中国—东盟自由贸易区的推进，二者之间贸易量更是大幅增加。而东盟也是中国“一带一路”战略的重要地区，加之东盟地区经济发展持续向好，各国基础设施建设相对不完善，钢铁需求潜力巨大。

近年，随着东盟地区汽车、家电等行业的迅速发展，韩国、日本等国家的钢铁企业纷纷布局东南亚市场。而面临国内产能过剩问题的中国钢企，也开始将优质产能输出和合作的重点转向该地区。东南亚无疑已经成为各大钢铁输出国的“新战场”。

一、高档钢材自给能力不足

东盟各国炼铁产能普遍不足，印度尼西亚和马来西亚是仅有的2个可以生产直接还原铁/热压铁的国家；炼钢产能远远低于热轧产能，马来西亚是唯一一个方坯生产过剩的国家；东盟的钢铁厂商主要以生产低利润的商品钢材为主，高档钢材仍需大量进口，比如：用于汽车、家电、电子产品的扁平材，用于汽车、螺丝的长材。以越南为例，近年来钢铁业投资虽然较多，但国内的高炉钢厂仅有100万吨左右的产能，且没有大型的热连轧设备，主要依靠进口来满足生产所需。

建筑业作为东盟的支柱产业，2012年，其用钢量占到东盟地区用钢总量的63%，高于其他行业用钢量的总和。东盟各国建筑业的用钢比例虽有一定差异，但普遍维持在50%以上。其中，菲律宾建筑业的用钢比例最高，为81%。新加坡和马来西亚的建筑用钢占比也达到了75%。在东盟国家的经济刺激计划中，相当大的一部分投资涉及建筑和基础设施开发项目，这将有助于支撑钢材需求，尤其是长材需求。

2012年，越南人均钢材消费量仅为97kg；印度尼西亚人均钢材消费量为30kg；菲律宾人均钢材消费量为38kg。这些国家均属于人均钢材消费较低的国家。随着东盟各国加大基础设施建设和投资，未来该地区的钢材消费增长潜力巨大。

二、钢材表观消费明显增长

近年来，东盟各国表观消费增长明显。在全球钢材表观消费量增长乏力的背景下，根据东南亚钢铁协会公布的数据，2014年东盟国家钢材表观消费量达到6600万吨，较2013年的6300万吨增长4.3%。如果以粗钢计，2014年东盟国家进口钢材约占该地区需求的60%。

东南亚钢铁协会称，东盟国家经济基础表现强劲，2018年钢材表观消费量将突破8000万吨。一方面，东盟各国表观消费增长明显，另一方面，该地区钢材产量的增长却相对较为缓慢，难以满足成员国的用钢需求，因此，东盟国家很大一部分的钢材消费都是通过进口来满足的。中国是东盟各国主要的进口来源地，因此，东盟各国钢材表观消费的明显增长也带动了中国对该地区出口的大幅增加。

三、日韩占据东盟高端用钢市场

受增加公共建设支出及强劲消费支出等因素影响，东盟各国GDP增速较快。东盟成为海外各国钢铁企业竞相投资的理想地区，东盟各国的快速发展吸引了众多海外钢铁企业的投资。

近年来，中国、日本和韩国在东南亚钢铁市场已经形成了“三足鼎立”之势。因为看好东南亚汽车市场潜力，日本和韩国汽车制造企业在东南亚市场分别建立并扩大了各自的汽车产线。数据显示，印度尼西亚2013年的汽车产量超过100万辆，该国政府甚至预计在2020年，汽车产量将提升至超过200万辆。

2012年统计数据显示，泰国、印度尼西亚、马来西亚、菲律宾、越南、新加坡等东南亚6个主要国家的新车销量约为348万辆，同比增长3成以上，其中，日系汽车销量约为273万辆，同比增长4成以上，日系汽车在东南亚国家的市场份额达到79%，同比上升了5个百分点。在部分国家，日系汽车的市场份额甚至达到90%。

这也给日本钢铁企业带来了得天独厚的优势。新日铁住金和JFE先后在印度尼西亚和泰国建设汽车用钢板生产厂。JFE公司建成的年产能为40万吨的热镀锌生产线，已于2013年年初进行试生产，很快达到了批量生产的供应，所产钢板全部供应汽车生产厂使用，预计到2017年可实现满负荷生产。2015年6月15日，新日铁住金宣布，与澳大利亚钢企BlueScope在泰国出资设立的钢厂将如期在2015年第3季度开始生产高附加值喷涂钢板。

与此同时，韩国浦项凭借自身优势也逐渐在东南亚汽车板市场站稳脚跟，在越南、泰国和印度尼西亚等地分别建立了冷轧板卷、热轧镀锌板卷生产厂。此外，2015年6月9日，世亚特钢的法人代表透露，该公司在2015年5月已经在泰国设立了分公司，泰国分公司已经购置了约1.5万平方米的用地，2015年下半年开工建设，预计2016年9月有望正式投产，该厂的主要产品是冷镦钢丝。

日本和韩国的钢铁企业在东南亚的布局意图明显，一类是围绕下游汽车企业的布局而建立相应的汽车用钢生产线，另一类是东南亚缺乏生产能力而需求又比较旺盛的特殊钢材。此外，这些钢铁企业还建有大量的剪切中心，为当地的日资和韩资的家电、汽车等下游企业提供配套服务。

相比之下，由于下游企业布局较少，中国钢铁企业在东南亚的布局也缺乏根基，在与日韩的竞争中已经处于劣势。因此，虽然2014年东盟从中国进口的钢材数量占到进口总量的48%，相当于日本钢材的2倍，但在高端市场上却缺乏竞争力。

四、低端市场竞争面临贸易摩擦制约

显然，日本、韩国的钢企主要通过提供高等级和高附加值钢材以及通过投资广泛地参与东南亚钢铁产业的发展。与日本和韩国钢铁企业不同，中国钢铁企业对东盟的钢材输出目前还是以直接出口产品为主，而出口的主要为较低端钢材，这些低端钢材与东盟国家本土生产的钢制品形成直接竞争，从而加大了东盟国家对我国钢材发动反倾销调查的可能性。

仅2014年，马来西亚对从中国进口的钢绞线等品种进行了多达4次的反倾销调查（裁定），印度尼西亚对从中国进口的H型钢和I型钢等品种的反倾销调查（裁定）4次，越南和泰国对中国进口钢材的反倾销调查（裁定）也分别达到2次。2015年4月28日，马来西亚对原产于中国的冷轧不锈钢板和涂/漆/彩色涂层钢卷发起反倾销立案调查。

东南亚钢协称，中国对该地区出口的钢材仍以普通品种为主，直接与当地生产的钢材竞争。由于低价进口增加，该地区钢生产厂家不能受益于其需求的增长。

随着东盟国家对中国钢材出口不断发起贸易保护措施，控制中国钢材出口的结构和节奏已迫在眉睫。中国钢铁企业应该尽量减少贸易摩擦品种，努力调增出口品种，以多渠道、多方式出口，避免贸易摩擦。同时，还要创新出口模式，加快海外市场拓展，有针对性地做好出口产品的市场规划和布局。此外，中国钢铁企业借助"一带一路"商机，对钢材自给率较低的东盟地区进行优质产能输出，也是提升中国钢铁在东盟地区影响力和竞争力的重要渠道。

比如，宝钢以新加坡为着力点，将马口铁、汽车板、压力容器钢、石油天然气用钢和家电用钢等作为主打产品，积极发展重点用户、长期用户和战略用户，打破了日本、欧洲一些公司的含铬抗腐蚀油井管产品在当地市场的垄断。东南亚制罐行业所用的马口铁，宝钢产品已占据了举足轻重的市场份额。

（来源：中商情报网 . http://www.askci.com/news/chanye/2015/06/30/115035siu3.shtml. 2015—06—30）

东盟国别行业专题分析

文　莱

文莱保险业较发达

文莱全称为文莱达鲁萨兰国，位于加里曼丹岛西北部，北临南中国海，东南西三面与马来西亚沙捞越州接壤；国土面积5765平方公里；人口40万，其中马来人占66%，华人占10.3%。伊斯兰教是文莱国教，伊斯兰教徒占人口的67%，佛教徒占10%，基督教徒占9%。马来语是文莱国语，英语是通用语。

2014年，文莱国内生产总值为155亿美元，人均国内生产总值为38562美元。文莱国土面积在东盟中较小，人均国内生产总值却仅次于新加坡，排名东盟第2位，主要原因为其油气产业较发达，约占全国GDP的2/3、财政收入的90%和外贸出口的95%以上。近年来，随着原油产量下降，文莱意识到油气经济的不可持续性，为推动经济多元化发展，实施了包括加大吸引外资的力度，建设地区国际金融中心，加速发展石油、天然气的下游产业及能源工业，大力发展旅游业，加大对农业、林业、渔业的投入以及推行私有化等方面的措施。

文莱是东盟、跨太平洋战略经济伙伴协定和区域全面经济伙伴关系协定（RCEP）的成员国。世界经济论坛《2013～2014年全球竞争力报告》显示，文莱的竞争力排名全球第26位。

一、保险市场总体情况

截至2015年4月底，文莱共有11家保险公司和1家保险经纪公司，其中传统财险公司6家，传统寿险公司3家，伊斯兰保险公司2家。伊斯兰保险公司通过独立子公司可分别经营财产和寿险业务。2013年，文莱保险业直保保费收入3.05亿美元，保险深度1.51%，保险密度583美元。

（一）财产险

文莱共有8家财产险经营主体，其中传统财险公司6家，伊斯兰保险公司2家。前3大传统财险公司的市场份额为76%，传统财险外资市场份额为51%。

2013年文莱财产险直保保费收入为1.82亿文莱元（约合1.45亿美元），同比增长1%，增速比2012年下降了8.7个百分点。其中传统财产险保费收入0.73亿文莱元，同比增长10.5%，占财产险保费收入的40%；伊斯兰财产险保费收入1.09亿文莱元，同比下降4.4%，占财产险保费收入的60%。传统财产险中车险占19%，企财和家财险占16%，工伤保险占15%。伊斯兰财产险中，车险占比为59%。

文莱共有5种财产险强制保险：一是机动车第三者人伤强制保险。二是保险经纪人、政府雇用建筑和工程师执业损害保险。三是油污责任险。四是工伤保险。五是航空责任险。

代理渠道是文莱财产险销售的主要渠道。银保销售渠道和直接行销（网络和电话销售等）虽有小规模开展，但在财产险销售中未有广泛采用。

（二）寿险

文莱共有5家寿险经营主体，其中3家为传统保险公司，2家为伊斯兰保险公司。3家传统保险公司均为新加坡保险公司的分公司。

2013年文莱寿险直保保费收入为1.23亿文莱元（约合0.98亿美元），同比增长19.7%，增速比

2012年提高了15.4个百分点。其中传统寿险保费收入0.72亿文莱元，同比增长1.7%，占寿险保费收入的59%；伊斯兰寿险保费收入0.51亿文莱元，同比增长59.4%，占寿险保费收入的41%。

传统寿险公司主要销售渠道为个人代理。文莱共约有350名传统寿险个人代理人，其中友邦个人代理人最多，约为200人。伊斯兰保险公司主要靠其分支机构网络及伊斯兰保险柜台开展业务。此外，伊斯兰银行也会向其客户推荐伊斯兰保险业务。

AMBD组织结构图

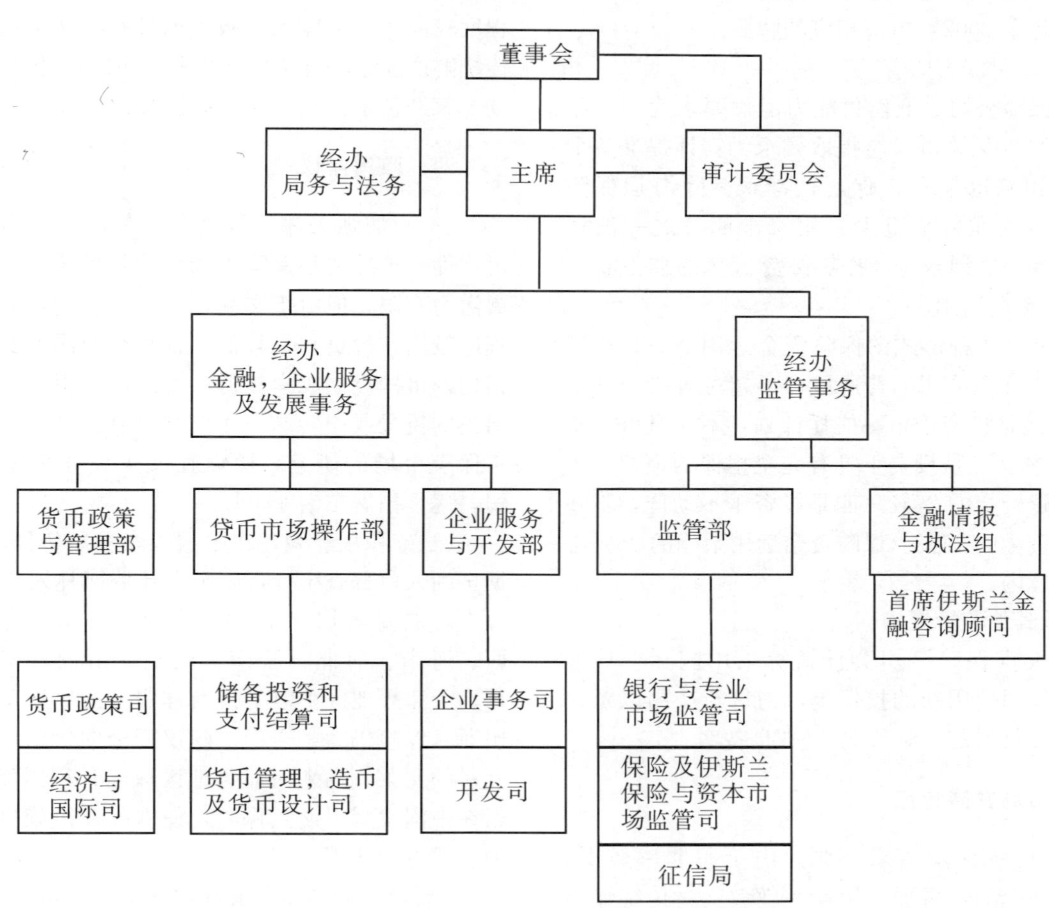

二、保险监管情况

（一）监管机构

文莱实施混业监管，文莱达鲁萨兰国金融管理局（简称AMBD）管理与监督包括保险业在内的金融机构，并制定与实施货币政策，管理货币等事物。AMBD成立于2011年1月1日，是文莱独立运作的政府机构，由先前财政部管辖下的金融机构局（FID）、研究与国际局（RID）、文莱国际金融中心（BIFC），及文莱货币与金融委员会（BCMB）4个部门拆分重整后合并而成。保险监管职能具体由AMBD下的保险及伊斯兰保险与资本市场监管司实施（见右图）。保险业相关法规有：《保险令2006》（Insurance Order 2006）、《保险规定2006》（Insurance Regulations 2006）、《国际保险和伊斯兰保险令2002》（International Insurance and Takaful Order 2002）、《机动车保险（第三方风险）法》（Motor Vehicle Insurance (Third Party Risks) Act）、《伊斯兰保险令2008》（Takaful Order 2008）和《伊斯兰保险规定2008》（Takaful Regulations 2008）。2013年11月，文莱成立了“传统和伊斯兰保险协会”，旨在加强行业内的交流合作，为传统和伊斯兰保险公司营造公平竞争的环境。该协会的前身是“财产险保险协会”。

（二）市场准入

在文莱设立财产险和寿险公司的资本金要求为800万文莱元（约合3583万人民币），并需在AMBD缴存100万文莱元（约合448万元人民币）

的保证金。

文莱不限制外资保险公司在其境内经营，但必须提供公司所在国监管机构关于其符合本国监管要求并同意其在文莱展业的相关批准文书。对于在境外设立并在文莱经营的保险公司，必须确保文莱境内的资产和负债差额大于800万文莱元。文莱本土保险公司如需经营境外业务，需按照《国际保险和伊斯兰保险令2002》申请相应的牌照。

（三）偿付能力监管

文莱保险公司最低偿付能力溢额要求为上1年保费收入的20%。准备金提取要求为：计提准备金的基数为扣除退保和再保后的净额。除海运保险外，未决赔款准备金至少采用二十四分之一法计算，海运保险必须至少计提年保费25%的准备金。

（四）资金运用

文莱允许4种形式的保险资金运用：一是投资于B级以上评级公司的普通股，不超过可投资资金的40%。二是投资于单一信托计划，不超过可投资资金的10%。三是投资于具有完全担保的债权，不超过可投资资金的25%。四是投资于不动产，不超过可投资资金的25%。保险资金运用余额的25%必须在文莱境内。

（五）其他监管要求

文莱要求保险公司会计核算采用国际会计准则。寿险公司使用新的投保单，销售新产品以及印制新的宣传材料前，必须向AMBD备案。

三、市场发展特点

（一）传统保险需求不强。由于犯罪率较低、社会保障较全面，再加上伊斯兰教教义对传统保险的抵触，文莱民众的保险意识和传统保险的保险需求不强。为改善以上不足，2013年AMBD发表声明，表示其将和全行业共同推行保险消费者教育计划，以提高传统和穆斯林保险产品的认知度，增强民众的保险意识，进而提高保险深度。

（二）财产险市场发展前景并不乐观。最近几年，由于油气产量下降，文莱经济增长出现停滞，进而影响了财产保险市场的发展。2013年，文莱财产保险市场保费收入增长仅为1%，海运、航空运输等货运险种保费均有较大幅度的下降。

（三）伊斯兰保险市场发达。2008年文莱颁布《伊斯兰保险令》以来，伊斯兰保险在文莱发展迅速。自2012年起，文莱伊斯兰保险市场份额已超过传统保险市场份额。2013年伊斯兰保险市场份额为53%，其中财产险市场份额为60%，寿险市场份额为41%。由于费率较低，伊斯兰保险产品对部分非穆斯林客户也具有一定吸引力。

（四）市场开放程度较高。文莱政府为实现多元化发展，重视建设良好的商业和投资环境。文莱免征流转税、个人所得税等诸多税种，国内税主要税种为企业所得税，2015年最新下调的税率为18.5%。文莱保险市场的市场准入要求较低，开放程度较高，对跨境保险服务也没有特殊限制。文莱传统财产险市场外资市场份额达51%，传统寿险市场3家经营主体则全为外资公司。

四、政策建议

（一）加强关注，研究在文莱设立离岸公司的可行性。虽然文莱保险市场整体规模不大，自身发展潜力有限，但由于文莱地理位置优越，市场开放程度较高，税负水平较低，且与东盟国家交往比较密切，机构设立成本较低，可以作为中国保险业走出去的桥梁或中转站。建议鼓励有关公司加强对文莱保险市场的研究，探索在文莱设立离岸保险公司，逐步拓展东南亚市场。

（二）积累经验，在中国探索发展伊斯兰保险。据全国人口普查统计，中国大陆穆斯林人口约3000万人，主要聚居于新疆、宁夏，甘肃、青海、陕西、河南、河北、云南、山东、山西、安徽、北京、天津等地区。但为穆斯林服务的伊斯兰金融和伊斯兰保险仍然是空白。建议积极向伊斯兰保险较发达的文莱、马来西亚等地区取经，积累经验，探索在中国发展伊斯兰保险，使保险在民族事务服务中发挥更大作用。

（来源：中保网 . http://xw. sinoins. com/2015—11/26/content_176183. htm.2015—11—26）

文莱旅游产业如何发展壮大？

旅游业是集吃、喝、玩、娱、住、行、游等服务为一体的综合系统性产业，无烟、绿色、环保、健康，符合产业发展规律和方向。据世界旅游组织推算，旅游业每创造1美元收入，则会带来4.3美元的综合效应；每创造1个就业岗位，就会为社会附带6到7个劳动岗位。当今许多国家或地区普遍把着重发展旅游产业作为扩大就业，培养新经济增长点的有效途径。为改变国内经济发展严重依赖于传统的石油和天然气产业的单一经济结构现状，文莱正努力推动实施经济多元化战略，积极培育和发展农业、渔业、物流业、旅游业和金融服务业等产业，其中旅游业成为文莱未来几年甚至几十年的产业发展重点。为此，文莱政府专门制定了2012～2016年文莱旅游业发展蓝图，力争到2026年，文莱旅游业收入突破3.51亿文莱元，吸引境外旅客人数超过40万人次。本文将依据区域经济和产业发展规律，结合文莱国情，对文莱旅游产业发展的有利条件及瓶颈进行分析研究，并在此基础上为文莱旅游业发展壮大提供相关思路和策略。

一、文莱发展旅游产业的优势

文莱素有“和平之邦”的美誉，位于婆罗洲岛北部，嵌于马来西亚的沙捞越州，与中国隔海相望，位于热带雨林地区，地理位置优越，具有丰富的旅游资源、安全稳定的社会环境、独具特色的民俗风情和源远流长的宗教传承，发展旅游业具有得天独厚的优势。

（一）区位优势明显

文莱位于加里曼丹到的西北部，北临南中国海，与中国隔海相望，镶嵌于马来西亚，是东盟东部成长区的经济中心，地理位置十分优越，海陆空综合立体交通十分便利，靠近东盟、中国等庞大的旅游消费市场，目前文莱境外游客来源国数量排名前3位的分别为马来西亚、中国、印度尼西亚。同时，文莱在东盟国家中独特的地理位置，决定了其非常便于与邻国合作，共同开发设计新的旅游路线，有利于增强旅游业的竞争实力。

（二）旅游资源丰富

旅游资源可谓是发展旅游产业的“巧妇之米”。文莱旅游资源非常丰富，主要体现在天然的自然条件、独特的民俗文化及正宗的宗教传承等3个方面。自然条件方面，文莱属于热带雨林气候，年平均气温为28℃，具有独特的热带雨林景观，生态环境保持原始，文莱森林保护区占国土面积的39%，其中86%为原始森林，森林里珍贵的动植物种类繁多，并且文莱有约长161公里的海岸线，海域面积广阔，海域旅游资源丰富；民俗文化方面，文莱是个多民族国家，其中马来民族占66.4%，华人占9%，其他民族约占22.6%，各民族文化风俗既各具特色又相互交融，文莱还有独特的君主文化和奢华的皇宫，此外文莱还留着号称“东方水上威尼斯”的具有1000多年历史的世界上最大的传统水上村，民俗风情浓郁；宗教传承方面，伊斯兰教在文莱传播具有500多年的历史，被奉为国教，伊斯兰教教俗纯正浓厚，穆斯林清真寺气势恢宏、金碧辉煌。丰富的旅游资源为文莱旅游业发展奠定了坚实的基础。

（三）社会环境安全

社会环境安全稳定是旅游业发展的基本保障。近来，以伊斯兰国极端组织为代表的国际恐怖主义的暴恐活动愈演愈烈，这使得社会公共安全更加成为游客关注的首选和核心。文莱是马来伊斯兰君主制国家，国王苏丹勤政爱民；社会民众由于长期受伊斯兰教规和文化的熏陶，基本保持谦卑、礼貌和友善；社会治安有序良好，犯罪率非常低，特别是伊斯兰刑法实施以来，公共安全可靠有保障；文莱境内目前还没出现国际恐怖主义的暴恐行为，社会治安良好，为旅游业发展提供宽松安全的社会环境。

二、文莱发展旅游产业的瓶颈

虽然文莱区位优势明显，旅游资源丰富，社会环境安全稳定，为旅游产业发展提供了有利条件，但也存在着一些发展瓶颈，主要表现在：旅游配套设施落后、旅游产品单一松散、旅游品牌宣传不足等方面。

（一）旅游配套设施落后

文莱旅游配套设施落后主要体现在硬件设施和软件设施两个方面。硬件设施上，交通基础设施落后。首先表现在公共交通系统落后，由于文莱盛产石油和天然气，民众富裕，平均1.5人就拥有一部私家车，私家车成为民众出行代步工具，所以公共交通系统非常落后，这给境外游客尤其是个人游游客造成了很大不便，来到文莱旅游必须得租车，增加了游客旅游成本；其次表现在航空运输客运能力不足，目前文莱通往世界各地的国际航线较少，运营飞机数量规模较少，机场面积狭小，无法满足境外旅游运输需求。软件设施上，一方面，旅游服务质量不高。文莱导游才人缺乏，且有些导游并未接受过专业的技能培训，行事风格比较懒散，服务质量有待提高。另一方面，去文莱的签证限制较多，很多国家游客前往文莱的签证手续繁琐、程序严格，实施自由落地签的国家尚少。最后表现在一些旅游景点的设施陈旧落后，亟待升级改造。

（二）旅游产品单一松散

文莱旅游产品景点较为单调，几乎全部属于观光型景点，数量不多，且相互间的距离较近，景点规模也不够大，缺乏类似于中国长城、柬埔寨吴哥窟、埃及金字塔等具有地理标志性的旅游景点，且有些景点利用率不高，例如，广阔的海域资源和美丽的文莱湾风光有待于进一步开发。旅游产品功能单一，酒店数量较少，接待能力稍显不足，缺少大型商场及娱乐场所，无法满足游客的购娱需求，因此，无法产生旅游所带来的综合经济效益。

（三）旅游品牌宣传不足

文莱对旅游品牌的宣传不足，导致很多境外游客不了解文莱，甚至误解文莱。文莱对于很多人来说，都属于一个神秘的国度。很多游客对文莱知之甚少，有些甚至都不知道有文莱这个国家，更别提知道或了解文莱的旅游景点。还有些游客对文莱存在偏见，认为文莱是马来伊斯兰君主制国家，并实施严苛的伊斯兰刑法，缺乏民主和人道主义精神，从而对文莱产生误解。这使得文莱的旅游资源优势并未得到充分的发挥，旅游需求变得扭曲。

三、文莱旅游产业发展壮大的策略

旅游产业是文莱经济多元化蓝图中的浓彩重墨。大力发展旅游产业，应该依托文莱国情和旅游业发展的有利条件，努力克服旅游业发展中存在的瓶颈，具体策略为完善旅游配套设施、创新旅游产品及加强旅游品牌的宣传。

（一）完善旅游配套设施

完善文莱旅游的软硬件配套设施。尽快建立起快捷便利的公共交通系统，条件成熟的情况下，在规模较大、游客较密集的旅游景点之间设立旅游交通专线，方便游客出行，降低旅游成本；扩大航空旅客接待能力，对人员流动的频繁密切的地区增开国际航线，积极推进机场的改扩建工程；强化导游专业人才的培养，加强导游的职业技能培训，培养导游的职业精神和服务意识；逐步放开签证限制，积极实施和推广落地签和自由行政策，方便境外游客旅游需求。

（二）创新旅游产品

从自然环境、民俗文化和宗教传承这3个维度，深度开发现有旅游资源，继续开发文莱水域、森林等自然风光，充分挖掘并包装传统的民俗文化，创造性得发展清真旅游，力争将文莱国王清镇寺打造成世界级的旅游景点；依托贸易自由化及东盟经济共同体即将建成的机遇，扶持并加强大型免税商场的发展和建设，满足游客的购娱需求；弥补文莱国内景点规模小、数量少的劣势，加强与新加坡、马来西亚、泰国等周边国家的旅游产业合作，共同开发设计跨国旅游路线组合。例如，共同打造“新马文泰”旅游路线，变观光游为深度游，提升旅游产业发展所产生的综合经济效益。

（三）加强旅游品牌宣传

加强旅游品牌宣传，让更多的境外游客正确的了解文莱，扩大文莱旅游景点的知名度。充分利用国外旅游博览会的平台，积极主动参加海外旅游推介活动，举办海外旅游巡回促销活动；积极与国外伙伴合作，不断推出更具诱惑力旅游观光套餐；主动邀请国外媒体访问文莱，撰写文莱旅游导报、印发文莱旅游宣传册；在国外传统媒体和新兴媒体上刊登更多的文莱旅游广告，扩大文莱及文莱旅游产品在国际社会的知名度。

（来源：中国—东盟研究院．http://cari.gxu.edu.cn/info/1087/7700.htm.2015—12—04）

柬埔寨

柬埔寨建筑业前景广阔

随着柬埔寨政治稳定和经济开放政策的实施，作为柬埔寨国民经济4大支柱产业之一的建筑业，近年来呈现蓬勃发展的势头。尤其是柬埔寨国会于2010年4月通过了由国土、城市规划和建筑部制定的《外国人不动产产权法》，允许外国人在柬埔寨购买高层建筑第二层以上的房屋并拥有合法产权的这一法律实施以来，为有意在柬埔寨进行投资，尤其是在房地产领域投资的外国人提供了极大的便利，从而吸引了越来越多的国际投资者来柬埔寨投资兴业。

一、2015年是柬埔寨公寓发展之年

柬埔寨国土规划和建设部长黄春林透露，从2011～2014年，柬埔寨平均每年建筑投资额为22亿美元，其中2011年的投资额为12.26亿美元，2012年为21.09亿美元，2013年是27.73亿美元，2014年为25.07亿美元。

黄春林表示，至于2015年，外资企业进入柬埔寨投资大增，柬埔寨的建筑行业成为最吸引外资企业前来投资的最主要领域之一，甚至可说2015年是柬埔寨公寓开发之年。

黄春林称，2015年1～11月，柬埔寨全国获批的建筑项目的投资额为29.36亿美元，较2014年同期相比增长了27%，而其中投资兴建从10层到55层楼的建筑物共有56栋，总建筑造价共15.81万美元，相当于总投资额的54%。

二、柬埔寨建筑商协会成员不断增加

2015年2月，柬埔寨建筑商协会方侨生主席指

出，柬埔寨建筑商协会于 2011 年 10 月 6 日成立，在过去的 3 年多的时间里，协会企业成员紧随柬埔寨政府的政策指引及经济发展的脚步，齐心协力为柬埔寨建筑行业开拓市场，营建商机。同时，协会也在不断发挥着自身影响力，并在不断扩张。目前协会共有 91 家会员，涵盖了工程设计、土地勘探、路桥建筑、建材供应、保险运输等所有与建筑产业相关联的企业及公司。在这些公司企业中，不仅有本地企业集团，也有来自中国、日本、韩国、马来西亚、新加坡、泰国在柬埔寨的企业与分公司或其代理商。方侨生指出，借助此次交流会，希望企业同行们互相交流、优势互补、共享资讯、整合团队、共同发展。同时，方侨生向 SIKA 公司为此次交流会提供独家赞助及场地安排表示感谢。

SIKA 公司总裁 Antoine Danieli 表示，SIKA 公司作为国际企业成立于 1910 年，目前在全球设有 84 家分公司。SIKA 柬埔寨公司成立了 14 年，见证了柬埔寨、尤其是金边建筑领域发展过程中的巨变，对柬埔寨的明天很有信心。2015 年 SIKA 公司在柬埔寨设厂，生产各类型的建筑材料及相关产品。他表示将与同行们一起助推柬埔寨建筑业的发展。

柬埔寨建筑商协会方侨生、韩强畴表示，柬埔寨 2015 年经济及建筑行业的发展趋势还是相当乐观的。方侨生和韩强畴指出，柬埔寨市场经济实施的是开放、民主、自由的政策，引起了全球投资者及建筑行业精英的关注，并不断加大对柬埔寨的投资和开发力度。投资规模从百万提升到千万、甚至过亿美元以上，这对于包括建筑行业在内的整体经济都是一件好事。柬埔寨建筑协会期盼着能够使用更新的设备、更好的材料，来提高工程进度及施工效率；同时，更期盼着提高建筑工人的技术水平和待遇，让前往泰国打工的建筑工人，可以在自己国家找到一份安身立业的好工作，不用再流离失所，飘泊异乡。

三、柬埔寨建筑业要从“一带一路”抓住机遇

柬埔寨建筑公会会长方侨生表示，柬埔寨建筑公会在积极同柬埔寨政府各部门保持密切联系的同时，也积极同际单位，尤其是东盟和中国相关单位保持密切的合作，参与推动柬埔寨建筑领域和国家经济发展。

方侨生介绍，亚洲基础设施投资银行（AIIB）是一个向亚洲各国家和地区政府提供资金以支持基础设施建设之区域多边开发机构，成立宗旨在促进亚洲区域内的互联互通建设和经济一体化进程，并且加强中国及其他亚洲国家和地区的合作，法定资本为 1000 亿美元。因此，柬埔寨建筑公会希望成员公司要在中国推出“一带一路”的框架范围内抓住机遇，根据自己力所能及地争取这些基础设施建设的项目。

（来源：综合整理自《柬华日报》）

柬埔寨稻米产业大有可为

2016 年 5 月 16 日，柬埔寨王国首任驻西安总领事辉比威在中柬“茉莉香米”丝绸之路传万家活动中透露，目前柬埔寨出口到中国的大米占其大米出口总量的 25%，中国已是柬埔寨大米最大出口市场。

据辉比威介绍，柬埔寨是农业国家，大多数人口依靠农业为生，因为当地自然条件优越，水稻种植历史久远，农产品中大米最受市场青睐。2015 年，柬埔寨向全球 50 个国家出口了 50 万吨大米。2016 年前 3 个月，柬埔寨出口超过 16 万吨大米，比 2015 年同期增长了 8.5%。

据了解，2010 年中柬两国签署关于柬埔寨大米对华输出的检验检疫议定书，扫清了柬埔寨大米直接出口中国的障碍，大米贸易将成为两国经贸合作新增长点。

一、柬埔寨茉莉香米闻名

柬埔寨是东南亚历史悠久的农业国，因为地理位置及气候等自然条件优越，一直以生产大米而闻名。柬埔寨有贯穿国土南北的湄公河和亚洲第一大淡水湖洞里刹湖，河与湖是相通的，当湄公河大水时，水注入湖，而湄公河水枯时，湖水又反灌入河。河与湖互相调节，通过冲积带来了肥沃的土壤，种植出了纯正的茉莉花香米。

取名茉莉花香米并不是说这款米带有茉莉花的香味，也不是指这款米跟茉莉花有任何“亲戚”关系。茉莉花是柬埔寨对于大米的一个等级描述，指的是柬埔寨一年一熟的高端大米。

在柬埔寨湄公河附近，日照充足、水源清透、土壤肥沃，在湄公河流域附近种植的茉莉花香米做成饭后口感软滑、香味浓郁，很受人喜爱。

二、中国成为柬埔寨大米的第一大供应地

柬埔寨有着优越的自然条件，土地资源丰富，

但由于水利灌溉系统有待进一步完善和提高，绝大部分土地只能种植一季稻，土地利用率仍较低。稻谷生产和加工尚未形成规模效应，现有碾米厂存在设备老旧，碎米率高等问题，难以大量加工符合国际标准的大米供应出口，仓储、物流等配套设施不完备，制约了大米加工和出口步伐。但这其中也蕴藏了巨大的发展潜力和商机。

加华银行董事长方侨生认为，中国地少人多，在中国越来越难找到用于种植的优质土地，而柬埔寨恰恰相反，如果能引进中国的先进水利技术、田间管理技术和培育高产水稻种植技术等实用农业技术，再投入相应的资金，相信一定能把柬埔寨的茉莉花香米打造成享誉国际的品牌，为投资者和中柬两国人民带来丰厚的经济回报。

据柬埔寨政府发布的最新报告显示，2015年中国的大米进口量激增，帮助提振柬埔寨2015年大米出口增加。2015年柬埔寨向50多个国家出口538396吨大米，比2014年的387061吨增长约39%。中国是柬埔寨大米的最大进口国，其次是法国和波兰。2015年中国从柬埔寨进口大米116831吨，同比增长138%。

三、柬埔寨稻米产业逐年上升

近年来，柬埔寨政府一直将农业作为“四角战略”中的优先发展领域，大米被视为农业发展的龙头产业。2015年前7个月，柬埔寨共向国际市场出口大米31.23万吨，同比增幅高达53.1%，其中，中国进口柬埔寨大米7.4万吨（占总出口量的23.7%），是柬埔寨最大的大米进口国。

柬埔寨居于东南亚枢纽位置，发展潜力巨大，是“21世纪海上丝绸之路”上的璀璨宝石。2015年8月，柬埔寨政府召开《2015～2025工业发展计划》发布会，主要目标是到2025年，使柬埔寨工业由劳动密集型向技术密集型转变，2018年前优先实施4个行动计划：一是降低工商业电力价格，二是运输物流总体规划，三是劳动力市场培训计划，四是把西哈努克省开发成综合示范经济特区。柬中企业和投资者可利用好这一有利条件，为两国的经济发展获得实惠和发展契机。

近年来，波兰、法国、马来西亚、泰国、荷兰和中国是柬埔寨大米输出的主要市场。目前，中柬两国在农业方面有很强的互补性，并且中柬两国已签署大米、木薯两种农产品的对华出口，因此这两种农产品也是柬埔寨农业领域最成熟的产品，中国企业在大米、木薯种植、深加工及配套产业方面将大有可为。

（来源：综合整理自南博网）

柬埔寨旅游业高速发展

近年来，柬埔寨政府将旅游业作为政府优先发展领域之一，并将其作为吸引外资的重点领域，给予外国投资相关优惠政策。同时，柬埔寨政府积极打造国内旅游景点，截至2015年9月柬埔寨已开发的景点2000多处。

目前，旅游业被认为是柬埔寨经济发展的第2大支柱产业，被柬埔寨誉为“绿金”。2015年柬埔寨的旅游业保持快速增长势头，旅游业提供直接就业岗位60万个，直接收入达300亿美元。2015年，越南、中国、老挝、韩国和泰国为柬埔寨前5大游客来源国，特别是中国已跃居柬埔寨第2大客源国。2015年上半年参观吴哥古迹的外国游客共计108万人次，其中中国游客占18%，达19万人次，已取代韩国成为柬埔寨吴哥古迹第一大游客来源国。

一、柬埔寨旅游业对GDP贡献达16%

2016年5月，柬埔寨旅游部国务秘书巴苏坤表示，柬埔寨旅游业对柬埔寨国内生产总值（GDP）的贡献率每年约为16%。2015年，柬埔寨共接待外国游客480万人，其中亚太地区的游客占74.1%（东盟地区游客占44.3%），欧洲地区游客占18.3%，美洲地区游客占7.2%，非洲和中东地区游客占0.4%。2016年前2个月，柬埔寨共接待外国游客91.4万人次，与2015年同期相比增长了2.7%。巴苏坤表示，根据现有的增长速度，预计到2020年柬埔寨接待的外国游客数量将达750万～800万人次，将产生约50亿美元的经济效益，并解决100万人的就业问题。

根据世界旅游组织预测，到2020年，中国将成为全球出境旅游人数最多的国家，预计约达到2亿人次。柬埔寨应把握机会，制定吸引中国游客的战略，加大对中国市场的旅游宣传。目前，柬埔寨政府已经通过并发布了《2016～2020年吸引中国游客战略》和《China Ready》白皮书，力争在2020年吸引200万中国游客。除此之外，柬埔寨政府还将公布，将向包括中国在内的部分国家的游客提供3年多次往返签证待遇。

对此，巴苏坤呼吁柬埔寨所有旅游专业人员要适应时代发展需求，积极参与各类培训班，积累专业知识，不断提升服务能力和质量，满足东盟地区旅游服务标准，为各国游客提供更专业更贴心更舒适的服务。

二、国旅集团携手柬埔寨旅游部打造柬埔寨中文官方网站

2016年5月21日，中国国旅集团副总裁、中国旅行社协会副会长、北京市旅行社协会会长于宁宁表示，柬埔寨拥有辉煌的古代文明和丰富的旅游资源，已成为中国游客在东南亚旅游的首选。2015年柬埔寨接待国际旅客478万人次，其中中国旅客80万人次，同比增长23%，中国已经成为赴柬旅游的重要客源国之一。自柬埔寨旅游部和中国国旅集团签署《旅游产业战略合作协议》以来，双方携手合作，针对柬埔寨旅游资源特点，推出了众多独具特色的柬埔寨旅游线路，开展了旅游包机业务并实现全国联动，赴柬旅游人数快速增长。2015年，国旅总社及所属企业共组织了近5万名中国游客赴柬旅游，促进了柬埔寨旅游快速发展。

为了加深双方合作，加大对柬埔寨旅游资源推介，吸引更多的中国游客赴柬旅游，柬埔寨旅游部授权国旅集团开设柬埔寨旅游中文官方网站，并通过共同开展市场推广活动，助力柬埔寨旅游形象宣传，实现柬埔寨独具特色的国家旅游形象与中国国旅品牌的高度结合及相互促进，为国家“一带一路”的战略做出贡献。

柬埔寨王国驻华大使 Khek Sysoda 表示，中国国旅集团是柬埔寨在中国开发和推广柬埔寨旅游项目的战略合作伙伴。从2014年起，双方就开始密切合作，向中国民众介绍柬埔寨旅游。柬埔寨拥有丰富的自然和文化资源，在发展旅游业方面有着得天独厚的优势。除了丰富的旅游资源外，柬埔寨还制定了完善的旅游政策和战略框架，进一步开发旅游产品，提高服务质量，提升出行的便利性和联通性，尤其重视中国市场。预计到2020年，中国每年赴柬埔寨旅游人数将达到200万。

（来源：综合整理自人民网、中国经济网）

印度尼西亚

印度尼西亚售电侧市场潜力巨大

从2014年开始，印度尼西亚政府最终不得不放弃坚持多年的立场，同意终结国家电力公司的垄断并开启电力私有化进程。

2014年印度尼西亚能源与矿业部表示，政府将颁布私企有权直接向消费者出售电力的法令，希望电力私有化能极大缓解印度尼西亚国内电力紧张的局面。

印度尼西亚政府这一表态的关键在于，以前私企自备电站的富余电力必须卖给国家电力公司，然后由国电供应市场，以后私企不但可以自己兴建发电厂，同时可以直接将电力出售给消费者。由此，庞大的印度尼西亚售电侧市场正式启动。在东盟10国中，印度尼西亚是面积最大、人口最多、市场最大、经济总量最大、影响力最大的国家。

拥有2.6亿人口的印度尼西亚代表了巨大的售电侧机会。印度尼西亚的人口规模将使其成为世界第四大售电侧市场。印度尼西亚到2020年将增加到约2.8亿人。2025年将增至3亿人，而2050年以后，印度尼西亚人口将达约4亿人。

印度尼西亚售电侧市场与中国一样也是个刚刚开始的市场，其发展前景和潜力都是漫长而巨大的，其配售电市场建设与发展也都是万亿级体量。

“千岛之国”印度尼西亚既是东南亚规模最大、发展最快的消费市场，也是该地区基础设施建设与融资最有潜力、需求最大的市场。但印度尼西亚基础设施投入严重不足，基础设施建设经费投入少于国民生产总值的4%，不仅低于亚太国家平均7.2%的水平，也低于全球平均5%的水平。

确保电力供应充足是经济稳健发展的重要先决条件。印度尼西亚这个东南亚最大经济体计划正在大力发展电力网络。印度尼西亚政府近期表示，5年内供电自给率有望达到100%。能源和矿产资源部部长表示，尽管部分偏远地区仍处于缺电甚至无电状态，但84%的地区已能确保稳定供电，2015年印度尼西亚供电自给率将达到75%，政府将为偏远地区的民众提供太阳能照明设备，同时，政府还将敦促投资者加大对能源领域的投资。根据能源和矿产资源部数据，未来5年，印度尼西亚电力领域投资预计将达到835亿美元。

当前，中国倡导的“一带一路”战略和印度尼西亚的“建设海洋强国战略”高度契合，据资料统计，未来5年，印度尼西亚将推动135项重要基础设施建设：1000公里的高速公路、2650公里的普通公路、3258公里的铁路网、15座机场、49座水库、33座水利发电站、508座电站，以及高速铁路、城市轨道建设乃至大量的城市和农村基础设施建设和产业园建设，实现海上强国之梦。

（来源：中国投资咨询网.http://www.ocn.com.cn/news/chanye/201510/vlorj09105557.shtml.2015—10—09）

2016年印度尼西亚水泥市场展望：需求增长 竞争激烈

2016年，印度尼西亚政府表示将加大力度发展基础设施建设，预计水泥销量将增长6.6%至6500万吨左右。此外，2016年印度尼西亚国内的经济增速预计会加快至5.3%，居民购买力将增强，从而带动房地产开发（特别是印度尼西亚央行将继续下调目前较高的利率）。

虽然爪哇岛（印度尼西亚人口最多的岛）依然是水泥消费量最大的地区，然而2016年苏门答腊岛水泥消费量预计将有大幅上升，这主要得益于苏门答腊公路和贝西当—民礼铁路的建设。

然而，印度尼西亚国内前3大水泥生产商——emen Indonesia、Indocement Tunggal Prakarsa和Holcim Indonesia（合计占印度尼西亚国内85%的市场份额）将不得不面对新的竞争对手的竞争。近几年，印度尼西亚水泥行业由于具有充满希望的前景而吸引了新的（国外）参与者，同时也让现有的企业加紧扩张产能，从而使得国内竞争将加剧。

印度尼西亚水泥协会会长Santoso表示，2016年将有4家新的水泥厂投产，新增水泥产能910万吨。因此，预计2016年国内水泥产能（约9200万吨）将远超国内水泥需求（约6500万吨）。这意味着市场的竞争将更加残酷，水泥生产商的利润空间将被压缩。

例如，泰国最大的水泥生产商Siam Cement Group（SCG）在苏卡布米（西爪哇）新建了一个年产180万吨的水泥厂。它的水泥品牌是SCG，更多的供应意味着水泥价格将有下行的压力（2015年年初，价格已经开始震荡下跌，印度尼西亚总统佐科·维多多下行所有国有水泥生产商将下个下调到3000印尼盾/袋以支持基建和房地产行业发展，因而民营生产商将不得不下调价格以保持竞争优势）。

此外，2016年1月，印度尼西亚加里曼丹岛的水泥销售额同比下滑30%，这不仅仅是由于这个岛资源丰富、购买力弱，还由于中国水泥巨头安徽海螺（249.92元/吨，－0.26%）对本地大幅优惠的销售政策。2014年底，海螺投资2.02亿美元的水泥厂在南加里曼丹投产，这是该公司在印度尼西亚的唯一工厂，水泥年产能达150万吨。

虽然安徽海螺在印度尼西亚靠近东部一带没有水泥厂，然而其仍然能够通过位于中国的工厂进口水泥在这些地区进行销售。对安徽海螺来说，从中国进口水泥的运输成本仅仅为5美元/吨，而印度尼西亚国内水泥价格高于中国，此外中国国内的水泥成本在54美元，而印度尼西亚则高达97美元。

由于新进入者以及其大幅的优惠政策，印度尼西亚传统3大水泥生产商的份额在2016年1月同比已下滑0.3个百分点。不过，相对较小的减少份额也反映了现有3大水泥生产商牢固的市场地位。

表1 印度尼西亚3大水泥生产商市场份额

公司	2005	2010	2015
Semen Gresik	46.8%	43%	43.6%
Indocement Tunggal Praausa	28.4%	31%	39.1%
Holcim Indonesia	13.9%	14%	15.4%

（资料来源：Bisnis Indonesia）

表2 2008～2016年印度尼西亚水泥销量

Year	Cement Sales	YOY Growth
2016e	6500	+6.6%
2015	6100	+1.8%
2014	6000	+3.3%
2013	5800	+5.6%
2012	5500	+14.6%
2011	4800	+20.0%
2010	4000	+4.2%
2009	3840	+1.1%
2008	3800	—

（资料来源：印度尼西亚水泥协会）

（来源：中国水泥研究院.http://www.ccement.com/news/content/8362436615950.html.2016—03—04）

印度尼西亚：保险市场处于初级阶段投资前景向好

印度尼西亚共和国（以下简称“印度尼西亚”）位于亚洲东南部，北部与马来西亚接壤，新几内亚岛与巴布亚新几内亚相连，东北部面临菲律宾，东南部是印度洋，西南与澳大利亚相望。印度尼西亚是世界上最大的群岛国家，由1.75万个岛屿组成，陆地面积约190.4万平方千米，海洋面积约316.6万平方千米（不包括专属经济区）。首都为雅加达。人口约2.5亿，仅次于中国、印度和美国，居世界第4位，其中华人占人口总数的5%。

印度尼西亚是东南亚国家联盟（东盟）创始国之一，首都雅加达是东盟总部所在地，也是20国集团成员国。印度尼西亚是东南亚最大经济体，2014年印度尼西亚国内生产总值（GDP）为8886亿美元，人均GDP为3534美元。

表1 印度尼西亚前10大财产险公司保费收入市场占比

排名	公司	市场占比
1	金光保险	9.4%
2	Astra Buana	8.1%
3	Jasa Indonesia	7.8%
4	Aca	5.5%
5	Wahana Tata	4.4%
6	Tugu Pratama	4.2%
7	Asira Dinamika	4.0%
8	Credit Indonesia	3.7%
9	三井住友	3.5%
10	Bina Dana Arta	3.1%

一、保险市场基本情况

2014年，印度尼西亚总保费收入为153.05亿美元，排名世界第36位，保险深度为1.7%，保险密度为60美元，其中财产险保费收入为51.47亿美元，寿险保费收入为101.58亿美元。

截至2014年年底，印度尼西亚保险市场共有135家商业保险公司，其中财产险公司80家、寿险公司49家、再保险公司6家。其他保险机构包括：153家经纪公司、29家再保险经纪公司、25家代理公司、25家公估公司以及28家精算师事务所。

表2 印度尼西亚前10大寿险公司保费收入市场占比

排名	公司	市场占比
1	安联人寿	32.8%
2	金光三井住友	13.1%
3	保诚人寿	12.6%
4	友邦保险	8.2%
5	安盛 Mandiri	6.7%

续表

排名	公司	市场占比
6	BUMIPUTERA	5.3%
7	宏利保险	5.2%
8	INHEALTH	3.7%
9	JIWASRAYA	3.4%
10	INDOLIFE PENSIONTAMA	2.3%

（一）财产险

印度尼西亚共有80家财产险公司，其中本地公司61家，合资公司19家。2014年印度尼西亚财产险保费收入51.47亿美元，同比增长9.5%，赔款23.5亿美元，同比增长18.6%。市场集中度较低，前10大财产险公司保费市场占比53.7%，本地公司占据大部分市场份额，合资公司只有三井住友跻身前10大财产险公司。

分险种来看，2014年财产和火灾险保费14.98亿美元，市场份额29.1%；车险保费14.72亿美元，市场份额28.6%；意外健康险保费5.30亿美元，市场份额10.3%；货运险2.78亿美元，市场份额5.4%；信用保险保费2.42亿美元，市场份额4.7%；保证保险保费1.85亿美元，市场份额3.6%。

（二）寿险

印度尼西亚共有49家寿险公司，其中本地公司31家，合资公司18家。2014年印度尼西亚寿险保费收入为101.58亿美元，同比增长3.1%。市场集中度高，合资公司占有大部分市场份额，前3家公司的保费收入占比达58.5%，分别为安联人寿(32.8%)、金光三井住友（13.1%)、保诚人寿(12.6%)。

寿险市场主要产品是由本地公司销售的两全保险和由合资公司销售的投连产品。近年来，印度尼西亚投连产品销售增长迅猛，2008年起超过了两全保险，成为印度尼西亚寿险市场第一大险种。2014年，投连产品保费收入占寿险总保费的58%。

代理人和银行保险是寿险市场最主要的销售渠道。代理人渠道占寿险保费收入的近一半。2015年，印度尼西亚持证代理人预计达到50万名。代理人的收入来源完全是佣金，佣金比例由市场决定，但监管要求披露。银行保险发展迅速，2014年占寿险保费收入的31%。2010年12月，印度尼西亚颁布银行保险法规，规定基本储蓄型和保障型寿险产品可以在银行网点通过代理人销售，大部分寿险产品可以通过银行网点的专业理财顾问向银行客户销售。

二、监管情况

（一）监管机构

印度尼西亚保险监管机构为印度尼西亚金融服务监管局（OJK）。OJK成立于2013年1月1日，此前印度尼西亚财政部负责保险业监管。OJK的最高管理层是管理委员会，委员会成员共有9人，其中2人由印度尼西亚央行和财政部任命，另外7人由众议员的专门委员会推荐，经众议院选举后，由总统任命。

自成立以来，OJK不断加大保险监管力度，支持本地保险机构的发展。其中，对市场影响较大的监管新规如下：

2014年1月，出台财产险和车险标准费率表，限制财产险公司非理性降价争夺市场，要求财产险公司必须按照费率标准拓展业务，否则予以暂停营业等处罚。

2014年12月，出台再保险业务管理规定，要求保险公司必须选择在当地注册的再保险公司牵头进行再保险合同安排，临分业务优先在印度尼西亚当地市场安排，并对临分业务做了最低分保额度的规定，如财产险和工程险业务，至少优先在印度尼西亚市场安排5000万美元保额的临分。

2015年3月，签发文件强调经营保险业务的各方需首先获得OJK的保险业务经营许可，禁止保险公司与未获得经营许可的经纪人和再保险经纪人开展业务合作。

（二）新《保险法》

2014年10月17日，印度尼西亚总统签署新《保险法》，取代了1992年的《保险法》，为OJK监管提供更全面的法律框架。

公司分类。新《保险法》将保险公司分为财产险公司、寿险公司、再保险公司（统称为传统保险公司）和伊斯兰保险公司四类，严禁公司业务重叠。新《保险法》规定1家机构仅能控股1家寿险公司、1家财险公司、1家再保险公司、1家伊斯兰保险公司。任何控股2家以上同一类型保险公司的机构必须在2017年年底前完成合并重组。

合资公司外资股比上限。虽然旧《保险法》也规定了外资股东在合资保险公司中最高持股80%，但允许外资通过双层结构持有超过80%的股份，目前，在印度尼西亚经营的合资保险公司中，外资均通过采用双层结构持有超过80%的股份。新《保险法》禁止使用双层结构，规定外资公司需在5年内将超出80%的股份通过出售或IPO等方式转给印度尼西亚本国股东。

保单保障计划。新《保险法》提出设立保单持有人保障计划，要求所有传统保险公司加入保单保障计划，目的是在保险公司破产或被吊销牌照时保护保单持有人利益。该计划将在2017年年底设立。

（三）市场准入

传统保险公司的最低实缴资本为1000亿印尼盾（约合5000万人民币），伊斯兰保险公司的最低实缴资本为500亿印尼盾（约合2500万人民币）；再保险公司最低实缴资本为2000亿印尼盾（约合1亿人民币），伊斯兰再保险公司最低实缴资本为1000亿印尼盾（约合5000万人民币）。外国保险公司进入印度尼西亚市场只能采取合资公司的形式。目前，OJK为了提高印度尼西亚保险行业竞争力，收紧发放新牌照，鼓励市场并购。

（四）偿付能力监管

1999年，印度尼西亚财政部提出保险业实施风险资本要求（RBC）。2012年4月财政部完成RBC基本框架建设，并于2013年开始正式实施。印度尼西亚RBC框架借鉴澳大利亚监管模式，其框架建设得到澳大利亚监管机构的帮助，目前，OJK每年派遣工作人员赴澳大利亚学习偿付能力监管经验。

偿付能力充足率的计算方式为：实际资本/基于风险的最低资本。RBC规定最低偿付能力充足率目标为120%，OJK有权根据各公司风险状况提高其偿付能力要求。保险公司偿付能力在100%—120%之间的，需要向OJK提交财务重组计划；偿付能力水平低于100%的，公司必须提交财务重组计划，并禁止向股东支付股息；偿付能力水平低于40%的，公司将受到最后的警告。近年来，共有14家保险公司因偿付能力不足而被吊销牌照。

（五）风险分类监管

OJK自2014年起实施风险分类监管，将保险公司依据破产风险高低和市场影响大小分为4类，针对不同类别的保险公司采取不同的监管政策。

表3 风险分类矩阵

破产风险	低	较低	较高	高	非常高
市场影响非常大（资产占行业总资产的30%以上）	Ⅰ类	Ⅱ类	Ⅲ类	Ⅲ类/Ⅳ类	Ⅳ类
市场影响大（资产占行业总资产的15%—30%）	Ⅰ类	Ⅱ类	Ⅲ类	Ⅲ类	Ⅳ类

续表

破产风险	低	较低	较高	高	非常高
市场影响较小（资产占行业总资产的5%—15%）	Ⅰ类	Ⅱ类	Ⅱ类	Ⅲ类	Ⅳ类
市场影响小（资产占行业总资产的5%以下）	Ⅰ类	Ⅰ类	Ⅱ类	Ⅲ类	Ⅳ类

分类监管政策：

针对Ⅰ类保险公司：	日常监管；
针对Ⅱ类保险公司：	在日常监管的基础上要求公司加强信息报送；
针对Ⅲ类保险公司：	要求其提交并实施整改方案；
针对Ⅳ类保险公司：	要求其重组。

三、最新发展情况

寿险市场将持续高速增长。得益于印度尼西亚经济的稳定增长和中产阶级的迅速扩张，以及公民教育水平和保险意识的提高，寿险市场将维持高速增长。印度尼西亚寿险协会预计，2014～2018年印度尼西亚寿险市场年均增长20%～30%，安联预计寿险业将维持17%的年增长率至2022年。

财产险业增长将加速。印度尼西亚政府正大力推进基础设施建设，将带来大量财产险需求，同时，伴随印度尼西亚汽车销售快速上升，车险销售将加速。印度尼西亚财产险协会预计财产险市场在2014～2018年间年均增长9.6%，其中商业险年均增长10%，个人险年均增长14%。

外资公司并购将加剧。印度尼西亚外资持股上限高于其他新兴市场规定，且印度尼西亚保险市场发展潜力大，吸引了众多外国投资者。近年来监管机构对新牌照审批趋紧，外国机构多通过并购方式进入印度尼西亚市场，近5年印度尼西亚市场最大的10笔并购案中，4笔由日资保险公司作为买方，其他6笔分属欧美保险公司和新加坡的投资公司。预计这一趋势未来仍将延续。

四、政策建议

作为东盟最大的经济体，同时是“一带一路”沿线重点国家，印度尼西亚市场投资前景良好，保险市场处于初级阶段，应结合“一带一路”战略需要，在充分调研市场风险的基础上，考虑保险资金投资印度尼西亚市场，适时鼓励保险业进入当地市场。印度尼西亚在东盟保险监管合作中发挥重要作用，应加大与其监管交流，采取技术援助等方式帮助其提升监管能力建设，扩大“偿二代”在东盟的认知度。

一是鼓励保险业为中国企业投资印度尼西亚保驾护航。印度尼西亚经济潜力巨大，印度尼西亚政府将基建、电力、采矿等列为重点发展行业，而中国在这些领域具有庞大的优质产能。近年来，中国对印度尼西亚的投资快速上升，2013年印度尼西亚成为中国第4大对外直接投资目的地。“一带一路”战略的推动和自贸区升级版的打造将使中国对印度尼西亚投资迎来新一轮发展机遇。保险业应进一步加强与实体经济的互动与协作，向中国企业提供保险产品和服务，为中国产业资本投资保驾护航。

二是为保险业进入当地市场做好准备。印度尼西亚正在推进基础设施建设和经济转型，投资前景良好，但面临政治环境、营商环境和法律环境等风险。下一步应深入研究印度尼西亚投资环境，探索采用“借船出海”的方式，即通过投资中国公司在印度尼西亚投资项目发行的债券或项目方股权的形式进行投资。印度尼西亚保险市场拥有巨大的增长潜力，条件成熟时支持中资保险公司海外并购和设立商业机构，培育当地市场，并形成对中资品牌的信任。同时，随着东盟一体化进程的发展，保险业可以通过印度尼西亚市场辐射整个东盟市场。

三是加大与印度尼西亚的监管交流，推动偿付能力监管技术援助。印度尼西亚保险市场仍处于初级发展阶段，面临的一些问题比如恶性竞争、手续费高企等，中国保险业也经历过；印度尼西亚在东盟具有较强的示范效应，且OJK成立时间较短，监管制度框架仍在搭建整合过程中，可以通过交流寻找机会对其施加影响，扩大中国保险监管在东盟的影响力。在偿付能力监管方面，可考虑通过派出专家组和邀请其监管人员来华培训等方式实施技术援助，促使其采纳偿二代技术方法。

（来源：《中国保险报》. http://xw. sinoins. com/2015－10/22/content_172291. htm.2015－10－22）

印度尼西亚移动电子商务具有无限的可能性

印度尼西亚作为东南亚地区主要消费市场，其重要性不言而喻。那么开拓印度尼西亚市场需要面临什么样的挑战？而当地创业团队又有哪些看法呢？

一、新技术，老路子

在全球科技互联网大潮下，一些受影响的印度尼西亚人开始尝试通过移动互联网的方式开拓新的领域，但传统市场所固有的商业思维模式成为了电子商务的一大绊脚石。

——以进口产品为例。当你想创立一个此类电商平台时，那么难题之一就是供货渠道。初创企业往往无法得到印度尼西亚政府所颁发的进口商品许可证，而通常需要与传统进口商合作。目前印度尼西亚拥有进口许可的企业仅8个。想在这个市场里找到机会，就必须要与这些公司合作。新思维与固有观念的碰撞，需要足够的理由与行动去说服并证明其可行性。

印度尼西亚某销售进口产品电商平台的创始人表示，目前电商需要去做几件事，筹资是其一，其次是供货渠道。当商品与资金到位，还需要什么呢？下一步，电商必须与公务人员保持良好沟通。

该电商平台创始人称其为市场补缺者，但据悉该平台已经与其中2个传统进口商达成合作，建立了相当稳定的供货渠道。

在印度尼西亚，合作伙伴显得相当重要，一个在确定的领域拥有一定能力的合伙人能够让初创企业更顺利的进入市场并得到很好的发展。

二、互补，而不是颠覆

——“美国初创企业家往往声称他们的商业模式是具有颠覆性的，将会改变人们的工作方式与生活方式。但是在印度尼西亚，必须要记住的是，经济是掌握在有权势的人手里的。如果你提到“颠覆性技术”这个词，有些人会把你当作威胁，千方百计地阻止你。相反，如果你表示你的到来将会对他们的盈利有很大的助益，同时绝不与在位者正面交锋，最坏的结果也只是陷于混乱罢了。”某初创企业创始人说。

在进入市场前，尤其是需要寻求合作的时候必须把对方考虑的利益点进行充分的利用，避免困于囹圄之中。

三、移动电子商务具有无限的可能性

抛开占据市场主导地位大型电子商务公司，纯粹的就市场规模而言，移动电子商务在印度尼西亚是具有无限可能性的，即使是小规模电商企业。

一位印度尼西亚投资者就印度尼西亚本地初创企业表示，以雅加达为例，雅加达有很多“超本地”电子商务创业服务社区。在人口密度如此之高的城市，许多小型的创业公司均可进入这个雅加达，建立客户群并逐步成长起来。它并非在全国范围内的拓展，而是面向一定范围内的客户群体为其提供优质方便的生活服务。这并不需要费心去构建一个电子商务网站，通过智能手机就可以连接每一个人，这是最简单的开始。

从另一个角度看，智能手机在印度尼西亚的快速普及，为类型的初创企业提供了机遇。然而对于印度尼西亚 B2B 企业而言，电子商务化依旧有很长的路要走。

四、多重创始人身份

在印度尼西亚的初创企业生态圈中，出现一种很有趣的趋势，同一个企业创始人很可能代表着多个初创企业。显然，在印度尼西亚思维中，并非专注一个初创企业，而是要去尝试更多的可能性。

——“如今的印度尼西亚市场商机无处不在，不更多的去尝试是相当愚蠢的行为。因此，我拥有四个初创公司，也拥有不同的合作伙伴，分别位于雅加达、万隆与泗水。为发展不同的业务，我们保持着与不同领域合作伙伴的良好关系，资源的互补整合对初创企业的发展具有很大的助益。”某印度尼西亚初创企业创始人表示。

由此可见，印度尼西亚初创企业生态圈对印度尼西亚市场的发展潜力持普遍认同的态度，且行动力普遍较强。

五、结语

印度尼西亚初创企业目前仍然处于初步发展阶段，绝非行业前沿。而印度尼西亚市场仍旧很不成熟，还有相当长的一段路要走。

很显然，目前印度尼西亚对颠覆性技术的需求不强，科技发展起来还需要很多方面的协同支持，例如运输、电子商务、通信领域等等。

此外，印度尼西亚政府针对外国投资与初创企业的各种规定也将是一个难题，然而，那些不惧困难的企业家依旧无法忽视印度尼西亚庞大人口规模下的无限可能性与市场潜力。

（来源：搜狐 IT. http://mt. sohu. com/20160314/n440310581. shtml.2016—03—14）

老挝

老挝水泥市场浅析

一、老挝水泥行业概况

老挝目前有水泥厂13家，其中已投产的水泥企业10家，包括粉磨站3家，具备熟料生产能力的水泥厂7家，水泥年产能合计383万吨；在建水泥厂有3家（沙耶武里省1家、甘蒙省2家），水泥年产能合计310万吨，预计2017年上半年将全部投产，届时老挝水泥产能将达到693万吨。

老挝政府已批准但尚未开始建设的日产2500吨熟料生产线2条（乌多姆赛省1条、甘蒙省1条），日产5000吨熟料生产线1条（甘蒙省1条）；已有投资意向并签署备忘录的拟建水泥项目有：海螺集团在万象的日产5000吨熟料生产线配套500万吨水泥粉磨站项目、红狮集团万象省横河县投资18亿建日产5000吨/天生产线项目，以及海螺集团与湖南企业在琅勃拉邦合作的水泥投资项目，拟建项目水泥产能为1080万吨。

综上，老挝水泥产能2015年为383万吨，2017年将达到693万吨，未来5～10年内，老挝水泥产能将迅猛增长，拟建项目全部实施有可能达到1773万吨的水泥年生产能力。

老挝毗邻泰国、越南等东南亚水泥生产大国，2014年统计数据显示，泰国水泥年产能4670万吨，实际销售4200万吨，水泥企业仅11家，相对集中度高，市场价格稳定；越南水泥年产能9140万吨，实际销售7000万吨，有水泥企业58家，竞争激烈，价格相对较低。老挝属于水泥净进口国，主要从越南和泰国进口水泥及熟料，老挝首都万象及以南境内的混凝土搅拌站大多数是使用的泰国大象牌、鹰牌和TPI牌水泥，川圹省、华潘省及乌多姆赛省等以北地区多进口越南水泥。

随着东盟自由贸易区的不断开放，老挝水泥行业将面临前所未有的市场竞争。

二、市场销售与价格

根据当前老挝水泥工业有限公司狮牌水泥销售实际及市场调查情况，来自老挝国内各品牌水泥的市场竞争已经突显，来自泰国和越南的水泥市场竞争也在逐渐加剧，价格战已悄然开始。

老挝的气候属热带、亚热带季风气候，5～10月为雨季，11月至次年4月为旱季，通常水泥的销售也受到天气的影响，雨季开始便进入老挝的关门节直至旱季到来，为水泥销售淡季，旱季则为水泥销售旺季。老挝的地貌形态为狭长型，而水泥属市场化、充分竞争的产品，也是区域性较强的产品，受运输的限制，销售半径仅400km左右。

老挝的石灰石、石膏等矿产资源多集中在中寮地区，且缺乏活性混合材资源，这不利于老挝水泥工业的均衡发展。水泥厂集中在甘蒙省和万象省两个省份，中寮、下寮地区水泥产能过剩，市场竞争异常激烈，水泥价格持续下滑，而上寮地区水泥却严重供应不足，不得不从周边国家进口。

目前老挝水泥市场主要有两类产品，即本国的混合水泥32.5和硅酸盐水泥52.5，来自泰国的199绿色水泥和299红色水泥（等同于ASTM C150 TYPE I型），以及来自越南的PCB30水泥和PCB40水泥（相当于42.5水泥）；价格方面越南水泥最低，老挝水泥次之，泰国水泥价格最贵，但是泰国水泥在包装、重量及品质方面均深受老挝民众的喜爱和信赖，由于老挝与泰国山水相连，民族同源，风俗习惯、宗教信仰及语言、文化都极为相似，老挝人民对泰国产品有着较高的知名度和认可度。

根据2015年10月份的市场调查结果，老挝万象地区的水泥市场零售平均价格在84美金/吨左右，水泥出厂平均价格在56美金/吨左右，其它地区价格略有差异。

三、2015～2025年水泥市场需求预测

未来5～10年，老挝水泥市场需求主要来自以下几个方面：

一是中国“一带一路”战略的推进，将会进一步推动老挝等东南亚国家基础设施建设的步伐，为水泥行业迎来下一个发展机遇，主要体现在中老铁路（泛亚铁路的组成部分）建设项目的落地实施、老挝国内4条高速公路建设规划的不断推进、A3铁路、3C铁路、3D铁路及港口、老泰（北汕）友谊大桥、老挝瓦岱国际机场扩建工程等工程项目的开发建设。

二是老挝水利资源的开发利用，诸如老挝南俄3水电站、南椰1水电站、南屯水电站、东萨洪水电站、南壁水电站、南帕水电站、南欧江流域水电站、次湄公河流域水电开发等60多座水电站项目的陆续开工建设，将进一步拉动国内水泥需求。

三是老挝的矿产资源较为丰富，但是勘查程度很低，开发程度更低，基本属于全球尚未开发的地区之一。而今农业是老挝的支柱产业，随着老挝社

会、经济、政治的不断向前发展，工业化进程也将逐渐加快，势必会提升包括水泥在内的整个建材工业的持续发展。

四是老挝的工业开发区建设、城市综合体项目以及民用房屋建筑升级以及为满足东盟自贸区开放所需的道路维修、设施建设和为缓解万象市交通拥堵提出的立交桥建设项目等对水泥的需求也将不断上升。

根据2014年实际销售量情况，老挝国内水泥供应量约为235.8万吨，来自泰国、越南和中国的水泥进口额不在此统计之内，保守估算在150万吨左右。预计未来5～10年内，老挝水泥年平均需求量将超过500万吨，并且还会不断增加。随着水泥新增产能的不断扩张，供过于求导致低价竞争的态势将不可避免。

四、老挝未来水泥发展展望

IMF预测2016年老挝GDP增速将达到7.5%。老挝水泥企业商会表示随着国家建筑业蓬勃发展，老挝水泥需求在未来10年年均增速将达到5%～10%。老挝政府希望推动水泥需求快速增长，并计划近期将水泥产能提升至1060万吨/年。

中国“一带一路”战略布局和东盟经济一体化将为新的进口商进入老挝提供很多机会，原燃料进口免关税有可能会提高老挝国内生产水平，为市场进入者带来较大的利好刺激，也为老挝水泥企业发展注入了新的活力，增添了新的动力。随着市场竞争对水泥行业的冲击，未来老挝水泥业还应朝着集团化重组或水泥投资者之间相互持股方向友好发展，并配套提供物流运输服务，方能确保水泥市场的持续健康发展。

（来源：《中国水泥》杂志．http://www.dcement.com/Item/143543.aspx.2016—02—16日）

老挝地质矿产资源发展概况

老挝大地构造位置处于印支板块的中心位置，是东南亚成矿带的重要组成部分，也是中国“三江”成矿带的南延部分。老挝矿产资源丰富，目前已发现有铁、金、铜、铅、锌、钼、锑、锡、锰、铝土矿、钾盐、石膏、煤、宝石等20余种矿产。近10余年来在老挝境内已先后发现和评价了富开和赛奔等世界超大型斑岩型铜金矿床，使该地区一度成为世界矿业关注热点。由于老挝是与中国陆地相连的友好国家，因此也成为中国地勘单位和民营企业长期进行矿业投资的首选之地。结合长期在老挝的地质勘查实践，分析人士对老挝的矿产资源和成矿区带进行了细化分析，目的在于为中国企业“走出去”提供借鉴。

一、区域地质概况

老挝出露地层主要有元古宙高级变质片麻岩和片岩夹斜长角闪岩；古生代变质海相火山沉积岩系和少量的片岩、砂岩、泥岩、灰岩等；中生界砂岩、黏土、泥岩、灰岩；新生界砾岩、砂岩、页岩、粉砂岩和少量的玄武质熔岩、火山灰、褐煤层等。其中元古宙地层零星分布于东部，古生界和中生界分布于老挝的大部分地区。老挝共有西北、北中、南部3个褶皱带。西北部北北东向印支期褶皱带主要由泥盆系—三叠系组成，北中部北西—北北西向海西期褶皱带主要由奥陶系—石炭系组成，南部北北西向印支期褶皱带主要由变形较弱的中生代陆相沉积岩组成。老挝断裂带发育，主要有北东向、北北东向和北西向3组深大断裂及其次级断裂。

老挝岩浆活动分布比较广泛，主要有晋宁期、海西期、印支期、燕山期和喜山期5期，其中以印支期最为发育。晋宁期侵入岩零星分布于东部，岩性主要为片麻状黑云母花岗岩、片麻状白云母花岗岩。

海西期岩浆活动以喷发为主，主要为中一基性火山岩，在中北部和部分南部都有分布，侵入岩主要为花岗闪长岩、花岗岩，在中部零星分布；印支期岩浆活动规模较大，主要岩性为英云闪长岩、花岗闪长岩、石英二长岩和黑云母花岗岩等，呈岩株、岩枝和岩基产出，分布在西北部、中北部和部分南部地区。喜山期岩浆活动总体上规模较小，以更新世高原玄武岩喷发为代表，岩性以碱性玄武岩类为主，侵入岩有辉长岩一二长岩、英安质石英斑岩，在东部零星分布。

二、主要矿产

目前老挝已经发现各类金属矿床矿点及矿化点约450处，其中铜矿68处，金、银矿155处，铅、锌、锑矿91处，铁、锰、铬矿56处，铝土矿5处，钨、锡、钼等矿69处。老挝金属矿产主要集中分布在万象、沙耶武里、琅勃拉邦、川圹、华潘、甘蒙、沙湾拿吉和阿速波等省区。老挝的优势矿产资源主要有：铜、金、铝土、锡、钾盐、铅锌、铁、煤等，但迄今仅部分开采了铜、金、锡、钾盐、煤等资源。从老挝主要矿产产出特点可以看出，其区域成矿时代主要集中在海西期、印支期和喜山期，其中海西一印支成矿期集中了老挝主要铁、有色金属和稀有金属矿产，喜山成矿期集中了老挝主要非金属岩盐、钾盐、石膏、宝石以及部分砂金和砂锡。老挝矿床类型主要为热液型、夕卡岩型、沉积型、砂矿型和风化淋滤型等。

三、找矿远景分析

由于漫长的地质演化历史，老挝矿产种类和矿床类型都显示多样性。由于目前地质工作程度较低，交通和电力等基础设施还较落后，在该国进行矿产开发应首选高价值、没有运输成本的矿种，如金矿；其次选择储量规模较大、具有长期经济效益的矿种，如钾盐、铝土矿等。

从目前老挝金矿和金矿化点的分布来看，金矿主要集中分布于8个片区，即博乔省—琅南塔省片区，乌多姆赛省—琅勃拉邦省片区、川圹省—万象省片区、华潘省片区、万象盆地西沿片区、玻里坎赛省片区、沙湾拿吉省片区、阿速波省片区。从已发现的金矿床成矿规律来看，金矿床受断裂构造控制明显，海西期沉积的火山杂岩为重要的金矿母源层，印支期的岩浆—构造热液作用使其进一步富集成矿，综合考虑上述主要因素以及现有金矿和金矿化点的分布特征，以下地区可作为重要的找矿远景区。

（1）琅勃拉邦—黎府成矿带的中—南段地区：近些年随着帕奔金矿取得找矿突破后，其外围和周边地区值得关注；在琅勃拉邦—黎府成矿带南段以富道金矿为代表的万象盆地西沿地区，也具有较大的成矿潜力。

（2）川圹—长石成矿带的川圹地区：该段是老挝工作程度相对较高的地区，富开金矿的矿权范围通过前人的地球化学测量成果已覆盖了万象省—川圹省2500多平方千米的找矿远景区，但紧邻其矿权区的东部地区仍有一定的找矿前景。

（3）万象—昆嵩成矿带和孟高—班敦成矿带的南部地区：老挝南部的阿速波地区由于靠近与柬埔寨和越南的交界地区，前期地质工作程度普遍较低，已有的砂金矿化点和地球化学异常均显示该区可能为老挝未来最有前景的找金地区。

四、投资矿产的有关法规和政策

老挝矿业管理的主管部门是能源矿产部。该部下属的地质矿产局承担国家地质调查方面的多项职能，包括地质和矿业数据采集，就矿业政策和法规向政府提供咨询，也是全国矿业的管理实体和促进国内外矿业投资的机构。

（一）根据老挝1997年5月31日颁布施行的《矿产法》、2005年12月29日颁布施行《矿产投资标准条例》，以及2004年11月15日颁布施行的《老挝鼓励外国投资法》，老挝政府以制定关税、税收政策、规章、措施、提供信息、服务及便利等鼓励外国组织和个人投资矿业领域（含普查、勘探、开采和加工生产经营活动），并保护其合法权益。老挝规定外国投资者进行矿业投资时须按照老挝《鼓励外国投资法》、《矿产法》和有关政策规定办理投资项目申请报批手续并获老挝政府有关部门批准颁发相关“许可证”后方可开展活动，并按规定享受老挝政府对外资企业提供的相关政策优惠。

（二）相关“许可证”审批权限及受理和审批部门：

1. 矿业公司“投资许可证”（营业执照），根据投资项目的种类和投资额大小由省计划投资厅或国家计划和投资委员会（国家投资局受理）审批。

2. “矿产考察许可证”，由国家能源矿产部（国家地质矿产局受理）审批。

3. 项目“矿产勘探许可证”，由国家能源矿产部（国家地质矿产局受理）审批。

4. 项目“矿产开采许可证”，由国家能源矿产部（国家地质矿产局受理）审批。

5. 项目“矿产加工许可证”，由国家能源矿产部（国家地质矿产局受理）审批。

申请上述矿产项目“许可证”需提交的文件包括：项目申请书、考察（勘探、开采）方案，国家主管部门批准的勘探结果报告、可行性研究报告、环保标准报告，外商投资许可证副本等。

目前采矿业在老挝还处于早期开发阶段。因为缺乏投资经验和技术专长，老挝国内开发的矿业项目规模都比较小，矿业出口基本上是一些比较初级的原材料产品。但是老挝重视矿业发展，非常欢迎外国的合作投资，这样可以互利互惠，并促进可持续发展。

（来源：综合整理自南博网）

老挝汽车市场：二手车比例高
中国卡车畅销

老挝国内没有自己的汽车工业，跟新加坡一

样，汽车均需要进口，二手车占比例较高，老挝国内主要车型有MPV、SUV、皮卡、轿车、轻型卡车。其中，皮卡和MPV的比重相对较大，MPV基本为韩国现代二手车，与江淮瑞风MPV的外观相似。

老挝国内汽车销售店基本上都是混营店面，主要形式就是在路边搭个棚子摆放3至10辆样车进行销售，里面会有很多汽车品牌，有的二手车和新车也会在一个店里销售，只有奔驰、TOYOTA、ISUZU等品牌会有大的专卖店或4S店，但偶尔你也会看到店里面也会有其他品牌销售。

老挝皮卡销售的第一品牌是TOYOTA VIGO，占据当地皮卡市场70%的销售份额，该款车型可以在老挝国内任意销售网点看到。

老挝当地人非常喜爱皮卡，并已经形成了皮卡文化，很多皮卡都会进行外观或内饰的装饰，而且喜欢镀铬配件。当地人不以皮卡作为主要的运输工具，因此用户对造型、对改装、对舒适性等更加重视，你可以在街头随意看到ISUZU、TOYOTA等皮卡品牌最新款车型。

2015年11月，老挝财政部下属税务部门与中小型企业开会讨论了万象下调汽车尤其是进口汽车消费税的可能性。老挝财政部已着手修正相关税收法律，并确保这些法律与其他东盟成员国保持一致。财政部副部长表示，尽管已着手对现有法律作出修正，但老挝的部分税收与其他东盟成员国相比仍然相对较高。

2015年12月中旬，经国民议会批准，老挝政府于2016年年初征收新税——汽车发动机排量小于1000CC的新消费税征收标准为25%，汽车发动机排量在1001cc至1600cc之间的新消费税征收标准为30%，汽车发动机排量在2001cc～2500cc之间的新消费税征收标准为40%，汽车发动机排量在2501cc～3000cc之间的新消费税征收标准为45%，汽车发动机排量大于3000CC的新消费税征收标准为70%至90%。其中最显著的变化为老挝政府将下调使用绿色能源（如电力）的汽车消费税，力求鼓励使用此类汽车，减少空气污染。尽管汽车消费税从汽车价值的150%下调至90%，但万象的汽车经销商表示，减税将不会引起汽车销售价格的显著变化。

在2015年年底建立东盟经济共同体（AEC）之前，老挝通过取消征收进口汽车的关税，作为结束贸易壁垒措施的一部分。老挝一直视关税为一项主要的税收来源。过去，11%的国家收入来源于进口关税，汽车进口关税维持在40%。如今，老挝政府通过征收汽车消费税，弥补进口汽车零关税所造成的国家税收缺口。老挝进口汽车实行零关税意味着东盟国家汽车制造商在无需支付关税的情况下即可出口汽车至老挝。

中国汽车进入老挝市场要追溯到10年前。近年来老挝对汽车需求不断加大，目前中国汽车的数量占老挝进口汽车的40%，一改日本、欧洲垄断的局面。过去的18个月，老挝进口的20多万辆汽车中，中国的皮卡车、卡车、工程车最受老挝消费者青睐；进口了40多万辆摩托车，其中25万辆来自中国，老挝10家组装高级摩托车的企业中7家来自中国。从2014年开始，老挝开始进口包括柳州企业生产的汽车零部件组装整车，年产量1万～1.5万辆。

2013年，中国自主品牌汽车企业安徽江淮汽车股份有限公司，面向老挝市场推出N721系列轻型卡车。2014年11月，江淮在老挝推出最新高端小卡X200，以中国轻卡之标杆作为带给老挝市场的高品质、高性能的具有竞争力的车型。

据了解，2010年以来，江淮汽车加大了对东南亚市场的开发力度，并在马来西亚、缅甸、越南等国建立了组装工厂。江淮汽车2012年向老挝出口的大量辆轻卡，占据中国轻卡出口近一半份额。此外，江淮在老挝市场已设立23个成熟的销售点，并以卡车类第1、柳工工程机械第1的市场份额成为老挝主流汽车企业。

（来源：综合整理自南博网）

马来西亚

投资马来西亚房地产业正当时

经历了2015年马来西亚经济放缓和林吉特疲软后，马来西亚房地产业一度大受影响，不仅行将缓慢，而且处境尴尬，使众多投资者纷纷驻足观望，不敢越雷池一步。

日前，马来西亚SwhengTee国际房地产投资者俱乐部创办人、马来西亚房地产著名专家顾问拿督斯里郑水兴做了详细的分析，重点分析了马来西亚房地产在2016年及以后的走向及“东盟效应”对马来西亚房地产业的影响，并大胆断言此刻是投资马来西亚房地产的绝佳机会，未来马来西亚房地产业将持续发力，成为全球房地产业投资者的热门投资选择。

一、触底不是危机，而是商机

拿督斯里郑水兴表示，目前是购买马来西亚房产的绝妙时机，当房市前景黯淡、一切变得似乎不太乐观的时候，何尝不是提醒消费者此刻正是房市触底和购入房产之机的信号呢？针对2016年马来西亚房市，郑水兴的建议消费者“出手！买!”。这是过去8年来马来西亚房市跌到最低价格的时机。还犹豫什么呢？做好购买的准备。郑水兴预计，2018年的某个时候房市将给消费者带来不斐的收获。

郑水兴分析，2016年是8年来马来西亚房产市场最不景气的一年，但也是投资者放手去做投资的最佳时机。8年后马来西亚房产市场将在抑制需求被打破后迎来新的购买浪潮。这在很大程度上是出于马来西亚国民可支出消费能力因通货膨胀和马币疲软等一系列原因而下降到最低水平所致。

同时，郑水兴也指出，2016年马来西亚将出现所有物品价格上涨的现象。过去在2015年出现这样的现象，由于房市较少需求所带来的大量存房将不会再保持原来的价位。房子的建筑成本和建材的价格也将在2016年的房地产市场得到重新反映，也就是说，受制于供求关系的影响，不动产的价格在2016年内一定会上涨。

当消费者看到所有商品的降价幅度既不会很大，也不会维持太久，且马来西亚市场上与各项基本生活要素有关的商品价格也会维持原有价位、油价也会暴跌时，郑水兴预测，消费者将会在2016年的某个时期内重新燃起房地产商品的购买欲。而且，从2017年起，这种趋势也将与价格趋势的走向息息相关。到2018年，房地产商品价格将在“大吉隆坡计划”中达到最高水平。同样，诸如旅游、医疗、教育等具有特殊商业目的领域的房产价格也将达到最高点。在“大吉隆坡计划”的推动下，地产建筑的建造热潮将会波及其它地区，诸如依斯干达，槟城和马六甲等地区。

此外，在郑水兴看来，未来马来西亚的陆路交通环境也将见证由不断务实推进的铁路项目带来的变迁。首先占据重要地位的便是吉隆坡到新加坡之间的高铁项目；其次就是2～3条从吉隆坡通往大巴生谷的地铁线路和轻轨线路；当然还有中国政府大力提倡的“泛亚铁路”的建设。郑水兴分析，这些交通因素都将给消费者的购房习惯带来革命性的影响。

二、“东盟效应”将助力马来西亚地产业发展

谈到马来西亚房地产今后发展趋势，尽管2016年马来西亚还未经历“东盟效应”，但郑水兴坚持认为，与其它东盟国家相比，马来西亚不仅拥有相对较低价格的优势，也拥有良好的市场潜力。

郑水兴表示，尽管没有享受到“东盟效应”的有利影响，但是东盟区域一体化的不断加深吸引了众多东盟地区以外的投资者前来投资，因此郑水兴相信马来西亚房地产市场将会赶上其他东盟国家。

同时，郑水兴也指出，当城市化、全球化和完善的基础设施所带来的综合效应开始发挥作用时，来马来西亚投资房地产行业将是非常热门的投资选择，并能够吸引全球各地的投资者或投资机构前来投资马来西亚。郑水兴笃定，未来马来西亚房地产价格将水涨船高，甚至高于同一地区内的其它业内同行。

（来源：综合整理自《中国—东盟博览》杂志）

马来西亚移动电商市场潜力大

2015年，马来西亚的移动电子商务规模达到56.7亿林吉特。目前，作为“一带一路”沿线的重要国家之一的马来西亚，市场整体不大，但是移动电子商务市场的潜力巨大。

一、商贸历史悠久

马来西亚与中国之间的商贸关系一向良好，数据显示，现在中马两国间的贸易在2014年已经突破了1000亿美元。在被问到如何看待一带一路时，马中友好协会理事戴德兴评价，“一带一路”由来的历史久远，马中之间的贸易合作，其实从600年前郑和下西洋时就已经开始了。那个时候，中国带了很多商家，必须通过马六甲海峡才能到达印度、南海、中东、欧洲和非洲。600年前就有很多国家集聚在马六甲海峡的沿岸城市进行商贸活动，马六甲从那时起就是一个很重要的中转点。

戴德兴表示，时至今日，马中之间也一直保持着很好的合作关系。2015年9月，中国广东省与马来西亚的马六甲市签署了友好城市协议，这可以促进“一带一路”背景下的合作发展。“一带一路”的发展必须要有港口，另外要有航空直飞、道路的建设等的跟进。包括马来西亚也要建造地铁。在“一带一路”的背景下，港口、航空、地铁、公路等的建设一定会带动当地的企业，尤其是中小型企业的发展。目前在很多国家尤其是马来西亚，中小型企业都是经济发展的重要支柱，能够有力地带动

就业。当下的马来西亚，96%都是中小型企业，带动了40%的就业。“一带一路”的联网，无论是在港口还是道路方面，均能更好地带动就业。

据悉，马来西亚出口到中国的产品主要以电子产品为主，其次是化工产品。马来西亚拥有比较丰富的热带水果、海产品和化工产品，还有棕榈油。棕榈油是马来西亚出产的3种油之一，在全球的产量排第一位，占全球供应量的50%以上，可用于炒菜、冰激凌制作、方便面和肯德基、麦当劳的油炸加工中。另外，马来西亚出产的橡胶手套，占全球供应量的60%，这些是马来西亚比较有优势的产品。

据悉，马来西亚的人口有2000多万，大概有1000多万人使用手机，而且大部分都是智能手机。当前，中国手机品牌华为、中兴、小米等在马来西亚很受欢迎，马来西亚人认为中国手机功能好，质量佳。

戴德兴介绍，在投资比例上，中国企业在马来西亚的投资份额只有马来西亚在中国投资份额的10%。投资份额小与文化有关。马来西亚是伊斯兰国家，70%是马来人，信奉伊斯兰教，而华人只占20%，此外还有印度同胞等，对中国投资者而言在语言和宗教方面会有一些挑战。也基于此，马中友好协会将和华人社团一道带动马来西亚同胞和印度同胞与中国加强投资贸易。

目前，在马来西亚的华人对中国的传统文化保留良好，比如对春节、清明等节日文化的保留，又如孔子学院、马来西亚华文学校的大量存在，都促进了中国文化的传播。

二、投资马来西亚

据了解，从60年代开始到后来的70、80年代，马来西亚的一些企业家就已经陆续到中国投资。等到中国改革开放以后，慢慢也有一些中国企业走出国门投资马来西亚。目前，无论是中马双边的贸易往来，还是中马企业投资往来均进入了一个新的阶段。戴德兴介绍，当前制造业、房地产等都是中国企业在马来西亚投资的热门领域。

在海外资产配置方面，传统的热门国家如美国、加拿大、澳大利亚等各有优势，但存在门槛、资金、风险、市场等诸多限制因素，因此，更多中产阶级转向东南亚地区，尤其是“一带一路”的沿线区域，马来西亚的新马经济特区——依斯干达特区无疑是其中最闪耀的“明星”。

2015年6月，华为公司在马来西亚的依斯干达经济区启动亚太云数据业务基地，展示了中国企业甚至世界巨头对依斯干达经济区的信心。此外，包括微软、乐高、好时在内的国际巨头也纷纷抢先布局马来西亚。

而在华为之前，中国千亿房企碧桂园已经布下一盘“大棋局”——未来20到30年内投资超2500亿元人民币，建设一座智慧生态森林城市，这被广东省列为参与“一带一路”建设的10大标志性项目之一。

中国企业纷纷进驻马来西亚依斯干达特区，除了响应国家“一带一路”号召之外，还有着强烈的利润驱动。除了碧桂园，富力、绿地、新华联等中国房企也先后进驻依斯干达特区。中国企业在马来西亚建造房子的优势在于：社区化经营经验非常丰富，把中国的经营理念带过去了。马来西亚当地开发的都是比较小型的楼盘，小区生活没有那么方便。

全球知名地产公司Knight Frank国际市场指数显示，过去5年马来西亚房价涨幅都居全球前10位左右，位列全球最适合投资的房地产市场榜单。房地产企业认为，依斯干达特区房价远远低于马来西亚吉隆坡和临近的新加坡，拥有庞大的市场需求和升值空间。马来西亚依斯干达也被譬喻为“下一个深圳”。

与此同时，投资马来西亚的中国企业不够熟悉当地环境也成为挑战，在知乎（国内知名的网络问答社区）上有人评价，总体而言在马来西亚居住，舒适度佳、物价低、食物美味、风景优美，但海外置业需保持理性，与中国不同，马来西亚的房价比较稳定。

戴德兴表示，对于中国的投资企业而言，这是一个慢慢摸索的过程。马中友好协会愿意成为促进双方进行文化、商贸等方面沟通的桥梁。

2014年马中之间的贸易额突破了1000亿美元。2013年中国习近平总书记到访马来西亚，提出了到2017年双方贸易额必须达到1600亿美元的目标。戴德兴称，这就是我们之所以要多来中国参展、交流学习，让两国的企业家能够实现这一贸易目标。

在习近平总书记进行国事访问后，中马两国缔结的合作不断深化，工业园区项目也不断发展。例如，中国—马来西亚钦州产业园区与马来西亚—中国关丹产业园区是国际姊妹园，开创了“两国双园”的国际合作新模式。广西钦州市与马来西亚彭亨州关丹市是国际友好城市。为了促进两市经贸文化交流，钦州市与关丹市商定从2016年起轮流举办

“两市双日”文化交流活动，增进两市人民的长久友谊。

三、产业结构转变

跟中国一样，马来西亚也拥有一个从制造业向高新技术产业转变的过程。在20世纪60年代，马来西亚的产业结构还是以农业为主，70年代转型到制造业，在90年代转而大力发展科技。当时，马来西亚政府着力建设多媒体走廊，重点发展IT行业，引进了很多国外的高科技。

戴德兴感慨道，马来西亚在20世纪90年代就已经有了多媒体走廊，当时政府在各个层面推广互联网，到2000年，马来西亚的互联网发展形成了一个浪潮。等到2000年，美国的互联网行业产生了泡沫，而这之后马来西亚的很多企业同样转型服务类，不再追捧互联网。

中国时下在大力发展“互联网＋”，金融、用车等的每个行业都开始与互联网积极融合。戴德兴表示，马来西亚和美国涉涉及互联网行业较早，发展二三十年，为何是中国取得了好成绩？戴德兴认为这其中的原因为，第一是因为中国的4G网络。第二，中国的手机覆盖率极高。第三是有卫星。第四是支付宝，这是很重要的载体。第五是完善的物流和仓库。这些因素全部加在一起，才有这个机会。而马来西亚在90年代并不具备这些发展条件，马来西亚当时还处在2G网络的时代，还没拥有智能手机、微信、支付宝，只有一些不完善的仓库和物流。

戴德兴介绍，从2000开始马来西亚政府倡导发展服务类行业，发展到现在第三产业的占比已经高达60％。现在马来西亚很注重创新，不太鼓励耗产能大的制造业，重点鼓励产品创新和高科技的企业发展。戴德兴表示，马来西亚人口只有2800万，如果要发展劳动密集型产业没有很大的优势。服务业不仅可以增加人们的收入，同时也很环保，制造污染的力度较小。与此同时，马来西亚当前也在重点培训这方面的人才，而这也是未来马来西亚与中国的合作的商机所在。

中国有很多优秀的服务型企业，像马云带领的淘宝，以及京东等电商平台，非常值得马来西亚学习，马来西亚的优秀企业可以引进很多这方面的人才。2015年11月，戴德兴担任理事的马中友好协会组织了企业家团队，来中国参展并取经，学习中国“互联网＋”的发展经验。

虽然马来西亚的市场整体不是很大，但是电子移动商务市场的潜力巨大。数据显示，目前马来西亚有互联网用户2135万，渗透率高达70％。其中男性用户41％，女性用户59％。马来西亚主要的城市都有3G覆盖，特定的地区还有4G服务。

此外，Wifi基本上涵盖马来西亚各大城市，市区郊外的覆盖率正在逐渐提升，周围都可以找到有无限网络的餐馆或咖啡厅。马来西亚拥有东南亚最年轻的移动互联网用户，其中35岁以下的用户占79％。其次，马来西亚移动互联网用户中，男性占71％，女性占29％。

在购物习惯方面，马来西亚54％的消费者每个月至少在网络上消费一次，有26％是一个星期消费一次；91％的互联网用户会选择网购，而用户不选择在线购物的主要原因是信任问题；78％的移动互联网用户会选择网购，其中40％曾用手机网购。超过50％的用户每月网购一次；超过85％的用户每月至少消费500林吉特。

除了现金，马来西亚人更喜欢信用卡支付。目前，马来西亚的主要支付方式仍然是现金支付，而线上支付则主要是信用卡支付，其次是网银和PayPal。

戴德兴表示，马来西亚的移动电子商务规模在2015年在达到56.7亿林吉特，在过去几年里翻了几番。如果马来西亚能跟中国合作，这可以促进马来西亚O2O的发展。机遇很多，但是未来发展之路也面临重重困难。

目前，马来西亚在落实一些市场准入解决方案。戴德兴介绍，在这种解决方案里面，戴德兴希望强调马来西亚工厂的市场准入解决方案，让马来西亚农业产品能够更好地进行出口。马来西亚所面临的一些挑战，包括海关清关的问题以及CIQ（即中国出入境检验检疫）。商家希望尽量增加商家产品的渗透力。例如榴莲，商家希望有更好的冷冻储藏，希望有温度调节，能够把这些新鲜水果运到接收港口，而这一系列挑战都是商家正在努力应对的。这不仅仅对中国市场而言是如此，商家在其他国家的市场也是如此，商家希望把中国作为一个中转口，能够进入中国并把产品输出到更多的地方，进行复出口等，因此商家需要去改善物流以及仓储的服务。这些O2O方面的经验是马来西亚需要跟中国取经和交流的。

（来源：综合整理自中国经济信息网）

马来西亚环保建筑业迎来新契机

纵使马来西亚客户依然以成本低廉为先，符合可持续发展原则为次，但多个全新的大型公共基建项目却为当地环保建筑业带来新契机。

一、环保建筑项目备受关注

在吉隆坡举行的绿色建筑东南亚展览会，不少参展商都认为，符合环保之道的建筑方案在马来西亚越来越受重视。不过，这种趋势主要是由多家在当地营运的跨国公司以及政府提出的多项公共工程推动，而非马来西亚企业。随着私人出资的房地产工程放缓，负面效应开始浮现，马来西亚建筑业也就日益倚赖政府推出的建造项目，官方提倡的环保建筑标准和政策自然备受关注。

英国及爱尔兰屋顶隔热物料公司Kingspan的东南亚出口业务经理Ryan Hitzman称，越来越多到马来西亚经营的公司坚持兴建环保大楼。很多来到当地发展的企业，均有一套适用于世界各地的可持续建筑要求。当这些企业在马来西亚经营时，希望其兴建的大楼达到相同标准。

另外一些参展商亦认为，海外公司与马来西亚公司对环保建筑的态度确实南辕北辙。马来西亚Sunway Construction营运经理Lim Vin Tze表示，本地企业不会支付更多的费用兴建环保楼宇，但海外公司却不赞同这样举措，原因是本地企业必须配合企业政策，履行社会责任。

Hitzman指出，在若干情况下，本地公司亦会优先考虑较为环保的大楼。Hitzman透露，越来越多高租值的住宅建造项目希望具备屋顶隔热之类的环保特色。对部分发展商而言，环保是一大卖点，但他们这样做往往是为了促销，多于满足可持续发展的需要。

另一类朝着环保方向发展的建筑物，是长期开启空调的设施，例如购物商场及医院。这类建筑物的管理者有意采用屋顶隔热物料，藉此减低营运成本。

二、环保认证成为建筑领域的重要一环

各项环保认证是全球环保建筑领域的重要一环。当中，能源及环境设计先锋认证（简称LEED）或许是最受业界认可的环保认证。这些证书在马来西亚享负盛名，但同样地，要求办公大楼符合环保标准的多属海外公司。

Acotec是一家比利时墙板公司，高级市务经理Tan Kian Sin称，现时在马来西亚市场，许多本地公司对环保标签缺乏兴趣，但是情况或会改变。以新加坡的建筑项目为例，现在都必须取得环保认证。

政府资助的基建项目在环保建筑方面取得进展。IJM Construction是一家马来西亚建筑公司，高级业务发展经理Devaraj Govindarajoo称，马来西亚建造业发展局正在策划多个环保大楼发展项目，该公司亦派员与委员会合作。关于这些项目的环保标准尚在制订，各方都很认真看待。未来，建造商必须根据委员会订立的指标取得环保认证，方可承接政府的基建工程。

现时，马来西亚房地产市场放缓，政府的基建项目成为不少建筑公司主要的业务发展动力，令公共工程显得特别重要。Sunway集团员工Lim称，目前房地产市场轻微放缓。过去2年，发展商竞相兴建住宅，导致现时供应过剩。Sunway将减少住宅项目，物色更多基建及道路工程，推动业务增长。

马来西亚正在筹划多项大型基建工程，其中位于大吉隆坡地区的第2条MRT大众运输铁路以及第3条LRT轻便运输铁路快将动工。吉隆坡KL118大楼的兴建工程仍在进行，2020年完工，届时将成为全球第4高摩天大楼。

马来西亚大举投资于基建项目，为的是推动当地经济。RS Concord是芬兰RS Steel在东南亚的分公司，该公司经理Bryan Lew称，建造业可惠及其他领域，不少政府资助的基建项目旨在刺激经济增长。

虽然大多数基建项目是由政府出资，但亦有一些基建项目涉及私人融资安排。Lim透露，大部分道路及运输工程的资金仍然来自政府，但有些项目却是根据私人融资安排，由Sunway集团提供部分资金。在马来西亚，涉及私人融资的基建项目通常是电厂兴建工程，在其他基建项目如道路工程投资力度较小。

三、成本仍是承建商考虑的首要因素

马来西亚政府尝试投入基建开支振兴经济，但国内各种经济问题毕竟带来负面影响，对货币的打击尤其显著。Lim称，马来西亚林吉特下跌幅度比较大，这一问题导致从海外进口的材料价格大涨。

M. S. Time是吉隆坡一家起重机公司，负责销售业务的工程师Mohd Shafiqzuddin Ahman Sidek与

Lim的看法相近，认为2016年的业务较为淡静，原因是经济放缓，特别是林吉特汇价下跌。

林吉特汇价下跌导致进口原材料更加昂贵。很多参展商强调，客户始终最关注项目成本。Lim表示，当客户要选择以快捷兼高质，还是较慢及较低成本的方式施工，十居其九会选择低成本方案。

有见及此，Sunway Construction近期较多利用模拟真实建筑设计软件。Lim透露，在动工前利用软件制作项目的拟真模型，有助发现潜在问题，更好地规划项目的进度表及现金流，节省时间及成本。

Lew大表示由于马来西亚不少承建商都倾向使用传统建筑方式，推销产品时需要多加解释。说服承建商改用预制钢件并不容易，成本较高是最大问题。Lew解释，采用预制钢件虽然成本较高，却可缩短建造时间，也更为安全。不过，让客户接受进度较快但成本较高的方案确实是一大挑战。在马来西亚市场，成本总是首要的考虑因素。

（来源：综合整理自香港贸易发展局）

能源成本上涨
马来西亚加速发展照明产业

2015年亚洲太阳能展及亚洲绿色照明展在马来西亚吉隆坡举行，不少参展商都期望能源成本上涨以及当地政府实施环保政策，可以为业界带来较佳前景。

据悉，本届照明展是吉隆坡为期1周的亚洲环保建筑计划内的活动，预期可为马来西亚的LED照明及太阳能板产业带来更多机遇。总体而言，两大趋势令人对市场前景感到乐观，其一是能源成本上升，迫使企业及消费者纷纷探讨各种节能方式，其二是马来亚西政府实施政策，旨在推动该国的环保声誉。

IQ Group以槟城为基地，专门生产传感器及以传感器操控的LED产品。业务发展经理Beh Hun Yong表示，如今消费者极其注重环保。由于能源成本高企，消费者的想法开始转变。

Lybase是马来西亚一家LED生产商，助理营业经理Kenree Low表示，由于消费者购买更多环保产品，因此LED环保产品有强劲增长。在绿色照明展，参展商展出众多环保照明产品，并声称其用电量较传统照明产品节省70%～90%，正好配合市场大势。

不过，节能产品兴起的原因，究竟是马来西亚企业及消费者的环保意识有所提升，还是能源价格上涨，业界对此意见不一。深圳LED生产商RiShang的国际营业主任Justin Yang坚持后者才是关键因素。

Justin Yang称，在场业者并不在乎环保议题。向商家推介有助环保的产品时，商家不感兴趣，只关注成本。

TCMY是一家马来西亚贸易公司，专营LED照明系统。业务发展经理Bryan Ooi表示，TCMY的大型客户不仅着眼于节省成本，还期望产品有利环保，视之为一种企业社会责任。

政府参与是促进LED照明领域增长的另一个推动力。Low表示，马来西亚政府已展开环保采购计划，鼓励大家由传统照明系统转用LED照明产品。现在，所有新的发展项目都必须使用LED照明。

规例的执行问题广受关注。马来西亚市场有不少产品未合符标准，其中很多均采购自中国，当局必须更严格规管为新发展项目而采购的LED照明产品。Yong亦认为当局可以进一步推动LED照明产品业的增长。

新加坡政府实施不少措施，鼓励民众使用环保产品，特别是推出税务优惠。因此，新加坡LED领域的投资回报十分理想，快至9个月便可以收回成本，回本期较马来西亚更短。

不少参展商认为，马来西亚的消费者认知水平令业界发展停滞不前。Low表示，Lybase为产品申领符合马来西亚及国际标准的认证，彰显产品安全及效益。不过，客户虽然喜欢取得认证的产品，但往往不明白当中的重要性，要商家进一步说明。

不过，很多参展商指出LED照明市场仍在起步阶段，未来数年消费者对有关产品的认识将会加深。Ooi称，5～10年前，LED并非可靠或稳定的产品。而今，LED变得十分可靠及持久耐用，可以提供高质素照明，因此消费者对LED的信心日增。

太阳能业的发展趋势与LED照明相近。MSD Blue Ocean是马来西亚一家太阳能环制造商，经理New Yoong Chee表示，大家都注重环保，很多发展商想兴建环保建筑物，需要采购各类环保产品。不过，很多商家并非着眼于环保，而是希望节省金钱。

与LED照明领域一样，马来西亚政府政策与太阳能业的发展息息相关。天合光能是中国一家光伏模块生产商，其新兴市场、亚洲及中东营业经理Junrhey Castro认为马来西亚是一个主要的新兴市场，但现时其重要性仍远远不及日本、中国或印度。

Junrhey Castro 表示，马来西亚政府倾向大力支持太阳能及绿色能源发展，因此当局将修订政策，为市场带来巨大转变，并会吸引更多国内及海外投资者，投放更多资金发展太阳能业务。

鉴于马来西亚对电力的需求庞大，天合光能亦从事发电业务。Junrhey Castro 称，由于马来西亚的电力市场供不应求，该公司已开始兴建太阳能发电厂，并向电力公司销售电力。

MSD Blue Ocean 及天合光能均在马来西亚制造太阳能产品以作出口。Castro 表示，虽然公司大部分生产活动均在中国进行，但在马来西亚也设有工厂，主要服务美国市场。

Chee 透露，MSD Blue Ocean 在马来西亚设厂生产的一个原因，是马来西亚的出口成本低于中国。Chee 表示，其公司选择马来西亚，是因为在这里与澳洲及新西兰进行贸易可享有很多优惠，而且出口成本较低。此外，假如 MSD Blue Ocean 的母公司在中国制造产品，并出口到美国，则须缴付反倾销税；但在马来西亚生产却没有反倾销税的问题。

多家中国公司已广泛涉足马来西亚的 LED 照明及太阳能产品市场，但在两项展览会上，参展商对中国产品的质素却持不同意见。当然，中国公司或销售中国产品的公司坚称他们的客户很乐意采购中国产品。

Chee 表示，客户认为 MSD Blue Ocean 的母公司来自中国。不少客户向德国或美国公司采购产品，但其后发现产品都是在中国制造。

然而，Ooi 坦诚，该公司面对的最大问题，是要与廉价及质素低劣的中国 LED 照明产品竞争。Ooi 称，该公司的产品与中国产品的品质有明显差异，至于这点会否令消费者青睐，则要看消费者的预算。假如预算有限，消费者会选择朝节省能源的方向走，即会购买中国产品。假如消费者注重品质，便会选购其他供应商的产品，或许会选择该公司的产品。

一如预期，价格仍然是开拓马来西亚太阳能或 LED 照明市场的一大要素。由于能源价格上涨，加上政府鼓励节能，使用再生能源更加吸引，这种趋势必会惠及 LED 照明和太阳能产业，而会上很多参展商对此都翘首以待。

（来源：综合整理自中国之光网）

缅甸

缅甸花梨木价格走势未来将一路看涨

缅甸花梨木价格走势如何？首先就会在我们脑海中出现好几种不同种类的花梨木，比如红花梨木、巴西花梨木、越南花梨木、缅甸花梨木、老挝花梨木等，不同种类的花梨木，其价格也会有差距。花梨木的使用已经有一段悠久的历史了，这些历史悠久的花梨木家具已成为价值不菲的珍贵红木古典精品。那么缅甸花梨木价格走势在未来几年中又是如何？

一、缅甸花梨木价格一直稳中有升

缅甸花梨木是珍贵的木材，是属于缅甸军政府严格掌控的战略资源。所以缅甸花梨木的价格也是相当的昂贵。缅甸花梨木质、木性良好，稳定性高，而且比高端的黄花梨、紫檀木价格要便宜近百倍，在普通花梨木中潜力是最高的。缅甸花梨木价格一直都是稳中有升，其每吨原料价格稳定在 2.8 万元～3 万元之间。花梨的种类也十分繁多，除了黄花梨，市场上常见的有巴西花梨、红花梨、非洲花梨、草花梨等，但这只是行内的称谓，很多不属于国标红木范畴。

缅甸花梨木价格走势，因为 2014 年木材价格的猛涨使得很多人纷纷借贷资金投资木材，但是 2015 年木材的价格却没有上涨，因此金融行业的人为了资金回流，让木材藏家们将手中的囤货出售，也就出现缅甸花梨木降价 6 成的现象。虽说目前都只是猜测，但木材是不会出现暴跌的，因为花梨木本身成材的时间就很久，也是稀缺资源。从长远的角度来讲，其价格应该是稳步上升的。虽说 2015 年市场较冷，但这只是一种现象。近两年的价格下降只是属于正常的价格回归，对市场成品影响并不大。

二、市场投资仍须理性

谈到缅甸花梨木未来的行情走势，不少业内人士认为，目前市场上缅甸花梨堆积如山，尽管价格暴跌，但市场较为低迷，价格下滑的趋势还会延续一段时间。

据相关专家推测，缅甸花梨木价格在未来几年中会一路看涨，但目前收藏爱好者投资还是要慎重考虑。不仅是消费者，商家也要理性看待红木的投资价值。目前，缅甸红木市场本身就存在营销渠道单一、品牌溢价较高的问题，仍是卖资源为主、谈工艺为辅。但是，从目前红木产地国的政策分析，还不能判断未来市场上就有无红木家具可进口。如果将其当成一种即将枯竭的“资源”来炒作，风险极大。业内人士指出，从2012年开始，红木家具市场行情不稳定，不少地方出现有价无市的尴尬局面。建议相关人士判断红木价格的走势要考虑游资因素，综合社会资金面、经济活跃度等因素来区分。

（来源：光明网 .http://economy.gmw.cn/newspaper/2015－09/11/content_109135938.htm.2015－09－11）

缅甸酒店餐饮业发展浅析

随着旅游业发展和国家政策的放开，缅甸的服务业显现出巨大的发展需求。中国企业能否从中分享利益？

一、巨大的需求缺口

经济的持续增长和旅游业的快速发展令缅甸的酒店业焕发出蓬勃的生机。数据显示，2012～2016年间，缅甸建筑业项目的增长比例高达36%，其中酒店项目增速更快，从酒店品质、级别到设施水平均透露出一个信号：缅甸的酒店业已进入快速发展期。

中国现代国际关系研究院南亚、东南亚及大洋洲研究所孟加拉湾研究室主任宋清润指出，缅甸酒店业的发展主要得益于其旅游业的迅速增长。

缅甸酒店与旅游业管理部公布的统计数据显示，2014年赴缅甸的外国游客突破300万人次，创汇10亿美元以上。外国游客中，70%为东南亚国家游客，其他主要来自英国、德国和中东。事实上，近两年缅甸旅游业才有实质性的发展。2012年，赴缅甸的外国旅客仅有约100万人次，2013年这一数字超过200万人次。缅甸被国际权威机构评选为东南亚旅游业增长最快的国家之一。

另一方面，宋清润认为，近几年缅甸酒店业的发展也得益于缅甸政府实施的开放政策。

2011年缅甸新一届政府上台以前，缅甸整个国家都缺乏经济活力。但2011年以后，缅甸政府一方面大力投资酒店业的发展，另一方面努力吸引外资投入，加快基础设施建设，重点发展酒店业，同时放宽进口限制并解除出口税。在过去两年间，缅甸遭遇的国际制裁被逐渐解除，这使得缅甸成为整个亚洲地区甚至世界服务业经济快速发展的焦点。迄今为止已有超过14亿美元的外资注入缅甸的酒店及旅游业。

宋清润指出，一直以来，缅甸的优质酒店较少。过去10年间，除新加坡贸易酒店外，缅甸的四星五星级酒店较少。最近几年，喜来登等知名酒店才建立起来。

此外，缅甸的国际性展会在不断增多，旅游业也不断发展，目前缅甸酒店业仍有巨大的缺口，未能在旅游旺季满足外国游客的住宿需求。因此，缅甸酒店业明显存在供需不平衡。

二、机会与挑战并存

缅甸一直有着“富饶中的贫困”之称。“富饶”源于其极为丰富的自然资源，包括水资源、矿产和石油资源以及储量相当大的玉石、翡翠、宝石等。“贫困”则源于其经济发展和基础设施建设的落后，以及人民生活的贫困。

宋清润认为，目前缅甸酒店业正是发展的好时机。不仅是西方投资者看好这个国土面积位列东南亚第2位的国家，越南也在投资缅甸的酒店业。在仰光的黄金位置，越南投资建设的集购物、酒店、饮食娱乐于一体的商贸中心于2015年竣工。宋清润分析，在缅甸的投资者越来越多，未来赴缅甸旅游的升温会让这一市场更有发展前景。

缅甸酒店与旅游业管理部根据此前的游客量预测，2015年外国游客有望提升至400万～500万人次。目前缅甸政府正在加紧建设开发更多旅游景区和景点，提高酒店数量。

然而，投资缅甸并非简单之事。目前缅甸的酒店业发展还存在一定的困境，一方面是其酒店业激烈的竞争。缅甸酒店与旅游业管理部的数据显示，2014年，外资在缅甸酒店领域的投资额超25亿美元。来自新加坡、越南、泰国、日本、马来西亚、卢森堡、英国、阿联酋等国家和中国香港地区的企业在缅甸共投资了46个酒店项目。

另一方面，宋清润认为，缅甸酒店业淡季旺季的区别十分明显，淡季旺季相同级别酒店的住宿价格可能相差60美元～70美元。

另一个问题是，入住率不足导致酒店利润下降。缅甸酒店与旅游业管理部官员透露，由于缅甸各地酒店增多等因素，导致星级酒店入住率明显下滑。为吸引顾客，部分星级酒店将房价下调30%～40%。统计数据显示，2011年以前缅甸共有酒店600家，而到2015年1月，这一数字增至1114家。

另一位业内人士分析，在投资领域方面，缅甸有意识地“疏远”中国。目前日本已经超过中国成为缅甸的最大投资国。政府因素是中国企业投资缅甸最应该权衡的关键因素之一。

（来源：搜狐网．http://mt. sohu. com/20160322/n441503758. shtml.2016－03－22）

缅甸电子商务缓慢升温

2015年8月，缅甸首个从事商品批发的网站正式上线，为缅甸及海外商家提供在线销售和采购的平台。据报道，该网站属于缅甸购物网站凯姆网的一部分，自其试运营之日算起，10日内已经吸引了3万名用户访问。凯姆网是目前缅甸较大的一家在线电商平台，迄今已运行18个月，平均月度用户访问量增幅为20%～30%。

一位住在仰光的缅甸公民表示，目前缅甸的购物网站较少，许多用户正在考虑进入这个领域，目前在线购物尚处于起步的阶段。分析人士搜索了几家缅甸的在线购物网站，登录之后发现一些较为普遍的问题：商品种类偏少、访问量严重不足、购物界面不够好等。

凯姆网主要是为买家和卖家提供一个在线交易的平台，有点类似中国的淘宝网。在凯姆网上，买家注册一个账户后，即可在线下单，等送货上门后进行验货付款；卖家则通过该平台发布商品和价格，并依据一定的标准被凯姆网认定为不同级别：钻石、金牌、银牌、铜牌和普通等。据凯姆网负责人朗格介绍，目前平台上共有超过10万名卖家，其中约5000名来自缅甸。

号称缅甸首家电商的“仰光在线商店”，其网站上发布的众多商品并不能直接购买，而是需要顾客前往位于仰光的实体店进行预定，一方面是因为该实体店并不售卖商品，另一方面是因为该网站所列多数商品无法在缅甸市场上找到，只有在顾客预付5成定金及服务费后，方从国外采购并运回，这一过程通常需要几周的时间。这家看似落后的电商，在2014年9月中旬以前，其浏览量平均每月在2000多次，属于当时的较高水平。

尽管近几年缅甸经济快速发展，但基础设施落后、网络渗透率较低、在线支付不发达等因素，制约了电商行业的进一步发展。缅甸道路交通等基础设施严重滞后，连接省邦首府的公路均为柏油碎石路面，通行状况较差；全国铁路干线均为窄轨线路，运行效率较低。道路交通设施滞后使缅甸的物流体系运转不畅。在仰光工作的张翔表示，目前电商平台只在3个城市（仰光、曼德勒和内比都）开始建设，除此之外，物流水平跟不上发展的节奏。

网络渗透率低也制约了缅甸电商行业的发展。2014年缅甸的手机普及率仅为27%，据缅甸通信与信息技术部的预计，到2015年年底，缅甸手机普及率有望达到50%。

此外，网速可能是更大的问题。调查发现，在缅甸移动网速最快的是3G，而一旦出了人口密集区，网络信号极为不稳定，或者无信号，有时甚至连电话信号都无法接收到。在宽带网络建设方面，据缅甸当地媒体介绍，目前缅甸对于安装宽带网络实行配额制，即用户在安装前需要向有关部门申请许可，由于数量有限，价格被炒得很高，等安装好宽带后，1个月的网络使用费高达180美元，普通缅甸公民无法承担。另外，在线支付在缅甸也不发达，货到付款基本还是目前缅甸电商在支付环节采取的唯一方式。

（来源：人民网．http://travel. people. com. cn/n/2015/0819/c41570－27483938. html. 2015－08－19）

菲律宾

菲律宾渔业发展良好

2015年菲律宾渔业年产量总体增长了1.8%，这得益于2015年第3季度金枪鱼捕捞业产量的持续增长。此外，2015年，菲律宾渔业与水产资源局还出台了一系列针对渔业监管与水产品质量管理方面的措施，增强了对“非法、不申报和无管制捕捞活动”的打击力度。

菲律宾农业部副部长、渔业与水产资源局局长阿齐兹·G·佩雷斯表示，未来5年内菲律宾政府对渔业领域的投入将逐年增加，其投资预算金额将从2015年的63亿比索（约合1.33亿美元）增加至67亿比索（约合1.42亿美元）；其投资方向主要集中于渔业发展项目和渔区的民生发展计划。

另据介绍，2016年，菲律宾政府渔业当局优先的战略投资选项将涉及其境内500多个沿海渔业社区的“渔用中心码头”，用以减少其渔业产量在流通环节上的损失，将力争从原来的损失率25%减少至18%，甚至减少得更低；以便显著改善渔业社区的社会平均经济水平，并削减其超高的国民贫困率。

同时，2016 年，菲律宾渔业与水产资源局还将继续通过国家计划有针对性地向渔民采取倾斜扶持政策，加大对境内渔民在就业注册登记方面的援助。据了解，自 2013 年起，菲律宾境内的注册渔民人数已从原来的约 5 万人，迅猛增加至目前已超过 160 万人；而注册登记的渔船和渔轮，则从原来的“零记录”发展到目前的 13.8 万余艘。

一、菲律宾渔业资源概况

菲律宾位于亚洲东南部，北隔巴士海峡与中国台湾省遥遥相对，南面和西南隔苏拉威西海，巴拉巴克海峡与印度尼西亚、马来西亚相望，西濒南中国海，东临太平洋。菲律宾海域面积是陆地面积的 7 倍，海岸线全长约 18533 千米。菲律宾共有大小岛屿 7107 个，岛屿面积占全国土地总面积的 3/4 以上，其中吕宋岛、棉兰老岛、萨马岛等 11 个主要岛屿占全国总面积的 96%。菲律宾属季风型热带雨林气候，高温多雨，湿度大，台风多，年均气温 27℃，年降水量 2000～3000 毫米。菲律宾渔业资源丰富，鱼类达 2400 多种，金枪鱼资源居世界前列，并且在沿海岛屿经常能够发现新的海洋物种。菲律宾已开发的海水，淡水渔场面积 2080 平方千米。菲律宾有 50000 公顷的沼泽、湖泊、河流和水库，现有池塘约 250000 公顷（大部分为咸淡水）。

二、菲律宾渔业产量状况

据菲律宾渔业发展部数据显示，2015 年上半年菲律宾海产品渔获进港量 42064.7 吨，同比减少 33%。专家认为，渔获量减少的原因与延长的干燥季节有关。此外，2015 年上半年菲律宾进口冷冻金枪鱼 72875 吨，同比增加 50%。

据菲律宾农业部数据显示，2015 年第 3 季度菲律宾渔业产量涨幅 18%，其中鲣鱼产量增加是提升总体渔业产量的主要推动力，鲣鱼产量增幅 15.88%。大部分用于罐装生产的冷冻金枪鱼来自桑托斯港口。2015 年黄鳍金枪鱼产量同比增加 6.67%。大头虾产量也增加了 2.16%，大头虾产量增加与巴拉望岛产能扩大及发光细菌极小的发生率促使的低死亡率有直接关系。

尽管厄尔尼诺现象和连续不断的台风气候影响着海洋环境，但是 2015 年菲律宾渔业产量占农业产量的 19.78%，同比增长 0.04%。罗非鱼产量也增加了 0.85%，菲律宾政府在不断鼓励养殖户增加罗非鱼的产量，以满足市场不断提高的需求。遮目鱼产量提升了 0.8%，而巴浪鱼产量下降 4.47%。

三、菲律宾推出 5 年渔业发展计划

菲律宾农业部渔业和水产资源局准备推出国家渔业发展 5 年规划，并于 2016 年 2 月在帕赛市菲律宾贸易中心举行的首届国家渔业产业论坛上正式宣布全面实施“2016～2020 全国渔业发展计划”。

“2016～2020 全国渔业发展计划”（CNFIDP）将通过一系列渔业生产，在产业之间构建共识，涉及领域包括捕捞业、养殖业、加工业和市场营销环节。菲律宾渔业与水产资源局局长 Asis Perez 表示，对于此次规划政府信心十足，未来 5 年将会看到菲律宾渔业产业能力有明显改善，在全球水产行业中的竞争力得到大幅提升。

“2016～2020 全国渔业发展计划”主要目的在于促进优化本国渔业健康发展，并确保捕捞业和养殖业长期可持续性受益。为正常开展 CNFIDP 计划，菲律宾渔业和水产资源局将渔业发展预算从 1.33 亿美元提高至 1.41 亿美元，可为养殖户量身定做相关渔业项目。

据悉，2016 年的项目重点是完成沿海地区超过 500 家的社区渔业登陆中心，将渔获残损比重从 25%削减至 18%，以改善和提高渔民群体的社区经济条件，降低贫困户比重。

据悉，2016 年，菲律宾渔业和水产资源局将继续通过全国市政渔民登记项目为渔民提供有针对性的干预措施，帮助渔民从中受益。该登记项目于 2013 年开始实施，旨在按照 1998 年的渔业代码要求尽快完成全国范围内的渔业行业人员注册，注册从业人员数量已从 5 万人增加至 160 万人。该项目针对所有渔业部门的工人开放，其中包括市政渔民、海鲜供应商、渔业养殖户以及其他所有与该产业相关的工人。

（来源：综合整理自南博网）

菲律宾电商发展趋向利好

据知名咨询公司索福瑞（TNS）最新研究成果显示，2015 年菲律宾网上购物占比为 20%，比 2014 年增加 11%；且 11%的网上购物是通过手机下单完成的。TNS 称 81%的菲律宾公司依托 Facebook 维护自身品牌，远高于 47%的全球平均水平；约半数菲律宾公民均为网络用户，因而菲律宾电子商务市场 2015 年增长 9%，远高于 3%的全球平均

涨幅。TNS认为电子商务的发展分为4个阶段：访问、信任、体验、价格或选择。在其一份超过45个国家的名单中，菲律宾排名落在后半段，网络安全和缺乏信任仍是其主要障碍。

一、经济贫困制约菲律宾电商发展

菲律宾人热爱购物，全球最大的购物商场有3个就位于菲律宾，其中1个SM Megamall是东南亚最大的商场。网购兴起后，菲律宾人开始欣然接受电商，许多电商如雨后春笋般冒出来，菲律宾人因此减少了去商场的时间。菲律宾人网上活动活跃，那么是否真的为电商做好准备了？

据外媒报道，菲律宾的电商发展面临多种挑战。国外媒体采访了众多菲律宾的电商业内人士，他们认为菲律宾目前面临物流、支付、消费者对电商的准备程度等问题。

据Lazada菲律宾站首席执行官Inanc Balci表示，菲律宾电商要赶上其他国家的发展水平只是时间问题。Inanc Balci指出，菲律宾电商要真正发展起来还要克服很多挑战，比如菲律宾的信用卡覆盖率较低，而Lazada解决的办法是提供货到付款，增强用户的信心。

据介绍，在菲律宾绝大多数条件已经成熟，特别是《网络犯罪法》的颁布可以进一步保证电商行业的安全。不过Inanc Balcis也表示，菲律宾还有很多地方需要改善，比如需要改进互联网设施、简化税务登记、备案等系统。此外银行可以提供费用适中的银行转账服务，让卖家和买家不必依赖第三方服务、信用卡等。

据电商咨询家Mon Lizardo称，菲律宾很多消费者担心网络欺诈，信息被盗等安全问题。除了安全问题，大部分实体店投资发展电商后担心其线下业务会被蚕食。商家认为，电商其实是一个仓库，商家担心电商会给其他仓库（实体店）造成威胁。但是实际上，不论线上还是线下哪个能渠道发展成功，均利于整个公司的发展。

在许多实体店对是否要发展电商踌躇不前时，SM Investments Corporation已经将目标放在网购消费者上。业内人士认为这些大型实体零售企业进军电商的举动能刺激菲律宾电商的发展，为其他企业扫清道路。

但是ABS—CBN的首席数字官Donald Lim认为，菲律宾贫困情况意味着大多数菲律宾人无法接触电商行业。Donald Lim表示菲律宾电商最近几年将沿着确定的路线缓慢发展。有分析人士另外表示，菲律宾公民对电商的需求将继续增长，因为消费者已经重视网购的便利性。可支配收入的增加，消费者进入互联网，了解国外资讯，许多消费者希望在当地享受到同样的商品和服务。正如商家所看到的，过去两年的在线零售大幅增长。

二、多岛屿物流配送成为难题

除此之外，菲律宾的物流问题尤为棘手。菲律宾绝大多数的物流公司主要处理大宗物流。而且菲律宾是岛国，吕宋岛以外地区的物流配送也是一个难题，物流成本很复杂，大型物流公司的费用高。

关于支付问题，Freelancer. com的亚洲地区总监Jojy C. Azurin认为，货到付款以及混合型交易可以解决这个问题。目前菲律宾电商交易额达12亿美元。虽然菲律宾信用卡普及率低，但是电商公司可以采用货到付款的方式。还能采取混合型交易方式，如在菲律宾时装市场，消费者可以在互联网上查看商品，然后通过邮件沟通价格，最后在商场进行交易。

产品质量和供应是关键，而且企业要让消费者的购物体验越方便越好，Lovable Commerce的首席执行官Jack Madrid表示，配送也是一个重要内容，菲律宾人可以从中国电商行业中吸取经验。

另外，业内人士也认为，菲律宾的基础设施完善后能促进菲律宾电商的发展。基础设施改善提供了更快速、更信任的互联网连接，让更多的人觉得网上交易安全，商品和服务范围也逐渐增大，从而促进电商的发展。

改善基础设施的同时，还要培养菲律宾人的电商素养，改变他们对网络交易的观念。如果消费者对网购没有具备信任和相关知识，那么电商企业所做的努力就白费了。政府必须带头接受电商。她认为政府机构需要认同这个业务，并且学习相关知识。

过去2年菲律宾电商的发展表明了菲律宾消费者对网购的十分热情。尽管面临支付、物流等难题，许多菲律宾业内人士对该地区的电商发展十分乐观，认为当地电商市场能更上一层楼。

三、菲律宾将推出新电商税收制度

据外媒报道，菲律宾税务局即将发布新电商税收制度，Zalora和Lazada对此不以为意，并强调会完遵守税收制度。Lazada菲律宾站和Zalora菲律宾站的官员均表示，希望政府发布法规覆盖“数字经济”领域。

2016年2月18日，菲律宾税务局专员Kim S. Jacinto－Henares表示，税务局将发布新的税收制度，确定电商卖家的赋税义务，新制度将覆盖使用电商平台销售、提供服务以及通过平台向客户收款的任何商家。

Kim S. Jacinto－Henares解释，预计税务局将根据交易量按国家税法有关规定向企业征税。Jacinto－Henares表示，卖家需要付12%的增值税，个人所得税和销售比例税，卖家还要和线下卖家一样，按菲律宾National Internal Revenue Code of 1997条款缴交关税。

在新制度下，对销售产品或服务年收入低于192万比索的个人卖家，菲律宾政府征收的税收为每月收入的3%，而那些年收入超过192万比索的个人要交销售增值税。不过，菲律宾最大的两家电商平台均表示，它们期待新税收制度发布，这有助于合理化数字经济，让卖家之间公平竞争。

Zalora菲律宾站的联合创始人兼首席执行官Paulo L. Campos III表示，Zalora欢迎税务局发布新制度，新制度将使电商和数字化行业变得更专业。Zalora一直以来遵守纳税义务，也将继续作为行业的榜样，严格遵守税务局即将发布的新制度。

许多个人卖家通过社交平台像Facebook和Instagram销售产品，付款则通过转账或银行付款。

Lazada当地工作人员表示，Lazada目前遵守所有的税收制度，作为本地注册的企业，Lazada完全遵守当地的税法。到目前为止，Lazada还没收到税务局的任何税单。对于税务局的即将推出的新税法，Lazada会配合执行。Lazada是配件、家电、家具和服饰，而Zalora则专注时尚产品。目前，其他电商平台对新制度没有发表任何评价。

2015年10月，菲律宾税务局推出了Revenue Memorandum Circular 70－2015，确定了针对Uber和Grab等移动App的一系列税收制度。

Jacinto－Henares认为，这些税收规定只是为了提醒电商卖家的纳税义务。菲律宾财政部预计2016年征税目标是2.025万亿比索。

（来源：综合整理自雨果网）

菲律宾印刷业蓬勃发展

近年来，菲律宾印刷品出口持续增长约25%，出口最多的产品是明信片、圣诞卡和贺卡。在过去的4年里，菲律宾的包装印刷业在整个国家经济份额超过10%。近2年，包装印刷业的销售额增长了至少30%，预计未来几年里，菲律宾包装印刷行业还将持续增长15%。

在印刷设备方面，菲律宾100%依赖进口设备，日本是菲律宾最大的进口设备源地，其次是美国。据调查，菲律宾印刷企业主要通过当地经销商购买印刷设备，购买力最大的是胶印机，其次是凸版印刷机和凹印机。

一、菲律宾印刷业现状

1. 印刷企业规模和从业人员素质

据统计，菲律宾印刷企业有5500多家，主要分布在马尼拉，规模大小不一，小型企业占65%，中型企业占32%，仅有3%是大型企业。但由于印刷行业的进入门槛较低，故这个行业较为松散。在菲律宾，直到2008年才建立印刷学校，所以大部分从业人员未经过培训。另外，由于这个行业较高的退出门槛，同行间的竞争十分激烈，大多数企业只能靠降低价格来抢得业务，维持企业的运营。菲律宾很多印刷企业为了能提供更低的印刷价格，在质量上做出了某种妥协。因此，菲律宾印刷市场对印刷价格极其敏感。

2. 印刷设备种类和印刷业务

菲律宾印刷设备主要依赖进口，2000年印刷设备进口额为9643.7万美元，到2010年增长到1.43亿美元。从设备、零件到设备的保养和维修，大多数菲律宾印刷企业都依赖当地的印刷设备经销商，他们承担了各种从国外进口的费用。然而研究结果表明，只有10%的菲律宾印刷企业能买得起具有最新技术的印刷设备，绝大部分小型印刷企业买不起新设备，只能使用或改装旧的印刷设备。

菲律宾印刷企业使用的印刷设备通常有：印刷机、装订机、计算机、打印机、扫描仪、制版设备、通信设备和各种印后加工设备。印刷品主要包括报纸、书籍、期刊杂志、广告商标等。印刷业务来源分为一般消费者和机构消费者。家庭、学生、教师、研究人员、各种职业人员和政治参与者为一般消费者；教育机构、图书馆、消费用品生产者、银行、保险企业和其他金融机构、旅店和餐厅、广告代理商以及政府则为机构消费者。对于印刷品而言，2010年贸易逆差超过2.5亿美元。

3. 印刷成本和产品质量

在菲律宾，纸张等各种印刷材料绝大多数依赖进口，导致印刷成本高，印刷价格也较高，反过来又制约了印刷业的发展。同时，由于印刷成本高企，印刷企业为了维持生存，不得不降低印刷质量，致使市场竞争能力降低，甚至破产。如菲律宾国家连锁书店出版的 PHILIPPINE HISTORY AND GOVERNMENTTHROUH THE YEARS 和中国长江出版社出版的《温故一九四二》，这两本书均为 2013 年出版，第一次印刷，32 开，页码数相当。前者为平装，胶订，书中没有插页，书芯单色，黑白印刷，封而采用涂料纸四色印刷，过塑，书芯用纸为新闻纸，且前后墨色深浅不一，印刷质量较差；后者为精装且有书套，锁线订，书中内文为涂料纸黑白插页 10 页，涂料纸彩色插页 6 页，书芯单色，黑白印刷，封而、书套采用涂料纸四色印刷，书芯用纸为胶版纸，印刷质量较好。但前者定价 370 比索，折合人民币约 50 元，后者定价 32 元。由此可见，从印刷质量、工艺看，菲律宾印刷的书籍并不比中国的好，但售价比中国的高，可想而知，这样高的成本势必会阻碍菲律宾印刷业的发展。

二、菲律宾印刷业存在的问题

目前，菲律宾印刷业存在的问题主要有：

1. 菲律宾严重缺乏纸张等原材料，印刷设备过度依赖进口。

2. 菲律宾缺乏高素质印刷从业人员，缺少提供印刷技术培训的学校，受过正规培训的管理人员和技术人员少之又少。

3. 菲律宾政府支持力度有限，印刷设备落后。

三、中国与菲律宾印刷业的合作优势

（一）中国印刷业的优势

1. 从产业运行状况看，走在世界前列。

由于世界经济增长低于预期，全球印刷市场需求增长缓慢，但是中国人口众多，消费对经济的拉动明显，印刷业发展潜力较大，特别是数字印刷、个性化印刷持续稳定上升。2014 年，中国共有印刷企业 10.5 万家，国家级印刷工业园区 8 个，从业人员 339.4 万人，实现印刷总产值 10857.5 亿元，全行业资产总额 11763 亿元，利润总额 714.2 亿元，印刷对外加工贸易额 866.2 亿元。与 2014 年相比，中国印刷业总产值增长了 5.3%，而全球印刷业从 2010 年到 2014 年总印量每年下滑 0.1%。

2. 从产业结构看，包装装清印刷持续增长。

2014 年，包装装演印刷产值占中国印刷产值的比重比 2013 年增长了 4 个百分点，包装装演印刷产值同比增长 12.7%，塑料软包装印刷产值同比增长 24.9%。目前，长三角地区的印刷企业承接了大量微软、苹果、宝洁等国际品牌的印刷业务，印刷业融入国际产业链，对外加工贸易额稳步提升。

3. 从产业趋势看，“互联网＋印刷”深度融合。

中国印刷业具有文化、加工、服务等多重属性，以“互联网十印刷”为代表的创新融合，跨界经营成为新的模式，线上线下、生产链、产业链、价值链深度融合，降低了交易成本，提高了生产效率。云平台的使用，打通了编辑、印制、发行的各个环节。通过互联网，委印方可以把原稿与印刷要求告诉承印方，而承印方又可通过互联网把制作好的样张传给委印方，委印方还可以将看了样张后的意见（包括修改意见）通过网络告知承印方，直至委印方满意。这样不仅拉近了双方的距离，而且扩大了业务范围，增加了业务量，免去了业务员往来沟通的路途辛苦，节约了时间，降低了成本。当然，通过互联网，印刷企业还可以为委印方提供印件从设计（编辑）、制版、印刷、印后加工，到物流派送（发行）的一站式服务。

（二）双方的合作优势

1. 交通便利，节约成本

中菲地理位置相邻，交通非常便利，双方往来能在一天内完成，甚至更短，这给双方的合作带来了很大的空间。中国的北京、上海、厦门、广州等主要城市都可直达菲律宾，且每天有多次航班，飞行时间较短，这不仅给双方互派人员进行学习培训、技术交流与指导、合资办厂提供了有利条件，而且能大大节约时间成本和经济成本。

2. 印刷教育体系健全

中国印刷以及相关专业的教育在 20 世纪 80 年代后得到了飞速发展，规模大，层次全，教育体系日趋完善。从教学层次分布看：招收印刷专业研究生的有 20 余所高等院校，几乎每个省市、自治区都有印刷或与印刷相关专业的高等院校、中等职业院校。从学校区位分布看，北京印刷学院、上海理工大学、华南理工大学等高等院校所在地均有直达菲律宾的航班，这就方便了彼此的交流与合作。

3. 生活习惯相似便于合作交流

菲律宾属于东盟国家，东盟国家与中国的民族相近、生活习惯相同、习俗相似，这就使双方人员很容易适应新的生活环境。一年一度的中国一东盟博览会的顺利召开，人文交流和传统友谊不断加深，不仅拉近了中国与菲律宾的心理距离，更拉紧了双方现实合作的纽带。“一带一路”倡议的提出，更给两国的合作提供了更多机会。

4. 充足的原材料是两国合作的保障

在中国，印刷耗材基本都能自主生产。就拿纸张来说，中国是造纸第1大国，产量连续6年居世界第1位，10多年来均实现了平均两位数的增长。造纸企业的技术力量、设备以及产品质量均达到世界先进水平。而东南亚地区的造纸企业无论是技术还是产量，水平都较低，造纸业相对较落后，但却有着资源、劳动力、市场的优势。“一带一路”战略的提出，给中国造纸企业提供了向国外投资的机遇，也给中国与菲律宾印刷业合作带来机会。

5. 雄厚的技术力量

中国印刷业产值和规模已跃居全球第3位。近年来，随着国民经济的稳步发展，中国已成为世界重要的印刷加工基地，多色、高速、自动、联动等各种先进的印刷设备和技术在中国得到了应用，培养了一大批能操作世界先进设备的产业工人。具有全球单张纸胶印机领导地位的海德堡公司在上海设有青浦工厂，中国的产业工人可以在第一时间分享世界先进的技术信息，这给中菲印刷业的合作提供了技术保证。

6. 特殊的国情

菲律宾曾被西班牙、美国占据数百年，西方化程度比较深，所以言论相对自由，民间组织受到菲律宾政府的支持，非常繁荣，这给印刷业带来了除传统印刷业务之外更多的印刷业务。同时，菲律宾的广告支出也很大，在东南亚各国中居第2位，能够保证印刷业务量，给两国的印刷合作带来了机遇。

四、中国与菲律宾印刷业合作的建议

（一）利用中国印刷及相关专业的教育优势，为菲律宾培养各个层次的印刷及相关专业的技术人员和具有较高操作技能的产业工人。

（二）利用菲律宾资源、劳动力、市场的优势，中国企业家可到菲律宾投资办厂，提供更多的原材料和优质的印刷品。

（三）借鉴中国印刷发展的经验，帮助菲律宾完善作业流程、制订产品标准，共享信息资料、新技术及相关资源。

（来源：综合整理自《印刷杂志》）

新加坡

新加坡：“泊”来的石油之城

北纬1°18′、东经103°51′，是热带城市岛国新加坡的地理坐标。新加坡位于马来西亚半岛最南端，是一个典型的岛屿城市，它是世界上仅有的两个拥有大面积原始雨林的城市之一。

新加坡除了是著名的旅游胜地之外，它还有很多更显赫的标签：排名靠前的世界航运中心、世界金融中心、世界贸易中心，以及世界3大炼油中心之一、世界3大石油贸易枢纽之一、亚洲石油产品定价中心、亚洲最大的转口港……

虽然在国际原油市场上占有举足轻重的位置，但现实中的新加坡，却不生产原油。

新加坡国土面积小、资源匮乏，是一个名符其实的缺油少气的国家。从毫无本土油气资源发展成为世界3大炼油中心之一、国际石油贸易中心之一、亚洲石油产品定价中心，新加坡的制胜法宝就是：充分利用马六甲海峡海上石油通道枢纽的地利优势，抓住国际产业分工转移的机会。

马六甲海峡在马来半岛与苏门答腊岛之间，西北端通安达曼海，东南端逵接南海，是一条全长约1080公里的细长水道，西北部最宽达370公里，东南部最窄处只有37公里。它是中东和亚洲市场（主要是中国、日本、韩国和环太平洋地区）之间的最短航线，是太平洋与印度洋航运的“咽喉要道”。

多年来，世界海上贸易30%和超过25%的石油运输都要经过新加坡控制的马六甲海峡。2013年运送量约1520万桶/日，原油一般约占总石油运送量的90%，其他为石油产品。同时，马六甲海峡也是来自波斯湾和非洲供应国特别是卡塔尔的液化天然气进入日益增长的天然气需求的东亚国家重要的运输路线。

新加坡则位于马六甲海峡的出入口，是所谓的“咽喉中的咽喉”。新加坡资源相对匮乏，物资多靠海上运输，世界著名大港新加坡港让其海上运输方便之门大开。新加坡潜在马六甲海峡东端沿岸，水深港阔，拥有40万吨级的巨型船坞，港内码头岸线长达三四公里，可同时容纳30余艘巨轮停泊。

自13世纪开始便是往来欧亚的中途驿站，吸引了世界各大船公司的巨型货轮。根据新加坡海事及港口管理局的数据，2014年新加坡港集装箱吞吐量上升4%至3390万TEU（TEU为“Twenty E-quivalent Unit”的缩写，意为20英尺标准集装箱），排名世界第2位。

而新加坡的地理位置也比较特殊，处于西亚原油产地和东方石油消费区之间，附近的东南亚国家特别是印度尼西亚和文莱等国石油资源丰富。再加上新加坡是世界上极少数的政府不干预石油行业的

国家之一，这些都成就了新加坡油气工业的快速发展。根据新加坡海事及港口管理局的数据，2014 年新加坡销售的总燃油量也达到了 4240 万吨，虽然相比 2013 年的 4270 万吨有轻微下滑，但新加坡仍是世界第 1 的加油港。

2014 年新加坡抵港船舶创纪录的达到了 24.1 亿吨，其中主要是集装箱船和油轮，占年到达船舶总吨位的 30%。目前，通过新加坡买卖原油现货约占世界原油现货贸易总额的 15%～20%，日本和中国从中东进口的石油中分别有大约 70%和 80%途经马六甲海峡。

港口贸易繁荣、往来船只数量巨大，轮船、飞机需要的燃料油数量和品种不断增多，使得新加坡成为国际上主要的燃料油消费市场。作为一个岛国，新加坡只有 710 平方公里面积。在土地寸土尺金的情况下，新加坡积极寻找可用空间。以填海造陆方式衔接而成的裕廊岛，就是新加坡发展石化工业的专业用地。

裕廊岛位于新加坡本岛的西南方向，由临近的 7 个小岛填海连接而成，有一条长堤与本岛相连。裕廊岛填海工程从 1995 年开始分几个阶段进行，目前已发展成为设施齐全、功能完备的现代化炼油中心。现在，有近百家世界领先的石油、石化公司进驻，包括法国液化气集团、壳牌、埃克森美孚等跨国公司。

据《油气杂志》统计，截至 2014 年 1 月，新加坡炼油能力合计为 134.45 万桶/日，共有 3 家炼厂，在全球排第 15 位、亚太地区排第 5 位。新加坡炼油厂的加工能力和复杂程度在全球居领先地位，其中：埃克森美孚在裕廊岛的亚逸查湾岛炼厂加工能力为 59.35 万桶/日，在全球排名第 6 位；壳牌在新加坡普劳布科姆炼厂加工能力为 46.2 万桶/日，全球排名第 14 位；新加坡本土的梅里茂岛炼厂加工能力为 29 万桶/日。

新加坡裕廊芳烃集团年加工能力为 11 万桶/日的凝析油加工厂已于 2014 年 7 月投产，所用凝析油来自中东、澳大利亚等国家。该工厂每年可生产 150 万吨芳烃和 270 万吨石化制品，每年生产的石化制品中包括 78.3 万吨航空燥油、662 万吨超低硫柴油、64.7 万吨石脑油、28.3 万吨挥发油和 19.5 万吨燃料用油。

作为亚洲最重要的石油集散地和炼油基地之一，新加坡的炼油业主要由壳牌、埃克森美孚和新加坡石油公司把持：埃克森美孚所属炼厂主要出口高硫（硫含量 0.5%）和低硫（硫含量 500ppm）柴油；壳牌所属炼厂主要出口硫含量在 0.596 的高硫柴油；新加坡国家石油公司主要出口硫含量为 500ppm 的低硫柴油（均为普氏规格）。

为了适应如此强大的炼油加工能力，近年来新加坡还新建和扩充周边油库，具备超过亿桶原油及成品油的储存和集散能力，吸引了全球 50 多家大型石油公司在此设置经营总部和数百家中小型石油贸易公司全天候交易集散。

值得一提的是，2006 年中国石油国际事业（新加坡）公司和新加坡新隆集团合资在裕廊岛上建设了包含 73 座总库容达 228 万立方米的油罐以及 12 个包含 5000 吨级至 30 万吨级泊位的寰宇油库。该油库投运以来，每年中转油品 3000 多万吨，进出船只 4000 多艘。

2014 年 9 月，新加坡在裕廊岛建成了东南亚第 1 个地下储油库，该储油库位于海床以下距离地表 150 米处，共有 5 个单独的储油空间。目前已完成 2 个，另外 3 个将于 2016 年年底竣工。最终完全投入使用后，可以储存 147 万立方米的液态碳氢化合物，容量相当于 600 个奥林匹克游泳池。

虽然拥有强大的炼油能力，但是新加坡对油品的需求极小，炼厂的油品主要销往国外，因此新加坡的成品油出口量非常大，其中出口最多的是轻柴油，其次是燃料油与车用汽油。目前，通过新加坡买卖原油现货约占世界原油现货贸易总额的 15%～20%。这使得新加坡港的油品运输业务变得更加繁忙。

新加坡强大的炼油能力和集散交易能力成就了新加坡在亚洲油品市场上的话语权。因此，新加坡掌控了亚洲油品市场价格行情，成为亚洲石油产品定价中心和继纽约、伦敦之后的世界第 3 大石油贸易中心。

从不生产一滴原油到在国际原油市场上占有显赫位置，新加坡的成功与马六甲海峡当然有密不可分离的关系。换言之，正是那些在新加坡港码头上来来往往的船只，铸就了新加坡辉煌的油气业绩。

在中国“一带一路”（“丝绸之路经济带”和“21 世纪海上丝绸之路”的简称）战略中，东南亚具有相当重要的地位，而新加坡作为一个贸易转口港、航运中心，将会发挥非常关键的作用。

（来源：金银岛 .http://news.315.com.cn/20150810/100518920.html.2015－08－10）

小国家的大战略——新加坡航空产业发展的启示

新加坡这个国土面积仅700多平方公里的国家，在40多年前曾以生产蚊香闻名，但凭借得天独厚的地理位置和明确的发展定位，航空业如今已经成为新加坡国民经济的重要组成部分，在新加坡经济结构转型过程中扮演着十分关键的角色。

目前，航空产业对新加坡GDP的直接和间接贡献为142亿新加坡元（占比5.4%），其中包括：直接贡献87亿新加坡元，与航空业有关的产业链间接贡献31亿新加坡元，航空业的直接雇员约有6万人，加上产业链相关企业的雇员，总数近12万人。

作为亚洲著名的航空枢纽，樟宜机场入驻的100多家航空公司经营的航线覆盖60多个国家的200多个城市，其旗舰航空新加坡航空也是享誉全球的顶尖航空公司。运输业的持续增长带动了新加坡航空维修产业的崛起与成熟。目前，在新加坡实里达航空工业园拥有大型维修企业40余家，占亚太地区航空维修市场近1/4的份额，产值近100亿新加坡元。

此外，借助ASL计划（根据该计划，在新加坡企业上缴17%所得税的基础上，针对飞机租赁业务收入的适用税率可在5年间降至10%，甚至5%。同时，在2017年3月31日前用于购买飞机或飞机发动机的贷款可享受预扣税豁免）和极为优惠的双边税收协定，新加坡已成为全球最重要的航空金融租赁中心之一，世界前10大飞机租赁巨头均已进驻。

然而，新加坡政府并不满足于此，其希望航空产业能够再上一个新台阶，在原有合资授权维修的基础上转型升级，凭借地理位置、高素质人才资源等优势，做强原本较为薄弱的航空制造业。新加坡政府的这一设想，如今正在慢慢实现。在2016年新加坡航展上，GE公司、罗罗公司等发动机制造商均表示将在新加坡建立研发中心。在政府的大力推动下，新加坡正试图从亚洲飞机维修中心转型成亚洲飞机发动机制造中心。

一、从旧机场到产业园

位于新加坡北部的实里达机场是新加坡第一个国际民用机场，21世纪以来，随着国际航空交通中心逐渐转移至樟宜机场，新加坡政府开始着手对实里达机场进行重新规划。2007年，新加坡政府对该机场进行重建，并将其定位为新加坡未来重要的航空产业基地。

根据新加坡政府的规划，这个占地约300公顷的专用园区被定位为飞机维护、修理和翻修基地，飞机系统及组件与轻型飞机的设计与制造基地，商务及通用航空活动中心，并建设地区性航空学院和科研设施，培训飞行员、地勤专业人员和技术人员等各类配套人才。同时，新的实里达航空园区还实施了提升机场设施的一系列措施，包括延长跑道至1800米、改造停机坪及飞机滑行道等。

专业化的定位帮助园区吸引了大量优秀企业入驻。罗罗公司投资5.5亿美元在园区新建了用于生产发动机宽弦风扇叶片的工厂。空客直升机公司将东南亚总部设置于此，并将其定位为亚洲地区的技术研发中心。本土公司新科宇航则不断扩大在园区内的规模，承接包括客货机转换等飞机维修和改装业务。

在一个紧密结合的航空业界环境里，进驻企业与供应商、客户和合作伙伴共享园区内的基础设施，便利的互通往来也为企业提供了更大的合作空间。官方数据显示，实里达航空工业园目前每年创造约60亿美元的工业收入，并且未来每年还将以10%的速度增长。

反观中国，近年来，随着民航运输业的快速发展，很多大中型城市的原有机场已经无法满足快速增长的客运及货运需求，一大批新机场如雨后春笋般涌现。通常情况下，在新机场投入使用后，原有机场往往被保留，但这些被保留的旧机场如何发挥最大价值却是一个值得思考的问题。虽然中国的很多旧机场并不具备像实里达机场那样转型为航空产业园的条件，但一些做法却值得借鉴。

目前，中国正大力推进通用航空产业的发展，一些旧机场可以考虑大力发展通用航空产业，吸引通用航空器4S店、私人航空俱乐部入驻，打造通用航空FBO，设立航空培训机构，承办航展活动，提供覆盖通用航空产业链的各项服务。

此外，旧机场还可以转而主营公务机、旅游航班等业务。旧机场由于修建时间较早，往往地理位置较为优越，与市中心距离较近。而商务旅客、公务机旅客通常对时间要求较高，需要较短时间到达工作或会谈地点，游客需要快速到达市内旅游景点，旧机场更容易满足这部分旅客的需求。例如，实里达机场距市中心13公里，樟宜机场距市中心17公里，实里达机场目前主营公务机、东南亚国家的旅游航线等业务，在为樟宜机场分担一部分航班时刻压力的同时，也为旅客提供了便利。

二、日益严峻的挑战

新加坡航空维修业从20世纪70年代的军机翻修业务起家，经历40多年的发展，形成了多家具有国际竞争力的维修企业，并在全球树立了新加坡航空维修的品牌。

如今，新加坡共有100多家国际性航空维修企业。其中，本土的新科宇航和新航工程公司都是世界级的航空维修商。前者的维修工时在2012年就已突破千万小时，并被美国《航空周刊》评为世界最大的独立第三方机体维修提供商。

值得一提的是，在高附加值的发动机维修业务上，新加坡无疑占据着亚洲的桥头堡位置。比如，新加坡一直是普惠发动机美国以外最全面的售后服务中心，也是罗罗公司在英国本土以外的一个十分重要的发动机维修中心。罗罗公司更是先后与新航工程公司成立了两家发动机维修合资企业，为亚洲及全球的遄达系列发动机提供维护保养服务。

然而，新加坡的航空维修业务也并不是完全高枕无忧的。首先，来自周边国家的挑战日益增长，特别是马来西亚和印度尼西亚的南北夹击。由于新加坡土地资源有限，昂贵的设施租金和人力成本正在导致一部分业务流失，而周边国家凭借低廉的人力和土地等成本优势，近年来大力加强在机场和基建领域的投资，正在逐渐蚕食新加坡一部分市场份额。

北面的马来西亚，正踌躇满志地希望依托吉隆坡国际机场、士乃机场和梳邦老机场，打造一个服务于东南亚民航业的维修基地。目前，已经吸引了马航工程公司、GE马来西亚发动机服务公司、瑞航技术公司等多家维修服务企业进驻。

南面的印度尼西亚，除了GMF AeroAsia已经崛起为亚洲重要的维修企业以外，印度尼西亚狮航正致力于将距离新加坡仅20公里的印度尼西亚Batam岛建设成为其第2大飞机维修基地，而位于该岛的杭纳迪姆国际机场拥有印度尼西亚最长的跑道，可用于起降A380客机。

此外，来自飞机和发动机制造商的挑战更为严峻。这主要是由于新加坡航空维修业的市场主体，还是非OEM系的第三方维修企业，随着OEM制造商在售后服务市场中所占的比重越来越大，给制造业相对薄弱的新加坡形成了巨大的压力。

为了改变这一现状，新加坡航空产业亟须寻找新的战略发展方向。

三、打造发动机制造中心

由于国土面积较小，新加坡并不具备引进飞机总装线的条件。因此，将目光转向同样高附加值的航空发动机总装、设计、研发也是不错的选择。

为了吸引海外投资，新加坡政府出台了一系列政策。2016年1月新加坡政府宣布，从2016年4月起，在未来5年内安排130亿美元预算，用于鼓励和支持高端制造业，尤其是航空制造业的发展。此外，新加坡对于知识产权保护的高标准及数量众多的高素质科研人员，对于发动机制造商而言也极具吸引力。

如今，发动机制造巨头罗罗公司在实里达航空工业园拥有一个技术研发中心、一个航空发动机总装厂和一个风扇叶片制造厂。2015年，罗罗新加坡总装厂完成了约80台遄达900发动机和遄达1000发动机的总装，并正在朝着每年完成250台发动机总装的目标前进。2015年，罗罗公司还在新加坡完成了3100个风扇叶片的生产，并计划到2017年将产能提高到年产7600个风扇叶片。

在2016年的新加坡航展上，罗罗公司宣布其新加坡总装厂将参与在研的遄达7000发动机的装配和测试工作，这是罗罗第一次在欧洲以外的地方开展发动机研制。这意味着，罗罗公司新加坡公司正式参与到新型发动机的研发中来。在此之前，罗罗公司所有航空发动机研制工作都是在欧洲完成的，然后再将生产转移到新加坡。未来，罗罗公司还将把新加坡设为其亚太地区的客户服务中心。

另一个发动机巨头GE公司虽然目前并没有将研发向新加坡转移的举措，但近期仍斥资1.1亿新加坡元用于建立一个新的维修技术研发中心，为新一代飞机研发相应的维修技术。据GE公司透露，2015年送到新加坡进行维修的发动机部件为160万个。未来几年，随着更多的GE发动机进入市场，其新加坡维修工厂的工作量将以每年两位数的速度增长。

据GE公司透露，此次投资将主要用于研发诸如机器人、无人机、大数据等新一代维修技术，未来用于新一代航空发动机部件的维修。此前，这些新的维修技术研发工作都在美国进行。未来，GE公司希望新加坡能够成为创新维修技术的发源地。

四、对中国的启示

新加坡如今正利用自身多年积累的优势，紧跟航空业发展的潮流，在巩固飞机、发动机、部附件维修业务的同时，积极引进知名航空企业和高端制造技术，提高研发能力，从而使其从航空工业外围领域向核心领域挺进。这与新加坡政府倡导的制造业朝着“高增值、小批量、多品种”方向发展的目标是一致的。在中国积极探索经济结构转型的今天，更需要借鉴新加坡的成功经验，思索民用航空业如何从劳动密集型的低端行业转向精密的、附加产值高的行业。

近 20 年来，中国民航业始终在稳步发展，C919 项目有力带动了中国航空科技、制造业以及相关产业的进步。民航机队的快速扩张，意味着更多的飞机需要维护，航空制造业和维修业是上下游关系，对于中国航空业而言，制造业向维护业扩展有着得天独厚的有利条件。如何利用好这些优势，在中国培育出几家类似新科宇航这样的大型“招牌”维修企业，树立中国飞机维修的品牌，值得业界探索。

（来源：中国经济网．http://www.ce.cn/aero/201604/27/t20160427_10970584.shtml.2016－04－27）

新加坡房地产市场仍显疲弱

据新加坡《联合早报》2015 年 9 月 7 日报道，尽管近期新加坡市场时有传出项目集体出售的消息，不过分析师认为集体出售的市场并未回暖，因为各种影响当地房地产市场的因素，如降温措施和限定房贷总偿债率（TDSR）仍然存在，市场仍很疲弱。

2015 年 7 月底新加坡市场出现史上交易值最大的综合集体出售项目，即位于乌节路的商住大楼通城大厦，以 3.8 亿元的价格集体出售给亚洲私人投资公司 SIN Capital；2015 年有报道指从中等入息公寓私有化的顺福雅苑也将集体出售，目前已有超过 80%屋主签名同意卖屋。

在一个多月内出现 2 个集体出售，让人好奇这个市场是否已开始回暖？对此，新加坡仲量联行（简称 JLL）国际主管卡南吉表示，事实并非如此，因为目前住宅用地市场还是很淡静。

卡南吉表示，当住宅用地市场需求出现上升趋势时，购买者我们就有可能看到更多成功的集体出售交易但目前市场还是很低迷。不过，拥有强劲特点的项目如通城大厦和顺福雅苑仍然可以吸引到买家。”

新加坡欣乐国际执行董事麦俊荣持相同看法。麦俊荣认为，市场并没有回暖迹象，顺福雅苑只是另一个单一集体出售项目，不能代表整个市场情况。顺福雅苑只是另一个前中等入息公寓项目进行集体出售，这并不代表集体出售热潮已经开始。在新加坡仍有一些比较旧的房地产有潜能进行集体出售，不过业主也知道，发展商并不肯付出业主想要的价格，所以也不想浪费时间进行集体出售计划。

事实上，过去市场上集体出售的交易似乎并不容易成功，比如珍珠苑在过去 8 年就曾三度寻求集体出售但都不成功。另一个大型的集体出售地段松林阁，过去几年曾推出市场，但也迟迟无法成交。

麦俊荣分析，虽然市场上拥有许多旧式房地产，不过，业主和发展商之间的价格要求存在落差，其中房地产市场情绪疲弱、政府降温措施、住宅销售减少以及限定房贷总偿债率等因素，都是集体出售在现今市场很难成功的原因所在。

但卡南吉倒是看好市场上有许多适合集体出售的旧公寓项目。卡南吉认为，只要时机成熟，这些旧公寓就可以把握机会进行集体出售。

而面对新加坡政府一再减少私宅地段供应，一些当地发展商的私宅储备土地已纷纷见底，卡南吉表示公寓集体出售项目或许可以成为发展商的解决方案。集体出售能帮助填补政府售地计划所留下的不足空间，比如有些发展商寻找购买永久地契用地，或者想在没有空置地段的发展区寻找发展，集体出售项目便可解决。卡南吉强调，回收旧的房地产通常都是求多于供时的解决方法，买家也可以从中套利。

不过，麦俊荣则持不同看法，麦俊荣不认为发展商会通过集体出售来增加私宅储备土地。在 2015 年下半年的政府售地计划中共有 17 幅地块，其中 13 幅地块是在后备名单里，如果这些开发商真的这么迫不及待地购买土地，开发商可通过申请，要求政府推出这些地段让其购买。

（来源：环球网．http://china.huanqiu.com/News/mofcom/2015－09/7436476.html.2015－09－08）

中国出口新加坡 LED 照明市场分析

面对国际经济新形势，中国政府提出了“一带一路”的伟大构想。“一带一路”战略下，中国 LED 企业正迎来新的市场机遇，为充分发挥以绿色低碳智慧为特点的中国半导体照明产业的技术和产能优势，通过与“一带一路”沿线国家开展科技合作、产能合作、实施惠民工程，打造“绿色低碳带路”。在中国推进一带一路建设领导小组办公室、发改委以及科技部的指导下，中国国家半导体照明工程研发及产业联盟（CSA）与国际半导体照明联盟（ISA）联合发起的“照亮‘一带一路’行动计划”于2015年已正式启动。

“一带一路”沿线覆盖几十个国家，数10亿人口，多半国家为能源进口国，节能减排需求迫切，“一带一路”沿线国家正成为中国LED企业出口的新蓝海。为了更好的帮助中国企业了解和推动LED在“一带一路”国家的应用，CSA Research近期推出了中国LED出口“一带一路”有关国家的系列报道，分享权威数据帮助中国LED企业加速“走出去”。本系列前几期分别介绍了印度、马来西亚、泰国等出口市场情况，本期将分享中国出口新加坡LED照明市场的概况。

东盟等新兴市场国家经济近年保持良好增长态势，近几年大量处于城镇化建设、基础设施建设的高峰期，本身LED产业不成熟，在中国大力推进“一带一路”政策下，中国对其LED照明出口增长迅速。新加坡是亚洲的重要经济体，同时也是东盟成员国，作为东盟人均GDP最高成员国，新加坡是中国企业开拓东盟市场的首选。

CSA Research数据显示，2012年至2014年中国对新加坡LED照明产品出口总额一直处于高速增长期。2015年中国出口新加坡LED照明产品市场份额有所下降，2015年中国对新加坡LED照明产品出口总额为1.4亿美元，较2014年下降1%左右。截至2015年12月，中国对新加坡LED照明产品出口总额为1773万美元，较2014年12月下降4.8%。

从出口数量和单价来看，中国对新加坡出口呈现量减价升的现象。2015年，中国对LED照明产品出口数量为1289万个（件\只\套），较2014年同期增长8.9%。2015年，出口单价为4.9美元/个（件\只\套），较2014年下降10%。截止至2015年12月份，中国对新加坡出口单价为4.4美元/个（件\只\套），较2015年1月份下降了38.9%。

图1　2012～2015年中国出口新加坡LED照明产品数量和单价

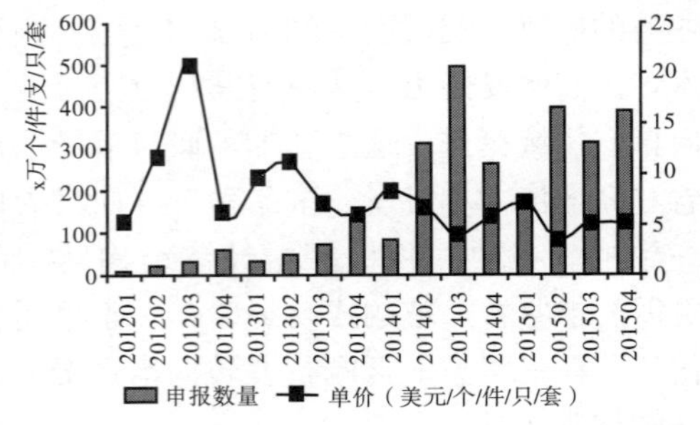

（数据来源：中国海关，CSA Research）

图2　2015年中国出口新加坡LED照明产品类型

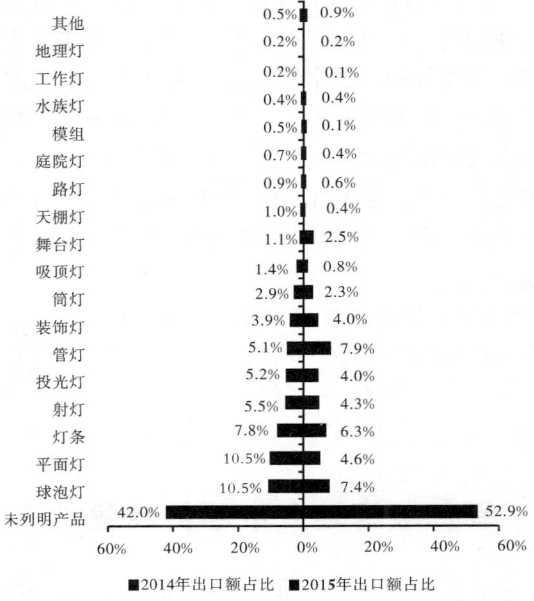

（数据来源：中国海关，CSA Research）

从出口产品类型来看，2015年中国对新加坡出口产品类型中，未列明灯具的出口额为5865万美元，较2014年同期下降了21.3%，占到2015年出口总额的42%，较2014年未列明灯具出口额占比下降了10.8个百分点。在已列明灯具类型中，球泡灯以1468万美元的出口额位列第1名，较2014年同期增长41.1%。平面灯和灯条出口额分别以1458万美元和1093万美元，位列第2名和第3名，射灯和投光灯出口额分别为769万美元和720万美元，同比增长率分别为26.1%和27.5%。

从出口企业分析，2015年，中国出口新加坡企业数量为1491家，较2014年增长15.7%。2015年较2014年有1200家新进入新加坡市场，2014年较2015年有998家退出新加坡市场。

从订单数量来说，2015年，中国出口新加坡有11070份订单，订单最高的数额为81.9万美元，订单最小的为1美元，平均每份订单为1.3万美元。2015年出口的所有订单中有77.6%订单小于平均订单1.3万美元。

从产品类型和出口企业的交叉分析可得，2015年中国出口新加坡LED照明产品类型中，球泡灯出口额最高的企业为宜家（中国）投资有限公司；平面灯出口额最高的企业为重庆煦戈商贸有限公司；灯条出口额最高的企业为惠州市莱斯特科技发展有限公司；射灯出口额最高的企业为珠海市海锐商贸有限公司；投光灯出口额最高的企业为沈阳雅莱贸易有限公司。

从出口品牌分析，2015年中国出口新加坡品牌中“无牌”和“默认”品牌的出口额分别为9.3亿美元和3.5亿美元，占出口总额的比例分别为67.0%和25.1%，两者总和占到出口总额的92.1%左右。在排除“无牌”和“默认”的已列明的出口品牌中飞利浦、宜家、欧司朗、通用、锐高等国际品牌出口总额占较大，这4大品牌出口额约占到已列明出口品牌的61.1%。

（来源：OFweek照明网．http://lighting.ofweek.com/2016—05/ART—34002—8420—29095726.html.2016—05—12）

泰国

泰国有望成为东盟物流中心

2015年年底，东盟经济共同体宣布正式建成，东盟向着单一市场的目标更近一步。为实现货物、服务、投资、资本和技术劳工在区域内的自由流动，跨境物流的作用日益凸显。

泰国处于东南亚地理中心位置，具有发展成为东盟物流中心的优势。但除了个别国家的努力，要真正实现东南亚国家间货物和贸易快速流动，东盟层面需要推出更为有效的便利化政策。

一、泰国物流企业对拓展地区市场跃跃欲试

就泰国国内情况而言，目前泰国的物流行业产值约占该国国内生产总值的15%～17%，特别是近些年来，泰国的电子商务快速发展，这对物流的增长提供了驱动力。

由于发展的势头良好，泰国的物流企业已经不满足于仅仅依靠泰国市场的发展。泰国邮政国际业务负责人阿利亚表示。泰国邮政有限公司率先提出“跨境平台”计划，为跨境物流提供整体解决方案，在东盟范围内为电子商务提供跨境运输服务。作为试点，泰国邮政将与泰国零售企业合作，通过线上销售、线下物流等方式，将泰国商品销往柬埔寨、老挝及缅甸等国。

据悉，泰国邮政将与泰国零售企业合作，在泰国边境地区设立物流仓库，由泰国邮政负责在泰国境内打包及运输，包裹抵达边境后，将转交老挝或柬埔寨邮政，最终双方共同合作完成投递，将商品送到老挝和柬埔寨等国居民手中。

2016年年初，泰国邮政在与联合国机构万国邮政联盟举行会谈时，表达了希望加强与老挝和柬埔寨邮政紧密合作的意愿。

联合国贸易和发展会议前任秘书长素帕猜日前表示，实现泰国经济增长不仅需要内需拉动，也需要关注柬埔寨、老挝、缅甸和越南等国市场，2016年，跨境零售业将成为泰国商业一颗上升的新星。对东盟地区国家的出口在泰国经济中扮演重要的角色，2015年柬埔寨、老挝、缅甸和越南市场占泰国出口总值的11.3%，而且，泰国周边国家的年轻人和中等收入人群构成了巨大的潜在消费群体。

阿利亚介绍，泰国邮政还计划与东盟各国邮政合作，通过完善销售、支付、包装、存储、运输及终端物流等各环节，支持电子商务全产业链发展。

泰国邮政代理总裁斯梦表示，泰国邮政希望在未来3年内推动泰国成为东南亚地区的物流枢纽。泰国电子商务市场将在近几年实现至少20%的年增长率，这使得泰国邮政实现了年均15%的邮递服务增长。泰国邮政将在全面的组织结构调整下，准备好进入东盟各国的市场。

二、力求实现物流与电子商务相互促进

2015年年底东盟共同体的建成，为实现货物、服务、投资、资本和技术劳工在区域内的自由流动奠定了基础。这5大要素中，货物的自由流通最为基本。2014年世界银行发布的160个国家的“物流表现指数”中，泰国位居第35位，在东盟国家中排名第3。为继续提高泰国物流业发展水平，泰国政府制定了《2013～2017年泰国物流系统发展战略》，计划将泰国建设成为湄公河流域国家的贸易与服务中心以及亚洲贸易门户。

为了优化本国的物流行业，目前，泰国有关部门正在修改《邮政法》，试图为泰国邮政引入竞争机制。万国邮政联盟亚太地区协调员刘中林表示，由泰国法政大学教授牵头起草、修改的新泰国邮政法草案初稿有望于2016年提出，如果新邮政法能够获得通过，将有望刺激泰国邮政的进一步发展。

阿利亚介绍，泰国邮政正在改变传统服务模式、引入创新服务类型，不断贴近客户生活方式和

商业需求。根据《2013～2017年泰国物流系统发展战略》，泰国邮政着眼于增强国内和地区两个层面的竞争力。

同时，在电子商务方面，泰国商业部正在推动电子商务实名注册，规范电商市场。泰国商业部商业发展厅副厅长乐达娜表示，商业部正吸引微型电商进行电子商业登记，以增加商家可信度。按照目前规划，2016年内将吸引6万家个人、法人、在线商店等进行电子商务登记。这将有助规范泰国电商市场，扩大电商总体规模，客观上有利于促进泰国邮政和物流行业的发展。

三、基础设施差距制约跨境物流的发展

就东盟区域而言，各国邮政行业发展情况不一：新加坡、马来西亚的邮政公司，属于上市企业，发展状况良好；泰国、印度尼西亚和菲律宾的邮政企业，属于国有公司，发展状况一般；缅甸、文莱，邮政行业还未改革，仍由国家公务员负责；越南、老挝和柬埔寨等国的邮政，虽然已经完成公司化改革，但发展速度十分缓慢。刘中林表示，东盟各国的邮政行业发展情况存在较大差距，但基本上与各国的经济发展水平相吻合。

新加坡国立大学商学院客座高级研究员亚历克斯·卡普里认为，基础设施质量的差距是影响物流发展的重要原因之一。新加坡和泰国等较为发达的东盟国家与其他欠发达地区的基础设施质量存在较大的差距。基础设施中的“硬件”包括港口设施、公路和铁路，“软件”则包括与当地海关相连接的电子数据与电子信息平台等。

目前，东盟拥有大量的“非关税措施”，造成了货物的延误，增加了该地区跨境贸易的成本。非关税措施包括不同类型的边境管制、特殊进入要求、安全标准、价格控制、原产地限制等。尽管东盟国家之间有95%的跨境贸易享有免税待遇，非关税措施仍然构成了挑战。

东盟成员国之间尚未实现服务和劳动力自由流动，这意味着东盟地区的物流行业还有很长的路要走。

刘中林表示，未来东盟各国发展跨境物流需要更加关注通关和运输的便利化。目前很多运输车在边境交割货物，如果不同国家之间能够达成合作，互相发放跨境运输通行证，将会使通关运输更加便利。如何在通关运输方面“开绿灯”，将对东盟一体化发展产生巨大的影响。

卡普里介绍称，东盟国家正在推动“东盟单一窗口”，目前正处于试点计划阶段，该计划完成后，东盟各成员国将允许贸易者一次性提交通关信息，各国相关部门对这些信息进行电子化一次性同步处理以及一次性审批的通关，欧盟已采用类似做法多年，大大简化了货物通关手续。

颠覆性技术和电子商务的不断发展将为跨境物流提供巨大机遇，新型的物流模式将应运而生。物流公司在区域互联互通中扮演着推动者和服务商的角色。物联网、大数据、云计算以及新兴的“共享经济”使得上述趋势成为可能。

（来源：综合整理自《人民日报》）

泰国文化创意产业繁荣发展

目前，泰国的文化创意产业发展繁荣并取得瞩目成就，其文化创意产业在东盟10国当中处于领先的地位。业内人士认为，文化创意产业已经成为目前世界上最重要的产业之一，文化创意产业对经济增长的贡献已占据十分重要的地位，尤其是对于发展中国家而言，随着文化创意产业对经济发展的巨大推动作用，发展中国家可以借由文化创意产业更加迅速地融入世界经济体系中之中。

一、泰国文化创意产业发展的背景

文化创意产业最早出现于1997年的英国，首相布莱尔在大选时喊出“酷不列颠（Cool Britannia）”竞选口号，希望可以透过英国人最引以为傲的创新与创造力带动英国新一波的经济发展。泰国则是在1997年亚洲金融危机之后出现。在1997年金融危机中，泰国是最先遭受打击也是受害最严重的国家，在金融危机与全球化竞争的双重压力之下，泰国政府和民众纷纷寻求自救与发展之路，2001年2月9日他信上台执政，他信在国际竞争力大师Michael Porter的建议下选出5大竞争力产业：观光业、时尚业、食品业、软件与电脑动画业、汽车业。其中时尚业、食品业、软件与电脑动画业与文化创意产业密切相关，泰国政府希望可以凭借由强调软实力的文化创意产业有效带领泰国走出经济危机，由此文化创意产业经泰国政府层面被大力推动起来，也因此文化创意产业成为带领泰国进行经济复苏的重要策略。

二、泰国文化创意产业的现状

（一）泰国文化创意产业发展策略

为达成国内产业转型成为知识型社会以及成为东盟区域经济发展中心的目标，泰国大力发展文化创意产业，并制定了文化创意产业发展的各项战略方针与政策指导，同时给予资金上的大力支持，全力促进文化创意产业的发展。泰国认为，要推进文化产业发展工作最基本的是要尊崇本国文化本质属性的原则。按照泰国人的价值观，为实现既定的目标和计划，泰国文化发展总体战略包括：1. 保护、传承国家文化的稳定性，保持地方文化的多样性。2. 塑造泰国式的价值观、意识和修养。3. 用国家专项文化基金来建设社会的品质和增加经济的含量。4. 管理好宗教、艺术和文化组织泰国政府在发展文化创意产业上十分注重打造泰国文化品牌，遵循“灵活、友好、趣味、合作”4 大原则，其发展目标就是要将泰国打造成亚洲的文化枢纽之一。此外，泰国还出台了一系列政策和措施，以保护知识产权等。

（二）泰国文化产业发展战略具体措施

在文化创意产业发展的具体战略措施上，他信政府（2001～2006 年）实施过发展计划：曼谷时尚城市（BFC）主要是在产业部的规划之下整合 6 大民间企业组织包括泰国纺织协会、泰国宝石与珠宝协会、泰国服装制造协会、泰国宝石与珠宝商协会、泰国皮制品协会与泰国制鞋协会。希望可以通过政府与民间的力量将曼补打造成区域流行时尚城市并成为世界的流行时尚之都。其主要计划目标如下：1. 将曼补塑造出时尚城市的形象；2. 将曼谷成为泰国时尚相关行业的重心；3. 把泰国的时尚元素融人产品设计之中并且将泰国时尚营销到东南亚甚至全世界；4. 增加泰国时尚产业的竞争力与出口产值；5. 连结相关的时尚产业来增加产品的质量与设计，满足顾客的需求以减少进口；6. 发展时尚产业的稳定结构，以提升整体的产业标准。泰国政府于 2003 年 9 月 2 日成立了泰国创意设计中心，隶属于总理办公室的知识管理与发展办公室。其发展目标如下：1. 通过泰国创意设计中心的介绍与资源让泰国人了解自己的文化；2. 让设计师与执业者了解如何设计、生产等方法；3. 创意经济发展的宣传与国际网络的建立。泰国创意设计中心最主要的目标是希望除了提供专业人士最新的设计资讯之外也可以提供一般民众创意与设计方面相关的知识。泰国创意设计中心虽然是由政府出面成立的，但却有效拉近设计与一般大众的距离，将设计的概念深深植根于泰国民众的心中。此外还有“一乡一产品”计划、“世界厨房中心”计划等等。这此计划都反响巨大且卓有成效。

（三）泰国文化创意产业发展的行业简况

按照文化产业的分类，以每一类中具体行业为例说明。

1. 文化遗产类

以文化遗产类中的历史与文化观光业而言，历史与文化观光业是泰国历届政府都十分重视的行业，这一行业对拉动泰国经济起着不可取代的巨大作用，新马泰旅游早已全球闻名，泰国在旅游这方面成绩斐然。在泰国大到山川海滨、城市建设，小至商店宾馆，随处都能感受到浓烈的泰国民族特色。泰国政府在发展历史与文化观光行业的同时始终强调密切结合本土旅游文化特色，以泰国本土特色文化为基准，并通过举办各种旅游活动，民族节目和各种丰富多彩的旅游节目来发展这一行业。

2. 媒体类

以媒体类的电影业来说，近年来泰国电影迅速发展，且逐渐由产量上的增长转而到质量上的提高。泰国电影利用先进的电影技术手段进行本土化叙事，独有的民族文化景观在国际化的商业包装下产生了活力，越来越多的商业类型片打败好莱坞大片赢得票房大卖，并获得国外市场广泛的认可，同时不断有高艺术水准的影片在国际上获得奖项，如：2008 年本土的《拳霸 2》以超过 1 亿泰铢的票房打败了来自好莱坞的《木乃伊 3》。目前泰国政府在对外电影合作中正积极从外景地的角色中转型，积极发展影视制作产业链一体化，力争促成泰国成为亚洲新的电影工业制作中心。

3. 创意类

以创意设计为例，泰国政府应国家发展需要，近年来致力于创意设计的发展，以曼补时尚城市计划为基础，着力使曼补晋升为国际“设计之都”，并为此成立了创意设计中心。作为亚洲最具规模的设计研究中心，不但提供平台让专业设计师在此发表作品，还引进国内外创意思维让设计师可以来此取经。让设计变得平易近人，敞开设计大门，让观光者来此参观，获得与时尚创意相关的讯息，成为名副其实的设计图书馆。

三、泰国文化创意产业取得成功的原因

从 1997 年泰国开始重视文化创意产业到如今泰国文化创意产业取得区域领先地位，不难看出，

泰国文化创意产业正一步步发展壮大成为推动国家经济发展的重大助推力，从而提升了泰国的国际竞争力。纵观其多年发展历程，泰国文化创意产业取得成功有以下原因：

（一）政府支持，政策定位准确

从泰国政府决定开始大力发展文化产业到文化产业蓬勃发展这一过程，泰国政府始终扮演着推动者的角色。为促进文化产业发展，泰国政府从本国实际出发，结合本国国情制定了各项符合泰国文化创意产业发展的政策、战略与目标，如前文所述。泰国政府为促进文化产品的出口，开展相应的研究、接受技术转让、加强国际合作、交流相关领域的知识和技术。此外，泰国政府还成立了许多相关机构以扶持文化创意产业的发展，如政府成立知识管理与发展局，该机构直接隶属于总理办公室，从而减少了许多沟通协调的障碍，能更顺利地协助文化产业发展。该机构成立的目的就在于提供充足资源以培养泰国民众的知识技能，促进文化产业发展。

（二）重视文化创意人才培养

当前，文化创意产业是以人力资源创造高附加值的现代服务业，其发展的核心要素就是创意人才。因此人才的培养对于文化产业的发展尤为重要，泰国政府基于这一点十分重视人才的培养，不仅着力聚集海内外创意型人才甚至设置专门人才机构以充实创意人才为文化创意产业发展打下坚实基础，如Zoos成立的泰国创意中心，就是希望通过该机构获取最新创意人才，今进而充分利用相关资源最大限度发展创意产业。

（三）最大限度地发挥本国文化特色，打造文化品牌

泰国文化发展是以传承民族文化保护文化多样性并塑造泰国式的价值观为总体战略，泰国的文化创意产业植根于泰国民族文化，因此在文化创意产业的发展上所遵循的是尊崇本国文化属性的基本原则，并着力打造具有泰国特色的文化品牌。如“神奇泰国”，以泰国鲜明的佛教文化特色来引人注目；还有泰国北部的南邦府打出了“兰纳文化之城”的地方文化品牌，力图将南邦打造成泰国名牌旅游景点；如今泰国电影也在国际电影业中崭露头角，将逐渐发展成为泰国的新一项文化品牌。

（四）非常注重国际交流

早在2013年泰国就在文化产业发展项目计划书中明确表示要与东盟国家合作发展文化产业项目，重视提升边境文化交流窗口作用，大力发展与缅甸、老挝和柬埔寨等邻国地区的文化交流合作，进而促进地区经济发展。

为摆脱经济危机振兴国家经济发展，泰国政府开始重视文化创意产业的发展，通过各项国家政策措施和民众的大力支持下通过多年的发展，泰国文化创意产业逐渐在区域内崭露头角，成为东南亚文化产业发展较为迅速的国家之一。泰国文化创意产业植根于泰国文化，注重本国文化保护并尊崇本国文化发展规律，着力打造本国文化品牌，重视人才培养与聚集，重视国际文化交流，这此都是泰国文化创意产业发展取得成功的重要因素。

（来源：综合整理自《现代经济信息》）

泰国电商产业成为外商进军东盟的跳板

近年来，泰国网上购物以年均30%～35%的速度增长，该产业估值在146亿泰铢。目前泰国电商市场发展刚刚起步，约仅占整个零售市场份额的1%，预计未来5年，泰国电商在其零售行业市场占有率将提高至8%，与亚洲发达国家水平基本相当。

一、泰国电商产业正在迅速壮大

泰国电商协会主席Pawoot Pongvitayapanu称，泰国电商市场是东南亚地区发展最快的市场。目前，泰国有超过50万的电商用户。Pawoot Pongvitayapanu表示，泰国公民会更加积极地参与网上购物活动。4G会成为电商市场增长、线下业务转到线上的一个促进因素。移动设备的电商活动也将更加频繁。泰国网民占总人口的43%，预计2016年会增长至50%。

根据泰国电子交易发展机构调查报告显示，2015年泰国电商市场市值预计达2.1万亿泰铢（约合584亿美元），比2014年增长3.65%。该机构还预计，2015年B2B电商市场将比2014年下降0.34%，而B2C和B2G将分别增长15.29%和3.96%。

该机构数据还显示，2015年泰国电商市场大部分收入主要来自3大行业：膳宿服务行业价值6589亿泰铢，其次是制造业3502.9亿泰铢和批发零售业3250.8亿泰铢。

二、泰国将成为外商进军东盟的跳板

根据泰国电子交易发展机构（ETDA）发布的

调查信息显示，泰国电商市场规模预计将由2014年2.03万亿泰铢（约合566.6亿美元）增长到2.1万亿泰铢（约合586.1亿美元），同比增长3.65%。

该机构表示拉动2015年泰国电商市场增长的“三驾马车”主要是：食宿业贡献6589亿泰铢（约合183.9亿美元），制造业贡献3502.9亿泰铢（约合97.8亿美元）和批发零售业贡献3250.8亿泰铢（约合90.7亿美元）。

泰国2015年的B2C电商市场规模将比2014年的4100亿泰铢（约合114.4亿美元）增长15.29%，B2G（business to goverment）将比2014年的3900亿泰铢（约合108.8亿美元）增长3.96%；而B2B市场将比2014年的1.23万亿泰铢（约合343.3亿美元）稍微减少0.34%。

该机构首席执行官Surangkana Wayuparb表示，随着越来越多人进行网购，泰国的电商市场越来越有吸引力。同时，4G网络服务也将推动泰国电商市场增长。

日前，泰国安讯集团（Ascend Group）称，将投资53亿泰铢（约合1.47亿美元），把电商业务iTrueMart和weloveshopping扩展至东盟国家。

2015年投资菲律宾的仓储、物流和营销项目。随后，2016年投资印度尼西亚、马来西亚、越南、新加坡、缅甸以及柬埔寨等6个国家的市场。

安讯集团总裁Punnamas Vichikulwongsa表示，安讯的目标是力争到2018年成为东盟电商市场的领头羊。

欧睿国际（Euromonitor International）一份报告称在接下来两年里，东盟国家的B2C电商零售市场规模将激增20%，从50亿美元增长至70亿美元。

考虑到泰国在东盟的中心地位，外国投资者已着眼于以泰国电商市场为跳板，不断扩展电商业务到东盟其他国家。

例如，日本电商解决方案供应商Transcomos最近与泰国电子书店平台Ookbee合资成立Ookbee Mall，开发泰国电商业务。

日前，阿里巴巴也与泰国Crown Tech Advance公司商谈，计划共同投资泰国物流和电商；不过双方均未敲定该事宜。

三、2016年泰国电商市场的趋势

（一）数码内容、手游成为后起之秀

泰国电信运营商称，将斥巨资购买数码内容和游戏来满足用户快速增长的需求。例如，泰国运营公司True Digital Plus将购买数码内容的预算从2015年的100万美元增加到300万美元。

True Digital Plus总经理Mana Prapakamol表示，泰国有超过2200万的网游玩家，在移动设备端和PC端都很活跃，泰国游戏市场有望高达1.7亿美元，其中手游市场为5556万美元，而且2016年预计增长30%。

（二）生鲜产品市场发展迅猛

泰国领先电商平台www.tarad.com创始人Pawoot指出，生鲜市场快速发展，因为它满足了城市居民的生活需求。人们现在倾向于选择更健康的食物，它们可能是当地制造也可能是进口而来。Pawoot表示，以前，电商市场主要焦聚时尚和消费产品，Pawoot认为生鲜产品将是2016年电商市场大势所趋。

（三）价格战将有损市场增长

随着卖家数量稳步增长，Pawoot表示担忧价格竞争太过激烈。

与日本和新加坡的竞争对手相比，泰国电商运营商在技术和资金上处于劣势。Pawoot表示，如果只关注价格策略，那电商运营商就无法继续运营了，电商运营商需要关注的更多是客户关系的管理。

（来源：综合整理自雨果网）

旅游业成为拉动泰国经济增长的“关键牌”

2016年年初，泰国旅游部部长科甘·瓦他那朗恭称，2016年到泰国旅游的旅客数量将打破纪录再创新高，预计可同比增长7%。作为泰国经济亮眼的支柱产业之一，旅游业显然成为泰国实现经济增长的关键“底牌”。

一、2015年泰国旅游业发展良好

对旅游业的增长泰国很有“底气”，当然这种“底气”并非无的放矢。

科甘·瓦他那朗恭表示，2015年有近3000万外国旅客到泰国的寺庙、海滩、酒吧游玩。在这一基础上，泰国方面预估，2016年赴泰旅游人数极有可能达到3200万人次。

2015年泰国曼谷四面佛周围发生的爆炸事件以及两位英国背包客在泰国遇害等事故，似乎并没有抵消各地游客对泰国的热情。北京旅游学会副秘书

长刘思敏表示。目前恐怖事件已经有了全球化的趋势，主要的旅游目的地包括巴黎、土耳其等国家和地区都发生了恐怖事件。可以说，恐怖事件的全球化也淡化了具体某个旅游目的地的负面影响。

从泰国方面来看，北京旅游学会副秘书长刘思敏认为，作为佛教国家，泰国的社会秩序较为稳定，氛围平和，且国家开放程度较高，法律环境相对宽松，在东南亚国家中也是整体环境较好的旅游目的地。

此外，作为东南亚旅游业发展较早的国家，泰国产品开发也颇下了一番功夫。

刘思敏指出，泰国的旅游产品特别是度假旅游产品在东南亚国家中都是拥有较高水平的，发展也比较成熟。并且由于气候环境，泰国旅游旺季持续时间也长。

中投顾问高级研究员薛胜文也认为，在东南亚国家中，泰国旅游综合实力突出，其旅游资源非常丰富，文化、宗教积淀也深厚，旅游消费相对较低，竞争优势显著。此外，泰国的旅游项目也是极具特色的，可替代性较低。

刘思敏指出，泰国是东南亚风情的典型代表，同时其酒店业和旅游产品发展成熟，这是对欧美游客最大的吸引力。而泰国的区位优势——“背靠”中日韩，则是其吸引亚洲游客的地方。尤其中国作为新兴的旅游大国，出境游增长迅速。

泰国旅游部公布的数据显示，2015 年到泰国旅游人数位居前 3 位的国家分别是中国、马来西亚和日本。旅客人数分别为 800 万人次、300 多万人次和 140 万人次。而泰国方面预计 2016 年大约有 60％～70％的游客为重返旅客。

二、泰国旅游业提振经济

泰国旅游业的繁荣也是支持泰国经济发展的重要动力。

瓦他那朗恭表示，2015 年，泰国旅游业贡献的税收收入为 2.21 万亿泰铢，在这一基础上，泰国政府 2016 年的目标是旅游业贡献的税收收入达到 2.3 万亿泰铢（约合 4163 亿元人民币）。

在全球经济低迷的背景下，旅游业正成为泰国经济的“底牌”。据泰国经济和社会发展委员会预测，2015 年泰国经济增长虽然难以实现 3％的目标，但也不会低于 2.7％。而在 2016 年全球经济预计增长 3.6％的前提下，泰国有望达到 4％。这其中的部分原因就是泰国政府的刺激措施和旅游业发展的良好预期。

不过薛胜文也指出，除了旅游业，泰国经济增长也有其他因素，其中一项就是基础设施建设投资。薛胜文表示，自 2015 年起，泰国政府开始推进大型基础设施专案建设，而基础建设投资将对泰国经济增长有一定贡献。

泰国政府计划未来几年将大力发展高速公路、火车、经济特区等基建投资项目。尽管泰国政府基建投资举债规模达到 1.7 万亿泰铢，但泰国政府积极通过公私合作模式（PPP）吸引企业投资，而亚投行在跨境和跨国项目、物流和水电网项目上的支持也令泰国受益。就在不久前的 2015 年 12 月 19 日，经历了近 10 年协商的中泰铁路项目正式启动，双方合建的泰国首条标准轨复线铁路也将成为泰国陆路运输的枢纽中心。

此外，薛胜文认为，2015 年泰国的消费支出已经出现回暖，2016 年消费支出也将有所提高，为经济注入活力。不过需要注意的是，与东南亚同类国家相比，泰国的经济发展仍面临着产业结构不合理、第二产业成熟度不高的瓶颈，这削弱了泰国经济的抗风险能力。

三、泰国旅游业提倡成立区域旅游中心

据悉，亚太旅游协会研究发现，东南亚地区市场兴起，在接下来的 3～4 年，泰国旅游业将继续蓬勃发展，2016 年接待游客总人数将首次突破 3000 万人次。该协会 CEO 哈迪表示，尽管经历了不少危机，泰国的旅游业在过去 10 年中仍迅猛发展。泰国政府和旅游局应该完善基础设施建设，满足游客的交通需求。同时考虑到一些景点旺季频频缺水的情况，政府也应该加强对废水和废物的管理。

联合国国际旅游协会（ITA）也预计，2017 年到泰国的外国游客将达到 3500 万人次，2018 年达到 4000 万人次，2019 年达到 47000 万人次，领先于东南亚其他国家，如马来西亚、新加坡和印度尼西亚等。同时，ITA 还预计，2015 到 2019 年间，中国将是泰国最大的外国游客来源地。

泰国的发展将推动区域各国团结协作，吸引来自全球各地，特别是第三世界国家的游客。当前，泰国旅游业发展势头良好，有望掀起一股东盟地区旅游热潮。

2015 年 12 月，泰国旅游协会的股东们提议成立“东盟旅游中心”，以整合区域资源，放眼全球市场。据了解，该旅游中心拟于 2016 年成立，刚开始可能不会带来立竿见影的效果。但是区域内各国应该考虑达成一些协议，比如启用统一签证、互相

开放领空、扩大跨境投资等。

（来源：综合整理自《国际商报》、环球网）

越南

外资加速涌入越南零售业

开放国门、加速国际化的越南吸引了众多国际零售商的注意。自2009年越南根据世界贸易组织（WTO）规定承诺开放零售市场后，包括麦德龙、BigC、乐天、永旺、欧尚等在内的国际“零售业巨头”纷纷进驻越南。

如今，越南已加入了跨太平洋伙伴关系协定（TPP），同时还作为2015年年底成立的东盟共同体成员。诸多“诱因”正加速外国零售业布局越南市场的步伐。

一、外资加速布局越南零售业

越南零售业整体来说不够发达。据越南工商股份商业银行证券股份公司研究中心副主任邓陈海登披露，越南国内现在大约有700家超市、132个贸易中心，而且大部分集中于城市，目前只占有市场份额的25%。中国现代国际关系研究院南亚、东南亚及大洋洲研究所聂慧慧指出，与周边国家相比，越南零售业占市场份额比重仍很低，比如这一数字在菲律宾为33%，新加坡为90%，中国为51%。

不过在聂慧慧看来，这既是劣势也是优势，未来几年将是越南零售业快速发展的黄金时期。按照越南计划投资部规划，到2020年越南将建成1200～1500个超市、180个贸易中心、157个购物中心。2015年越南零售额为1020亿美元，越南计划投资部计划到2020年将这一数字提高到1790亿美元。

不仅越南政府注意到了这点，嗅觉敏锐的外国投资商也十分看好越南零售业的发展潜力，纷纷赴越南投资。聂慧慧介绍，2014年泰国Berli Jucker Plc（BJC）以6.55亿欧元收购了越南麦德龙超市，并于2016年1月7日完成所有并购手续。这是迄今发生在越南零售业的最大并购案。在越南近几年较大型的零售业收购案中，日本企业收购越南企业的有3个，泰国有3个，多于其他国家。

现在，这些外国零售业巨头正加速布局越南市场。越南媒体报道资料显示，法国欧尚计划于2020年以前在越南北方地区开设20家超市，并与越南C.T集团合作在南部建立S－Mart超市网络；日本永旺已在越南河内、胡志明市和平阳省建立3个商贸中心，未来计划再增加10～20个；美国7—Eleven零售集团于2015年7月与越南Seven System公司签署合作协议，拟在越南布设便利店网络；Berli Jucker公司等泰国零售业巨头在收购越南麦德龙和日本FamilyMart（已更名为B'Mart）网点后，宣布将继续收购法国BigC品牌。

Vingroup、胡志明市贸易合作社联合会（Saigon Co.op）、Hapro、Satra等越南本土零售业企业也在快速发展，但大多数企业仍存在联通性不足、缺乏战略规划、管理人员专业能力差等短板。聂慧慧表示，越南零售业较大的不足在于分布不均匀，多集中在大城市，中小城市和农村仍主要依靠市场和杂货铺，尚未建立自己的品牌，因此近年来越南有较多零售企业被外资企业收购。

这些外国零售业集团凭借资金、技术和企业现代化、专业化管理水平的优势从生产端和销售端不断开拓越南市场，整体规模已相当于越南国内零售企业的40%～45%。

二、市场过快开放将冲击越南本土商品

聂慧慧表示，更值得担忧的是，外资企业在进行收购后，会对销售本国商品有一定倾向性。比如泰国集团收购麦德龙以后就表示，其各超市所售泰国商品比例将占60%。聂慧慧认为，随着越南签署的一系列自由贸易协定生效和已经建成的东盟经济共同体带来的连锁影响，将会有更多来自外国的质优价廉的商品享受零关税待遇，涌入越南市场，冲击越南本土商品。

在分析越南零售业发展前景时，中国社科院亚太与全球战略研究院大国关系研究室主任钟飞腾指出，这可以从2个因素进行判断。首先是越南的人均收入水平，越南目前人均收入约3000美元，与印尼差不多。数字虽然不大，但可以预判的是，随着外资的涌入这一数字还会提高。钟飞腾表示，现在越南吸引外资的能力不断提高，2015年吸引外资就达230亿美元，在东盟10国中仅次于新加坡。而越南又因地缘政治等因素被视为TPP的最大受益国，吸金能力可见一斑。其次是年轻人口的结构比例。钟飞腾认为，这点可以判断越南人“消费口味”是否好培养。目前，越南年轻人口占比达60%，年轻人口对拥抱西方文化的心理接受度更高，越南输送赴美留学生的数字在全球排名前10位。这部分人群适应能力强，易于培养消费习惯。

钟飞腾认为，现在外资零售业还在布局阶段，

除了收购还要进行管理和销售人员的培训、媒体宣传等工作，更多的效果短期内还不会显现，但后期会产生更多具体问题。比如，TPP对越南国企以及制药业、农产品业会产生较大冲击，届时这种冲击可能会延伸到零售业的食品和农产品。此外，开放过快加剧收入对比，这又会衍生出贫富阶级对立等问题，不过这也仅限于胡志明等大城市的零售业。钟飞腾表示，越南体量小，以出口为导向，依赖国际市场明显，现阶段其劳动密集型产业发展很有优势。深知此点并急于降低中国影响力的越南“西化”倾向十分明显。

钟飞腾指出，越南在吸引外资的同时欲借此加强产业控制，加速融入国际产业链，并进行国内的产业调整。但要看到，过快的开放更有可能产生别的问题：比如外资控制某些行业、环境问题加剧等。同时，更快融入地区网络的同时，也要面临同类产品和资源的竞争，比如有意加入TPP的印尼就与越南的产业有同构性。

（来源：综合整理自《国际商报》）

越南房地产市场前景乐观

2015年12月，越南房地产协会秘书长陈玉光表示，2015年越南房地产市场流动性和价格总体呈现量增价升的走势，供求均出现明显增长，投资激增。基于良好的宏观基础，住房购买者对越南市场信心逐渐恢复并巩固，部分中高档地段的小区项目进度加快，受到许多客户关注。位置较好、价格合理、开发商有诚信的小户型房屋畅销。但总体来看，房地产市场交易量仍处于稳定状态。

一、越南房地产交易量增长强劲

数据显示，与2014年同期相比，2015年上半年越南胡志明市房屋销售量激增174%，而河内销售量增长91%。有越南媒体评论，这一系列数字可以被认作是越南房地产业经历过去几年的多次泡沫和遇冷后重新回暖的征兆。

2015年7月16日，越南房地产协会公布的报告显示，因证券等投资渠道吸引力下降，许多投资者转投越南房地产市场，使得房地产交易量增长强劲。以河内和胡志明市为例，2015年上半年河内成交9250笔，胡志明市成交8750笔，同比翻番。仅在2015年6月，河内成交1750笔，胡志明市成交1700笔，环比增长6%。

不过，有观点认为，越南房地产价格虚高，也可能会造成房地产泡沫。首先，越南房地产市场回暖与不少项目获得资金支持、持续启动有关。据统计，2015年上半年，银行注入房地产市场的资金增长超过11%，但是房地产市场信贷激增也带来泡沫危机的风险。对于这一现象，越南的投资者和银行不应忘记几年前地产信贷过热导致房地产业泡沫的教训。

其次，与2014年相比，部分房地产项目价格将增长5%～10%。房地产价格增长大部分的原因在于一些新项目价格过高。有人怀疑投资商和政府部门插手房地产价格，通过快速增长的价格为其带来巨额利润。但是此举也会使越南房地产业有可能再次产生泡沫。

不过应该看到，虽然越南房地产业出现回暖，但由于目前越南房地产市场与2007至2008年间市场情况不同，因此并不会轻易返回到当时的状态。因为，与此前相比，现在的供给量不断加大，季度成交量增长平稳，特别是如今投资者在选择投资住房方面更加理智。此外，促销手段不断优化，顾客在买房或租房方面有更广泛的选择，这一切都保证了越南房地产市场的稳定发展。

针对此前发生的房地产贷款增长现象而言，房地产贷款增长主要是提供给直接购买居住的用户，而不是二手房东，其对于房产的需求是刚性的，因此很难出现房地产泡沫和借贷危机。不过，对于日益火爆的房地产市场，越南政府也不断加强监管。越南总理就指出，银行要承担责任，紧密监控，加大对投资资金的监管，避免房地产市场泡沫的再次发生，引导越南房地产市场稳定增长、平稳发展。

二、越南颁布新法令开放海外投资市场

2015年7月1日，越南《住房法》和《房地产经营法》正式生效，这也是越南房地产市场回暖的主要原因之一。因为相关法律放宽了对国外投资者和越南华侨投资越南房地产市场的规定，这对于想要进入越南房地产市场的国外投资者来说是一个积极信号。目前，在海外生活着420万越南华侨，同时还有3万名外企高管长期居住在越南，而他们是越南房地产市场的潜在客户，也是未来刺激越南房地产市场发展的主要动力。

房地产开发商称，越南经济增长一直徘徊在5%以上，这一举措使该国房地产市场将上演一出好戏，尤其是对于那些正在寻求多样化该地区。不过要吸引住国际买家，可能还要等一段时间。因为当前外国人的财产所有权仍然有最高50年的限制，

而且任何住宅项目都要求最高只能将30%的房产售予外国人。

专家称，对于不透明的和不断变化的法律，以及城市发展规划的不确定性，投资者都比较警惕。不过，新法令被普遍视为一个提振房地产市场的积极举措，也将加强外界有关越南对外开放商业活动的印象。

三、越南租金收益率高成发展亮点

新加坡开发商嘉德置地称，越南房地产最大的特点是相比亚洲其他国家，其租金收益率更高。在胡志明市，预计嘉德置地旗下的维斯塔佛得角公寓项目的潜在买家数量将呈现指数级增长。

嘉德置地越南地区首席执行官陈连庞称，随着房产位置和类型不同，租金收益率范围在6%～7%之间。目前越南度过了经济周期的低谷。现在正在回升，所以实际上有很大的上涨空间。

预计2016年，在胡志明市，嘉德置地旗下的维斯塔佛得角公寓项目的潜在买家数量将呈现指数级增长。

新法令将允许拥有有效的居住签证的外国人以及外国公司购买房产。而目前，只有那些配偶是越南人或被认为对国家发展有贡献的外国人才有资格在该国拥有房产。

越南房产部门将筹码押注在3类群体：不断增加的国内中产阶级、从海外归来的越南人、在该国发展制造业的外国企业高管。

亚洲新闻台指出，目前为止，预定了维斯塔佛得角公寓的买家中，超过90%是本地人。不管是对于这个项目以及全国其他地区的房产项目而言，本地买家占大头这一点预计不会改变。

调查显示，几乎所有的房地产企业均认为，2016年的房地产市场营业收入将高于2015年。与10年前不同，2016年越南经济稳定，基础设施更完善，投资商也更慎重，因此，2016年越南不会出现像2006年房地产泡沫的情况。

目前，随着越南房地产市场准备迎接世界，大城市建设正在火热进行中。越南房地产协会秘书长陈玉光认为，展望2016年，越南经济将进入新的增长周期。随着目前内资和外资的涌入，房地产市场有望在2016～2017年出现爆发式增长，呈现供需两旺的局面。但是，市场也将更加复杂难料，可能出现供过于求、竞争激烈、价格轻微下滑，投资者需注意防范风险。

（来源：综合整理自中华人民共和国商务部网站）

越南汽车工业不断扩大

越南正式参加《跨太平洋伙伴关系协定》（TPP），以及越南国内汽车市场不断扩大，是越南汽车工业发展的机会。甚至，越南政府最近向汽车零部件生产企业和汽车装配企业提供了更多有关土地、信贷、税务等方面的优惠政策。

一、辅助工业未满足需求

根据发展路程，越南汽车制造商要逐渐提高国产化率，以逐步推进汽车产业发展、解决就业问题、引进高新科技。

但是，目前大多数越南汽车制造商不太注重上述问题，而习惯进口汽车零部件进行装配。

业内专家认为，越南汽车辅助工业的落后成为汽车产业发展的阻碍。越南目前拥有50多家汽车装配商，但汽车部件供应商仅有60家，远低于马来西亚的385家、泰国的2500家。

换言之，越南汽车制造业的辅助工业为“零”。根据一个完整的汽车工业的标准来说，这是一个真是的情况。每一辆整车需要上千个零部件，越南零部件生产商却寥寥无几。

在融入国际社会或东盟经济共同体，参加TPP等过程上，越南要消除贸易堡垒，让泰国、印度尼西亚、日本、美国等市场的汽车自由地进入。在辅助工业落后，市场小的情况下，越南汽车装配行业很难发扬光大。

据越南汽车生产商协会（VAMA）的数据显示，2015年，越南汽车生产装配量达46万辆，而泰国是210万辆，印度尼西亚和马来西亚也达到200万辆以上。越南长海汽车股份公司（Thaco）的轿车国产化率达15%～18%，越南丰田国产化率达37%。Thaco和春坚私人汽车企业（Vinaxuki）轻型载货车的国产化率分别是33%和50%。以上述生产能力来讲，虽然越南汽车制造商享受很多优惠政策，但是越南汽车辅助工业因为国内企业没有让其扩大投资生产的市场，很难发展。

有专家认为，越南汽车工业近年来发展缓慢的理由之一，是国内市场太小，吸引力弱，不足以让投资商斥资投入零部件生产领域。

二、融入国际市场给越南汽车制造业注入动力

大多数专家和企业家认为，TPP将给越南汽车辅助工业带来机遇，前提是越南方面要采取有效政

策。TPP一旦生效，TPP成员国的汽车零部件生产商可在越南投资生产，然后在本国的母公司进行装配，再向TPP各成员国出口。参加TPP将协助越南提高国产化率，扩大生产规模，从而促进汽车工业发展。

根据TPP内容，汽车零部件国产化率达45%的车辆将获进口关税减免待遇，这是越南汽车零部件生产产业的一个出路。为了能够享受上述待遇，日本和美国将调整其对TPP成员国的供应链策略。越南可以利用此机会，通过呼吁日本和美国汽车集团的供应商对越投资，用来发展出口型的汽车零部件生产产业。此外，泰国和印度尼西亚这2个东南亚汽车零部件生产大国不参加TPP，所以越南对其他TPP成员国相比，具有一定的优势。

越南本田联营公司副总经理胡孟俊认为，这是各汽车制造商尤其是汽车零部件生产商对越投资的好机会。越南可以吸引TPP成员国，尤其是来自日本的辅助工业投资生产商、汽车零部件生产商的关心。

越南应尽快制定一项参加全球供应链的汽车零部件生产产业发展计划。由此可见，进行行政手续改革、采取关税优惠、编织伙伴型与联营公司型的国内企业网等是必须的。要求是，国内伙伴要达到汽车产业的必备标准，诸如：把质量作为工作原则的核心、发展物流技术装备系统、海关手续等。

越南政府总理最近颁发了《关于实现越南汽车工业发展规划与战略的政策机制》的第229/Q—TTg决定，该决定所涉及的政策提出了支持汽车零部件生产商、汽车装配商的具体办法。希望这些办法将协助正在面临困难的越南汽车工业利用好机遇、战胜融入国际社会过程中的挑战。

（来源：综合整理自越南人民报网）

越南纺织业：机遇与风险并存

越南国土面积33万平方公里，拥有9158.3万人口，是一个逐步走向工业化的发展中国家。TPP的关税减让和原产地规则赋予了越南纺织服装业发展的诸多优势，让很多国内企业将对外投资目光投向越南。

目前，雅戈尔、鲁泰、申州国际、百隆东方、华孚、溢达等众多业内优秀企业均已在越南进行了产业布局的尝试。越南纺织和服装产业具有很大的发展潜力，但上下游产业链发展不完善，纺织原料、坯布生产以及印染加工相对薄弱。

据了解，越南有纺织产业工人250万人，拥有约5000家纺织服装厂，纺纱700万锭，纱线年产量70万吨。2015年纺织服装出口额达272亿美元，同比增长10.25%，在全球贸易的占比由2000年的0.6%升至超过3%。

一、盘点越南纺织业的特色园区

（一）天虹广宁省园区

天虹广宁省园区地处广宁省海河县，北与中国相邻，东临芒街市，西与平辽县和沼河县交界，南部有长达40多公里的海岸线，处于中国西南经济圈和泛珠三角经济圈交汇处，在“两廊一圈”的发展中具有战略地位。越南广宁省有沿海、沿江、沿边的优越地理环境，是北部湾经济区和东盟10国的结合部，是中国—东盟自由贸易区的桥头堡。

1. 广宁省天虹银龙科技有限公司。公司成立于2012年4月，占地36公顷，设有5个生产分区，拥有50万锭产能规模，用工人数达5000人。天虹目前产能为290万锭，其中在越南125万锭，占越南产能的18%；棉纱产量总计60万吨，在越产量达30万吨，占越南棉纱产量的40%，产品全部为棉纺弹力纱。公司利用与广西相邻的地理优势，产品基本运往国内进行生产和销售，有效控制生产、人工和物流的综合成本。

2. 广宁省天虹海河工业园。该园区是广宁省重点发展园区，园区力求打造涵盖原料、纺纱、制造、染整、制衣及品牌全产业链，实现上下游整合的综合效益。海河工业园总规划面积约3300公顷，第一期规划面积60公顷。2016年2月23日，银河科技发展有限公司二期工程（织布厂）举行了动工典礼。

目前，越南天虹广宁省园区有4大优势：1. 地理位置优势。广宁省是越南北部的重点经济地区，属于越中“两廊一圈”经济发展战略带，并为经济快速发展之沿海地区，相比越南其他省市更有优势。其面积6.11平方公里（东西最长195公里，南北最长102公里），人口111.6万人（2010年），省会城市下龙市海岸线长达250公里，具有发展向海经济的优势；边界线长达132公里。该工业区距离中国广西省东兴市约30公里。2. 资源优势。广宁省有煤炭（蕴藏量35亿吨，占全国开采产量的90%）、石灰石（蕴藏量为31亿吨），另有水晶沙、黏土、高岭土、天然矿泉水矿。3. 物流优势。工业园区位于越南北部，与中国南部接壤，海岸线长，拥有诸多港口，成为中国与东南亚国家之间的物流中转桥梁。从此地出发，陆路物流到山东省需3天时间，到江浙和福建仅需2天时间。广宁省正在规划东兴至海黄的高速公路。4. 成本优势。目前园区规划配建热电厂、供水厂，污水处理厂以及仓储物流服务区、宿舍生活服务区、标准厂房等建筑设施。该园区污水排放量指标为20万吨/天。新鲜取水价格约2.4元/吨，电费0.39元/千瓦时，蒸汽约110元/吨，平均用工成本超过300美元/月。

综上所述，天虹海河工业园区具有能源成本低廉，物流便捷且成本低，人工性价比尚可，税收优惠和融资成本较低等优势。据天虹集团董事长洪天祝介绍，之所以选择在越南建厂，一方面是出于国内企业生产和经营成本不断高企，另一方面是感受到TPP协议带来的压力。TPP要求纱和布的生产及纺织品的裁剪缝合都要在协定区域内进行，才可以享受免税出口。染整行业是越南纺织业的缺口，因此当地十分欢迎染整企业到越南投资。目前园区尚处于基础建设阶段，按照规划，该园区将建设成为纺织产业上下游整合的完整产业链园区。相较国内产业相对集中，但产业链有所缺失的模式，这种模式具有集约化、专业化、低成本的优势，因此可以实现高毛利的目标。广宁省政府对园区发展非常重视，对入驻审批手续等采取绿色通道，天虹银龙科技有限公司在24小时之内拿到了营业执照。为配合纺织行业的发展，广宁省劳动部门还专门开展专业人才培训。

（二）南定省工业园

1. 南定省宝明工业园

宝明工业园位于越南北部南定省，该园区目前招商已基本结束，雅戈尔、江苏裕纶分别于2013年和2014年进驻该园区。其中雅戈尔是最早进驻园区的中国纺织企业，也是园区规模最大的纺织企业，拥有员工8000名。

2. 南定省黎明工业园

黎明工业园位于越南北部南定省，距离河内机场约150公里，距离海防省吉杯机场200公里，距离南定市中心145公里，距离海盛转运港10公里，距离海防货柜港口约150公里。此工业园规划主要以纺织服装染整制造企业为主，总面积为1500公顷，投资金额是4.4亿美元。该工业园第一阶段完成填海土地600公顷；第二阶段900公顷，预计2020年之后交付。该园区供电目前取自黎明110KV变压电站，提供给工业园的电压是22KV和35KV，2015年开始动工建设2400兆瓦热电厂，能够满足整个工业园区用电。供水站第一阶段产能是17万吨/天，淡水取自工业园两侧的河流。规划中的污水处理厂，处理能力是11万吨/天，第一单元于2016年动工建设，排水率是3.5万吨/天。

税费优惠政策。需要注意的是，获取优惠税率的条件有3点：一是总投资金额至少6万亿越南盾的项目，不超过3年把注册资金注资完成，并且雇员至少3000人；二是总投资金额至少6万亿越南盾的项目，不超过3年把注册资金注资完成，自有收入时算起最晚第3年后，年度收入至少有1兆越南盾；三是纺织服装、鞋、电子等各配套产业生产项目获优先发展，可参照2015/111/N－CP号协议或55/2015/TT－BCT号通知的规定。

黎明纺织工业园是由越南VINATEX黎明投资股份公司投资，越南政府总理审批的纺织工业园，此集团已成功运营的宝明工业园距离此园区20公里。据越南纺织工业协会主席武德江介绍，目前越南纺织市场供应链不完整，对面料及辅料的缺口很大，因此政府鼓励染整类园区投资越南，并愿意向园区企业提供周边制衣工厂的分布、规模等详细信息。

（三）西宁省福东工业园

西宁省福东工业园是越南橡胶工业集团旗下子公司之一，园区预计投资规模为2亿美元。该园区位于越南南部，距离首都胡志明市50公里，距离最近的清福中转港10公里，距离协福集装箱港口70公里，距离新山一机场50公里。该工业园规划建设的4个工业园电站，建设规模分别为120兆瓦。园区附近有两条淡水河，油进湖储水量为15.8亿立方米，东运河日供水量为2.2万吨，水质良好，适合纺织染整用水质。园区配备的水站，总占地面积6公顷，功率大约30万吨/天。现园区配套有1个污水处理厂，处理规模为5000吨/天，另外一个污水处理厂已建设完成，还没启用，处理量为5000吨/天。劳动力成本方面，该地区属第二区最低基本工资310万越南盾（约合130美元），平均月工资400万越南盾（约合176美元）。福东工业园地处展鹏县和鹅油县交界处，拥有丰富的劳动力人口，并且距离首都胡志明市较近，可以吸引高技能劳动者到这里务工。该园区建设比较成熟，是越南示范园区，管委会负责协调管理园区的后勤工作，包括员工的思想动态等，以帮助企业解决生产后顾之忧。

目前，鲁泰纺织在该园区投资建设6万纱锭纺织厂，但据该企业介绍，目前人工效率不高，工资基本按照每年10%以上的速度增加，目前该工厂月平均工资已超过 300 美元/人，人员流动率高达 150%。

（四）越南新加坡工业园

越南新加坡工业园位于平阳省的越南新加坡工业园一期规划 500 公顷，二期规划占地 345 公顷，该工业区地处越南南部，此园区未特别说明配备发电厂，但是明确此园区可以自建燃煤锅炉。

园区成本。供水价格为 0.25 美元/吨，污水处理到 B 级的费用约为 0.235 美元/吨，处理到 A 级直接排放的费用约为 0.285 美元/吨。电价遵照国家电力公司统一定价。绿化维护费为 0.05 美元/年/平方米。

综上所述，平阳省新加坡园区基础建设已经完成，管理服务相比较当地园区更为规范和专业，是越南的五星工业园区。目前溢达集团已在此地建立工厂，国际知名化学品公司亨司迈也在此园区。

二、投资越南纺织业需注意的问题

（一）安全问题。越南政局形势相对比较平稳，但罢工事件也时有发生。据了解，在新加坡园区还可以看到暴动事件受损企业离开后留下的空厂房。有的企业在越南投资，也是希望可以与在柬埔寨等周边国家开设的项目互为补充，以增强企业投资安全性。

（二）企业招工难，员工稳定性差，工作效率相对较低。越南 40 岁以下劳动人员约 5000 万人，占总人口的 60%。但随着越南各工业园区的兴建和发展，用工密集型的电子、轻工业等也会占用大批的劳动力，企业在运行中会存在着招工难的问题，员工工作效率也相对较低。

（三）人工成本逐年上升，土地资源及水电气成本高于预期。越南共分为 4 个区，各区最低工资均比下一区有 10%的增长。在调研过程中发现，企业均为员工提供了较好的工作和生活条件，以增强员工的归属感和稳定性。近年来越南劳动成本在逐渐上升，普通工人月平均工资在 250 美元左右，并以 10%的速度在逐年增加。同时调研过程中，企业普遍认为各工业园区的土地资源以及水、电、气成本也高于预期。

（四）产业链发展不配套。越南纺织产业链发展不完善，纺织原料、坯布面料等进口依赖性很大，而中国是越南面料的主要进口国，很多国内企业在越生产的下游产品，相当比例是为保证自己上游企业生产使用。因此，企业需结合自身的客户资源和市场需求进行综合考量，以满足上游纱线的产能输出和下游服装的订单需求。

（五）对印染行业准入标准相对严格。为完善纺织产业链，越南政府对到越投资的项目比较重视，能给予一定的政策优惠和效率保证。但为了加强对环境资源的保护和保障以及未来行业的有序发展，越南对印染项目的准入标准也有较高的设定。同时调研中，企业感觉部分园区在排污指标上还没有跟上实际生产的要求。从 2011 年至 2015 年，越南外来投资从 115 亿美元上升至 227 亿美元，平均年增长率超过 10%。2015 年来自中国的投资达 7.35 亿美元，投资项目达 169 个。

综上所述，中国对越南出口面料和金额都逐年增加，这与越南成衣业的快速增长密不可分。越南纺织业也意识到产业链亟需配套完整，在纺织专业园区及越南北部的一些工业园区，相关人员表现出对染整企业引入的兴趣，也有意愿在审批手续上给予配合。有些园区甚至已经取得了政府允许的排污指标。

对于印染行业走出去，大部分企业关注重点除成本、物流、交通之外，最重要的莫过于污水排放标准。据悉，越南并没有制定染整行业的排放标准，执行越南工业排放统一标准，这相对于国内的染整污水排放标准更为严格，项目种类更多。

面对日益高企的人员成本，土地资源及水、电、气成本高于预期，还有不太稳定的政治环境和专业技术人才的缺失，让中国印染企业对于走出去还有些顾虑。2018 年 TPP 协议正式实施，这对中国国内做外贸订单的企业来说存在着不小的压力。

三、越南纺织业成为 TPP 大赢家

2016 年 2 月，泛太平洋战略经济伙伴关系协定（TPP）正式签署协议。分析人士称，一旦协议获得各国国会批准并正式生效后，越南纺织业有望成为大赢家，TPP 在促进越南出口与经济增长的同时还将带动越南承接中国产业转移。

根据世界贸易组织，目前美国对越南制鞋进口关税高达 48%，服装业的其他一些项目关税近 20%。TPP 一旦获得正式生效，越南公司将免关税进入美国，以及目前与越南不具有自由贸易协定的其他大型市场，如日本、澳大利亚等。

这将促进越南主要加工类产品的需求，并在国内创造大量新的就业机会。受益最大的行业是服装、鞋类和纺织品，这些行业 2014 年占越南出口总额的 26%。

另外，越南及其它 TPP 成员国的成衣产品需遵

守原产地规定，即原材料如棉纱需来自本土或 TPP 成员，将使得越南的成衣上游材料生产商受惠。

以中国为生产基地的纺织商为应对国内劳工成本上涨，或将进一步到越南扩产及进行产业转移。

据全球最大政治风险咨询公司欧亚集团报告，TPP 可让越南经济增长在 2025 年前增长 11%，同期出口增长 28%。

彼得森国际经济研究所称，TPP 签署后，越南的财政收入和出口将分别增长 13.6%和 31.7%。而由于 TPP 的贸易转移，中国的出口将下降 1.2%。

越南工贸部称，TPP 将促进越南纺织、制鞋、农水产品出口的增长，预计纺织、制鞋将至少增长 20%。

目前，越南对 TPP 成员出口服装纺织品占同类商品出口总额的 70%。TPP 协定生效后，越南对该市场的出口预计将增长 1 倍。到 2025 年，预计越南对美国出口服装纺织品达 550 亿美元。

2015 年 10 月，越南工贸部部长武辉煌表示，纺织服装业是劳动密集型产业。TPP 生效后，越南纺织服装业出口将快速增长，劳动力需求也随之增加。这将有助于越南解决就业难题。此外，越南正在参与区域全面经济伙伴关系协定（RCEP）的谈判。倘若 RCEP 成功签署，越南也将实施该协定的条款。

（来源：综合整理自第一纺织网）

商务资讯篇

东盟重点商务资讯

AEC时代热闹的东盟汽车工业

2014年全球汽车生产再创新高，总产量接近9000万辆。而2015年产量与2014年相近，数据显示2015年前10个月产量为7110万辆。亚洲汽车产量所占比例从10年前的38%升至现在的50%，欧洲和美洲各占25%左右。中国汽车产量已连续7年雄踞世界巅峰，自2013年以来连续3年年产突破2000万辆，2015年中国生产的汽车总量为2450万辆，占全球份额从2000年的3.5%达到28%，超过欧洲或美洲全年产量。

2015年年底东盟经济共同体（AEC）成立后，东盟各国融合成统一的大市场，推动该市场的汽车产量排名跃升全球第6位。虽然总产量约400万辆，仅占全球产量的4%至5%，但在该产业中的重要性却不断提升。部份汽车制造业巨擎将设于其他地区的生产基地转移至东南亚的战略即为明显佐证，例如：丰田将于2017年内关闭澳大利亚的工厂，改为扩大在东盟的生产力，主要原因包括相对较低的劳动力成本、巨大的区域内市场，以及日益提高的消费能力。2014年东盟市场的汽车销量排名占世界第6位，有国际研究机构预计至2020年市场份额可能升至全球第五位。此外，汽车产业还得到东盟各国政府的支持和来自民间的合作，具体包括制定有利的税务政策，与主要贸易伙伴国组建自贸区等。

一、泰国汽车产业

长期以来，泰国汽车产业一直是泰国经济的支柱之一，对推动经济发展起着重要作用。泰国汽车产业不但云集了全球各大汽车企业的生产基地，并早已形成上中下游完整的产业链，包括了零配件生产、整车组装乃至销售。各届泰国政府均不遗余力地促进对汽车产业投资，尤其是通过泰国投资促进委员会予以各种优惠权益，持续吸引外资投入。2013年泰国汽车产量为245.7万辆，创下52年最高纪录，位列全球第10大汽车生产国。国内和国外市场销量分别达133万辆和110万辆。泰国汽车及零配件主要出口市场依次为澳大利亚、印尼、日本、马来西亚和美国。

近两年泰国经济发展较为迟缓，不尽如人意，汽车产业同样受到影响。2014年泰国汽车产量188万辆，排名全球第12位；其中商用车产量排名第6位。泰国每年出口汽车及零配件总值约1亿泰铢，约占出口总额的14%，占GDP的7.7%左右。泰国汽车的明星产品是轻型皮卡和经济型轿车，受惠于政府政策的支持，力争将泰国建成上述两种车型具国际水平的生产基地。

现阶段全泰国汽车生产厂家年总产能约为180万辆，但汽车产业人士预计2016年内汽车总产量有望再度突破200万辆，达到215万辆，增幅10.26%。泰国国内市场销量增幅约为6.67%，即90万辆，外国市场可能增长4.17%，销量达到125万辆。

泰国政府于2015年11月出台了加速推动10大产业发展的政策，决心以这10大产业作为带动泰国经济永续发展的新引擎，次世代汽车产业也是其中之一。泰国汽车产业致力于生产更节能环保的汽车，在已有产品的基础上设计出新一代生产方式、发动机和驱动系统。同时，政府还计划将泰国建设成区域汽车研发和检验测试中心，通过调整税率增减或更改税率计算方式，以获取商贸优势。

应AEC时代的新形势和新挑战，泰国汽车产业应调整、制定更适应现状的战略，在生产制造方面大力创新，改良技术，提升生产销率，降低成本，并在区域范围内寻求、建立强大的企业伙伴和同盟，保持并发展长期性、强有力的竞争能力。

二、强劲的邻国汽车产业

尽管AEC时代的到来为东盟及其商贸伙伴带来诸多商机，但同样在这一地区引发激烈竞争。印度尼西亚致力于进一步提高本国汽车产业的国际标准化程度，尤其是小型车项目与泰国的经济车型近似。此外，印度尼西亚还拥有人口优势，是世界上排名第4位的人口大国，且国内市场的汽车需求仍处在稳步增长阶段，如此庞大的市场足以吸引各大跨国汽车制造商涌入该国，设立生产基地。预计2016年，该国汽车产量将达到160万辆，2025年升至420万辆的水平。但印度尼西亚汽车产业较为擅长生产多功能车型，且产品以内销为主，若想与泰国汽车产业竞争轻型货车市场，仍会受到一定限制。反之，几乎所有大型汽车厂商均已在泰国建厂，早已将泰国推上一吨重轻型货车世界首位。

同为东盟区域重要的汽车生产国之一，2014年汽车产量约为60万辆，以生产家用轿车为主的马来西亚表示，要提高本国汽车制造业的潜能，将马来西亚建成区域小型节能车生产中心。马来西亚已着手准备修改现行相关法律，吸引外资的投入，在马来西亚建立生产基地，并预期能在2018年内下调国内汽车售价20至30个百分点。泰国业内认为此政策直接针对泰国汽车产业，惟泰国侧重生产中型家用轿车和小型货车。

现阶段越南汽车产业较为落后，但其发展潜力不容忽视。虽然因尚未掌握较高级的汽车零配件生产技术，只能依靠超过80%的进口零件进行组装，以至越南生产成本超过其他国家。但越南经济保持持续增长的走势，发展潜力巨大，已获得外国投资者的青睐，未来也将是东盟地区汽车产业的又一强劲竞争者。

虽然汽车产业都是泰国、马来西亚和印度尼西亚的重要产业，但各有所长，所以各国采取的发展战略也符合其优势。泰国的战略地位是打造运用高科技生产技术的汽车生产基地，成为其他生产厂商的榜样。如三菱以泰国为轻型货车和PPV车型生产基地，产品供应泰国市场和国际市场，并将泰国工厂作为菲律宾和印度尼西亚工厂的样板。另一汽车制造业巨头本田，在泰国斥资建造全球第三个汽车检验测试场。这些发展战略均反映出日本投资者对泰国的信心。此外，一部份原有车型的生产线则被转移至印度尼西亚和菲律宾等劳动力成本更低的国家进行生产。

业内人士认为，不远的将来，还将会有更多汽车制造商进驻东盟各国，建立生产基地，利用各国相对优势制定其相应的发展战略。未来东盟经济共同体的统一大市场上，汽车产业将会迎来更多商机，迎来更多竞争对手，发展方式也将更为丰富。

全球及亚洲主要汽车生产国家和地区排名

单位：万辆

2014年排名	国家/年度	2012年	2013年	2014年	2013/2014年同比增幅
1	中国	1927.18	2211.68	2372.29	7.30%
2	美国	1033.58	1106.64	1166.07	5.40%
3	日本	994.31	963.02	977.46	1.50%
4	德国	564.93	571.82	590.75	3.30%
5	南韩	456.77	452.14	452.49	0.10%
6	印度	417.47	389.84	384.02	−1.50%
7	墨西哥	300.18	305.48	336.53	10.20%
8	巴西	340.25	371.24	314.61	−15.30%
9	西班牙	197.92	216.33	240.30	11.10%
10	加拿大	246.34	237.98	239.39	0.60%
12	泰国	242.91	245.71	188.00	−23.50%
15	印度尼西亚	105.29	120.64	129.85	7.60%
22	马来西亚	56.96	60.14	59.66	−0.80%
27	中国台湾	33.90	33.87	37.92	12.00%
全球总产量		8423.61	8750.70	8974.74	2.60%

（来源：国际汽车制造商协会）

亚洲、大洋洲及中东地区汽车销量排名

单位：万辆

2014年排名	国家/年度	2012年	2013年	2014年
1	中国	1930.64	2198.41	2349.19
2	日本	536.97	537.55	556.29
3	印度	359.55	324.13	317.68
4	南韩	156.53	155.61	173.03
5	伊朗	104.44	80.48	128.76
6	印度尼西亚	111.62	122.98	120.80
7	澳大利亚	111.20	113.62	111.32
8	泰国	142.36	133.07	88.18
9	沙特阿拉伯	70.50	74.00	82.82
10	马来西亚	62.78	65.58	66.65
11	中国台湾	27.01	25.88	28.21

续表

2014年排名	国家/年度	2012年	2013年	2014年
12	菲律宾	18.42	21.20	26.95
19	越南	8.05	9.67	13.36
23	中国香港	5.39	5.75	6.22
27	新加坡	3.72	3.41	4.32
总销量		3825.88	4059.11	4264.79

（来源：国际汽车制造商协会）

（来源：中华人民共和国驻泰王国大使馆经济商务参赞处．http://th.mofcom.gov.cn/article/jmxw/201606/20160601332694.shtml.2016－06－06）

南宁成为中国面向东盟的铁路枢纽

南宁铁路局客运处处长麻寒松日前表示，自2016年5月起，南宁铁路局将开行1对南宁至西宁快速旅客列车和1对桂林北至兰州快速旅客列车。这将使广西进一步密切与中国西部地区之间的交流合作。这也是广西列车首次驶入青藏线。

麻寒松表示，届时广西铁路旅客列车将通达中国27个省、市、自治区；跨省动车组列车开行对数增至124对，广西与15个省会城市可实现动车当日达。除银川、太原、海口和拉萨外，南宁火车站旅客列车已通达国内所有省会城市。

麻寒松称，此前南宁已成为中国除北京外第2个有国际旅客列车始发的城市。2009年1月1日南宁至河内嘉林中越国际列车T8701/2次开通。

“南宁已成为中国面向东盟的铁路枢纽。”麻寒松称，除凭祥外，广西第2个边境城市靖西，2016年1月29日已开通了旅客列车。

麻寒松表示，广西高铁网已初步形成。以南宁为起点，往广西沿海的钦州、北海及防城港，往广东的广州，往湖南的衡阳，往贵州的贵阳等方向，都已开通动车。2016年年底，南宁往云南昆明的动车也将开通。

（来源：中国新闻网．http://finance.chinanews.com/cj/2016/04－15/7836160.shtml.2016－04－18）

“一带一路”加强中国与东盟间的经济联系

据菲律宾《商业镜报》报道，习近平主席日前在越南和新加坡访问时多次提及的“一带一路”倡议，将更加促进中国和东南亚国家之间的贸易和投资活动。

分析人士认为，随着越新两国与中国间“一带一路”相关合作的加深，以及中国和“一带一路”沿线国家合作的加强，中国和东盟之间的经济联系将更加紧密。在习近平主席访问越南的3天里，中国和越南就“两廊一圈”框架下扩展合作和产能合作达成了共识。在20点声明中，中国和新加坡就“一带一路”相关建设、贸易、城市计划、教育和海关等达成一致。

中国和越南发表的联合公报中指出，两国已经就越南北部的铁路可行性研究达成协议。此段铁路仅是中国泛亚铁路计划的一部分。整个泛亚铁路将连接老挝、马来西亚、泰国和越南。中国与越南还签订了一系列涉及交通、能源、金融等领域的合作文件。在与新加坡总理李显龙会面时，习近平主席表示双方将促进政府间合作项目，扩展两国在第三方市场中的企业合作。两国领导人表示将保证两国间新的全方位合作伙伴关系。

（来源：中华人民共和国驻菲律宾共和国大使馆经济商务参赞处．http://ph.mofcom.gov.cn/article/jmxw/201511/20151101162481.shtml.2015－11－12）

中国与东盟传统医药健康旅游发展前景广阔

“由于历史和文化的传承，中国和东盟共同成为传统医药的守护者和传承人。中国和东盟地区是健康旅游最具发展潜力和活力的地区。”中国国家旅游局副局长吴文学表示。

2015年12月18日至19日，由中国国家旅游局、国家中医药管理局和广西壮族自治区人民政府共同主办的“巴马论坛——2015中国—东盟传统医药健康旅游国际论坛”在广西举办。吴文学出席论坛作上述表示。

据悉，来自中国与东盟国家的政企界人士、知名专家共同探讨中国和东盟传统医药健康旅游的发展路径、推进模式与合作机制，共谋传统医药健康旅游可持续发展战略。

中医药健康旅游是全球迅速崛起的健康旅游的一种类型。吴文学介绍称，过去5年，全球健康旅游年均增速为9.9%，远远超过全球经济和全球旅游业的增长速度。2015年全球健康旅游超过4850万人次，预计到2017年健康旅游将会带来超过6800亿美元的收入，占全球旅游总收入的16%。

中国国家中医药管理局副局长于文明称，中国与东盟各国的传统医药在防病治病中的特殊优势使其越来越受到欢迎。传统医学与旅游结合的新业态，健康旅游更是显得生机勃勃。目前，各国都在发挥本国优势，发展健康旅游。

联合国开发计划署中国国别处副主任帕特里克·赫夫曼在论坛上发表演讲称，发展中医药健康旅游对推动扶贫、文化传承等方面有重要意义。帕特里克·赫夫曼称，“健康旅游被视为旅游行业发展当中最快的一个分支，泰国就是一个很好的案例。”

越南驻中华人民共和国大使馆参赞阮文照称，越南旅游资源丰富，物产丰富，养生旅游近年来得到较好发展。中越两国合作发展旅游业具有非常良好的条件，医药健康旅游将推动中越国家投资合作机遇。

缅甸驻南宁总领事馆总领事吴敏吞称，当前缅甸政府不断鼓励和支持传统医药产业的发展。吴敏吞认为，在传统医药健康旅游领域，东盟和中国的双向合作在未来几年将会不断增加。

中国—东盟中心秘书长杨秀萍指出，旅游合作已成为中国—东盟经济发展和人文交流的重要组成部分。2015 年年底，中国与东盟双向旅游将再创新高，突破 2000 万人次。

目前，中国政府新近出台了一系列政策措施推进中医药健康旅游的发展。吴文学称，中国愿同东盟各国的朋友一道，通过推动传统医药健康旅游的发展，携手建设“一带一路”，构建更为紧密的中国—东盟命运共同体。

广西是中国—东盟合作的前沿和窗口，拥有丰富独特的传统医药健康旅游资源。广西已有 23 个县（市）被授予“中国长寿之乡”，占中国寿乡的三分之一。目前，广西正在规划建设养老服务业综合改革试验区，建设世界知名的国家生态健康旅游示范区、国际旅游目的地等。

（来源：中国新闻网 . http://www.chinanews.com/jk/2015/12—18/7677772.shtml. 2015—12—18）

东盟与中国合作有望向东北等内陆地区拓展

“走出北京、上海，让马来西亚与中国的合作走向中国东北等地区的城市，是我们未来几年要努力做的事。”马来西亚对外贸易发展局副首席执行官苏希拉·德维女士表示。

“2015 马来西亚商品、文化、旅游展洽会”于 2015 年 12 月 2 日在中国吉林省长春开幕。为期 7 天的展洽会旨在向包括吉林省在内的中国东北城市推广马来西亚的产品和服务。

马来西亚企业家陈明威正在展位前专心摆放燕窝，目前陈明威是马拉西亚贸易通公司的副总经理。

“我是第一次来长春，这次带来了马来西亚的很多土特产，包括榴莲、燕窝、咖啡。中国南方地区跟东南亚接洽的很多，相较而言，东北地区对东南亚的产品了解并不多。”陈明威称，这次来参展希望能寻找代理商合作。

2015 年 11 月中旬，陈明威曾在同处东北地区的黑龙江省哈尔滨市参加了一次展洽会。“那一次我们签约了 10 余位代理商，来代理不同的产品。这次来长春也抱着很大的期望。”

本届展会刚开始，一位中年女士便在陈明威的展位购买了大量的榴莲饼，并询问相关知名品牌产品的详细信息。

中国是马来西亚最大的贸易伙伴国。“但绝大多数贸易我们都是跟上海、北京、广州等大城市合作开展的，这一次来长春办展，是跟中国其他城市合作迈出的重要一步，东北地区是我们希望未来能够开拓的市场。”苏希拉·德维介绍。

来自中国吉林省商务厅的数据显示，2014 年吉林省对东盟 10 国进出口额为 11.4 亿美元，位于该省贸易伙伴第 4 位。

当日，与马来西亚商品展洽会同期召开的还有泰国商品展卖周。

2015 年 12 月 2 日，长春气温低至零下 10 摄氏度。“这次来参展很不容易，对于泰国企业家来说面对很大的天气挑战。”泰国泰中东盟贸易商会会长吴财有表示。

尽管如此，泰国泰中东盟贸易商会仍组织了 25 位企业家参展，带来包括食品、化妆品、草药等各类商品。

“商会的企业家要商讨如何进一步来开拓中国东北的市场。”吴财有表示，例如正大集团这样的泰国企业已经在吉林省进行了投资。

除了把各自国家的商品和服务带到更多的中国城市，这些东盟国家还希望能够吸引中国的企业前去投资。

马来西亚驻华大使馆商务参赞柯吉财表示，虽然目前中国东北已经有一些企业在马来西亚投资，但“希望更多的中国企业到马来西亚来，我们对中国东北的汽车产业、制造业的一些领域都很感兴趣，希望这次能寻求这两方面合作的一些机会。”

柯吉财补充到，农业也是马来西亚和吉林等中国东北省份可以合作的领域。“尤其是农业科技，在马来西亚我们进口很多食品，我们希望来探索合作的可能性。”

2015年11月22日，在中国国务院总理李克强和东盟10国领导人的共同见证下，《中华人民共和国与东南亚国家联盟关于修订＜中国—东盟全面经济合作框架协议＞及项下部分协议的议定书》在马来西亚签署。

据专家分析，该议定书的签署意味着中国与东盟的经贸合作将拓展到更大范围，达到更高水平。

（来源：新华网．http://news.xinhuanet.com/fortune/2015－12/03/c_1117343035.htm.2015－12－07）

阿里巴巴看中东盟市场　与广西联手开拓境外电商

2015年9月13日，中国—东盟信息港论坛召开跨境电子商务发展讨论会及嘉宾对话，各方代表就中国—东盟跨境电子商务发展展开了热烈讨论。阿里巴巴副总裁石东伟就目前中国跨境贸易现状及对中国—东盟在电子商务领域合作的展望发表了主题演讲。石东伟介绍，目前，跨境电商在电子商务领域成了中国经济新的增长点，仅淘宝、天猫、阿里巴巴的平台而言，就有3.67亿活跃买家和850万卖家从事相应的贸易。

相关数据显示，2010年至今，中国网上消费者的跨境购物增长了10倍，从不到20亿美元，增长至2014年的200亿美元。据预测，到2020年，全球跨境B2C的销售额将达到1万亿美元，销售人群将达到9亿，每年有27%的增长率。

阿里巴巴对东盟的市场十分看好，2015年5月，阿里巴巴与广西壮族自治区建立了战略合作关系。“中国和东盟天然亲近连接，在旅游文化交流方面，是我们在跨境电子商务非常重要的领域。”石东伟表示。

石东伟希望，未来各方可以推进各类便利化的措施，降低东盟企业在中国国内的贸易成本，使通关、海关、物流、外汇、商检不断优化，争取双边政府提供税费减免等贸易支持，为东盟各国中小企业营造更为宽松的环境。

经过16年的发展，全球化已逐渐成为阿里巴巴最重要的战略核心之一。“我们的目标是买全球、卖全球，货通天下。”石东伟表示。

（来源：广西新闻网．http://news.gxnews.com.cn/staticpages/20150914/newgx55f6b88c－13566384.shtml.2015－09－14）

东南亚：中国企业并购下一站

2016年第1季度，中国企业海外并购巨大的交易额在世界范围内受到了瞩目，而在巨量交易额下，有一个现象其实更值得关注，即除传统的欧美市场外，东南亚等周边国家也开始走入了中国企业的视线。

中国社科院亚太与全球战略研究院大国关系研究室主任钟飞腾表示，虽然截至2016年第1季度，中国企业海外并购额几乎与2015年相同，但也应该看到，现在中国人均吸引外资（存量）为8000美元，仍处于吸引外资远多于对外投资的阶段，中国企业海外并购仍有增长空间。

至于为何近年来中企能在海外投资市场掀起一股热潮，普华永道中国企业并购服务部合伙人吴可认为，一方面源于中国企业自身发展需求。

钟飞腾指出，转型升级、通过海外并购提高企业竞争力、多元化配置海外资产都是中国企业选择海外并购的内在驱动力，参与海外并购交易已经成为诸多中国企业长期战略的一部分。

另一方面，钟飞腾指出，全球和中国宏观经济表现也是中企选择海外并购的重要背景。

钟飞腾表示，近些年欧美企业大部分陷入债务危机，迫切需要卖出资产以进行资产重置，而中国企业普遍缺乏国际知名品牌，小成本并购贬值中的欧美中小企业可以迅速扩大市场份额，抢占欧美市场，甚至回流到国内，提升知名度。

同时，钟飞腾表示，中国经济发展也进入“新常态”，部分产业的国内市场投资回报率有所下降，到海外寻找更高价值的资产、稳健“走出去”也是企业的必然之路。可以说，产业升级的迫切性正使得越来越多的中国企业选择海外收购以获取技术或品牌。

值得关注的是，中国企业海外并购显示出了一个新趋势，即中国企业开始对传统欧美并购市场外的东南亚等亚洲其他国家表现出明显的兴趣。

史密夫斐尔事务所的一项调查显示，收购意识较强的中国企业正将东南亚列为投资焦点。在受访的大型中国企业中，约47%的企业将东南亚视为未来3年的首选投资目的地，17%的企业瞄准拉丁美洲，只有8%的受访者表示，美国是未来首选的投资目的地。

数据方面也显示，中国正成为亚太地区并购交易的推动力量。Dealogi数据指出，2015年中国大陆企业在亚太地区达成了大约500亿美元的地区交易，比2014年高出1倍多，且占到地区交易总额的40%。

中国现代国际关系研究院东南亚问题专家骆永昆分析称，并购东南亚企业是中国企业很好的融入当地市场的机会。中国企业在东南亚国家的口碑不如美国、日本等国的企业，一是在处理是否招收当地员工、如何获得当地员工认可方面没有经验，二是很多中企即使尽到教育、医疗等社会责任，但却很少进行对外宣传。“而并购则能够巧妙地解决这些问题，也更容易进入当地市场。”

吴可则补充称，中国“一带一路”倡议也是助推诸多中国企业选择投资东南亚国家的重要原因，另外对一些在“走出去”方面没有太多经验积累的中国企业而言，投资成本相对欧美较低的东南亚也是比较适合的选择。

不过，骆永昆也提醒，东南亚国家对其他国家的并购行为抵触情绪浓厚。

“对于某地的投资，一般而言是大型企业先行，这也有为中小企业试水的意味。这些大型企业大多涉及能源、电力、金融、通信等领域，而这恰恰是菲律宾等东南亚国家‘不放心’并极力抵触的。”骆永昆表示，因此，中国企业选择在东南亚进行并购时，一定要适度和谨慎，不要进行大规模并购，尤其是触及当地经济命脉的行业。

（来源：中国经济网．http://intl.ce.cn/sjjj/qy/201605/03/t20160503_11142065.shtml. 2016—05—03）

东盟国别商务资讯

文　莱

中国银行获准开设文莱分行

中国银行已获准在文莱开设一家分行。这是中国金融机构首次在这个拥有丰富石油资源的苏丹国建立业务。中国已持续在文莱投资，包括建设一家炼油厂和石化生产设施的60亿美元项目。中国银行表示，文莱位于“一带一路”沿线，具有政治稳定、地理优越及基础设施完善等优势。

早前，汇丰宣布将逐步缩减其在文莱的业务，包括零售银行、商业银行和全球银行服务。花旗在2年前就退出了文莱。

（来源：《经济参考报》. http://jjckb.xinhuanet.com/2016—04/22/c_135301795.htm. 2016—06—03）

文莱欲加大生物产业国际合作

为加快发展生物产业，文莱希望加大科研和商业领域的国际交流。文莱婆罗洲中心执行主任穆罕穆德·玉索弗日前表示，文莱生物资源丰富，新型制药和绿色化妆品等生物产业发展前景广阔，有望发展为该国的支柱产业，并支持国民经济的可持续发展。“关键是建立健全生物资源的商业化机制。文莱本国相关资源不足，尤其是民营部门的投资意愿有待提高，亟需强化该领域的国际合作。”穆罕穆德·玉索弗称。

（来源：中国经济网．http://intl.ce.cn/specials/zxgjzh/201604/29/t20160429_11039027.shtml. 2016—06—03）

文莱对中国游客放宽落地签证政策

据中国领事服务网消息，文莱已于2005年10月1日起对中国公民实行落地签证政策。近期，文莱又进一步放宽有关政策，自2016年5月1日起，中国公民持因私护照赴文旅游可在包括文莱国际机场在内的所有入境口岸办理落地签证，停留期14天，无需提前通过旅行社申请，也无需提供担保人。特别提示，上述政策只适用游客，不适用工作、商务和就业等入境目的。游客需提前订妥酒店及联程机票，以便办理落地签时备查。

（来源：人民网．http://jx.people.com.cn/n2/2016/0531/c347922—28428661.html. 2016—06—03）

“一带一路”提升中国—文莱海上互联互通

为了与“21世纪海上丝绸之路”对接，摆脱经济严重依赖石油和天然气出口局面，促进文莱经济实现多元化，文莱达鲁萨兰国正在努力寻找经济多元化的途径。这个人口只有40万、面积5765平方公里的小国，为了提高竞争力及经济可持续性发展，目前正在积极寻求与中国加强港口合作，开辟海上互联互通，加强海上合作开发，共建21世纪“海上丝绸之路”。

一、钦州港作为文莱通往中国的大门

文莱工业和初级资源部长叶海亚曾多次表示，希望加强文莱和广西的经济联系。叶海亚认为，文莱达鲁萨兰国打算将广西钦州港作为其进入中国市场的重要门户，希望进一步探讨和促进农业和渔业合作。“我们特别关注广西，所以我们希望双方都能从中获得好处，以便全面提升文莱与中国的关系”。叶海亚称文莱正在制定一个详细的合作计划，一旦双方坐下来讨论，可以把更多的想法补充进去。

叶海亚部长率领文莱代表团出席第 10 届东博会时，提议把广西钦州港作为文莱与中国贸易合作的重要门户。叶海亚部长在与广西壮族自治区主席陈武举行会谈时还详细讨论了双方在农业以及其他领域的合作潜力，其中包括与广西在农业和粮食生产方面的合作。

在广西期间，叶海亚部长访问广西主要港口城市钦州时表示，“探索两国港口之间任何可能的合作”是其访问目的之一。叶海亚坦言还会再专程来钦州港考察，探讨文莱摩拉深水港与广西钦州港合作的可能性。

文莱和广西目前已在水稻生产方面有很好的合作，广西向文莱提供了试点种植稻谷生产计划，早在 2009 年伊始，仅仅作为一个研究领域，但如今已经转变成农业技术援助。叶海亚表示，随着试点水稻生产项目的成功，他希望双方可以共同努力，进一步扩大合作领域。

叶海亚在 2016 年 5 月 12 日国际食品与生物产业投资会议上表示，文莱经济和产品出口多元化已经到了刻不容缓的地步。目前文莱的经济严重依赖石油和天然气，油气行业占文莱全国生产总值（GDP）的 67%，占政府税收的 90%，占出口的 96%，但就业仅占 5%。

叶海亚称，文莱政府已经营造出良好的商业环境，其特点是政治稳定、空气清新和低犯罪。他强调文莱将继续沿着这条路向前迈进，努力培养创新的商业环境，鼓励研究和开发投资，为下一代创造一个充满活力和可持续发展的经济模式。

《文莱时报》集团副总编辑丘启枫表示，文莱政府希望借此将文莱与广西，尤其是与钦州的商业和运输合作关系提升到更高水准。位于文莱东北部沿海的摩拉港是文莱最大的港口，如果钦州港与摩拉港之间开通定期轮渡，文莱与中国的双边贸易和投资合作就可以加快。

2013 年中国和文莱建立了战略伙伴关系。文莱苏丹哈桑纳尔多次表示，文莱与中国关系友好，文方愿与中方共同努力，深化两国战略合作关系，推动贸易、能源、农业、文化、教育等领域合作取得更大成果。

为了进一步加强文莱与中国的贸易往来，2016 年 3 月 6 日，文莱中国友好协会与中国对外贸易中心在斯里巴加湾签署合作协议，双方同意共同在商贸、宣传、互访、展览、旅游及咨询服务等领域加强调研与合作，并采取有效措施，积极加强文莱与中国两国间商业机构的合作。

二、改善摩拉港基础设施打造货物转口中心

文莱政府大力鼓励全球航运公司，通过摩拉海港进行货物转口贸易。目前，货物转口航运公司可免费使用摩拉海港货仓长达 21 天，同时也享有货柜处理收费折扣及优先使用港口一切设施的特惠条件。

政府目前已拟定 8 项措施，以全力打造摩拉海港成为区域的优良港口。有关的 8 项措施如下：1. 全力推动航运业发展；2. 打造世界级船运服务设施；3. 把摩拉港发展成为东盟东部经济成长区的一个区域船运中心；4. 鼓励直接船运服务，让摩拉海港与世界各主要港口接轨；5. 推动港运后勤服务；6. 鼓励快艇载客业务；7. 发展货品转运服务；8. 推出更多港运服务来增加政府收益。

三、中国与文莱海上合作开发油气互利共赢

文莱也是东盟国家对南海部分岛屿提出声索的国家之一。李克强总理访问文莱期间，双方就南海共同开发达成的重要共识，支持两国企业共同勘探和开采海上油气资源。

根据 2013 年 4 月 5 日，文莱苏丹哈桑纳尔访华期间，两国发表《联合声明》，同意支持两国有关企业本着相互尊重、平等互利的原则共同勘探和开采海上油气资源。有关合作不影响两国各自关于海洋权益的立场。两国领导人共同出席了《中华人民共和国政府与文莱达鲁萨兰国政府关于海上合作的谅解备忘录》、《中国海油和文莱国油关于成立油田服务领域合资公司的协议》等双边合作文件的签字仪式。双方发表了《中华人民共和国和文莱达鲁萨兰国联合声明》。

2013 年 10 月 11 日，中国海洋石油总公司和文莱国家石油公司 Sendirian 有限公司签署了关于建立油田服务的合资企业协议。

（来源：新华网．http://news.xinhuanet.com/photo/2015—05/18/c_127814699.htm. 2016—05—06）

文莱国际机场商业服务设施将采用公私合营模式建设运营

在第 12 届文莱立法会上，文莱交通部长拿督穆斯塔帕表示，文莱国际机场商业服务设施，包括零售商店、餐厅、机场宾馆、商务中心、休闲娱乐设施以及连接机场与市中心的公交系统等，将采用公私合营模式（PPP）建设运营。其中，机场零售店已通过公开招标选定经营商，不久将投入运营；机场宾馆将采用“跨太平洋伙伴协定”（TPP）认可的方式尽快遴选有意向的投资经营者。

（来源：中华人民共和国驻文莱达鲁萨兰国大使馆经济商务参赞处 . http://bn.mofcom.gov.cn/article/sqfb/201603/20160301278192.shtml. 2016—03—21）

文莱首都斯里巴加湾生活质量位居东盟第3位

根据美世人力资源咨询公司发布的全球城市生活质量调查报告显示，文莱首都斯里巴加湾生活质量排名居新加坡和吉隆坡之后，在东盟位居第3位，亚洲排名第13位，全球排名第102位。

美世人力资源咨询公司最新发布的第18份年度调查报告对全球200多个城市的生活条件及艰苦程度进行总体评估，评估内容涉及医疗服务、公共服务、休闲设施以及政治和社会环境等。奥地利首都维也纳荣登榜首，巴格达垫底。

（来源：中华人民共和国驻文莱达鲁萨兰国大使馆经济商务参赞处 . http://bn.mofcom.gov.cn/article/jmxw/201603/20160301271214.shtml. 2016—03—09）

文莱初级资源及旅游行业锁定4大发展目标

在第12届文莱立法会上，文莱初级资源与旅游部长拿督阿里提出，该部门将重点关注经济增长、生产力提升、出口和可持续发展等4大发展目标。

一、经济增长：确保农业、林业和旅游业产出持续增长，从而推动国内生产总值的增加。重点提高大米、蔬菜、肉类产出，2016至2020年期间，蔬菜年产值力争达到1.5亿文莱元至2亿文莱元，鲜切花年产值达到4000万文莱元至6000万文莱元，肉类年产值达到3亿文莱元至4亿文莱元，食品加工业产值从2014年的1.2亿文莱元增加到2亿文莱元或2.5亿文莱元之间，渔业年产值增加到2亿文莱元至3亿文莱元；重点开发本地原生态及宗教、人文旅游资源，提升文莱旅游吸引力。

二、生产力提升：政府将投资改善农业、旅游业基础设施；采用先进技术提高农业产出；大力发展网箱养殖和养虾；探索公私合营方式发展旅游产业，运用现代信息通讯技术加大旅游宣传和营销力度。

三、出口：通过生产规模的扩大和劳动生产力的提升，努力提高文莱产品国际竞争力，从而推动其产品出口。

四、可持续发展：农业、渔业、林业和旅游业产出持续增加，将有助于提升非油气产业在文莱国民经济中的比重，逐步降低文莱经济对油气资源的过度依赖，从而实现其经济长期、可持续发展。

（来源：中华人民共和国驻文莱达鲁萨兰国大使馆经济商务参赞处 . http://bn.mofcom.gov.cn/article/jmxw/201603/20160301277223.shtml. 2016—03—07）

文莱—广西经济走廊成为“一带一路”产业合作新平台

2016年1月26日，广西壮族自治区人大代表、玉林市长苏海棠表示，作为“文莱—广西经济走廊”的先期合作项目，玉林文莱中医药健康产业园将建设成为面向东盟的健康养生集聚区。

苏海棠在广西第12届人大5次会议上介绍，玉林市毗邻粤港澳、背靠大西南、南接北部湾，是广西最大的侨乡，也是古代“海上丝绸之路”重要发祥地。当地依托“中国南方药都”的优势，与文莱合作打造清真药品、健康食品等产业。

2014年9月，广西壮族自治区和文莱工业与初级资源部签署了《文莱—广西经济走廊经贸合作谅解备忘录》，确定双方在农业、工业、物流、清真食品加工、医疗保健、制药、生物医药等领域开展全面合作，推动“文莱—广西经济走廊”成为21世纪“海上丝绸之路”的重要组成部分。

此后，广西官方提出，以“一港双园三种养”的先期合作建议推动“文莱—广西经济走廊”建设，即推动北部湾国际港务集团参与文莱摩拉港运营，建设南宁文莱农业产业园和玉林文莱中医药健康产业园，并在文莱进行渔业、生蚝养殖和水稻种植。

苏海棠介绍，广西与文莱已明确把中国（玉林）文莱中医药健康产业合作项目作为先期项目。玉林市在玉林中医药健康产业园规划面积24.11平方公里，发展清真药品生产项目，与文莱合作生产石斛产品、耗油、虾片、蜂蜜等健康食品，开发符合清真标准的罗汉果、百香果、黑芝麻等健康饮品，销往中国各地及东南亚各国。

“我们将以文莱项目架起融入‘一带一路’的桥梁，以产业集聚作为引擎，大力推进玉林建设中国—东盟中医药健康产业基地，深化与东盟各国合作。”苏海棠称。

目前，“中国—文莱农业产业园”已落户南宁市，园区计划用地3万亩，以清真食品园、农产品深加工园、科技研发园、农业观光园、生态健康园等为主要建设内容，预计总投资70亿美元。

（来源：中国新闻网．http://www.chinanews.com/df/2016/01—26/7734356.shtml.2016—01—26）

文莱宣布经济改革措施

2015年12月31日，文莱苏丹哈桑纳尔在新年致辞中宣布一系列改革新政以促进经济发展，其中包括：设立外国直接投资和油气下游产业委员会，加大招商引资力度；通过2035宏愿理事会草拟的《文莱2035愿景框架》文件，加快实现宏愿目标；设立中小企业中心，满足当地中小企业发展需求。

苏丹指出，近年来文莱经济出现下滑趋势，要实现宏愿目标，文莱国内生产总值要翻一番，尤其要推动非油气产业，包括农业、渔业、制造业、金融、交通、物流、通讯、贸易、旅游等发展。苏丹称，文莱市场狭小不是经济放缓的借口，鼓励国企和私企加速向外发展。苏丹还提出，高新技术研发应用是文经济发展的首要任务。

（来源：中华人民共和国驻文莱达鲁萨兰国大使馆经济商务参赞处．http://bn.mofcom.gov.cn/article/jmxw/201601/20160101231051.shtml.2016—01—12）

恒逸石化定增38亿元人民币投资文莱项目

2015年11月10日，恒逸石化发布公告称，该公司拟非公开发行不超过5亿股，募资不超过38亿元人民币。公司股票于2015年11月11日复牌。

本次非公发行价格和对象未最终确定。本次发行对象不超过10名，且投资者认购的股票自本次非公开发行股票上市之日起12个月内不得转让。

截至本次定增预案公告之日，无任何关联方有意向认购公司本次发行的股份。若按本次拟发行最高额计算，发行完成后，恒逸集团及其全资子公司恒逸投资，持股比例将由72.63%下降到52.52%。本次发行不会导致公司控股股东和实际控制人发生变更。

恒逸石化本次非公发行募资的38亿元人民币，将全部用于投资文莱PMB石油化工项目。

公开资料显示，文莱PMB石油化工项目是公司与文莱政府合作的一个以原油、凝析油为原料的炼油化工一体化项目。项目投产之后，如PX和苯等化工品销售给公司下游企业；汽柴煤油品优先满足文莱国家需求，剩余产品面向东南亚等国家，实行国际化市场定价销售；化工轻油销售给日本、韩国等亚洲国家。

从投资预算来看，根据文莱PMB项目最新可研报告，项目建设周期预计为3年，总投资额为32.6亿美元，目前已投入金额为1.18亿美元，占总投资比例约为3.6%。按2015年11月6日公布的人民币对美元中间价6.3459的汇率计算，总投资额为206.4亿元人民币，已投资额达7.5亿元人民币。

从财务指标上看，恒逸石化预计，文莱PMB项目的财务内部收益率将达到15.81%。

（来源：《每日经济新闻》．http://www.nbd.com.cn/articles/2015—11—11/961413.html.2015—11—16）

柬埔寨

成衣业仍支撑柬埔寨的经济增长

世界银行发布报告称，尽管中国大陆经济减缓将影响柬埔寨经济，该行仍预测2016年柬埔寨经济保持强劲，主要原因是成衣业的支撑。

预计2016～2017年柬埔寨国内生产总值（GDP）增长率将分别为6.9%和6.8%，唯有农业与建筑业将减缓。世界银行经济学家Sodeth Ly表示，上述增长率仍极高，所以中期仍表现良好。

世界银行东亚与太平洋经济学家Sudhir Shetty表示，中国的经济减缓将会使柬埔寨观光业受伤害，虽然中国赴柬埔寨游客数量的增长速度仍较其他国家快，年增长率已急剧下降，自2013年的17.5%降至2015年的6.1%。

世界银行资深国家经济学家Miguel Sanchez Martin表示，柬埔寨建筑业与成衣业已挑起重担，使经济仍维持高增长。

Miguel Sanchez Martin表示，目前柬埔寨出口商面对此困难形势，已逐渐转化为高附加价值的产品，并专注于制鞋业。

Miguel Sanchez Martin表示，成衣的出口将在未来几年持续增长，且观光业将再上来，唯有建筑业需加强，农业亦须寻求解决方法，以促进增长。农业因气候变迁导致收成不佳，且国际农产品价格的降低，促使农产品出口在下降。

（来源：亚洲纺织联盟网．http://www.tex—asia.com.2016—05—23）

广西对柬埔寨投资爆发式增长 投资额达 7.26 亿美元

2016 年 5 月 20 日，记者从广西壮族自治区商务厅获悉，从 2009 年至 2016 年 4 月，广西累计批准对柬埔寨投资项目 36 个，协议投资总额 7.26 亿美元，中方协议投资额 6.52 亿美元。广西对柬埔寨投资已大幅超越对越南投资，柬埔寨正成为广西对外投资重要目的地。

近年来，受益于中柬两国政府良好的政治经济关系和东博会在广西的举办，广西对柬埔寨投资呈现爆发式增长。农业种植与加工、房地产及酒店开发、矿产资源开发等是广西企业在柬埔寨投资的热门领域。其中，广西国宏集团年产 3 万吨大米加工厂项目是自治区政府和柬埔寨政府的重要经济合作项目。该项目实际投资约 2900 万元人民币，于 2012 年年底建成年处理 5 万吨稻谷的加工生产线，已累计向中国出口柬埔寨大米超过 1.3 万吨。目前，国宏集团拟追加对柬埔寨农业投入，在柬埔寨建设农业产业园，向大米加工上下游产业链延伸。

广西壮族自治区商务厅相关负责人介绍，当前广西壮族自治区正大力实施境外园区提升行动，重点支持广西企业在境外建立工业制造、农业种植与加工等两种类型自治区级境外经贸合作区。同时，积极推动广西企业在柬埔寨建设农业型境外经贸合作区，通过支持企业“抱团出海”，促进企业在柬埔寨良性发展。

（来源：广西新闻网 . http://news.gxnews.com.cn/staticpages/20160523/newgx574233c9－14881919.shtml. 2016－05－23）

柬埔寨出台矿产执照管理新条例

日前，柬埔寨政府出台《矿产勘探和工业开采执照管理条例》。根据条例，面积小于 200 平方公里的矿产勘探与开采执照，由矿产能源部批准；大于 200 平方公里的矿区勘探开采执照，由王国政府批准。任何自然人和法人都有权在规定的条件内提出超过一个矿区的勘探申请。执照有效期为 3 年，到期之后可申请延期 2 次，每次为期 2 年。已获政府授予矿产勘探和开采权的企业须在 180 天内提出新的勘探和开采申请，否则其执照将被没收。据矿产能源部统计，目前在柬埔寨有 70 余家公司从事矿业，其中中国公司占据大份额，其它外企包括澳大利亚、美国、法国、马来西亚、越南等国家。

（来源：中华人民共和国驻柬埔寨王国大使馆经济商务参赞处 . http://cb.mofcom.gov.cn/article/jmxw/201605/20160501315908.shtml. 2016－05－12）

柬埔寨小额信贷业发展迅速

据柬埔寨中央银行统计，柬埔寨小额信贷业发展迅速，小额信贷机构总资产已占银行总资产的 18%。截至目前，小额信贷机构客户已达 220 万人，存款客户增至 150 万人。

（来源：中华人民共和国驻柬埔寨王国大使馆经济商务参赞处 . http://cb.mofcom.gov.cn. 2016－05－05）

柬埔寨保险业被视为最瞩目和最关注的领域之一

柬埔寨加华银行和泰国人寿保险公司联手合资成立金城人寿保险公司。柬埔寨保险业被视为最瞩目和最关注的领域之一。2015 年前 9 个月，柬埔寨保险业注册的首年度保费收入（FYP）为 1104 万美元，同比增长 226%。

（来源：中华人民共和国驻柬埔寨王国大使馆经济商务参赞处 . http://cb.mofcom.gov.cn. 2016－05－05）

瑞峰糖厂在柬埔寨正式投产

2016 年 4 月 19 日，瑞峰（柬埔寨）国际有限公司在柬埔寨柏威夏省投资建设的糖厂举行正式投产仪式，柬埔寨首相洪森、中华人民共和国驻柬埔寨王国大使布建国、中华人民共和国驻柬埔寨王国大使馆经济商务参赞李岸、广东恒福糖业集团有限公司董事长刘锋、柬埔寨副首相兼国防大臣迪班、柬埔寨副首相宾成、柬埔寨副首相尹财利、柬埔寨国务兼工业手工业大臣占蒲拉西、柬埔寨商业大臣潘索萨、柬埔寨邮电大臣陈尤德等出席活动。

瑞峰（柬埔寨）国际有限公司成立于 2010 年，主要从事机械化糖料种植和自动化制糖及配套产业建设，目前项目已完成投资约 3.6 亿美元，将带动 6 万公顷土地的开发利用，每年生产能力为甘蔗 300 万吨、食糖 36 万吨、酒精 5 万吨，未来计划完成总投资 10 亿美元，完成 3 个糖厂建设，带动 18 万公顷土地开发，实现年产原糖 108 万吨的产业规模。项目投产可提供糖厂、农场、运输及带动相关产业链约 7000 个就业岗位。

（来源：中华人民共和国驻柬埔寨王国大使馆经济

商务参赞处．http://cb.mofcom.gov.cn/article/zxhz/sbmy/201604/20160401304205.shtml.2016—04—25）

集茂公司投资2.62亿美元建设柬埔寨最大水泥厂

2016年3月21日，由集茂公司投资的柬埔寨最大水泥厂在贡不省磅地铭县举行动工仪式。该水泥厂由集茂公司与泰国SIAM CITY水泥公司合作建造，总造价为2.62亿美元，建成后将是柬埔寨最大的水泥厂。

这家柬埔寨最大的水泥厂位于贡不省磅地铭县，水泥厂引进了中国和德国的最先进技术和装备，日产5000吨水泥。中信重工是集茂投资该项目的总承包商。

这家水泥厂能给柬埔寨人民提供庞大的就业机会，解决工厂的就业问题。在建阶段，需要600到1800名劳动力。投产后，能直接提供500人的稳定工作，此外还能给5000多人带来就业机会。

（来源：中国起重机械网．http://www.chinacrane.net/news/201603/24/102559.html.2016—03—24）

柬埔寨两家企业以60万元人民币购买海南沉香技术

由中国热带农业科学院生物所研发的沉香整树结香技术“香飘”东南亚，柬埔寨两家企业以60万元人民币的价格购买了该项技术服务，2016年3月22日首笔付款32.5万元已到位。这意味着海南乃至中国热带农业技术出口由和政府合作，无偿对外援助为主，逐步转向和企业合作，多种方式输出。

根据双方签订的协议，中国热带农业科学院生物所将为柬埔寨2万株沉香树进行结香，提供结香技术咨询、指导、培训等与结香生产技术相关的事项；并与柬埔寨共同组织专家，围绕柬埔寨地区沉香示范园发展战略、基地建设等方面开展战略研究和咨询活动，共同研发沉香系列产品。

热科院生物所成果转化处副处长王永壮介绍，2015年3月热科院派员工前往柬埔寨贡不省和西哈努克省进行了结香技术试验示范，经过1年的试验，取得了良好的效果，得到了柬埔寨企业的认可。

据悉，不仅是沉香整树结香技术，热科院油棕种植技术也成功输出瓦努哈图，服务订单每年20万元人民币，红棕象甲综合防控技术输出迪拜，服务订单200万元人民币。

热科院国际合作处处长、研究员蒋昌顺表示，海南热带农业技术出口以往主要是与政府合作，无偿对外援助，现在逐渐转向政府合作与企业合作相结合的多种方式。

蒋昌顺认为，“一带一路”沿线的东南亚、南亚、西亚、南太平洋岛国、北非、东非和拉美等大部分地区处于热带，随着这些地区的农业发展，急需先进热带农业技术，并且逐渐有实力购买技术服务。中国不少热带农业技术在全球领先，可以抓住“一带一路”国家战略机遇，以海南为窗口、平台和示范区，与全球热区合作，把热带农业科技发展成为新兴产业。

（来源：中国日报网．http://www.chinadaily.com.cn/micro—reading/interface_toutiao/2016—03—22/14620919.html.2016—03—22）

柬埔寨商业部拟成立橡胶协会

为了稳住橡胶价格，阻止其价格继续下跌，柬埔寨商业部日前透露计划成立柬埔寨橡胶协会，以想方设法使橡胶价格可以触底反弹。

柬埔寨商业部大臣孙占托近期表示，目前商业部正与相关单位商讨成立柬埔寨橡胶协会，想方设法阻止橡胶价格持续下跌的趋势。同时该协会也可以在国外寻找购买柬埔寨橡胶的合作伙伴，保障橡胶出口稳定。孙占托透露，除了寻找国际市场，商业部也必须吸引更多的投资商在柬投资橡胶加工业，因为目前国家只是出口橡胶原材料，如果有国外投资商投资橡胶加工业，既可发展国家的橡胶业，同时也为民众提供更多就业机会，减少贫困现象。孙占托表示，成立柬橡胶协会还在商讨阶段，还没有确定成立的时间。柬埔寨商业部会尽快完成该项工作，使柬埔寨橡胶价格可以尽快回升。

据悉，柬埔寨橡胶价格一直走下坡路，虽然橡胶价格持续降低，但柬埔寨橡胶出口量仍保持增长。2015年也仍然保持增长，柬埔寨橡胶出口量保持7%的年增长率。柬埔寨橡胶主要出口到马来西亚、新加坡、韩国、越南和欧盟国家。

值得一提的是，作为传统的农业支柱性产业，橡胶生产和出口历来都是柬埔寨政府密切关注的重点之一，柬埔寨将干预国际市场胶价的下跌，努力解决国内橡胶价格下降问题，保障国内橡胶价格每吨不低于1500美元。

（来源：中国橡胶网．http://www.cria.org.cn/event/5/31256.html.2016—02—26）

中国在柬埔寨投资房地产势头强劲

据柬埔寨国土规划和建设部报告，2000 年至今，有 135 家中资建筑和房地产企业向该部提出注册申请，数量居全球首位，累计投资金额达到 9.46 亿美元，仅次于韩国居第 2 位。2016 年 1 月 6 日，由中青旅实业天琪房地产公司投资的“中国中心”项目启动，规划建筑面积 24 万平米，投资总额为 2.5 亿美元。

（来源：中华人民共和国驻柬埔寨王国大使馆经济商务参赞处 . http://cb. mofcom. gov. cn/article/jmxw/201601/20160101229632. shtml. 2016—01—08）

百家企业聚首金边为人民币在柬埔寨市场流通铺路

2015 年 11 月 5 日，柬中银行等百家企业聚首金边举办人民币论坛。本次论坛为参会者提供了一个沟通交流的平台，配合柬埔寨王国政府在柬埔寨市场流通人民币提出一些思路和想法。

据了解，此次论坛由中国银行金边分行和中国银行香港分行主办。来自柬埔寨、中国中央银行、30 多家商业银行、柬埔寨银行业协会及 100 多家公司企业代表参加该活动。

柬埔寨国家银行副行长聂占达娜在会上对人民币在柬埔寨流通表示支持，并认为这将使柬埔寨国家外汇储备更多元化、更稳固，另一方面也使国家获得更多的投资回馈。聂占达娜表示，中国是柬埔寨最重要的外国投资来源国，未来相信中资企业在柬埔寨投资将会继续增加和提高。

2015 年上半年，中国银行金边分行的跨境人民币结算和清算量已经高达 350 亿元人民币（约合 550 万美元），业务范围涵盖公司、个人、金融机构全线的人民币服务产品，已经成为柬埔寨人民币业务主要渠道银行。2014 年，柬埔寨接受外商投资的总额达约 40 亿美元，其中中国以 9.61 亿美元的对柬埔寨投额，居柬埔寨外资来源国首位，占总投资额的 24.44%。

值得一提的是，旅游部部长唐坤此前透露，为了吸引和鼓励中国投资商和游客来柬埔寨，洪森总理已亮出“绿灯”，要求相关部门考虑出台相关批准中国游客在柬埔寨市场可以通用“人民币”的政策。这意味着，中国游客不必在柬兑换货币，即可直接在柬埔寨使用人民币。

据了解，柬埔寨旅游部正在制定《吸引中国游客旅游战略》，力争在 2015 年内吸引至少 70 万中国游客到柬埔寨旅游，以及在 2020 年增至 200 万人次。2014 年，柬埔寨接待的国际游客人数约 450 万人次，中国游客是柬埔寨的游客来源国之一，有 56 万人次，继越南游客后排名第 2 位。

金边代表处认为，人民币在柬埔寨流通，将使中资企业受益良多，云南企业来柬埔寨投资可以尽量减少汇率损失，提高投资收益率，这对未来云南与柬埔寨进一步的经贸往来增添诸多便利，也有助于增强云南企业在柬埔寨投资的信心。

（来源：云南省商务厅 . http://www. bofcom. gov. cn/bofcom/432921751270195200/20151127/395040. html. 2015—11—27）

“一带一路”建设助力中柬合作进入快车道

2015 年 10 月 18 日至 27 日，柬埔寨国家电视台、《高棉时报》、《金边邮报》等 9 家柬埔寨主流媒体记者团走访广西。

“东博会至今已连续举办 12 年，正逐步由服务东盟地区向 RCEP 及‘一带一路’沿线国家拓展，这将给中国与柬埔寨等沿线国家合作带来新机遇。”中国—东盟博览会秘书处副秘书长黄平西表示。据黄平西介绍，中国与东盟携手创办东博会 12 年来，柬埔寨参与历届展会，洪森首相先后共 8 次赴中国与会，中柬两国在农业、科技、旅游、经贸等方面合作成果显著。

据统计，2004～2014 年，中柬双边年贸易额从 4.83 亿美元增长至约 40 亿美元，包括吴哥啤酒、金色大米、杨氏集团等柬埔寨实业借助东博会为跳板成功进驻中国市场。同时，西哈努克港、吴哥窟等柬埔寨旅游胜地吸引大批中国游客前往，快速促进双边人文交流。

黄平西表示，随着中国“一带一路”建设构想提出与铺开，中国—东盟博览会将迎来“升级版”：展会将从服务“10＋1”向“10＋N”迈进，成为全球经贸合作平台。中国将借 21 世纪海上丝绸之路建设，加速与沿线东盟国家在技术转移、产能合作、金融服务等交流，中柬合作在此中将进入快车道发展。

在 2015 年东博会上，产能合作首度作为重点论坛议题出现，中国与柬埔寨等东盟国家在“钻石十年”迈进深层合作。当前，中柬合作正进入提速阶段，双边交流往来热络。

2015 年东博会期间，柬埔寨西哈努克港经济特区与中国太阳能、钢铁等领域企业达成合作意向，共同谋划新科技产能合作；由中国政府援助实施的“中柬农业促进中心”项目即将启动，推广中国先进技术入柬埔寨，此为目前中国援助柬埔寨最大农业项目。

中国“杂交水稻之父”袁隆平近日也率领中国农业科技代表团赴柬埔寨交流，为杂交水稻技术在柬埔寨落地，提供技术援助。

黄平西称，东博会今后将会在更多的东盟国家举办海外展会。结合东盟国家特色及需求，重点展示包括柬埔寨等东盟国家商品贸易、投资、金融服务等，促进中国与东盟贸易和人文互联互通。

（来源：广西新闻网．http://news.gxnews.com.cn/staticpages/20151102/newgx5637020e—13843869.shtml.2015—11—02）

中柬农业促进中心项目启动

推进“一带一路”，广西企业走出去，助推东盟国家提升现代农业。2015年9月16日，广西壮族自治区商务厅、广西壮族自治区农业厅在南宁召开新闻发布会，宣布“中柬农业促进中心项目”建设，将于2015年9月17日在柬埔寨金边戈思乐农业发展中心启动。项目的承担单位是广西福沃得农业技术国际合作有限公司，其为国家农业部“亚洲粮食安全合作战略规划”及国家进出口银行“部行合作”重点扶持的“走出去”企业之一。

中柬农业促进中心项目从2014年开始组织筹备，中方派出农业专家和技术人员，从培育优良种苗、农业种植技术培训、农业机械化应用、农产品采后加工等方面入手，帮助柬埔寨提高水稻、木薯、果蔬等农作物的产量和效益，力争到2018年，在柬埔寨建立完善的农业技术推广体系。

（来源：广西新闻网．http://news.gxnews.com.cn/staticpages/20150917/newgx55f9efe2—13586716.shtml.2015—9—17）

印度尼西亚

印度尼西亚“雅－泗中速铁路”工程将对外招标

据《印华日报》2016年6月4日报道，印尼国家计划发展部长索菲安日前在雅加达表示，佐科总统于5月出席七国集团峰会扩大会议期间与日本首相安培晋三会晤时，曾提到印尼交通部正在研究爪哇岛北部铁路振兴计划，即雅加达一泗水铁路改造提速项目，但并未承诺将该项目交由日本承建。有关该项目拟由日本企业承建是对此前日本无缘承建雅一万高铁的补偿的说法是没有根据的，日本目前在印尼已有雅加达地铁和将兴建的西爪哇省苏邦巴丁班大型港口等重要项目。印尼政府将予各方参与爪哇岛北部铁路振兴项目投标的机会。索菲安指出，该铁路振兴计划目前仍处于研究阶段，融资方案亦未确定。据悉，雅－泗铁路改造提速项目全程750公里，总投资约18.1亿美元，计划将所有铁路与公路的交叉道口改建为高架桥，并打通一些隧道和将单轨改成双轨。列车时速计划从原来的100公里提至150公里，往返时间将从12小时缩至5小时。

（来源：中华人民共和国驻棉兰总领馆经济商务室．http://medan.mofcom.gov.cn/article/jmxw/201606/20160601333306.shtml.2016—06—06）

印度尼西亚电商市场投资潜力大

据《雅加达邮报》2016年5月27日报道，尽管印尼宏观经济增长乏力，2014年外商在印尼电子商务领域投资额下降约42%，甚至日本、德国电子商务公司还退出了印尼电商市场，但电子商务在印尼的发展却蒸蒸日上。2015年，印尼电子商务交易额创历史最高水平。2016年第1季度，外企在电商行业投资达5200万美元，同比增长5倍。

印尼电子商务协会主席丹尼尔认为，外企在印尼电商市场的退却有着政策不确定等因素，如今政府已明确对外开放电商市场，外资在印尼电商的投资将大幅增加，2016年电子商务交易额有望达到246亿美元，较2013年增长3倍。印尼电子商务发展潜力缘于其有着2.5亿人口的庞大市场，预计2017年网络用户从2015年9340万人口增至1.12亿人口，2030年达2.8亿人口。

2015年，印尼网上购物客户约740万人，仍存在极大的客户发展空间。2016年5月24日，佐科总统正式签署了2016年第44号关于批准修订投资负面清单的总统令，允许电子商务领域投资额在1000亿印尼盾（约合730万美元）以上的外企拥有100%股权，低于上述投资额的外企最高可持有49%的股份，上述政策自2016年5月18日起生效。

印尼投资协调委员会业务发展处主任帕拉蒂多表示，凡投资额超过1000亿印尼盾的企业，无论内资还是外资企业，在该委员会可享受3小时内准证办妥服务。印尼通讯信息部日前向总统提交了1份电子商务发展路线图，包括电商创业基金扶持、电商物流规划、消费者权益保护、网络基础设施建设、税务修订、人力资源开发和网上安全指南等措施，上述举措为电子商务进一步发展提供了有力支持，引起了国际电商企业的极大关注。

（来源：中华人民共和国驻棉兰总领事馆经济商务室．http://medan.mofcom.gov.cn/article/jmxw/201606/20160601330540.shtml.2016—06—01）

印度尼西亚将出台外资投资电子商务规范条例

据印尼《雅加达邮报》2016年5月26日报道，继印尼政府给予外商100%开放电子商务投资后，印尼投资协调委员会将在6月份出台投资电子商务规范条例。印尼投资协调委员会业务授权处主任帕拉蒂多表示，该条例将为中小型企业提供与外国电商投资者合作的指导性规范。根据该条例，外商可持有电子商务公司100%股权，但需达到最低投资额800万美元或聘用1000个以上本地员工；对于投资额和聘用员工达不到上述要求的外商企业，外商投资比例不得超过49%。帕拉蒂多还表示，印尼早前出台的开放负面投资清单对外资在所有权方面更趋于开放，已在电商领域产生积极影响。根据该委员会统计，2015年，外商共在门户网站领域投资67个项目，总投资额为1900万美元。2016年第1季度，外商已在印尼门户网站领域投资了24个项目，总投资额达500万美元。

（来源：中华人民共和国驻棉兰总领事馆经济商务室．http://medan.chineseconsulate.org/chn.2016—05—27）

印度尼西亚颁布玉米进口新规：不允许直接进口

印尼一名贸易部官员日前称，印尼将很快颁布玉米进口新规，要求饲料厂通过国家采购机构进行进口，这是推动粮食自给自足的举措之一。

该官员称，“政府将不允许饲料企业直接进口。这一新规需要制定长期计划，政策的改变不能唐突。”

据悉，印尼是东南亚最大的经济体，主要自阿根廷和巴西进口玉米。该国自2015年7月起停止对饲料企业发放玉米进口许可。

（来源：中国食品商务网．http://www.21food.cn.2016—04—07）

中国与印度尼西亚可再生能源合作前景广阔

日前，国际能源署执行总裁法迪尔·比洛尔和印尼能源与矿务部长苏迪尔曼·沙伊特表示，发展可再生能源是大势所趋，中国已经成为国际可再生能源市场的重要参与方和技术供应方，中国与印尼在可再生能源领域的合作前景广阔。

法迪尔·比洛尔表示，可再生能源是国际能源市场的主流领域。2015年全球范围内新投入运营的发电设施中，半数以上具有可再生性。原因主要有以下几方面：一是随着开发水平的不断提高，可再生能源的价格越来越具有竞争力；二是巴黎气候峰会后，国际社会对可再生能源在保护环境、应对气候变化方面的贡献越来越认可；三是发展可再生能源的主力军正由发达国家转为广大发展中国家，新增可再生能源产能中有三分之二以上来自新兴国家。

作为东盟经济规模最大的国家，印尼在可再生能源发展市场中的作用直接影响东盟各国。对此，苏迪尔曼·沙伊特表示，印尼政府坚定发展可再生能源的政策取向不会变。印尼政府已在2007年颁布相关法律法规，规定印尼必须坚持石化能源开发最小化、可再生能源开发最大化的发展方向，近期颁布的总统令还要求建立专门机构，协调石化能源部门和可再生能源部门。此外，印尼还计划通过鼓励融资和建立专门基金，强化投资者对可再生能源的投资意愿。

法迪尔·比洛尔认为，中国的能源结构正在发生前所未有的重大变化：2014～2015年，中国煤炭消费量呈缩减态势，中国可再生能源的总体产能已雄踞世界首位，太阳能、风能和水电方面世界领先，2015年中国新增可再生能源投资额超过美国和欧盟之和。中国在可再生能源开发和节能增效两个领域作出了重大技术贡献。与此同时，正在快速发展的印尼尚未实现全国普遍通电，能源需求仍存在较大缺口，中国与印尼在可再生能源领域的合作前景广阔。

苏迪尔曼·沙伊特表示，印尼正处于能源结构和能源政策的转型之中，这为印尼开展对外能源合作提供了丰富的可能性。中国已成为国际可再生能源市场的重要参与方和技术供应方，中国的技术和资金优势有助推动中印尼强化太阳能、风能等多个领域的合作。此外，能源互联互通，尤其是能源基础设施的高水平融合，将成为地区经济可持续发展的重要支撑，也将是域内外国家推进可再生能源地区合作的优先考量。

（来源：中华人民共和国驻泗水总领事馆经济商务室．http://surabaya. mofcom. gov. cn. 2016—04—06）

印度尼西亚成为全球第3大咖啡生产国

据印尼《星洲日报》2016年3月30日报道，随着国内外咖啡消费与需求不断增加，印尼咖啡产量持续增长，已成为全球第3大咖啡生产国。目前，印尼咖啡工业与出口商协会总主席伊尔梵·安瓦尔表示，近年来，印尼咖啡产品工业年均增长8%，虽然进口的咖啡产品不断增加，但印尼咖啡工业发展潜力巨大，并具有一定竞争力。目前，印尼国内咖啡年产量达68.5万吨，是仅次于巴西和越南的全球第3大咖啡生产国。印尼政府也承诺，将持续推动印尼咖啡工业发展，争取成为全球第2大咖啡生产国。2016年，印尼政府拨出5.9万亿印尼盾（约合4.5亿美元）的财政预算，用于提高国内咖啡生产力。

（来源：中华人民共和国驻印度尼西亚共和国大使馆经济商务参赞处．http://id. mofcom. gov. cn/article/ziranziyuan/jjfz/201603/20160301287295. shtml. 2016—03—31）

印度尼西亚与中国海洋合作潜力巨大

据印尼《好报》2016年3月28日报道，印尼海事统筹部长里扎尔日前表示，在构筑“全球海洋支点”特别是海上互联互通建设方面，佐科总统构想清晰，意愿果断。政府注重财政支出和分配调整，实现经济“爪哇岛中心”向“全印尼中心”转变。就对外合作而言，印尼和中国海洋合作的空间很广，潜力很大。在渔业方面，印尼渔业加工数量和质量均有待提高，而中国投资者的资金、技术和产能可提供有益帮助。在海洋能源方面，中国是全球清洁能源产能大国，印尼具有规模庞大的潮汐、生物等清洁能源资源，双方在此领域合作将造福于印尼。港口建设是印尼构筑“全球海洋支点”战略重点，相关投资机会正陆续向包括中国在内的外国投资者开放。里扎尔还表示，关于印尼整顿海上捕捞业的一系列举措，是为保护和发展本国渔业资源，既是建设海洋支点国家需要，也是服务于印尼的“海洋外交”目标。这些措施的初衷并非要制造海上矛盾，而是通过规范海洋渔业操作实现本地区海域的和平、稳定和可持续发展。

（来源：中华人民共和国驻棉兰总领事馆经济商务室．http://medan. mofcom. gov. cn. 2016—03—29）

印度尼西亚缩短办理商业准证时间

印尼贸易部简化办理商业准证（Surat Ijin Usaha Perdagangan，简称SIUP）和企业注册号（Tanda Daftar Perusahaan，简称TDP）服务程序，申请手续可在两天内完成。

据印尼贸易部2016年3月22日新闻稿，有关简化措施列入2016年第14号贸易部长修正条例。新条例称，由企业负责人或第三方向发证处同时申请商业准证和企业注册号，仅用填写一份表格。时间由原来的3个工作日缩减至2个工作日。印尼贸易部长托马斯称，假如申请手续未齐全或有误，发证处官员将在接到申请后最多1天后发出拒绝书。此前，拒绝书3天后才能发出。

据悉，申请商业准证和企业注册号也可通过贸易部国内贸易司营业处管理的网上企业信息系统进行。

（来源：中华人民共和国驻泗水总领事馆经济商务室．http://surabaya. mofcom. gov. cn. 2016—03—25）

中国企业已获印度尼西亚3500万千瓦近半电站项目

据印尼《国际日报》2016年3月23日报道，印尼能矿部国内电力建设计划执行机构官员阿贡日前表示，目前印尼已实施的3500万千瓦电站建设规划中，46%的项目由中资企业或与印尼方合作承建。中资企业承建比例相比其它国家最高，是因其能在施行先进技术的前提下，提出极具竞争力的投标价格，而非在赢得承建权之前获得电站项目的股权。中资企业掌握的超临界流体技术可广泛用于建设100万千瓦以上的大型电站，降低生产费用，显著提高发电效益。此外，与中资企业合作还能取得中方的优惠贷款。

（来源：中华人民共和国驻棉兰总领事馆经济商务室．http://medan. mofcom. gov. cn. 2016—03—24）

印度尼西亚进出口新规致使中国果品更便宜

卓创资讯分析师王敏表示，印尼新规定对出口至印尼的新鲜植物源性食品设立了严格的准入门槛和复杂的准入程序，其中涉及苹果、梨等产品，这对2016年相对低迷的果品市场可谓是雪上加霜。

近日，印尼农业部颁布的《关于新鲜植物源性食品进出口食品安全控制》（印尼2015年农业部长第4号条例）正式实施。有业内人士表示，该规定对出口至印尼的新鲜植物源性食品设立了严格的准入门槛和复杂的准入程序，印尼新规定的实施加剧了中国产地梨和苹果价格下滑局面。

“印尼是中国苹果和梨出口的主要市场，其中鲜梨出口印尼量占总出口量的23%，苹果出口占总出口量的7%左右，印尼新规定的实施加剧了产地梨和苹果价格下滑局面。”

王敏表示，据卓创资讯统计数据，目前河北80#鸭梨中等货售价38元/箱（净含量16公斤），环比下跌13%，同比下跌49%；富士苹果80#以上一二级出库价2.0～2.2元/斤，环比下跌10%，同比下跌58%。据悉，河北部分进出口梨企业60%以上的市场分布在印尼，印尼该规定的实施，将会加剧产地鸭梨行情低迷的局面。

印尼进口水果新规更严格

《关于新鲜植物源性食品进出口食品安全控制》（印尼2015年农业部长第4号条例）中写明，新鲜植物源性食品（以下简称FFPO），指未加工的、随时可消费的、轻度加工的及/或作为食品加工原材料的植物源性食品。条例中共涉及包括水果、蔬菜、谷物、坚果、豆类等103种FFPO，安全标准涉及的污染物类型包括化学污染物、生物污染物共2000余项。

《关于新鲜植物源性食品进出口食品安全控制》（印尼2015年农业部长第4号条例）中列出了印尼FFPO进口要求：FFPO进口应满足印度尼西亚的食品安全要求；印尼进口的FFPO必须来自认可其食品安全控制系统的国家，或有一个或多个注册食品安全测试实验室的国家；从认可食品安全控制系统的国家进口FFPO时需随附预先通报；从有一个或多个注册食品安全测试实验室的国家进口FFPO时必须随附：预先通报及分析证书（CoA）；原产国出口商或其代表最迟必须在装载FFPO至运输工具时发布预先通报；必须在印尼农业检疫局（IAQA）的官方网站上发布电子版预先通报；如FFPO过境时数量和/或类型减少，过境国出口商或代表应发布过境预先通报；在IAQA注册的测试实验室必须发布分析证书（CoA）；CoA内必须包含FFPO的相关信息、FFPO所有人的相关信息、货物的相关信息、测试日期、测试方法、分析结果、FFPO满足印度尼西亚食品安全要求的保证声明。

（来源：中国经济网．http://www.ce.cn.2016－03－23）

中国公司承建的印度尼西亚塔扬桥通车

由中国路桥工程公司承建的印尼西加里曼丹省塔扬桥于2016年3月22日正式通车。

当日，印尼总统佐科、中华人民共和国驻印尼共和国大使馆代表及印尼政府官员等出席了通车仪式。

佐科在仪式上表示，塔扬桥通车结束了当地往来河两岸依赖轮渡的历史，将有效助推当地人员和物资移动并降低物流成本。

中国路桥工程公司总经理卢山表示，塔扬桥通车不仅将进一步深化两国战略互信，还将为在印尼乃至东南亚地区推动中国“一带一路”倡议起到铺垫作用。

据悉，塔扬桥位于印尼西加里曼丹省首府坤甸以东100公里，桥梁总长度为1350米，设计时速为80公里，桥梁结构设计使用寿命为100年。该项目于2015年12月3日竣工，项目合同金额为7400亿印尼盾（约合5600万美元），其中90%的建造资金来自中国进出口银行的贷款。

（来源：新华网．http://news.xinhuanet.com/overseas/2016－03/23/c_128825459.htm.2016－03－23）

印度尼西亚将简化煤矿营业许可证办理程序

印尼能矿部总署长班庞表示，能矿部将简化煤与矿物领域营业许可证办理程序，从目前的11种许可证简化为3种，包括：煤与矿物部上游业许可证、下游业许可证以及支援许可证。

班庞表示，能矿部将为上述简化许可证程序出台具体法规，希望此举能激发投资者对该领域的投资兴趣，促进煤矿业发展。

（来源：中华人民共和国驻泗水总领事馆经济商务室．http://surabaya.mofcom.gov.cn.2016－03－21）

比亚迪公司成功获签印度尼西亚雅加达150辆电动大巴订单

据2016年3月15日《印华日报》讯，日前比亚迪公司与印尼雅加达公交公司正式签署了150辆电动大巴销售合同，刷新了该公司在海外电动大巴订单纪录。这是继此前比亚迪公司获得美国 85 辆纯电动大巴订单之后的又一骄人业绩，再次证明比亚迪新能源车在全球市场的领头羊地位。该批 150 辆电动大巴计划从 2016 年 12 月开始分批交付，在 2017 年内完成所有车辆交付和充电站的建设与调试。

（来源：中华人民共和国驻印度尼西亚共和国大使馆经济商务参赞处．http://id.mofcom.gov.cn/article/ziranziyuan/huiyuan/201603/20160301277383.shtml.2016—03—18）

印度尼西亚推动与中国企业合作发展藤家具业

印尼工业部长沙勒表示，印尼政府欢迎中国企业来印尼投资家具业，尤其是藤家具业。

沙勒称，印尼有大量的藤原料，可以生产高价值产品，希望与中国投资者进行合作，推进和加强国内家具生产工艺。除家具业外，印尼政府也欢迎中国投资者投资家具工艺品的配套机械业。

（来源：中华人民共和国驻泗水总领事馆经济商务室．http://surabaya.mofcom.gov.cn.2016—03—17）

印度尼西亚向私企开放港务管理业

根据印尼交通部 2015 年第 64 号政府条例，印尼政府将向私营企业开放港务管理业，私企可取得港务管理权。

印尼港务企业协会主席奥里亚称，政府如今允许私企进入港务管理业，已有至少 18 家私企表示有意申请多个地区的港口管理权。

根据印尼港务企业协会资料，印尼全国共有超过 2000 个大大小小的港口，其中 112 个港口由印尼第一、第二、第三和第四港口公司管理，另有大约 1200 个港口由交通部管理，其他约 800 个港口由私企经营集装箱业务。

（来源：中华人民共和国驻泗水总领事馆经济商务室．http://surabaya.mofcom.gov.cn.2016—03—16）

印度尼西亚启用 11 个保税物流中心

近日，印尼总统佐科维宣布印尼全国 11 个保税物流中心（PLB）正式启用。上述保税物流中心将获得政府提供的各项支持和方便，并将成为国内外生产原材料、出口品和进口品的仓库，以及生产保税区。佐科维总统表示，印尼目前的物流开支仍占据了生产开支的 23%，政府希望将来能大幅降低物流成本。

上述 11 个保税物流中心分别是：（1）Cipta Krida Bahari 公司，设于雅加达查贡，属矿业与油气工业；（2）Petrosea 公司，麻利巴板（Balikpapan），矿务与油气工业；（3）Pelabuhan Panajam 公司，麻利巴板，矿务与油气工业；（4）Kamadjaja Logistics 公司，芝比通（Cibitung）食品与饮料工业；（5）Toyota Motor Manufacturing Indonesia 公司，加拉璜（Karawang），机动车工业；（6）Agility International 公司，雅加达哈林（Halim）和本托翁乌（Pondok Ungu），住宅和房屋维修工业；（7）Gerbang Teknologi Cikarang 公司，芝卡朗（Cikarang）无水港，棉纱与纺织工业；（8）Dunia Express 公司，雅加达顺德（Sunter0 和加拉璜，棉纱与纺织工业；（9）Khrisna Cargo 公司，本诺亚（Benoa）和登巴刹（Denpasar），中小型工业；（10）Vopak Terminal Merak 公司，孔雀港（Merak），化工纤维纺织工业；（11）Dahana 公司，苏邦（Subang），含爆炸性矿物与油气工业。

（来源：中华人民共和国驻泗水总领事馆经济商务室．http://surabaya.mofcom.gov.cn.2016—03—14）

印度尼西亚计划大力推动房地产投资业发展

为推动国内房地产事业发展，印尼政府计划将申请土地与建筑物使用权税调低为最高 1%，同时将最终房地产增值税调低为 0.5%。

经济统筹部长达尔敏表示，政府的目标是削减房地产投资的税收，该计划拟在雅加达、泗水、丹格朗和茂物 4 个城市优先推行，因为这些城市房地产业潜能巨大。如果地方政府提出政策调整需要缓冲期和内部程序，中央政府也会给予理解支持。

（来源：中华人民共和国驻印度尼西亚共和国大使馆经济商务参赞处．http://id.mofcom.gov.cn/article/ziranziyuan/huiyuan/201603/20160301268609.shtml.2016—03—04）

老　挝

中信重工最大功率高压变频器批量出口老挝

近日，中信重工公司再次与老挝 Phonesack 集团签订 KSO 金矿项目芰 8.8×4.8 米半自磨机配套用 6 台 6kV、7500kW 高压变频器订单合同，实现了高压变频器的批量出口。

据了解，7500kW矿用磨机高压变频器由中信重工自主研发设计生产，是该公司目前最大功率的高压变频器。包括这6台变频器在内，中信重工公司此次签订的老挝Phonesack集团KSO金矿项目还包括2台芰8.8×4.8m半自磨机、2台芰6.2×11.5m球磨机、1套处理量为2000t/h的旋回破碎系统等矿山设备，同时公司还将提供全部设备的安装和调试服务。

自2012年起，中信重工公司基于对全球工业发展趋势的认识和把握，对矿山、煤炭等生产工艺的深刻理解，强力挺进电力电子行业，迅速推出低速、重载、大功率、工业专用变频技术，推动核心制造向智能传动和自动化控制延伸。目前已成功自主研发出5大系列150多个型号的高压变频器，成功应用于煤炭、建材、矿山、冶金、电力、石化装备领域，出口到澳大利亚、非洲和中东等地区，实现了电压等级从660V到10kV全覆盖，使得中国的重型装备不仅拥有了“中国心”，而且装备了“中国大脑”，“传统动能”和“新动能”双引擎驱动企业向“核心制造+综合服务商”转型。

该公司为老挝项目研发生产的7500kW高压变频器，可与公司自主开发的智能化磨机控制系统实现无缝连接，大大提高磨机的工艺和自动化水平，在提高磨机的磨矿效率、降低磨机的运行电耗、减少衬板的消耗等方面发挥了重要作用。

截至目前，KSO金矿已经成为中信重工在全球供货数量最多的单体矿山。自2013年与KSO金矿首次签订设备采购合同以来，中信重工公司已累计为该矿山提供大型矿山设备达21台（套）。

（来源：《中国工业报》. http://www.cinn.cn/zbzz/358459.shtml. 2016—06—03）

老挝颁布扩大木材出口禁令　收紧木材业务

老挝政府已颁布有关各种树种、木制品和观赏植物出口的新禁令，旨在掌控和最大限度地利用自然资源。老挝总理通伦日前颁布了这一禁令，所列项目为原木、木材、部分加工木材、树根、根球、树枝、干树和观赏植物。禁令还涵盖政府事先批准的采伐限额，这意味着所有形式的原木和木材在出口之前都必须进行完全处理，转变为成品。

这一最新的总理令还禁止木材和非木材林产品进口至老挝，而后出口到第三方国家。通伦要求负责官员加快制定生产性林地的分配计划，并提交给政府进行审议。

据悉，老挝相关部门须在发展项目区域内执行合理的伐木调查，如修建区内道路、修建水电站以及发展采矿项目。政府将根据这一调查制定年度采伐配额，并提交至老挝国会进行审批。

（来源：中国国际贸易促进委员会 . http://www.ccpit.org/Contents/Channel _ 4117/2016/0519/646456/content_646456.htm. 2016—06—03）

老挝汽车进口量将继续增加

尽管2016年前3个月的汽车进口量有所减少，但老挝公共工程与运输部门预计2016年汽车进口量将同比增长约10%。当前，汽车进口量减少的主要原因为经销商正打算出售一些现有库存。老挝进口汽车关税从早前的40%降至零，尽管汽车消费税增加，老挝人民的购买力仍然十分强劲。与此同时，经销商也推出低利率或零利率分期付款的促销方式，预计未来数年里汽车进口量将继续增加。据悉，2015年老挝汽车数量同比增长8.17%，总量达171.75万辆，其中包括摩托车132.69万辆、轿车33.74万辆和卡车5.32万辆。万象汽车数量最多，达72.19万辆。其次为沙湾拿吉（27.33万辆）和占巴塞省（14.53万辆）。

（来源：中国国际贸易促进委员会 . http://www.ccpit.org. 2016—05—11）

老挝启动电子原产地证书发行系统　简化出口流程

老挝工业与贸易部即将开始启动使用电子原产地证书发行系统（E—CO），从而简化出口流程，节省出口商的时间和金钱。新系统启动仪式于2016年4月29日在老挝进出口贸易司举行。老挝开放区域和国际合作，尤其是贸易便利化。作为东盟成员国，老挝需履行东盟经济共同体的义务。这意味着老挝将在东盟合作框架内发行电子原产地证书。为了与老挝法律法规以及国际惯例保持一致，老挝工业与贸易部颁发了0369号决议——于2016年2月26日发行电子原产地证书。目前，电子原产地证书要求的流程比之前的流程更简易，出口商可在www.ecolao.gov.la在线提交报关单证。

（来源：中国国际贸易促进委员会 . http://www.ccpit.org/Contents/Channel _ 4117/2016/0506/640956/content_640956.htm. 2016—05—11）

中国水利电力在老挝投资的第一个煤电一体化

2016年4月29日，由中国水利电力对外公司在老挝投资建设的华潘煤电一体化项目特许经营协议签约仪式在万象举行。该项目是中国企业在老挝境内以投资模式开发的第一个火力发电项目，同时也是老挝境内第一个内销型火力发电项目，第一期项目总投资约10亿美元，计划于2016年年底开工建设，于2020年年底并网发电并进入商业运营。

（来源：中华人民共和国驻老挝人民民主共和国大使馆经济商务参赞处．http://la. mofcom. gov. cn/article/zwminzu/201605/20160501310286. shtml. 2016—05—04）

中国电建投资的老挝南欧江六级电站2号机组并网发电

2016年2月25日，由中国电建集团投资的老挝南欧江六级电站2号机组顺利并网发电，标志着南欧江流域第五台机组投运。

南欧江六级电站2号机组自2016年2月23日首次启动至25日顺利并网发电，六级项目部组织各参建单位紧密配合协作，高效、规范地完成一系列专项检测和调试，运筹团队电力生产准备工作扎实到位，积极沟通协调，顺利签证并网。机组试运行期间，将做好各机电设备运行数据监测，确保机组安全稳定运行，待2月28日机组72小时试运行结束将停机消缺。

南欧江六级电站位于老挝北部丰沙里省，电站布置3台单机容量60兆瓦机组，首台机组于2015年12月21日并网发电，至今已连续安全运行65天，累计发电量1198万度，电站水库具有季调节性能，发电效益显著。电站是老挝北部电网骨干电源，建成后将缓解当地缺电现状，为当地基础设施改善、产业发展等提供稳定可靠的电力支撑。

（来源：中国电力建设集团有限公司网站．http://www. powerchina. cn/art/2016/2/3/art_942_156922. html. 2016—03—01）

老挝将引进智能海关征税新系统

近日，云南省商务厅驻万象商务（企业）代表处表示，老挝将引进智能海关征税新系统，有效防止税收流失并减少文书工作时间。

目前，海关数据自动化系统已用于老挝各地的23个边境口岸，实现进口商和出口商自助支付关税功能。进口商和出口商仅需花费15～30分钟即可完成海关支付流程，而以前需花费半日甚至整日来完成支付。今后，使用新的系统，进口商和出口商必须自行申报进出口货物，并支付相应的关税。此外，老挝财政部与各地方银行合作引入智能税收系统，让企业经营者通过银行实时缴纳税款。

（来源：云南网．http://finance. yunnan. cn/html/2016—02/18/content_4177932. htm. 2016—02—19）

原生态老挝大米正式进入中国市场

2016年"一带一路"中老粮食合作成果发布会暨老挝大米中国首发仪式21日在湖南长沙金霞保税区举行，原生态的老挝大米今起正式进入中国市场。

老挝地处东南亚大米黄金生态产区，稻米味道清香甘甜，因保有原生态的种植方式，年产量每亩仅150公斤左右。老挝人没有给农作物打农药的习惯，境内也没有农药生产厂，所产大米均为纯天然的绿色产品。但由于老挝交通不便、当地人安于现状，老挝大米在外界的知名度并不高。

中国湖南炫烨生态农业发展有限公司于2015年3月通过申请，获得了中国国家发改委批复的老挝唯一自有基地返销粮配额指标8000吨。2015年10月27日，中国国家质检总局批复同意该公司老挝全资子公司炫烨（老挝）有限公司生产的老挝大米准入中国市场。

2016年1月6日，首批88吨老挝大米抵达中国，即日起正式对外发售。

中国湖南炫烨生态农业发展有限公司董事长徐国武表示，老挝大米在中国不会通过传统的商超方式进行销售，而是在北京、上海、广州、深圳、长沙等地设立自营店，以及通过中粮我买网、网上供销社、搜农坊等线上平台进行销售和推广。

徐国武还介绍，老挝大米只是其公司"走出去"的开端，接下来还会引进红豆、花生、绿豆等老挝农产品；同时将农业机械等湖南产品推广到老挝。"通过我们这些'走出去'的中国企业，让老挝共享中国腾飞的机遇与荣耀。"

湖南省商务厅副厅长周越表示，近年来，湖南对老挝等东盟国家的投资合作进入快速上升的通道，投资效益不断提升，带动了双边进出口贸易的发展，也增强了双边传统友谊和文化交流。此次老挝大米的引进和销售，不仅能为中国百姓餐桌提供更多的选择，并将作为一个重要平台，为湖南与老挝双边经贸合作打开更广阔的前景。

（来源：中国新闻网．http://finance.21cn.com/newsdoc/zx/a/2016/0121/16/30518749.shtml.2016－01－21）

老挝“铁路梦”走近现实

2015年12月2日，中老铁路工程项目奠基仪式在万象举行。由此出发，老挝数代人的“铁路梦”将终成现实。

老挝是东南亚地区唯一的内陆国家，目前唯一的铁路线是位于老挝和泰国边境一段3.5公里长的米轨铁路，由泰国援助建设，于2009年3月5日正式通车。乘客主要是往返于老泰两国的游客和务工人员。

对外贸易和交流不便，是老挝成为东南亚地区乃至全世界最不发达国家之一的重要原因。只有打破“陆锁国”的枷锁才能摆脱贫困现状，早已成为老挝国家领导层的一致共识。老挝国立大学教授珀西表示，2015年东盟要全面建成自由贸易区，如果不升级基础设施，将来就没法和其他国家竞争。老挝只有利用自己独特的地理位置，将自身打造为中国与东盟及东盟地区内部互联互通的陆路枢纽，实现向“陆联国”转型的战略构想，才能加快经济发展，顺利完成2020年摆脱贫困国家的目标。

老挝公共工程和运输部副部长、中老铁路项目联合工作组老方组长拉塔纳玛尼·宽尼翁表示，中老铁路建设项目是老挝政府基础设施发展工作的重中之重。老挝人民期盼铁路早日建成，它不仅能够实现老中两国、老挝与东盟、中国与东盟之间的互联互通，也必将大力拉动老挝经济快速增长。

中老铁路将是第一个以中方为主投资方建设并运营、与中国铁路网直接相连的境外铁路项目，全线采用中国技术标准，使用中国设备。由两国边境磨憨—磨丁口岸进入老挝境内，向南到达万象，全长418公里，其中60％以上路段为桥梁和隧道，设计时速为160公里。该项目总投资近400亿元人民币，由中老双方按70％和30％的股比合资建设。

老挝副总理宋沙瓦·凌沙瓦称，老挝的铁路设施非常匮乏，不仅里程短，而且技术落后，与中国合作建设中老铁路项目，将使老挝拥有东盟区域内技术标准最高的铁路，老挝铁路建设水平也将因此发生质的飞跃。

据了解，奠基仪式举办地将建成万象火车站。一位在附近开小卖部的村民兴奋地表示，已经无数次想象有了铁路后自己在小卖部迎接各国游客的情景，远道而来的客人一定会给自己和周围人的生活带来翻天覆地的变化，真心期待铁路能早日建成。

（来源：光明网．http://www.chnrailway.com/html/20151208/1319159.shtml.2015－12－08）

中国至老挝高铁耗时5年终签约　中方投资占7成

中国计划在2020年年前建成期待已久的造价数10亿美元、从中国西南地区通往老挝的高铁项目，这是北京连接东南亚市场行动的一部分。

据日本外交学者网站报道称，中国和老挝于2015年11月13日举行铁路项目签约仪式。该项目总投资400亿元人民币，从中国西南省份云南首府昆明至老挝首都万象，全长418公里。中国国家发展改革委员会、中国铁路总公司和中国进出口银行等单位出席仪式。

据了解，中国将负责70％的投资，老挝负责其余部分。建成通车后，这条铁路将是老挝最长和最快的一条铁路，平均时速达到160公里，60％是桥梁和隧道。这是从昆明经老挝和泰国至马来西亚和新加坡的一条长3000公里的更大规模地区铁路的一部分。

据了解，有关这项协议的讨论自2010年起，历经数年。老挝官员早前担忧，中国3％的贷款利率太高。

老挝是内陆国家，目前只建有1条铁路，2009年开通，通往泰国的廊开府。中国是老挝最大贸易伙伴，一直把该项目宣传为对老挝发展的推动和让云南省获益。

中国国家发展改革委员会副主任王晓涛于2015年11月15日在签约仪式上表示，“该项目将极大地带动老挝经济社会发展，改善老挝运输并为当地人民创造大量就业，同时将为中国西南地区经济发展注入新的动力。”

（来源：东方财富网．http://finance.eastmoney.com/news/1355，20151118566985065.html.2015－11－18）

中国云南农垦集团与老挝合作拓展天然橡胶产业

中国云南农垦老挝云橡有限责任公司于2015年11月24日在老挝万象正式挂牌。老挝工贸部副部长潘通等政府官员出席揭牌仪式。

云南农垦集团总经理迟中华致辞中表示，老挝云橡有限责任公司成立后，将重整云南农垦集团在老挝北方产业布局，整合当地天然橡胶种植园及其加工厂，通过橡胶深加工提高产品的商业附加值。

迟中华介绍，公司方面还将与老挝政府合作建立国家级天然橡胶产业科技标准示范中心，落实橡胶种苗、种植、割胶、加工、产品检验等国家质量标准及行业技术准则。在拓展公司业务的同时，积极推进当地农业健康快速发展。

坎潘致表示，橡胶是老挝重点发展的农林产品，对国民经济发展有重要作用。老中两国合作建立天然橡胶技术标准示范中心、检测中心、培训中心和农产品检验检疫中心等机构，将极大促进老挝天然橡胶产业的发展。

中国云南农垦集团有限责任公司自2006年2月起与老挝合作发展橡胶种植产业。

（来源：新华网．http://news.xinhuanet.com/ttgg/2015－11/25/c_1117258800.htm.2015－11－25）

中国与老挝正式签署老挝卫星合资公司股东协议

2015年10月30日，老挝卫星合资公司股东协议签署仪式在万象市举行。老挝财政部副部长本召、中国亚太公司总裁韩庆平、航天恒星科技公司副总裁李集林、香港亚太科技公司董事长姚勇等签署了股东协议。老挝政府副总理本邦、老挝邮电部部长谢姆、中华人民共和国驻老挝人民民主共和国大使关华兵、中华人民共和国驻老挝人民民主共和国大使馆经济商务参赞赵文宇等出席仪式。

老挝卫星项目于2010年2月签署建设合同，2012年12月全面启动，现已进入发射最后准备阶段，该卫星将由老挝卫星合资公司进行商业运营。根据股东协议，老挝政府控股45%，中国亚太移动通信卫星有限责任公司控制35%，航天恒星科技公司控股15%，香港亚太科技公司控股15%。该公司正式运营后，将提供政府通讯、卫星频道租赁、高清卫星电视节目、偏远地区通讯、远程教育与医疗、网络与电信、抗灾减灾通讯等多项服务。

（来源：中华人民共和国驻老挝人民共和国大使馆经济商务参赞处．http://la.mofcom.gov.cn/article/jmxw/201511/20151101157208.shtml.2015－11－06）

老柬越公路联运跨境线路开通

据越南通讯社报道，2015年9月9日，越南交通运输部同老挝公共工程交通部和柬埔寨公共工程与运输部联合在越南平福省花芦—柬埔寨桔井省茶蓬国际口岸举行了老柬越公路联运跨境线路开通仪式。

2013年1月17日，老柬越三国交通运输部部长已在老挝占巴塞省代表三国政府签署了《越老柬三国政府陆路运输合作备忘录》，旨在满足三国间经贸与旅游发展需求，为各自公民、车辆的通行创造便利条件。

越南平福省人民委员会副主席陈玉斋表示，老柬越公路联运跨境线路将有助于促进平福省以及老柬埔两国边境各省乃至三国经济社会发展，是加快平福省经济开放和融入世界经济进程的重要条件。平福省将成为连接胡志明市与柬埔寨和老挝两国各省以及地区各国的重要桥梁。

越南交通运输部副部长黎廷寿强调，三国所签署的陆路运输合作备忘录有助于减少运输费，缩短运输时间，为三国公民和国际游客、车辆顺利出入境创造便利，增进三国睦邻友好和传统友谊，促进经贸、旅游和运输等的交流与合作。他同时表示希望三国有关机关为对方跨境运输活动创造便利条件，管控好边境安全秩序。

（来源：越南人民报网．http://cn.nhandan.com.vn/friendshipbridge/item/3443301.html.2015－09－11）

中老签署磨憨—磨丁经济合作区建设共同总体方案

2015年8月31日，在中国国家主席习近平和老挝国家主席朱马里·赛雅颂见证下，中华人民共和国商务部部长高虎城与老挝副总理宋沙瓦·凌沙瓦在北京分别代表两国政府正式签署《中国老挝磨憨—磨丁经济合作区建设共同总体方案》（以下简称《共同总体方案》）。

《共同总体方案》的签署是中老两国经贸合作发展的重要里程碑。中老两国为贯彻“长期稳定、睦邻友好、彼此信赖、全面合作”的方针，共同推进“一带一路”倡议，巩固和发展双边全面战略合作伙伴关系，提升两国互利合作水平，决定在边境接壤的中国云南省和老挝南塔省建设和发展“中国老挝磨憨—磨丁经济合作区”。这是继与哈萨克斯坦建立中哈霍尔果斯国际边境合作中心之后，中国与毗邻国家建立的第二个跨国境的经济合作区，是中老两国创新合作模式、加快开放步伐的重要举措。

据悉，《共同总体方案》生效后，将进一步促进两国经济优势互补，便利贸易投资和人员往来，推动两国产业合作，加快两国边境地区发展，造福两国边境地区和人民。

（来源：中华人民共和国商务部网站．http://www.mofcom.gov.cn/article/ae/ai/201508/20150801097461.shtml.2015—09—02）

马来西亚

马来西亚政府重视半导体业发展

据《南洋商报》2016年4月27日报道，马来西亚国际贸易及工业部长拿督斯里慕斯达法指出，鉴于电子与电气工业尤其是半导体工业增长前景极佳，政府非常关注及通过经济转型计划来强化这此领域的发展。拿督斯里慕斯达法表示，2015年电子及电气工业对国内生产总值的贡献率为6.1%，占出口的35.6%，尤其是半导体工业在马来西亚电子电气工业出口率占比超过40%。拿督斯里慕斯达法介绍，目前马来西亚在全球半导体行业处于领先位置，为超过12%的国家进行组装、试行等专业技术。拿督斯里慕斯达法预计，到2020年，电子与电气工业领域可为马来西亚国内生产总值贡献534亿林吉特，并增加15.7万个就业机会。

（来源：中华人民共和国驻古晋总领事馆经济商务室．http://kuching.mofcom.gov.cn/article/jmxw/201604/20160401307087.shtml.2016—04—28）

中国与马来西亚船舶企业签署合作协议

中国船舶重工国际贸易有限公司于2016年4月19日在马来西亚亚洲防务展期间与马来西亚莫实得船厂签署合作协议。

根据协议，双方将在马来西亚国防和海事领域、特别是针对造船与装备采购项目开展合作，共同寻求为马来西亚政府和商业机构提供产品及服务的机会，并着重向马来西亚政府推进特殊任务船项目。

中国国家国防科技工业局推动协议签署。中国国家国防科工局副局长徐占斌、马来西亚国防部常务副秘书长罗蒂亚、马来西亚海军助理参谋长赛义德、马来西亚海军计划部部长萨姆苏丁共同出席协议签署仪式。

正在吉隆坡举行的第15届马来西亚亚洲防务展共吸引60个国家和地区的1200家军工企业和防务供应商参展，参展商数量为历届之首。该防务展始于1988年，每2年举行1次，目前已成为地区和世界上重要的防务展洽会之一。

（来源：新华网．http://news.xinhuanet.com/world/2016—04/19/c_1118673519.htm.2016—04—20）

马来西亚中小企业进军中国清真市场

据《南洋商报》2016年4月14日报道，马来西亚中小型企业扩展中心与马来西亚清真工业发展机构及中国银行共同签署合作备忘录，携手开拓中国清真行业。马来西亚总理府部长魏家祥称，这项合作备忘录见证了马中两国长久以来在政府以及私人界层面所缔造的良好商贸伙伴关系。目前马来西亚有近10%的清真产品出口中国，两国政府也积极寻求共创长期的合作关系。此次合作，马来西亚中小企业拓展中心与马来西亚清真工业发展机构将扮演咨询单位角色，让有意开拓中国庞大清真市场的马来西亚从业者通过与中方企业的对话及研讨，获得全面及正确的资讯。中国银行将为这些开拓中国清真市场的中小企业提供财务咨询。马来西亚政府相信，随着这项合作备忘录的落实，马来西亚能够进一步开拓世界第2大经济体的清真市场。

（来源：中华人民共和国驻马来西亚大使馆经济商务参赞处．http://my.mofcom.gov.cn/article/sqfb/201604/20160401297280.shtml.2016—04—18）

马来西亚医疗设备行业增长潜力大

据《南洋商报》2016年4月12日报道，马来西亚国际贸易与工业部副部长李志亮表示，2015年马来西亚医疗设备出口额达155亿林吉特，同比增长15%，根据国家出口理事会预测，2020年的出口额将增至260亿林吉特，增长潜力巨大。

李志亮指出，在第11个马来西亚发展计划中，医疗设备行业被认为是最具增长潜力的领域，也是马来西亚医疗保健领域增长最快的领域。马来西亚政府2010年宣布医疗设备纳入国家重点经济区，2020年有望实现8.6万个就业岗位，并取得171亿林吉特的收入。

（来源：中华人民共和国驻马来西亚大使馆经济商务参赞处．http://my.mofcom.gov.cn/article/sqfb/201604/20160401295285.shtml.2016—04—12）

2020年马来西亚可再生能源规模将达2080兆瓦

据《南洋商报》2016年4月6日报道，马来西亚能源、绿色工艺及水务部长麦希慕在主持第4届国际可持续能源峰会开幕式后表示，马来西亚政府推行的电力回购制度、净电能计量政策及大型太阳能项目，有助于使马来西亚可再生能源规模在2020年达到2080兆瓦，占总发电量7.8%的目标，并可减少温室气体排放量达713万吨。

麦希慕特别提到，截至2016年2月，马来西亚可持续能源发展局已批准8796项电力回购申请，涉及可再生能源规模1185.85兆瓦，其中334.03兆瓦已投入商业运作。预计到2018年，该计划在经济、社会和环境方面可带来87亿林吉特的投资，创造23823个绿色工作机会，并减少350万吨的温室气体排放量。

麦希慕表示，在“国家能源效率行动计划蓝图”（2016～2025年）下，未来10年耗电量可节省52223亿千瓦时，政府及私人电费开支约为63亿林吉特，可直接节省费用185亿林吉特，届时还将减少3800万吨的碳排放量。

关于核电计划，麦希慕表示核能发电由首相署下属马来西亚核电机构负责，目前仍处在探讨与咨询阶段。

（来源：中华人民共和国驻马来西亚大使馆经济商务参赞处.http://my.mofcom.gov.cn/article/sqfb/201604/20160401290433.shtml.2016—04—06）

马来西亚邮政快递每年增长10%至15%

据南洋商报2016年3月29日报道，电子商务的蓬勃发展推动马来西亚邮政公司的快递服务每年以10%至15%的速度增长，而传统邮件增速则下降4%至5%。马来西亚邮政公司总执行长拿督莫哈末苏基里表示，尽管目前邮政公司仍以传统邮件服务为主，约占6成以上，但是基于快递服务每年的高速增长，2016年的增速将进一步提高到15%至20%，快递邮件与包裹数量将于2至3年内超越传统邮件。这种改变是大势所趋，也是世界邮政服务的变革方向。马来西亚必须顺应潮流，调整步伐与时俱进，以迎合国内外市场欲通过电子商务进行更多买卖活动的需求。

（来源：中华人民共和国驻古晋总领馆经商室.http://kuching.mofcom.gov.cn/article/jmxw/201603/20160301286416.shtml.2016—03—31）

中国游客赴马来西亚签证办理手续费调整为200元人民币

据《东方日报》2016年3月30日报道，马来西亚签证中心发布文告称，于2016年4月1日起，所有类型签证办理手续费统一调整为200元人民币。此次费用调整只适用于递交至马来西亚签证中心的签证申请，电子签证和免签证计划的费用保持不变。

目前，中国游客入境马来西亚的电子签证费用是25美元，通过网上登记免签证计划需支付20美元手续费。

（来源：中华人民共和国驻马来西亚大使馆经济商务参赞处.http://my.mofcom.gov.cn/article/sqfb/201603/20160301286105.shtml.2016—03—30）

马来西亚将成为中国“一带一路”倡议最大受惠国

据《南洋商报》2016年2月23日报道，马来西亚中华总商会（中总）表示，将有大批中国企业在猴年来马来西亚投资，尤其是到马中关丹产业园设厂投资。中总署理总会长林锦胜表示，中方投资兴建的联合钢铁厂预计2017年就可投入生产，“届时一条龙式的生产线将呈现在我们眼前，这些采用先进生产方式生产出的钢铁产品主要用于对外出口，为国家赚取更多外汇。中国广西的陶瓷厂也已准备来马来西亚投资，呈现出中资企业积极来马投资的趋势。”

同时，林锦胜表示欢迎中国企业来马来西亚投资木材加工及家具厂，因为彭亨州是西马来西亚最大的木材生产州，资源丰富，采用该州的红木制造古董式的红木家具，在中国及欧洲有很大的市场。马来西亚依据国际环保条例来砍伐树林，确保木材原料源源不断。有关条例规定，原木（树桐）不可出口，只有锯木与家具可以出口。作为东海岸重要港口的关丹港口目前已拥有改造后的深水码头，马来西亚原产品及制成品从关丹港出发，运抵中国广西只需3天。

林锦胜认为，马来西亚将是东盟国家中，从中国“一带一路”倡议受惠最大的国家。马来西亚地理位置重要，在贸易、招商与参与建设发展等各方面均扮演重要角色。马来西亚华人在语言文化方面具有优势，中国企业在马来西亚投资经商非常便利。2016年马来西亚中华总商会将加强与中国企业的联系，吸引更多中资来马来西亚，为两国企业创造更多合作机会。

（来源：中华人民共和国驻马来西亚大使馆经济商务参赞处．http://my.mofcom.gov.cn/article/sqfb/201602/20160201261880.shtml.2016－02－24）

马来西亚银行联合银联商务开拓中国银行卡市场

据《南洋商报》2015年12月1日报道，马来西亚银行与银联商务签署谅解备忘录，双方通过友好协商，同意开拓中国快速增长的银行卡支付市场。预计该市场价值至少每年14万亿元人民币，年增长率约26%。

签署备忘录后，马来西亚银行可为企业客户提供全面的收款及支付解决方案，包括终端机、在线付款放宽、自动提款机（ATM）等专业的现金管理服务。同时，马银行客户若使用银联商务解决方案，将享受更好的汇率，且顾客会更快获得款项。顾客在银联中国清算后，就可以直接把款项存入他们在马来西亚银行的账户。这将使马银行现有客户受惠，尤其在中国涉及汽车分销、餐饮、百货公司和酒店等行业的客户。

马来西亚银行大中华区总执行长张贵兴指出，这次签订备忘录，不仅加深POS机收单业务合作，还能深入探索其他各领域的互利共赢合作发展模式，开拓新市场，提升综合竞争力。马来西亚银行在中国市场又迈开了崭新的一步，具有深远的战略意义。

马来西亚银行是首家与银联商务合作的马来西亚银行，未来在中国的现金管理业务将增强。目前，银联商务是中国终端机（POS）发行商领导者，市场占有率约40%。马来西亚银行区域现金管理系统尽管2014年才正式启动，中国客户通过该系统进行的交易大增75%。因此马来西亚银行预计，与银联合作，至2016年年底，该业务的交易量将增长1倍。

（来源：中华人民共和国驻马来西亚大使馆经济商务参赞处．http://my.mofcom.gov.cn/article/sqfb/201512/20151201199160.shtml.2015－12－03）

中国北部湾港与马来西亚巴生港缔结姐妹港

2015年11月12日，广西壮族自治区北部湾港口管理局与马来西亚巴生港务局签订建立友好关系谅解备忘录并举行会谈，两港正式缔结为姐妹港。

建立友好合作关系后，两港将在港口研究、员工培训、信息交流、技术协助和双方运输往来、提升服务水平等方面开展互助和加强合作，以促进双方港口业和航运业之间的全面发展与合作交流，提升两港贸易往来、运输与服务水平，在“一带一路”和海上丝绸之路核心区的建设中发挥更大作用。

据悉，巴生港位于马六甲海峡，紧邻吉隆坡，是一个以集装箱运输为主的综合性港口，也是马来西亚最大的港口，2014年集装箱吞吐量突破1100万标箱，位居世界第12位。

（来源：广西新闻网．http://news.gxnews.com.cn/staticpages/20151113/newgx56451351－13915626.shtml.2015－11－16）

东盟自由贸易区全面落实将促进马来西亚中药产品走出去

据马来西亚《南洋商报》近日报道，马来西亚华人医药总会会长兼海鸥集团创办人陈凯希称，近年来，马来西亚中药产品出口额已由不到百万林吉特增至目前的千万林吉特，但本地中药制造商的产品是以内销为主，外销较少。预计在东盟自由贸易区全面落实后，中药产品出口将成倍增长。

据悉，由于东盟自由贸易区有关药品自由流通的条例将于近期实施，届时马来西亚的药品包括中药可自由出口到东盟各国。卫生部传统医药委员会中药部官员预测，东盟自由贸易区有关药物流通的协定一旦落地，将是马来西亚中药产品出口增加的转折点。目前外销的马来西亚中成药并不多，主要是风油及风痧丸等马来西亚制造的中药产品。

此外，除了出口中药外，目前马来西亚也有犀角水等中药在新加坡和印尼等国家生产，除供应当地市场外，还回销马来西亚或出口第三国。

（来源：新华网．http://my.xinhuanet.com/2015－09/25/c_128268995.htm.2015－09－28）

广东省与马六甲州政府签署7项谅解备忘录

据马来西亚《南洋商报》报道，日前，广东省与马六甲州政府签署了七项涉及经济、发展、医疗等领域的谅解备忘录，预计将带来过亿林吉特的初步投资额，若全部落实将带来100亿林吉特以上的投资额。广东省已于2015年9月21日与马六甲签署谅解备忘录，结为友好省州。

据悉，签署的七份谅解备忘录主要包括：一是由林木生集团与珠海九洲集团签署的珠海国际赛车场提升及转型计划；二是马六甲生物科技机构与珠海盛兴国际贸易有限公司签署的有关清真食品认证合作；三是马六甲资讯通讯工艺控股有限公司与华为技术（马来西亚）有限公司签署的智慧城市合作；四是爱极乐班台医院与南方医科大学南方医院拟建立良好的医院关系，并在医疗、教育和研究等领域中合作，通过院际合作，为中国和马来西亚患者提供服务的重要性而透过医疗平台为医疗增值服务；五是凯杰发展有限公司与中国世贸集团签署的皇京港投资计划；六是凯杰发展有限公司与中国华腾工业有限公司签署的有关发展基设的采购合约；七是凯杰发展有限公司与广东建工对外建设有限公司签署的填海计划。

（来源：新华网．http://www.yn.xinhuanet.com/asean/2015－09/23/c_134652860.htm.2015－09－23）

马来西亚与中国广东合作建首个木材业联盟

据《南洋商报》2015年9月22日报道，马来西亚与中国广东签署“马来西亚—广东木材合作意向”备忘录，将建立首个木材策略联盟，通过联盟进行统筹工作，进而开拓中国市场。

这项合作备忘录是由马来西亚木材工业总会、马来西亚木材出口商公会和广东省木材行业协会签署。合作备忘录的倡议包括建议以马来西亚各项木业产品为生产基地，以广东省作为市场营销的木材交易平台；在广东省推广马来西亚木材产品，制定统一的规格，以符合广东省对木材贸易要求的规范。该备忘录将于2016年落实。这是马来西亚与广东省木材行业协会的首个策略联盟，其目的在于开拓庞大的中国市场，并在互惠互利的层面上，提高市场接受度。

马来西亚木材工业总会长表示，能与广东省木材行业协会合作是一项突破，是在“一带一路”经济合作倡议下的巨大发展机会，让出口木材工业的基础和结构更健全，也为马来西亚木材产品制造商与广东省的进口商建立长远的贸易关系提供机会。预计马来西亚出口到中国的木材产品能实现每年6%的增长。

广东省木材行业协会会长指出，合作备忘录的签署可以解决中国在进口木材产品所面对的品质标准问题，同时也能集中采购，降低物流成本，并且解决马来西亚木材加工标准没有取得统一，市场较为分散的情况。广东是中国木材需求大省，广东的家具出口占中国的50%，原材料主要是依赖进口，主要来自东南亚，特别是马来西亚，预计对木材的需求量还会不断增长。此次合作将进一步对接两国企业需求，解决生产过程中遇到的问题。

（来源：中华人民共和国驻马来西亚大使馆经济商务参赞处．http://my.mofcom.gov.cn/article/sqfb/201509/20150901119568.shtml.2015－09－23）

马来西亚与中国拟合作开拓东盟汽车市场

据《南洋商报》2015年9月19日报道，马来西亚国际贸易与工业部第二部长黄家泉表示，马来西亚普腾汽车正与中国浙江吉利汽车有限公司正在积极探讨合作的可能性，马中两国未来拟生产“东盟汽车”以开拓东盟汽车市场。

黄家泉表示，中国的汽车产业十分巨大，拥有许多汽车制造厂和良好的汽车研发系统，若马来西亚能够与中国合作研发生产东盟汽车，将有助于推动马来西亚经济发展。目前马来西亚无法承担成本高昂的汽车研发，可通过中国的汽车研发中心，与中国共同研发东盟汽车。若马来西亚和中国能够促成汽车领域上的合作，共同生产东盟汽车，将为马来西亚创造更多就业机会，贡献更多收入来源。

（来源：中华人民共和国驻马来西亚大使馆经济商务参赞处．http://my.mofcom.gov.cn/article/sqfb/201509/20150901119069.shtml.2015－09－22）

马来西亚大力推广绿色科技项目

据《新海峡时报》2015年9月10日报道，2010年马来西亚政府启动绿色科技融资计划，资金规模为35亿林吉特，为绿色科技企业补贴向金融机构支付的2%年息或者利润率，并为企业融资金额的“绿色成本”部分提供60%的政府担保。截至目前，该计划中55%的融资都是使用伊斯兰金融，截至2015年6月，伊斯兰金融已经为188个绿色科技项目提供了总额22亿林吉特的资金。

在马来西亚“十一五”计划中，将于2016至2020年投入150亿林吉特用于绿色项目。将争取在马来西亚即将颁布的2016年度预算中为GTFS争取更多资金。据马来亚银行数据显示，该行自2010年以来，共为32个项目提供了总额超6亿林吉特融资，但目前已经遇到瓶颈，因绿色科技企业普遍存在资本金不足，银行对行业认知有限等挑战。

马来西亚“十一五”计划显示，2014 年马来西亚可再生能源装机容量仅为 243 兆瓦（其中太阳能光伏发电 66%，生物质发电 23%，小水电 6%，生物气 5%），而 2020 年计划目标为 2080 兆瓦（其中太阳能光伏发电 9%，生物质发电 38%，小水电 24%，生物气 12，生活垃圾发电 17%）。由此可见，马来西亚在可再生能源领域存在较大潜力，可与中国的优势产能（如太阳能光伏发电、小型水电等产业）进行有效对接。中国企业对于协助解决马来西亚绿色科技项目所遇到的资金以及技术瓶颈，也有较大优势。

（来源：中华人民共和国驻马来西亚大使馆经济商务参赞处 . http://my. mofcom. gov. cn. 2015—09—11）

缅　甸

缅甸推动加油站私营化进程

据《缅甸时报》报道，缅甸能源部已向超过 400 家本地公司颁发汽油和柴油产品进口许可，目前，缅甸全国共有 1778 个私营加油站。

从 2010 年起，缅甸政府开始推行加油站私营化进程，截至目前，已有 261 个加油站被转让给 36 家当地私营企业。这其中包括实力较强的金山公司、达贡国际公司、IGE 集团等。

目前，缅甸能源部在全国范围内仅拥有 12 家国营加油站。

（来源：中华人民共和国驻缅甸联邦共和国大使馆经济商务参赞处 . http://www. mofcom. gov. cn/404. shtml. 2016—03—04）

缅甸仰光多个领域产业预计持续增长

据缅甸仰光省消息，2016～2017 财年，仰光省包括农业、电力、手工业、建筑业、运输业、通讯业、社交、贸易等多个领域的产业预计将会持续增长。

根据该草案的预估，2017～2018 财年，仰光省多个领域的产业将会持续增长，其中，农业领域增长 4.3%，矿产领域增长 3.7%，手工业领域增长 8.9%，电力领域增长 4.8%，林业降低 3.2%，能源领域降低 2.5%。

此外，根据规划，建筑领域将增长 2.7%，运输领域增长 7.8%，通讯领域增长 14.7%，金融领域增长 6.4%，社交与管理领域增长 4.5%，租赁与其他服务领域增长 20.3%，贸易领域增长 7.2%。

（来源：中华人民共和国驻缅甸联邦共和国大使馆经济商务参赞处 . http://mm. mofcom. gov. cn/article/jmxw/201603/20160301266622. shtml. 2016 —03—03）

广西与缅甸合作大有可为

2016 年 4 月 1 日，缅甸权力过渡期结束，新政府正式履职，缅甸迎来新的发展时期。

然而，尽管新政府成立，但缅甸尚处于“百废待兴”的状态，仍然需要大量国际投资。为吸引外资促发展，缅甸已于 2015 年 12 月宣布一系列法案生效，包括新的外国投资法，并向 4 家外国银行颁发银行牌照。2015 年 6 月，缅甸签署了《亚洲基础设施投资银行协定》。

广西社科联东南亚经济与政治研究中心副研究员秦树恩认为，缅甸是中国实施“一带一路”战略的重要周边国家。缅甸自然资源丰富，而基础设施落后，急需大量外国资本投资开发。中国企业在缅投资积累了较为丰富的经验，应增强进一步加大对缅投资的信心。

秦树恩表示，就广西而言，广西与缅甸合作已有了一定基础，应鼓励广西企业加大对缅投资。广西是中国推进“一带一路”建设的重要省区，也是中国加入大湄公河次区域经济合作的两个省区之一。广西企业应抓住“一带一路”国家战略实施所带来的机遇，加大对缅投资力度，提高广西与缅甸合作水平。

据介绍，2009 年 7 月，广西南宁市与缅甸仰光市缔结为友好城市。南宁应加强与仰光的交流合作，增进相互了解与信任，为广西企业进入缅甸牵线搭桥。广西壮族自治区相关部门可发挥东博会、南宁缅甸归侨联合会及缅甸商务部驻南宁联络处等的对外辐射作用，推动广西企业与缅甸企业的双边合作。2013 年 9 月，广西一些媒体与缅甸媒体签署了合作协议，建立了密切的联系。在此基础上，广西媒体应积极与缅甸媒体合作，加大宣传“一带一路”愿景行动计划，让缅甸民众增进对“一带一路”战略的了解；积极宣传广西本土企业情况，为广西企业进入缅甸投资兴业做好舆论宣传。

秦树恩表示，虽然广西已开通南宁直飞仰光的空中航线多年，但由于受各种条件的制约，航班一直处于低水平运行，偶尔还会出现阶段性停航的情况。广西政府相关部门应与企业一道加强市场培育，繁荣空中航线，保证人员出入便捷。广西与缅甸都分别在加紧建设各自的港口。缅甸仰光港是缅甸吞吐量最大的海港，缅甸全年进出口贸易中80%的货物都通过此港周转；实兑港是缅甸孟加拉湾沿岸的最重要海港，也是中缅石油管线的起点；缅甸皎漂港目前也正在加紧扩建中。广西可着眼谋划开通北海、钦州、防城港至上述缅甸各大港口的海上航线，改善货物运输条件，扩大贸易规模。

同时，广西企业应继续发挥自身科技优势，在杂交水稻种植、木薯种植、剑麻种植、玉米种植等方面与缅甸企业加强合作，在巩固原有成果的基础上，力争取得更大的投资效益。

（来源：广西新闻网．http://news.gxnews.com.cn/staticpages/20160504/newgx57293bae—14819905.shtml. 2016—05—05）

中国华为手机在缅甸市场的份额达38%

缅甸《十一新闻》报道，2016年3月25日，中国华为手机在缅甸移动通信市场的份额已达到38%，其次是韩国三星手机。报道称，华为手机在缅甸的份额是该品牌在国际移动通信市场中占比最多的。目前，在缅甸市场竞争的手机品牌除华为、三星、苹果之外，还有小米、Oppo、魅族、LG、索尼和联想等。

（来源：中华人民共和国驻曼德勒总领事馆经济商务室．http://mandalay.mofcom.gov.cn. 2016—03—28）

中国投资在缅甸居首位

根据投资与公司注册管理局（DICA）公布的数据，2016财年截至2月底（2015年4月至2016年2月底），中国在对缅甸投资国家中居首位，投资额150亿美元，共126个项目。新加坡居第2位，投资120亿美元，共199个项目。共有43个国家在缅甸投资，主要集中在油气领域，有151个开发项目，投资额超过190亿美元。2016财年以来，来自欧洲国家的投资额达到60亿美元。其中英国40亿美元，荷兰9.89亿美元，法国5.41亿美元。

（来源：中华人民共和国驻缅甸联邦共和国大使馆经济商务参赞处．http://mm.mofcom.gov.cn/article/jmxw/201603/20160301281207.shtml. 2016—03—23）

缅甸将批准更多外资公司进入保险市场

2016年3月17日，缅甸保险公司监事会计划进一步向外资保险公司发放经营许可。这些公司将获准在迪拉瓦经济特区运营，需要遵循监事会制定的规则标准。这也是为了吸引更多外国投资到迪拉瓦特区。目前，已有3家外资保险公司落户迪拉瓦特区，均为日本公司。据称，符合以下条件的外资保险公司均可以申请经营许可：一是在缅甸有办公室并运营3年以上；二是有30年行业经验，三是在东盟国家有2年以上经验。

（来源：中华人民共和国驻缅甸联邦共和国大使馆经济商务参赞处．http://mm.mofcom.gov.cn/article/jmxw/201603/20160301278028.shtml. 2016—03—18）

中国成为缅甸房地产市场第3大投资商

据《缅甸环球新光报》报道，缅甸投资与公司管理局处长吴觉温吞表示，1988年以来数据显示，中国已成为缅甸房地产市场第3大投资商。

近年来，缅甸房地产市场对外商投资吸引力巨大，中国已成为该领域第3大投资商，仅一个投资项目金额就达8000万美元。

据统计，从1988～1989财年至2015～2016财年，新加坡为缅甸房地产领域第1大投资商，投资金额15.17亿美元，投资项目16个。中国则为缅甸第1大外商投资来源地，投资总额152.74亿美元。

（来源：中华人民共和国驻缅甸联邦共和国大使馆经济商务参赞处．http://mm.mofcom.gov.cn/article/jmxw/201603/20160301273223.shtml. 2016—03—11）

缅甸被列为化妆及个人护理用品的“未来市场”

从外媒近日报道中获悉，第2届美容产业博览会“Myanmar Cosmetics Expo”于2016年8月在缅甸举行，这也证实了该国化妆品及个护用品行业尚待开发。

缅甸美容用品博览会将聚焦监管的执行并支持该国制造商，意在让制造商的美容产品满足法律要求，如化妆品、SPA、护肤品和抗衰老美容用品等，并且能在缅甸食品药品管理局注册。

本届博览会组织者表示，博览会为业内专业人士提供关键的社交机会，提供实验车间，并展开一系列美容用品相关的注册、进出口和分销峰会。

一、未来市场

市场调研公司欧睿国际将缅甸称为“未来市场”，是目前全球20个尚待开发的市场之一，欧瑞表示，这些国家将“为全球消费品公司提供巨大的商机。”

该公司分析师预计到2018年，缅甸GDP将增长8%，主要受中产阶级消费者推动，而且预计该消费群数量到2020年将翻一番。

美容用品及个护用品行业的增长已经很强劲了，自2009年以来，一直以14%的年复合增长率增长，2013年该市场价值达3.18亿美元。

该公司的报告称，“缅甸是亚洲最后一个经济新区，有巨大的增长潜力。”

二、市场阻碍

然而缅甸目前的商业环境仍然看不出任何潜力，事实上，根据世界银行“物流绩效指数”显示，缅甸是全球最不吸引企业开展业务的国家之一。

欧睿的报告显示，缺乏明确的贸易和投资规则、腐败、政府对经济控制力大和资金市场不发达是主要的问题。然而该市场已经有了一些变化，缅甸现在实施经济改革，开放市场。预计2018年缅甸将加入东盟经济共同体，这消除了一些贸易和投资壁垒，市场开放，发展也更快。

（来源：雨果网 .https://www.cifnews.com/article/19252.2016—02—24）

缅甸成衣加工成为制造业主导产业

近年来成衣出口是继天然气出口后发展最快的出口产品，同时也是外国投资明显增多的产业。缅甸成衣加工行业协会会员逐月增加，还解决了大量就业，2014年缅甸成衣出口货值15亿美元，2015年计划出口20亿美元，由于2015年的劳资纠纷问题出口目标可能受到一定影响。为改善成衣加工业生产环境，增强缅甸成衣加工的国际竞争力，打造“缅甸制造”品牌，在欧盟的帮助下自2013年开始启动了“智能缅甸”项目。欧盟驻缅甸大使罗兰·考比亚表示，成衣加工已经成为缅甸的主要产业，是缅甸增加外汇收入、发展国家经济、改善民众生活水平的重要行业。同时，发展收益也为进一步改善环境创造了条件。

（来源：中华人民共和国驻缅甸联邦共和国大使馆经济商务参赞处 .http://mm.mofcom.gov.cn/article/jmxw/201602/20160201247356.shtml.2016—02—01）

缅甸批准合资公司进口药品

据缅甸商务部消息，由于来缅甸投资进口药品行业的外国企业越来越多，缅甸政府将放宽农业和健康领域药品进口商范围，批准缅甸外合资公司进口此类药品。此前，缅甸政府仅允许本地公司进口此类药品。

缅甸商务部表示，在批准合资公司进口化肥、种苗、杀虫剂、医疗器具等商品时，将根据国内市场需求与规定限量批准进口。限量进口的政策也将根据情况进行调整。对此前获得药品进口的本土公司，将照常进行监督管理。

根据缅甸国内药品需求，缅甸每年从国外进口药品金额约3亿缅元。目前缅甸的药品主要进口自印度、孟加拉、泰国等国。

（来源：中华人民共和国驻缅甸联邦共和国大使馆经济商务参赞处 .http://mm.mofcom.gov.cn/article/jmxw/201601/20160101240538.shtml.2016—01—22）

缅甸首次发现近海深水区块天然气

缅甸石油天然气公司、缅甸MPRL公司与澳大利亚伍德赛德石油公司（缅甸）及法国道达尔公司（缅甸）合作，近日在若开近海深水区A—6区块1号井钻探发现天然气层。1号井位于伊洛瓦底省额韦桑海岸以西30英里2030米深水区，井钻深度为5306米，初步发现天然气带宽129米，产层厚度至少15米。这是缅甸首次在近海深水区发现大储量天然气层。缅方公司表示将继续与国外企业合作，进行进一步钻探和商业开发。至此，缅甸从孟加拉湾近海中部至南部均发现有天然气储藏。缅甸MPRL公司于2007年获得A—6区块开采权，于2015年11月27日开始进行A—6区块1号井钻探作业。

（来源：中华人民共和国驻缅甸联邦共和国大使馆经济商务参赞处 .http://mm.mofcom.gov.cn/article/jmxw/201601/20160101227665.shtml.2016—01—06）

缅甸风力发电潜力巨大

电力短缺是制约缅甸发展的一个严重问题，虽然缅甸水力资源充足，但水力发电受到气候制约，旱季时缅甸的能源供应波动很大，因此国家不可完全依赖水电。缅甸风力发电的潜力巨大，有望吸引大量投资。

据南博网了解，缅甸国内仅有30%的人口能够用电，人均电力消耗量为亚洲最低。伊洛瓦底江、钦敦江、萨尔温江和锡当河这4大主要河流流经缅甸，合计可为缅甸提供1000亿瓦特电能。而目前缅甸国内仅有3%的水电资源得到开发，另有26%等待建设，缅甸国内的水电发展潜力巨大。

缅甸国内电力需求巨大，利用风力发电缅甸每年发电量将超过当前需求量，吸引大量投资目光。缅甸政府应完善和稳定相应的政策和法规，营造良好的的投资环境。

（来源：南博网．http://www.caexpo.com/news/info/focus/2016/01/05/3656473.html.2016－01－05）

缅甸正式批准第4家电信经营商

从缅甸电信公司招标审核工作组获悉，由11家缅甸私营股份公司组成的股份有限公司——Myanmar National Holding Public Ltd已正式成为缅甸第4家电信运营商，该公司于2015年12月9日同电信咨询公司签署协议。

缅甸通讯信息与技术部于2015年6月再招电信运营商。共有17家国内私营股份公司提出申请，其中11家被推选。

据通讯信息与技术部规定，申请为电信经营商的私营股份公司须是按照《缅甸公司条例》成立股份有限公司，并且公司成立时间至少达3个月，公司投资额至少30亿缅元（约240万美元）。被推选成为缅甸第4家电信经营商的Myanmar National Holding Public股份公司，在寻找到一家外国合作伙伴后就可启动业务，执照有效期15年。

目前，缅甸共有3家电信运营商，分别是缅甸电信公司、卡塔尔公司和挪威电信公司。

（来源：中华人民共和国驻缅甸联邦共和国大使馆经济商务参赞处．http://mm.mofcom.gov.cn/article/jmxw/201512/20151201214761.shtml.2015－12－21）

缅甸房地产市场国外投资竞争激烈

据统计，2013～2014财年和2014～2015财年两年中，外资对缅甸房地产领域投资增加3.4亿美元。2013～2014财年，外国企业依法在缅房地产领域投资额约4.4亿美元，而2014～2015年增加至7.8亿美元，比2013～2014增加约3.4亿美元。

从房地产服务公司获悉，大选过后，房屋销售和出租逐步复苏，而土地买卖则仍处于低迷状态。

据悉，2011年以后，缅甸房地产市场日益繁荣，而由于外资陆续进入、投机买卖等因素导致价格猛涨。一些外国企业因高昂地价而退出投资。

分析人士认为，民盟在本次大选获胜，更多的欧美企业将陆续来缅甸投资，可从国外投资吸收相关技术，创造大量就业机会。但一些国内企业也担忧更多外国企业的进入将占据国内市场，市场竞争将更加激烈。

（来源：中华人民共和国驻缅甸联邦共和国大使馆经济商务参赞处．http://mm.mofcom.gov.cn/article/jmxw/201512/20151201214758.shtml.2015－12－21）

印缅泰国际公路开始试通车

据《缅甸新光报》报道，2015年12月13日，连接印度、缅甸、泰国3国的客运及货运公路开始试通车。2015年12月9日至11日，首批出发的印度车队经印度的英帕尔－莫耶－德姆－基贡－革勒瓦－米约玛－勒博－雅基－巧玛－英玛宾－布勒－加德－林革多－布扣谷－蒲甘－皎布岛－迪贡抵达内比都。2015年12月12日，由8辆汽车组成的缅甸车队从内比都出发经德姆前往印度英帕尔，另由19辆车组成的车队同时也从内比都出发经苗瓦底边境口岸前往泰国彭世洛市。

（来源：中华人民共和国驻曼德勒总领事馆经济商务室．http://mandalay.mofcom.gov.cn.2015－12－16）

缅甸服装业迎来转机

自2000年起，欧美等国家国开始对缅甸生产的服装实施制裁。这10余年来，缅甸服装订单来源狭窄，对西方各国的服装出口遭受重创，服装业倍受打击。不过，随着西方缓解制裁，近日美国打算放松对缅甸的贸易限制，缅甸的服装产业将迎来转机，有更多的机会进军欧美市场。

据悉，2001 年缅甸服装出口额达 8 亿美元，之后便因制裁服装出口一落千丈。缅甸服装业是对美国出口最重头的行业，由于美国对缅甸实行制裁，缅甸大量服装厂被迫关闭，导致许多服装厂工人失业，服装业面临生存困难。美国放松对缅甸的贸易限制，意味着越来越多美国企业前来缅甸下单，缅甸制造的服装将会在美国上架，缅甸服装产业迎来了良好的发展机会。

南博网认为，服装业对缅甸国内就业、经济发展非常重要，缅甸政府十分欢迎外资企业前来缅甸投资建服装厂，带动其国内就业，促进缅甸服装产业发展多元化。不过基础设施落后、技术工人短缺、劳动力市场不稳定等问题有碍缅甸服装业发展，这需要政府制定良好的发展战略解决困难。

（来源：南博网．http://www.caexpo.com/ncms/generate－previewNewsDetail.do? issueId＝3655487.2015－12－15）

缅甸皎漂经济特区建设即将启动

近日，缅甸皎漂经济特区管理委员会主席兼铁道部副部长吴敏登在联邦议会上称，2016 年 2 月皎漂经济特区将在约 100 公顷土地上启动工业区先期建设。吴敏登表示，该经济特区包括深水港项目、工业区项目和高级楼宇，总面积为 1736 公顷。其中，深水港占地 246 公顷，工业区占地 990 公顷，高级楼宇占地 500 公顷。据悉，皎漂经济特区是缅甸 3 大经济特区之一，位于若开邦境内，濒临印度洋，政府已于 2014 年聘请新加坡 CPG 集团为咨询公司，来推选皎漂经济特区的开发商。另外 2 个经济特区——迪洛瓦和土瓦则分别由日本和泰国的公司负责建设。

（来源：中华人民共和国驻曼德勒总领事馆经济商务室．http://mandalay.mofcom.gov.cn.2015－12－08）

缅甸市场咖啡豆价格每公斤 3000 缅元至 3300 缅元

据《缅甸今日商报》日前报道，缅甸咖啡协会秘书敏莱称来自曼德勒和掸邦的超过 100 吨的优质咖啡豆将被出口到日本和其他亚洲国家。这些咖啡豆底价为每公斤 3.5 美元，而且只有优质新鲜的咖啡豆才会被出口。

目前缅甸市场上的咖啡豆价格为每公斤 3000 缅元至 3300 缅元（约合每公斤 2.5 美元），出口到国外能获得更多利润。因此为获得更多外汇并提高农户收入，咖啡协会正致力于将咖啡出口到更多国家。

敏莱称缅甸咖啡豆目前主要出口到日本和韩国。日韩之所以进口缅甸咖啡豆，是因为其味道好、质量高并且很新鲜。缅甸约有 1.2 万公顷咖啡树，主要分布在曼德勒和掸邦。2014 年缅甸向日本就出口了 36 吨咖啡豆。

（来源：中华人民共和国驻缅甸联邦共和国大使馆经济商务参赞处．http://mm.mofcom.gov.cn/article/jmxw/201512/20151201200396.shtml.2015－12－03）

缅甸移动用户增速位居全球第四

《世界日报》缅甸版 2015 年 11 月 24 日报道，爱立信 2015 年第 3 季度全球移动报告数据显示，全球移动用户新增 8700 万人，其中缅甸新增用户 500 万人，成为全球移动用户增长第 4 快的国家，前 3 名分别为印度、中国和美国。据介绍，过去两年缅甸的移动通讯行业变化巨大，随着外国企业的进入，行业竞争激烈，导致移动通讯费用下降，智能手机用户数量激增。据统计，截至目前，缅甸移动用户总数已达到 3600 万人。

（来源：中华人民共和国驻曼德勒总领事馆经济商务室．http://mandalay.mofcom.gov.cn.2015－11－27）

2020 年缅甸全国电力需求量将至 323 万千瓦

综合 2015 年 11 月 26 日消息，缅甸全国电力需求量将于 2020 年上升至 323 万千瓦。近日，亚洲开发银行发布对缅甸电力消费调查的结果。

该调查结果表示，缅甸全国电力需求量将在 5 年后大幅上升。国家电力产量需在 2020 年提升至 408 万千瓦以满足全国电力需求。预计为此每年大约耗资 12 亿美元至 17 亿美元。

据缅甸电力部消息，政府将以每年全国用电总量增长 13％为基础计算，在 2030～2031 财年将全国电力装机容量增加至 2359.4 万千瓦。目前，缅甸仅有 30％家庭获得电力供应。政府将在包括世行在内的国际机构的帮助下，实施 16 年后全国通电计划。

（来源：中国电线电缆网．http://www.31cable.com/info/detail－20151124－30501.html.2015－11－27）

缅甸红宝石市场期待中国买家

综合《缅甸时报》和《世界日报》的报道，近期受缅甸大选和中国市场需求减少等影响，缅甸的红宝石市场频吹冷风，销量大幅下降。缅甸的红宝石商人正期待中国买家提振市场行情。

报道称，缅甸曼德勒省的抹谷是红宝石的主要产区，该地的宝石商人多年来主要依靠中国买家光顾生意。但从2014年开始，中国市场的需求越来越小，许多红宝石开采商难以为继，不得不迁移到附近的克钦邦转行开采石英矿。据当地宝石商介绍，近一年生意难做的主要原因是缅甸举行大选和中国经济增长放缓，而中国市场的需求量多少直接影响到抹谷红宝石销量。

据悉，抹谷出产的红宝石质量上乘，世界闻名，但高品质红宝石储量已越来越稀少。抹谷的居民表示，由于市场需求不旺，宝石产量随之递减，红宝石行业正迎来冬天。不过仍有部分宝石商坚持，他们期待中国春节的商机能够转暖冷清的红宝石市场。

（来源：《光明日报》. http://news.gmw.cn/2015—11/25/content_17855514.htm. 2015—11—25）

中国与缅甸的边境水果贸易方式正在改变

据《世界日报》缅甸版2015年11月17日报道，中缅边境木姐口岸的水果贸易呈现新的交易方式：中国水果商不在边境口岸上与缅甸水果商进行交易，而是直接到缅甸内陆地区与当地果农进行合作。据木姐水果零售商协会秘书赛肯貌介绍，中国水果贸易商逐渐开始直接和缅甸的果农联系，为果农提供资金、设备和种子，然后购买较便宜的水果再转卖回中国。而缅甸果农则表示，他们很高兴能和中国水果贸易商交易，因为不需要自己投入资金，还能在中国技术的帮助下培育水果，且价格也公道，双方互惠互利。据悉，水果行业占中缅边境贸易较大比重，在水果上市季节，平均每天约有1000辆运输水果的卡车进入木姐口岸。

（来源：中华人民共和国驻曼德勒总领事馆经济商务室. http://mandalay.mofcom.gov.cn. 2015—11—19）

缅甸将在毛淡棉开设首个橡胶交易中心

据《缅甸时报》报道，近期，缅甸当局将在孟邦第一大城市毛淡棉设立首个橡胶交易中心，以提振橡胶价格和销量。橡胶在缅甸出口战略中被列为重点发展对象，而孟邦是缅甸橡胶生产第一大省。由于当地橡胶质量不高，且国际橡胶价格低迷，生产者陷入困境，迫切需要建立一个交易中心来指导定价和销售。该中心将由缅甸商务部、农业和灌溉部、缅甸橡胶种植生产协会共同管理，于2016年开工。该中心建成后，出口商将通过竞拍系统来出价，如果生产者对价格不满意，可以拒绝出售；如果出口商出价后不购买，将会被列入黑名单。除孟邦外，德林达依、勃固、伊洛瓦底等地区也是橡胶主产区。如果毛淡棉橡胶交易中心的模式成功，将来也会在其他地区推广。

（来源：中华人民共和国驻缅甸联邦共和国大使馆经济商务参赞处. http://mm.mofcom.gov.cn. 2015—11—12）

缅甸保险业年增长率达40%

据《缅甸时报》2015年11月10日报道，缅甸的保险市场两年前刚开放经营，平均以每年40%左右的速度增长。据副财长貌貌登透露，目前每个保险公司的月均保费收入达到10亿缅元，40%的增长率是基于保险公司的保费收入计算而得。2013年，国营的缅甸保险公司打破了自己的垄断地位，允许私人经营，也允许外国公司开设代表处，但不能营业，目前已有21家外资公司代表处。此外，有3家日本保险公司获准在经济特区营业，提供包括火灾险在内的4种特定险种。据缅甸保险公司总经理吴埃敏登介绍，与他们合作经营的外国公司需要将收益的10%分成，此外要缴纳3万美元执照费用和每月1万美元的月费。

（来源：中华人民共和国驻缅甸联邦共和国大使馆经济商务参赞处. http://mm.mofcom.gov.cn/article/ddgk/201511/20151101161845.shtml. 2015—11—11）

缅甸计划吸引人造卫星提供商

据《缅甸今日商报》报道，在等待对一项新广播法规重新确认以及发展缅甸基础设施进一步承诺的期间，“全球人造卫星”行业将举办第2次缅甸人造卫星论坛。如果能通过宽频通讯使经济和社会领域获得一个快速发展的机会，缅甸将可以发展为亚洲增速最快的市场。人造卫星论坛是2015年缅甸通讯广播网运营工作的一部分，于2015年11月17日至19日在仰光缅甸会展公园举行。

（来源：中华人民共和国驻缅甸联邦共和国大使馆经济商务参赞处．http://mm.mofcom.gov.cn/article/jmxw/201511/20151101157427.shtml.2015—11—09）

缅甸增设6个新工业区

缅甸工业部消息，缅甸政府正在建设6个新工业区，包括：曼德勒省雅达娜蓬工业区、内比都工业区、若开邦蓬那尊工业区、克伦邦普亚东素工业区、克伦邦妙瓦底工业区和掸邦南混工业区。

据缅甸工业部数据统计，目前缅甸共有正在运营的工业区19个。新建工业区中，妙瓦底工业区项目已完成90%，预计将于2017年正式运营。

据联合国工发组织调查报告，缅甸共有19个工业区中，11个正处于业绩下滑状态。

（来源：中华人民共和国驻缅甸联邦共和国大使馆经济商务参赞处．http://mm.mofcom.gov.cn/article/ddgk/201511/20151101157325.shtml.2015—11—06）

菲律宾

菲律宾电子商务稳定增长

据菲律宾《商业世界报》2016年4月28日报道，菲律宾3年来电子商务稳定增长，电子支付增长4%。菲律宾中央银行表示，电子商务有利于促进金融交易，促进本地经济发展和地区融合，2016年起菲律宾国家零售支付系统（NRPS）将逐步由现金和支票转向电子交易，力争NRPS电子支付比例由2016年的1%提高到2020年的20%。目前，菲律宾超过50%的电子商务支付通过平台软件或者网页完成。

（来源：中华人民共和国驻菲律宾共和国大使馆经济商务参赞处．http://ph.mofcom.gov.cn/article/jmxw/201604/20160401308094.shtml.2016—04—29）

菲律宾饲料加工业发展态势良好

据《商业镜报》2016年4月20日报道，随着世界粮价走低以及养殖业规模的扩大，菲律宾饲料加工行业发展迅速。目前菲律宾全国有500家注册饲料加工厂，其中75%设在吕宋岛，15%在棉兰老岛，剩余的10%在维萨亚，这些加工厂年生产能力在1000万吨左右。饲料消耗的主要行业有：养猪业，占55%～65%；家禽业，占25%～35%；水产养殖，占10%。近年来菲律宾玉米年产量750万吨左右，2014～2015年销售年进口豆粕220万吨，预计2016～2017年进口量将达250万吨。2015年年底，菲律宾高等法院限制转基因农产品进口的判决曾一度引起饲料行业的恐慌，随着新转基因管理条例的即将实施，菲律宾饲料加工行业发展进一步趋稳向好。

（来源：中华人民共和国驻菲律宾共和国大使馆经济商务参赞处．http://localwww.mofcom.gov.cn/article/i/jyjl/j/201604/20160401304107.shtml.2016—04—25）

菲律宾基建项目带动水泥行业蓬勃发展

据菲律宾《每日问询者报》2016年4月14日报道，随着菲律宾政府和私有企业不断加大基建项目投入，菲律宾水泥行业迎来蓬勃发展期。2016年菲律宾政府基建预算高达8000亿比索，各总统候选人均表态将加大基建投入，这大大激发了私有企业在马尼拉、宿务等地跑马圈地的热情，进而带动水泥产销量大幅增长。以菲律宾最大水泥生产企业Holcim为例，该公司水泥产量占菲律宾市场份额高达32%～34%，其遍布各地的水泥厂产能总量高达800万吨，但2016年仍有望实现8%～10%的增长。

（来源：中华人民共和国驻菲律宾共和国大使馆经济商务参赞处．http://ph.mofcom.gov.cn/article/jmxw/201604/20160401298553.shtml.2016—04—19）

菲律宾将推出全国电子交易结算系统

菲律宾中央银行副行长内斯特日前表示，菲律宾将于2017年年中推出一个安全、高效、可靠且经济实惠的全国电子交易结算系统—电子零售支付系统（NRPS），以促进菲律宾由重现金经济到轻现金经济转型。目前，菲律宾交易结算大部分使用现金和支票，使用电子交易系统的仅占1%，且交易费用很高。根据国际经验，人均电子支付交易额高的国家人均收入也相应较高，而从纸质结算升级到电子化支付系统年节约额可达GDP的1%。

（来源：中华人民共和国驻菲律宾共和国大使馆经济商务参赞处．http://ph.mofcom.gov.cn/article/jmxw/201604/20160401293544.shtml.2016—04—11）

菲律宾拟采用大数据解决交通问题

据菲律宾2016年4月6日《每日问询者报》报道，菲律宾交通和通讯部（DOTC）、世界银行和crab公司近期共同推出了一套使用大数据解决交通堵塞和道路安全的系统Open Traffic，这也使菲律宾成为第一个采用该系统的国家。Open Traffic的实时数据采集是通过crab公司利用GPS抓取的限速、延误以及实时路况来运行。该数据每6秒钟传输1次，可以标识危险区域，强化交通应急反应。

Open Traffic的测试表明，马尼拉的最佳驾驶时段是每周一的凌晨4时，最拥堵的时段是每周3的晚7时。此外，crab和世界银行打算2016年5月底前推出另一套DRIVER系统，该系统用于在交通事故发生后及时通知有关机构。如果运行顺利的话，crab公司两套系统2017年将在印尼和越南投入使用。

（来源：中华人民共和国驻菲律宾共和国大使馆经济商务参赞处．http://ph.mofcom.gov.cn/article/jmxw/201604/20160401290592.shtml.2016－04－07）

2018年菲律宾电子商务产值有望翻番

据菲律宾《马尼拉公报》2016年4月5日报道，菲律宾贸工部副部长雷耶斯表示，“2018年菲律宾电子商务展望”数据显示，2018年菲律宾电子商务产值预计将在2013年基础上激增101.4%。2012年菲律宾电子商务产值为790亿比索，相当于GDP的0.6%，其中76.2%来自于服务业领域，如交通和仓储、批发零售、行政服务等行业。首都马尼拉地区贡献了623.1亿比索，遥遥领先其他地区。过去5年，菲律宾网民数量激增了530%，这对于电子商务的发展大有裨益。在菲律宾1.01亿人口中，44%为活跃的互联网用户，42%为活跃的社交平台用户，36%为活跃的手机用户，手机覆盖率更是高达113%。2016～2020年菲律宾电子商务路线图指出，菲律宾需要解决基础设施、投资、创新、智力资本、信息流以及集成等“6I”问题以改善电子商务生态。

（来源：中华人民共和国驻菲律宾共和国大使馆经济商务参赞处．http://ph.mofcom.gov.cn/article/jmxw/201604/20160401289943.shtml.2016－04－06）

菲律宾写字楼需求将进一步增长

据菲律宾《每日问询者报》2016年3月28日报道，中国、欧洲和中东的经济低迷将推动菲律宾服务外包产业的繁荣，促使菲律宾写字楼供应量创纪录增长。测算表明，2015年菲律宾写字楼供应量为61.4万平米，2016年预计为97.9万平米，2017年预计将突破100万平米。资深人士Leechiu称，主要的受益行业不仅包括会计和咨询，还包括医疗、建筑等相关行业；主要的受益城市除马尼拉外，还包括土格加劳市（卡加延）、普林塞萨港（巴拉望）、塔比拉兰（薄荷）、卡里波（阿克兰）、卡兰巴市（丽）和八打雁市（八打雁）。

（来源：中华人民共和国驻菲律宾共和国大使馆经济商务参赞处．http://ph.mofcom.gov.cn/article/jmxw/201603/20160301285668.shtml.2016－03－30）

菲律宾汽车销量保持增长

相关数据显示，2015年菲律宾汽车销量达28.8万辆，较2014年同比增长23%，超过27.2万辆的行业目标。其中12月销售2.7万辆，同比增长25.1%。南博网认为，菲律宾汽车销量上升主要归因于菲律宾经济发展，工资及消费水平的提高，居民消费重点转向大额的汽车消费。

2016年1月，在东南亚整体汽车销售23.693万辆下降3.5%的情况下，菲律宾逆势上涨，汽车销量达2.3808万辆，同比增长27.6%。

相对医疗器械、航天飞机以及摩托车零部件等领域，菲律宾汽车产业较为薄弱，为激励当地汽车业发展，提高本国汽车产量，菲律宾出台6亿美元汽车业激励计划。汽车企业在菲律宾的汽车产量须达到某一数量标准才能够获得补贴激励。

据南博网分析，菲律宾有丰富的劳动力资源以及迅速增长的经济条件，港口、道路和机场等配套也在不断完善，预计将吸引大众公司等汽车企业进行投资。

（来源：南博网．http://www.caexpo.com/ncms/generate－previewNewsDetail.do?issueId=3658897.2016－03－14）

菲律宾推出奶业计划

菲律宾水牛中心会同国家科技部推出了6400万比索的奶业发展项目。通过繁殖、喂养和疫病防治等各个环节的科技创新以及奶业企业化来提高水牛的产量。据国家乳制品管理局的统计，2015年上半年，菲律宾乳制品产量是1029万升，同比增长

3.83%，达到了历史最高产量。目前菲律宾有47967头奶畜，其中水牛17299头，产奶量占总量的32%。

（来源：中华人民共和国驻菲律宾共和国大使馆经济商务参赞处．http://ph.mofcom.gov.cn/article/jmxw/201602/20160201259894.shtml.2016－02－22）

菲律宾有望增加食糖进口

据菲律宾食糖署最新预测，受厄尔尼诺以及种植面积减少的影响，2015～2016年种植季（2015年9月至2016年8月）食糖产量是215万吨～219万吨，低于2014～2015年种植季（232万吨）。早前SRA批准进口14.2万吨食糖，为维持与美国的食糖贸易及增加库存平抑价格，SRA正在研究增加进口。截至目前，菲律宾已向美国出口4.95万吨食糖，2.8万吨将于近日离港。2016年2月份食糖价格是55比索/公斤，比1月份略有上涨。

（来源：中华人民共和国驻菲律宾共和国大使馆经济商务参赞处．http://ph.mofcom.gov.cn/article/jmxw/201602/20160201257805.shtml.2016－02－18）

菲律宾消费者信心指数居东南亚首位

据全球市场调研公司尼尔森最新全球消费者信心和支出调查报告显示，2015年第4季度菲律宾消费者信心指数居117点，排名全球第2位，东南亚第1位，仅次于印度（131点）。这一指数的衡量包括就业前景、个人财务状况与即时消费意愿。调查显示，菲律宾市民对未来一年个人金融情况正面反馈达到79%，46%认为当下正是合适的购物时节，对当地就业预期的正面反馈为74%，远远超过48%的全球平均值。尼尔森菲律宾公司负责人Stuart Jamieson表示，以上主要归因于菲律宾强劲的经济态势、2015年年末稳健的就业形势、稳定的外劳汇款、年终奖发放等。

（来源：中华人民共和国驻菲律宾共和国大使馆经济商务参赞处．http://ph.mofcom.gov.cn/article/jmxw/201602/20160201256914.shtml.2016－02－17）

菲律宾经济自由度指数排名全球第70位

在美国传统基金会最新的2016年度全球经济自由度排行榜上，菲律宾居全球第70位，较2015年名次上升6位，在亚太43个国家和地区中排名第14位。该评选按照劳动自由、经商自由、贸易自由、财政自由、政府开支、货币自由、投资自由、金融自由、产权、免于腐败等10个类别对178个经济体进行评分，取平均值得到总分（满分100分）后作出排名。菲律宾总得分为63.1分，被归类为“适度自由”级别。

（来源：中华人民共和国驻菲律宾共和国大使馆经济商务参赞处．http://ph.mofcom.gov.cn/article/jmxw/201602/20160201252934.shtml.2016－02－05）

中国华为公司助力菲律宾培养信息人才

菲律宾科技部与华为菲律宾公司签署了数字化创新人才培养合作备忘录，旨在通过信息与通信技术的教育、推广和应用，共同培养数字化创新人才，消除数字鸿沟，鼓励菲律宾年轻人创新创业，进而解决社会面临的发展难题。菲律宾科技部表示，华为作为一家国际化公司，能够履行企业社会责任，感谢其在信息化进程和人才培养方面作出的贡献，同时欢迎更多像华为这样的中国企业参与菲律宾建设。

（来源：中华人民共和国驻菲律宾共和国大使馆经济商务参赞处．http://ph.mofcom.gov.cn/article/jmxw/201602/20160201247282.shtml.2016－02－01）

菲律宾最大房地产公司看好中国市场

尽管2015年中国经济增速为25年来最低，但东南亚地区房地产业巨头之一的菲律宾SM Prime控股公司仍看好中国市场，扩大在华投资。该公司总裁Hans T. Sy表示，中国作为世界第2大经济体，6.9%的经济增速即使低于预期，但在国际上仍属表现优异。Hans T. Sy表示，“中国经济对SM公司在华投资收益必然有一定影响，但本公司并不涉及金融行业，目前公司在中国的商场和住宅项目发展前景乐观，正在寻求利润年增两位数百分比的目标。”Hans T. Sy透露，2014年11月份SM公司已开始建设其在华的第一个公寓项目，并计划将商场业务扩大至中国扬州、天津等地。

（来源：中华人民共和国驻菲律宾共和国大使馆经济商务参赞处．http://ph.mofcom.gov.cn/article/jmxw/201601/20160101242669.shtml.2016－01－26）

亚洲发展银行确定未来3年对菲律宾重点援助领域

亚洲发展银行拟在未来3年内通过4个优先领

域向菲律宾提供总额29.6亿美元的资金支持。亚行国家运营商业方略（COBP）2016～2018将重点关注可持续发展与应对气候变化基础设施、良政与普惠金融、普惠制就业与教育、区域融合等领域。亚行在报告中称，该方略与菲律宾2011～2016国家伙伴关系战略、菲律宾政府2011～2016发展计划以及亚行2020战略中期回顾相符。亚洲发展银行还表示，在未来3年内还将展开2880万美元的技术援助，另外也会考虑支持一些公私合作（PPP）项目。

（来源：中华人民共和国驻菲律宾共和国大使馆经济商务参赞处 . http://ph. mofcom. gov. cn/article/jmxw/201601/20160101228171. shtml. 2016－01－06）

菲律宾搭“末班车”加入亚洲投资银行

2015年12月30日菲律宾财政部长普里斯马对外宣布，菲律宾将在2015年12月31日前签署《亚洲基础设施投资银行协定》。据悉，菲律宾总统阿基诺已正式授权普里斯马与菲律宾驻华大使巴西里奥代表菲律宾政府签署协定。

此前，菲律宾最终是否加入亚洲投资银行曾引发猜测。普里斯马表示，中国牵头筹建的亚洲投资银行是旨在解决投资需求的多边金融机构，将帮助许多国家弥补融资缺口。菲律宾相信亚洲投资银行将与现有国际金融机构相互补充，促进经济增长。菲律宾一直在“非常认真”地对待加入亚洲投资银行问题，并参与了相关筹建磋商，认为亚洲投资银行的组织设计和监督机制致力于“透明、独立、开放、负责”，菲律宾对亚洲投资银行决策程序有望使其成为精干、廉洁、绿色的多边金融机构“感到乐观”。普里斯马指出，以创始成员国身份加入亚洲投资银行将让菲律宾受益，菲律宾期待通过加入亚投行来提升在基础设施领域的专业技术，拓展基础设施相关产业的市场空间，增加就业与经济增长机会。

亚洲投资银行法定股本为1000亿美元，分实缴股本与待缴股本，其中实缴股本占20%。菲律宾财政部透露，菲律宾初始认缴股本中的实缴股本为1.96亿美元，计划5年内分5次缴清，每年缴纳20%，约3900万美元。据亚洲开发银行早前估算，2010～2020年，菲律宾基础设施融资需求约1271亿美元，年均需求约115亿美元。

（来源：中华人民共和国驻菲律宾共和国大使馆经济商务参赞处 . http://ph. mofcom. gov. cn/article/jmxw/201512/20151201224620. shtml. 2015－12－31）

新加坡

天津市与新加坡跨境人民币创新业务试点启动

据悉，经中国人民银行总行批复，天津生态城跨境人民币创新业务试点扩展至天津全市范围。

据悉，此次启动的创新业务包括：天津市企业可以从新加坡银行机构按宏观审慎原则借入人民币资金，天津市企业在新加坡发行人民币债券募集资金，可按企业实际需求在境内外自主使用；在天津市设立的股权投资基金可以人民币对外投资，天津市个人可与新加坡开展经常项下跨境人民币结算业务。

人民银行天津分行副行长苏东海表示，这是继自由贸易试验区金融创新政策之后，天津在跨境人民币业务方面又一次政策突破，有助于金融机构对接新加坡国际金融中心，提升国际化经营水平，增强竞争优势；也有助于深化天津与新加坡的经济合作，改善贸易和投资环境，促进开放型经济发展。

据介绍，天津生态城跨境人民币创新业务试点自2014年6月正式启动以来，取得积极进展和显著成效，累计有14家生态城企业从新加坡银行机构获得贷款9.08亿元；生态城企业在新加坡发行10亿元人民币债券。

（来源：中国证券网 . http://blog. cnstock. com. 2016－05－03）

国际零售商进军亚太　新加坡仍是首选城市之一

据新加坡《联合早报》报道，2016年4月20日，在全球经济前景不明朗的大环境下，新加坡仍然是国际零售商、尤其是餐饮业者进军亚太市场的首选城市之一。

2016年4月24日，房地产咨询公司世邦魏理仕（CBRE）发布的2015年亚太地区零售热点报告显示，2015年共有63家国际零售商进驻新加坡，其中23家是咖啡店和餐馆品牌。新加坡新增零售商数量在亚太区排名第2位，排名与2013年亚太区域新增的500多家国际零售商中，有33%是餐饮业者，比率较2013年的22%大幅提高。餐饮业也赶超奢侈品行业，成为2015年亚太区新增品牌最多的零售业领域。

在亚太区首选零售市场是中国香港，2015年共迎来73家新增国际零售商，其中37家是咖啡和餐馆。排名第3位的东京在2015年则新增57家零售商，包括30家餐饮业品牌。

世邦魏理仕新加坡与东南亚研究部主管沈振伦表示，随着消费者的需求和品味提升，人们出外用餐的频率和对新餐饮概念的接受度也越来越高。在商场内增设餐饮场所，有助于吸引更多客流，并让顾客在商场内停留更久。沈振伦认为，“这个趋势不只出现在新加坡，而是整个亚太区。”

世邦魏理仕零售服务董事李美丽指出，餐饮场所在新加坡零售商场净可出租面积中所占的比重，从2013年之前的约18%至20%，逐步提高至2015年的约25%至30%。尽管有人进场的同时也有人退场，但整体而言，新加坡仍持续稳定地吸引国际餐饮业者进驻。

2015年登陆新加坡的国际餐饮品牌，包括英国名厨戈登·兰斯利的Bread Street Kitchen、韩国咖啡连锁店Caffebene，以及法国老牌糕点屋Angelina。

报告指出，尽管新加坡零售业正面临大环境吹来的逆风，但商铺租金下滑反而为国际零售业者进军新加坡提供良机。

根据世邦魏理仕的数据，乌节路优质零售空间和市郊优质零售空间的租金在2016年第1季度双双下滑。乌节路优质零售空间的每月平均租金较2015年第4季度下跌0.6%，平均每平方英尺租金为42.85元。市郊优质零售空间的每平方英尺月租则为29.65元，较2015年第4季度下跌0.8%。

沈振伦表示，为了节省成本，更多大型零售商、尤其是在乌节路一带的商家选择从优质地段迁往次等地段。这样一来，业主能够把空出来的优质地段租给想开设旗舰店的零售商。

沈振伦认为，“包括餐饮业者在内的零售品牌，仍在尝试引进具体验性或娱乐性的零售概念，也因此要寻求面积较大的商铺。”

（来源：中华人民共和国驻新加坡共和国大使馆经济商务参赞处．http://sg.mofcom.gov.cn/article/zhengt/201604/20160401302714.shtml.2016－04－25）

新加坡航空交通流量10年后料倍增至70万趟

据新加坡《联合早报》报道，随着区域的航空市场蓬勃发展，加上樟宜机场第五搭客大厦预计在2030年前全面启用，到时进出新加坡的航班趟次料倍增至一年70万趟。有鉴于此，新加坡已从多方面着手，强化和壮大新加坡的航空交通管理实力。

2016年2月19日，新加坡交通部高级政务部长杨莉明在新加坡航空展指出，目前从新加坡樟宜机场起降的航班趟次每年高达35万。以第五搭客大厦每年可处理5000万名旅客来计算，到2030年，从新加坡起降的航班趟次预计倍增。这不包括途径新加坡飞航情报区，却未在本地降落的航班。

目前，途径新加坡飞航情报区的航班趟次1年多达30万次。

杨莉明表示，鉴于这个增长趋势，新加坡须持续强化航空交通管理实力，以维持高水平的安全和效率。

据悉，新加坡民航局即将三管齐下，从人力、科技和机制方面着手，推动航空交通管理的发展。例如在人力方面，民航局目前有380名航空交通控制员，并计划在2019年或2020年把人数增至近600人。为此，民航局每年招募的新学员已从数年前的40人在过去一两年倍增至80人。

（来源：联合早报网．http://www.zaobao.com/realtime/singapore/story20160218－582920.2016－02－19）

阿里旅行布局新加坡市场

2016年1月8日，阿里旅行与新加坡旅游局启动“阿里旅行·畅游新加坡”战略合作，双方将整合新加坡当地航空、酒店、景区、主题乐园、演出、餐饮、购物等旅游资源，为赴新中国游客提供地道的旅行产品与服务。

在战略合作启动仪式上，近百家新加坡当地旅行服务商和资源商与阿里旅行达成合作签约。与此同时，未来酒店、未来景区等系列产品也将陆续在新加坡落地，芝麻信用记录良好的中国游客，走出国门也可享受最佳游览体验。

据悉，新加坡航空公司、酒店、景区景点、地接待旅行社等都将陆续在阿里旅行开设直营店铺，目前雅诗阁、圣淘沙名胜世界、新加坡六星国际旅行社等优秀企业已经率先入驻。

（来源：新华网．http://www.xinhuanet.com.sg/2016－01/09/c_128611388.htm.2016－01－11）

广东惠州引入新加坡模式的“小贩中心”开业

广东惠州引入新加坡模式的“小贩中心”于2015年12月25日开业，据悉，这是广东首家引入的“小贩中心”模式，该中心将打造“美食天堂”。

据了解，长期以来，路边小食摊吸引“吃货”光顾，但固定档口跨门店占道经营、乱摆乱卖等问题不但给居民造成了困扰，且对市容市貌有很大影响，其食品安全与质量也难以保障。

为此，由惠州市城市管理行政执法局牵头联合城区河南岸街道办事处引入了新加坡“小贩中心”模式，在该市区辖区华隆大厦建成了使用“小贩中心”模式试点，将现有农贸市场和肉菜市场进行升级改造，解决流动小贩和饮食类小排档占道、扰民、污染和食品安全等方面问题。

“小贩中心”在广东省惠州市区河南岸螺仔湖的华隆大厦，其二、三楼为“小贩中心”的租用铺位，总面积约11000平方米，其中二楼4500平方米设为停车场，可供60辆小车停放，其余三楼区域为铺位经营区域，每个铺位均10平方米，一共有170个铺位，大厅都配备公用桌椅、水电气、洗涤、厕所等配套设施齐全，主要经营特色小吃、食品、烧烤、台湾小吃、日本料理、国内风味小吃等品种。

据了解，惠州城区共有流动摊贩4500多档约20000人，其中食品类小摊贩620多档2000多人，经营场所面积严重不足的饮食店310多家1000多人。

（来源：中国新闻网．http://www.chinanews.com/df/2015/12—25/7688550.shtml.2015—12—28）

中国与新加坡“海关AEO互认”3年来企业通关成本下降

2015年12月18日，由中国海关总署举办的中国—新加坡“经认证的经营者（AEO）”项目互认说明会在中国南京举行。来自中新苏州工业园区、中新天津生态城、中新重庆战略性互联互通示范项目等所涉及相关进出口企业，及其他从事中新贸易的企业200余家共310名代表参加说明会。

2015年11月7日，中国海关总署署长于广洲与新加坡财政部部长王瑞杰在新加坡签署了新修订的中新AEO互认安排，并就扩大两国AEO互认对外影响力，打造互认合作“升级版”达成共识。此次说明会，是落实两国海关高层共识的具体后续行动，主要推介宣讲中国与新加坡AEO制度以及商界如何从互认实施中受益等情况。

AEO是“经认证的经营者”的简称。它由世界海关组织倡导，旨在通过构建海关与商界合作伙伴关系，实现全球供应链贸易安全与便利。两国海关实现AEO互认后，本国企业出口货物到AEO互认的国家（地区）时，可同时享受到本国海关和对方海关提供的进出口通关便利，从而显著降低企业通关及物流成本，提高外贸竞争力。

中国海关与新加坡海关于2012年6月签署了AEO互认，并于2013年3月15日起全面实施互认，这是中国海关对外签署并实施的第一个AEO互认。近三年来，双方AEO企业同时享受到两国海关提供的降低查验率、简化海关手续等一系列优惠通关措施，有效降低了企业通关成本。

快捷半导体（苏州）有限公司总经理蔡春杰表示，公司每年95%的料件从韩国进口，而产品有4成出口香港、3成出口到新加坡，“AEO互认带来的通关实惠主要体现在通关时效上。”

蔡春杰介绍到，该公司成为中国海关高级认证企业之后，出口查验率降低为不到1%，新加坡海关对其的查验率亦降低了一半左右。出口产品在香港的提货时间缩短了1.5小时，在新加坡的当地通关时间从10小时降低到了4小时。自韩国进口料件的时间也缩短了不少，公司从接到订单到产品送到客户全周期时间缩短了1/3。“现在公司对于亚太区客户可以承诺48小时门到门，较短的交货期也有望为公司吸引更多的订单。”

据统计，2015年前10个月，中国AEO企业对新加坡出口额达157.5亿美元，同比增长21%，新加坡AEO企业对中国出口额达2.1亿美元，同比增长89%，均大大高于普通企业的同期出口平均增幅，反映出AEO互认对促进中新贸易的显著成效。

目前，中国海关已分别与新加坡、韩国、中国香港及欧盟等4个经济体海关签署并实施了AEO互认，对上述31个国家（地区）的出口额已占出口总额近40%。

（来源：中国新闻网．http://www.chinanews.com/cj/2015/12—18/7677578.shtml.2015—12—21）

新加坡位居世界食品安全榜前列

据《国际商报》报道，《经济学人》信息部近期出炉的全球食品安全榜显示，新加坡位列世界第2位，仅次于美国，第3位是爱尔兰。新加坡是首个进入前3位的亚洲国家。

据了解，《经济学人》信息部的全球食物安全指数评判基于3大标准：价格承受力、可获得性以及品质安全。在参选的109个国家中，新加坡在这3项评选标准中分别名列第1位、第11位和第13位，在综合排名上超过了多个粮食生产大国，如中国（第42位）、日本（第21位）、马来西亚（第34位）和澳大利亚（第9位）。

新加坡国际企业发展局负责人表示，新加坡政府在食品卫生方面的要求相当严格，通过制定食品安全计划，实现了食品来源的多元化以及本地食品生产的优化。因此其消费者也乐于接受不同理念的外国食品，并具有良好的食品安全与健康意识。同时，新加坡的地理位置及贸易枢纽地位还令其成为重要的食品出口市场。新加坡的进口食品约有20%～25%会再出口到其他国家。以中国为例，食品已经成为中新双边贸易来往最重要的领域之一。

（来源：海外网．http://huaren.haiwainet.cn/n/2015/1214/c232657－29448463.html.2015－12－15）

新加坡电子道路收费系统有效缓解交通拥堵

“在没有堵车的情况下，从A地到B地和从B地到A地的打车费为什么相差很多？是不是司机绕路了？”一些来新加坡旅游的朋友可能会发出这样的疑问。

一般情况下，两地往返打车费用的差异是因为车辆经过电子收费闸门的收费有变动，这与新加坡通过电子道路收费系统（ERP）疏导繁忙路段车流的做法有关。

新加坡是全球第一个采用电子道路收费系统的国家，其电子道路收费系统于1998年投入使用，由此前实行的区域通行券制度演变而来。电子道路收费系统旨在通过收费鼓励人们选择替代方案出行，以减少高峰时段市区繁忙路段的车流，进而缓解道路拥堵状况。

电子道路收费系统由电子收费闸门、带现金卡的车载单元和中央控制系统三部分构成，电子收费闸门遍布新加坡各大高速公路和主干道上。据新加坡陆路交通管理局（简称“陆交局”）最新的统计简报，截至2014年，新加坡共有电子收费闸门77个。

当安装带现金卡车载单元的汽车经过电子闸门时，闸门上的传感器收到感应信号，车载单元发出“哔”声，卡内金额自动扣除。只要现金卡内有足够的储值，车主无须停车，缴费自动完成。如果卡内金额不足，或者车辆经过闸门时卡没有插好，车辆信息会被记录下来，罚单随后会寄到车主手中。

新加坡电子道路收费系统的收费并非“一刀切”，而是根据不同车型、不同日期、不同时段及道路拥挤状况的变化而调整，收费在0.5新加坡元至5新加坡元（1新加坡元约合4.6元人民币）之间不等。陆交局每3个月都会对电子道路收费系统进行评估，适时做出调整。此外，每年6月和12月学校放假期间，道路收费价格会相应下调。民众可在ONE.MOTORING网站上查询每个电子收费闸门的收费时段和收费标准。

以安装在最繁华的旅游购物街乌节路上的一个电子收费闸门为例，通过该闸门的车辆按汽车/轻型货车/出租车、摩托车、重型货车/小型巴士、超重型货车/大巴的分类收费，同一类型车辆工作日和周末收费标准不同，每天不同时段也不同。

数据显示，电子道路收费系统使新加坡市中心车流量减少了大约13%，高峰时段平均车速提高了20%。新加坡陆交局在报告中表示，在汽车保有量逐年增加的情况下，新加坡市中心的交通连续多年保持较为通畅的情况。2014年10月，《联合早报》在一篇社论中指出，“ERP收费机制已表现出更大的灵活性，这是在鼓励和惩罚之间求取平衡点的积极做法。”

但是，随着电子收费闸门增多，一些新加坡民众也表示出不满，指责ERP是“过高的道路收费”、“每天都抢劫民众”。有的车辆为了绕过电子收费闸门，不得不行驶更长的距离，这也会造成能源浪费，增加行车时间。

目前，新加坡陆交局通过招标开发新一代无闸门电子道路收费系统，新系统将采用全球导航卫星系统监测车辆位置，可根据个别车辆在拥堵路段行驶的实际路程向车主收费，以使收费更加科学合理。

（来源：新华网．http://news.xinhuanet.com/world/2015－12/10/c_1117424440.htm.2015－12－11）

新加坡将开放天然气市场

2015年，新加坡拟建立一个国内天然气交易市场，以助力把新加坡打造成液化天然气（LNG）交易中心的计划，并把握住LNG在亚洲能源市场崛起所带来的商机。

已然成为全球石油交易中心的新加坡，正计划把握区域、特别是澳洲LNG供应增加，以及亚洲、特别是中国还有印度等国采购LNG的买家增多的优势。

新加坡有超过9成的电力是包括LNG在内的进口天然气发电，但天然气用户目前仍是以双边协议的形式购买天然气。

新加坡贸工部政务部长易华仁日前在新加坡国际能源周开幕时表示，“国内天然气市场将有助于反映本地供需状况的价格发现。”

新加坡位于亚洲 LNG 贸易路线的中心，亚洲 LNG 消费量占全球供应约 7 成。

尽管普氏等报价机构会公布亚洲 LNG 价格，但目前并没有一个权威性的 LNG 基准指标。

事实上，大多数 LNG 合约的定价基础都是综合了石油价格、报价机构的估算和一些地区性合约——比如英国的 National Balancing Point（NBP）和美国的 Henry Hub。

新加坡交易所（SGX）日前表示，计划创设一个亚洲的 LNG 基准，从而打破长期以来的与石油挂钩的定价模式。

新加坡正在和日本争夺 LNG 亚洲交易中心的位置。日本是亚洲最大的 LNG 进口国，从 2016 年起全面放开国内电力市场。

中国亦大量透过管线进口 LNG，不论是 LNG 进口码头数量还是国内 LNG 产量，都在持续增长中，因此也将是天然气交易中心的潜在竞争者，不过中国这方面的发展仍处于起步阶段。

易华仁没有就该动议给出具体的时间表，但称政府已经在寻求行业反馈意见。易华仁表示，新加坡还计划增强国内电力市场的竞争。

（来源：中国石油新闻中心 . http://news.cnpc.com.cn/system/2015/10/28/001564704.shtml. 2015—10—28）

中行新加坡分行与中新天津生态城签署 30 亿银企合作意向书

中国银行（简称“中行”）新加坡分行与天津生态城投资开发有限公司于 2015 年 10 月 13 日在新加坡签署银企合作意向书，其中包括最高 30 亿元人民币的融资配套方案。

这份意向书名为《中新天津生态城银企合作意向书》（简称“《意向书》”），当日由中行新加坡分行行长郭宁宁、天津生态城投资开发有限公司董事长孟群共同签署。新加坡国家发展部高级政务部长李智陞、天津市副市长尹海林、天津市滨海新区区长张勇、中国银行副行长朱鹤新等出席签约仪式。

根据该《意向书》，天津生态城投资有限公司将把中行新加坡分行作为其海外金融业务的长期主要合作伙伴。中行新加坡分行则将充分利用自身资源，支持天津生态城投资有限公司及其子公司的全球业务发展，为其提供全面金融服务。

中新天津生态城是中新两国政府为应对全球气候变化、节约资源能源、保护生态环境而合作建设的旗舰项目。中国银行新加坡分行一直积极支持天津生态城建设发展，目前已为天津生态城企业提供授信支持共计人民币 22.5 亿元。

（来源：新华网 . http://news.xinhuanet.com/world/2015—10/14/c_128318126.htm. 2015—10—15）

中国西部最大集装箱港开通至新加坡直航航线

中国西部最大集装箱港钦州港至新加坡集装箱航线日前开通，使中国西南地区货物无须绕道中国香港就可运抵直达新加坡、欧洲等地。

据悉，这条直航航线由广西北部湾港务集团与新加坡国际港务集团、新加坡太平船务有限公司共同组建的广西北部湾国际集装箱码头有限公司运营。

钦州港是中国西部沿海最大的集装箱港。近年来，钦州港新开通了钦州港一洋浦，钦州港一关丹港，钦州港一上海港，钦州港—南沙港等集装箱内外贸直航航线。此外，钦州还开通运营钦州至昆明集装箱海铁联运“五定”班列，完成海铁联运集装箱 3912 标箱，同比激增 83.3%。

在钦州港的支撑下，2015 年 8 月，广西北部湾港集装箱吞吐量达到 11.62 万标准箱，同比增长 24.43%。2015 年 1～8 月，广西北部湾港集装箱吞吐量为 81.58 万标准箱，同比增长 18.05%。

（来源：新华网 . http://news.xinhuanet.com/2015—09/27/c_1116688522.htm. 2015—09—28）

CMEC 首个海外区域中心落户新加坡

中国机械设备工程股份有限公司（简称“CMEC”）旗下全资子公司腾新发展有限公司（简称“腾新发展”）于 2015 年 9 月 15 日在新加坡正式开业，作为 CMEC 辐射南亚及东南亚市场的区域中心。

腾新发展于 2014 年 4 月在新加坡注册成立，是 CMEC 首个海外区域中心，CMEC 也因此成为首家区域总部落户狮城的中国大型基建工程公司。

CMEC 总裁张淳在开业典礼上表示，腾新发展的成立是 CMEC 寻求业务转型的一次重大尝试，而选择新加坡作为业务转型升级的第一批海外平台，是因为新加坡开放的自由贸易政策以及全球独特的金融地位。

张淳称，CMEC 将以电力等核心行业为重点，利用新加坡成熟的资本市场开展投资类业务；与新加坡银行系统合作探索海外多元化融资模式；并在贸易以及采购、物流等业务上积极开拓创新，将腾新发展打造成CMEC走向国际的重要平台和纽带。

新加坡经济发展局城市、基础设施和工业方案执行司长吴自强表示，CMEC在新加坡设立区域总部是双赢的举措，一方面CMEC能更快捷地接触到东南亚在基础设施方面快速增长的商机，同时也巩固了新加坡作为工程产业在亚洲基础设施项目开发、融资、管理的首选地地位。

新加坡工商联合总会中国工商组副主席吴学光认为，CMEC选择以新加坡为平台开拓东南亚、南亚乃至国际市场的做法，顺应了企业国际化发展的需求，为众多“走出去”中国企业提供了良好借鉴。

CMEC成立于1978年，是中国首批大型工贸公司之一。经过逾30年发展，已成为以国际工程承包业务为核心，以国际贸易、研发及国际服务为主的大型国际化综合性企业。

（来源：新华网．http://news.xinhuanet.com/world/2015－09/15/c_128232013.htm.2015－09－16）

泰　国

泰国现代零售渠道经营商积极抢夺电商市场

目前现代零售渠道经营商的电子商务占比极小，但消费者生活方式的变化，加上信息技术发展使上网更加方便，促使现代零售渠道经营商加快发展电子商务。近一两年来，泰国现代渠道经营商的电商销售额增加显著。

开泰研究中心预计，2016年泰国现代零售渠道经营商的电子商务市场总值约为350亿泰铢，同比增长15%～20%，占现代零售渠道市场总值的3%，2018年有望提高为5%，市场值将达500亿泰铢。

各类现代零售渠道经营商的电商策略既有共同点也有不同之处。持续明显发展电子商务的现代零售渠道经营商为百货公司和大型超市，详情如下：

	百货公司	大型超市
关键议题	强调信誉，销售品种繁多的名牌商品，客户对商品质量信得过。	为需要节省出行和寻找停车位时间的客户提供便利。

续表

	百货公司	大型超市
使用工具	手机应用 适用于台式电脑和手机的网站	手机应用 适用于台式电脑和手机的网站
热销商品	时尚商品如服装和化装品	日用消费品如饮料和大米等
单笔购买量	取决于消费者，平均1～2件	单笔购买量大
市场营销策略	免收运费，24小时内发货 货到付款或在线分期付款 可按规定条件退/换商品 推出网购特价推广活动	运费按规定条件计收，按约定时间送货 货到付款或在线分期付款 可按规定条件退/换商品
竞争对手	中小企业经营商（社交网络/水货网店） 电子交易市场（E－market place）经营商	批发与零售业的中小企业经营商（社区批发零售店、社区市场和蓝旗集市）

（来源：开泰研究中心）

不过，泰国电商市场的增长潜力也导致了市场竞争加剧。开泰研究中心认为，今后阶段现代零售渠道经营商在电商市场的竞争将进一步激化，并从同行竞争转向与电子交易市场和属于中小企业的商对客（B2C）（通过各种社交媒体如脸书FaceBook、图享Instagram和连我Line以及自创网站等）电商模式的跨行业竞争，此外，经营商还将面临来自本国企业和加大进军泰国市场步伐的外国电商企业的竞争。

因此，开泰研究中心建议，泰国现代零售渠道经营商必须自我调整，为应对市场竞争做好准备，包括须考虑如何使电商业务全面满足消费者不断变化的需求，化解消费者对网购的担忧，同时保持电子商务的核心经营原则，即个性、快速和安全。

（来源：中华人民共和国驻泰王国大使馆经济商务参赞处．http://th.mofcom.gov.cn/article/jmxw/201606/20160601332690.shtml.2016－06－06）

泰国政府抛出税费、土地等“利好”吸引山东企业投资

2016年6月2日，泰国投资促进委员会在山东济南召开投资说明会，抛出减免税费、土地优惠政策、协助办理各类许可证的“利好”消息，吸引山东企业赴泰国投资办厂。

泰国投资促进委员会上海办事处主任、投资领事瓦查丽·廷塔妮在投资说明会上表示，通过泰国投资促进委员会审批的投资项目，在泰国最高可享受8年免征企业所得税的优惠，同时还享有机械设备（在泰国无法采购）进口零关税、出口产品原材料进口关税减免等优惠的税费政策。

除税费优惠外，瓦查丽·廷塔妮表示，投资泰国制造业等行业的外商还享有持股无限制的政策，可以100%持股，同时享有同泰国本国国民一样的土地购买待遇，所购土地除建造工厂外还可以建造公寓和高管住宅，同时投资促进委员会还将协助投资泰国的企业办理员工工作证件和各项许可证。

“泰国属于东盟成员国，地处东盟中心，辐射周边国家，产品从泰国出口东盟任何国家都很便利，同时在泰国生产的产品还可以享受东盟与其他国家签署的自贸协定的优惠政策。同时，在东南亚市场泰国制造具有较高的知名度。”瓦查丽·廷塔妮表示，非常欢迎山东企业赴泰国投资农业、农产品加工、矿产、陶瓷、化工造纸、电子电器、机械设备及零部件、基础材料、轻工、高附加值服务业等领域。

目前泰国有40家山东企业或机构，玲珑轮胎、海尔集团等山东企业都在泰国有投资项目，泰国已成为山东企业海外投资的主要目的地之一，2015年山东与泰国的进出口贸易额为66亿美元。

（来源：中国新闻网．http://www.chinanews.com/cj/2016/06－02/7892343.shtml.2016－06－02）

投资泰国最佳时机　中国企业最高可免税8年

2016年5月29日，“一带一路投资泰国机遇论坛”在北京举行。泰国投资促进委员会厅长Pariyes Piriyamasakul向中国企业抛出橄榄枝，并详细介绍了中国投资者到泰国投资可享受的优惠政策，中国企业入泰投资最高可免税八年。泰国驻华大使馆公使Karntimon Ruksakiati认为，现在是投资泰国的最好时机。2016年是东盟经济一体化的开局之年。东盟拥有6.22亿人口，经济总值近3万亿美元。泰国地处东盟中心枢纽地带，可以充分利用其有利的地理优势，承接海陆空贸易活动。经济合作与发展组织预测，在未来5年里，泰国经济增长率将超过3.6%。

Pariyes Piriyamasakul介绍，泰国投资促进委员会的优惠政策，分为税收优惠和非税收优惠。税收优惠方面，包括免除企业所得税、机器进口税、原材料进出口税，免除公共设施建设费按照双倍扣除，免除基建成本等等。非税收优惠政策包括允许外资持有土地所有权，并协助简化工作证和签证的办理流程。在制造业和部分服务业，投资泰国的企业没有持股比例限制，可以百分之百持股，也没有当地原材料使用限制，没有出口限制和外汇管理。

Pariyes Piriyamasakul表示，中国企业在泰国投资，按照科技含量等分为6个等级，其中以设计和研发为主的知识型产业，可以享受最高免除8年企业所得税且无上限的政策。基础设施建设和高附加值的科技产业，也能获得免除8年有上限的企业所得税政策。

目前，泰国投资促进委员会最希望从中国吸引8类产业的投资项目。这8类产业分别是：高附加值天然橡胶加工产品、机械设备及其配件、汽车及其零配件、医疗设备及配件、火车或电器火车或设备、旅游及相关产业、数码软件、国际总部或国际贸易中心。

此外，泰国投资促进委员会将为赴泰投资者，提供投资对接、一站式公证、签证办理等服务。

目前，泰国投资促进委员会在中国设有3个办事处，分别在北京、上海和广州，可随时为中国投资者提供服务。

（来源：中国塑料机械网．http://www.86pla.com.2016－06－01）

泰国商家火热投资10大未来产业

《泰国世界日报》日前报道，泰国投资促进委员会（BOI）积极推动“10大未来产业”的投资，并且获得经营者的热烈回响，累计2016年前4个月委员会已接到211个项目申请促进投资，总值709.54亿泰铢，其中以数码产业最为火热，该产业的申请个案达91个项目。

泰国投资促进委员会秘书长希兰雅表示，投资者对泰国“10大未来产业”深感兴趣，2016年前4个月委员会已接到211个相关的项目申请促进投资者，投资者包括国内外企业，投资总值达709.54亿泰铢，与委员会前4个月接到所有申请项目总值1116.60亿泰铢比较，比重达64%。

希兰雅指出，泰国投资促进委员会在2015年中开始推广泰国“10大未来产业”促进投资计划，投资者有充足的时间进行研究及考量，并且自2016年首4个月陆续提出促进投资的申请，有信心2016年“10大未来产业”的促进投资申请总值将顺利实现

1000亿泰铢的原定目标值。

上述“10大未来产业”的促进投资项目可分为，汽车及零配件产业接到12个项目申请促进投资，总值141.88亿泰铢，例如汽车动力系统及零配件、引擎系统及零配件、以及一吨承重货车等；电器及电子产业有29个项目，总值124亿泰铢，例如太阳能设备及零配件、LCD屏幕及零配件等；数码产业有91个项目，投资总额达15.79亿泰铢，包括软件开发、电子商务、数据收集中心等；塑化及化学品产业有23个项目，总值108.20亿泰铢，例如工业用化学品、环境友好和特殊种类的聚合物及化学品等。

同时，医疗产业有7个项目，投资额44.50亿泰铢，例如隐形眼镜、人工眼角膜等；航空产业1个项目，价值2200万泰铢，生产飞机设备零配件；农工业有42个项目，总值208.29亿泰铢，例如利用农产品生产能源、利用先进科技生产食品及饮料、天然橡胶产品等；以及观光业6个项目，价值66.66亿泰铢，例如兴建文化艺术展示中心及酒店。

希兰雅表示，泰国投资促进委员会有政策推动产业群聚发展，侧重推动产业与当地社会连接，例如与当地学院及研究院合作培养专才或进行科研计划，促进当地教育成长，应对产业未来对人才的需求。目前委员会已接到11个项目申请促进投资，总值178.80亿泰铢，而且还有多位投资者正在与委员会沟通，准备在近期提出申请。

另一方面，泰国投资促进委员会在5月中与泰国日本商会（JCC）及日本贸易振兴机构（JETRO）合作举办座谈会，推动产业群聚促进投资政策，并且发现相关政策引起日本投资者的浓厚兴趣，促使多家日本企业决定进驻泰国。

（来源：中国日报网．http://caijing.chinadaily.com.cn/2016－05/30/content_25533249.htm.2016－05－30）

泰国修订民商法获准　新公司注册手续简化

泰国商业部长阿披拉迪表示，内阁会议批准了对民商法典关于新公司注册条款进行修订的办法，旨在方便民间注册公司经商，尤其是方便新创业者注册公司。

阿披拉迪介绍，民商法注册新公司条款中，取消了原要加盖公章的规定，修订了公司每张股份证，由授权签字董事加签和加盖公章（如有）。这样可简化申请程序和缩短时间，估计可减少4个工作日。同时还放宽了新公司申请股东人数，原规定至少有3人以上方可提出申请，现减少至2人。

泰国国务院发言人讪圣少将表示，上述民商法律条款的修订，为新创业者注册新公司提供了更大方便。在出现债务问题时，原来要求提出债务申诉需要使用纸质档，现修改为从电子系统发出通报函件即可。对于公司分红操作，规定在董事会达成分红决议起计要在1个月内进行分红操作。对于企业被兼并后，允许可以原公司名称注册或继续使用原公司名称，但须登告示或通知股东与相关人士公司兼并事宜。内阁要求上述修订的法律条款要与国家立法会进行磋商，以让从法律上更加严谨控制外国人匿名注册公司的情况，因可能存在某人在1个公司任董事，却可在多个公司担任股东的情况，须严格加强管理。

（来源：《泰国世界日报》．http://www.udnbkk.com.2016－05－30）

泰国工业院促进增建垃圾发电厂

泰国工业院建议政府重新检讨垃圾发电厂的促进计划，提议增加产能至800百万瓦，重新制定目标促进区域。

泰国工业院替代能源业副主席提拉蓬表示，泰国累积的垃圾数量达2000万吨，而且平均每年将增加1900万吨，如果用于生产电力，产能可以从官方2015～2036年替代能源发展计划（AEDP 015）中原制定500万瓦的基础上再增加300百万瓦。目前已经并网供电的垃圾发电厂产能达300多百万瓦。为了能够有系统地解决垃圾堆积造成的环境污染问题，政府应该增加对垃圾发电厂的电力收购量，并且密切追踪经营者的发电能力是否达到原定目标，如果出现空缺，应该把剩余的产能分配给其他有潜力的经营者，而且还应该把收购量提高至800百万瓦。

提拉蓬透露，目前政府正在加快解决垃圾问题，考虑进行区域划分，避免出现争夺垃圾的情况，但是还需要考量到垃圾处理的科技是否造成影响。目前垃圾衍生燃料（RDF）获得广泛认可，能够生产出高品质的热能，而且多个地方已开始使用该技术。科学研究指出，垃圾衍生燃料生产的热能能够代替煤炭。

泰国能源部助理部长纳迪蓬表示，官方已制定具体的垃圾问题解决方案，内政部将负责执行，目前正在修订相关的法例，并且与自然资源及环境部相互合作，制定垃圾区域划分工作。同时，泰国能源部将按照 AEDP 015 计划提供每度电力 5.08～6.34 泰铢的资金扶助。

（来源：《泰国世界日报》. http://www. udnbkk. com. 2016—05—25）

中车长客出口泰国米轨客车启运

记者于 2016 年 5 月 21 日从中车长客股份有限公司获悉，该公司承担的泰国米轨客车项目首列车 13 辆编组车辆已于日前启运，并抵达营口港，即将开启赴泰国的旅程。该项目共计 115 辆车，将服务于泰国曼谷和清迈之间。

泰国米轨客车是中国首次自主设计制造的小断面不锈钢米轨铁路客车，其高安全性和舒适性可媲美动车组。车辆设计充分彰显人性化、多元化、科技化。卧铺沿车体纵向布置，具备坐卧两用功能：下铺可通过抽拉、翻转实现坐卧转换；座椅设触摸式呼叫按钮，提高乘坐舒适性；上铺可与水平方向成 60 度角以上定位，可存放卧具，既节约空间，又安全可靠。残疾人车具备无障碍通过功能的自动升降装置，餐车设残疾人就餐区及观察窗，并有电视、独立淋浴间等娱乐设施。为了适应泰国气候，该车车身采用轻量化不锈钢车体，可防潮防锈，大容量供风系统可应对高温天气。

据介绍，这批车辆采用的特殊材质、特殊轨距是对设计、制造水平的考验。考虑到泰国几乎全年高湿高温的环境，车辆采用全车无木设计，以提高防火、防腐性能。同时，由于泰国车辆轨距为 1000 毫米，较长客以往生产出口的铁路客车轨距小 435 毫米，这就要求在较小的空间内合理布置设施设备。而且，由于车身相对较小，发电车轴重须控制在 14 吨以下，低于普通列车的 17 吨，因此设计师在焊接工艺、车辆轻量化等方面都进行了大量技术攻关。

（来源：中国新闻网 . http://www. cankaoxiaoxi. com/finance/20160521/1166827. shtml. 2016—05—21）

泰国宋卡橡胶工业园引资反响热烈

泰国国家工业园管理局长威拉蓬表示，投资者看好泰国发展前景，持续进驻橡胶工业园。泰国政府拟采用灵活办法让投资购买、租赁工业园土地，为投资者提供更多方便。

威拉蓬表示，工业园大力推介宋卡橡胶工业园招商引资，国内外公司反应热烈，纷纷表示要进驻设厂生产。通过对投资者的意外进行调查，发现有意进驻包括现有投资者、新投资者和中小企业（SME）投资者，数量众多。为此，工业园管理局拟推出方便投资者决策的灵活办法和优惠方案，从现时起至 2016 年 9 月进行，帮助投资者加快投资决策，从而有效地推进投资。

威拉蓬表示，管理局出台的橡胶工业园吸引投资方案称为“黄金优惠方案”，优惠条件包括豁免土地转名手续费和印花税，以及一定年限豁免缴交工业园公用设施维护费，还提供多种便利。而享受上述优惠方案的投资者，必须为橡胶加工下游产业和中游产业类型的经营商。上述优惠方案的执行时间为从现时起至 2016 年 9 月底止。

（来源：《泰国世界日报》. http://www. udnbkk. com. 2016—05—20）

泰国拟推微型贷款　总额 500 万泰铢

泰国财政与经济办事处披露，拟推出微型小额贷款计划，进一步帮助社会解决系统外借贷（高利贷）债务严重问题，指微型小额贷款的借贷额度比此前实施的奈米小额贷款额度更小。

财政与经济办事处负责人格立沙达表示，办事处拟向内阁提出进一步帮助社会解决高利贷债务问题的办法，推出总额度为 500 万泰铢的微型小额贷款计划，规模小于此前总额度为 5000 万泰铢的奈米小额贷款计划。微型小额贷款计划的实施办法将限定获批准各府经营商只能在当地发放贷款，每例客户获得贷款的最高限额不超过 5 万泰铢，年利率不超过 36%，利率水准与奈米贷款计划持平，不过奈米贷款每例客户获得贷款最高限额可达 10 万泰铢。

此外，还将提议允许国有专业金融机构、民间金融机构和保险公司可向老年人群客户提供房贷，为适应今后泰国社会老年化趋势而变革推出的新金融服务业务。

（来源：《泰国世界日报》. http://www. udnbkk. com. 2016—05—17）

泰国将建两处高铁　投资超 2000 亿泰铢

泰国国家铁路局批准曼谷—华欣和曼谷—罗勇高铁项目，分别投资 946 亿泰铢和 1520 亿泰铢，之后将项目提交交通部审议，再提交至国营企业政策委员会办公室，以成立 PPP 委员会并最终提交内阁会议审议，预计今年能够进行项目价格招标，2017年开始建设。

泰国国家铁路局负责人表示，两条高铁项目开通后，将极大促进曼谷和周边府经济圈的发展，为民众出行提供更多选择。

据悉，泰国铁路系统设施十分陈旧，在泰国存在“坐火车不如坐大巴”的现象，此次新建的铁路项目将为原有的铁路系统更新助力。

值得一提的是，由于泰国在轨道交通方面的人才极其稀少、施工水平和技术相当落后，因此，泰国频繁派相关团队赴中国，寻求高铁技术培训合作。

（来源：中国工程机械商贸网．http://www.21-sun.com.2016-05-16）

泰国东北部经济明朗　受投资者青睐

泰国副总理兼内阁经济小组组长颂奇透露，泰国东北部整体经济状况明朗，前景乐观，地域面积和人口数量都居泰国之首，中国、韩国、日本等商业团队投资意向浓厚，东北部劳工具备泰国最纯熟、最具潜力的工作技能，是可供开发的中坚力量。

副总理颂奇于2016年5月9日在坤敬府主持召开首届“建立东北部基础型经济，实施农业改革”研讨会，以“国家战略大开放，推动东北新10年”为主题，由坤敬未来10年社区基金会主办，旨在对工作方针与理念进行集思广益，以符合政府政策，此次研讨会共吸引来自东北部20个府治公共部门、民间团体及经济与商业部门组织领导等超过500人参与。

颂奇指出，目前东北部20个府治，机遇良多，未来发展前景光明，因为该地区地域面积和人口数量都位居泰国首位，为国内外投资者青睐的对象，尤其以中、日、韩为最。因此，相关部门须团结一致，共同制定工作方案，争取与投资者妥善商谈。

东盟开发，对东北部而言可谓受益良多，尤其是湄公河流域内的6个国家，将成为重要的经贸合作伙伴。此外，商业部将组建基金会，于2016年6月开始运作，旨在为东盟国家提供自由贸易的统一基金，不排斥任何一个集团组织，泰国希望能成为该基金会成立的重要核心。

颂奇表示，由他担任内阁经济小组组长的6个月内，许多人认为政府未对农民或种植园主起到帮助作用，但从可持续性基础型经济建设工作来看，对财政预算批准，很明显符合民众需求，已获得显著的效果。因此，颂奇表示，认为政府没有给予农民帮助的看法，于政府而言是不公平的。

一直以来，政府所取得的工作业绩都具体、明确，且符合民众发展需求，包括面向全国发放的600亿泰铢发展村镇基金，每个区级项目投资500万泰铢，以及以发展基础设施建设为目的的巴差肋项目投资，每个项目又增加100万泰铢等。

无论如何，政府准备与泰国总商会协调工作，将超过600亿泰铢的集资款项，分发给地方政府组织，通过地方经济流动刺激全国经济整体发展，这也是政府进一步升级社区经济的又一方案。

（来源：中国国际贸易促进委员会．http://www.ccpit.org/Contents/Channel_4126/2016/0510/642391/content_642391.htm.2016-05-11）

无人机在泰国等东南亚国家市场畅销

据外媒2016年5月6日报道，随着无人驾驶飞行器价格的降低及其带来的便利，无人机已成为发展最快的电子工具之一。近几年，东南亚地区的无人机市场发展迅速，其中泰国无人机市场发展潜力巨大。

总部位于美国的无人机制造商3D Robotics的首席营收官科林·贵恩表示，无人机畅销的原因主要在于其价格的下降。过去3到4年间，无人机价格已从1～2万美元（约合6.5万～13万元人民币）降至1000美元（约合6500元人民币），机身重量也从10公斤降至1.5公斤。目前，无人机已广泛应用于农业、包裹投递、建筑、调查和绘图。除此之外，它们还可用于向偏远地区投递医疗物资和收集血液样本。

贵恩还表示，到2016年，无人机全球市值有望达到30亿美元（约合195亿元人民币），增长率高达100%。无人机越来越受到游客和业余摄影师的欢迎，尤其是来自以美景著称的东南亚地区的游客和摄影爱好者。目前，3D Robotics已在印尼、菲律宾和泰国成立了无人机工厂。2016年，东南亚的营收额有望占到全球营收额的20%，其中来自泰国的营收额将占整个东南亚营收额的25%。

3D Robotics经销商的产品经理表示，社交媒体上需要发布大量照片，因此无人机在泰国市场的发展潜力巨大。2016年，泰国无人机市值有望达到5亿泰铢（约合9250万元人民币），2015年为3亿泰铢（约合5550万元人民币）。

（来源：环球网．http://tech.huanqiu.com/original/2016-05/8895779.html.2016-05-09）

泰国钢铁产业趋向复苏

2016年泰国钢铁需求趋向好转，主要源于建筑活动尤其是政府部门建设项目对钢铁需求，包括续建项目和新建项目。不过，一些建设项目上半年可能处于准备阶段，导致钢铁需求尤其是大型建筑钢结构件需求在下半年逐步明显好转，而且这一增长态势可能延续至2017年。

此外，民间部门的住宅类房地产建设项目也逐步好转，虽然受到消费者购买力仍疲弱的影响，但将受益于“国民住宅”计划。该计划总额为300亿泰铢，用于向房地产开发经营商和国家住宅机构发放贷款。2016年商业和工业类房地产建筑可能放缓，源于泰国经济和消费者的购买力复苏幅度不大。因此，2016年建筑钢材需求将主要受益于政府建设项目、住宅建筑及扩建。开泰研究中心预测，2016年建筑钢材需求量将由2015年的823万吨增加为842万吨～860万吨，增幅由2015年的2%扩大到2.3%～4.5%。

除建筑钢材外，2016年泰国钢铁需求还将受益于特种钢材需求随关联产业即汽车及零部件产业增长。一般来说，汽车及零部件的钢铁需求量占全部钢铁需求量的18%～20%份额（仅次于建筑钢材）。尽管2016年汽车及零部件总销量可能放缓，不过汽车及零部件制造商扩大生产线以及2016年全年汽车零部件出口量可能略有增长，可望促使汽车类工业钢材需求量好转，但增长幅度可能不大。开泰研究中心预测，2016年汽车及零部件产业钢铁需求量可望由2015年的300万吨增至304万吨～308万吨，增长1.2%～2.8%。

不过非特种钢材和非优质钢材以外的其他工业钢材需求量仍放缓，源于多种上游和中游的工业钢材进口扩大，面临价格竞争，加上部分下游产业进一步转向使用其他材料来替代钢材，如电器产业。因此，泰国的工业钢材制造商应转向利用创新和高端生产技术，通过生产更多的特种钢材和优质钢材来增加产品的附加值，拓展中高端客户群。

综上所述，开泰研究中心预测，2016年泰国钢铁需求量将达到1665万吨～1700万吨，增长区间为负0.5%至1.5%，缩幅比2015年的3.5%略微收窄，受益于建筑钢材和汽车类特种钢材需求量的增长。

（来源：中华人民共和国驻泰王国大使馆经济商务参赞处．http://th.mofcom.gov.cn/article/jmxw/201605/20160501311788.shtml.2016—05—05）

泰国橡胶木成色佳　出口中国前景看好

泰国商业部透露，中国民企喜爱使用泰国橡胶木生产家具，从泰国进口橡胶木的数量有推升趋势，其中90%由广东省进口。中国家具公司认为，泰国橡胶木拥有质量好、色泽漂亮、质地结实和疵点较少的优点，市场需求大，而相对之下，中国本地的橡胶木质量欠佳，原因是橡胶产地靠近沿海，常年多遇台风影响其生长。泰国商业部预测，中国建房及家庭装修对橡胶木的需求量大增，将有助于促进泰国橡胶木对中出口量持续增长。

国际贸易厅厅长玛丽女士透露，泰国驻广州国际贸易促进办事处攀纳甘与顺德木业商会主席的双边会谈报告指出，中国运营商喜欢将泰国橡胶木用于商品生产，尤其是家具产品。因此，泰国橡胶木对中出口前景乐观，估将持续增长。

攀纳甘女士于2016年3月曾在广州与顺德木业商会主席展开洽谈，该商会拥有会员超过100位，占顺德县橡胶木进口公司总量的70%，商洽中得知，这些公司的橡胶木消耗量高达每天2个货柜，即每家公司每月消耗量约为70个货柜。该商会主席透露，广东省有超过100家橡胶木材加工厂，对橡胶木的需求量非常大而持续，因为商会已开始向生产者和消费者宣传使用橡胶木的优点，除了家具制造工业之外，还著力提高橡胶木在室内装修行业的使用量，使橡胶木更广泛地运用于建房装房等多方面。

此外，攀纳甘还藉机参观了佛山市顺德区恒业商贸有限公司的橡胶木材加工厂，该公司是泰国橡胶木主要进口公司，已从泰国进口橡胶木超过20年，泰国橡胶木经过加工后具有质量好、耐用、外形美观等优点，从而广受市场青睐。

攀纳甘指出，广东省是泰国橡胶木的主要进口地，自泰国进口比例超过90%，因为泰国橡胶木具有质量好、颜色美观等优点，符合市场需求。尽管中国云南省和海南省也种植橡胶树，但云南省产量少，而海南省因位于海边，受台风影响频繁，导致橡胶木产出质量不达标，因此，泰国橡胶木才能在中国市场广受欢迎，其中大部分将进行加工后用于家具生产，尤其是顺德县和佛山县，不仅是木质家具生产大县，同时还是中国重要的家具商品集散中心。

（来源：中国国际贸易促进委员会．http://www.ccpit.org/Contents/Channel_4013/2016/0418/632440/content_632440.htm.2016—04—18）

未来泰国能源使用将持续增长

综合泰国媒体2016年4月7日消息，泰国能源部能源规划与政策办公室主任塔瓦拉透露，亚太能源研究中心此前发布的一份预测报告指出，未来20～30年以内，泰国的能源使用量将持续增长，预计到2040年能源使用将增加86%，但国内能源生产将有所减少，对国外能源进口的比例将从现在的42%增加到78%。

但与此同时，根据能源保护规划，泰国官方定下的目标是减少能源使用30%。而在未来替代能源的使用比例将从目前的15%增加到30%。为此，亚太能源研究中心提出了旨在协助泰国解决能源使用问题的报告。该报告提出了3类燃料电力生产替代规划，以在未来增加能源的稳定，将燃料分配与节能减排相结合，这些规划包括使用清洁煤矿技术、使用天然气以及使用核能，这些都将增加能源生产的燃料来源渠道。

塔瓦拉表示，如果泰国能按照该替代规划进行，未来必将能实现减少二氧化碳排放，并提高能源安全及稳定。

（来源：中华人民共和国驻泰王国大使馆经济商务参赞处．http://th.mofcom.gov.cn/article/jmxw/201604/20160401291617.shtml.2016－04－08）

泰国放开屋顶光伏发电试验项目

总功率为100兆瓦的放开屋顶光伏发电试验项目旨在鼓励家庭或商用楼宇发电自用（并入电网的多余电力不能收费），可算是替代能源事业向更广范围推进和鼓励民间参与的新里程。开泰研究中心认为，影响用户决策投资安装屋顶光伏发电板的因素是安装成本和投资回本期，须让用户认为值得投资。

不过，从发电自用的层面来看，可产生长期效益，如每个月能节省电费和可帮助削减日间供电网负荷高峰期的耗电，尤其是电耗量较大的企业，从此角度看似乎更具投资吸引力。

开泰研究中心评估家庭和经营商安装屋顶光伏发电板的投资划算度和回本期后，得出如下值得关注的要点：

1. 家庭部分：若安装发电功率为3千瓦的光伏发电板，安装成本约为21万泰铢，投资回本期约为12.8年，每年可节省电费约16392泰铢（即每月可省电费约1370泰铢）。

2. 经营商部分：若安装发电功率为40千瓦的光伏发电板，安装成本约为280万泰铢，投资回本期约为12.8年，每年可节省电费约21.85万泰铢（即每月可省电费约1.82万泰铢）。

基于此原因，项目初期有意参与项目的目标企业用户较为有限，如日间用电量较多的经营商。至于家庭方面，有意参与的用户可能只有个别家庭（为利基市场），以购买力较强者和视为今后的投资机会者为主。

此外，开泰研究中心还预计，今后的电费标准如出现提高，即比现时上涨约5%～15%。对于家庭而言，可省下电费1.7万泰铢～1.9万泰铢；而经营商则可省下电费22.9万泰铢～25.1万泰铢。今后若安装光伏发电板费用出现降低，即比现时下降10%～30%，家庭和经营商则可更快地回收成本，假设安装费用不变，约在9～11.5年可回本（而原来回本期约为13年）。

然而，若今后安装光伏发电板成本继续趋降，而每度电费标准趋升，上述估算的回本期则可再缩短，若官方出台措施加以鼓励，例如税务减免政策以及提供向金融机构获得资金的便利，预期将可吸引更多的用户考虑安装屋顶光伏发电板。

（来源：中华人民共和国驻泰王国大使馆经济商务参赞处．http://th.mofcom.gov.cn/article/jmxw/201603/20160301286571.shtml.2016－04－01）

泰国高端仓储：需求增加带来增长机遇

当前隐藏在所有商业和产业活动中的物流成本已使企业部门意识到物流成本管理的重要性，推动了物流管理发展和增加了其复杂性，以作为提高企业竞争能力的战略。上述情况导致第三方物流供应商的全方位物流服务日益受欢迎，对为出租和支持物流系统运行而设计建造的高端仓储服务的使用也随之趋于增加。与此同时，在全方位物流方面具有潜力的一些大型零售经营商也为自己的业务建造高端仓储，促使泰国的仓储业务结构逐渐发展为高端仓储。

开泰研究中心预计，2016年高端仓储业将增长介于9.9%～12.6%，达122亿泰铢～125亿泰铢，占仓储市场总额的50.5%。

在关联性高和相向而行的零售业、电子商务业和消费品制造业不断扩大的局势下，如何在良好成本管理的基础上有效地将各种商品送达更多分店网络，成为了这3个行业经营商面临的挑战，推升了有效物流系统和仓储管理的需求，由此可预期高端仓储的需求将超越传统仓储。展望未来，预计高端仓储业和第三方物流业将随零售业增长趋势而趋向增长，支持因素是更大市场规模和数字经济时代的到来。此外，东盟经济共同体及经济特区的建立也将给高端仓储业带来扩大新市场的机遇，传统仓储业因此必须进行调整以应对未来仓储业结构的变化。

不过，由于高端仓储业属于需要巨额投资且是趋向更加依赖其他行业的服务业，以及面临着某些大型零售经营商自营物流业务和建造高端仓储设施的竞争和挑战，因此高端仓储经营商必须打造专业性，通过发展创新如建造可控制温湿度的仓储设施，和改进技术如提供数据中心系统服务以存储和处理大量数据，以最大限度地帮助仓储租客管理商品存储成本，另外未来还可以向一些租客提供仓储管理服务。

（来源：中华人民共和国驻泰王国大使馆经济商务参赞处．http://th.mofcom.gov.cn/article/jmxw/201603/20160301287842.shtml.2016－04－01）

泰国医疗旅游仍持续增长

2014～2015年间，泰国国内的疲弱购买力状态对私立医院收入造成影响，尤其是泰国病患者占比高的私立医院，导致2014～2015年泰国病患者占比高的私人医院的年均收入增长率为7.0%，低于私立医院总体年均收入增长率11%。同时，针对外籍病患者的私立医院的年均收入增长率则为11.7%，高于2014～2015年私立医院行业的年均收入增长率。其中，来自外籍病患者的年均收入增长率达15.1%，反映出外籍病患者市场是促使针对外籍病患者的私立医院年均收入增长率高于私立医院总体年均收入增幅的主要驱动力。

开泰研究中心认为，未来医疗旅游市场在私立医院的收入中将发挥更大作用，可见于私人医院的外籍病患者收入占总收入的比重从2011年的25%增加到2015年的30%以上，并预料将趋向持续增长，因医疗旅游仍深受全球游客欢迎，泰国私立医院经营商和有关部门不断推出市场促销活动，2015年东盟经济共同体正式成立也吸引更多医疗旅游类的外籍病患者到泰国接受医疗服务。

开泰研究中心认为，拓展医疗旅游客户基础将成为私立医院在泰国国内购买力疲弱而导致经营商面临更加激烈的市场竞争情况下，保持企业收入增长的一种策略。从外籍病患者数量方面看，相对于东盟地区其他主要竞争对手国如新加坡和马来西亚，目前泰国是医疗旅游市场的领先者。开泰研究中心预测，2016年在泰国接受医疗服务的外籍病患者数量约为320万人次，划分为医疗旅游类的外籍病患者约260万人次，占比为80%；在泰国工作生活的外国人约60万人次，占比为20%。

对于私立医院感兴趣扩大为客户基础的医疗旅游市场，开泰研究中心认为，缅甸和中东地区是值得关注且趋向增长的市场，但原本并不专注于外籍病患者但有意进军该市场的私立医院经营商，可能会遭遇市场上原有经营商的激烈竞争，因此有意将缅甸和中东地区扩大为客户基础的经营商必须推出突出或与众不同的市场策略，如公关宣传私立医院的高新技术，突出擅长且与目标客户市场相符的专科医疗服务，例如针对高龄客户或儿童客户的专科医疗服务等。

此外，经营商还可将医疗旅游客户扩大至具潜力的新市场，如被视为是市场空间巨大的中国和某些东盟国家（越南和印尼）等，因这些国家的国内医疗系统尚未能够满足其国内需求，导致具购买力的消费者到国外去接受医疗服务，泰国应可成为这些客户群的医疗旅游目的地之一，不过泰国经营商必须进行调整并推出符合各国客户的服务需求的市场策略。

（来源：中华人民共和国驻泰王国大使馆经济商务参赞处．http://th.mofcom.gov.cn/article/jmxw/201603/20160301287843.shtml.2016－03－31）

泰国商业部联合阿里巴巴助力泰国发展电子商务

综合泰国媒体2016年1月25日消息，泰国商业部商贸发展厅联合阿里巴巴，帮助泰国SME企业和OTOP产品打造电子商务平台，更好的实现泰国电子商务国际化发展。

泰国商业部商贸发展厅厅长蓬潘在与阿里巴巴代表寻求电子商务合作后透露道，双方就如何帮助泰国SME企业和OTOP产品实现电子商务平台发展进行深入交流。

蓬潘表示，阿里巴巴非常愿意利用其在电子商务领域积累的经验和资源平台优势，帮助泰国SME实现跨越式发展，特别是OTOP产品走向世界。

泰国商业部商贸发展厅也非常希望借助电子商务平台帮助泰国企业和产品推向中国和世界，让更多的消费者能够非常方便、快捷的购买到优质的泰国产品。

根据2014年泰国电子商务产业报告数据来看，泰国电子商务总规模在2.03万亿泰铢，其中B2B总规模1.23万亿泰铢；B2C规模4100亿泰铢；B2G规模3900亿泰铢。

截至2015年10月底的泰国电子商务产业规模报告显示，同比增长3.65%，达到了2.1万亿泰铢。2016年该产业仍将保持增长势头。

当前，对于泰国SME企业以及OTOP产品等借助电子商务进行对外营销的比重仍不大，仍还有很大发展空间。而作为全球知名的电子商务领域巨头的阿里巴巴，愿意帮助泰国SME企业和OTOP产品实现走出去。

此外，阿里巴巴还将帮助优化电商平台，同时，还将和泰国商贸理事会以及泰国工业院帮助培训电子商务的有关事宜，培训有关产品和包装方面的知识。

当然，对于有意从事电子商务领域发展的个人和团体，阿里巴巴都将会给予尽可能全面的帮助。

总之，此次泰国商业部和阿里巴巴联手，对于泰国SME企业和OTOP产品都将是一次绝佳的机会，企业也将能够通过此类平台拓展营销渠道。除了迎合消费者的购物习惯外，泰国商业部和阿里巴巴的联手也能为企业带来更多的客户和更大的消费需求市场。

（来源：中华人民共和国驻泰王国大使馆经济商务参赞处．http://th.mofcom.gov.cn/article/jmxw/201601/20160101241669.shtml.2016—01—25）

中泰铁路带来物流商机

2015年12月19日，中国国务委员王勇和泰国副总理巴金共同点亮中泰铁路奠基石的灯光索，象征着中泰铁路工程正式启动。

广西幸民泰物流有限公司总经理佟查理表示，中泰铁路给双边带来两大利好：物流和人员流动的便利化。目前，中泰双边的贸易额很大，但两国之间的交通还不够顺畅。中泰铁路建好后，对中泰两国的货物贸易的影响将是革命性的。“我希望中泰铁路快点修好，开通之后，我可以经常回泰国去。”

据佟查理介绍，为了抢占未来中泰铁路开通后的商机，SCG已经在老挝布点物流公司，下一步，也将在中国昆明设置物流公司。佟查理称，“我们公司在越南、柬埔寨及缅甸都已建立分公司。”

佟查理表示，SCG公司于2013年进入中国市场，之所以到中国开拓物流业，主要看中的是中国高速发展的经济。目前，虽然中国经济面临下行压力，但佟查理看好中国经济。这两年，不仅中国经济下行，整个世界经济都处于下行。目前，中国经济的增速仍超过世界经济的平均增速。佟查理认为，中国经济的基础打得非常牢固，增长的动力还是非常强劲。

（来源：中华人民共和国商务部网站．http://www.mofcom.gov.cn/article/i/jyjl/j/201601/20160101232364.shtml.2016—01—12）

越　南

中国稳居越南汽车进口市场第三

据越南统计局统计，2016年5月，越南进口各类原装汽车12000辆，同比增长12%；金额1.95亿美元，同比下降40%。进口汽车平均价格约16250美元/辆。2016年前5个月，越南共进口汽车41000辆，金额9.27亿美元，在数量和金额上分别同比下降9.9%和23%。

从进口来源地看，2016年前4个月，泰国居数量和金额之首，为10155辆，1.83亿美元；韩国居第二位，为5369辆，达0.89亿美元；中国居第三位，为4216辆，达1.62亿美元。

（来源：中华人民共和国驻越南社会主义共和国大使馆经济商务参赞处．http://vn.mofcom.gov.cn/article/jmxw/201606/20160601331251.shtml.2016—06—07）

越南罗非鱼产业重点用于出口市场

近日，越南农村和农业发展事业部出台一份到2020年的罗非鱼养殖计划，该计划将扩大罗非鱼养殖规模，为国内外市场培育出多种高品质的罗非鱼，并提高罗非鱼养殖户收入。

据该计划，到2020年，越南罗非鱼养殖水域面积将达到3.3万公顷，养殖箱占地约150万立方米，产量预计会达到30万吨，其中50%～60%罗非鱼用于出口市场。所有罗非鱼都将达到越南GAP认证标准。

过去10多年内，越南罗非鱼出口增长势头强劲，由2004年的195万美元增至2015年的3220万美元以上，产品出口至60多个国家和地区。

（来源：第一食品网．http://www.foods1.com.2016—06—06）

越南富安省营造良好的投资环境

据越南《人民报》报道，越南富安省委以2016年为企业年，因此要采取一系列措施以营造良好投资环境，确保一切企业按照市场机制开展业务，根据所规定的领域行使自由经营权利。

据了解，富安省力争每年成立500家新企业，到2020年有3500至4000家企业。为了实现上述目标，富安省要求各级有关部门将意识和行动结合在一起，力推对外信息宣传工作，尤其是越南所签署的自由贸易协定的宣传工作，对有关审核、签发投资许可证的规定、流程进行核查、修改和补充，进而缩短行政手续办理时间，跟踪和整顿干部职员接待民众的作风，严格处置骚扰企业的违法行为，尤其是机关、单位的领导人的责任，建立企业提供信息的许多渠道，将热线电话公之于众，与企业举行例行对话会，以商讨排难解忧举措，同时也要求企业实现好所作出的承诺。

目前，富安省共有2200家企业，每年为2.35万个劳动者提供就业岗位。2015年企业对富安省地区生产总值的贡献率为49.6%，上缴4850亿越南盾，占富安省财政收入的17%。

（来源:《越南人民报》. www. nhandan. com. vn. 2016—06—01）

越南消费者信心指数创新高

据越南《西贡解放报》报道，越南TNS市场研究公司日前公布的考察结果显示，2016年第2季度越南消费者信心指数达到91点，同比上升6个点，创历年来新高。该指数综合反映越南民众对越南盾价值、就业情况、国家经济及个人生活水平的预期。调查表明，2016年每月收入1300万越南盾（约合3800元人民币）以上的家庭所占比例最大，为57%；月收入650万～1300万越南盾的家庭占30%。

（来源:中华人民共和国驻胡志明市总领事馆经济商务室 . http://hochiminh. mofcom. gov. cn/article/jmxw/201605/20160501329492. shtml. 2016—05—31）

需求剧增　越南煤炭2030年有望达1.5亿吨

据越南媒体报道，随着经济的持续增长，越南的发电用煤炭需求呈扩大趋势。越南政府预测，2016年国内煤炭需求预计达4750万吨，2020年将增至8640万吨，2030年再增至1.566亿吨。

2016年的煤炭需求量中，约占7成的3320万吨为发电所用。到2020年，国内煤炭产量预计为4700万吨，比2015年增长5%。国内煤炭产量赶不上需求的增长，煤炭的进口也在急剧扩大。2016年1～2月，越南的煤炭进口量达240万吨，约为2015年同期的4倍。越南电力总公司指出，2015年，越南新增燃煤火电设施的发电装机容量340万千瓦等，推高了煤炭的进口量。美国能源信息署预计，未来15年，越南有可能成为煤炭纯进口国。

截至2015年年末，越南的煤炭储量推测为488.8亿吨。政府弥补煤炭需求缺口，确保能源供给的稳定，越南政府将努力增强国内的煤炭生产能力。

越南政府前总理阮晋勇于2016年3月批准了到2020年的越南煤炭产业发展计划。除了加强煤矿的勘探和开采之外，还将大力构建从矿区到发电站的煤炭运输道路网络等，同时引进采用各方最新技术，坚持可持续发展，在强化煤炭生产能力的同时，减少和降低对环境的负面影响。

越南政府表示，为了推进上述计划的实施，2030年之前，越南煤炭产业所需的投资总额达269万亿越南盾。

（来源:钢之家钢铁网 . http://www. steelhome. cn. 2016—05—31）

越南成立同奈生物高科技区

据越南《海关报》报道，2016年5月26日，越南同奈省成立生物高科技区，总面积207.8公顷，位于同奈省锦美县。此区域具有研究、培育、发展、转交、应用生物高科技的职能，能进行生物高科技领域的人力资源培训、生物高科技企业的培育、生物高科技产品的生产和经营，并可提供生物高科技服务等。

（来源:中华人民共和国驻越南社会主义共和国大使馆经济商务参赞处 . http://search. mofcom. gov. cn. 2016—05—31）

日本企业拟在越南投资建设废弃物处理厂

2016年5月26日，越南胡志明市人民委员会主席阮成锋会见日本东洋纺（Toyobo）公司董事会委员Koji Chiba。据悉，该公司希望对胡志明市化工技术、卫生和固体废弃物处理等领域进行投资。

对于废弃物处理领域，阮成锋表示，胡志明市工业废弃物排放量大，废弃物日均排放量达到6500至7000吨，当前，工业固体废弃物以填埋处置为主。胡志明市正对“垃圾变能源”等日本先进垃圾处理技术进行研究。

Koji Chiba先生表示，该公司采用垃圾自动分类法，利用微生物固态发酵技术将固态废弃物转化为有机废物，然后再将其转化为能源。据悉，该公司已在新加坡、菲律宾和印度开展类似项目。

（来源：越南通讯社．http://zh. vietnamplus. vn. 2016—05—27）

越南纺织服装业依靠知识产权工具提高产品价值

越南纺织品服装业已经和正在为增加国内生产总值，保障社会民生做出不少贡献并为约300万劳动者提供就业。在当前加入各项自由贸易协定和融入国际经济过程中，越南企业注重依靠知识产权工具提高产品价值，旨在肯定其品牌和提高其在出口市场的竞争力。

第10服装总公司是越南纺织服装集团最早意识到品牌作用的单位之一并于1992年注册了商标。但至今，该单位仍是该集团50家纺织品服装企业中未进行产品工业设计和专利保护注册的单位之一。

公司副总经理申德越表示，“我们知道注册和保护外观设计或工业设计是保护品牌，防止被人模仿的决定性因素之一。而实际上，时装产品是一种特殊产品。每个季节推出数百种不同的设计。要给这数百、数千种设计或产品注册的话，第一要交费、第二要确认、第三会拖慢产品上市速度。”

越南纺织服装集团工艺技术部主任阮士方称，对有9000多万人口的国内市场来说，使用知识产权工具，如保护商标、专利、工业设计等，不仅有助于提高企业的竞争力，而且在发生纠纷时还能依法保护所有者的权利。

此外，企业在市场上有一定地位时，依靠知识产权工具，企业在国内外开展特许经营将更加便利。不过，阮士方也表示，目前，许多越南纺织品服装企业过于注重产品销售和分销，而不注意打造品牌和企业定位。因此，要提高企业对知识产权的认识，尤其是依靠知识产权工具提高出口产品价值，并把这视为打造企业品牌的动力。

阮士方透露，“越南纺织服装业在国内市场仍要面对许多挑战，因为客户、消费者对产品成本、质量和设计的要求带来的压力日益加大。此外，国内纺织品服装企业也要面对国外企业的竞争。走私品，假冒伪劣产品在市场上随处可见，且都打着越南品牌，影响正牌纺织品服装生产企业。”

在融入国际的当前背景下，从国外进口的产品和从国内向国际市场出口的产品日益增加，保护知识产权是企业必须采取的手段。

知识产权局副局长黎玉林表示，纺织品服装和其他产品在国内外都可能被假造、仿冒。因此，知识产权就是保护企业的有用工具。

黎玉林认为，“企业要在国内外进行知识产权保护，因为知识产权只在领土范围内有效。在所在国注册保护知识产权，若企业的产品被侵犯的话，那么越南企业将受到该国法律的保护。今后，《跨太平洋伙伴关系协定》正式生效后，侵犯知识产权特别是著作权及其相关权利或假冒产品商标的行为会被追究法律责任。”

在当前加入大型自由贸易协定和融入国际经济进程中，越南纺织品服装企业已经和正在从来样加工，转为自我生产和发展品牌。在这种背景下，加强使用知识产权工具，如保护商标、专利、工业设计等，不仅帮助纺织品服装企业提高竞争力，提高产品价值，而且还能避免越南企业在国内市场竞争不过外国企业的危机。

（来源：越南之声广播电台．http://vovnews. vn/Media/Audio. aspx. 2016—05—26）

越南和中国推进水果和农产品贸易通关便利化

综合越南工贸部消息，应广西商务厅邀请，越南工贸部边境山区贸易司副司长黎边疆率工作组于2016年5月23日至26日访问广西，就推进越南水果和农产品出口通关便利化举行会谈并考察广西边境水果和农产品进出口口岸及货场。

2016年5月24日，越南工贸部工作组与广西商务厅举行会谈。广西商务厅谭秀洪副厅长主持，顾章伟副巡视员介绍了广西就促进越南水果进口、解决水果旺季口岸拥堵问题采取的积极措施。越方给予高度评价，并对广西提出的通过推进“两国一检”模式促进水果进口等建议表示完全赞成。越方代表团成员和与会的口岸查验部门及部分水果进出口企业代表就共同关心的问题进行了充分交流。双方同意建立定期交流机制，继续推进双边合作。

此前，越南工贸部工作组考察了凭祥边境贸易货物监管中心、浦寨口岸，并与崇左市政府及有关部门进行座谈。

（来源：中华人民共和国驻越南社会主义共和国大使馆经济商务参赞处．http://vn.mofcom.gov.cn/article/jmxw/201605/20160501326060.shtml.2016—05—26）

越南进口玩具及电器需本地测试证书

综合2016年5月24日消息，新兴市场一直为近年来中国跨境出口卖家在追逐的“蓝海”，当新兴市场外贸政策的改动总会让这些首吃“螃蟹”的卖家纠结。

目前，越南海关发出新政，对酒精、玩具、家用电器、纺织品等产品都提出更严格的进口要求。

新的海关规定对跨境出口卖家而言可以归纳为以下5条：

1. 禁止进口酒精；

2. 玩具，家用电器需要提供越南当地测试中心的质量证书；

3. 所有纺织品和服装产品需要通过甲醛和芳香胺测试；

4. 品牌产品，必须提供正本品牌授权书；

5. 服装产品需要通过质检，需随货提供制造商或销售员签名盖章的质检保函；或随货提供产品所使用的面料样品。该样品尺寸要求为：长宽为20×500px，样品将被裁剪成A8尺寸进行面料质量检测。

据相关资料显示，目前越南有超过50%的越南公民有网络购物的习惯，到越南产业信息部注册登记的电商网站已超过350个，但实际运行的网站比这个数目大很多。目前Lazada、Senado、eBay、Thegioididong等电商平台已正式入驻越南开展当地电商服务。

（来源：亿邦动力网．http://www.ebrun.com/20160524/177182.shtml.2016—05—25）

越南石油需求量猛增　将成为原油净进口国

BMI研究表示，越南国内原油出口下滑，需求则在不断上升，到2019年，越南可能变身原油净进口国。

该机构指出，尽管国内炼油产业发展迅速，但还是难以缓解精炼燃油短缺的局面。

BMI表示，“这使得越南高度依赖其他亚洲供应国的油品出口，包括新加坡、泰国和韩国。”

2016年第1季度，越南原油出口同比下降25%，由于油井自然老化、支出大幅削减，这一趋势还将维持下去。该机构认为，填补这一空缺的两大最佳候选国是俄罗斯和科威特。

（来源：汇通网．http://www.fx678.com.2016—05—25）

“中国制造”助力越南加气砖制造

2016年5月18日，广西南宁汇邦贸易进出口公司透露，位于越南胡志明市的越南第一大加气砖厂全套设备均为中国制造。

据广西南宁汇邦贸易进出口公司有关负责人介绍，该公司于2010年为越南胡志明E—BLOCK公司承建第一条绿色环保加气砖生产线。在当时全世界都用德国公司加气砖生产线的情况下，该生产线从设计到生产设备制造安装，全部由中国生产厂家完成。虽然当时技术比德国技术处于低一等级的水平，但经过中国技术人员的刻苦公关，这条生产线最终成为越南第一家盈利的同类生产线，而且帮助越南结束了不能生产高层楼宇砖的历史。

目前，胡志明E—BLOCK公司的加气砖不仅在越南供不应求，还出口到其他东盟国家，他们对中国的设备赞不绝口。2015年，该公司再次跟广西南宁汇邦公司定制第二条生产线。如今，南宁汇邦公司设计的加气生产线，已经全面超越德国的加气砖生产技术。E—BLOCK公司投资了2000千万美元，加大新厂房的建设，并向南宁汇邦公司购买全新生产线。此次也是由南宁汇邦公司承包从生产线设计到生产设备安装、调试的全部工作，经过1年的新厂房建设和生产设备安装，2016年5月进入最后调试阶段，2016年6月正式投产，产量可由当初的年产15万立方加气砖提升到37万立方。E—BLOCK公司成为越南第一大加气砖生产厂家，其全套设备都是中国制造，且安装技术人员均来自广西。

经过多年的默默耕耘，广西南宁汇邦贸易进出口公司为广西企业在东盟开拓海外市场，为“中国制造”在海外树立了良好的形象。

（来源：广西新闻网．http://news.gxnews.com.cn/staticpages/20160524/newgx5743bdb0—14887976.shtml.2016—05—24）

中国成为越南四大金枪鱼出口市场之一

据越南海关总局统计数据显示，2016年第1季度，越南对华出口金枪鱼700万美元，同比增长253%。中国成为越南金枪鱼4大出口市场之一。其中，金枪鱼鱼片出口140万美元，同比激增372%；金枪鱼罐头出口38.3万美元，同比下降35%。

据越南水产品加工和出口协会消息，2015年年底，中国为越南金枪鱼10大出口市场之一。中国进口越南金枪鱼增长迅速的主要原因为国内销售量增加和中国企业进口金枪鱼加工后出口欧洲市场的需求量增加。但是，越南部分企业认为，中国市场可能存在价格、支付方式、质量要求等方面的风险，因此不一定是越南金枪鱼的可持续出口市场。

（来源：中华人民共和国驻越南社会主义共和国大使馆经济商务参赞处．http://vn.mofcom.gov.cn/article/jmxw/201605/20160501322866.shtml.2016—05—20）

越南出口服务增值税零税率适用范围扩大

据越南国家税务总局最近颁发的《增值税法》实施细则通知草案，从2016年7月1日起，越南将对增值税政策进行修改，为企业提供更多便利。具体将扩大出口服务增值税零税率适用范围。

根据《增值税法》实施细则通知草案，出口服务增值税零税率适用范围将得以扩大，具体包括向旅居海外的单位和个人、向在非关税区的单位和个人提供服务、越南境外消费服务以及在非关税区消费服务等。

向旅居海外的组织和个人提供越南境内服务，包括体育比赛、文艺表演、文化娱乐、会议、酒店、教育培训、广告、旅行、餐饮、医疗卫生、度假旅游、建设修缮、考察设计等房地产的相关服务活动、网络支付服务、商品供应和销售服务等活动均属于增值税零税率适用范围。

（来源：中国国际贸易促进委员会．http://www.ccpit.org/Contents/Channel_4117/2016/0518/646007/content_646007.htm.2016—05—20）

越南河静省永昂港集装箱运输线开通

2016年5月19日，在越南河静省奇英县永昂港2号泊位，河静省矿产与贸易总公司同西贡新港海运股份公司联合举行永昂港集装箱运输线开通仪式。

河静省矿产与贸易总公司董事长张友忠在开通仪式上致辞，永昂港集装箱运输线项目由河静省矿产与贸易总公司、越老永昂港股份公司以及西贡新港海运股份公司合资展开，旨在把后勤服务发展成为河静省的重点服务产业，为推动GDP增长做出贡献；同时助推工业、商品生产、服务等其他领域发展。

为了达到集装箱码头各项标准，越老永昂港股份公司及其各伙伴联合购买集装箱货物装卸配套设备与机械，如15吨～100吨吊车、集装箱叉车、70辆拖拉机等。

目前，越老永昂港股份公司正抓紧时间加快永昂港投资总额近1万亿越盾的3号泊位施工进度，确保可以停靠4.5万DWT船及4000标箱集装箱船。同时增购专用起重机和其他设备机械。此外，越老永昂港股份公司还保障提供集装箱内陆验关堆场、装卸、仓储服务，货物保管、货物运输、海运与陆地集装箱运输及海关等服务。

（来源：越南通讯社．http://zh.vietnamplus.vn.2016—05—20）

越南将减少水稻耕种面积

越南第13届国会第11次会议日前通过决议，未来5年将减少越南水稻耕种面积27万公顷。

越南国会于2016年4月9日以86.64%的赞成票比率通过2016～2020年土地使用计划。该计划提出，到2020年，越南水稻耕种面积将减少到约376万公顷。此前越南曾计划减少到381万公顷，新计划进一步降低了水稻耕种面积。越南国会常务委员会认为，受干旱和海水倒灌影响，越南中部沿海和南部湄公河三角洲地区许多土地已经不再适合水稻耕种。

近年来，越南大米出口量稳居全球前5位，2015年共出口650万吨，价值26.8亿美元。中国是越南大米最大的出口市场。

（来源：《安徽日报》．http://epaper.anhuinews.com/html/ahrb/20160411/article_3425920.shtml.2016—04—13）

越南零售业发展前景广阔

据越南《人民报网》报道，越南现代连锁零售市场份额仅达25%就是吸引国内外资金涌入越南零售市场的因素。这是行内专家在于2016年3月28日在胡志明市举办题为“越南零售业跨入扁平世界—机遇与挑战”的研讨会上所作出的认定。

行内专家认为，在一系列自由贸易协定一律生效并东盟经济共同体正式建成的背景下，目前越南不仅是拥有9000万人口的市场，而且正式进入覆盖6亿人口的单一市场。融入国际经济将给越南企业带来许多新机遇，同时在外国企业进军越南市场的背景下，越南企业需要面临的挑战必将不少。

越南工商股份商业银行证券股份公司研究中心副经理邓海登认定，在各项自贸协定正式签署将促进贸易投资活动的同时，越南已出台多项开放市场扶持政策，如关于放宽外资在未上市企业中的持股比例限制的规定。此外，越南也调整关于在越南股市的外资持股比例的规定。这些举措已为国内外投资者营造健康的投资环境。此外，越南企业应付出更大努力以保持国内市场份额并克服障碍以参加一个更专业的新平台。

越南GFK市场研究公司零售部负责人黄福强认为，近几年来，越南零售业中的特许经营趋势比较普遍。值得一提的是，在越南零售市场中，3家日本企业、3家泰国企业、1家韩国企业和1家中国香港企业已成功收购阮金超市、Citimart、Fivimart，陈英超市、Dimond Plaza、Indochina Plaza、Pico和Metro等零售企业。

近几年来，韩国乐天集团、日本永旺大型跨国零售集团、泰国BJC集团和Power Buy集团等外国大型零售企业已陆续进军越南零售业市场。因此，竞争日益激烈和被外国投资者收购就是越南企业在融入国际经济时所面临的挑战。然而，融入国际经济也给越南企业带来许多机遇，即是借鉴关于人力资本使用管理的经验，开发合作问题和利用优势以提高竞争力等。

（来源：越南通讯社．http://zh.vietnamplus.vn. 2016—03—31）

越南批准调整国家电力发展规划

据越南通讯社报道，日前越南政府总理批准了《关于调整2011～2020年阶段电力发展规划》的决定。该规划调整目的是为了满足从2016年至2030年越南经济增长平均达到7%所对全国电力的需求。该规划要求促进各类清洁能源发展（水力、风力、太阳能、生物能源发电），逐渐提高清洁能源在各类能源中的比重。

报道称，规划要求优先发展水电，从目前总装机近17000兆瓦到2020年提高到21600兆瓦、到2025年提高到24600兆瓦（抽水蓄能水电1200兆瓦）、到2030年提高到27800兆瓦（抽水蓄能水电2400兆瓦）。到2020年水电占各能源比例为29.5%，到2025年占20.5%，2030年占15.5%。

目前，风力发电总功率为140兆瓦，规划到2020年提高到约800兆瓦，2025年提高到2000兆瓦，2030年提高到6000兆瓦。

报道称，要促进太阳能电力的迅速发展，将目前太阳能发电总功率提高到2020年约800兆瓦，2025年提高到约4000兆瓦，2030年提高到约12000兆瓦。太阳能所占各能源比例2020年达到0.5%，2025年达到1.6%，2030年达到3.3%。

报道称，要适当提高热电所占比例，到2020年，热电总功率达到26000兆瓦，发电量为1310亿千瓦时，占各类电能比例49.3%，消耗约6300万吨煤炭。到2025年，总热电功率达到45800兆瓦，发电量2200亿千瓦时，占各类电能比例达到55%，消耗约9500万吨煤炭。

报道称，为保证将来传统能源枯竭后的电力供应，需要适当发展核电。规划在2028年投入使用一组核电站。到2030年核电总功率达到4600兆瓦，发电量约325亿千瓦时，占各类能源比例约为5.7%。

（来源：中华人民共和国驻越南社会主义共和国大使馆经济商务参赞处．http://vn.mofcom.gov.cn/article/sqfb/201603/20160301279998.shtml. 2016—03—25）

越南有望成为中国在东盟最大贸易伙伴

2015年中越双边贸易额继续平稳、向好发展。据中华人民共和国商务部统计，2015年越南和中国双边贸易额达到了958亿美元，较2014年增长了14.6%，中国连续12年成为越南最大贸易伙伴国，同时也是越南第1大进口来源地和第4大出口市场。

中华人民共和国驻越南社会主义共和国使馆经济商务参赞胡锁锦日前在媒体吹风会上表示，越南在2016年有望超越马来西亚，成为中国在东盟第1大贸易伙伴，并提前完成两国领导人制定的2017年双边贸易额达到1000亿美元的目标。

胡锁锦表示，中越双边贸易不断发展呈现出3个亮点。首先，中越贸易规模迅速扩大，双边贸易额近年来都保持快速、平稳增长。2015年中越双边贸易与中国与马来西亚的贸易额仅差15亿美元。2016年1月，中越双边贸易额更是超过了中国与马来西亚的贸易额达到了77.8亿美元，中越双边贸易的增长潜力巨大。

其次，中越双边贸易不平衡的现状正逐渐改变。2015年中国对越南贸易增长达3.8%，越南对中国贸易增长高达49%，越南对华贸易逆差1年减少74亿美元。此外，中越贸易结构不断优化。技术型、资本密集型产业已逐渐代替农副产品、初级工业制成品、矿产原料，成为双边贸易的主力产品，双方合作的广度和深度不断拓展。

第三，边境贸易在中越双边贸易中发挥着重要作用。据越南工贸部统计，中越边境贸易2015年达到了234亿美元，同比增长10%。同时带动了双方在边境地区旅游、物流、人员往来等多个领域的发展与合作，中越边境贸易发挥着越来越独特的作用。胡锁锦同时表示，中国在越投资规模正在不断扩大。截至2015年年底，中国在越南投资项目已达1284个，累计金额约100亿美元。中国在越投资的稳步提升很大程度上促进了越南的经济发展，特别是在带动当地就业、完善越南产业链结构以及促进越南工业化进程上作用明显。

胡锁锦强调，两国领导人就双方共同努力实现"一带一路"建设与越南"两廊一圈"规划的战略对接达成共识，充分体现了"共商、共建、共享"原则，这种开放包容的合作也将为中越双边贸易注入新的活力和动力。

（来源：中国经济网．http://www.ce.cn/xwzx/gnsz/gdxw/201603/15/t20160315_9487778.shtml.2016—03—15）

越南纺织服装业的海外需求不断增加

加入WTO 9年之后，越南服装在美国市场所占份额已从之前的3%提高到了10%，仅次于中国。预计未来10年，越南出口服装纺织品和鞋将同比增长50%。

越南服装业发展迅速，在美国服装市场仅次中国。2015年，越南服装对欧洲、美国、日本以及韩国出口分别同比增加了17%、12.5%、9%和27%。

越南的服装业近年来一直是行业中的重点发展对象，特别是出口服装，海外需求在不断增加，此外，作为不发达国家，越南能够获得免税或者减税的出口待遇，价格优势较强。越南棉花和纺织协会(VCOSA)主席Nguyen Van Tuan表示，到2030年，亚洲的服装生产规模将扩大2.4%，占全球服装生产的60%。

2015年，越南服装对欧洲、美国、日本以及韩国出口分别同比增加了17%、12.5%、9%和27%。

2015年前9个月，越南纺织品成衣出口为171亿美元，同比增加10.6%；手提包、行李箱、帽子及伞子金额22亿美元，同比增加15.6%。

据越南统计总局统计资料显示，2015年前9个月出口金额增加之产品包括：各种电话机及其零件金额为232亿美元，同比增加34.3%；纺织品成衣金额为171亿美元，同比增加10.6%；电子产品、电脑及其零件金额为114亿美元，同比增加52.8%；鞋类金额为88亿美元，同比增加18.4%；其他机械设备及其零件金额58亿美元，同比增加9.8%；木材及木制品金额49亿美元，同比增加9.1%；手提包、行李箱、帽子及伞子金额22亿美元，同比增加15.6%；腰果金额18亿美元，同比增加20.6%。

据统计，2016年越南已经分别和韩国、欧亚联盟签署了自由贸易协定，这显示了越南积极开拓国际市场的壮志雄心。预计未来10年，越南出口服装纺织品和鞋将同比增长50%，各类水产品出口也将增长6.4%～7.2%，其它产品的增长趋势也不小。

目前，越南的6大贸易伙伴分别是：中国、美国、欧盟、韩国、日本和泰国。其中，美国和日本是越南在TPP伙伴国中的前两大贸易伙伴，中国、韩国和泰国是越南在RCEP中的最大贸易国，欧盟则是这两大区域之外的最大贸易伙伴，而越南的纺织业和鞋业将是在这些贸易中获利最大的行业。由于需遵守原产地规则，上述这些FTA正式实施后，越南的纺织业和鞋类将面临不少挑战，农业特别是畜牧业也将面临激烈竞争，而其国内原有的用工制度也将面临很大的国际挑战。因此，这些新签署的自由贸易规则，也将在一定程度上倒逼越南体制改革和国企改革。显然，在越南势头强劲的FTA潮流的带动下，其正在逐步接近目标，再加上越南正在实施的国内革新措施，预计越南将很快发展成为东南亚的一只"小虎"。

（来源．世界服装鞋帽网．http://www.sjfzxm.com/news/hangye/201601/13/478479.html.2016—01—13）

越南水产业前景看好

水产业是越南重点产业之一，尽管2015年前11个月越南水产品出口均出现下跌，但随着2015年12月31日"东盟经济共同体"正式建成，越南水产业迎来发展机遇。

据南博网了解，2015 年前 11 个月越南水产品出口额约达 60.1 亿美元，同比下降 16.4%。近日签署的《关于建立东盟共同体的 2015 吉隆坡宣言》，宣布 2015 年 12 月 31 日正式建成“东盟经济共同体”。东盟是越南第 6 大水产品出口市场，面对总人口 6 亿、GDP 总量为 2 万亿美元的东盟市场，越南水产业产业前景受看好。

据南博网获悉，东盟也是越南第 7 大水产品进口来源地。越南对东盟出口水产品每年增长 5%～10%。

东盟经济共同体建成后，市场需求扩大，需求方和供给方的层次更为丰富、需求和产品更为多元，越南水产业需提高产品质量，确保食品安全卫生，才能赢得市场。尽管东盟经济一体化进程存在诸多挑战，但东盟经济共同体建设带来的发展机遇更是前所未有，只要齐心协力，机遇就会大于挑战。

（来源：南博网．http://www.caexpo.com/ncms/generate－previewNewsDetail.do?issueId＝3654848.2015－12－01）

政策法规篇

东盟十国对外国投资合作的法规和政策

文莱对外国投资合作的法规和政策

一、对外贸易的法规和政策规定

1. 贸易主管部门

文莱贸易政策的制定和实施主要由文莱工业与初级资源部负责，财政部、经济发展局等其他有关部门参与。

文莱工业与初级资源部主要职责是：鼓励和支持当地企业及外国投资者开展商品生产和服务，保障国家食品安全和就业，推动经济持续、多元化发展。该部下辖5个执行局：农粮局、林业局、渔业局、工业发展局和旅游局。

2. 贸易法规体系

文莱与贸易相关的主要法律包括海关法、消费法以及一系列涉及食品安全和清真要求的法规。2001年和2006年分别颁布证券法和银行法。具体包括：

表1：截至2007年与贸易相关的主要法规

法规名称	主要内容
《海关法及相关规定》(2006)	有关海关法规定包括特别关税、关税返还、对违反规定的处罚等
《进口商品估价规定》(2001)	根据世贸规则明确海关估价
①东盟通用特别关税条例(2005) ②中国—东盟全面经济合作框架协议下东盟—中国早期收获计划商品关税条例(2005) ③中国—东盟全面经济合作框架协议下海关货物贸易协议(2005)	实施有关东盟贸易协议
公司法(1957)	公司注册法规等
证券法(2001)	政府间金融往来、为经营商及有关跟人在管理和交易证券方面提供建议
银行法(2006)	银行执照
投资促进法(2001)	投资领域
清真肉类法	规范清真肉类产品的进口和市场供应
商标法(2000)	商标
公共卫生(食品)条例(2001)及公共卫生(食品)法(2002)	食品安全

(资料来源：文莱工业与初级资源部)

3. 贸易管理的相关规定

文莱实行自由贸易政策，除少数商品受许可证、配额等限制外，其余商品均放开经营。

【进口管理】出于环境、健康、安全和宗教方面的考虑，文莱海关对少数商品实行进口许可管理。

植物、农作物和牲畜须由农业局签发进口许可证（植物不能带土），军火由皇家警察局发证，印刷品由皇家警察局、宗教部和内务部发证，木材由森林局发证，大米、食糖、盐由信息技术和国家仓库发证，二手车由皇家海关发证，电话装置、无线电设备由通讯局发证，药品由卫生部发证，鲜、冷冻的鸡肉和牛肉由宗教部、卫生部和农业局发证。除以上有关部门发放进口许可证外，机动车、农产品、药品及与药品相关的产品进口还须提供相关的原产地证书和检验证明。

没有商业价值的样品可免税进口，对于有商业价值的样品进口，需交抵押金，如果样品在 3 个月内出境，可退还抵押金。

禁止进口商品包括：鸦片、海洛因、吗啡、淫秽品、印有钞票式样的印刷品、烟花爆竹（从 2008 年起允许指定经营商进口）等。对某些商品实行临时禁止进口，如水泥、锌皮瓦片等。

酒精饮料进口受到严格限制。

【出口限制】除了对石油天然气出口控制外，对动物、植物、木材、大米、食糖、食盐、文物、军火等少数物品实行出口许可证管理，其他商品出口管制极少。

4. 进出口商品检验检疫

文莱公共卫生（食品）条例规定所有食品，无论是进口产品还是本地产品，都要安全可靠，具有良好品质，符合伊斯兰教清真食品的要求，尤其对肉类的进口实行严格的清真检验。对于某些动植物产品，如牛肉、家禽，需提交卫生检疫证书。进口食用油不能有异味、不含任何矿物油，动物脂肪须来自在屠宰时身体健康的牲畜并适合人类食用，动物脂肪和食用油须是单一形式，不能将两种或多种脂肪和食用油混合。脂肪和食用油的包装标签上不得有“多不饱和的”字眼或相似字眼。非食用的动物脂肪须出具消毒证明。进口活动物必须有兽医证明。

大豆奶应是从优质大豆中提取的液体食品，可包括糖、无害的植物物质，除了允许的稳定剂、氧化剂和化学防腐剂外，不可含有其他的物质，并且其蛋白质含量不少于 2%等。

此外，该条例对食品添加剂、包装以及肉类产品、酸产品、调味品、动物脂肪和油、奶产品、冰淇淋、糖与干果、水果、茶、咖啡、无酒饮料、香料、粮食等，均规定了相应的技术标准。对食品的生产日期、保质期、食品容器及农药最大残留量、稳定剂、氧化剂、防腐剂等均有明确的规定。

5. 海关管理规章制度

【管理制度】2006 年新《海关条例》对特别关税、关税返还、处罚方式等做了规定。

【关税税率】对东盟成员国产品的关税税率大部分在 0%～5%之间。对食品类及大部分建筑材料和工业机械免征进口税，电器类商品及香水、化妆品、地毯、珠宝、水晶灯、丝绸、运动器材等征 5%的进口税，汽车征收 20%的进口税（目前已改为同等税率的消费税），烟和酒精饮料有特别税率。

自 2010 年中国—东盟自由贸易区正式启动以来，文莱对中国商品关税逐年下降，部分非敏感产品关税在 2012 年已降至 0%，一般敏感产品关税已降至 20%以下。

文莱总体关税税率很低，对极少商品如香烟等商品的进口关税略高于对东盟成员国的关税。

二、对外国投资的市场准入的规定

1. 投资主管部门

文莱主管国内投资和外国投资的政府部门为工业与初级资源部和经济发展局。其中，招商引资工作主要由经济发展局负责，其网站地址：www.bedb.com.bn。

2. 投资行业的规定

【禁止的行业】包括武器、毒品及与伊斯兰教义相悖的行业等。

【限制的行业】林业不对外资开放。

【鼓励的行业】包括化工、制药、制铝、建筑材料及金融业等行业。2001 年投资促进法将部分产业纳人先锋行业，投资享受税收优惠，以吸引外来投资。具体清单见 4.2 行业鼓励政策。

3. 投资方式的规定

文莱对大部分行业外资企业投资没有明确的本地股份占比规定，对外国自然人投资亦无特殊限制，仅要求公司董事至少 1 人为当地居民。外资在文莱投资可成立私人有限公司、公众公司或办事处，但文莱本地小型工程一般仅向本地私人有限公司开放。

文莱经济以油气资源产业为支柱，其他产业尚不发达，因此，外国直接投资以绿地投资为主，外资并购案例极少，政府没有出台专门针对外资并购的法律法规，具体操作时应向有关主管部门充分咨询过户手续及审批期限，必要时可寻求中国驻文莱使馆经商参处协助。

4. BOT 方式

文莱供水、供电、废物回收处理等公用事业统一由政府经营管理，并给予大量补贴，道路交通设施完全由政府出资修建且不收取任何过路费，收费停车场亦屈指可数，因此，在文莱开展 BOT 暂时没有市场基础。

三、文莱关于企业税收的规定

1. 税收体系和制度

文莱无个人所得税，也无出口税、销售税、工资税和生产税。文莱的税种也很少。在投资者创业和发展阶段，文莱提供比其他国家更为优惠的条件。

2. 主要税赋和税率

【公司所得税】企业需对以下收入纳税：

(1) 各项经济活动中获取的利润；

(2) 从未在文莱纳税的公司中获得的分红；

(3) 利息和补贴；

(4) 版税、奖金和其他财产收入。

文莱无资本收益税。但如果征税人员确定其中部分收入来自普通贸易，则按正常收入征税。

独资和合伙经营商行无需交纳所得税，在文莱注册的公司有义务对其从文莱或境外所获得的收入交纳所得税。非本地注册公司只需对其在文莱获得的收入纳税。

有限公司所得税征税率自 2007 年连年小幅下调，目前降至 18.5%。

外国税收免除的相关规定：

(1) 文莱和英国签署了避免双重税务协定，所得税可以按比例免除，课税扣除只针对本地公司；

(2) 英联邦国家提供内部互免优惠，但优惠额不能超过文莱税率的一半，此优惠提供给本地及非本地注册公司；

(3) 2004 年 9 月，中国与文莱签署了《避免双重征税和防止偷漏税协定》。

【印花税】根据文莱相关法律，印花税主要征收范围包括抵押、房屋租赁、转让。其中，抵押每 500 文莱元征税 1.0 文莱元，房屋租赁（年租金）每 250 文莱元征税收 1.0 文莱元，转让每 250 文莱元征税 1.0 文莱元。

【石油税】1963 年修改后的所得税法为石油生产征税特别立法。对扣除王室分成、政府分成及各项成本后的石油净收入按照 55%征收石油税。

【代扣所得税】非本地公司的债券、贷款等的利息收入，或本地公司使用国外专利、知识产权或版权所支付的费用按 20%比例交纳所得税。

【进口税】工业用的食品和其他产品免交进口税。电器产品、木材、照相设备和耗材、家具、汽车及零部件的进口税率为 20%，化妆品和香水进口税率为 30%。2010 年 1 月，中国—东盟自由贸易区正式建成，文莱作为老东盟 6 国之一，对中国 90%以上产品（约 7000 种）实行了零关税。

四、文莱对外国投资的优惠

1. 优惠政策框架

文莱政府于 1975 年颁布投资促进法，2001 年在该法基础上颁布新的投资促进法令，延长了对部分鼓励投资产业的税收优惠期。

2. 行业鼓励政策

根据投资促进法，在以下产业投资享受税收优惠：

【先锋产业】即有限责任公司达到以下要求：

(1) 符合公众的利益；

(2) 该产业文莱未达到饱和程度；

(3) 具有良好的发展前景，产品应具有该产业的领先性。

就可以获得先锋产业资格证书，并享受以下优惠：免交所得税；免 30%的公司税；免公司进口机器、设备、零部件、配件及建筑构件的进口税；免原材料进口税；为生产先锋产品而进口的原材料免征进口税；可以结转亏损和津贴。

先锋产品包括：航空食品、搅拌混凝土、制药、铝材板、轧钢设备、化工、造船、纸巾、纺织品、听装、瓶装和其他包装食品、家具、玻璃、陶瓷、胶合板、塑料及合成材料、肥料和杀虫剂、玩具、工业用气体、金属板材、工业电气设备、供水设备、宰杀、加工清真食品、废品处理工业、非金属矿产品的制造。

表 2：先锋产业的免税期（从生产日开始计算）

注册资本金额	免税期
50 万～250 万文莱元	5 年
250 万文莱元以上	8 年
高科忟园区内	11 年
免税期延长	每次 3 年，总共不超过 11 年
（工业区）免税期延长	每次 5 年，总共不超过 20 年

（资料来源：文莱经济发展局）

【先锋服务公司】即符合公众利益，并从事以下经营活动的公司：

(1) 涉及实验、顾问和研发的工程技术服务；

(2) 计算机信息服务和其他相关服务；

(3) 工业设计的开发和生产；

(4) 休闲和娱乐的服务；

(5) 出版；

(6) 教育产业；

(7) 医疗服务；

（8）有关农业技术的服务；

（9）有关提供仓储设备的服务；

（10）组织展览和会议的服务；

（11）金融服务；

（12）商业顾问、管理和职业服务；

（13）风险资本基金业务；

（14）物流运作和管理；

（15）运作管理私人博物馆；

（16）部长指定的其他服务和业务，可享受免所得税以及可结转亏损和补贴待遇。免税期8年，可延长，但不超过11年。

【出口型生产企业】从事农业、林业或渔业的企业，若产品出口不低于其销售总额的20%，且年出口额不低于2万文莱元，文莱工业与初级资源部可认定其为出口型生产企业并颁发证书。出口型生产企业申请续期每次不超过5年，最长不超过20年。

（1）出口型生产企业免税期限

企业身份	免税期
非先锋企业	8年
先锋企业	6年
续期	总共不超过11年

出口型生产企业如果满足下列条件之一，则可获得15年的免税期：已经或者将要发生的固定资产开支不低于5000万文莱元；固定资产开支在50万文莱元以上、5000万文莱元以下，本地公民或持居留许可人士占股40%以上，且该企业已经或将要促进文莱经济或科技发展。

（2）出口型生产企业免税范围包括：所得税；机器设备、零部件、配件或建筑结构的进口税；原材料进口税。

【服务出口】企业出口下列服务，自服务提供日起最长可获得11年的免除所得税及抵扣补贴与亏损的待遇：

（1）建筑、分销、设计及工程服务；

（2）顾问、管理监督、咨询服务；

（3）机械设备装配以及原材料、零部件和设备采购；

（4）数据处理、编程、计算机软件开发、电信及其他信息通讯技术服务；

（5）会计、法律、医疗、建筑等专业服务；

（6）教育、培训；

（7）文莱工业与初级资源部认可的其他服务。

【国际贸易】从事国际贸易的企业，只要符合下列条件之一，自开始进出口业务之日起可获得8年的免税期：

（1）从事合格制成品或文莱本地产品国际贸易的年出口额超过或有望超过300万文莱元；

（2）从事合格商品转口贸易的年出口额超过或有望超过500万文莱元。

3. 地区鼓励政策

文莱暂无地区鼓励政策。

4. 特殊经济区域的规定

文莱政府在国内共划出8个工业区以吸引外国投资。其中双溪岭工业区（Sungai Liang Industrial Site）为最主要的工业区，规划面积283公顷，主要用于油、气下游和高科技产业。在该区最大的外来投资项目是日本投资的甲醇厂项目，总投资6亿美元，设计产能85万吨，2010年5月第一批产品出口中国。

表3：文莱八个工业区

编号	工业区名称	规划面积（公顷）	主要用途
1	大摩拉岛 PMBIsland	955	石油化工
2	双溪岭 SungaiLiang	271	石油化工
3	萨兰碧加 Salambigar	137.2	轻工业
4	林巴 Rimba	15	高新电子产业
5	蓬加山 BukitPanggal	50	重工业
6	特里塞 Telisai	3000	种养殖业
7	生物创新走廊 BIC	500	清真食品药品加工
8	安格列克 AnggerekDesa	50	科技园

（资料来源：文莱经济发展局）

目前文莱策划设立自由贸易区，相关法律据悉已获高层通过。自由贸易区建设将统筹考虑摩拉港和文莱国际机场的扩建计划，详情仍有待公布。

五、与投资合作相关的主要法律法规

与投资相关的法律包括《合同法》、《土地法》以及《投资促进法》。文莱工业与初级资源部负责有关投资合作政策的制定和实施，查询网址：www. bruneimipr. gov. bn。

在文莱投资合作发生纠纷，一般通过协商解决。若协商不成，可向当地法院提起诉讼。文莱基本上沿用了英国法律体系。

（来源：南博网．http://www. caexpo. com/news/asean/wenlai/zcfx_wl/fghj/2015/07/15/3648297. html. 2015—07—15）

柬埔寨对外国投资合作的法规和政策

一、对外贸易的法规和政策规定

1. 贸易主管部门

柬埔寨商业部为柬埔寨贸易主管部门。

2. 贸易法规体系

柬埔寨与贸易相关的法律法规主要包括《进出口商品关税管理法》、《关于制衣行业原产地证书、商业发票、出口许可证核发的规定》、《关于商业公司贸易行为的规定》、《关于实施装运前检验服务的规定》、《加入世界贸易组织法》、《关于风险管理的次法令》、《关于成立海关与税收署风险管理办公室的规定》等。

3. 贸易管理的相关规定

商业部负责出口审批和免税进口核准手续。在多数情况下，进口货物无需许可证。但部分产品需要获得相关政府部门特别出口授权或许可后方可出口。

【作为最不发达国家享受的出口优惠】作为最不发达国家，欧、美、日等28个国家/地区给予柬埔寨普惠制待遇。美国给予柬埔寨较宽松的配额和进口关税，欧盟在“除军火外所有商品倡议”下，给予柬埔寨除军火外几乎所有产品零关税的待遇。

【出口商品当地含量及原产地原则】柬埔寨目前无当地含量要求，即不限制使用进口原材料、零部件（对健康、环境或社会有害的原材料、零部件除外）。

在柬埔寨，出口商应重视普惠制的原产地规则要求。普惠制下出口至美国的产品，原产地规则对当地含量的最低要求为35%（符合条件的东盟成员国，即柬埔寨、泰国、印尼和菲律宾，在原产地规则要求中视为同一国家）。在“除军火外所有商品倡议”下，原产地规则要求出口产品至少有40%的含量出自出口国。

【出口优惠】根据投资法修正法，由柬埔寨投资委员会批准的出口型合格投资项目可享受免税期或特别折旧。其出口产品增值税享受退税或贷记出口产品的原材料。

【出口限制】禁止或严格限制出口的产品包括文物、麻醉品和有毒物质、原木、贵重金属和宝石、武器等，2013年年初，柬埔寨政府明令禁止红木的贸易与流通。半成品或成品木材制品、橡胶、生皮或熟皮、鱼类（生鲜、冷冻或切片）及动物活体需交纳10%的出口税。

服装出口需向商业部缴纳管理费。普惠制下服装出口至美国或欧盟的，需获得出口许可证。

【免税进口】根据投资法修正法，由柬埔寨投资委员会批准的出口型合格投资项目可免税进口生产设备、建筑材料、原材料和生产投入附件。为取得生产用原材料免税进口批件，进口公司应每年向柬埔寨投资委员会申报拟进口材料的数量和价值。

4. 进出口商品检验检疫

财经部海关与关税署、商业部进出口检验与反欺诈局联合负责进出口商品检验。检验地点为工厂或进出口港口。目前，柬埔寨全部进出口货物均接受检验，政府计划逐年降低检验比率。价值5000美元或以上的进口货物，在出口国进行装运前检验。检验报告和其它装船前检验文件将被递交柬埔寨海关，货物抵达柬埔寨后，货主凭检验单据到海关交纳税款并提出货物。

5. 海关管理规章制度

【管理制度】柬埔寨政府近年来不断改进海关管理制度，致力于实现简洁、高效、透明和可预测的海关管理。

2006年，柬埔寨起草完成并通过《关于通过风险管理实施贸易便利化的次法令》，准备实施基于贸易商档案数据的风险管理系统，即通过利用电脑系统分析贸易商档案数据、商品和/或原产地进行海关监管。为此，柬埔寨政府还采用了计算机化海关清关综合系统—自动海关数据系统。

此外，为简化海关程序，政府决定推行使用“海关一站式服务系统”，并计划在西哈努克港安装自动海关数据系统终端。柬埔寨政府希望藉此减轻贸易活动的行政负担，并减少腐败滋生的机会。

【关税税率】除天然橡胶、宝石、半成品或成品木材、海产品、沙石等5类产品外，一般出口货物不需缴纳关税。

所有货物在进入柬埔寨时均应缴纳进口税，投资法或其他特殊法规规定享受免税待遇的除外。进口关税主要由四种汇率组成：7%、15%、35%和50%。部分进口产品税率见下表：

表1：柬埔寨主要商品的税率

货物类别	关税	特别税	增值税
布类	35%	—	10%
服装	35%	—	10%
童装、运动装	7%	—	10%
窗帘、床罩	7%	—	10%
伞	7%	—	10%
卷烟	50%	10%	10%
啤酒	35%	10%	10%
葡萄酒、烈酒类	35%	33.33%	10%
饮料	35%	10%	10%
罐头	35%	—	10%
水果	7%	—	10%
茶叶	7%	—	10%
肉类（鲜、冻）	35%	—	10%
鱼类	15%	—	10%
药品	—	—	10%
学生文具	—	—	10%
玩具类	7%	—	10%
游戏机类	50%	—	10%
古董、艺术品	—	—	10%
家电类	15%	—	10%
125cc以下摩托车	15%	5%	10%
125cc以上摩托车	15%	45%	10%
贵金属（金、银）	30%	—	10%
钻石	50%	—	10%
农具	—	—	10%
其他五金制品	15%	—	10%
塑料制品	7%	—	10%
发电机	15%	—	10%
货物类别	关税	特别税	增值税
纸类	7%	—	10%
水泥	7%	—	10%
钢铁	7%	—	10%
玻璃	7%	—	10%
铝材	7%	—	10%
化肥	—	—	10%
汽油、柴油	30%	—	10%
机油、润滑油	30%	—	10%

（材料来源：柬埔寨海关）

在东盟自由贸易协定的共同有效关税体制下，从东盟其他成员国进口、满足原产地规则规定的产品可享受较低的关税税率。按照整体关税减让时间表规定，到2010年，除少数特例商品外，柬埔寨关税税率降至0%～5%。

二、对外国投资的市场准入的规定

1. 投资主管部门

柬埔寨发展理事会是唯一负责重建、发展和投资监管事务的一站式服务机构，由柬埔寨重建和发展委员会和柬埔寨投资委员会组成。该机构负责对全部重建、发展工作和投资项目活动进行评估和决策，批准投资人注册申请的合格投资项目，并颁发最终注册证书。

但对于下列条件的投资项目，需提交内阁办公厅批准：（1）投资额超过5000万美元；（2）涉及政治敏感问题；（3）矿产及自然资源的勘探与开发；（4）可能对环境产生不利影响；（5）基础设施项目，包括BOT、BOOT、BOO和BLT项目；（6）长期开发战略。

2. 投资行业的规定

柬埔寨政府视外国直接投资为经济发展的主要动力。柬埔寨无专门的外商投资法，对外资与内资基本给予同等待遇，其政策主要体现在《投资法》（本法于1994年8月4日柬埔寨王国第一届国会特别会议通过，1997年、1999年两度修订）及其《修正法》（2003年2月3日柬埔寨王国第二届国会通过）等相关法律规定中。

【鼓励投资的领域】《投资法》十二条规定，柬埔寨政府鼓励投资的重点领域包括：创新和高科技产业；创造就业机会；出口导向型；旅游业；农工业及加工业；基础设施及能源；各省及农村发展；环境保护；在依法设立的特别开发区投资。投资优惠包括免征全部或部分关税和赋税。

【限制投资的领域】《投资法修正法实施细则》（2005年9月27日颁布）列出了禁止柬埔寨和外籍实体从事的投资活动，包括：神经及麻醉物质生产及加工；使用国际规则或世界卫生组织禁止使用、影响公众健康及环境的化学物质生产有毒化学品、农药、杀虫剂及其他产品；使用外国进口废料加工发电；森林法禁止的森林开发业务；法律禁止的其他投资活动。

此外，该细则还列出了"不享受投资优惠的投资活动"和"可享受免缴关税，但不享受免缴利润税的特定投资活动"。

【对外国公民的限制】《投资法》对土地所有权和使用作出规定：（1）用于投资活动的土地，其所有权须由柬埔寨籍自然人、或柬埔寨籍自然人或法人直接持有51%以上股份的法人所；（2）允许投资人以特许、无限期长期租赁和可续期短期租赁等方式使用土地。投资人有权拥有地上不动产和私人财产，并以之作为抵押品。

3. 投资方式的规定

【外国直接投资】在柬埔寨进行投资活动比较宽松，不受国籍限制（土地法有关土地产权的规定除外）。除禁止或限制外国人介入的领域外，外国投资人可以个人、合伙、公司等商业组织形式在商业部注册并取得相关营业许可，即可自由实施投资项目。但拟享受投资优惠的项目，需向柬埔寨发展理事会申请投资注册并获得最终注册证书后方可实施。获投资许可的投资项目称为“合格投资项目”。

【合资企业】合格投资项目可以合资企业形式设立。合资企业可由柬埔寨实体、柬埔寨及外籍实体或外籍实体组成。王国政府机构亦可作为合资方。股东国籍或持股比例不受限制，但合资企业拥有或拟拥有柬埔寨王国土地或土地权益的除外。在此情况下，非柬埔寨籍实体的自然人或法人合计最高持股比例不得超过49%。

【合格投资项目合并】2个或以上投资人，或投资人与其他自然人或法人约定合并组成新实体，且新实体拟实施投资人合格投资项目，并享受合格投资项目最终注册证书规定投资优惠及投资保障的，新实体需向投资委员会书面申请注册为投资人，并申请将合格投资项目最终注册证书转让新实体。

【收购合格投资项目】投资人或其他自然人或法人收购合格投资项目所有权，且拟享受合格投资项目最终注册证书规定投资优惠及投资保障的，应向投资委员会提出收购申请，将合格投资项目最终注册证书转让新实体。收购人为未注册自然人或法人的，需先申请注册为投资人。

投资人股份转让造成受让方取得投资人控制权的，投资人须向投资委员会提出转让申请，并提供受让人名称和地址。

4. BOT方式

目前在柬埔寨开展BOT项目的主要以中资公司为主，涉及行业包括水电站、输变电网等，特许经营期限没有特殊规定，水电站的经营期限一般是30～40年。由中国水电集团投资的甘再水电站项目是柬埔寨第一个BOT项目，2006年4月开工，总投资额2.6亿美元，特许运营期为44年，其中建设期4年，经营期40年。

三、柬埔寨关于企业税收的规定

1. 税收体系和制度

柬埔寨实行全国统一的税收制度，并采取属地税制。1997年颁布的《税法》和2003年颁布的《税法修正法》为柬埔寨税收制度提供法律依据。

2. 主要税赋和税率

现行赋税体系包括的主要税种是：利润税、最低税、预扣税、工资税、增值税、财产转移税、土地闲置税、专利税、进口税、出口税、特种税等。柬埔寨对私人投资企业所征收的主要税种和税率分别是：利润税9%、增值税10%、营业税2%。

【利润税】利润税应税对象是居民纳税人来源于柬埔寨或国外的收入，及非居民纳税人来源于柬埔寨的收入。税额按照纳税人公司类型、业务类型、营业水平而确定使用实际税制、简化税制或预估税制计算。除0%和9%的投资优惠税率外，一般税率为20%，自然资源和油气资源类税率为30%。

【最低税】最低税是与利润税不同的独立税种，采用实际税制的纳税人应缴纳最低税，合格投资项目除外。最低税税率为年营业额的1%，包含除增值税外的全部赋税，应于年度利润清算时缴纳。利润税达到年度营业额1%以上的，纳税人仅缴纳利润税。

【预扣税】居民纳税人以现金或实物方式支付居民的，按适用于未预扣税前支付金额的一定税率预扣，并缴纳税款。税率有15%、10%、6%和4%四种。从业居民纳税人向非居民纳税人支付利息、专利费、租金、提供管理或服务的报酬、红利等款项的，应按支付金额的14%预扣，并缴纳税款。

【工资税】工资税是对履行工作职责获得工资按月征收的赋税。柬埔寨居民源于境内及境外的工资，及非居民源于柬埔寨境内的工资应缴纳工资税，由雇主根据以下分段累进税率表预扣。

表2：柬埔寨工资税税率

月应税工资（瑞尔）	税率（%）
0瑞尔～500000瑞尔	0%
500001瑞尔～1250000瑞尔	5%
1250001瑞尔～8500000瑞尔	10%
8500001瑞尔～12500000瑞尔	15%
12500000瑞尔以上	20%

（资料来源：柬埔寨发展理事会）

【增值税】增值税按照应税供应品应税价值的10%税率征收。应税供应品包括：柬埔寨纳税人提供的商品或服务；纳税人划拨自用品；以低于成本价格赠与或提供的商品或服务；进口至柬埔寨的商品。对于出口至柬埔寨境外的货物，或在柬埔寨境外提供的服务，不征收增值税。

【其它税赋】柬埔寨其他税种及其税率/税额如下表所示：

表3：柬埔寨其他税种及其税率/税额

税种	税率/税额
针对特定商品或服务征收的特种税	10%
国内及国际航空机票	3%
国内及国际电信	20%
饮料烟草、娱乐、大型车辆、排气量125cc以上摩托	10%
石油产品、排气量2000cc以上汽车	30%
财产转移税不动产和某些类型车辆的所有权转让	转让价值的4%
土地闲置税（超过1200平方米以上的部分征收）	评估价值的2%
专利税（企业年度注册时缴纳）	300美元
房屋土地租赁税	租金的10%

（资料来源：柬埔寨发展理事会）

四、柬埔寨对外国投资的优惠

1. 优惠政策框架

柬埔寨政府给予外资与内资基本同等的待遇，《投资法》（1994年8月4日柬埔寨王国第一届国会特别会议通过）及其修正法（1997年、1999年两度修订）为外国投资提供了保障和相对优惠的税收、土地租赁政策。此外，外国投资同样可享受美、欧、日等28个国家/地区给予柬埔寨的普惠制待遇（GSP）。

【投资保障】柬埔寨政府对投资者提供的投资保障包括：（1）对外资与内资基本给予同等待遇，所有的投资者，不分国籍和种族，在法律面前一律平等；（2）柬埔寨政府不实行损害投资者财产的国有化政策；（3）已获批准的投资项目，柬埔寨政府不对其产品价格和服务价格进行管制；（4）不实行外汇管制，允许投资者从银行系统购买外汇转往国外，用以清算其与投资活动有关的财政债务。

【投资优惠】经柬埔寨发展理事会批准的合格投资项目可取得的投资优惠包括：（1）免征投资生产企业的生产设备、建筑材料、零配件和原材料等的进口关税；（2）企业投资后可享受3～8年的免税期（经济特区最长可达9年），免税期后按税法交纳税率为9%的利润税；（3）利润用于再投资，免征利润税；分配红利不征税；（4）产品出口，免征出口税。

2. 行业鼓励政策

柬埔寨行业鼓励政策主要体现在农业和旅游业2个方面。

【农业】在吸引外商投资农业产业上，柬埔寨政府依据投资法对开发种植1000公顷以上的稻谷、500公顷以上的经济作物、50公顷以上的蔬菜种植项目；对畜牧业存栏在1000头以上、饲养100头以上的乳牛项目、饲养家禽10000只以上项目；以及占地5公顷以上的淡水养殖、占地10公顷以上的海水养殖项目均给予支持和优惠待遇。主要鼓励措施是：（1）项目在实施后，从第一次获得盈利的年份算起，可免征盈利税的时间最长为8年。如连续亏损则被准许免征税。如果投资者将其盈利用于再投资，可免征其盈利税；（2）政府只征收纯盈利税，税率为9%；（3）分配投资盈利，不管是转移到国外，还是在柬国内分配，均不征税；（4）对投资项目需进口的建筑材料、生产资料、各种物资、半成品、原材料及所需零配件，均可获得100%免征其关税及他赋税，但该项目必须是产品的80%供出口的投资项目。

【旅游业】自第一届王国政府提出优先发展旅游业的战略以来，柬埔寨旅游业的经济功能受到了充分重视，为旅游业的产业化发展奠定了良好基础。10多年来，旅游业成为柬埔寨国民经济的主要增长点和支柱产业。目前柬埔寨全国大多数省市都把发展旅游业作为首要工作之一，将旅游产业定位于"优先发展行业"、"支柱产业"、"特色产业"来加快发展。

五、与投资合作相关的主要法律法规

《投资法》制约所有柬埔寨人和外国人在柬埔寨境内的投资活动，对投资主管部门、投资程序、投资保障、鼓励政策、土地所有权及其使用、劳动力使用、纠纷解决等作出明确的规定。

《投资法修正法》是对《投资法》的补充和修正。在投资申请、投资项目购进与合并、合资经营、税收、土地所有权及其使用、劳动力、惩罚等方面给出相关定义，并作出明确规定。

《关于柬埔寨发展理事会组织与运作法令》规定了柬埔寨投资主管部门——柬埔寨发展理事会的组织结构、职权任务和运作方式。

《关于特别经济区设立和管理的第148号法令》(2005年12月颁布)，规定了建立经济特区的法律程序，经济特区的管理框架与任务、对经济特区的鼓励措施、对出口加工生产区的特别措施、劳动力管理与使用、职业培训、侵权与纠纷的解决。

《商业管理与商业注册法》，对商业公司的成立、组织、运作、解散、转让和变更做出了规定，对公司的类型进行了划分。

《商业合同法》，规定了所有类型合同的成立、履行、解释和执行。进一步详细地描述了某些类型的合同，比如销售合同、租赁合同、借贷合同、个人财产抵押和担保。

(来源：南博网．http://www.caexpo.com/news/asean/jianpuzhai/zcfx_jpz/fghj/2015/07/15/3648292.html.2015—07—15)

印度尼西亚对外国投资合作的法规和政策

一、对外贸易的法规和政策规定

1. 贸易主管部门

印尼主管贸易的政府部门是贸易部，其职能包括制定外贸政策，参与外贸法规的制定，划分进出口产品管理类别，进口许可证的申请管理，指定进口商和分派配额等事务。

2. 贸易法规体系

印尼与贸易有关的法律主要包括《贸易法》、《海关法》、《建立世界贸易组织法》、《产业法》等。与贸易相关的其他法律还涉及《国库法》、《禁止垄断行为法》和《不正当贸易竞争法》等。

3. 贸易管理的相关规定

除少数商品受许可证、配额等限制外，大部分商品均放开经营。2007年年底，印尼贸易部宣布进出口单一窗口制度，在极大程度上简化了管理程序。

【进口管理】印尼政府在实施进口管理时，主要采用配额和许可证2种形式。适用配额管理的主要是酒精饮料及包含酒精的直接原材料，其进口配额只发放给经批准的国内企业。适用许可证管理的产品包括工业用盐、乙烯和丙烯、爆炸物、机动车、废物废品、危险物品，获得上述产品进口许可的企业只能将其用于自己的生产。其中，氟氯化碳、溴化甲烷、危险物品、酒精饮料及包含酒精的直接原材料、工业用盐、乙烯和丙烯、爆炸物及其直接原材料、废物废品、旧衣服等9类进口产品主要适用自动许可管理；丁香、纺织品、钢铁、合成润滑油、糖类、农用手工工具等6类产品主要适用非自动许可管理。为方便进口，印尼贸易部2009年大力推行网上办理进口许可证，目前大部分工作已经完成，办理进口许可证过程更加简便，原本手工办理许可证需要5～10天时间，利用网上全国一站式服务只需花费8小时。

【进口许可制度】2010年，印尼开始实施新的进口许可制度，将现有的许可证分为2种，即一般进口许可证和制造商进口许可证。一般进口许可证主要是针对为第三方进口的进口商，制造商进口许可证主要是针对进口供自己使用或者在生产过程中使用的进口商。2010年8月，印尼财政部颁布了《有关汽车在自由贸易区和自由港进口和出口规则的财政部长条例》。根据该条例规定，机动车辆属于动产，为了监督和保障国家权益，拥有上述汽车必须向相关的主管机构注册。自由贸易区和自由港是在印尼共和国司法辖区内而与海关辖区分开的特定区域，因此得以豁免征收进口税、增值税、奢侈品销售税和税费。为了对汽车在自由贸易区和自由港的进口和出口进行监督，防止滥用免税优惠，有必要制定汽车进出口的法定义务，除了向海关申报，也必须申请由海关办事处发出的进出口证明书。已获得自由贸易区营业机构发给营业执照的企业家可以从区外进口汽车。

目前，印尼关税税目中近20%的产品涉及进口许可要求，涉及对其国内产业的保护，如大米、糖、盐、部分纺织品和服装产品、丁香、动物和动物产品以及园艺产品。印尼的进口许可要求相当复杂，而且缺乏透明度，许多世贸组织成员已经对此表示了严重关切。印度尼西亚政府采取进口数量限制的产品如下：大米、糖、动物和动物产品，盐，酒精饮料和部分臭氧消耗物质。上述产品的进口数量是每年在印尼政府部长级会议上根据国内产量和消费量来决定，并通过印尼进口许可制度来具体实施。

【出口限制】出口货物必须持有商业企业注册号/商业企业准字或由技术部根据有关法律签发的商业许可，以及企业注册证。出口货物分为4类：受管制的出口货物、受监视的出口货物、严禁出口的货物和免检出口货物。受管制的出口货物包括咖啡、藤、林业产品、钻石和棒状铅。受监视的出口货物包括奶牛与水牛、鳄鱼皮（蓝湿皮）、野生动植物、拿破仑幼鱼、拿破仑鱼、棕榈仁、石油与天然气、纯金/银、钢/铁废料（特指源自巴淡岛的）、不锈钢、铜、黄铜和铝废料。严禁出口的货物包括幼鱼与金龙鱼等，未加工藤以及原料来自天然森林未加工藤的半成品，圆木头，列车铁轨或木轨以及锯木，天然砂、海砂，水泥土、上层土（包括表面土），白铅矿石及其化合物、粉，含有砷、金属或其化合物以及主要含有白铅的残留物，宝石（除钻石），未加工符合质量标准的橡胶、原皮，受国家保护野生动植物，铁制品废料（源自巴淡岛的除外）和古董。除以上受管制、监视和严禁的出口货物外，其余均属免检的出口货物。

从2014年1月12日起印尼政府将禁止矿产公司出口矿物矿石产品（目前受出口许可证及税收管制）。届时矿产公司将会被要求在境内从事精炼加工活动。禁止出口货物受2012年贸易部长条例第44条规制。

4. 进出口商品检验检疫

【卫生与植物卫生措施】印尼所有进口食品必须注册，进口商必须向印尼药品食品管理局申请注册号，并由其进行检测。检测过程繁琐且费用昂贵，每项检测费用从5万印尼盾（约合6美元）到250万印尼盾（约合300美元）不等，每一件产品的检测费用在100万印尼盾（约合120美元）到1000万印尼盾（约合1200美元）之间。此外，印尼药品食品管理局在测试过程中要求提供极其详细的产品配料和加工工艺情况说明，这可能侵害商业秘密。这些规定加重了出口商的负担。

2007年起，印尼针对新鲜球茎蔬菜采取更为严格的检验检疫措施和技术要求，以提高印尼新鲜植物产品的国际竞争力。植物产品进口检验检疫要求重点对以球莲形式进口的新鲜蔬菜的检验检疫和技术两方面提出要求。在检验检疫方面，该规定扩大了证书要求范围，除了须具备与2005年法规相同的原产国权威机构签发的证书外，经转运的产品还须被提供转运国授权的证书。在技术要求方面，该规定进一步严格了原产国无虫害地区的调查及对植物性检疫虫害进行风险分析。上述规定在一定程度上提高了中国植物产品的出口门槛。

【国家标准】2009年以来，印尼政府开始在食品、饮料、渔业等诸多行业强制推行国家标准。印尼贸易部出台新规定，要求包括进口产品在内的所有产品必须附有印尼文说明。印尼海洋渔业部规定要求81种渔业产品必须符合印尼国家标准，甚至将捕鱼工具、渔产加工程序及微生物学测试程序等也列入印尼国家标准。印尼工业部等政府部门在2011年对电线、电子、汽车零部件、家电、五金建材、玩具等几十种产品强制推行国家标准。贸易部出台新规，要求包括进口产品在内的所有产品必须附有印尼文说明。

5. 海关管理规章制度

【管理制度】印尼关税制度的基本法律是1973年颁布的《海关法》。现行的进口关税税率由印尼财政部于1988年制定。自1988年起，财政部每年以部长令的方式发布一揽子“放松工业和经济管制”计划，其中包括对进口关税税率的调整。印尼进口产品的关税分为一般关税和优惠关税两种。印尼关税制度的执行机构是财政部下属的关税总局。为促进进出口贸易，改善投资环境，印尼财政部关税局2009年宣布，决定在部分港口推行和提供每周7日每日24小时的海关和港口服务。

【关税税率】根据世界贸易组织统计，印尼2009年简单平均约束关税继续维持在37.1%，简单平均最惠国适用关税税率为6.8%，其中农产品为8.4%，非农产品为6.6%，基本与2008年持平。印尼对汽车、钢铁以及部分化学产品不征收关税，并将大多数的关税约束在40%左右。根据印尼《2009～2012年协定关税表》，到2012年年底，印尼将对绝大多数的中国进口产品实行零关税。2010年，印尼将草药、化妆品和节能灯列为特种进口品，到目前为止，已有41种产品被列在该清单内。根据规定，这些产品只能通过印尼国内5个码头进口，即棉兰的勿佬湾、雅加达的丹绒普禄、三宝垄的丹绒额玛斯、泗水的丹绒贝拉克及锡江的苏加诺哈塔码头。其中，巴布亚的查雅布拉码头为只能进口食品和饮料的码头。同时，提高4种香烟关税，将4种香烟关税平均提高6%，这4种烟草产品为机器卷丁香烟、机器卷白烟、手卷丁香烟/白烟和滤嘴手卷丁香烟/白烟。

2013年4月，世贸组织秘书处对印度尼西亚做出第6次贸易政策审议报告，印尼的关税税率从2006年至2012年有所下降。印度尼西亚的简单平均最惠国适用关税从9.5%降到7.8%；农产品的简单平均最惠国适用关税税率从11.4%降到9.5%；非农产品的简单平均最惠国适用关税税率从9.5%降到7.5%。印尼对属于非基本需求的国内生产和进口的产品征收奢侈品税，该税在进口环节根据海关估价加上进口关税征收，税率从最低点的10%至最高7.5%。出口环节免征此税种。2012年该奢侈税的收入占印尼总税收收入的1.7%。

根据《中国—东盟全面经济合作框架协议货物贸易协议》，中国和印尼逐步削减货物贸易关税水平。中国—东盟自由贸易区在2010年初建成后，中国和印尼90%以上的进出口产品实现零关税。

【贸易限制政策】2012年以来，印尼贸易部、工业部、农业部等相继发布的一系列限制进出口贸易的政策规定值得关注。(1) 出口限制。印尼政府2012年5月施行关于提炼和加工原矿石活动而提高矿产品出口值的能源矿务部长第7号条例，对65种矿产品出口加征20%出口税并实行了其他限制措施，并再次明确在2014年禁止原矿出口，鼓励外国投资者在印尼投资设立冶炼加工厂。从2014年1月12日起印尼政府将禁止矿产公司出口矿物矿石产品，届时矿产公司将会被要求在境内从事精炼加工活动。(2) 进口禁令。2012年5月，印尼政府颁布了2012年第30号关于进一步规范蔬果进口的条例，通过进口许可证的方式限制新鲜蔬菜水果进口。2012年6月初开始对进口新鲜瓜果蔬菜采取贸易保护措施，将进口上述产品的8个航空港和海运港口缩减至4个，并对出口商增设限制。(3) 技术性贸易壁垒。印尼政府对于更多种类的产品规定需符合印尼强制性国家标准的要求，2012年印尼相继发布了关于婴幼儿纺织服装及玩具的标准草案，并要求相关产品应符合SNI标准的要求，且生产商需持有SNI标志，否则不能进入印尼市场。由于印尼SNI认证流程复杂，所需资料繁多，且认证周期较长，对贸易带来不必要的障碍。

二、对外国投资的市场准入的规定

1. 投资主管部门

印尼主管投资的政府部门分别是：投资协调委员会、财政部、能矿部。他们的职责分工是：印尼投资协调委员会负责促进外商投资，管理工业及服务部门的投资活动，但不包括金融服务部门；财政部负责管理包括银行和保险部门在内的金融服务投资活动；能矿部负责批准能源项目，而与矿业有关的项目则由能矿部的下属机构负责。

2. 投资行业的规定

【鼓励、限制、禁止投资的领域】根据2007年第25号《投资法》，国内外投资者可自由投资任何营业部门，除非已为法令所限制与禁止。法令限制与禁止投资的部门包括生产武器、火药、爆炸工具与战争设备的部门。另外，根据该法规定，基于健康、道德、文化、环境、国家安全和其他国家利益的标准，政府可依据总统令对国内与国外投资者规定禁止行业。相关禁止行业或有条件开放行业的标准及必要条件，均由总统令确定。

2007年7月4日，印尼颁布第25号《投资法》的衍生规定，即《2007年关于有条件的封闭式和开放式投资行业的标准与条件的第76号总统决定》和《2007年关于有条件的封闭式和开放式行业名单的第77号总统决定》。根据这两个决定，25个行业被宣布为禁止投资行业，仅能由政府从事经营。禁止投资的行业包括：毒品种植交易业、受保护鱼类捕搜业、以珊瑚或珊瑚礁制造建筑材料，含酒精饮料工业、水银氯碱业、污染环境的化学工业、生化武器工业，机动车型号和定期检验、海运通讯或支持设施、舰载交通通讯系统、空中导航服务、无线电与卫星轨道电波指挥系统、地镑站，公立博物馆、历史文化遗产和古迹、纪念碑以及赌博业。

此外，外国投资者可投资绝大部分营业部门。依照印尼《投资法》的规定，外国直接投资可以设立独资企业，但须参照《禁止类、限制类投资产业目录》规定，属于没有被该《目录》禁止或限制外资持股比例的行业。外国投资者也可在规定范围内与印尼的个人、公司成立合资企业，还可通过公开市场操作，购买上市公司的股票，但受到投资法律关于对外资开放行业相关规定的限制。

上述《目录》还对某些领域的外资准入限制条件进行了调整，主要变动如下：

(1) 除非法律另有规定，如果外资只是把在印尼的相同业务经营拓展到印尼境内其他地区，政府不再要求外资事先设立新的企业或申请新的许可；

(2) 通过在印尼资本市场实现的非直接投资或资产组合投资，可不受《禁止类、限制类投资产业目录》中有关规定的约束；

(3) 对在同一业务领域的兼并、收购和合并行为，存续公司受有关外资股权限制规定的约束；

(4) 合资公司因业务发展，需要增加股权投资。如印尼合作方无力增资，外方有优先增资权。如企业增资后，外方所持有的股权超过法规允许的最高比例，外方需通过以下方式，在2年内将所持有的股权降至法规允许的最高比例范围内：

①向印尼合作方出售超出上限的股份；

②通过印尼境内资本市场出售超出上限的股份；

③由合资公司回购超出上限的股份。

（5）为促进相关行业发展，印尼政府放宽外资进入以下领域的条件：

①以特别许可证形式允许外资进入过去不对外开放的糖精工业部门；

②在建筑公共工程行业，外资股权比例最高限制由55%提高到67%；

③开放外资进入文化旅游领域中的电影服务业（包括影片工作室、影片处理实验室、配音设备、电影洗印和复制）。外资股权比例最高不超过49%；

④外资在医院服务、专科诊所、临床试验室的股权比例限制由65%提高到67%。对外资的经营地点不再限制，允许外资在印尼境内开展经营业务；

⑤电力行业。允许外国企业通过合作方式参与开发0.1万至1万千瓦的发电项目；对1万千瓦以上的发电项目，外资股权比例不得超过95%；

（6）为保持新法令的一致性，向印尼投资者提供更多的投资机会，印尼政府对外资在以下行业领域的股权比例进行了调整：

①根据2009年第41号关于保护农业用地可持续利用的法令，主要粮食作物（玉米、大豆、花生、绿豆、大米、木薯和红薯等）种植面积超过25公顷的，外资股权比例最高不能超过49%；

②信息通讯领域。根据2009年第38号关于邮政的法令，从事邮递业必须获得特殊许可，且外资股权比例最高不能超过49%；电讯基站建设、运营和管理等，须100%由内资控股。

此外，《禁止类、限制类投资产业目录》附件中，增加新的条款，进一步放宽对东盟其他成员国投资者在印尼投资的股权限制和地域限制。如在海运货物装卸服务领域，东盟成员国投资者被允许最高持股比例60%，而东盟以外国家投资者只被允许最高持股比例49%。

【2009年调整的外资政策】

（1）2009年初，印尼颁布新的《矿产和煤炭法》。根据该法，外国公司不再被禁止申请和持有矿业许可权，这是印尼矿业领域利用外资政策的重大突破。但新法规定，已在印尼获得矿产经营准字（IUP）和矿产经营协议（PUP）的已生产的企业，需建设矿产冶炼加工厂，而按照原有工作合同生产的企业，最迟在新法实施后5年内建立上述冶炼厂。按照新法规定，企业面临采矿期被缩短，采矿面积也被缩小的局面。在企业缴纳正常的所得税和矿产税之外，新法还增加了一项税率为10%的附加税，中央和地方政府分别得到4%和6%。印尼能矿部颁布的相关实施细则规定，对优先使用本土公司提供的矿业服务、外资公司向当地政府或企业转让股权等问题作出具体规定。

（2）2009年以来，印尼的外资政策调整还包括：根据2009年通过的新电力法，印尼向私营企业开放电力投资领域。政府拟修改《非鼓励投资目录》，放宽医疗、教育、物流、电信等行业的外资准人。与此同时，印尼对外资进入某些领域做出了限制，具体如下：

①限制外企在基建工程投资。印尼国家计委称，将限制外国企业在政府基础设施工程的投资，以保护国内企业市场份额。外资企业只被允许参加基础设施部门建筑价值在1000亿印尼盾以上，其他部门采购和服务价值在200亿印尼盾以上的投标。此外，外资企业只许参加合同价值在100亿印尼盾以上的服务咨询投标。

②限制外国投资者拥有农用地股权。印尼农业部表示，将限制外国投资者对与食品有关的土地如稻田的所有权，其拥有的股份比例不得超过49%。

【2010年调整的外资政策】

（1）2010年，印尼政府采购须使用国货。为更好地扶植国内工业发展，印尼政府拟修改有关条例，规定今后凡政府单位采购价值超过50亿印尼盾（约合56万美元），必须使用本国的物资与服务。

（2）出台绿色建筑法令。印尼于2010年实施首个绿色建筑标准法令，意在发展低碳建筑来提高能源利用效率。该法令以大城市的酒店、办公楼和公寓等碳排放量较大的建筑为对象，设定符合绿色建筑标准的9项条件，包括环保材料、低碳燃料、水和废物管理以及室内空气质量等。法令要求，绿色建筑所使用的材料应来源于当地且具有绿色证书，该证书由印尼环境部指定的独立机构出具。

（3）强力推行投资审批一站式服务制度。印尼政府颁布多部门联合签发的条例，强制要求地方各级政府推行投资审批一站式综合服务，要求全部省市县在2010年实施投资审批一站式综合服务以及网上办理许可证等制度，以提高投资效率。对于能提供良好投资服务的地方政府，中央政府将予以奖励；对不实施或实施不力的地方政府将予以惩罚，如减少财政资金分配等。

（4）促使商业银行合理增加信贷以支持实体经济发展。印尼央行颁布新规，要求商业银行将存贷款比例（即发放贷款占存款的比率）控制在78%至100%之间，而存贷款比例低于78%或高于100%的商业银行将增缴额外的存款准备金。此外，印尼央行还要求商业银行公布贷款的基础利率。长期以来，印尼商业银行惜贷现象较为普遍，贷款利率居高不下，印尼央行此举意在鼓励商业银行增加放贷，并防范过度放贷的风险。

（5）印尼政府在2010年取消了大宗商品出口信用证限制，允许外国游客在印尼购物可获10%的退税，并与巴新、香港签订避免双重征税协定。

【2011年调整的外资政策】

（1）2011年印尼政府表示进一步加大政策扶持力度，通过资金奖励和提供辅助设备，吸引投资者发展经济特区基础设施建设。目前各经济特区的基础设施还不能达到投资者要求，交通运输、能源、电力、劳工、原料、市场、投资等方面的手续办理程序和规定尚未完备，这使得吸引投资者的进程十分缓慢。从2005年到2010年14个经济特区只吸收到27.5兆印尼盾投资额，占印尼全国投资总额的3.14%。目前只有东加里曼丹（11兆印尼盾）、南加里曼丹（3兆印尼盾）、北苏拉威西（3兆印尼盾）3个经济特区吸收了较大的投资额。根据147号政府条例，对上述14个经济特区投资可享受5年内减免所得税30%的优惠。

（2）出台税收的鼓励措施，主要有：

①外企自用机械设备、零配件及辅助设备等资本物资免征进口关税和费用；

②外企2年自用生产原材料免征进口关税和费用；

③生产出口产品的原材料可退还进口关税；

④位于印尼东部的外企，65%产品出口，雇用外籍人员不受限制；

⑤外企用于研究开发、奖学金、教育和培训以及废物处理的开支可列入成本并从毛收入中提扣；

⑥对政府鼓励的重点领域，可提供8～10年亏损结转或提高设备及建筑物折旧率；

⑦在印尼东部地区投资，土地和建筑物税在8年内减半征收；

⑧在开创性行业的投资，企业所得税可由政府承担10～12年；

⑨政府对保税区和设在全国15个地区的综合开发区的外国投资还给予一些优惠待遇。

（3）印尼政府暂停颁发矿业经营许可证。2011年不再颁发或延长矿业经营许可证，政府先对有问题的8000个矿业经营许可证进行审计。截至2010年8月份，印尼拥有采矿权的企业已突破1万家，而在2000年之前，只有597家企业拥有采矿权。

（4）印尼国会通过新《园艺业法》。新《园艺业法》规定外国投资最多只能占到30%，并且必须把资金存放在印尼国内的银行。该限制是针对新投资者，对于新法颁布前的老投资者，则给以4年的时间来出让股份。该限制措施是为了防止大型园艺企业被外资所控制，因为目前多数大型的园艺企业如种子公司为外资所控制。新园艺法有四个重要组成方面，即地域规定、制种规定、贸易规定和行销规定。地域规定将由各地方长官来决定。在制种方面，政府将放开让小型制种公司来销售其产品，不需要证书。

【2012年调整的外资政策】

（1）自2011年12月1日起，在印尼的投资者可以申请免税优惠，相关的执行准则已经出台。执行准则中规定，凡有意申请免税优惠的投资者，必须把总投资额10%资金存放在印尼国民银行。投资者可向印尼工业部或投资协调署提出免税优惠申请。

（2）2012年9月出台了新的投资批准制度，以提高投资便利化水平和进一步改善投资服务。印尼投资协调署将出台包括网上交易服务在内的一系列新型投资服务，方便投资者查询申请投资许可的步骤和进度，并加强对投资资金的统计和监管。

【2013年调整的外资政策】

（1）印尼政府将于2013年推出供工程用途的外国贷款限额。在2013～2015年间的最高贷款限额介于60亿～61亿美元之间。通过该措施，将促进印尼政府对外国贷款加大选择性，提高外国贷款质量，同时确保降低外债比例，实现外债占国家GDP22%的目标，保证国家财政状况良好。此外，该措施也将成为印尼国家计划部制定使用外国贷款或外国赠款计划的参照。印尼国家计划部强调，外国贷款必须用于从事生产性的工程。

（2）为更好吸引投资，印尼政府将对各地方政府办理外资企业营业执照特别是办理投资许可证程序进行全面评估和改进，并将发布法令，要求从2014年起，营业执照办理时间从现在的17天缩短为10天。

（3）印尼央行颁布新规，要求印尼国内银行贷款总额的20%以上必须贷给中小微型企业。

【2014年调整的外资政策】

印尼官方投资统筹机构2013年12月24日公布了最新修订的投资负面清单。印尼政府通过修订投资领域的负面清单，放宽了对外资准入的限制。其表现为，一方面扩大了外商投资的领域，开放了部分原先仅限当地投资的行业；另一方面，对外资的持股比例要求放宽，一些行业外商可以控股。修订的主要内容如下：

其一，第一类为对外资更加开放领域，陆路交通客站和车辆常规检验部门的外资可持股比例从零放宽至49%，为此次放宽幅度最大的2个行业。其他2个行业为制药业和金融风险投资业，外资可持股比例分别从原来的75%和80%调整至85%。广告业外资可持股比例亦从零放宽至49%，但仅限东盟国家。

其二，第二类为新设定的外资可持股领域，固定通讯、多媒体综合网络电信、多媒体服务供应商的外资可持股比例分别为65%、65%和49%。

其三，第三类为公私合营的基础设施项目领域，其中机场、港口和陆路交通客站（含铁路）的经营管理外资可持股权分别为49%、95%和49%，供水95%，收费公路95%，10兆瓦以下发电厂49%，10兆瓦以上的100%，输电和配电分别为100%。此外，此次修订负面清单还收紧了几个外资可持股比例领域，如货物分销业和仓储业从100%缩减至33%。农业领域外资可持股比例因须与2010年颁布的园艺法规定相配套，从95%缩减至30%。

目前清单中完全禁止类的产业有部分化学品、特殊交通设施和博彩业等，部分禁止类的产业有制糖、矿业和医药等。

3. 投资方式的规定

【合资企业】根据2007年第25号《投资法》及相关规定，在规定范围内，外国投资者可与印尼的个人、公司成立合资企业。

【独资企业】依照印尼《投资法》的规定，外国直接投资可以设立独资企业，但须参照《非鼓励投资目录》规定，属于没有被该《目录》禁止或限制外资持股比例的行业。

【外资并购】外国投资者可以通过公开市场操作，购买上市公司的股票，但受到投资法律关于对外资开放行业相关规定的限制。印尼市场中多数律师事务所和咨询公司提供此项服务。

【有关案例】中国工商银行并购印尼Halim银行。2005年4月起，工商银行就与印尼当地银行接触，探讨并购合作的可能性，但当时市场上几桩外资银行收购印尼本地银行的案例溢价都比较高，如何确定一个让双方都能接受的并购价格是一个严峻的挑战。工商银行根据既定的收购策略，着眼于未来的长远发展，牢牢把握谈判的主动，最终以合理的价格和适当的投资支付方式获取了在金融资源和市场机会丰富的印尼市场的全牌照经营资格。工商银行与Halim银行股东于2006年12月30日顺利签署了股权买卖协议，用约2200万美元成功收购Halim银行90%的股份，成为中资银行成功收购境外银行的范例。经过5年多的发展，工银印尼已成为印尼市场中资产规模最大的中资金融机构。2010～2012年，连续3年荣誉人选印尼《投资家》评出的印尼境最佳内50家银行；2010年7月，荣获印尼银行业协会颁发的2010年度印尼银行业最佳表现奖；2012年1月，荣获印尼知名杂志《SHENG》颁发的“2011年最佳中国品牌”奖；2012年4月，荣获《商业评论》杂志评选的“2012年印尼企业风险管理奖”。目前工银印尼资产规模已突破24亿美元。

三、印尼关于企业税收的规定

1. 税收体系和制度

印尼实行中央和地方两级课税制度，税收立法权和征收权主要集中在中央。现行的主要税种有：公司所得税、个人所得税、增值税、奢侈品销售税、土地和建筑物税、离境税、印花税、娱乐税、电台与电视税、道路税、机动车税、自行车税、广告税、外国人税和发展税等。印尼依照属人原则和属地原则行使其税收管辖权。

2. 主要税赋和税率

【所得税】2008年7月17日印尼国会通过了新《所得税法》，个人所得税最高税率从35%降为30%，分为四档，5000万印尼盾以下，税率5%；5000万印尼盾至2.5亿印尼盾，税率15%；2.5亿印尼盾至5亿印尼盾，税率25%；5亿印尼盾以上者，税率30%。

企业所得税率，2009年为过渡期税率28%，2010年后降为25%。印尼对中、小、微型企业还有鼓励措施，减免50%的所得税。为减轻中小企业税务负担，2013年印尼税务总署向现有的大约100万家印尼中小企业推行1%税率，即按销售额的1%征税。

【增值税】一般情况下，对进口、生产和服务等课征10%的增值税。

【印花税】是对一些合同及其他文件的签署征收3000印尼盾或6000印尼盾的象征性税收。

四、印尼对外国投资的优惠

1. 优惠政策框架

【旅游业优惠】东盟旅游部长会议（东盟旅游论坛）于1999年1月在新加坡举行，各国一致同意对外资投资旅游业提供以下优惠：

（1）兴建观光旅馆、休闲中心、高尔夫球场可免税，外资可持有100%股权；

（2）旅游设施进口手续简化并免征关税；

（3）印尼考虑将旅游土地使用年限延长为70年（目前为30年），使旅游业成为吸引外资的火车头。印尼投资部考虑像泰国一样成立投资单一窗口，帮助外商办理各项繁杂事务；投资部还将授权印尼驻外使领馆办理外商投资申请前的协调、咨询事务，以使外商能在入境10天内完成所有行政手续。

【制造业优惠】1998年12月，东盟各国首脑峰会在越南河内召开，这次会议发表了包括《河内宣言》、《河内行动计划》、《东南亚自由贸易区》及《共同优惠税率计划》在内的《大胆措施方案》。在该方案中，印尼对外商的优惠措施有：所有制造业均允许外资拥有100%股权（包括经审核的批发零售业）。外商可拥有已登记注册的新银行的100%股权。1亿美元以下的投资案，审核时间将在10天内完成。

【税收优惠】（1）1999年1月，印尼政府第七号总统令，公布了恢复鼓励投资的“免税期”政策。对纺织、化工、钢铁、机床、汽车零件等22个行业的新设企业给予3到5年的所得税免征。如投资项目雇用工人超过2000人，或有合作社20%以上的股份，或投资额不少于2亿美元，则增加1年优惠。对于已超过30%的规模进行扩大再生产的项目，减免其资本货物以及2年生产所需材料的进口关税。对于某些行业或一些被视为国家优先出口项目和有利于边远地区开发的项目，政府将提供一些税收优惠。上述行业及项目将由总统令具体决定。对出口加工企业减免其进口原料的关税和增值税及奢侈品销售税。对位于保税区的工业企业，政府还有其他的鼓励措施。

（2）根据印尼《有关所规定的企业或所规定的地区之投资方面所得税优惠的第1号政府条例》，印尼政府对有限公司和合作社形式的新投资或扩充投资提供所得税优惠。提供的所得税优惠包括：

①企业所得税税率为30%（根据新《所得税法》，2010后为25%），可以在6年之内付清，即每年支付5%；

②加速偿还和折旧；

③在分红利时，外资企业所缴纳的所得税税率是10%，或者根据现行的有关避免双重征税协议，采用较低的税率缴税；

④给予5年以上的亏损补偿期，但最多不超过10年。

上述所得税优惠，由财政部长颁发，并且每年给予评估。

（3）印尼政府2013年将为企业获得税收优惠进一步简化手续，并降低获得免税期和免税津贴的标准。根据印尼政府现行规定，在基础金属、炼油、天然气、有机基础化学、可再生能源和电信设备等5个工业部门，投资额超过1万亿印尼盾（约合1亿美元）的企业，可获得5至10年的所得税免税期。同时，对在印尼偏远落后地区投资的129个劳动密集型行业的企业，最低投资额500亿印尼盾（约合500万美元）且投资期限超过6年的，可最多按总投资的30%降低应纳税所得。印尼将改变目前仅对投资额超过万亿印尼盾（约合1亿美元）给予优惠待遇的政策，视不同情况对有关企业给予同等优惠待遇，以吸引更大规模的投资，促进印尼经济发展。同时，将增加可获得税收优惠的产业部门，让更多领域的企业投资获得税收优惠，并对企业申请较少的产业部门减少或取消优惠政策。

2. 行业鼓励政策

【行业优惠】自2007年1月1日起，印尼政府对6种战略物资豁免增值税，即原装或散属机器和工厂工具的资本物资（不包括零部件），禽兽鱼饲料活制造饲料的原材料，农产品，农业、林业、畜牧业和渔业的苗或种子，通过水管疏导的饮用水，以及电力（供家庭用户6600瓦以上者例外）。

2007年，为吸引外商进入印尼，与当地企业合作从事鱼类加工业，印尼政府准备采取多项税收措施，具体包括免除国内加工鱼产品的出口税，减轻渔业加工机械进口税，减免收入税及增值税，在综合经济开发区和东部地区投资的企业还可以获得土地建设税减免优惠。

2009年，印尼政府进一步明确对工业发展用机器、货物和原料免征进口税。

2010年，对部分行业的投资给予财政奖励或税收优惠。印尼政府将对至少10个营业部门提供财政奖励以支持其发展，即食品饮料业、纺织业、电子行业、交通运输业、通讯信息产业、基础金属与机器工业、石化工业、农畜产品加工业、林业和海洋产品加工业、创意产业。此外，印尼政府还拟对环保型企业、大型投资项目、在落后地区投资的基建项目，以及具有较多附加值、提供广泛就业机会和运用先进科技的工业部门提供税收减免等优惠。

2011年以来，推出财政奖励政策，大力支持资本和劳动力密集型产业的发展。针对包括原金属、炼油、天然气、有机基础化学、可再生能源和电信设备等5个工业部门，投资规模在1万亿印尼盾（约合1.17亿美元）以上的，免除其开始商业运行后5～10年的税款，对已投资印尼但经营尚不足1年的企业也可以享受到此项优惠税收政策。同时对符合印尼产业导向和优先发展领域的120个产业和地区提供相应的税收优惠。

印尼鼓励钢铁工业和炼油厂的投资建设为提高本国钢铁产能，印尼政府一直鼓励钢铁工业和炼油厂的投资建设，包括给予长达15年的免税期，并给予2年期的减税50%优惠。

【投资便利】印尼中央与地方政府实行投资审批一站式服务。实行一站式服务之后，每个部门都派代表到投资统筹机构办事处，以便加快办理审批手续。依据《投资法》第30条第7款，需要中央政府审批的投资领域包括对环保有高破坏风险的天然资源投资，跨省级地区的投资，与国防战略和国家安全有关的投资。

2013年10月印尼采取的配套政策焦点是为提高在印尼进行投资或经商提供的便利。政策主要将适用于雅京首都专区，为提高经商便利，该经济政策配套由八个方面组成，即：开始经营业务、安装电力、缴税和缴保险费、解决有关合约而提出的民事诉讼、解决破产案件、有关注册土地和建筑物所有权、房屋建造许可证，以及获得贷款便利。

3. 地区鼓励政策

印尼为了平衡地区发展，按照总体规划部署和各地区自然禀赋、经济水平、人口状况等特点，将重点发展“六大经济走廊”（Economic Corridors），即爪哇走廊—工业与服务业中心；苏门答腊走廊—能源储备、自然资源生产与处理中心；加里曼丹走廊—矿业和能源储备生产与加工中心；苏拉威西走廊—农业、种植业、渔业、油气与矿业生产与加工中心；巴厘—努沙登加拉走廊—旅游和食品加工中心；巴布亚—马鲁古群岛走廊—自然资源开发中心。

印尼政府将按照规划出台政策和措施，对在上述地区发挥比较优势的产业提供税务补贴等优惠政策，优先鼓励发展当地规划产业。除爪哇岛等地区外，未来几年印尼的发展重点，将是包括巴布亚、马鲁古、苏拉威西、加里曼丹、努沙登加拉等在内的东部地区，将进一步出台向投资当地的企业提供税务补贴等优惠政策。

4. 特殊经济区域的规定

目前印尼正在计划建设特殊经济区域。2009年，印尼通过了经济特区新法律。根据该法，印尼在2010～2014年间建立5个经济特区。在特别经济区开展业务的公司，可以享受税收（包括增值税、销售税及进口税等）、土地使用等方面的优惠政策。印尼政府简化投资人申请设立公司或申办其他事项的手续。2014年以来，印尼政府陆续设立了北苏拉威西省比通（Bitung）、北苏门答腊省双溪芒克（Sei Mangke）、万丹省丹戎乐孙（Tanjung Lesung）、中苏拉威西省帕卢（Palu）、西努山登加拉省曼达里卡（Mandalika）、北马鲁古省摩洛泰（Morotai）、南苏门答腊省丹戎阿比—阿比（Tanjung Api—Api）等特殊经济区。

对于经济特区，印尼期望能引进更多的先行性企业，行业涵盖物流、工业、技术、旅游、能源、出口加工等。投资企业可享受5到10年不等的免税期。经济特区都将提供开放和灵活的特殊政策，拥有进人国际市场的能力（近海港或空港），位于第一资源地区，欢迎个人和私人资本采用多样化的合作模式进行投资。

五、与投资合作相关的主要法律法规

主要法律有：《投资法》、《公司法》、《所得税法》、《劳动法》、《知识产权法》、《破产法》、《贸易法》、《海关法》等。

（来源：南博网．http://www.caexpo.com/news/asean/yinni/zcfx_yinni/fghj/2015/07/15/3648299.html. 2015—07—15）

老挝对外国投资合作的法规和政策

一、对外贸易的法规和政策规定

1. 贸易主管部门

老挝贸易主管部门为老挝工业与贸易部（下设省市工业与贸易厅、县工业与贸易办公室），主要职责是制订、实施有关法律法规，发展与各国、地区及世界的经济贸易联系与合作，管理进出口、边贸及过境贸易，管理市场、商品及价格，对商会或经济咨询机构进行指导以及企业与产品原产地证明管理等。

2. 贸易法规体系

老挝与贸易相关的主要法律有《投资促进管理法》、《关税法》、《企业法》、《进出口管理令》、《进

口关税统一与税率制度商品目录条例》等。

3. 贸易管理的相关规定

老挝所有经济实体享有经营对外经济贸易的同等权利，除少数商品受禁止和许可证限制外，其余商品均可进出口。

【禁止进口商品】枪支、弹药、战争用武器及车辆；鸦片、大麻；危险性杀虫剂；不良性游戏；淫秽刊物等5类商品禁止进口。

【禁止出口商品】枪支、弹药、战争用武器及车辆；鸦片、大麻；法律禁止出口的动物及其制品；原木、锯材、自然林出产的沉香木；自然采摘的石斛花和龙血树；藤条；硝石；古董、佛像、古代圣物等9类商品禁止出口。

【进口许可证管理商品】活动物、鱼、水生物；食用肉及其制品；奶制品；稻谷、大米；食用粮食、蔬菜及其制品；饮料、酒、醋；养殖饲料；水泥及其制品；燃油；天然气；损害臭氧层化学物品及其制品；生物化学制品；药品及医疗器械；化肥；部分化妆品；杀虫剂、毒鼠药、细菌；锯材；原木及树苗；书籍、课本；未加工宝石；银块、金条；钢材；车辆及其配件（自行车及手扶犁田机除外）；游戏机；爆炸物等25类商品进口需许可证。

【出口许可证管理商品】活动物（含鱼及水生物）；稻谷、大米；虫胶、树脂、林产品；矿产品；木材及其制品；未加工宝石；金条、银块等7类商品出口需许可证。

4. 进出口商品检验检疫

老挝对各类动植物产品的进口有检疫要求，要求对进口产品的特征及进口商的相关信息进行检查。

【动物检疫】根据老挝动物检疫规定，活动物、鲜冻肉及肉罐头等进口商须向农林部动物检疫司申请动物检疫许可证。商品入境时由驻口岸的动物检疫员查验产地国签发的动物检疫证和老挝农林部签发的检疫许可

【植物检疫】老挝农林部负责植物检疫工作。进口植物及其产品须在老挝的边境口岸接受驻口岸检查员检查，并出示产品原产国有关机构签发的植物检疫证。

5. 海关管理规章制度

【管理制度】老挝政府于1994年12月颁布实施《统一制度和进口关税商品目录条令》，2005年5月颁布实施《关税法》及2001年10月颁布实施《商品进出口管理法令》等法律法规，对海关管理作了系列规定。其中《关税法》对进出口商品限制、禁止种类、报关、纳税、仓储、提货、出关、关税文件管理报关复核等作了相规定。

【关税税率】老挝关税分自主关税、协定关税、优惠关税、减让关税和零关税等5种不同的税率。详情可参看《统一制度和进口关税商品目录条令》及有关关税调整通知等文件。

【报关流程】货物进人仓库→过磅→做仓库临时报关单→打货物临时报关单→报海关审核→报海关领导签字→打税单上税→海关检验货物→付仓库费→海关作记录、进关。

【报关所需材料】老挝计划投资部批文、企业投资许可证、企业申请报告、企业营业执照（复印件）、企业税务登记（复印件）和货物老文清单（含数量、价格、重量、规格等）。

二、对外国投资的市场准入的规定

1. 投资主管部门

工贸部、计划投资部、政府办公厅分别对老挝投资的一般投资、特许经营投资和经济特区投资负责。

2. 投资行业的规定

除危及国家稳定，严重影响环境、人民身体健康和民族文化的行业和领域外，老挝政府鼓励外国公司及个人对各行业各领域投资并出台了《老挝鼓励外国投资法》。2014年7月8日，老挝六届国会七次会议表决通过，国会主席通邢正式宣布批准老挝新修订的投资促进法。新投资促进法对老挝政府禁止投资的行业、政府专控的行业和专为老挝公民保留的职业做出具体规定。

【禁止投资的行业】各种武器的生产和销售；各种毒品的种植、加工及销售；兴奋剂的生产机销售（由卫生部专门规定）；生产及销售腐蚀、破坏良好民族风俗习惯的文化用品；生产及销售对人类和环境有危害的化学品和工业废料；色情服务；为外国人提供导游。

【政府专控的行业】石油、能源、自来水、邮电和交通、原木及木材制品、矿藏及矿产、化学品、粮食、药品、食用酒、烟草、建材、交通工具、文化制品、贵重金属、教育。

【专为老挝公民保留的职业】（1）工业手工业部门：制陶；金、银、铜及其制品的打制；手工织布和编纺刺绣；工厂的织布、缝纫工作；竹篾、藤凉席的制作；佛象、木雕制作；玩具的制作；棉或木棉服装和被褥的制作；铁匠；电焊工。（2）金融部门：金、银、铜及其有价物品的销售。（3）商业

部门：流动和固定零售；成品油零售。（4）财政部门：财务监督或提供财务服务工作。（5）教育部门：为外国人教授老挝语。（6）文化部门：老挝传统乐器制作；手工字母排版；各种广告牌的设计和制作；各种场所的装修。（7）旅游部门：导游和导游的分配。（8）交通、运输、邮电和建设部门：各种运输车辆的驾驶；建筑行业的各种载重车（推土机、自卸车等）的驾驶；铲土机、平地机、打夯机、挖土机的操作；各种信件、报纸、文件的发送；密码工作；汽车美容。（9）劳动和社会服务部门：普通工人、清洁工、保安；为外国人提供家政服务；美容、烫发和理发；文书和秘书工作。（10）食品部门：米线制品的生产。

老挝对国产水泥、钢筋、洗洁净、PVC 管、镀锌瓦、水泥瓦实行保护政策。

3. 投资方式的规定

外国投资者可以按照“协议联合经营”、与老挝投资者成立“混合企业”和“外国独资企业”等 3 种方式到老挝投资。

“协议联合经营”是指老挝投资法人与外方在不成立新法人的基础上联合经营。

“混合企业”是指由外国投资者和老挝投资者依照老挝法律成立、注册并共同经营、共同拥有所有权的企业。外国投资者所持股份不得低于注册资金的 30%。

“外国独资企业”是指由外国投资者独立在老挝成立的企业，形式可以是新法人或者分公司。

矿产、水电行业为外资在老挝主要投资领域。资金来源地主要为周边国家。中国、越南、泰国分别为老挝前 3 大投资国。

4. BOT 方式

老挝开展 BOT 的行业主要有水电、矿产、地产等，特许经营年限水电行业一般为 25 年，矿产业为 30 年。在老挝开展 BOT 的外资企业主要来自中国、越南、泰国。中资企业在老挝建成的以 BOT 形式开发的水电站有南立 1—2 水电站（装机 10 万千瓦）和南俄 5 水电站（装机 12 万千瓦）。

三、老挝关于企业税收的规定

1. 税收体系和制度

目前老挝实行全国统一的税收制度，外国企业和个人与老挝本国的企业和个人一样同等纳税。老挝共有 6 个税种，其中间接税含增值税和消费税 2 种，直接税含利润税、所得税、定额税、环境税、手续和服务费等 5 种。企业在老挝报税的相关手续：

（1）纳税时间报税时间是 12 月 31 日前，但利润税按季度纳税，个人所得税逐月缴纳；

（2）纳税渠道根据老挝法律，企业纳税渠道为企业按规定直接向所在税务登记部门缴纳；

（3）纳税手续根据老挝法律，企业在老挝的纳税手续为企业直接到所在税务登记部门申报并缴纳；

（4）纳税资料企业在老挝纳税需要提供的相关材料包括：税务报表、发票、外国投资许可证、企业营业执照、企业经营许可证等。

2. 主要税赋和税率

【消费税】老挝政府规定：燃油、酒（含酒精）类、软饮料、香烟、化妆品、烟花和扑克牌、车辆、机动船只、电器、游戏机（台）、娱乐场所服务、电信服务、彩票和博彩业服务等 15 类商品和服务项目必须缴纳消费税，具龙率从 10%～110%不等。

【所得税】老挝政府规定：薪金、劳务费、动产和不动产所得、知识产权、专利、商标所得等必须缴纳所得税，具体税率以 30 万基普为起征点，30 万～150 万基普为 5%、150 万～400 万基普为 10%、400 万～800 万基普为 15%、800 万～1500 万基普为 20%、1500 万基普以上为 25%。外国人按总收入的 10%计征。

【利润税】按可收税利润（6000 万基普以上）的 35%计征。

【增值税】消费者在购买产品同时需额外支付产品进项价格 10%的增值税。

四、老挝对外国投资的优惠

1. 优惠政策框架

老挝对外国投资给予税收、制度、措施、提供信息服务及便利方面的优惠政策。

2. 行业鼓励政策

（1）老挝鼓励外国投资的行业

①出口商品生产；

②农林、农林加工和手工业；

③加工、使用先进工艺和技术、研究科学和发展、生态环境和生物保护；

④人力资源开发、劳动者素质提高、医疗保健；

⑤基础设施建设；

⑥重要工业用原料及设备生产；

⑦旅游及过境服务。

（2）税收优惠政策

①进口用于在老挝国内销售的原材料、半成品和成品可减征或免征进口关税、消费税和营业税。即：进口经有关部门证明并批准的原材料可免征进口关税和营业税；进口老挝国内有但数量不足的半成品5年内可按最高正常税率减半征收进口关税和营业税；进口经有关部门证明并批准的老挝国内有但数量不足或质量不达标的配件可按照东盟统一关税目录中的税率征收配件关税及消费税。

②进口的原材料、半成品和成品在加工后销往国外的，可免征进口和出口关税、消费税和营业税。

③经老挝计划投资部批准进口的设备、机器配件可免征进口关税、消费税和营业税。

④经老挝计划投资部或相关部门批准进口的老挝国内没有或有但不达标的固定资产可免征第一次进口关税、消费税和营业税。

⑤经老挝计划投资部或相关部门批准进口的车辆（如载重车、推土机、货车、35座以上客车及某些专业车辆等）可免征进口关税、消费税和营业税。

3. 地区鼓励政策

老挝吸引外资较多的省（市）有万象市、万象省、甘蒙省、沙湾拿吉省等，琅勃拉邦省、乌多姆赛省、华潘省、波利坎赛省、色拉湾省、阿速坡省、占巴色省等也有较大潜力吸引外资，主要引资行业有农业、农产品加工、贸易、能源、矿产、旅游业等。

老挝政府根据不同地区的实际情况给予投资优惠政策：①一类地区，指没有经济基础设施的山区、高原和平原，免征7年利润税，7年后按10%征收利润税。②二类地区，指有部分经济基础设施的山区、高原和平原，免征5年利润税，之后3年按7.5%征收利润税，再之后按15%征收利润税。③三类地区，指有经济基础设施的山区、高原和平原，免征2年利润税，之后2年按10%征收利润税，再之后按20%征收利润税。免征利润税时间按企业开始投资经营之日起算；如果是林木种植项目，从企业获得利润之日起算。

此外，企业还可以获得如下4项优惠：①在免征或减征利润税期间，企业还可获得免征最低税的优惠；②利润用于拓展获批业务者，将获得免征年度利润税；③对直接用于生产车辆配件、设备，老挝国内没有或不足的原材料，用于加工出口的半成品等进口可免征进口关税和赋税；④出口产品免征关税。

对用来进口替代的加工或组装的进口原料及半成品可以获得减征关税和赋税的优惠；经济特区、工业区、边境贸易区以及某些特殊经济区等按照各区的专门法律法规执行。

4. 特殊经济区域的规定

2011年年底，老挝政府颁布《2011年至2020年在老挝开发经济特区和专业经济区战略规划》，规划到2015年建立14个经济特区和专业经济区。目前，老挝批准设立了10个经济开发区，占地13564公顷，其中有2个经济特区及8个专业经济区，即沙湾—色诺经济特区、金三角经济特区、磨丁丽城专业经济区、万象嫩通工业贸易园、赛色塔综合开发区、东坡西专业经济区、万象隆天专业经济区、普乔专业经济区、塔銮湖专业经济区、他曲专业经济区等。

老挝《投资促进法》规定，经济特区及专业经济区经营期限最长不超过99年，如对老挝经济社会发展贡献突出，在获得老挝政府同意后，可适当延长经营期限。

【境外经贸合作区】2012年7月11日，商务部部长陈德铭与老挝副总理宋沙瓦·凌沙瓦在北京签署《中华人民共和国政府和老挝人民民主共和国政府关于万象赛色塔综合开发区的协定》。赛色塔综合开发区位于老挝人民民主共和国首都万象，距主城区东北17公里，开发区占地面积10平方公里，是经中国国家商务部批准、云南省政府重点扶持建设的国家级“境外经贸合作区”之一，也是老挝唯一一个中国国家级“境外经贸合作区”。

昆明高新技术产业开发区管委会与云南建工集团将合作共建“老挝赛色塔综合开发区”。开发区将重点发展农副产品加工、林木加工、机械制造、能源、物流、家电生产、纺织服装以及旅游休闲等产业。目前，开发区首期（2011年至2015年）规划面积4平方公里，已经完成“6通一平”（水、路、电、气、通讯、有线电视、土地平整）等基础设施建设，10家企业入驻，总投资达2.4亿美元。

五、与投资合作相关的主要法律法规

《投资促进法》，2010年3月老挝国家主席签署第75号主席令，正式颁布实施老挝新版《投资促进法》。新版《投资促进法》由原来的《国促进管理法》和《外国投资股促进管理法》合并而成，并对其中8处作了修订和完善，如：投资方式、投资类型、审批程序、一站式投资服务、投资指导目录、优惠政策、专门经济区开发投资以及中央与地方管理职能划分等内容。

《民法》规定了老挝的自然人之间、法人之间以及自然人与法人之间的财产关系，为私有财产提供保护。

《企业法》规定了企业成立、组织、运作、解散、转让和变更，划分企业类型，规范企业章程。

《矿产法》（1997年5月实施，后进行修订）对矿产资源的所有权、保护和开发、环境保护、矿山经营者权益和当地居民权益和保护等做出的规定。

（来源：南博网．http://www.caexpo.com/news/asean/laowo/zcfx_lw/fghj_lw/2015/07/15/3648293.html.2015—07—15）

马来西亚对外国投资合作的法规和政策

一、对外贸易的法规和政策规定

1. 贸易主管部门

马来西亚主管对外贸易的政府部门是国际贸易和工业部，主要职责是：负责制定投资、工业发展及外贸等有关政策；拟定工业发展战略；促进多双边贸易合作；规划和协调中小企业发展；促进和提升私人企业界和土著的管理和经营能力。

2. 贸易法规体系

马来西亚主要对外贸易法律有《海关法》、《海关进口管制条例》、《海关出口管制条例》、《海关估价规定》、《植物检疫法》、《保护植物新品种法》、《反补贴和反倾销法》、《反补贴和反倾销实施条例》、《2006年保障措施法》、《外汇管理法令》等。

3. 贸易管理的相关规定

马来西亚实行自由开放的对外贸易政策，部分商品的进出口会受到许可证或其他限制。

【进口管理】1998年，马来西亚海关禁止进口令规定了四类不同级别的限制进口。第一类是14种禁止进口品，包括含有冰片、附子成分的中成药，45种植物药以及13种动物及矿物质药。第二类是需要许可证的进口产品，主要涉及卫生、检验检疫、安全、环境保护等领域。包括禽类和牛肉（还必须符合清真认证）、蛋、大米、糖、水泥熟料、烟花、录音录像带、爆炸物、木材、安全头盔、钻石、碾米机、彩色复印机、一些电信设备、武器、军火以及糖精。第三类是临时进口限制品，包括牛奶、咖啡、谷类粉、部分电线电缆以及部分钢铁产品。第四类是符合一定特别条件后方可进口的产品，包括动物、动物产品、植物及植物产品、香烟、土壤、动物肥料、防弹背心、电子设备、安全带及仿制武器。

为了保护敏感产业或战略产业，马来西亚对部分商品实施非自动进口许可管理，主要涉及建筑设备、农业、矿业和机动车辆部门。如所有重型建筑设备进口须经国际贸易和工业部批准，且只有在马来西亚当地企业无法生产的情况下方可进口。

马来西亚国际贸易及工业部及其他部门负责进口许可证的发放及日常管理工作。

【出口管理】马来西亚规定，除以色列外，大部分商品可以自由出口至任何国家。但是，部分商品需获得政府部门的出口许可，其中包括：短缺物品、敏感或战略性或危险性产品，以及受国家公约控制或禁止进出口的野生保护物种。此外，马来西亚《1988年海关令（禁止出口）》规定了对三类商品的出口管理措施：第一类为绝对禁止出口，包括禁止出口海龟蛋和藤条；禁止向海地出口石油、石油产品和武器及相关产品；第二类为需要出口许可证方可出口；第三类为需要视情况出口。大多数第二和第三类商品为初级产品，如牲畜及其产品、谷类、矿物馆害废弃物；第三类还包括武器，军火及古董等。

国际贸易与工业部及国内贸易与消费者事务部负责大部分商品出口许可证的管理。

4. 进出口商品检验检疫

马来西亚要求所有肉类、加工肉制品、禽肉、蛋和蛋制品必须来自经农业部兽医服务局检验和批准的工厂，所有进口产品必须获得兽医服务局颁发的进口许可证。

所有向穆斯林供应的肉类、加工肉制品、禽肉、蛋和蛋制品必须通过清真认证，牛、羊、家禽的屠宰场以及肉蛋加工设备必须获得伊斯兰发展署（JAKIM）的检验和批准。

5. 海关管理规章制度

【管理制度】马来西亚关税有两种归类系统：一种用于东盟内部贸易，税则号为6位数字；另一种用于与其他国家贸易。国际贸易及工业部下属关税特别顾问委员会负责对关税进行评审，每年在政府预算中公布。

【关税水平】马来西亚关税99.3%是从价税，0.7%是从量税、混合税和选择关税。世界贸易组织《2014年世界关税研究》公布数据显示，2013

年，马来西亚最惠国关税简单平均关税税率约6.0%，农产品最惠国平均简单关税为8.9%，非农产品该税率为5.5%。

二、对外国投资的市场准入的规定

1. 投资主管部门

马来西亚主管制造业领域投资的政府部门是贸工部下属的马来西亚投资发展局（www.mida.gov.my），主要职责是：制定工业发展规划；促进制造业和相关服务业领域的国内外投资；审批制造业执照、外籍员工职位以及企业税务优惠；协助企业落实和执行投资项目。

马来西亚其他行业投资由马来西亚总理府经济计划署（EPU）及国内贸易、合作与消费者事务部（MDTCC）等有关政府部门负责，EPU负责审批涉及外资与土著（Bumiputra）持股比例变化的投资申请，而其他相关政府部门则负责业务有关事宜的审批。

2. 投资行业的规定

【限制的行业】外商投资下述行业会在股权方面受到严格限制：金融、保险、法律服务、电信、直销及分销等。一般外资持股比例不能超过50%或30%。

【新开放领域】2009年4月，马来西亚政府为了进一步吸引外资，刺激本国经济发展，开放了8个服务业领域的27个分支行业，允许外商独资，不设股权限制，包括：

（1）计算机相关服务领域：电脑硬件咨询；软件应用（包括软件系统咨询、系统分析、系统设计、电脑程序、系统维护）；资料处理（包括资料输入、资料处理与制表、共享服务等）；数据库服务；电脑维修服务；其他（包括资料准备、训练、资料修复、内容开发等）。

（2）保健与社会服务领域：兽医；老人院及残疾中心；孤儿院；育儿服务（包括残疾儿童中心）；为残疾人士提供的职业培训。

（3）旅游服务领域：主题公园；会展中心（超过5000个座位）；旅行社（仅限国内旅游部分）；酒店与餐馆（仅限4星级及5星级酒店）；食品（仅限4星级及5星级酒店）；饮品（仅限4星级及5星级酒店）。

（4）运输服务领域：C级交通运输（私营运输执照—仅限自用货物运输）。

（5）体育及休闲服务领域：体育服务（体育赛事承办与促销）。

（6）商业服务领域：区域分销中心；国际采购中心；科学检验与分析服务（包括成分与纯度化验分析、固体物检验分析、机械与电子系统检验分析、科技监督等）；管理咨询服务（包括常规服务、金融（商业税收除外）、市场、人力资源、产品与公关等）。

（7）租赁服务领域：船只租赁（不包括沿海及岸外贸易）；国际货轮租赁（光船租赁）。

（8）运输救援服务领域：海事机构；船只救护。

为了进一步刺激外资流入，马来西亚政府在2012年逐步开放17个服务业分支行业的外资股权限制，包括：电讯领域的服务供应商执照申请、电讯领域的网络设备供应与网络服务供应商执照申请、快递服务、私立大学、国际学校、技工及职业学校、特殊技术与职业教育、技能培训、私立医院、独立医疗门诊、独立牙医门诊、百货商场与专卖店、焚化服务、会计与税务服务、建筑业、工程服务以及法律服务。

马来西亚服务业发展理事会（MSDC）是分支领域开放的监管单位，负责审查服务业限制领域发展的有关规定，监督和协调各部门相关工作。

【鼓励的行业】马来西亚政府鼓励外国投资进入其出口导向型的生产企业和高科技领域，可享受优惠政策的行业主要包括：农业生产、农产品加工、橡胶制品、石油化工、医药、木材、纸浆制品、纺织、钢铁、有色金属、机械设备及零部件、电子电器、医疗器械、科学测量仪器制造、塑料制品、防护设备仪器、可再生能源、研发、食品加工、冷链设备、酒店旅游及其他与制造业相关的服务业等。在制造业领域，从2003年6月开始，外商投资者投资新项目可以持有100%的股权。

3. 投资方式的规定

【直接投资】外商可直接在马来西亚投资设立各类企业，开展业务。直接投资包括现金投入、设备入股、技术合作以及特许权等。

【跨国并购】马来西亚允许外资收购本地注册企业股份，并购当地企业。一般而言，在制造业、采矿业、超级多媒体地位公司、伊斯兰银行等领域，以及鼓励外商投资的五大经济发展走廊，外资可获得100%股份；马来西亚政府还先后撤销了27个服务业分支领域和上市公司30%的股权配额限制，进一步开放了服务业和金融业。

外资在马来西亚开展并购，不同领域由相关政府主管部门决定，例如制造业由贸工部批准，国内贸消部负责直销、零售批发业，国家银行及财政部负责金融业，包括银行、保险等，通讯及多媒体部负责电讯业。并购价值超过2000万林吉特的，还需要经过经济计划署（EPU）批准。2012年实施的《竞争法令2010》是马来西亚维护公平竞争、防止垄断的法令，该法令由马来西亚竞争委员会执行，在马来西亚开展的相关并购活动也受该法律的制约。

【股权收购】马来西亚股票市场向外国投资者开放，允许外国企业或投资者收购本地企业上市，2009年，马来西亚总理纳吉布宣布取消外资公司在马来西亚上市必须分配30%土著（Bumiputera）股权的限制，变为规定的25%公众认购的股份中，要求有50%分配给土著，即强制分配给土著的股份实际只有12.5%；此外，拥有多媒体超级走廊地位、生物科技公司地位以及主要在海外运营的公司可不受土著股权需占公众股份50%的限制。纳吉布同时废除外资委员会（FIC）的审批权，拟在马上市的外资公司直接将申请递交给马来西亚证券委员会（Security Commission）。

4. BOT/PPP方式

自20世纪80年代开始，马来西亚政府鼓励私人资本与政府合作，开展BOT项目建设与运营，降低政府公共开支的负担。此类项目主管部门是马来西亚首相府经济计划署（Economy Planning Unit，EPU）主要负责经济发展规划和项目立项；2010年又设立了公私合作署（Public Private Partnership Unit，3PU）负责公私合营项目协调。

马来西亚政府在政策层面大力支持BOT项目的开展，并积极修订有关法律，使马来西亚国内法律环境与国际接轨。20世纪80年代，马来西亚修订《宪法》并通过《联邦道路法案》，为高速公路项目BOT扫清障碍；90年代修订《电力供应法案》和《电力管理条例》，为私营电站建设和运营提供法律保障；2005年通过、并于2006年开始实施的《仲裁法案》修订了1952年的《仲裁法》，为外资进入马来西亚本地BOT项目市场打通了最后一个环节。

马来西亚公路、轨道交通、港口、电站等BOT项目专营年限一般为30年左右。在马开展BOT的外资企业主要来自美国、日本、韩国及丹麦等，例如A.P.穆勒一马士基集团（A.P.M0ller—Maersk，丹麦）曾与马来西亚政府及柔佛州港务局合作，建设和运营柔佛州丹绒帕拉帕斯港（1995—2025）。

三、马来西亚关于企业税收的规定

1. 税收体系和制度

马来西亚联邦政府和各州政府实行分税制。联邦财政部统一管理全国税务，负责制定税收政策，由其下属的内陆税务局（征收直接税）和皇家关税局（征收间接税）负责实施。直接税包括所得税和石油税等；间接税包括国产税、关税和进出口税、销售税、服务税和印花税等。各州政府征收土地税、矿产税、森林税、执照税、娱乐税和酒店税、门牌税等。外国公司和外国人与马来西亚企业和公民一样同等纳税。

2. 主要税赋和税率

【公司税】马来西亚2014年财政预算案将马来西亚的公司税从25%降到24%。但对实收资本低于250万林吉特的公司，第一个50万林吉特收入的税率为20%，之后收入按标准纳税。

【石油所得税】税率为38%，征收对象为在马来西亚从事石油领域上游行业的企业，包括马来西亚国家石油公司（Petronas）或马来西亚一泰国联合发展机构签署石油行业相关协议的纳税个体。

【个人所得税】2010年起，对于年收入不超过26501林吉特的本国公民，个人所得税为1%～26%，外国公民的税率固定为26%。

【预扣税】非本地公司或个人应缴纳预扣税：特殊所得（动产的使用、技术服务、提供厂房及机械安装服务等）为10%；利息为15%；依照合同获得承包费用：承包商缴纳10%、雇员缴纳3%；佣金、保证金、中介费等10%。

【地产盈利税】随着近两年马来西亚房地产价格不断升高，2012年起马来西亚重新启用房地产盈利税，并在2013年预算案中将税率增加了5%。2014年财政预算案将房地产盈利税增加为：马来西亚公民，持有3年内出售，税率30%；持有4～5年间出售，税率20%；持有超过5年出售，税率5%；外国人，持有5年内出售，税率30%；持有超过5年出售，税率5%。

【销售税】根据《1972年销售税法》规定，对所有在马来西亚制造的产品和进口商品征税，税率范围为5%～10%。

【服务税】根据《1975年服务税法》规定，服务税的征收对象包括律师、工程师、建筑师、问卷调查人员以及顾问等在内的专业人员，广告公司、私人医院及宾馆酒店等公司所提供的服务，税率为6%。

【进口税】大多数进口货物需缴纳进口税，税率分从价税和特定税，近几年马来西亚已取消了多种原料、机械与零部件的进口税。马来西亚与东盟国家之间实行特惠关税，工业产品的进口税为0%～5%之间；与日本实行双边自由贸易协定框架下的进口税；与中国和韩国实行中国—东盟自由贸易区以及韩国—东盟自由贸易区的区域自由贸易协定框架下的进口税；与澳大利亚签订自由贸易协定，根据协定，马来西亚将减免自澳进口商品97%以上的关税。

【出口税】马来西亚对包括原油、原木、锯材和原棕油等在内的资源件产品出口征收出口税。

【国内税】根据《1976年国内税法》规定，本地制造的一些特定产品，包括烟草、酒类、扑克、麻将、汽车、四驱车和摩托车等，须缴纳国产税。

【消费税】马来西亚政府2014年6月正式通过《消费税法令》，于2015年4月1日开始对商品和服务征收6%的消费税，取代现有的销售税和服务税。

四、马来西亚对外国投资的优惠

1. 优惠政策框架

马来西亚投资政策以《1986年促进投资法》、《1967年所得税法》、《1967年关税法》、《1972年销售税法》、《1976年国内税法》以及《1990年自由区法》等为法律基础，这些法律涵盖了对制造业、农业、旅游业等领域投资活动的批准程序和各种鼓励与促进措施。

2010年，马来西亚联邦政府出台了一系列新的举措，以促进投资增长。包括设立国家投资委员会（National Committeeon Investments，NCI），由马来西亚贸工部部长和总理府绩效管理实施署署长作为联席主席，委员由财政部、总理府经济计划署、央行、绩效管理实施署、贸工部、投资发展局、统计局的官员组成，负责实时审批投资项目；将投资发展局企业化，授予更多权限，以提高该机构施政灵活性，吸引更多投资；修订了《促进行动及产品列表》（即鼓励外商投资产业目录）；关注五大经济发展走廊吸引投资情况，强化各走廊发展局的职能。

鼓励政策和优惠措施主要是以税务减免的形式出现的，分为直接税激励和间接税激励两种。直接税激励是指对一定时期内的所得税进行部分或全部减免；间接税激励则以免除进口税、销售税或国内税的形式出现：

（1）新兴工业地位（Pioneer Status，PS）：获得新兴工业地位（Pioneer Status，PS）称号的企业可享受为期5年的所得税部分减免，仅需就其法定收入的30%征收所得税。

（2）投资税务补贴（Investment Tax Allowance，ITA）：获得投资税务补贴的企业，可享受为期5年合格资本支出60%的投资税务补贴。该补贴可用于冲抵其纳税年法定收入的70%，其余30%按规定纳税，未用完的补贴可转至下一年使用，直至用完为止。享受新兴工业地位或投资税务补贴的资格是以企业具备的某方面优势为基础的，包括较高的产品附加值、先进的技术水平以及产业关联等。符合这些条件的投资被称为“促进行动”（promoted activities）或“促进产品”（promoted products）。马政府专门制订了有关制造业的《促进行动及产品列表》。除制造业外，两项鼓励政策均可适用于其他行业申请，如农业、旅游业及制造业相关的服务业等。

（3）再投资补贴（Reinvestment Allowance，RA）：再投资补贴主要适用于制造业与农业。运营12个月以上的制造类企业因扩充产能需要，进行生产设备现代化或产品多样化升级改造的开销，可申请再投资补贴。合格资本支出额60%的补贴可用于冲抵其纳税年法定收入的70%，其余30%按规定纳税。

（4）加速资本补贴（Accelerated Capital Allowance，ACA）：使用了15年的再投资补贴后，再投资在“促进产品”的企业可申请加速资本补贴，为期3年，第一年享受合格资本支出40%的初期补贴，之后两年均为20%。除制造业外，加速资本补贴还适用于其他行业申请，如农业、环境管理及信息通讯技术等。除制造业外，加速资本补贴还适用于其他行业申请，如农业、环境管职信息通讯技术等。

（5）农业补贴（Agricultural Allowance，AA）：马来西亚的农业企业与合作社/社团除了农业《促进行动及产品列表》外，也可申请新兴工业地位或投资税务补贴的优惠。《1967年所得税法》规定，投资者在土地开垦、农作物种植、农用道路开辟及农用建筑等项目的支出均可申请资本补贴和建筑补贴。考虑到农业投资计划开始到农产品加工的自然时间间隔，大型综合农业投资项目在农产品加工或制造过程中的资本支出还可单独享受为期5年的投资税务补贴。

（6）多媒体超级走廊地位（MSC Status）：马政府于1996年推出了信息通讯技术计划，即多媒体超级走廊（Multimedia Super Corridor，简称MSC），目标是成为全球信息通讯产业中心。经多媒体发展机构（Multimedia Development Corporation）核准的信息通讯企业可在新兴工业地位的基础上，享受免缴全额所得税或合格资本支出全额补贴（首轮有效期为5年），同时在外资股权比例及聘请外籍技术员工上不受限制。

（7）运营总部地位（Operational Headquarters Status）、国际采购中心地位（International Procurement Centres Status）和区域分销中心地位（Regional Distribution Centres Status）。为进一步加强马来西亚在国际上的区域地位，经核准的运营总部、区域分销中心和国际采购中心除了100%外资股权不受限制以外，还可享受为期10年的免缴全额所得税等其他优惠。

2. 行业鼓励政策

【清真食品加工及认证】包括：凡生产清真食品的公司，自符合规定的第一笔资本支出之日起5年内所发生符合规定资本支出的100%可享受投资税赋抵减。

【多媒体超级走廊公司】为了成为全球信息与通讯技术产业的中心，马来西亚政府于1996年创建了信息与通讯技术计划，即多媒体超级走廊。所有取得多媒体超级走廊地位的公司都可享受马来西亚政府提供的一系列财税、金融鼓励政策及保障，主要包括：提供世界级的硬体及资讯基础设施；无限制地聘请国内外知识型雇员；公司所有权自由化；长达10年的税收豁免政策或五年的财税津贴等。

【鼓励发展生物科技】马来西亚2007年财政预算报告宣布了一系列新举措，鼓励在生物科技领域的投资，推动生物科技的发展。投资鼓励政策包括：第一，生物科技公司从首年盈利开始，免交10年所得税；第二，从第11年开始缴纳20%的所得税，优惠期仍为10年；第三，在生物科技领域进行投资的个人和公司，将减去与其原始资本投资相等的税收，并获得前期的融资支持；第四，生物科技公司在进行兼并或收购时，可免征印花税，并免交5年的不动产收益税；第五，用于生物科技研究的建筑物可获得有关的工业建筑物津贴。

3. 地区鼓励政策

【五大经济特区】近年来，马来西亚政府鼓励外资政策力度逐步加大，为平衡区域发展，陆续推出五大经济发展走廊，基本涵盖了西马半岛大部分区域以及东马的两个州，凡投资该地区的公司，均可申请5～10年免缴所得税，或5年内合格资本支出全额补贴。根据具体区域实际情况，联邦政府制定了不同的重点发展行业：

（1）伊斯干达开发区（Iskandar Malaysia）：位于马来半岛南端柔佛州，占地面积约2200平方公里，重点推动服务业成为经济发展的关键动力。鼓励投资行业包括：旅游服务、教育服务、医疗保健、物流运输、创意产业及金融咨询服务等。

（2）北部经济走廊（Northern Corridor Economic Region，NCER）：涵盖了马来半岛北部玻璃市州、吉打州、槟州及霹雳州北部区域，占地面积约1.8万平方公里，重点鼓励投资行业包括农业、制造业、旅游及保健、教育及人力资本和社会发展等。

（3）东海岸经济区（East Coast Economic Region，ECER）：包括东海岸吉兰丹州、登加楼州、彭亨州及柔佛州的丰盛港地区，占地面积约6.7万平方公里，重点鼓励投资行业包括旅游业、油气及石化产业、制造业、农业和教育等。2012年最受关注的项目是中马两国合作开发的马中关丹产业园区。2013年2月，中国政协主席贾庆林与马总理纳吉布共同出席了园区启动仪式。

（4）沙巴发展走廊（Sabah Development Corridor，SDC）：涵盖了东马沙巴州大部分地区，占地面积约7.4万平方公里，重点鼓励投资行业包括旅游业，雏业，农业及制造业等。

（5）砂捞越再生能源走廊（Sarawak Corridor Of Renewable Energy，SCORE）：位于东马砂捞越州西北部，占地面积约7.1万平方公里，砂州拥有丰富的能源资源，重点鼓励投资行业包括油气产品、铝业、玻璃、旅游业、棕油、木材、畜牧业、水产养殖、船舶工程和钢铁业等。

自2006年推行经济走廊计划以来，五大经济走廊已吸引投资264.5亿林吉特，创造了13.2万个工作机会。其中伊斯干达发展区（IDR）吸引投资额最高，达83.4亿林吉特，创造了5.6万个工作机会；北部经济走廊（NCER）吸引投资68.9亿林吉特，创造了2.6万个工作机会；东海岸经济区（ECER）吸引投资51.4亿林吉特，创造了2.7万个工作机会；沙巴发展走廊（SDC）吸引投资54.2亿林吉特，创造了1万个工作机会；砂捞越再生能源走廊（SCORE）吸引投资额8.3亿林吉特，创造了1.3万个工作机会。

马来西亚总理府副部长迪瓦马尼表示，经济走廊计划不仅通过投资发展使该区人民受益，还通过开展人力资源培训提升当地居民的经济生活水平。

【“大吉隆坡”计划】马来西亚“大吉隆坡”计划全线启动。大吉隆坡/巴生河谷地区：经济转型计划（ETP）中提出的国家关键经济领域

(NKEAs) 之一，位于吉隆坡一巴生河谷流域，涵盖了吉隆坡附近10个城市，占地面积约2800平方公里。概念参考了大伦敦和大多伦多地区，计划从基础设施、人民收入和居住环境三方面着手，将吉隆坡打造成为世界前二十大适合居住的国际大都市之一。

4. 特殊经济区域的规定

中国—马来西亚钦州产业园区与马中关丹产业园是首个中国政府支持的以姊妹工业园形式开展双边经贸合作的项目。2012年4月1日，中马钦州产业园区正式开园；2013年2月5日，马中关丹产业园举行了盛大的启动仪式，标志着“两国双园”模式的全面启动，将进一步推进双边各领域全方位合作。作为中国一东盟经贸合作的示范项目，“中马钦州产业园”与“马中关丹产业园”这两个姊妹园区可有效利用中马双方的资源、资金、技术和市场等互补优势，提升区域发展水平，促进中国与东盟国家间的互联互通。

【中马钦州产业园区（QIP）】

(1) 基本规划：园区毗邻钦州保税港区和国家级钦州港经济技术开发区，园区规划面积55平方公里，计划分三期实施开发建设：一期为包含居住、产业、商业及行政办公用地的综合区，面积为15.11平方公里；二期为生活性服务中心、产业区和居住区，面积18.1平方公里；三期为智慧生态区及产业区，面积22.2平方公里。

(2) 开发模式：园区开发由中马双方牵头企业在华成立中马钦州产业园区投资合作有限公司，作为园区开发主体，由中方控股51%，马方占股49%，共同从事土地开发和园区基础设施建设。

(3) 产业指引：园区采取产业与新城融合发展、产业链与服务链共同打造的模式，合理布局工业与服务业。重点发展三类产业：一是综合制造业，包括汽车零配件加工、船舶零配件、工程与港口机械装备、食品加工、生物技术等产业；二是信息技术产业，包括电子信息产业、信息和通讯技术产业、云计算数据中心等；三是现代服务业，包括金融、大宗商品交易、现代物流仓储、教育服务等生产性服务业和服务配套、房地产等生活性服务业。

【马中关丹产业园（MCKIP）】

(1) 基本规划：产业园位于彭亨州关丹市格宾(GEBENG)工业区内，面积1500英亩（约6.07平方公里)，距离关丹港仅5公里，关丹市区25公里，关丹机场40公里，距离吉隆坡250公里，地理位置优越，交通便利。关丹港距离钦州港1104海里，航行仅需3～4天，到中国其他港口也只需4～8天时间。

(2) 开发模式：由中马双方牵头企业在马成立合资公司作为产业园开发主体，由马方占股51%，中方占股49%，共同从事土地开发和基础设施建设以及后期招商工作。

(3) 产业指引：十大重点产业包括：塑料及金属行业设备、汽车零部件、纤维水泥板、不锈钢产品、食品加工、碳纤维、电子电器、信息通讯、消费类商品以及可再生能源。

(4) 优惠政策：目前，马方对产业园提出的优惠政策主要分为财政优惠和非财政优惠两类。其中，财政优惠包括：①自第一笔合法收入起10年内100%免缴所得税，或享受5年合格资本支出全额补贴；②工业园开发、农业及旅游项目免缴印花税；③机械设备免缴进口税及销售税。非财政优惠包括：①地价优惠；②工业园基础设施相对成熟；③外籍员工政策相对灵活；④人力资源丰富。

【自由贸易区与保税工厂】为了鼓励与欢迎外资投资发展劳动密集型和出口导向型工业，马来西亚于1968年制订“投资奖励法案”，1971年制订“自由贸易区法案”，1972年修订海关法中相关条款实施保税工厂制度，从而基本上完备了以外资企业为中心发展劳动密集型和出口导向型工业的经济体制。马来西亚政府在1990年制定了《自由区法》，以促进旅游业、制造业等以贸易为目的的免税区经济的发展，其中自由工业区是特别为制造业者从事生产或装配主要供应外销产品而设置的区域，使区内业者享受最低的关税管制，并可免税进口生产所需的原材料、零部件和机械设备，减少其制成品出口的手续。目前，马来西亚共设立了18个自由工业区，但自由工业区毕竟有限，且许多企业根据自身特点无法在自由工业区内设立工厂，马来西亚政府为了促进出口导向型和劳动密集型产业的布局更加合理，允许其他企业申请设立保税工厂，享有与自由工业区工厂同等优惠政策。

五、与投资合作相关的主要法律法规

《合同法》规定了合同的订立、撤销、履行、代理等内容，是马来西亚民商法律的基础。

《公司法》对公司登记成立、股份债券、抵押登记、公司管理、股份公司、公司账目与审计以及公司清盘做出了详细规定，还明确了投资公司、外国公司的概念。

《工业协调法》规定了从事制造业的公司，如果投资超过 250 万林吉特，或其全职雇员超过 75 人，必须向贸工部（MITI）申请工业执照；工业执照需每年申请更新。

《投资促进法》是马来西亚工业投资促进方面最重要的法律，投资优惠措施以直接或间接税赋减免形式出现，直接税激励指对一定时期内所得税进行部分或全部减免，间接税激励则以免除进口税、销售税或消费税的形式出现。

《劳资关系法》调整资方、劳工和工会之间的关系，预防与解决劳资争端。

（来源：南博网．http://www.caexpo.com/news/asean/malaixiya/zcfx _ mlxy/fghj _ mlxy/2015/07/15/3648294.html.2015—07—15）

缅甸对外国投资合作的法规和政策

一、对外贸易的法规和政策规定

1. 贸易主管部门

缅甸贸易主管部门为缅甸商务部，负责办理批准颁发进出口营业执照、签发进出口许可证，管理举办国内外展览会、办理边境贸易许可、研究缅甸对外经济贸易问题、制订和颁布各种法令法规等。下设贸易司和边贸司，边贸司在各边境口岸设有边境贸易办公室负责办理边境贸易各种事务。缅甸私营企业从事对外贸易须向进出口贸易注册办公室领取营业执照，申领进出口许可证，在国家政策许可范围内自由从事对外贸易活动。

2. 贸易法规体系

现行与贸易管理相关的法律和规定有：

《缅甸联邦进出口贸易（临时）管理法》（1947 年）

《缅甸联邦贸易部关于进出口商必须遵守和了解的有关规定》（1989 年）

《缅甸联邦关于边境贸易的规定》（1991 年）

《缅甸联邦进出口贸易实施细则》（1992 年）

《缅甸联邦进出口贸易修正法》（1992 年）等。

3. 贸易管理的相关规定

1988 年以来，缅甸政府实行市场经济，允许私人从事对外贸易，对外贸易实行许可证管理制度。1989 年 3 月 31 日，政府颁布《国营企业法》，宣布实行市场经济，并逐步对外开放，军政府放宽了对外贸的限制，允许外商投资，农民可自由经营农产品，私人可经营进出口贸易，并开放了同邻国的边境贸易。

自 2006 年以来，在中缅边境地区出口的木材及矿产品贸易，需获得缅甸商务部、林业部木材公司出具的证明及中国驻缅使馆经商参处的证明。

缅甸已于 2014 年 4 月 1 日起停止原木出口，木材必须经加工后方可出口。2012～2016 年，缅甸将逐年递减 15％的柚木和 20％的硬木采伐量，并分别减少 75％和 22％勃固山脉的柚木和硬木采伐量。

2014 年 4 月，缅甸商务部宣布废除出口许可证取消罚金。缅甸以前规定产品出口要先申请出口许可证，若此笔出口交易最终没达成或出口金额不足许可证申请金额，要缴纳一笔出口许可证取消罚金，罚金约为不足差额的 5％。此笔费用的取消受到缅甸出口企业的欢迎。

缅甸商务部表示，自 2015 年 1 月 1 日起，所有汽车进口商须在车辆发运前申请进口许可。

2015 年 3 月 23 日，缅甸商务部通知缅甸工商联，随着外国人进入缅甸增多及根据市场需要，各经营商可以从国外合法进口各类红酒。经营商在申请进口许可证时，需事先与国外供货商签订合同及向相关部门申办酒类销售执照，红酒销售时需每瓶粘贴完税标志。

缅甸商务部于 2015 年 7 月宣布对鲜花、豆类、水果、咖啡豆、胡椒、玉米、药品、畜牧水产与农村发展部允许出口的鱼类、服装、高价值水产品以及传统食品的出口将无需再申请出口许可证。同时还将取消化工产业及其相关物资、医用手术器械（需持卫生部证明）教学用具、油墨、相关化妆品的物资、轮胎配件、丝绸等商品的进口许可申请。

4. 进出口商品检验检疫

缅甸进出口检验检疫工作由农业部主管。

《缅甸植物检疫法》（1993 年）规定禁止有害生物通过各种方法进入缅甸；切实有效抵制有害生物；对准备运往国外的植物、植物产品，必要时给予消毒、灭菌处理，并发给植物检疫证书。无论是从国外进口的货物，还是旅客自己携带的物品入境时，都必须接受缅甸农业服务公司的检查、检疫。

《缅甸植物细菌防疫法》（1993 年）规定不论任何人未取得进口许可证，不准从国外进口植物、植物产品、细菌、有益生物和土壤。必要时对即将运往国外的植物或植物产品进行杀虫和灭菌工作，发给无菌证书。根据接收国的需要，规定进行检验的方法。

《缅甸联邦对从事进出口贸易的最新规定》对进出口需要申报进行植物检疫的商品做了详细规定。

5. 海关管理规章制度

《缅甸海关进出口程序》（1991年）对禁止进出口的物品做了详细规定，《缅甸海关计征制度及通关程序》对进出口关税、通关程序做了详细规定。

与海关管理相关的法规还有：《海洋关税法》（1978年）、《陆地海关法》（1924年）、《关税法》（1953年）、《国家治安建设委员会1989年第4号令》、《商业税法》（1990年）、《进出口管制暂行条例》（1947年）、《外汇管制法》（1974年）。

目前，中国海关与缅甸海关正在推动输华产品零关税事宜。若此项协议达成，缅甸95%的输华产品将会享受零关税待遇。

缅甸主要商品关税税率见3.2节。

二、对外国投资的市场准入的规定

1. 投资主管部门

缅甸投资委是主管投资的部门。其主要职能：根据《缅甸联邦共和国外国投资法》、《缅甸公民投资法》的规定，投资委对申报项目的资信情况、项目核算、工业技术等进行审批、核准并颁发项目许可证，在项目实施过程中提供必要帮助、监督和指导，同时也受理许可证协定时限的延长、缩短或变更的申请等。

缅甸投资委员会由相关经济部门领导组成，2014年5月，投资委员会进行第二次改组，由能源部长吴泽亚昂任投资委主席，饭店与旅游部长吴特昂任副主席，投资与公司局局长吴昂乃乌和国家计划与经济发展部部长甘佐博士任秘书长，环保林业部长、计划发展部副部长等为投资委员会成员。国家计划与经济发展部下属的投资和公司管理局主管公司设立及变更登记、投资建议分析及报批、对投资项目的监督等日常事务。

为提高外商在缅投资注册效率，于2013年在仰光、2014年在曼德勒开设国内外投资注册等业务的一站式窗口。窗口单位有计划发展部、商务部、税收部门、缅甸央行、海关、移民局、劳工部、工业部、投资与公司管理局、投资委等，为获准的国内外企业提供注册、延期及其他服务。

2. 投资行业的规定

缅甸2012年11月颁布的《缅甸联邦共和国外国投资法》明确将依据以下原则审批外商投资项目：

（1）弥补国家发展规划不足及因国家及国民财力、技术无力实施的项目；

（2）增加就业机会；

（3）扩大出口；

（4）替代进口物资的制造业；

（5）需要大量投资的制造业；

（6）获取高技术及发展技术型产业；

（7）需要巨额投资的制造业及服务业；

（8）低能耗项目；

（9）发展地方经济；

（10）开发新能源及生物能源项目；

（11）发展现代工业；

（12）保护环境；

（13）有助于信息技术产业；

（14）不影响国家主权及人民安全；

（15）培养国民知识技能；

（16）发展国际水准的银行及金融业；

（17）国家及国民需要的现代服务业项目；

（18）保障能源及资源的短期和长期内需。

【限制或禁止的项目】《缅甸联邦共和国外国投资法》在11个领域对外商投资进行限制或禁止，如果外国企业拟从事限制或禁止领域的投资，需对国家和人民有利并经政府批准。以下项目为限制或禁止外商在缅投资的项目：

（1）影响民族传统及习俗的项目；

（2）影响民众健康的项目；

（3）影响破坏自然环境及生态链的项目；

（4）输人有害有毒废弃物的项目；

（5）国际公约限制的、生产或使用有害化学品的项目；

（6）投资法细则规定的仅国民从事的制造业及服务业；

（7）输入国外不成熟或未经授权使用的技术、药品及用具的项目；

（8）细则规定的仅国民从事的农业及种植业项目；

（9）细则规定的仅国民从事的畜牧业项目；

（10）细则规定的仅国民从事的海洋捕鱼项目；

（11）除联邦政府批准的经济区外，国界线缅方一侧10英里内的外国投资项目。

此外，缅甸政府不允许外国企业从事玉石、宝石相关矿业开采项目。投资项目需获联邦政府同意，并经投资管理委员会批准。

3. 投资方式的规定

【投资方式】根据新《外国投资法》规定，外国企业在缅甸投资方式有独资、与缅甸国民或相关政府部门或组织进行合作、根据双方合同进行合作。1988年外商投资法规定在所有的合资公司里，外商至少要占到本公司35%以上的股份，新投资法并未予以规定。酒店以及房地产项目可以采取BOT（建造、运营和转让）方式，而自然资源的开发和开采则可以采用PSC（产品分成合同）方式。

新《外国投资法》规定：外国公司向外国人或国民全部转让出售股份，需事先征得委员会许可并交回原有许可并按规定对股权转让注册。外国公司向外国人或国民出让部分股份，需重新获得委员会许可并对股份转让登记。

因缅甸金融市场并不完善，尚无正规的证券交易市场，外商无法通过并购上市的方式进行外商投资。仰光证券交易所于2015年年底正式营业。

【外商投资的最低标准】1988年外商投资法规定外商投资的最低金额是：生产制造业为50万美金，服务业为30万美金，投资可以是货物也可以是现金的形式。新《外国投资法》对此并未予以具体规定，投资最低金额仍参照生产制造业50万美元，服务业30万美元的标准，具体由投资委根据投资项目行业和规模来确定。

【土地利用】根据现行的缅甸土地法，任何外国的个人和公司不得拥有土地，但可以长期租用土地用于其投资活动。新投资法规定，土地使用期限为50年并视情延长2个10年。

4. BOT方式

目前，在缅甸开展BOT的外资企业以水电行业为主。中国在缅甸水电投资项目主要采用BOT方式，建设运营时间一般为40年。目前在运营的瑞丽江一级和太平江一级电站均采用BOT的方式运营。

三、缅甸关于企业税收的规定

1. 税收体系和制度

缅甸的财政税收由5个部所属的6个局管理。如下图：

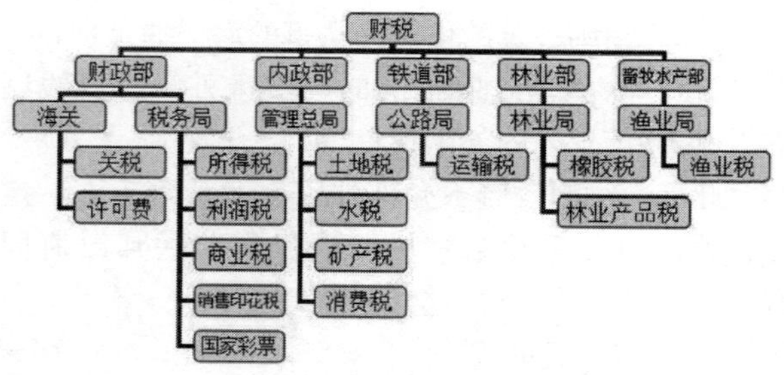

图1：缅甸财政和税收管理部门及相关税收表

缅甸财政税收体系包括对国内产品和公共消费征税、对收入和所有权征税、关税、对国有财产使用权征税4个主要项目下的15种税费。以上税收由不同部门管理，其中89%以上的政府各项税收由缅甸国家税务局管理。

缅甸纳税实行属地税制，企业每月按照财税部要求纳税。

2. 主要税赋和税率

缅甸政府与外资直接相关的税收法律共有6部，即《缅甸税收法（2014年颁布，2015年4月修正)、《缅甸外国投资法》（2012年)、《所得税法》（1974年)、《商业税法》（1990年)、《关税法》（1992年)、《仰光市政发展法》（1990年)，对外资人缅甸都做了相应规定，相关内容详见姜永仁等主编的《缅甸联邦经济法律法规汇编（1988～2001年）》。

缅甸主要赋税和税率的基本情况如下：

【所得税】根据2014年颁布的《缅甸税收法》，个人、企业、公司及其他团体产生的源于缅甸的所得都要缴税，非缅甸居民只对在缅甸的所得缴税所得税主要包括企业所得税，个人所得税织本所得税。

表1：缅甸所得税税率

项目	税种	纳税人	税率（%）
1	企业所得税	本地公司	25%
		外资企业	35%
		外资企业依照缅甸《外商投资法》成立的公司	25%
2	个人所得税	个人	0%～25%，收入超过3000万缅元按25%
3	资本所得税	本地	10%
		非本地	40%

（资料来源：缅甸财税部国税局）

【利润税】1976年《利润税法》颁布，税基是私人公司和自营者的收入、利润、资本所得，《所得税法》没有征收项目的适用于该法，当选择两种税赋之一时，公民必须提供相关证明给当地财税部门。税率从3%～50%不等。

【商业税】1990年制定了《商业税法》，代替了原来的货物和服务税法，适用于所有部门，是在产品生产和销售过程中征收的税赋，既适用国内产品也适用进口产品。

表 2：缅甸所得税税率

项目类号	项目类号	税率%
1	72	免税
2	58	5%
3	134	10%
4	91	20%
5	55	25%
6	19（特殊商品）	30%～200%
7	10 种服务	5%～30%

（资料来源：缅甸财税部国税局，2008 年 9 月）

2015 年 4 月颁布的《缅甸税收法》修正案对一些特殊商品做了具体税收规定：

表 3：缅甸商业税税率（部分商品）

商品	进口商品税率%（以到岸价为基础）	国产商品税率%（以销售价为基础）
香烟	120%	120%
烟草、烟丝、雪茄烟、槟榔、酒类等	60%	60%
红酒	50%	50%
柚木与柚木木材	25%	25%
玉石、珠宝原料产品及其它珠宝原料产品	15%	15%
玉石、珠宝加工产品及其它珠宝加工产品	5%	5%
18cc 以上 Van，Estate Wagon，Coupe 等汽车	10%	10%
天然气	8%	8%

（资料来源：缅甸财税部国税局）

新税法规定，免征贸易税商品共 102 种，主要为农副产品、特定部门用品及服务类行业等。除石油、天然气、柚木、硬木、玉石和珍贵宝石外，其他出口商品免征商业税。

【印花税】1935 年颁布了《印花税条例》，印花税包括确定（根据法院收费条例）和非确定（根据缅甸印花税条例）的印花税。

【彩票税】昂巴勒国家彩票是唯一的官方彩票，1938 年设立，直到 1989 年 3 月每两个月开一次，国家彩票委员会是发行彩票并且征税的唯一合法组织，2005 年 11 月一等奖达到 5000 万缅元，60%销售所得用于奖金，40%用于彩票税。

以上前 2 项是直接税，后 2 项是间接税。

【关税】新的《关税法》共 4 章，将商品按统一代码（H—S）分成 6062 个税目。

表 4：缅甸关税税率

第一章	进口税	由 24 个税率组成，税率范围为 0%～40%
第二章	特许税	免税或最高为 10%
第三章	出口税	一般商品出口不计税，但以下商品须计税：大米及其制品，按每公吨 100 缅元计征；豆类及其他作物、油籽饼、生皮和皮，5%；竹，5%
第四章	边境出口税	0%～15%

（资料来源：缅甸财税部国税局，2008 年 9 月）

四、缅甸对外国投资的优惠

1. 优惠政策框架

《外国投资法》提供了很多激励和担保措施。如：按照《外国投资法》批准的企业将享受 5 年免税期，其中包括企业开始商业运营的当年。如果企业申请，而且投资委认为项目符合国家利益，也可将免税期延长。此外，投资委也可能批准以下一项或几项减免措施：

（1）制造业及服务业从开始经济运行第 1 年起连续 5 年免所得税。并视项目情况延长减免期限。

（2）项目利润作为专项资金在 1 年内用于追加该项目投资的，减免所得税。

（3）项目设备、建筑物及其他资本的折旧，按规定折旧率计算后从利润中扣除。

（4）对出口产品减免 50%所得税。

（5）外国人缴纳所得税税率享受国民待遇。

（6）在境内从事项目有关的研发费用，从利润中扣除。

（7）项目享受 5 年减免所得税后，如果连续 2 年出现亏损，则从亏损年起连续后 3 年减免所得税。

（8）项目建设期间必要的进口设备、配件及其他物资减免关税、国内税或两项并减。

（9）项目竣工后头 3 年进口的生产用原材料减免关税或国内税或两项并减。

（10）经投资委员会同意，对投资期限内扩大投资规模所必须的进口设备、零配件及其他物资减免关税或国内税或两项并减。

（11）对出口产品减免贸易税。

联邦政府保证在项目合同期限内包括延期期限

内，不会对依法成立的企业实施国有化。如果没有充足的理由，保证不会在许可期限内搁置项目。保证外资投资人在合同期满后，可以用投资时的币种提取收益。

2. 行业鼓励政策

缅甸政府鼓励外商企业投资能够促进当地就业、增加出口、无污染的加工制造型企业。对于符合外商投资领域的加工制造，外商企业可向政府或缅甸私营企业、个人租赁土地，在签订土地租赁协议后，直接去缅甸投资管理委员会（MIC）申请注册外资公司。一般情况下，在填报资料提交后2周，MIC可给外商企业颁发外资企业注册执照。

3. 地区鼓励政策

缅甸规划建设的经济特区主要有缅甸南部德林达依省的土瓦经济特区、缅甸西部若开邦的皎漂经济特区以及仰光南部迪洛瓦经济特区。目前尚无保税区。

【经济特区法规】缅甸于2011年1月颁布了《缅甸经济特区法》和《土瓦经济特区法》。为吸引外来投资，缅甸于2014年1月23日修订出台了新的《缅甸经济特区法》。

【特区情况介绍】缅甸正同期推进“土瓦经济特区”、“迪洛瓦经济特区”及“皎漂经济特区”等3个特区的建设，3个特区建设如下：

（1）土瓦经济特区。位于德林达依省。缅甸和泰国于2008年5月19日在新加坡签署《谅解备忘录》，缅甸港务局与意大利·泰公司于2010年11月2日签署框架协议，根据协议，土瓦特区一期项目包括修建缅泰公路、深水港建设和工业区建设，原计划于2015年竣工。由于项目盘子大、资金短缺及缺乏外资投入等因素，使项目搁浅。为吸引国际投资和激活土瓦项目，缅泰两国终止了原定协议，将土瓦特区项目上升为两国国家间合作项目。缅泰两国于2012年7月23日签订了新的土瓦经济特区谅解备忘录，并成立了相关高级委员会、联合工作协调委员会、联合工作组。为解决邀请日本作为土瓦经济特区战略伙伴国问题，缅甸、泰国、日本于2013年9月27日在仰光召开了3方会议。为推进土瓦项目，吸引投资商和开发商，聘请了国际知名咨询公司并按程序招标。

为邀请国际投资商和开发商，在泰国曼谷组建了土瓦特区发展有限公司SPV－1，在缅甸拟组建SPV－2。特区管委会与特区发展有限公司（SPV－1）于2013年11月21日签订框架协议，并制定了项目进展时间表。在泰国组建SPV－1的主要职能是融资，公司发展规划是向集团化发展并在泰国发行股票，待缅甸金融市场成熟时也计划在缅甸发行股票，这也是特区发展有限公司双重挂牌的目的。SPV－2公司计划在仰光开设办公室并正办理在缅甸的注册手续。该公司是缅泰两国政府间的合资公司，主要职能是与SPV－1公司进行业务对接，执行两国政府关于土瓦经济特区及相关项目的操作意图。目前两国正按照双边协议推进土瓦项目。

土瓦经济特区内划分为9个区域，分别是：高技术工业区、信息通讯区、出口产品生产区、港口区、后勤运输区、科技研发区、服务区、二级贸易区、政府临时指定的区域。投资人在该特区内可从事的行业有：①原料加工、机械化深加工、仓储、运输、服务；②投资项目所需的原材料、包装材料、机器零配件、机械用油可以从国外进口；③进出口贸易；④生产除药品和食品以外的产品，其他未达到质量标准但可以使用的产品，如果产品符合特区管委会的规定，可以在国内市场销售；⑤经特区管委会批准，投资人和国外服务商可以在特区内设办事处。

（2）迪洛瓦经济特区。位于仰光省丁茵—皎丹镇区。缅甸财团和日本财团于2013年10月29日在东京签订合作协议。一期400公顷基础建设项目已开始实施，2015年6月投人商业运行。经济特区全部设施计划于2016～2017年全部建成。

迪洛瓦经济特区2013年11月30日启动项目开工仪式，目前正抓紧施工。该项目由缅甸—日本私人企业及政府组织联合组建的“缅甸—日本迪洛瓦开发有限公司”负责实施。合资公司中缅方占51％股份，日方占49％股份。缅方股份中，迪罗瓦特区管委会占10％，缅甸私人企业联合体“缅甸迪洛瓦经济特区控股公共有限公司”占41％股份；日方股份中由3家企业组建的MMS迪洛瓦开发有限公司占39％股份，日本国际合作机构占10％。2013年10月缅甸－日本私人合资公司Panta－Suntac公司开始初期建设。上述“缅甸迪洛瓦经济特区控股公共有限公司”将在缅甸出售股份，第一期准备销售214.5万股，每股售价1万缅元。今后将视情况追加出售股份。缅甸公民及缅甸公司有权购买迪洛瓦股票。股票出售将公开透明并按程序规范操作。迪洛瓦经济特区2015年中期开始商业运行，长期出租土地给需要的公司，如果在规定时限内未按合同执行项目，将按国际惯例收回土地使用权等。迪洛瓦经济特区A区域第一阶段的土地租赁工作已于2014年5月份启动。目前共有38家公司就特区首期项目投资事宜与开发公司签署协议，这些获批入驻的企业来自美国、日本、中国大陆、中国香港、中国台湾、泰国、瑞士、澳大利亚等国家和地区，其中6家已开始建设工厂。

（3）皎漂经济特区。位于若开邦境内，皎漂东南部4英里，实高村和梅都村附近，面积约1000英亩，将分四个步骤进行开发，一是起草概念规划；二是公开招聘开发咨询公司；三是公开招标开发商；四是进行项目开发。

2014年3月缅方宣布新加坡CPG（Creative Professional Group）集团中标成为皎漂经济特区的开发咨询公司，并与新加坡CPG该公司签署了开发咨询公司聘用协议。总体规划方案由新加坡CPG公司设计，于2014年7月底招标邀请国际开发商参与开发建设。特区开发将分为3个项目，分别招标1家开发商，即：港口项目、工业区项目、包括住宅及基础设施在内的居住区项目。

缅甸国家和平与发展委员会自颁布第2011/8号法律《缅甸经济特区法》后，又颁布了第2011/17号法律《土瓦经济特区法》。该法共分12章58条。内容比《经济特区法》更充实，规定更详细。

【特区内可从事的行业】该法第12条对投资人应享有的特殊待遇作了明确表述：如投资人在该特区内可从事的行业有：①原料加工、机械化深加工、仓储、运输、服务；②投资项目所需的原材料、包装材料、机器零配件、机械用油可以从国内外进口；③进出口贸易；④生产除药品和食品以外的产品，其他未达到质量标准但可以使用的产品，如果产品符合特区管委会规定，可以在国内市场销售；⑤经特区管委会批准，投资人和国外服务商可以在特区内设办事处。

此外，在特区可以开展的行业还有：建深水港、钢铁厂、化肥厂、原油炼油厂、油气厂、火电厂、天然气发电厂等工业项目；在特区还可以开展服务业、修建从项目所在地通往边境地区的公路、铁路，修建输变电线路、铺设油气管道，建立包括住宅、旅游景点和度假设施在内的基础设施，经管委会批准的不违反现行法律的其它经济项目。

该专项特区法比《缅甸经济特区法》的个别规定更加明确，如第36条规定在特区内开展的项目要向政府或指定组织缴纳土地租赁费、土地使用保险费等。

【特区优惠政策】《经济特区法》还规定了对投资者和投资建设者的优惠政策。投资者在免税区开始商业性运营之日起的第一个7年期间，免除所得税；在业务提升区开始商业性运营之日起的第一个5年期间，免除所得税；在免税区和业务提升区投资的第二个5年期间，减收50%所得税；在免税区和业务提升区投资的第三个5年期间，如在一年内将企业所得的利润重新投资，对投资的利润减收50%所得税。投资建设者在经济特区开始商业性运营之日起的第一个8年期间，免除所得税；在第二个5年期间，减收50%所得税；在第三个5年，如在一年内将企业所得的利润重新投资，对投资的利润减50%所得税。

除此之外，该法还对土地使用、保险业务等做了相关规定。

五、与投资合作相关的主要法律法规

缅甸与投资合作相关的主要法律有：《缅甸外国投资法》（2012年11月颁布）、《缅甸外国投资法实施细则》（2013年1月颁布）、《缅甸联邦外国投资委员会1989年第一号令》、《缅甸联邦贸易部关于国内外合资企业的规定》、《外国对缅甸联邦投资程序及优惠政策》、《缅甸公民投资法》、《缅甸公民投资法实施细则》、《缅甸允许私人投资的经济项目》等。

（来源：南博网．http://www.caexpo.com/news/asean/miandian/zcfx_md/fghj_md/2015/07/15/3648295.html. 2015—07—15）

菲律宾对外国投资合作的法规和政策

一、对外贸易的法规和政策规定

1. 贸易主管部门

【贸工部】贸工部（DTI）是菲律宾的外贸政策制定及管理部门，其前身为菲律宾商务部。贸工部的职责是，制定综合的工业发展战略和进出口政策；创造有利于产业发展和投资的环境；促进竞争和公平贸易；负责双边和多边投资贸易合作的谈判；支持中小企业的发展，保护消费者权益。

贸工部的日常工作是定期回顾和评估国家出口状况、问题和前景；确定影响出口发展的主要问题；监督有关部门制定和实施质量控制，保证出口商品的质量管理；向国会建议有利于出口发展的立法；组织和参加国际贸易展览会；为国内外进出口商提供信息服务；整理进出口贸易数据库；对本国

的消费者和贸易商进行培训；审批各种贸易商会成立的申请；审批外资企业在菲律宾投资设厂；颁发进出口许可证。

贸工部下设的产品标准化局主要负责产品技术标准和法规的管理和实施；进口服务署主要负责特定产品进口法规的实施以及发起和指导反倾销、反补贴及保障措施的初步调查。

【其他部门】其他贸易有关部门还有：海关总署、国家经济发展署、中央银行、环境管理署、卫生部、技术转让署、食品和医药品局、危险药品局、渔业和水产资源局、国家肉类检疫委员会、计划工业局、能源管理署和服装纺织品出口局等。菲律宾国家经济发展署（NADA）下设的关税委员会负责关税政策的制定，包括关税的减让、变更、退还，负责反倾销和反补贴的公众听证会和磋商以及保障措施的调查工作。菲律宾财政部下设的关税局负责关税法律的具体实施和进出口关税、进口产品增值税及其他附加税的征收。

2. 贸易法规体系

菲律宾是世界贸易组织（WTO）和亚太经合组织（APEC）成员，也是东南亚国家联盟（ASEAN）的成员国，实行多边的、自由的、外向型的贸易政策，同时对国内幼稚产业进行适当保护。菲律宾政府对其贸易政策不断进行调整，并出台了一系列出口鼓励措施。

菲律宾管理进出口贸易相关法律主要包括：《海关法》、《出口发展法》、《反倾销法》、《反补贴法》、《保障措施法》等。

3. 贸易管理的相关规定

【进口商品管理】菲律宾对进口商品分为3类：自由进口商品；限制进口商品；禁止进口商品。

（1）禁止进口商品包括：枪支弹药；不道德的印刷品、底片、电影、像片、艺术品；用于违法堕胎的物品及宣传广告；用于赌博的装备及用具；含金、银或其他贵重金属或合金制成的物品；假冒劣质的食品或药品；鸦片或其他麻醉品及其合成品；合成盐或成品盐；鸦片吸管及配件；有关菲律宾法律禁止进口的物品及配件。

（2）限制进口产品必须经过菲律宾政府机构如农业部、食品药品局核发的进口许可证方能进口，主要涉及汽车、拖拉机、小汽车、柴油机、汽油机、摩托车、耐用消费品、新闻出版和印刷设备、水泥、与健康及公共安全有关的产品等130多种，约占进口商品的4%。

（3）自由进口商品，是指除了上述禁止进口商品和限制进口商品以外的商品。

【出口商品管理】菲律宾政府对出口贸易采取鼓励政策，主要包括简化出口手续并免征出口附加税，进口商品再出口可享受增值税退税、外汇资助和使用出口加工区的低成本设施等。部分矿产品、动植物产品、海产品和农产品需要获得批准后方可出口。

4. 进出口商品检验检疫

菲律宾是《关税与贸易总协定》东京回合中《技术贸易壁垒协议》的签约国。该技术协议要求在采用标准程序和建立争端解决审议程序时公开，目的是确保政府机构遵守这些规定。菲律宾产品质量局是负责产品质量标准的机构，该机构通过质量管理认证的手段来促进产品质量的提高，对进口商品粘贴合格标志来管理进口商品。适用的标准是ISO 9000和ISO 140000。

【工业品】有28种产品要在当地进行产品标准检验，包括：照明用品、电线电缆、卫生洁具、家用电器、轮胎和水泥等。至于其他产品，海关通常接受产品质量证明或原产国标准证明。产品生产者应依据本国或普遍国际标准进行生产，其产品上要附有产品标准质量标志。

【民生、健康、安全和财产的商品】菲律宾贸工部要求出具产品标准许可和产品标准局的证明。这些产品包括：医用氧气、消费品、电器和防火设备、建筑材料等。非公制的度量衡用品、仪器、仪表的进口由产品标准局事先发放许可。

【环保的要求和规定】菲律宾环境和自然资源部主要负责实施政府的环境保护政策。进口商须符合环保的要求和规定。

【食品健康和安全规定】食品方面，如成分、添加剂、非酒精饮料及混合物、糖果类、咖啡、茶、点心、乳制品、蔬菜、水果、肉类等必须符合食品法典委员会（Codex Alimentarius Commisison）和世界动物卫生组织（OIE）制定的标准；新鲜、冷冻鱼类产品必须取得菲律宾农业部1999年颁布的《195号行政法规》中规定的国际健康证和卫生植物检疫证；如果进口来自有害虫区的蔬菜和水果，则应具有消毒证明；化妆品、医药在生产时必须取得生产许可证，并提供国际认证机构的临床试验报告。对于危险品的进口，必须依照菲律宾卫生部标准进行标签、销售和扩散。规定中的危险品包括刺激物和腐蚀性、易燃和放射性物质。

【植物及植物产品】目前，植物及植物产品进入菲律宾市场须办理如下检疫手续：出口商将发票和箱单传给菲律宾进口商，进口商凭出口商的发票和箱单向菲律宾农业部农作物局植物检疫处（BPI）申请进口许可证，该证会注明每种产品离岸前的要求。进口商将该证交给出口商，出口商提请出口国检疫部门对产品进行离岸检疫并出具检疫证明。出口商将检疫证明和其他运输单据一起以适当渠道转交菲律宾进口商。在货物到达菲律宾港口后，进口商提供给菲律宾检疫部门进口许可证和出口国的检疫证明。菲律宾检疫部门根据进口许可证和检疫证明进行复验，合格后方可入关。

【动物、动物产品及其副产品】菲律宾农业部动物产业局是负责动物、动物产品及其副产品进出口检疫的政府部门。动物产业局对不同动物的进出口有不同的进出口程序和检疫规定。

5. 海关管理规章制度

菲律宾进出口关税的主要法律是《菲律宾关税与海关法》，进口关税税率由菲律宾关税委员会确定公布（www. tariffcommission. gov. ph），出口关税的税率由海关总署确定，并由海关通过有授权的菲律宾中央银行征收。

菲律宾对大部分进口产品征收从价关税，但对酒精饮料、烟花爆竹、烟草制品、手表、矿物燃料、卡通、糖精、扑克等产品征收从量关税。海关对汽车、烟草、汽油、酒精以及其他非必要商品征收进口消费税。进口产品还应向菲律宾海关当局缴纳12%的增值税，征税基础为海关估价价值加上所征关税和消费税。

菲律宾还对进口货物征收印花税，该税一般用于提货单、接货单、汇票，其他交易单、保险单、抵押契据、委托书及其他文件。从2010年1月1日起，中国与包括菲律宾在内的东盟6个老成员国之间，对共7000多种即超过90%的产品实行零关税。中国对东盟平均关税从此前的9.8%降到0.1，东盟6个老成员国对中国的平均关税从此前的12.8%降到0.6%。2012年1月1日起，中国与菲律宾在内的6个东盟老成员对二轨正常产品实施零关税，5月起菲律宾对一般敏感产品调整关税至20%以下。除了货物贸易之外，双方服务部门的开放水平也有进一步的提升，投资政策和环境得到法律制度的保障，更加稳定和透明。随着中国与东盟之间基本实现自由贸易，资金、资源、技术和人才的生产要素的流动效率会显著提高，双方之间经济一体化程度将会达到前所未有的水平。

【进口关税】菲律宾关税与海关法将应税进口商品分为21类，进口关税税率一般为3%～30%。具体商品的税率可从关税委员会的网页查阅，地址是：www. tariffcommission. gov. ph/tariff _ finder。

【进口配额】菲律宾对部分农产品实行关税与配额并用的措施，对配额内的产品征收正常关税，对配额外的商品则征收高关税。如活动物及其产品、新鲜蔬菜等。

【东盟内部零关税】根据东盟内部协议规定，菲律宾对东盟成员国全部产品进口，实行零关税。

【出口关税】菲律宾对以下出口商品征收关税，且关税税率均为20%。圆木、木材、饰面用薄板和胶合板、金属矿砂及其精矿、金、矿渣水泥、硅酸盐水泥；船用燃料油、石油沥青、银、未加工的ABACA（一种产纤维的植物，产于菲律宾）、香蕉、椰子及椰子产品、菠萝及其成品、糖及糖制品、烟草、小虾和对虾。

【出口退税】《菲律宾关税和海关法》规定，用于从事对外贸易的船舶推进器燃料油，可退还不超过99%的已征关税或给予税收抵免；用进口原材料生产或制造的产品（包括包装、标签等）出口时，对所用原材料进口时征收的关税将予以退还或给予税收抵免；财政部根据海关总署的建议可发布允许对本法规定的商品实行部分退税的法规规章。退税将由海关总署在收到正确、完整的文件后60天内支付。

二、对外国投资的市场准入的规定

1. 投资主管部门

贸工部是负责投资政策实施和协调、促进投资便利化的主要职能部门。贸工部下设的投资署、经济特区管理委员会（PEZA）负责投资政策包括外资政策的实施和管理。此外，菲律宾在苏比克、克拉克等地设立了自由港区或经济特区，并成立了相应的政府机构进行管理。

2. 投资行业的规定

菲律宾政府将所有投资领域分为3类，即优先投资领域、限制投资领域和禁止投资领域。

【优先投资领域】对于优先投资领域，菲律宾政府每年制定一个《投资优先计划》，列出政府鼓励投资的领域和可以享受的优惠条件，引导内外资向国家指定行业投资。优惠条件包括减免所得税、免除进口设备及零部件的进口关税、免除进口码头税、免除出口税费等财政优惠，以及无限制使用托运设备、简化进出口通关程序等非财政优惠。

2014年10月28日，菲律宾投资署发布《2014～2016年投资优先计划》，将制造业、农业和渔业、服务业（集成电路设计、创意产业和知识型服务、船舶修理、电动车、保养维修和飞机大修、工业废物处理）、经济低价房、医疗卫生业、能源、公共基础设施和物流业、公私伙伴合作项目等8大领域列入首选项目。“投资优先计划”规定投资者可能获得的补助政策将根据该企业对经济发展的实际贡献而决定。企业的所得税免税期限将基于以下因素：投资项目的净附加收益、创造工作机会、乘数递增效应、实际能力等。鼓励政策中还包括了部分特例，如：矿业设备投资，石油产品的精炼、储存和分销、可再生能源和旅游等。此外，菲律宾林业法、矿业法、书籍或教材印刷出版法、解除对石油下游产业管制法、生态固体废物管理法、清洁水法、残疾人权利宪章、可再生能源法与旅游法等法律也规定了对可再生能源、旅游等领域有关投资的优惠措施。对于在棉兰老岛穆斯林自治区投资的企业，“投资优先计划”中专门规定了可享受优惠措施的投资领域。

2015年4月6日，菲律宾投资署发布《2014～2016年投资优先计划（IPP）实施指南》，规定政府鼓励投资政策的具体准则。指南提出，2014～2016 IPP计划系三年滚动计划，以确保国内和外国投资者的连续性、一致性和可预测性。

【银行业开放】2014年7月，菲律宾国会通过了新的外资银行法修正案，对外资银行准入和经营范围实行全面开放。次前法律规定，只允许外资银行购买或拥有本地银行60%的股份或设立分行，许多外商希望菲律宾放开对外资银行的限制。菲律宾政府宣称，此举也是菲律宾迈向东盟经济一体化包括金融一体化的需要。菲律宾总统阿基诺已签署此项修正案。

【限制外资清单】菲律宾政府每2年更新一次限制外资项目清单，迄今仍沿用2012年由总统阿基诺三世签署的第九版。其中规定，11种行业不允许外资进入，部分领域外国人权益不得超过25%，绝大多数领域外国人权益不得超过40%。详见菲律宾投资署网站：www. boi. gov. ph/files/laws。

3. 投资方式的规定

【股权限制】对于绝大多数公司，菲律宾公民须拥有至少60%的股份以及表决权，不少于60%的董事会成员是菲律宾公民。如果公司不能满足上述关于菲律宾公民所占比例的要求，则必须满足以下条件：

（1）经投资署批准，属于先进项目，菲律宾公民无法承担，且至少70%的产品用于出口。

（2）从注册之日起30年内，必须成为菲律宾本国企业，但是产品100%出口的公司无须满足该要求。

（3）公司涉及的先进项目领域不属于宪法或其他法律规定应由菲律宾公民所有或控制的领域。

【跨国并购】菲律宾关于并购等商业行为有一系列法律法规，其中《公司法》对并购的手续和流程进行了相关规定，《反垄断和限制贸易的合并法》（Republic Act 3247）明确了由于并购等行为造成的垄断或贸易阻碍的情形及相关处罚措施。

如无法律明文禁止，外资企业可按菲律宾国内企业收并购流程并购菲律宾企业，具体做法如下：

（1）首先由双方董事会各自通过并购方案，并至少在专门召开的股东或成员大会两周前提交方案。股东大会上，2/3以上股权票或2/3以上成员票赞成即为方案通过（并购方案如需修改，亦须在股东大会上获得相同比例的赞成票）。

（2）方案获股东大会通过后，合并双方总裁或副总裁在注明合并方案、投票情况的合并书上签字，由董事会秘书或秘书助理认证后，提交至证券交易委员会（SEC）批准（如合并涉及银行、银行业金融机构、信托公司、保险公司、公用事业、教育机构或其他由特别法律规范的特别行业，需先由相关政府机构出具推荐函）。

（3）SEC认定并购行为不与《公司法》或其他相关法律抵触后，出具并购许可，并购行为自此生效。

在菲律宾，律师事务所或会计师事务所均可咨询并购事宜。

4. BOT方式

【法律依据】菲律宾于1993年颁布《BOT法》，第一部分共18款，详细介绍了法令本身，规定了各种BOT参与方式的定义、优先项目范围、公开投标规定、合同谈判、偿还计划、合同中止、项目监督、投资激励、项目协调与指导、规章制度委员会成员规定等内容。第二部分为规章制度执行的有关具体规定，共15条84款。该部分除了进一步阐明上述条款的有关政策，授命组成资格审核及合同授予委员会之外，对BOT立项的各个过程，包括投标前期工作、投标评估、合同审批、合同授予等作了详尽的规定。对投资承建商的资格、拥有股份、投资领域、投资形式、偿还计划、收益分配、融资、鼓励措施和项目监察等细节作了严格的规定。根据该法案，特许经营年限最高为50年。

【BOT项目】截至2008年，菲律宾共完成

BOT项目63个，项目总金额190亿美元，其中能源项目38个，交通项目8个，环境保护项目5个，信息技术项目8个，社会公共设施项目1个，房地产开发项目9个。

【PPP项目】2009年，菲律宾成立PPP（公私合作伙伴关系项目）中心，取代BOT中心，负责PPP项目的推进。PPP项目亦由BOT法规范，截至2015年4月30日，已经授标的有Daang Hari—南高速连接路项目（菲律宾本地公司阿亚拉集团中标，BOT方式，项目金额4660万美元，特许经营30年）、校舍项目一期工程（本地企业BF公司与河岸发展公司组成的财团及Citicore投资控股公司与Megawide建设有限公司组成的财团共同中标，项目金额3.89亿美元，BLT方式，合作期限10年）、尼诺阿基诺国际机场高速公路项目（二期）（项目金额5亿美元，BTO方式，合作期限30年）、校舍项目二期工程（项目金额0.8亿美元，BT方式）、菲律宾骨科中心现代化改造（项目金额1.9亿美元，BOT方式，合作期限25年）、自动售检票系统（项目金额0.4亿美元，BTO和BOO方式，合作期限10年）、宿务国际机场旅客航站楼（项目金额7亿美元，BOT方式，合作期限25年）、轻轨1号线延长工程与维护（项目金额9.9亿美元，BTO方式，合作期限32年）、综合交通系统项目（ITS）（西南端）（项目金额0.7亿美元，BOT方式，合作期限35年）等9个项目。此外还有南北客运铁路项目（项目金额约62亿美元）以及大马尼拉环形地铁项目（项目金额约31亿美元），机场、港口等项目正在逐渐发布中。具体可参见菲律宾PPP中心网址：www.ppp.gov.ph。

三、菲律宾关于企业税收的规定

1. 税收体系和制度

菲律宾税收的基本法是《国家内部收入法》，1997年税收改革法案（RANo.8424），及2005年11月1日开始实施的9337号修正案（RA No.9337）。主要税种有：公司所得税、个人所得税、增值税、消费税和关税。

2. 主要税赋和税率

【所得税】国内公司以菲律宾国内外所有净收入为基础纳税；常驻外国公司（180天以上）就菲律宾境内取得的净收入纳税；非常驻外国公司则就菲律宾境内的总收入纳税。

（1）现行的公司所得税税率为应纳税金额的30%。

（2）如果公司应纳税收入为零或负数，或最低公司所得税超过其普通公司应纳所得税，则自该公司第4个年度起可按2%的最低公司所得税征收。专营教育机构和非盈利性医院按应纳税收入净额的10%征收。

（3）居民、非常驻居民、常驻外国人、非常驻外国人在菲律宾从事商业和贸易按5%到32%的超额累进税率征收个人所得税。在菲律宾不从事商业和贸易的外国人，一律按25%的税率对其收益进行征收（如利息、投资收益）。

【增值税】根据9337号修正案规定，增值税率从2006年2月1日起提高到12%。部分交易免征增值税。免征增值税的交易主要包括：农产品、水产品、种子、种苗、鱼苗、饲料、认证的私人教育机构提供的教育服务、由个人提供的服务、在合作发展署登记的农业合作社对其会员的销售、直接用于农业投入的进口机械和设备包括零部件等、销售、进口或出租船舱、货舱和飞机，包括发动机、设备和零部件等。

【消费税】消费税主要征收对象为在菲律宾生产、制造的用于国内销售或消费以及其他目的的特定商品（如烟、酒、机动车等）。消费税也适用于部分应缴纳增值税和关税的进口商品。2013年1月1日起菲律宾政府开始加征烟草“罪恶税”（Sin tax），这是菲律宾15年来首次对烟草消费税进行调整，菲律宾烟草价格上涨近一倍。

【比例税】比例税的主要征税对象为免征增值税的个人和实体，如从事国内或国际客运交通或娱乐业的，将按总收入征收比例税（营业税）。

表1：各商业类别的比例税率

商业类别	比例税率
在菲律宾营业的人寿保险公司	所收保费总额的5%
水和气的公用事业单位，广播和/或电视公司，年收入不超过1000万比索	总收入的2%总收入的3%
本地普通递送	总收入的3%
经营运送和车库	根据经营场所和使用的运输工具的不同，征收税率不同
从菲律宾用电话、电报和其他通讯设备服务行的海外调度、信息或会议传输	总收入的10%

续表

商业类别	比例税率
银行和非银行金融机构在证券交易所名单中并在证券交易所交易的股票的销售	借贷活动产生的利息、佣金、折扣和金融租赁收入，以票据形式且不超过5年的，征收5%，超过5年征收1%分红、股权和补助的净收入—0%版权等专有权，不动产或私人财产出租，交换得来的利润—7%纳税年度内外汇贸易净盈余、债券、衍生产品及其他类似的金融工具税年度内外0.5%
其他非增值税登记的业务	总销售或总收入的3%，不超过150万比索

（资料来源：菲律宾国内税务局）

【印花税】印花税征税范围包括文件、契约、证券、贷款协议，还有接收、签署、销售转移责任、权力或资产等的证明。征收对象为制作者、签字人、接收者或转移者。

【关税】进口到菲律宾的商品一般都要缴纳关税。根据关税和海关代码中商品的分类确定申请的税率。特殊商品进口可以免税，如进入海关免税仓库的商品。进口商及其代理应从商品进口之日起，保留进口商品记录3年。这期间海关署有权对进口商/代理商的记录进行事后审核，以确认是否符合海关条例及评估是否少付关税。

【房产税】按房产价值的2%计征。

【利息税】按利息收入的20%计征。

【环境税】一次性缴纳，1万比索。

【地方税】地方政府法规定，地方政府有权在其管辖范围内对某些特殊行为或商业行为征税，法律规定免税的除外。地方政府也有权每年对不动产征税，如土地、建筑物、机械和其他改造，还有对不动产的销售、捐赠、易货、或其他任何形式的转移进行征税。然而，地方政府无权征收所得税、关税、印花税、财产税、礼品税。

四、菲律宾对外国投资的优惠

1. 优惠政策框架

【财政优惠政策】菲律宾有以下财政优惠政策：

（1）免所得税。新注册的优先项目企业将免除6年的所得税，传统企业免交4年所得税。扩建和升级改造项目免税期为3年，如项目位于欠发达地区，免税期为6年。新注册企业如满足下列其中一个条件，还将多享有1年免税奖励：①本地生产的原材料至少占总原材料的50%；②进口和本地生产的固定设备价值与工人的比例不超过每人1万美元；③营业前3年，年外汇存款或收入达到50万美元以上。

（2）可征税收入中减去人工费用。

（3）减免用于制造、加工或生产出口商品的原材料的赋税。

（4）可征税收入中减去必要和主要的基建费用。

（5）进口设备的相关材料和零部件减免关税。

（6）减免码头费用以及出口关税。

（7）自投资署注册起免除4～6年地方营业税。

【非财政优惠措施】菲律宾制定了以下优惠措施：

（1）简化海关手续；

（2）托运设备的非限制使用：托运到菲律宾的设备贴上可出口的标签；

（3）进入保税工厂系统；

（4）雇用外国公民：外国公民可在注册企业从事管理、技术和咨询岗位5年时间，经投资署批准，期限还可延长。总裁、总经理、财务主管或者与之相当的职位可居留更长时间。

2. 行业鼓励政策

菲律宾投资署每年制定一部“投资优先计划”，规定政府优先发展的项目领域，该计划经总统批准后发布。需要注意的是，这些领域中有一部分是限制或禁止外国投资的领域（具体可登陆菲律宾投资署网站 www. boi. gov. ph/files/laws）。

3. 地区鼓励政策

菲律宾将棉兰老岛地区专门列入投资优先计划。2013年投资优先计划专列《棉兰老岛自治区特别清单》，规定棉兰老岛地区以下产业享受优惠政策：出口行业（包括出口商和供应商）、农业、农业企业和渔业、基础工业（包括药业、纺织业、无机和有机肥、矿业勘探和开发以及水泥制造业等）、消费品生产、基础设施及水电供给、工业服务业、工程工业、物流行业、东盟东部增长区贸易和投资企业、旅游业、卫生和教育行业、穆斯林产业等。

4. 特殊经济区域的规定

【经济特区鼓励政策】菲律宾经济区主要由PEZA所辖的96个各类经济区和独立经营的菲律宾弗德克工业区、苏比克、卡加延、三宝颜、克拉克自由港等组成。这些经济特区的优惠政策包括：

（1）企业可获得4年所得税免缴期，最长可延至8年。所得税免缴期结束后，可选择缴纳5%的

“毛收入税”（GROSS INCOME TAX），以代替所有国家（中央）和地方税，其中3%上缴中央政府，2%上缴地方财政。

（2）进口资本货物（设备）、散件、配件、原材料、种畜或繁殖用基因物质，免征进口关税及其他税费。同类物品如在菲律宾国内采购，可享受税收信贷（TAX CREDIT），即先按规定缴纳各项税费，待产品出口后再返还（包括进口关税部分的折算征收、返还）。

（3）经批准，允许企业生产产品的30%在菲律宾国内销售，但须根据国内税法纳税。

（4）免缴码头税费和出口税费。

（5）给予初始投资在15万美元以上的投资者及其配偶和未成年子女（21岁以下）在经济区内永久居留的身份，他们可以自由出入经济区，而无需向其他部门另行申请。

（6）简化进出口程序。

（7）允许聘用外籍雇员，为外国经理人员和技术人员办理2年的可延期工作签证，但外籍雇员数量不能超过企业总雇员人数的5%。

（8）企业用于员工技术培训和提高管理能力的费用的一半可以从上缴中央政府的3%税收中扣除。

此外，是否给予 E. O. 226 规定的其他优惠待遇，由 PEZA 自行决定。

【经济区种类】菲律宾目前共有各类经济区239个，分为以下几类：

（1）工业园区：工业园区指为工业发展所设立的专门区域，拥有一定的基础设施，如道路、供水、排水系统、厂房和住宅。

（2）出口加工区：出口加工区是区域内企业主要为出口导向型的工业园区。出口加工区的优惠政策包括进口设备、原材料和零部件的税收和关税减免等。

（3）自由贸易区：自由贸易区设在交通枢纽附近，如海港或空港周边。进口的货物可以免交进口关税，并在此进行卸货、分类、重新包装等。但如果这些货物进入非自由贸易区，仍需缴纳关税。

（4）旅游经济区：旅游经济区指专门为旅游业发展而设立的经济特区，区域适合建立旅游休闲设施，比如体育休闲中心、宾馆、文化和会议设施、餐饮中心等以及相应的基础设施。

（5）IT园区或建筑：IT园区或建筑指专门为IT项目或服务设立的区域。IT园区可以是一片区域或一栋建筑，其整体或部分将具备为IT企业提供相应设施和服务的条件。

【经济区优惠政策】根据各经济区内的企业从事不同性质的活动，可享受的优惠政策有：

（1）进口固定设备、原材料、零部件、良种牲畜和基因材料等免除关税；

（2）传统项目4年免所得税，先锋项目6年免所得税；

（3）免所得税后的收入，仅需根据5%的税率纳税，以此替代其他各项国家和地方税收；

（4）扣除进口替代品课税；

（5）免除码头费用、出口税和进口费；

（6）减免国内固定设备、良种牲畜和基因材料的课税；

（7）可征税收入中额外减去人工费用；

（8）托运设备的非限制使用；

（9）外国投资者和家庭的永久居留权；

（10）雇用外国公民；

（11）可不经菲律宾央行审批汇出收入；

（12）免除地方营业税；

（13）如果已交纳5%综合所得税，外企在菲律宾分支机构免纳利润汇回税。

需要注意的是，菲律宾央行规定外国直接投资者（FDI）从2015年4月19日起，必须在向菲境内实际汇入资金后一年内向菲央行登记注册。为更有效地监控外资的流动，菲央行将过去为期2年的注册减为现在的1年。

五、与投资合作相关的主要法律法规

菲律宾有数个涉及投资的重要法律，目前有关方面正在推动将所有促进投资的法律合并成一部法律，进一步规范各部门出台财政或非财政激励政策。

《1987年综合投资法典》共和国第226号法令，共和国第7918号法令进行了修正。该法典为国内外企业提供一系列国家优先发展领域的综合激励措施。企业需参与“投资优先计划”所列的领域以享受这些优惠措施。如果企业未参与列入“投资优先计划”的领域，在满足以下任一条件后亦可享受这些优惠措施：

（1）50%以上的产品出口（菲律宾公民所有的企业）；

（2）70%以上的产品出口（外商持股40%以上的企业）。

《1991年外国投资法》共和国第7042号法令，

共和国第8179号法令进行了修正。外国公司被允许在菲律宾从事未列入《外国投资限制清单》的行业。在《外国投资限制清单》中列举了禁止和限制外国投资的领域，主要包括两部分：

（1）清单A为宪法或其他法律规定禁止和限制外国投资的领域；

（2）清单B为外商所有权受法律限制的领域，包括与国防、执法、公众卫生、道德、保护中小企业等相关的领域。

《1995年经济特区法案》共和国第7916号法令，共和国第8748号法令进行了修正。该法案于1995年通过，旨在通过发展经济特区促进经济增长。菲律宾经济特区署（PEZA）负责该法的实施和给予经济特区内的合格企业优惠政策。经济特区分为工业园区、出口加工区、自由贸易区、旅游经济区、IT园区、农业经济区等各类经济园区。每个经济特区都朝着政府干预最小化、独立自由区域的目标发展。经济特区不需政府提供特别帮助，自我管理经济、金融、工业及旅游发展，同时与周边区域建立起相应的联系。

《1992年基地转型及发展法案》共和国第7227号法令。根据该法案成立了基地转型发展委员会、苏比克湾管理署（SBMA）以及苏比克经济特区和自由港区（SSEFZ）。在苏比克经济特区和自由港区注册的企业享受各种投资优惠，包括一流的商业、居住和旅游设施。

《地区总部、地区生产总部和地区仓储中心相关法案》共和国第8756号法令。该法案明确了关于在菲律宾设立跨国公司地区总部（RHQs）、地区生产总部（ROHQs）和地区仓储中心（RWs）的规定和指南。地区总部是指跨国公司在菲律宾设立、但并不从菲律宾获取收入的分支机构。地区生产总部指跨国公司在菲律宾设立、可以通过提供服务而获取收入的分支机构。

《投资者租赁法案》共和国第7652号法令。该法案允许外国投资者在菲律宾租用商业用地最长不超过75年（过去规定为50年）。根据该法，任何到菲律宾投资的外国投资者在遵守菲律宾法律和下列条件的情况下，可租赁私人土地：（1）土地租赁合同期限为50年，仅可一次性延长25年；（2）租赁的土地仅做投资用途；（3）租赁合同应符合《综合土地改革法》和《地方政府法案》。

《1994年出口发展法案》共和国第7844号法令。该法案向出口商提供优惠政策，鼓励增加在出口方面的投入，包括：（1）设立出口发展委员会；（2）鼓励私营部门参与出口推介活动，包括建立世界水准的菲律宾贸易中心；（3）设立私营部门为主导的融资中心，直接为促进出口服务；（4）为出口商提供财政激励政策。《出口发展法案》在相关政府部门如投资署和菲律宾经济区管委会给予优惠政策的同时，还给予其他的优惠政策。

《BOT法》共和国第7718号法令。明确了私营企业参与一般由政府负责的基础设施建设和有关服务的政策和规定。关于商务纠纷时适用法律问题，双方最好在合同或协议中约定仲裁机构以及适用法律。如无约定时，一般会在纠纷发生地进行协商或提起仲裁或起诉。请注意，由于菲律宾并未加入《联合国国际货物销售合同公约》，所以此公约对菲律宾公司并不具有约束力。

（来源：南博网．http://www.caexpo.com/news/asean/feilvbin/zcfx_flb/fghj_flb/2015/07/15/3648291.html.2015—07—15）

新加坡对外国投资合作的法规和政策

一、对外贸易的法规和政策规定

1．贸易主管部门

新加坡国际企业发展局（International Enterprise Singapore，简称企发局），是隶属于新加坡贸易工业部的法定机构，是新加坡对外贸易主管部门，其前身是成立于1983年的新加坡贸易发展局（贸发局）。企发局下设贸易促进部，并分设商务合作伙伴策划署和出口促进署，主要职责是宣传新加坡作为国际企业都会的形象以及提升以新加坡为基地公司的出口能力。

2．贸易法规体系

新加坡与贸易相关的主要法律有《商品对外贸易法》、《进出口管理办法》、《商品服务税法》、《竞争法》、《海关法》、《商务争端法》、《自由贸易区法》、《商船运输法》、《禁止化学武器法》、《战略物资管制法》等。

3．贸易管理的相关规定

【开展进出口和转运业务的基本条件】主要有：

（1）必须在新加坡组建一家公司并向会计与企业管理局注册（查询网址：licences.business.gov.sg，

通过在线商业注册服务注册公司)。

(2) 注册公司后，须向新加坡关税局免费申请中央注册号码。中央注册号码将允许您通过贸易网系统提交进出口和转运准证申请。

贸易交换网（TradeXchange）系统是新加坡全国范围内的贸易电子信息交换系统，能让公共和私营部门在此平台上交换电子贸易数据和信息。一般情况下，在新加坡开展进出口或转运业务必须在贸易交换网上获得相关业务准证（查询网址：www.tradexchange.gov.sg)。

【货物的进口】货物进口到新加坡前，进口商需通过贸易交换网向新加坡关税局提交准证申请。如符合有关规定，新加坡关税局将签发新加坡进口证书和交货确认书给进口商，以保证货物真正进口到新加坡，没有被转移或出口到被禁止的目的地。一般情况下，所有进口货物都要缴纳消费税。如果进口货物是受管制的货物，必须向相关主管部门提交准证申请并获得批准。

表1：新加坡进口管制物品及主管机构

项目	主管机构
投币式或盘片操作游戏机，包括弹球桌、射击游戏机和影像放映游戏机	公共娱乐执照组（PELU）
动物、禽类及其产品	农粮与兽医局（AVA）
武器与爆炸物	武器与爆炸物执照署（A&E）
石棉制品	污化管制处（PCD）
具防攻击功能的衣物，包括防弹背心	武器与爆炸物执照署（A&E）
电池（普通），碱性、炭锌和汞氧化物	污化管制处（PCD）
预录的盒式磁盘、卡式磁带、音频光盘	媒体发展管理局（MDA）
化学品：毒性及危险性化学品有毒及易制毒化学品杀虫剂	污化管制处（PCD）国家机构、化学武器公约（NA，CWC）污化管制处（PCD）
香口胶（牙科用）、香口胶（药用）	违禁品，新加坡关税局（Singapore Customs）化妆品控制单位（CCU）管制支援单位（RSU）
氟氯碳化合物（CFCs）	污化管制处（PCD）

续表

项目	主管机构
打火机—气枪或左轮手枪形状	违禁品，武器与爆炸物执照署（A&E）
化妆品与美容产品（除了由RSU管制的皮肤与面部药性美容液或膏）	化妆品控制单位（CCU）
柴油或汽油	污化管制处（PCD）
来自黎巴嫩未经加工的钻石（KPCS）	违禁品，新加坡关税局（Singapore Customs）
胶卷，影片/录像/激光光盘	媒体发展管理局（MDA）
爆竹	违禁品，武器与爆炸物执照署（A&E）
鱼类与渔业产品	农粮与兽医局（AVA）
易燃物质	新加坡民防部队（SCDF）
食品（不包括新鲜或冷冻蔬菜及水果）	农粮与兽医局（AVA）
水果（新鲜或冷藏）	农粮与兽医局（AVA）
水果机/吃角子老虎机	新加坡警察部队执照署（SPF）
人参	农粮与兽医局（AVA）
唱片	媒体发展管理局（MDA）
手铐	武器与爆炸物执照署（A&E）
哈龙（Halons）	污化管制处（PCD）
染发剂与护发品：毒性无毒性	管制支援单位（RSU）化妆品控制单位（CCU）
头盔：工业安全型钢质	职业安全健康处（OSHD）武器与爆炸物执照署（A&E）
人类病原体	生物安全组（BSB）
工业安全项目（安全带、安全挽具、救生绳索、安全绳、救生网）	职业安全健康处（OSHD）
放射性器材	放射防护中心（CRP）
任何媒介的录制与翻录器材（CD、CD－ROM、VCD、DVD、DVD—ROM）	新加坡关税局（Singapore Customs）
动物与禽类的肉与肉制品	农粮与兽医局（AVA）
药物、药剂、药制品	管制支援单位（RSU）

续表

项目	主管机构
兽医用药剂	农粮与兽医局（AVA）
奶粉以及马来半岛、沙巴、沙劳越生产的新鲜、去脂、巴氏杀毒牛奶	农粮与兽医局（AVA）
硝化纤维素	武器与爆炸物执照署（A&E）
有机肥料	农粮与兽医局（AVA）
石油	新加坡民防部队（SCDF）
带泥土或不带泥土的植物、花及种子	农粮与兽医局（AVA）
II 粟种子（kaskas）	中央肃毒局（CNB）
易制毒化学品	中央肃毒局（CNB）
出版物	媒体发展管理局（MDA）
放射性物质	放射防护中心（CRP）
犀牛角及处理后该产品的废料和粉末	违禁品，农粮与兽医局（AVA）
米（不包括米糠）	新加坡国际企业发展局（lE Singapore）
阴离子表面活性剂	污化管制处（PCD）
餐桌用品与厨房器皿（陶瓷、晶质玻璃）	农粮与兽医局（AVA）
通信设备	新加坡资讯通信发展管理局（IDA）
木材与木料	农粮与兽医局（AVA）
玩具手枪、气枪、左轮手枪	武器与爆炸物执照署（A&E）
玩具对讲机	新加坡资讯通信发展管理局（IDA）
蔬菜（新鲜、冷藏）	农粮与兽医局（AVA）
废铅酸电池及任何废铅、镉或汞制电池	污化管制处（PCD）
部分从朝鲜进口或转口的货物	违禁品，新加坡关税局（Singapore Customs）
部分从伊朗进口或转口的货物	违禁品，新加坡关税局（Singapore Customs）

（资料来源：新加坡海关）

【货物的出口】非受管制货物通过海运或空运出口，必须在出口之后 3 天内，通过贸易交换网提交准证申请。受管制货物，或非受管制货物通过公路和铁路出口的，需要在出口之前通过贸易交换网提交准证申请。出口受管制货物还必须事先取得相关主管机构的批准或许可。

表 2：新加坡出口管制物品及主管机构

项目	主管机构
动物	农粮与兽医局（AVA）
武器与爆炸物	武器与爆炸物执照署（A&E）新加坡关税局（Singapore Customs）
具防攻击功能的衣物，包括防弹背心	武器与爆炸物执照署（A&E）新加坡关税局（Singapore Customs）
化学品：有毒及易制毒化学品杀虫剂	国家机构、化学武器公约（NA，CWC）新加坡关税局（Singapore Customs）污化管制处（PCD）
氟氯碳化合物（CFCs）	污化管制处（PCD）
未经加工的钻石	新加坡关税局（Singapore Customs）
鱼类与渔业产品	农粮与兽医局（AVA）
人参	农粮与兽医局（AVA）
手铐	武器与爆炸物执照署（A&E）
哈龙（Halons）	污化管制处（PCD）
钢质头盔	武器与爆炸物执照署（A&E）
放射性器材	放射防护中心（CRP）新加坡关税局（Singapore Customs）
肉类与肉类制品	农粮与兽医局（AVA）
军事设备、其他军用品	新加坡关税局（Singapore Customs）
易制毒化学品	中央肃毒局（CNB）新加坡关税局（Singapore Customs）
放射性物质	放射防护中心（CRP）新加坡关税局（Singapore Customs）
犀牛角及处理后该产品的废料和粉末	违禁品，农粮与兽医局（AVA）

续表

项目	主管机构
米（不包括米糠）	新加坡国际企业发展局（IESingapore）
橡胶	新加坡国际企业发展局（IESingapore）
出口欧盟或美国的新加坡生产纺织品和服装	新加坡关税局（Singapore Customs）
木材与木料	农粮与兽医局（AVA）
玩具手枪、气枪、左轮手枪	武器与爆炸物执照署（A&E）
废铅酸电池及任何废铅、镉或汞制电池	污化管制处（PCD）
出口到阿富汗、科特迪瓦、刚果民主共和国、伊拉克、利比里亚、卢旺达、塞拉利昂、索马里、苏丹各类武器和相关物品及零件	违禁品，新加坡关税局（Singapore Customs）
出口或转口到朝鲜坦克、装甲车、大口径炮、战斗机、战斗直升机、军舰、导弹或导弹系统及设备零件任何与核项目、弹道飞弹等联合国列名项目相关的材料、设备、技术等；奢侈品	违禁品，新加坡关税局（Singapore Customs）

（资料来源：新加坡海关）

【货物的转运】所有从一个自由贸易区转运至另一个自由贸易区的货物，或在同一个自由贸易区内转运受主管部门管制的货物，必须事先通过贸易交换网取得有效的转运准证方能将货物装载到运输工具上。

4. 进出口商品检验检疫

新加坡对进口商品检验检疫的标准和程序十分严格。负责进口食品、动植物检验检疫的部门是农粮兽医局（Agri－Foodand Veterinary Authority，简称农粮局或AVA），负责进口药品、化妆品等商品检验的部门是卫生科学局（Health Science Authority，简称HSA）。

【农产品和食品检验】农产品和食品的进口商须向AVA申请执照，只有获得AVA进口执照的贸易商方能在新加坡从事农产品和食品进口业务。AVA有完整的一套食品安全计划，对肉、鱼、新鲜水果和蔬菜、蛋、加工食品等商品的进口来源、包装运输、检验程序、检验标准有不同的要求和详尽的规定（查询网址：www. ava. gov. sg）。

【动物检疫】只有获得AVA执照的进口商方可在新加坡从事商业用途的动物进口。每次进口动物须向AVA申请许可，并提前获得海关清关许可。所有进口动物需符合AVA的兽医标准（查询网址：www. ava. gov. sg）。

【植物检疫】进口植物及植物产品需出示原产国有关机构签发的植物检疫证书并获得AVA的进口许可。所有进口植物及植物产品必须符合AVA规定的健康标准，除另有规定外，植物及植物产品进口后必须接受AVA检查。受华盛顿公约（CITES）保护的濒临绝种植物，必须备有CITES的许可证方可进口。

【药品、化妆品检验】根据《药品法》、《有毒物质法》、《滥用药物法令》，新加坡所有从事药品进口、批发、零售以及出口的经营者需向HSA取得相关许可方可开展业务。进口药品和化妆品前，需向HSA如实申报其成分、疗效等相关信息，获得批准后方可进口。HSA对进口相关产品进行抽检，一旦与申报不符，即取消其经营相关产品的资格。

5. 海关管理规章制度

新加坡海关管理的主要法律法规包括《海关法》、《货物和服务税收条例》、《进出口管理条例》、《自由贸易区条例》、《战略物品管制法》、《禁止化学物品法》等。具体可查询 www. customs. gov. sg。

新加坡《海关法》规定，进口商品分为应税货物和非应税货物，应税货物包括石油、酒类、烟类和机动车辆等4大类商品，非应税货物为上述4大类商品之外的所有商品。应税货物和非应税货物进口到新加坡都要征收7%的消费税，应税货物除征收消费税外，还需征收国内货物税和关税。

根据2008年10月中新签署的《自由贸易协议》，新加坡对从中国进口的应税货物税率给予了优惠安排。根据协定，新加坡已于2009年1月1日起取消全部自中国进口商品关税；中国也于2010年1月1日前对97.1%的来自新加坡进口产品实现零关税。

表3：新加坡应纳税商品及关税/国内货物税

商品名称	国内货物税
酒类商品	S$48～70/公升（liter）
烟草类商品	S$181～352/公斤（kgm）
石油类商品	S$3.7～7.1/十升（dal）
机动车	20%
带引擎的摩托车、自行车	12%

（资料来源：新加坡海关）

二、对外国投资的市场准入的规定

1. 投资主管部门

新加坡负责投资的主管部门是经济发展局（EDB，简称经发局），成立于1961年，是隶属新加坡贸工部的法定机构，也是专门负责吸引外资的机构，具体制订和实施各种吸引外资的优惠政策并提供高效的行政服务。其远景目标是将新加坡打造成为具有强烈吸引力的全球商业与投资枢纽。

2. 投资行业的规定

新加坡对外资准入政策宽松，除国防相关行业及个别特殊行业外，对外资的运作基本没有限制。此外，新加坡政府还制定了特许国际贸易计划、区域总部奖励、跨国营业总部奖励、金融与资金管理中心奖励等多项计划以鼓励外资进入。同时，经发局还推出了一些优惠政策和发展计划来推动企业拓展业务，如创新发展计划、企业研究奖励计划、新技能资助计划等。

根据新加坡政府公布的2010年长期战略发展计划，电子、石油化工、生命科学、工程、物流等9个行业被列为奖励投资领域。

3. 投资方式的规定

【投资方式限制】新加坡对外资进入新加坡的方式无限制。除金融、保险、证券等特殊领域需向主管部门报备外，绝大多数产业领域对外资的股权比例等无限制性措施。

【个人投资】给予外资国民待遇，外国自然人依照法律，可申请设立独资企业或合伙企业。

【外资并购】外资进入新加坡的方式无限制。除金融、保险、证券等特殊领域需向主管部门报备外，绝大多数产业领域对外资的股权比例等无限制性措施。

新加坡对于外资在新加坡开展并购总体上无特殊限制。普通私人有限公司收购兼并活动中需要遵守《公司法》及公司章程的相关规定，对于上市企业在收购兼并过程中，必须符合“Securitiesand Futures Act，Company Actand Mergeand Takeover Code”的相关规定（详见新加坡金管局网站）。对收购兼并的目标，需要由第三方独立的机构进行公允值评估，作为收购或者兼并的依据，同时在兼并收购过程中，也需要遵守《合同法》等其他相关法律法规的要求。新加坡有《竞争法》（COMPETITIONLAW），以确保企业在运营、经营中公平竞争。

关于收购兼并的主要手续及操作流程，并没有固定的格式与要求，建议企业在进行收购兼并之前，委托当地具有一定影响力和公信度的会计师事务所、律师事务所及相关的行业机构，例如环保部门等就收购兼并目标的财务、法律、行业合规性等进行尽职调查，矿业及资源类的企业应对矿业、资源的储量、拥有权、开采权等进行相应调整。

【案例】某中资企业成功并购一新加坡企业后，不久便出现了严重的财务危机。该公司积极吸收其第二大股东某石油公司优良的风险管理机制，最终在破产前及时减损。

4. BOT方式

在新加坡没有BOT方式。

三、新加坡关于企业税收的规定

1. 税收体系和制度

新加坡以属地原则征税。任何人（包括公司和个人）在新加坡发生或来源于新加坡的收入，或在新加坡取得或视为在新加坡取得的收入，都属于新加坡的应税收入，需要在新加坡纳税。也就是说，即使是发生于或来源于新加坡之外的收入，只要是在新加坡取得，就需要在新加坡纳税。另外，在新加坡收到的境外赚取的收入也须缴纳所得税，有税务豁免的除外（如：股息、分公司利润、服务收入等）。

新加坡为城市国家，全国实行统一的税收制度。任何公司和个人（包括外国公司和个人）只要根据上述属地原则取得新加坡应税收入，则需在新加坡纳税。

2. 主要税赋和税率

新加坡现行主要税种有：公司所得税、个人所得税、消费税、房产税、印花税等。此外，还有对引进外国劳工的新加坡公司征收的劳工税。新加坡之前还有遗产税，政府在2008年2月15日之后取消了该税种。

【企业所得税】新加坡对内外资企业实行统一的企业所得税政策。新加坡税法规定，企业所得税的纳税义务人包括按照新加坡法律在新加坡注册成立的企业、在新加坡注册的外国公司（如外国公司在新加坡的分公司），以及不在新加坡成立但按照新加坡属地原则有来源于新加坡应税收入的外国公司（合伙企业和个人独资企业除外）。新加坡根据公司的控制和管理职能是否在新加坡，对纳税人分为居民公司和非居民公司两类。居民公司是指公司的控制和管理职能在新加坡的公司。也就是说，只要公司的控制和管理职能在新加坡，无论公司是否按照新加坡的法律在新加坡注册，其即为新加坡居民公司。反之，若公司的控制和管理职能不在新加坡，即使是按照新加坡法律在新加坡注册的公司，在税务上也为非居民公司。

自 2008 估税年度起（即在 2008 年度缴纳 2007 财年的所得税），企业所得税税率为 18%；自 2010 估税年度起所得税税率调整为 17%，并且所有企业可以享受前 30 万新加坡元应税所得的部分免税待遇：一般企业首 1 万新加坡元所得免征 75%，后 29 万新加坡元所得免征 50%；符合条件的起步企业（前三年）首 10 万新加坡元所得全部免税，后 20 万新加坡元所得免征 50%。

【个人所得税】纳税人分为居民个人和非居民个人两类。居民个人包括：新加坡公民、新加坡永久居民以及在一个纳税年度中在新加坡居留或者工作 183 天以上（含 183 天）的外籍个人。非居民个人是指在一个纳税年度内，在新加坡居留或者工作少于 183 天的外籍个人。

一般情况下，居民个人和非居民个人都要就其在新加坡取得的所有收入纳税。自 2004 年 1 月 1 日之后，纳税人在新加坡取得的海外收入不再纳税，但通过合伙企业取得的海外收入除外。因为合伙企业不是一个法律实体，合伙企业本身不需缴纳企业所得税，但每个合伙人需要纳税。如果合伙人是个人，则需按照个人适用的所得税税率缴纳个人所得税；如果合伙人是公司，则需按照公司适用的所得税税率缴纳企业所得税。

表 4：居民个人所得税税率

年应纳税所得额	税率（%）	应纳税额
首 2 万新加坡元	0	0
后 1 万新加坡元	2%	200
首 3 万新加坡元	—	200
后 1 万新加坡元	3.5%	350
首 4 万新加坡元	—	550
后 4 万新加坡元	7.0%	2800

续表

年应纳税所得额	税率（%）	应纳税额
首 8 万新加坡元	—	3350
后 4 万新加坡元	11.5%	4600
首 12 万新加坡元	—	7950
后 4 万新加坡元	15%	6000
首 16 万新加坡元	—	13950
后 4 万新加坡元	17%	6800
首 20 万新加坡元	—	20750
后 12 万新加坡元	18%	21600
首 32 万新加坡元	—	42350
32 万新加坡元以上	20%	

注：此税率表为 2012 估税年起适用。

（资料来源：新加坡税务局）

居民个人的应纳税所得额为收入总额扣除费用、捐赠和税务减免后的所得。适用税率为 0%～20%的超额累进税率（从 2016 年估税年起适用税率为 0%～22%）。

非居民个人的应纳税所得税额为收入总额扣除费用和捐赠后的所得，非居民个人不适用税务减免。非居民个人（非居民董事除外）的受雇所得适用 15%税率和居民个人所得税税率两者间较高者。非居民董事的受雇所得和非居民个人的其他所得，税率为 20%。

【消费税】即货物和劳务税（Goodsand Services Tax），是对进口货物和所有在新加坡提供货物和劳务服务征收的一种税，相当于一些国家的增值税，税负由最终的消费者负担。从事提供货物和劳务服务且年消费税营业额在 100 万新加坡元以上的纳税人，应进行消费税的纳税登记。进行消费税登记的纳税人，其消费税应纳税额为销项税额减去购进货物或服务支付的进项税额后的差额。

自 2007 年 7 月 1 日之后，消费税的税率为 7%。住宅财产的销售和出租以及大部分金融服务可免征消费税。出口货物和服务的消费税税率为零，离岸贸易可以豁免消费税

【房地产税】这是对所有不动产如房子、建筑物和土地征收的一种税。所有的不动产所有人都应为所拥有的不动产缴纳房地产税。房地产税按年缴纳，每年 1 月份缴纳全年的房地产税，纳税基数为不动产的年值。不动产的年值是根据不动产的年租金收入估计的，估计的租金收入不包括出租的家具、装置和服务费。不动产出租、自用或空置适用

同样的基数。新加坡税务局每年会对不动产的年值进行审阅，以确定是否需要修改。如果不动产的年值发生变化，税务局会通知纳税人。目前不动产税的税率为10%。

（1）居住在自有住宅里的个人适用较低税率，自2014年1月1日起和2015年1月1日起实施的税率如下：

表5：房地产税税率（业主自用的住宅产业税税率）

单位：新加坡元

	年值（新加坡元）	税率自2014年1月1日起（%）	税率自2015年1月1日起（%）
首个	8000	0	0
下一个	47000	4	4
下一个	5000	5	6
下一个	10000	6	6
下一个	15000	7	8
下一个	15000	9	10
下一个	15000	11	12
下一个	15000	13	14
年值高于	130000	15	16

（资料来源：新加坡税务局）

（2）非住宅产业的产业税税率为10%。

表6：房地产税税率（非业主自用的住宅产业税税率）

单位：新加坡元

	年值（新加坡元）	税率自2014年1月1日起（%）	税率自2015年1月1日起（%）
首个	30000	10	10
下一个	15000	11	12
下一个	15000	13	14
下一个	15000	15	16
下一个	15000	17	18
年值高于	90000	19	20

（资料来源：新加坡税务局）

【印花税】这是对与不动产和股份有关的书面文件征收的一种税。与不动产有关的文件包括不动产的买卖、交换、抵押、信托、出租等；与股份有关的文件包括股份的派发、转让、赠予、信托、抵押等。在新加坡境内签署的文件，应在文件签署之日起14日内缴纳印花税；在新加坡境外签署的文件，应在新加坡收到文件的30日内缴纳印花税。不同类型的文件适用的税率不同。印花税支付方根据文件中的条款确定，如果文件中对此未加以明确，则根据下表确定纳税人。

表7：印花税纳税义务人确定原则

文件种类	纳税义务人
股票、股权转让	受让人
不动产转让	受让人
不动产出租正本副本	承租人和出租人
抵押	抵押人或债务人

（资料来源：新加坡税务局）

四、新加坡对外国投资的优惠

1. 优惠政策框架

新加坡优惠政策的主要依据是《公司所得税法案》和《经济扩展法案》（Economic Expansion Incentives）以及每年政府财政预算案中涉及的一些优惠政策。

新加坡采取的优惠政策主要是为了鼓励投资、出口、增加就业机会、鼓励研发和高新技术产品的生产以及使整个经济更具有活力的生产经营活动。如对涉及特殊产业和服务（如高技术、高附加值企业）、大型跨国公司、研发机构、区域总部、国际船运以及出口企业等给予一定期限的减、免税优惠或资金扶持等。政府推出的各项优惠政策，外资企业基本上可以和本土企业一样享受。

【产业优惠政策】新加坡经济发展局为鼓励、引导企业投资先进制造业和高端服务业、提升企业劳动生产力，推出了先锋计划、投资加计扣除计划、业务扩展奖励计划、金融与资金管理中心税收优惠、特许权使用费奖励计划、批准的外国贷款计划、收购知识产权的资产减值税计划、研发费用分摊的资产减值税计划等税收优惠措施，以及企业研究奖励计划和新技能资助计划等财政补贴措施。

【环球贸易补贴】新加坡国际企业发展局为支持企业开展国际贸易活动、打造环球都市，推出了环球贸易商计划。

【中小企业优惠】新加坡标新局为扶持中小企业发展、鼓励创新、提升企业劳动生产力，推出了天使投资者税收减免计划、天使基金、孵化器开发计划，标新局起步公司发展计划，技术企业商业化计划，企业家创业行动计划、企业实习计划、管理人才奖学金、高级管理计划、业务咨询计划、人力资源套餐、知识产权管理计划、创意代金券计划、技术创新计划、品牌套餐、企业标准化计划、生产力综合管理计划、本地企业融资视微型贷款计划等财税优惠措施。

【创新优惠计划】为了实施新加坡经济战略委员会2010年提出的未来10年7大经济发展战略，围绕提高劳动生产力、提升企业能力和打造环球都市这3大战略目标，新加坡政府出台了一系列优惠措施，比如，推出生产力及创新优惠计划、培训资助计划和特别红利计划，设立国家生产力基金，强化就业人息补助计划，通过税收减免鼓励企业并购重组和土地集约化经营，并将于近期组建项目融资机构支持企业国际化经营。

特别值得一提的是生产力及创新优惠计划（Productivityand Innovation Credit）（一年共计5.2亿新加坡元）。该计划于2010年推出，实施期限为2011～2015年。根据该计划，企业在规定的6项经营活动中，首30万新加坡元符合规定的费用可享受250%的税额抵扣。这6项费用包括：研究与开发费用、认可的设计费用、收购知识产权费用、知识产权注册费用、购买/租赁自动化设备、员工培训费用。政府于2011年预算案中宣布加强计划的各项优惠。在6大项目中，每个项目可享受税额抵扣的上限从首30万新加坡元提高到40万新加坡元，可享受的税额抵扣比率从以前的250%提高到400%。换言之，企业在规定的6项活动中的任1项中，每花费100元即可从政府处收到68元的津贴。2011年预算中还提升了该计划的现金发放额，除了税收抵扣外，企业也可选择在首笔10万新加坡元符合规定的费用中享受现金发放，最高套现额从2010年的2.1万新加坡元提升到3万新加坡元。

有关政府优惠政策的详细情况可通过新加坡企业通网站（www.enterpriseone.gov.sg）查询。

2. 行业鼓励政策

【先锋企业奖励】享有先锋企业（包括制造业和服务业）称号的公司，自生产之日起，其从事先锋活动取得的所得可享受免征5～10年所得税的优惠待遇。先锋企业由新加坡政府部门界定。通常情况下，从事新加坡目前还未大规模开展而且经济发展需要的生产或服务的企业，或从事良好发展前景的生产或服务的企业可以申请“先锋企业”资格。

【发展和扩展奖励】从政府规定之日起，一定基数以上的公司所得可享受最低为5%的公司所得税率，为期10年，最长可延长到20年。此项政策主要是为鼓励企业不断增加在高新技术和高附加值领域的投资并提升设备和营运水平。曾享受过先锋企业奖励的企业以及其他符合条件的企业均可申请享受此项优惠。

【服务出口企业奖励】从政府规定之日起，向非新加坡居民或在新加坡没有常设机构的公司或个人提供与海外项目有关的符合条件的服务的公司，其符合条件的服务收入的90%可享受10年的免征所得税待遇，最长可延长到20年。

【区域/国际总部计划】将区域总部（RHQ）或国际总部（IHQ）设在新加坡的跨国公司，可适用较低的企业所得税税率。区域总部为15%，期限为3～5年；国际总部为10%或更低，期限为5～20年。此项政策主要是为鼓励跨国公司将区域或国际总部设立在新加坡。具体优惠企业可与新加坡企业发展局（EBD）进行商谈，企业发展局可根据公司规模和对新加坡贡献为企业量身定做优惠配套。

【国际船运企业优惠】拥有或运营新加坡船只或外国船只的国际航运公司，可以申请10年免征企业所得税的优惠，最长期限可延长到30年。申请企业应具备以下条件：是新加坡居民公司；拥有并运营一定规模的船队；在新加坡的运营成本每年超过400万新加坡元；至少10%的船队（或最少一只船）在新加坡注册。此类优惠项目由新加坡海运管理局（MPA）负责评估。

【金融和财务中心奖励】此项政策是为鼓励跨国企业在新加坡设立金融和财务中心（FTC），从事财务、融资和其他金融服务业务。金融和财务中心从事符合条件的活动取得的收入可申请享受10%的企业所得税优惠税率，为期10年，最长可延长到20年。

【研发业务优惠】为鼓励企业加大研发力度，新加坡政府规定，自2009估税年度起，企业在新加坡发生的研发费用可享受150%的扣除，并对从事研发业务的企业每年给予一定金额的研发资金补助。

【国际贸易商优惠】为鼓励全球贸易商在新加坡开展国际贸易业务，对政府批准的“全球贸易商”给予5～10年的企业所得税优惠，税率减低为5%或10%。此项优惠项目由新加坡国际企业发展局（IES）负责评估。

此外，新加坡还对部分金融业务、海外保险业务、风险投资、海事企业等行业给予一定的所得税优惠或资金扶持。

3. 地区鼓励政策

因新加坡为城市国家，不仅国土面积小，而且无地区差异，因此，新加坡没有针对地区投资的鼓励政策。

4. 特殊经济区域的规定

为了更加集约有效利用稀缺的国土资源，并通过海外投资租赁土地的方式带动经济增长，新加坡设立了一些特殊经济区域，以促进产业集群的形成。

【商业园和特殊工业园】新加坡境内的商业园和特殊工业园有：

商业园：国际商业园、樟宜商业园、资讯园

特殊工业园：包括：裕廊岛的石油化学工业园，淡滨尼、巴西立、兀兰的晶圆厂房，淡滨尼的先进显示器工业园，大士生物医药园、生物科技园的生物产业园，樟宜机场物流园、裕廊岛的化工物流园和物流产业园，麦波申、大士的食品产业园等。

科技企业家园：裕廊东的企业家园、新加坡科学园的 iAxil、红山—新达城科技企业家中心、莱市科技园。

新加坡是城市国家，实行全国统一的税收制度，对外资也实行国民待遇，上述园区内无特殊税收优惠政策，各个园区主要根据区内产业发展的特点而建，区内相关产业的配套基础设施比较完备，可发挥产业集群效应。

【海外工业区】新加坡临近的主要海外工业区有：

(1) 印度尼西亚巴淡岛、民丹岛工业区

巴淡岛工业区：该园区距新加坡 20 公里，仅 1 小时船程。土地面积 1570 平方公里，总人口 99.1 万。现有外资企业 894 家。

民丹岛工业区：该园区距新加坡 50 公里，70 分钟船程。土地面积 1866 平方公里，总人口约 50 万。现有外资企业 23 家。

巴淡岛和民丹岛工业园区都具有完备的基础设施和较低的制造成本，工人最低月工资约 118 美元。主要适合电子加工业、服装鞋帽、玩具等轻工业以及钢铁、钻油等重工业，还可发展贸易、旅游和转运。属于自由贸易区，无进口税，无销售税与奢侈品税，免增值税；可享有东盟特惠关税，享有与 52 个国家签署的避免双重征税协议优惠，与 33 个国家达成普惠制协议，允许 100%海外控股，无外汇管制。

(2) 马来西亚伊斯干达开发区

马来西亚政府于 2006 年 11 月推出伊斯干达开发区（Iskandar Development Region，简称 IDR），它是马来西亚目前着力打造的境内最庞大的发展计划。马来西亚政府计划将 IDR 打造成马来西亚半岛南部最发达的地区，以及居住、娱乐、环境和商业完美融合的国际化大都市。

IDR 位于马来半岛南部的柔佛州，包括南柔佛的新山、哥打丁宜和笨珍等数个地区，占地 2217 平方公里。IDR 陆海空交通方便，与新加坡隔柔佛海峡相望，距离亚洲的主要大城市（如班加罗尔、迪拜、香港、首尔、上海、台北、东京）仅 6~8 小时飞行航程。从 IDR ffi 过公路到吉隆坡仅 3 个小时车程，距新加坡樟宜国际机场仅 55 分钟车程。IDR 人口约 135 万，人均 GDP 约 1.48 万美元。目前新加坡是该地区最大的外资来源地，一些经济学家将 IDR 与新加坡的关系喻为深圳之于香港。

目前依斯干达开发区的经济支柱为制造业和服务业。根据马来西亚国库有限公司拟订的全面发展计划，除继续加强电子电器、石油化工与油脂化工、食品与农业加工、物流及相关服务业和旅游业 5 大领域外，依斯干达开发区还将把医疗保健、教育、金融以及信息产业定为新的增长领域。依斯干达开发区的重点规划项目包括物流枢纽、国际教育中心、医疗中心、金融中心等。

马来西亚鼓励投资的优惠措施主要包括公司所得税和投资税赋减免、进口税及销售税减免等。

(3) 中国苏州工业园

中国—新加坡苏州工业园区（简称苏州工业园区）位于中国江苏省苏州市东部，于 1994 年 2 月经中国国务院批准设立，同年 5 月实施启动，区内面积约 80 平方公里，是中、新两国政府间重要的国际合作项目。中新双方建立了由两国副总理担任主席的中新联合协调理事会，开创了中外经济技术互利合作的新形式。从 2001 年 1 月 1 日起，中、新双方在合资公司的股份从原来的 35%和 65%调整为 65%和 35%，中方成为大股东并承担管理权。截至 2014 年 7 月，苏州工业园区已引进新加坡企业 520 家，投资总额达 114.5 亿美元。

由于新加坡土地资源有限，生产成本较高，新加坡政府鼓励企业赴上述邻近的海外工业区投资。企业如在上述园区投资设厂，可将区域总部、管理中心、研发中心、营销中心等设立在新加坡，既可降低生产成本，也可充分利用新加坡在物流、金融、税收、知识产权保护等各方面的优势条件。

五、与投资合作相关的主要法律法规

与在新加坡投资合作相关的法律主要有：企业注册法、公司法、合伙企业法、合同法、国内货物买卖法、进出口管理法、竞争法等。

（来源：南博网．http://www.caexpo.com/news/asean/xinjiapo/zcfx_xjp/fghj_xjp/2015/07/15/3648298.html.2015—07—15）

泰国对外国投资合作的法规和政策

一、对外贸易的法规和政策规定

1．贸易主管部门

泰国主管贸易的政府部门是商业部（Ministryof Commerce），其主要职责分为两部分，对内负责促进企业发展、推动国内商品贸易和服务贸易发展、监管商品价格、维护消费者权益和保护知识产权等；对外负责参与WTO和各类多、双边贸易谈判、推动促进国际贸易良性发展等。泰国商业部主管对外业务的部门有贸易谈判厅、国际贸易促进厅和对外贸易厅等，主管国内业务的部门有商业发展厅、国内贸易厅、知识产权厅等。

2．贸易法规体系

泰国与贸易相关的主要法律有1960年《出口商品促进法》、1979年《出口和进口商品法》、1973年《部分商品出口管理条例》、1979年《出口商品标准法》、1999年《反倾销和反补贴法》、2000年《海关法》和2007年《进口激增保障措施法》等。

3．贸易管理的相关规定

【进口管理】泰国对多数商品实行自由进口政策，任何开具信用证的进口商均可从事进口业务。泰国仅对部分产品实施禁止进口、关税配额和进口许可证等管理措施。禁止进口产品主要涉及公共安全和健康、国家安全等的产品，如摩托车旧发动机、博彩设备等；关税配额产品包括桂圆等24种农产品，如大米、糖、椰肉、大蒜、饲料用玉米、棕榈油、椰子油、龙眼、茶叶、大豆和豆饼等，但关税配额措施不适用于从东盟成员国的进口；进口许可分为自动进口许可和非自动进口许可，非自动进口许可产品包括关税配额产品和加工品，如鱼肉、生丝、旧柴油发动机等。自动进口许可产品包括部分服装、凹版打印机和彩色复印机。泰国商业部负责制定受进口许可管理的产品清单。

【出口管理】泰国除通过出口登记、许可证、配额、出口税、出口禁令或其他限制措施加以控制的产品外，大部分产品可以自由出口，受出口管制的产品目前有45种，其中征收出口税的有大米、皮毛皮革、柚木与其他木材、橡胶、钢渣或铁渣、动物皮革等。

【贸易壁垒】泰国对WTO成员方实施的平均关税是11.2%。

（1）关税高峰。泰国对大量进口产品征收超过30%的关税，包括农产品、汽车和汽车零部件、酒精饮料、纤维和一些电子产品。如丝织品、羊毛织物、棉纺织品及其他一些纤维织物的进口关税多为60%，摩托车及一些特殊用途车的进口关税达到或超过80%、大米52%、奶制品216%。

（2）关税升级。泰国对绝大多数工业原材料和必需品，如医疗设备征收零关税；对有选择的一些原材料、电子零配件以及用于国际运输的交通工具征收1%的关税；一些化工原料，如氯化铵、氯化钙、氯化镁等氯化物的关税也仅为1%；对初级产品和资本货物大部分征收5%的关税；对中间产品一般征收10%的关税；对成品一般征收20%的关税；对需要保护的特殊产品征收30%的关税。

（3）关税配额。根据WTO《农业协定》，泰国对24种农产品实行关税配额管理，分别是桂圆、椰肉、牛奶、土豆、洋葱、大蒜、椰子、咖啡、茶、干辣椒、玉米、大米、大豆、洋葱籽、豆油、椰子油、速溶咖啡、土烟丝、生丝等。这些产品在配额内实行低关税，在配额外实行高关税，如大蒜进口配额仅64.6吨，配额内关税为27%，配额外关税高达57%。

（4）进口限制。泰国规定42种产品需要进口许可，包括原材料、石油、工业原料、纺织品、医药品及农产品。泰国禁止进口二手摩托车及其零件和游戏机。产品进口必须满足规定的要求，如缴纳特别费用、需要原产地证明等。进口食品、医药产品、矿产品、武器弹药、艺术品，需要相关部长的特别许可。泰国要求在食品进口登记中提供关于食品生产工艺及组成成分的详细产品经营信息。泰国卫生部食品药品管理局规定所有食品、药品及部分医疗设备的进口均须符合进口许可证的管理。食品进口许可证每3年换一次，每次均需要重新认证，文件送达食品药品管理局后还需重新收费、药品进口许可证每年更换一次，同样需要缴纳有关费用。

（5）技术性贸易壁垒。泰国对10个领域的60种产品实行强制性认证，包括农产品、建筑原料、消费品、电子设备及附件、PVC管、医疗设备、LPG气体容器、表层涂料及交通工具等。泰国卫生部食品药品管理局规定，所有进口食品、药品及部分医疗设备要符合标准、检测、标签和认证要求。进口上述产品必须附有泰文说明产品名称、重量或容量、生产和失效日期的标签，并经泰国卫生部食品药品管理局批准。

（6）政府采购。泰国不是 WTO《政府采购协定》的签署国。在政府采购招标中，泰国对外国投标企业设置一系列限制，使外国企业无法投标或难以中标。如泰国常在招标文件中规定非泰国产品不可参与投标；政府采购部门对投标资格的规定不确定，有权在任何时候接受或拒绝部分或所有投标，甚至可以在招标过程中修改技术要求；投标者对招标结论没有申诉权利等。根据 2000 年 5 月泰国颁布的《对销贸易法》，对金额超过 3 亿泰铢的政府采购合同，外国中标企业须易货回购价值不低于合同金额 50%的泰国产品，该规定在极大程度上提高了外国中标企业的经营成本。

4. 进出口商品检验检疫

泰国负责商品质量监督、检验和标准认证的管理部门主要是卫生部下属的食品与药品监督管理局（简称 FDA）及合下属的国家农业食品和食品标准局（简称 ACFS）。

FDA 行使职责依据的国内法规和国际协议主要有：泰国 1967 年《药品法》、1975 年《精神类物质法》、1979 年《食品法》、1979 年《麻醉品法》、1988 年《医疗器械法》、1990 年《防止滥用挥发性物质法》、1992 年《化妆品法》、1992 年《危险物质法》和 1971 年《关于精神类物质的国际公约》、1988 年联合国《关于反对非法买卖麻醉品和精神类物质的协定》等。FDA 根据相关法律法规对商品的市场准入进行控制，审核发放各类商品相应的卫生证明、GMP 证明、HACCP 证明和自由销售证明等。进口商必须申请进口许可证后方能进口食品，指定的食品储藏室必须经 FDA 检验后方能使用，进口许可证要每 3 年更新一次；对于特别控制的食品，进口商必须到 FDA 注册，获得批准方能进口。

ACFS 的主要职责是制定初级农产品、食品和加工农产品的标准，发放许可证明，对有关产品的认证机构及企业进行认证等，此外，还协助和参与技术问题、非关税措施及国际标准等方面的对外谈判，其主要工作目标是发展泰国农产品和食品标准体系使其适应国际标准，以扩大泰国农产品和食品的出口额。ACFS 自成立以来，共制定公布了 22 项植物食品标准、10 项动物产品标准、3 项鱼类食品标准和 20 项其他标准。

5. 海关管理规章制度

《海关法（Customs Act）》是泰国实施海关管理的根本法律制度。目前，泰国海关进出口商品代码和关税管理体系是根据 1987 年修订的海关关税法令（Customs Tariff Decree 1987）制定的。泰国政府根据管理需要会对商品代码分类和海关关税进行不定期调整，有关法令和公告可在泰国海关厅网站上查询，网址为：www.igtf.customs.go.th/igtf/en/main.frame.jsp。

在泰国，大部分进口商品均需缴纳两部分税，一是海关关税，二是增值税（VAT）。关税计税方法一般为按价计税，也有部分商品按照特定单位税率的方式征税。一般情况下，进口商品关税额计算公式为商品到岸价（CIF）乘以该项商品的进口税率，绝大部分商品的进口关税在 0%～80%之间；增值税的计算公式为进口商品缴纳关税和消费税（部分商品需缴纳）后的总价值乘以 7%。

表 1：泰国主要进口商品的关税税率

商品名称	HS 编码	一般关税税率
原油	2709	25%
集成电路	8542	35%
打字机等办公机器的零部件	8473	40%
摩托车零部件	8708	60%
光盘、磁带、记忆卡等未录制内容的固体媒体存储介质（胶卷除外）	8523	60%
成品油	2710	税号 27101211～27101220 税率为 2.91 泰铢/升，其余部分以 30%的税率按价计税
天然气和其他气体燃料	2711	采用特定单位税率 0.001 泰铢/千克
未加工的精铜和铜合金	7403	6%
自动数据处理设备	8471	40%
未加工的金、金粉	7108	35%

（资料来源：泰国海关厅）

泰国给予东盟成员国和与其签订多双边贸易协定的国家地区不同程度的关税减让，具体商品的关税税率和减让情况均可以通过 HS 税号或商品名称在海关网站上查询，网址为：www.igtf.customs.go.th

二、对外国投资的市场准入的规定

1. 投资主管部门

泰国主管投资促进的部门是泰国投资促进委员会（Boardof Investment，简称 BOI），负责根据 1977 年颁布的《投资促进法》及 1991 年第二次修正和 2001 年第三次修正的版本制定投资政策。投资促进委员会办公室具体负责审核和批准享受泰国投资优惠政策的项目、提供投资咨询和服务等。

2. 投资行业的规定

根据《外籍人经商法》（1999）有关规定，泰国限制外国人投资的行业有以下三类：

【因特殊理由禁止外国人投资的业务】包括：报业、广播电台、电视台；种稻、旱地种植、果园种植；牧业；林业、原木加工；在泰国领海、泰国经济特区的捕鱼；泰国药材炮制；涉及泰国古董或具有历史价值之文物的经营和拍卖；佛像、钵盂制作或铸造；土地交易等。

【须经商业部长批准的项目】包括：涉及国家安全稳定或对艺术文化、风俗习惯、民间手工业、自然资源、生态环境造成不良影响的投资业务，须经商业部长根据内阁的决定批准后外国投资者方可从事的行业：

（1）涉及国家安全稳定的投资业务，包括生产、销售、修理枪械、子弹、火药、爆炸物及其有关配件，武器、军用船、飞机、车辆，一切战用设备的机件设备或有关配件；国内陆上、水上、空中等运输业，包括国内航空业。

（2）对艺术文化、风俗习惯、民间手工业、自然资料、生态环境造成不良影响的投资业务，包括泰国传统工艺品的古董、艺术品买卖，木雕制造，养蚕、泰丝生产、泰绸织造、泰绸花纹印制，泰国民族乐器制造，金器、银器、乌银镶嵌器、镶石金器、漆器制造，涉及泰国传统工艺的盘器、碗器、陶器制造。

（3）对自然资源、生态环境造成不良影响的投资业务，包括蔗糖生产，海盐、矿盐生产，石盐生产，采矿业、石头爆破或碎石加工，家具、木材加工等。

【本国人对外国人未具竞争能力的投资业务】须经商业部商业注册厅长根据外籍人经商营业委员会决定批准后可以从事的行业：碾米业、米粉和其他植物粉加工；水产养殖业；营造林木的开发与经营；胶合板、饰面板、刨木板、硬木板制造；石灰生产；会计、法律、建筑、工程服务业；工程建设，但不包含：

（1）外国人投入的最低资本在 5 亿泰铢以上的公共基本设施建设、运用新型机械设备、特种技术和专业管理的公共设施、交通设施建设。

（2）部级法规规定的其他工程建设；中介或代理业务，但不包含：

①证券交易中介或代理、农产品期货交易、有价证券买卖业务；

②为联营企业的生产、服务需要提供买卖、采购、寻求服务的中介或代理业务；

③为外国人投入最低资本 1 亿泰铢以上的、行销国内产品或进口产品的国际贸易企业提供买卖、采购、推销、寻求国内外市场的中介或代理业务；拍卖业，但不包含：（a）国际性拍卖业，其拍卖标的物不涉及具有泰国传统工艺、考古或历史价值的古董、古物、艺术品之拍卖；（b）部级法规规定的其他拍卖；法律未有明文禁止涉及地方特产或农产品的国际贸易；最低资本总额低于 1 亿泰铢的百货零售业、最低资本少于 2500 万泰铢的商店；最低资本少于 1 百万铢的商品批发业；宣传广告业；旅店业，不含旅店管理；旅游业；餐饮业；植物新品种开发和品种改良；除部级法规规定的服务业意外的其他服务业等。

外国人除需经商业部长根据内阁决议批准外，还需满足以下两个条件方可从事上述第二类规定的行业：一是泰籍人或按照本法规定的非外国法人所持的股份不少于外国法人公司资本的 40%（除非有适当原因，商业部长根据内阁的批准可以放宽上述持股比例，但最低不可低于 25%）；二是泰国人所占的董事职位不少于 2/5。

对上述属于外商经营企业法所规定的须得到允许方可进行投资的二、三类行业，外国人在泰国开始商业经营的最低投资额不可少于 300 万泰铢，其他行业最低不少于 200 万泰铢。最低投资额对在泰国注册的法人来说是指注册资本，对未在泰国注册的外国投资者或法人来说是指来泰经商所汇入的外汇。如果外国人属于《投资促进法》、《工业园管理条例》或其他有关法律规定可享受投资优惠或得到经营许可的投资者，则可以从事第二、三类中规定的某些行业。

【资格管理】根据泰国投资促进法的有关规定，在泰国获得投资优惠的企业，投资额在 1000 泰铢以上（不包括土地费和流动资金），须获得 ISO 9000 国际质量标准或其他相等的国际标准的认证。具体审批标准如下：

（1）投资额不超过5亿泰铢（不包括土地费和流动资金）的项目，产品增加值必须不低于销售收入的20%，但电子产品及其配件、农产品加工和投资促进委员会特别批准的项目除外；新投资项目的负债与注册资本之比不得超过3：1；投资项目必须使用先进生产技术和新机械设备，若需使用旧机器，其效率必须获得权威机构的验证，并获得投资促进委员会的准许；必须有足够的环境保护措施，对环境有不良影响的项目，投资促进委员会将着重审核其工厂设立地点及其污染处理方法。

（2）投资额在5亿泰铢以上（不包括土地费和流动资金）的项目，除按上述规定执行，尚需按投资促进委员会的规定提交项目可行性报告。

【股权限制】以下行业的泰国籍投资者的持股比例不得低于51%：农业、畜牧业、渔业、勘探与采矿业和1999年颁布的《外籍人经商法》附录第一类行业中的服务行业。2006年1月9日，泰国政府内阁会议原则通过了泰国商业部提交的《外籍人经商法》修正草案，决定送交法制委员会对某些条款作进一步修改。该修正草案的要点共有三项：

（1）对于“外国法人”的定义，在原先规定外国人持股比例超过50%即视为外国法人外，还规定即使外国人持股比例没有超过50%，但外国人投票权比例超过50%，也被视为“外国法人”；

（2）修改处罚规定，增加对未获批准擅自经营限制外商经营的业务的外资企业或由泰国人代理持股的外资企业的处罚金额；

（3）调整《外籍人经商法》附件中的第三类行业目录（即泰资企业尚缺乏能力与外资企业竞争的行业，外资企业须获得外国人经商委员会的批准并由商业部商业发展厅签发许可证后方可经营该类行业），已有其他专门法律规范的行业（如旅游业、金融业、证券业等）将不再列人第三类行业。

对于不符合上藤规定的现有外资企业，《外籍人经商法》修正草案给予修正的宽限期对于未获批准或使用泰国人代理持股经营第一类行业（因特殊理由禁止外国人经营的行业，如报纸、广播电台、电视台、土地交易等）和第二类行业（涉及与国家安全和文化艺术有关的行业，如武器、文物和艺术品等）的外商投资企业，必须在90天内向商业部报告，并在一年内修正；对于外国人持股不超过50%但拥有超过一半投票权的外商投资企业，必须在一年内通知商业部并在两年内将投票权降低在50%以下。对于属于第三类行业的外商投资企业，必须分别在90天及1年之内向商业部报告其外国人持股地位及其拥有投票权的比例，然后便可继续经营，而不需减少外国人持股和拥有投票权的比例，因为这类行业与国家安全无关，而且不属于禁止外国人经营的行业。对于在《外籍人经商法》修正案通过后成立的企业，必须按照新的法律规定执行。

3. 投资方式的规定

【股权投资】外籍人对泰国开展投资经营活动的方式可分为以下两类：一是按照泰国法律在泰国注册为某种法人实体，具体形式有独资企业、合伙企业、私人有限公司和大众有限公司等；二是成立合资公司（Joint Venture），通常指一些自然人或法人根据协议为从事某项商业活动而组建的实体。根据泰国《民商法典》，合资公司不是法人实体，但是根据《税法典》，合资公司在缴纳企业所得税时被视为单一实体。

【上市】泰国法律规定，只有大众有限公司才有资格申请登记加人证券交易市场。根据1992年颁布的《大众有限公司法（Public Limited Company Act）》的有关规定，有限公司可以转为大众有限公司。泰国没有关于外资公司在泰国上市的特殊限制，在泰国注册成立的大众有限公司，符合泰国证券交易委员会（Securities Exchange Commission，简称SEC）和股票交易所（Stock Exchangeof Thailand，简称SET）的有关规定，即可申请上市。

【收购】泰国没有关于跨国并购的专门法律法规，规范收购行为的法律法规包括《民商法典》、《大众有限公司法》和1992年颁布的《证券交易法（Securitiesand Exchange Act）》。收购行为通常有全资并购、股票收购和资产收购等三种方式。收购私人有限公司，须符合《民商法典》有关规定。而收购上市公司，必须符合《证券交易法》和泰国证券交易委员会的有关规定。

【并购流程】根据泰国法律，关于外资在泰国开展收购、并购的主要程序如下：

（1）掌握初步信息（前期了解企业股权结构和资产负债状况，评估拟并购股票或资产的价格及企业用工情况、各类许可证所有情况等）；

（2）发出求购意向书（Letter Of Intent，LOI）（内容要点包括说明拟并购股票或资产的价格，要求进行法律、财务、税务、生产等方面尽职调查等）；

（3）法律尽职调查（Legal Due Deligence）（包括企业基本情况、雇员情况、资产负债状况、各类许可取得情况、环保状况、知识产权状况、争端诉讼情况等）；

(4) 掌握股权或者资产并购的要点（如收购后股权及股东的安排、股票过户细节等，资产并购中关于外籍人拥有土地的限制性规定等）；

(5) 签署股权或资产收购协议（SPA 或 ASPA）。在泰国开展对外资并购的咨询机构包括泰国投资促进委员会（BOI）、泰国证券交易委员会（SEC）及各专业律师事务所和甜师事务所。

【安全审查】泰国没有专门针对外资并购安全审查及国有企业投资并购方面的法律规定，外来投资者只要不违反泰国《外籍人经商法》对于外籍人禁止或限制投资的有关规定，即可按《民商法典》、《大众有限公司法》和《证券交易法》有关规定在泰国开展投资并购。

【反垄断调查】泰国关于反垄断和经营者集中方面的法律是《贸易竞争法（TCA）》。该法于1999年正式颁布实施，取代了1979年制定的《价格制定和反垄断法》。该法共7章57款，主要就限制市场垄断、鼓励自由竞争等诸多方面作出了法律规定。根据该法，泰国设立贸易竞争委员会（TCC），负责制定构成市场垄断的标准及反垄断法实施细则、处理各项反垄断投诉并进行反垄断调查等。该委员会须经内阁批准，由商业部长担任主席，商业部常务次长担任副主席，财政部常务次长担任秘书长，成员不少于8位但不多于12位。根据该法规定，受法律限制的垄断行为主要包括以下几类：

(1) 滥用市场支配地位；

(2) 经营者集中；

(3) 建立私下协义或集体统一行动以限制市场自由竞争；

(4) 垄断商品进口渠道损害消费者直接进口权；

(5) 通过不公平竞争排除或限制竞争对手。

该法同时规定，TCC 有权要求市场份额超过75%的企业停止增加或减少市场份额。根据实践，如果一个企业被判定为具有市场支配权应被进行反垄断调查，TCC 进一步明确规定，构成市场支配地位的企业判断标准为：

(1) 占有市场份额33%以上；

(2) 年销售额超过10亿泰铢。当然这一标准可根据不同行业做出相应调整。2003年，TCC 向内阁提交了新的建议方案，其中之一是建议将“市场支配地位企业”由单一企业扩展至有内部关联的多家企业构成的共同体，二是针对不同行业制定出的判断市场支配地位的具体标准。

该法对于个别组织的垄断行为免于调查：

(1) 公共管理部门；

(2) 纳人财政预算的国有企业；

(3) 农民团体或者依法成立的合作社；

(4) 根据有关部门规章规定免于调查的其他企业。

该法规定对于垄断行为的惩治措施包括：刑事诉讼；行政处罚；损失补偿。

目前，中资企业在泰国开展并购投资的案例并不多，没有遭遇阻碍的案例。2007年海尔并购日本三洋（SANYO）泰国有限公司、2010年工商银行并购泰国亚洲商业银行（ACL）均在当地引起较大轰动，并取得较大成功。

4. BOT 方式

泰国并无关于开展 BOT 投资的明确规定。从实际情况看，泰国 BOT 类的投资项目实践比较少，近20年来实施的一些项目主要集中在国家出资或列入国家预算管理的公共基础设施类项目，如公路、城市垃圾处理、电力设施等。规范这类项目投资的法律主要是《1992年泰国总理办公室采购规定》及各有关部委和公共组织、地方政府、国有企业据此制定的内部规章或者实施细则，其中就应列入国家采购的物品及投资项目的范围、实施方式及其标准、具体组织等作出了法律规定。BOT 投资项目更明确的规范体现在合同双方签署的具体合同及其附件中。

泰国对于外资参与 BOT 投资并无具体规定，只要投资者满足项目投资要求并不违反泰国《外籍人经商法》对于外籍人投资限制的各项规定，即可参与项目招标。对于特许经营的具体年限无统一标准，一般根据项目本身需要确定，但一般不超过30年。已在泰国开展 BOT 投资的外资企业包括日本、加拿大、马来西亚等国的投资者。

【典型案例】泰国曼谷第二高速公路项目。该项目由泰国政府采用 BOT 融资方式在曼谷以外修建一条长度为30公里的收费公路，该路与曼谷第一高速公路连接而形成环形的路网，且有辐射状链路衔接其他道路系统。投资规模为10亿美元，建设年期为1991年到1995年，特许期限30年。项目实施方为曼谷高速公路有限公司，其大部分股权属于日本熊谷组（Japan's Kumagai Gumi）有限公司，其余股本所有权分散在泰国各个公共机构投资者和一些国际金融机构，一共8家公司参与融资，其中也包括国际金融公司和亚洲开发银行项目规定：

(1) 泰国政府签发一项法令使泰国高速公路快

运管理局能够征用建设新高速公路所需要的土地；

（2）承诺与第一高速公般享通行费收入；

（3）减免8年所得税；

（4）在“发生特殊事件”时，曼谷高速公路有限公司有权延长特许期，还可采取其他补救措施。

1993年底，项目完工20.4公里时，由于同行费率受到泰国当地政治因素的干扰，而且泰国政府迟迟未能解决，以及当地政府与民间投资者对合同解释发生争议，以至未能通车。日本熊谷组认为其投资权益受损而撤资，熊谷组的持股改由泰国财团接手，工程继续执行直至完工。

中国在泰国参与BOT投资起步较晚。目前正在实施的BOT项目由中方的创冠环保公司参与的曼谷垃圾电厂项目。该项目由创冠环保（泰国）有限公司承担，一期投资5亿泰铢（约1700万美元），设计发电量5兆瓦，项目运营期20年，到期后可继续申请延续10年，现正在办理各项前期手续。

三、泰国关于企业税收的规定

1. 税收体系和制度

泰国关于税收的根本法律是1938年颁布的《税法典》，财政部有权修改《税法典》条款，税务厅负责依法实施征税和管理职能。外国公司和外国人与泰国公司和泰国人一样同等纳税。泰国对于所得税申报采取自评估的方法，对于纳税人故意漏税或者伪造虚假信息逃税的行为将处以严厉的惩罚。目前泰国的直接税有3种，分别为个人所得税、企业所得税和石油天然气企业所得税，间接税和其他税种有特别营业税、增值税、预扣所得税、印花税、关税、社会保险税、消费税、房地产税等，泰国并未征收资本利得税、遗产税和赠与税。

2. 主要税赋和税率

【企业所得税】在泰国具有法人资格的公司均须依法纳税，纳税比例为净利润的30%，每半年缴纳一次。基金、联合会和协会等则缴纳净收入的2%～10%，国际运输公司和航空业的税收则为净收入的3%。未注册的外国公司或未在泰国注册的公司只需按在泰国的收入纳税。正常的业务开销和贬值补贴，按5%～100%不等的比例从净利润中扣除。对外国贷款的利息支付不用征收公司的所得税。企业间所得的红利免征50%的税。对于拥有其他公司的股权和在泰国证券交易所上市的公司，所得红利全部免税，但要求持股人在接受红利之前或之后至少持股3个月以上。企业研发成本可以作双倍扣除，职业培训成本可以作1.5倍扣除。注册资本低于500万泰铢的小公司，净利润低于100万泰铢的，按20%计算缴纳所得税；净利润在100万～300万泰铢的，按25%计算缴纳。在泰国证交所登记的公司净利润低于3亿泰铢的，按25%计算缴纳。设在曼谷的国际金融机构和区域经营总部按合法收入利润的10%计算缴纳。国外来泰投资的公司如果注册为泰国公司，可以享受多种税收优惠。

【个人所得税】个人所得税纳税年度为公历年度。泰国居民或非居民在泰国取得的合法收入或在泰国的资产，均须缴纳个人所得税。税基为所有应税收入减去相关费用后的余额，按从5%到37%的五级超额累进税率征收。按照泰国有关税法，部分个人所得可以在税前根据相关标准进行扣除，如租赁收入可根据财产出租的类别，扣除10%～30%不等；专业收费中的医疗收入可扣除60%，其他30%，著作权收入、雇佣或服务收入可扣除40%，承包人收入可扣除70%。

【增值税】泰国增值税率的普通税率为7%。任何年营业额超过120万泰铢的个人或单位，只要在泰国销售应税货物或提供应税劳务，都应在泰国缴纳增值税。进口商无论是否在泰国登记，都应缴纳增值税，由海关厅在货物进口时代征。免征增值税的情况包括年营业额不足120万泰铢的小企业；销售或进口未加工的农产品、牲畜以及农用原料，如化肥、种子及化学品等；销售或进口报纸、杂志及教科书；审计、法律服务、健康服务及其他专业服务；文化及宗教服务；实行零税率的货物或应税劳务包括出口货物、泰国提供的但用于国外的劳务、国际运输航空器或船舶、援外项目项下政府机构或国企提供的货物或劳务、向联合国机构或外交机构提供的货物或劳务、保税库或出口加工区之间提供货物或劳务。当每个月的进项税大于销项税时，纳税人可以申请退税，在下个月可返还现金或抵税。对零税率货物来说，纳税人总是享受退税待遇。与招待费有关的进项税不得抵扣，但可在计算企业所得税时作为可扣除费用。

【特别营业税】征收特别营业税的行业有银行业、金融业及相关业务、寿险、典当业和经纪业、房地产及其他皇家法案规定的业务。其中，银行业、金融及相关业务为利息、折旧、服务费、外汇利润收入的3%，寿险为利息、服务费及其他费用收入的2.5%，典当业经纪业为利息、费用及销售过期财物收入的2.5%，房地产业为收入总额的3%，回购协议为售价和回购价差额的3%，代理业务为所收利息、折扣、服务费收入的3%。同时在征收特别营业税的基础上还会加收10%的地方税。

四、泰国对外国投资的优惠

1. 优惠政策框架

泰国投资促进委员会（BOI）向投资者提供两种形式的优惠政策：一是税务上的优惠权益，主要包括免缴或减免法人所得税及红利税，免缴或减免机器进口税、减免必需的原材料进口税、免缴出口产品所需要的原材料进口税等；二是非税务上的优惠权益，主要包括允许引进专家技术人员、允许获得土地所有权、允许汇出外汇以及其他保障和保护措施等。

非税务优惠适用于所有获BOI批准的项目，税务优惠则根据项目所属行业和所在地等不同情况享受相应的优惠。一般来说，属于泰国政府鼓励支持产业范畴内的项目、位于受到特别鼓励投资区域的项目或者生产出口型的项目均可以获得更大程度的优惠。

此外，为鼓励外商投资，BOI还放宽了对外商持股比例的限制，对于工业企业投资，无论工厂设在何处，允许外商持大部分或全部股份，如果有适当理由，BOI可规定外商在某些受鼓励的行业持股比例的限额。

2. 行业鼓励政策

BOI将鼓励投资的行业分为7大类：农业及农产品加工业，矿业、陶瓷及基础金属工业，轻工业，金属产品，机械设备和运输工具制造业，电子与电气工业，化工产品，塑料及造纸业，服务业及公用事业等。

每个大类下还细分为许多小类，BOI对一些重点鼓励投资的行业都规定了特别的优惠条件，如经济树木种植（不包括桉树）、研发、软件开发、生物科技、互联网云服务、创意产品及电子产品的开发设计、替代能源、工程设计、产品和包装设计、高等技术培训及专业培训机构等都属于特别重视的项目。

3. 地区鼓励政策

BOI对鼓励投资的地区在行业优惠政策基础上给予不同程度的额外优惠政策。泰国目前重点促进南部边境地区和经济特区的投资。南部边境地区包括南部边境3个府以及宋卡府的4个县。泰国政府经济特区发展委员会首期已确定了5个经济特区，分别位于达府、莫拉限府、萨缴府、宋卡府和哒叻府境内。此外，在20个人均收入较低的府投资也可享受到一些额外优惠。这20个府是：胶拉信，猜也奔，那空帕农，南，汶干，武里喃，帕，马哈沙拉堪，莫拉限，夜丰颂，益梭通，黎逸，四色菊，沙功那空，萨缴，素可泰，素辇，廊磨南蒲，乌汶以及庵纳乍能。

BOI对不同投资区域给予不同程度的投资优惠政策，有关详细情况请见 www. boi. go. th/index. php?page=criteria _ for _ granting _ tax0。

4. 特殊经济区域的规定

泰国工业部下设有工业园管理局（简称旧AT），负责发展工业园区和科技园区等工业地产。2007年，旧AT第四次修改《工业园机构条例》，以提高工业园内投资者的竞争能力。

根据《工业园机构条例》，泰国的工业园分为两类：一般工业区和自由经营区（原出口加工区）。在一般工业区投资的外国投资者，不必向BOI提交申请，就可以获得工业园内的土地所有权和引进外国技术人员、专家来泰国工作的权利。此外，旧AT还向工业园内的投资者提供便利设施和一条龙服务，如运输服务、仓库、培训中心和医疗服务等。在自由经营区的投资者，还可以享有更多的优惠政策，如无条件向国外出口产品，享受更大的进口物件和原材料便利，除BOI鼓励投资政策提供的优惠条件外，还可以享受更多的税务优惠。

根据旧AT统计，截至目前泰国共在14个府建立了各类工业园46个，其中旧AT独立开发的工业园11个，旧AT与合作者联合开发的工业园35个。泰国各工业园的优惠政策与BOI的地区鼓励政策基本保持一致，根据所处的府分别享受当地最高的投资优惠（包括税收、土地、人员引进及进口机械设备或原材料免税等诸多方面优惠），各入园企业无需特别申请即可享受BOI的投资优惠政策，有关详细情况请参照3.4.3节。

上述46个工业园的地理位置、基本信息、产业方向、设施状况、优惠政策等请见工业园管理局网站（http：//www. ieat. go. th）。

目前，有2家中资企业与泰国当地企业合作分别参与了两个工业园的开发（均采用“园中园”形式）：

（1）泰中罗勇工业园，位于泰国安美德城市工业园内，目前已有60多家中资企业入驻。有关详细信息请见 www. sinothaizone. com/index. asp。

（2）泰国湖南工业园，位于泰国甲民武里工业园内，目前刚开发不久，已有企业入驻。另有大量中资企业入驻泰国不同的工业园。

五、与投资合作相关的主要法律法规

【法律名称与要点】泰国与投资合作相关的法律主要有：

（1）《民商法典》，明确了自然人、团体和法人之间的民事关系，对法人的设立、组织、经营、变更等行为做出了规定。

（2）《外籍人经商法》，规定外籍人在泰经商行为的根本法律。查询网址：www.dbd.go.th/mainsite/index.php? id=791&L=1。

（3）《税法典》，规定泰国税种、税率和计算方式等税务相关问题的根本法律。

（4）《投资促进法》（以及历次修改公告），明确了外商在泰投资可以享受的各项优惠权益。

（5）《劳动保护法》，明确了雇主和雇员的权利及义务。

（6）《外籍人工作法》，规定外籍人在泰工作的根本法律。

（7）《海关法（Customs Act）》，规定了有品进出泰国关境的原则和方式，明确了进出口经营者和海关管理机构的权益义务等。

（来源：南博网．http://www.caexpo.com/news/asean/taiguo/zcfx_tg/zchj_tg/2015/07/15/3648296.html.2015—07—15）

越南对外国投资合作的法规和政策

一、对外贸易的法规和政策规定

1. 贸易主管部门

越南主管贸易的部门是工贸部，设有36个司局和研究院，负责全国工业生产（包括机械、冶金、电力、能源、油气、矿产及食品、日用消费品等行业生产）、国内贸易、对外贸易、WTO事务、自由贸易区谈判等。

2. 贸易法规体系

越南主要贸易法律法规包括：《贸易法》（2005年）、《民法》（2005年）、《投资法》（2014年）、《电子交易法》（2005年）、《海关法》（2014年）、《进出口税法》、《知识产权法》（2005年）、《信息技术法》、《反倾销法》（2004年）、《反补贴法》（2005年）、《企业法》（2005年）、《会计法》、《统计法》等。外商在越南投资建立独资、合资和合作经营企业、建立贸易公司和分销机构等都有明确法律规定。

3. 贸易管理的相关规定

【进口管理】根据加入WTO的承诺，越南逐步取消进口配额限制，基本按照市场原则管理。禁止进口的商品主要包括：武器、弹药、除工业用以外的易燃易爆物、毒品、有毒化学品、军事技术设备、麻醉剂、部分儿童玩具、规定禁止发行和散布的文化品、各类爆竹（交通运输部批准用于安全航海用途的除外）、烟草制品、二手消费品（纺织品、鞋类、衣物、电子产品、制冷设备、家用电器、医疗设备、室内装饰）、二手通讯设备、右舵驾驶机动车、二手物资、低于30马力的二手内燃机、含有石棉的产品和材料、各类专用密码及各种密码软件等。

目前，越南工贸部组织讨论《贸易法实施细则决议草案》，拟禁止进口二手纺织品和电子产品等商品。

【出口管理】关于出口，越南主要采取出口禁令、出口关税、数量限制等措施进行管理。禁止出口的商品主要包括：武器、弹药、爆炸物和军事装备器材、毒品、有毒化学品、古玩、伐自国内天然林的圆木、锯材、来源为国内天然林的木材、木炭、野生动物和珍稀动物、用于保护国家秘密的专用密码和密码软件等。越南科学技术部2012年9月份颁布关于进口中国机械设备的新规定。规定称，暂停进口中国2255家企业淘汰的18个领域的落后技术和设备。包括钢铁、合金、炼煤、铜、铅、锌、电解铝、冶炼、化纤、水泥、平板玻璃、造纸、酒及酒精、味精、熟皮、柠檬酸印染等生产行业二手设备。从2012年9月15日起，越南海关总局只允许经由科学技术部确认不属于暂停进口范围的中国产二手设备通关。

4. 进出口商品检验检疫

越南进出口商品检验检疫工作根据不同商品种类由不同部门负责，食品和药品检验由卫生部负责，动植物和其他农产品检验由农业与农村发展部负责，具体规定可在网上查询，网址请参照本指南附录越南政府部门一览表。

5. 海关管理规章制度

【管理制度】越南现行关税制度包括4种税率：普通税率、最惠国税率、东盟自由贸易区税率及中国—东盟自由贸易区优惠税率。普通税率比最惠国税率高50%，适用于未与越南建立正常贸易关系国家的进口产品。原产于中国的商品享受中国—东盟

自由贸易区优惠税率。根据中国—东盟自由贸易区货物贸易协议，从2011年始，越南对从中国进口的商品每两年削减一次进口关税。到2015年，除少量敏感产品外，将对95%以上的商品征收零关税。到2018年，越南与东盟成员国所有商品均实现零关税。

【关税税率】2014年越南部分商品进口税率（非中国—东盟自由贸易区优惠税率）见下表：

表1：2014年越南部分商品进口税率

商品名称	关税税率	商品名称	关税税率
香烟原料	30%	纺织原料	5%～12%
皮革原料	0%～10%	成衣	5%～20%
皮革制品	0%～28%	鞋	5%～32%
木材原料	0%～5%	欺網	0%～40%
面粉	15%	钢材	0%～32%
煤炭	0%～3%	内燃机	3%～25%
纸张	5%～25%	汽车（5座）	70%

（资料来源：越南财政部）

二、对外国投资的市场准入的规定

1. 投资主管部门

越南主管投资的政府部门是计划投资部，设有31个司局和研究院，主要负责对全国“计划和投资”的管理，为制定全国经济社会发展规划和经济管理政策提供综合参考，负责管理国内外投资，负责管理工业区和出口加工区建设，牵头管理对官方发展援助（ODA）的使用，负责管理部分项目的招投标、各个经济区、企业的成立和发展、集体经济和合作社及部分统计职责等。

2. 投资行业的规定

【禁止投资项目】

（1）危害国防、国家安全和公共利益的项目；

（2）危害越南文化历史遗迹、道德和风俗的项目；

（3）危害人民身体健康、破坏资源和环境的项目；

（4）处理从国外输入越南的有毒废弃物、生产有毒化学品或使用国际条约禁用毒素的项目。

【限制投资项目】

（1）对国防、国家安全、社会秩序有影响的项目；

（2）财政、金融项目；

（3）影响大众健康的项目；

（4）文化、通信、报纸、出版等项目；

（5）娱乐项目；

（6）房地产项目；

（7）自然资源的考察、寻找、勘探、开采及生态环境项目；

（8）教育和培训项目；

（9）法律规定的其他项目。

【特别鼓励投资项目】

（1）新材料、新能源的生产；高科技产品的生产；生物技术；信息技术；机械制造；配套工业，具体包括：

①复合材料、轻型建材、珍稀材料。

②高级钢材、合金、特种金属、钢坯。

③太阳能、风能、生物燃气、地热及海潮等新型能源应用。

④医疗分析设备生产、医学遗注技术应用、整形设备、残疾人专用车辆及设备生产。

⑤应用先进技术和生态技术生产药物达国际GMP标准、抗生素原材料生产。

⑥计算机、通信设备、电信、互联网及重点通信技术产品生产。

⑦半导体和高科技电子配件生产、软件及数码通信素材生产；软件服务，通信技术研究及通信技术人才培养。

⑧精密机械设备生产制造；工业生产安全监控及检测设备生产；工业机器人开发。

（2）种、养及加工农林水产；制盐；培育新的植物和畜禽种子包括：

①植护林。

②荒地、沼泽区域种养农林水产。

③远洋捕捞作业。

④物种、树种及家禽种苗培养且经济价值高。

⑤盐业生产、开发及精炼。

（3）应用高科技、现代技术；保护生态环境；高雛研发与培育：

①在越南未投入使用的新技术和高工艺；生态技术应用。

②污染处理及环境保护；环保处理、观测及分析设备生产。

③污水、废气及固体排放物处理及回收再利用。

④研究、发展和培育新工艺。

（4）使用5000人以上劳动密集型产业。

（5）工业区、出口加工区、高新技术区、经济区及由政府总理批准重要项目的基础设施建设。

(6) 发展教育、培训、医疗、体育和民族文化事业的项目:

①投资建设戒毒、戒烟中心。

②投资成立疫病防御中心。

③投资建设老年中心、集中救助中心、残疾人看护中心及孤儿院。

④投资建设现代化教育培训中心和体育场所。

(7) 其他需鼓励的生产和服务项目:25%以上的纯利润用于研究与发展。

【鼓励投资项目】

(1) 新材料、新能源的生产;高科技产品的生产;生物技术;信息技术;机械制造;配套工业,包括:

①隔音、隔热、隔电材料;木材替代材料;防火材料;建筑软体材料;特种水泥;玻璃纤维。

②有色金属、炼钢。

③金属类及非金属类模具生产。

④新建电及配送电项目。

⑤医疗设备生产;用于天灾人祸、危险疫病药品储备设施建设项目。

⑥用于食品卫生检验的设备生产。

⑦发展炼油工业。

⑧焦煤及活性炭生产。

⑨植物保护药物、农药、动物和水产治疗药品。

⑩药品及社会疾病防御药材原料生产;破伤风类药品;生物制品;中草药。

⑪药品检验检测及研制中心建设。

⑫中草药研究中心建设;新药物研制中心建设。

⑬电子产品生产。

⑭油气、矿产、能源、水泥开发;大型搬运;金属加工;冶金等行业设备及其零配件生产。

⑮中、高压电设备及大型发电设备生产。

⑯柴油机投资生产;轮船制造及保养;运输及渔船设备和零配件生产;动力,水力及其他抗压设备及零配件生产。

⑰设备、车辆、建筑机械设备生产;运输行业技术设备;火车发动机及车身生产。

⑱机床、机械设备、零配件、农林机械、食品加工设备、胡椒浇灌设备等。

⑲纺织、鞋帽箱包类生产设备。

(2) 种、养及加工农林水产;制盐;培育新的植物和畜禽种子包括:

①药材种植。

②农产品、水产品及食品保鲜。

③灌装果汁生产。

④生产及深加工家禽、水产品。

⑤为经济作物、造林、饲养、水产品等提供技术服务行业。

⑥新树种和物种培植和生产。

(3) 应用高科技、现代技术;保护生态环境;高科技研发与培育:

①石油泄漏处理设备生产。

②排污、排废处理设备生产。

③投资建设服务于生产的新技术研究中心、实验中心及研究院。

(4) 使用500~5000人劳动密集型产业。

(5) 基础设施建设:

①合作社基础建微农村生活基础建设。

②工业区、民间传统手工艺项目基础建设及生产经营。

③水厂及生活用水、工业用水配送系统建设;排水系统建设。

④投资建设公路、桥梁、航空港、海港、火车站、汽车站、停车场;新增火车线路。

⑤特别艰苦地区和艰苦地区基础建设。

(6) 发展教育、培训、医疗、体育和民族文化事业的项目:

①教育和培训基础设施建设;投资校舍建设、基础教育、民办教育。

②成立民办及私人医院。

③体育场建设;体育场设备生产及维修服务等。

④成立民族文化中心、民族歌舞团;成立剧院、影视城;经营影视冲印、电影院;民族器乐生产和维修服务;博物馆、民族文化馆、民族艺术院校建设与维护服务等。

⑤投资建设国家旅游景点、生态旅游区及公园娱乐设施。

(7) 发展民间传统手工业。

(8) 其他需鼓励的生产和服务项目:

①特别鼓励和鼓励投资区域的通信、网络连接服务项目。

②公共运输服务,包括海运、陆运、铁路运输等。

③城区生产转移服务。

④1类市场投资建设;展览中心建设。

⑤儿童玩具生产。

⑥私人信贷服务。

⑦法律咨询、知识产权、工业产权咨询服务。

⑧农药原料生产。

⑨基础化工原料和清洁化工原料生产、专用化工原料生产、染剂等。

⑩干洗剂原料生产和化工添加剂生产。

⑪用国内农林原料生产的纸张、封面、板材；纸浆生产。

⑫织布、纺纱材料生产；各种纱线、纤维生产；熟皮料、初加工皮料生产。

⑬政府总理审批成立的工业区内所有投资项目。

3. 投资方式的规定

根据越南《投资法》，外国投资者可选择投资领域、投资形式、融资渠道、投资地点和规模、投资伙伴及投资项目活动期限。外国投资者可登记注册经营一个或多个行业；根据法律规定成立企业；自主决定已登记注册的投资经营活动。

【直接投资】直接投资方式包括：外商独资企业；成立与当地投资商合资的企业；按 BOO、BOT、BTO 和 BT 合同方式进行投资；通过购买股份或融资方式参与投资活动管理；通过合并、并购当地企业的方式投资；其他直接投资方式。

【间接投资】间接投资方式包括：购买股份、股票、债券和其他有价证券；通过证券投资基金进行投资；通过其他中介金融机构进行投资；通过对当地企业和个人的股份、股票、债券和其他有价证券进行买卖的方式投资。间接投资的手续根据证券法和其他相关法律的规定办理。

【外资并购】诞南正在对隶属于 70 多家集团和总公司的 1600 多家国企进行改革，包括银行、航空、通信、造船、汽车、电力、水泥、交通等重要行业，鼓励外商参与，允许外商购买股份和参与管理，仅保留 554 家与国防、安全等有关的国有全资企业。外商可通过购买上市企业的股票，或购买股份制企业的股权等方式进行并购。

【有关外资并购的法律条文】越南尚未出台专门针对国外收并购及合并程序和原则的法律，对有关收并购及合并行为的规定笼统分布在以下领域法律及规定中：

(1)《越南民事法》第 94、95 条规定：同类企业间按规定通过协商或国家相关职能部门审批合并或兼并，其权利和义务随之转移至合并或兼并后的企业。

(2)《越南企业法》第 152、153 条对企业兼并规定：一家或多家同类企业可按相关程序兼并或合并至第三家企业，其合法权益随之转移至兼并或合并后企业；如兼并或合并后的市场占有份额达到 30%～50%，需提请竞争管理局；禁止市场占有份额超过 50%的兼并和合并行为；第 145 条对私人企业出售规定：私人企业可以出售，购买企业需履行重新注册义务；出售企业需履行所有出售前的责任和义务；出售和购买行为都不能损害劳动者权益。

(3)《越南投资法》第 21 条规定外国投资者可通过合并、并购当地企业方式进行直接投资。

(4)《越南竞争法》第 17 条定义合并与并购企业是一种经营集中行为，法律禁止占有 50%以上市场份额的合并、并购行为。

(5)《越南证券法》规定，证券公司并购须获得国家证券委员会的批准。

(6) 越南中央银行第 04/2010/tt－nhnn 号通知明确：金融机构和组织间并购需在保护客户利益、保守相互秘密、彼此信息透明前提下，通过各方协商完成，并向中央银行提交相关资料进行审批。

(7) 越南政府总理在有关外国投资者注资、购买越企股份第 88/2009/QD－TTg 号规定中明确：外国投资者可通过证券交易市场购买股票（上限为 49%）或参与招投标、竞价等方式注资或购买越南企业股权，比例由出售方根据国家行业相关规定决定；商业、服务行业注资或购买股权比例按越所参与的国际公约相关约定；购买越南国有企业股权比例不能超出具体行业所设置的外国持股比例上限。

(8) 越南政府总理有关外国投资者在越南证券市场持股比例的第 55/2009/QD－TTg 号规定明确：外国投资者在证券交易市场限制持股比例最高为 49%，除具体行业另有规定外。

4. BOT 方式

越南《投资法》第 21 条规定外国投资者可通过 BCC、BOT、BTO 及 BT 合同方式进行直接投资；越南政府总理第 108/2009/ND－CP 号决议和第 24/2011/ND－CP 补充决议对 BOT、BTO 及 BT 合同方式投资作明确规定：

合作领域包括公路及公路桥梁、隧道；铁路、铁路桥梁、隧道；航空港、海港与河港；饮用水供应系统、排水系统、垃圾和污水回收处理系统；电站及输送电；国家医疗、教育、职业培训、文化体育及国家机关办公等基础设施项目；政府总理规定的其他基础设施项目。政府通过招投标方式确定投资方，特殊情况，如仅一家参与投标或项目急需短期内完成等特殊情况将由政府或各地方政府提请直接指定投资方。

在越南开展BOT合作的国家主要来自日本、韩国、美国、马来西亚，合作项目集中在热电厂建设、道路交通及城市基础设施建设。

具体案例：

（1）2013年3月25日，越南清化省宜山热电厂BOT项目由日本Marubeni公司和韩国Kepco公司联合体中标。该项目设计功率为2×60万千瓦，项目总投资23亿美元，由越南政府担保；4月初，越南政府指定日本北方第一高速公路总公司（Nexco－Central）作为投资方承建法云—鹭桥BOT高速公路升级项目。承建路段32公里，投资总额1.5万亿越南盾（约合7200万美元），施工期1年。这是越南第一条由外国承建的BOT高速公路项目。

（2）2013年12月12日，永新一期燃煤电厂BOT项目正式举行合同签字仪式。永新一期燃煤电厂总投资逾20亿美元，装机总容量120万千瓦，年发电量80亿度，由中国南方电网公司、中电国际公司、越南煤炭与矿产工业集团下属电力总公司三家企业合资承建，南方电网将持有电厂55%的股份，中电国际持有40%的股份，越南煤炭矿业工业集团公司持有5%的股份。该电厂预计将于2018年开始发电。

越南政府总理2015年2月签署的《关于按照公私伙伴形式投资的议定》（15/2015/ND－CP号）规定PPP可投资建筑、改造、运营、经营、基础设施工程管理、提供公共装设备或服务等项目，具体包括：交通运输基础设施工程及有关服务；照明系统、供水系统、排水系统、污水回收处理系统、居民住房、安置工程、墓地；电厂、电网；医疗、教育、培训、技术传授、文化、体育及有关服务的基础设施项目；国家机关办公楼；贸易、科技、气象水文、经济区、工业区、高科技工业区、通讯技术聚集区、通讯技术应用等基础设施项目；农业、农村基础设施项目及生产与加工、销售相结合的项目；政府总理批准的其他项目。

三、越南关于企业税收的规定

1. 税收体系和制度

【税收体系和制度】越南实行属地税法，已建立以所得税和增值税为核心的全国统一税收体系。根据越南《投资法》规定，外国投资企业和越南内资企业都采用统一税收标准，对于不同领域的项目实施不同的税率和减免期限。如特别鼓励投资项目所得税率为10%，减免期限为4～15年；鼓励投资项目所得税率为15%，减免期限为2～10年；所有优惠税率最长不超过15年，过优惠期后按普通税率征税；普通投资项目所得税率为25%，减免期限为2年。

【主要税赋纳税时间和手续】印花税一般在营业执照颁发的当月底到颁发属地按既定程序填报并缴纳，缴纳周期为1年，缴纳时间最迟不能超过30天；增值税一般在每月底最迟不超过下月10日按税局第07A/GTGT号模版填报；企业所得税在每年1月25日最迟不超过下月25日按税局第02A/TNDN号模版填报；个人所得税由企业到管辖区域税局办理相关申报登记手续，在次月20日之前按税局第05A/BK－TNCN模版填报。

2. 主要税赋和税率

越南是以间接税为主的国家，现行税制中的主要税种是：企业所得税、个人所得税、增值税、特别销售税、社会保障税、健康保险、进出口税、生产特许权使用费、财产税和预提税。

【企业所得税】

（1）纳税人：企业所得税的纳税人分为居民企业和非居民企业。企业所得税法对常设机构作了规定。外商在越南投资必须得到有关当局批准且取得营业执照，而取得企业所得税纳税人身份是获得批准的手续之一。居民纳税人身份与外汇管制和税收协定相关。

（2）征税对象、税率：居民企业应当就其来源于全世界的经营所得纳税，非居民企业仅就来源于越南的经营所得纳税。

目前，外商投资企业、国内企业、外国企业的分支机构以及不受《外国投资法》管辖的外国承包商适用标准的企业所得税，税率为22%（2014年1月1日起）。建设—经营—移交（BOT）企业的标准税率为10%。越南国会已于2013年6月19日通过企业所得税修订案，其中规定从2013年7月1日起，年营业额200亿越南盾以下的企业按20%的税率缴纳企业所得税，企业从事社会保障性住房投资经营活动获得的所得、适用税率为10%；从2014年1月1日起，企业适用22%的所得税率，而至2016年1月1日起，将改为适用20%的所得税率。

国内外石油、天然气企业的标准税率为50%，优惠税率最低为32%。

符合政府规定条件（见税收鼓励政策3.4.3）的外资企业和国内企业，优惠税率为20%、15%和10%。

（3）应纳所得税额计算存货估价。对于存货估价，目前没有专门规定。存货的税务处贼用会计处理方法，遵循《越南会计标准》。

资本获益：资本投人所得利润应按规定缴纳所得税。根据资产属性，某些销售收入应缴纳增值税。外国投资者转让在越南注册公司的权益所获得的利润，应按照25%的税率纳税。

折旧的扣除：从2004年1月1日起，税收折旧应与会计折旧区别对待。在计算企业所得税时，超过规定折旧率的部分不能扣除所得税。对各类资产（包括无形资产）规定最长和最短使用年限。一般采用直线折旧法计算，在特殊情况下也可采用双倍余额递减折旧法和生产折旧法进行计算。

【个人所得税】

（1）纳税人：越南个人所得税纳税人分为居民纳税人和非居民纳税人。外国人一年当中在越南居住和工作时间满183天，则为居民纳税人，按累进税率纳税；在越南居住和工作不满183天，则为非居民纳税人，按单一税率纳税。

（2）征税对象及税率：居民纳税人应当就来源于全世界的收入纳税。非居民外国人仅就来源于越南的收入纳税，第1年适用25%的税率，以后各年度适用外国居民应征税率。与越南签订避免双重征税协定的国家，其居民如果属于越南非居民纳税人并符合一定条件，可免缴个人所得税。

【增值税】对商品和服务的增值金额征税。在越南设立的内资和外资盈利性机构都应当缴纳增值税。自2004年1月1日起，根据商品和服务种类，增值税适用5%和10%（标准税率）两种税率。加工制造业产品出口和劳务出口，免征增值税。进口环节增值税优惠政策自2004年1月1日起取消。

【印花税】对各种性质企业每年必收的费用，以企业注册资金为依据。注册资金在100亿越南盾（约合50万美元）以上征300万越南盾（约合150美元）；50亿～100亿越南盾（约合25万～50万美元）征200万越南盾（约合100美元）；20万～50亿（约合10万至25万美元）征150万越南盾（约合75美元）；20亿（约合10万美元）以下征100万越南盾（约合50美元）。新成立企业在上半年完成税务登记并获得税号将按全年征收印花税，下半年获得按50%缴纳。

四、越南对外国投资的优惠

1. 优惠政策框架

2006年7月1日，越南出台新的《投资法》，对国内和外商投资实行统一管理，取消之前《外国投资法》的诸多限制，进一步开放市场。取消的限制包括：要求优先购买、使用国内商品和服务，或必须购买国内某一生产厂家的产品和服务；要求商品或服务出口必须达到一定比例；限制出口商品和服务的种类、数量和价值；要求商品进口数量和价值与商品出口数量和价值相当或必须通过自身出口来平衡进口所需外汇；要求商品生产要达到一定的国产化比例；要求研发工作要达到一定水平或价值；要求在国内外某一具体地点提供商品及服务；要求总部设在某一具体地点等。

2. 行业鼓励政策

越南鼓励外商直接投资发展高新技术产业，尤其是鼓励到高新技术开发区投资建厂。

根据规定，入驻高新技术园区的企业应符合以下条件：高科技产品的销售额占营业收入的70%以上；生产技术需达到先进程度；产品可以出口或替代同类进口产品；产品质量达到ISO 9000标准；人均产值达4万美元以上等。为加快人才培养，越南还规定：至少40%的企业员工拥有高等学历，并在国外研究机构或现代化生产一线受过业务培训；100%的中层干部和工人应得到业务和技术培训，其中至少5%的员工需经过国外现代生产线操作培训；科研经费的支出不得低于年营业收入的2%；对于法定资金超过1000万美元的项目，科研和培训经费至少每年20万美元，人均营业收入需达到7万美元（法定资金超过3000万美元，员工超过1000人的企业除外）等。

越南对此类投资项目提供以下政策优惠：

（1）外商投资高新技术产业，可长期适用10%的企业所得税税率（园区外高科技项目为15%，一般性生产项目为20%～25%），并从盈利之时起，享受4年免税和随后9年减半征税的优惠政策。

（2）在高新技术企业工作的越南籍员工与外籍员工在缴纳个人所得税方面适用同等纳税标准。

（3）外国投资者和越南国内投资者适用统一租地价格；投资者可以土地使用权价值及与该土地使用面积相关联的财产作抵押，依法向在越南经营的金融机构贷款；对高新技术研发和高科技人才培训项目，可根据政府规定免缴土地使用租金。

（4）在出入境和居留方面，外籍员工及其家属可申请签发与其工作期限相等的多次入境签证；越南政府依据有关法律规定为外籍员工在居留、租房购房等方面提供便利条件。

（5）高新技术项目：投资者根据其他投资优惠政策法规文件的规定享受最高的优惠政策待遇。

3. 地区鼓励政策

（1）越南政府鼓励投资的行政区域分为经济社会条件特别艰苦地区和艰苦地区两大类，分别享受特别鼓励优惠及鼓励优惠政策。具体区域划分如下表：

表 2：越南鼓励投资的区域划分

次序	省份	特别艰苦地区（A 区）	艰苦地区（B 区）
1	北件	所有乡镇县	—
2	高平	所有乡镇县	—
3	河江	所有乡镇县	—
4	莱州	所有乡镇县	—
5	山萝	所有乡镇县	—
6	奠边	所有乡镇县	—
7	老街	所有县份	老街市
8	宣光	那亨、占化县	含安、山阳、安山县及宣光乡
9	北江	山东	陆雁、陆南、安世和协和县
10	和平	陀北、梅州县	金杯、祁山、梁山、洛水、新洛、高峰、洛山和安水县
11	谅山	平家、亭立、高禄、禄平、长定、文朗和文关县	北山、芝陵、友陇县
12	富寿	青山、安立县	端雄、下和、府宁、松涛、清波、三侬和清水县
13	娜	武斋、丁化县	大紫、普安、富梁、富平和同喜县
14	安沛	陆安、母埂斋（Mu Cang Chai）占斗县	镇安、文镇、文安、安平县及义路乡
15	广宁	巴制、平聊、姑苏岛及各大省属海岛	云同县
16	海防	百龙美岛、吉海县	—
17	河南	—	离人、清廉县
18	南定	—	交水、春长、海厚、义兴县
19	太平	—	太瑞、前海县
20	宁平	—	儒观、家远、金山、三峡和安膜县
21	清化	孟腊、关化、霸尺、朗障、常春、锦水、玉洛、如清和如春县	石清和侬贡县

续表

次序	省份	特别艰苦地区（A 区）	艰苦地区（B 区）
22	义安	相阳、昆共、桂峰、轨合、轨洲和英山县	新奇、意坛、清章县
23	河静	香溪、香山和武光县	德寿、奇英、宜山、石河、锦川和干禄县
24	广平	宣化、名化、布石县	其余所有县份
25	广治	向化、德隆（DScKr6ng）县	其余所有县份
26	顺化	阿雷（ALireri）、南东县	封田、广田、香茶、富禄和富旺县
27	岘港	（中国南沙岛越南称黄沙岛）县	—
28	广南	东江、西江、南江、福山、北茶眉、南茶眉、协德、仙福、山城和古劳占岛县	大禄、缘川县
29	广义	巴思、茶蓬、山西、山河、明龙、平山、西茶、獅山岛县	意行、山净县
30	平定	安老、永盛、云更、福吉和西山县	怀恩、富美县
31	富安	双亨（S6ng Hinh）、同春、山和、福和县	双桥、绥和、绥安县
32	庆和	庆永、庆山、（中国西沙群岛越称长沙岛）县	万宁、延庆、宁和县及甘琅(Cam Ranh)乡
33	宁顺	所有县份	—
34	平顺	富贵岛县	北平、绥封、德灵、当灵、韩顺北、韩顺南县
35	多乐	所有县份	—
36	嘉莱	所有乡县	—
37	崑嵩	所有乡县	—
38	多侬	所有县份	—
39	林同	所有县份	保禄乡
40	巴地—头顿	昆岛县	新城县
41	西宁	新边、新洲、洲城、槟桥县	其余县份
42	平福	禄宁、补登、补踩县	同福、平隆、富隆、贞城(Cho'n Thành)县
43	隆安	—	德惠、木化、新盛、德和、永兴和新兴县

续表

次序	省份	特别艰苦地区（A 区）	艰苦地区（B 区）
44	前江	新富县	谷功东（Gò Công Dông）、谷功西县
45	槟椥	盛富、巴芝、平大县	其余县份
46	茶荣	洲城、茶故县	故昂（Câu Ngang）、谷河（Câu Kè）、少芽（Tiêu Cân）县
47	同塔	红御、新红、三侬、镁塔县	其余县份
48	永龙	—	茶温县
49	朔庄	所有县份	朔庄乡
50	后江	所有县份	位清乡
51	安江	安富、知尊、台山、新洲、盛边县	其余县份
52	薄辽	所有县份	薄辽乡
53	金瓯	所有县份	金瓯市
54	坚江	所有县份、岛屿	何仙和历驾（Rach Giá）乡
55	其他地区	所有高新区、享受优惠的经济区	所有政府总理审批成立的工业区

（资料来源：中华人民共和国驻越南社会主义共和国大使馆经济商务参赞处）

（2）优惠政策

①企业所得税优惠：A 区享受 4 年免税优惠（从产生纯利润起计算，最迟不超过 3 年），免税期满后 9 年征收 5%，紧接 6 年征 10%，之后按普通项目征税；B 区享受 2 年免税优惠（从产生纯利润起计算，最迟不超过 3 年），免税期满后 4 年征收 7.5%，紧接 8 年征 15%，之后按普通项目征税。

②进出口关税优惠：A 区免固定资产进口关税及从投产之日起免前 5 年原料、物资或半成品进口关税；属出口产品生产加工可免征出口关税或退税。

③减免土地租用费：租用 A 区土地最长减免 15 年；B 区最长减免 11 年。

4. 特殊经济区域的规定

越南实行革新开放以来，重视发展工业区和经济区建设，截至 2014 年 6 月，全国共有 293 个工业区（总面积 8.27 万公顷），其中 207 个已投入生产；15 个沿海经济区（总面积 69.78 万公顷）。2014 年上半年，经济区和工业区吸引外资 55.6 亿美元，共 303 个新签项目和 218 个增资项目。累计至今，工业区吸引 5290 个外资项目，其协议资金达 771 亿美元，实际到位资金达到 48%。各经济区和工业区的营收总额达 474 亿美元和 76.6 万亿越南盾（约合 36.5 亿美元），同比增长 34%；出口金额达 271 亿美元，占全国出口金额的 40%。

越南的工业区、出口加工区对外资企业实行一定的优惠税收政策。但 2009 年越南新的所得税法实施以来，园区内企业所得税与园区外一致，优惠政策均以 2006 年颁布的鼓励与特别鼓励项目以及艰苦和特别艰苦地区为优惠依据，对工业区吸收外资产生很大影响。

【工业区】工业区内的外资企业按以下规定缴税：

（1）进出口税

①生产性企业和服务性企业均免征出口税。

②鼓励投资的生产性企业进口构成企业固定资产的各种机械设备、专用运输车免征进口税；对用于生产出口商品的物资，原料，零配件和其他原料可暂不缴进口税，企业出口成品时，再按进出口税法补缴进口税。

③服务性企业按进口税法缴税。

（2）企业所得税

从 2009 年开始，企业所得税优惠政策按工业区所属区域划分，具体详见 3.4.3。

【出口加工区】出口加工区内的外资企业按以下规定缴税：

（1）进出口税

①生产性企业和服务性企业均免征出口税。

②生产性企业和服务性企业进口构成企业固定资产的各种机械设备、专用运输车辆和各类物资，原料免征进口税。

（2）企业所得税

与工业区享受同等优惠待遇。

目前，中资企业在越南共投资建设 4 个工业园区，即铃中出口加工区（约 600 公顷）、龙江工业园（600 公顷）、深圳—海防经贸合作区（800 公顷）、仁会工业区 BE（450 公顷），都取得不同进展。其中，铃中出口加工区已实施三期项目，效果较好，成为越南工业区建设典范。龙江工业园和深圳一海防经贸合作区成为中国国家级境外经贸合作区，有利于推动中国企业“集群式”走出去，扩大对越南投资合作规模。

【口岸经济区】越南鼓励在边境地区建设口岸经济区，目的是促进地方经济社会发展，维护边疆稳定和安全。中央和地方政府在口岸经济区建设过程中提供土地、税收和资金方面的支持。1996 年，越南试点在广宁省芒街市建立口岸经济区，随后分别在谅山省同登市和老街省老街市建立口岸经济区。迄今为止，越南 25 个边境省份（分别与中国、老挝和柬埔寨接壤）中已有 21 个省份建立口岸经济区。

口岸经济区享受以下优惠政策：政府优先考虑利用外国政府和国际组织提供的官方发展援助促进口岸经济区基础设施建设，同时鼓励外商以 BOT、BT 和 BTO 等方式参与基础设施建设；在口岸经济区投资的项目，可享受所得税 4 免 9 减半、之后连续 10 年减 10%的优惠；在口岸经济区工作的外国人，可免 50%的个人所得税；接壤国家公民持因私护照（按规定应办理签证）可免签进入口岸经济区并停留 15 天；接壤国家的货车可进入口岸经济区，在区内交接货物。

口岸经济区分布：广宁省芒街、谅山省同登一谅山、高平省那隆、河江省清水、老街省、莱州省麻鲁塘、奠边西庄、山罗省、河静省悬桥、广平茶萝、广治省劳保、顺化省阿喆、广南省南江、昆嵩省波宜、嘉莱省 19 公路、平福省花芦、西宁木排、隆安省、同塔省、安江省和坚江省河仙口岸经济区。2012 年 12 月，越南政府总理同意选择 8 个口岸经济区作为 2013～2015 年度财政重点建设项目，包括：广宁省芒街口岸经济区、谅山省同登—谅山口岸经济区、老街省老街口岸经济区、河静省悬桥口岸经济区、广治省劳保口岸经济区、昆嵩省伊岸国际口岸经济区、西宁省木排口岸经济区和安江省安江口岸经济区。由越南计划投资部牵头，每年中央财政将下拨项目资金的 70%用于口岸经济区的基础设施建设。

【高新技术区】越南设有三个高新技术区，主要以吸收外来高科技投资项目。各管委会联系方式如下：

（1）河内市高新技术区管委会

地址：河内市陈国全路 97A

电话：0084－4－38222252

传真：0084－4－39425458

（2）岘港市高新技术区管委会

地址：岘港市海洲郡九月二路 228 大厦六层

电话：0084－511－3626704

传真：0084－511－3626705

（3）胡志明市高新技术区管委会

地址：胡志明市 9 郡新富坊高新技术区 D1 路

电话：0084－8－37360293

传真：0084－8－37360292

【保税区】与口岸经济区享受同等优惠政策，现越南政府拟出台相关政策，大力推进保税区的建设。

五、与投资合作相关的主要法律法规

《民法》规定越南的自然人之间、法人之间以及自然人与法人之间的财产关系，为私有财产提供保护。《投资法》规定外商在越南投资的项目审批、权利、义务、税收、政策优惠等。《海关法》规定商品进出越南的原则和方式，以及海关机构和进行商品外贸活动的人的权利和义务等。《竞争法》、《企业法》、《证券法》、《企业所得税法》对企业并购及外国投资者股权比例、外国投资税收优惠有明确规定。

（来源：南博网．http://www.caexpo.com/news/asean/yuenan/zcfx/fghj/2015/07/15/3648300.html.2015—07—15）

企业案例篇

企业案例

华电集团标杆工程
点亮印度尼西亚巴厘岛

风光旖旎、游客流连的印度尼西亚巴厘岛，曾长期面临缺电困境。燃气（油）电厂和来自爪哇岛的海底电缆，无法给巴厘岛带来足够的能源。随着西北部海岸一座燃煤电厂的建成投产，巴厘岛摆脱了电力紧缺，发展有了更强劲的动力。

2015年8月初，随着3号机组成功通过168小时稳定性试验，巴厘岛一期燃煤电厂项目三台机组全部投产，成功进入商业运行，电能被输送到岛上的每个角落。中国华电集团公司主体工程建设23个月，成为中国企业“走出去”的典范。

一、承担巴厘岛40%负荷

作为国际知名旅游胜地，巴厘岛仅靠燃油（气）电厂和来自爪哇岛的两条海底电缆进行供电，岛上电力需求长期无法得到满足。新增用电申请经常被拒绝或限制，实际用电需求一直处于管控状态，因此电力供应问题成为困扰巴厘岛发展的重要难题。同时，因电力生产成本高于销售电价，政府长期以财政预算形式补偿印度尼西亚国家电力公司以低于成本的价格向消费者供电而造成的损失，财政补贴压力巨大。巴厘岛迫切需要建一座燃煤电厂。

2007年，印度尼西亚巴厘通用能源公司（GEB）与印度尼西亚国家电力公司签订巴厘岛项目购电协议。2008年3月，GEB与上海电建签订EPC合同及设计、主机等合同，筹划已久的巴厘岛项目正式启动。然而，随着金融危机突然到来，该项目建设被迫暂缓。

华电集团旗下全资子公司——中国华电工程（集团）有限公司了解相关情况后，积极加强与印度尼西亚政府、印度尼西亚国家电力公司等相关方的沟通协调，创造性地解决了外围受阻、资源匮乏等前期遗留问题。2011年11月项目获得发改委正式批准；2012年工程全面开工建设。暂停4年之久的巴厘岛项目得以重启。

目前，该电厂是华电集团投资建成的最大海外项目，也是巴厘岛规模最大的电厂。拥有3台142MW燃煤火力发电机组，净出力380MW，电厂投产后将承担全岛40%以上的负荷，以稳定、可靠、集约的能源形式解决了巴厘岛的“燃眉之急”。

据了解，电厂由华电工程投资和总承包建设，并控股运营30年。

二、本土化绿色工程

投入运行的电厂，极大地缓解了巴厘岛电力供应紧张状况，降低了发供电成本，减少了对原有燃油、燃气电的依赖，以及当地政府所承担燃油、燃气电价的巨额补贴，社会效益和经济效益巨大。

同时，在项目建设的3年中，本土化亦得到了充分体现。作为海外工程项目，尊重当地的宗教、文化、风俗习惯，实现文化融合，注重环境保护，创造了成功的投资建设环境。巴厘岛既是国际知名的旅游胜地，也是文化传统习俗保留良好之地，保护优美环境自然成为项目建设的重中之重。

据了解，项目从设计到施工、运行，华电工程始终严格遵照环保规定，尽可能减小对环境的影响，从细节上体现出绿色思维。为防止露天煤场可能造成的污染，华电工程主动采用自有的圆形料场技术，在印度尼西亚建立了第一个全封闭的圆形煤场，库内配备完备的安全系统，装配自动喷淋灭火设施等，让煤炭粉尘颗粒保留在仓库内，不会飘散在空中，从而有效解决了大型电厂尤其是海滨电厂露天煤场对厂区及周围环境的污染问题。

不止于此，为减小对环境的影响，电厂同步建成投运了脱硫系统。经检测，二氧化硫、烟尘排放浓度仅为185mg/Nm3和19mg/Nm3，远低于印度尼西亚标准500mg/Nm3和50mg/Nm3。在海水取水管线中，采用钢沉管方案，减小了对海边地形及生态环境的影响，取水工程更加环保。

本土化发展还体现在人文关怀上。据了解，华电工程创造条件培养当地员工，加强员工福利和技术培训。巴厘岛电厂已为当地提供几千个就业机会，同时对当地员工进行了23次专业技能培训，当地员工人均收入为每月150美元，高于当地平均收入水平，有力解决了当地的就业问题。而且，为便于穆斯林和印度教员祷告，电厂内专门建立了清真寺和神庙。在印度尼西亚“开斋节”、“宰牲节”等重要宗教节日期间，向当地员工和居民发放节日奖金和慰问品。从2013年至今，华电工程对当地进行捐资，支持3所学校的设施改善和村公所、清真寺的修建。

三、打造“走出去”样板

华电集团准确把握国家“一带一路”和国际产能合作等重大战略部署，积极布局海外项目。根据中央要求，结合自身实际，提出了“两片一链”的“走出去”战略，深耕以印度尼西亚为代表的东南亚和以俄罗斯为代表的中东欧区域，并逐步向其他有发展潜力的国家和地区延伸。

据华电工程负责人介绍，巴厘岛一期燃煤电厂项目以打造中资企业海外项目建设的样板工程为目标，力争成为中国华电树立海外品牌的形象窗口，展现中国企业实力和人文素养的示范工程。

巴厘岛一期燃煤电厂发电标准煤耗为317.46g/kWh，预计项目平均可利用率为85%，年利用小时达到7446小时，主要技术指标和环保指标良好，可实现经济效益和社会效益双丰收。华电工程下一步将全力加强电厂运营管理，建立各项规章管理制度，优化运行方式，提高运行参数，加强可靠性、消耗性和费用指标管控，提高生产运营水平。

自2004年起，华电工程在印度尼西亚成功完成印度拉玛2×30MW燃煤电、拉法基2×16.5MW燃煤电厂、阿萨汉1级2×90MW水电站、巴淡2×65MW燃煤电厂等多个电厂项目的投资或总承包建设，获得了中印两国政府及相关方高度好评。

巴厘岛一期燃煤电厂，是华电工程10年海外建设经验与华电集团国内基建管理策划要求的完美结合，更是一扇体现建设和运营管理水平的窗口。

业内人士指出，印度尼西亚项目的建设，通过直接拉动中国电站设备销售、电站设计、建设、技术服务等其他相关产业向东南亚地区的出口，增强了中国电力建设技术、电站设备、能源服务在该区域的影响力和中国电力的品牌辐射力，符合国家“走出去”发展战略。

（来源：综合整理自《中国能源报》）

碧桂园海外战略再升级：森林城市升格免税区

当“一带一路”战略、绿色发展等议题正成为中国两会参会代表热议的话题时，中国房企碧桂园位于马来西亚的标杆之作森林城市已经抢得先机。

2016年3月6日，碧桂园在马来西亚举行“未来城市榜样——共建绿色、低碳、智慧、生态之城暨森林城市全球开放盛典”，来自马来西亚、新加坡、美国、中国、印度尼西亚、越南等国家700多位政商学界的嘉宾出席了盛典仪式。令人关注的是，马来西亚首相纳吉在现场宣布了在碧桂园森林城市成为免税区，相关进驻的企业可获得所得税减免等优惠政策。

作为广东省“一带一路”建设的10大标志性项目之一，碧桂园森林城市已经逐渐成为中国房企走出海外的成功样本。随着优惠政策的落地及特区政策的叠加，森林城市正成为东南亚地区最新的投资热点。

一、森林城市成为免税区：10年前的深圳

2016年3月6日，在碧桂园森林城市所在的新马来西亚经济特区依斯干达特区，身着马来风格服饰的马来西亚首相纳吉向众多参会代表和全球媒体宣布，为了确保森林城市的成功，纳吉宣布森林城市成为免税区，使本地居民、企业和游客从工作、生活、娱乐环境中受益。在森林城市，对于符合依斯干达特区相关标准的旅游会展、教育及医疗企业，可享受企业所得税减免政策，并且对这些企业没有公司股权制衡方面的要求。同时，针对绿色开发商和绿色发展管理公司提供企业所得税优惠政策。纳吉预计，到2035年，森林城市将在金融和电子商务领域为马来西亚民众创造22万个就业机会。

这是中国房企在海外市场首次获得如此隆重的礼遇。2014年，碧桂园集团董事局主席杨国强看好柔佛海峡这片地段，杨国强计划在柔佛海峡建设梦想中的城市典范：整座城市立体分层，车辆在底层

穿行，地面均为公园，建筑外墙长满垂直分布的植物，如生活在森林里，地面是无污染的轨道交通；每一天，人们都生活在花园里，呼吸在森林里，愉悦在自然之中。

根据碧桂园的计划，在未来的20年里，碧桂园将投资2500亿元人民币在柔佛海峡以填海的方式打造人工岛屿，建设一个占地近20平方公里，足以容纳数10万人口的巨型项目，不管是对于碧桂园还是对于马来西亚而言，这都是一个前所未有的尝试。

2013年，碧桂园就已经开始在马来西亚做尝试，其开发的金海湾项目年销售超过百亿元人民币，但这仅限于一个项目运作的层面，如今的森林城市显然已经上升为碧桂园所熟悉的“造城”概念。在项目的启动之初，碧桂园森林城市就已经被广东省列为参与“一带一路”建设的10大标志性项目之一。如今，马来西亚首相纳吉亲临森林城市并宣布免税区政策，足以证明森林城市已经成为以民间合作推动“一带一路”战略落地的成熟样本，符合沿线国家的利益需求。

碧桂园森林城市的有关负责人介绍，纳吉曾在多个场合表态，全力支持“一带一路”战略。数据显示，中马两国双边年贸易已超过1000亿美元。中国连续7年成为马来西亚最大贸易伙伴，马来西亚是中国在东盟国家中的最大贸易伙伴。因此两国正致力于深化合作，推进更全面的产业融合，碧桂园的项目就是最好的例子。

这个位于马来西亚依斯干达特区的森林城市被誉为“10年前的深圳”，原本就享有马来西亚的诸多特区政策，此次再获批为免税区，可谓成为“特区中的特区”。

有分析人士认为，在获得免税区政策之后，森林城市的投资优势将更加明显。扮演着“深圳”角色的马来西亚依斯干达特区拥有巨大的发展潜力。新加坡虽然经济发达，但国土面积狭小，需要更多拓展空间。森林城市所在的依斯干达经济特区是新加坡与马来西亚政府共同划定的特区，作为新加坡经济的延伸，承接新加坡的城市发展，这里势必也成为当地新的投资热点区域。

而碧桂园集团总裁莫斌则表示，希望通过自贸区、落地免签区、近岸免税区等诸多形式，使森林城市成为一个促进中新马经贸深度融合、辐射整个东南亚乃至亚太地区，推进区域经济一体化繁荣进程的跨境经济特区。

二、优惠政策引导打造产业新城

在新加坡以“造城”而见长的碧桂园深谙产业及人才的重要性。在规划之初，碧桂园就做好规划，森林城市要积聚人气，除了政策优势，还需培植产业。根据碧桂园规划，未来森林城市将打造成为旅游会展、医疗保健、教育培训、外企驻地、近岸金融、电商基地、新兴科技、绿色与智慧产业等8大产业聚集地，吸纳全球优秀企业和国际资本投资进驻。

森林城市良好的区位优势为其产业培育带来了良机。其所在的依斯干达特区正好位于全球贸易网络的支点上。2～4小时航程覆盖超过8亿人口的几乎整个东盟市场，6～8小时航程覆盖大部分APEC国家，背靠全球最活跃的两大经济体——中国与印度。同时未来区域将发展新马高铁和RTS等基建项目。

作为马来西亚唯一的经济特区，依斯干达迄今已吸引逾400亿美元投资，每日有40万人次来回新马关口，教育城、乐高乐园、pinewoods影城等重磅配套逐一落成，新加坡淡马锡集团、香格里拉酒店集团、马士基航运集团、Columbia医院等大品牌陆续加入。

在各种区位优势和马来西亚免税区政策的支持下，森林城市的产业集聚已经有了初步成效。据悉，目前森林城市已与美国历史最悠久、久负盛名的私立寄宿学校Shattuck－St. Mary's School（沙特克圣玛丽学校）、美国第4大医疗集团UIW/Christus签订战略合作备忘录。随着优惠政策的落地及与特区政策的叠加，森林城市项目未来势必将在促进中马贸易及周边地区经济发展上扮演着更加重要的角色。

凭借着碧桂园多年的城市运营经验和成本控制力，森林城市的投资价值也日益受到全球的关注。根据碧桂园所做的市场调研，目前，马来西亚整体房价在全球排名第99位，但近年房价涨幅居全球第9位，且租金回报率达6%～8%，升值空间被国内外一致看好。如今越来越多周边国家的公民特别是新加坡公民选择在马来西亚购房，甚至举家搬迁。

与依斯干达特区一海之隔的新加坡，目前房价均价已经在10万元/平方米以上，而马来西亚的房屋均价仅为新加坡房价的1/4，巨大的差异吸引了大量的新加坡公民前来安家置业，不少新加坡公民选择在新加坡工作而在马来西亚居住，每日往返柔佛海峡的上班族越来越多。

而在国内市场，凭借 2013 年金海湾项目的成功，森林城市也吸引了大量中国房客的关注。根据碧桂园的最新政策，森林城市购房成交客户即可获赠移居“绿卡”（即赠送“马来西亚第二家园移居计划”办理服务费），业主只需存款 25 万元人民币起，第 2 年可取出部分用于在马来西亚的房产投资、子女教育、医疗服务等项目。业主申请成功后，全家可获马来西亚 10 年居住权，可无限次自由出入马来西亚，无限逗留时间，还可快签 150 多个国家。

森林城市的投资价值日益受到国内投资客的认可。最新数据显示，有意向在森林城市置业的客户中，其中约 34％为中国公民，约 30％为新加坡公民，剩余的是马来西亚公民。

碧桂园集团执行董事苏柏垣表示，森林城市正在成为东南亚地区最新的投资热点。森林城市所在区域随着马来西亚的潜在经贸发展机遇，碧桂园在打造森林城市项目时，把自己定位成城市运营商，而不是开发商。通过填海建造，在景观、路桥以及公共设施配套方面比周边其他房地产项目更具竞争力，市场前景良好。

三、打造绿色智慧城市样板

为了将森林城市打造成为全球投资的新样板，碧桂园不仅在产城互动上不遗余力，还联手 SASAKI、埃森哲、华为、德勤等全球顶尖团队，计划将森林城市打造成智慧生态之城，希望其成为未来城市的榜样。

在这些顶尖团队的规划之下，森林城市项目的设计秉承创新、协调、绿色、开放、共享的发展理念，在建筑外墙垂直分布种植植物，降低能耗，将城市交通立体分层，地面街道由多个公园相连，并设无污染的轨道交通，车辆在地下穿行，同时采用云计算技术搭建智慧城市体系，全岛屿封闭管理，生活安全、便捷。

SASAKI 公司负责人 Michael Grove 向外界介绍森林城市的发展规划和设计理念：为节能降耗，项目采用垂直绿化设计，建筑外墙长满植物，全城就像一座森林。为保护 800 亩天然海草区，项目确定了几个岛的基本形态，而不是一座连体的岛屿，森林城市将是全球首个立体分层城市，整座城市就像一座漂浮在海上的绿洲。

同时，比邻“智慧国”新加坡，森林城市也不缺乏智慧的基因。碧桂园携手华为、CELCOM，为森林城市提供多样化的智慧社区服务，并汇聚教育、医疗等顶尖资源，打造堪比迪拜的全球精英生活平台。在东盟副秘书长翁贴看来，森林城市在绿色、智慧等方面的尝试甚至对东盟都具有重要的借鉴意义。

碧桂园创始人杨国强表示，马来西亚是一个伟大而美丽的国家，森林城市也将是一个伟大而美丽的城市，碧桂园是其梦想中的城市典范。杨国强表示，森林城市绿色、智慧、生态的发展理念，符合苏丹和马来西亚政府对依斯干达经济特区的发展目标，符合世界气候大会和未来城市发展目标的趋势。杨国强相信，随着森林城市的开放，世界各地的人们来森林城市，均能感受这里的生活，这里的美丽、繁华，杨国强期待森林城市成为未来城市的榜样。

目前，森林城市交通中心、国际会所、滨海商业街区、沙滩公园已投入使用，高星级酒店也正在建设当中，随着森林城市与美国名校及医疗集团签订战略合作协议，越来越多的产业也将在森林城市落地生根。可以想象，森林城市将加速成为东南亚地区的投资热土、购物天堂和宜居乐园。

（来源：综合整理自搜狐网）

比亚迪全球最大电动 BRT 公交系统落户马来西亚

2015 年 6 月 1 日，比亚迪联合马来西亚国家基建公司（Prasarana）、马来西亚最大的产业和建筑公司双威集团（Sunway）、马来西亚国有独资公司吉隆坡快运（RapidKL）等在马来西亚吉隆坡共同举办新闻发布会。在发布会上，马来西亚总理纳吉布对外宣布，由比亚迪 15 台电动大巴组成的全球最大电动 BRT 公交系统正式在马来西亚投入商业化运营。据悉，15 台电动大巴在 2015 年 6 月 1 日并入吉隆坡公交快运系统中。这标志着比亚迪致力推广的全球“电动公交战略”在马来西亚开始落地生根。

马来西亚的陆运系统，以超过 95％的总客货运量比例成为当地最大的交通运输系统。四通八达的道路交通，势必带来严重的空气污染。旅游业作为马来西亚第 3 大支柱产业，环境保护的重要性不言而喻。当地政府也一直在环保方面做努力。2014 年 1 月，在马来西亚国家基建公司的电动大巴全球公开招标中，比亚迪不仅打败了来自全球的竞争对手，获取所有订单，而且最终是以最高分夺得了标书中的全部 15 辆大巴项目。

在进入马来西亚市场前，比亚迪电动大巴已经在当地进行了各种路况的长达 1 年的试验，而且还专门安排比亚迪电动大巴在类似的 BRT 线路进行模拟试运营。最终，比亚迪电动大巴以无污染、零排放的良好性能表现成功达到并超出了客户设定的要求，试运营结果获得了马来西亚国家基建公司的高度认可。马来西亚国家基建公司主席丹斯里依斯迈阿当表示，此次电动公交进入马来西亚的快速公交系统，可从根本上解决普通公交的排放问题。

双威集团创始人兼主席丹斯里谢富年对于此次合作建成全球最大的电动 BRT 系统表现出了很大的信心，此次联手打造的电动 BRT 系统，绿色环保无污染，对于马来西亚的环境保护而言极其有利。

此次比亚迪进入马来西亚市场，是比亚迪电动大巴第一次采用 CKD 模式，在把绿色环保产品带给当地的同时，也给当地相关配套企业带来一定的工作机会。后期比亚迪将进一步为马来西亚市场提供技术支持及售后服务支持，让中国企业真正意义上用品质、技术去赢得客户的信赖。

截至目前，比亚迪电动车的足迹已经遍布全球 36 个不同的国家与地区，超过 150 个城市。正值国家大力推行“一带一路”与“走出去”的对外政策，比亚迪此次旗开得胜，成功交付了比亚迪在东南亚市场上的最大订单，开局良好，前景可期，进一步吹响了中国企业走向国际化的号角。

（来源：综合整理自新浪网）

三环集团：国礼荣耀下的东盟市场开拓

广西三环企业集团以日用陶瓷作为主业，以弘扬中国陶瓷文化、振兴民族经济作为己任。2011 年，从全球 500 多家日用陶瓷企业脱颖而出，成为英国威廉王子与凯特·米德尔顿婚礼上的餐具瓷器和赠给宾朋的礼品指定生产商；2004～2014 年，连续 12 年参加东博会，并连续 5 年成为东博会的国礼赠送给中国和东盟国家领导人。

经过多年的拼搏，如今广西三环集团已成为中国日用陶瓷生产和销售的龙头企业，世界陶瓷制品业 500 强中国入选企业第 1 名。是什么让地处广西桂东南北流市一个地方边陲县级市的陶瓷企业声名远播，在欧美和东盟市场享有如此强劲的声誉呢？

一、与柬埔寨首相洪森的情缘

第 5 届中国—东盟博览会举办期间，东博会秘书处计划为柬埔寨首相洪森量身定做一套个性化的国礼。经过多方的筛选，最后任务落在东博会永久举办地中国广西的本土企业——三环集团上。

说起为洪森首相定制国礼的经历，广西三环企业集团总裁陈诚表示，样式是中国瓷具的传统样式，茶具上的图案是柬埔寨首相洪森打高尔夫球时的情景。洪森首相喜欢打高尔夫，三环企业结合高尔夫的元素做了多款设计，最后挑选出首相打球的一个瞬间做成两款茶具系列。

后来，三环企业还利用洪森首相曾在广西南宁打出 64 杆的好成绩为题材，推出 64 杆杯垫系列瓷具，杯垫表面由 64 根高尔夫球杆旋转排列而成。

作为一家地方民营企业，通过东博会平台，把为国礼送达各国领导人的手中，三环集团感到非常荣耀。广西三环企业集团总裁陈诚希望三环生产的不仅是陶瓷产品，更是一种文化，能成为中国与东盟经贸文化交流的使者，使中国和东盟国家友谊变得更加亲密无间。

二、发展历程

三环集团的前身是一家成立于 1986 年的国营小瓷厂——北流第三瓷厂。从 60 万元人民币的小企业起步，经过 20 多年的拼搏，已发展成为拥有成员企业 20 多家，集研发、生产、贸易于一体的现代化民营企业集团。

12 年以前，“三环陶瓷”占中国国内市场的份额不到 5%；12 年以后，“三环陶瓷”占据中国市场的份额已经超过 30%。三环集团非常看重由政府搭台、企业唱戏的中国—东盟博览会平台。2004 年首届东博会在中国南宁举办，三环便盛装参展。

陈诚表示，中国—东盟贸易区是一块“大蛋糕”，在国际金融危机的影响下，欧美市场萎缩，三环集团订单有所减少，三环选择不把鸡蛋放在一个篮子里，另外开辟东盟市场。东盟的华人数量庞大，在当地华人的帮助下，中国企业跟东盟国家建立贸易关系更加便利。

在东博会上，三环集团与泰国、马来西亚、菲律宾、新加坡、印度尼西亚等东盟国家建立了贸易合作关系，并于 2010 年 3 月进入越南市场，与越南一家酒店签订了购买合同。多年来，三环集团通过东博会展示平台，积极与东盟国家合作交流，寻找发展商机。同时作为国礼，极大地提高了三环集团在东盟国家的知名度和美誉度，同时企业在中国国内的市场也得到进一步开拓。

三环集团的日用陶瓷技术处于中国领先水平，

已形成了一个包括日用陶瓷生产及配套的原料加工、彩瓷加工、科技咨询服务、检测机构、人才培养专业学校、研发机构、机械设计制造、耐火材料、包装印刷、花纸、物流运输等较完整的产业链。

三环集团现拥有总资产 17 多亿元人民币，年销售收入 10.2 亿元人民币，年销售日用瓷 2 亿件，年出口创汇 7500 万美元。以科技和环保引领的“三环”和“GXKC”品牌在欧洲市场声名鹊起，“KC”甚至成为北流陶瓷的代名词。值得一提的是，西班牙百货直接使用了三环的商标。

三环集团主导产品有日用细瓷、炻瓷、高档瓷 3 大类，包括中餐具、西餐具、茶具、咖啡具、航空瓷具、酒店瓷具、礼品瓷具、艺术瓷具、微波餐具 9 大系列 5000 多个品种。年产日用陶瓷 2 亿余件，主要销往欧美、中东、东南亚等 80 多个国家和地区。

三环集团拥有自治区级企业技术中心和广西日用陶瓷产业工程院，是广西日用陶瓷工程人才小高地建设单位，是中国日用陶瓷技术标准化委员会成员。2007 年以来，该集团主持并参与制订日用陶瓷国家标准和行业标准 6 个。2011 年，三环集团将把北流国际陶瓷贸易城项目打造成广西最大的日用陶瓷销售平台，是中国南方最大日用陶瓷交易中心。

三、发展展望

陈诚表示，三环集团是一个民营企业，一个传统的陶瓷行业，东博会于三环集团已不仅仅只是产品展示的平台，更期望能在东博会上获悉各国出台的实惠的政策，如品牌的宣传、品牌维护、运输、出口报关商检以及货币对换等，从而达到各方的互利共赢。

陈诚坦诚道，三环集团希望稳保当前的市场客源，借助中国国家推动中国—东盟国际产能合作的新契机，加大力度利用“互联网＋电商”等平台，开拓更广阔的市场。2016 年 6 月，2016 东博会越南展在越南举办，三环集团积极参展，进一步走进东盟市场，再加上东博会在越南当地有丰富的政商资源，三环集团开拓越南的市场前景光明。

（来源：中国—东盟博览会官方微信．2016－06－01）

玉柴动力出海　打造国际品牌

玉柴，作为中国最大的内燃机制造商之一，是最早探索东盟市场的中国企业，是连续 12 届东博会的参展商，而东盟也是玉柴迄今最大的海外市场。经过 12 年的市场培育，2015 年玉柴的海外总体进入量突破 4 万台。其中，2016 年越南市场、泰国等东盟国家市场增长迅速，越南出口同比增长 42%，泰国市场同比增幅更是高达 327%。而在“一带一路”建设的另一个重要节点——中东的沙特地区，2015 年玉柴的客车动力的市场份额提升了 10%，获得市场的广泛认可。

一、搭乘东博会“东风”　打开东盟市场

玉柴进入东盟已有 20 余年。玉柴海外事业部总经理周传武介绍，玉柴是中国最早走进东南亚的发动机企业，早于 20 世纪 60 年代初，玉柴 2105 发动机产品便开启了东南亚之旅。但是，在技术上领先一步的欧美日韩汽车牢牢占据了东南亚市场。以越南为例，越南最大的两家客车组装厂长海汽车厂和 SAMCO 公司，运营的公交车几乎全部为日韩欧美的客车。在越南市场的前期开拓中，虽然玉柴海外事业部的营销团队做了许多谋划，但是收效程度不高。2005 年之前，玉柴发动机连续几年在越南的销售量都处于年销售几百台的阶段。

东盟国家政治、经济、文化及宗教等各方面差异大，中国制造的产品若想顺利进入东盟市场，政府搭建的平台很关键。周传武表示，政府平台比自主召开的推介会效果要好得多。2004 年，首届东博会在中国南宁举办，玉柴盛装参展。领先、齐全的产品，大气的场馆设计，吸引了东盟各国的眼球，也成为玉柴扩大在越南乃至东盟销售的加速器。

周传武称，更多的客户通过东博会加深了对玉柴产品的了解和对玉柴品牌的认识。特别是东盟国家的一些领导人，包括时任的越南总理、缅甸的前副总统，都借助出席东博会的时机，带着政府代表团和商务团队，到玉柴考察。玉柴因此跟东盟国家的合作越来越密切。搭乘着中国—东盟博览会的东风，玉柴产品在越南、老挝、缅甸、马来西亚等国的影响不断扩大，业务量不断增加，玉柴在东盟国家的销售量也飞快上升，在越南年销售量最多达到了一万多台。

除东博会外，玉柴还不断借力各类专业展会提升玉柴产品的影响，通过参加国际性展会、广告宣传投放及市场推广活动，吸引潜在客户和合作者。2015 年东博会泰国展上，玉柴精心挑选适合泰国市场的发动机进行参展，玉柴的展馆也会成为展会抢眼的风景，吸引当地政府官员和大批的客商前来参

观、洽谈、签订合作协议。

二、创新营销模式　扩大覆盖范围

依托东博会平台，玉柴的产品开始成功走向东盟，走向世界。10多年来，玉柴在东盟市场的保有量在逐步上升。特别是在越南的卡车市场，在越南胡志明和河内的公交市场，以及在马来西亚公交车市场、泰国的燃气市场，在菲律宾和印度尼西亚船用发电机市场，玉柴产品都取得了飞速的发展。如今，玉林在东盟10国的销量占据了玉柴海外销量超过40%的份额，东盟市场在玉柴的海外市场中起着举足轻重的作用。

与此同时，玉柴创新营销模式，市场开拓采取“一国一案”、“一户一策”，从商务、产品、服务、技术等方面推进，对每个国家、每个客户都形成可操作的工作方案。玉柴还全面推行代理服务模式，在东盟国家建设覆盖范围广、服务能力强的代理服务网络，并在东盟各国派驻服务工程师，进一步完善了服务体系建设，延伸产品配套网点。

三、从产品到技术输出　产业链“走出去”

从最初配套整车出口，到培育市场对当地的整车进行改装，经过20多年的努力，玉柴已从产品销售发展到品牌销售，开发出适应东盟市场所需要的、全方位的动力系列产品，无论是排放上的升级，还是动力升级；玉柴产品已从传统的卡车、客车动力，已经延伸到船用动力方面。

随着海外市场发展的需要，玉柴将从产品销售向技术销售转变，在有一定汽车工业基础的国家和地区，如越南、泰国、印度尼西亚等，玉柴将与这些国家的汽车厂开展战略合作，逐步进行产能输出和技术输出。玉柴希望政府间创造更多两国企业间接触的机会，促进企业间的合作和共同发展。

四、参展东博会越南展　提升影响力

玉柴连续12年参加中国—东盟博览会，是东博会的优质展商。12年来，玉柴与东博会共同成长，成为中国—东盟自由贸易区市场中发动机销量和保有量最大的企业，在“一带一路”上唱响了中国动力的主旋律。

目前，“一带一路”建设继续务实推进，中国—东盟合作继续深化，区域国家均致力于提高合作水平，加大互联互通建设，促进一体化、相互联系的创新型、开放型经济发展。这为东盟国家实现经济发展提供难得的机遇，也为中国企业在东盟市场的发展带来极大商机。2016年，越南担任第13届东博会主题国。2016东博会越南展于6月16～18日在越南河内会展中心举办，玉柴抓住机遇，继续巩固在东盟各国的成果，提升在越南的影响力和市场占有率，同时也为东盟国家的发展做出了贡献。

（来源：综合整理自中国—东盟博览会官方网站）

顺丰速运布局东盟　打造国际范

伴随着国际贸易、跨境电商的发展，世界各国对国际物流的需求与日俱增，消费者也愈发需要跨国快递。“嗅觉灵敏”的企业早已“摩拳擦掌”，通过抢滩市场、构筑网络，以期分得一块香浓的“蛋糕”。而经过多年发展，中国快递企业，特别是民营快递企业得以迅速增长，具备了向外发展的实力。在不断构建自身国际物流体系的基础上，一批中国快递企业开始走出国门。

2015年11月，中国快递企业顺丰速运正式启动了中泰快递业务。至今，顺丰已开通至美国、日本、韩国、新加坡、马来西亚、越南、澳大利亚、印度尼西亚等国的快递服务。迈向国际化，顺丰速运已经启航。

一、顺风而行：从国内到国外

顺丰速运对于许多中国消费者而言并不陌生，选择顺丰速运，似乎就选择了速度与品质，而这与顺丰的定位及管理运营息息相关。1993年，顺丰速运的掌门人王卫做起“港深快件”的生意。经过多年的发展，积沙成塔，顺丰速运就此诞生。

20世纪90年代是中国民营快递井喷式发展的黄金时期，特别是1998年以后，每年以120%～200%的速度递增。顺丰速运借此良机“顺风而行”，在加盟模式的推动下，扩张速度可谓疯狂。但加盟的模式也让顺丰面临“诸侯割据”的情况。通过收权进行“洗牌”后，2002年，顺丰速运捋顺了组织结构，成立集团总部并实现了企业直营。

2003年，“非典”肆虐，此时的王卫将目光瞄准了因“非典”而陷入低谷的中国航空领域。通过与扬子江快运航空签订5架包机协议，王卫第一个将中国快递行业带上了天空。随后，顺丰速运立足高端的定位也更加明确。直营模式、航空运输、高端定位成为顺丰成功的“三驾马车”，拉动着顺丰速运跑遍中国大江南北，跑向世界各地。截至2015年7月，顺丰速运已拥有近34万名员工，1.6万台

运输车辆，19架自有全货机及遍布海内外的12260多个营业网点。

特别是在国际贸易稳步发展、跨境电商炙手可热、国际物流蓄势待发的大趋势下，顺丰速运作为中国快递企业的优秀代表，正在加紧布局海外市场。这既是中国企业赢得国际市场“蛋糕”的必然选择，也是企业乘机遇之风谋长远发展的“顺风”之举。

二、迎风而为：布局东盟

2010年，顺丰速运将海外直营的第一站选在了东盟国家中的新加坡，并顺利投递出了第一单自己收派、自主清关的快件。除了裕廊岛，乌敏岛外，顺丰速运新加坡网点覆盖了新加坡的全部区域。从办公场地、员工、作业流程到营运管理模式，顺丰速运新加坡网点和顺丰速运其他网点相同，带着鲜明的顺丰速运标签。

顺丰速运新加坡业务网点的成功运转，为顺丰速运以直营模式拓展海外市场，提供了可复制的成功样板，对于顺丰速运海外市场的拓展具有历史性意义。而这一年，正好是中国—东盟自由贸易区正式建立的开局之年。

中国—东盟自由贸易区的正式建成给中国—东盟经贸合作带了新一轮春风，顺丰速运“迎风而为”，陆续将快件业务覆盖范围拓展到马来西亚、泰国、越南等东盟国家，使东盟成为顺丰速运海外服务的重点区域。

2015年11月，顺丰速运又以合作的形式进入泰国。中国顺丰速运与泰国物流商SINIC共同成立的泰中快运（SN Express）将作为顺丰速运的泰国代理商，代理顺丰速运在泰国的业务，专营泰国到中国大陆、港澳台地区以及顺丰速运其他海外业务点的快递业务，涵盖跨境快运业务、中泰跨境电商配送和泰国电商物流配送。

这意味着中国消费者可以通过泰中快运，将海淘的泰国产品寄回家；而泰国消费者也可以借助顺丰速运将中意的中国产品直接送到泰国。除了给消费者及中泰跨境电商带来好消息，此次顺丰速运选择位于东盟中心区位的泰国布点，也将为其试水国际物流打下基础。

进入国际舞台，顺丰速运的眼界不再局限于快递业务，也投向了规模更大的国际物流行业。根据此前顺丰速运国际电商事业部副总裁李清望透露的顺丰速运国际化战略，顺丰速运将通过重资产投入，以国际物流业务为主，构建顺丰速运的国际仓网。李清望称，就产品全球化方面而言，目前顺丰速运的直发业务已经可以覆盖全球241个国家；在网络全球化上，顺丰速运将通过建立20个全球仓网，来覆盖目标市场。

从顺丰速运现有的布局网络来看，东盟无疑将是其发展国际物流的一大海外支点。

三、逆风而上：蛋糕能分几成？

无论是巩固快递业务，还是试水国际物流，顺丰速运作为中国快递的中坚企业，其迈向国际化的路径及方式，对于其他中国快递企业都有一定的借鉴意义。

语言差异、本地员工培养、行业适用法律法规不同等问题是大多“出海”发展的中国企业必须面临的挑战。而对于需要运输、清关、信息管理的跨国快递企业而言，交通基础设施的联通状况与海关通关的便利化水平都与企业效率休戚相关。

顺丰速运选择新加坡作为海外直营的首站，并通过合资企业入驻泰国，绝非是王卫随意做的决策。一方面，新加坡、泰国等东盟国家是世界华人聚居的主要区域，华人语言差异较小，民俗、文化相近，能给顺丰速运进入全英文的投资环境提供一个缓冲；另一方面，东盟大多数国家对于海外投资都持以较为开放的态度，在中国—东盟自由贸易区框架下，中企投资东盟有所保障；更为重要的是，“一带一路”的宏伟构想，让中国—中南半岛国际经济走廊、泛亚铁路网、中国—东盟港口城市合作网、中国—东盟信息港等基础设施项目的建设动力十足。

中国—东盟区域基础设施联通水平的提高，无疑是区域跨国快递企业发展的一剂强心剂。因此顺丰速运首选东盟的“出海”路径，是值得参考的理性选择。而在经营模式上，顺丰速运在中国采用总部直营的方式，更有利于企业“集中精力办大事”，一方面，可对分支机构进行规范化管理；另一方面，也能灵活选择海外经营模式，在合资模式中，及时管控风险。在风险可控的前提下，合资形式更有利于中资企业借助本土企业的资源与优势开拓并适应新的市场。

不过“走出去”只是第一步，如何留得住，发展好才是中国快递企业迈出国际化步伐后需要思考的问题。对于顺丰速运而言，其在海外面对的不仅有同样在外打拼的“老乡”，还有实力雄厚的国际“大佬”。在国际快递、物流朝着服务个性化、增值服务多样化方向发展的大势下，如何在合作与竞争中实现更低成本、更高效率、更优服务，得到更大的蛋糕？顺丰速运还需“逆风而上”。

（来源：中国东盟传媒网 . http://www. cacom. cn/show－35－4286－1. html. 2016－02－26）

中设集团：以民心相通打造责任工程

中国机械设备工程股份有限公司（简称“中设集团”）从一家工贸企业发展成为以工程承包为核心业务，以贸易、研发及国际服务为主的工贸结合、技贸结合的国际化综合性企业。作为领先的国际工程承包商，中设集团坚持责任领航发展，践行“和平合作、开放包容、互学互鉴、互利共赢”的丝绸之路精神，在“一带一路”沿线国家开展以基础设施建设为主的广泛合作，坚持属地化运营，深耕责任，打造民生工程，带动当地发展，以民心相通成就中设集团的价值之路。

一、坚持属地化运营

区域化和属地化是中设集团始终坚持的两大战略，在多年的海外运营过程中，公司不断深化属地化运营，推进组织机构本地化，经营网络本地化，扩大本地分包和采购的比例。中设集团建立海外员工制度，逐步提高海外项目中当地雇员的比例，为所在地创造就业机会，注重培养当地技术人才，实施本土化经营。同时，中设集团在国外承办过多场以工程承包及相关产品为主的展览会，推广中国管理、中国技术、中国装备及中国文化，搭建多方合作平台，让各国利益相关方认识中国，了解中国企业，进而认同中国的产品和服务。

在决策和运营中，中设集团在严格遵守当地法律法规基础上，注重保障当地居民的发展权益，尊重当地的文化、传统、习俗、宗教信仰等社区特性和多元化价值观，努力实现彼此的情感认同和价值认同。在马尔代夫住房项目中，公司尊重当地劳工文化和宗教信仰，为穆斯林员工修建祈祷室；在委内瑞拉应急发电项目中，项目部帮助当地修复当地居民日常生活、宗教活动必不可少的 Iglesia Pan de Vida 教堂；在喀麦隆巴萨拉姆和林贝体育场项目中，公司在当地传统节日给予工人充足的休息时间和适当的奖金。这些尊重当地文化的举措让公司获得了当地利益相关方的认同。

二、打造民生工程

中设集团将自身工程承包优势与当地社区发展的迫切需求相结合，承建电站解决当地生产生活用电需求，为当地提供发展动力；承建交通设施，搭建沟通桥梁，便利当地发展和居民出行；承建通讯设施，让联系更加高效和便捷；承建住房，为当地居民提供安全、舒适的居住环境；承建体育场，为促进当地体育事业发展做出贡献。中设集团在国外建设了多个民生工程，对当地发展意义重大，受到了当地居民的高度认同。

中设集团承建的马尔代夫居民住房项目是打造民生工程的一个缩影。马尔代夫首都马累街道狭窄、房屋紧张，居民住房极为拥挤。2013 年一期项目竣工之后，为当地 7000 位居民提供了舒适的居住环境。目前二期工程正在建设过程中，项目建成之后，将解决当地近 3 万人的住房问题。马尔代夫住房项目极大地改善了当地居民的居住条件，当地居民亲切地称之为“中国城”。

三、在提升中成长

中国企业在“走出去”的过程中难免遇到挫折和困难，中设集团也不例外。公司针对经营管理中的弱点不断提升管理，不断提升精细化管理水平，提升运行效率和质量，增强抗风险能力。针对工程承包业务，强化制度建设，进行工程成套项目全周期制度建设规划，完善监管体系，强化技术管理、设备监造、培训、运维等服务，增强为客户提供全产业链综合服务的能力。

比如，公司在运营过程中发现，由于业主方在技术、管理等方面存在一定差距，项目在移交给业主之后可能出现运维上的困难，影响项目正常运行，缩短项目寿命，对项目的可持续运营造成消极影响。中设集团强化对业主专业能力的培养，在业务开发过程中加强对业主运维习惯、水平及人力资源现状的调研，重视对业主方的培训及运行维护等工作的提前策划，强化服务能力，提升业主方在运维方面的技术能力和管理能力。

中设集团在缅甸道耶卡（2）水电站项目顺利验收交付后，重视对维护和检修的要求，严格培训缅方电站运营人员。根据电厂规范，维护和运行人员每天需要根据设备名称填写操作票，记录运营问题。不过，由于缅甸工作人员没有类似的习惯，项目部在大到轮机、小到阀门的几乎所有设备上都挂上卡片，上面用缅文和英文记录了设备编号、名称，以提醒他们按规程操作，同时避免信息记录出错。该项目在第32届东盟会议工程联合会上获得了“东盟优秀工程成就奖”。

四、战略引领责任未来

随着国家“一带一路”战略规划的出台和国际市场竞争的加剧，中设集团必须适应国际承包工程市场发展的“新常态”。中设集团在亚洲、非洲、欧洲重点国家承建了多个EPC项目，涉及电站、电网、电子通讯、交通运输、住房等领域，形成了战略支撑点，为“一带一路”战略的落地打下了良好的基础。

此外，中设集团契合国家发展战略，制定了5年发展战略规划，着力于业务创新，转型发展模式，立足基础设施行业，沿产业链进行相关多元化发展，以实现负责任的可持续发展。今后，中设集团将继续践行区域化、板块化发展战略，深耕海外市场，创造综合价值，用责任领航，筑梦“一带一路”。

（来源：综合整理自《WTO经济导刊》）

金龙客车在泰国
打造中国制造金字品牌

金龙客车是中国较早发力海外市场的企业，扎根厦门，并借力“一带一路”海上合作战略支点的优势，在对泰出口打造中国制造金字品牌上更是先行一步。

一、旅游业火爆加大泰国客车的市场需求

近年泰国旅游业火爆，加大了对旅游巴士的需求。作为“中国制造”的代表之一，金龙客车凭借高端的品牌定位、优秀的营销服务以及天然的地理优势，赢得了泰国客户的认可。2012年，50辆金龙龙威旅游大巴开赴泰国；2013年，金龙客车受邀参加泰国国际建材机械展，展示两款高端客运车型，促成全年568辆大单出口；2015年，648辆金龙豪华大巴再入泰国，并实现了第1300辆金龙客车出口泰国；2015年上半年，出口泰国的515辆旅游客车已进入发车倒计时，使得金龙客车在泰市场保有率连年凸显。如今，赴泰国的海外游客搭乘金龙客车出行俨然已成为一种“新常态”。

选对合作伙伴，相当于获得一半成功发展的机会。金龙客车取得如此迅速发展的背后，离不开全球战略客户Royal Gems公司的青睐。2016年3月20日，Royal Gems公司在普吉喜迎旗下亚洲最大的珠宝中心开业之际，荣获金龙客车首位全球战略客户称号，中华人民共和国驻泰国宋卡总领事馆副总领事汪慧娟、金龙汽车集团副总裁罗丹峰、金龙客车总经理张斌、金龙客车海外营销总监谢卫国等应邀出席开业典礼。

1982年，曼谷水上市场的一家小型购物店开始营业。这家小型购物店在35年以后成长为泰国旅游行业的巨头Royal Gems公司。回顾其发展历程，1987年在曼谷开设第一家皮包店；1991年开始进驻普吉，在普吉也逐渐形成了免税店、珠宝中心、乳胶产品等购物中心和旅游配套的产业链；1993年，旗下首家珠宝中心Royal Gems在曼谷营业；1995年开始进入芭提雅市场，现有World Jem、酒店及其他的配套服务。迁移到Lat Krabang后逐渐形成了以珠宝、皮包及泰国特产购物中心为核心，集旅游用车、酒店等业务为一体的多元化集团，成为泰国旅游行业翘楚。

在过去的35年里，Royal Gems公司每年接待数以百万计的海外游客，为泰国创造了大量的就业机会。随着下辖购物中心的泰国特产畅销，也带动了泰国乳胶、水果等产业的蓬勃发展，为泰国经济的良性运转做出了巨大的贡献。同时，Royal Gems集团的发展还非常注重精神文化的融入，例如本次开业的普吉珠宝中心选址在全岛标识建筑二女英雄纪念碑旁边，就是要向和平独立、勇敢无畏的女英雄致敬，为所有来泰国游客提供物质享受之外的文化体验，给泰国旅游业树立了一个金字招牌。

二、金龙客车成为泰国旅游客车的主力

Royal Gems集团控股OA运输公司董事长Ms Nisa介绍，2015年赴泰国旅游人数突破800万人次，而该公司接待服务的游客达450万人次，以服务50%以上的旅客量领跑泰国旅游市场。这成绩离不开与金龙客车的良好合作。泰国旅游业快速发展给客运市场带来巨大发展空间，中高端旅游大巴成为公司业务扩大的助推器。该公司从2012年携手金龙客车展开全面合作，先后引进上千辆金龙豪华旅游大巴提供优质接待服务，拥有泰国最多且最先进的运输力量。2015年该公司运营车队中有1800辆金龙客车，金龙客车已经成为泰国旅游客车的主力。

据悉，每年赴泰国游客中，中国公民成为旅游大军的重要组成部分。Royal Gems公司提供的用车服务几乎均为中国造金龙客车，这无疑给身在异国他乡的中国人一种强烈民主自豪感。换言之，金龙客车让更多的中国游客认识了 Royal Gems 公司，或者因为 Royal Gems 公司在泰国旅游业的巨头地位，让更多中国公民对自主品牌增添了信心。

据中华人民共和国驻泰国宋卡总领事馆副总领事汪慧娟介绍，2016 年预计赴泰国旅游的中国公民将突破 1000 万人，同比增长 20%以上。而抢先在泰国形成品牌效应的金龙汽车集团，无疑将迎来更大商机。金龙客车同 Royal Gems 公司的友好合作，得到汪慧娟的肯定，汪慧娟表示，金龙客车为中泰务实合作提供了一个很好的范例。未来作为中国制造品牌不仅要“走出去”，还要“站得稳”。另外在售后配套服务也要跟得上，实现与海外客户的持续合作。

金龙客车总经理张斌将全球战略客户牌匾授予 Royal Gems 公司并强调，20 世纪 80 年代，公司发展初期，在样车制造设计过程中，车辆内饰和车身设计方面曾得到泰国工程师指导。最初的情缘如今已深化成与 Royal Gems 公司的全面合作。例如 2016 年采购的批量 9 米车型，公司在车内设计以及车辆动力制动系统等方面，均得到泰国客户的全力支持，投入运营后车辆性能提升明显。张斌相信，今后双方会有更大的合作空间，打造最适合泰国旅游客运市场的“陆地头等舱”。

金龙汽车集团副总裁罗丹峰对双方合作给予高度评价，金龙客车授予 Royal Gems 公司首个全球战略客户的称号，是对双方互利合作的最佳诠释，也是公司在全球化海外营销战略实施中对客户给予的极大重视。厦门是中国“一带一路”海上合作战略支点的桥头堡，泰国是东盟中海上丝绸之路国家的重中之重。这两个重要支点的企业强强联手，未来合作共赢的效应会更加凸显。

（来源：中国客车网．http://www.chinabuses.com/buses/2016/0321/article_69694.html.2016—03—21）

企业访谈

中国电动车深耕越南市场：抱团才能发展

电动车的普及，给“摩托车王国”越南带来一场变革。越来越多的越南人开始接受电动车这种既环保又经济的出行工具。目前，中越两国政府正推动“一带一路”倡议和“两廊一圈”构想对接，加强产能合作。这让雅迪、绿源等中国电动车企业将最新生产线从中国引入越南，进行本地化生产经营，深耕越南市场。业内人士建议，中国企业应用“中国制造”的高质量，擦亮中国品牌，实现可持续发展。

一、中国电动车制造业具备世界领先水平

从家到学校有两三公里远，选择什么样的交通工具最安全划算？

范辉煌选择电动车。正在读初中三年级的范辉煌表示，对于学生而言，骑摩托车较为危险，骑自行车花费的时间太久，公交车站点距离家里较远。范辉煌的父母给孩子购买一辆电动车作为代步工具。

范辉煌购买的是捷安特牌电动车，售价约 1400 万越南盾（约合 4200 元人民币），而越南普通百姓购买的摩托车需要花费 2000 万～5000 万越南盾（约合 6000 元～15000 元人民币）。范辉煌家在首都河内青春郡皇家都市区内，家长为范辉煌选择电动车的初衷是出于安全考虑。经检测，电动车减震效果佳，既轻便又舒适。

近两年，在越南一些大城市，电动车用户逐渐增多，雅迪、尼佳、绿源等“中国制造”随处可见。河内市朗寺街一家电动车经销店里，显著位置展出的均为“中国制造”电动车。销售经理阮文俊表示，店里也销售过越南国产品牌电动车，由于款式更新慢、颜色单一，逐渐失去越南年轻消费者的青睐。店里的购买者大部分为学生，购买者更喜爱外观炫酷、驾驶舒适、性价比高的产品，而该店代理的中国电动车正好满足购买者的需求。

维修工程师吴德顺表示，通过正规渠道进入越南市场以及中国企业在越南制造的电动车经过多项测试，质量有保障。从客户反馈分析，购买者比较认可中国的电动车。

作为电动车业内人士，越南雅迪科技有限公司总经理吕刚表示，中国电动车制造业具备世界领先水平，特别是控制器、电机、电池等核心部件具有竞争优势。

二、中国企业将市场最新技术与车型引入越南

据越南国家交通安全委员会的数据显示，截至 2014 年 12 月，越南电动车保有量超过 250 万辆。这一数字同越南 9000 万人口规模相比，数量仍然微小。在一些大城市，摩托车尾气排放造成空气污染

加重，政府对燃油机动车保有量逐步收紧，越来越多的用户选择电动车这一绿色出行工具。

据了解，目前选择电动车出行的多为越南中学生和大学生，还包括中老年女性。中老年人看重性价比和安全性。

越南雅迪科技有限公司于2014年7月在河内市章美县富义工业区建厂。总经理吕刚介绍，雅迪是中国领先的绿色能源电动两轮车品牌，在中国国内年产销量在350万辆左右，销往全球66个国家和地区。

随着越南经济持续增长，人们的消费需求水涨船高，特别是作为电动车消费的主力，越南年轻人在看重电动车款式的同时，开始关注性能与售后服务。基于这一新变化，中国电动车企业将市场上最新车型、最新技术引入越南，不断为越南消费者提供最优、最可靠的“中国制造”。

据悉，中国电动车企业深耕越南市场主要体现在产品定制化、人才本地化、配套本土化等方面。以雅迪为例，前不久，雅迪对原有生产线进行更新升级，为越南消费者量身定制符合越南道路特点和消费心理的新产品。雅迪还向越南市场推出使用锂电池、性能更卓越的电动车。不论是雅迪还是绿源，生产、销售等环节都最大程度实现本地化，为当地提供就业机会。此外，越南本土企业与中国优质电动车企业合作，提供配件、售后等支持，将进一步提升越南国内电动车制造及配套水平。

三、竞争与合作相互促进，抱团才能发展

曾在越南三阳机车公司从事摩托车组装工作多年阮文江称，20世纪90年代，越南经济发展缓慢，中国摩托车凭借良好的性能和适中的价格，进入越南市场并得到认可。但随后，各种品牌的中国摩托车涌入越南市场，质量参差不齐，逐渐失去越南消费者的信赖，市场最终被本田、雅马哈等品牌坐享。越南消费者对“中国制造”的成见由此形成并固化下来。

越南赛格正倾力打造越南电动车展销第一平台。越来越多的中国电动车进入越南市场，越南赛格副总经理黄晓燕表示，一家信誉好的中国电动车企业会按照越南法规开拓市场，但面临着很多良莠不齐企业的“低价”竞争。当价格不断被压低时，可能出现的“低质”将对市场信心产生影响。

吕刚建议，中国电动车企业不可重“走”摩托车进入越南的老路，“中国制造”、“中国创造”的电动车在世界均有竞争力。吕刚认为，在当前越南舆论和市场生态下，中国电动车企业应进行良性竞争，竞争与合作相互促进，抱团才能发展。企业之间需要建立行业协会，发挥协会的沟通协调作用。

黄晓燕认为，除建立行业协会来规范中国企业和商人的经营外，中国政府和有关部门也应进行必要引导，加强对边贸的管理，减少以次充好的电动车流入越南市场。

（来源：人民网 .http://finance.people.com.cn/n1/2015/1222/c1004—27958802.html.2015—12—22）

“海螺”水泥海外生根 布局东南亚市场

中国水泥行业领军企业——安徽海螺水泥股份有限公司目前积极借助“一带一路”战略的东风，布局东南亚市场，利用优势产能走国际化合作的路子，在国际市场资源配置竞争中博得先机，赢得发展新机遇。

2015年下半年，安徽海螺水泥股份有限公司水泥装备车间里，巨大装备已经颇具雏形，制造任务工期紧张繁忙。车间制造部副部长葛海根介绍，把石头磨成粉之后煅烧，最后形成水泥。海螺集团于2015年6月完成产品制作，2015年10月发往印度尼西亚西巴，2016年10月将投入运行。

伴随着国家正在实施的“一带一路”战略，海螺集团与印度尼西亚之间的联系却越来越紧密。素有“千岛之国”之称的印度尼西亚计划大约用7000万亿印尼盾（约合3.54万亿人民币）的投资建设数10个机场、港口和工业园区，以及累计2000公里长的公路和多条铁路。建设计划庞大，海螺水泥股份有限公司副总经理丁锋表示，该项目将为公司提供广阔的用武之地。葛海根认为，印度尼西亚有市场、有需求，底子还比较薄，所以水泥工业孕育着巨大的商机。

通过市场调研，海螺水泥发现包括印度尼西亚在内，东南亚许多国家投资基础设施建设都蕴藏着巨大潜力和市场空间。然而，进入这些市场并非简单的程序问题。2013年6月，缅甸皎施水泥厂进行国际BOT招标，希望通过引进技术和资金加速现有水泥厂的升级改造和产能扩张，满足国内基础设施建设步伐加快的需求。海螺水泥股份有限公司参与竞标，丁锋介绍，尽管这是一次艰难的海外市场开拓，但也展示出了海螺水泥的实力。丁锋提议，首先将400吨生产线改造，环保、能耗达标；其次建设一条国际最为先进的生产线。全球50多家企业一起投标，经过4轮选择。海螺凭借先进的装备、先进的环保指标，以及可靠的回报性，最后赢得

中标。

依托先进技术和优势产能，海螺水泥通过“走出去”提升企业国际竞争力，促进行业持续稳定发展。目前，海螺水泥已在印度尼西亚、缅甸、柬埔寨、老挝等4个国家落实发展项目12个，逐渐打开了东南亚市场局面，截至2015年上半年，公司已完成海外投资30.2亿元人民币。丁锋表示，这些水泥生产线均达到国际先进水平。公司旗下海外布局的项目，拥有最先进的窑外分解新型干法技术，排放水平按照国际一流水平来设计。水泥厂无废水排放，均为冷却循环用水，在粉尘、噪声等治理方面均达到国际一流水平。

通过投资海外项目，推动优势产能国际合作，海螺水泥大型装备出口、设备成套、工程总包等也开始走向国际市场。其中，节能环保设备和服务已经成长为海螺集团新的业务板块之一。海螺川崎节能设备制造有限公司副总经理肖杰玉透露，截至目前，海螺集团已完成17个节能环保服务“走出去”项目，涉及日本、土耳其、巴西等11个国家；32个节能环保服务项目正式签约，合同签约金额58.7亿元人民币。按照其营业订单而言，2012年之前的海外订单数量较少，受“一带一路”的影响，2015年海外订单数量占公司总订单数量约50%。

丁锋称，虽然远隔万里，但未来中国的“海螺”牌水泥将在东南亚“生根”、“成长”。海螺集团将利用“十三五”的发展，在海外，特别是东南亚、中亚、俄罗斯这一带，布局5000万吨水泥项目的规模，并在这些国家的主要市场，拥有相对的主导竞争优势和主导权。无论从销量上还是从价格的议价能力上，争取在水泥市场领域中实现自身的话语权。

近年来，由于中国经济减速及基础建设投资的转冷，中国水泥需求持续下降。据国家统计局统计，2015年1～9月中国的水泥产量约为17亿吨，约减少5%。海螺水泥总会计师周波表示，中国国内市场严重供给过剩，将强化包括出口在内的海外市场业务。

据了解，中国第2大水泥企业安徽海螺水泥于2016年4月在印度尼西亚新建4家水泥工厂，预计总年产能将超过1200万吨；在缅甸的新工厂于2016年2月投产；在老挝的2家新工厂计划也正在进行中。

（来源：央广网.http://china.cnr.cn/yaowen/20151204/t20151204_520685446.shtml.2015－12－04）

中国大唐集团：为柬埔寨“既造车又修路”

车轮在山间艰难穿梭，热带低气压笼罩下的神秘让人只想加速前行，一片原始的雨林之后，却又是另一片。而柬水柬网公司斯登沃代水电站就坐落在耸立的密林间。

一、拓荒：战争阴影下，原始丛林中

柬水柬网公司总经理邱惠斌是大唐集团公司柬埔寨项目“开拓团”最早的成员之一。邱惠斌表示，在柬埔寨建项目，是一件极为困难的事情。柬埔寨经历长达近半个世纪的内部动乱，直到1998年，柬埔寨才得以进入和平发展时期。

动乱的阴影始终笼罩着这个只有1000多万人口的国家，也让当地的工业经济一度处于停滞。电力等基础设施的匮缺成了柬埔寨公民进行基本生活的最大困扰。早年，柬埔寨有些地方每度电达到1美元，与人均收入不匹配。柬埔寨消费水平和开发空间存在巨大的反差性，经济效益和社会效益的切合性强，“一带一路”战略提出后所释放出来的积极信号，早在2009年之前已被大唐集团公司察觉到。

2009年，大唐集团公司柬埔寨斯登沃代水电站正式开工建设。

在异国他乡展开工作，文化、语言、政策等人文壁垒可通过努力克服，动乱阴影下的各种不确定性却始终无法抹去。邱惠斌表示，任何一项决定、协商甚至口头约定都要第一时间以法律合同的形式确定下来，不容出现闪失，对柬水柬网公司而言，“依法治企”早已不是目标和口号，而是企业在他乡“活下去”的必需品。

战争阴影下物资的极度匮乏显而易见，匮乏程度却难以想象，这也要求建设电站时更需注重细节，更需精益求精，更需坚持“价值思维和效益导向”，浩大的维修成本和不安全成本需要精密考量。

该项目建设条件之恶劣业界罕见。项目建设期间，工作人员不仅要面临野兽出没、蚊虫叮咬、疟疾肆虐等问题，还要面对地雷隐患问题。前期建设中，工作人员花费半年多的时间进行排雷工作，共排掉4000多颗爆炸物。2014年4月，斯登沃代一级、二级水电站提前实现全投并平稳进入商业运营。

二、坚守："靠的是信念"

斯登沃代水电站分两级开发，一二级坝址沿沃代河上下而居，6 台总装机容量 12 万千瓦的机组创造的 4.66 亿千瓦时的电流，满足柬埔寨中西部地区人民的用电需求。

电站营地建于两级电站间的一块小高地上，简单的砖墙将人与大自然的凶险隔离开来，墙里方圆 2 万平方米的区域包含办公、住宿、吃饭、娱乐活动等所有的功能。

柬水柬网公司副总工程师林云海表示，2012 年从大唐陕西汉江投资开发公司旬阳水电站筹建处临危受命来电站时，能够一直坚持来，"一切靠的是信念"。这里的一切注定与外面的世界不同，比如，白日的静谧和夜的热闹。年轻员工较多，电站开始设有简易的篮球场、羽毛球场、健身房，公司尽力改善员工的生活条件。

三、前行：桥梁、丰碑与典范

从斯登沃代水电站到附近菩萨省列文县，贝雷桥是必经之道。贝雷桥长 183 米，中国名为通慧桥。桥碑上红色的"唐"标和简介浓缩着中柬两国的友谊：列文县至欧桑乡水库淹没道路改线工程由大唐集团柬水柬网公司出资修建。该工程于 2012 年 4 月 20 日开工，8 月 31 日完工。工程新修道路 20 千米，新建了贝雷桥（通慧桥），便利了当地的交通，推动了列文县的经济发展。

有形的通慧桥加上无形的民生路，斯登沃代水电站既是大唐在海外的效益来源，也是集团公司在"一带一路"上的民生丰碑。

2012 年，水电站基建转运营后，柬水柬网公司积极推进柬籍值班员的招聘及培训工作，在柬埔寨菩萨大学公开招聘招收了 12 名柬籍值班员。斯登沃代水电站从一开始就致力于公司的国际化和属地化。经统计，斯登沃代水电站在柬埔寨建设期间，先后安排当地劳动力就业万余人次，组织技能培训上千人次，不少柬籍人员经专业培训走上了技术工种、操作手、工程翻译、行政管理等工作岗位。

邱惠斌深谙本土化在国际化企业建设中的重要性，希望把公司建成具有国际管理水平和国际包容精神的国际公司，提高外籍员工的管理水平。柬埔寨矿产能源部部长瑞赛表示，该水电站对柬埔寨社会经济具有重大意义，前期柬埔寨还没有建设水电站，用电紧张，大部分地区从越南购电，但越南电量有限，无法满足柬埔寨的需求。之前柬埔寨部分省份靠柴油发电，现在柴油发电全部暂停工作，均采用水电。斯登沃代水电站不仅为柬埔寨提供了清洁能源，同时改善了当地人民的生活质量，提供了就业机会。

在斯登沃代水电站东北约 180 千米处，横亘着集团公司在柬埔寨的另一个项目——金边—菩萨—马德望 230 千伏输变电工程。作为集团首批真正意义上的完全境外项目，电站与电网的建成以及投运后的发展势头较好，共同为集团公司在海外"开了个好头"，被柬埔寨政府誉为"中资企业政府友好合作的典范"。

2014 年 3 月 27 日，金边—菩萨—马德望输变电工程和斯登沃代水电站两个项目正式竣工投产。柬埔寨首相洪森在投产仪式上动情的表示，中国大唐"为柬埔寨既造了车又修了路"。"车"是指能满足柬埔寨中西部用电需求的斯登沃代水电站，而"路"就是指全长 300 公里的金边—菩萨—马德望输变电工程。

（来源：中国电力新闻网．http://www.cpnn.com.cn/zdyw/201508/t20150828_824283.html.2015—08—28）

阿里巴巴试点马来西亚：倾力打造电商生态系统

随着经济全球化的发展和"互联网＋"技术在商业领域的不断应用，以信息网络技术为手段、以商品交换为商务活动内容的电商企业在国际经济舞台上逐渐崭露头角，成为商业经济发展新动力。

作为中国著名电商企业，阿里巴巴首次"出海"便登陆马来西亚，与当地企业建立了良好的合作关系。此番阿里巴巴能否在马来西亚续写辉煌？对马来西亚电商发展有何影响？世人皆拭目以待。

日前，阿里巴巴全球渠道业务（除印度外）负责人许长龙和阿里巴巴 B2B 市场部总监易骞谈及阿里巴巴在马来西亚的发展历程和未来规划，并相信阿里巴巴能够在马来西亚打造全新电商生态系统，为马来西亚中小型企业的发展带来积极作用。面向未来，马来西亚本土电子商务必将成为马来西亚经济发展的助推器。

一、走出国门的三个阶段

任何一家大型跨国企业在走出国门的时候都要经历 3 个阶段，作为中国国内几大电商巨头之一，阿里巴巴此番“出海”也不例外。

许长龙直言，阿里巴巴在中国国内已取得的巨大成功，这是阿里巴巴开拓海外业务的基础，也是其“走出去”的第一步。在国内取得成功后，阿里巴巴才能够进入第二阶段：迈出向国外发展的步伐。在“走出去”的过程中，阿里巴巴也借助当地的合作商来做更多的市场推广工作，把业务先经营起来，等业务经营起来之后顺势进入第三个阶段，即如何在当地实现阿里巴巴业务的本地化。

许长龙解释，这三个阶段基本就是阿里巴巴中国企业走出国门的整个流程，不仅阿里巴巴如此，许长龙认为任何一个外资公司应按照这个思路发展。

另外，许长龙同时也强调，阿里巴巴在进入第三个阶段的时候需要依赖和利用本地的资源。许长龙还补充，从阿里巴巴自己的业务角度分析，利用和发展马来西亚本地资源将使阿里巴巴在本地立足更稳，发展更好，有利于共同合作的开展及合作深度的加深，打造一个良好品牌和市场价值。

二、阿里巴巴成功登陆马来西亚

2009 年，阿里巴巴开始与马来西亚开展合作，阿里巴巴选择 Panpages 作为马来西亚的第一个合作伙伴和业务代理商。

许长龙表示，阿里巴巴希望通过合作更好地服务马来西亚优质的中小企业，为这些企业提供电子商务知识培训来发展更多的业务。对此易骞补充道，进入马来西亚初期，阿里巴巴拥有“阿里 express”这样一种沟通全球物流的 B2C（商家对消费者电子商务）服务，因此阿里巴巴进入马来西亚市场的时候，阿里巴巴. com 也可以帮助企业以 B2B（商家对商家电子商务）的方式展开全球贸易活动。

经过近几年来的发展，如今阿里巴巴在马来西亚已有两家代理商，除 Panpages 公司外，阿里巴巴还与 Locus－T 建立了业务合作联系。据许长龙介绍，Locus－T 是一家颇有实力的马来西亚本土网络公司。阿里巴巴之所以选择 Locus－T 作为合作伙伴，是因为 Locus－T 过去是谷歌的合作伙伴，并拥有自己的搜索引擎、网站和商业标记，就市场客户需求方面而言与阿里巴巴有共同的匹配度。

许长龙表示，与本地的代理商加深更多的合作，把过去在中国所取得的成功经验和方法复制到海外工作中，能够更好的推动阿里巴巴在马来西亚建设一个属于马来西亚的电商合作平台系统，从而为更多的中小型企业服务。

对于推动这个电商合作平台系统的建立，易骞毫不讳言的指出，搭建合作平台系统在当前仍存有亟需解决的问题。阿里巴巴通过这个系统来与马来西亚当地企业合作时，只能加大此系统的规模建设，无法对外提供重要贸易数据信息。而这些数据往往是供应商和银行提供的用于搭建合作平台的重要信息。

再者，经过多年的发展，阿里巴巴已从信息服务平台转型成为业务与交易服务平台，中国国内的企业可以通过“阿里巴巴 . com”这个平台直接去做 B2B 的贸易，因此易骞认为应该尽快推动这个平台系统在马来西亚的建立和完善，用于促成中国国内企业和马来西亚中小型企业对接合作，并帮助这些马来西亚中小型企业去参与到国际化贸易中去。

三、阿里巴巴首选马来西亚的理由

阿里巴巴首次开拓海外市场，没有选择电子商务发达的欧美日等市场，也没有选择其它东盟国家，而是选择马来西亚。对此许长龙表示，阿里巴巴首选马来西亚作为“海外第一站”，是经过“精挑细选”和“深思熟虑”的。首先，从宏观的角度分析，马来西亚拥有良好的电子商务基础。许长龙分析，马来西亚的社交网络系统十分发达，能够提供非常好的电子商务基础。以 Facebook 为例，在马来西亚使用 Facebook 的人数约有 700 万，约占马来西亚总人口的 25%。

另一方面，随着电子商务的不断发展，马来西亚政府也不断关注国内电子商务的发展，帮助马来西亚自身企业进行转型，并提供很多便利的政策支持。如在 MATRADE 的介绍和推动下，马来西亚在 2016 年 1 月 18 日举办了马来西亚电子商务论坛，旨在推动马来西亚本土电商企业与来自世界各地的电子商务企业间的经验交流与合作。

许长龙笃信，稳定的马中两国关系是马中双边经贸合作稳定发展的基础。目前马中两国经贸关系稳定，处在双方交往史上的最好时期，阿里巴巴的有信心，在马来西亚做好阿里巴巴的平台建设工作。

许长龙还分析，马来西亚的中小型企业在电子商务发展中也占有两大优势。（一）自 2015 年整体经济放缓和林吉特疲软、国内经济波动以来，马来西亚如今正处于经济发展回暖期，面临经济发展转型、带动马来西亚经济出口的重大发展机遇；（二）马来西亚处于互联网应用和“互联网+”快速发展之时，这种趋势为马来西亚本地中小型企业的快速发展带来了巨大潜力和众多机会。

许长龙认为，马来西亚可成为阿里巴巴在海外的一个绝佳试点。许长龙对马来西亚的整体经济发展状况和一些企业均有一定的认识和了解，并且与这些企业有一定的联系和接触。有了这些有利的条件，阿里巴巴在马来西亚推广电商合作系统平台的建设将会更加容易。

值得一提的是，许长龙认为，相较于其他东盟国家和地区而言，在阿里巴巴协助B2B通过马来西亚走向世界的过程中，马来西亚中小型企业在电商方面“走出去”具有巨大优势。优势主要表现有三点：第一，从Facebook的使用量、政府的投入以及政府帮助中小型企业在电子商务方面发展和成长等方面分析，在马来西亚，无论是政府、中小型企业还是个人，均有较好的电子商务的基础；第二，跟新加坡等其他国家相比，马来西亚的物产丰富，这些物产对海外的客户来说拥有很强的吸引力；第三，马来西亚作为沿海国家，地处东盟国家交通枢纽位置，在不断的对外贸易过程中能够吸引外资银行和国家著名物流公司在马来西亚建立海外分支机构，这对推动马来西亚对外电子商务发展而言是一个有利的基础。

四、揭秘阿里巴巴电商平台

在传统模式的买卖交易中，如何建立买卖双方的信用是一道难题。与之不同的是，在电子商务中，建立电子商务平台则是解决买卖双方信用难题的有效途径。那么，面对马来西亚几十万家中小型企业用户，阿里巴巴又是如何确保买卖双方合法利益呢?

据许长龙介绍，第一次在阿里巴巴电子商务平台上成功交易的用户，会获得相应的基础信用等级，并且在其以后的一系列交易中，信用等级将随着交易额度的增加而逐渐提升。许长龙解释，站在电子商务的角度分析，信息的准确度高，换言之，信用等级不断提高，市场的规模也得以扩大。

许长龙还认为，阿里巴巴的电子商务平台也兼具先富带动后富的功能。目前马来西亚的中小企业约有70万家，许长龙相信这70万家不可能都同时走入电子商务平台。许长龙分析，阿里巴巴首要的工作是让一部分中小型企业在电子商务的平台里富起来。让用户足够了解、真正利用这个平台，阿里巴巴电子商务平台才可以去影响到更多中小型企业，让用户收获更多的利益。

易骞则介绍，电商平台中为买卖双方提供双向互动服务，是阿里巴巴不断扩大发展的关键。如果阿里巴巴无法将买家引进来，阿里巴巴这个平台就无法生存下去。阿里巴巴发展了16年，当下发展速度飞快，要求阿里巴巴真正吸引来自世界各地的买家。当前在阿里巴巴的平台上有来自全球各地逾4000万买家的会员，约20%来自北美，约20%来自欧洲，约20%来自东盟地区，拉丁美洲也有分布。

当然，越来越多会员的加入也推动了阿里巴巴发展成为一个全球化的买家平台，面对这么多的交易，阿里巴巴也特地设置了信用保障体系和赔付体系来保护买家的合法利益。买家在阿里的平台上购物，买家与卖家互不认识，买家完成订单交易后，阿里巴巴将会百分百去保证买家资金的安全；或者买家买的货最后没有收到或者延误了，阿里巴巴将会赔付买家损失。此外，阿里巴巴也利用网络平台投放各种资源信息，同时与全球的商会协会合作，通过商会协会来了解当地买家的实际需求，为跨境采购者提供信息和买卖服务。

五、开展务实合作规划远景

除了与马来西亚本土商企开展合作，倾力打造全新电商生态系统，阿里巴巴也积极和马来西亚各商协会接洽，并与马来西亚对外贸易发展局开展了一系列合作。

据许长龙介绍，阿里巴巴自2014年起与MATRADE开始合作。2016年1月18日，阿里巴巴参加了由马来西亚对外贸易发展局主办的“跨境电子商务论坛”和电子商务企业展，围绕“通过网络贸易平台来推动中小型企业的出口业务”这一主题，为马来西亚中小企业提供如何开展业务、企业标准的经验讲座等，并帮助它们获取市场机会，推动马来西亚电子商务的发展。

许长龙表示，电子商务是未来发展的趋势，越来越多的企业将融入到电子商务平台里，从市场的角度分析，这是一个好现象。在谈到阿里巴巴在马来西亚近期规划时，许长龙透露，2016年阿里巴巴初步设计了三个计划：第一，就是与更多的马来西亚商业协会和商会开展合作，吸收更多的会员，为更多的中小型企业开展服务，使它们受益；第二，在马来西亚尝试建立一个相对完整的电商生态系统；第三，尝试落实具体合作项目，比如与学校或培训机构合作培养电子商务人才，为马来西亚电子商务的发展做贡献。

（来源：中国东盟传媒网．http://www.cacom.cn/show—12—4289—1.html.2016—02—26）

经商实务篇

中国公民赴东盟十国签证

文莱签证办理指南

一、签证规定

目前，约 30 个国家的人民可以免签证入境文莱。文莱当局为这些国家人民提供一次入境 14 天至 90 天不等的居留期，其中美国公民每次入境文莱可以享有长达 90 天的居留期；比利时、加拿大、丹麦、法国、印尼、意大利、日本、立陶宛、卢森堡、马尔代夫、荷兰、挪威、秘鲁、菲律宾、波兰、西班牙、瑞典、瑞士、越南及泰国等国公民每次入境文莱可以享有长达 14 天的居留期；澳大利亚、英国、德国、马来西亚、新西兰、阿曼、爱尔兰、新加坡、韩国及阿联酋等国家人民每次入境文莱可以享有长达 30 天居留期。

另外，柬埔寨、伊朗、老挝、缅甸及越南 5 个国家的外交官享有免签证入境文莱的优待。伊朗外交官每次入境可以享有长达 30 天的居留期。柬埔寨、老挝、缅甸及越南 4 国外交官每次入境享有长达 14 天的居留期。

中国香港特区护照持有人可免签证前往文莱旅游，最长可逗留 14 天。中国澳门特区身份证明局于 2012 年 3 月 13 日证实，特区政府已接获文莱驻香港总领事馆的通知，特区护照持有人可免签证进入文莱逗留最多 14 日。

据悉，除了以色列人民，所有过境文莱的外国人民均可获得政府签发过境签证。文莱政府为外国旅客提供过境签证，旨在鼓励他们利用过境之便到文莱作短暂观光，但文莱移民局有权拒绝签发过境签证予携款不足的外国旅客。凡欲申请过境签证的外国旅客，须先向负责官员提呈前往其他国家的机票，并证明自己携带充足款项应付入境文莱的开销。

二、签证类型

（一）文莱旅游签证

文莱旅游签证颁发给赴文莱旅游的申请人，包括观光旅游及医疗治病等。申请人必须能证明其意图只是临时进入文莱，目的仅为旅游。申请人还必须证明有充足的资金支付在文莱停留期间的费用，并证明其在祖国有牢固的社会、经济和其他方面的联系以迫使其在文莱短期、合法访问后如期返回。签证所需的材料如下：

1. 相片 2 寸近照 5 张；
2. 有效期 9 个月以上的护照原件；
3. 申请人的身份证正反复印件 1 份；
4. 申请人个人资料，内容包括：婚姻状况、家庭住址、联系电话等。
5. 有效期：6 个月，最多停留 14 天；
6. 办理时间：预计工作日 35 天；
7. 收客范围：全国各省因私护照持有人。

（二）落地签证

落地签证主要针对来不及事先办妥签证的中国公民，可申办落地签证，具体手续为：由文莱担保人向文莱政府移民局申请批准函，将批准函原件邮寄或传真给拟赴文莱的中国公民，中国公民抵达文莱国际机场后凭该批准函原件或传真件、护照和回程机票在移民局机场柜台办理落地签证，签证费 20 文莱元。

目前文莱对中国旅游团组实行 72 小时落地签证，由当地旅行社与国内旅行社联手办理，并事前一周得到文莱移民局的批准。文莱旅游局对外表示只要你拥有第三国旅游签证（或第三国离开的机票），移民局会给中国公民 72 小时落地签证权，中国公民可以享受不用签证在文莱待 72 小时。比如中国公民拥有一个马来西亚签证，从马来西亚飞文莱，那么中国公民不需要签证可以直接进入文莱。

（三）商务签证

文莱商务签证是文莱每年签发得最多的签证，主要签发对象是想进入文莱进行短期商务活动的外国人士。由于文莱商务签证需事先向移民局申请并认证，而且要求提交的材料也比较严格，因此出国人士在办理文莱商务签证时，签证材料齐全并符合要求是关键。文莱商务签证所需的材料如下：

1. 护照。护照有效期在6个月以上的因私护照原件；持换发护照者，请提供所有旧护照原件。

2. 照片。近6个月内拍摄的两寸白底彩色近照2张；照片尺寸35毫米×45毫米（护照照片大小）。

3. 签证申请表。在中国签证资讯网下载签证个人资料表，并完整填写。

4. 身份证。身份证正反面复印件。

5. 营业执照。中方公司的营业执照正副本复印件（须加盖公司公章）。

6. 单位派遣信。派遣信需以申请人所在单位正规抬头纸打印，加盖单位公章，由负责人签名。单位抬头纸以及派遣信的具体内容请查看派遣信模版。

7. 其他必备资料。已出票的电子客票行程单。

8. 文莱邀请方应提交的材料。文莱邀请人发出的邀请信（必须写明具体停留时间及出访目的和地址等）原件及复印件各1份。

（四）个人访问签证

中国公民申请文莱的个人访问签证所需的材料如下：

签证有效期1个月；

最多停留时间14天；

护照及照片2张，含一晚酒店；

护照签发地规定及价格（全国地区）；

预计7个工作日（不含快递及邮寄时间）价格2800元/人；

签证通过率近100%。

三、申请文莱签证须知

1. 自入境日期起算，6个月以上有效期之护照正本（护照影本1份）；

2. 2寸照片1张；

3. 过境观光签证申请表格1张；

4. 身份证影印本1份；

5. 进出文莱国际段航班机票影本；

6. 10人以上，需附团体名单1份。

四、个人办理文莱签证的注意事项

签证申请表格每一栏均需填正确资料，若无者请填NIL；星期一至星期四早上9时至中午12时收件，下午2时至5时领件，工作天为4天（即今天早上送，4天后下午领），每次入境文莱至多可停14天，可在当地办加签延期，至多2次；持中国台湾地区护照者，皆须申请签证方得进出文莱。

持以下护照者免签证可免签停留14天：印尼、泰国、菲律宾、南韩、日本、法国、瑞士、荷兰、比利时、卢森堡、列支敦士登、瑞典、丹麦、挪威、西班牙、马尔代夫、加拿大、阿曼、秘鲁。

可免签停留30天：马来西亚、新加坡、英国、德国、纽西兰。

可免签停留90天：美国。

持澳洲护照可申请落地观光签证，至多停留14天。

（来源：综合整理自南博网）

柬埔寨签证办理指南

一、签证规定

中国公民赴柬埔寨须事先到柬埔寨驻华使、领馆办理签证。目前，柬埔寨在上海、广州、重庆、昆明、南宁和香港地区设有总领事馆。柬埔寨驻华使、领馆一般只发旅游、商务签证，有效期3个月，停留期1个月。自2006年9月14日起，中柬两国互免持外交和公务护照人员签证。持商务签证（E签证）入境后可通过当地旅行社向柬埔寨移民局申请半年或1年的长期居留签证。持旅游签证（T签证），入境后不能改变签证种类。入境须填写入、出境卡和海关申报单。入境卡由口岸存留，出境卡交旅客保存，待出境时查验。中国公民自第三国赴柬埔寨，可在柬埔寨国际口岸办理落地签证。

据中国澳门特区政府身份证明局2011年3月29日消息，中国澳门特区护照持有人可取得落地签证入境柬埔寨王国境内。自2012年12月27日起，泰国与柬埔寨单一签证协议生效，包括中国在内的35个国家和地区的公民可以凭单一签证进入泰柬两国。

根据单一签证协议，这35个国家和地区的公民向泰国和柬埔寨任意一国获得签证，便可在两国各逗留60天。除中国外，享受这项政策的国家和地区还包括美国、日本、中国香港、英国、澳大利亚等。

自2013年6月1日起，中国香港特别行政区政府同意让持有“公务护照”或者“外交护照”的柬埔寨公民免签证出入中国香港，逗留时间最多为14天。

2013年12月中旬，柬埔寨与缅甸两国政府签署互免签证协议，双方国民可无需签证在对方国家停留至多14天。

自2014年3月27日起，柬埔寨允许持普通护照的中国公民在抵达其入境口岸时，办理落地签证。

2016年4月26日，柬埔寨王国政府决定向中国和韩国游客提供多次往返签证，而该多次往返签证的有效期为3年。据了解，多次往返签证可以让游客在签证有效期内往返2个国家，有效期内签证可以多次使用。但如若是普通签证的话，一旦离境后则无法返回，需重新申请办理新的签证。

二、签证类型

（一）商务签证

所需材料：签证申请表1份、有效期6个月以上的护照原件、照片2张、身份证复印件1份。

有效期：签发日起3个月有效，逗留期30天。

服务费（含签证费）：500元（含护照回邮费）。

办理时间：1个工作日（不含邮寄时间）。

受理范围：全国各地。

备注：如需加急服务，签证服务费590元（含签证费、护照回邮费用）。

（二）旅游签证

所需材料：签证申请表1份、有效期6个月以上的护照原件、照片2张、身份证复印件1份。

有效期：自签发日起3个月有效，逗留期30天。

服务费（含签证费）：420元（含护照回邮费）。

办理时间：1个工作日（不含邮寄时间）。

受理范围：全国各地。

备注：如需加急服务，签证服务费590元（含签证费、护照回邮费用）。

（三）劳工签证

所需材料：签证申请表1份；有效期6个月以上的护照原件；两寸照片2张；身份证复印件一份。

有效期：签发日起3个月有效，逗留期30天。

服务费（含签证费）：560元（含护照回邮费）。

办理时间：1个工作日（不含邮寄时间）。

受理范围：全国各地。

备注：如需加急服务，签证服务费590元（含签证费、护照回邮费用）。

（四）一年多次往返

所需材料：签证申请表1份；有效期6个月以上的护照原件；两寸照片2张；身份证复印件1份。

有效期：签发日起一年有效，逗留期1年。

服务费：电话咨询（021－51015850）。

办理时间：6天（不包括邮寄时间）。

受理范围：全国各地。

（五）签证延期

所需材料及要求：提供护照原件及1张彩色近照，必须商务入境才可办理；身份证复印件一份。

1个月单次入境：660元；

3个月单次入境：850元；

6个月多次往返：1370元；

1年多次往返：2010元。

办理时间：14天（不含邮寄时间）。

受理范围：全国各地。

（六）柬泰一体签（ACMECS）

所需材料：签证申请表1份；有效期6个月以上的护照原件；两寸照片2张；身份证复印件1份。

有效期：自签发日起3个月有效，每个国家逗留期30天。

服务费（含签证费）：650元（含护照回邮费）。

办理时间：3天（不含邮寄时间）。

受理范围：全国各地。

备注：如需加急服务，另收250元加急费（不适用于中国台湾护照）。

（来源：综合整理自柬埔寨王国驻上海总领事馆）

印度尼西亚签证办理指南

一、签证规定

2013年，为吸引中国游客，印尼对中国公民实行“落地签”，可以停留30天。为了更加方便中国游客，印尼与航空公司合作，将“落地签”搬到飞机上完成。

印尼对包括中国在内的62个国家实施落地签证服务。即旅客可以直接在印尼国际机场办理签证。南宁每周有两趟航班飞往雅加达，印尼鹰航最新聘用的中国空姐也在中国飞雅加达航班上为旅客服务。

印尼正式于2012年3月15日在上海开设领事馆。从2013年5月4日起，印尼鹰航在上海推出其在全球范围内的“机上签证”服务，乘客无需排队，便可在飞机航程中完成签证手续，落地后即可快速过关。

自2014年1月28日起，中国公民持有有效期6个月以上的因私普通护照及往返机票或前往第三国机票，均可在印尼指定的机场或口岸办理落地签，停留期为30天，并可在当地延期一次，再延长停留30天。

自2015年6月起，印尼对中国等90个国家的游客实施免签政策。此后，中国大陆游客无需办理签证，只需携带护照，即可享受在印尼以游客身份停留30天的待遇。

二、签证类型

（一）商务签证

商务签证是印尼每年签发得最多的签证，主要签发对象是想进入印尼进行短期商务活动的外国人士签发的入境签证。由于印尼商务签证需事先向移民局申请并认证，而且要求提交的材料也比较严格，因此出国人士在办理印尼商务签证时，签证材料齐全并符合要求是关键。印尼商务签证介绍如下：

签证种类：B；

签证有效期：90天；

签证停留期：30天及60天；

工作日：4天（注：印尼国家针对中国公民可能遇到的紧急签证的情况，特开设加急业务，可在1个工作日内出签）；

所需材料：护照正本、2张2寸彩色照片、身份证正反面复印件、在职证明信英文版。

（二）旅游签证

签证种类：B；

签证有效期：90天；

签证停留期：30天及60天；

工作日：4天（注：印尼国家针对中国公民可能遇到的紧急签证的情况，特开设加急业务，可以1个工作日出签）；

所需材料：护照正本、2张2寸彩色照片、身份证正反面复印件、在职证明信英文版。

（三）多次往返签证

签证种类：B；

签证有效期：360天；

签证停留期：60天；

工作日：4天（注：印尼国家针对中国公民可能遇到的紧急签证的情况，特开设加急业务，可以1个工作日出签）；

所需材料：护照正本、2张2寸彩色照片、身份证正反面复印件、在职证明信英文版。

（四）工作签证

签证种类：Z；

签证有效期：360天；

签证停留期：360天；

工作日：4天（注：印尼国家针对中国公民可能遇到的紧急签证的情况，特开设加急业务，可在1个工作日出签）；

所需材料：护照正本、2张2寸彩色照片、身份证正反面复印件、在职证明信英文版。

（五）过境签证

签证种类：B；

签证有效期：90天；

签证停留期：7天；

工作日：4天（注：印尼国家针对中国公民可能遇到的紧急签证的情况，特开设加急业务，可在1个工作日出签）；

所需材料：护照正本、2张2寸彩色照片、身份证正反面复印件、在职证明信英文版。

（六）落地签证

此签证适用于从第三国入境或者中国赴印尼旅游的团体。落地签证签发给前往印尼旅游、社会文化访问、商业访问、办政事的外国人或某地区居民。落地签证由边防检查局出入境处的移民官员所签发。落地签证的有效期不超过30天，除非因某种原因而得到移民专员许可延长，但不能转变为其他种类的移民许可。移民官员有权拒绝和/或取消外国人的落地签证。

详细说明：第三国入境是指从新加坡旅游后进入印尼旅游，不可以持白本护照直接前往印尼办理落地签证。印尼国家针对中国公民可能遇到的紧急签证的情况，特开设加急业务，可以1个工作日出签。

三、注意事项

1. 雅加达转机：需事先在国内办好印尼签证；

2. 马来西亚转机：推荐国内办好印尼签证然后在马来西亚申请过境签，过境停留时间5天；

3. 新加坡转机：如果不在新加坡停留，可直接到巴厘岛申请落地签；

如果停留，需在国内办好新加坡签证，然后到巴厘岛办理落地签；或者搭上新加坡的2小时大巴游新加坡，交上护照，无需签证，即可体验2小时新加坡的市容；

4. 国内办理印尼签证所需材料和费用：护照（有效期至少6个月），2张照片（2寸白底彩照），完整的申请表，身份证复印件（正反印），中方单位营业执照或组织机构代码证复印件（需盖公章）、中方单位准假信；

5. 中国台湾护照申请，还需提供台胞证原件。

（来源：综合整理自南博网）

老挝签证办理指南

一、签证规定

老挝签证共分为过境签证、旅游签证、劳务签证、探亲访友和商务签证等。旅游签证即到老挝旅游的外国人，申请签证可到老挝驻华大使馆（北京）或老挝驻昆明总领事馆申请。一般情况下可以获得1份为期30天的单式签证（签证期满可到老挝移民局申请延期），该签证可以再延长15天时间。根据协议，中国公民赴老挝，持外交、公务、因公普通护照者免办商务签证。打算进行市场调研的商务人员，应先申请1份单式签证，接着再申办1张为期3个月的商业签证（也叫多式签证）。该签证可以再延长3个月。一旦外国投资者的工厂建成和动工，外商则可获得1份6个月到1年的签证。另外老挝《外资法实施细则》规定，如果外商需要与“老挝外资管理委员会”磋商有关事务，则他们可以获得一份为期3个月的多式签证，该签证可以再延长3个月期限。留居老挝处理投资事务的外商和外国雇员，可以获得为期1年的签证，这种签证还可以再延长1年时间，直到工作结束。驻老挝的外国代表，必须向老挝内务部或居留地的省或地区的安全保卫部门，申请一份居住证。

过境签证停留期为7天。获取签证进入老挝后，必须按所申请的签证种类从事相应的活动，否则将被视为非法活动并予以处罚。老挝海关限定每人携带5000美元现金或同等币值现钞出境，超出5000美元的，须得到老挝外汇管理局的许可，否则将视情节轻重处以50%的罚款或全部没收。

中国澳门特区护照持有人可取得落地签证入境老挝逗留最多30日。申请落地签证的护照有效期需不少于6个月，申请人须带备2张近照，在抵达老挝时向各国际口岸管理部门提出申请。

从边检机关获悉，自2012年3月起，老挝已修改相关出入境政策。根据原有规定，外国公民获旅游签证入境老挝后，可在老挝申请改签劳务或定居签证等，但2011年老挝废止了该项政策。根据现有规定，在老挝的外国公民如需申请更改其他签证，必须出境另行申请或到原签证颁发机关重新申请办理。

2013年春节前，中国公安部公布了45个国家（地区）对持普通护照的中国公民实施免签、落地签证政策，目前南宁边检已经落实政策。从南宁机场出境无需签证，持“白本”护照，只需出具有效的护照和订好座位的联程客票即可放行，实现落地签的国家有泰国、印尼、老挝、缅甸等东盟4国。

二、签证类型

（一）商务签证

签证种类：NI－B2；

签证有效期：90天；

签证停留期：30天及60天；

工作日：4天（老挝国家为方便中国公民紧急情况，特开设加急业务，可以1个工作日出签）；

所需材料：护照正本、2寸彩照4张、身份证正反面复印件、签证申请书原件、1份老挝商业组织或公司邀请书（注明邀请人、被邀请人及目的）。

（二）旅游签证

签证种类：T－B3；

签证有效期：60天；

签证停留期：30天；

工作日：3天（老挝国家为方便中国公民紧急情况，特开设加急业务，可以1个工作日出签）；

所需材料：护照正本、护照用照片2张（签证申请表填写2张，用英文大写填写）、身份证正反面复印件、护照首页复印件。

（三）落地旅游签

自2002年3月起，中国公民可以在云南磨憨（BOTEN）口岸申请落地签证。

所须材料：有效期大于6个月的护照原件，1张护照照片，签证申请表1份（可以通过传真索取后复印）

办理时间：3个工作日

签证逗留期限：30天

费用：20美元

注意：签证政策随时都可能改变，应以当时使领馆或入境口岸的要求为准。此外中国边检不允许中国公民无签证出境，即使可以向前往国申请落地签证。中国公安部于2014年发布了新政策，中国边检已放行老挝落地签，即使是白本护照也可以（即没有有效签证的护照）放行。空港方面，只需出示护照和前往机票即可出境；陆路方面，云南磨憨边防站确认放行老挝落地签。

（四）一年多次往返签证

代码：(212)；

签证种类：B；

签证有效期：360天；

签证停留期：60天；

工作日：4天（老挝国家为方便中国公民紧急情况，特开设加急业务，可以1个工作日出签）；

所需材料：护照正本、照片2张2寸彩色、身份证正反面复印件。

（五）劳务签证

签证种类：LA—B2。

关于引进劳务及工作签证的管理规定：

1. 外籍劳务进入老挝后，需到外交部领事司办理多次往返签证；到社会福利劳动部或省市社会福利劳动厅办理工作证；到公安部出入境管理局办理暂住证。

2. 外籍劳务在老挝工作期限为2年，可再延期2年，期满后必须在15日内返回本国，并在2年后方可再次申请进入老挝务工。

（六）探亲访友签证

签证种类：LA—B3。

三、申办老挝签证的程序

办理老挝签证，无论采取何种方式，委托代办或是本人自己直接办理，一般需要经过下列几个程序：

（一）递交有效期半年以上的护照。

（二）填写并递交签证申请表格。签证不同，表格也不同，多数要用外文填写、同时缴付本人照片。

（三）同前往国驻华大使馆或领事馆官员会见。有的国家规定，凡移民申请者必须面谈后才能决定；也有的国家规定，申请非移民签证也必须面谈。

（四）大使馆或者领事馆，将填妥的各种签证申请表格和必要的证明材料，呈报国内主管部属门审查批准。有少数国家的使领馆有权直接发给签证，但仍须转报国内备案。

（五）前往国家的主管部门进行必要的审核后，将审批意见通知驻华使领馆。如果同意，即发给签证。如果拒绝，也会通知申请者。

（六）缴纳签证费用。一般而言，递交签证申请的时候就要先缴纳费用，也有个别国家签证申请成功的时候才收取费用。一般而言，移民签证费用略高，非移民签证费用略低。也有些国家和地区的签证免费。

（来源：综合整理自南博网、老挝人民民主共和国驻昆明总领事馆）

马来西亚签证办理指南

一、签证规定

马来西亚签证是马来西亚为维护本国主权、尊严、安全和利益而采取的一项措施。马来西亚签证是马来西亚实施出入本国国境管理的一项重要手段。任何一个国家的公民如果希望到马来西亚旅行、定居、商贸、留学等，除必须拥有本人的有效护照或旅行证件外，另一个条件，就是必须获得前往国的签证。

中国公民赴马来西亚应在境外办妥签证，未事先办好签证的散客如果途经泰国或新加坡入境马来西亚可以申请口岸签证；从中国来访的旅行团可以申办口岸团体签证，前提是马来西亚接待的旅行社须由马来西亚移民总局授权并已经备案。经第三国抵达彭亨州刁曼岛的旅客，如能出示有效回程机票可以申请落地签证。

自2011年5月18日起，中国与马来西亚公民，凡持有效外交护照、公务护照和官员护照的人员，且入境目的为正式访问、度假旅游、探亲和其他缔约一方主管机关同意之目的等的人员，在对方国家入境并停留不超过30天，可免办签证。

自2012年始，马来西亚移民局为外籍太太推出10年居留证。2012年4月，中国公民到马来西亚签证一站式服务中心在中国部分主要城市如北京、上海设立，这个以合资方式运作的一站式服务中心将协助欲赴马来西亚旅游的中国游客更快捷地获得签证。

2013年6月13日，马来西亚首相兼财政部长纳吉布宣布放宽现有签证措施，日后符合资格的外国投资者可获得长达5年的多次往返签证。

2014年1月13日，马来西亚内政部指出，只有从新加坡或泰国机场入境马来西亚的中国和印度游客，方能获得落地签证，并于2014年1月生效，配合从2014年4月1日开始推动的2014马来西亚旅游年。经由边界线或陆路方式从新加坡或泰国进入马来西亚的游客，将无法获得落地签证。马来西亚境内可办理落地签的口岸有吉隆坡国际机场、吉隆坡国际机场廉航终站、槟城国际机场、新山士乃国际机场、沙巴州亚庇国际机场和沙捞越州古晋国际机场。

自2016年3月1日至12月31日，马来西亚对中国游客实行免签，游客停留时间不可超过15天。自2016年3月1日起，马来西亚允许中国公民网上申请电子签证，获得电子签证的人员凭EVISA或ENTRI电子签证打印件入境马来西亚。对持普通护照赴马来西亚的中国公民，边检机关查验有效护照和电子签证打印件无误后放行。

二、签证类型

马来西亚签证种类主要分为：

（一）普通签证

发给以旅游、探亲访友和商务活动为目的的中国公民，有效期3个月，停留期30天。普通签证不能延期，除非因健康原因、航班问题而不能及时回国，可凭有关医院和航空公司出具证明信函到移民局延期签证。

（二）工作和学生签证

在马来西亚工作或学习需由马来西亚公司或学校首先向移民局申请，获准后，由马来西亚移民局通知申请人所在地区的使领馆颁发普通签证。有关人员来马来西亚后，再到移民厅换成相应种类的长期签证。就读马来西亚大学的，长期签证通常由学校到移民局总部申请；就读高中及以下学校的，由自己向所在州的移民厅申请办理。

（三）探亲签证

来马来西亚探亲最长可停留6个月。一般由在马来西亚工作、学习、居住的亲属事先向马来西亚移民局申请，亦可持普通签证到马来西亚后再更换探亲签证。申请此类签证要求提供的文件较多，如亲属关系证明，在马来西亚工作、学习及收入证明等。

三、马来西亚签证材料

1. 护照正本，有效期半年以上；
2. 照片2张2寸彩色白底；
3. 身份证复印件；
4. 商务签证还需要提供邀请函。

四、申办途径

中国公民申办马来西亚签证大致有三种途径：

（一）本人直接向马来西亚驻华大使馆或领事馆申请办理；

（二）委托中国旅行社的签证处申请办理（一般只限旅游签证）；

（三）由外国亲友直接向该国移民局申请签证。

以上三种方式的采用要视情况而定。如本人情况熟悉，大使馆又受理个人申请的，可以本人直接向马来西亚驻华大使馆、领事馆申请签证。

马来西亚驻华领事馆负责办理其领区范围内人员申请前往他们国家的签证。因此，申办签证的人士，应事先了解前往马来西亚驻华大使馆、领事馆及管辖地区。

五、出入境注意事项

（一）临时来马来西亚人员须携带至少500林吉特现金

马来西亚移民局对中国游客（散客），尤其是30岁以下妇女入境要求尤其严格，如在短期内来往马来西亚多次，当事人会被原机遣返。马来西亚移民局有权拒绝有犯罪记录、无经济能力及谎报来马来西亚的外国人入境。

（二）出入境检查

入境免税物品有：200支香烟，1升酒，价值不超过200林吉特的化妆品、香水，每件限价为25林吉特的纪念品或礼物。本国货币入境不得超过1000林吉特。

外国人可携带任何货币入境，外国人出境时可将任何货币带出，只要在入境时向海关和税务部门申请。根据马来西亚海关政策，外国人可将自己的日常生活物品带入马来西亚，数量和品种没有限制，只要海关认定这些物品是日常生活必需品即可。

禁止入境的物品：有色情内容的出版物与雕刻品、短剑、收音机、彩色复印机、爆竹、《古兰经》印刷品、毒品等。录像带须经检查合格后方能放行。

出境：外国人携带本国货币出境不可超过5000林吉特；外国货币出境不可超过入境时的申报数额。

（来源：综合整理自中国新闻网、南博网）

缅甸签证办理指南

一、签证规定

所有到访者均必须持带有签证的有效护照，凡持因公普通护照和因私护照来缅甸都须办理有效签证。目前，中国公民进入缅甸，持外交、公务护照者可免办签证。中国公民可前往北京的缅甸驻中国大使馆或驻昆明、南宁、香港总领馆申办缅甸签证。目前中国云南省与缅甸在旅游方面实现了互免签证，旅游者可以到当地的旅行社办理通行证。目前缅甸较常用的签证种类为旅游签证和商务签证。

从中缅边境陆路进入缅甸可持地方政府边境通行证，但活动范围有限。根据当地规定，外国人出入缅甸一般遵循“飞机来，飞机走；陆路来，陆路走”的原则，例如，乘飞机来仰光的中国公民不允许从中缅边境陆路回国。由边境口岸入境、出境必须是同一口岸。以非法途径入境，护照上无入境记录者无法正常出境。

根据缅甸政府规定，外国公民在缅甸长期经商若需办理签证延期，首先要办理劳动卡。办理劳动卡需要以一个当地合法注册登记的公司雇员身份到缅甸劳动部办理劳动卡，须提供相片并缴费。

往返签证有多次往返签证和一次往返签证。多次往返签证有效期一般为 3 个月、半年或 1 年。一次往返签证有效期一般为 1 个月。

在缅甸注册的外资合资公司董事可申请 6 个月或 1 年有效期的多次往返签证。一般外国经商人员可申请 3 个月有效期的多次往返签证。多次往返签证不分有效期长短，收费均为 180 美元。一次往返签证收费 54 美元。

缅甸早已出台对中国公民开放落地签证的利好政策，另从 2012 年 6 月份开始，除对中国公民开放落地签证的仰光国际机场外，缅甸曼德勒国际机场已从 2012 年 11 月 1 日起开放办理落地签证。

自 2013 年 8 月起，缅甸移民和人口部准许外国游客从梯客—彭纳伦、大其力—涠赛、妙瓦底—湄索、高东—拉廊等 4 个缅泰边境口岸入境，从这些国际口岸入境的签证分为 6 种，即旅游签证、商业性签证、入境签证、过境签证、外交签证和多次入境签证。持护照入境的任何外国游客可以到缅甸旅游地区（限制地区除外）游览。

自 2014 年 9 月 1 日起，缅甸仰光国际机场允许所有外国游客以网上电子签证方式进入缅甸旅游。据悉，外国游客通过缅甸移民与人口部的网站在线申请电子签证后，缅甸政府将会在 1 周内批准。申请人打印电子签证后，在仰光国际机场连同护照一起出示即可通关。据悉，签证有效期为 3 个月，入境后允许在缅甸逗留 28 天，签证费暂定为 50 美元。

2015 年 7 月，缅甸电子商务签证制度正式启动。据悉，缅甸电子商务签证费用 70 美元，比落地签证费用高 20 美元，停留期限为 70 天，如签证到期可向相关部门续签。与落地签证一样，缅甸电子商务签也将批准 51 个国家和地区进行办理。

自 2016 年 1 月 11 日起，缅甸执行新的入境签证规定，入境签证分为 12 种入境签证和 3 种再次入境签证，具体如下：（一）12 种入境签证：1. 外交签证（签证费为免费，停留期为任职期间）；2. 公务签证（签证费为 20 美元，停留期为 28 天）；3. 旅游签证（签证费为 20 美元，停留期为 28 天）；4. 商务签证（签证费为 36 美元，停留期为 70 天）；5. 工作签证（签证费为 36 美元，停留期为 70 天）；6. 社交签证（签证费为 36 美元，停留期为 28 天）；7. 宗教签证（签证费为 36 美元，停留期为 70 天）；8. 教育签证（签证费为 36 美元，停留期为 70 天）；9. 记者签证（签证费为 36 美元，停留期为 28 天）；10. 乘务签证（签证费为 36 美元，停留期为 28 天）；11. 会议或研究签证（签证费为 36 美元，停留期为 28 天）；12. 过境签证（签证费为 18 美元，停留期为 24 小时）。其中，商务签证、会议或研究签证、乘务签证和过境签证可办理落地签，原来执行的电子签证不变。（二）3 种再次入境签证：1. 多次往返签证（签证费为 180 美元，停留期为批准期限）；2. 单次特殊再入境签证（签证费为 54 美元，停留期为批准期限）；3. 再次入境签证（限于合法在缅甸长期停留的外国人，签证费为 5000 缅元，停留期为 6 个月）。

二、签证类型

（一）商务签证

目前，外国公民赴缅甸工作，须持有效护照及商务签证进入缅甸。办理商务签证需要缅甸政府有关部门或企业出具的邀请函。中国公民可在缅甸驻华使馆以及缅甸驻昆明总领馆办理商务签证。凡持商务签证在缅甸长期经商者，须办理以下手续：

1. 劳动卡

根据缅甸政府规定，外国人在缅甸长期经商若需办理签证延期，首先要办理劳动卡。办理劳动卡需要以一个当地合法注册登记的公司雇员身份到缅甸劳动部办理劳动卡，须提供相片并缴费。

2. 办理签证延期、逗留许可

办理劳动卡后，办理签证延期及逗留许可同样要当地合法注册登记公司出具证明，到中华人民共和国商务部办理手续，然后再到缅甸移民局办理签证延期及逗留许可，一般一次可延期3个月至1年。签证逾期每日罚款3美元，也须提供相片并缴费。

3. 办理外侨登记证

凡到缅甸居住时间超过3个月者，均需提前到缅甸移民局办理外侨登记证，须提供相片并缴费。超期未办者将被罚款。凡到缅甸1个月内申请办理外侨证的外籍经商者，只需缴纳9美元，超过1个月再办理须缴18美元。

4. 离境表

凡到缅甸居住超过1个月者，离境前须到缅甸移民局办理离境表。长时间居住者，须向缅甸移民局交回外侨登记证，并领取2张离境表，其中一张离开时交给缅甸机场移民局，另一张下一次来缅甸时，再到缅甸移民局换回原有的外侨登记证。来到缅甸1个月内换证缴纳6美元，超过1个月须缴纳12美元。

（二）旅游签证

根据缅甸规定，从边境口岸入境，需持护照并办签证，并由旅游公司带领方可在缅甸旅行。

1. 目前缅甸较常用的签证种类为旅游签证和商务签证，其中旅游签证停留期限一般为28天，不可延期，只能在规定的地区旅游；商务签证停留期限一般为70天，可否延期由缅甸移民部门视情况而定。在缅甸注册的中资公司人员可通过其缅方合作伙伴协助办理居留延期手续，或由中国驻缅甸大使馆经商处出具证明协助办理延期。另有探亲签证，停留期限28天，最多可延期至70天。签证期满逾期滞留者，每超一日罚款3美元，超过90天，每日罚款5美元。

2. 从中缅边境陆路进入缅甸可持边境通行证，但活动范围有限。

3. 在缅甸停留超过3个月须办理外侨证，有效期分1个月、3个月和1年。

（三）个人旅游签证

持中国各省因私护照者均可申请缅甸个人旅游签证，签证可停留天数为28天，有效期为90天。

（四）落地签证

自2012年6月1日起，缅甸对27个国家及地区的公民开放仰光机场落地签证，后期还将在曼德勒机场和内比都机场实行。目前开放的落地签证种类为商务（含工作）签证、入境许可及过境签证3种，暂不包括旅游签证。27个国家及地区为东盟9国及澳大利亚、中国、丹麦、法国、德国、印度、意大利、日本、韩国、朝鲜、新西兰、挪威、西班牙、瑞典、瑞士、英国和美国等。

缅甸当局实施落地签证，细则规定如下：

1. 任何国家的国民，只要持有合法的普通护照和符合有关规定，就会批发落地签证；

2. 申请落地签证者的护照有效日期从到达之日起至少需要6个月期限；

3. 对申请旅游落地签证者征收30美元，允许居留28天，但不能延期；

4. 对持有商务护照的申请者征收40美元，批准居留70天，而且可以延期；

5. 对持有探亲护照（社交旅游）的申请者征收40美元，允许居留28天，可以延期；

6. 对申请过境签证者征收18美元，允许逗留24小时；

7. 申请者须持有往返机票；

8. 申请者必须投宿在有合法执照的宾馆、汽车宾馆、旅店，必须填写详细地址；

9. 在亲戚朋友家或在工厂等地方居住的申请者必须写明主人的地址；

10. 须备有6个月内拍摄的2张照片（4厘米×6厘米）；

11. 申请者必须严格遵守包括缅甸移民法律在内的所有现行法律；

12. 在护照内附带有7岁以下的子女获免费批准。持有个别护照的7岁以下的子女也免缴签证费；

13. 个人来旅游者最少持有300美元现金。携带家眷旅游者最少持有600美元现金；

14. 居留和观光者必须遵守缅甸现行签证条款中的规定；

15. 不能前往受限地区旅游，接待者有责任让外国旅客明白哪些地方是受限地区；

16. 接待旅客投宿的宾馆、汽车宾馆、客栈、旅店、住家、办公室等，必须向有关地区移民局报告旅客的相关资料；

17. 落地签证申请表可以从航空公司或从网络上提前获取后申请。

这一落地签政策不适用于准备从中缅陆地口岸入境缅甸的中国公民，此类人员仍需去缅甸驻中国使领馆事先办妥签证。根据中缅双方原先的互免签证的协议，持外交、公务（官员）护照的中国公民仍无需签证入境缅甸。

三、签证需提交材料

（一）商务签证所需材料

1. 护照须有 6 个月以上的有效期，申请签证前，持照人须在护照上签名；

2. 近期半年内彩色照片 4 张；

3. 缅甸公司邀请函原件（须有邀请人姓名和电话号码）；

4. 照会或公函上应注明访问目的和停留时间；

5. 缅甸公司有效期内营业执照复印件；

6. 填写 3 份申请表；

7. 填写 3 份《签证申请表》和 1 份《到达报告表》，经申请人签字后，同邀请函一起交到缅甸总领事馆。

（二）旅游签证所需资料

1. 填写 2 份申请表；

2. 提供 3 张申请人近期彩色照片（3.5 厘米×4.5 厘米）；

3. 有签证页的有效护照（护照有效期需长于 6 个月）；

4.1 份《到达报告表》；

5. 填写 2 份《签证申请表》和 1 份《到达报告表》，经申请人签字后交到缅甸总领事馆；

6. 旅游签证自签证之日起算，有效期为 6 个月。停留期自入境之日起算，可停留 4 周。

（三）个人旅游签证所需材料

1. 有效期为 6 个月以上的护照原件（指回国后还有 6 个月以上的有效期），护照末页必须由持证人亲笔用蓝、黑色水笔或圆珠笔签名；

2. 护照内应至少有 2 页完整的空白签证页，不包含备注页；

3. 近 2 年拍摄的两寸白底光面彩照 2 张（3.5 厘米×4.5 厘米）；

4. 在职人员还须提供公司空白抬头公文纸 2 张并加盖公章（在公文纸中注明仅限缅甸签证使用）；

5. 申请人长期居留地址、身高及申请人父亲的姓名。

（四）落地签证所需材料

必要条件：

1.2 份签证申请表；

2. 缅甸有关部级介绍信；

3.2 张申请人近期彩色照片（35 毫米×45 毫米）；

4. 有空白签证页的有效护照；

5.1 张登陆卡。

以下人员有资格申请落地签证：

1. 居住在距离缅甸使领馆很远的地方不便申请签证者；

2. 居住在没有设立缅甸使领馆的国家的公民；

3. 对于持已过期的正常签证，但过期时间不超过 7 天者。

（来源：综合整理自中华人民共和国外交部、中华人民共和国驻缅甸联邦共和国大使馆经济商务参赞处、新华网、南博网）

菲律宾签证办理指南

一、签证规定

根据菲方新的规定，凡由菲律宾政府授权的旅行社接待的到菲律宾团体中国游客（至少 3 人），可在菲律宾任何国际入境口岸申办落地签证，在菲律宾停留期最长不超过 14 天；菲律宾政府授权的旅行社接待的到菲律宾中国个体游客也可享受以上政策。持中国香港特区护照、BNO 护照、中国澳门特区护照或澳葡护照到菲律宾者，7 天之内免签。持中国台湾护照、中国香港 DI（Document of Identity）、CI（Certificates of Identity）或旅行证到菲律宾者，应申请菲方签证。此外，团体中国游客落地签证费有所降低，3 人至 19 人团减为每人 25 美元，20 人以上团（含 20 人）减为每人 15 美元。

另外，任期不超过 6 个月（含 6 个月）的中国记者，应在到菲律宾前申请临时访问签证（9A 签证），到菲律宾后移民局将为其颁发特别工作许可（Special Working Permits）。该许可有效期为 3 个月，并可再延期 3 个月。

到菲律宾工作任期超过 6 个月的中国记者有两种选择：一是到菲律宾前，由其在菲律宾工作单位协助，向菲律宾劳工部申请外国人就业许可（Alien Employment Permit），并凭该许可向菲律宾移民局申请工作签证（9G 签证）。如申请获批，由菲律宾外交部通知菲律宾驻华使领馆为申请人颁发签证。二是到菲律宾前申请临时访问签证（9A 签证），到任后依照有关规定向菲律宾移民局申请更换为工作签证（9G 签证）。

目前，新签证政策对参加旅游部认可的旅行社组织的旅游团的中国游客，给予 30 天免签证逗留，拥有美国、日本、澳洲、加拿大、申根、新加坡或英国签证的印度公民给予14天免签证逗留，将166个国家和地区21天免签证逗留期延长至30天。

2013年6月19日，菲律宾移民局宣布推出“长期停留旅游签证续签”政策，在菲律宾多作停留的外国游客，可向菲律宾移民局申请办理6个月的长期停留旅游签证续签。

2014年1月，菲律宾移民局长签署备忘录，并通知菲华商联总会，外侨若签证有效期即将届满，须本人到移民局办理延期手续，以便能在菲律宾继续逗留。若是签证有效期已逾期，则应本人到移民局补办手续。移民局规定，外国游客到菲律宾旅游，可在本地逗留至签证有效期届满为止。若要延期可到移民局办理延期手续，但不能超过2年，若超过2年应前往移民局补办手续并自动离境，移民局长可按情况考虑是否不将其列入黑名单。外籍游客若是在本地逾期居留超过12个月，一旦被发现或被抓扣，将在15天内被遣派出境，并被列入黑名单，同时也将被罚款。

2015年1月，菲律宾移民署发布了一项新的签证政策，作为促进和鼓励中国旅游交流计划的一部分。以旅游为目的前往菲律宾的中国大陆公民可被准许免签入境菲律宾并停留不超过7天的初始授权。其需具备以下条件：1. 持有有效的美国、日本、澳大利亚、加拿大或申根签证其一；2. 有效期大于6个月的国内护照；3. 返程或是续程的机票；4. 在移民局内没有违禁纪录。免签入境最多可延长14天，最长可停留21天。

二、签证类型

（一）旅游签证

1. 所需材料

护照或旅行证件，有效期至少6个月以上，不包括允许在菲律宾的停留时间（复印护照资料页）。

签证申请表：持中国大陆护照需提交2份申请表，并贴上照片；持中国台湾和其他国籍护照需提交1份申请表，并贴上照片。

工作单位出具的在职证明或介绍信，用英文书写（退休人士请提供退休证）。

至少通过如下文件之一证明证实经济能力，但领馆官员会要求申请人提供更多证明：

（1）房产证明；

（2）银行存款证明；

（3）有效的国际信用卡（复印件）；

（4）授权的菲律宾旅行社的书面担保书（如果通过授权的中国旅行社申请），保证当事人能按时离开菲律宾；

（5）未成年人提供出生证明（16周岁及以下）；

（6）不与父母同行的未成年人，需申请WEG。

（7）确认的往返或前往他地机票（复印件）。

中华人民共和国公民签证费为167.5元人民币，其他国籍201～268元人民币。

2. 手续

申请人必须亲自或通过经授权的旅行社递交申请；

办理和签发签证不超过3个工作日；

一个工作日加急办理加收167.5元人民币，两个工作日加急办理加收100.5元人民币；

在签证申请表上写明警告严厉禁止毒品走私和禁止外国游客从事零售买卖。

可在菲律宾的停留时间：7～30天。

（二）商务签证

1. 所需材料

护照或旅行证件，有效期至少6个月以上，不包括允许在菲律宾的停留时间（复印护照资料页）。

签证申请表：持中国大陆护照需提交2份申请表，并贴上照片；持中国台湾和其他国籍护照需提交1份申请表，并贴上照片。

（1）工作单位出具的在职证明或介绍信原件，用英文书写（退休人士请提供退休证）；

（2）经公证的菲律宾公民或正规菲律宾公司出具的保证当事人能按时离开菲律宾的书面担保函公证件原件；

（3）授权的菲律宾旅行社的书面担保书（如果通过授权的中国旅行社申请），保证当事人能按时离开菲律宾；

（4）确认的往返或前往他地机票（复印件）。

中华人民共和国公民签证费为167.5元人民币，其他国籍201～268元人民币。

2. 手续

申请人必须亲自或通过经授权的旅行社递交申请；

办理和签发签证不超过3个工作日；

一个工作日加急办理加收167.5元人民币，两个工作日加急办理加收100.5元人民币；

在签证申请表上写明警告严厉禁止毒品走私和禁止外国游客从事零售买卖。

可在菲律宾的停留时间：59天。

（三）过境签证

1. 所需材料

中国大陆护照需提交2份申请表，并贴上照片；持中国台湾和其他国籍护照需提交1份申请表，并贴上照片。

有效的护照，有效期至少6个月以上，不包括允许在菲律宾的停留时间。

确认的前往别国机票和赴该国的有效签证。

通过如下证明证实经济能力，但领馆官员会要求申请人提供更多证明：

（1）工作单位出具的在职证明或介绍信，用英文书写；

（2）个人财产证明；

（3）授权的中国旅行社的保证书；

（4）银行存款证明；

（5）有效的国际信用卡（复印件）；

（6）菲律宾公民或有声望的菲律宾公司经过公证的担保书原件。

（7）确认的往返或前往他地机票（复印件）。

签证费为134元人民币。

2. 个人办理手续

申请人必须亲自或通过经认可的旅行社递交申请；

办理和签发签证不超过3个工作日；

一个工作日加急办理加收167.5元人民币，两个工作日加急办理加收100.5元人民币。

3. 过境签证旅行社办理手续

旅行社必须在过境者到达菲律宾前的48小时之内，书面通知菲律宾移民局递交其身份、护照号码、旅行安排和其他相关的移民资料，并在48小时内向菲律宾移民局递交过境签证书面申请和担保书。

每位过境者支付1000比索服务费到菲律宾移民局（BI）账户，其地址是Magallanes Drive，Intramuros，Manila。

旅行社出示1000比索服务费的正式发票后，菲律宾移民局通过菲律宾移民控制处（IRD）处长把过境抵达通知（TAN）发布给指定入境口岸的所有移民官。过境抵达通知上有每位到达的过境者名字和信息，指示移民官将过境抵达通知上的每位过境者作为非移民允许入境，限制停留时间为3天。同时菲律宾移民局身份卡会发给每位过境抵达通知上的过境者。

（四）海员/机务人员签证

1. 所需材料

海员证和护照有效期至少6个月以上，不包括允许在菲律宾的停留时间（复印海员证和护照资料页）。

（1）工作单位出具的在职证明或介绍信用英文书写；

（2）菲律宾公民或有声望的菲律宾公司经过公证的担保书原件；

（3）填写好并附上照片的签证申请表；

（4）确认的往返或前往他地机票。

签证费为134元人民币。

2. 手续

办理和签发签证不超过3个工作日；

一个工作日加急办理加收167.5元人民币，两个工作日加急办理加收100.5元人民币；

在签证申请表上写明警告严厉禁止毒品走私和禁止外国游客从事零售买卖。

（五）临时访问签证：旅行团

1. 所需材料

护照或旅行证件有效期至少6个月以上，不包括允许在菲律宾的停留时间；

填写好的旅行团签证申请表，以及旅行团每位成员护照资料页复印件（1份原件2份复印件；原件递交菲律宾移民局，使领馆存档复印件一套，旅行社保存另一套复印件）；

菲律宾旅行社的担保书；

旅行团成员不满20人，签证费为167.5元人民币/人；旅行团成员满20人及以上，签证费为100.5元人民币/人。

2. 手续

办理和签发签证不超过3个工作日，菲律宾使领馆有权根据工作量决定是否提前发放签证；

不收取加急费（不适用于菲律宾驻中国香港领事馆）；

申请表背面将贴上签证，旅行团每位成员的护照上会有如下格式的印章：

Joining Group Tour 参加旅行团

With Persons 同位游客

Under Visa No 签证号

Organized by 组织者

Name of Agency 旅行社名称

每个旅行团只用1个签证号，旅行团每位成员护照上是这个签证号后加一个连续的数字后缀。

在签证申请表上写明警告严厉禁止毒品走私和禁止外国游客从事零售买卖。

（六）留学签证

1. 所需材料

2 份填写好并附上 2 张照片的签证申请表。

（1）有效中国护照或旅行证明文件，有效期需超过在菲律宾停留时间 6 个月以上；

（2）短笺/介绍信；

（3）菲律宾高等教育委员会发的录取通知书；

（4）菲律宾的大学/学院的录取通知书；

（5）体检报告（包括实验室和 X 光片结果）；

（6）警察无犯罪纪录证明（复印件）；

（7）被鉴定的中学和大学毕业证书拷贝；

（8）被鉴定的学校成绩记录的拷贝；

（9）财务支持证明；

（10）介绍人/在菲律宾的联系人的目录和机票拷贝。

签证费为 2500 元人民币。

2. 手续

外国学生可直接与授权可以接受外国留学生的菲律宾的学校联系并顺从学校制度性条件要求，包括递交下列文件：

4 份签有本人的英文和本人本国文字的签名的本人的履历，并盖上本人的个人印章，如有印章。附上 2×2 的照片并押上本人左右大拇指印。照片必须是近期拍照的并且背景是白色的。

本人的国家或居住地的菲律宾外交办事处和有领事权的办事处的鉴定的学生成绩表；足够财政支持的证明，资金用于住宿、生活，学校费用和其他的临时费用。

学生满足学校要求，学校则给本人颁发录取通知书并向外交部递交上诉文件包括上列的文件的复印件，以及高等教育委员会签发的接纳留学生资格证明。如果某一课程因缺乏设施而入学将受到限制。这些文件和在信中提到的学生签发留学生签证的附信应由学校指定的联络官员亲自递交给外交部。附信应是签有学校注册主任签名和盖有学校公章的学校正式信笺。

外交部在确认这些文件完全无误之后，批准给学生的国家或居住地的菲律宾外交办事处或有领事权的办事处，在根据外交部的规则判定学生的身份和资格之后，签发留学生签证。学生请求在学生国家或居住国之外签发签证将不予以理睬。

外交办事处书面通知学生收到的文件并邀请他携带他自己收到的录取通知书出面到领事馆接受审查并顺从领事条件。

领事馆的外交办事处要求学生到指定的医生进行全身身体健康检查，按规定的表格（FA Form 填写 No. 11）的健康检查证明和实验室结果和标准胸部 X 光片将直接递交给领事馆。

留学生也应递交其国家的居住地的警察当局发的无犯罪纪录的证明文件。

到菲律宾之后，应立即到接受的学校报到，而学校应帮助学生到移民局领取必要的外国人注册证和留学生临时居住证。

三、签证照片注意事项

1. 照片规格：申请人最近 6 个月内拍摄的 2 寸彩色白底正面照片 2 张；

2. 人像大小：脸部占据整张相片面积的 70%～80%；

3. 照片表面：无墨迹、折痕、污迹、油渍、指印或粘胶印；

4. 人像衣着：衣着整齐；

5. 照片画质：色彩呈现自然肤色，光源均匀且不能有阴影或闪光反射在脸部；

6. 佩戴眼镜：相片人像不可佩戴眼镜或墨镜，阻止辨识人貌。视障者除外；

7. 头巾佩戴：不可佩戴头巾，人貌五官尤其眼部须清楚呈现。宗教因素除外；

8. 头部装饰：相片中人像不可佩戴头帽或其他装备；

9. 隐形眼镜：人像不可佩戴有色隐形眼镜；

10. 签证申请表格含下列照片均一律退件：

（1）人像眼部呈现红色；

（2）相片含污迹；

（3）脸部占据相片面积太大或太小；

（4）非白色背景；

（5）画质不清晰；

（6）眼睛不正视相机镜头拍摄，视障者除外。

（来源：综合整理自中华人民共和国驻菲律宾共和国大使馆经济商务参赞处、菲律宾驻沪总领事馆）

新加坡签证办理指南

一、签证规定

新加坡签证是主权机关在国或外国公民所持的护照或其他旅行证件上的签注、盖印，以表示允许其出入本国国境或者经过国境手续，也可以说是颁发给他们的一项签注式的证明。新加坡签证可向新加坡移民局申请，也可向新加坡驻中国大使馆（或领事馆）申请。新加坡驻华使领馆包括驻北京大使馆、驻上海总领馆、驻厦门总领馆（及厦门总领馆驻广州领事办公室）和驻香港总领馆。

《中华人民共和国政府和新加坡共和国政府关于外交、公务和公务普通护照持有者互免签证的协定》已于2011年2月18日在新加坡签署。双方已完成本国法律程序并确认上述协定自2011年4月17日起生效。协定规定，持有效外交、公务和公务普通护照的中国公民和持有效外交、公务护照的新加坡公民，入境缔约另一方如不超过30日，免办签证。

上述中国、新加坡两国公民如欲进入缔约另一方国境并停留超过30日，或以工作、学习或任何营利活动为目的，应根据缔约另一方主管部门的有关规定在抵达缔约另一方国境前申办签证或有关通行证。

按进入新加坡的时间长短，新加坡的签证分为短期签证（如：旅游签证、探亲访友签证和商务签证等）和长期签证（如：长期旅游证、学生准证和就业准证等）。前者在新加坡停留时间短（4～30天），后者停留时间较长（3个月到1年不等）。

从2012年起，新加坡特别引入了结婚移民签证，为新加坡公民的合格外籍配偶提供更长期的居留权，同时还享受保健和就业权益。据悉，该签证申请条件为婚生子女中至少有一人为新加坡公民。对于没有婚生子女申请成为新加坡公民的，将考察其他因素，如婚姻的长短、担保人支持家庭的财力、以及担保人和申请人的良好品行等。

从天津出入境边防检查站获悉，自2013年10月14日起，新加坡移民局为申请新加坡签证的中国旅游团颁发电子团体签证，取代原先的贴纸团体签证。中国公民赴新加坡旅游须由旅行社组团，并由旅行社领队带队，凭有效护照、电子团体签证打印件、旅游团队名单表办理出境手续，无需再持新加坡团体签证原件。

新加坡移民与关卡局宣布，自2015年6月1日起，中国公民持有新加坡多次往返签证的有效期延长到10年。申请程序和费用不变，签证费为人民币153元。

二、签证类型

申请签证必须提供以下材料：

护照：有效期应在6个月以上（从入境日期开始计算），并至少有1张空白签证页。同时提交护照照片页复印件。

Form 14A签证申请表格（原件）：一份用英文填写完整，并有申请者亲笔签名的申请表格。申请表格可从网络下载（http：//www. mfa. gov. sg/shanghai）。

彩色照片：2张（1张贴在表格上，另1张供扫描用）。照片应符合下列要求：

两寸、彩色、白底的3个月内的近照。

正面免冠（如按特殊宗教或风俗要求戴帽或配饰，帽子或配饰不得掩盖申请者面部特征）；

中国身份证：原件及复印件（注：申请商务签证者，只需复印件）；

签证费（概不退还）：153元人民币（请自备零钱）。

签证申请者必须本人亲自来新加坡驻华大使馆递交申请，以下情况除外：

若申请人未满16周岁，可由其父母代办，但必须出具能证明其关系的出生公证书或户口本和父母身份证（原件及复印件）。

如申请人已退休或60周岁以上，可委托他人办理，但需提供本人退休证原件、复印件及委托书（注明被委托人的姓名和身份证号码）。被委托人必须携带自己身份证原件并提交复印件。

如申请人由在华的新加坡公民或新加坡永久居民作介绍，介绍人（必须21周岁以上）需本人到新加坡驻华大使馆递交申请，并提供填好的V39A表格原件（介绍信）及其新加坡身份证或护照的原件及复印件。

申请商务签证者，需提供如下材料：

（一）旅游签证

在职证明：申请人若为在职员工，必须提供由就职公司出具的在职证明信原件一份。证明信中需注明公司同意其休假，并详细注明申请者在该公司任职时间、职务及工资。在职证明信必须列有公司及有关联系人的地址、电话和传真号码。信函必须加盖公章。

申请人若无工作，则必须提供证明其个人经济状况的文件，如银行存款证明、房产证等（原件及复印件）。银行存款证明的金额没有具体要求，但银行签发日期必须是签证申请递交日期的两个星期内。此证明应能够如实的反映经济能力。

户口簿：申请者户口簿（全本、每页：原件及复印件）。如为集体户口，可在警察局办理户籍证明，并提供原件及复印件。

（二）商务签证

委托书：如本人不能亲自来使馆申请签证，需出具委托书，委托书要注明被委托人的姓名及身份证号码（中英文均可）。被委托人必须携带自己身份证原件并提交复印件。即使是同一个人被委托，请在申请及领取签证时各递交一张委托书。

新加坡公司商业注册简况打印件：由新加坡会计与企业管理局（http：//www.acra.gov.sg）出具的新加坡公司最新商业注册简况打印件一份，该简况的打印日期距递交日期不可超过6个月。由新加坡政府机构、大学邀请或出席在新加坡召开的展览会、大型会议等的申请者，无需出具V39A表格和新加坡公司商业注册简况。申请者只需递交该机构或组织签发给申请者的邀请函原件。邀请函上必须要有该机构或组织邀请人的签名和申请者的名字。

V39A表格原件（介绍信）：由新加坡注册公司代表人用英文填写完整的原件一份。信上必须注明新加坡公司的地址、电话、传真号码、公司章和公司代表人的新加坡身份证号码与签名。

（三）入境签证

入境签证仅适用于以下申请者：

1. 已获得新加坡移民与国民登记局批准新加坡永久居民通知书的人士。

2. 原则上已获新加坡移民与国民登记局或新加坡人力部批准即将发给各类准证的人士。如工作许可证、受雇准证、学生准证、长期社交访问准证、职业人士访问准证。

3. 已获新加坡移民与国民登记局批准并被通知在新加坡驻北京大使馆领取签证的人士。

申请入境签证须提供以下材料，必要时新加坡驻华使馆有权要求申请人提供其他材料：

1. 申请者护照有效期至少6个月（从出国之日起开始计算），并至少有1张空白签证页。

2. 1份用英文填写的14表格（表格第1、2页每一项都需填写，第3页必须由申请者本人签字并注明申请日期），申请者须附2张2寸彩色近照，请将1张彩照粘贴在14表格上而另1张彩照供扫描。照片必须符合下列要求：

最近3个月内的近照，照片尺寸为35毫米（宽）、45毫米（长）、无白边；正面免冠（按特殊宗教或风俗要求戴帽或配饰者，帽子和配饰不得遮盖申请者面部特征）。面部尺寸为25毫米（宽）、35毫米（长）、白色背景。

3. 申请者须提供新加坡移民与国民登记局或新加坡人力部批准函的复印件。

4. 签证费为每人102元人民币。

5. 签证办理过程为两个工作日。

6. 签证地点：北京市朝阳区建国门外秀水北街1号，邮编：100600。

（四）留学签证

新加坡留学“入境签证”与“学生准证”，包括所有希望在新加坡进行全日制学习的留学生都必须向移民与关卡局（ICA）申请学生准证及签证（若适用）。需要签证才能入境的申请者，请确保至少在开课日期两个月以前向ICA申请学生准证。

“入境签证”是申请人第一次入境新加坡时由新加坡移民厅签发的签证（俗称“白卡”）。抵达新加坡后工作人员会为申请者安排到新加坡移民厅领取“学生准证”。这个“学生准证”是多次往返的长期居留证。凭借这个学生准证，申请者可以在新加坡留学期间自由出入新加坡并且不需要另外的签证。

新加坡留学申请条件：

1. 申请者首先必须被一所合法的新加坡学校录取才能开始全日制课程的学习。

2. 申请者须有足够的资金来支付学费与生活费用，并提交相关证明文件。

3. 申请学生准证必须有一位当地担保人。当地担保人必须是年满21岁的新加坡公民或永久居民或者是申请者所报读的学校。

学生准证的申请必须在课程开始日期之前的2～6个月之间递交。

三、申请签证步骤

1. 申请者护照有效期至少6个月（从出国日期开始计算）并至少有一张空白签证页。

两份用英文填写的14表格（表格第1、2页每一项都要填写，第3页必须由申请者本人签字并注明申请日期）。每份申请表须附1张护照尺寸的彩色照片（共2张）。

申请者公司出具的同意其休假并说明申请者在该公司任职时间、职务及工资的信函。信函所用信笺需注明公司的名称、地址、电话号码及传真号码。信笺需加盖公章。

2. 2寸彩色近照粘贴在14表格上，照片必须符合下列要求：

4个月内的近照，照片尺寸为35毫米（宽），45毫米（长），无白边；正面免冠（按特殊宗教或风俗要求戴帽或配饰者，帽子和配饰不得遮盖申请者面部特征）。面部尺寸为25毫米（宽），35毫米（长）；白色背景。

3. 观光签证自签发之日起5周内有效。签证持有人可在5周之内多次进出新加坡。由新加坡移民和关卡局官员决定每次停留天数，最多不超过30天。

签证办理过程为3个工作日。

申请人如没有工作，需提供相关文件以证明其有足够的资金（例如：本人存折或存款证明原件及复印件）。

如申请人由在华的新加坡公民或新加坡永久居民作担保，则无需按上第3、4条规定办理。但需担保人亲自到使馆递交申请，并提供填好的V39A表格及担保人身份证复印件。

注：签证是否出签由新加坡领事馆为准，任何单位及个人无权利认可签证是否通过。

四、担保金交纳须知

被要求交纳担保金的申请者将在其递交申请表的第2个工作日，由新加坡驻华使馆通知其办理交纳手续。

申请者需领取一份四联的进账单（送款单上须填写本人姓名、存款日期、身份证号码及联系电话），到中国银行总行一层16～18号柜台存入担保金5100元人民币后，持经中国银行盖章的进账单首联和第三联（回单和收账通知）和填写完整并有申请者亲自签名的担保函到新加坡驻华使馆再次办理签证。上述手续办理完毕后，于第2个工作日领取签证。

观光签证到期后，不可继续在新加坡停留；不可在新加坡谋求长期居留；不可打工（有偿或无偿）、经商或参与其他专业活动及不利于新加坡安全的活动；不可吸毒、走私或贩卖毒品。违反上述规定者将被没收担保金5100元人民币。

五、担保金退款须知

进入新加坡时，入境者应主动出示护照及旅游签证卡。在离境时新加坡边防检查站官员会收回签证卡并在护照上加盖出境章。如签证卡未被收回，入境者应主动交给边防检查站官员。

担保金只有在新加坡驻华使馆收到新加坡移民与关卡局的通知后方能退还。申请者在离开新加坡后1个月可打电话咨询，得到确认后可预约领取担保金的时间。领取担保金的时间为每月的5～25日。

在指定时间到新加坡驻华使馆领取现金支票，再到中国银行总行一层19～24号柜台兑现。

若申请者不能亲自办理担保金退还手续，申请者可出具委托书，并附上被委托人身份证复印件。被委托人凭委托书、申请者护照复印件及担保金收据到新加坡驻华使馆办理手续。

若申请者在签证有效期内未前往新加坡，申请者本人需持护照、签证卡、收据及本人写的解释信到新加坡驻华使馆，经确认后方能预约时间领取担保金。

若收据遗失，申请者必须提交公安局丢失证明或相关公证书予以证明。

若未交回签证卡或新加坡驻华使馆未得到新加坡移民与关卡局退款授权，申请人将担保金收据，护照首页及有入境、离境章的签证页复印，一起送交到新加坡驻华使馆。新加坡驻华大使馆在接到退款申请后致函新加坡移民与关卡局查询，时间2个月以上。

六、注意事项

1. 从2009年8月1日起，赴新加坡签证申请的递交与领取时间更改如下：

材料递交：周一至周五上午9:00至11:00

领取签证：周一至周五下午4:00至4:30

2. 申请表格可从http：//www. Ica. gov. sg下载。

3. 申请材料原件在签证窗口审核后会立即返还给申请者。

4. 未填好的表格、材料不齐或不符合要求的有可能导致拒签或推迟受理。

5. 签证申请是否被批准及批准的有效期限都由签证官根据申请者个别情况决定。

6. 申请者应在签证批准后再购买机票。

7. 签证的签发日期一般是签证的申请日，签证一旦被签发，有效期将不再变更。申请者不应过早递交申请材料。若签证已过期，申请者需重新递交申请材料。申请者在领取签证时，应仔细核对签发日期及签证有效期。建议申请者在出国前1至2周递交申请。

8. 签证持有者不一定可以入境新加坡。签证持有人须符合入境规定方可准许入境，如持有有效护照、足够的资金和往返机票。新加坡移民与关卡局官员有权决定其是否可入境。

9. 新加坡移民与关卡局官员在签证持有者入境时决定其停留天数。申请者应留意护照的入境章和批准的停留期限。

（来源：综合整理自新加坡共和国驻上海总领事馆、南博网）

泰国签证办理指南

一、签证规定

泰国签证是泰国在本国或外国公民所持的护照或其他旅行证件上的签注、盖印，以表示允许其出入泰国国境或者经过国境的手续，也是颁发给入境者的一项签注式的证明。是进入泰国的通行证件之一。

目前，泰国允许中国公民办理落地签证，但是该政策有一定限制。泰王国驻上海总领事馆通知：自2012年11月1日起，泰王国驻上海总领事馆签证处办理各类型签证所需工作时间将由1个工作日调整为3个工作日（如星期一送签，星期四出签）。

泰国与柬埔寨单一签证协议自2012年12月27日开始生效，包括中国在内的35个国家和地区的公民可以凭单一签证进入泰柬两国。根据单一签证协议，这35个国家和地区的公民向泰国和柬埔寨任意一国获得签证，便可在两国各逗留60天。除中国外，享受这项政策的国家和地区还包括美国、日本、中国香港、英国、澳大利亚等。

2013年8月28日，泰缅在来兴府的美索口岸、拉农府的阁颂口岸、清莱府美赛口岸正式实施护照及签证通关制度，无需手续费，泰国及外国游客可在以上任何一个口岸持护照及有效签证入境，并可以在原口岸或其他口岸出境，取代以往使用的通关临时证明。

自2014年起，中国赴泰国旅游的“落地签”项目开通，游客乘飞机抵达泰国的机场后，直接在机场办理旅游签证，只需要准备一张照片和1000泰铢（约200元人民币）即可，凭借这个签证可在泰国逗留最多15天，但非旅游签证和需要多次往返的情况并不在此范围中，需要在出国前申请好。

2014年12月1日，泰王国驻青岛总领事馆正式开馆，即日起，中国公民在青岛就可以直接办理赴泰国签证手续，办理签证仅需3个工作日。

二、签证类型

（一）商务签证

凡赴泰国为联系业务、出席会议、参加培训和进行学术交流不超过90天者，需办理此类签证。申请者需递交如下材料：

1. 护照原件（须有6个月以上的有效期，末页须签名）

2. 2寸白底免冠彩照3张；

3. 申请表2份；

4. 中方营业执照及副本的复印件；国际健康证明（有效期为1年）及劳动部门出具的合法证明（表明允许你出国工作）；

5. 中方派遣函（须有公司地址、电话、传真、商务访问目的、批准准假证明、停留时间，按期返回中国的保证，申请人姓名、性别、护照号码、出生年月、职务、月薪、身份证号码），须用加盖公章的并有负责人签名的公司抬头信笺打印；

6. 邀请方公司发出的邀请函（须有逗留时间，逗留目的，行程安排及标明境外费用由哪一方提供）及泰王国外交部发到泰王国驻华使馆的批文。

签证费：450元。

在泰国停留时间不可超过90天。

（二）过境签证

凡目的地是第三国仅从泰国过境者，或者从第三国经泰国返回中国者需办此类签证。在申请过境签证时，需递交如下材料：

1. 有效期6个月以上的护照及复印件；

2. 1张用英文填写完整的旅游签证申请表；

3. 1张6个月内拍的2寸彩色免冠照片；

4. 连程机票复印件和确认的连程机票包含票号；

5. 第三国有效签证或旅行证及复印件；

6. 对于参加体育比赛的运动员需提供说明运动员到泰王国参加体育比赛的邀请函。

签证费：180元。

提交以上材料后在2个工作日内可获得过境签证。

签证有效期：90天

在泰国停留时间不可超过15天。

特别提示：过境签必须事先在泰国驻中国各领使馆办理，不能在泰王国境内当场办理。

（三）二次入境签证

旅游签证为单次入境，如果需要中途离开泰国再返回，可以在离境前办理二次入境签证（Re—entry）。只需填写一张申请表、附一张白底2寸照片即可。在机场办理二次签证是在换好登机牌之后、进入海关之前；陆路出境是在办理离境手续之前。

签证费：1000泰铢。

（四）旅游签证

凡赴泰国旅游，访友需办此类签证，先填写旅游签证申请表一式一份，申请表必须本人签名，半年内2寸彩色照片一张，申请者本人在国内工作单位或街道办事处的英文担保信原件（内容包括：申请者姓名、赴泰国目的、在泰国停留期。该信必须担保申请者按期返回中国，使用印有该单位抬头的信纸打印，并附有该单位的地址及电话，此信还必须加盖单位公章、负责人签字及签字人的姓名和职务），出示确认往返时间的出入泰国的机票（含机票票号），并递交该票的复印件一份，护照和护照复印件一份。（未满16周岁的申请者需提供中英文出生证或者中英文的关系公证书原件及复印件），需要的材料如下：

1. 签证申请表（附白底2寸近照1张）；

2. 往返票务及复印件；

3. 半年以上有效期本人护照及第1页复印件；

4. 申请者本人单位或街道办事处的英文担保信原件（内容包括申请者姓名、赴泰目的、停留时间，此信还必须加盖单位公章及经办人签字）；

签证费：230元。通过旅行社代办280元。

提交以上材料后在3个工作日内可获得有效期3个月，在泰国停留不超过60天的个人旅游签证。

（五）落地签证

中国游客前往泰国可以在到达后在机场落地签专柜办理落地签证：

1. 填写1张申请表，并签字；

2. 1张白底2寸照片；

3. 出示入境和出境的票务；

4. 半年以上有效期本人护照和护照复印件一份。

签证费：1000泰铢（快速通道申请费用为1200泰铢）。

提交以上材料后可当场获得在泰国停留不超过15天的落地签证。

友情提示：如果护照上没有其他任何国家的有效签证，中国海关可能会不允许离境。

三、泰国出境及安检注意事项

中国香港特别行政区、中国澳门特别行政区颁发的护照，可以免签进入泰国，停留期不超过30天。中国台湾颁发的护照必须办理签证，停留期15天。

1. 出境流程：办理登机牌和行李托运手续——持护照和登机牌到出境处办理出境手续（盖边检章）——进行出境安检——进入候机厅。

2. 国际航班须提前90分钟到达机场。如果对机场不熟悉，或者还要办理托运，须提前2个小时。

3. 安检：随身携带的行李中，不得有超过150毫升的液体。关于液体标准，每个机场标准略有不同。

4. 不得随身携带尖锐物品，如瑞士军刀。若需携带，请务必托运。

备注：以上所有签证须本人申请，申请需2个工作日，护照有效期在半年以上。

（来源：综合整理自泰王国驻上海总领事馆、南博网）

越南签证办理指南

一、签证规定

中国公民赴越南，持外交、公务与因公普通护照免签证。持因私护照须向越南驻华大使馆申请签证。在越南持有国家合作与投资委员会发给的投资许可证或经营许可证的外国人，则可获多次同入境有效签证，期限自3个月至1年，依在越南的工作性质而定。

赴越南旅游，须持具有组团出境游资质的旅行社出具的团体名单表，该表有省级旅游行政主管部门加盖的出境专用章，并有领队带队方可整团出境，前往目的地国办理落地签证，个人游无法享受办理落地签证的优惠政策。

自2014年3月10日起，外国游客入境越南富国岛30天免签的政策生效。

中国公安部出入境管理局于2014年1月底公布了《关于更新对持普通护照中国公民实施免签落地签政策国家（地区）名单的通知》中，老挝、泰国、越南在列。该政策的发布标志着公民可以持用“白本护照”前往老挝、泰国、越南，这三个东南亚旅游热门国家单方面允许符合条件的持普通护照的中国公民抵达入境口岸时办理落地签证。

从2013年1月1日起，越南已经上调外国公民和海外定居的越南公民的签证费和居留证费用。其中，一次的，签证费上调至45美元。多次的，签证将分为3类，即1个月多次的，为65美元；6个月以下多次的，为95美元；6个月以上多次的，为135美元。因护照过期更换后的改签费将从10美元上调至15美元，居留证调整为15美元。

从2015年11月23日起，越南宣布下调短期签证费，中国游客赴越南旅游单次往返签证费从45

美元降至25美元；3个月内多次往返签证费从95美元降至50美元。

二、签证类型

（一）商务签证

代码：(211)；

签证种类：B；

签证有效期：90天；

签证停留期：30天及60天；

工作日：4天（注：越南国家为方便中国公民紧急情况，特开设加急业务，可以1个工作日出签）；

所需材料：护照正本、照片2张2寸彩色、身份证正反面复印件、在职证明信英文版。

（二）旅游签证

代码：(211)；

签证种类：B；

签证有效期：90天；

签证停留期：30天及60天；

工作日：4天（注：越南国家为方便中国公民紧急情况，特开设加急业务，可以1个工作日出签）；

所需材料：护照正本、照片2张2寸彩色、身份证正反面复印件、在职证明信英文版。

另外，办理越南个人旅游签证需要提供6个月以上有效期的护照，护照最后一页须签名（中文姓名且不能用铅笔），护照至少2张连续空白页（不含备注页），持换发护照者，需同时提供所有旧护照原件，半年内拍摄的2寸白底或者蓝底免冠彩照两张，以及真实完整的个人资料。

（三）一年多次往返签证

代码：(212)；

签证种类：B；

签证有效期：360天；

签证停留期：60天；

工作日：4天（注：越南国家为方便中国公民紧急情况，特开设加急业务，可以1个工作日出签）；

所需材料：护照正本、照片2张2寸彩色、身份证正反面复印件、在职证明信英文版。

（四）工作年签证

代码：(312)；

签证种类：Z；

签证有效期：360天；

签证停留期：360天；

工作日：4天（注：越南国家为方便中国公民紧急情况，特开设加急业务，可以1个工作日出签）；

所需材料：护照正本、照片2张2寸彩色、身份证正反面复印件、在职证明信英文版。

（五）过境签证

代码：(111)；

签证种类：B；

签证有效期：90天；

签证停留期：7天；

工作日：4天（注：越南国家为方便中国公民紧急情况，特开设加急业务，可以1个工作日出签）；

所需材料：护照正本、照片2张2寸彩色、身份证正反面复印件、在职证明信英文版。

（六）落地签证

此签证适用于从第三国入境或者中国赴越南旅游的团体。

详细说明：第三国入境是指从新加坡旅游后进入越南旅游，不可以持白本护照直接前往越南落地签证。

越南国家为方便中国公民紧急情况，特开设加急业务，可以1个工作日出签。

三、办理流程

中国公民前往越南必须获得越南签证，可亲自到越南驻中国领事馆办理，办理流程如下：

1. 准备所需材料；

2. 到最近的领事馆交材料；

3. 领取护照（签证）。

因亲自到领事馆办理所需手续相对繁琐，越来越多的游客更倾向于找有签证资质的签证机构办理，如：旅行社。有出境资质的国际旅行社或出境组团社都可以办理出国签证，手续也相对简单，只需提供护照正本及小二寸蓝底或白底彩照片2张，3个工作日即可出签。

四、注意事项

暂住越南的外国人的签证若需要延期，应由本人或越南主管机关向所在地出入境管理处或管理局书面申请，附上护照和越南常住证。

如签证期满，而暂住期限未满，签证无需延期。如签证和暂住也已期满，需要再住的公民只需办理暂住延期。暂住证可以延期，每次不超过12个月。

入境越南的外国人向越南口岸公安站出示护照或代护照证件和出入境证后，立即获发暂住证。在越南口岸签发的暂住证有效期与入境许可证有效期相适应，自签发之日起不超过12个月。

商务签证可通过越南的某个贸易公司提出申请，旅游签证则可在驻任何国家的越南大使馆或泰国和越南各旅行社办理签证（越南已授权国外旅游机构代办赴越南旅游签证业务）。

用传真办理签证，须提供申请人的姓名、出生日期、地点、籍贯、家庭地址、职业、护照号码、逗留时间和入境地点。越南河内发出的签证可允许在越南境内活动，越南胡志明市发出的签证则只允许在胡志明市内活动。

（来源：综合整理自中华人民共和国外交部网、南博网）

东盟十国商标指南

文莱商标指南

一、文莱商标简介

（一）文莱商标法

商标法（第98章）。

（二）商标的定义

商标是指可识别的、能够图示的，并能将自己的商品或服务与他人的商品和服务区分开的标志。

（三）商标的申请标准

1. 在文莱，可注册的商标必须是新颖独特的（注：没有相同或会引起混淆的类似或近似商标在同一类商品中被申请）；

2. 形状、颜色和包装方面均可注册，也有关于驰名商标保护的规定；

3. 文莱也接受服务商标的注册。文莱也提供多元分类、个别分类和综合分类的申请。

（四）成员资格

1. 不适用于《巴黎公约》；

2. 不适用于《马德里协定》。

（五）优先法则

文莱是使用优先制国家，该国的商标分类是根据国际分类法。

（六）期限与续展

在旧法律下，商标注册后的有效日期为7年，更新可延用至14年。在新法律下，于2000年6月1日或以后更新的商标有效期为10年；在2000年6月1日以前更新的商标则继续享有14年的有效期。

二、文莱商标申请程序

（一）申请

每一份商标注册申请书须呈交文莱商标局。

（二）审查

确认申请表已递交以后，该商标局会翻查申请记录，接着进入审定通知程序。申请者将会被告知并给予回复的机会。

（三）登宪公告

通过审查的商标将会在商标局的宪报上公布。

（四）异议

第三方可在登宪公告为期3个月内提出抗议。

（五）注册

如注册申请顺利通过，该商标将被核准，其详细资料将被记入注册纪录册。此外，文莱商标局会在商标周刊中公布有关的注册公告，并向申请人发出注册证明书。注册日期会追溯至提交申请当日，换言之，作为注册商标拥有人的权利，应由提交申请当日起计。

三、申请注册所需的文件及资料

（一）商标注册申请书。

（二）商标注册委托书。

（三）一份清晰的商标打印图样。

（四）申请人资格证明资料

1. 以公司名义申请，附企业营业执照副本；

2. 以个人名义申请，附身份证或护照副本。

（五）列出寻求注册的商品或服务，须严格按照《尼斯协定》分类表指出商品或服务类别。

（六）如商标由颜色或颜色组合构成，须附明确描述。

（七）非英语字体、字形商标的音译及翻译（须认证）。

（八）如申请享有《巴黎公约》优先权，一份核证相关优先权符合证明（如非英语证件，须附认证英译本）。

四、文莱商标代理须提交的申请文件

（一）基本注册申请文件

文件	备注	提交时限
委托书及申请者声明	须签署	在申请日内
英语音译非英语字体、字形商标	须认证	递交注册申请书后2个月内

（二）申请《巴黎公约》优先权附加文件

文件	备注	提交时限
优先权符合证件	一份基本申请证明副本（非英语文件须附英译本）	递交申请后2个月内

（三）商标转让申请或更换名字、地址申请文件

文件	备注	提交时限
副本： 商标转让契约	须公证	注册有效期内无限时
更换名字申请书	须认证	
更换地址申请书	须认证	

（四）提出抗议或反抗议申请文件（注：提出抗议申请须在该商标公告3个月内提交）

文件	备注	提交时限
列国注册证明书副本	无须核准	在申请日内
商标市场存在证明副本，如广告、宣传册等	无须核准；尽可能多的且尽早提交。	在申请日内

（来源：综合整理自南博网）

柬埔寨商标指南

一、柬埔寨商标简介

（一）柬埔寨商标法

关于商标，商品名称及不正当竞争（商标法）行为的法律。

（二）商标的定义

"标记"是指能够区分商品（商标）或企业服务（服务商标）的任何明显的迹象。"商品名"是指名称和/或标识识别和区分的企业。

（三）商标申请的标准

以下商标不能有效注册：误导公众；公用标志；商品或服务的特征，如性质、质量或数量等；商品的形状或组成部分；违反道德、秩序、习惯或法律；未经所有人的同意；与已经注册的商标相同或相似等。

（四）成员资格

1. 适用于《巴黎公约》；

2. 不适用于《马德里协定》。

柬埔寨于1998年成为《巴黎公约》的成员国，借此，所有公约国家的申请可在柬埔寨得到同等的优先权日的待遇。优先权的申请必须在一个公约国家首次申请6个月内提出。

（五）优先法则

柬埔寨是注册优先制国家，凭商标的原始凭证认定权利人。

（六）期限与续展

商标权的期限10年，期满可以续展，每次10年。

二、柬埔寨商标申请程序

（一）申请

每一份商标注册申请书须呈交柬埔寨商标局，须附指定的委任书，商标模式，服务及商品例表，第一次注册号码，日期，国家及申请日。

（二）实质审查

该商标局将在该商标公告后进行为期6个月的实质审查。

（三）注册

注册所需时至少2个月，有效期从申请日起生效。

三、申请注册所需的文件及资料

（一）商标注册申请书。

（二）商标注册委托书。

（三）15份清晰商标打印图样。

（四）列出寻求注册的商品或服务，须严格按照《尼斯协定》分类表指出商品或服务类别。

（五）申请人资格证明资料

1. 以公司名义申请，附企业营业执照副本；

2. 以个人名义申请，附身份证或护照副本。

（六）非英语字体、字形商标的音译及翻译（须认证）。

四、柬埔寨商标代理须提交的申请文件

（一）基本注册申请文件

文件	备注	提交时限
委托书	须签署、须公证人监证	副本与注册申请书同时递交，正本于1个月内补交
商标图样	附最大8厘米×8厘米商标样本	与注册申请书同时递交

（二）申请《巴黎公约》优先权附加文件

文件	备注	提交时限
优先权符合证件	须公证人监证	副本与申请同时递交、正本于1个月内补交

（三）商标转让申请或更换名字、地址申请文件

文件	备注	提交时限
（一）商标转让申请：		与申请同时递交
1. 委托书	须签署、须公证人监证	
2. 商标注册证书正本		
3. 商标转让契约正本	须转让人及受让人签署	
（二）名字或地址转换：		与申请同时递交
1. 委托书	须公证人监证	
2. 拥有者名字或地址转换声明书（注明新名字或地址）	须公证人监证	
3. 商标注册证书正本		

（四）提出抗议或反抗议申请文件（注：提出抗议申请须在该商标公告3个月内提交）

文件	备注	提交时限
委托书	须签署、公证人监证	与抗议申请同时递交
商标使用宣证书	须公证人监证或认证	与抗议申请同时递交
商标在柬埔寨市场存在证明，如提单、广告、宣传册子、包装、相片等		与抗议申请同时递交

（来源：综合整理自南博网）

印度尼西亚商标指南

一、印度尼西亚商标简介

（一）印度尼西亚商标法

印度尼西亚共和国2001年第15号关于商标的法律。

（二）商标的定义

商标是用于表示具有使用的符号和其商品或服务的权利的人之间的连接的目的的标志。

（三）商标申请的标准

任何标识、数字、文字、名称、标签、字母或上述的组合均可构成商标。

商标要独特或者能区别于其他的商品或服务。

包含以下元素之一的商标均不得注册：

1. 违反现行法律、道德、宗教、礼仪和公共秩序；

2. 无区别因素；

3. 已是公共财产。

（四）成员资格

1. 适用于《巴黎公约》；

2. 不适用于《马德里协定》。

印度尼西亚于1950年成为《巴黎公约》的成员国，借此，所有公约国家的申请可在印度尼西亚得到同等的优先权日的待遇。优先权的申请必须在一个公约国家首次申请6个月内提出。

（五）优先法则

印度尼西亚是注册优先制国家，凭商标的原始凭证认定权利人。

（六）期限与续展

商标权的期限10年，期满可以续展，每次10年。

二、印度尼西亚商标申请程序

（一）申请

向印度尼西亚商标局呈交商标注册申请书。

（二）审查

在提呈上述文件给予商业标志单位后，有关单位将依据法定程序给予审查，有关申请者将拥有2个月的时间对有关的商标申请文件作出修正。一旦所有的申请文件符合所有的法定需求，该单位将会发出申请日期。此外，在该单位发出申请日期后，属第三方独立机构在9个月内将进行审查。

（三）公告

有关单位会将所有的商标申请发布在官方商标公告上，为期 3 个月，通过最长 10 天期限的审查阶段。

（四）异议

若有人对有关商标申请提出抗议，必须提出反对有关商标注册的有利文件，包括申请商标注册与他人先取得的合法权利商标相冲突，存有共同点或存有违反法令的嫌疑，一旦呈交反对信件后，反方必须在 2 个月内提呈有关有利反抗议的文件。该单位将会就有关的商标申请重新作出审查，所需时间约 2 个月。

（五）注册

一旦完成所有的程序，这包括反方反对的案件调查完结后发出注册证书。有关申请注册程序需费时至少 1 年至 18 个月，生效期从其申请日期开始生效。有效保护期为 10 年。

三、申请注册所需的文件及资料

（一）商标注册申请书；

（二）商标注册委托书（印尼文，无须英译本）；

（三）20 份清晰商标打印图样；

（四）列出寻求注册的商品或服务，须严格按照《尼斯协定》分类表指出商品或服务类别；

（五）申请人资格证明资料：

1. 以公司名义申请，附企业营业执照副本；

2. 以个人名义申请，附身份证或护照副本。

（六）如商标由颜色或颜色组合构成，须附明确描述；

（七）非英语字体、字形商标的音译及翻译（须认证）。

四、印度尼西亚商标代理须提交的申请文件

（一）基本注册申请文件

文件	备注	提交时限
委托书	须签署	与注册申请书同时递交
申请者声明书	须签署	与注册申请书同时递交
商标的详细解说或图样	须指明商标构成颜色（如黑白、颜色，或颜色组合），附 9 厘米×9 厘米样本	与注册申请书同时递交

（二）申请《巴黎公约》优先权附加文件

文件	备注	提交时限
优先权符合证件	一份基本申请证明副本（非英语文件须附英译本）	优先权有效日期起 7 个月内

（三）商标转让申请或更换名字、地址申请文件

文件	备注	提交时限
副本：		注册有效期内无限时
1. 商标转让契约；	须有公证人监证，后由印尼领事馆核证	
2. 委托书；	须签署	
3. 商标使用声明书	须签署	

（四）提出抗议或反抗议申请文件（注：提出抗议申请须在该商标公告 3 个月内提交）

文件	备注	提交时限
列国注册证明书副本	无须核准	与提出抗议或反抗议申请书呈交
委托书	须签署	与提出抗议或反抗议申请书呈交
商标市场存在证明，如广告、宣传册、荣誉颁发证明书等	无须核准	与提出抗议或反抗议申请书呈交

（来源：综合整理自南博网）

老挝商标指南

一、老挝商标简介

（一）老挝商标法

老挝总理的商标法令第 06/PM（1995）。

（二）商标的定义

标记包括单词、字母、数字、图形或照片、徽章、以及上述要素的组合等。

（三）商标申请的标准

为了保护商标，必须满足下列任一条件：

1. 它必须是独特的；
2. 它不能通用；
3. 它不能与以前的或现有的商标近似；
4. 它不能是一个地理名称或姓氏；
5. 它不能带有欺骗性质或容易引起混淆；
6. 它不能是恶意中伤或带有攻击性；
7. 它不能直接引用商品/服务的特点或性质。

（四）成员资格

1. 适用于《巴黎公约》；
2. 不适用于《马德里协定》。

老挝于1998年成为《巴黎公约》的成员国，借此，所有公约国家的申请可在老挝得到同等的优先权日的待遇。优先权的申请必须在一个公约国家首次申请6个月内提出。

（五）优先法则

越南是“注册优先制”国家，依据商标在该国的注册纪录确定权利人。

（六）期限与续展

商标权的期限10年，期满可以续展，每次10年。

二、老挝商标申请程序

（一）申请

向老挝商标局呈交一份商标注册申请书，须附指定的委任书，商标模式，服务及商品例表，第一次注册号码，日期，国家及申请日。

（二）实质审查

该商标局将在该商标公告后进行为期6个月的实质审查。

（三）注册

注册所需时至少2个月，有效期从申请日起生效。

三、申请注册所需的文件及资料

（一）商标注册申请书；

（二）商标注册委托书；

（三）20份清晰商标打印图样；

（四）列出寻求注册的商品或服务，须严格按照《尼斯协定》分类表指出商品或服务类别；

（五）申请人资格证明资料：

1. 以公司名义申请，附企业营业执照副本；
2. 以个人名义申请，附身份证或护照副本。

（六）非英语字体、字形商标的音译及翻译（须认证）。

四、老挝商标代理须提交的申请文件

（一）基本注册申请文件

文件	备注	提交时限
委托书	须签署、须公证人监证	副本与注册申请书同时递交，正本于1个月内补交
商标图样	附最大8厘米×8厘米商标样本	与注册申请书同时递交

（二）申请《巴黎公约》优先权附加文件

文件	备注	提交时限
优先权符合证件	须公证人监证	副本与申请同时递交，正本于1个月内补交

（三）商标转让申请或更换名字、地址申请文件

文件	备注	提交时限
（一）商标转让申请		申请同时递交
1. 委托书	须签署、须公证人监证	
2. 商标注册证书正本		
3. 商标转让契约正本	须转让人及受让人签署	
（二）名字或地址转换		与申请同时递交
1. 委托书 2. 拥有者名字或地址转换声明书正本（注明新名字或地址）	须公证人监证	
3. 商标注册证书正本	须公证人监证	

（四）提出抗议或反抗议申请文件（注：提出抗议申请须在该商标公告3个月内提交）

文件	备注	提交时限
委托书	须签署、公证人监证	与抗议申请同时递交
法定宣誓书	须公证人监证或认证	与抗议申请同时递交
商标使用宣证书	须公证人监证或认证	与抗议申请同时递交

（来源：综合整理自南博网）

马来西亚商标指南

一、马来西亚商标简介

（一）马来西亚商标法

1976年商标法（法案175），1997年商标法（章程），1994年商标法（修订版）和2000年商标法（修订版）。

（二）商标的定义

商标是用于表示具有使用的符号和其商品或服务的权利的人之间的连接的目的的标志。标志包括文字、标识、标签、名称、字母、数字或上述的组合。

（三）商标申请的标准

为了保护商标，必须满足下列任一条件：

1. 用专门或特定的方式代表个人、公司或企业的名称；

2. 注册申请人的签名；

3. 一个新创字；

4. 一个没有任何直接引用商品或服务的特性或品质，不是普通意义上的词；

5. 地理名称或姓氏；

6. 任何其他鲜明的标志。

（四）成员资格

1. 适用于《巴黎公约》；

2. 不适用于《马德里协定》。

马来西亚于1989年成为《巴黎公约》的成员国，借此，所有公约国家的申请可在马来西亚得到同等的优先权日的待遇。优先权的申请必须在一个公约国家首次申请6个月内提出。

（五）优先法则

马来西亚是使用优先制国家，凭商标的原始凭证认定权利人。

（六）期限与续展

自申请日算起，注册商标的有效期为10年。注册商标有效期满后，需要继续使用的，应当在期满前3个月内申请续展注册，每次续展注册的有效期为10年。

二、马来西亚商标申请程序

（一）申请

马来西亚商标局呈交一份商标注册申请书。

（二）审查

确认申请表已递交以后，该商标局会翻查商标记录，以确定在相同或类似的货品或服务，是否有其它商户已经注册或申请注册相同或类似的商标；同时，查核有关商标是否符合商标法律法规的注册规定，进而可能对有关商标提出异议。如有异议，申请人将有机会在限定时间内提出反异议答复。

如审核通过，申请程序将进入下一阶段（登宪公告阶段）。

（三）登宪公告

该商标局核准申请后，便会在商标周刊上公告，为期3个月，如无人提出抗议该商标即可成功注册。

（四）异议

任何人可在登宪公告为期3个月内提出抗议。申请人可对该抗议进行答辩。

（五）注册

如注册申请顺利通过，该商标将被核准，其详细资料将被记入注册纪录册。此外，马来西亚商标局会在商标周刊中公布有关的注册公告，并向申请人发出注册证明书。注册日期会追溯至提交申请当日，换言之，作为注册商标拥有人的权利，应由提交申请当日起计。

三、申请注册所需的文件及资料

（一）商标注册申请书（TM 5）；

（二）商标注册委托书（TM 1）；

（三）清晰商标图样：

1. 如黑白商标，一份清晰打印图样；

2. 如颜色或颜色组合商标，15份清晰打印图样。

（四）列出寻求注册的商品或服务，须严格按照《尼斯协定》分类表指出商品或服务类别；

（五）申请人资格证明资料：

1. 以公司名义申请，附企业营业执照复印件；

2. 以个人名义申请，附身份证或护照副本；

（六）一份宣声明商标拥有权的宣誓书。如本地签署，由宣誓人监誓；如外地签署，由公证人监誓；

（七）非英语字体、字形商标的音译及翻译（须认证）；

（八）如申请享有《巴黎公约》优先权，一份核证相关优先权符合证明（如非英语证件，须附认证英译本）。

四、马来西亚商标代理须提交的申请文件

（一）基本注册申请文件

文件	备注	提交时限
法定宣誓书	须公证人监证	自申请日2个月内
英译非英语字体、字形商标	须认证	自申请日2个月内

（二）申请《巴黎公约》优先权附加文件

文件	备注	提交时限
优先权符合证件	一份基本申请证明副本（非英语文件须附英译本）	递交申请后2个月内

（三）商标转让申请或更换名字、地址申请文件

文件	备注	提交时限
副本：		注册有效期内无限时
1. 商标转让契约	须有公证人监证	
2. 更换名字申请书	须认证	
3. 更换地址申请书	须认证	

（四）提出抗议或反抗议申请文件（注：提出抗议申请须在该商标公告3个月内提交）

文件	备注	提交时限
列国注册证明书副本	无须核准	在申请日
商标市场存在证明，如广告、宣传册、荣誉颁发证明书等	无须核准	在申请日

（来源：综合整理自南博网）

缅甸商标指南

一、缅甸商标简介

（一）缅甸商标法

商标在缅甸是属于普通法概念上的保护，没有针对注册的法律体系，但商标注册可以在《注册法》第18（F）章获得。打击假冒行为适用刑法第478，打击侵权行为可以根据特定救济法第54条和缅甸商品商标法令。

（二）商标的定义

商标是“代表特定的人生产的产品或商品的标志”，民法没有对商标具体含义和构成要件的阐述，但一般认为，商标应当具有显着性。一个商标应当含有一个或多个具有创造性的词语，也可以是针对某些特定的产品进行注册。缅甸的法律中，没有任何对颜色组合注册的限制。

缅甸商标采用使用主义，注册纯粹是为抵制他人仿冒之依据。因此，曾经使用过的特有品牌或标签是否构成商标并不重要，因为制造商可以通过使用商标受到法律的保护，这是普通法在打击假冒行为方面的特有优势，而在其它建立了商标注册制度的国家往往需要通过反不正当竞争法来实现。缅甸商标专用权自商标首次使用日起，至商标专用权人允许他人使用该商标止。

（三）商标申请的标准

缅甸目前还没有商标法。但缅甸刑法第478规定，“对特定的人制造或生产的物品的标记的使用被称为商标。商标必须是独特的，有别于其他人的商品的商标所有权。”

（四）成员资格

1. 不适用于《巴黎公约》；

2. 不适用于《马德里协定》。

（五）申请资格

申请人必须是该商标的所有人，通过注册或使用，或者两者结合的方式获得商标所有权。外国申请人必须在本人申报商标的公司任命一个商标律师。

（六）优先法则

缅甸是使用优先制国家，凭商标的原始凭证认定权利人。

（七）期限和续展

在缅甸，法律没有颁布商标注册的有效期。根据惯例，专利注册的续展每3年进行一次，通常由以下方式之一完成：

1. 通过声明的方式进行重新注册；

2. 通过当地报纸或刊物的方式进行重新公布；

3. 通过重新注册、重新公布二者结合的方式。

二、缅甸商标申请程序

（一）商标所有权声明

向缅甸注册局发布所有权声明的形式进行注册。申请者可就出具此声明而获得注册。

（二）登记

在授权律师呈提交呈报业者文件后，当地执法局将有关的呈报业者申请注册登记于契约及保证登记录上，当局将发布临时的注册号码给予申请者，而真正的批准程序则需时 2 至 3 个星期。

（三）审查

该商标局会就呈报文件进行长达 6 至 8 个月的审查。

（四）公告

业者有权力在获得注册批准后，选择是否公告在当地报纸，这是为了避免有关的商标受侵犯。

（五）完成注册

商标注册有效期从申请日生效。

三、申请注册所需的文件及资料

（一）商标注册申请书；

（二）商标注册委托书；

（三）5 份清晰商标打印图样；

（四）列出寻求注册的商品或服务，须严格按照《尼斯协定》分类表指出商品或服务类别；

（五）申请人资格证明资料：

1. 以公司名义申请，附企业营业执照副本；

2. 以个人名义申请，附身份证或护照副本。

（六）非英语字体、字形商标的音译及翻译（须认证）。

四、缅甸商标代理须提交的申请文件

（一）基本注册申请文件

文件	备注	提交时限
商标所有权声明书	须签署、须公证人监证及缅甸领事馆核证	该声明起效的 4 个月内
委托书	须签署、公证人监证、再由缅甸领事馆核证	该声明起效的 4 个月内

（二）优先权申请

缅甸尚未加入《巴黎公约》或《马德里公约》，因此申请者不能在缅甸申请优先权。

（三）商标转让申请或更换名字、地址申请文件

文件	备注	提交时限
（一）商标转让申请：		该声明起效的 4 个月内
1. 转让人委托书	须签署、须公证人监证	
2. 受让人委托书	须签署、须公证人监证	
3. 商标转让契约副本	须转让人及受让人签署、公证人监证、再由缅甸领事馆核证	
（二）名字或地址转换：		该声明起效的 4 个月内
1. 委托书	须公证人监证	
2. 拥有者名字或地址转换声明书（注明新名字或地址）	须公证人监证	
3. 商标注册证书正本		

（四）提出抗议或反抗议申请文件

与其他国家不同，缅甸不采用第三方反对制。如任何一方对有关商标的注册不满，可向法庭提出控诉。此外，商标拥有者不可阻止相同或近似商标在不同类别的物品或服务使用。

（来源：综合整理自南博网）

菲律宾商标指南

一、菲律宾商标简介

（一）菲律宾商标法

菲律宾知识产权法典（共和国 8293 号法案）。

（二）商标的构成要素

单词、字母、数字、图形或照片、徽章、颜色或者颜色组合、商品的容器或外包装的形状（不能仅是为了获得某种功能的形状），以及上述要素的组合等。若申请彩色商标则必须确切指明色彩。

（三）商标的申请标准

以下商标不能注册：误导公众；公用标志；商品或服务的特征，如性质、质量或数量等；商品的形状或组成部分；违反道德、秩序、习惯或法律；未经所有人的同意，与已经注册的商标相同或相似等。

（四）成员资格

1. 适用于《巴黎公约》；

2. 适用于《马德里协定》。

菲律宾于1965年成为《巴黎公约》的成员国，借此，所有公约国家的申请可在菲律宾得到同等的优先权日的待遇。优先权的申请必须在一个公约国家首次申请12个月内提出。

（五）优先法则

菲律宾是使用优先制国家，凭商标的原始凭证认定权利人。

（六）期限与续展

1. 使用期限

自申请日算起，注册商标的有效期为10年。注册商标有效期满后，需要继续使用的，应当在期满前6个月内申请续展注册，每次续展注册的有效期为10年。

2. 使用规定

连续5年未使用，将丧失商标专用权。相关事项：1998年修订的新商标法则规定申请人必须于提出申请3年内提交实际使用宣誓书及证明，否则商标局将会撤销此件申请案。

3. 对注册商标撤销的规定

商标注册期间在5年之内或者是在任何注册期间，此注册商标变成缺乏显着性；申请人放弃专用权；商标注册以不正当方式取得商标名称使消费者对于商品之产地或服务（服务标章）产生误认；在3年期间无正当事由不使用该商标。

二、菲律宾商标申请程序

（一）申请

向菲律宾商标局呈交商标注册申请书。

（二）审查

审查期限为提呈日期后的12至18个月内。菲律宾商标局在收到商标注册申请后，便会对商标申请进行形式审查和实质审查，以确定所提交的申请文件是否备齐，申请商标是否具备显著性，是否违反商标法有关禁用条款的规定以及是否与他人在先申请或注册的商标相同或类似。如果经审查申请不符合注册规定，商标申请将被驳回。如果申请人对商标局做出的裁定不服，可向菲律宾上诉法院提出上诉。若审查员对于申请人所提交的申请文件内容有异议，可要求申请人提交证明文件以证明文件的正确性。审查员也可要求申请人删除某些指定商品，但以不损害申请人的利益为前提。

（三）公告

有关当局将在申请期后12至24个月内公告有关的申请及发出允许通知，申请者必须在获得有关允许通知后的两个月内，缴纳申请注册费用。之后有关当局会将有关申请刊登在公报上，以接受有关方面的异议。

（四）异议

在该异议期内，任何人可以对该商标申请提出抗议。申请人可以对该异议进行答辩。异议方必须在公报刊登的30天内提出异议，并提呈有利的文件。审查官将对抗议结果作出裁定。

（五）发出申请批准通知

若在公报刊登期间并未接获申请的反对，有关当局将会在发出允许通知后的3个月内批准有关申请。

（六）注册

申请者必须在接获批准通知后的两个月内缴付注册费，商标局会在5至7个月内发出注册证书，注册时间共须时为18至24个月。

三、申请注册所需的文件及资料

（一）商标注册申请书；

（二）商标注册委托书；

（三）一份清晰的商标打印图样；

（四）列出寻求注册的商品或服务，须严格按照《尼斯协定》分类表指出商品或服务类别；

（五）申请人资格证明资料：

1. 以公司名义申请，附企业营业执照副本；

2. 以个人名义申请，附身份证或护照副本。

（六）如商标由颜色或颜色组合构成，须附明确描述；

（七）非英语字体、字形商标的音译及翻译（须认证）。

四、菲律宾商标代理须提交的申请文件

（一）基本注册申请文件

文件	备注	提交时限
委托书	须签署	与注册申请书同时递交或递交申请后的2个月内
商标的详细解说或图样	须2厘米×3厘米，显示商标图样颜色	在申请日内

（二）申请《巴黎公约》优先权附加文件

文件	备注	提交时限
优先权申请书	副本、须认证（非英语文件须附英译本）	呈交申请后3个月内
优先权注册证件	副本、须认证（非英语文件须附英译本）	如已呈文件足够证明基本申优条件，但未能呈交外国或本国注册证件，在职审查官可暂时予以申优批准及搁置该证件提交要求。申请人必须在12个月内补交有关证件

（三）商标转让申请或更换名字、地址申请文件

文件	备注	提交时限
商标转让契约副本	须核证	提交申请当日内

（四）提出抗议或反抗议申请文件（注：提出抗议申请须在该商标公告3个月内提交）

文件	备注	提交时限
提出抗议通知		受抗议商标公告的30天内
延展提交核实反对动议书	可申请三次延展	每次延展30天
委托书	须公证人监证，再由菲律宾领事馆核证	与核实反对动议书呈交
非挑院行诉声明书	须公证人监证，再由菲律宾领事馆核证	与核实反对动议书呈交
抗议方宣证书	须公证人监证，再由菲律宾领事馆核证。此宣证书须含抗议方公司资料、商标来历（如，开始使用日期等）、该商标的列国注册或待审申请、该商标在国外的注册证明、相关国际业绩（包括在菲律宾）、有关国际广告及推销的开销（包括在菲律宾）。	与核实反对动议书呈交
分销商宣证书	只须公证人监证。此宣证书可含有关其销售、广告推销、组织、生意伙伴或所有使用该商标的产品资料。	与核实反对动议书呈交

（来源：综合整理自南博网）

新加坡商标指南

一、新加坡商标简介

（一）新加坡商标法

商标法（2005年修订版）（第332章），商标规则及商标（国际注册）规则。

（二）商标构成要素

单词、字母、数字、图形或照片、徽章、颜色或者颜色组合、商品的容器或外包装的形状（不能仅是为了获得某种功能的形状），以及上述要素的组合等。新加坡也接受非视觉性商标如声音、味道、嗅味商标。

（三）商标申请的标准

一个注册商标必须具有新颖性，能够区别于其他近似或同类的商品或服务。描述性商标，标记“共同的贸易”，带有违反公共政策、带有欺骗性或与之前的商标近似标记的商标均不被允许注册。

（四）成员资格

1. 适用于《巴黎公约》；

2. 适用于《马德里协定》。

新加坡于1995年成为《巴黎公约》的成员国，借此，所有公约国家的申请可在新加坡得到同等的优先权日的待遇。优先权的申请必须在一个公约国家首次申请6个月内提出。

（五）优先法则

新加坡是使用优先制国家，凭商标的原始凭证认定权利人。

（六）期限与续展

自申请日算起，注册商标的有效期为10年。注册商标有效期满后，需要继续使用的，应当在期满前6个月内申请续展注册，每次续展注册的有效期为10年。

二、新加坡商标申请程序

（一）申请

向新加坡商标局呈交商标注册申请书。

（二）审查

新加坡知识产权局收到注册商标申请后将进行审查，确保不会与之前的注册商标出现相同之处。知识产权署受理申请后，会对该项申请进行初审，如果符合商标条例规定的标准，又没有与以前申请个案重复或类同，该项申请就会进入公告阶段。

（三）公告

有关商标申请会公布在商标公告上，反方在公告后2个月内可提出抗议。在公告期间，如无人反对，获得证书的机率性极高。

（四）异议

在该公告期间，任何人均可对该商标申请提出抗议。申请人可以对该抗议进行答辩。

（五）注册

若异议不成立或并没有任何一方提出抗议，有关商标将核准注册，新加坡知识产权局将会下发注册证书。

三、申请注册所需的文件及资料

（一）商标注册申请书（TM 4）；

（二）商标注册委托书（TM 1）；

（三）清晰商标图样

1. 黑白商标，一份清晰打印图样；

2. 颜色或颜色组合商标，一份 JPEG 格式图样。

（四）列出寻求注册的商品或服务，须严格按照《尼斯协定》分类表指出商品或服务类别；

（五）申请人资格证明资料：

1. 以公司名义申请，附企业营业执照复印件；

2. 以个人名义申请，附身份证或护照副本。

（六）非英语字体、字形商标的音译及翻译（须认证）。

四、新加坡商标代理须提交的申请文件

（一）基本注册申请文件

文件	备注	提交申请时间
商标的详细解说或图样	认证英译非英语字体、字形商标（自由）	递交注册申请书（TM 4）后2个月内

（二）申请《巴黎公约》优先权附加文件

文件	备注	提交申请时间
优先权符合证件	一份基本申请证明副本（非英语文件须附认证英译本）	递交申请后2个月内

（三）商标转让申请或更换名字、地址申请文件

文件	备注	提交申请时间
副本：		注册有效期内无限时
1. 商标转让契约		
2. 更换名字申请书	认证	
3. 更换地址申请书	认证	

（四）提出抗议或反抗议申请文件（注：提出抗议申请须在该商标公告2个月内提交）

文件	备注	提交申请时间
列国注册证明书副本	无须核准	与提出抗议或反抗议申请书呈交
商标市场存在证明，如广告、宣传册子、荣誉颁发证明书，等等	无须核准	与提出抗议或反抗议申请书呈交

（来源：综合整理自南博网）

泰国商标指南

一、泰国商标简介

（一）泰国商标法

泰国商标法颁布于1991年，最近一次修订是2000年，修订后商标法于2000年6月起实施。

泰国是WTO成员，于1989年加入WIPO。

（二）商标的构成要素

泰国商标法对商标注册和商标保护进行了规定，并将商标定义为用于说明商品所属的符号，包括立体商标和颜色商标。

（三）商标申请的标准

含有下列要素的商标不可注册：

1. 一个显着标志，其中包括一个人的名字，根据其普通含义，法人或商品名以特殊的方式表示的一个名字是不是一个姓。

2. 标记不包括或由以下因素构成：泰国王室或官方的印章、标志、旗帜、装饰等；泰国王室的名称、签字、缩写以及朝代名称；泰王国国王、王后和其他皇室成员及其继承人的肖像，以及其名称、签字、标志等；外国的、国际组织的、外国首脑的、外国官方的旗帜和标志；外国的和国际组织的各种产品质量保证标志，或者外国或国际组织的名

称、首字母缩写等，除非得到该外国和国际组织的授权；各国的官方标志、国际红十字标志等；违反社会秩序、社会道德和公共利益的商标；受有关法律保护的地理名称，以及其他为商标法和商标条例所禁止作为商标使用的要素。

3. 申请注册的商标与他人在相同或不同类别在先注册的商标近似，并足以造成公众对产品来源的混淆或误认。

（四）成员资格

1. 适用于《巴黎公约》；

2. 不适用于《马德里协定》。

泰国于2008年成为《巴黎公约》的成员国，借此，所有公约国家的申请可在泰国得到同等的优先权日的待遇。优先权的申请必须在一个公约国家首次申请6个月内提出。

（五）优先法则

泰国是使用优先制国家，凭商标的原始凭证认定权利人。

（六）期限与续展

自申请日算起，注册商标的有效期为10年。注册商标有效期满后，需要继续使用的，应当在期满前3个月内申请续展注册，每次续展注册的有效期为10年。

二、泰国商标申请程序

（一）申请

有关的申请必须由业者或者其代理（泰国拥有固定商业住址）提出申请。

（二）审查

泰国商标局在受到商标注册申请后的3～4个月内会对商标申请进行形式审查和实质审查，以确定申请商标是否违反商标法有关禁用条款的额规定以及是否同他人在相同或类似商品上在先申请或注册的商标相同或相近。该审查须时6至8个月。

（三）公告

该商标局会将所有受批申请发布在官方商标公告上，为期6个月，再进行90天的公告程序。

（四）异议

在公布期90天后，若无人提出异议，有关商标将被批准注册。

（五）注册

申请者在获得通知书后的30天内必须交付注册费用，商标注册所需花费12至18个月的时间。

三、申请注册所需的文件及资料

（一）商标注册申请书；

（二）商标注册委托书；

（三）13份清晰打印图样；

（四）列出寻求注册的商品或服务，须严格按照《尼斯协定》分类表指出商品或服务于类别；

（五）申请人资格证明资料：

1. 以公司名义申请，附企业营业执照副本；

2. 以个人名义申请，附身份证或护照副本；

3. 非英语字体、字形商标的音译及翻译（须认证）；

4. 如商标由颜色或颜色组合构成，须附明确描述。

四、泰国商标代理须提交的申请文件

（一）基本注册申请文件

文件	备注	提交时限
委托书	须签署、公证人监证	与注册申请书同时递交或递交申请后的60天内
商标的详细解说或图样	附5厘米×5厘米商标样本（JPEG格式）	与注册申请书同时递交

（二）申请《巴黎公约》优先权附加文件

文件	备注	提交时限
优先权符合证件	一份基本申请证明副本（非英语文件须附英译本	递交申请当日或递交后60天内
声明书信		递交申请当日或递交后60天内

（三）商标转让申请

文件	备注	提交时限
商标转让契约正本	须有公证人监证	递交申请当日或递交后60天内
受让人委托书	须签署、公证人监证	

（四）商业注册地址转换

文件	备注	提交时限
显示新地址的委托书	须公证人监证	递交申请当日或递交后60天内

（五）商标拥有者名字转换

文件	备注	提交时限
注明拥有者新名的委托书	须公证人监证	递交申请当日或递交后60天内
公司注册处或相关部门名字转换的发出证书正本	须公证人监证	递交申请当日或递交后60天内

（六）提出抗议或反抗议申请文件（注：提出抗议申请须在该商标公告3个月内提交）

文件	备注	提交时限
委托书	须公证人监证	递交抗议申请当日或递交后60天内
商标市场存在证明，如广告、宣传册子、荣誉颁发证明书，等等		递交抗议申请当日或递交后60天内

（来源：综合整理自南博网）

越南商标指南

一、越南商标简介

（一）越南商标法

法令第54/2000/ND－CP。

（二）商标的构成要素

单词、字母、数字、图形或照片、徽章、颜色或者颜色组合、商品的容器或外包装的形状（不能仅是为了获得某种功能的形状），以及上述要素的组合等。

（三）商标申请的标准

一个商标必须满足下列条件，才能提出保护要求。

1. 它必须是独特的；
2. 它不能通用；
3. 它不能与以前的或现有的商标近似或相同；
4. 它不能是一个地理名称或姓氏；
5. 它不能带有欺骗性质或容易造成混淆；
6. 它不能是恶意中伤或带有攻击性；
7. 它不能直接引用商品/服务的特点或性质。

（四）成员资格

1. 适用于《巴黎公约》；
2. 适用于《马德里协定》。

越南于1949年成为《巴黎公约》的成员国，借此，所有公约国家的申请可在越南得到同等的优先权日的待遇。优先权的申请必须在一个公约国家首次申请6个月内提出。

（五）优先法则

越南是注册优先制国家，凭商标的原始凭证认定权利人。

（六）期限与续展

自申请日算起，注册商标的有效期为10年。注册商标有效期满后，需要继续使用的，应当在期满前前6个月申请续展注册，每次续展注册的有效期为10年。

二、越南商标申请程序

（一）申请

每一份商标注册申请书须呈交越南商标局。

（二）形式审查

进行约3个月的形式审查。申请者可要求针对有关的申请文件作出纠正，期限是申请纠正日期后的2个月内。

（三）公告

在通过形式审查后，有关商标申请会公布在宪报上。

（四）实质审查

实质审查有关商标将在公告后进行，为期6个月。

（五）注册

若完成所有的步骤，有关申请注册商标将核准注册，注册过程时间需至少12个月，并从申请日开始生效。

三、申请注册所需的文件及资料

申请人须向商标局呈交以下文件及资料，以完成申请手续：

（一）商标注册申请书；

（二）商标注册委托书；

（三）12份清晰商标打印图样；

（四）列出寻求注册的商品或服务，须严格按照《尼斯协定》分类表指出商品或服务类别；

（五）申请人资格证明材料：

1. 以公司名义申请，附企业营业执照副本；

2. 以个人名义申请，附身份证或护照副本。

（六）如商标由颜色或颜色组合构成，须附明确描述；

（七）非英语字体、字形商标的音译及翻译（须认证）。

四、越南商标代理须提交的申请文件

（一）基本注册申请文件

文件	备注	提交时限
委托书	须签署	副本与注册申请书同时递交，正本于1个月内补交
商标的详细解说或图样	附最大8厘米×8厘米商标样本	在申请日

（二）申请《巴黎公约》优先权附加文件

文件	备注	提交时限
优先权符合证件	须认证	副本与申请同时递交，正本于1个月内补交

（三）商标转让申请或更换名字、地址申请文件

文件	备注	提交时限
委托书	须签署	在申请日内
商标注册证书正本		在申请日内
两份商标转让契约正本	须转让人及受让人签署	在申请日内
申请人名字或地址转换声明书（注明新名字或地址）	须公证人监证、须认证	在申请日内

（四）提出抗议或反抗议申请文件（注：提出抗议申请须在该商标公告3个月内提交）

文件	备注	提交时限
委托书	须签署	在申请日内
商标在越南市场存在证明，如广告、宣传册、包装等		在申请日内
如该商标拥有高知名度，可提供该商标在国外的注册证书、荣誉颁发证明书、该商标商业活动量、客户群、营业额等资料		在申请日内

（来源：综合整理自南博网）

东盟十国专利指南

文莱专利指南

一、文莱专利简介

2012年1月1日，2011年专利法令和2012年专利法则正式生效。2011年文莱的专利法令取代了之前新加坡、马来西亚、英国和欧洲专利局的重新登记专利体系（指定英国），并建立了一个独立的专利体系。

（一）法律

2011年专利法令和2012年专利法则。

（二）获得专利标准

专利获得保护须满足以下标准：

1. 新颖性；

2. 具有独创性；

3. 具备工业用途。

（三）实用新型

不适用于文莱。

（四）成员资格

1. 不适用于《巴黎公约》；

2. 不适用于《专利合作条约》。

国际申请日2012年7月24日或之后的任何PCT申请可指定文莱（国家代码—BN）。

（五）优先法则

巴黎公约优先权适用于文莱。

（六）期限与续展

在该法令下，授予专利权的期限为自申请日起20年。全年费用须就第5年起支付。

二、文莱专利申请程序

（一）专利申请

每名申请人需提交一份申请，在12个月的优先权的日期内提交给专利主管部门。

（二）初步审查

对申请表进行形式上的审查，以确保其符合法定的要求。

（三）公示

该申请将在提交申请日18个月后公示。

（四）审查

文莱专利审查有两条路径：1. 本地检索和审查请求。申请人可要求自优先权日起36个月内进行

本地检索和审查。2. 修改审查请求。申请人可自优先权日起54个月内提出修改审查的请求。如果允许通过，申请人需提交有关国外申请程序的描述性信息，并附上补充审查回应表。申请人可以自收到拒绝通知的2个月内，对不良的、负面的以及补充的审查报告作出回应。

（五）注册

收到检索和审查报告后，该申请人须评估是否需要继续获得一份专利的授权及维持该专利。如申请人认为需要，之后该申请人将提交一份授权请求。一经授权后，就会发布授权证书。该授权书的内容和日期将在《专利杂志》上给予发表。

三、文莱专利申请所需的文件

在文莱提交专利申请，需提供如下的信息或文件：

（一）国家直接申请：

1. 对授予专利的申请：

（1）申请人名称和地址；

（2）发明人的名称和地址；

（3）一份详细说明，包括说明书、权利要求和必要的图表；

（4）如已获得申请优先权，需注明在哪国获得以及申请的具体情况。

2. 专利代理人委托。

3. 需陈述并解释申请人如何有权获得发明者的专利，通常借助于委托或雇佣关系。

4. 并无硬性要求发明者向申请人提交正式委托书。

（二）PCT国家阶段申请：

1. 专利授予请求；

2. 一份英语PCT申请副本（即PCT/RO/101申请表）；

3. PCT申请的详情（与世界知识产权目录相匹配）；

4. 一份最初提交的PCT说明文件副本（英译）；

5. 一份在国际阶段提交的修正文件副本（英译）；

6. 一份由申请人签署的代理人委任表；

7. 需陈述并解释申请人如何有权获得发明者的专利，通常借助于委托或雇佣关系。

四、文莱专利代理须提交的申请文件

（一）基本要求

文件	提交时间	备注
专利说明书、权利要求和英文摘要	在申请日内	并无需要法律认证
图表	在申请日内	如果有的话

（二）国家直接申请的附加文件

文件	提交时间	备注
优先权文件	自申请日起2个月内	基本专利申请的认证副本
代理人委任表(PF41)	自申请日起2个月内	

（三）在文莱PCT专利申请进入国家阶段所需的附加文件

文件	提交时间
基于国际初步检索报告（第一章）的专利性国际初步报告	在申请日内
基于国际初步审查报告（第二章）的专利性国际初步报告	在申请日内

（来源：综合整理自南博网）

柬埔寨专利指南

一、柬埔寨专利简介

在柬埔寨，专利保护通过一种方式获得，即直接提交国家申请的方式。

（一）法律

Prakash第706号专利，实用新型和外观设计。

（二）获得专利标准

发明要获得专利需符合以下条件：

1. 新颖性；

2. 具有独创性；

3. 具备工业用途

以下不能获取专利：

1. 发现、科学理论和数学方法；

2. 经商的计划、规章及方法，纯粹为精神领域服务的智力活动或游戏娱乐；

3. 对人或动物进行手术、治疗及诊断的方法。这一规定不适用于任何使用这些方法的产品；

4.《柬埔寨法》第136条规定的医药产品；

5. 除微生物以外的动植物，以及生物过程中的动植物的生产；

6. 植物种类。

（三）实用新型

柬埔寨专利制度授予实用新型证书。实用新型必须符合新颖性和工业应用性的标准（但不包括发明在内），实用新型证书在提交申请日后的第7年年末到期，且不可续期。

（四）成员资格

1. 适用于《巴黎公约》；

2. 不适用于《专利合作条约》。

柬埔寨于1998年成为《巴黎公约》的成员国，借此，所有公约国家的申请可在柬埔寨得到同等的优先权日的待遇。优先权的申请必须在一个公约国家首次申请12个月内提出。

（五）优先法则

“第一申请”是柬埔寨确定专利优先权的规则。

（六）期限

在柬埔寨，专利保护期为自正式提交申请日起20年。每年须支付维持专利权的年费。

二、柬埔寨专利申请程序

一经完成提交的文件材料，注册程序通常可在1至2年的时间内完成。

三、柬埔寨专利申请所需的文件

在柬埔寨提交专利申请，需提供如下的信息或文件：

（一）国家直接申请：

1. 申请表：

（1）申请人的姓名、地址及国籍；

（2）发明人的姓名、地址和国籍；

（3）如申请人是发明者，该申请需附信说明；

（4）国际专利分类；

（5）一份详细说明，包括说明书、权利要求、摘要和必要的图表；

（6）如已获得申请优先权，需注明在哪国获得以及申请的具体情况。

2. 专利代理人委任。

3. 要求发明者向申请人提交正式委托书。

四、柬埔寨专利代理须提交的申请文件

（一）基本要求

文件	提交时间	备注
专利说明书、权利要求和英文摘要	在申请日内	并无需要法律认证
图表	在申请日内	（如果有的话）

（二）附加文件

文件	提交时间	备注
优先权文件	在申请日内	认证副本
营业执照（如申请人为法人实体）	在申请日内	认证副本
委托书	自申请之日起2个月内	经公证
转让协议	自申请之日起3个月内	经公证

（来源：综合整理自南博网）

印度尼西亚专利指南

一、印度尼西亚专利简介

在印度尼西亚，专利保护可以通过两种方式获得：一种是PCT（专利合作条约）专利申请进入国家阶段的方式，一种是直接提交国家申请的方式。

（一）法律

印度尼西亚2001年14号关于专利的共和国法。

（二）获得专利标准

发明如符合以下标准可获得专利权：

1. 新颖性；

2. 具有独创性；

3. 具备工业用途。

（三）实用新型

印度尼西亚有两种专利，即专利和简单专利（实用新型）。简单专利被授予10年期限，自简单专利证书签发之日起开始计算。

（四）成员资格：

1. 适用于《巴黎公约》；

2. 适用于《专利合作条约》。

印度尼西亚于1950年成为《巴黎公约》的成员国，借此，所有公约国家的申请可在印度尼西亚得到同等的优先权日的待遇。优先权的申请必须在一

个公约国家首次申请12个月内提出。

印度尼西亚亦于1997年成为专利合作条约（PCT）的成员。如已进行国际申请，申请人可从该国际申请进入印度尼西亚国家阶段之日或从最早的优先权日起（如要求优先权）的30个月内，提交申请或实施。

（五）优先法则

“第一申请”是印度尼西亚确定专利优先权的规则。

（六）期限

已注册的专利有效期为20年，而简单专利的有效期为10年。

二、印度尼西亚专利申请程序

（一）专利申请

每名申请人需在12个月优先权的日期内提交一份申请。

（二）公示

在提交申请日18个月内公示专利申请。

（三）异议

该专利申请公示期为6个月，在此期间相关方可提出异议。在审查阶段，会考虑到有关异议的陈述和反陈述。

（四）实质审查

必须在申请日后的36个月内提交审查请求，否则会导致申请自动退回。另外，简单专利仅对新颖性进行审查。

（五）注册

在申请日后的36个月内。专利局有义务批准或者拒绝一项专利申请。完成正常手续后，专利局将发放专利证书并在专利注册上列出相关发明。

三、印度尼西亚专利申请所需的文件

在印度尼西亚提交专利申请，需提供如下的信息或文件：

（一）国家直接申请：

1. 对授予专利的申请：

（1）申请人的名称和地址；

（2）发明人的名称和地址；

（3）一份详细说明，包括说明书、权利要求和必要的图表；

（4）如已获得申请优先权，需注明在哪一个国家获得以及申请的具体情况。

2. 专利代理人委托。

3. 要求发明者向申请人提交正式委托书。

（二）PCT国家阶段申请

1. 一份英语PCT申请副本（即PCT/RO/101申请表）；

2. PCT申请的详情（与世界知识产权目录相匹配）；

3. 最初提交的PCT说明文件；

4. 专利性国际初步报告；

5. 一份在国际阶段提交的修正文件副本（用英文书写）；

6. 委托书；

7. 要求发明者向申请人提交正式委托书。

四、印度尼西亚专利代理须提交的申请文件

（一）基本要求

文件	提交时间	备注
专利说明书、权利要求和英文摘要	在申请日内	被译为印尼语
图表	自申请日起1个月内	（如果有的话）

（二）国家直接申请的附加文件

文件	提交时间	备注
优先权文件	自优先权日起16个月（不可延期）	经认证的引文翻译
委托书	自申请日起1个月内	并无需要法律认证
发明委任书（如申请人并非发明人	自申请日起1个月内	并无需要法律认证

（三）印度尼西亚PCT专利申请进入国家阶段所需的附加文件

文件	提交时间
表格PCT/IB/306或经公证的变更认证副本	自申请日起2个月内
最初提交的PCT文件	自申请日起1个月内
表格PCT/RO/101	自申请日起1个月内
表格PCT/IB/332	自申请日起1个月内
表格PCT/IPEA/401	自申请日起1个月内
表格PCT/IPEA/408	自申请日起1个月内
表格PCT/IPEA/416	自申请日起1个月内
在国际阶段提交申请的修正文件	在申请期内至实质审查请求生效

（来源：综合整理自南博网）

老挝专利指南

一、老挝专利简介

在老挝，专利保护可以通过两种方式获得：一种是PCT（专利合作条约）专利申请进入国家阶段的方式，一种是直接提交国家申请的方式。

（一）法律

专利、小专利和外观设计专利第01/PM号法令。

（二）获得专利标准

专利获得保护必须符合以下条件：

1. 新颖性；

2. 具有独创性；

3. 具备工业用途。

以下不能获取专利：

1. 发现、科学理论和数学方法；

2. 经商的计划、规章及方法，主要为精神领域服务的智力活动或游戏娱乐；

3. 对人或动物进行手术、治疗及诊断的方法；

4. 本法第136条提供的药物用品；

5. 动植物种类，或生物过程中动植物的生产；

6. 植物种类。

（三）小专利

老挝专利制度规定授予小专利（实用新型）。小专利必须符合新颖性和工业应用性的标准（但不包括发明在内）。在老挝，小专利有效期为自正式提交申请日起10年。如每年支付专利年费，可有一次2年的延期。专利最长保护期限为12年。

（四）成员资格

1. 适用于《巴黎公约》；

2. 适用于《专利合作条约》。

老挝于1998年成为《巴黎公约》的成员国，借此，所有公约国家的申请可在老挝得到同等的优先权日的待遇。优先权的申请必须在一个公约国家首次申请12个月内提出。

老挝亦于2006年成为专利合作条约（PCT）的成员。如已进行国际申请，申请人可从该国际申请进入老挝国家阶段之日或从最早的优先权日起（如要求优先权）的30个月内，提交申请或实施。

（五）优先法则

“第一申请”是老挝确定专利优先权的规则。

（六）期限

专利保护期为自正式提交申请日起20年，每年须支付专利年费。

二、老挝专利申请程序

（一）每名申请人需提交一份申请，在12个月的优先权的日期内提交给专利主管部门。

（二）从提交申请到授权日约为50个月（对专利而言）和12个月（对小专利而言）。

三、老挝专利申请所需的文件

在老挝提交专利申请，需提供如下的信息或文件：

（一）国家直接申请：

1. 申请表：

(1) 申请人的名称、地址和国籍；

(2) 发明人的名称、地址和国籍；

(3) 发明专利和小发明专利的标题；

(4) 如已获得申请优先权，需注明在哪一个国家获得、申请号及原国外申请提交日期。

2. 专利代理人委任。

3. 发明人需向申请人提交委任报告书。

（二）PCT国家阶段的专利申请

1. 一份英语PCT申请副本（即PCT/RO/101申请表）；

2. PCT申请详情（与世界知识产权组织目录相匹配）；

3. 一份最初提交的PCT说明文件副本（用英文书写）；

4. 一份在国际阶段提交的修正文件副本（用英文书写）；

5. 一份由申请人签署的代理人委任表；

6. 如申请人并非发明者，需陈述并解释申请人如何有权获得发明者的专利，通常借助于委托或雇佣关系。

四、老挝专利代理须提交的申请文件

（一）基本要求

文件	提交时间	备注
专利说明书，包括说明书、权利要求、摘要	在申请日内	两个副本
图表	在申请日内	两个副本（如需要）

（二）国家直接申请的附加文件

文件	提交时间	备注
认证的优先权文件	自申请日2个月内	可在自国外申请初次提交申请日起的12个月内提出公约国优先权
由外国专利审查员或有关国际组织提供的发明检索报告	在申请日内	—
委托书	在申请日内	经认证
转让协议	在申请日内	经认证

（三）老挝PCT专利申请进入国家阶段所需的附加文件

文件	提交申请时间
PCT专利申请详情	在申请日内
国际初步审查报告	在申请日内
国际检索报告	在申请日内
更改记录告知	要申请日内
国际阶段提交申请的修正文件	在申请日内

（来源：综合整理自南博网）

马来西亚专利指南

一、马来西亚专利简介

在马来西亚，专利保护可以通过两种方式获得：一种是PCT（专利合作条约）专利申请进入国家阶段的方式，一种是直接提交国家申请的方式。

（一）法律

《1983年专利法》（第291法令）。

（二）获得专利标准

专利获得必须符合以下条件：

1. 新颖性；

2. 具有独创性；

3. 具备工业用途

以下不能获取专利：

1. 发现、科学理论和数学方法；

2. 动植物种类，或生物过程中动植物的生产；

3. 经商的计划、规章及方法，及主要为精神领域服务的智力活动；

4. 对人或动物进行手术、治疗及诊断的方法。

（三）实用新型

马来西亚专利制度授予实用新型证书。实用新型必须符合新颖性和工业应用性的标准（但不包括发明在内）。实用新型证书可以只有一个对权利的声明，须符合马来西亚的商业和工业应用，并享有和专利相同的保护期限

（四）成员资格

1. 适用于《巴黎公约》；

2. 适用于《专利合作条约》。

马来西亚于1989年成为《巴黎公约》的成员国，借此，所有公约国家的申请可在马来西亚得到同等的优先权日的待遇。优先权的申请必须在一个公约国家首次申请12个月内提出。

马来西亚亦于2006年成为专利合作条约（PCT）的成员。如已进行国际申请，申请人可从该国际申请进入马来西亚国家阶段之日或从最早的优先权日起（如要求优先权）的30个月内，提交申请或实施。

（五）优先法则

并没有规定要求提交关于优先权申请的证明（审查员特别要求除外）。“第一申请”是马来西亚确定专利优先权的规则

（六）期限

在2001年8月1日之前申请的专利，保护期为自授予日起15年，或自申请日起20年，以两者中最晚的日期为准。在2001年8月1日及以后申请的专利，该期限为自申请日（对于直接提交国家申请）和国际申请日（对于专利合作条约国家阶段申请）起20年。

二、马来西亚专利申请程序

（一）提交专利申请

每名申请人需提交一份申请，在12个月的优先权日内提交给专利主管部门。

（二）公示

专利申请及其组成部分在自申请日起公示18个月后生效。一旦公示，该专利申请将享有临时保护，申请人有权对未经授权使用该发明主张赔偿。

（三）实质审查

申请人须提交实质性审查文件。对于马来西亚非PCT的专利申请，在自专利提交申请日起18个月内提交（在2011年2月15日前提交的申请需要24个月）；对于进入马来西亚国家PCT的专利申请，自国际申请日起48个月内提交。专利主管部门会把该申请交付审查员。之后，审查员将照法律进

行审查并提供报告，如申请人对报告有异议或修改，审查员将视情况决定是否进行重新审查，最终交付报告给主管当局继续申请程序。

（四）注册

专利一经注册，其有效期为20年。期限内将受到保护，并需每年缴纳专利年费。

三、马来西亚专利申请所需的文件

在马来西亚提交专利申请，需提供如下的信息或文件：

（一）国家直接申请：

1. 对授予专利的申请（PF1）：

（1）申请人的名称和地址；

（2）发明人的名称和地址；

（3）一份详细说明，包括说明书、权利要求和必要的图表；

（4）如已获得申请优先权，需注明在哪国获得以及申请的具体情况。

2. 专利代理人委托（PF17）。

3. 如申请人并非发明者，需陈述并解释申请人如何有权获得发明者的专利，通常借助于委托或雇佣关系。

4. 并无硬性要求发明者向申请人提交正式委托书。

（二）PCT国家阶段的专利申请：

1. 2A表格；

2. 一份英语PCT申请副本（即PCT/RO/101申请表）；

3. PCT申请的详情（与世界知识产权目录相匹配）；

4. 一份最初提交的PCT说明文件副本（用英文书写）；

5. 一份在国际阶段提交的修正文件副本（用英文书写）；

6. 一份由申请人签署的代理人委任表；

7. 如申请人并非发明者，需陈述并解释申请人如何有权获得发明者的专利，通常借助于委托或雇佣关系。

四、马来西亚专利代理须提交的申请文件

（一）基本要求

文件	提交时间	备注
专利说明书、权利要求书和摘要	在申请日内	无需要法律认证
图表	在申请日内	（如果有的话）

（二）国家直接申请的附加文件

文件	提交时间	备注
优先权文件	自申请日起2个月内	基本专利申请的认证副本
代理人委任表(PF10)	自申请日起2个月内	

（三）马来西亚PCT专利申请进入国家阶段所需的附加文件

文件	提交时间
基于国际初步检索报告（第一章）的专利性国际初步报告	在申请日内
基于国际初步审查报告（第二章）的专利性国际初步报告	在申请日内

（来源：综合整理自南博网）

缅甸专利指南

一、缅甸专利简介

（一）法律

《缅甸专利和设计法》于1995年颁发，但从未生效。后来该法废除。1946年的《专利和外观设计（紧急规定）法（紧急法令）》仍然在缅甸法典中，虽已被废除，但其主要目的是适用于《1911年印度专利和外观设计法》。印度法从未被列入缅甸法典中，故在缅甸实际上没有专利和外观设计法。与此同时，司法部受政府委托已草拟了新的符合知识产权协议的《专利和外观设计法》。事实上，缅甸是世界贸易组织、东盟的成员国，至少在2001年已加入世界知识产权组织。在过渡期内，专利/外观设计可根据《注册法》第18（f）章进行注册。

（二）获得专利标准

专利获得保护必须符合以下条件：

1. 新颖性；

2. 具有独创性；

3. 具备工业用途。

以下不可获得专利权：

1. 发现、科学理论和数学方法；

2. 动植物种类，或生物过程中动植物的生产；

3. 经商的计划、规章及方法，及主要为精神领域服务的智力活动。

（三）实用专利

不适用于缅甸。

（四）成员资格：

1. 适用于《世界贸易组织》；

2. 适用于《巴黎公约》；

3. 不适用于《专利合作条约》。

（五）优先法则

优先权请求尚未能在缅甸注册制度中获得。

（六）期限与续展

在缅甸，法律没有颁布一项专利注册的有效期。根据惯例，专利注册的续展每 3 年进行一次，通常由以下方式之一完成：

1. 通过声明的方式进行重新注册；

2. 通过当地报纸或刊物的方式进行重新公布；

3. 通过重新注册、重新公布二者结合的方式。

二、缅甸专利申请程序

（一）申请声明

专利持有人须提交一份声明，包含陈述注册协议和保证的相关事实。

（二）注册

提交声明，即对专利给予注册。

（三）公布

在指定的地方报纸上公布告知，以避免可能的侵权的假冒行为。

（四）保护

没有对专利本身的保护程序

三、缅甸专利申请所需的文件

在缅甸提交专利申请，需提供如下的信息或文件：

（一）国家直接申请：

1. 申请表：

（1）申请人的姓名、地址及国籍；

（2）发明人的名称、地址和国籍；

（3）一份详细说明，包括说明书、权利要求和必要的图表；

（4）如已获得申请优先权，需注明在哪一个国家获得以及申请的具体情况。

2. 专利代理人委托。

3. 如申请人并非发明者，需陈述并解释申请人如何有权获得发明者的专利，通常借助于委托或雇佣关系。

4. 并无硬性要求发明者向申请人提交正式委托书。

四、缅甸专利代理须提交的申请文件

（一）基本要求

文件	提交时间	备注
专利所有权的声明	在申请日内	署名并经公证。如已在其他国家注册（即美国专利申请号），其注册号、国家及发明背景的详细资料须附于声明中。

（二）国家直接申请的附加文件

文件	提交时间	备注
委托书	在申请日内	署名并经公证。公证人的署名和印章须由相关国家缅甸大使馆进行证实

（来源：综合整理自南博网）

菲律宾专利指南

一、菲律宾专利简介

在菲律宾，专利保护可以通过两种方式获得：一种是 PCT（专利合作条约）专利申请进入国家阶段的方式，一种是直接提交国家申请的方式。

（一）法律

菲律宾知识产权法（第 8293 号共和国法）。

（二）获得专利标准

在人类活动的任何领域，凡涉及新颖性、独创性和工业用途的技术解决方案都可申请专利。这可能是或可能涉及产品、方法或对上述任何事项的改善。

以下不能获取专利：

1. 发现、科学理论和数学方法；

2. 计划、规则和主要为精神领域服务的智力活动，游戏娱乐或业务开展及计算机程序；

3. 对人或动物进行手术、治疗及诊断的方法。这一规定不适用于产品和构成；

4. 动植物种类，或生物过程中动植物的生产。这一规定不适用于微生物和非生物和微生物过程；

5. 在对动植物种类提供特殊保护及对社区知识产权保障制度方面，本条款不得妨碍国会颁布法律；

6. 审美创造力；

7. 任何违反公共秩序或道德的事物。

（三）实用新型

实用新型可在菲律宾注册。实用新型必须符合新颖性和工业用途的标准（但不包括发明在内）。这一条款7年来一直没有更改。

（四）成员资格：

1. 适用于《巴黎公约》；

2. 适用于《专利合作条约》。

菲律宾于1965年成为《巴黎公约》的成员国，借此，所有公约国家的申请可在菲律宾得到同等的优先权日的待遇。优先权的申请必须在一个公约国家首次申请12个月内提出。

菲律宾亦于2001年成为专利合作条约（PCT）的成员。如已进行国际申请，申请人可从该国际申请进入菲律宾国家阶段之日或从最早的优先权日起（如要求优先权）的30个月内，提交申请或实施。

（五）优先法则

“发明优先”是由菲律宾确定专利优先权的规则。

（六）期限与续展

专利申请一经注册，有效期为自专利申请日起20年。

二、菲律宾专利申请程序

（一）专利申请

每名申请人需在12个月的优先权日内向菲律宾知识产权局提交一份申请。

（二）审查

在提交申请后，将对申请进行审查，该申请人随后会收到一份检索报告。

（三）公示

该专利申请会在自申请日起18个月内给予公示。自公示日起6个月内，须提供实质审查请求。一经完成实质审查后，将会授予专利特许证。该发明将连同其他相关资料初次公示。

（四）异议

邀请第三方在规定的专利申请公示期内对申请提出异议。

（五）注册

最终完成对异议的处理后，将发放注册证书，并须缴纳相关费用。注册期限最少可有2～3周时间。该注册自专利申请日起生效。

三、菲律宾专利申请所需的文件

在菲律宾提交专利申请，需提供如下的信息或文件：

（一）直接提交国家申请：

1. 对授予专利的申请：

(1) 申请人的姓名、国籍和地址；

(2) 发明人的姓名、国籍和地址；

(3) 一份详细说明，包括说明书、权利要求和必要的图表；

(4) 如已获得申请优先权，需注明在哪一个国家获得以及申请的具体情况。

（二）专利代理人委任。

（三）如申请人并非发明者，需陈述并解释申请人如何有权获得发明者的专利，通常借助于委任或雇用关系。

（四）并无硬性要求发明者向申请人提交正式委托书。

（五）PCT国家阶段的专利申请

1. 一份英语PCT申请副本（即PCT/RO/101申请表）；

2. PCT申请的详情（与世界知识产权组织目录相匹配）；

3. 一份最初提交的PCT文件副本（用英文书写）；

4. 一份在国际阶段提交的修正文件副本（用英文书写）；

5. 一份由申请人签署的代理人委任表；

6. 如申请人并非发明者，需陈述并解释申请人如何有权获得发明者的专利，通常借助于委任或雇用关系。

四、菲律宾专利代理须提交的申请文件

（一）基本要求

文件	提交时间	备注
专利说明书、权利要求和英文摘要	在申请日内	并无需要法律认证
图表	在申请日内	（如果有的话）

*注解：

(1) 图表必须由申请人或其律师或代理人签署；

(2) 图表的纸张必须选用优质板纸或质地柔韧、牢固、白色平滑、不反光、耐用；

(3) 图表必须使用光刻钢笔，易于复制；截面图无阴影和线条；

(4) 图表截面图上须注明虚线；

(5) 标题的间隙在右，签名在左；图片需紧凑，置于轮廓线内。

(6) 图表必须符合实用新型或工业设计的要求，数字应按顺序编号。

（二）巴黎公约专利申请的附加文件

文件	提交时间	备注
优先权文件	申请日，或自申请日起6个月内	基本专利申请的认证副本
委托书	申请日，或自申请日起2个月内	需署名；不需要公证书

（三）菲律宾PCT专利申请进入国家阶段所需的附加文件

文件	提交时间
国际申请英文翻译（如果提交申请的语言并非英语）	在申请日内
一份国际检索报告副本（表PCT/ISA/210）	申请日，或自申请日起2个月内
一份意见书或优先权文件副本（表格PCT/IB/304）	申请日，或自申请日起2个月内
PCT申请的详情（与世界知识产权组织目录相匹配）	在申请日内
国际初步审查报告；国际检索报告（第二章）	申请日或审查时间内
更改记录告知：(a) 发明者；(b) 名字；(c) 申请人	在申请日内
一份最初提交的PCT文件副本（用英文书写）	在申请日内
一份在国际阶段提交的修正文件副本（用英文书写）	在申请日内

（来源：综合整理自南博网）

新加坡专利指南

一、新加坡专利简介

在新加坡，专利保护可以通过两种方式获得：一种是PCT（专利合作条约）专利申请进入国家阶段的方式，一种是直接提交国家申请的方式。

（一）法律

新加坡的专利保护须遵守《专利法》（第221章）。

（二）获得专利标准

发明如符合以下标准可获得专利权：

1. 新颖性；
2. 具有独创性；
3. 具备工业用途。

（三）实用创新

不适用于新加坡。

（四）成员资格：

1. 适用于《巴黎公约》；
2. 适用于《专利合作条约》。

新加坡于1995年成为《巴黎公约》的成员国，借此，所有公约国家的申请可在新加坡得到同等的优先权日的待遇。优先权的申请必须在一个公约国家首次申请12个月内提出。

新加坡亦于1995年成为专利合作条约（PCT）的成员。如已进行国际申请，申请人可从该国际申请进入新加坡国家阶段之日或从最早的优先权日起（如要求优先权）的30个月内，提交申请或实施。

（五）优先法则

“第一申请”是新加坡确定专利优先权的规则。

（六）期限

专利期限为自提交申请日起20年，需支付专利年费。

二、新加坡专利申请程序

（一）申请

每名申请人需提交一份申请，在12个月的优先权的日期提交给专利主管部门。

（二）公示

该申请将在提交申请日18个月后公示。

（三）审查

新加坡专利审查有两条路径：1. 本地检索和审查请求。申请人可要求自优先权日起36个月内进行本地检索和审查。2. 修改审查请求。申请人可自优先权日起54个月内提出修改审查的请求。如果允许通过，申请人需提交有关国外申请程序的描述性信息，并附上补充审查回应表。申请人可以自收到拒绝通知的2个月内，对不良的、负面的以及补充的审查报告作出回应。

（四）注册

收到检索和审查报告后，该申请人须评估是否需要继续获得一份专利的授权及维持该专利。如申请人认为需要，可在2个月内提交一份授权请求。一经授权后，就会发布授权证书。该授权书的内容和日期将在《专利杂志》上给予发表。

三、新加坡专利申请所需文件

在新加坡提交专利申请，需提供如下的信息或文件：

（一）国家直接申请：

1. 对授予专利的申请：

（1）申请人的名称和地址；

（2）发明人的名称和地址；

（3）一份详细说明，包括说明书、权利要求和必要的图表；

（4）如已获得申请优先权，需注明在哪一个国家获得以及申请的具体情况。

2. 专利代理人委托（PF41）；

3. 需陈述并解释申请人如何有权获得发明者的专利，通常借助于委托或雇佣关系（PF8）；

4. 并无硬性要求发明者向申请人提交正式委托书。

（二）PCT 国家阶段申请：

1. 表 37；

2. 一份英语 PCT 申请副本（即 PCT/RO/101 申请表）；

3. PCT 申请的详情（与世界知识产权目录相匹配）；

4. 一份最初提交的 PCT 说明文件副本（用英文书写）；

5. 一份在国际阶段提交的修正文件副本（用英文书写）；

6. 一份由申请人签署的代理人委任表；

7. 需陈述并解释申请人如何有权获得发明者的专利，通常借助于委托或雇佣关系。

四、新加坡专利代理须提交的申请文件

（一）基本要求

文件	提交时间	备注
专利说明书、权利要求和英文摘要	在申请日内	并无需要法律认证
图表	在申请日内	（如果有的话）

（二）国家直接申请的附加文件

文件	提交时间	备注
优先权文件	自申请日 2 个月内	基本专利申请的认证副本
代理人委任表(PF41)	自申请日 2 个月内	

（三）新加坡 PCT 专利申请进入国家阶段所需的附加文件

文件	提交时间
基于国际初步检索报告（第一章）的专利性国际初步报告	在申请日内
基于国际初步审查报告（第二章）的专利性国际初步报告	在申请日内

（来源：综合整理自南博网）

泰国专利指南

一、泰国专利简介

在泰国，专利保护通过一种方式获得，即直接提交国家申请的方式。

（一）法律

《专利法》B. E. 2522。

（二）获得专利标准

发明要获得专利需符合以下条件：

1. 新颖性；

2. 具有独创性；

3. 具备工业用途。

（三）实用创新

泰国拥有专利和“小专利”（实用新型专利）。小专利授予具有新颖性和工业用途的“发明”，但缺少独创性。

（四）成员资格

1. 适用于《巴黎公约》；

2. 适用于《专利合作条约》。

泰国于 2008 年成为《巴黎公约》的成员国，借此，所有公约国家的申请可在泰国得到同等的优先权日的待遇。优先权的申请必须在一个公约国家首次申请 12 个月内提出。

（五）优先法则

“第一申请”是泰国确定专利优先权的规则。

（六）期限

专利保护期为 20 年，小专利为 6 年，而设计专利保护期限为 10 年。

二、泰国专利申请程序

（一）提交专利申请

每名申请人需提交一份申请，在12个月的优先权的日期内提交给专利主管部门。

（二）初步审查

对申请表进行形式上的审查，以确保其符合法定的需求。申请人需要在90天内提供附加文件材料。

（三）公示

如完成审查及发明的申请专利，则该申请将被公示。

（四）异议

相关方需在公示90日内提交异议。

（五）注册

如没有异议，审查员也没有发现专利或产品设计专利中的问题，则审查员将责令申请人缴纳相关费用。支付费用后，专利主管部门将授予专利注册证书。

三、泰国专利申请所需文件

在泰国提交专利申请，需提供如下的信息或文件：

（一）对授予专利的申请：

1. 申请人的名称和地址；

2. 发明人的名称和地址；

3. 一份详细说明，包括说明书、权利要求和必要的图表；

4. 如已获得申请优先权，需注明在哪一个国家获得以及申请的具体情况（包括序列号和申请日）。

（二）专利代理人委托。

（三）要求发明人向申请人提交正式委托书。

四、泰国专利代理须提交的申请文件

（一）基本要求

文件	提交时间	备注
说明书、权利要求、摘要	在申请日内	—
泰语译文的（说明书，权利要求，摘要）	自申请日起3个月内	—
图表	在申请日内	（如果有的话）

（二）国家直接的附加文件

文件	提交时间	备注
优先权文件	自优先权日16个月内或公示前	需要各个专利局的认证副本
委托书	在申请日内	正式署名并公证
转让协议（如申请人不是发明人或设计师）	在申请日内	发明人、设计师和申请人的署名及原件；不需要公证书
申请人权利声明（如申请人是发明人或设计师）	在申请日内	发明人、设计师和申请人的署名及原件；不需要公证书

（三）可选文件

文件	提交时间	备注
国外审查报告，与主要专利局的专利一致的授权专利	在请求实质审查日或审查期间任何时间	意见书可加快审查进程

（来源：综合整理自南博网）

越南专利指南

一、越南专利简介

在越南，专利保护可以通过两种方式获得：一种是PCT（专利合作条约）专利申请进入国家阶段的方式，一种是直接提交国家申请的方式。当前，越南的专利规则有以下三种类型：发明专利、实用专利、外观设计专利。

（一）法律

《知识产权法》50/2005。

（二）获得专利标准

发明专利申请保护须满足以下标准：

1. 新颖性；

2. 具有独创性；

3. 具备工业用途。

以下不能获取专利：

1. 动植物种类；

2. 对人体进行预防、诊断或治疗疾病的方法；

3. 动植物；

4. 集成电路和计算机程序的布图设计。

（三）实用专利

实用专利受到实用专利权的保护。实用专利不需具有发明专利的独创性。

（四）成员资格：

1. 适用于《巴黎公约》；

2. 适用于《专利合作条约》。

越南于1949年成为《巴黎公约》的成员国，借此，所有公约国家的申请可在越南得到同等的优先权日的待遇。优先权的申请必须在一个公约国家首次申请12个月内提出。

越南亦于2006年成为专利合作条约（PCT）的成员。如已进行国际申请，申请人可从该国际申请进入越南国家阶段之日或从最早的优先权日起（如要求优先权）的31个月内，提交申请或实施。

（五）优先法则

"第一申请"是越南确定专利优先权的规则。

（六）期限

发明专利一经注册，其有效期为自正当提交申请日起20年；实用专利有效期为10年。

二、越南专利申请程序

（一）提交专利申请

每名申请人需提交一份申请，在12个月的优先权的日期内提交专利主管部门。

（二）审查

正式审查在提交申请日起的1个月内开展。对专利申请修正的反馈需在自申请日起2个月内完成。

（三）公示

国家申请在自优先权日起的19个月内公布；PCT专利申请自受理之日起2个月内公布。

（四）实质审查

实质审查请求须在自优先权日起42个月内完成，实质审查的期限为自提交请求书起12个月。

（五）注册

注册期限时间最少21个月，该专利注册生效日期从申请日计。

三、越南专利申请所需的文件

在越南提交专利申请，需提供如下的信息或文件：

（一）国家直接申请：

1. 对授予专利的申请：

（1）申请人姓名、地址及国籍；

（2）发明人姓名、地址和国籍；

（3）发明专利及实用专利的标题；

（4）如已获得申请优先权，需注明在哪一个国家获得、申请号及原国外申请的提交申请日。

2. 专利代理人委托。

3. 要求发明者向申请人提交正式委托书。

（二）PCT国家阶段的专利申请：

1. 一份英语PCT申请副本（即PCT/RO/101申请表）；

2. PCT申请的详情（与世界知识产权目录相匹配）；

3. 一个副本作为最初提交（或翻译成英文厘规范）；

4. 一份在国际阶段提交的修正文件副本（用英文书写）；

5. 一份由申请人签署的代理人委任表；

6. 如申请人并非发明者，需陈述并解释申请人如何有权获得发明者的专利，通常借助于委托或雇佣关系。

四、越南专利代理须提交的申请文件

（一）基本要求

文件	提交时间	备注
专利说明书、权利要求和英文摘要	在申请日内	译为越南语的专利说明书和权利要求，也需提交摘要
图表	在申请日内	图表也需在提交时译为越南语

（二）国家直接申请的附加文件

文件	提交时间	备注
优先权文件	自申请日起3个月内	认证副本
委托书	自申请日起1个月内	经公证
转让协议		经公证

（三）PCT专利申请进入国家阶段所需文件

文件	提交申请时间	备注
PCT申请表副本	在申请日或之后	
PCT专利申请详情	在申请日内	
国际初步审查报告	在申请日内	根据越南专利法及法规，在提交申请审查时需向NOIP提交越南语的国际初步审查报告
更改记录告知	在申请日内	

续表

文件	提交申请时间	备注
国际检索报告	在申请日内	
最初提交的 PCT 文件	在申请日内	需提交 PCT 越南语文件
在国际阶段提交申请的修正文件	在申请日内	需提交越南语的修正意见
委托书	自优先权日起 34 个月	经公证

（来源：综合整理自南博网）

东盟十国工业品外观设计指南

文莱工业品外观设计指南

一、文莱工业品外观设计简介

（一）法律

1999 年（工业品外观设计）紧急令，其生效日期为 2000 年 5 月 1 日。自 2012 年 10 月 1 日起，文莱的工业品外观设计注册局已从律政署转移至专利注册局（PRO）。

（二）定义

工业品外观设计是指通过工业生产的方法应用于产品上的形状或构造以及图案或修饰的特征。这种特征极具吸引力，并能通过眼睛来识别。但以下情况不包含在内：

1. 建筑施工方法或原则；

2. 产品的形状或构成特征；

3. 只取决于产品自身的功能；

4. 依赖于另一种产品的外观，其中设计者有意使其构成一个不可分割的组成部分。

（三）标准

符合以下条件才可申请设计专利：

1. 外观设计必须具备新颖性，即在此之前没有被公布过；

2. 产品的外观必须具备物质形态；

3. 公布或使用该设计不得违反公共秩序或道德；

（四）优先法则

优先权申请须在巴黎公约国、世界贸易组织成员国或权利继承人处自申请日起的 6 个月内完成，须遵从相关的规定和法规。

（五）期限与续展

注册外观设计有效期为自申请日 5 年。之后，可续展至 15 年，但要缴纳相关的续展费用。

二、文莱工业品外观设计申请程序

（一）申请

每份外观设计申请均需向注册部门提交。

（二）审查

注册主管部门告之注册申请日期，并着手对该申请进行正式审查。如若发现可疑之处，则该申请人会在规定时间内告知整改。

（三）注册

如通过正式审查，则该申请即可执行。根据第 27 条法令，注册部门将收取相关设计申请费用。

三、文莱工业品外观设计申请所需的文件

在文莱提交工业品外观设计申请，需提供如下的信息或文件：

（一）请求外观设计专利需提供：

1. 申请人的姓名和地址；

2. 申请人不是设计者本人的，需提供申请人对该设计的权利说明；

3. 文莱国的受理文件地址；

4. 如不是罗马字母文字，需提供申请名字的音译；

5. 对产品或应用于外观设计的产品进行说明；

6. 根据洛迦诺公约中规定的类和子类，对产品分类或对应用于外观设计的产品进行说明。

（二）六组设计物的附加展示。

四、文莱工业品外观设计代理须提交的申请文件

文件	提交时间	备注
图片/照片	申请日内	大小不可超过 160 毫米×160 毫米，最低不得小于 30 毫米。

注：凡任何文件不是英语的，都需提供英文译本，并经注册部门核实通过。对此并不需要进行公证，这也同样适用于其他声明文件。

（来源：综合整理自南博网）

柬埔寨工业品外观设计指南

一、柬埔寨工业品外观设计简介

（一）法律

关于专利、实用新型和外观设计的第 706 号 Prakas 法。

（二）定义

外观设计是指以形状、线条、维度、色彩或任意组合的产品的外观。

（三）标准

申请外观设计标准如下：

1. 新颖性；

2. 独具创造性；

3. 应用于工业用途。

（四）优先法则

优先权申请须在最早的申请日算起的 6 个月内完成。

（五）期限

有效期自官方提交申请日起 5 年，此后，每 5 年续展一次，最长可续展至 15 年。

二、柬埔寨工业品外观设计申请程序

获得外观设计专利的时间为自官方申请日起 12 个月左右。

三、柬埔寨工业品外观设计申请所需的文件

在柬埔寨提交工业品外观设计申请，需提供如下的信息或文件：

（一）申请表：

1. 申请人的姓名和地址。

2. 外观设计说明，包括：

（1）应用于外观设计的产品的名称；

（2）应用于外观设计的产品使用的领域；

（3）说明外观设计的显着特征。

3. 如设计者本人并非申请人，则需对申请人注册外观设计的权利给予说明。

（二）委托书。

（三）6 组设计物展示（图片或照片）。

（四）优先权文件和对该文件的合格的英文译本（如有必要）。

四、柬埔寨工业品外观设计代理须提交的申请文件

（一）基本文件

文件	提交时间	备注
委托书	在申请日内	申请人署名并经公证人公证
转让协议	在申请日内	（如果可能）申请人署名并经公证人公证
图片/照片	在申请日内	七个角度（前、后、左、右、顶部、底部和远景）的正投影图或照片（白色背景和灰度图像）。典型尺寸应不小于 90 毫米×120 毫米，不大于 210 毫米×297 毫米。

（二）获得公约优先权的附加文件

文件	提交时间	备注
优先权文件	在申请日内	经核实的

（来源：综合整理自南博网）

印度尼西亚工业品外观设计指南

一、印度尼西亚工业品外观设计简介

（一）法律

2000 年第 31 号法律。

（二）定义

外观设计是指用于工业品和手工艺品等产品的生产、且富有美感、具有二维或三维形状的外形、结构、线条、色彩或上述组合。

（三）标准

具有美学特征和新颖性特点的设计是工业品外观设计保护的对象。

（四）优先法则

一件外观设计申请须在其优先权日起的 6 个月内提交。

（五）期限与续展

外观设计保护期限为自申请日起 10 年，且不能续展。

二、印度尼西亚工业品外观设计申请程序

（一）申请

外观设计申请均须向印尼专利局提交。如该申请不完善，将给予3个月的整改，否则将被视为撤回。提交申请后会颁布申请号和申请日期。

（二）公布

自申请日起3个月内对申请进行公布。根据要求，申请可延长至12个月的最长期限。

（三）异议

相关方在申请公布期内可提出异议。反对的陈述需在收到通知书后的3个月内进行提交。

（四）实质审查

只有存在异议的情况下才会进行实质审查。反对意见和反陈述会在审查中给予考虑。在申请公布期结束后的6个月内来决定申请注册是否成功。

（五）注册

审查结束后的30天内将颁发注册证书。

三、印度尼西亚工业品外观设计申请所需的文件

在印尼提交工业品外观设计申请，需提供如下的信息或文件：

（一）申请表：

1. 申请人的姓名和地址；

2. 设计说明；

3. 如已获得申请优先权，需注明在哪国获得以及申请的具体情况；

4. 设计者的姓名和地址。

（二）委托书。

（三）该设计的展示。

（四）优先权文件和对该文件的合格的英文译本（如有必要）。

四、印度尼西亚工业品外观设计代理须提交的申请文件

（一）基本文件

文件	提交时间	备注
委托书	在申请日内	需签署
设计持有人的声明	在申请日内	需签署
设计说明	在申请日内	（被译为英语）
实物样品（如有的话/可能的话）	在申请日内	如果实物太大，可携带图纸或从各个角度拍摄的照片作为样品的替代物。
图片	在申请日内	（软盘或CD－ROM）A4纸张

（二）获得公约优先权的附加文件

文件	提交时间	备注
优先权文件	自申请日起2个月内	（被译为英语）

（来源：综合整理自南博网）

老挝工业品外观设计指南

一、老挝工业品外观设计简介

（一）法律

关于专利、小专利和工业品外观设计的第01/PM号法令。

（二）定义

外观设计是指以形状、线条、维度、色彩或任意组合的产品的外观。

（三）标准

申请外观设计标准如下：

1. 新颖性；

2. 独具创造性；

3. 应用于工业用途。

（四）优先法则

优先权申请须在最早的申请日算起的6个月内完成。

（五）期限

有效期为自官方提交申请日起5年，此后，每5年续展一次，最长可续展至15年。

二、老挝工业品外观设计申请程序

获得外观设计专利的时间为自官方申请日起12个月左右。

三、老挝工业品外观设计申请所需的文件

在老挝提交工业品外观设计申请，需提供如下的信息或文件：

（一）申请表

1. 申请人的姓名和地址；

2. 外观设计说明，包括：

（1）应用于外观设计的产品的名称；

（2）应用于外观设计的产品使用的领域；

（3）说明外观设计的显著特征。

3. 如设计者本人并非申请人，则需对申请人注册外观设计的权利给予说明。

（二）委托书。

（三）6组设计物展示（图片或照片）。

（四）优先权文件和对该文件的合格的英文译本（如有必要）。

四、老挝工业品外观设计代理须提交的申请文件

（一）基本文件

文件	提交时间	备注
委托书	在申请日	申请人署名并经公证人公证
转让协议	在申请日内	（如果可能）申请人署名并经公证人公证
图片/照片	在申请日内	七个角度（前、后、左、右、顶部、底部和远景）的正投影图或照片（白色背景和灰度图像）。典型尺寸应不小于90毫米×120毫米，不大于210毫米×297毫米。

（二）获得公约优先权的附加文件

文件	提交时间	备注
优先权文件	在申请日内	经核实之后

（来源：综合整理自南博网）

马来西亚工业品外观设计指南

一、马来西亚工业品外观设计简介

（一）法律

马来西亚的工业品外观设计受1996年《工业品外观设计法》的保护。该法于1999年9月1日开始实施。在此之前，马来西亚的工业品外观设计都需通过在英国提交注册才可受到保护。

（二）定义

工业品外观设计是指通过工业生产的方法应用于产品上的形状或构造以及图案或修饰的特征。

（三）标准

设计须具备形状或构造以及图案或修饰的特征，这些特征须具备新颖性和吸引力，并只能单凭眼睛进行评断。

关于新颖性，马来西亚工业品外观设计法具有该地区的新颖性标准，即就同一产品或任何其他产品而言，该设计不能在优先权日前或马来西亚申请注册之日前在马来西亚的任何地方向公众公开。申请人仍需在已注册的设计申请中附上一份“新颖性声明”。

排除事项：

以下方面不包括在马来西亚工业品外观设计注册之内：

1. 建筑施工方法或原则；

2. 形状或构造的特征；

3. 依赖于另一种产品外观的形状或构造的特征，其中设计者有意使其构成一个不可分割的组成部分；

4. 产品外观无关紧要的设计。从这个意义上来讲，美学的标准通常对于使用那些产品的人而言并不认为是重要的。

（四）优先法则

优先权申请须从最早的提交申请日起的6个月内办理。

（五）期限与续展

自提交申请之日起，马来西亚工业区外观设计的第一个注册期为5年，可续展，每次续展有效期为5年，可续展4次。

二、马来西亚工业品外观设计申请程序

（一）申请

设计申请均需向马来西亚工业品外观设计注册局提交。

（二）审查

经主管部门审查，所有申请需符合自提交申请日起6个月内的正式要求。无需对该申请进行调查或实质审查。然而，在实践过程中会有异议问题出现。此时，主管部门会决定申请人是否需对该申请作出修正或修改。

（三）公开

证书一经颁发，主管部门就会在官方公报上给予公开。包含注册登记通知书、注册人的详细资料及其他相关信息。

（四）注册

主管部门会将该设计的详情备案，并给申请人颁发注册证书。注册的外观设计有效保护期为5年。如再次缴纳续展费用可延续至10年注册期。

三、马来西亚工业品外观设计申请所需的文件

在马来西亚提交工业品外观设计申请，需提供如下的信息或文件：

（一）工业品外观设计表格1

1. 申请人的姓名、地址和国籍；

2. 产品名称和新颖性陈述及优先权申请详情，即国家和提交申请日期；

3. 工业品外观设计国际分类及优先权申请序列号；

4. 设计者的姓名和地址；

5. 关于申请人如何获取设计者专利权的信息（通常通过转让权，雇佣关系或其他协议）。

（二）由申请人签署的代理人的委任表格（工业品外观设计表格10）。

（三）六组设计物展示（图片或照片）。

（四）优先权文件和对该文件的合格的英文译本（如有必要）。

四、马来西亚工业品外观设计代理须提交的申请文件

（一）基本文件

文件	提交时间	备注
代理人委任表（工业品外观设计表格10）	在申请日内	不需要法律认证或公证
设计说明	在申请日内	被译为英语
图片/照片	在申请日内	

（二）获得公约优先权的附加文件

文件	提交时间	备注
优先权文件	自申请日起2个月内	被译为英语

（来源：综合整理自南博网）

缅甸工业品外观设计指南

一、缅甸工业品外观设计简介

（一）法律

《缅甸专利和设计法》于1995年颁发，但从未生效。后来该法废除。1946年的《专利和外观设计（紧急规定）法（紧急法令）》仍然在缅甸法典中，虽已被废除，但其主要目的是适用于《1911年印度专利和外观设计法》。印度法从未被列入缅甸法典中，因此在缅甸实际上没有专利和外观设计法。

与此同时，司法部受政府委托已草拟了新的符合知识产权协议的《专利和外观设计法》。事实上，缅甸是世界贸易组织、东盟的成员国，至少在2001年已加入世界知识产权组织。在过渡期内，专利/外观设计可根据《注册法》第18（f）章进行注册。

（二）成员资格：

1. 适用于《世界贸易组织》；

2. 适用于《巴黎公约》；

3. 不适用于《专利合作条约》（PCT）。

（三）优先法则

优先权申请尚不能在缅甸注册制度中获得。

（四）期限和续展

在缅甸，法律没有颁布一项专利注册的有效期。根据惯例，专利注册的续展每3年进行一次，通常由以下方式之一完成：

1. 通过声明的方式进行重新注册；

2. 通过当地报纸或刊物的方式进行重新公布；

3. 通过重新注册、重新公布二者结合的方式。

二、缅甸工业品外观设计申请程序

（一）申请声明

外观设计持有人须提交一份声明，包含陈述注册协议和保证的相关事实。

（二）注册

提交声明，即可对设计专利给予注册。

（三）公布

在指定的地方报纸上公布告知，以避免可能的侵权和假冒行为。

（四）保护

没有对设计专利本身的保护程序。

三、缅甸工业品外观设计申请所需的文件

在缅甸提交工业品外观设计申请，需提供如下的信息或文件：

国家直接申请：

（一）申请表：

1. 申请人的姓名、地址及国籍；

2. 发明人的姓名、地址和国籍；

3. 一份详细说明，包括说明书、权利要求和必要的图表；

4. 如已获得申请优先权，需注明在哪国获得以及申请的具体情况。

（二）专利代理人委任。

（三）如申请人并非发明者，需陈述并解释申请人如何有权获得发明者的专利，通常借助于委托或雇佣关系。

（四）并无硬性要求，发明者向申请人提交正式委托书。

四、缅甸工业品外观设计代理须提交的申请文件

（一）基本文件

文件	提交时间	备注
设计专利所有权的声明	在申请日内	署名并经公证如已在其他国家注册（即美国专利申请号），其注册号、国家及发明背景的详细资料须附于声明中。

（二）公约设计专利申请的附加文件

文件	提交时间	备注
委托书	在申请日内	署名并经公证。公证人的署名和印章须由相关国家缅甸大使馆进行证实。

（来源：综合整理自南博网）

菲律宾工业品外观设计指南

一、菲律宾工业品外观设计简介

（一）法律

菲律宾知识产权法典（第8293号共和国法）。

（二）定义

外观设计是指用于工业品和手工艺品的生产、具有特殊的外观和图案，具有三维形状的线条或色彩的组合，或与线条、色彩无关的组合。

（三）标准

工业品外观设计的保护标准：即新颖性和独创性。外观设计本质上是由技术因素或功用性来决定的。任何违反公共秩序、公共卫生或道德的设计将不会受到保护。

（四）优先法则

优先权申请须在从相应国家最早的申请日算起的6个月内完成。

（五）期限与续展

有效期限为自申请日起5年，可续展，每次续展有效期为5年，可续展2次。每次续展均不可超过2个连续的5年注册期。

二、菲律宾工业品外观设计申请程序

（一）申请

外观设计申请均须向菲律宾知识产权局提交。

（二）审查

在发布提交申请日期后将办理正式的审查手续，以确保该申请是否符合相关程序。

（三）异议

如在正式审查中发现设计申请有需要修改或不足之处，那么负责人会通知该申请人，而申请人须在给定期限内对此进行更正。

（四）注册

设计申请符合章程就会颁发注册证书，并在设计杂志上给予发布。一经发布，则该设计可被公众查阅。

三、菲律宾工业品外观设计申请所需的文件

在菲律宾提交工业品外观设计申请，需提供如下的信息或文件：

（一）外观设计注册申请：

1. 申请人信息；

2. 指出该设计应用到手工艺品生产商所生产的物品的种类；

3. 设计者信息；

4. 根据菲律宾知识产权保护法规定，申请人不是设计者本人的，需对该外观设计注册的权利来源发表声明。

（二）申请人签署的委托书。

（三）一组设计展示（图画、照片或其他适当的形式）。

（四）优先权文件和对该文件的合格的英文译本。

四、菲律宾工业品外观设计代理须提交的申请文件

（一）基本文件

文件	提交时间	备注
委托书	在申请日内	需签名，无需公证。 被译为英语（如有必要）。
设计说明	在申请日内	说明应包含如下内容： 标题： 1. 简要描述对图画的不同意见；2. 对设计的特征描述；3. 要求说明。被译为英语（如有必要）。
图画	在申请日内	对该设计全貌的不同意见，其中应包含申请人或代理人的签名。被译为英语（如有必要）。
转让协议	a. 在对该设计申请正式审查期间； b. 在外观设计注册申请期间。	（如果可能）经公证。被译为英语（如有必要）。

（二）获得公约优先权的附加文件

文件	提交申请时间	备注
优先权文件	自提交申请日起6个月内	被译为英语（如有必要）。

（来源：综合整理自南博网）

新加坡工业品外观设计指南

一、新加坡工业品外观设计简介

（一）法律

注册工业品外观设计法（第266章）。

（二）定义

工业品外观设计是指通过工业生产的方法应用于产品上的形状或构造以及图案或修饰的特征。是日常所见的物品的外观。物品即指应用于外观设计中任何事物。

（三）标准

注册的工业品外观设计主要用于保护工业用途上的产品外观设计。外观设计可以是两维或三维，并能应用到日常用品中。在一般情况下，如要获得注册，设计需满足两个主要标准。新颖性：即该设计不曾在新加坡或其他地方注册，或在第一次提交申请日前，未曾在世界其他国家公布。因此，外观设计持有人需谨慎行事，不应向任何人透露，除非已经提交了设计注册申请。

工业过程：申请注册的外观设计必须符合工业生产过程。即生产出或意欲生产出超过50份的该设计产品作为出售或出租之用。

根据新加坡的注册外观设计法律，下列不能被注册：

1. 违背公共政策或道德的设计；

2. 计算机程序或集成电路的布图设计；

3. 适用于某些产品的设计：雕塑作品（而不是把用于或打算使用的铸模作为模子，或是工业生产过程大批量生产的图案）；装饰墙牌，奖章和纪念章，以及主要具有文学性或艺术性质的印刷品（包括书籍封套、挂历、证书、优惠券、服装制作图案、贺卡、标签、传单、地图、规划图、扑克牌、明信片、邮票、商业广告、贸易表单和名片、转印图案及类似品）；

4. 建筑施工的方法或原则；

5. 具有多功能的设计；

6. 依赖于另一种产品的外观，其中设计者有意使其构成一个不可分割的组成部分，或使该产品与另一个产品相关联，以使每个都发挥其功效。

（四）优先法则

新加坡工业品外观设计注册制度采取“第一申请”的原则，换言之，第一个提交设计申请的人通常会比其他人有优先权。

（五）期限与续展

已注册的工业品外观设计初始有效期限为5年。此后，根据注册人缴纳的续展费用，每5年续展一次，最长期限为15年。

二、新加坡工业品外观设计申请程序

（一）申请

设计申请均须提交到新加坡知识产权局。

（二）审查

在发布提交申请日期后将办理正式的审查手续，以确保该申请是否符合相关程序。

（三）异议

如在正式审查中发现设计申请有需要修改或不足之处，那么负责人会通知该申请人，而申请人须在给定期限内对此进行更正。

（四）注册

设计申请符合章程就会颁发注册证书，并在设计杂志上给予发布。一经发布，则该设计可被公众查阅。

三、新加坡工业品外观设计申请所需的文件

在新加坡提交工业品外观设计申请，需提供如下的信息或文件：

（一）表D5

1. 申请人的姓名、地址和国籍；

2. 产品名称和新颖性陈述及优先权申请详情，即国家和提交申请日期；

3. 工业品外观设计国际分类及优先权申请序列号；

4. 设计者的姓名和地址；

5. 关于申请人如何获取设计者专利权的信息（通常通过转让权、雇佣关系或其他协议）。

（二）由申请人签署的代理人的委任表格（表格D2）。

（三）六组设计物展示（图片或照片）。

（四）优先权文件和对该文件的合格的英文译本（如有必要）。

四、新加坡工业品外观设计代理须提交的申请文件

（一）基本要求

文件	提交时间	备注
代理人委任表（工业品外观设计表格2）	在申请日内	不需要法律认证或公证
设计说明	在申请日内	被译为英语
图片/照片	在申请日内	

（二）获得公约优先权的附加文件

文件	提交时间	备注
优先权文件	自申请日起2个月内	被译为英语

（来源：综合整理自南博网）

泰国工业品外观设计指南

一、泰国工业品外观设计简介

（一）法律

泰国专利法B. E. 2522。

（二）定义

外观设计是指用于工业品和手工艺品的生产、具有特殊的外观和图案，具有线条或色彩的组合形式。

（三）标准

用于工业品和手工艺品的新的外观设计专利需基于本法案。

以下外观设计不符合规定：

1. 某外观设计在本国已广为知晓或已被他人使用的；

2. 某外观设计在本国或他国已经公布的；

3. 根据法案第65条和第28条款而公布的外观设计；

4. 与上述规定（1）、（2）、（3）条描述的外观设计相似的模仿设计。

（四）优先法则

一件外观设计申请须在其优先权日起的6个月内提交。

（五）期限与续展

在泰国，注册外观设计有限期限为自提交设计申请日起10年。年费须从第5年开始支付，一直交付到第10年。

二、泰国工业品外观设计申请程序

（一）申请

需提交外观设计申请。

（二）初审

外观设计初审需遵从有关法律。

（三）公布

初审完成并符合授予专利的权利将在官方公报上给予公布。

（四）异议

公布期90天内，如无相关异议，将进行实质性审查。

（五）实质审查

外观设计注册无需请求实质审查。

（六）注册

缴纳发布费用后将颁布注册证书。

三、泰国工业品外观设计申请所需的文件

在泰国提交工业品外观设计申请，需提供如下的信息或文件：

（一）申请表格

1. 申请人的姓名和地址；

2. 设计者的姓名和地址（如不是该申请人）；

3. 如已获得申请优先权，须注明在哪国获得以及申请的具体情况；

4. 申请人不是设计者本人的，需提供转让协议书一份。

（二）委托书。

（三）图片。

（四）优先权文件和对该文件的合格的英文译本（如有必要）。

四、泰国工业品外观设计代理须提交的申请文件

（一）基本要求

文件	提交时间	备注
委托书	在申请日内	申请人署名并经公证人公证
转让协议	在申请日内	（如有可能）申请人署名并经公证人公证
图片/照片	在申请日内	七个角度（前、后、左、右、顶部、底部、远景）的正投影图或照片（白色背景和灰度图像）。

（二）获得公约优先权的附加文件

文件	备注	提交申请时间
优先权文件	经证实	自提交申请日起2个月内

（来源：综合整理自南博网）

越南工业品外观设计指南

一、越南工业品外观设计简介

（一）法律

知识产权法50/2005；第44/2002/PL—BUTVQH10号法令；第103/2006/ND—CP号法令；第105/2006/ND—CP号法令；第106/2006/ND—CP号法令；第01/2007/TT—BKHCN号通告。

（二）定义

外观设计是指以形状、线条、色彩或任意组合的产品的外观。

（三）标准

外观设计保护需符合下列条件：

1. 新颖性；
2. 创造性；
3. 应用于工业用途。

（四）优先法则

为了获得《巴黎公约》的优先权，越南的外观设计申请须在自最早的优先权日起的6个月内进行提交。

（五）期限与续展

根据越南知识产权的法律和法规，工业品外观设计专利有效期为自申请日起5年，可续展两次，每5年时间续展一次。

二、越南工业品外观设计申请程序

（一）申请

外观设计专利申请需向越南国家知识产权局（NOIP）提交。

（二）审查

在提交申请日起的1个月内对该申请进行审查。2个月内对该申请回复修改意见。

（三）公布

在受理申请之日起的2个月内对该申请专利进行公布。

（四）实质审查

实质审查期限是自专利公布之日起6个月。

（五）注册

外观设计专利从申请到批准授予的时间可能会有所不同，一般是9到11个月的时间。注册有效期从申请之日起算起。

三、越南工业品外观设计申请所需的文件

在越南提交工业品外观设计申请，需提供如下的信息或文件：

（一）申请表：

1. 申请人的姓名、地址和国籍；
2. 发明人的姓名、地址和国籍；
3. 对外观设计和要求保护的描述说明；
4. 根据越南知识产权法律和法规，需提交外观设计申请的证明文件，诸如转让协议，雇佣协议或继承文件。然而在实践中，如申请人是一家公司或是不同于优先权申请的，则不要求向越南国家知识产权局提交此类文件。

（二）委托书。

（三）六组设计物展示（图片或照片）。

（四）优先权文件和对该文件的合格的英文译本。

四、越南工业品外观设计代理须提交的申请文件

（一）基本文件

文件	提交申请时间	备注
委托书	自提交申请日起1个月内	经署名 不需要法律认证或公证 英文译本（如果可能）
图片/照片	如原件已在自申请之日起的1个月内提交，则需提供图片和图纸的传真副本。	对其前、后、左、右、顶部、底部和远景的展示
设计说明及保护要求	在申请日内	英文译本（如果可能）

（二）获得公约优先权的附加文件

文件	提交申请时间	备注
优先权文件	如该优先权文件的核证副本已在自申请日起的3个月内提交，则提交优先权申请数据即可。	经证实的英文译本（如可能）

（来源：综合整理自南博网）

区域合作篇

中国—东盟自由贸易区

概述

中国—东盟自由贸易区（China—ASEAN Free Trade Area，简称CAFTA）于2010年1月1日正式建成，是中国与东盟10国组建的自由贸易区，即“10+1”。中国—东盟自由贸易区是中国对外商谈的第一个自由贸易区，也是东盟作为整体对外商谈的第一个自由贸易区。建成后的中国—东盟自由贸易区覆盖1300万平方公里，惠及19亿人口，是世界上拥有消费者最多和覆盖面积最大的自由贸易区，也是发展中国家间最大的自由贸易区，被称为继欧盟、北美自由贸易区之后的未来世界第3大经济体。

东南亚国家联盟，简称东盟，正式成立于1967年8月，由文莱达鲁萨兰国、柬埔寨王国、印度尼西亚共和国、老挝人民民主共和国、马来西亚联邦、缅甸联邦共和国、菲律宾共和国、新加坡共和国、泰王国和越南社会主义共和国组成。

20世纪90年代以来，中国与东盟的经济联系日益紧密，双边贸易持续攀升。2000年，中国与东盟双边贸易额达到395亿美元。东盟在中国的商品贸易市场份额提高到8.3%，成为中国的第5大贸易伙伴；中国在东盟的对外贸易市场份额提高到3.9%，成为东盟的第6大贸易伙伴。建立中国—东盟自由贸易区的设想于2000年在新加坡召开的中国与东盟领导人会议期间提出。领导人会晤期间，针对东盟方面关注中国加入WTO对东盟的影响，时任中国国务院总理朱镕基提议就中国与东盟之间建立自由贸易区的可行性进行研究。随即成立的中国—东盟经济合作专家组经过研究，向各国领导人提出了建立中国—东盟紧密经济伙伴关系的建议，其中包括建立中国—东盟自由贸易区，该建议被多方领导人采纳。

中国—东盟自由贸易区是中国与东盟共同协议构建的所有货物贸易取消关税和非关税壁垒、实现涵盖众多部门的服务贸易自由化、建立开放和竞争的投资机制、便利和促进中国与东盟相互投资的贸易区，即指在中国与东盟10国之间构建的自由贸易区。

中国和东盟之间存在很强的互补性，同时也存在一些竞争性很强的产品，因此，在如何安排敏感产品的开放，如何保护弱势产品，即如何达到双方互利双赢的问题上，还有不少难题需要解决。尤其是近几年来，东盟因受金融危机的影响，经济陷入困境，经济增长放慢，外资流入减少，使新竞争性产品能力的形成缓慢。即使在金融危机的影响下，中国经济仍能继续保持增长，外资继续大量流入，形成了许多新的具有竞争力的产品，因此中国与东盟之间出现了新的竞争不平衡的局面，东盟对中国竞争的担忧由此增加。但最终东盟还是同意与中国建立自由贸易区，其根本原因在于东盟不仅看到了竞争压力的一面，同时也看到了机会的一面。一个拥有13亿人口、经济持续发展的大市场，对东盟而言意义是非常重大的。

中国和东盟建立自由贸易区有利于东亚合作进程，将成为加快东亚一体化的一个有利因素。从积极的方面来看，可以设想它可能起到3个方面的效应：一是中国和东盟先行在一个大的范围内建成自由贸易区，把其他国家吸引进来；二是激励其他国家采取更积极的态度加快与东盟建立自由贸易区的步伐；三是推动整个东亚地区自由贸易区建设的进度，从而激励东亚领导人及早对“东亚合作展望小组”关于建立东亚自由贸易区的建议作出决定，提出规划并开始落实。

提出

2000年9月，在新加坡举行的第4次东盟与中国（10+1）领导人会议上，时任中国国务院总理朱镕基提出建立中国—东盟自由贸易区的建议得到东盟有关领导人的积极响应。2001 年 11 月，在文莱举行的东盟首脑会议期间，中国和 10 个东盟成员国宣布在未来 10 年内建成中国—东盟自由贸易区的目标。2002 年 11 月 4 日，第 6 次东盟与中国领导人会议在柬埔寨首都金边举行。时任中国国务院总理朱镕基和东盟 10 国领导人签署了《中国—东盟全面经济合作框架协议》，宣布 2010 年建成中国—东盟自由贸易区，启动中国—东盟自由贸易区的建设进程。2013 年 10 月，在第 16 次中国—东盟领导人会议上，李克强总理提出的五项倡议中，打造升级版的“中国—东盟自由贸易区”这一倡议，得到了东盟各领导人的积极响应。

2014 年，中国—东盟自由贸易区升级版建设启动。2014 年 8 月中国与东盟达成共识，2014 年 9 月开始了第一轮升级版谈判。升级版建设意味着双方将更大、更高水平的开放市场，密切经济合作，力争双方贸易额 2020 年达到 1 万亿美元。中国—东盟自由贸易区升级版建设是中国—东盟经贸合作新发展的重要内容。

2015 年，中国—东盟自由贸易区升级版如期完成。2015 年 11 月 22 日，在马来西亚举行的东盟峰会及系列会议期间，中国总理李克强与东盟 10 国领导人共同见证了标志着中国—东盟自由贸易区升级谈判全面结束成果文件的签字仪式。议定书涵盖货物贸易、服务贸易、投资、经济技术合作等领域，体现了双方深化和拓展经贸关系的共同愿望和现实需求。

目 标

第一，用 10 年的时间完成所有关税和非关税的削减，消除中国与东盟双方之间存在的关税及非关税壁垒；第二，建立一个综合框架，包含市场一体化等一系列措施，如投资促进、贸易便利化及投资规则与标准。

重要性

建立中国—东盟自由贸易区是中国和东盟合作进程中历史性的一步。它充分反映了双方领导人加强双边睦邻友好关系的良好愿望，也体现了中国和东盟之间不断加强的经济联系，是中国与东盟关系发展的新里程碑。

中国—东盟自由贸易区的建成，创造了一个拥有 19 亿消费者、近 6 万亿美元国内生产总值、4.5 万亿美元贸易总量的经济区。按人口算，其是世界上最大的自由贸易区；从经济规模上看，其是仅次于欧盟和北美自由贸易区的全球第 3 大自由贸易区，是发展中国家组成的最大的自由贸易区。

内容框架

由于中国和东盟成员国经济发展水平差距巨大，所处的经济发展阶段各不相同，合作的目标和承受的能力也不尽相同，加上实行的社会制度有所差异，必须要综合考虑各国的实际情况，方能兼顾各成员国的利益。因此，中国—东盟自由贸易区关税减让的时间表安排是一个复杂的过程。此外，中国—东盟自由贸易区合作的领域不仅限于货物贸易自由化，还将扩大到其他领域。中国—东盟自由贸易区的内容可大致概括为以下几方面：

第一，中国—东盟自由贸易区目前存在两个关税时间表：一是中国加入 WTO 后，关税将按 WTO 的规则逐渐降低，而在 2007 年之前，东盟 7 个成员国（新加坡、马来西亚、印度尼西亚、菲律宾、文莱、泰国和缅甸）是 WTO 成员国，中国与东盟 WTO 成员国于 2003 年 7 月 1 日实行 WTO 最惠国关税率。《中国—东盟全面经济合作框架协议》规定中国与非 WTO 东盟成员国也于 2003 年 7 月 1 日实施 WTO 最惠国关税率；二是根据《中国—东盟全面经济合作框架协议》的规定，2010 年中国和原东盟 6 国建立自由贸易区，而与东盟新成员国建成的时间是 2015 年。

中国—东盟自由贸易区的货物贸易关税减让分为正常类和敏感类。

正常类：经各方同意各自实施的最惠国关税税率依照特定的减让表和税率逐步削减或取消。对于中国与原东盟 6 国，实施期从 2005 年 1 月 1 日到 2010 年；对于东盟新成员国，实施期从 2005 年到 2015 年。

敏感类：一方根据自身安排纳入敏感类的产品，应依照相互同意的最终税率和最终时间削减或取消，而敏感产品的数量应在各缔约方相互同意的基础上设定一个上限。

由于各成员国经济发展情况不同，中国与东盟各国有不同的关税减让时间表。泰国率先提出与中国进行果蔬零关税贸易，双方于 2003 年 10 月 1 日起将双方的果蔬关税减至零。越南也提出提前享受果蔬的零关税待遇。同样，其他东盟国家也会根据本国与中国经济的发展情况提出不同的关税减让方案。

第二，早期收获。中国—东盟自由贸易区的关税减让根据双方的具体情况，分行业制定减税时间表。《中国—东盟全面经济合作框架协议》对中国—东盟自由贸易区的“早期收获”作了规定，产品范围包括活动物、肉及食用杂碎、鱼、乳品、其他动物产品、活树、食用蔬菜、食用水果及坚果。关税减让时间最迟在2004年年初开始下调农产品的关税，并于2006年取消全部农产品关税。

第三，逐步取消非关税壁垒（措施），简化和协调关税程序，但仍保留各自对非成员国的贸易保护政策。非关税壁垒（措施）包括但不限于对任何产品的进口或者对任何产品的出口或出口销售采取的数量限制或禁止，缺乏科学依据的动植物卫生检疫措施以及技术性贸易壁垒。

第四，实施有效的贸易便捷化措施，包括但不限于简化海关程序和制定相互认证安排。

第五，逐步实现涵盖众多部门的服务贸易自由化。

第六，中国—东盟自由贸易区对东盟新成员国给予特殊和差别待遇及灵活性。2001年，中国宣布向老挝、柬埔寨和缅甸提供特殊优惠关税待遇，给予非WTO东盟成员国享受WTO最惠国关税税率，以增加从这些国家的商品进口量。2002年11月，中国还宣布免除老挝、柬埔寨、缅甸等国家的全部或部分债务。为推进建立中国—东盟自由贸易区，双方已经落实一些具体的合作项目，如中方出资500万美元资助湄公河通航问题，中方愿以援助的方式承建昆明—曼谷公路中老挝境内三分之一的路段。中方对建设泛亚铁路继续持积极的态度，表示只要东盟最后确定选线方案，中方将尽快启动境内相关线路的修建或改造。

第七，建立中国—东盟自由贸易区，除了货物贸易自由化外，中国与东盟的合作还扩大到金融、旅游、投资、农业、人力资源开发、中小企业、产业合作、知识产权、环境保护、林业及其产品、能源及次区域开发等领域。在2001年东盟和中国“10＋1”首脑会议上，双方领导人确定了中国与东盟在新世纪重点加强5个领域的合作：农业、信息及通讯技术、人力资源开发、投资和湄公河流域开发。

农业合作。农业在中国与东盟国家中均占有十分重要的地位，双方在农业技术、农作物品种、农产品加工、农产品市场等方面存在十分明显的互补性。中国与东盟除了签署《中国与东盟农业中长期合作谅解备忘录》之外，在农业方面的技术培训与合作也开展顺利。

金融合作。1997年东南亚金融危机后，中国与东盟有关国家签订了《清迈倡议》。2001年12月和2002年3月、6月，中国分别同泰国、日本、韩国签署了双边货币互换协议，而与其他东盟国家也就双边货币互换协议的问题开始进行接触。2010年10月29日，中国—东盟银行联合体在第13次中国—东盟（10＋1）领导人会议期间正式成立。目前东盟10国已在中国设立30多家银行机构，中资金融机构在东盟国家也设立了11家分支机构。中国已经与印度尼西亚、老挝、新加坡、越南、泰国等5国签署了监管合作备忘录。东盟国家是中国境内公司境外上市的区域之一，已有4家公司在新加坡上市。

投资合作。加强双方投资领域的合作，创造透明、自由和竞争的投资机制，提供投资保护，便利和促进中国—东盟自由贸易区的投资。

信息技术合作。中国积极支持并参加“电子东盟”的建设，加大对东盟人员信息技术的培训力度，积极参加东盟国家信息通讯基础设施的建设。中国与东盟签署《中国与东盟信息产业中长期合作谅解备忘录》。中方经举办多期培训班，为东盟培训信息技术方面的人才。

人力资源开发合作。自宣布加强中国与东盟在人力资源开发方面的合作以来，中方向中国—东盟合作基金出资500万美元，举办了通讯技术与管理、人员交流、地震学、社会保障、农药管理、商务信息网、农业技术、交通管理技术、艾滋病实验室、媒体等研讨会和培训班，效果良好。

旅游合作。中国和东盟都积极发展旅游业。目前，东盟10国均已成为中国公民出国旅游目的地国。中国还与泰国、新加坡、菲律宾、越南、缅甸等东盟国家分别签署了政府旅游合作协定或旅游合作谅解备忘录。

非传统安全领域的合作。中国与东盟除了加强以经济为重点的合作外，还拓展非传统安全领域的合作，如打击跨国犯罪、禁毒、防治艾滋病、环境保护、打击恐怖主义等。中国已与缅甸、泰国、越南、柬埔寨、老挝和联合国禁毒署共同建立了六国七方禁毒合作机制，与东盟签署了《东盟和中国禁毒合作行动计划》，与缅甸、老挝、泰国举行了四国禁毒合作部长会议，在禁毒技术和人员培训、替代种植等方面，中国给予了东盟北部国家大力支持。在打击跨国犯罪方面，中国提出中国与东盟可重点建立高效的情报交流机制，并加强执法人员的交流和培训。2002年5月，中方在东盟地区论坛上提交了《关于加强非传统安全领域合作的中方立场文件》。2002年11月，在柬埔寨金边召开的东盟与中国“10＋1”首脑会议上，双方将反对恐怖主义与地区安全纳入中国与东盟合作议题。

2003年上半年，面对SARS的挑战，中国与东盟国家加强了合作。双方于2003年4月26日在马来西亚吉隆坡召开的东盟和中国、日本、韩国“10＋3”卫生部长会议及2003年4月29日在泰国曼谷召开的东盟和中国首脑特别会议上，分别发表了《东盟与中、日、韩卫生部长会议关于SARS的联合声明》和《中华人民共和国与东盟国家领导人特别会议联合声明》，双方决定就防治SARS和重振地区经济与信心方面进一步加强合作。SARS的挑战使中国—东盟自由贸易区的合作进一步扩大到医疗卫生以及应对突发事件等领域。

第2届东盟与中国（10＋1）和第5届东盟与中日韩（10＋3）打击跨国犯罪部长级会议于2011年10月12日在印度尼西亚巴厘岛举行。印度尼西亚副总统布迪约诺出席会议开幕式。中国公安部副部长陈智敏率团参加会议。第2届东盟与中国（10＋1）打击跨国犯罪部长级会议肯定了双方合作打击跨国犯罪取得的成果。自2009年11月续签修订后的《非传统安全领域合作谅解备忘录》以来，双方互信不断加深，打击跨国犯罪合作更加深入，各领域务实合作取得了新的进展。中国代表团在会上提出的增进人员往来和业务团组互访、推进执法能力建设领域合作、加强打击跨国犯罪务实合作、共同打击电信诈骗犯罪等倡议，受到东盟国家一致欢迎。会议审议通过了《关于落实〈中华人民共和国政府与东南亚国家联盟非传统安全领域合作谅解备忘录〉的行动计划》，并发表了《联合声明》。

第八，中国—东盟自由贸易区的标准将以东盟自由贸易区为基础，与WTO倡导的贸易自由化宗旨和目标相一致（如便利和促进对与贸易有关的知识产权进行有效和充分的保护）。另外，它在市场上的开放程度比WTO更进一步。

此外，中国—东盟自由贸易区的谈判内容还包括原产地原则，配额外税率的处理，补贴、反补贴措施及反倾销措施的各项规定等。

发展进程

1997年12月，中国和东盟领导人在首次东盟—中国领导人非正式会议上确定了建立睦邻互信伙伴关系的方针。为扩大双方的经贸交往，1999年，时任中国国务院总理朱镕基在菲律宾马尼拉召开的第3次中国—东盟领导人会议上提出，中国愿加强与东盟自由贸易区的联系，这一提议得到东盟国家的积极回应。2000年11月，时任中国国务院总理朱镕基在新加坡举行的第4次中国—东盟领导人会议上首次提出建立中国—东盟自由贸易区的构想，并建议在中国—东盟经济贸易合作联合委员会框架下成立中国—东盟经济合作专家组，就中国与东盟建立自由贸易关系的可行性进行研究。

2001年3月，中国—东盟经济合作专家组在中国—东盟经济贸易合作联合委员会框架下正式成立。专家组围绕中国加入世界贸易组织的影响及中国与东盟建立自由贸易关系两个议题进行了充分研究后，建议中国和东盟用10年时间建立自由贸易区。这一建议获得中国—东盟高官会和经济部长会议的认可，于2001年11月在文莱举行的第5次中国—东盟领导人会议上正式宣布。

2002年11月，第6次中国—东盟领导人会议在柬埔寨首都金边举行，时任中国国务院总理朱镕基和东盟10国领导人签署了《中国—东盟全面经济合作框架协议》，决定到2010年建成中国—东盟自由贸易区。这标志着中国—东盟建立自由贸易区的进程正式启动。

1995～2002年，中国与东盟双边贸易额年均增长15%。

2003年，中国与东盟双边贸易额创下历史性的782亿美元，比2002年增长42.9%。

2004年1月1日，中国—东盟自由贸易区实施“早期收获计划”，下调农产品关税。到2006年，约600项农产品的关税降为零。

2004年10月30日，第10次东盟首脑会议举行，在时任中国国务院总理温家宝和东盟10国领导人的见证下，中国与东盟签署了《中国—东盟全面经济合作框架协议货物贸易协议》，中国商务部部长与东盟10国经济部长共同签署了《中国—东盟全面经济合作框架协议争端解决机制》。这标志着中国—东盟建设自由贸易区进程的全面启动进入实质性执行阶段。东盟在协议中承认了中国的市场经济地位。

2005年4月，时任中国国家主席胡锦涛在访问文莱、印度尼西亚和菲律宾时提出，到2010年，中国和东盟双边贸易额将达到2000亿美元。

2005年7月20日，中国—东盟自由贸易区《中国—东盟全面经济合作框架协议货物贸易协议》降税计划开始实施，中国和东盟的7000种产品在大幅降低关税、免除配额以及其他市场准入条件进一步改善的情况下，更加顺畅地进入对方市场，这有助于东盟国家的产品扩大对中国市场出口，也有助于中国企业以更低成本从东盟进口原材料、零部件和设备。

自2005年7月中国—东盟自由贸易区《中国—东盟全面经济合作框架协议货物贸易协议》实施以来，中国对东盟各国已减免了5375种产品的关税，平均税率从9.9%降到5.8%。同时，东盟各国对中国的平均关税也有不同程度的降低。

2006年，中国与东盟贸易额达1608.4亿美元，同比增长23.4%。其中中国进口895.3亿美元，同比增长19.4%；出口713.1亿美元，同比增长28.8%。

2007年1月14日，中国与东盟10国签署了中国—东盟自由贸易区《中国—东盟全面经济合作框架协议服务贸易协议》。这是中国—东盟经贸合作领域取得的又一重大成果，标志着中国—东盟自由贸易区建设向前迈出关键的一步。

2007年7月1日，中国—东盟自由贸易区《中国—东盟全面经济合作框架协议服务贸易协议》开始正式实施。

2007年1～7月，中国与东盟双边贸易额达1097.7亿美元，同比增长27.5%。其中中国进口587.7亿美元，同比增长22.4%；出口510亿美元，同比增长34%。

2007年11月20日，时任中国国务院总理温家宝在新加坡出席第11次中国与东盟领导人会议，并与东盟各国领导人一同出席了《中国—东盟关于加强卫生和植物卫生合作谅解备忘录》的签字仪式。

截至2008年8月，双边贸易额已提前3年突破2000亿美元，约7000种税目商品开始实施全面降税。双方签署了《服务贸易协议》，60多个服务部门相互作出了高于WTO水平的市场开放承诺，中国—东盟自由贸易区投资谈判取得了积极进展。

2008年，中国自东盟进口受惠货物61亿美元，企业优惠税款32亿元人民币。同时，中国企业申领了18.4万份中国—东盟自由贸易区优惠原产地证书，向东盟出口受惠货物51亿美元。随着中国—东盟自由贸易区宣传力度加大和税率进一步降低，双方企业将享受到更多的优惠。

2009年8月15日，第8次中国—东盟经贸部长会议在泰国曼谷举行，中国商务部部长陈德铭与东盟10国的经贸部长共同签署了中国—东盟自由贸易区《投资协议》。《投资协议》的签署标志着双方成功地完成了中国—东盟自由贸易区协议的主要谈判，中国—东盟自由贸易区如期在2010年全面建成。

2010年1月1日，按照《中国—东盟全面经济合作框架协议》的时间框架，中国—东盟自由贸易区全面启动。这标志着由中国和东盟10国组成近6万亿美元国民生产总值、4.5万亿美元贸易额的区域开始步入零关税时代。

2010年1月7日至8日，中国—东盟自由贸易区论坛在广西南宁举行。中国与东盟签署18个项目，签约金额48.96亿美元。项目涉及通讯技术、电力、农业等行业。此外，还举行了钦州保税港区、南宁保税物流中心揭牌仪式，既为中国—东盟自由贸易区建成献礼，也为中国—东盟自由贸易区下一步发展提供动力、夯实基础。

2010年3月24日，清迈倡议多边化协议正式生效，总规模为1200亿美元的区域外汇储备库和7亿美元的区域投资信用担保基金也相继建成。中国与东盟国家之间的财金合作已经取得了政府间投资合作基金以及信贷、跨境贸易人民币结算试点、金融领域人才交流培养等多项可持续性成果。

2010年10月19至24日，第7届中国—东盟博览会和中国—东盟商务与投资峰会在广西南宁举行。第7届东博会以“自贸区与新机遇”为主题。在延续了往届嘉宾规格高、展位逐年增多等情况的同时，第7届东博会和商务与投资峰会更为务实，在多个领域取得了实效性的收获。

2010年10月29日，在第13次中国与东盟领导人会议上通过了《落实中国—东盟面向和平与繁荣的战略伙伴关系联合宣言的第二个五年行动计划》。在这一《行动计划》规划了从2011年至2015年双方合作的主要内容，对中国—东盟自由贸易区深化合作具有重要意义。时任中国国务院总理温家宝在东盟领导人会议上提出中国与东盟贸易额力争2015年达5000亿美元的目标。

2010年10月29日，中国与东盟签署了《〈中国—东盟全面经济合作框架协议货物贸易协议〉第二议定书》，双方企业可更方便地使用自由贸易区优惠政策，从自由贸易区中得到更多利益。

2011年1月，中国—东盟外长会议在云南昆明举行。此次会议是首次在华举行中国—东盟外长会，对进一步推进包括互联互通在内中国—东盟战略合作，提升双方关系水平具有重要意义。会前，中国与东盟国家外长及高官共同出席了中国—东盟友好交流年启动仪式。

2011年8月，时任中国国务院总理温家宝与东盟轮值主席国印度尼西亚总统苏希洛互致贺电，热烈庆祝中国—东盟建立对话关系20周年。2011年8月12日，第10次中国—东盟“10+1”经贸部长会议在印度尼西亚万鸦老举行，来自中国和东盟10国的经贸部长参会。会议一致同意将中国—东盟贸易谈判委员会改名为中国—东盟自由贸易区联合委员会。会议发表联合新闻声明，表示期待第8届中国—东盟博览会10月份在南宁举办。

2011年，中国与东盟双边贸易额达3628.5亿美元，同比增长23.9%。其中，出口1700.8亿美元，同比增长23.1%；进口1927.7亿美元，同比增长24.6%；对东盟贸易逆差226.9亿美元，扩大37.1%。

2012年是《中国—东盟全面经济合作框架协议》签署10周年，2002年中国和东盟10国共同签署的《中国—东盟全面经济合作框架协议》，总体确定了中国—东盟自由贸易区包括货物贸易、服务贸易、投资和经济合作等在内的基本架构，是中国—东盟自由贸易区的纲领性文件。

2012年8月20日，第3届中国—东盟行业合作昆明会议在中国昆明召开。与会者围绕“中国—东盟：打造优势互补产业链”的主题，共同商议加强行业合作，以促进中国—东盟自由贸易区内各国经济增长。会议达成《昆明共识》。中国国际贸易促进会昆明市支会与菲律宾菲华联谊总会、菲律宾橡胶行业协会、缅甸水稻产商协会、泰国食品加工者协会、新加坡食品厂商联合会分别签署了《合作备忘录》。中国—东盟商务理事会与东盟国家有关商（协）会签署《合作备忘录》。

2012年9月21日，第9届东博会、第9届中国—东盟商务与投资峰会暨2012中国—东盟自由贸易区论坛在中国广西南宁举行，三大盛会同期举行，意义重大。期间，举办了系列政商高端对接活动以及系列会议论坛活动，取得丰硕成果。9月22日，东博会期间，作为中国与东盟双边产品的展示交易平台和商贸物流基地的中国—东盟商品交易中心在广西南宁举行落成仪式。中国—东盟自由贸易区向一个新的阶段发展。

2012年，中国与东盟贸易总额高达4000.9亿美元，较2011年增长了10.2%，高于中国对外贸易6.2%的增幅。其中，中国对东盟出口增长了20.1%，中国自东盟进口仅增长了1.6%。中方贸易顺差84.51亿美元，而2011年中方贸易逆差达226.88亿美元。

2012年中国与东盟双方人员往来达1500万人次，是10年前的4倍。中国赴东盟游客730万人次，比2010年前增长2.6倍，中国已成为东盟第2大游客来源地。中国与东盟每周往来航班达1000多架次，超过中日和中韩。

2013年3月13日，中国—东盟自由贸易区联合委员会第3次会议在浙江义乌召开，此次会议主要讨论如何尽快的解决中国与东盟之间的贸易壁垒，进一步扩大两地之间的经贸合作。会议包括全会及下设经济合作、原产地规则、海关手续和贸易便利化等工作组会议。主要内容包括审议自贸协议执行情况，研究进一步推动贸易自由化和便利化的措施等。此次会议在义乌举行，将为义乌展示其强大的贸易、流通、展示能力提供了良好契机，对进一步加强义乌与东盟各国的经贸交流合作有重大意义。

2013年9月3日，第10届中国—东盟博览会、中国—东盟商务与投资峰会在广西南宁开幕。第10届东博会是在中国—东盟合作迈向更高水平的新起点上举办的一次盛会，中国国务院总理李克强在开幕大会上发表主旨演讲时指出，中国与东盟有能力在取得“黄金十年”的基础上，进一步打造“钻石十年”。开幕式上，来自中国与东盟的11国青年代表按下手印，共同发起成立“中国—东盟青年联谊会”。中国和东盟各国科技部长共同为“中国—东盟技术转移中心”揭牌。来自中国和东盟港口城市的代表共同发起设立“中国—东盟港口城市合作网络”。中国和东盟企业家、商协会代表共同发起成立“中国—东盟企业家联合会”。

2013年10月9日，第16次中国—东盟领导人会议在文莱斯里巴加湾举行，会议发表了《纪念中国—东盟建立战略伙伴关系10周年联合声明》。声明重申，中国继续支持东盟共同体建设、东盟互联互通、东盟团结和东盟在演变中的区域架构中发挥主导作用的重要性；赞赏中国在东盟对话伙伴中率先加入《东南亚友好合作条约》，率先与东盟建立战略伙伴关系，率先与东盟建成自由贸易区。

2014年7月，中国香港作为单独关税区与东盟启动自由贸易区谈判。“区域全面经济伙伴关系”(RCEP)谈判稳步推进，进入实质性磋商阶段。各方迄已举行5轮谈判和2次经贸部长会议，成立了7个工作组。第6轮谈判于2014年12月在印度举行。

2014年8月26日，第13次中国—东盟经贸部长会议发表联合新闻公报宣布，中国和东盟同意开始中国—东盟自由贸易区升级版谈判。第13次中国—东盟经贸部长会议于26日在缅甸内比都举行。中国商务部部长高虎城致辞表示，2014年是中国—东盟战略伙伴关系建立第二个10年的开局年，伴随中国—东盟自由贸易区建设进程不断加快，中国与东盟的经贸合作已成为中国—东盟整体关系的一大亮点。

2014 年 9 月 16 日，第 11 届中国—东盟博览会和中国—东盟商务与投资峰会在广西南宁举行。中国国务院副总理张高丽出席开幕大会，倡导中国和东盟携手共建“21 世纪海上丝绸之路”，并提出深化政治互信、提高中国—东盟自由贸易区质量和水平、加强互联互通建设、开展海上合作、推进次区域合作、增进人文交流等 6 项具体倡议。东博会和商务与投资峰会及其系列活动，受到中国、东盟及各有关方重视。“两会”在促进中国与东盟贸易、投资、互联互通、跨境电商等领域合作中发挥了积极作用。

2014 年 11 月 13 日，第 17 次中国—东盟（10+1）领导人会议在缅甸内比都举行。东盟 10 国领导人与会。中国国务院总理李克强与缅甸总统吴登盛共同主持会议，与会各方就进一步拓展中国—东盟合作进行深入讨论，达成广泛共识。

2015 年 2 月 3 日～6 日，中国—东盟自由贸易区联委会第 7 次会议暨中国—东盟自由贸易区第二轮升级谈判在北京举行。由商务部、外交部、发展改革委、工业和信息化部、财政部、农业部、海关总署、质检总局、中国钢铁工业协会、广西壮族自治区政府、云南省商务厅等部门和地方组成的中方代表团与东盟 10 国组成的东盟代表团进行谈判。本次会议上，双方继续积极推进升级谈判进程，并召开服务贸易、投资、经济合作、海关程序与贸易便利化、原产地规则、标准、技术法规与合格评定程序（STRACAP）和卫生与植物卫生措施（SPS）七个工作组会议，就具体领域深入交换意见。谈判取得了显著进展。

2015 年 3 月 26 日～29 日，博鳌亚洲论坛在海南博鳌举行，2015 年年会主题为“亚洲新未来：迈向命运共同体”，习近平主席出席年会开幕式并发表主旨演讲，习近平表示积极构建亚洲自由贸易网络，争取在 2015 年完成中国—东盟自由贸易区升级谈判和区域全面经济伙伴关系协定谈判。

2015 年 9 月 18 日，第 12 届中国—东盟博览会、中国—东盟商务与投资峰会开幕大会在广西南宁隆重举行。以“共建 21 世纪海上丝绸之路——共创海洋合作美好蓝图”为主题的新一届盛会，凝聚更多共建 21 世纪海上丝绸之路的共识，进一步增进中国与东盟各国的交流合作，为打造更紧密中国—东盟命运共同体作出更大贡献。

2015 年 11 月 22 日，在马来西亚举行的东盟峰会及系列会议期间，中国国务院总理李克强与东盟 10 国领导人共同见证了标志着中国—东盟自由贸易区升级谈判全面结束成果文件的签字仪式。议定书涵盖货物贸易、服务贸易、投资、经济技术合作等领域，体现了双方深化和拓展经贸关系的共同愿望和现实需求。

2015 年中国与东盟多国铁路合作取重大进展。2015 年 10 月 16 日，中国与印度尼西亚公司签署合建印度尼西亚首都雅加达至万隆的高铁协议。这将成为印度尼西亚乃至东南亚地区的首条高铁。2015 年 12 月 2 日，中老铁路老挝段（磨丁至万象）举行开工奠基仪式，这将与中国铁路网直接连通的境外铁路项目。2015 年 12 月 19 日，中泰铁路合作项目在泰国大城府正式启动，双方将合作建设泰国首条标准轨复线铁路。

（来源：综合整理自人民网、中国新闻网、中华人民共和国中央人民政府网）

大湄公河次区域合作

背景

大湄公河次区域经济合作（Great Mekong Subregion Cooperation，简称 GMS）是由亚洲开发银行于 1992 年根据银行成立时制定的宗旨和其章程中关于促进银行发展中国家成员间合作的授权，并为贯彻银行于 1991 年通过的中期发展框架性计划，经与湄公河沿岸中国、柬埔寨、老挝、泰国、缅甸、越南等 6 国进行一系列磋商后发起的项目。1991 年至 1995 年间，亚洲开发银行根据上述六国政府的要求，进行了两次较大规模的大湄公河次区域经济合作可行性研究（称为“可行性研究第一阶段”和“可行性研究第二阶段”）。这两次研究得到了中国、柬埔寨、老挝、泰国、缅甸、越南等 6 国政府的全力支持和配合。最后框架性报告得出大湄公河次区域经济合作是大势所趋、人心所向的结论，这为 6 国彼此间的合作奠定了坚实的基础。

大湄公河次区域的范围以及依据：亚洲开发银行把促进亚太地区发展中国家之间的合作定名为区域经济合作，为此在亚太区域经济合作框架下的中国、柬埔寨、老挝、泰国、缅甸、越南之间的合作定名为次区域经济合作。除中国、柬埔寨、老挝、泰国、缅甸、越南之外，中国主要指的是中国云南省。大湄公河次区域的界定有以下 8 个方面的理由：

一、共同拥有湄公河。湄公河在六国的经济生活中占有重要地位。六国都需要在湄公河开发利用方面加强合作；

二、6 国除泰国外均属转型经济；

三、6 国都推进对外开放；

四、6 国都是资源富集地区，在合理使用低廉劳动力来进行开发方面，各国相互间有巨大的互补关系；

五、6 国边贸日趋繁荣；

六、基础设施极为落后，其中中国云南省和老挝无出海口；

七、6 国发展资金极度匮乏；

八、6 国文化背景极为相似。

大湄公河次区域经济合作部长级会议：大湄公河次区域经济合作项目启动后，为保证相关的投融资计划与亚洲开发银行按成员国组成董事会决定重大投融资事项的体制相衔接，并讨论和决定大湄公河次区域经济合作的重大问题的实施，大湄公河次区域经济合作部长级会议应运而生。

2015 年 9 月 9～10 日，大湄公河次区域经济合作(GMS) 第 20 次部长级会议在缅甸首都内比都举行。来自柬埔寨、中国、老挝、缅甸、泰国、越南 6 个成员国的部长级政府官员，亚洲开发银行、有关国际组织及域内外国家的代表出席了会议。中国财政部副部长刘昆率中国代表团与会。

地理态势

大湄公河次区域涉及澜沧江—湄公河流域内的中国、缅甸、老挝、泰国、柬埔寨、越南等国，面积达 256.86 万平方公里，总人口约 3.2 亿，连接着中国和东南亚地区，地理位置十分重要。

贯穿大湄公河次区域的澜沧江—湄公河是亚洲一条重要的国际河流，中国境内段称为澜沧江，中国境外段称为湄公河。澜沧江—湄公河发源于中国青藏高原唐古拉山，自北向南流经中国青海、西藏、云南 3 省区和缅甸、老挝、泰国、柬埔寨、越南 5 国，于越南胡志明市附近注入南中国海，全长 4880 公里。

大湄公河次区域涵盖了多种气候类型，又兼具多种地理特征，蕴藏着丰富的水资源、生物资源和矿产资源，经济潜能和开发前景巨大。大湄公河次区域内居住着多个民族，建筑、风情、服饰、宗教习俗各不相同。大湄公河次区域各国还拥有不少名胜古迹，包括中国的丽江古城、缅甸的仰光大金塔、老挝的琅勃拉邦古都、柬埔寨的吴哥窟、泰国的大王宫和越南的下龙湾等。

大湄公河次区域拥有丰富的生物资源、农业资源、水能资源、矿产资源、土地资源、人力资源、人文资源和旅游资源，区位优势特别明显，在资源和市场方面具有较强的互补性，有着巨大的贸易和投资机会，具有极大的发展潜力。另外，大湄公河次区域腹地涉及东南亚和南亚的许多国家和地区，拥有大约 20 亿人口，是当今世界经济最具活力的地区之一，也是世界重要的战略物资补给地，有望成为 21 世纪世界和亚洲巨大的新兴市场。

合作目标

加强经济联系，消除贫困，促进发展。

主要机制

亚洲开发银行大湄公河次区域合作（Great Mekong Subregion Cooperation，简称 GMS)。亚洲开发银行大湄公河次区域合作项目自 1992 年起开始实施，经过初期规划、项目选择，目前已进入项目实施阶段。亚洲开发银行大湄公河次区域合作范围包括湄公河流域的老挝、缅甸、柬埔寨、泰国、越南 5 国和中国云南省，涉及 7 个合作领域，即交通、能源、电讯、环境、旅游、人力资源开发以及贸易与投资。该合作机制分为两个层次：其一是部长级会议，自 1992 年起每年 1 次；其二是司局级高官会议和各领域的论坛（交通、能源、电讯）和工作组会议（环境、旅游、贸易与投资)，每年分别举行会议，并向部长级会议报告。

亚洲开发银行大湄公河次区域合作是湄公河开发 3 个国际合作机制中起步较早并取得实质性进展的机制。自 1992 年起至 2005 年，亚洲开发银行为湄公河流域国家的基础设施建设累计提供贷款 7.7 亿美元，帮助融资 2.3 亿美元，已经在运输和能源领域完成了 9 个项目。截至 2001 年，亚洲开发银行共向大湄公河次区域开发项目提供 32 个累计 2500 万美元的技术援助项目。亚洲开发银行除向湄公河开发项目提供技术援助外，还利用自身的影响力呼吁西方发达国家尤其是私人投资者为这些备选项目提供融资。湄公河沿岸各国政府也十分重视亚洲开发银行大湄公河次区域合作项目。目前亚洲开发银行大湄公河次区域合作的重点是加强大湄公河次区域的基础设施建设和有关贸易投资政策等软环境建设。

东盟—湄公河流域开发合作（ASEAN—Mekong Basin Development Cooperation，简称AMBDC）。东盟—湄公河流域开发合作于1996年6月在马来西亚首都吉隆坡举行首次部长级会议。根据会议通过的框架协定，部长级会议每年至少举行一次。两次部长级会议期间由成员国选派司局级官员举行指导委员会会议，为部长级会议做准备并提供政策建议。同时确定基础设施建设、投资贸易、农业、矿产资源开发、工业及中小企业发展、旅游、人力资源开发和科学技术等8大合作领域。东盟—湄公河流域开发合作第1次部长级会议确定由东盟7国加湄公河沿岸国——老挝、缅甸、柬埔寨和中国为该合作机制的核心国。随着老挝、缅甸和柬埔寨3国相继加入东盟，日本和韩国也应邀加入东盟—湄公河流域开发合作。从此，东盟—湄公河流域开发合作组织的核心实际上衍变成东盟10国加中国、日本、韩国3国的区域合作格局。

东盟—湄公河流域开发合作第1次部长级会议结束后不久，便因亚洲金融危机的影响中断，从1997年起至1999年连续3年没有举行。直到2000年，随着亚洲各国逐渐摆脱金融危机的阴影，第2届东盟—湄公河流域开发合作部长级会议才于2000年7月初在越南首都河内召开，会议根据日本和韩国政府的申请，讨论了吸收日韩为东盟—湄公河流域开发合作核心成员的问题。东盟—湄公河流域开发合作第3届部长会议于2001年10月8～9日在泰国清莱举行。此后，东盟—湄公河流域开发合作的主席国在各核心成员之间轮任。

湄公河委员会（Mekong River Commission，简称MRC）。新湄公河委员会是在1957年成立的湄公河下游调查协调委员会（老湄公河委员会）的基础上产生的。1995年4月，湄公河下游泰国、老挝、柬埔寨和越南4国在泰国清莱签署了《湄公河流域可持续发展合作协定》，承认“湄公河流域和相关的自然资源及环境是沿岸所有国家争取经济发展和社会富足以及提高本国人民生活水平的具有巨大价值的自然资产。”此后4个国家决定在湄公河流域共同开发和管理一切领域，包括河流资源、河上航运、洪水控制、渔业、农业、发电及环境保护等所有可能产生跨越国界影响的领域。

依照协定，建立的新湄公河委员会（Mekong River Commission）取代原来的湄公河临时委员会。新湄公河委员会的职责范围并不限于调查和协调湄公河下游水资源的综合开发，而是根据可持续发展思想，强调对整个湄公河的水资源和相关资源以及全流域的综合开发制订计划并实施管理。新湄公河委员会由理事会、联合委员会和秘书处3个常设机构组成。理事会由每个成员国各派一名级别不低于司长级的官员组成，每年至少举行2次会议。秘书处负责为联合委员会和理事会提供技术和行政服务，其工作在首席执行官（CEO）的领导下进行，而首席执行官的任免则由理事会决定。湄公河委员会各成员国还分别成立了负责本国的湄公河开发和协调任务的机构。新湄公河委员会自成立之日起，就邀请上游的两个国家即中国和缅甸加入该组织，并于1996年开始与两国定期举行对话会，迄今已举行6次对话会。

领导人会议

大湄公河次区域经济合作领导人会议：大湄公河次区域经济合作（GMS）领导人会议是大湄公河次区域经济合作的最高决策机构，每3年召开1次，各成员国按照国名字母顺序轮流主办。部长级会议每年举行1次，下设专题论坛和工作组。

2002年11月3日，大湄公河次区域经济合作首次领导人会议在柬埔寨金边举行。时任中国国务院总理朱镕基出席会议并就加强次区域合作的重要性等问题作了主旨发言。会议批准了《次区域发展未来十年战略框架》，并决定其后每3年在成员国轮流举办一次领导人会议。会后，有关国家签署了《大湄公河次区域便利运输协定》谅解备忘录、《大湄公河次区域便利运输协定》中方加入书和《大湄公河次区域政府间电力贸易协定》。

2005年7月4日～5日，大湄公河次区域经济合作第2次领导人会议在云南昆明举行，时任中国国务院总理温家宝主持会议并在会议开幕式上发表了讲话。会议围绕“加强伙伴关系，实现共同繁荣”的主题进行深入讨论并达成广泛共识，确立了以“相互尊重、平等协商、注重实效、循序渐进”为主要内容的合作指导原则，并发表了《昆明宣言》。此外，与会6国领导人还签署了便利客货运输、动物疫病防控、信息高速公路建设和电力贸易等多项合作文件，同时批准了贸易投资便利化行动框架和生物多样性保护走廊建设等多项合作倡议。

2008年3月30～31日，大湄公河次区域经济合作第3次领导人会议在老挝万象举行，6国领导人围绕“加强联系性、提升竞争力”的主题，就加强基础设施互联互通，贸易运输便利化，构建伙伴关系、促进经贸投资，开发人力资源、增强竞争力，可持续的环境管理，次区域合作与发展伙伴关系等方面的合作构想交换意见。时任中国国务院总理温家宝在会上就加强次区域合作的问题阐述了中方的倡议主张。与会各国领导人签署了《领导人宣言》，指出了大湄公河次区域经济合作面临的机遇与挑战以及未来行动的方向，提出2008～2012年大湄公河次区域经济合作发展行动计划。与会领导人还签署了《实施次区域跨国电力贸易路线图谅解备忘录》以及《经济走廊可持续与均衡发展谅解备忘录》等一系列合作文件。

2011年12月20～21日，大湄公河次区域经济合作第4次领导人会议在缅甸内比都举行，中国国务委员戴秉国出席会议并讲话，就进一步加强次区域合作提出了5点建议。本次会议主题为“超越2012：建立新十年大湄公河次区域经济合作战略发展伙伴关系”，6国领导人就继续深化次区域国家在交通、能源、电信、环境、农业、投资等9大重点领域的合作深入交换意见，并签署了涉及农业、环境保护、信息高速路建设等多个领域相关文件和协议，通过了《大湄公河次区域经济合作第四次领导人会议联合宣言》、《内比都宣言》和《大湄公河次区域经济合作新十年战略框架》。与会领导人接受了GMS部长递交的成果文件，听取了GMS工商论坛商业和投资会议的情况回报，并出席了3个合作备忘录的签字仪式。

2014年12月20日，中国国务院总理李克强在曼谷出席大湄公河次区域经济合作第5次领导人会议开幕式。这是与会领导人在开幕式上集体合影。出席会议的领导人有中国国务院总理李克强、柬埔寨首相洪森、缅甸总统吴登盛、越南总理阮晋勇、老挝总理通邢、泰国总理巴育。

2014年12月19～20日，大湄公河次区域经济合作（GMS）第5次领导人会议在泰国首都曼谷召开。本次会议主题为“致力于大湄公河次区域的包容性和可持续发展”。另外，会议发表了联合宣言。联合宣言再次强调于2011年在缅甸内比都举行的大湄公河次区域经济合作第4次领导人会议所通过的《大湄公河次区域经济合作新十年（2012～2022）战略框架》定向和目标。本次会议主题为“致力于大湄公河次区域的包容性和可持续发展。”会议通过了2014～2018年区域投资框架执行计划，为次区域进一步加强互联互通描绘出蓝图。

会上，各位领导承诺，成功地展开各项优先投资项目和所达成的合作协议，实现GMS居民的利益。联合宣言回顾了GMS近年来取得的结果。虽然全球和地区还面临不少挑战，但从2011年大湄公河次区域经济合作第4次领导人会议以来，GMS合作机制在交通运输基础设施建设、能源、信息技术与传媒等领域的可持续合作取得了令人瞩目的成就。

目前，各国领导人应建设一个合作基础，旨在解决大湄公河次区域新兴挑战。各国领导人深信，大湄公河次区域经济合作机制各成员之间的合作将为本地区居民带来巨大利益。各国领导人一致同意，大湄公河次区域经济合作第6次领导人会议将于2017年在越南举行。

进展

近20年来，大湄公河次区域已经成为世界和东亚一体化发展速度最快的地区之一，年平均经济增长速度超过6%，在基础设施建设和经贸领域均取得显著的突破和进展。

GMS经济走廊的发展分为3个阶段：交通走廊建设阶段、物流走廊建设阶段、经济走廊建设阶段。2007年，沿南北、东西、南部走廊城市间的铁路、公路、水运等基础设施建设已初具规模，交通状况得到明显改善。

大湄公河次区域经济合作以项目为主导，根据区域内成员的实际需要提供资金和技术支持。2008年3月21日，合作重点项目之一的昆明—曼谷公路（昆曼公路）中国路段全线贯通。作为连接东南亚、南亚国家的4条陆路通道之一，昆曼公路对于完善区域路网结构、优化地区投资环境、促进区域经济交流及推动各国经济社会全面发展都具有重要意义。

自合作机制启动以来，大湄公河次区域各国围绕基础设施建设、跨境贸易与投资、私营部门参与、人力资源开发、环境保护和自然资源可持续利用5大战略重点加强合作，取得了显著成果。

截至2007年年底，在次区域经济合作框架内，在交通、能源、电信、环境、农业、人力资源开发、旅游、贸易便利化与投资9大领域共开展180个合作项目，其中投资项目达34个，总投资达98.7亿美元；技术援助项目146个，涉及资金1.66亿美元。

大湄公河次区域其他各国都是中国的友好邻邦，与中国的友谊源远流长。中国历来重视参与大湄公河次区域经济合作，不断推进与次区域各国间的睦邻友好关系。2010年是澜沧江—湄公河国际航道正式通航10周年。10年来，澜沧江—湄公河国际航道已经成为中国连接东南亚各国的国际黄金水道，在建设中国—东盟自由贸易区、加强大湄公河次区域经济合作、促进中国、老挝、缅甸、泰国4国间经贸文化交流中发挥着不可替代的作用。

截至2009年，中国通过澜沧江—湄公河国际航道完成累计运输量达300万吨以上，有效带动了中国、老挝、缅甸、泰国4国的农业、轻工、运输、造船、商贸、宾馆服务等行业的协调发展。同时，澜沧江—湄公河国际航道也为中国与东盟国家建立跨国旅游经济区奠定了基础。澜沧江—湄公河对接了中国西南及泰国金三角、老挝琅勃拉邦等国际旅游热点，中国景洪—泰国清盛、老挝琅勃拉邦旅游班轮开通后，进一步改变了澜沧江—湄公河沿岸区域的国际旅游格局，多条富有吸引力的国际旅游特色线路也在规划之中。

2010年，中国—东盟自由贸易区的政策逐步实施到位，澜沧江—湄公河国际航道迎来新一轮的发展机遇。2015年，中国澜沧江—湄公河国际货运量可达到150万吨，客运量可达到20万人次以上，其在区域经济合作中将发挥更大的作用。

广西壮族自治区是中国参与大湄公河次区域经济合作的主要省区。近年来，广西利用身处多个中国—东盟次区域合作交汇点的区位优势，依靠中国—东盟博览会的平台，与大湄公河次区域经济合作各国就共同推进交通设施建设，加强贸易投资便利化和产业合作，推进跨境经济合作区节点建设等方面展开合作。

2010年4月6日，大湄公河次区域核心环境项目——中越跨境生物廊道建设一期增资项目启动会在广西南宁召开。项目从2010年2月1日开始到2011年12月31日结束，实施地点为广西靖西邦亮自然保护区及附近方圆200平方公里的区域。该项目由亚洲开发银行提供建设资金，围绕5个部分展开。该项目的顺利实施，对加强次区域生物多样性保护、减贫、提高环境管理水平等起到重要推动作用。

为推动大湄公河次区域经济合作的深入开展，2009年9月17日，第2届大湄公河次区域（GMS）经济走廊论坛在柬埔寨首都金边举行。论坛的主题是“大湄公河次区域经济走廊：走向一体化、和谐与繁荣次区域的通道”，论坛主要就加强区域内国家跨境合作和加快经济走廊建设等发展战略进行了探讨。论坛结束后，柬埔寨与泰国签署了《跨境运输协议》，允许对方每天有40辆货车直接进入本国，并将根据需要增加数量，这是本届论坛取得的重要成果之一。此后，跨境运输的障碍逐步消除。

2009年11月15日，由中国科技部政策法规司和国家发改委地区经济司共同主办的“大湄公河次区域发展高层论坛”在云南昆明举行。

论坛研讨主题包括“次区域经济合作的战略构想”、“次区域产业经济技术合作”、“次区域经贸合作与科技支撑”等诸多涉及大湄公河次区域未来发展与合作的重要论题。对加强中国同周边国家的国际交流与合作、探索发展中国家进行经济合作的模式与相关机制、促进中国经济社会的协调发展、推动西南东盟一体化发展、提高中国在大湄公河次区域合作水平等方面均将发挥积极作用。此次，“大湄公河次区域发展高层论坛”全面总结了大湄公河次区域合作的历程、成效与经验，系统分析了新时期大湄公河合作与开发面临的新问题、新挑战，深入探讨中国在战略与策略层面上针对未来大湄公河次区域合作的方式、机制和政策。2009年6月19日，大湄公河次区域经济合作第15次部长级会议在泰国举行，来自中国、缅甸、泰国、柬埔寨、越南、老挝的部长级官员以及亚洲开发银行和国际组织的代表参加了会议。各国部长在会议上签署了扩大现有跨境能源贸易的路线图，除电力以外，次区域各国还将寻求水能、石油、天然气以及煤等多种能源的跨境整合。

联合声明还表示，在接下来的3年中，各国应当优先实施《跨境便利运输协定》以及提出其他贸易便利化建议，将交通走廊发展成为全面发展的经济走廊。

2010年4月5日，首届湄公河委员会峰会在泰国华欣举行，会议发表了《湄公河委员会华欣宣言》，委员国承诺要致力于建设“一个经济繁荣、社会公正和环境良好的湄公河流域”。时任泰国总理阿披实在会上宣读了《华欣宣言》。这一宣言以“满足需要，保持平衡，面向湄公河流域的可持续开发”为主题，指出湄公河委员会的任务是促进和协调水资源以及相关资源的管理和可持续发展，谋求各国的共同利益和人民福利。中国、缅甸作为两个对话伙伴参加了峰会。

2010年6月8日，大湄公河次区域商务理事会在云南昆明成立，并将设立GMS合作基金，帮助那些有意愿进入GMS国家发展的广大中小企业解决资金困难。该机构将定期编写GMS商务咨询报告，聘请相关专家编写有关GMS各国政策、法律、投资环境、投资项目的权威咨询报告，分析GMS国家各领域的贸易与投资状况、合作商机，并向理事会成员提供。该机构由GMS国家和地区前行政首长、GMS国家工商界领袖及精英代表、GMS国家有代表性的企业、有关专家和学者组成。

2010年8月20日，在越南河内举行的大湄公河次区域经济合作第16次部长级会议上，6国一致通过了大湄公河次区域铁路衔接计划。预计到2020年，大湄公河次区域6国将实现铁路网络的连通，该计划被视为开发并实现泛亚铁路系统的第一步。

2010年12月2～3日，亚洲开发银行及湄公河次区域6国交通部门官员、专家齐聚广西南宁，举行大湄公河次区域交通论坛第14次会议，共同探讨区域交通合作的美好前景。出席论坛的嘉宾有中国交通运输部、亚洲开发银行和大湄公河次区域国家交通部门的代表。此次论坛的议题是：大湄公河次区域下一步交通通联。论坛审议并检查大湄公河次区域《万象行动计划（2008～2012年）》交通项目，讨论大湄公河次区域交通发展重点项目，审议《大湄公河次区域铁路战略规划》及其行动计划。

2011年6月7日，在中国云南省昆明市召开的大湄公河次区域合作商务理事会第2次会议上，来自中国、越南、柬埔寨、老挝、缅甸和泰国的代表一致通过了旨在深化区内各国企业间合作的《大湄公河次区域商务理事会昆明共识》。与会各国代表呼吁工商界继续加强在GMS框架和中国—东盟自由贸易区框架内的合作，加快GMS经济走廊交通基础设施的互联互通；推动交通走廊向经济走廊转化，推动贸易投资政策和市场准入政策的互联互通，促进GMS贸易投资便利化，推进贸易结算便利化；加强GMS主要行业之间的密切联系，鼓励成立区域性的行业合作委员会。

2011年7月28日，为期1天的第3届大湄公河次区域环境部长会议在金边举行，与会者呼吁加强合作，保护环境，确保区域社会经济可持续发展。柬埔寨首相洪森、中国、泰国、缅甸、老挝和越南6个大湄公河次区域成员国的环境部长或代表先后在会上发言。与会部长和代表对保护生物多样性走廊倡议第一阶段计划（2006～2011年）的实施成果给予高度评价，同意继续实施保护生物多样性走廊倡议的第二阶段计划（2012～2016年）。会议发表的《部长联合声明》高度评价保护生物多样性走廊倡议第一阶段计划的实施和亚行及发展伙伴对该项目的支持，鼓励在大湄公河次区域国家发展“绿色、全面、平衡的经济”，希望亚行和发展伙伴继续支持次区域国家为实施环保计划、应对气候变化和减贫所作出的努力。

2011年8月4日，大湄公河次区域经济合作第17次部长级会议在柬埔寨首都金边举行。中国财政部副部长张少春率中国政府代表团出席会议。来自中国、缅甸、老挝、泰国、柬埔寨、越南的部长级官员以及亚洲开发银行（亚行）和国际组织的代表出席了会议。会议期间，各国部长回顾了自第16次部长会以来GMS合作取得的进展，审议了GMS第4次领导人会议的成果文件准备进展，其中包括GMS新十年（2012～2022年）战略框架、旅游合作战略、信息高速公路谅解备忘录、核心环境项目二期框架文件和行动计划、设立GMS铁路协调办公室行动计划及交通与贸易便利化成果文件，并就新十年战略框架的实施进行了深入讨论。会后发表了《部长联合声明》。

2011年12月20日，大湄公河次区域经济合作第4次领导人会议在缅甸内比都举行，中国国务委员戴秉国出席会议并讲话。缅甸总统吴登盛、柬埔寨首相洪森、老挝总理通邢·塔马冯、泰国总理英拉、越南总理阮晋勇和亚洲开发银行行长黑田东彦出席会议。会议通过了《内比都宣言》和《大湄公河次区域经济合作新十年战略框架》。与会领导人接受了GMS部长递交的成果文件，听取了GMS工商论坛商业和投资会议的情况汇报，并出席了3个合作备忘录的签字仪式。

2012年3月27日，亚太区域合作会议在昆明举行，有关大湄公河次区域发展的议题成为焦点。与会各国代表就“展优先道路运输”、“建立GMS商业论坛”等具体问题发表了各自看法。GMS成员国在会上倡议，希望建立GMS商业论坛，促进区域内多层次、多性质的部门参与合作讨论，尤其为私营部门提供机会。

2012年6月7日，大湄公河次区域商务理事会第3次会议在昆明召开，主题为“分享合作成果、创新发展空间”。来自柬埔寨、老挝、缅甸、泰国、越南以及中国的工商界代表共计220人与会，各方代表一致审议并通过了《大湄公河次区域商务理事会—昆明共识》。

2012年12月11～12日，大湄公河次区域经济合作第18次部长级会议在广西南宁举行，以“新起点，新发展：巩固20年合作成果，提升未来合作水平”为主题。时任中国财政部部长谢旭人率中国代表团出席并主持会议。来自GMS其他5个成员国的部长级政府官员，亚洲开发银行副行长史蒂芬·格罗夫，联合国亚太经济与社会理事会、国际移民组织等国际组织及有关域内外国家的代表出席了会议。会议通过了部长联合声明，签署了《关于成立区域电力协调中心的政府间谅解备忘录》，决定成立大湄公河次区域铁路联盟，并承诺加快建立次区域知识平台，推动交通走廊向经济走廊转变，开启了该机制迈向新十年的大幕。会议批准了《大湄公河次区域人力资源战略框架及行动计划（2013年～2017年）》，审议通过了《实施降低大湄公河次区域地区流动人口感染艾滋病风险备忘录的行动计划》以及交通与贸易便利化的相关成果文件。

2013年6月5日，中国与柬埔寨、缅甸、老挝、越南和泰国6国政府新闻主管部门官员，在云南省昆明市共同启动首届“中国与大湄公河次区域五国媒体互访”活动。中国国务院新闻办公室副主王国庆在启动仪式上表示，在过去的20多年，中国、老挝、柬埔寨、缅甸、越南、泰国6国新闻媒体在增进次区域各国和各国人民之间的了解、理解，推动区域和国与国之间合作方面发挥了不可替代的重要作用，作出了积极的贡献。次区域合作需要进一步加强，次区域各国媒体的作用也需要进一步增强。2012年中国国务院新闻办公室倡议中国与大湄公河次区域5国媒体开展定期互访，得到了次区域5国的积极响应。

2013年6月5日，大湄公河次区域运输商协会能力建设研讨会在昆明召开，来自老挝、缅甸、泰国、越南、印度和中国、联合国亚太经社会、亚洲开发银行的130多位政府官员、专家学者、商会负责人和物流运输企业代表围绕深化GMS经济合作，充分发挥GSM运输商协会的功能和作用，提升其运行效率，加强其能力建设等议题进行探讨。研讨会采取主旨演讲、互动式讲座、提问和发言等形式，与会代表们就GMS运输商协会——GMS合作中的新角色，GMS运输商协会行动计划，GMS运输商协会支撑体系建设等议题交流信息，分享经验，探讨构建次区域物流民间合作平台、加强区域内互联互通、实现区域内物流运输便利化等共同关注的事宜。同时研讨次区域各国政府对物流和运输便利化发展方面的对策措施及政策建议，以及如何发挥该地区国际组织的作用，积极争取国际组织对大湄公河次区域运输商协会提供支持和帮助等问题。

2013年6月18日，第31次大湄公河次区域国家旅游工作组会议在广西桂林召开。来自湄公河旅游协调办公室、亚洲开发银行，以及柬埔寨、老挝、缅甸、泰国、越南、中国等6国国家旅游部门的官员，大湄公河次区域6国旅游院校、旅游行业等代表，以及多家国内外新闻媒体的记者聚首本次会议。这次会议将就巨大经济潜力和保护中国游客及区域安全进行讨论。同时就大量中国游客涌入大湄公河次区域国家对本地区的经济、社会以及环境等方面带来的影响进行讨论。另外，有关人士还要报告大湄公河次区域旅游部门优先战略项目的执行情况、大湄公河次区域国家项目的最新进展情况等。

2013年7月30日，以“大湄公河次区域合作——青年的期望与责任”为主题的第9届大湄公河次区域青年友好交流活动在云南红河哈尼族彝族自治州启动。在为期3天的友好交流活动中，来自中国、泰国、缅甸、越南、老挝和柬埔寨的60多名青年将在红河州感受多姿多彩的中国少数民族文化、参观最近入选世界文化遗产的哈尼梯田、品尝哈尼长街宴，并在活动中展开深入交流。

2013年11月22日，在亚洲开发银行（亚行）的支持和协调下，大湄公河次区域国家便利运输联合委员会（联委会）第4次会议在缅甸首都内比都举行。GMS六国（中国、柬埔寨、老挝、缅甸、泰国、越南）交通运输主管部门的领导分别率团与会。亚行和GMS发展伙伴的高级代表也出席了会议。中国代表团由交通运输部总规划师戴东昌任团长，成员来自交通运输部、公安部、海关总署、质检总局和中国道路运输协会等我国便利运输委员会部分成员单位。会议回顾了自2010年联委会第3次会议以来，GMS各国在交通基础设施互联互通和跨境运输便利化方面取得的工作进展，通过了《联委会未来三年（2013～2016）运输和贸易便利化蓝图规划》并发表了《联委会第4次会议联合声明》。会议敦促各有关方继续加快GMS六国政府间《便利货物及人员跨境运输协定》（《便运协定》）附件和议定书的批准；推动成员国之间商签和实施《便运协定》的双边或三边合作文件；继续依据市场需求增加运输行车许可证配额；开展完善口岸“单一窗口”和“一站式”检查并扩大应用范围；确定推行海关过境制度的瓶颈并研究对策；加强各边境主管机关能力建设；鼓励私营部门和运输协会的积极参与（包括在联委会项下成立担保机构分委会）等。

2013年12月10日～11日，大湄公河次区域经济合作第19次部长级会议在老挝万象举行。来自老挝、柬埔寨、中国、缅甸、泰国、越南等大湄公河次区域经济合作的6个成员国，亚洲开发银行，有关国际组织及域内外双边援助机构的代表出席了会议。财政部副部长史耀斌率由外交部、发改委、财政部等组成的中国代表团出席。本次会议的主题为“做好新一代GMS合作规划，推动次区域快速发展”。会议审议通过了区域投资框架合作项目规划，为落实GMS 2012～2022年战略框架提供了有力的平台；签署了成立GMS铁路联盟备忘录，目的旨在为推动次区域内铁路互联互通，促进铁路基础设施资源的优化配置提供制度性安排。此外，会议还就如何进一步推动区域合作和一体化及区域投资框架合作项目的有效实施等议题进行了讨论。

如今，建成超过20周年的大湄公河次区域合作已经成为亚洲区域经济合作机制及南南合作的一个成功范例。中国将结合《大湄公河次区域经济合作新十年战略框架（2012年～2022年）》和《交通与贸易便利化行动计划》的实施，与GMS有关国家及亚行一道，全力推动经济走廊建设。

2014年6月7日，第6届GMS经济走廊活动周暨GMS商务理事会第5次会议在昆明开幕，来自大湄公河次区域各国政府官员、金融机构、工商界代表共话区域金融领域的开放与合作。本次活动周主题为“务实合作、惠及民生”，关注点更多地投向金融、物流、会展等务实合作的领域。活动周期间，将举办GMS金融高峰论坛、GMS行业合作委员会会议、中老跨境经济合作区建设协商会议，以及中国—南亚国际金融开放合作BCIM（孟中印缅区域）交易所论坛等系列活动。据悉，自2009年6月“GMS经济走廊活动周”创办以来，在中国商务部、亚洲开发银行及GMS各国政府和工商界的大力支持和帮助下，活动周已经成为中国昆明进出口商品交易会的重要品牌活动之一，成为云南参与GMS经济合作的重要平台。

2014年6月9日至12日，“第33次大湄公河次区域（GMS）旅游工作组会议暨2014大湄公河旅游论坛”在缅甸曼德勒召开。此次工作组会议审议通过了第32次旅游工作组会议纪要，重点讨论了实施GMS旅游发展战略的下一步工作计划以及各国牵头项目的实施进展情况，同时通过面试考核选定了下一任湄公河旅游协调办公室执行主任。会上，亚太旅游协会建议延伸此前金三角地区铁人三项国际比赛精神，拟于2016年在GMS地区举办一项由300人参加的国际边境旅游活动，采用越野、游艇等多元化方式串联区域内主要的自然和文化遗产旅游点，以强化区域旅游品牌，推进区域产品营销。建议得到与会代表的积极反响和热烈讨论，具体实施方案待亚太旅游协会修改完善后再征求各相关国家和机构的意见。

2014年12月21日，第10届大湄公河次区域青年友好交流活动主题论坛在广西南宁举行。来自柬埔寨、老挝、缅甸、泰国、越南和中国等大湄公河次区域6国的青年代表在论坛上表示，希望以共建“21世纪海上丝绸之路”为载体，进一步增进相互间的了解互信，推动各领域的交流与合作。论坛上，大湄公河次区域6国青年代表共同按下按钮，开启大湄公河次区域青年合作新起点，表达了大湄公河次区域青年共建“21世纪海上丝绸之路”的良好愿望。大湄公河次区域青年友好交流活动2001年由中华全国青年联合会发起，中华全国青年联合会与泰国社会发展与人类保障部合作举办。

数据显示，截至2013年年底，GMS各成员国共开展了260个合作项目，共投入资金约169.4亿美元。其中，作为中国参与GMS合作的主体省份，云南与次区域五国的贸易额由2008年的22.11亿美元增加到2014年的110.7亿美元，年均增速超过30%。

2015年6月11日，第7届大湄公河次区域经济走廊论坛在云南昆明闭幕。本次论坛主题为“务实合作，面向未来”。多位与会的大湄公河次区域国家的政府官员表示，此次经济走廊论坛处于地区经济发展的关键时期，将会为地区互联互通及经济一体化起到指导作用。中国商务部长高虎城表示，中国政府鼓励企业“走出去”，加强自贸合作区、边境合作区的建设，并呼吁加强运输和贸易的共赢。

2015年7月22日，大湄公河次区域跨境传染病联防联控项目10周年总结会在云南省普洱市召开。总结会回顾总结了项目实施10年来的成果和经验，就中国、老挝、越南三国在疟疾、登革热、艾滋病和鼠疫等传染病防控工作进行分享和交流，并就下一步推进项目实施进行研究规划。中国国家卫生计生委国际司副司长李明柱参加总结会并致辞，中国政府一直以来十分重视同大湄公河次区域国家的卫生合作，大湄公河次区域跨境传染病联防联控项目自2005年开始起步，由中国政府出资支持，主要依托云南和广西两省（区）实施。在各级项目执行机构的共同努力下，项目10年来取得了良好成效和重要产出，初步建立了中国、老挝、越南、缅甸边境地区传染病跨境防控的合作机制和疫情通报机制，切实提高了边境地区传染病防控机构和人员的能力，逐步涵盖了疟疾、登革热、艾滋病和鼠疫4个病种，为促进中国和大湄公河次区域国家的卫生事业发展，提升传染病防控能力，提高医疗卫生服务水平作出了重要贡献。

2015年10月30日，为期21天的2015年大湄公河次区域国家跨境经济合作区研修班在昆明举行结业典礼。23位来自缅甸、老挝、柬埔寨和越南相关领域的政府官员参加培训并获得结业证书。本次研修班由商务部主办、云南国际经济技术交流中心承办、云南财经大学国际工商学院协办，邀请了中国政府和高校的专家学者向学员系统介绍中国改革开放成果、经济发展态势和对外开放政策；带领学员到普洱市、西双版纳傣族自治州磨憨等地实地考察了解中国文化及经济建设成果，学习和探讨国际区域经济合作理论与模式；通过交流座谈与学员分享中国在跨境经济合作区建设方面的经验。

2016年3月23日，澜沧江——湄公河合作首次领导人会议在海南三亚举行。中国国务院总理李克强、泰国总理巴育、柬埔寨首相洪森、老挝总理通邢·塔马冯、缅甸副总统赛茂康和越南副总理范平明等出席。与会国家领导人围绕“同饮一江水，命运紧相连”的会议主题，共商澜湄合作发展大计。主持会议的李克强总理指出，加强澜湄合作，让澜湄各国好上加好、亲上加亲，是地区国家和各国人民的共同心愿。中国社科院世界经济与政治研究所研究员倪月菊表示，新成立的澜湄合作机制不会替代原有机制，而是一种新的补充。澜湄合作将结合“一带一路”，在中南半岛等区域，在资金、市场方面发挥更大的作用。在澜湄合作机制下，中国将更为积极地发挥资金、市场、技术、产能等方面的优势，实现与其他五国的互通互联。最新统计显示，2015年，中国同湄公河5国贸易总额达1939亿美元，双边人员往来超过1500万人次。中国和湄公河五国互派留学生总数超过6万人。

国际关注

在国际政治多极化、世界经济全球化和区域化迅速发展的推动下，澜沧江—湄公河次区域国际合作成为亚太地区经济、贸易及投资的新热点。自亚洲开发银行倡导大湄公河次区域合作以来，西方发达国家以及东盟对该地区合作都高度重视，纷纷参与到该区域合作中来。日本一直是湄公河开发的重要捐助国。2009年11月16日，由日本和湄公河地区5个国家的领导人参加的首次“日本—湄公河地区各国首脑会议”在东京举行。会议通过了《东京宣言》，旨在加强日本与湄公河地区国家之间的合作。日本把湄公河地区作为外援重点，继续扩充对该地区整体，特别是柬埔寨、老挝、越南3国的政府开发援助。2009年起的3年内共向该地区提供5000亿日元（1美元约合90日元）以上的政府开发援助；从2010年开始启动相关项目推进环保领域合作；扩大双方人民特别是青少年交流；规定每3年在日本召开一次首脑会议等。此外，会议还通过了双方合作行动计划，涵盖基础设施和地区性经济制度建设、地区稳定合作及文化遗产保护等。

2014年08月27日，日本与湄公河流域5国召开部长级会议，由于通过加强跨国制造业零部件供应网有望促进经济增长，湄公河五国希望进一步加深与日企的合作关系。日本经济产业相茂木敏充出席会议，茂木在会议伊始致辞时强调称“这个地区具有巨大潜能”。他呼吁通过包括五国在内的东亚区域全面经济伙伴关系（RCEP）等平台来统一投资和服务规则，让区域内制造业零部件供应网得以发展。与会的湄公河国家还包括柬埔寨、越南和老挝。湄公河地区区域内贸易占各国总出口额的比例仅7%左右。若基建等供应网得到进一步强化，区域内贸易未来有望扩大，在该地区发展的日企也将受益。

2016年5月1日，日本外相岸田文雄抵达泰国，展开为期一周的对泰国、缅甸、越南、老挝的东南亚访问行程。日本外相岸田文雄于2016年5月2日表示，未来3年，日本将在湄公河地区注资7500亿日元（约合70亿美元）促进当地的发展。岸田在演讲中表示，“日本的合作不是只建好公路和桥梁就结束了”，岸田表示还将在技术人员等人才培养方面提供协助。日本首相安倍晋三于2015年7月承诺对包括泰国在内的湄公河流域提供总计约7500亿日元（约合456亿元人民币）政府开发援助，岸田在讲演中明确表示，从2016年起付诸实施。

美国也积极关注湄公河的发展。2009年7月23日，时任美国国务卿希拉里·克林顿与湄公河下游的泰国、越南、老挝和柬埔寨等4国外长在普吉举行外长会议，与会5国外长们就加强在河流灾害预防等领域的合作达成共识。决定各国成立一个专门工作小组，对有关情况进行研究并将成果提交给美国，以便共享灾害预防方面的专业建议和意见。同时还决定将“美湄会议”定为东盟与对话伙伴外长会议期间举行的年度会议。

欧洲及其他西方国家大部分是通过官方的开发援助和直接投资、捐助开发和研究等方式参与澜沧江—湄公河的开发合作。如澳大利亚、新西兰、瑞典等国积极参与湄公河开发，以官方开发援助和人力资源开发为主。英国、法国等国在多极化的推动下，重点的投资、捐助和合作主要集中在原旧殖民地国家。欧盟及其他欧洲国家以亚欧首脑会议为契机，对湄公河开发也有一定兴趣，已在“共同合作湄公河开发计划”方面达成共识，表示积极支持开发合作。

东盟近年来也越来越重视湄公河流域开发合作。1995 年，第 5 次东盟首脑会确定东盟走向 21 世纪的战略发展目标，决定加快东盟经济政治一体化的进程，并将“东盟自由贸易区”计划从 2008 年提前到 2003 年实现。为实现 10 国“大东盟”计划，东盟积极地介入湄公河开发计划，考虑到东盟的几个新盟员是该地区经济较不发达的国家，经济、社会、政治、法律制度及历史文化背景与原东盟成员国之间有较大差异和距离，还考虑到这一地区与中国的密切关系，于 1996 年 6 月在吉隆坡召开东盟—湄公河流域开发合作第 1 次部长级会议上，通过《东盟—湄公河流域开发合作基本框架》，以提高湄公河流域国家的经济水平，加速将湄公河沿岸国如老挝、缅甸和柬埔寨纳入东盟的轨道。同时，也将“东盟—湄公河流域开发合作”作为东盟与中国经济合作关系的重要组成部分。

“湄公河铁路”修建计划于 2010 年 8 月 20 日在越南首都河内举行的大湄公河次区域经济合作部长级会议上获得通过，由亚洲开发银行出资，亚洲开发银行负责人认为该铁路网将于 2020 年成为现实。而另一条早在 20 世纪 90 年代中期开始构思，是连接中国云南和东盟诸国的铁路大通道，在经历了十几年的冷热沉浮后重新上路。若然“湄公河铁路网”构建成功，有望成为“泛亚铁路”3 条选线的重要组成部分。2010 年，中国出资完成了柬埔寨境内巴登—斯诺尔缺失段可行性研究工作；2011 年出资完成了老挝境内万象—磨憨缺失段、缅甸境内木姐—腊戌缺失段可行性研究工作。2012 年 12 月的大湄公河次区域经济合作第 18 次部长级会议决定成立 GMS 铁路联盟，协调域内铁路干线对接。在中越边境公路交通双边协定下，2012 年中越双方开通了昆明至海防客货运、南宁至河内客货运以及深圳至河内货运等 5 条国际运输铁路。2015 年 03 月 11 日，大湄公河区域铁路联盟（GMRA）第一次全体大会在昆明举行。中国、柬埔寨、老挝、缅甸、泰国、越南等 GMRA 6 个成员国及亚洲开发银行的代表出席会议。GMRA 是大湄公河次区域经济合作机制下的政府间铁路合作组织，2014 年 8 月正式成立，致力于加快推动区域内各国铁路基础设施互联互通，早日实现货物和旅客运输便利化。通过推进铁路互联互通建设，GMRA 成员国将最终实现路网北连丝绸之路经济带、南连海上丝绸之路、西连孟中印缅经济走廊的网络格局。GMRA 合作机制是深化本区域基础设施合作，推动区域经济一体化，落实“一带一路”战略的重要成果。

（来源：综合整理自中国新闻网、新华网、广西新闻网、云南网）

2016 年泛北部湾经济合作论坛

时 间

2016 年 5 月 26 日

宗 旨

泛北部湾经济合作论坛，以促进泛北部湾区域合作发展为目的，旨在搭建一个长期性、开放式的研究、交流和沟通平台，成为各国政府官员、专家学者、企业精英相互交流、共同展望、制定规划、推进合作的场所。自 2006 年以来，泛北部湾经济合作论坛已成成为促进中国—东盟合作的重要推动力量。本届论坛与中国—中南半岛经济走廊发展论坛合并举办的创新设计，将进一步发挥泛北论坛服务国家战略大局、丰富中国—东盟合作平台的作用，凸显广西“一带一路”有机衔接的重要门户地位，主动融入和积极服务“一带一路”。

主 题

携手泛北合作，共建“一带一路”

主要活动

开幕大会

中国—中南半岛经济走廊发展论坛

中国—东盟港口城市合作网络工作会议

组织机构

主办单位：

广西壮族自治区人民政府

中国国家发展和改革委员会

中国交通运输部

中国商务部

中国海关总署

中国国家旅游局

中国国务院发展研究中心

人民日报社

中国人民银行

中国国家开发银行

海南省人民政府

广东省人民政府

泰国商务部

特 点

与前8届论坛相比，本届论坛任务更集中、重点更突出、内容更务实。

通过论坛平台促进合作，突出广西服务国家“一带一路”战略的重要地位和作用，任务更集中。本届论坛与中国—中南半岛经济走廊发展合并举办的创新设计，进一步发挥泛北论坛服务国家战略大局、丰富中国—东盟合作平台的作用，凸显广西“一带一路”有机衔接的重要门户地位，主动融入和积极服务“一带一路”。

面向东盟、陆海统筹、有机衔接，重点更突出。本届论坛更加紧扣广西与东盟陆海相连的门户特色，首次在泛北论坛总框架下同期举办中国—中南半岛经济走廊发展论坛与中国—东盟港口城市合作网络工作会议，突出泛北合作陆海统筹的独特作用，展示泛北部湾经济合作开放包容的鲜明特色。

本届论坛发布中国—中南半岛经济走廊建设倡议书，讨论中国—东盟港口城市合作网络愿景与行动、中国—东盟港口城市合作网络合作办法等文件，举行中国—东盟港口城市合作网络中方秘书处揭牌仪式以及中国—中南半岛经济走廊沿线合作项目签约、中国—东盟港口合作网络相关项目的启用仪式，进一步促进各方的务实合作。

论坛成果

2016年5月26日晚，第9届泛北部湾经济合作论坛暨中国—中南半岛经济走廊发展论坛圆满完成各项议程，胜利闭幕。本次论坛发布共建中国—中南半岛经济走廊倡议书，推进中国—中南半岛经济走廊沿线合作的深入对接。

中国国家发展和改革委员会西部司副司长翟东升宣读倡议书。倡议书指出，“一带一路”建设，是沿线各国开放合作的宏大愿景，是一项造福世界各国的伟大事业，需要沿线各国携手努力，朝着互利互惠、合作共赢的目标相向而行。中南半岛是“一带一路”建设的重要方向。中国与中南半岛国家是一衣带水的友好邻邦，经济互补性强，市场容量、合作空间和发展潜力巨大。

为在经济互惠、文化互鉴、政治互信的基础上深化中国与中南半岛国家的合作，倡议提出，我们愿在尊重各国主权和领土完整、互不侵犯、互不干涉内政、平等互利、和平共处的基础上，坚持共商、共建、共享原则，积极推进与区域内国家间的联系和对接，共同打造以中国广西壮族自治区、云南省为主要门户，向北延伸至中国广大内陆腹地和东部发达地区，向南经越南、老挝、柬埔寨、缅甸、泰国延伸至马来西亚和新加坡的中国—中南半岛经济走廊。

广西壮族自治区党委常委、宣传部部长黄道伟介绍，为期1天的论坛，取得了一系列重要成果，主要体现在4个方面：

一是各方高度认同共建“一带一路”给泛北合作带来的重要机遇，达成携手推进“一带一路”建设的重要共识。各方一致认为，中国政府提出共建“一带一路”的倡议，给泛北合作带来了崭新的重大机遇，开辟了广阔的合作空间。泛北各方愿意携手并肩共同推进“一带一路”，使泛北合作化愿景为行动，从共识走向实践。

二是各方共同探讨共建“一带一路”的推进路径，普遍赞成加快实施“陆海并举”。共建“一带一路”既有陆的合作，又有海的联动。泛北合作契合了“一带一路”建设的实施路径。各方普遍赞成泛北合作必须坚持陆海统筹、有机衔接，激发陆的活力，释放海的潜力，连片推进，联湾共舞，合作共赢。

三是各方继续签署实施一批合作项目，务实推进国际产能和经贸合作。本届论坛签订了一批产业合作项目，还举行了一批合作项目启用仪式。这些合作项目的签约实施，进一步深化了中国与东盟产能和经贸合作，必将成为推动本区域互利共赢的重要动力。

四是各方同意基于共同利益，进一步建立健全中国—东盟陆海合作平台机制。相关各方积极响应《中国—中南半岛经济走廊建设倡议书》，赞成共同推进中国—东盟港口城市合作网络愿景与行动，本区域一批港口城市、港口管理机构、港口运营企业和航运物流企业同意加入合作网络。合作网络中方秘书处正式揭牌，将无偿为成员提供沟通和协调服务。

（来源：综合整理自人民网、新华网、广西新闻网、中新网）

活 动 篇

中国—东盟博览会

概 况

中国—东盟博览会（以下简称“东博会”）是由中国国务院总理温家宝倡议，由中国和东盟10国经贸主管部门及东盟秘书处共同主办，广西壮族自治区人民政府承办的国家级、国际性经贸交流盛会，每年在广西南宁举办。东博会以“促进中国—东盟自由贸易区建设、共享合作与发展机遇”为宗旨，涵盖商品贸易、投资合作和服务贸易3大内容，是中国与东盟扩大商贸合作的新平台。

截至目前，东博会已成功举办了12届，为推动中国与东盟经贸关系的发展发挥了重要作用。

2005年，东博会被评为“中国十大知名品牌展会”，东博会常设机构——东博会秘书处荣获“中国会展业特别贡献奖”。

2006年，东博会荣获“2006年中国十大最具影响力的政府主导型展会”称号。

2007年，东博会获得“2007年中国十大最具影响力的国家级品牌展会”称号。

2008年，东博会在第6届中国会展节事财富论坛上被评为“2008年度十大会展”。

2009年，东博会在第7届中国会展高峰论坛上被评为“2009年度十大国家级品牌展会”。

2010年，东博会荣获“新世纪十年·中国会展杰出典范奖”和“新世纪十年·中国十大品牌展会”奖，东博会秘书处秘书长郑军健被评为“新世纪十年影响中国会展业60人”。

2011年，东博会在广州会展经济论坛、中国会展经济年度研讨会上荣获“2011年中国十佳品牌展会”。

2012年，东博会在中国会展产业论坛荣获“2011～2012年度中国十大品牌展览会”；在中国会展业年度研讨会上荣获“2012中国会展业年度十佳品牌展会项目”；在中国会展行业年会上荣获“2012年度中国十大影响力展览会”。

2013年，东博会在南京中国会展产业论坛荣获2012年度“十大影响力会展”荣誉称号；在中国会展业年度研讨会上荣获“2013年度中国十佳品牌展会项目”。

2014年，东博会在中国会展业年度研讨会上荣获“2014年度中国十佳品牌会展项目”。东博会林木展荣获国家林业局、中国农林水利工会全国委员会颁发的“2014年中国林业产业突出贡献奖”。

2015年，东博会荣获中国会展经济研究会颁发“2015中国会展业年度十佳品牌展会项目”。

第13届东博会于2016年9月11～14日在广西南宁举办。

东博会是目前中国境内唯一由多国政府共同主办且长期在一地举办的展会。

东博会以展览为中心，同时开展多领域多层次的交流活动，搭建了中国与东盟交流合作的平台。

会徽

凝 聚

作者的设计灵感源自“10＋1”概念。

11条彩带分别代表着美丽的中国和旖旎的东盟10国。

合作的平台凝聚人心、汇聚人气。中国与东盟10国的朋友相聚在广西南宁，以东博会为平台，通过广泛深入的交流与合作，实现优势互补、共同发展的美好愿望。

凝聚产生力量。东博会将是国际盛会，中国人民带着美好的期盼与憧憬，与东盟各国朋友携手并肩，抒写梦想，挥洒欢乐，分享荣耀！

绽　放

美丽的花瓣，像无数双欢迎的手臂。这不仅体现了中华民族好客的传统，也表达了广西各族人民待客的诚意。

盛开的朱槿，标志着东博会这个盛大聚会的开放与包容，寓意发展空间永无止境。

同时，作者巧妙地运用了现代艺术手法，将南宁的市花朱槿与广西标志性建筑——南宁国际会展中心有机地结合起来，传递出东博会举办地的信息，表达了广西5518万（截至2015年年末，广西壮族自治区统计局数据）人民作为十几亿中国人的代表，向世界敞开博大的胸怀！

繁　荣

繁花似锦。11片花瓣间铺满了光荣与梦想，预示着中国与东盟10国人民互利合作、共享繁荣美好的未来。

作者将中国传统的书法绘画艺术与现代设计手法相融合。缤纷的色调、流畅的线条，演绎着一个区域的活力、变革与发展，弹奏出这片热土的激越情怀。

东盟10国中多数国家毗邻海洋，东博会举办地——广西亦具沿海优势。因此，会徽以蓝色为主色调，意在体现东博会将奏响和平进步的人类赞歌，弘扬“10＋1”各国人民的民族智慧。

会歌

东博会会歌——《相聚到永久》。

东博会会歌《相聚到永久》综合性强，兼具传统与时尚感，易于传唱。歌名和歌词内容切合东博会主题，尤其是“相聚”和“永久”，既概括了东博会的内容、特点，又表达了人们友谊、合作、发展、繁荣的美好愿望。

会歌歌词：

再大的城市也装不下
双眼的眺望　梦想的宽广
共同的梦想才能拥有
不熄的信念和力量
再高的山峰不能阻挡
坚强的拥抱　超越的渴望
广阔的天空才能书写
腾飞的希望和辉煌
相聚到永久
风雨并肩走
共患难　我们手牵手
永远是朋友
相聚到永久
风雨并肩走
看东方我们同声唱
我们永远是朋友

吉祥物

东博会吉祥物——“合合”。

吉祥物“合合”以独产于广西的珍稀动物白头叶猴为创作原型。“合合”形象活泼、可爱，富有人情味，构思新颖，用笔灵动洗练，用色单纯明快。“合合”寓意合作、融合，反映了东博会“合作与发展”的宗旨。“合合”又是“和平、和气”之“和”的谐音，体现了中国与东盟建立和平与繁荣的战略合作伙伴关系的内涵。它不仅具备中国文化和广西的特色文化底蕴，同时兼容东盟国家等不同的文化背景，充分体现了东博会的主题。

缘起

2003年10月8日，中国国务院总理温家宝在第7次中国与东盟“10＋1”领导人会议上倡议，从2004年起每年在中国广西南宁举办东博会，同期举办中国—东盟商务与投资峰会。这一倡议得到了东盟各国领导人的积极响应，并写入了会后发表的主席声明。

背景

纵观世界经济的发展形势，区域经济一体化与经济全球化已成为当今世界经济发展的两大潮流。中国同东盟领导人审时度势，高瞻远瞩地作出了建立中国—东盟自由贸易区的重大战略决策。

2002年11月，在柬埔寨金边召开的第6次中国—东盟“10＋1”领导人会议上，中国与东盟领导人签署了《中国—东盟全面经济合作框架协议》，共同启动了中国—东盟自由贸易区的建设进程。

根据《中国—东盟全面经济合作框架协议》，2004年1月1日，中国—东盟自由贸易区的先期成果“早期收获计划”开始实施。

2004年11月，中国和东盟签署了《中国—东盟全面经济合作框架协议货物贸易协议》和《中国—东盟全面经济合作框架协议争端解决机制协议》，标志着中国—东盟自由贸易区建设进入了全面启动的实施阶段。

2005年7月，《中国—东盟全面经济合作框架协议货物贸易协议》实施，中国与东盟开始对7000种商品相互降税。自2007年起，又进行了第二阶段降税，中国降低了5375种产品的关税，对东盟的平均关税由8.1%下降为5.8%。东盟各国对中国的平均关税也有不同程度的降低。《协议》承诺，到2010年，中国—东盟自由贸易区正式建成，中国和东盟老成员国的绝大多数产品关税降为零。中国与东盟四个新成员国（柬埔寨、老挝、缅甸、越南）则在2015年将双方绝大多数产品的关税降为零。

2007年7月，中国—东盟自由贸易区《中国—东盟全面经济合作框架协议服务贸易协议》实施，标志着中国—东盟自由贸易区的建设向前迈出了关键的一步，为如期全面建成自贸区奠定了更为坚实的基础。

2010年1月1日，中国—东盟自由贸易区正式全面启动。自贸区建成后，东盟和中国的贸易占到世界贸易的13%，成为一个涵盖11个国家、19亿人口、GDP达6万亿美元的巨大经济体，是目前世界人口最多的自贸区，也是发展中国家间最大的自由贸易区。

2012年，中国—东盟关系进入第3个10年，是中国与东盟友好合作关系全面深入发展的一年，是《中国—东盟全面经济合作框架协议》签订10周年。

2013年是中国—东盟建立战略伙伴关系10周年，也被国际社会称为“黄金十年”。2013年10月9日，李克强总理在第16次中国—东盟领导人会议上，对中国与东盟未来的“钻石十年”提出了“2+7”合作框架。

2014年是中国与东盟国家打造中国—东盟自由贸易区“升级版”和建设“海上丝绸之路”的关键一年，双方加强经济合作，提升合作水平，不断打造互利合作新亮点，共同应对挑战，实现共赢发展。

东盟轮值主席国马来西亚外长阿尼法于2015年12月31日发布声明表示，东盟共同体于12月31日正式成立。2015年，中国和东盟积极推动“一带一路”倡议同区域国家发展战略对接。2015年中国与东盟关系又取得了积极进展，政治、经贸、人文等各领域务实合作成果丰硕。

2016年是中国与东盟建立对话伙伴关系25周年，是双方战略伙伴关系新一个5年《行动计划》的开局之年，也是中国与东盟关系值得关注的一年。

东博会以中国—东盟自由贸易区为依托。自由贸易区建设的成果为东博会持续发展提供了内在的市场动力。同时，东博会为企业分享自由贸易区建设成果，进一步开拓市场提供了难得的好平台。

定位

东博会以“促进中国—东盟自由贸易区建设，共享合作与发展机遇”为宗旨，围绕《中国—东盟全面经济合作框架协议》以双向互利为原则，以自由贸易区内的经贸合作为重点，面向全球开放，为各国商家共同发展提供新的机遇。

内容

商品贸易、投资合作、服务贸易、高层论坛、文化交流。

特色

1. 进口与出口相结合。以进口为特色，强调对东盟市场开放，做东盟商品进入中国的桥梁。

2. 投资与引资相结合。落实中国—东盟自由贸易区《投资协议》，以中国企业“走出去”为特色，做中国企业投资东盟的平台。

3. 商品贸易与服务贸易相结合。紧扣中国—东盟自由贸易区《货物贸易协议》和《服务贸易协议》，促进降税商品交易，推动服务贸易合作。

4. 展会结合，相得益彰。会期既有展览、洽谈推介、签约等活动，又有政府官员、企业家、专家学者参加的高层论坛；“展”和“会”相互促进，交相辉映。

5. 既是经贸盛会，也是外交舞台。传导中国—东盟自由贸易区商机，传递中国—东盟友好合作信号。

6. 经贸活动与文化交流相结合。经贸活动之余，中国—东盟汽车拉力赛、中国—东盟高尔夫国际邀请赛、南宁国际民歌艺术节等文化体育活动穿插其间，精彩纷呈。

组织机构

主办单位：

中华人民共和国商务部

文莱外交与贸易部

柬埔寨商业部

印度尼西亚贸易部

老挝工业贸易部
马来西亚国际贸易和工业部
缅甸商务部
菲律宾贸易和工业部
新加坡贸易和工业部
泰国商业部
越南工业贸易部
东盟秘书处

承办单位：
广西壮族自治区人民政府

支持单位：
世界贸易组织
联合国国际贸易中心
香港贸易发展局

国内外支持商协会：
文莱斯市中华总商会
文莱—中国友好协会
柬埔寨总商会
柬埔寨成衣厂商协会
柬埔寨中国商会
柬埔寨中国港澳侨商总会
印尼工商会馆中国委员会
印尼中华总商会
印尼—中国经济社会与文化合作协会
老挝国家工商会
马来西亚—中国总商会
马来西亚制造商联合会
马来西亚中华总商会
马来西亚—中国友好协会
缅甸工商联合会
缅甸工业协会
缅甸农产品食品加工出口协会
缅甸林木产品协会
缅甸豆类协会
缅甸渔业协会
菲律宾华商联总会
新加坡工商联合总会
新加坡制造商总会
新加坡中小企业商会
新加坡中华总商会
新加坡中国商会
泰国中华总商会
泰国工业院
泰中商务委员会
泰国工商总会
越南工商会
中国纺织品进出口商会
中国轻工工艺进出口商会
中国五矿化工进出口商会
中国食品土畜进出口商会
中国机电产品进出口商会
中国医药保健品进出口商会
中国对外承包工程商会
中国食品和包装机械工业协会
中国电力企业联合会
中国机械工程学会
香港中华总商会

常设机构

中国—东盟博览会秘书处

主要负责：

东博会的总体规划和重大活动的组织实施；

统筹和组织实施东博会境内外招商招展，展会的展区规划、现场管理与服务；

展馆租赁、展位经营、广告赞助以及东博会专有品牌资源的管理和经营；

东博会的整体形象设计和宣传推介工作等。

中国—东盟博览会秘书处内设综合协调部、研究发展部、招商招展部、展览管理部、对外联络部、宣传推介部、会议接待部、经营开发部、人力资源部、财务会计部等10个职能部门。

历届出席领导

第1届·2004年11月3～6日
中共中央政治局委员、国务院副总理吴仪
中国全国政协副主席李兆焯
中国全国政协副主席黄孟复
柬埔寨首相洪森
老挝总理本扬
缅甸总理梭温
泰国副总理披尼
越南副总理范家谦
柬埔寨国务大臣兼商业部长占蒲拉西
东盟秘书长王景荣

第2届·2005年10月19～22日
中共中央政治局常委、国家副主席曾庆红
柬埔寨首相洪森
缅甸总理梭温

老挝国家副主席朱马里
泰国第一副总理颂奇
越南常务副总理阮晋勇
柬埔寨国务大臣兼商业部长占蒲拉西
东盟秘书长王景荣

第3届·2006年10月31～11月3日
中共中央政治局常委、国务院总理温家宝
中国全国人大常委会副委员长顾秀莲
中国全国政协副主席李兆焯
东盟轮值主席国菲律宾总统阿罗约
文莱苏丹哈桑纳尔
柬埔寨首相洪森
印度尼西亚总统苏西洛·班邦·尤多约诺
老挝总理波松·布帕万
马来西亚总理阿卜杜拉·巴达维
缅甸总理梭温
新加坡总理李显龙
泰国总理素拉育
越南总理阮晋勇
柬埔寨副首相贺南洪
老挝副总理通伦·西苏里
柬埔寨国务大臣兼商业部长占蒲拉西
东盟秘书长王景荣

第4届·2007年10月28～31日
中共中央政治局委员、国务院副总理曾培炎
文莱王储穆赫塔迪·比拉
柬埔寨首相洪森
老挝总理波松·布帕万
越南总理阮晋勇
柬埔寨国务大臣兼商业部长占蒲拉西
东盟秘书长王景荣
世界银行副行长乔伊·普曼菲

第5届·2008年10月22～25日
中共中央政治局常委、国务院副总理王岐山
中国全国人大常委会副委员长顾秀莲
中国全国政协副主席李兆焯
柬埔寨首相洪森
缅甸总理吴登盛
老挝国家副主席本扬
菲律宾众议长普罗斯培·诺格拉雷斯
柬埔寨副首相贺南洪
越南副总理黄忠海
文莱公主玛斯娜
柬埔寨国务大臣兼商业部长占蒲拉西
东盟秘书长素林
联合国贸发会议秘书长素帕猜

第6届·2009年10月20～24日
中共中央政治局常委、中国国务院副总理李克强
老挝总理波松·布帕万
菲律宾众议长普罗斯培·诺格拉雷斯
缅甸国家和平与发展委员会第一秘书长吴丁昂敏乌
越南常务副总理阮生雄
柬埔寨国务大臣兼商业部长占蒲拉西
东盟秘书长素林
联合国贸发会议副秘书长佩特科·德拉加诺夫

第7届·2010年10月19～24日
中共中央政治局常委、全国政协主席贾庆林
印度尼西亚副总统布迪约诺
老挝副总理阿桑·劳里
越南副总理张永仲
柬埔寨国务大臣兼商业部长占蒲拉西
联合国工发组织执行总干事隋举

第8届·2011年10月21～26日
中共中央政治局常委、国务院总理温家宝
马来西亚总理纳吉布·敦·拉扎克
柬埔寨首相洪森
缅甸副总统吴丁昂敏乌
老挝副总理宋沙瓦
泰国副总理吉迪拉·纳拉农
越南副总理阮春福
柬埔寨国务大臣兼商业部长占蒲拉西
东盟秘书长素林

第9届·2012年9月21～25日
中共中央政治局常委、中国国家副主席习近平
中国全国政协副主席万钢
缅甸总统吴登盛
老挝总理通邢·塔马冯
越南总理阮晋勇
马来西亚副总理穆希丁
泰国副总理吉迪拉·纳拉农
柬埔寨国务大臣兼商业部长占蒲拉西

联合国贸发会议秘书长素帕猜

东盟副秘书长林康宪

第10届·2013年9月3～6日

中共中央政治局常委、国务院总理李克强

中国国务委员兼国务院秘书长杨晶

中国全国政协副主席万钢

缅甸总统吴登盛

柬埔寨首相洪森

老挝总理通邢·塔马冯

泰国总理英拉

越南总理阮晋勇

新加坡副总理张志贤

泰国副总理兼外长素拉蓬·多威差猜恭

泰国副总理兼商务部部长尼瓦塔隆·汶顺派汕

老挝党中央书记处书记苏甘·马哈腊

柬埔寨国务大臣兼商业部长占蒲拉西

东盟秘书长黎良明

第11届·2014年9月16～19日

中共中央政治局常委、中国国务院副总理张高丽

中国最高人民法院院长周强

新加坡总理李显龙

柬埔寨首相洪森

老挝国家副主席本扬

缅甸副总统吴年吞

泰国副总理兼外交部长塔纳萨

越南副总理兼外交部长范平明

东盟副秘书长年林

世界贸易组织副总干事易小准

第12届·2015年9月18～21日

中共中央政治局常委、中国国务院副总理张高丽

泰国副总理塔纳萨

缅甸副总统赛茂康

老挝副总理宋沙瓦

越南副总理阮春福

柬埔寨国务兼商业大臣孙占托

东盟副秘书长林康宪

世界贸易组织副总干事易小准

主 题

东博会从第4届开始，每届选择一个重点合作领域作为主题，以推动中国—东盟合作的更快发展。第4届东博会的主题为：港口合作；第5届东博会的主题为：信息通信合作；第6届东博会的主题为：海关和商界合作；第7届东博会的主题定为：自贸区与新机遇；第8届东博会的主题为：环保合作；第9届东博会的主题为：科技合作；第10届东博会的主题为：区域合作发展——新机遇、新动力、新阶段；第11届东博会的主题为：共建21世纪“海上丝绸”之路；第12届东博会的主题为：共建21世纪海上丝绸之路——共创海洋合作美好蓝图；第13届东博会的主题为：共建21世纪海上丝绸之路，共筑更紧密的中国—东盟命运共同体。

第12届中国—东盟博览会

第12届东博会吸引国内外企业踊跃参会，参展参会企业及客商人数稳步增长，贸易成交额和经济合作项目签约额逐年提高，东盟国家参展参会积极性不断增强，展会专业性明显提升，取得了显著的经贸成效。

历届中国—东盟博览会基本数据

项目	总展位数（个）	东盟展位数（个）	参展企业总数（家）	参展参会客商人数（人）
第1届	2506	626	1505	18000
第2届	3300	696	2000	25000
第3届	3350	837	2000	30000
第4届	3400	1126	1908	33480
第5届	3400	1154	2100	36538
第6届	4000	1168	2450	48619
第7届	4600	1178	2200	49125

续表

项目	总展位数（个）	东盟展位数（个）	参展企业总数（家）	参展参会客商人数（人）
第 8 届	4700	1161	2300	50600
第 9 届	4600	1264	2280	52000
第 10 届	4600	1294	2300	55000
第 11 届	4600	1223	2330	55700
第 12 届	4600	1247	2207	65000
合计	47656	12974	25580	519062

述 评

2015 年 9 月 21 日，为期 4 天的第 12 届中国—东盟博览会、中国—东盟商务与投资峰会在中国南宁圆满落幕。

这是一次唱响“一带一路”最强音的盛会：八方宾朋，汇聚能量，硕果累累；“一带一路”，无缝对接，沟通融合。

在“一带一路”开局之年，连续举办了 12 年的东博会，向各国人民奉献了一串串鼓舞人心数据的同时，更是让众人眼前一亮：紧紧围绕“一带一路”这一伟大战略，东博会用海纳百川的世界眼光与胸怀，从更高层面、更新立意、更大平台上，打造中国与东盟合作的广阔空间。

围绕“一带一路”，紧扣中国—东盟自由贸易区升级版建设，突出国际产能合作，推动中国—东盟信息港等重大项目建设，立足中国—东盟 10＋1 合作，面向 RCEP 和“一带一路”沿线国家合作，对接 WTO 贸易便利化，推动中国—东盟友好合作取得了新成果，进一步把政策沟通、设施联通、贸易畅通、资金融通、民心相通落到实处。东博会正逐渐成为共建海丝的核心平台。

一、凝聚各方海丝共识“一带一路”效应明显

本届东博会以“共建 21 世纪海上丝绸之路——共创海洋合作美好蓝图”为主题，策划开幕大会、领导人与企业家座谈会、海洋合作成就展等一系列高层友好交流和经贸人文活动，推动各方对接发展规划、促成优先项目合作等，使“一带一路”建设的愿景与行动得到具体落实。

本次盛会进一步凝聚了共建 21 世纪海上丝绸之路共识，促进中国—东盟友好合作迈向更高水平。中国和东盟共有 6 位国家领导人、269 位部长级贵宾高规格出席。中共中央政治局常委、中国国务院副总理张高丽在开幕大会上高度评价中国—东盟友好关系取得的成果，表示中方愿意同东盟一道，以携手建设“一带一路”，构建更为紧密的中国—东盟命运共同体为目标，进一步落实“2＋7 合作框架”，推动双方战略伙伴关系不断取得新的进展。东盟国家领导人在演讲中，表示支持和参与中方提出的“一带一路”倡议。

主题国泰国举办了中外领导人出席的国家馆开馆仪式等一系列主题国活动。韩国作为本届特邀贵宾国，不仅单独设立商品展区，还由产业及通商资源部副部长率政府代表团和重要商界人士参会，并在会期举办了韩国国家推介会。

各国企业参展参会踊跃，共享商机。会期参展参会客商 6.5 万人，采购商团组 85 家，比上届增加 5%。合作区域由服务“10＋1”向服务 RCEP 及“一带一路”沿线国家拓展。除了东盟国家展商，盛会还吸引了印度、日本、澳大利亚、新西兰、土耳其、加纳、孟加拉国、巴基斯坦、哈萨克斯坦、吉尔吉斯斯坦、格鲁吉亚、俄罗斯、美国、加拿大等国家的团组和企业参展参会。

经贸实效显著提高，“一带一路”效应明显。会期举办了 84 场投资促进活动。通过一系列国别配对会和行业配对会，东盟国家的大米、咖啡、实木家具、手工艺品，中国的食品加工和包装机械、电子电器等品种成交活跃。共签订了 62 个国际经济合作项目，涉及现代物流、新型装备制造、金融商贸、高新科技及信息软件服务等行业，遍布东盟、美国、加拿大、葡萄牙、澳大利亚、日本和中国香港、澳门、台湾等国家和地区。其中跨境商贸物流、园区建设等涉及海丝的产业项目比第 11 届东博会增长 50%。中国银行新加坡分行与中国—东盟投资合作基金签署了《全面合作备忘录》，云南同方科技有限公司和泰国 CDIP 生物医药有限公司达成技术合作，上海荣和船舶融资租赁有限公司和马来西亚 BMGS 有限公司签订海洋资源开发合作项目等。此外，东博会还推动了桂港现代职业教育发展中心等项目落地。

本届东博会与国际组织的实质性合作也取得了新突破。首次举办了国际组织的实质性业务活动——贸易便利化暨纪念WTO成立20周年高层研讨会，WTO正式成为东博会支持单位，为东博会更好地服务中国—东盟自由贸易区升级版建设、服务全球贸易便利化注入了新动力。

二、勇担历史新使命　打造国际产能新平台

将国际产能合作作为重要内容，举办国际产能合作系列活动，是东博会服务“一带一路”建设的创新之举。乘着“一带一路”的东风，东博会已经开始着力打造首个中国—东盟的国际产能合作平台。

从论坛到展览，从中国国家部委与东盟国家有关部委双边会谈到项目对接洽谈，东博会将“展”、“会”、“谈”相结合，全方位、多角度地为各方进一步加强交流合作提供了平台和渠道，有力推动中国与东盟国家开展国际产能和装备制造合作迈出新步伐、开创新局面。

国际产能合作论坛以“21世纪海上丝绸之路与推进国际产能和装备制造合作”为主题，各方就建设21世纪海上丝绸之路、推进国际产能合作等共同关心的问题进行了观点的交流，提出了许多积极的建议，达到了凝聚共识、增进互信、形成合力的预期目的。

在国际经济与产能合作展上，电力设备、工程机械、运输车辆、建筑材料、电子通讯设备等中国优势产能，以及中国铁路总公司、中国铁路工程总公司、中国铝业公司、中国银行、中国中车、中国北方工业集团公司等20多家大型企业及相关机构齐齐亮相。

国际产能与装备制造项目对接洽谈会邀请了电力、建材、工程机械、电子通讯设备等领域企业参与国际产能与装备制造项目对接洽谈会，为优势产能合作牵线搭桥。会上，60多家中国企业与泰中罗勇工业园区、柬埔寨西哈努克港经济特区、印度尼西亚工业园区、缅甸明加拉产业园、菲律宾三宝颜市特别经济区等东盟国家产业园区代表、投资促进机构及项目业主进行洽谈对接，现场达成合作意向项目11项。

中国各省市也围绕产能合作，举办重点推介活动。河北省优势产能暨投资东盟国家重点行业推介会推介了河北省最有代表性、最具竞争力的钢铁、水泥、玻璃、光伏等优势产业项目，山西重点项目推介会推动国际产能合作等一批项目签约合作。

据不完全统计，东博会期间通过各类项目洽谈会成功签约的国际产能合作项目达34项，涉及机械制造、汽车配件、能源建设、建材生产、有色金属、矿产开发等领域。其中，文莱政府与广西北部湾国际港务集团签署合作意向书。文莱工业和初级资源部常务秘书诺玛表示，文莱处在枢纽位置，希望发起文莱—广西经济走廊，发展制药业，实现工业多样化，促进相关产业的发展。

三、互联互通多方畅通“南宁渠道”助推海丝落地

丰富务实的高层论坛和交流活动，进一步丰富了“南宁渠道”，助推海丝落地。

本届东博会框架下共举办27个论坛，为历届最多。通过多层次、多领域交流活动，开展了部长级磋商以及政府官员、企业家、专家学者、社会各界知名人士之间的对话沟通，建立了更多的合作机制，启动或实施了一批重大项目，丰富了“南宁渠道”，推动了21世纪海上丝绸之路在各领域的落实。

2015年9月13日，作为本届东博会首个举行的论坛，中国—东盟信息港论坛以“互联网＋海上丝绸之路——合作·互利·共赢”为主题，各界代表围绕中国—东盟信息港建设、电子商务、网络文化建设、网络安全等重大议题，共同探讨发展之策。中国—东盟信息港基地正式揭牌，中国国家互联网信息办公室与老挝邮电部签署了《网络空间合作与发展谅解备忘录》，新华社启动中国—东盟（南宁）货币指数、泛北部湾经济指数的编制、研发工作……中国—东盟信息港致力于打造建设海丝信息枢纽，已成为“一带一路”建设的重要组成部分。

中国—中南半岛国际经济走廊（南宁—新加坡）合作发展圆桌会围绕推动走廊沿线区域的基础设施互联互通、通关便利化、投资贸易便利化、跨国（境）经贸园区建设，发布了《南宁共识》。中国—东盟互联互通海关合作研讨会通过了《会议共识》，签订了中越、中老海关合作文件。此外，广西与文莱签署了港口合作意向书，与中国铁建签署共同参与“一带一路”战略合作框架协议等等。各种“一带一路”建设互联互通项目也在此次盛会取得新成果。

金融、科技、农业、统计、智库、环保、矿业、电力、教育、文化、药品合作、残疾人等其它领域也取得了丰硕成果，合作如火如荼，振奋人心。

2015 年是中国—东盟海洋合作年，会展中心 2 号展馆内，中国—东盟海洋合作成果展吸引着大家的眼球。“中国—东盟海洋合作历程”、“中国—东盟海事磋商机制”等中国与东盟国家在海洋环保、海洋经济、海洋科技、海上联通、海洋人文交流等海洋交流合作的辉煌成果与美好远景，在 LED 显示屏上进行精彩多样的播放。中国国家海洋局与广西签署了《关于共同促进广西海洋事业发展推进广西沿海开发开放合作框架协议》。

会期开展的缔结友城关系、南宁民歌艺术节、中国—东盟（南宁）戏剧周大联欢等一系列民间友好和人文交流活动，增进了相互了解和友谊，为各领域的交流合作奠定了基础。

（来源：东博会官方网站. http://www.caexpo.org/index.php?m=content&c=index&a=show&catid=119&id=210912. 2015—09—24）

中国—东盟商务与投资峰会

概　况

背　景

2003 年 10 月 8 日，中国国务院总理温家宝在第 7 次中国与东盟（10+1）领导人会议上倡议，从 2004 年起每年举办一次中国—东盟商务与投资峰会。

这一倡议，作为中国推动中国—东盟自由贸易区建设的一项实际行动。得到了东盟国家领导人的积极响应，并写入会后发表的主席声明。

中国—东盟商务与投资峰会与东博会同期举办，已成功举办 12 届。

会　徽

11 道彩色弧线的组合，仿佛一双充满力量的翅膀，象征着中国与东盟 10 国的诚挚协作、共谋发展；仿佛充满希望的风帆，象征着中国与东盟工商界最高级别的盛会为中国与东盟国家提供了合作发展的平台，去迎接着新的机遇与挑战；它又像天边绚丽夺目的彩虹，昭示了饱含激情的澎湃商机与热力四射的光明前景。在色彩方面，由左至右颜色由蓝至红、由暗至亮，色彩层次渐变，整个会徽充满动感，显示了峰会年年岁岁各不同，一年更比一年好。在文字方面，会徽图案中包含中文和英文，而且英文处于更显眼的位置，显示了这是 11 个国家高官云集和工商精英荟萃的盛会，显示了对中国—东盟自由贸易区区域经济合作和繁荣发展的期望！

宗　旨

中国—东盟商务与投资峰会以推动中国与东盟国家全面经济合作与中国—东盟自由贸易区建设为目标，为中国和东盟 10 国的政府官员、企业界和学术界人士建立起宣传经贸政策与推介合作项目、开展多向互动与信息交流的合作平台，为各国采购商、生产商和投资商提供更多的商业机会，向各国政府表达商界意愿，促进政策制定与经贸合作，推动中国与东盟经济合作的全面发展。

组织机构

主办机构：
中华人民共和国商务部
中国国际贸易促进委员会
广西壮族自治区人民政府
协办机构：
东盟工商会
中国—东盟商务理事会
东盟十国国家工商会
承办机构：
中国—东盟商务与投资峰会秘书处
常设机构：
名称：中国—东盟商务与投资峰会秘书处
地址：中国广西南宁市青秀区白云路 6 号
邮编：530022
网址：http://www.cabiforum.org
邮箱：cabi@cabiforum.org
境内联系电话：0771—2801173 2809149
传真：0771—2809149
境外联系电话：86—771—2800607 2618812
传真：86—771—2800607

历届概况

	时间	主题	出席领导
第1届	2004年11月3～4日	促进互利合作谋求共同发展	中国国务院副总理吴仪、柬埔寨首相洪森、老挝总理本扬、缅甸总理梭温、泰国副总理披尼、越南国家副总理范家谦、东盟秘书长王景荣
第2届	2005年10月19～20日	中国与东盟国家市场的开放及开发	缅甸总理梭温、老挝国家副主席朱马里、泰国第一副总理颂奇、越南常务副总理阮晋勇、中国贸促会会长万季飞、广西壮族自治区党委书记曹伯纯、广西壮族自治区主席陆兵、东盟秘书长王景荣等
第3届	2006年10月31～11月3日	共同的需要，共同的未来	中国国务院总理温家宝、菲律宾总统阿罗约、文莱苏丹哈桑纳尔、柬埔寨首相洪森、印度尼西亚总统苏西洛、老挝总理波松、马来西亚总理巴达维、缅甸总理梭温、新加坡总理李显龙、泰国总理素拉育、越南总理阮晋勇
第4届	2007年10月28～31日	创新合作——加快提升区域增长力	中国国务院副总理曾培炎、文莱王储穆赫塔迪·比拉、柬埔寨首相洪森、老挝总理波松、越南总理阮晋勇和东盟秘书长王景荣
第5届	2008年10月22～25日	广阔的视野，积极的行动	中国国务院副总理王岐山、柬埔寨首相洪森、缅甸总理吴登盛、老挝国家副主席本扬、菲律宾众议长普罗斯培·诺格拉雷斯、越南副总理黄忠海、联合国贸发会议秘书长素帕猜
第6届	2009年10月22～24日	中国—东盟自由贸易区与东盟一体化：合作共进	中国国务院副总理李克强、老挝总理波松、菲律宾众议长普罗斯培·诺格拉雷斯、缅甸和平与发展委员会第一秘书长丁昂敏吴、越南常务副总理阮生雄、东盟秘书长素林等
第7届	2010年10月19～24日	中国—东盟自由贸易区与区域经贸合作的展望	中共中央政治局常委、全国政协主席贾庆林，印度尼西亚副总统布迪约诺，老挝副总理阿桑·劳里，越南副总理张永仲等
第8届	2011年10月21～22日	深化区域合作，实现共同繁荣	中国国务院总理温家宝、马来西亚总理纳吉布、柬埔寨首相洪森、缅甸副总统吴丁昂敏乌、老挝副总理宋沙瓦、泰国副总理吉迪拉、越南副总理阮春福等
第9届	2012年9月21～25日	互联互通，携手共赢	中国国家副主席习近平、缅甸总统吴登盛、老挝总理通邢、越南总理阮晋勇、马来西亚副总理穆希丁、泰国副总理吉迪拉、柬埔寨国务大臣兼商业部长占蒲拉西、文莱工业与初级资源部部长叶海亚、菲律宾总统特使内政部长罗哈斯、新加坡贸工部兼国家发展部高级政务部长李奕贤、印度尼西亚贸易部出口总司总司长古司马迪、东盟副秘书长林康宪等
第10届	2013年9月3～6日	推进互联互通，深化行业合作	中国国务院总理李克强、缅甸总统吴登盛、柬埔寨首相洪森、老挝总理通邢、泰国总理英拉、越南总理阮晋勇、新加坡副总理张志贤，菲律宾贸易和工业部长多明戈、文莱工业和初级资源部部长叶海亚、马来西亚贸易和工业部长穆斯塔法、印度尼西亚贸易部长总司长古斯马迪、东盟秘书长黎良明、中国商务部国际贸易谈判代表兼副部长钟山、中国国际贸易促进委员会会长万季飞、广西壮族自治区党委书记彭清华
第11届	2014年9月16～19日	共建21世纪海上丝绸之路	中国国务院副总理张高丽、新加坡总理李显龙、柬埔寨首相洪森、老挝国家副主席本扬、缅甸副总统吴年吞、越南副总理兼外交部长范平明、泰国副总理兼外交部长塔纳萨
第12届	2015年9月18～21日	共建21世纪海上丝绸之路——共创海洋合作美好蓝图	中国国务院副总理张高丽、泰国副总理塔纳萨、缅甸副总统赛茂康、老挝副总理宋沙瓦、越南副总理阮春福、柬埔寨国务兼商业大臣孙占托、文莱工业和初级资源部部长叶海亚、印度尼西亚贸易部部长拉蓬、马来西亚贸工部第二部长黄家泉、新加坡贸工部兼国家发展部高级政务部长李奕贤、菲律宾贸工部副部长马纳罗、东盟副秘书长林康宪、韩国产业通商资源部副部长文在焘

第 12 届中国—东盟商务与投资峰会

时 间

2015 年 9 月 18～21 日

主 题

第 12 届中国—东盟商务与投资峰会的主题是：共建 21 世纪海上丝绸之路——共创海洋合作美好蓝图。

出席领导

中共中央政治局常委、中国国务院副总理张高丽、泰国副总理塔纳萨、缅甸副总统赛茂康、老挝副总理宋沙瓦、越南副总理阮春福、柬埔寨国务兼商业大臣孙占托，文莱工业和初级资源部部长叶海亚、印尼贸易部部长拉蓬、马来西亚贸工部第二部长黄家泉、新加坡贸工部兼国家发展部高级政务部长李奕贤、菲律宾贸工部副部长马纳罗，东盟副秘书长林康宪，广西壮族自治区党委书记、自治区人大常委会主任彭清华，中国商务部国际贸易谈判代表兼副部长钟山，中国国际贸易促进委员会会长姜增伟等共同为第 12 届东博会和商务与投资峰会启幕。

成就回眸

以“共建 21 世纪海上丝绸之路——共创海洋合作美好蓝图”为主题的第 12 届中国—东盟商务与投资峰会（以下简称“峰会”）于 9 月 18 日至 21 日在广西南宁举行。

2015 年峰会举办开幕大会、泰王国国家领导人与中国企业 CEO 圆桌对话会、中国—东盟商界领袖论坛、中国—东盟商事法律合作研讨会、中国—东盟（柬、老、缅、越）贸易便利化研究报告发布仪式、启动中国—东盟电商平台、商务午餐会等 7 场活动。

东盟国家领导人与中国企业 CEO 圆桌对话会自 2009 年创办以来，已成为峰会的一项具有广泛影响力的重要活动。先后邀请了越南、印度尼西亚、马来西亚、缅甸、菲律宾、新加坡 6 国的国家领导人、政府高官、工商界人士，与中国企业 CEO 进行对话交流，有力促进了中国与东盟国家经贸合作。本届圆桌对话会，泰王国国家领导人与中国在泰国有重大投资的企业 CEO 围绕“深化中泰经贸合作　实现共同发展”这一话题，在金融、交通基础设施、能源等领域展开务实的对话交流，推动中泰经贸合作更快更好发展。

中国—东盟商界领袖论坛自 2010 年开始举办，迄今为止已成功举办 5 届。本届中国—东盟商界领袖论坛以“共建 21 世纪海上丝绸之路”为主题，聚焦互联互通、产能合作和贸易服务内容，邀请中国和东盟工商界领军人物与著名主持人互动。

2014 年峰会首次举办了中国—东盟商事法律合作研讨会，研讨会致力于加强中国与东盟工商界在法律服务领域的合作，整合双方的商事法律服务资源，为各国工商界开展经贸合作打造有利的法治化环境。本届研讨会以“深化区域法律合作，助推一带一路建设”为主题，与东盟国家工商会共同签署《中国—东盟法律合作共同宣言》和《中国—东盟商事联合调解协议》，规划 5 年双向培训及具体内容。在本届研讨会期间将首次举办法律培训班。

为提升中国与东盟之间贸易便利化水平，第 12 届峰会将启动中国—东盟贸易便利化研究，并首发中国—东盟（柬埔寨、老挝、缅甸、越南）贸易便利化研究报告。根据中国和东盟工商界的共同关注，从通关效率、规创环境、基础设施、跨境贸易等方面开展中国与柬埔寨、老挝、缅甸和越南四国的贸易便利化环境调研，反映工商界诉求，努力发挥峰会代言工商、推动自由贸易区升级版建设中的积极作用。此外，第 12 届峰会还启动中国—东盟跨境电商平台建设，推动与东盟国家工商会共同建设中国—东盟电商平台，为中国与东盟的贸易合作提供更加便利的新兴发展渠道。

本届峰会突出峰会服务“一带一路”战略、中国—东盟自由贸易区升级版建设和推动广西“三个定位”发展。本届峰会根据中国“一带一路”战略部署和中国广西对外开放重点以及中国与东盟工商界共同关心的问题，以“共建 21 世纪海上丝绸之路——共创海洋合作美好蓝图”为主题，丰富峰会的活动内容，创新峰会的活动形式，针对市场和企业的需求，为中国产能产业“走出去”、互联互通、贸易服务、商事法律搭建平台，挖掘更多的合作潜力，务实推进中国和东盟各国企业间的合作。本届峰会取得的成果如下：

一、突出峰会高层对话的核心平台作用

在峰会开幕大会上，中国和东盟国家领导人围绕主题发表演讲，中国与东盟政府代表团、东盟秘书处、东盟十国国家工商会、中国与东盟工商界人士、专家学者、新闻媒体记者约 1500 人参会。而本届泰国国家领导人与中国企业 CEO 圆桌对话会，

邀请了出席“两会”的泰国国家领导人与在推动中泰两国经贸关系中发挥了重要作用的部分中方企业CEO开展对话，领域包括能源、金融、交通基础设施等。

二、突出峰会在推动中国—东盟经贸合作中的平台作用

中国—东盟互联互通和产能合作是近期中国与东盟合作中的重点话题。本届中国—东盟商界领袖论坛以“共建21世纪海上丝绸之路”为主题，邀请中国和东盟工商界领军人物与中国中央电视台著名主持人互动，深入讨论中国和东盟经贸合作中的重点议题：“互联互通、产能合作和贸易服务”，积极研提政策建议。还启动中国—东盟跨境电商平台建设，为中国与东盟的贸易合作提供更加便利的新兴发展渠道。

三、突出峰会与其他多双边工商合作机制的联动平台作用

目前，中国贸促会和东盟国家工商会已建有4个多双边合作机制，这些多双边合作机制在推动中国和东盟工商界的交流与合作中发挥了积极和重要的作用。本届峰会进一步加强与东亚商务理事会等其他现有多双边经贸机制的合作，邀请更多企业参加峰会，组织多种形式的交流洽谈活动，实现峰会由“10＋1”向“10＋6”的拓展。

会期举办了中国—东盟商界领袖论坛、中国—东盟商事法律服务合作研讨会、商务午餐会等活动。本届商务与投资峰会在巩固原有高层对话、经贸促进活动的同时，积极创新和升级活动内容，进一步发挥峰会代言工商、服务中国和东盟间企业合作交流的重要机制作用。

（来源：综合整理自东博会官方网站、人民网、中国经济网）

会议论坛

2015中国—东盟电子商务峰会

2015年9月18日，2015中国—东盟电子商务峰会在广西南宁隆重开幕。峰会以“互联网＋新战略，中国—东盟新经济”为主题，结合4大议题开展主题演讲及高端对话。这4大议题分别是“中国—东盟互联网＋新经济”、“中国—东盟跨境电商新基地”、“中国—东盟经贸信息港展望”和“中国—东盟创新创业新机遇”。峰会为“互联网＋”时代电子商务的深度合作谋篇布局，打造中国—东盟电子商务合作交流的高端平台。

本次峰会由广西壮族自治区人民政府主办，广西壮族自治区商务厅、东博会秘书处、中国国际电子商务中心、中国—东盟研究院、阿里巴巴（中国）网络技术有限公司、京东集团华南区、艾瑞集团、新浪网、广西电子商务企业联合会联合承办。这是继2014年成功举办首届中国—东盟电子商务峰会后，第2次在东博会期间专门举办电子商务峰会。

广西壮族自治区党委常委、组织部部长喻云林出席峰会并致辞。喻云林在致辞中强调“互联网＋”对形成新的经济增长点、促进国际产能合作、推动区域经济一体化有重要意义。广西将秉持开放合作、互利共赢的精神，以打造中国—东盟跨境电商基地为目标，推动中国—东盟经贸信息港建设，与东盟各国朋友一道，共商、共建、共享21世纪“电商丝路”，为打造中国—东盟自由贸易区升级版和中国东盟命运共同体进行探索和努力。

中国商务部电子商务和信息化司副司长聂林海，菲律宾贸工部副部长PRUDENCIO M. REYES，JR.，柬埔寨商务部国务秘书CHHUON Dara分别为峰会开幕致辞。中国社会科学院学部委员、中国工程院院士李京文发表了主题为中国电子商务的发展现状与未来趋势的演讲。峰会还围绕如何加快打造中国—东盟跨境电子商务基地，实现电子商务跨境发展，开展了高端对话交流。

据悉，参加此次峰会的有中国和东盟国家政要、重要商协会负责人、著名经济学家等，来自阿里巴巴集团、京东集团、苏宁云商、大龙网等电商标杆企业掌舵人和新加坡、越南、马来西亚等东盟国家电商领军企业等500多名企业家和各界代表也出席了峰会，共同探讨“跨界发展，创新互联”的新模式，推动中国与东盟在电子商务领域形成“强链接”、“一体化”的中国—东盟电子商务生态圈，促进中国—东盟新经济产业的合作与交流。峰会现场气氛活跃，反响热烈，参与人数达到600余人。

此外，本届峰会还促成了一系列合作，广西“互联网＋”产品二维码中心建设、广西商务厅与苏宁云商战略合作、东兴市与京东集团华南区关于电子商务进农村示范工程战略合作等一批重大合作项目落地广西发展。

本届峰会持续2日，2015年9月19日上午，艾瑞集团CEO阮京文、新浪网副总裁葛景栋、中国—东盟信息港股份有限公司（筹）筹备负责人鲁东亮、教育部电子商务专业教指委委员，教授、博导王学东、越南互联网协会主席武黄连等对“互联网+”行动计划、“中国—东盟经贸信息港展望”进行专业性的解读，进一步促进中国与东盟各国、各地区、相关企业的交流合作。除了主论坛，2015年9月19日，本届峰会还举办了中国—东盟电商领袖交流会、中国—东盟电商创业交流会、中国—东盟金融跨境电商合作与发展论坛等一系列活动。

2015中国—东盟电子商务峰会为全球企业参与中国—东盟电子商务合作交流搭建高端平台，共享电子商务发展商机；为中国—东盟电子商务的全面深入合作发展提供强大动力，共建产业经济强链接；为中国—东盟自由贸易区建设增加新亮点，共同谱写互利共赢新篇章！

（来源：东博会官方网站. http://www.caexpo.org/index.php? m=content&c=index&a=show&catid=119&id=210606. 2015—09—18）

2015中国—东盟环境合作论坛

2015年9月16～18日，由中国环境保护部与广西壮族自治区人民政府、东盟秘书处联合主办的2015年中国—东盟环境合作论坛在广西南宁举行。本届论坛由“环境可持续发展对话与研修”、“中国—东盟环保产业合作与发展交流圆桌会”、“中国环保产业与技术展示”三部分组成。

作为第12届东博会的主要活动之一，本届环境合作论坛以“环境可持续发展对话与研修”为主题，对中国—东盟环境保护合作展开探讨，充分反映了中国与东盟各国共建海上绿色丝绸之路，打造区域环境合作共同体的良好愿望。来自东盟各国和东盟秘书处的高级官员，联合国环境规划署、亚洲开发银行等国际合作代表，以及中国环保部、各省区环保及有关部门官员、学者和企业界代表200多人应邀出席本届论坛。

“环境可持续发展对话与研修”旨在通过与东盟各国开展政策对话及学习交流活动，宣传中国生态文明建设和生态环境保护理念，让与会者了解东盟国家环境政策，加强“一带一路”战略框架下的生态环保合作交流，提高区域环境可持续发展能力。

“中国—东盟环保产业合作与发展交流圆桌会”以“助力中国—东盟环保产业合作——政府和社会资本合作模式（PPP）”为主题，宣传中国与东盟环保产业合作成果，提升中国环保产品和技术在东盟国家的影响力，展示中国环保产业发展，构建环保产业技术交流合作平台，推动中国—东盟环保领域的务实合作。

“中国环保产业与技术展示”以“推动产业合作，共谋‘一带一路’绿色商机”为主题。依托东博会平台展示中国最新环保技术与产品，环保产业园区，促进中国企业“走出去”。

近年来，广西壮族自治区党委、政府高度重视环境保护工作，把生态文明建设放在优先地位，努力破解经济发展与环境保护之间的矛盾。为进一步深化中国与东盟的环境合作，实现区域绿色发展，此次论坛提出3点合作建议：一是进一步发挥广西的区位优势，以省际合作助推国家合作；二是共建海上绿色丝绸之路，打造区域环境合作共同体；三是增进绿色环保管理经验交流，开启环保合作新渠道。

据介绍，中国—东盟环境合作论坛是中国与东盟各国在环境领域开展对话、促进交流、推动务实合作的重要平台，自2011年启动以来已成功举办4届。

（来源：人民网. http://world.people.com.cn/n/2015/0916/c1002—27593034.html.2015—9—16）

2015中国—东盟农资产业高峰会议

2015年9月19日，2015中国—东盟农资产业高峰会议在广西南宁举行。中华全国供销合作总社党组成员、理事会副主任肖仲凯，广西壮族自治区副主席张秀隆出席开幕仪式并致辞。中国和东盟国家近200名嘉宾和代表参加了会议。

肖仲凯表示，此次会议集聚各方力量，发挥众家之长，旨在配合中国政府与东盟地区加强交流合作的战略部署，进一步加强在农资和农产品贸易、农业信息交流、农业技术创新等方面的双边及多边合作，搭建新的交流合作平台。

张秀隆表示，中国—东盟农资产业高峰会议是本届东博会系列重要经贸活动之一，要将中国—东盟农资产业高峰会议办成常态化、机制化、品牌化的协调沟通平台，充分利用现代网络资源，沟通和共享合作信息，开展各国农资行业网上经贸合作数据库交换或联接，并可适时考虑建立统一的区域性经贸合作电子商务网络平台。

会上，中国社会科学院教授郑有贵作了《“一带一路”开创农业合作交流新格局》的主题演讲。来自中国农资流通协会、中国农药工业协会、中国东盟农资商会、中华全国供销合作总社国际合作部、中国科学院合肥智能所、广西农业科学院等单位的多位专家先后作了《中国目前化肥市场形势分析及后市展望》、《中国农药生产概况及与东盟国家合作机会》、《产业互联网的蓝海：农业》、《物联网技术在中国农资行业的应用与发展》、《全球合作社运动与东盟国家合作社的状况与影响》、《广西与东盟农产品贸易前景分析》等报告。

（来源：东博会官方网站.http://www.caexpo.org/index.php? m=content&c=index&a=show&catid=119&id=210657. 2015—09—19）

贸易便利化暨纪念 WTO 成立 20 周年高层研讨会

2015 年 9 月 18 日，第 12 届东博会贸易便利化暨纪念 WTO 成立 20 周年高层研讨会在广西南宁举行。这是东博会与世界贸易组织合作，首次举办国际组织的实质性业务活动，标志着东博会与国际组织的实质性合作取得新突破，彰显东博会在推动中国和东盟深化合作，融入亚洲和全球一体化进程中的作用。

本届研讨会由东博会组委会主办。中国商务部副部长王受文，广西壮族自治区党委常委、广西壮族自治区常务副主席唐仁健，WTO 副总干事易小准，中国海关总署副署长孙毅彪，中国国家质检总局副局长梅克保，上海 WTO 事务咨询中心总裁王新奎出席并致辞。中国和东盟 10 国及韩国经贸主管部门负责人、高级贸易官员等代表出席了研讨会。

本次研讨会以“贸易便利化暨纪念 WTO 成立 20 周年”为主题，围绕各国对 WTO 贸易便利化的接受和实施情况、WTO 贸易便利化对推动国别经济一体化的作用、WTO 贸易便利化与亚洲区域一体化进程的相互促进等 3 个主要议题展开深入交流探讨。

中国商务部副部长王受文主持本次研讨会并致辞。王受文表示，近年来，中国商务部会同有关部门积极采取有效措施，提高贸易便利化水平，减轻企业负担，为企业提供实实在在的便利，取得了积极成效。中方致力于推动提高亚太地区的贸易便利化合作水平。中国高度重视并全力支持与东盟国家在贸易便利化方面的合作，在合作中实现共赢。2013 年 12 月，世贸组织成员于第 9 届部长级会议上达成了《贸易便利化协定》。这是世贸组织成立 20 年来达成的首个多边货物贸易协定，也是多哈回合谈判启动以来取得的重要突破，它进一步拓展了世贸组织多边贸易规则，增强了各方对世贸组织多边谈判功能的信心。《贸易便利化协定》的生效和实施将普遍提高成员贸易便利化水平，便利各国贸易，提高贸易效率、降低交易成本，推动世界贸易和全球经济的增长。中国已于 2015 年 9 月 4 日向世贸组织递交了接受书，成为第 16 个接受该协定的成员，这是中方为支持协定尽早生效和实施而做出的一项重要举措，希望以此推动更多世贸成员，包括尚未接受的东盟国家尽快接受，以使《贸易便利化协定》早日生效和实施，以惠及各方。

广西南宁作为东博会的永久举办地，正快速发展成为构建连接东盟和“一带一路”其他沿线国家的国际大通道，成效显著。广西壮族自治区党委常委、自治区常务副主席唐仁健在致辞中表示，当前，亚洲区域经济一体化迅猛发展，中国—东盟自由贸易区、RCEP 等贸易便利化机制不断推进，为全球经济一体化积累了经验。WTO 贸易便利化也促进了亚洲区域一体化进程。本次会议就此进行研讨交流，意义重大。广西是古代海上丝绸之路的重要发祥地和当今中国与东盟合作的前沿和窗口。近年来，广西充分发挥地缘优势，大力推动中国—东盟自由贸易区建设，积极参与和服务亚洲区域经济一体化进程。广西将按照中国政府赋予的“构建面向东盟的国际大通道、西南中南地区开放发展新的战略支点、‘一带一路’有机衔接的重要门户”这一新定位，进一步发挥区位优势和平台作用，服务中国—东盟合作，服务 WTO 贸易便利化协定。

上海 WTO 事务咨询中心总裁王新奎表示，全球价值链的不断深化和延伸是当前世界经济的显著特征，中间产品多次跨境交易也已成为亚太地区生产网络和跨太平洋供应链的基本特征。针对这一特点，王新奎认为，在关税水平大幅削减的背景下，贸易便利化应成为提高供应链绩效，促进不同类型经济体融入全球价值链的政策着眼点。

本次研讨会在“贸易便利化暨纪念世贸组织成立20周年”的背景下举办，以东博会为交流大平台，展开高端对话和深入交流，将助力加快全球《贸易便利化协议》的核准进程并推动其早日生效，彰显亚洲区域对多边机制的贡献和支持，加速中国和东盟的区域经济贸易一体化进程。

（来源：东博会官方网站.http://www.caexpo.org/index.php? m=content&c=index&a=show&catid=119&id=210623.2015—09—18）

2015中国—东盟市长论坛

2015中国—东盟市长论坛于2015年9月20日在广西南宁开幕。论坛以“‘一带一路’——区域互联互通，城市合作共赢”为主题，探讨城市间的互联互通合作、自由贸易区升级版下的经贸合作，以及实现命运共同体建设的有效渠道。

中国市长协会副会长、原国家住建部副部长齐骥表示，东盟国家是中国的南邻，自古以来东盟国家与中国友好往来，在政治、经济、文化上关系密切。面对当前复杂多变的国际形势，中国与东盟理应进一步加强沟通与交流，不断增进互信与互谅。由于中国与东盟各城市之间发展水平不一，价值观也不尽相同，因此，保持市长们之间的交流与沟通是推动双方城市间合作的基础。

当前，中国与东盟已启动一系列经贸、互联互通、金融等方面的项目合作，其中包括：中国—东盟自由贸易区升级版、亚洲基础设施投资银行的建立、中国—东盟港口城市合作网络的建设、中国—东盟信息港建设等，中国—东盟信息互通成为双边发展重要保障。

广西南宁作为中国与东盟国家合作的前沿和“一带一路”建设的重要节点城市，共商城市发展的互联互通，共享共建“一带一路”，已经成为当下的重大历史机遇。

广西壮族自治区副主席蓝天立认为，广西与东盟地缘相接，人员相亲，城市交流合作源远流长，日益密切，特别是2004年东博会永久落户南宁以来，在各国市长的合力推动下，广西与东盟共建立了44对友好城市，居于全国之首。在经贸、教育、文化、卫生、科技等多个领域取得了丰硕的成果，为下一阶段深化区域城市合作奠定了良好的基础。

蓝天立表示，加强与东盟各城市间的交流与合作是中国—东盟命运共同体建设的核心内容，也是广西作为“一带一路”有机衔接的重要门户肩负的历史使命，这对促进开放合作发展乃至整个区域全面伙伴关系的建立都具有重大的战略意义。

泰中友好协会会长、原泰国副总理功·塔帕朗西在开幕式上致词称，泰国愿与中国共同携手起来，共同为实现本区域的和平和共同繁荣作出贡献。

（来源：新华网.http://www.gx.xinhuanet.com/newscenter/2015 — 09/20/c _ 1116616356.htm.2015—09—20）

首届中国—东盟保险合作与发展论坛

首届中国—东盟保险合作与发展论坛于2015年9月16日在广西南宁举行。中国保监会副主席陈文辉表示，当前中国与东盟国家正携手打造中国—东盟自由贸易区升级版和区域全面经济伙伴关系。中方愿意与东盟国家更紧密地加强区域监管合作，共同努力参与全球保险监管改革。

中国—东盟保险合作与发展论坛是中国保监会和广西壮族自治区人民政府共同发起的，旨在深化与东盟保险领域交流合作的重要机制，将每年定期在广西南宁举办，是东博会的重要组成部分。

陈文辉在论坛开幕式发言称，借助东博会召开首届中国—东盟保险合作与发展论坛，对于促进中国—东盟保险市场协同发展、提升保险领域在“一带一路”战略中的基础性作用、服务中国—东盟经贸关系发展有着重要的积极意义。同时，加强区域监管合作，以更加务实高效的合作机制推动监管技术交流和信息共享，是提高监管能力、适应国际保险监管改革趋势和完善跨境风险防范的重要保障。

陈文辉表示，中国保监会作为亚洲保险监督官论坛（AFIR）轮值主席国，推动AFIR于2015年7月科伦坡年会通过了《亚洲保险监督官论坛科伦坡宣言》，亚洲区域保险监管合作与发展将迈向一个全新的历史阶段。从长远发展来看，中国与东盟大多数国家同属新兴市场，保险业都面临加快发展步伐、更好服务本国经济社会建设的重要使命，加强交流、共享经验是实现共赢发展的必然要求。

广西壮族自治区副主席蓝天立介绍，广西作为中国对东盟开放的前沿和窗口，已成为连接多区域的交流桥梁、合作平台和国际通道。本次举办中国—东盟保险合作论坛，将进一步丰富沿边金融综合改革实验区建设的内涵。希望以本次论坛为起点，在广西探讨建立起中国与东盟保险业的长期交流机制，推动保险业更好地服务中国—东盟自由贸易区建设。

本届论坛来自中国与柬埔寨、菲律宾、老挝、马来西亚、缅甸、新加坡、泰国、越南8个东盟国家的保险监管机构负责人，保险行业协会、保险公司负责人等业界代表参会。与会人员就保险监管改革、中国—东盟保险交流合作机制的发展和制度完善等议题进行探讨。

（来源：中国新闻网. http://www.chinanews.com/gn/2015/09－16/7527833.shtml # zw _ cyhd. 2015－9－16）

第3届中国—东盟技术转移与创新合作大会

第3届中国—东盟技术转移与创新合作大会作为第12届东博会重要活动之一，于2015年9月17日至21日在广西南宁举行。

本届大会以“锐意创新·聚智共赢”为主题，由中国科学技术部、广西壮族自治区人民政府主办。第3届中国—东盟技术转移与创新合作大会期间将举办中国—东盟技术转移与创新合作大会高层合作论坛、东亚峰会新能源论坛、东博会先进技术展、中国—东盟技术对接洽会、泰国产业合作推介会、中国—东盟科技创新政策研讨会等6大重点活动，积极服务“一带一路”科技合作，切实推进中国与东盟国家的技术转移与创新合作。

此次高层合作论坛到会的嘉宾包括中国科技部副部长曹健林、泰国科技部部长Pichet Durongkaveroj（波切·杜隆卡威洛）、柬埔寨工业与手工业部副国务秘书Tung·Ciny（邓西尼）博士、老挝科技部副部长Houmphanh Intharath（洪潘·因塔拉）、缅甸科技部常务秘书Kyaw Zaw Soe（觉作梭）、印度尼西亚研究技术与高教部研究与发展司司长Dr. ·Muhammad·Dimyati（穆罕默德·迪米亚迪）等出席大会并发表主旨演讲。越南科技部部长Nguyen·Quan（阮军）和越南科技部国际合作司司长Phung Bao Thach（冯宝石）出席大会。

另外，参会代表还有泰国科技部、老挝科技部、柬埔寨工业与手工业部、柬埔寨环境保护部、印度尼西亚研究技术与高教部、泰国能源部、泰国国家科技发展署、马来西亚生物质工业联合会、中国科技部国家遥感中心、中国中车株洲电力机车有限公司等政府部门、行业协会、机构及企业的相关负责人。本届高层论坛现场中外参会嘉宾400多名，其中外方代表逾150名，中国和东盟各国科技部长级官员近10名出席大会相关活动；企业占整体参会人员比例达70%以上。

本届论坛由中国科技部国际合作司副司长陈霖豪主持，广西壮族自治区副主席黄日波为大会开幕致辞。在与会各国科技部领导的见证下，一系列双边重点科技合作项目签约启动，包括广西科技厅与老挝科技部计划合作司签署科技合作备忘录，印度尼西亚研究技术与高等教育部印度尼西亚技术评价与应用署与华东理工大学签署合作协议，泰国曼谷医院集团与中国—东盟创新医疗技术培训基地的合作备忘录，中国—泰国技术转移中心网页开通，中国—东盟创新中心揭牌，以及中国—东盟科技创新政策研究中心揭牌。

据悉，目前中国已与柬埔寨、缅甸、老挝、泰国、印度尼西亚5个东盟国家建立双边技术转移中心，并积极推动与马来西亚、越南等国双边技术转移中心的建立，其建成及积极开展系列行动旨在推动中国与东盟国家的技术转移和创新合作。

（来源：东博会官方网站.http://www.caexpo.org/index.php? m＝content&c＝index&a＝show&catid＝119&id＝210605. 2015－09－18）

第3届中国—东盟药品合作发展高峰论坛

2015年9月18日，第3届中国—东盟药品合作发展高峰论坛在中国南宁召开，论坛为期2日。此次论坛由中国国家食品药品监督管理总局和广西壮族自治区人民政府共同主办。

本届论坛以“合作共赢——共创中国东盟药品合作发展新局面”为主题，突出“合作发展”的话题，旨在打造一个合作交流的平台，通过分享各自最新的监管政策和要求，寻求监管链条的彼此衔接，求同存异，增信释疑，共同保障和推动中国和东盟医药产业的发展。

论坛邀请了100多家制药企业近200名企业代表参加，通过中国—东盟药品合作发展论坛这个医药界的重要交流平台，不仅让各国监管部门之间分享彼此在监管科学上的专长，帮助其他国家健全和完善监管体系；也让产业界利用这个窗口进一步深入了解各国监管部门的政策考量和技术要求，从而确保供应链和贸易链的安全。

数据显示，自2010年中国—东盟自由贸易区正式启动以来，中国对东盟零关税清单中，98%的医药保健品被列入零关税清单，涉及医药保健品税则号425个，其中，医疗器械税则号88个。医药类产品关税逐步降低甚至为零，这大大促进了中国相关产品出口。2014年，中国和东盟的药品贸易额已经达到67.29亿美元，比10年前翻了近5倍。

中国国家食品药品监督管理总局副局长吴浈指出，中国是世界上最大的原料药生产国，也是世界上最大的医药市场之一，东盟国家在医药产业和贸易上与中国有较好的互补关系。面对蓬勃发展的医药产业和贸易，各国的监管同行必须携起手来，加强合作交流，提高监管效率，推动市场的健康有序发展。吴浈强调，良好的管制不能单独依靠政府，还需要全社会的共同投入和努力，企业才是药品安全的第一责任人，是医药产业健康发展的真正原动力。只有企业把工作做好，把产品生产好，把市场经营好，人们才能够享受到安全有效质量可控的医药产品，才能够享受到先进的治疗技术给人类健康带来的巨大进步。

广西壮族自治区副主席黄日波建议，一是建立中国—东盟药品合作发展常设组织。中国—东盟各国药品主管部门通过设立药品合作秘书处或类似组织，建立和巩固多边合作机制，完善联络官工作机制，加强人员互访，推动各方务实合作。二是建立中国—东盟药品合作民间组织联盟。在中国—东盟药品合作组织架构下，建立民间组织联盟，发挥各国传统医药协会的作用，增进往来，帮助更多的制药企业快捷有效地开发市场、投资合作。三是消除中国—东盟药品合作发展障碍。组织双方就中国—东盟药品合作发展存在的法律、政策和标准，开展深入研究，推进标准互认、同步监管、共同打击药品跨国犯罪等，优化药品产业市场环境。

论坛举办期间，与会国代表分别介绍了本国药品监管最新动态，并分别就“药品审评审批制度改革”、“仿制药”和“产业发展合作”等议题进行了演讲和讨论。通过与东盟各国、其他国家以及相关国际组织共同探讨药品监管的国际发展之路，谋求建立中国—东盟药品合作平台，提供更好的行政管理服务，营造更加优惠便利的发展环境。

东盟各国代表和世界卫生组织、美国FDA中国办事处、欧盟等国际组织代表应邀参加会议。中国各省（市、区）食品药品监管局代表及制药企业代表共400余人参加了会议。

（来源：东博会官方网站. http://www.caexpo.org/index.php?m=content&c=index&a=show&catid=119&id=210655. 2015－09－19）

第 10 届中国—东盟文化论坛

2015 年 9 月 16 日，第 10 届中国—东盟文化论坛在广西南宁开幕，论坛以“新常态、新合作——东盟共同体建成后的‘10＋1’文化合作”为主题，探讨文化领域如何助力推动中国与东盟国家共建“21 世纪海上丝绸之路”，如何促进中国—东盟命运共同体建立。

中国文化部党组成员、中央纪委驻文化部纪检组组长王铁表示，中国—东盟文化论坛自 2006 年举办以来，在东盟各国的大力支持下历经 10 年，已成为中国与东盟文化对话的重要平台，对话领域从文化产业扩展到了文化艺术、非物质文化遗产保护、公共文化服务、文化人力资源培训等多个方面，是东博会的重要论坛之一，为中国与东盟在文化领域的交流与合作提供了新的活力与保障。

马来西亚旅游与文化部国际关系司（文化）司副司长拿督杨有恒表示，中国—东盟文化论坛的举办对于双方而言是一个重要的沟通桥梁。马来西亚与中国有着稳固的外交关系，早在 1999 年就签署了一个文化协议，涵盖文化艺术、新闻出版、体育、旅游和社会、科学等。在双边稳固的关系之下，马来西亚正在考虑中国提出的在吉隆坡建设中国文化中心的申请，同时马来西亚也支持建设双边的友谊园，纪念两国建交 40 周年。

东博会举办地广西作为“一带一路”有机衔接的重要门户，共商中国与东盟各国文化发展的互联互通、互利共赢，共建共享“一带一路”，已经成为当下的重大历史机遇。

广西壮族自治区副主席李康表示，近年来，广西举办过中国—东盟文化展、中越青年大联欢、中国—东盟职业教育联展、中国—东盟出版博览会等文化展演展会交流活动。同时也派出广西艺术团参加在泰国、文莱、新加坡、马来西亚、柬埔寨、越南等国举行的文化活动，增进了广西与东盟各国人民的友谊，向世界展示了中国和东盟各国人文交往的成果。

10 年以来，中国—东盟文化论坛经历了中国与东盟文化交流合作的全过程。经过各方的共同努力，中国与东盟各国相继签署了《南宁宣言》、《中国—东盟文化合作谅解备忘录》、《中国—东盟文化产业互动计划》等，发出了《东亚图书馆南宁倡议》和国际合作保护非物质文化遗产与联合申报传承非物质文化遗产的呼吁，编印了《中国—东盟非物质文化遗产论文集》、《中国—东盟主要国际性艺术节名录》等。

王铁表示，中国文化部愿以与东盟方携手努力，进一步加强双方在文化艺术、文化产业、文化遗产保护、公共文化服务、文化人力资源开发与培训等重点领域的对话与合作，共同推进 21 世纪海上丝绸之路建设，携手打造更为紧密的中国—东盟命运共同体，推动中国—东盟文化关系迈上新台阶。

（来源：新华网. http://www.gx.xinhuanet.com/newscenter/2015 — 09/16/c _ 1116579500.htm. 2015—9—16）

中国—东盟信息港论坛

2015 年 9 月 14 日，中国—东盟信息港论坛在广西南宁闭幕。综合论坛各方意见，中国国家互联网信息办公室副主任庄荣文就中国—东盟网络空间合作提出八点倡议：

一是共享网络空间发展成果，携手建设更为紧密的中国—东盟命运共同体，共同建设 21 世纪海上丝绸之路，为本地区人民带来更多福祉；

二是共同打造中国—东盟信息港，推动区域网络信息基础设施建设，促进互联互通，建立互联网经济区域共同市场，广泛吸纳各方共同建设、共同发展，实现互利互惠、合作共赢；

三是充分尊重各国网络主权，推动建立多边、民主、透明的国际互联网治理体系；

四是切实维护网络安全，防范网络攻击，维护公民合法权益；

五是共同打击网络恐怖主义活动，不让网络成为恐怖主义的温床；

六是共同打击网络犯罪，打击窃取信息、侵犯隐私等行为；

七是加大未成年人网络保护力度，营造安全、健康的网络环境；

八是通过互联网深化经贸、人文、技术等各领域合作，让网络化、信息化更好地引领未来、驱动发展。

在为期2日的论坛上，中国和东盟各国的280多位政府、企业和学术界代表围绕中国—东盟信息港建设、电子商务、网络文化建设、网络安全等重大议题，共同探讨发展之策。

东盟各国代表认为，建设中国—东盟信息港正逢其时、乐见其成。老挝代表表示，愿在互联互通、电子商务、大数据、移动互联网服务以及互联网安全等领域强化与中国的合作；柬埔寨代表强调，国与国之间应该互联互通，不能画地为牢成为信息孤岛；新加坡代表指出，建设中国—东盟信息港，实现中国与东盟国家互联互通，需要大家同心协力、同舟共济；印度尼西亚代表希望，中国—东盟信息港建设要港港相连，造福于民。

庄荣文指出，中国—东盟信息港论坛必将成为加强中国与东盟国家信息化建设、实现互联互通的重要推动力，必将成为深化中国与东盟国家务实合作的重要平台，必将服务于东盟各国经济社会发展，也必将给东盟各国人民带来福祉。

（来源：新华网.http://news.xinhuanet.com/newmedia/2015—09/15/c_134624461.htm.2015年09月15日）

2015泰国领导人与中国企业CEO“圆桌对话”

2015年9月18日，泰国副总理塔纳萨与中国企业CEO圆桌对话会在中国广西南宁召开。塔纳萨副总理发表讲话，中国国际贸易促进委员会会长姜增伟致开幕词，广西壮族自治区党委副书记危朝安出席并致欢迎辞。

塔纳萨表示，泰国非常重视与周边国家在交通、通信以及人文交流等领域发展互联互通，并出台多项优惠政策，寻求在铁路、公路、航运等基础设施建设和园区开发等方面引进外来资本合作，同时积极参与大湄公河次区域各项工作的推进，推动通关便利化，提高经贸往来效率，扩大产业规模。中国提出的“一带一路”战略构想与泰国的国家发展策略不谋而合，泰国将与中方一起为此努力，为中国及东盟国家的发展添砖加瓦。欢迎中国的企业家来泰国考察交流、投资兴业，希望中泰两国友谊长存、合作共赢。

姜增伟在致辞中指出，中泰两国是友好邻邦，两国经贸合作一直保持快速发展势头。目前，两国政府一致表示将加强各个领域的合作，相信双方企业家一定能够抓住“一带一路”建设、大湄公河次区域合作深化等机遇，不断挖掘在基础设施、原材料、制造业、可再生能源等领域的合作潜力。中国贸促会愿与泰方继续加强工作对接，搭建贸促机构交流、企业沟通的重要平台。

危朝安对塔纳萨与中国企业家在南宁共同出席圆桌对话会表示欢迎。危朝安表示，广西和泰国有着悠久的友好交往历史，近年来双方交往日益密切，经贸、文化、教育等领域的合作不断拓展。目前，广西正大力推进与东盟及沿线国家的务实合作，其中包括积极鼓励广西优势企业和行业“走出去”，与泰国等东盟国家开展更全面、更深入的合作。同时欢迎更多泰方企业来广西投资兴业，以广西为基地，开发中国市场和第三方市场。

会上，围绕“深化中泰经贸合作　实现共同发展”的主题，塔纳萨与中国银行、中国建筑股份有限公司、中国铁建股份有限公司、中国国际能源集团控股有限公司、中国机械进出口（集团）有限公司、中国广核集团有限公司等6家中方企业负责人就能源、金融、交通基础设施等领域的交流合作，进行了深入探讨，推动研究解决中国企业在泰国投资合作中存在的障碍和问题。

本届对话会由泰国商务部部长阿皮拉迪·丹达蓬和泰国工业联盟主席素潘联合主持。中泰双方政府官员、工商界人士约250人出席圆桌对话会。

（来源：东博会官方网站.http://www.caexpo.org/index.php?m=content&c=index&a=show&catid=119&id=210647.2015—09—19）

大 事 记

2015 年 7～12 月

7 月

1 日　为庆祝中缅建交 65 周年，由中国一缅甸友好协会、缅甸一中国友好协会、北京市人民对外友好协会、石景山区人民政府主办，中国—东盟中心等单位支持的“中缅民间优秀艺术作品交流展”在北京八大处公园开幕。

3 日　中国—东盟中心联合执行委员会工作组会议在中心秘书处举行。东盟国家驻华使馆和中国外交部亚洲司代表出席会议。

28 日　缅甸外交部长吴温纳貌伦和泰国副总理兼外交部长塔纳萨在泰国清迈共同主持召开第 8 届缅泰合作联委会。双方就普通护照互免签证，政治、安全、边境事务、打击贩卖人口和毒品、贸易与投资、经济特区建设、金融、能源、渔业、旅游、人力资源、技术、公共卫生、文化等多领域合作进行讨论。

28～29 日　第 4 届中国—东盟大学校长会议在新加坡举行，主题是“为大学合作带来新战略思维：中国—东盟伙伴关系的挑战”。会议由新加坡国立大学和东盟大学联盟共同主办。来自北京大学、外交学院、广西大学、云南大学等 9 所中国高校和东盟 10 国 27 所高校的校长与会。中国—东盟中心秘书长杨秀萍应邀出席会议，并发表演讲。

8 月

2～3 日　应新加坡外长尚穆根邀请，中国外交部部长王毅访问新加坡。新加坡总理李显龙 3 日在总统府会见王毅。

3 日　文莱苏丹哈桑纳尔会见前至文莱访问的海南省委书记、省人大常委会主任罗保铭。

3 日　广西壮族自治区主席陈武在南宁会见率越南地方外办主任代表团来访的越南外交部常务副部长胡春山一行。

16 日　“泰老缅经济走廊国际会议”在泰国程逸府召开。

18 日　在北京举行的 2015 年中国—东盟博览会和商务与投资峰会组委会会议提出，要充分发挥东博会和商务与投资峰会平台作用，不断完善办会机制，更好地服务周边外交，服务“一带一路”战略。

18 日　中国—东盟化工和医药行业合作对话会在北京召开。与会的代表表示，将密切行业协会间联系，以行业合作带动企业合作新发展。

20 日　为纪念泰国中医合法化 15 周年、庆祝中泰建交 40 周年，由泰国卫生部、泰中友好协会、泰国中医师总会和泰国皇太后大学联合主办的 2015 年首届东盟（曼谷）中医药高峰论坛在曼谷举行。

21 日　广西一泰国联合工作组第一次会议在南宁召开，与会双方就广西与泰国进行经贸合作、人文合作以及庆祝中泰建交 40 周年等相关事宜进行了商讨。

22 日　第 47 届东盟经济部长系列会议在吉隆坡开幕。会议讨论东盟经济共同体建设的进展情况，以及东盟经济共同体于 2015 年年底建成后的经济愿景及相关方案。

23 日　第 14 次中国—东盟（10＋1）经贸部长会议在马来西亚首都吉隆坡举行。中华人民共和国商务部部长高虎城率团出席会议，强调中国愿意按照“共商、共建、共享”原则，继续与东盟共同推进 21 世纪海上丝绸之路建设，加强互联互通合作，推动建立更为紧密的命运共同体，并落实领导人共识，如期完成中国—东盟自由贸易区升级谈判。

25 日　中国银联国际首次与老挝最大的商业银

行老挝外贸银行联合发行银联信用卡，该信用卡同时是双方发行的首张航空联名卡。

9月

7日　2015中国—东盟国际汽车拉力赛暨中国—东盟媒体汽车拉力赛发车，全程约10000公里，途经多个东盟国家沿海城市，努力将赛事打造成为中国—东盟文体经贸交流合作的“新丝绸之路”。

18～19日　2015中国—东盟电子商务峰会于第12届东博会期间在广西南宁举办，是东博会的重要活动之一。峰会邀请来自中国、东盟各国的重量级嘉宾，为“互联网＋”时代电子商务的深度合作谋篇布局，打造中国—东盟电子商务合作交流的顶级平台。

18～21日　以“共建21世纪海上丝绸之路——共创海洋合作美好蓝图”为主题的第12届中国—东盟博览会、中国—东盟商务与投资峰会在中国南宁如期举行。

18～21日　第12届东博会在南宁华南城举办轻工展，展出来自中国、东盟和其他“一带一路”沿线国家最具代表性的轻工精品，举行系列精彩活动，在促进各国轻工业交流合作的同时，扩大“一带一路”沿线国家轻工精品知名度和市场。

19日　作为第3届中国—东盟技术转移与创新合作大会的亮点活动之一，2015东亚峰会新能源论坛在南宁举行。

19～20日　首届中国—东盟市长论坛在广西南宁举行。

10月

12日　“海南—新加坡离岸金融和大宗商品合作交流座谈会”在新加坡举行，与会人员就海南如何借鉴新加坡经验开展离岸金融和大宗商品交易业务，以及相互之间的合作进行了深入交流。

12～13日　第6届西南论坛在中国民族团结进步示范区的代表性地区——香格里拉市召开，来自中国与新加坡的专家学者齐聚一堂，探讨“‘一带一路’战略与西南边疆地区的开放、稳定与发展”。

12～14日　中共中央政治局常委、国务院副总理张高丽应邀访问新加坡，分别会见新加坡总统陈庆炎、总理李显龙、副总理张志贤、副总理尚达曼，并与张志贤共同主持中新双边合作联合委员会第12次会议、苏州工业园区联合协调理事会第17次会议和天津生态城联合协调理事会第8次会议。

13日　在中国国务院副总理张高丽与新加坡副总理张志贤的见证下，文化部副部长项兆伦与新加坡文化、社区和青年部常任秘书杨紫燕共同签署《中华人民共和国政府与新加坡共和国政府关于在新加坡共和国设立中国文化中心的协定》。

16日　中国—东盟国防部长非正式会晤在北京举行。中国国务委员兼国防部长常万全上将与东盟10国防务部门领导人及东盟秘书处负责人出席。

11月

17日～19日　第4届中国—东盟页岩气勘探开发前景交流研讨会在重庆召开。来自中国和东盟、东亚等其他10个国家和国际组织的专家学者、政府官员、金融机构以及石油企业的代表，在会上共同交流了页岩气等非常规能源勘探开发进展，并就页岩气勘探开发所面临的技术挑战、发展前景、环保问题、管理政策和法律法规变革等共同关心的话题，分享了各自的见解和经验，大家共同探讨了中国和东盟、东亚各国在页岩气勘探开发方面的合作前景。

18日　中国国家主席习近平赴菲律宾马尼拉出席亚太经合组织（APEC）第23次领导人非正式会议，并发表题为《深化伙伴关系　共促亚太繁荣》的主旨演讲。

19日　2015东博览会林木展在南宁国际会展中心举办。

22日　中国国务院总理李克强赴马来西亚吉隆坡出席东亚领导人系列会议，此次李克强总理对马来西亚进行正式访问，首站选择了马六甲。这是李克强总理时隔19年之后，再次访问马六甲。

27日　由广西百色市人民政府、广西国际博览事务局主办，田阳县人民政府承办的第8届中国—东盟（百色）现代农业展示交易会（简称“农展会”）在田阳县隆重举行。

28日　2015年广西海上丝路与中国—东盟命运共同体学术研讨会在南宁召开。广西中国—东盟文化研究会的专家学者汇聚一堂，围绕广西如何在21世纪海上丝绸之路上抓住建设机遇展开讨论。

29日　老挝境内唯一一个全流域梯级电站——南欧江电站正式发电。

29日　第38届东南亚教育部长组织高官会在泰国曼谷举行。中国—东盟中心教育文化旅游部主任荣叔男和教育官员张静出席会议并发言。

12月

1日 中国国际广播电台与老挝国家通讯社一巴特寮通讯社签署合作协议，中国国际广播电台副台长田玉红和巴特寮通讯社社长孙通·坎塔冯代表各自媒体在协议上签字。

2日 由泰中记者协会主办、以“一带一路、东盟一体化与泰中媒体作用”为主题的论坛在泰国曼谷举行，共吸引了来自泰中两国20余家媒体的百余名嘉宾出席。

4日 2015中国昆明·东盟精品文化博览会在昆明国际会展中心盛大开幕。

6日 由中国武术协会、广西壮族自治区体育局主办的第3届中国—东盟武术节在柳州李宁体育馆开幕，本届武术节活动包括交流健康讲座和武术比赛，武术节从12月4日至9日结束，为期6天。

8日 2015年广西·凭祥中越边关旅游节中国—东盟国际汽车拉力赛文化展、自驾游文化展在凭祥友谊关正式开展。

8日 亚洲议会大会第8届年会在柬埔寨首都金边开幕。柬埔寨首相洪森、议会主席韩桑林出席开幕式并在会上致辞，与会各国代表团出席了开幕式。

8～11日 中国—东盟中心分别与菲律宾和马来西亚旅游部合作，在马尼拉、宿务和吉隆坡为当地旅游官员、企业、院校和旅行社代表举办了3场“旅游从业者职业教育”培训班，杨秀萍秘书长出席相关活动。来自桂林旅游大学的专家学者分别讲解了中国旅游概况、出境旅游特点、电子商务发展和旅游规划概述等课程。

9日 里程长1.548公里的广西凭祥市边境贸易货物物流中心（中越跨境）货物专用通道项目宣布开工。该通道将在中越两国之间架设起方便快捷的公路通道，解决两国涉外贸易的交通瓶颈。

10日 菲律宾雅典耀大学孔子学院参与菲律宾总医院举办的圣诞节慈善活动。

10日 由广西壮族自治区旅游发展委员会、崇左市人民政府主办，凭祥市人民政府、北京华文山水营销策划有限公司承办的2015首届中国—东盟（凭祥）跨国旅游峰会在广西凭祥隆重召开。本届峰会以“跨国、跨境旅游发展合作”为主题，在“一带一路”的政策大背景下，深入探讨边境城市旅游建设及跨国旅游发展的课题，进一步搭建中国与东盟国家的旅游合作服务平台，为升级打造中国—东盟跨国旅游产业生态圈提供理论依据。

11日 由中国铁路总公司牵头主办的中国高速铁路展在马来西亚首都吉隆坡开幕，展会以“快速发展的中国高速铁路”为主题，将全面展示中国高铁的成熟经验和先进技术。

11日 由中国—东盟中心和菲律宾旅游部联合主办的“旅游从业者能力建设”培训班在菲律宾宿务举行，来自菲旅游部门、企业、院校和旅行社的代表参加了本次培训。

11日 成都市代表团在老挝拜会了琅勃拉邦省官员，并签署了合作备忘录，两市（省）正式建立友好合作关系，将在文化、旅游、教育和商贸等领域开展交流。

13日 由广西农业职业技术学院与老挝农林研究院联合建立的中—老合作农作物优良品种试验站举办庆典活动，庆祝老挝国庆40周年。

13日 “2015中国—东盟（靖西）跨境电子商务论坛暨电子商务战略合作伙伴签约仪式”在靖西市举行，共有中越双方200余名嘉宾参加。

14日 东盟地区论坛海上风险管控与安全合作研讨会在北京开幕，来自东盟地区27方的外交、国防、海警和海事等相关部门官员、学术机构和航运界代表出席。

14日 第2届东盟发展论坛在中国香港召开，中马钦州产业园区合作机制的创新、资本为导向的开发模式、以TFM产业平台推进产业集群化发展的先进经验受到了与会各方的集体称赞，香港本地商会和东盟国家代表均表现出了浓厚的兴趣。

14日 应柬埔寨人民党邀请，中共十八届五中全会精神宣介团访问柬埔寨，向柬各界人士介绍十八届五中全会精神。

14日 由新华社亚太总分社新媒体平台“亚太日报”主办的第2届东盟发展论坛在中国香港举行。本届东盟发展论坛的主题为“以民间、行业和区域联通推动互联互通”，香港特区行政长官梁振英、中华人民共和国驻东盟大使徐步等出席论坛并致辞。

15日 中国全国政协副主席罗富和在北京会见了泰中文化经济协会会长、泰国前国会主席颇钦·蓬拉军率领的泰国青年精英代表团一行。

16日 为期3日的中国—东盟舞蹈教育论坛在广西南宁开幕，来自泰国、柬埔寨、越南、缅甸等东盟国家以及中国知名院校的舞蹈专家学者和业界人士参与论坛讲座，共同探讨各国舞蹈教育现状，希望通过相互交流，促进中国与东盟国家间的舞蹈文化融合。

16日　“2015年中国原创童书及期刊巡回展”在老挝首都万象寮都公学华人学校举行。

16日　马来西亚内阁宣布，从2016年1月2日起开始对中国等7国实施“电子签证”措施。

18～19日　由中国国家旅游局、国家中医药管理局和广西壮族自治区人民政府共同主办的“巴马论坛——2015中国—东盟传统医药健康旅游国际论坛”在广西举办。该论坛是东博会系列国际性论坛之一。

19日　首届中国—东盟民族文化论坛预备会在南宁举行，并宣布自从2016年起每年举办一届论坛。中国与东盟的合作从此又添新内容。

19日　中泰铁路合作项目启动仪式在泰国大城府隆重举行，中国国务委员王勇、泰国副总理巴津分别代表两国政府出席。中泰双方表示将全力推进项目合作进程，力争在2016年5月份动工，确保中泰、中老两国铁路同时建成。

20日　首届中国—东盟非政府组织（NGO）研究论坛在广西大学举行。数10名来自广西壮族自治区内外的专家学者及非政府组织代表共聚一堂，分享了关于中国—东盟非政府组织研究成果。

20～21日　为加强中老两国科技人才交流与合作，云南省科学技术协会科技人才访问团对老挝进行访问，与老挝中国总商会签订了《老挝中国总商会与云南省科协海智合作备忘录》，通过建立科技人才交流平台，助推双方人力资源和科技项目合作。

21日　由中国国际问题研究基金会和中国—东盟商务理事会共同主办的“21世纪海上丝绸之路国际研讨会”在北京举行。中国外交官和东盟国家驻华使节，以及双方的专家学者、企业家代表等150人出席了会议。东盟国家驻华使节为共建21世纪海上丝绸之路提出了很多富有建设性的意见和建议。

21日　中国外交部副部长刘振民在北京出席“21世纪海上丝绸之路国际研讨会”，并就加强中国与东盟国家在建设21世纪海上丝绸之路过程中的合作提出5点建议。

22日　为促进泰国媒体对中国国情及社情民意的了解，由中华人民共和国驻泰王国大使馆和中国新闻社、泰中记协共同举办的泰国主流媒体记者赴广西、贵州两省区参访交流活动在广西南宁启动。

22日　云南省委常委、省委统战部部长黄毅在昆明会见了缅甸国家僧侣委员会主席库玛拉毕万萨长老一行。

22日　2015广西·龙州中越水口—驮隆商品展销会暨中越跨境合作研讨会开幕。来自中国、东盟以及美国、匈牙利、赞比亚等国客商嘉宾参展参会，探寻“一带一路”建设背景下中越边境口岸新商机。

22日　中国驻槟城总领馆在马来西亚槟城举行开馆仪式，中国驻马来西亚大使黄惠康和马政府代表、外交部东亚司司长甘尼森共同为总领馆揭牌。

23日　中共中央总书记、国家主席习近平在人民大会堂会见越共中央政治局委员、越南国会主席阮生雄。

26日　2015中国台湾·韩国·东盟商品博览会在深圳平湖华南城会展中心举行。展销会将进口商品与出口商品完美结合，以进口商品为特色，致力于打造东盟商品进入深圳的桥梁。

29日　国家海洋局召开《中国海洋经济发展报告2015》新闻发布会。报告指出，东盟已成为中国游客出境游的首选目的地。

31日　东盟10国启动东盟共同体，该组织将深化经济、政治安全和社会文化交流与合作，这不仅将惠及区域内6亿人口，也将对中国在内的亚洲国家经济发展带来利好和机遇。

2016年1～6月

1月

4日　印度《经济时报》报道称，印度花费2300万美元在越南胡志明市建设的一座卫星监测站即将启用。印度目前在印度尼西亚、文莱设有卫星监测和追踪站。印度空间研究组织把越南的站点与印度尼西亚的站点连接起来。

5日　中国广西公安边防总队与越南谅山、高平、广宁、河江4省边防部队联合代表团在南宁举行会谈，共同研究加强联合打击跨境犯罪工作力度，维护中越边境地区安全稳定。

8日　据越南工贸部边贸司的消息，2015年越南边境贸易总额约275.6亿美元，同比增长27%。越南与中国边境贸易额占越南边境贸易总额的85%，越南与老挝边境贸易额占4%，越南与柬埔寨边境贸易额占11%。

12日　2016中国—东盟教育交流年工作磋商

会在曼谷举行，标志着教育交流年工作正式启动。来自中国和东盟各成员国的教育高官就教育交流年方案进行深入探讨。

15日 广西—东盟经贸促进会健康产业联合会在广西南宁成立，联合会将整合资源，加强企业与东盟各国的经贸交流合作。

16日 亚洲基础设施投资银行在北京正式开业，这一由中国倡议设立、57国共同筹建的新型多边金融机构再次成为全球关注的焦点。

18日 老挝人民革命党第10次全国代表大会在该国首都万象的国家会议中心开幕，代表老挝20万党员的685名党员代表与会。当日，中国共产党中央委员会致电老挝人民革命党中央委员会，祝贺老挝人民革命党召开第10次全国代表大会。

19日 由中国—东盟商务理事会和东盟北京委员会共同主办的“2016中国—东盟迎新春话合作系列活动”在北京举行。东盟有关国家前政要、东盟10国驻华大使馆官员、中国有关政府部门官员、专家学者、中国和东盟知名企业家代表、行业商（协）会领袖、媒体等共250人出席了系列活动。

20日 中国外交部发言人洪磊在例行记者会上宣布，应印度尼西亚方邀请，国务委员王勇于20～22日赴印度尼西亚出席中印尼合作建设的雅加达至万隆高铁项目动工仪式。

21日 印度尼西亚首条高速铁路——雅加达至万隆高铁正式开工，中国国务委员王勇和印度尼西亚总统佐科共同出席该项目动工仪式。王勇在开工仪式上宣读了中国国家主席习近平致佐科总统的贺信，祝贺雅加达至万隆高铁项目动工。习近平指出，合作建设雅加达至万隆高铁是双方达成的重要共识，也是中国与印度尼西亚战略对接的重大早期收获。

22日 据越南通讯社报道，东盟10国旅游部长正式启动了旅游推广10年计划，力争到2025年实现旅游业对东盟经济贡献率增长15%。

22日 第14次澜沧江—湄公河商业航运联合协调委员会（JCCCN）在缅甸首都内比都举行。会议为期2天，中国、老挝、缅甸和泰国参加会议。

23日 由厦门大学东南亚研究中心组织编写的《东南亚地区发展报告（2014～2015）》在北京发布。报告认为，随着2015年年底东盟正式宣布建成东盟共同体，东盟区域一体化进入新的发展阶段，但未来东盟共同体的发展仍任重道远。

25日 “中国—东盟海上合作基金”框架下的重点项目、首届“中国—东盟海洋法律与治理”高级研修班在海口市正式开班。

25日 “去激进化和对抗暴力极端主义”国际会议在马来西亚首都吉隆坡举行。

26日 老挝国家主席本扬·沃拉吉在万象会见习近平总书记特使、中联部部长宋涛，宋涛向本扬·沃拉吉转交习近平总书记的贺信并转达口信。

26日 中国外交部长王毅在北京会见来华参加第9次中新外交磋商的新加坡外交部常秘池伟强。

26日 中华人民共和国驻柬埔寨王国大使馆经济商务参赞宋晓国主持召开2016年援柬培训工作会，柬埔寨矿产能源部国务秘书潘卓达、反腐机构助理英占托、农林渔业部副国务秘书莫塔尼、国土城市规划和建设部副国务秘书萨伦勒提等20个部门官员代表和部分学员代表出席会议，回顾援柬培训取得的成果，了解柬埔寨各部门对于培训的意见和建议，分享柬埔寨赴华及在柬参训学员的心得体会和收获。

28日 马来西亚上议院以表决方式通过了《跨太平洋伙伴关系协定》（TPP）。

29日 中华人民共和国驻柬埔寨王国大使馆在金边举行2016年新春招待会。中华人民共和国驻柬埔寨王国大使布建国、在柬侨领、中资企业代表、商会代表、援柬专家、志愿教师、留学生、新闻媒体等各界人士欢聚一堂，共同迎接中华民族传统节日农历丙申猴年的到来。

30日 广西国际贸易“单一窗口”通关平台正式上线运行，该电子口岸由海关、检验检疫、边防、海事等联检部门联合打造，是中国首个面向东盟的区域性通关公共服务平台。

2月

3日 中共中央政治局委员、中央政法委书记孟建柱在北京会见马来西亚副总理兼内政部部长扎希德。

3～6日 应中国国务委员杨洁篪邀请，柬埔寨副首相兼外交国际合作部大臣贺南洪到中国访问，同杨洁篪共同主持中柬政府间协调委员会第3次会议。4日，中国人民政治协商会议全国委员会主席俞正声在北京会见贺南洪。

16日 2016年新加坡航展开幕，将持续至2月21日。作为亚洲最大也是全球3大航空和防务展之一，新加坡航展2016年吸引了约50个国家和地区的1000多家企业同台竞技。

22日 在中越两国欢度传统节日元宵节之际，

广西壮族自治区党委书记彭清华与越共广宁省委书记阮文读、谅山省委书记陈士清、高平省委书记阮皇英、河江省委书记赵才荣在南宁举行工作会谈，共同签署《会谈纪要》。中国驻越南大使洪小勇、越南驻华大使邓明魁出席并致辞。

24日 澜沧江—湄公河合作第3次高官会在中国海南省三亚举行。本次高官会旨在为3月下旬在中国举办的澜沧江—湄公河合作首次领导人会议预作准备，重点就领导人会议相关安排、成果文件等进行讨论。

24日 首届“东盟＋3”毒品监控网络工作组会议在泰国曼谷召开，来自东盟10国、中日韩3国、联合国毒品和犯罪问题办公室以及东盟秘书处的100多位代表出席会议。

26日 东盟外长非正式会议在老挝首都万象召开。这是2015年12月31日东盟共同体宣布成立后举行的首次外长非正式会议。老挝副总理兼外交部部长通伦主持本次会议。会上，东盟外长就有效落实东盟共同体2025年愿景的方式和方法以及东盟领导人在第27届东盟峰会上通过的3个蓝图进行讨论。

28日 应中国外交部部长王毅邀请，新加坡外交部部长维文对中国进行正式访问。

29日 中共中央总书记、国家主席习近平在北京会见越共中央总书记阮富仲特使、中央对外部部长黄平君。

3月

1日 中华人民共和国商务部和云南省人民政府联合在北京召开第4届中国—南亚博览会暨第24届中国昆明进出口商品交易会推介会。

1日 全国政协副主席王家瑞在北京会见越共中央总书记阮富仲特使、中央对外部部长黄平君。

1日 中国国务委员杨洁篪在北京会见新加坡外交部长维文。

1日 第7次越南—新加坡防务政策对话在新加坡举行。

1日 越老陆地边界勘界立碑联合委员会非正式会议在越南河内举行。

3日 第22届东盟经济部长非正式会议在泰国清迈市举行。会议重点讨论老挝2016年东盟轮值主席国优先目标，东盟经济部长经济工作小组所提出的建议，以促进融入地区及促进东盟与中国、韩国、日本、印度、澳大利亚和新西兰等6个国家《区域全面经济伙伴关系协定》谈判等进程；更新东盟与各伙伴国的贸易自由协定，为东盟经济部长与欧盟委员会贸易总司代表团磋商会做好筹备工作等问题。

4日 主题为“为女企业家提供便利条件，推动东盟经济共同体发展”的第2次东盟女企业家论坛在越南河内举行。

8～9日 东盟工会理事会与东盟雇主联盟在泰国曼谷举行首次磋商会。国际劳工组织亚太地区局及国际工联亚太区域组织等组织的53位代表出席会议。

9日 中国与老挝合作的老挝一号通信卫星在位于老挝万象的卫星地面站举行在轨交付仪式，中国亚太移动通信卫星有限责任公司与老挝政府签署了项目交付文件。

9～10日 以“亚洲合作对话：前行之路”为主题的亚洲合作对话（ACD）第14次外长会在泰国曼谷举行。

14日 第13届东盟国家武装部队首脑非正式会议在老挝万象举行，东盟10国同意加强协作，以应对当前和未来传统及非传统安全领域的挑战。

15日 新加坡金融管理局与中国人民银行宣布续签双边货币互换协议，为期3年。该项协议于2010年签署，并于2013年首次续签。

15日 中共中央对外联络部部长宋涛在北京会见了中央委员、中央青年工作组组长盖本兴率领的柬埔寨人民党青年政治家考察团。

16日 2016年新加坡亚太海事展开幕，亚太海事展是亚太地区规模最大的海事专业展览，每两年在新加坡举行。

17日 第13届东盟新闻部长会议在菲律宾宿务举行。

17日 新加坡海军RSS Endurance（坚韧）207号军舰和81名船员抵达越南庆和省金兰国际港，开始对越南进行访问。这是越南金兰国际港开港运行后第一次迎来外国船舰。

19日 由马来西亚中华大会堂总会青年团主办的“一带一路”专题讲座会在吉隆坡举行，多名中马两国政府官员和知名学者在讲座会上分享了“一带一路”对中马两国和其他沿线国家带来的新机遇。

23日 中国国务院总理李克强在海南三亚国际会议中心主持澜沧江—湄公河合作首次领导人会议，同与会国家领导人围绕“同饮一江水，命运紧相连”的会议主题，共商澜湄合作发展大计。泰国总理巴育、柬埔寨首相洪森、老挝总理通邢、缅甸副总统赛茂康和越南副总理范平明出席。6国就推进澜沧江—湄公河合作机制建设、加强次区域国家全方位合作、促进地区一体化进程等深入交换意见。

27日 应越南国防部部长冯光青大将的邀请，中共中央军委委员、国务委员、国防部部长常万全对越南进行正式友好访问。

28日 中越两军第3次边境高层会晤在越南谅山举行。

29日 广西壮族自治区主席陈武在南宁会见前来出席中马“两国双园”联合合作理事会第3次会议的马来西亚贸工部副部长李志亮。

30日 中共中央军委委员、国务委员、国防部部长常万全与越南国防部部长冯光青在中国广西凭祥共同主持中越两军第3次边境交流活动总结会议。

4月

1日 中华人民共和国驻越南社会主义共和国大使馆、驻越南媒体、中资机构和留学生代表同越南同志一起，来到安沛省安平县盛兴、朗达两个中国烈士陵园，祭奠长眠于此的243名中国援越抗战烈士英灵，深切缅怀和铭记他们为中越友谊所做的伟大贡献。

1日 由越南最高人民法院承办的第4届东盟法院院长会议在越南胡志明市举行。

3日 第20届东盟财长会议在老挝举行。

3日 越南第13届国会第11次会议在该国首都河内召开全体会议，选举陈大光为新一任越南国家主席。

4日 柬埔寨国会召开会议以70票赞成通过了由柬埔寨首相洪森提出的内阁改组方案。据该改组方案，该国27个部门中的外交与国际合作部、邮电部、公共工程与交通部、商务部、林渔业部、农村发展部、城市规划、建设和土地管理部和礼仪宗教部将任命新部长。这是第5届柬埔寨王国政府（2013～2018年）的首次内阁改组。

5～6日 应缅甸联邦共和国外交部部长昂山素季邀请，中国外交部部长王毅对缅甸进行正式访问。6日，缅甸总统吴廷觉在内比都会见王毅。

6日 中国全国人大常委会委员长张德江在北京会见泰国公主诗琳通。张德江表示，中泰两国是“好邻居”、“好兄弟”、“好伙伴”，各领域交流与合作密切。

6日 中共中央政治局常委、中央书记处书记刘云山在北京会见老挝人民革命党中联部部长顺通率领的老挝人民革命党代表团。

7日 中国东南亚安全部门反恐对话在北京举行。中共中央政治局委员、中央政法委书记孟建柱致开幕辞并会见出席对话的各国代表团团长。

16日 由中国商务部主办、中国—东盟博览会秘书处承办的2016年东盟经贸关系研修班在广西南宁开班。为适应中国—东盟经贸合作不断深入发展的形势需要，中国商务部自2006年开始举办东盟经贸关系研修班，至今已举办11期，共有来自东盟10国等国家和东盟秘书处的近220名学员参与。东盟经贸关系研修班学员招生范围及领域不断扩大，东盟经贸关系研修班已成为东盟及其他区域国家经贸官员了解中国—东盟经贸合作和“一带一路”建设、增进友谊的窗口。

18日 中华人民共和国商务部副部长高燕和文莱外交与贸易部常秘林玉辉在文莱首都斯里巴加湾市共同主持召开中国—文莱经贸磋商第4次会议。

18日 在马来西亚吉隆坡举办的世界5大防务展之一的2016年亚洲防务展开幕。中国国家国防科技工业局组织3家国有军贸企业以“中国防务”国家展团形式参展。

19日 中国—东盟基础设施建设合作对话会在京召开。会议由中国—东盟商务理事会和中国砂石协会主办，东盟有关国家驻华使馆商务官员、国内企业代表等30余人与会。

21日 中国外交部部长王毅访问文莱，文莱苏丹哈桑纳尔在斯里巴加湾市会见王毅。

22日 中国外交部部长王毅访问柬埔寨，王毅与柬埔寨外交与国际合作大臣布拉索昆举行会谈。同日，柬埔寨国王西哈莫尼在金边王宫会见王毅；柬埔寨首洪森在金边首相府会见王毅。

23日 中国外交部部长王毅访问老挝，老挝人民革命党中央总书记、国家主席本扬在万象会见王毅。

24日 2016年东盟防务高级官员会议在老挝首都万象举行，这次会议主要讨论如何提升成员国之间的防务合作，同时探讨开展其他可合作的新领域。

27日 第22次中国—东盟高官磋商在新加坡举行。中国—东盟高官磋商是中国与东盟10国外交部门东盟事务高官重要年度磋商机制。本次会议重点围绕当前形势下推进中国—东盟关系和东亚区域合作进行讨论，并为2016年中国—东盟建立对话关系25周年纪念峰会等重大活动预做准备。

5月

3日 中共中央总书记、国家主席习近平在北京同老挝人民革命党中央总书记、国家主席本扬举行会谈。

17日 第3届中新社会治理高层论坛在新加坡举行。中共中央政治局委员、中央政法委书记、中央综治委主任孟建柱与新加坡副总理兼国家安全统筹部长张志贤共同主持开幕式并致辞。

18日 由香港特区政府主办、香港贸易发展局联办的首届"一带一路高峰论坛"在香港会展中心举行。香港特别行政区行政长官梁振英在出席论坛期间表示，"一带一路"倡议为各国和各地区带来空前机遇。

23日 中铁总经理盛光祖率领中国铁路代表团访问马来西亚，盛光祖此行的主要目的是争取新马高铁，代表团中包括中国中车、中国铁建、中国通号和多家提供融资的银行代表。

23日 第13届中国—东盟博览会、中国—东盟商务与投资峰会广西指挥中心第一次工作会议宣布，2016年"两会"将首次使用南宁会展中心B、C地块新展馆，开幕大会将在新展馆举办。

24日 应老挝、孟加拉国军队领导人邀请，国务委员兼国防部长常万全一行离京赴上述两国进行正式友好访问，并出席在老挝举行的中国—东盟国防部长非正式会晤。

26日 以"携手泛北合作，共建'一带一路'"为主题的第9届泛北部湾经济合作论坛暨中国—中南半岛经济走廊发展论坛在南宁举行。

28日 为期5日的第4届中国（北京）国际服务贸易交易会（简称京交会）在北京拉开帷幕，泰国国家馆当天正式开馆。中国国际商会与泰国会议展览局在开馆仪式上签署谅解备忘录，以增强中泰两国在会展行业的相互认识和合作。

28日 第13届中国—东盟博览会推介会在棉兰阿斯顿国际大酒店举行。中华人民共和国驻棉兰总领馆朱洪海总领事、中国—东盟博览会秘书处副秘书长时祖耀、北苏门答腊省长艾利、国会议员陈金扬、苏北省印中商会理事会主席陈明宗、苏北省印度尼西亚工商会馆主席伊凡、苏北省企业家协会主席帕林东安等出席并致辞。驻棉兰总领馆经济商务室刘卫国领事、苏北省各行业商会代表及工商界人士约100人参加了推介会。

30日 东盟秘书长黎良明在国际交流会议"亚洲的未来"上发表演讲时指出，将推进跨国基础设施建设，深化东盟经济共同体（AEC）的合作。显示出了在亚洲经济增长放缓的背景下，加速推进未来10年的行动计划"ASEAN 2025"以维持高增长的想法。

31日 第2届马中"两国双园"（即位于马来西亚的马中关丹产业园和位于中国广西的中马钦州产业园）联合推介会在马来西亚吉隆坡举行。

31日 中国国务委员杨洁篪在钓鱼台国宾馆会见了来华访问的文莱公主玛斯娜。

6月

1日 全国友协与文莱驻华大使馆在京共同举办中国—文莱建交25周年庆祝招待会。全国政协副主席兼秘书长张庆黎与文莱外交与贸易部无任所大使玛斯娜公主出席招待会并致辞。

2日 应中国国家主席习近平邀请，柬埔寨王国诺罗敦·西哈莫尼国王对中国进行国事访问。

3日 中国国家主席习近平在人民大会堂同柬埔寨国王诺罗敦·西哈莫尼举行会谈。双方一致同意，巩固睦邻友好，深化互利合作，推动中柬全面战略合作伙伴关系不断向前发展，给两国人民带来更多福祉。

3日 第13届中国—东盟商务与投资峰会（以下简称"峰会）联络官会议在广西南宁召开，会议确定将于9月份召开的第13届中国—东盟商务与投资峰会主题为"共建21世纪海上丝绸之路，共筑更紧密的中国—东盟命运共同体"。

4日 第15届东盟社会文化共同体理事会会议在老挝琅勃拉邦省开幕。东盟秘书长黎良明、东盟10国负责文化社会领域官员与会。越南劳动荣军与社会部副部长尹茂叶率领越南代表团与会。

9日 2016年6月9日是泰国国王普密蓬·阿杜德登基70周年纪念日，泰国举行各种活动隆重纪念，国际政要纷纷致贺。

6日 由文莱首相府部长兼外交与贸易部第二部长林玉成、首相府能源与工业部部长亚斯敏共同率领的文莱政府高层代表团一行访问广西。这是自2015年10月文莱政府改组后，为加快推进文莱—广西经济走廊建设，文莱首次派高级别政府代表团专程访问广西。

11日 第14届东盟华商会在中国昆明开幕。

来自世界各地的700多位华商相聚昆明，共谋合作发展。

11日 应中国政府和云南省政府的邀请，越南副总理郑廷勇对云南省进行访问，并出席2016第4届中国—南亚博览会暨第24届中国昆明进出口商品交易会。

14日 中国—东盟国家外长特别会议在云南玉溪举行，外交部长王毅和中国—东盟关系协调国新加坡外长维文共同主持。

14日 由中国商务部主办、中国—东盟博览会秘书处承办的2016东盟会展事务研修班在南宁开班。中国—东盟博览会秘书处副秘书长黄媛以及来自东盟国家的27名学员出席了开班仪式。

15日 由中国商务部主办、中国—东盟博览会秘书处承办的2016年东盟经贸记者研修班在广西南宁开班。本届东盟经贸记者研修班授课为期14天，对促进东盟及区域外媒体更客观地报道中国—东盟的经贸合作发挥了积极作用。东盟经贸记者研修班连续6年成功举办，成为了各国媒体了解中国经济发展情况、中国—东盟合作、增进友谊的窗口。

16日 中国—东盟博览会秘书处宣布，第13届中国—东盟博览会定于9月11～14日在广西南宁举行。2016年东博会以“共建21世纪海上丝绸之路，共筑更紧密的中国—东盟命运共同体”为主题。

16日 首届大湄公河次区域柬老缅越泰五国论坛在泰国首都曼谷举行。此次论坛以“2016年大湄公河次区域——面向共同繁荣”为主题，泰国总理巴育·占奥差主持召开论坛并发表题为“大湄公河次区域——面向共同繁荣”的演讲。

16日 中国（云南）——老挝橡胶科技合作中心在云南省热带作物研究所正式挂牌成立。此举标志着两国橡胶等热带经济作物科技交流合作，进入实质性实施阶段。老挝国家农林科学院副院长万松·潘韦切克博士、云南省农垦总局副局长汪铭分别致辞。

16日 为期3日的中国—东盟博览会越南展在越南首都河内举行。越南展是东博会在东盟国家举办的系列展之一。借力东博会成功举办12届以来形成的良好平台，中越双方的经贸合作不断走向深入。2016年恰逢越南出任第13届东博会主题国，本次越南展既是推动中越经贸合作迈向更高水平的创新之举，也是主题国活动的预热和序幕。

20日 第4次东盟儿童论坛在越南河内举行。这是每2年轮流在东盟成员国举办的论坛，旨在倾听儿童的声音，让东盟儿童表达自己的观点并传递给负责社会福利与发展事务的东盟各国部长。

22日 第10届中国—东盟社会发展与减贫论坛在广西桂林举行。来自中国和东盟10国的政府官员、专家学者及国际组织代表等150余人，围绕“一带一路与中国东盟减贫合作”主题展开讨论。

23日 来自中国与东盟11个国家44所高校的80余位青年领袖在广西师范大学校园内共同种下了代表弘扬中国—东盟各国传统友谊、加强友好交流的友谊之林。

数据统计篇

2015年1～12月中国对东盟国家贸易统计

金额单位：亿美元

	进出口		出口		进口		贸易差额	
	金额	同比	金额	同比	金额	同比	当年	上年同期
东盟	4721.6	－1.7%	2774.86	2.1%	1946.77	－6.6%	828.09	634.60
文莱	15.1	－22.2%	14.09	－19.34%	0.97	－48.78%	13.12	15.57
缅甸	152.8	－38.8%	96.55	3.1%	56.25	－63.9%	42.87	－62.33
柬埔寨	44.3	17.95%	37.65	14.98%	6.67	38.08%	30.98	27.92
印度尼西亚	542.3	－14.7%	343.42	－12.08%	198.88	－18.91%	144.54	145.37
老挝	27.8	－23.1%	12.27	－33.3%	15.54	－12.6%	－3.27	0.71
马来西亚	972.9	－4.6%	439.90	－4.95%	533.00	－4.3%	－93.10	－94.18
菲律宾	456.5	2.7%	266.73	13.7%	189.76	－9.57%	76.97	24.76
新加坡	795.7	－0.1%	520.08	6.47%	275.56	－10.54%	244.52	180.45
泰国	754.6	3.8%	382.93	11.64%	371.70	－3.14%	11.24	－40.72
越南	959.7	14.7%	661.24	3.8%	298.42	49.9%	362.82	437.05

注：占总值比中的“同比”为同比增减点数

（来源：中华人民共和国商务部亚洲司.http：//yzs. mofcom. gov. cn/article/g/date/201501/20150100884111. shtml. 2015—01—30）

2015年1～12月中国省份对东盟国家进出口贸易统计

金额单位：美元

中国省份	进出口	出口	进口
北京市	7,283,474,572	3,074,747,608	4,208,726,964
天津市	14,101,217,278	8,404,318,481	5,696,898,797
河北省	9,108,322,368	8,403,810,321	704,512,047
山西省	1,381,377,984	800,031,186	581,346,798
内蒙古自治区	1,247,871,423	1,059,558,332	188,313,091
辽宁省	12,684,477,530	10,219,435,174	2,465,042,356
吉林省	956,331,733	611,613,448	344,718,285

续表

中国省份	进出口	出口	进口
黑龙江省	446,930,579	387,589,093	59,341,486
上海市	50,915,983,141	20,006,388,271	30,909,594,870
江苏省	63,990,710,602	36,619,958,800	27,370,751,802
浙江省	32,783,273,957	24,469,359,029	8,313,914,928
安徽省	4,835,803,160	3,045,352,888	1,790,450,272
福建省	20,753,881,545	12,967,891,358	7,785,990,187
江西省	5,514,273,352	4,533,831,508	980,441,844
山东省	32,080,467,696	16,718,153,562	15,362,314,134
河南省	6,716,906,530	4,270,522,927	2,446,383,603
湖北省	5,866,426,017	3,327,232,505	2,539,193,512
湖南省	3,446,410,194	2,914,550,718	531,859,476
广东省	148,955,306,757	91,489,892,087	57,465,414,670
广西壮族自治区	14,022,275,745	4,437,448,003	9,584,827,742
海南省	3,508,541,209	1,891,839,177	1,616,702,032
重庆市	9,556,660,578	4,282,065,129	5,274,595,449
四川省	6,574,483,666	4,266,402,269	2,308,081,397
贵州省	1,266,732,952	1,112,699,193	154,033,759
云南省	10,601,968,238	5,721,696,696	4,880,271,542
西藏自治区	6,272,434	6,048,245	224,189
陕西省	2,301,901,202	1,607,678,832	694,222,370
甘肃省	545,622,535	253,433,854	292,188,681
青海省	71,762,774	36,766,475	34,996,299
宁夏回族自治区	276,450,135	215,017,562	61,432,573
新疆维吾尔自治区	365,358,836	334,727,976	30,630,860

注：以上数据仅为中国进出口东盟国家的货物统计。

(数据来源：海关总署——海关统计资讯网 www. hgtj. cn)

中国对文莱进出口商品构成表（2015 年）

单位：美元

名称	2015 年出口	2015 年进口
总值	1,411,352,570.00	97,219,376.00
第一类　活动物；动物产品	1,835,185.00	221,106.00
第 1 章　活动物	—	—
第 2 章　肉及食用杂碎	498,350.00	—
第 3 章　鱼及其他水生无脊椎动物	985,522.00	221,106.00
第 4 章　乳；蛋；蜂蜜；其他食用动物产品	351,313.00	—
第 5 章　其他动物产品	—	—

续表

名称	2015 年出口	2015 年进口
第二类　植物产品	5,518,395.00	—
第 6 章　活植物；茎、根；插花、簇叶	222,667.00	—
第 7 章　食用蔬菜、根及块茎	2,829,845.00	—
第 8 章　食用水果及坚果；甜瓜等水果的果皮	1,377,987.00	—
第 9 章　咖啡、茶、马黛茶及调味香料	1,071,469.00	—
第 10 章　谷物	—	—
第 11 章　制粉工业产品；麦芽；淀粉等；面筋	—	—
第 12 章　油籽；子仁；工业或药用植物；饲料	4,166.00	—
第 13 章　虫胶；树胶、树脂及其他植物液、汁	12,261.00	—
第 14 章　编结用植物材料；其他植物产品	—	—
第三类　动、植物油、脂及其分解产品；精致的食用油脂；动、植物蜡	184,404.00	—
第 15 章　动、植物油、脂、蜡；精制食用油脂	184,404.00	—
第四类　食品；饮料、酒及醋；烟草、烟草及烟草代用品的制品	3,937,450.00	6,667.00
第 16 章　肉、鱼及其他水生无脊椎动物的制品	973,435.00	—
第 17 章　糖及糖食	22,377.00	180.00
第 18 章　可可及可可制品	77,949.00	—
第 19 章　谷物粉、淀粉等或乳的制品；糕饼	223,013.00	6,487.00
第 20 章　蔬菜、水果等或植物其他部分的制品	1,693,135.00	—
第 21 章　杂项食品	509,028.00	—
第 22 章　饮料、酒及醋	20,424.00	—
第 23 章　食品工业的残渣及废料；配制的饲料	418,089.00	—
第 24 章　烟草、烟草及烟草代用品的制品	—	—
第五类　矿产品	3,628,741.00	52,527,896.00
第 25 章　盐；硫磺；土及石料；石灰及水泥等	3,621,707.00	—
第 26 章　矿砂、矿渣及矿灰	7,033.00	—
第 27 章　矿物燃料、矿物油及其产品；沥青等	1.00	52,527,896.00
第六类　化学工业及其相关工业的产品	6,823,160.00	40,788,588.00
第 28 章　无机化学品；贵金属等的化合物	607,594.00	—
第 29 章　有机化学品	2,067,323.00	40,788,460.00
第 30 章　药品	217,486.00	—
第 31 章　肥料	32,500.00	—
第 32 章　鞣料；着色料；涂料；油灰；墨水等	978,774.00	—
第 33 章　精油及香膏，芳香料制品，化妆盥洗品	614,938.00	65.00
第 34 章　洗涤剂、润滑剂、人造蜡、塑型膏等	1,204,013.00	63.00
第 35 章　蛋白类物质；改性淀粉；胶；酶	182,492.00	—
第 36 章　炸药；烟火；引火品；易燃材料制品	—	—

续表

名称	2015 年出口	2015 年进口
第 37 章　照相及电影用品	8,723.00	—
第 38 章　杂项化学产品	909,317.00	—
第七类　塑料及其制品；橡胶及其制品	72,040,249.00	32,205.00
第 39 章　塑料及其制品	55,506,912.00	32,205.00
第 40 章　橡胶及其制品	16,533,337.00	—
第八类　生皮、皮革、毛皮及其制品；鞍具及挽具；旅行用品、手提包及类似品；动物肠线（蚕胶丝除外）制品	46,362,960.00	—
第 41 章　生皮（毛皮除外）及皮革	431,747.00	—
第 42 章　皮革制品；旅行箱包；动物肠线制品	45,927,085.00	—
第 43 章　毛皮、人造毛皮及其制品	4,128.00	—
第九类　木及木制品；木炭；软木及软木制品；稻草、秸秆、针茅或其他编结材料制品；篮筐及柳条编结品	15,614,451.00	56,453.00
第 44 章　木及木制品；木炭	14,870,277.00	56,393.00
第 45 章　软木及软木制品	—	—
第 46 章　编结材料制品；篮筐及柳条编结品	744,174.00	60.00
第十类　木浆及其他纤维状纤维素浆；回收（废碎）纸或纸板；纸、纸板及其制品	50,732,999.00	2,060,897.00
第 47 章　木浆等纤维状纤维素浆；废纸及纸板	—	2,060,897.00
第 48 章　纸及纸板；纸浆、纸或纸板制品	49,792,612.00	—
第 49 章　印刷品；手稿、打字稿及设计图纸	940,387.00	—
第十一类　纺织原料及纺织制品	88,377,401.00	6,333.00
第 50 章　蚕丝	390,252.00	—
第 51 章　羊毛等动物毛；马毛纱线及其机织物	8,415.00	—
第 52 章　棉花	1,047,838.00	—
第 53 章　其他植物纤维；纸纱线及其机织物	30,754.00	—
第 54 章　化学纤维长丝	3,728,396.00	—
第 55 章　化学纤维短纤	1,276,644.00	—
第 56 章　絮胎、毡呢及无纺织物；线绳制品等	1,232,457.00	—
第 57 章　地毯及纺织材料的其他铺地制品	1,865,673.00	—
第 58 章　特种机织物；簇绒织物；刺绣品等	2,118,764.00	—
第 59 章　浸渍、涂布、包覆或层压的纺织物；工业用纺织制品	1,458,949.00	—
第 60 章　针织物及钩编织物	5,869,485.00	—
第 61 章　针织或钩编的服装及衣着附件	46,106,064.00	6,333.00
第 62 章　非针织或非钩编的服装及衣着附件	12,671,736.00	—
第 63 章　其他纺织制品；成套物品；旧纺织品	10,571,974.00	—

续表

名称	2015 年出口	2015 年进口
第十二类　鞋、帽、伞、杖、鞭及其零件；已加工的羽毛及其制品；人造花；人发制品	50,517,481.00	—
第 64 章　鞋靴、护腿和类似品及其零件	43,758,932.00	—
第 65 章　帽类及其零件	876,916.00	—
第 66 章　伞、手杖、鞭子、马鞭及其零件	1,088,183.00	—
第 67 章　加工羽毛及制品；人造花；人发制品	4,793,450.00	—
第十三类　石料、石膏、水泥、石棉、云母及类似材料的制品；陶瓷产品；玻璃及其制品	130,794,512.00	362,669.00
第 68 章　矿物材料的制品	19,972,504.00	362,444.00
第 69 章　陶瓷产品	94,016,880.00	225.00
第 70 章　玻璃及其制品	16,805,128.00	—
第十四类　天然或养殖珍珠、宝石或半宝石、贵金属、包贵金属及其制品；仿首饰；硬币	337,414.00	—
第 71 章　珠宝、贵金属及制品；仿首饰；硬币	337,414.00	—
第十五类　贱金属及其制品	193,668,294.00	41,706.00
第 72 章　钢铁	46,486,609.00	—
第 73 章　钢铁制品	90,836,232.00	41,706.00
第 74 章　铜及其制品	572,433.00	—
第 75 章　镍及其制品	—	—
第 76 章　铝及其制品	9,177,206.00	—
第 77 章	—	—
第 78 章　铅及其制品	49,107.00	—
第 79 章　锌及其制品	2,215,781.00	—
第 80 章　锡及其制品	40,603.00	—
第 81 章　其他贱金属、金属陶瓷及其制品	9,144.00	—
第 82 章　贱金属器具、利口器、餐具及零件	12,699,927.00	—
第 83 章　贱金属杂项制品	31,581,252.00	—
第十六类　机器、机械器具、电气设备及其零件；录音机及放声机、电视图像、声音的录制和重放设备及其零件、附件	118,779,037.00	42,698.00
第 84 章　核反应堆、锅炉、机械器具及零件	62,217,416.00	8,036.00
第 85 章　电机、电气、音像设备及其零附件	56,561,621.00	34,662.00
第十七类　车辆、航空器、船舶及有关运输设备	282,916,352.00	—
第 86 章　铁道车辆；轨道装置；信号设备	295,078.00	—
第 87 章　车辆及其零附件，但铁道车辆除外	12,536,710.00	—
第 88 章　航空器、航天器及其零件	—	—
第 89 章　船舶及浮动结构体	270,084,564.00	—

续表

名称	2015年出口	2015年进口
第十八类 光学、照相、电影、计量、检验、医疗或外科用仪器及设备、精密仪器及设备；钟表；乐器；上述物品的零件、附件	13,939,948.00	1,069,965.00
第90章 光学、照相、医疗等设备及零附件	9,737,309.00	1,069,965.00
第91章 钟表及其零件	3,014,034.00	—
第92章 乐器及其零件、附件	1,188,605.00	—
第十九类 武器、弹药及其零件、附件	—	—
第93章 武器、弹药及其零件、附件	—	—
第二十类 杂项制品	324,933,668.00	2,193.00
第94章 家具；寝具等；灯具；活动房	290,869,084.00	2,193.00
第95章 玩具、游戏或运动用品及其零附件	25,822,223.00	—
第96章 杂项制品	8,242,361.00	—
第二十一类 艺术品、收藏品及古物	410,469.00	—
第97章 艺术品、收藏品及古物	410,469.00	—
第二十二类 特殊交易品及未分类商品	—	—
第98章 特殊交易品及未分类商品	—	—

（数据来源：海关总署——海关统计资讯网 www. hgtj. cn）

中国对柬埔寨进出口商品构成表（2015年）

单位：美元

名称	2015年出口	2015年进口
总值	3,767,906,151.00	666,719,371.00
第一类 活动物；动物产品	2,133,264.00	2,398,628.00
第1章 活动物	180.00	5,752.00
第2章 肉及食用杂碎	213,180.00	—
第3章 鱼及其他水生无脊椎动物	—	2,392,414.00
第4章 乳；蛋；蜂蜜；其他食用动物产品	—	—
第5章 其他动物产品	1,920,084.00	462.00
第二类 植物产品	11,472,267.00	99,761,834.00
第6章 活植物；茎、根；插花、簇叶	191,006.00	3,050.00
第7章 食用蔬菜、根及块茎	1,530,385.00	22,079,877.00
第8章 食用水果及坚果；甜瓜等水果的果皮	1,940,879.00	171,669.00
第9章 咖啡、茶、马黛茶及调味香料	146,141.00	—
第10章 谷物	—	68,945,870.00
第11章 制粉工业产品；麦芽；淀粉等；面筋	7,854,862.00	8,561,368.00
第12章 油籽；子仁；工业或药用植物；饲料	—	—
第13章 虫胶；树胶、树脂及其他植物液、汁	2,750.00	—

续表

名称	2015 年出口	2015 年进口
第 14 章　编结用植物材料；其他植物产品	15,717.00	—
第三类　动、植物油、脂及其分解产品；精致的食用油脂；动、植物蜡	33,985.00	—
第 15 章　动、植物油、脂、蜡；精制食用油脂	33,985.00	—
第四类　食品；饮料、酒及醋；烟草、烟草及烟草代用品的制品	35,127,908.00	7,564,809.00
第 16 章　肉、鱼及其他水生无脊椎动物的制品	970,701.00	—
第 17 章　糖及糖食	419,654.00	1,038,698.00
第 18 章　可可及可可制品	—	745,810.00
第 19 章　谷物粉、淀粉等或乳的制品；糕饼	1,012,441.00	10,357.00
第 20 章　蔬菜、水果等或植物其他部分的制品	5,236,997.00	96.00
第 21 章　杂项食品	1,596,105.00	1453.00
第 22 章　饮料、酒及醋	5,787,144.00	49297.00
第 23 章　食品工业的残渣及废料；配制的饲料	12,375,492.00	4904742.00
第 24 章　烟草、烟草及烟草代用品的制品	8,700,075.00	814356.00
第五类　矿产品	32,007,977.00	205,788.00
第 25 章　盐；硫磺；土及石料；石灰及水泥等	3,088,280.00	24,290.00
第 26 章　矿砂、矿渣及矿灰	918.00	181,498.00
第 27 章　矿物燃料、矿物油及其产品；沥青等	28,918,779.00	—
第六类　化学工业及其相关工业的产品	87,843,065.00	2,959,479.00
第 28 章　无机化学品；贵金属等的化合物	4,105,883.00	9,334.00
第 29 章　有机化学品	11,221,693.00	—
第 30 章　药品	11,093,392.00	34,017.00
第 31 章　肥料	7,141,013.00	—
第 32 章　鞣料；着色料；涂料；油灰；墨水等	10,061,260.00	1,316.00
第 33 章　精油及香膏，芳香料制品，化妆盥洗品	5,341,862.00	5,140.00
第 34 章　洗涤剂、润滑剂、人造蜡、塑型膏等	3,954,707.00	972.00
第 35 章　蛋白类物质；改性淀粉；胶；酶	7,017,405.00	2,908,700.00
第 36 章　炸药；烟火；引火品；易燃材料制品	—	—
第 37 章　照相及电影用品	1,226,579.00	—
第 38 章　杂项化学产品	26,679,271.00	1,800,979.00
第七类　塑料及其制品；橡胶及其制品	104,668,920.00	16,030,867.00
第 39 章　塑料及其制品	75,252,203.00	6,801,584.00
第 40 章　橡胶及其制品	29,416,717.00	9,229,283.00
第八类　生皮、皮革、毛皮及其制品；鞍具及挽具；旅行用品、手提包及类似品；动物肠线（蚕胶丝除外）制品	19,426,137.00	5,068,117.00
第 41 章　生皮（毛皮除外）及皮革	8,151,257.00	128,544.00

续表

名称	2015 年出口	2015 年进口
第 42 章　皮革制品；旅行箱包；动物肠线制品	10,998,077.00	4,939,573.00
第 43 章　毛皮、人造毛皮及其制品	276,803.00	120,064,886.00
第九类　木及木制品；木炭；软木及软木制品；稻草、秸秆、针茅或其他编结材料制品；篮筐及柳条编结品	13,690,674.00	20,468,333.00
第 44 章　木及木制品；木炭	13,585,484.00	20,466,158.00
第 45 章　软木及软木制品	858.00	1,715.00
第 46 章　编结材料制品；篮筐及柳条编结品	104,332.00	460.00
第十类　木浆及其他纤维状纤维素浆；回收（废碎）纸或纸板；纸、纸板及其制品	64,570,225.00	398,443.00
第 47 章　木浆等纤维状纤维素浆；废纸及纸板	—	—
第 48 章　纸及纸板；纸浆、纸或纸板制品	61,607,952.00	15,487.00
第 49 章　印刷品；手稿、打字稿及设计图纸	2,962,273.00	382,956.00
第十一类　纺织原料及纺织制品	2,082,786,352.00	207,602,095.00
第 50 章　蚕丝	2,714,557.00	—
第 51 章　羊毛等动物毛；马毛纱线及其机织物	72,567,058.00	23,685.00
第 52 章　棉花	397,939,258.00	401,699.00
第 53 章　其他植物纤维；纸纱线及其机织物	21,873,502.00	—
第 54 章　化学纤维长丝	130,703,627.00	208,646.00
第 55 章　化学纤维短纤	139,352,027.00	28,971.00
第 56 章　絮胎、毡呢及无纺织物；线绳制品等	31,809,841.00	3,425.00
第 57 章　地毯及纺织材料的其他铺地制品	779,573.00	—
第 58 章　特种机织物；簇绒织物；刺绣品等	90,557,514.00	57,075.00
第 59 章　浸渍、涂布、包覆或层压的纺织物；工业用纺织制品	44,741,680.00	3,390,343.00
第 60 章　针织物及钩编织物	1,005,791,382.00	168,515.00
第 61 章　针织或钩编的服装及衣着附件	108,667,633.00	153,399,069.00
第 62 章　非针织或非钩编的服装及衣着附件	22,580,224.00	39,119,033.00
第 63 章　其他纺织制品；成套物品；旧纺织品	12,708,476.00	10,801,634.00
第十二类　鞋、帽、伞、杖、鞭及其零件；已加工的羽毛及其制品；人造花；人发制品	69,158,731.00	24,331,758.00
第 64 章　鞋靴、护腿和类似品及其零件	55,460,423.00	23,367,340.00
第 65 章　帽类及其零件	1,639,357.00	239,882.00
第 66 章　伞、手杖、鞭子、马鞭及其零件	10,581,129.00	716,498.00
第 67 章　加工羽毛及制品；人造花；人发制品	1,477,822.00	8,038.00
第十三类　石料、石膏、水泥、石棉、云母及类似材料的制品；陶瓷产品；玻璃及其制品	173,690,919.00	3,680.00
第 68 章　矿物材料的制品	14,064,685.00	3,102.00

续表

名称	2015 年出口	2015 年进口
第 69 章　陶瓷产品	141,010,892.00	—
第 70 章　玻璃及其制品	18,615,342.00	578.00
第十四类　天然或养殖珍珠、宝石或半宝石、贵金属、包贵金属及其制品；仿首饰；硬币	3,949,828.00	2,423,608.00
第 71 章　珠宝、贵金属及制品；仿首饰；硬币	3,949,828.00	2,423,608.00
第十五类　贱金属及其制品	169,350,487.00	305,477.00
第 72 章　钢铁	33,096,370.00	198.00
第 73 章　钢铁制品	71,923,368.00	159,696.00
第 74 章　铜及其制品	582,690.00	255.00
第 75 章　镍及其制品	92,529.00	—
第 76 章　铝及其制品	23,929,245.00	5,672.00
第 77 章	—	
第 78 章　铅及其制品	—	—
第 79 章　锌及其制品	267,923.00	161.00
第 80 章　锡及其制品	4,413.00	—
第 81 章　其他贱金属、金属陶瓷及其制品	279.00	—
第 82 章　贱金属器具、利口器、餐具及零件	8,546,593.00	777.00
第 83 章　贱金属杂项制品	30,907,077.00	138718.00
第十六类　机器、机械器具、电气设备及其零件；录音机及放声机、电视图像、声音的录制和重放设备及其零件、附件	649,359,121.00	71,352,979.00
第 84 章　核反应堆、锅炉、机械器具及零件	358,854,229.00	218,652.00
第 85 章　电机、电气、音像设备及其零附件	290,504,892.00	71,134,327.00
第十七类　车辆、航空器、船舶及有关运输设备	135,650,794.00	2,259,968.00
第 86 章　铁道车辆；轨道装置；信号设备	1,388,576.00	—
第 87 章　车辆及其零附件，但铁道车辆除外	101,775,972.00	2,259,968.00
第 88 章　航空器、航天器及其零件	29,965,220.00	—
第 89 章　船舶及浮动结构体	2,521,026.00	—
第十八类　光学、照相、电影、计量、检验、医疗或外科用仪器及设备、精密仪器及设备；钟表；乐器；上述物品的零件、附件	35,428,108.00	80,957,681.00
第 90 章　光学、照相、医疗等设备及零附件	34,721,567.00	80,903,868.00
第 91 章　钟表及其零件	580,247.00	52,826.00
第 92 章　乐器及其零件、附件	126,294.00	987.00
第十九类　武器、弹药及其零件、附件	—	—
第 93 章　武器、弹药及其零件、附件	—	—
第二十类　杂项制品	76,362,959.00	760,160.00
第 94 章　家具；寝具等；灯具；活动房	30,029,173.00	436,223.00

续表

名称	2015 年出口	2015 年进口
第 95 章　玩具、游戏或运动用品及其零附件	7,276,433.00	260,416.00
第 96 章　杂项制品	39,057,353.00	63,521.00
第二十一类　艺术品、收藏品及古物	14,076.00	—
第 97 章　艺术品、收藏品及古物	14,076.00	—
第二十二类　特殊交易品及未分类商品	—	—
第 98 章　特殊交易品及未分类商品	—	—

（数据来源：海关总署——海关统计资讯网 www.hgtj.cn）

中国对印度尼西亚进出口商品构成表（2015 年）

单位：美元

名称	2015 年出口	2015 年进口
总值	34,365,126,871.00	19,861,390,540.00
第一类　活动物；动物产品	132,820,096.00	307,227,894.00
第 1 章　活动物	97,700.00	819,587.00
第 2 章　肉及食用杂碎	—	—
第 3 章　鱼及其他水生无脊椎动物	106,877,105.00	276,870,562.00
第 4 章　乳；蛋；蜂蜜；其他食用动物产品	264,920.00	23,082,822.00
第 5 章　其他动物产品	25,580,371.00	6,454,923.00
第二类　植物产品	838,388,461.00	307,825,856.00
第 6 章　活植物；茎、根；插花、簇叶	142,066.00	317,004.00
第 7 章　食用蔬菜、根及块茎	467,753,973.00	11,097,397.00
第 8 章　食用水果及坚果；甜瓜等水果的果皮	295,075,626.00	72,538,916.00
第 9 章　咖啡、茶、马黛茶及调味香料	8,250,662.00	58,083,986.00
第 10 章　谷物	2,772,478.00	—
第 11 章　制粉工业产品；麦芽；淀粉等；面筋	24,015,136.00	318,385.00
第 12 章　油籽；子仁；工业或药用植物；饲料	12,296,360.00	138,551,699.00
第 13 章　虫胶；树胶、树脂及其他植物液、汁	27,728,711.00	12,241,853.00
第 14 章　编结用植物材料；其他植物产品	353,449.00	14,676,616.00
第三类　动、植物油、脂及其分解产品；精致的食用油脂；动、植物蜡	7,703,180.00	3,064,840,030.00
第 15 章　动、植物油、脂、蜡；精制食用油脂	7,703,180.00	3,064,840,030.00
第四类　食品；饮料、酒及醋；烟草、烟草及烟草代用品的制品	670,931,359.00	14,348,254,762.00
第 16 章　肉、鱼及其他水生无脊椎动物的制品	20,388,320.00	1,571,832.00
第 17 章　糖及糖食	130,209,435.00	2,000,072.00
第 18 章　可可及可可制品	11,277,068.00	82,116,929.00
第 19 章　谷物粉、淀粉等或乳的制品；糕饼	10,771,459.00	162,013,403.00

续表

名称	2015 年出口	2015 年进口
第 20 章　蔬菜、水果等或植物其他部分的制品	98,986,127.00	4,520,628.00
第 21 章　杂项食品	120,926,711.00	42,696,208.00
第 22 章　饮料、酒及醋	2,767,477.00	1,935,074.00
第 23 章　食品工业的残渣及废料；配制的饲料	70,914,639.00	50,700,263.00
第 24 章　烟草、烟草及烟草代用品的制品	204,690,123.00	2,818,255.00
第五类　矿产品	947,489,938.00	6,998,941,049.00
第 25 章　盐；硫磺；土及石料；石灰及水泥等	98,091,992.00	14,297,780.00
第 26 章　矿砂、矿渣及矿灰	4,162,753.00	464,428,280.00
第 27 章　矿物燃料、矿物油及其产品；沥青等	845,235,193.00	6,520,214,989.00
第六类　化学工业及其相关工业的产品	3,334,717,398.00	1,313,610,382.00
第 28 章　无机化学品；贵金属等的化合物	456,410,514.00	121,852,631.00
第 29 章　有机化学品	904,905,475.00	365,585,057.00
第 30 章　药品	67,307,809.00	1,967,402.00
第 31 章　肥料	556,653,662.00	1,844,273.00
第 32 章　鞣料；着色料；涂料；油灰；墨水等	404,268,496.00	53,279,126.00
第 33 章　精油及香膏，芳香料制品，化妆盥洗品	196,398,025.00	16,228,059.00
第 34 章　洗涤剂、润滑剂、人造蜡、塑型膏等	71,620,409.00	91,395,924.00
第 35 章　蛋白类物质；改性淀粉；胶；酶	97,112,045.00	1,554,463.00
第 36 章　炸药；烟火；引火品；易燃材料制品	43,743,355.00	—
第 37 章　照相及电影用品	44,489,897.00	—
第 38 章　杂项化学产品	491,807,711.00	659,903,447.00
第七类　塑料及其制品；橡胶及其制品	1,497,925,032.00	857,836,467.00
第 39 章　塑料及其制品	1,226,464,310.00	276,968,811.00
第 40 章　橡胶及其制品	271,460,722.00	580,867,656.00
第八类　生皮、皮革、毛皮及其制品；鞍具及挽具；旅行用品、手提包及类似品；动物肠线（蚕胶丝除外）制品	352,646,589.00	48,181,087.00
第 41 章　生皮（毛皮除外）及皮革	35,679,374.00	35,379,500.00
第 42 章　皮革制品；旅行箱包；动物肠线制品	308,381,447.00	12,792,275.00
第 43 章　毛皮、人造毛皮及其制品	8,585,768.00	9,312.00
第九类　木及木制品；木炭；软木及软木制品；稻草、秸秆、针茅或其他编结材料制品；篮筐及柳条编结品	104,013,982.00	986,999,692.00
第 44 章　木及木制品；木炭	102,331,885.00	985,931,592.00
第 45 章　软木及软木制品	128,473.00	—
第 46 章　编结材料制品；篮筐及柳条编结品	1,553,624.00	1,068,100.00
第十类　木浆及其他纤维状纤维素浆；回收（废碎）纸或纸板；纸、纸板及其制品	296,344,589.00	1,538,812,135.00

续表

名称	2015 年出口	2015 年进口
第 47 章　木浆等纤维状纤维素浆；废纸及纸板	5,912,842.00	1,366,023,943.00
第 48 章　纸及纸板；纸浆、纸或纸板制品	267,974,893.00	171,560,785.00
第 49 章　印刷品；手稿、打字稿及设计图纸	22,456,854.00	1,227,407.00
第十一类　纺织原料及纺织制品	4,069,694,525.00	824,994,419.00
第 50 章　蚕丝	13,454,448.00	—
第 51 章　羊毛等动物毛；马毛纱线及其机织物	73,175,487.00	45,431.00
第 52 章　棉花	564,169,268.00	339,350,330.00
第 53 章　其他植物纤维；纸纱线及其机织物	28,387,978.00	11,557,119.00
第 54 章　化学纤维长丝	739,976,871.00	29,558,143.00
第 55 章　化学纤维短纤	447,460,932.00	146,122,593.00
第 56 章　絮胎、毡呢及无纺织物；线绳制品等	117,191,360.00	13,644,893.00
第 57 章　地毯及纺织材料的其他铺地制品	32,486,814.00	683,067.00
第 58 章　特种机织物；簇绒织物；刺绣品等	137,746,103.00	1,900,681.00
第 59 章　浸渍、涂布、包覆或层压的纺织物；工业用纺织制品	359,812,865.00	7,970,726.00
第 60 章　针织物及钩编织物	666,047,289.00	5,574,722.00
第 61 章　针织或钩编的服装及衣着附件	192,029,016.00	111,108,609.00
第 62 章　非针织或非钩编的服装及衣着附件	546,489,106.00	146,652,863.00
第 63 章　其他纺织制品；成套物品；旧纺织品	151,266,988.00	10,825,242.00
第十二类　鞋、帽、伞、杖、鞭及其零件；已加工的羽毛及其制品；人造花；人发制品	589,292,301.00	377,793,587.00
第 64 章　鞋靴、护腿和类似品及其零件	446,234,288.00	374,639,003.00
第 65 章　帽类及其零件	22,190,729.00	295,963.00
第 66 章　伞、手杖、鞭子、马鞭及其零件	82,088,369.00	2,181.00
第 67 章　加工羽毛及制品；人造花；人发制品	38,778,915.00	2,856,440.00
第十三类　石料、石膏、水泥、石棉、云母及类似材料的制品；陶瓷产品；玻璃及其制品	931,195,112.00	11,940,188.00
第 68 章　矿物材料的制品	223,675,123.00	4,153,764.00
第 69 章　陶瓷产品	476,378,033.00	3,230,069.00
第 70 章　玻璃及其制品	231,141,956.00	4,556,355.00
第十四类　天然或养殖珍珠、宝石或半宝石、贵金属、包贵金属及其制品；仿首饰；硬币	44,507,300.00	1,410,667.00
第 71 章　珠宝、贵金属及制品；仿首饰；硬币	44,507,300.00	1,410,667.00
第十五类　贱金属及其制品	4,676,605,991.00	812,893,079.00
第 72 章　钢铁	1,911,022,634.00	297,344,758.00
第 73 章　钢铁制品	1,445,882,310.00	13,162,366.00
第 74 章　铜及其制品	129,873,344.00	257,086,655.00
第 75 章　镍及其制品	3,465,786.00	170,940,490.00

续表

名称	2015 年出口	2015 年进口
第 76 章　铝及其制品	460,456,552.00	3,389,603.00
第 77 章	—	—
第 78 章　铅及其制品	21,362,474.00	73,232.00
第 79 章　锌及其制品	50,682,920.00	1,573.00
第 80 章　锡及其制品	167,949.00	65,418,883.00
第 81 章　其他贱金属、金属陶瓷及其制品	19,512,618.00	667,306.00
第 82 章　贱金属器具、利口器、餐具及零件	210,388,333.00	3,061,813.00
第 83 章　贱金属杂项制品	423,791,071.00	1,746,400.00
第十六类　机器、机械器具、电气设备及其零件；录音机及放声机、电视图像、声音的录制和重放设备及其零件、附件	12,039,006,034.00	1,564,084,722.00
第 84 章　核反应堆、锅炉、机械器具及零件	6,396,268,268.00	330,567,766.00
第 85 章　电机、电气、音像设备及其零附件	5,642,737,766.00	1,233,516,956.00
第十七类　车辆、航空器、船舶及有关运输设备	1,270,047,050.00	215,343,862.00
第 86 章　铁道车辆；轨道装置；信号设备	48,865,234.00	—
第 87 章　车辆及其零附件，但铁道车辆除外	954,431,360.00	215,326,012.00
第 88 章　航空器、航天器及其零件	1,722,327.00	4,369.00
第 89 章　船舶及浮动结构体	265,028,129.00	13,481.00
第十八类　光学、照相、电影、计量、检验、医疗或外科用仪器及设备、精密仪器及设备；钟表；乐器；上述物品的零件、附件	969,581,478.00	176,437,695.00
第 90 章　光学、照相、医疗等设备及零附件	832,701,967.00	83,467,195.00
第 91 章　钟表及其零件	77,262,714.00	330,219.00
第 92 章　乐器及其零件、附件	59,616,797.00	92,640,281.00
第十九类　武器、弹药及其零件、附件	109,554.00	—
第 93 章　武器、弹药及其零件、附件	109,554.00	—
第二十类　杂项制品	1,585,960,879.00	101,621,102.00
第 94 章　家具；寝具等；灯具；活动房	1,012,289,842.00	56,694,555.00
第 95 章　玩具、游戏或运动用品及其零附件	253,007,353.00	28,917,647.00
第 96 章　杂项制品	320,663,684.00	16,008,900.00
第二十一类　艺术品、收藏品及古物	5,516,875.00	173,963.00
第 97 章　艺术品、收藏品及古物	5,516,875.00	173,963.00
第二十二类　特殊交易品及未分类商品	629,148.00	50,000.00
第 98 章　特殊交易品及未分类商品	629,148.00	50,000.00

（数据来源：海关总署——海关统计资讯网 www.hgtj.cn）

中国对老挝进出口商品构成表（2015年）

单位：美元

名称	2015年出口	2015年进口
总值	1,234,499,652.00	1,555,493,533.00
第一类　活动物；动物产品	21,993.00	2,786,914.00
第1章　活动物	17,357.00	2,786,861.00
第2章　肉及食用杂碎	—	—
第3章　鱼及其他水生无脊椎动物	3,000.00	—
第4章　乳；蛋；蜂蜜；其他食用动物产品	—	—
第5章　其他动物产品	1,636.00	53.00
第二类　植物产品	5,252,114.00	101,260,491.00
第6章　活植物；茎、根；插花、簇叶	6,234.00	—
第7章　食用蔬菜、根及块茎	1,786,714.00	—
第8章　食用水果及坚果；甜瓜等水果的果皮	128,000.00	20,151.00
第9章　咖啡、茶、马黛茶及调味香料	7,166.00	1,172,297.00
第10章　谷物	—	62,323,898.00
第11章　制粉工业产品；麦芽；淀粉等；面筋	3,324,000.00	18,437,475.00
第12章　油籽；子仁；工业或药用植物；饲料	—	17,069,688.00
第13章　虫胶；树胶、树脂及其他植物液、汁	—	2,094,246.00
第14章　编结用植物材料；其他植物产品	—	142,736.00
第三类　动、植物油、脂及其分解产品；精致的食用油脂；动、植物蜡	—	—
第15章　动、植物油、脂、蜡；精制食用油脂	—	—
第四类　食品；饮料、酒及醋；烟草、烟草及烟草代用品的制品	24,507,824.00	2,305,726.00
第16章　肉、鱼及其他水生无脊椎动物的制品	—	—
第17章　糖及糖食	122,380.00	—
第18章　可可及可可制品	—	—
第19章　谷物粉、淀粉等或乳的制品；糕饼	30,866.00	—
第20章　蔬菜、水果等或植物其他部分的制品	116,234.00	13,205.00
第21章　杂项食品	373.00	198,966.00
第22章　饮料、酒及醋	718,862.00	799,485.00
第23章　食品工业的残渣及废料；配制的饲料	—	426,469.00
第24章　烟草、烟草及烟草代用品的制品	23,519,109.00	867,601.00
第五类　矿产品	28,072,187.00	387,131,032.00
第25章　盐；硫磺；土及石料；石灰及水泥等	6,269,788.00	117,741.00
第26章　矿砂、矿渣及矿灰	61,870.00	386,095,058.00
第27章　矿物燃料、矿物油及其产品；沥青等	21,740,529.00	918,233.00

续表

名称	2015年出口	2015年进口
第六类　化学工业及其相关工业的产品	57,567,224.00	94,364,017.00
第28章　无机化学品；贵金属等的化合物	778,783.00	6,753.00
第29章　有机化学品	2,459,982.00	—
第30章　药品	2,130,787.00	—
第31章　肥料	38,240,213.00	94,357,264.00
第32章　鞣料；着色料；涂料；油灰；墨水等	1,750,035.00	—
第33章　精油及香膏，芳香料制品，化妆盥洗品	1,114,385.00	749.00
第34章　洗涤剂、润滑剂、人造蜡、塑型膏等	960,438.00	—
第35章　蛋白类物质；改性淀粉；胶；酶	256,063.00	—
第36章　炸药；烟火；引火品；易燃材料制品	1,652,530.00	—
第37章　照相及电影用品	4,579.00	—
第38章　杂项化学产品	8,219,429.00	8,394.00
第七类　塑料及其制品；橡胶及其制品	30,451,348.00	71,147,152.00
第39章　塑料及其制品	21,523,607.00	145,833.00
第40章　橡胶及其制品	8,927,741.00	71,001,319.00
第八类　生皮、皮革、毛皮及其制品；鞍具及挽具；旅行用品、手提包及类似品；动物肠线（蚕胶丝除外）制品	291,309.00	114,406.00
第41章　生皮（毛皮除外）及皮革	—	—
第42章　皮革制品；旅行箱包；动物肠线制品	291,309.00	114,406.00
第43章　毛皮、人造毛皮及其制品	—	—
第九类　木及木制品；木炭；软木及软木制品；稻草、秸秆、针茅或其他编结材料制品；篮筐及柳条编结品	745,467.00	480,015,174.00
第44章　木及木制品；木炭	743,972.00	480,015,174.00
第45章　软木及软木制品	—	—
第46章　编结材料制品；篮筐及柳条编结品	1,495.00	—
第十类　木浆及其他纤维状纤维素浆；回收（废碎）纸或纸板；纸、纸板及其制品	18,959,470.00	2,812.00
第47章　木浆等纤维状纤维素浆；废纸及纸板	—	—
第48章　纸及纸板；纸浆、纸或纸板制品	18,519,404.00	—
第49章　印刷品；手稿、打字稿及设计图纸	440,066.00	2,812.00
第十一类　纺织原料及纺织制品	15,018,052.00	1,032,016.00
第50章　蚕丝	65,424.00	—
第51章　羊毛等动物毛；马毛纱线及其机织物	712,786.00	—
第52章　棉花	1,132,369.00	—
第53章　其他植物纤维；纸纱线及其机织物	6,059.00	—
第54章　化学纤维长丝	316,685.00	5,650.00

续表

名称	2015 年出口	2015 年进口
第 55 章　化学纤维短纤	3,824,713.00	25,265.00
第 56 章　絮胎、毡呢及无纺织物；线绳制品等	1,813,859.00	—
第 57 章　地毯及纺织材料的其他铺地制品	805,784.00	—
第 58 章　特种机织物；簇绒织物；刺绣品等	315,636.00	243.00
第 59 章　浸渍、涂布、包覆或层压的纺织物；工业用纺织制品	401,672.00	—
第 60 章　针织物及钩编织物	1,665,729.00	—
第 61 章　针织或钩编的服装及衣着附件	246,439.00	458,232.00
第 62 章　非针织或非钩编的服装及衣着附件	731,089.00	523,739.00
第 63 章　其他纺织制品；成套物品；旧纺织品	3,045,232.00	18,887.00
第十二类　鞋、帽、伞、杖、鞭及其零件；已加工的羽毛及其制品；人造花；人发制品	4,951,460.00	37,210.00
第 64 章　鞋靴、护腿和类似品及其零件	1,171,578.00	37,210.00
第 65 章　帽类及其零件	29,589.00	—
第 66 章　伞、手杖、鞭子、马鞭及其零件	25,033.00	—
第 67 章　加工羽毛及制品；人造花；人发制品	3,725,260.00	—
第十三类　石料、石膏、水泥、石棉、云母及类似材料的制品；陶瓷产品；玻璃及其制品	16,645,752.00	1,156.00
第 68 章　矿物材料的制品	3,842,035.00	—
第 69 章　陶瓷产品	11,654,459.00	506.00
第 70 章　玻璃及其制品	1,149,258.00	650.00
第十四类　天然或养殖珍珠、宝石或半宝石、贵金属、包贵金属及其制品；仿首饰；硬币	67,952.00	3,266.00
第 71 章　珠宝、贵金属及制品；仿首饰；硬币	67,952.00	3,266.00
第十五类　贱金属及其制品	178,543,032.00	151,835,021.00
第 72 章　钢铁	33,475,493.00	—
第 73 章　钢铁制品	109,437,024.00	4,526.00
第 74 章　铜及其制品	2,042,363.00	151,792,436.00
第 75 章　镍及其制品	13,356.00	—
第 76 章　铝及其制品	31,608,557.00	—
第 77 章	—	—
第 78 章　铅及其制品	69,511.00	—
第 79 章　锌及其制品	—	—
第 80 章　锡及其制品	—	—
第 81 章　其他贱金属、金属陶瓷及其制品	—	37,864.00
第 82 章　贱金属器具、利口器、餐具及零件	520,074.00	—
第 83 章　贱金属杂项制品	1,376,654.00	195.00

续表

名称	2015年出口	2015年进口
第十六类　机器、机械器具、电气设备及其零件；录音机及放声机、电视图像、声音的录制和重放设备及其零件、附件	503,220,410.00	501,969.00
第84章　核反应堆、锅炉、机械器具及零件	246,646,582.00	—
第85章　电机、电气、音像设备及其零附件	256,573,828.00	501,969.00
第十七类　车辆、航空器、船舶及有关运输设备	280,768,403.00	85,439.00
第86章　铁道车辆；轨道装置；信号设备	192,977.00	—
第87章　车辆及其零附件，但铁道车辆除外	122,696,495.00	85,439.00
第88章　航空器、航天器及其零件	151,329,991.00	—
第89章　船舶及浮动结构体	6,548,940.00	—
第十八类　光学、照相、电影、计量、检验、医疗或外科用仪器及设备、精密仪器及设备；钟表；乐器；上述物品的零件、附件	6,617,098.00	2,416.00
第90章　光学、照相、医疗等设备及零附件	6,589,502.00	2,416.00
第91章　钟表及其零件	13,877.00	—
第92章　乐器及其零件、附件	13,719.00	—
第十九类　武器、弹药及其零件、附件	1,251.00	—
第93章　武器、弹药及其零件、附件	1,251.00	—
第二十类　杂项制品	10,197,253.00	5,639,837.00
第94章　家具；寝具等；灯具；活动房	9,614,180.00	5,579,474.00
第95章　玩具、游戏或运动用品及其零附件	254,517.00	60,363.00
第96章　杂项制品	328,556.00	—
第二十一类　艺术品、收藏品及古物	2,199.0000	—
第97章　艺术品、收藏品及古物	2,199.00	—
第二十二类　特殊交易品及未分类商品	52,533,925.00	257,218,336.00
第98章　特殊交易品及未分类商品	52,533,925.00	257,218,336.00

（数据来源：海关总署——海关统计资讯网 www.hgtj.cn）

中国对马来西亚进出口商品构成表（2015年）

单位：美元

名称	2015年出口	2015年进口
总值	44,023,809,830.00	53,288,308,602.00
第一类　活动物；动物产品	440,735,046.00	64,698,693.00
第1章　活动物	178,960.00	—
第2章　肉及食用杂碎	65,652,650.00	—
第3章　鱼及其他水生无脊椎动物	363,018,406.00	46,140,043.00
第4章　乳；蛋；蜂蜜；其他食用动物产品	5,219,877.00	18,116,988.00

续表

名称	2015 年出口	2015 年进口
第 5 章　其他动物产品	6,665,153.00	441,662.00
第二类　植物产品	1,283,356,789.00	162,974,617.00
第 6 章　活植物；茎、根；插花、簇叶	4,879,944.00	94,346.00
第 7 章　食用蔬菜、根及块茎	696,066,489.00	90,003.00
第 8 章　食用水果及坚果；甜瓜等水果的果皮	367,031,301.00	43,051,378.00
第 9 章　咖啡、茶、马黛茶及调味香料	85,954,821.00	45,007,515.00
第 10 章　谷物	771,769.00	—
第 11 章　制粉工业产品；麦芽；淀粉等；面筋	4,256,013.00	440,462.00
第 12 章　油籽；子仁；工业或药用植物；饲料	107,211,388.00	2,242,599.00
第 13 章　虫胶；树胶、树脂及其他植物液、汁	15,581,972.00	710,685.00
第 14 章　编结用植物材料；其他植物产品	1,603,092.00	71,337,629.00
第三类　动、植物油、脂及其分解产品；精致的食用油脂；动、植物蜡	16,419,596.00	1,780,876,071.00
第 15 章　动、植物油、脂、蜡；精制食用油脂	16,419,596.00	1,780,876,071.00
第四类　食品；饮料、酒及醋；烟草、烟草及烟草代用品的制品	748,905,402.00	486,134,284.00
第 16 章　肉、鱼及其他水生无脊椎动物的制品	159,867,324.00	1,811,556.00
第 17 章　糖及糖食	78,512,236.00	31,580,895.00
第 18 章　可可及可可制品	13,155,419.00	107,157,775.00
第 19 章　谷物粉、淀粉等或乳的制品；糕饼	41,692,480.00	138,750,645.00
第 20 章　蔬菜、水果等或植物其他部分的制品	191,453,999.00	11,801,711.00
第 21 章　杂项食品	118,755,912.00	125,222,702.00
第 22 章　饮料、酒及醋	40,908,445.00	28,761,090.00
第 23 章　食品工业的残渣及废料；配制的饲料	50,437,346.00	32,105,239.00
第 24 章　烟草、烟草及烟草代用品的制品	54,122,241.00	8,942,671.00
第五类　矿产品	668,602,660.00	7,203,591,748.00
第 25 章　盐；硫磺；土及石料；石灰及水泥等	120,256,287.00	2,032,566.00
第 26 章　矿砂、矿渣及矿灰	4,315,390.00	1,342,104,634.00
第 27 章　矿物燃料、矿物油及其产品；沥青等	544,030,983.00	5,859,454,548.00
第六类　化学工业及其相关工业的产品	2,425,482,261.00	1,718,417,048.00
第 28 章　无机化学品；贵金属等的化合物	483,170,858.00	160,520,001.00
第 29 章　有机化学品	503,831,662.00	863,892,160.00
第 30 章　药品	117,723,896.00	107,136.00
第 31 章　肥料	209,391,850.00	284,138.00
第 32 章　鞣料；着色料；涂料；油灰；墨水等	163,629,708.00	67,400,689.00
第 33 章　精油及香膏，芳香料制品，化妆盥洗品	203,946,664.00	3,168,369.00
第 34 章　洗涤剂、润滑剂、人造蜡、塑型膏等	114,992,181.00	124,283,680.00
第 35 章　蛋白类物质；改性淀粉；胶；酶	83,617,981.00	18,303,697.00

续表

名称	2015 年出口	2015 年进口
第 36 章　炸药；烟火；引火品；易燃材料制品	4,637,256.00	3,174.00
第 37 章　照相及电影用品	25,799,505.00	4,035,332.00
第 38 章　杂项化学产品	514,740,700.00	476,418,672.00
第七类　塑料及其制品；橡胶及其制品	1,999,210,024.00	2,729,103,569.00
第 39 章　塑料及其制品	1,673,806,375.00	1,295,534,156.00
第 40 章　橡胶及其制品	325,403,649.00	1,433,569,413.00
第八类　生皮、皮革、毛皮及其制品；鞍具及挽具；旅行用品、手提包及类似品；动物肠线（蚕胶丝除外）制品	915,428,395.00	13,223,055.00
第 41 章　生皮（毛皮除外）及皮革	6,871,843.00	5,353,867.00
第 42 章　皮革制品；旅行箱包；动物肠线制品	907,659,587.00	1,481,763.00
第 43 章　毛皮、人造毛皮及其制品	896,965.00	6,387,425.00
第九类　木及木制品；木炭；软木及软木制品；稻草、秸秆、针茅或其他编结材料制品；篮筐及柳条编结品	197,678,564.00	264,297,700.00
第 44 章　木及木制品；木炭	170,609,191.00	264,296,988.00
第 45 章　软木及软木制品	246,067.00	—
第 46 章　编结材料制品；篮筐及柳条编结品	26,823,306.00	712.00
第十类　木浆及其他纤维状纤维素浆；回收（废碎）纸或纸板；纸、纸板及其制品	616,033,910.00	27,840,267.00
第 47 章　木浆等纤维状纤维素浆；废纸及纸板	110,990.00	106,033.00
第 48 章　纸及纸板；纸浆、纸或纸板制品	580,082,432.00	13,967,628.00
第 49 章　印刷品；手稿、打字稿及设计图纸	35,840,488.00	13,766,606.00
第十一类　纺织原料及纺织制品	4,714,169,281.00	182,820,092.00
第 50 章　蚕丝	33,979,165.00	—
第 51 章　羊毛等动物毛；马毛纱线及其机织物	10,661,502.00	17,306,476.00
第 52 章　棉花	383,213,968.00	71,935,347.00
第 53 章　其他植物纤维；纸纱线及其机织物	950,768.00	3,762,595.00
第 54 章　化学纤维长丝	345,886,316.00	22,552,956.00
第 55 章　化学纤维短纤	93,698,393.00	16,518,767.00
第 56 章　絮胎、毡呢及无纺织物；线绳制品等	127,820,929.00	14,311,181.00
第 57 章　地毯及纺织材料的其他铺地制品	121,771,360.00	356,019.00
第 58 章　特种机织物；簇绒织物；刺绣品等	83,559,013.00	905,774.00
第 59 章　浸渍、涂布、包覆或层压的纺织物；工业用纺织制品	134,066,054.00	5,611,021.00
第 60 章　针织物及钩编织物	210,689,731.00	3,805,073.00
第 61 章　针织或钩编的服装及衣着附件	1,127,388,737.00	17,333,723.00
第 62 章　非针织或非钩编的服装及衣着附件	1,600,249,498.00	5,737,066.00

续表

名称	2015 年出口	2015 年进口
第 63 章　其他纺织制品；成套物品；旧纺织品	474,213,012.00	2,684,094.00
第十二类　鞋、帽、伞、杖、鞭及其零件；已加工的羽毛及其制品；人造花；人发制品	1,383,791,181.00	1,949,871.00
第 64 章　鞋靴、护腿和类似品及其零件	1,217,611,959.00	788,336.00
第 65 章　帽类及其零件	55,447,119.00	186,543.00
第 66 章　伞、手杖、鞭子、马鞭及其零件	46,111,548.00	1,817.00
第 67 章　加工羽毛及制品；人造花；人发制品	64,620,555.00	973,175.00
第十三类　石料、石膏、水泥、石棉、云母及类似材料的制品；陶瓷产品；玻璃及其制品	1,772,045,422.00	120,481,568.00
第 68 章　矿物材料的制品	307,493,511.00	13,748,586.00
第 69 章　陶瓷产品	1,019,437,946.00	18,510,308.00
第 70 章　玻璃及其制品	445,113,965.00	88,222,674.00
第十四类　天然或养殖珍珠、宝石或半宝石、贵金属、包贵金属及其制品；仿首饰；硬币	27,439,228.00	26,822,780.00
第 71 章　珠宝、贵金属及制品；仿首饰；硬币	27,439,228.00	26,822,780.00
第十五类　贱金属及其制品	5,248,858,921.00	1,200,780,503.00
第 72 章　钢铁	1,444,967,682.00	44,852,693.00
第 73 章　钢铁制品	1,375,415,538.00	86,744,891.00
第 74 章　铜及其制品	443,421,848.00	635,723,516.00
第 75 章　镍及其制品	38,971,196.00	618,180.00
第 76 章　铝及其制品	947,345,280.00	358,066,915.00
第 77 章	—	—
第 78 章　铅及其制品	5,430,660.00	1,331,876.00
第 79 章　锌及其制品	39,764,838.00	185,250.00
第 80 章　锡及其制品	1,600,663.00	43,282,599.00
第 81 章　其他贱金属、金属陶瓷及其制品	9,474,950.00	2,375,595.00
第 82 章　贱金属器具、利口器、餐具及零件	263,940,189.00	7,783,233.00
第 83 章　贱金属杂项制品	678,526,077.00	19,815,755.00
第十六类　机器、机械器具、电气设备及其零件；录音机及放声机、电视图像、声音的录制和重放设备及其零件、附件	17,948,921,762.00	35,882,073,946.00
第 84 章　核反应堆、锅炉、机械器具及零件	4,968,729,164.00	3,322,833,824.00
第 85 章　电机、电气、音像设备及其零附件	9,198,243,662.00	32,559,240,122.00
第十七类　车辆、航空器、船舶及有关运输设备	1,890,974,468.00	259,164,713.00
第 86 章　铁道车辆；轨道装置；信号设备	293,400,493.00	1,251,730.00
第 87 章　车辆及其零附件，但铁道车辆除外	1,063,996,211.00	250,708,251.00
第 88 章　航空器、航天器及其零件	2,583,934.00	7,203,732.00
第 89 章　船舶及浮动结构体	530,993,830.00	1,000.00

续表

名称	2015 年出口	2015 年进口
第十八类　光学、照相、电影、计量、检验、医疗或外科用仪器及设备、精密仪器及设备；钟表；乐器；上述物品的零件、附件	2,044,633,154.00	1,041,299,707.00
第 90 章　光学、照相、医疗等设备及零附件	1,906,328,159.00	1,019,165,159.00
第 91 章　钟表及其零件	105,851,058.00	18,958,870.00
第 92 章　乐器及其零件、附件	32,453,937.00	3,175,678.00
第十九类　武器、弹药及其零件、附件	90,828.00	—
第 93 章　武器、弹药及其零件、附件	90,828.00	—
第二十类　杂项制品	3,417,159,841.00	121,503,791.00
第 94 章　家具；寝具等；灯具；活动房	2,541,307,213.00	56,479,377.00
第 95 章　玩具、游戏或运动用品及其零附件	586,138,149.00	30,653,784.00
第 96 章　杂项制品	289,714,479.00	34,370,630.00
第二十一类　艺术品、收藏品及古物	11,023,463.00	8,901.00
第 97 章　艺术品、收藏品及古物	11,023,463.00	8,901.00
第二十二类　特殊交易品及未分类商品	819,405.00	245,678.00
第 98 章　特殊交易品及未分类商品	819,405.00	245,678.00

（数据来源：海关总署——海关统计资讯网 www.hgtj.cn）

中国对缅甸进出口商品构成表（2015 年）

单位：美元

名称	2015 年出口	2015 年进口
总值	9,656,441,078.00	5,625,286,998.00
第一类　活动物；动物产品	9,608,672.00	32,325,054.00
第 1 章　活动物	700.00	—
第 2 章　肉及食用杂碎	—	—
第 3 章　鱼及其他水生无脊椎动物	1,261,384.00	32,287,389.00
第 4 章　乳；蛋；蜂蜜；其他食用动物产品	3,207,136.00	—
第 5 章　其他动物产品	5,139,452.00	37,665.00
第二类　植物产品	163,690,839.00	134,109,030.00
第 6 章　活植物；茎、根；插花、簇叶	5,337,172.00	19,796.00
第 7 章　食用蔬菜、根及块茎	5,153,313.00	27,322,888.00
第 8 章　食用水果及坚果；甜瓜等水果的果皮	99,803,155.00	21,138,156.00
第 9 章　咖啡、茶、马黛茶及调味香料	21,156,224.00	782,269.00
第 10 章　谷物	—	17,313,007.00
第 11 章　制粉工业产品；麦芽；淀粉等；面筋	15,640,757.00	—
第 12 章　油籽；子仁；工业或药用植物；饲料	15,651,223.00	66,471,494.00
第 13 章　虫胶；树胶、树脂及其他植物液、汁	948,995.00	—

续表

名称	2015 年出口	2015 年进口
第 14 章　编结用植物材料；其他植物产品	—	1,061,420.00
第三类　动、植物油、脂及其分解产品；精致的食用油脂；动、植物蜡	117,279.00	—
第 15 章　动、植物油、脂、蜡；精制食用油脂	117,279.00	—
第四类　食品；饮料、酒及醋；烟草、烟草及烟草代用品的制品	144,272,352.00	5,823,195.00
第 16 章　肉、鱼及其他水生无脊椎动物的制品	579,805.00	—
第 17 章　糖及糖食	8,157,056.00	1,801,390.00
第 18 章　可可及可可制品	258,337.00	—
第 19 章　谷物粉、淀粉等或乳的制品；糕饼	9,573,264.00	45,848.00
第 20 章　蔬菜、水果等或植物其他部分的制品	281,670.00	4,370.00
第 21 章　杂项食品	70,386,120.00	20,542.00
第 22 章　饮料、酒及醋	28,883,002.00	61,426.00
第 23 章　食品工业的残渣及废料；配制的饲料	2,550,975.00	3,889,619.00
第 24 章　烟草、烟草及烟草代用品的制品	24,181,928.00	—
第五类　矿产品	210,173,654.00	2,103,433,934.00
第 25 章　盐；硫磺；土及石料；石灰及水泥等	16,040,420.00	10,798,025.00
第 26 章　矿砂、矿渣及矿灰	117,133.00	453,696,379.00
第 27 章　矿物燃料、矿物油及其产品；沥青等	194,016,101.00	1,638,939,530.00
第六类　化学工业及其相关工业的产品	287,391,229.00	6,597,013.00
第 28 章　无机化学品；贵金属等的化合物	26,716,116.00	6,211,527.00
第 29 章　有机化学品	63,789,346.00	217.00
第 30 章　药品	38,641,537.00	—
第 31 章　肥料	54,367,190.00	—
第 32 章　鞣料；着色料；涂料；油灰；墨水等	7,427,457.00	23,588.00
第 33 章　精油及香膏，芳香料制品，化妆盥洗品	5,960,991.00	265.00
第 34 章　洗涤剂、润滑剂、人造蜡、塑型膏等	14,668,440.00	655.00
第 35 章　蛋白类物质；改性淀粉；胶；酶	9,081,490.00	—
第 36 章　炸药；烟火；引火品；易燃材料制品	5,836,324.00	—
第 37 章　照相及电影用品	6,801,828.00	—
第 38 章　杂项化学产品	54,100,510.00	360,761.00
第七类　塑料及其制品；橡胶及其制品	321,044,587.00	75,606,251.00
第 39 章　塑料及其制品	222,380,230.00	3,448,269.00
第 40 章　橡胶及其制品	98,664,357.00	72,157,982.00
第八类　生皮、皮革、毛皮及其制品；鞍具及挽具；旅行用品、手提包及类似品；动物肠线（蚕胶丝除外）制品	42,949,286.00	2,956,022.00
第 41 章　生皮（毛皮除外）及皮革	7,297,799.00	—

续表

名称	2015年出口	2015年进口
第42章　皮革制品；旅行箱包；动物肠线制品	18,059,756.00	2,940,955.00
第43章　毛皮、人造毛皮及其制品	17,591,731.00	15,067.00
第九类　木及木制品；木炭；软木及软木制品；稻草、秸秆、针茅或其他编结材料制品；篮筐及柳条编结品	29,088,120.00	228,603,316.00
第44章　木及木制品；木炭	27,882,897.00	228,423,048.00
第45章　软木及软木制品	1.00	—
第46章　编结材料制品；篮筐及柳条编结品	1,205,222.00	180,268.00
第十类　木浆及其他纤维状纤维素浆；回收（废碎）纸或纸板；纸、纸板及其制品	65,167,923.00	98,125.00
第47章　木浆等纤维状纤维素浆；废纸及纸板	—	91,253.00
第48章　纸及纸板；纸浆、纸或纸板制品	58,773,306.00	6,872.00
第49章　印刷品；手稿、打字稿及设计图纸	6,394,617.00	—
第十一类　纺织原料及纺织制品	1,041,459,350.00	43,300,649.00
第50章　蚕丝	7,893,933.00	—
第51章　羊毛等动物毛；马毛纱线及其机织物	17,080,625.00	18,409.00
第52章　棉花	161,606,568.00	7,585.00
第53章　其他植物纤维；纸纱线及其机织物	15,665,076.00	—
第54章　化学纤维长丝	133,341,328.00	20,247.00
第55章　化学纤维短纤	281,758,172.00	62,904.00
第56章　絮胎、毡呢及无纺织物；线绳制品等	38,637,911.00	4,135.00
第57章　地毯及纺织材料的其他铺地制品	9,638,048.00	—
第58章　特种机织物；簇绒织物；刺绣品等	50,106,009.00	1,162,731.00
第59章　浸渍、涂布、包覆或层压的纺织物；工业用纺织制品	55,355,961.00	897.00
第60章　针织物及钩编织物	163,257,584.00	2,472.00
第61章　针织或钩编的服装及衣着附件	20,240,680.00	5,948,620.00
第62章　非针织或非钩编的服装及衣着附件	14,122,934.00	35,188,210.00
第63章　其他纺织制品；成套物品；旧纺织品	72,754,521.00	902,848.00
第十二类　鞋、帽、伞、杖、鞭及其零件；已加工的羽毛及其制品；人造花；人发制品	47,553,658.00	2,205,281.00
第64章　鞋靴、护腿和类似品及其零件	28,371,417.00	1,119,572.00
第65章　帽类及其零件	3,297,179.00	42,610.00
第66章　伞、手杖、鞭子、马鞭及其零件	12,314,209.00	—
第67章　加工羽毛及制品；人造花；人发制品	3,570,853.00	1,043,099.00
第十三类　石料、石膏、水泥、石棉、云母及类似材料的制品；陶瓷产品；玻璃及其制品	196,104,787.00	975,216.00
第68章　矿物材料的制品	39,125,263.00	801,396.00

续表

名称	2015 年出口	2015 年进口
第 69 章　陶瓷产品	118,716,306.00	—
第 70 章　玻璃及其制品	38,263,218.00	173,820.00
第十四类　天然或养殖珍珠、宝石或半宝石、贵金属、包贵金属及其制品；仿首饰；硬币	303,999,776.00	2,128,684,993.00
第 71 章　珠宝、贵金属及制品；仿首饰；硬币	303,999,776.00	2,128,684,993.00
第十五类　贱金属及其制品	1,646,861,293.00	288,575,817.00
第 72 章　钢铁	844,948,906.00	249,281,973.00
第 73 章　钢铁制品	612,409,425.00	3,039.00
第 74 章　铜及其制品	5,251,803.00	33,412,394.00
第 75 章　镍及其制品	220,810.00	—
第 76 章　铝及其制品	134,991,734.00	203.00
第 77 章	—	—
第 78 章　铅及其制品	156,796.00	—
第 79 章　锌及其制品	1,477,997.00	5,877,113.00
第 80 章　锡及其制品	91,605.00	—
第 81 章　其他贱金属、金属陶瓷及其制品	214,849.00	—
第 82 章　贱金属器具、利口器、餐具及零件	14,075,085.00	—
第 83 章　贱金属杂项制品	33,022,283.00	1,095.00
第十六类　机器、机械器具、电气设备及其零件；录音机及放声机、电视图像、声音的录制和重放设备及其零件、附件	2,629,191,733.00	26,229,582.00
第 84 章　核反应堆、锅炉、机械器具及零件	1,020,777,323.00	3,903,381.00
第 85 章　电机、电气、音像设备及其零附件	1,608,414,410.00	22,326,201.00
第十七类　车辆、航空器、船舶及有关运输设备	2,008,875,435.00	18,014.00
第 86 章　铁道车辆；轨道装置；信号设备	17,390,158.00	—
第 87 章　车辆及其零附件，但铁道车辆除外	989,352,758.00	18,014.00
第 88 章　航空器、航天器及其零件	1,193,144.00	—
第 89 章　船舶及浮动结构体	1,000,939,375.00	—
第十八类　光学、照相、电影、计量、检验、医疗或外科用仪器及设备、精密仪器及设备；钟表；乐器；上述物品的零件、附件	68,214,983.00	18,162,851.00
第 90 章　光学、照相、医疗等设备及零附件	66,848,603.00	18,162,851.00
第 91 章　钟表及其零件	1,220,110.00	13,427.00
第 92 章　乐器及其零件、附件	146,270.00	1,085.00
第十九类　武器、弹药及其零件、附件	37,258.00	—
第 93 章　武器、弹药及其零件、附件	37,258.00	—
第二十类　杂项制品	169,688,360.00	407,531.00
第 94 章　家具；寝具等；灯具；活动房	95,795,768.00	400,130.00

续表

名称	2015 年出口	2015 年进口
第 95 章　玩具、游戏或运动用品及其零附件	12,556,539.00	—
第 96 章　杂项制品	61,336,053.00	7,401.00
第二十一类　艺术品、收藏品及古物	48,794.00	—
第 97 章　艺术品、收藏品及古物	48,794.00	—
第二十二类　特殊交易品及未分类商品	270,858,619.00	546,000.00
第 98 章　特殊交易品及未分类商品	270,858,619.00	533,562,204.00

（数据来源：海关总署——海关统计资讯网 www.hgtj.cn）

中国对菲律宾进出口商品构成表（2015 年）

单位：美元

名称	2015 年出口	2015 年进口
总值	26,676,527,553.00	19,002,017,144.00
第一类　活动物；动物产品	475,204,912.00	37,043,656.00
第 1 章　活动物	600.00	638,923.00
第 2 章　肉及食用杂碎	—	—
第 3 章　鱼及其他水生无脊椎动物	462187704.00	35,379,334.00
第 4 章　乳；蛋；蜂蜜；其他食用动物产品	725494.00	—
第 5 章　其他动物产品	12291114.00	1,025,399.00
第二类　植物产品	404,903,997.00	588,189,743.00
第 6 章　活植物；茎、根；插花、簇叶	2,407,948.00	1,600.00
第 7 章　食用蔬菜、根及块茎	103,859,896.00	—
第 8 章　食用水果及坚果；甜瓜等水果的果皮	205,293,296.00	575,577,231.00
第 9 章　咖啡、茶、马黛茶及调味香料	10,556,279.00	—
第 10 章　谷物	17,056,967.00	741.00
第 11 章　制粉工业产品；麦芽；淀粉等；面筋	32,739,222.00	1,438.00
第 12 章　油籽；子仁；工业或药用植物；饲料	9,082,022.00	2,858,554.00
第 13 章　虫胶；树胶、树脂及其他植物液、汁	23,906,018.00	3,578,647.00
第 14 章　编结用植物材料；其他植物产品	2,349.00	6,171,532.00
第三类　动、植物油、脂及其分解产品；精致的食用油脂；动、植物蜡	2,017,281.00	10,948,434.00
第 15 章　动、植物油、脂、蜡；精制食用油脂	2,017,281.00	10,948,434.00
第四类　食品；饮料、酒及醋；烟草、烟草及烟草代用品的制品	755,029,867.00	55,900,601.00
第 16 章　肉、鱼及其他水生无脊椎动物的制品	66,428,013.00	23,516.00
第 17 章　糖及糖食	293,161,972.00	1,043,379.00
第 18 章　可可及可可制品	29,957,812.00	363,910.00
第 19 章　谷物粉、淀粉等或乳的制品；糕饼	30,081,657.00	6,390,690.00

续表

名称	2015 年出口	2015 年进口
第 20 章　蔬菜、水果等或植物其他部分的制品	125,448,388.00	39,189,289.00
第 21 章　杂项食品	141,680,166.00	4,585,186.00
第 22 章　饮料、酒及醋	14,180,790.00	2,031,612.00
第 23 章　食品工业的残渣及废料；配制的饲料	21,376,648.00	2,212,311.00
第 24 章　烟草、烟草及烟草代用品的制品	32,714,421.00	60,708.00
第五类　矿产品	708,390,350.00	3,030,829,270.00
第 25 章　盐；硫磺；土及石料；石灰及水泥等	29,123,917.00	11,779,545.00
第 26 章　矿砂、矿渣及矿灰	16,096,279.00	1,982,868,780.00
第 27 章　矿物燃料、矿物油及其产品；沥青等	663,170,154.00	1,036,180,945.00
第六类　化学工业及其相关工业的产品	1,455,794,381.00	202,395,716.00
第 28 章　无机化学品；贵金属等的化合物	176,647,095.00	30,560,436.00
第 29 章　有机化学品	238,183,036.00	128,441,092.00
第 30 章　药品	89,834,038.00	36,524.00
第 31 章　肥料	304,233,566.00	—
第 32 章　鞣料；着色料；涂料；油灰；墨水等	78,216,926.00	791,721.00
第 33 章　精油及香膏，芳香料制品，化妆盥洗品	81,161,612.00	1,675,044.00
第 34 章　洗涤剂、润滑剂、人造蜡、塑型膏等	63,867,786.00	6,077,401.00
第 35 章　蛋白类物质；改性淀粉；胶；酶	65,271,140.00	292,017.00
第 36 章　炸药；烟火；引火品；易燃材料制品	2,802,940.00	—
第 37 章　照相及电影用品	17,200,119.00	4,220.00
第 38 章　杂项化学产品	338,376,123.00	34,517,261.00
第七类　塑料及其制品；橡胶及其制品	1,259,751,809.00	194,329,330.00
第 39 章　塑料及其制品	1,014,232,757.00	183,259,579.00
第 40 章　橡胶及其制品	245,519,052.00	11,069,751.00
第八类　生皮、皮革、毛皮及其制品；鞍具及挽具；旅行用品、手提包及类似品；动物肠线（蚕胶丝除外）制品	283,569,791.00	37,789,051.00
第 41 章　生皮（毛皮除外）及皮革	11,122,896.00	1,105,857.00
第 42 章　皮革制品；旅行箱包；动物肠线制品	271,825,437.00	36,620,353.00
第 43 章　毛皮、人造毛皮及其制品	621,458.00	62,841.00
第九类　木及木制品；木炭；软木及软木制品；稻草、秸秆、针茅或其他编结材料制品；篮筐及柳条编结品	306,301,497.00	59,020,471.00
第 44 章　木及木制品；木炭	303,568,553.00	58,759,589.00
第 45 章　软木及软木制品	46,185.00	115,784.00
第 46 章　编结材料制品；篮筐及柳条编结品	2,686,759.00	145,098.00
第十类　木浆及其他纤维状纤维素浆；回收（废碎）纸或纸板；纸、纸板及其制品	308,703,396.00	18,154,798.00

续表

名称	2015 年出口	2015 年进口
第 47 章　木浆等纤维状纤维素浆；废纸及纸板	490,498.00	17,189,215.00
第 48 章　纸及纸板；纸浆、纸或纸板制品	288,463,953.00	890,396.00
第 49 章　印刷品；手稿、打字稿及设计图纸	19,748,945.00	75,187.00
第十一类　纺织原料及纺织制品	4,014,264,013.00	83,999,473.00
第 50 章　蚕丝	2,159,489.00	—
第 51 章　羊毛等动物毛；马毛纱线及其机织物	12,632,942.00	38,985.00
第 52 章　棉花	838,763,978.00	69,840.00
第 53 章　其他植物纤维；纸纱线及其机织物	9,493,582.00	10,708,642.00
第 54 章　化学纤维长丝	324,771,784.00	37,128,075.00
第 55 章　化学纤维短纤	159,680,064.00	263,615.00
第 56 章　絮胎、毡呢及无纺织物；线绳制品等	147,558,501.00	152,538.00
第 57 章　地毯及纺织材料的其他铺地制品	22,422,296.00	90,006.00
第 58 章　特种机织物；簇绒织物；刺绣品等	220,678,890.00	11,665,612.00
第 59 章　浸渍、涂布、包覆或层压的纺织物；工业用纺织制品	144,553,834.00	7,413.00
第 60 章　针织物及钩编织物	221,580,932.00	139,643.00
第 61 章　针织或钩编的服装及衣着附件	995,522,146.00	13,507,745.00
第 62 章　非针织或非钩编的服装及衣着附件	589,895,410.00	8,289,994.00
第 63 章　其他纺织制品；成套物品；旧纺织品	324,550,165.00	1,937,365.00
第十二类　鞋、帽、伞、杖、鞭及其零件；已加工的羽毛及其制品；人造花；人发制品	1,146,601,855.00	628,041.00
第 64 章　鞋靴、护腿和类似品及其零件	859,380,807.00	311,093.00
第 65 章　帽类及其零件	34,105,682.00	291,575.00
第 66 章　伞、手杖、鞭子、马鞭及其零件	230,929,348.00	4,007.00
第 67 章　加工羽毛及制品；人造花；人发制品	22,186,018.00	21,366.00
第十三类　石料、石膏、水泥、石棉、云母及类似材料的制品；陶瓷产品；玻璃及其制品	897,065,134.00	5,889,304.00
第 68 章　矿物材料的制品	92,049,642.00	1,030,077.00
第 69 章　陶瓷产品	556,032,411.00	85,752.00
第 70 章　玻璃及其制品	248,983,081.00	4,773,475.00
第十四类　天然或养殖珍珠、宝石或半宝石、贵金属、包贵金属及其制品；仿首饰；硬币	13,721,490.00	457,914.00
第 71 章　珠宝、贵金属及制品；仿首饰；硬币	13,721,490.00	457,914.00
第十五类　贱金属及其制品	3,957,351,466.00	511,654,221.00
第 72 章　钢铁	2,173,137,688.00	721,883.00
第 73 章　钢铁制品	969,282,929.00	5,506,569.00
第 74 章　铜及其制品	90,598,745.00	462,599,954.00
第 75 章　镍及其制品	1,126,411.00	580,482.00

续表

名称	2015 年出口	2015 年进口
第 76 章　铝及其制品	316,551,601.00	33,532,358.00
第 77 章	—	—
第 78 章　铅及其制品	177,201.00	111,496.00
第 79 章　锌及其制品	6,668,649.00	30,291.00
第 80 章　锡及其制品	577,346.00	245,041.00
第 81 章　其他贱金属、金属陶瓷及其制品	7,919,166.00	622,844.00
第 82 章　贱金属器具、利口器、餐具及零件	142,191,148.00	1,642,491.00
第 83 章　贱金属杂项制品	249,120,582.00	6,060,812.00
第十六类　机器、机械器具、电气设备及其零件；录音机及放声机、电视图像、声音的录制和重放设备及其零件、附件	6,923,794,847.00	13,641,051,701.00
第 84 章　核反应堆、锅炉、机械器具及零件	2,538,041,220.00	4,140,984,127.00
第 85 章　电机、电气、音像设备及其零附件	4,385,753,627.00	9,459,394,940.00
第十七类　车辆、航空器、船舶及有关运输设备	1,246,246,127.00	—
第 86 章　铁道车辆；轨道装置；信号设备	8,501,820.00	—
第 87 章　车辆及其零附件，但铁道车辆除外	1,147,330,012.00	40,411,320.00
第 88 章　航空器、航天器及其零件	10,192,845.00	197,784.00
第 89 章　船舶及浮动结构体	80,221,450.00	63,530.00
第十八类　光学、照相、电影、计量、检验、医疗或外科用仪器及设备、精密仪器及设备；钟表；乐器；上述物品的零件、附件	470,719,018.00	429,666,072.00
第 90 章　光学、照相、医疗等设备及零附件	425,201,113.00	422,894,517.00
第 91 章　钟表及其零件	27,661,192.00	6,673,691.00
第 92 章　乐器及其零件、附件	17,856,713.00	97,864.00
第十九类　武器、弹药及其零件、附件	16,828.00	—
第 93 章　武器、弹药及其零件、附件	16,828.00	—
第二十类　杂项制品	2,041,117,907.00	94,053,976.00
第 94 章　家具；寝具等；灯具；活动房	698,837,678.00	10,280,940.00
第 95 章　玩具、游戏或运动用品及其零附件	1,046,136,643.00	74,969,306.00
第 96 章　杂项制品	296,143,586.00	8,803,730.00
第二十一类　艺术品、收藏品及古物	3,289,344.00	1,175.00
第 97 章　艺术品、收藏品及古物	3,289,344.00	1,175.00
第二十二类　特殊交易品及未分类商品	2,672,243.00	14,197.00
第 98 章　特殊交易品及未分类商品	2,672,243.00	14,197.00

（数据来源：海关总署——海关统计资讯网 www.hgtj.cn）

中国对新加坡进出口商品构成表（2015 年）

单位：美元

名称	2015 年出口	2015 年进口
总值	52,005,246,934.00	27,553,329,724.00
第一类　活动物；动物产品	178,829,684.00	6,245,271.00
第 1 章　活动物	208,176.00	42,423.0
第 2 章　肉及食用杂碎	8,039,267.00	—
第 3 章　鱼及其他水生无脊椎动物	156,860,551.00	2,945,629.00
第 4 章　乳；蛋；蜂蜜；其他食用动物产品	12,117,384.00	3,248,375.00
第 5 章　其他动物产品	1,604,306.00	8,844.00
第二类　植物产品	279,530,778.00	8,676,656.00
第 6 章　活植物；茎、根；插花、簇叶	9,545,686.00	550.00
第 7 章　食用蔬菜、根及块茎	121,355,754.00	2822.00
第 8 章　食用水果及坚果；甜瓜等水果的果皮	66,615,770.00	—
第 9 章　咖啡、茶、马黛茶及调味香料	18,127,779.00	2,884,348.00
第 10 章　谷物	163,543.00	—
第 11 章　制粉工业产品；麦芽；淀粉等；面筋	18,546,199.00	611.00
第 12 章　油籽；子仁；工业或药用植物；饲料	35,187,676.00	—
第 13 章　虫胶；树胶、树脂及其他植物液、汁	9,051,711.00	4,803,996.00
第 14 章　编结用植物材料；其他植物产品	936,660.00	984,329.00
第三类　动、植物油、脂及其分解产品；精致的食用油脂；动、植物蜡	13,679,124.00	5,827,602.00
第 15 章　动、植物油、脂、蜡；精制食用油脂	13,679,124.00	5,827,602.00
第四类　食品；饮料、酒及醋；烟草、烟草及烟草代用品的制品	450,331,394.00	429,824,225.00
第 16 章　肉、鱼及其他水生无脊椎动物的制品	199,573,193.00	676,865.00
第 17 章　糖及糖食	28,223,333.00	2,376,675.00
第 18 章　可可及可可制品	12,915,583.00	32,125,569.00
第 19 章　谷物粉、淀粉等或乳的制品；糕饼	23,467,725.00	268,652,474.00
第 20 章　蔬菜、水果等或植物其他部分的制品	34,247,003.00	1,635,583.00
第 21 章　杂项食品	45,478,730.00	33,886,809.00
第 22 章　饮料、酒及醋	59,533,327.00	1,105,505.00
第 23 章　食品工业的残渣及废料；配制的饲料	7,031,134.00	12,873,548.00
第 24 章　烟草、烟草及烟草代用品的制品	39,861,366.00	76,491,197.00
第五类　矿产品	3,972,041,460.00	2,909,634,464.00
第 25 章　盐；硫磺；土及石料；石灰及水泥等	82,001,060.00	2,141,837.00
第 26 章　矿砂、矿渣及矿灰	1,375,860.00	—
第 27 章　矿物燃料、矿物油及其产品；沥青等	3,888,664,540.00	2,907,492,627.00

续表

名称	2015 年出口	2015 年进口
第六类　化学工业及其相关工业的产品	1,482,137,931.00	3,414,911,208.00
第 28 章　无机化学品；贵金属等的化合物	108,486,258.00	8,049,067.00
第 29 章　有机化学品	688,545,246.00	2,197,916,932.00
第 30 章　药品	52,688,430.00	46,425,433.00
第 31 章　肥料	6,751,767.00	2,012.00
第 32 章　鞣料；着色料；涂料；油灰；墨水等	126,519,618.00	114,615,606.00
第 33 章　精油及香膏，芳香料制品，化妆盥洗品	150,429,799.00	70,892,342.00
第 34 章　洗涤剂、润滑剂、人造蜡、塑型膏等	72,094,483.00	96,829,653.00
第 35 章　蛋白类物质；改性淀粉；胶；酶	38,601,482.00	19,968,088.00
第 36 章　炸药；烟火；引火品；易燃材料制品	904,239.00	7,269,933.00
第 37 章　照相及电影用品	40,481,906.00	2,237,382.00
第 38 章　杂项化学产品	196,634,703.00	850,704,760.00
第七类　塑料及其制品；橡胶及其制品	1,157,830,784.00	3,903,858,712.00
第 39 章　塑料及其制品	1,010,274,186.00	3,625,505,700.00
第 40 章　橡胶及其制品	147,556,598.00	278,353,012.00
第八类　生皮、皮革、毛皮及其制品；鞍具及挽具；旅行用品、手提包及类似品；动物肠线（蚕胶丝除外）制品	652,309,052.00	9,791,753.00
第 41 章　生皮（毛皮除外）及皮革	4,594,046.00	9,427,652.00
第 42 章　皮革制品；旅行箱包；动物肠线制品	647,296,973.00	364,101.00
第 43 章　毛皮、人造毛皮及其制品	418,033.00	2,252.00
第九类　木及木制品；木炭；软木及软木制品；稻草、秸秆、针茅或其他编结材料制品；篮筐及柳条编结品	328,677,812.00	671,288.00
第 44 章　木及木制品；木炭	300,152,202.00	663,410.00
第 45 章　软木及软木制品	184,814.00	7,878.00
第 46 章　编结材料制品；篮筐及柳条编结品	28,340,796.00	—
第十类　木浆及其他纤维状纤维素浆；回收（废碎）纸或纸板；纸、纸板及其制品	629,654,751.00	291,831,113.00
第 47 章　木浆等纤维状纤维素浆；废纸及纸板	—	14,921,296.00
第 48 章　纸及纸板；纸浆、纸或纸板制品	597,770,060.00	11,348,395.00
第 49 章　印刷品；手稿、打字稿及设计图纸	31,884,691.00	265,561,422.00
第十一类　纺织原料及纺织制品	2,001,519,335.00	44,393,544.00
第 50 章　蚕丝	6,079,600.00	1,380.00
第 51 章　羊毛等动物毛；马毛纱线及其机织物	3,237,037.00	27,923.00
第 52 章　棉花	63,717,400.00	508,131.00
第 53 章　其他植物纤维；纸纱线及其机织物	600,562.00	1,541.00
第 54 章　化学纤维长丝	62,058,006.00	30,933,283.00

续表

名称	2015 年出口	2015 年进口
第 55 章　化学纤维短纤	26,130,730.00	354,084.00
第 56 章　絮胎、毡呢及无纺织物；线绳制品等	39,510,697.00	3,607,873.00
第 57 章　地毯及纺织材料的其他铺地制品	43,189,717.00	14,134.00
第 58 章　特种机织物；簇绒织物；刺绣品等	21,925,646.00	1,014,607.00
第 59 章　浸渍、涂布、包覆或层压的纺织物；工业用纺织制品	46,956,921.00	1,004,716.00
第 60 章　针织物及钩编织物	48,815,816.00	671,278.00
第 61 章　针织或钩编的服装及衣着附件	704,290,220.00	110,356.00
第 62 章　非针织或非钩编的服装及衣着附件	641,901,455.00	229,754.00
第 63 章　其他纺织制品；成套物品；旧纺织品	293,105,528.00	5,914,484.00
第十二类　鞋、帽、伞、杖、鞭及其零件；已加工的羽毛及其制品；人造花；人发制品	767,461,293.00	105,945.00
第 64 章　鞋靴、护腿和类似品及其零件	653,702,084.00	46,455.00
第 65 章　帽类及其零件	25,851,685.00	23,506.00
第 66 章　伞、手杖、鞭子、马鞭及其零件	20,858,663.00	201.00
第 67 章　加工羽毛及制品；人造花；人发制品	67,048,861.00	35,783.00
第十三类　石料、石膏、水泥、石棉、云母及类似材料的制品；陶瓷产品；玻璃及其制品	1,906,047,403.00	46,660,451.00
第 68 章　矿物材料的制品	314,066,028.00	6,582,244.00
第 69 章　陶瓷产品	1,309,268,461.00	16,577,552.00
第 70 章　玻璃及其制品	282,712,914.00	23,500,655.00
第十四类　天然或养殖珍珠、宝石或半宝石、贵金属、包贵金属及其制品；仿首饰；硬币	177,727,999.00	78,650,875.00
第 71 章　珠宝、贵金属及制品；仿首饰；硬币	177,727,999.00	78,650,875.00
第十五类　贱金属及其制品	3,874,197,896.00	466,354,038.00
第 72 章　钢铁	1,142,636,020.00	23,918,381.00
第 73 章　钢铁制品	1,422,635,854.00	330,268,209.00
第 74 章　铜及其制品	112,605,942.00	64,797,575.00
第 75 章　镍及其制品	1,769,768.00	1,480,572.00
第 76 章　铝及其制品	459,304,837.00	14,807,651.00
第 77 章	—	—
第 78 章　铅及其制品	110,554.00	4,124.00
第 79 章　锌及其制品	7,459,353.00	868,678.00
第 80 章　锡及其制品	10,744,920.00	6,077,932.00
第 81 章　其他贱金属、金属陶瓷及其制品	9,486,478.00	242,712.00
第 82 章　贱金属器具、利口器、餐具及零件	250,022,733.00	10,003,619.00
第 83 章　贱金属杂项制品	457,421,437.00	13,884,585.00

续表

名称	2015 年出口	2015 年进口
第十六类　机器、机械器具、电气设备及其零件；录音机及放声机、电视图像、声音的录制和重放设备及其零件、附件	35,087,467,470.00	12,795,492,735.00
第 84 章　核反应堆、锅炉、机械器具及零件	8,026,967,828.00	3,985,728,895.00
第 85 章　电机、电气、音像设备及其零附件	13,957,067,152.00	8,809,763,840.00
第十七类　车辆、航空器、船舶及有关运输设备	6,551,716,245.00	153,958,110.00
第 86 章　铁道车辆；轨道装置；信号设备	673,945,835.00	134,013.00
第 87 章　车辆及其零附件，但铁道车辆除外	280,610,437.00	11,237,702.00
第 88 章　航空器、航天器及其零件	90,305,377.00	13,000,280.00
第 89 章　船舶及浮动结构体	5,506,854,596.00	129,586,115.00
第十八类　光学、照相、电影、计量、检验、医疗或外科用仪器及设备、精密仪器及设备；钟表；乐器；上述物品的零件、附件	1,135,432,196.00	1,451,412,280.00
第 90 章　光学、照相、医疗等设备及零附件	1,042,549,832.00	1,404,122,600.00
第 91 章　钟表及其零件	69,315,708.00	47,262,220.00
第 92 章　乐器及其零件、附件	23,566,656.00	27,460.00
第十九类　武器、弹药及其零件、附件	392,237.00	—
第 93 章　武器、弹药及其零件、附件	392,237.00	—
第二十类　杂项制品	4,423,361,408.00	4,951,211.00
第 94 章　家具；寝具等；灯具；活动房	3,174,324,202.00	3,984,942.00
第 95 章　玩具、游戏或运动用品及其零附件	1,088,902,892.00	343,487.00
第 96 章　杂项制品	160,134,314.00	622,782.00
第二十一类　艺术品、收藏品及古物	7,942,712.00	387,732.00
第 97 章　艺术品、收藏品及古物	7,942,712.00	387,732.00
第二十二类　特殊交易品及未分类商品	30,390,460.00	1,529,688,259.00
第 98 章　特殊交易品及未分类商品	30,390,460.00	1,529,688,259.00

（数据来源：海关总署——海关统计资讯网 www.hgtj.cn）

中国对泰国进出口商品构成表（2015 年）

单位：美元

名称	2015 年出口	2015 年进口
总值	38,297,117,041.00	37,176,471,553.00
第一类　活动物；动物产品	1,166,685,616.00	172,261,236.00
第 1 章　活动物	139,820.00	536,077.00
第 2 章　肉及食用杂碎	121,629.00	34,403.00
第 3 章　鱼及其他水生无脊椎动物	991,596,794.00	165,974,188.00
第 4 章　乳；蛋；蜂蜜；其他食用动物产品	23,042,675.00	3,642,328.00

续表

名称	2015 年出口	2015 年进口
第 5 章　其他动物产品	151,784,698.00	2,074,240.00
第二类　植物产品	1,856,114,894.00	4,012,540,958.00
第 6 章　活植物；茎、根；插花、簇叶	9,024,205.00	14,162,370.00
第 7 章　食用蔬菜、根及块茎	541,371,257.00	1,706,051,135.00
第 8 章　食用水果及坚果；甜瓜等水果的果皮	1,114,033,683.00	1,169,101,096.00
第 9 章　咖啡、茶、马黛茶及调味香料	44,524,468.00	813,349.00
第 10 章　谷物	348,082.00	474,532,995.00
第 11 章　制粉工业产品；麦芽；淀粉等；面筋	54,160,899.00	616,243,265.00
第 12 章　油籽；子仁；工业或药用植物；饲料	63,117,366.00	29,432,971.00
第 13 章　虫胶；树胶、树脂及其他植物液、汁	28,825,682.00	1,797,711.00
第 14 章　编结用植物材料；其他植物产品	709,252.00	406,066.00
第三类　动、植物油、脂及其分解产品；精致的食用油脂；动、植物蜡	9,965,078.00	19,896,800.00
第 15 章　动、植物油、脂、蜡；精制食用油脂	9,965,078.00	19,896,800.00
第四类　食品；饮料、酒及醋；烟草、烟草及烟草代用品的制品	671,621,735.00	641,328,542.00
第 16 章　肉、鱼及其他水生无脊椎动物的制品	168,057,244.00	28,060,961.00
第 17 章　糖及糖食	64,850,653.00	251,090,283.00
第 18 章　可可及可可制品	16,342,862.00	1,919,505.00
第 19 章　谷物粉、淀粉等或乳的制品；糕饼	34,223,125.00	33,442,634.00
第 20 章　蔬菜、水果等或植物其他部分的制品	220,086,040.00	66,914,647.00
第 21 章　杂项食品	115,668,030.00	103,862,888.00
第 22 章　饮料、酒及醋	10,119,921.00	26,599,087.00
第 23 章　食品工业的残渣及废料；配制的饲料	37,494,924.00	129,438,537.00
第 24 章　烟草、烟草及烟草代用品的制品	4,778,936.00	137,501.00
第五类　矿产品	224,101,740.00	1,062,765,222.00
第 25 章　盐；硫磺；土及石料；石灰及水泥等	80,938,462.00	11,073,268.00
第 26 章　矿砂、矿渣及矿灰	23,024,095.00	53,223,481.00
第 27 章　矿物燃料、矿物油及其产品；沥青等	120,139,183.00	998,468,473.00
第六类　化学工业及其相关工业的产品	3,329,839,926.00	2,076,755,279.00
第 28 章　无机化学品；贵金属等的化合物	643,492,260.00	23,817,782.00
第 29 章　有机化学品	957,200,938.00	1,497,511,882.00
第 30 章　药品	200,417,192.00	14,372,679.00
第 31 章　肥料	297,005,693.00	137,246.00
第 32 章　鞣料；着色料；涂料；油灰；墨水等	228,805,199.00	77,168,837.00
第 33 章　精油及香膏，芳香料制品，化妆盥洗品	157,164,007.00	102,360,841.00
第 34 章　洗涤剂、润滑剂、人造蜡、塑型膏等	87,315,186.00	55,268,524.00
第 35 章　蛋白类物质；改性淀粉；胶；酶	97,637,943.00	151,598,284.00

续表

名称	2015 年出口	2015 年进口
第 36 章　炸药；烟火；引火品；易燃材料制品	33,882,575.00	22,784,227.00
第 37 章　照相及电影用品	44,629,233.00	1,465,978.00
第 38 章　杂项化学产品	582,289,700.00	130,268,999.00
第七类　塑料及其制品；橡胶及其制品	1,451,973,839.00	7,557,106,365.00
第 39 章　塑料及其制品	1,451,973,839.00	3,548,161,421.00
第 40 章　橡胶及其制品	—	4,008,944,944.00
第八类　生皮、皮革、毛皮及其制品；鞍具及挽具；旅行用品、手提包及类似品；动物肠线（蚕胶丝除外）制品	352,805,900.00	233,859,938.00
第 41 章　生皮（毛皮除外）及皮革	10,233,479.00	218,627,251.00
第 42 章　皮革制品；旅行箱包；动物肠线制品	338,261,158.00	15,217,900.00
第 43 章　毛皮、人造毛皮及其制品	4,311,263.00	14,787.00
第九类　木及木制品；木炭；软木及软木制品；稻草、秸秆、针茅或其他编结材料制品；篮筐及柳条编结品	185,522,098.00	1,261,657,216.00
第 44 章　木及木制品；木炭	162,603,070.00	1,261,577,883.00
第 45 章　软木及软木制品	109,336.00	—
第 46 章　编结材料制品；篮筐及柳条编结品	22,809,692.00	79,333.00
第十类　木浆及其他纤维状纤维素浆；回收（废碎）纸或纸板；纸、纸板及其制品	386,356,320.00	180,007,265.00
第 47 章　木浆等纤维状纤维素浆；废纸及纸板	11,239,343.00	101,536,475.00
第 48 章　纸及纸板；纸浆、纸或纸板制品	359,919,715.00	74,254,443.00
第 49 章　印刷品；手稿、打字稿及设计图纸	15,197,262.00	4,216,347.00
第十一类　纺织原料及纺织制品	2,662,645,190.00	602,308,865.00
第 50 章　蚕丝	4,254,916.00	443,834.00
第 51 章　羊毛等动物毛；马毛纱线及其机织物	28,501,216.00	2,371,370.00
第 52 章　棉花	269,957,684.00	90,803,809.00
第 53 章　其他植物纤维；纸纱线及其机织物	9,992,940.00	22,492,357.00
第 54 章　化学纤维长丝	375,555,645.00	143,222,778.00
第 55 章　化学纤维短纤	174,189,543.00	98,181,983.00
第 56 章　絮胎、毡呢及无纺织物；线绳制品等	95,271,617.00	46,211,728.00
第 57 章　地毯及纺织材料的其他铺地制品	46,115,640.00	1,136,173.00
第 58 章　特种机织物；簇绒织物；刺绣品等	49,978,043.00	16,044,306.00
第 59 章　浸渍、涂布、包覆或层压的纺织物；工业用纺织制品	280,499,639.00	20,232,221.00
第 60 章　针织物及钩编织物	200,681,049.00	26,972,054.00
第 61 章　针织或钩编的服装及衣着附件	402,858,819.00	77,540,330.00
第 62 章　非针织或非钩编的服装及衣着附件	256,382,105.00	42,072,479.00

续表

名称	2015 年出口	2015 年进口
第 63 章　其他纺织制品；成套物品；旧纺织品	468,406,334.00	14,583,443.00
第十二类　鞋、帽、伞、杖、鞭及其零件；已加工的羽毛及其制品；人造花；人发制品	555,742,020.00	43,512,727.00
第 64 章　鞋靴、护腿和类似品及其零件	404,698,472.00	41,074,134.00
第 65 章　帽类及其零件	28,834,391.00	1,859,890.00
第 66 章　伞、手杖、鞭子、马鞭及其零件	98,124,239.00	17,422.00
第 67 章　加工羽毛及制品；人造花；人发制品	24,084,918.00	561,281.00
第十三类　石料、石膏、水泥、石棉、云母及类似材料的制品；陶瓷产品；玻璃及其制品	1,018,911,937.00	173,128,740.00
第 68 章　矿物材料的制品	184,347,394.00	10,803,037.00
第 69 章　陶瓷产品	524,673,009.00	34,651,335.00
第 70 章　玻璃及其制品	309,891,534.00	127,674,368.00
第十四类　天然或养殖珍珠、宝石或半宝石、贵金属、包贵金属及其制品；仿首饰；硬币	48,265,194.00	1,325,433,643.00
第 71 章　珠宝、贵金属及制品；仿首饰；硬币	48,265,194.00	1,325,433,643.00
第十五类　贱金属及其制品	4,829,957,861.00	331,041,704.00
第 72 章　钢铁	2,011,959,128.00	19,870,004.00
第 73 章　钢铁制品	1,300,477,598.00	115,330,346.00
第 74 章　铜及其制品	392,495,835.00	118,484,772.00
第 75 章　镍及其制品	4,086,046.00	121,420.00
第 76 章　铝及其制品	599,965,711.00	28,262,939.00
第 77 章	—	—
第 78 章　铅及其制品	18,119,815.00	102,449.00
第 79 章　锌及其制品	14,351,162.00	50,856.00
第 80 章　锡及其制品	820,508.00	10,909,853.00
第 81 章　其他贱金属、金属陶瓷及其制品	17,817,886.00	1,305,785.00
第 82 章　贱金属器具、利口器、餐具及零件	200,639,872.00	14,783,422.00
第 83 章　贱金属杂项制品	269,224,300.00	21,819,858.00
第十六类　机器、机械器具、电气设备及其零件；录音机及放声机、电视图像、声音的录制和重放设备及其零件、附件	15,144,784,897.00	15,095,214,417.00
第 84 章　核反应堆、锅炉、机械器具及零件	6,512,615,694.00	6,806,314,520.00
第 85 章　电机、电气、音像设备及其零附件	8,632,169,203.00	8,288,899,897.00
第十七类　车辆、航空器、船舶及有关运输设备	1,502,453,889.00	344,256,738.00
第 86 章　铁道车辆；轨道装置；信号设备	108,613,087.00	11,447.00
第 87 章　车辆及其零附件，但铁道车辆除外	1,255,299,808.00	340,114,842.00
第 88 章　航空器、航天器及其零件	5,764,216.00	101,396.00
第 89 章　船舶及浮动结构体	132,776,778.00	4,029,053.00

续表

名称	2015 年出口	2015 年进口
第十八类　光学、照相、电影、计量、检验、医疗或外科用仪器及设备、精密仪器及设备；钟表；乐器；上述物品的零件、附件	1,013,494,042.00	1,890,095,628.00
第 90 章　光学、照相、医疗等设备及零附件	962,728,430.00	1,782,116,225.00
第 91 章　钟表及其零件	32,191,239.00	107,096,940.00
第 92 章　乐器及其零件、附件	18,574,373.00	882,463.00
第十九类　武器、弹药及其零件、附件	431,361.00	—
第 93 章　武器、弹药及其零件、附件	431,361.00	—
第二十类　杂项制品	1,619,853,034.00	152,085,443.00
第 94 章　家具；寝具等；灯具；活动房	1,193,291,494.00	70,575,363.00
第 95 章　玩具、游戏或运动用品及其零附件	222,803,436.00	47,410,560.00
第 96 章　杂项制品	203,758,104.00	34,099,520.00
第二十一类　艺术品、收藏品及古物	1,440,109.00	314,486.00
第 97 章　艺术品、收藏品及古物	1,440,109.00	314,486.00
第二十二类　特殊交易品及未分类商品	13,401,632.00	762,840.00
第 98 章　特殊交易品及未分类商品	13,401,632.00	762,840.00

（数据来源：海关总署——海关统计资讯网 www.hgtj.cn）

中国对越南进出口商品构成表（2015 年）

单位：美元

名称	2015 年出口	2015 年进口
总值	66,134,210,142.00	29,844,759,173.00
第一类　活动物；动物产品	190,208,600.00	82,274,639.00
第 1 章　活动物	320,552.00	1,281,487.00
第 2 章　肉及食用杂碎	1,022,733.00	—
第 3 章　鱼及其他水生无脊椎动物	65,443,646.00	80,861,716.00
第 4 章　乳；蛋；蜂蜜；其他食用动物产品	466,897.00	—
第 5 章　其他动物产品	122,954,772.00	131,436.00
第二类　植物产品	2,613,878,093.00	2,322,855,250.00
第 6 章　活植物；茎、根；插花、簇叶	9,236,076.00	1,744,750.00
第 7 章　食用蔬菜、根及块茎	1,476,812,537.00	386,067,860.00
第 8 章　食用水果及坚果；甜瓜等水果的果皮	822,822,380.00	924,121,191.00
第 9 章　咖啡、茶、马黛茶及调味香料	83,397,916.00	84,675,686.00
第 10 章　谷物	21,316,329.00	732,330,268.00
第 11 章　制粉工业产品；麦芽；淀粉等；面筋	35,326,719.00	183,581,343.00
第 12 章　油籽；子仁；工业或药用植物；饲料	152,890,500.00	4,017,880.00
第 13 章　虫胶；树胶、树脂及其他植物液、汁	12,057,147.00	5,102,667.00

续表

名称	2015 年出口	2015 年进口
第 14 章　编结用植物材料；其他植物产品	18,489.00	1,213,605.00
第三类　动、植物油、脂及其分解产品；精致的食用油脂；动、植物蜡	6,940,863.00	13,380,343.00
第 15 章　动、植物油、脂、蜡；精制食用油脂	6,940,863.00	13,380,343.00
第四类　食品；饮料、酒及醋；烟草、烟草及烟草代用品的制品	540,100,555.00	264,087,399.00
第 16 章　肉、鱼及其他水生无脊椎动物的制品	5,053,548.00	2,528,183.00
第 17 章　糖及糖食	59,525,550.00	2,510,536.00
第 18 章　可可及可可制品	1,946,443.00	760,089.00
第 19 章　谷物粉、淀粉等或乳的制品；糕饼	10,648,508.00	16,985,770.00
第 20 章　蔬菜、水果等或植物其他部分的制品	144,981,948.00	21,460,404.00
第 21 章　杂项食品	89,220,632.00	88,610,808.00
第 22 章　饮料、酒及醋	14,256,315.00	12,778,444.00
第 23 章　食品工业的残渣及废料；配制的饲料	183,255,665.00	118,372,165.00
第 24 章　烟草、烟草及烟草代用品的制品	31,211,946.00	81,000.00
第五类　矿产品	1,712,254,585.00	1,200,840,887.00
第 25 章　盐；硫磺；土及石料；石灰及水泥等	45,486,484.00	39,902,357.00
第 26 章　矿砂、矿渣及矿灰	7,893,057.00	166,789,330.00
第 27 章　矿物燃料、矿物油及其产品；沥青等	1,658,875,044.00	994,149,200.00
第六类　化学工业及其相关工业的产品	3,117,842,728.00	292,546,649.00
第 28 章　无机化学品；贵金属等的化合物	383,643,318.00	193,717,691.00
第 29 章　有机化学品	889,879,978.00	8,836,540.00
第 30 章　药品	63,090,259.00	157,549.00
第 31 章　肥料	672,887,453.00	706,969.00
第 32 章　鞣料；着色料；涂料；油灰；墨水等	326,632,836.00	2,991,208.00
第 33 章　精油及香膏，芳香料制品，化妆盥洗品	37,184,846.00	1,587,354.00
第 34 章　洗涤剂、润滑剂、人造蜡、塑型膏等	80,518,360.00	7,260,047.00
第 35 章　蛋白类物质；改性淀粉；胶；酶	138,206,957.00	11,316,299.00
第 36 章　炸药；烟火；引火品；易燃材料制品	3,639,106.00	—
第 37 章　照相及电影用品	46,321,451.00	1,433,207.00
第 38 章　杂项化学产品	475,838,164.00	64,539,785.00
第七类　塑料及其制品；橡胶及其制品	2,028,176,624.00	1,099,263,421.00
第 39 章　塑料及其制品	1,715,717,485.00	335,806,741.00
第 40 章　橡胶及其制品	312,459,139.00	763,456,680.00
第八类　生皮、皮革、毛皮及其制品；鞍具及挽具；旅行用品、手提包及类似品；动物肠线（蚕胶丝除外）制品	451,833,137.00	474,791,779.00
第 41 章　生皮（毛皮除外）及皮革	120,052,410.00	216,312,776.00

续表

名称	2015年出口	2015年进口
第42章　皮革制品；旅行箱包；动物肠线制品	131,823,375.00	174,444,699.00
第43章　毛皮、人造毛皮及其制品	199,957,352.00	84,034,304.00
第九类　木及木制品；木炭；软木及软木制品；稻草、秸秆、针茅或其他编结材料制品；篮筐及柳条编结品	245,936,470.00	868,877,060.00
第44章　木及木制品；木炭	233,784,693.00	864,734,435.00
第45章　软木及软木制品	120,449.00	—
第46章　编结材料制品；篮筐及柳条编结品	12,031,328.00	4,142,625.00
第十类　木浆及其他纤维状纤维素浆；回收（废碎）纸或纸板；纸、纸板及其制品	699,306,812.00	16,863,359.00
第47章　木浆等纤维状纤维素浆；废纸及纸板	20,101.00	1,749,826.00
第48章　纸及纸板；纸浆、纸或纸板制品	662,461,406.00	14,266,215.00
第49章　印刷品；手稿、打字稿及设计图纸	36,825,305.00	847,318.00
第十一类　纺织原料及纺织制品	14,882,045,961.00	2,533,787,777.00
第50章　蚕丝	44,949,659.00	699,151.00
第51章　羊毛等动物毛；马毛纱线及其机织物	194,707,707.00	195,878.00
第52章　棉花	2,000,126,950.00	1,456,411,639.00
第53章　其他植物纤维；纸纱线及其机织物	69,473,145.00	36,104,801.00
第54章　化学纤维长丝	1,411,162,033.00	98,436,863.00
第55章　化学纤维短纤	2,777,483,320.00	63,184,928.00
第56章　絮胎、毡呢及无纺织物；线绳制品等	327,395,395.00	8,018,587.00
第57章　地毯及纺织材料的其他铺地制品	65,031,709.00	19,875.00
第58章　特种机织物；簇绒织物；刺绣品等	324,053,075.00	3,693,690.00
第59章　浸渍、涂布、包覆或层压的纺织物；工业用纺织制品	660,599,583.00	20,921,955.00
第60章　针织物及钩编织物	2,314,736,131.00	78,269,853.00
第61章　针织或钩编的服装及衣着附件	2,441,052,292.00	347,130,056.00
第62章　非针织或非钩编的服装及衣着附件	1,938,702,618.00	378,984,027.00
第63章　其他纺织制品；成套物品；旧纺织品	312,572,344.00	41,716,474.00
第十二类　鞋、帽、伞、杖、鞭及其零件；已加工的羽毛及其制品；人造花；人发制品	1,020,067,889.00	996,380,325.00
第64章　鞋靴、护腿和类似品及其零件	945,028,929.00	990,669,901.00
第65章　帽类及其零件	24,655,486.00	4,102,302.00
第66章　伞、手杖、鞭子、马鞭及其零件	15,733,416.00	801,104.00
第67章　加工羽毛及制品；人造花；人发制品	34,650,058.00	807,018.00
第十三类　石料、石膏、水泥、石棉、云母及类似材料的制品；陶瓷产品；玻璃及其制品	2,662,741,622.00	126,081,762.00
第68章　矿物材料的制品	556,180,922.00	1,534,177.00

续表

名称	2015 年出口	2015 年进口
第 69 章 陶瓷产品	1,712,122,144.00	7,469,126.00
第 70 章 玻璃及其制品	394,438,556.00	117,078,459.00
第十四类 天然或养殖珍珠、宝石或半宝石、贵金属、包贵金属及其制品；仿首饰；硬币	58,265,388.00	4,313,565.00
第 71 章 珠宝、贵金属及制品；仿首饰；硬币	58,265,388.00	9,511,495.00
第十五类 贱金属及其制品	9,907,393,355.00	129,397,187.00
第 72 章 钢铁	4,152,299,318.00	7,808,254.00
第 73 章 钢铁制品	1,516,350,075.00	56,058,831.00
第 74 章 铜及其制品	234,965,014.00	18,290,310.00
第 75 章 镍及其制品	4,153,622.00	37,235.00
第 76 章 铝及其制品	2,775,981,001.00	17,294,014.00
第 77 章	—	—
第 78 章 铅及其制品	51,445,648.00	1,997,936.00
第 79 章 锌及其制品	17,820,767.00	1,102,702.00
第 80 章 锡及其制品	409,139.00	—
第 81 章 其他贱金属、金属陶瓷及其制品	4,756,413.00	703,934.00
第 82 章 贱金属器具、利口器、餐具及零件	444,046,586.00	15,703,880.00
第 83 章 贱金属杂项制品	705,165,772.00	10,400,091.00
第十六类 机器、机械器具、电气设备及其零件；录音机及放声机、电视图像、声音的录制和重放设备及其零件、附件	19,405,694,124.00	12,621,307,028.00
第 84 章 核反应堆、锅炉、机械器具及零件	6,815,596,197.00	1,115,809,077.00
第 85 章 电机、电气、音像设备及其零附件	12,590,097,927.00	11,505,497,951.00
第十七类 车辆、航空器、船舶及有关运输设备	2,736,282,166.00	107,443,646.00
第 86 章 铁道车辆；轨道装置；信号设备	29,474,112.00	24,000.00
第 87 章 车辆及其零附件，但铁道车辆除外	2,663,141,736.00	107,175,879.00
第 88 章 航空器、航天器及其零件	7,720,969.00	61,286.00
第 89 章 船舶及浮动结构体	35,945,349.00	206,481.00
第十八类 光学、照相、电影、计量、检验、医疗或外科用仪器及设备、精密仪器及设备；钟表；乐器；上述物品的零件、附件	2,117,027,194.00	394,379,714.00
第 90 章 光学、照相、医疗等设备及零附件	2,088,103,509.00	388,077,318.00
第 91 章 钟表及其零件	20,208,290.00	6,045,219.00
第 92 章 乐器及其零件、附件	8,715,395.00	257,177.00
第十九类 武器、弹药及其零件、附件	10,179.00	—
第 93 章 武器、弹药及其零件、附件	10,179.00	—
第二十类 杂项制品	1,581,975,712.00	241,351,929.00
第 94 章 家具；寝具等；灯具；活动房	1,034,117,779.00	196,474,335.00

续表

名称	2015 年出口	2015 年进口
第 95 章　玩具、游戏或运动用品及其零附件	169,022,006.00	33,608,022.00
第 96 章　杂项制品	378,835,927.00	11,269,572.00
第二十一类　艺术品、收藏品及古物	736,186.00	8,996.00
第 97 章　艺术品、收藏品及古物	736,186.00	8,996.00
第二十二类　特殊交易品及未分类商品	72,778,070.00	6,049,304,528.00
第 98 章　特殊交易品及未分类商品	72,778,070	6,049,304,528.00

（数据来源：海关总署——海关统计资讯网 www.hgtj.cn）

马来西亚对外贸易年度和月度表

金额单位：百万美元

时间	总额	同比%	出口	同比%	进口	同比%	差额	同比%
2001 年	162,068	−10.1	88,202	−10.1	73,866	−10.1	14,336	−10.4
2002 年	173,241	6.9	93,370	5.9	79,870	8.1	13,500	−5.8
2003 年	180,205	4.0	100,113	7.2	80,093	0.3	20,020	48.3
2004 年	231,154	28.3	125,857	25.7	105,297	31.5	20,560	2.7
2005 年	255,606	10.6	140,979	12.0	114,626	8.9	26,353	28.2
2006 年	292,068	14.3	160,845	14.1	131,223	14.5	29,622	12.4
2007 年	323,376	10.7	176,311	9.6	147,065	12.1	29,245	−1.3
2008 年	356,844	10.3	199,759	13.3	157,086	6.8	42,673	45.9
2009 年	281,434	−21.1	157,527	−21.1	123,907	−21.1	33,621	−21.2
2010 年	363,788	29.3	198,941	26.3	164,847	33.0	34,094	1.4
2011 年	415,020	14.1	227,192	14.3	187,828	14.0	39,364	15.5
2012 年	424,431	2.3	227,617	0.3	196,814	4.9	30,803	−17.3
2013 年	434,514	2.4	228,395	−8.3	206,119	4.9	22,276	−27.7
2014 年	443,215	2.0	234,251	2.6	208,964	1.4	25,287	13.5
2015 年	375.937	−15.2	199.959	−14.6	175.978	−15.8	23.981	6.4
其中：1 月	32.986	−10.4	17.742	−8.4	15.244	−12.6	2.498	29.8
2 月	28.295	−12.9	14.781	−17.0	13.514	−7.8	1.267	−59.9
3 月	34.004	−7.4	18.065	−8.8	15.939	−5.7	2.126	−26.8
4 月	31.360	−17.4	16.625	−18.3	14.735	−16.6	1.890	−29.7
5 月	32.076	−16.5	16.804	−16.3	15.272	−16.7	1.532	−12.4
6 月	32.270	−12.3	17.203	−9.6	15.067	−15.1	2.136	67.4
7 月	32.632	−12.5	16.627	−13.4	16.005	−11.4	622	−45.6
8 月	30.238	−22.5	16.370	−18.6	13.868	−26.6	2.502	105.8
9 月	30.326	−18.5	16.288	−18.7	14.038	−18.2	2.250	−22.4
10 月	32.769	−17.0	17.814	−10.4	14.955	−23.5	2.859	612.2
11 月	28.987	−16.6	15.680	−17.5	13.307	−15.4	2.373	−28.7
12 月	29.994	−17.3	15.961	−17.6	14.033	−16.5	1.928	−27.4

（来源：中华人民共和国商务部亚洲司.http：//countryreport. mofcom. gov. cn/record/view110209. asp? news _ id=48137. 2016—05—09）

马来西亚对主要贸易伙伴出口额（2015年）

金额单位：百万美元

国家和地区	金额	同比%	占比%
总值	199.959	－14.6	100.0
新加坡	27.808	－16.4	13.9
中国	25.987	－7.8	13.0
日本	18.999	－24.7	9.5
美国	18.862	－4.2	9.4
泰国	11.403	－7.3	5.7
中国香港	9.482	－16.3	4.7
印度	8.128	－16.8	4.1
印度尼西亚	7,473	－23.1	3.7
澳大利亚	7.214	－28.5	3.6
韩国	6.475	－24.0	3.2
中国台湾	6.075	－19.4	3.0
荷兰	6.013	－16.0	3.0
德国	5,022	－8.1	2.5
越南	4,452	1.7	2.2
菲律宾	3,369	－8.7	1.7

（来源：中华人民共和国商务部亚洲司.http：//countryreport. mofcom. gov. cn/record/view110209. asp? news _ id＝48137.2016—05—09）

马来西亚自主要贸易伙伴进口额（2015年）

金额单位：百万美元

国家和地区	金额	同比%	占比%
总值	175.978	－15.8	100.0
中国	33.155	－6.2	18.8
新加坡	21.052	－19.9	12.0
美国	14,185	－11.4	8.1
日本	13.785	－17.7	7.8
泰国	10.691	－11.7	6.1
中国台湾	9.373	－10.9	5.3
韩国	7.968	－17.9	4.5
印度尼西亚	7.950	－6.3	4.5
德国	6.009	－15.2	3.4
越南	4.823	3.4	2.7
澳大利亚	4.501	－27.3	2.6
印度	3.901	－4.3	2.2
阿联酋	3.102	－34.8	1.8
中国香港	2.965	－10.0	1.7
荷兰	2.329	－7.1	1.3

（来源：中华人民共和国商务部亚洲司.http：//countryreport. mofcom. gov. cn/record/view110209. asp? news _ id＝48137.2016—05—09）

马来西亚贸易差额主要来源（2015年）

金额单位：百万美元

国家和地区	2015年	2014年	同比%
总值	23.982	25.088	—4.4
主要逆差来源			
中国	—7,168	—7.146	0.3
中国台湾	—3.298	—2.974	10.9
瑞士	—1,721	—1,987	—13.4
韩国	—1.494	—1.182	26.4
沙特阿拉伯	—1,057	—1.665	—36.5
德国	—988	—1.627	—39.3
巴西	—917	—824	11.3
阿根廷	—900	—1.036	—13.2
法国	—773	—2.225	—65.3
奥地利	—473	—358	32.1
主要顺差来源			
新加坡	6.756	6.971	—3.1
中国香港	6.518	8.031	—18.9
日本	5.214	8.505	—38.7
美国	4.676	3.669	27.4
印度	4.227	5.692	—25.8

（来源：中华人民共和国商务部亚洲司.http：//countryreport. mofcom. gov. cn/record/view110209. asp? news _ id=48137. 2016—05—09）

泰国对外贸易年度和月度表

金额单位：百万美元

时间	总额	同比%	出口	同比%	进口	同比%	差额	同比%
2001年	126,861	—2.6	64,909	—5.3	61,952	0.3	2,957	—56.3
2002年	133,207	5.0	68,594	5.7	64,614	4.3	3,980	34.6
2003年	155,932	17.1	80,253	17.0	75,679	17.1	4,573	14.9
2004年	192,295	23.3	97,098	21.0	95,197	25.8	1,901	—58.4
2005年	227,961	18.5	109,848	13.1	118,112	24.1	—8,264	—
2006年	259,273	13.7	130,621	18.9	128,652	8.9	1,969	—
2007年	314,822	21.4	163,119	24.9	151,703	17.9	11,416	479.9
2008年	358,430	13.9	177,846	9.0	180,583	19.0	—2,737	—
2009年	286,390	—20.1	151,793	—14.6	134,597	—25.5	17,196	—
2010年	379,830	32.6	195,293	28.7	184,536	37.1	10,757	—37.4
2011年	449,673	18.4	220,373	12.8	229,300	24.3	—8,928	—

续表

时间	总额	同比%	出口	同比%	进口	同比%	差额	同比%
2012 年	479,835	6.7	228,117	3.5	251,718	9.8	−23,601	164.4
2013 年	473,420	−1.3	225,182	−1.3	248,238	−1.4	−23,057	−2.3
2014 年	453,738	−4.4	225,464	0.2	228,274	−8.6	−2,809	−88.7
2015 年	412,804	−8.9	210,865	−6.3	201,938	−11.5	8,927	—
其中：1 月	35,023	−7.2	17,201	−1.7	17,822	−12.0	−621	−77.5
2 月	34,087	−3.0	17,132	−6.6	16,956	1.0	176	−88.7
3 月	36,130	−5.7	18,707	−4.9	17,422	−6.5	1,285	23.0
4 月	34,450	−3.8	16,849	−1.2	17,601	−6.3	−752	−56.6
5 月	33,178	−14.9	17,648	−7.5	15,530	−22.1	2,118	−60.0
6 月	35,818	−4.9	17,868	−8.6	17,950	−1.0	−82	—
7 月	34,897	−11.1	17,716	−6.4	17,181	−15.4	534	—
8 月	33,637	−8.1	17,067	−9.0	16,570	−7.1	498	−45.0
9 月	34,374	−16.5	18,458	−5.7	15,917	−26.4	2,541	—
10 月	35,126	−12.2	18,501	−7.1	16,625	−17.3	1,875	—
11 月	33,534	−8.4	16,806	−7.3	16,728	−9.4	78	—
12 月	32,549	−9.0	16,913	−8.8	15,636	−9.3	1,276	−1.9

（来源：中华人民共和国商务部亚洲司. http：//countryreport. mofcom. gov. cn/record/view. asp? news _ id=42811. 2016—05—10）

泰国对主要贸易伙伴出口额（2015 年）

金额单位：百万美元

国家和地区	金额	同比%	占比%
总值	210,865	−6.3	100.0
美国	23,618	0.2	11.2
中国	23,311	−6.1	11.1
日本	19,757	−8.2	9.4
中国香港	11,642	−6.6	5.5
马来西亚	10,020	−20.6	4.8
澳大利亚	9,612	4.5	4.6
越南	8,758	12.4	4.2
新加坡	8,587	−16.7	4.1
印度尼西亚	7,706	−18.1	3.7
菲律宾	5,900	1.6	2.8
印度	5,210	−6.2	2.5
柬埔寨	4,882	9.1	2.3
德国	4,219	−5.9	2.0
荷兰	4,203	−7.9	2.0
老挝	4,168	4.9	2.0

（来源：中华人民共和国商务部亚洲司. http：//countryreport. mofcom. gov. cn/record/view. asp? news _ id=42812. 2016—05—10）

泰国自主要贸易伙伴进口额（2015 年）

金额单位：百万美元

国家和地区	金额	同比%	占比%
总值	201,938	－11.5	100.0
中国	40,912	6.2	20.3
日本	31,133	－12.5	15.4
美国	13,818	－5.4	6.8
马来西亚	11,875	－7.0	5.9
阿联酋	8,135	－36.1	4.0
中国台湾	7,504	－0.6	3.7
新加坡	7,143	－9.5	3.5
韩国	7,015	－18.1	3.5
印度尼西亚	6,537	－10.4	3.2
德国	5,525	－6.8	2.7
沙特阿拉伯	4,916	－37.2	2.4
瑞士	4,639	10.5	2.3
澳大利亚	4,199	－22.6	2.1
越南	4,034	2.4	2.0
缅甸	3,557	－9.2	1.8

（来源：中华人民共和国商务部亚洲司. http://countryreport. mofcom. gov. cn/record/view. asp? news _ id=42813. 2016—05—10)

泰国贸易差额主要来源（2015 年）

金额单位：百万美元

国家和地区	2015 年	2014 年	同比%
总值	8,927	－3,057	—
主要顺差来源			
中国香港	10,074	11,277	－10.7
美国	9,863	9,037	9.1
澳大利亚	5,413	3,774	43.4
越南	4,724	3,850	22.7
柬埔寨	4,243	3,886	9.2
菲律宾	3,551	3,189	11.4
荷兰	3,236	3,521	－8.1
老挝	2,703	2,561	5.6
印度	2,591	2,510	3.3
墨西哥	2,095	1,407	48.9

续表

国家和地区	2015 年	2014 年	同比%
主要逆差来源			
中国	−17,601	−13,715	28.3
日本	−11,376	−14,047	−19.0
阿联酋	−5,119	−9,519	−46.2
中国台湾	−4,031	−3,586	12.4
韩国	−2,979	−4,092	−27.2

（来源：中华人民共和国商务部亚洲司. http：//countryreport. mofcom. gov. cn/record/view. asp? news _ id=42816. 2016—05—10）

新加坡对外贸易年度和月度表

金额单位：百万美元

时间	总额	同比%	出口	同比%	进口	同比%	差额	同比%
2001 年	237,635	−12.7	121,691	−11.6	115,943	−13.8	5,748	76.4
2002 年	241,578	1.7	125,156	2.8	116,422	0.4	8,734	52.0
2003 年	296,517	22.7	160,116	27.9	136,401	17.2	23,715	171.5
2004 年	372,510	25.6	198,791	24.2	173,719	27.4	25,072	5.7
2005 年	429,755	15.4	229,681	15.5	200,075	15.2	29,606	18.1
2006 年	510,816	18.9	271,916	18.4	238,900	19.4	33,016	11.5
2007 年	562,651	10.1	299,404	10.1	263,247	10.2	36,157	9.5
2008 年	657,891	16.9	338,143	12.9	319,748	21.5	18,395	−49.1
2009 年	515,761	−21.6	269,909	−20.2	245,852	−23.1	24,057	30.8
2010 年	663,049	28.6	352,076	30.4	310,973	26.5	41,102	70.9
2011 年	775,684	17.0	409,722	16.4	365,961	17.7	43,761	6.5
2012 年	788,557	1.7	408,621	−0.3	379,935	3.8	28,686	−34.4
2013 年	783,490	−0.6	410,368	0.4	373,122	−1.8	37,246	29.8
2014 年	776,057	−0.9	409,789	−0.1	366,268	−1.8	43,521	16.8
2015 年	643,550	−17.1	346,701	−15.4	296,799	−19.0	49,902	14.7
其中：1 月	56,513	−12.6	31,150	−8.0	25,363	−17.6	5,787	86.9
2 月	45,641	−24.4	24,474	−23.2	21,167	−25.8	3,308	−1.4
3 月	58,465	−15.0	32,141	−8.7	26,324	−21.6	5,817	259.3
4 月	57,242	−18.5	30,569	−16.9	26,674	−20.2	3,895	15.9
5 月	53,495	−20.5	29,032	−16.7	24,464	−24.6	4,568	89.7
6 月	56,632	−12.7	29,930	−13.9	26,701	−11.2	3,229	−31.4
7 月	56,913	−15.1	30,511	−13.2	26,402	−17.1	4,108	24.9
8 月	50,842	−19.5	26,865	−21.7	23,977	−16.9	2,888	−47.3
9 月	52,588	−20.0	28,227	−19.5	24,361	−20.5	3,866	−12.3
10 月	55,262	−16.5	30,280	−12.9	24,982	−20.5	5,298	59.3
11 月	49,098	−15.2	26,285	−16.6	22,813	−13.7	3,472	−31.7
12 月	50,809	−15.2	27,236	13.9	23,573	−16.5	3,663	8.0

（来源：中华人民共和国商务部亚洲司. http：//countryreport. mofcom. gov. cn/record/view. asp? news _ id=43081. 2016—05—13）

新加坡对主要贸易伙伴出口额（2015年）

金额单位：百万美元

国家和地区	金额	同比%	占比%
总值	346,701	−15.4	100.0
中国	47,709	−7.3	13.8
中国香港	39,666	−12.0	11.4
马来西亚	37,770	−23.0	10.9
印度尼西亚	28,367	−26.1	8.2
美国	21,708	−4.8	6.3
日本	15,219	−9.1	4.4
韩国	14,499	−13.2	4.2
中国台湾	14,446	−10.5	4.2
泰国	13,764	−8.5	4.0
越南	12,127	−6.0	3.5
澳大利亚	11,486	−25.9	3.3
印度	10,619	−4.6	3.1
菲律宾	6,411	−6.7	1.9
荷兰	6,187	−15.2	1.8
德国	5,546	3.0	1.6

（来源：中华人民共和国商务部亚洲司. http：//countryreport. mofcom. gov. cn/record/view. asp? news _ id=43082. 2016—05—13）

新加坡自主要贸易伙伴进口额（2015年）

金额单位：百万美元

国家和地区	金额	同比%	占比%
总值	296,799	−19.0	100.0
中国	42,112	−5.1	14.2
美国	33,198	−12.0	11.2
马来西亚	33,062	−15.3	11.1
中国台湾	24,673	−17.8	8.3
日本	18,593	−7.5	6.3
韩国	18,192	−15.8	6.1
印度尼西亚	143,79	−23.5	4.9
德国	8,950	−15.9	3.0
阿联酋	8,175	−46.9	2.8
沙特阿拉伯	7,941	−45.8	2.7
泰国	7,784	−11.2	2.6
法国	7,294	−10.0	2.5
印度	5,784	−30.1	2.0
英国	5,578	−9.8	1.9
俄罗斯	5,175	−34.7	1.7

（来源：中华人民共和国商务部亚洲司. http：//countryreport. mofcom. gov. cn/record/view. asp? news _ id=43083. 2016—05—13）

新加坡贸易差额主要来源（2015 年）

金额单位：百万美元

国家和地区	2015 年	2014 年	同比%
总值	49,902	43,521	14.7
主要顺差来源			
中国香港	34,011	41,788	−11.4
印度尼西亚	13,988	19,583	−28.6
越南	8,524	9,708	−12.2
澳大利亚	8,268	10,822	−23.6
泰国	5,980	6,281	−4.8
中国	5,598	7,095	−21.1
巴拿马	5,440	9,215	−41.0
印度	4,835	2,858	69.2
马来西亚	4,707	9,999	−52.9
比利时	3,823	3,311	15.5
主要逆差来源			
美国	−11,490	−14,903	−22.9
中国台湾	−10,227	−13,874	−26.3
沙特阿拉伯	−6,952	−13,377	−48.0
俄罗斯	−4,734	−7,360	−35.7
法国	−4,274	−4,751	−10.0

（来源：中华人民共和国商务部亚洲司. http：//countryreport. mofcom. gov. cn/record/view. asp? news _ id=38232. 2016—05—13）

印度尼西亚对外贸易年度和月度表

金额单位：百万美元

时间	总额	同比%	出口	同比%	进口	同比%	差额	同比%
2001 年	87,283	−8.9	56,321	−9.3	30,962	−8.0	25,359	−10.9
2002 年	88,448	1.3	57,159	1.5	31,289	1.1	25,870	2.0
2003 年	93,609	5.8	61,058	6.8	32,551	4.0	28,508	10.2
2004 年	118,109	26.2	71,585	17.2	46,525	42.9	25,060	−12.1
2005 年	143,361	21.4	85,660	19.7	57,701	24.0	27,959	11.6
2006 年	161,864	12.9	100,799	17.7	61,065	5.8	39,733	42.1
2007 年	188,574	16.5	114,101	13.2	74,473	22.0	39,627	−0.3
2008 年	266,218	41.2	137,020	20.1	129,197	73.5	7,823	−80.3
2009 年	213,339	−19.9	116,510	−15.0	96,829	−25.1	19,681	151.6
2010 年	293,442	37.5	157,779	35.4	135,663	40.1	22,116	12.4
2011 年	380,932	29.8	203,497	29.0	177,436	30.8	26,061	17.8
2012 年	381,722	0.2	190,031	−6.6	191,691	8.0	−1,660	−93.6
2013 年	369,181	−3.3	182,552	−3.9	186,629	−2.6	−4,077	145.6

续表

时间	总额	同比%	出口	同比%	进口	同比%	差额	同比%
2014 年	354,471	—4.0	176,292	—3.4	178,179	—4.5	—1,887	53.7
2015 年	293.088	—17.3	150.393	—14.7	142.695	—19.9	7.698	—
其中：1 月	25,969	—11.6	13,356	—7.7	12,613	—15.4	743	167.3
2 月	23,683	—16.7	12,173	—16.8	11,510	—16.5	663	—21.4
3 月	26,242	—11.7	13,634	—10.3	12,608	—13.2	1,025	66.7
4 月	25,730	—15.8	13,104	—9.3	12,626	—22.3	478	—75.6
5 月	24,304	—17.9	12,690	—14.7	11,614	—21.4	1,076	372.3
6 月	26,484	—14.9	13,506	—12.4	12,978	—17.3	528	82.7
7 月	21,549	—23.6	11,466	—19	10,083	—28.4	1,384	445.0
8 月	25,126	—14.2	12,727	—12	12,399	—16.2	328	5.5
9 月	24,147	—21.7	12,588	—18	11,559	—25.7	1,029	281.1
10 月	23,231	—24.3	12,122	—21.0	11,109	—27.5	1,013	237.8
11 月	22,630	—18.2	11,111	—18.4	11,519	—16.5	—408	—4.2
12 月	23,993	—17.4	11,916	—18.5	12,077	—16.3	—161	—86.6

（来源：中华人民共和国商务部亚洲司 . http：//countryreport. mofcom. gov. cn/record/view110209. asp? news _ id=43765. 2016—05—15）

印度尼西亚对主要贸易伙伴出口额（2015 年）

金额单位：百万美元

国家和地区	金额	同比%	占比%
总值	150,393	—14.7	100.0
日本	18,014	—22.2	13.1
美国	16,239	—1.8	9.4
中国	15,045	—14.6	10.0
新加坡	12,650	—24.7	9.5
印度	11,713	—4.4	7.0
马来西亚	7,662	—21.5	5.5
韩国	7,650	—28.0	6.0
泰国	5,530	—5.1	3.3
中国台湾	5,037	—21.6	3.7
菲律宾	3,921	0.9	2.2
澳大利亚	3,717	—26.2	2.9
荷兰	3,442	—13.6	2.3
越南	2,740	11.8	1.4
德国	2,664	—5.6	1.6
沙特阿拉伯	2,061	—4.4	1.2

（来源：中华人民共和国商务部亚洲司 . http：//countryreport. mofcom. gov. cn/record/view110209. asp? news _ id=43766. 2016—05—15）

印度尼西亚自主要贸易伙伴进口额（2015 年）

金额单位：百万美元

国家和地区	金额	同比%	占比%
总值	142,695	−19.9	100.0
中国	29,411	−4.0	20.6
新加坡	18,022	−28.4	12.6
日本	13,264	−22.0	9.3
马来西亚	8,531	−21.4	6.0
韩国	8,427	−28.9	5.9
泰国	8,083	−17.4	5.7
美国	7,593	−7.1	5.3
澳大利亚	4,816	−14.7	3.4
德国	3,472	−15.1	2.4
沙特阿拉伯	3,422	−47.5	2.4
中国台湾	3,172	−15.6	2.2
越南	3,162	−7.5	2.2
印度	2,741	−30.6	1.9
巴西	2,425	−5.0	1.7
中国香港	1,817	−1.7	1.3

（来源：中华人民共和国商务部亚洲司.http：//countryreport. mofcom. gov. cn/record/view110209. asp？news _ id=43767. 2016—05—15）

印度尼西亚贸易差额主要来源（2015 年）

金额单位：百万美元

国家和地区	2015 年	2014 年	同比%
总值	7,698	−1,886	
主要逆差来源			
中国	−14,366	−13,018	10.4
新加坡	−5,373	−8,379	−35.9
泰国	−2,553	−3,951	−35.4
沙特阿拉伯	−1,361	−4,360	−68.8
阿塞拜疆	−1,281	−2,416	−47.0
巴西	−1,259	−1,055	19.3
澳大利亚	−1,099	−614	78.9
阿根廷	−1,061	−1,228	−13.6
加拿大	−887	−1,105	−19.8
马来西亚	−869	−1,096	−20.8

续表

国家和地区	2015 年	2014 年	同比%
主要顺差来源			
印度	8,972	8,297	8.1
美国	8,646	8,360	3.4
日本	4,751	6,158	−22.9
菲律宾	3,238	3,188	1.6
荷兰	2,657	3,076	−13.6

（来源：中华人民共和国商务部亚洲司.http://countryreport. mofcom. gov. cn/record/view110209. asp? news _ id=43770. 2016—05—15）

数据挖掘篇

中国—东盟整体经济

2015 年中国—东盟重点产品进出口趋势发展分析

一、2015 年中国—东盟双边经贸情况

近 2 年来，中国—东盟自由贸易区进展顺利，促进了双边贸易增长。2012 年，中国—东盟双边贸易额达到创纪录的 4001 亿美元，年均增长 22%，是 2003 年的 5.1 倍。中国已连续第 4 年成为东盟的第 1 大贸易伙伴，东盟是中国第 3 大贸易伙伴。

2015 年是《中国—东盟全面经济合作框架协议》签署 13 周年，中国—东盟自由贸易区建设不断深化，双边贸易稳中略降。海关数据显示，2015 年中国与东盟贸易额为 4721.6 亿美元，同比下降 1.7%。其中，中国对东盟出口 2774.86 亿美元，同比增长 2.1%；中国自东盟进口 1946.77 亿美元，同比下降 6.6%，中方顺差 828.09 亿美元。中国已连续 4 年成为东盟最大的贸易伙伴，东盟是中国的第 3 大贸易伙伴、第 4 大出口市场和第 2 大进口来源地。

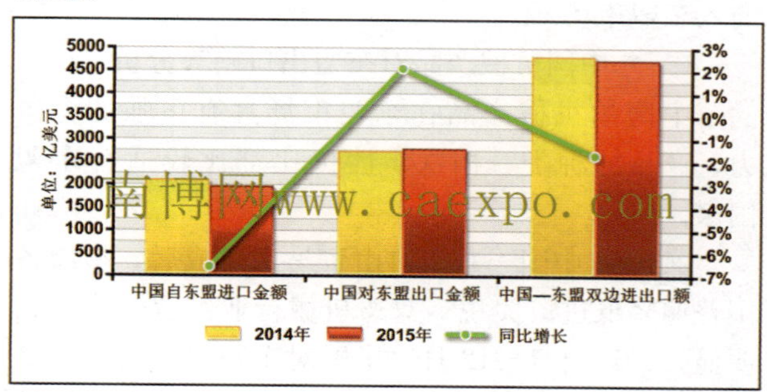

图 1　2015 年 1～12 月中国—东盟双边贸易额

2015 年，中国在东盟 10 国中的前 3 位贸易伙伴分别是：马来西亚（双边贸易额为 972.9 亿美元，同比下降 4.6%），越南（双边贸易额为 959.7 亿美元，同比增长 14.7%），新加坡（双边贸易额为 795.7 亿美元，同比下降 0.1%）。有专家预测，在全球经济复苏缓慢的形势下，中国和东盟作为新兴经济体将加强合作，以寻求新的发展，因此 2016 年中国与东盟贸易将略微上升，有望再创新高。

二、2015 年中国重点产品对东盟（国别）出口趋势分析

（一）中国电子产品对东盟出口趋势分析

中国—东盟自由贸易区建立已有 4 年多，中国与东盟双方 90%的贸易产品将实现零关税，实现货物贸易自由化。电子产品作为中国与东盟最大的贸易商品，尤其是电子电器，普遍受到大多数东盟国家消费者的喜爱。2015 年 1～12 月，中国对东盟出口电子产品 580.56 亿美元，同比增长 11.8%，中国对东盟出口电子电器已经驶上了快车道。

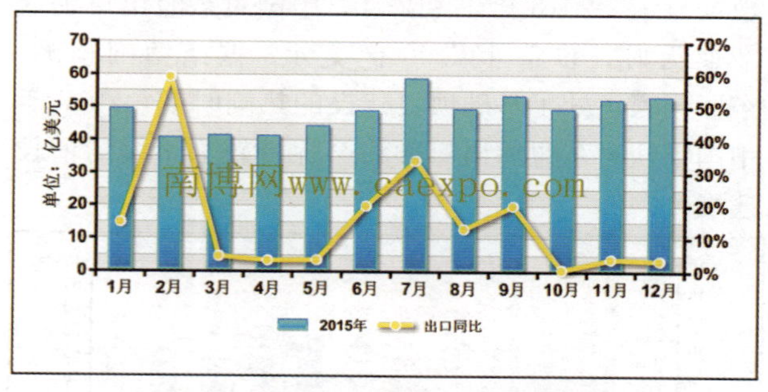

图 2　2015 年 1～12 月中国对东盟出口电子产品金额

目前，在中国—东盟自由贸易区建设和“电子东盟”框架协议的推动下，东盟国家积极发展电子产业建设，并不断从中国进口具有互补性的电子产品。近年来，越南电子电器产业蓬勃发展，2015 年中国销往越南的电子产品金额为 115.04 亿美元，较 2014 年同期增长 38.7%。海关数据显示，2015 年 1～12 月，中国对新加坡出口电子产品 148.77 亿美元，同比增长 29.4%。出于对中国电子产业发展的长期看好，最近 2 年，马来西亚、泰国和新加坡等电子产业先进的东盟国家不断加强与中国的贸易合

作，中国电子电器产品出口成效良好。目前，越南、新加坡、马来西亚、印度尼西亚、泰国和菲律宾等东盟国家已成为中国电子电器输出的重要市场。2015 年 1～12 月，中国对马来西亚出口电子产品 93.36 亿美元，同比增长 0.3%，占中国对东盟出口电子产品总额的 16.1%。

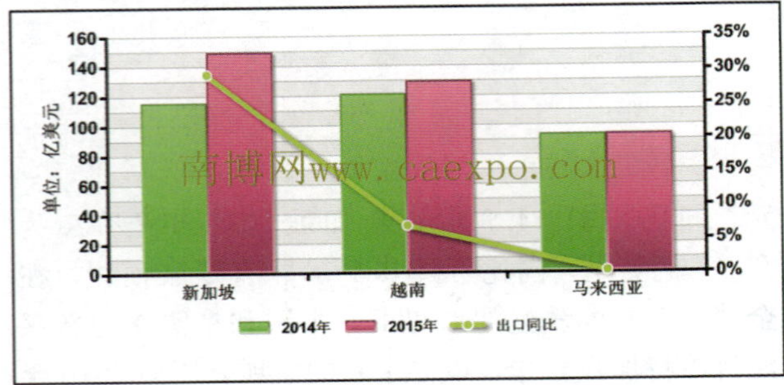

图 3　2015 年中国电子产品主要出口东盟国家

（二）中国钢铁对东盟出口趋势分析

有关数据显示，2015 年中国钢材出口呈现爆发式增长态势，钢材出口量达 3212 万吨，同比增长 33.3%。2013 年东盟保持中国第 1 大钢材出口区域。这些年，东盟国家加快经济建设步伐，基础设施升级改造，拉动钢铁消费持续增长。2015 年前 11 个月，中国对东盟出口钢材达 2889 万吨，同比增长 24.04%。在东盟钢铁进口总量中，中国产品所占比例逐年增长，2009 年为 10%，2010 年增至 17%，2011 年为 18%，而 2012 年上半年增至 23%。海关数据显示，2015 年 1～12 月，中国对东盟出口钢铁 3212 万吨，价值 137.96 亿美元。据南博网预测，东盟国家正处于基础项目建设的热潮时期，2016 年中国钢铁对东盟的出口额将会保持较为平缓的增长速度。

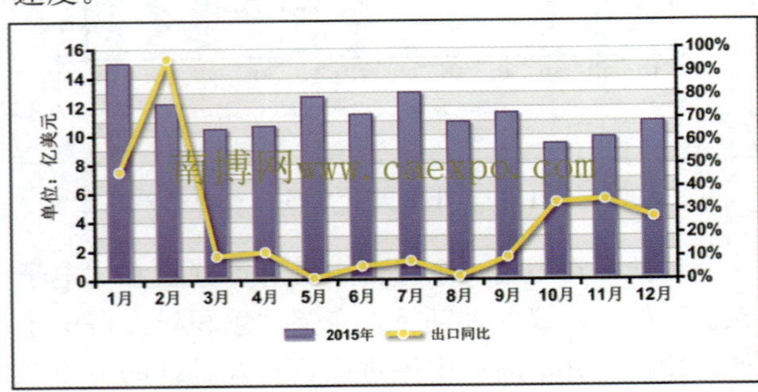

图 4　2015 年 1～12 月中国对东盟出口钢铁金额

就整体市场而言，2015 年，中国钢铁对东盟的出口走势较为复杂，需求此起彼伏，这主要是源于外围经济大环境的影响。2015 年 1～2 月，中国钢铁对东盟出口总额突破 27 亿美元，同比平均降增幅逾 70%。2015 年 10、11 月，中国钢铁对东盟出口表现疲乏，出口额分别为 9.38 亿美元、9.84 亿美元。

按单一国家（地区）出口量计算，2015 年中国钢铁对东盟出口主要集中在越南、马来西亚、菲律宾、新加坡、泰国和印度尼西亚等成员国。以上 6 个东盟国家中，越南对钢铁的需求最为旺盛。2015 年 1～12 月，中国对越南出口钢铁 369.24 万吨，价值 41.53 亿美元，同比增长 9.6%，占中国对东盟 10 国出口钢铁总额的 30.1%，是东盟 10 国中对钢铁需求增长最快的国家；对菲律宾出口钢铁 259.94 万吨，价值 21.73 亿美元，同比下降 15.6%，占比 15.8%；对泰国出口钢铁 258.12 吨，价值 20.12 亿美元，同比下降 3%，占比 14.6%。

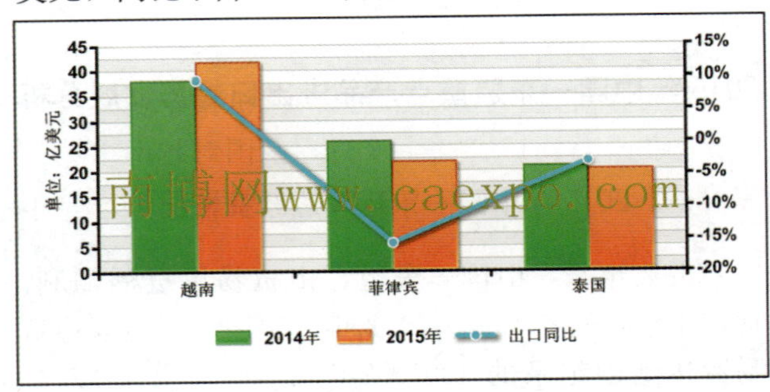

图 5　2015 年中国钢铁主要出口东盟国家

目前，中国钢材出口猛增引发东盟国家出台多项贸易保护措施，泰国宣布调整对中国等涂层板卷反倾销税率，马来西亚则对中国热轧卷等产品作出反倾销终裁。此外，印度尼西亚等其他东盟国家此前也对中国钢材出口施加“双反”压力。据南博网调查，东南亚国家钢铁企业认为来自中国的普通低碳钢被归类为合金钢，能够享受出口退税政策红利，导致东南亚国家钢铁工业产能利用率处于不可持续的低水平，给企业经营造成损失。因此，他们一直呼吁政府应采取措施控制来自中国的低价钢材涌入东盟市场。

（三）中国机械产品对东盟出口趋势分析

中国的机械产品在东盟市场具有很强的竞争力，产品的种类、档次、性价比都比较适合东盟国家。

2010 年中国—东盟自由贸易区建成后，东盟各国普遍降低进口关税，双边机械行业经贸合作增长明显。2015 年 1～12 月，中国对东盟出口机械产品 369.68 亿美元，同比微降 3.8%。无论从东盟当地市场需求还是中国机械发展方向来看，东盟都将成为中国机械企业未来开拓的重点市场。

从出口总额来看，东盟 10 国中，中国机械对新加坡的出口总量最大。2015 年 1～12 月，中国对新加坡出口机械产品 80.39 亿美元，占中国对东盟出口机械总额的 21.8%。除新加坡之外，大多数东盟国家同样迫切存在着大量的基础设施建设需求。

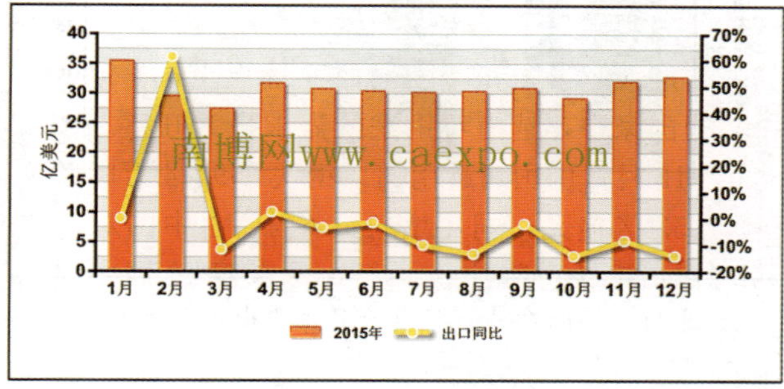

图 6 2015 年 1～12 月中国对东盟出口机械产品金额

2015 年，越南的基础设施建设项目正在兴起，在机械方面的需求量大。加之越南 90%以上的机械设备依赖国外进口，这无疑给中国机械企业提供了大量的机会。2015 年 1～12 月，中国对越南出口机械价值 68.19 亿美元，占中国对东盟出口机械总额的 18.5%。

2015～2019 年，印度尼西亚政府计划兴建 49 座大型水坝，开发 24 个现代化港口，新建 15 个机场，新增电力装机总量 3500 万千瓦，新建高速公路 1000 公里，铁路里长增至 8692 公里。由此可见印度尼西亚基础设施建设的巨大潜力，而基础设施建设的加速推进无疑会加大对相关机械等设备的需求。

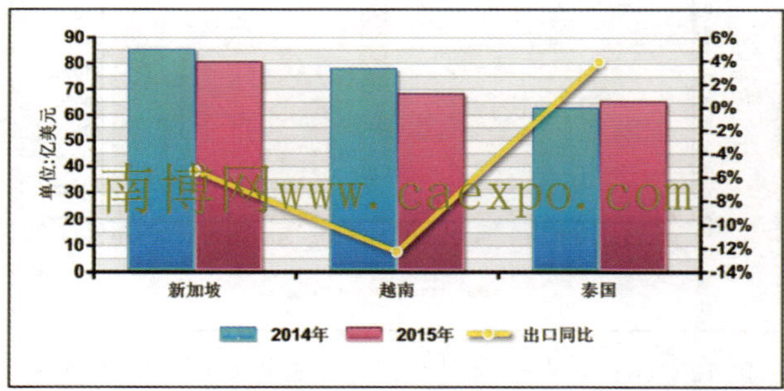

图 7 2015 年中国机械产品主要出口东盟国家

目前，泰国是东盟区域影响力较大的国家。泰国市场上的各种专业机械，如食品机械、纺织机械、医疗机械及农用机械等绝大多数依靠进口，居于泰国从中国进口商品的主要地位。2015 年 1～12 月，中国对泰国出口机械产品 65.15 亿美元，同比增长 3.9%，占中国对东盟出口机电产品的 17.6%。可见，泰国机械市场对中国机械企业而言，隐藏着巨大的商机。上述印度尼西亚、越南、泰国等国家代表了整个东南亚地区经济发展状态，其基础设施建设的蓬勃发展引发了东盟国家对大量机械产品的需求。

（四）中国针织服装对东盟出口趋势分析

一直以来，中国与东盟在服装的国际市场上存在着激烈的竞争，但中国服装与东盟国家相比，其竞争力的优势更加明显，原因是中国在技术、规模效益上有较强优势。随着中国—东盟自由贸易区的构建，中国服装行业面临重大发展机遇。由于关税减免，东盟企业可以从中国进口零关税的纺织品原料用于加工，进而降低生产成本，提高产品竞争力，获得更大的市场发展空间。目前，东盟是中国第 1 大纱线出口市场和第 1 大面料出口市场。2015 年，中国服装产品对东盟出口呈现负增长，出口额为 60.38 亿美元，同比下降 18.3%。其中，中国对马来西亚和越南的出口额降幅最明显，同比分别下降 10.5%和 32.6%。

近些年中国与东盟双边服装贸易愈来愈活跃，尤其是中国服装对东盟国家的出口，在中国对外贸易中已占据重要地位，已经成为中国—东盟自由贸易区建设的重要内容。2010～2013 年，中国与东盟纺织品服装贸易额从 160 亿美元跃升至近 375 亿美元，年均增长 33%。近年来，中国与东盟纺织品服装贸易的一大特点是服装商品表现活跃。2015 年，中国对东盟出口纺织品服装总额达 67.65 亿美元，同比下降 14.6%；中国自东盟进口纺织品服装 7.27 亿美元，同比增长 37.4%。

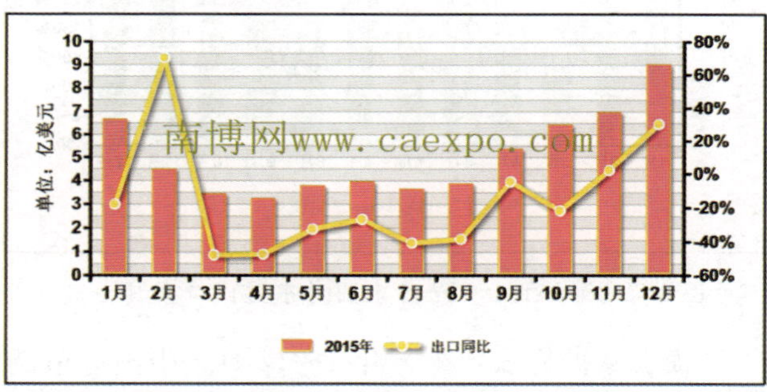

图 8 2015 年 1～12 月中国对东盟出口针织服装金额

从出口国别来看，中国针织服装对东盟的出口主要集中在越南、马来西亚和菲律宾，占比分别为 40.4%、18.7%和 16.5%，合计占中国对东盟出口针织服装总额的 75.6%。具体来看，10 个东盟成员国中，越南对中国的服装需求最为旺盛，2015 年中国对越南出口针织服装金额为 24.41 亿美元，同比下降 32.6%；对马来西亚的出口额为 11.28 亿美元，同比下降 10.5%；对菲律宾的出口额为 9.96 亿美元，同比大幅增长 52.2%。

据南博网分析，从劳动力成本上看，东盟国家较中国而言，有着明显的比较优势。为了充分利用东南亚国家的成本优势、关税优惠和棉花价格优势，适应进口商采购战略的变化，许多中国企业实施了成功的产能转移和海外布局，把中国与东盟国家的竞争关系转变为合作共赢的关系。

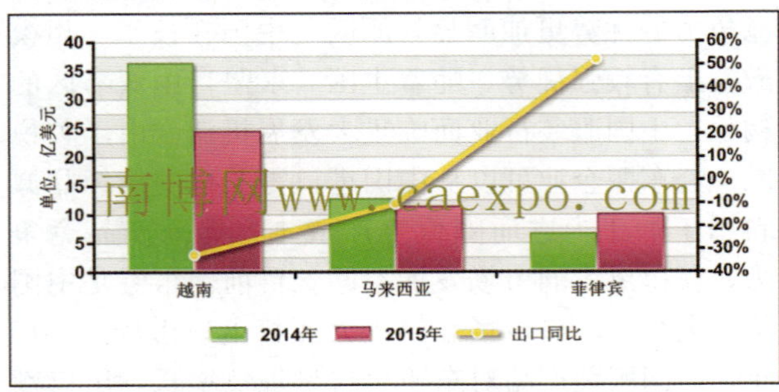

图 9　2015 年中国针织服装主要出口东盟国家

（五）中国家具产品对东盟出口趋势分析

2002～2012 年，中国家具出口额由 54 亿美元增长至 488 亿美元，年复合增长率高达 25%。自 2006 年起，中国稳居全球家具生产、消费和出口的第 1 大国。2015 年，在全球经济萎缩的情况下，中国家具出口增速放缓，产品远销 200 多个国家和地区。目前，东盟是中国家具产品出口的重要市场，中国与越南、老挝、缅甸等东盟国家红木家具产业贸易往来频繁。

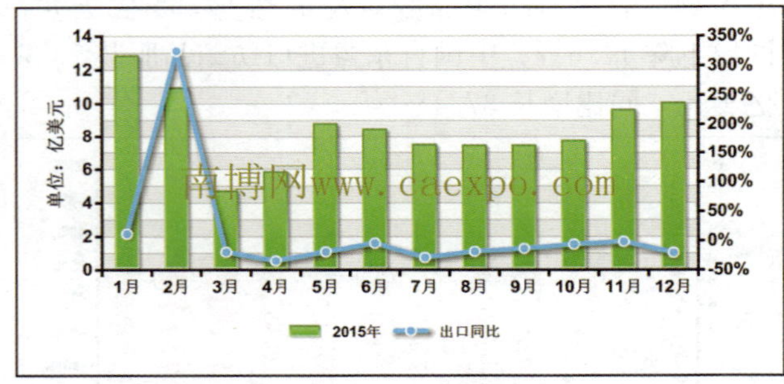

图 10　2015 年 1～12 月中国对东盟出口家具金额

海关数据显示，2015 年 1～12 月，中国对东盟出口家具产品 100.97 亿美元，同比下降 5.4%。其中，中国对新加坡出口家具产品 31.81 亿美元，同比增长 4.8%，占中国对东盟出口家具总额的 31.5%，是中国家具产品出口金额最大的东盟国家。马来西亚是中国家具产品对东盟出口的第 2 大贸易伙伴，2015 年 1～12 月，中国家具对马来西亚的出口额为 25.46 亿美元，同比增长 22.1%，占中国对东盟出口家具总额的 25.2%。中国家具产品对泰国的出口额为 11.95 亿美元，同比增长 11.6%，占中国对东盟出口家具总额的 11.8%。据南博网分析，随着中国家具行业流通市场的快速发展，2016 年中国对东盟的家具订单将大幅增加，中国家具市场的价格也会攀升，双边家具市场将更加活跃，发展趋势会好于 2015 年。

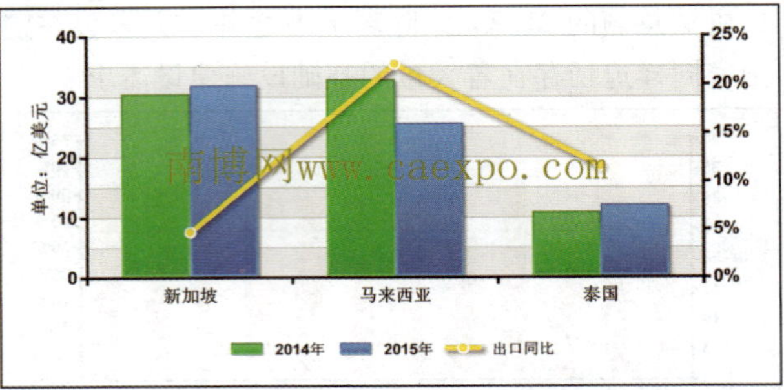

图 11　2015 年中国家具产品主要出口东盟国家

三、2015 年中国重点产品自东盟（国别）进口趋势分析

（一）中国珍珠宝石自东盟进口趋势分析

近 2 年，中国消费者对珠宝产品表现出强大的购买力，推高了整体市场的需求。2015 年前 7 个月，中国成品钻石的进口量达 109.35 万克拉，价值 15.52 亿美元。据南博网分析，随着中国经济增长的逐渐企稳，国内钻石消费热将再度升温，2016 年中国进口钻石产品的前景看涨。

缅甸是世界上最大的宝石生产国之一，尤其以盛产红宝石和翡翠闻名。海关数据显示，2015 年 1～12 月，中国自东盟进口珍珠宝石 37.12 亿美元，同比下滑 70.1%。

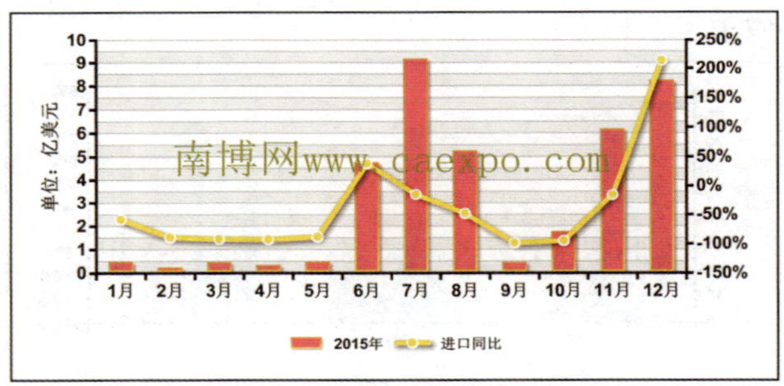

图 12　2015 年 1～12 月中国自东盟进口珍珠宝石金额

2015 年，缅甸和泰国是中国珍珠宝石进口的主要东盟国家，占据 96.7%的东盟市场份额。其中缅甸占比最高，达 61.1%，泰国为 35.7%。缅甸宝石产量丰富，多年来一直是中国主要进口来源国。2015 年 1～12 月，中国自缅甸进口珍珠宝石 22.67 亿美元，同比下滑 81.5%。中国对宝石饰品需求表现强劲，除缅甸是主要进口国之外，泰国也是中国珠宝的主要输出国，2015 年中国自泰国进口珍珠宝石为 13.25 亿美元，同比增长 44.2%。从图表上看，中国在 7 月份进口额最大，进口额为 9.11 亿美元，占全年珍珠宝石总额的 24.5%。

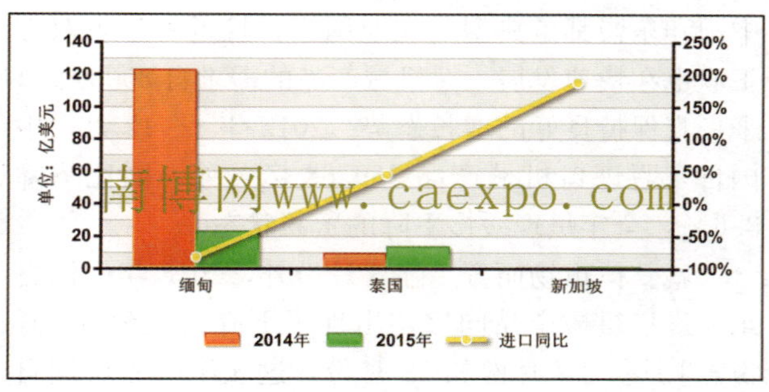

图 13　2015 年中国珍珠宝石主要进口东盟国家

（二）中国矿物燃料自东盟进口趋势分析

中国工业经过这几年的发展，对能源和矿产的需求持续旺盛，“降税计划”的启动惠泽中国与东盟在能源领域的合作，中国与东盟能源贸易渐入佳境。海关数据显示，2014 年 1～12 月，中国自东盟进口矿物燃料 198.56 亿美元，占中国自东盟贸易总额的 71.4%，是第 2 大进口产品。从图表上看，中国在 9 月份自东盟进口额最大，进口额为 9.59 亿美元，占全年矿物燃料总额的 12.0%。2 月份、3 月份和 10 月份为中国自东盟进口矿物燃料的低谷期，平均跌幅超过 45%。

回顾这些年中国与东盟在能源领域所取得的贸易佳绩，不难看出中国与东盟能源合作的迅速发展并不是偶然，这与双方资源禀赋差异所带来的互补性、经济快速增长带来的资源需求、地理位置临近带来的运输优势等密切相关。东盟国家能源资源丰富，降税更有利于将这些资源性商品引进中国。

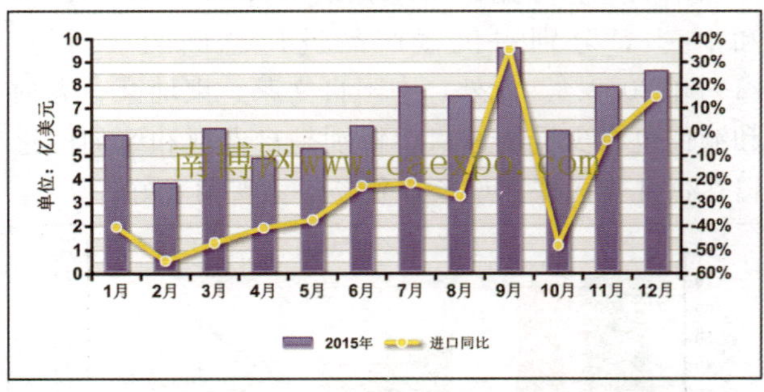

图 14　2015 年 1～12 月中国自东盟进口矿物燃料金额

在东盟 10 国中，印度尼西亚、马来西亚和新加坡的矿物燃料占中国大部分的市场份额，中国自以上 3 国矿物燃料的进口总额达 151.19 亿美元，占中国自东盟进口总额的 8.0%。其中印度尼西亚的矿物燃料在中国市场的占有率最高，达 32.6%。2015 年 1～12 月，中国自印度尼西亚和新加坡进口矿物燃料呈现下滑趋势，同比分别下降 23.4%和 39.0%。

马来西亚是中国矿物燃料的主要供应国。2015 年 1～12 月，中国自马来西亚累计进口矿物燃料 57.55 亿美元，占中国自东盟进口矿物燃料总额的 29.0%。从进口额来看，马来西亚矿物燃料在中国市场的占有率不是很高。但从增长率来看，以上 3 国中，中国自马来西亚进口最为稳定。2007 至 2011 年 5 年间，中国自马来西亚进口矿物燃料的金额呈现逐年增长，年均增长高达 50.4%。这不仅说明中国对矿物燃料的巨大需求，也显示了马来西亚在矿物燃料的比较优势。

巨大的市场需求、优良的港口条件，以及规范化管理金融支持，使新加坡成为亚洲的燃料油贸易中心。2007～2011 年，中国自新加坡进口矿物燃料的总额达 193.25 亿美元，占中国自东盟进口矿物燃料总额的 24%，新加坡位居第 2 大矿物燃料进口东盟国家。2015 年 1～12 月，中国自新加坡进口矿物燃料 28.96 亿美元，同比下降 39.0%，占中国自东盟进口矿物燃料总额的 14.6%。

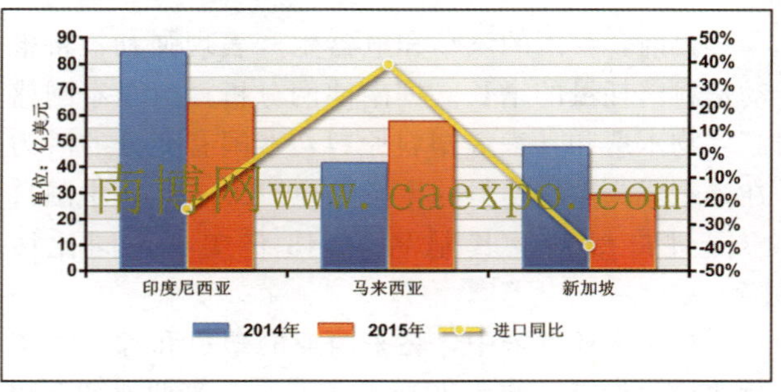

图 15　2015 年中国矿物燃料主要进口东盟国家

（三）中国塑料及其制品自东盟进口趋势分析

2014 年，中国塑料制品累计出口量达 951 万吨，同比增长 6.1%。目前，中国塑料行业整体技术水平偏低，低档产品占塑料制品的比重较大。同时，长期以来中国凭借低廉劳动力建立起来的传统产业优势与越南等东盟国家相比正在逐渐消失，出口竞争压力愈发明显。随着“以塑带钢”、“以塑代木”进程的推进，中国塑料制品产量近年来发展速度远高于世界塑料行业的平均增长水平，产业规模在不断扩大，中国塑料工业正由大国向强国迈进。海关数据显示，2015 年 1～12 月，中国自东盟进口塑料及其制品 92.78 亿美元，同比下降 13.0%，占中国自东盟进口总额的 4.9%，位居第 2 大进口产品。从图表上看，中国在 3 月份进口塑料及其制品最大，进口额为 9.42 亿美元，占全年塑料进口总额的 10.2%。1 月份、3 月份、4 月份、7 月份和 9 月份是中国自东盟进口塑料及其制品的高峰期，进口额均突破 8 亿美元。

近年来，东南亚塑料业发展十分活跃。2015 年，中国塑料及其制品自东盟进口的前 3 位国家分别是新加坡、泰国和马来西亚。目前，新加坡是跨国塑料企业新产品开发的亚洲聚集地，越来越多的塑料公司将总部设在新加坡进行新产品开发，尤其是电子电器产品和模具制造领域。2015 年 1～12 月，中国自新加坡进口塑料及其制品 36.27 亿美元，同比下降 13.9%，占中国自东盟进口塑料及其制品总额的 39.1%。

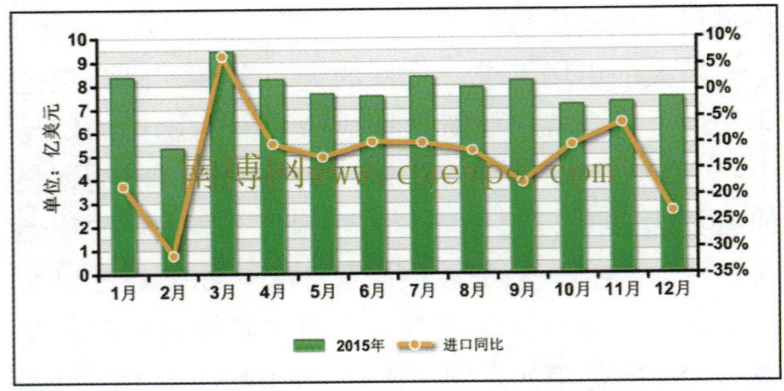

图 16　2015 年 1～12 月中国自东盟进口塑料及其制品金额

目前，泰国的汽车和电器生产表现强劲，将推动塑料消耗量的增长。据南博网分析，由于泰国盛产生物木薯和甘蔗等塑料原料，泰国有充分的潜力在未来成为生物塑料的生产基地。2015 年，中国自泰国进口塑料及其制品 35.48 亿美元，同比微降 8%。

在东南亚国家中，马来西亚的塑料和橡胶加工行业最为先进。截至 2015 年 4 月，马来西亚拥有超过 1550 家塑料产品制造厂家。由于技术水平高，生产成本低，马来西亚的塑料和橡胶加工行业已重塑为具有强大竞争力的制造基地。2015 年，中国自马来西亚进口塑料及其制品达 12.96 亿美元，同比下降 20.0%，占中国自东盟进口塑料及其制品总额的 14.0%。据南博网调查显示，马来西亚主要出口制品是塑料容器、板材、薄膜、片材、箔、条带和其他塑料制品，主要出口欧盟、中国大陆、中国香港、新加坡、日本和泰国等地。

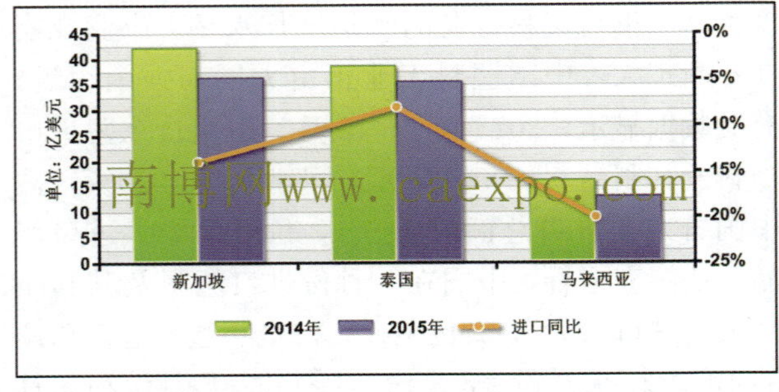

图 17　2015 年中国塑料及其制品主要进口东盟国家

（四）中国机械产品自东盟进口趋势分析

机械产品是平衡中国与东盟贸易的重要行业，是中国与东盟发展经贸合作的重要领域。随着零关税的实行，中国与东盟机械产品贸易越来越频繁。中国和东盟都是典型的农业国家，且近些年来双方工业也在快速发展，对机械产品的需求自 2000 年以来一直保持良好的增长态势。2015 年 1～12 月，中国自东盟进口机械产品 369.68 亿美元，同比下降 3.6%，全年呈现缓慢下降的贸易状态。

就整体市场而言，除 3 月份外，2015 年中国自东盟进口机械产品同比均出现了下降的趋势。1 月份、3 月份、7 月份和 12 月份，这 4 个月为中国自东盟进口机械产品的高峰期。2 月份和 9 月份，中国自东盟进口机械产品呈现下降的状态，跌幅均超过 14%。

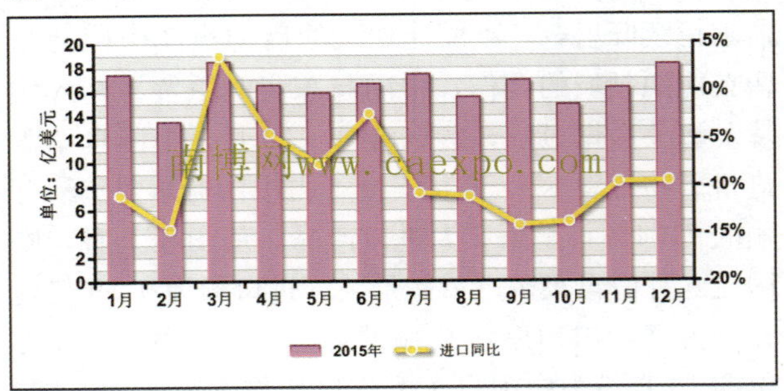

图 18　2015 年 1～12 月中国自东盟进口机械产品金额

长期以来，中国自东盟各国都有进口机械产品，其中自印度尼西亚、马来西亚、菲律宾、新加坡、泰国和越南等 6 个国家的进口规模较大。2015 年 1～12 月，中国自泰国、菲律宾和新加坡进口机械产品的金额分别达到 68.31 亿美元、41.41 亿美元和 39.87 亿美元，同比分别下降 3.9%、17.6% 和 4.7%，分别占机械产品进口总额的 34.6%、21% 和 20.2%。此外，中国自文莱、柬埔寨、老挝和缅甸也有少量的进口，特别是自老挝和缅甸的进口在这几年内快速增长，贸易潜力普遍看好。

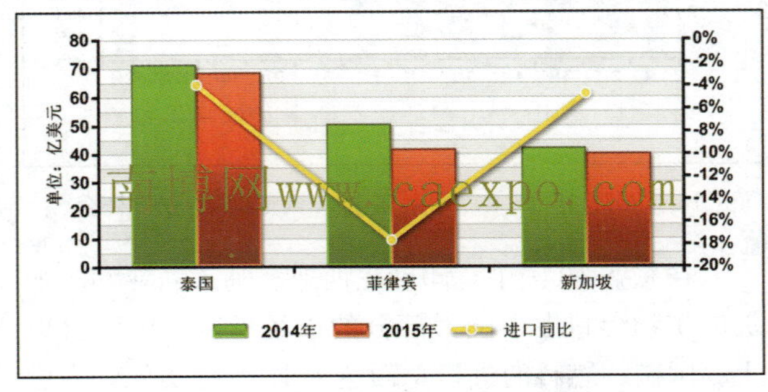

图 19　2015 年中国机械产品主要进口东盟国家

（五）中国电子产品自东盟进口趋势分析

一直以来，中国与东盟在电子产品上存在着激烈的竞争，但由于双方的电子产品各有优势，需求较大，互补性较强，因此多年来，电子产品一直都是中国与东盟双边贸易的第 1 大产品。除 2008、2009 年面临金融危机的冲击外，中国自东盟电子产品的进口一直呈现良好的增长势头。2015 年 1～12 月，中国自东盟进口电子产品 720.02 亿美元，同比增长 6.6%。

就整体市场而言，除 2 月份外，2015 年中国自东盟进口电子产品金额均突破 50 亿美元。2 月份、3 月份和 6 月份，中国自东盟进口电子产品金额同比增幅均超过 10%。9 月份和 11 月份，这 2 个月为中国自东盟进口电子产品的高峰期。

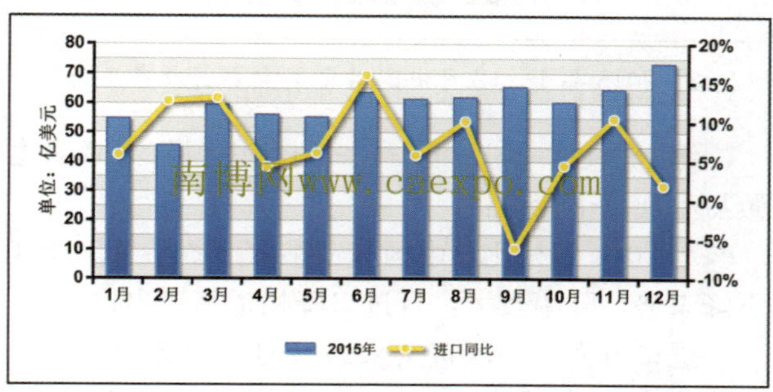

图 20　2015 年 1～12 月中国自东盟进口电子产品金额

从国别来看，2015 年 1～12 月，中国主要自马来西亚、越南和菲律宾进口电子产品，进口额分别为 326.08 亿美元、115.04 亿美元、94.63 亿美元，同比分别增长 1.1%、38.7%、0.4%，分别占电子产品进口总额的 45.3%、16.0%和 13.1%。马来西亚是中国电子产品自东盟进口的第 1 大供应地，双边在电子贸易方面的合作日益频繁。

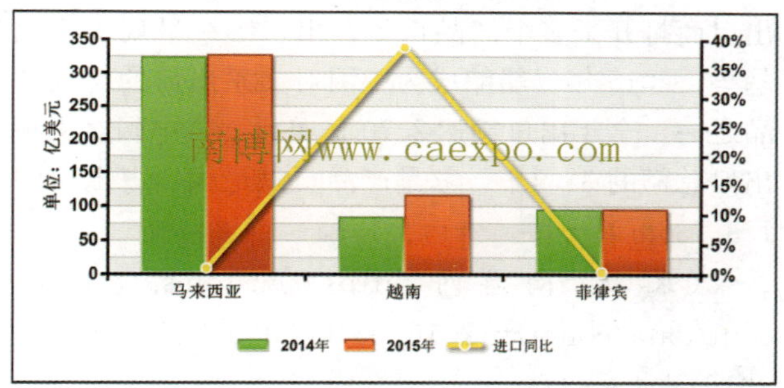

图 21　2015 年中国电子产品主要进口东盟国家

四、2015 年中国—东盟重点产品进出口趋势分析

2015 年，全球经济复苏稍显缓慢，但中国—东盟经贸交往成效显著，贸易逆势“开花”，总额突破了 4700 亿美元，东盟与中国的双边贸易进一步发展。目前，东盟是中国第 3 大贸易伙伴、第 4 大出口市场，以及第 2 大进口来源地。中国出口到东盟国家的产品从农副产品、化肥、纺织品到建筑材料、机械设备、电子设备等。

产品贸易结构发生变化。一是传统型贸易产品出现整体下降的态势，机电产品、矿产品、钢铁产品、木制品在 2015 年都持续下降；二是新兴产品也出现了下降的趋势。最为突出的是珍珠宝石，2015 年中国与东盟珍珠宝石进出口贸易额同比大幅下降 69.3%。东盟作为亚洲新近发展起来的国家，近年来经济发展水平有很大提高，对宝石这类奢侈品的消费需求也不断增加，预期 2016 年珠宝市场有所回升。

从国别角度来看，中国与主要东盟国家，如马来西亚、印度尼西亚、新加坡、菲律宾、泰国和越南等 6 国的贸易往来依旧频繁，马来西亚、越南和新加坡位居前 3 位。值得关注的是，中国与柬埔寨的贸易额增幅明显，进出口同比增长 17.95%，老挝、缅甸的进出口总额分别大幅下降 23.1%、38.8%，变动较大。中国与越南、新加坡的贸易降幅适中，分别为 7%、11.3%。与前几年相比，中国与这些国家的贸易增长率有明显变化，外贸市场空间较大，市场潜力巨大。

中国—东盟自由贸易区促进作用日益明显。随着中国—东盟自由贸易区深入发展，降税产品种类的增加，以及降税幅度的加大，这种作用逐步增强。从总量上看，中国与马来西亚、越南、新加坡、泰国的双边贸易，无论是出口还是进口，占中国与东盟进出口的总量比重仍然较高，对中国外贸的影响程度依然较大。加上关税减让所带来的其他类别产品量的增长，双方将会形成更多各自的比较优势产品，双边的贸易联系会逐渐增强。

从贸易不平衡性来看，中国与越南、新加坡、印度尼西亚的贸易逆差仍持续加大，这主要源于双边产品税率的差异、国内不同产品需求所致。另外，为保护本地区的产品不受外来市场的强大冲击，东盟国家对一些产品实施了某些贸易保护措施，这一点在钢铁产品上就得到了体现。2015 年，泰国、印度尼西亚、马来西亚针对中国发起的钢材贸易保护措施愈演愈烈，随着其他类别产品量的增长，钢铁有可能被其他产品所取代。

近年来，中国高新技术类贸易的增长速度非常快，在太阳能、新能源等领域甚至具备了与发达国家竞争的优势，这是未来与东盟增强互补性的关键领域。目前，东盟与中国不仅互为对方最重要的需求市场，也是未来潜在的巨大消费市场，双方的互补性正在增强。随着劳动力成本上升，部分低端产业从中国转移至东盟，东盟市场对中国制造的中端产品特别是机械加工类产品的需求在上升。

中国—东盟
重点国别市场动态监测

2015 年 1～12 月中国—文莱
重点产品进出口趋势分析

据海关数据统计，2015 年 1～12 月，中国与文莱双边贸易总额达 15.10 亿美元，较 2014 年下降 22.2%，占中国与东盟 10 国双边贸易总额的 0.3%，是中国在东盟的第 10 大贸易伙伴。其中，中国自文莱进口 0.97 亿美元，同比下降 48.8%；对文莱出口 14.09 亿美元，同比下降 19.34%。2015 年，中国对文莱贸易呈现顺差，顺差额为 13.12 亿美元。

从产品结构来看，2015 年 1～12 月，中国自文莱进口的前 5 位产品有矿物燃料、有机化学品、木浆及其他纤维、仪器设备、石料制品，累计进口总额达 0.97 亿美元，占中国自文莱进口产品总额的 99.6%。其中，以进口矿物燃料最多，进口额达 0.53 亿美元，同比大幅下降 62.8%；其次是有机化学品，进口额达 4084.2 万美元，同比下降 6.4%；再者是木浆及其他纤维，进口 206.09 万美元，同比下降 10.4%；仪器设备位居第四，进口 107.0 万美元，同比激增了 356 倍；对石料制品进口最少，进口额为 36.24 万美元，同比大幅下降 80.6%。

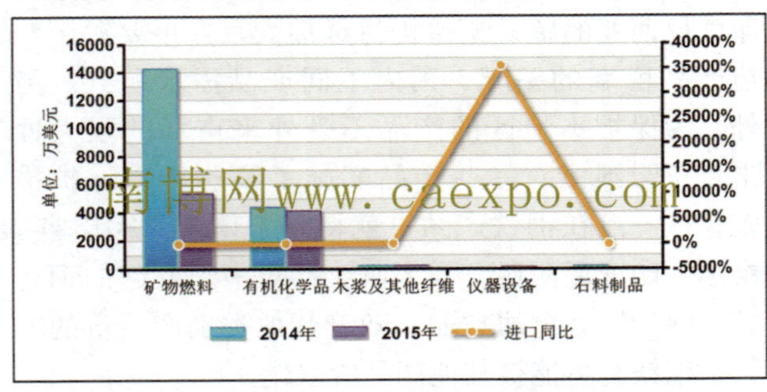

图 1　2015 年 1～12 月中国自文莱主要进口产品金额

同期，中国对文莱出口的前 5 位产品是家具、船舶、陶瓷产品、钢铁制品、机械，累计出口总额达 8.08 亿美元，占中国对文莱出口产品总额的 57.3%。其中，家具是第一大出口产品，出口额达 2.91 亿美元，同比下降 43.6%；其次是船舶，出口 2.70 亿美元，同比激增 225.2%；再者是陶瓷产品，出口 0.94 亿美元，同比增长 55.0%；钢铁制品位居第四，出口 0.91 亿美元，同比增长 37.8%；对机械出口最少，出口额为 0.62 亿美元，同比下降 7.3%。

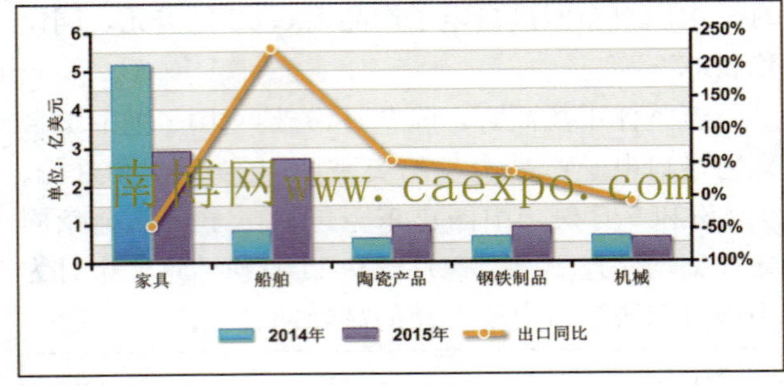

图 2　2015 年 1～12 月中国对文莱主要出口产品金额

综上所述，2015 年 1～12 月，中国与文莱双边贸易呈现以下特点：

与 2014 年相比，中国与文莱双边贸易总额呈现下降态势，降幅较大，且进口降幅远高于出口。

进口方面，中国自文莱进口的绝大部分商品是矿物燃料、有机化学品，占中国自文莱进口的 96.9%。文莱是个以原油和天然气为主要支柱的国家，总产值占整个国家国内生产总值 50%。由于文莱市场狭小，技术和人才短缺，生产成本过高，经济发展仍以油气出口为主。近年来，中国加大自文莱进口制成品、农产品、日用品等，而矿物燃料和有机化学品仍然是未来中国自文莱进口贸易的主要产品。

出口方面，文莱日益发展的国内市场已为中国出口商打开了多个产品市场，出口继续呈现多样化趋势。2015 年，船舶成为中国对文莱出口的 5 大产品之一，全年出口额达 2.70 亿美元，占中国对文莱出口总额的 33.4%。家具产品贡献最大，占出口的 1/3（36%）。

（来源：南博网．http://customs. caexpo. com/data/country/2016/04/06/3659935. html. 2016—04—06）

2015 年 1～12 月中国—柬埔寨
重点产品进出口趋势分析

据海关数据统计，2015 年 1～12 月，中国与柬埔寨双边贸易总额达 44.3 亿美元，较 2014 年同期增长 17.95%，占中国与东盟 10 国双边贸易总额的 0.9%，是中国在东盟的第 8 大贸易伙伴。其中，中国自柬埔寨进口 6.67 亿美元，同比增长 38.08%；对柬埔寨出口 37.65 亿美元，同比增长 14.98%。2015 年，中国对柬埔寨贸易呈现顺差，顺差额为 30.98 亿美元。

从产品结构来看，2015年1～12月，中国自柬埔寨进口的前5位产品有针织服装、毛皮及其制品、仪器设备、电子和谷物，累计进口总额达4.94亿美元，占中国自柬埔寨进口产品总额的74.1%。其中，以进口针织服装最多，进口额达1.53亿美元，同比增长40.5%；其次是毛皮及其制品，进口额达1.2亿美元，无同比；再者是非仪器设备，进口0.81亿美元，同比激增253.2%；电子位居第四，进口0.71亿美元，同比激增123.7%；对谷物进口最少，进口额为0.69亿美元，同比激增117.9%。

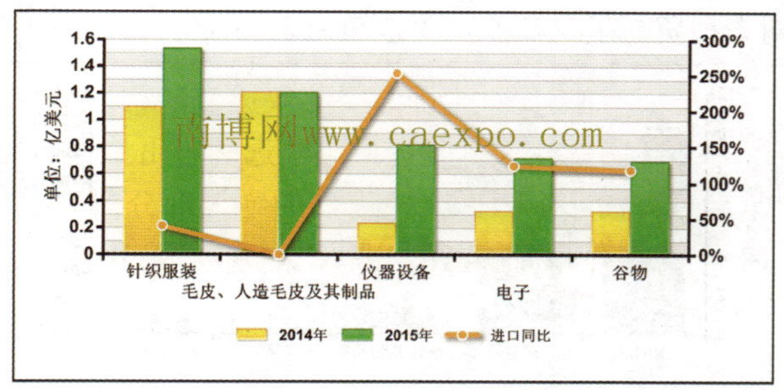

图1　2015年1～12月中国自柬埔寨主要进口产品金额

同期，中国对柬埔寨出口的前5位产品是针织物及钩编织物、棉花、机械、电子和陶瓷产品，累计出口总额达21.95亿美元，占中国对柬埔寨出口产品总额的58.2%。其中，针织物及钩编织物是第一大出口产品，出口额达10.06亿美元，同比增长1.5%；其次是棉花，出口3.98亿美元，同比增长3.0%；再者是机械，出口3.59亿美元，同比增长23%；电子位居第四，出口2.91亿美元，同比增长43.2%；对陶瓷产品出口最少，出口额为1.41亿美元，同比增长49.7%。

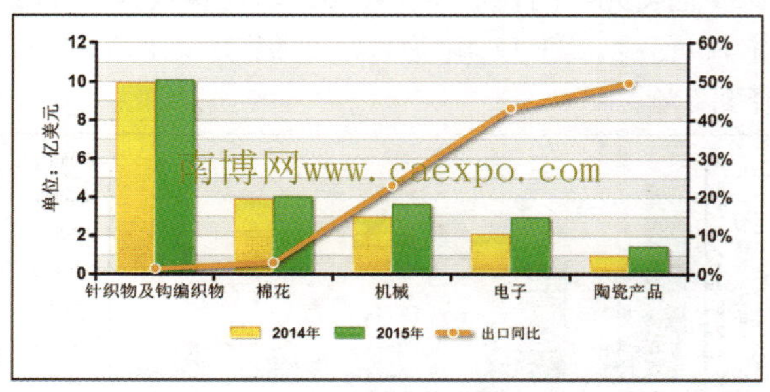

图2　2015年1～12月中国对柬埔寨主要出口产品金额

综上所述，2015年1～12月，中国与柬埔寨双边贸易呈现以下特点：

与2014年相比，中国与柬埔寨双边贸易总额呈现上升的态势，且进口增长呈现良好态势。

进口方面，中国自柬埔寨进口的绝大部分商品是针织服装和毛皮、人造毛皮及其制品，占中国自柬埔寨进口的55.2%。2015年，柬埔寨制衣业依然保持工业重要支柱产业地位，服装仍然是未来中国自柬埔寨进口贸易的主要产品。

出口方面，柬埔寨日益发展的国内市场和持续的基础建设已为中国出口商打开了多个产品市场，出口开始呈现多样化趋势。2015年，陶瓷产品成为中国对柬埔寨出口的5大产品之一，全年出口额达到1.41亿美元，占中国对柬埔寨出口总额的6.4%。针织物贡献最大，占中国对柬埔寨出口总额的45.8%。

（来源：南博网. http://customs.caexpo.com/data/country/2016/03/26/3642206.html. 2016—03—26）

2015年1～12月中国—印度尼西亚重点产品进出口趋势分析

据海关数据统计，2015年1～12月，中国与印度尼西亚双边贸易总额达542.3亿美元，较2014年下降14.7%，占中国与东盟10国双边贸易总额的11.5%，是中国在东盟的第5大贸易伙伴。其中，中国自印度尼西亚进口198.88亿美元，同比下降18.91%；对印度尼西亚出口343.42亿美元，同比下降12.08%。2015年，中国对印度尼西亚贸易呈现顺差，顺差额为144.54亿美元。

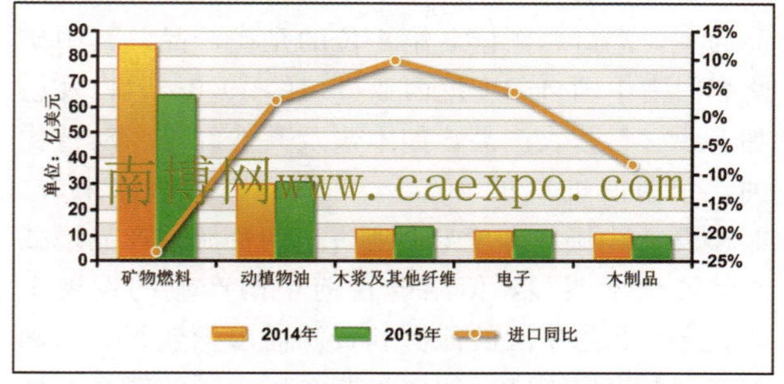

图1　2015年1～12月中国自印度尼西亚主要进口产品金额

从产品结构来看，2015年1～12月，中国自印度尼西亚进口的前5位产品有矿物燃料、动植物油、木浆及其他纤维、电子、木制品，累计进口总额达131.17亿美元，占中国自印度尼西亚进口产品总额的66.2%。其中，以进口矿物燃料最多，进口额达64.68亿美元，同比下降23.4%；其次是动植物油，进口额达30.66亿美元，同比增长2.9%；再者是木浆及其他纤维，进口13.66亿美元，同比增长9.9%；电子位居第四，进口12.34亿美元，同比增长4.4%；对木制品进口最少，进口额为9.84亿美元，同比下降8.3%。

同期，中国对印度尼西亚出口的前5位产品是机械、电子、钢铁、钢铁制品和塑料及其制品，累计出口总额达166.30亿美元，占中国对印度尼西亚出口产品总额的48.4%。其中，机械是第一大出口产品，出口额达63.99亿美元，同比下降2.4%；其次是电子，出口56.46亿美元，同比下降8.3%；再者是钢铁，出口19.11亿美元，同比增长8.1%；钢铁制品位居第四，出口14.48亿美元，同比下降8.1%；对塑料及其制品出口最少，出口额为12.26亿美元，同比下降13.4%。

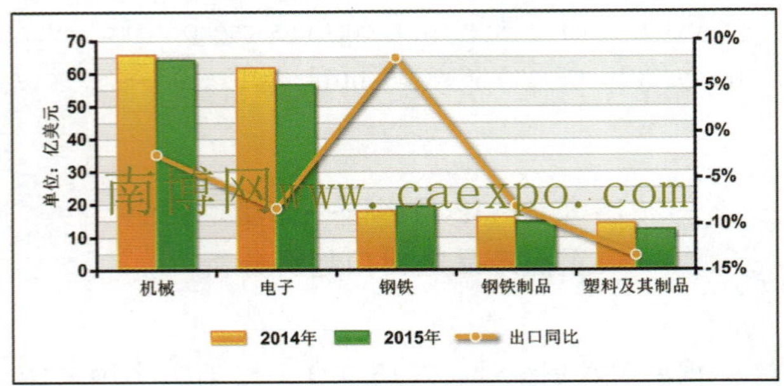

图2　2015年1～12月中国对印度尼西亚主要出口产品金额

综上所述，2015年1～12月，中国与印度尼西亚双边贸易呈现以下特点：

与2014年相比，中国与印度尼西亚双边贸易总额呈现下降的态势，进、出口同比同时下降，但进口降幅远远大于出口。

进口方面，中国自印度尼西亚进口以资源性产品为主，进口总额排名第1位的是矿产品，其中矿物燃料占中国自印度尼西亚进口的49.3%，以及已加工原材料和农产品，如木浆及其他纤维、动植物油，分别占进口的10.4%和23.4%。整体来看，2015年，中国自印度尼西亚进口的资源性产品增减趋势波动不明显，但结合目前中国产业的发展态势，未来几年中国的能源和资源需求依然很大，确保与资源出口国之间的贸易联系对中国的持续发展将是非常重要的。中国与印度尼西亚双边贸易发展仍然是未来中国与东盟双边贸易发展的主旋律。

出口方面，印度尼西亚日益壮大的国内市场和持续的基础建设已为中国出口商打开了多个产品市场，出口较为多样化。2015年，钢铁及其制品成为中国对印度尼西亚出口的主打产品，全年出口额达到33.59亿美元，占中国对印度尼西亚出口总额的20.2%。机电产品贡献最大，占出口的2/3(72.4%)。

（来源：南博网. http://customs.caexpo.com/data/country/2016/04/08/3660070.html. 2016—04—08）

2015年1～12月中国—老挝重点产品进出口趋势分析

据海关数据统计，2015年1～12月，中国与老挝双边贸易总额达27.8亿美元，较2014年下降23.1%，占中国与东盟10国双边贸易总额的0.6%，是中国在东盟的第9大贸易伙伴。其中，中国自老挝进口15.54亿美元，同比下降12.6%；对老挝出口12.27亿美元，同比下降33.3%。2015年，中国对老挝贸易呈现顺差，顺差额为3.27亿美元。

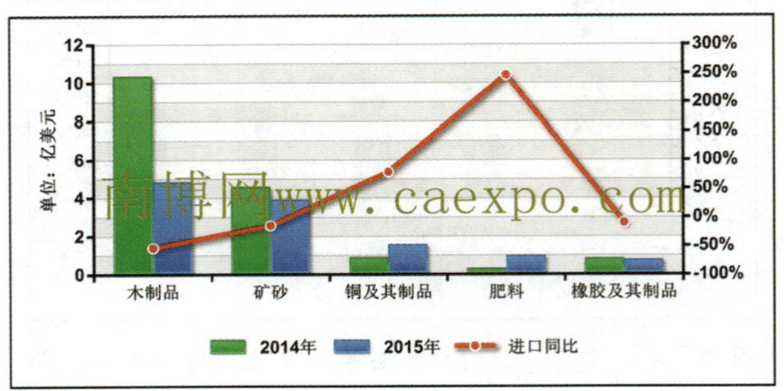

图1　2015年1～12月中国自老挝主要进口产品金额

从产品结构来看，2015年1～12月，中国自老挝进口的前5位产品有木制品、矿砂、铜及其制品、肥料和橡胶及其制品，累计进口总额达11.83亿美元，占中国自老挝进口产品总额的90.4%。其中，以进口木制品最多，进口额达4.80亿美元，同比下降53.4%；其次是矿砂，进口额达3.86亿美元，同比下降14.7%；再者是铜及其制品，进口1.52亿美元，同比激增78.6%；肥料位居第四，进口0.94亿美元，同比激增246.6%；对橡胶及其制品进口最少，进口额为0.71亿美元，同比下降9.5%。

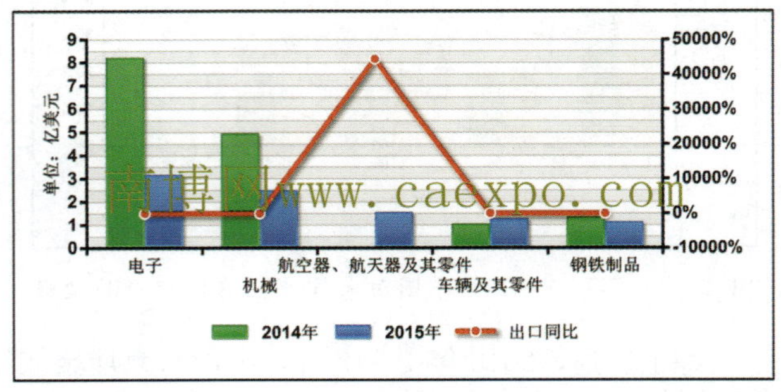

图2　2015年1～12月中国对老挝主要出口产品金额

同期，中国对老挝出口的前5位产品是电子，机械，航空器、航天器及其零件，车辆及其零件和钢铁制品，累计出口总额达9.41亿美元，占中国对老挝出口产品总额的77.8%。其中，电子是第一大出口产品，出口额达3.12亿美元，同比大幅下降61.8%；其次是机械，出口2.46亿美元，同比下降49.9%；再者是航空器、航天器及其零件，出口1.51亿美元，同比激增了444倍；车辆及其零件位居第四，出口1.23亿美元，同比增长22.5%；对钢铁制品出口最少，出口额为1.09亿美元，同比下降15.3%。

综上所述，2015年1～12月，中国与老挝双边贸易呈现以下特点：

与2014年相比，中国与老挝双边贸易总额呈现下降态势，降幅非常明显。

进口方面，中国自老挝进口的重点商品是木制品，占中国自柬埔寨进口的40.6%。2015年，老挝进一步发展木材加工业，主要出口精加工成品，其木制品深受中国消费者喜爱。整体来看，木制品、矿产、橡胶等仍然是未来中国自老挝进口贸易的主要产品。近几年，橡胶产业已成为老挝快速崛起的新产业之一，中国企业在老挝北部地区投资橡胶种植发展潜力巨大。

出口方面，老挝日益发展的国内市场已为中国出口商打开了多个产品市场，出口呈现多样化趋势。2015年，航空器、航天器及其零件成为中国对老挝出口的5大产品之一，全年出口额达到1.51亿美元，占中国对老挝出口总额的16%。机电产品贡献最大，占中国对老挝出口总额的59.3%。近年来，中国汽车陆续进入老挝市场，由于在价格、质量、服务等方面符合老挝的消费市场，受到老挝消费者的青睐。

（来源：南博网. http：//customs. caexpo. com/data/country/2016/03/28/3659573. html. 2016—03—28）

2015年1～12月中国—马来西亚重点产品进出口趋势分析

据海关数据统计，2015年1～12月，中国与马来西亚双边贸易总额达972.9亿美元，较2014年下降4.6%，占中国与东盟10国双边贸易总额的20.6%，是中国在东盟的第1大贸易伙伴。其中，中国自马来西亚进口533亿美元，同比下降4.3%；对马来西亚出口439.9亿美元，同比下降4.95%。2015年，中国对马来西亚贸易呈现逆差，逆差额为93.1亿美元。

从产品结构来看，2015年1～12月，中国自马来西亚进口的前5位产品有电子、矿物燃料、机械、动植物油和橡胶及其制品，累计进口总额达449.01亿美元，占中国自马来西亚进口产品总额的84.3%。其中，电子进口最多，进口额达326.08亿美元，同比增长1.1%；其次是矿物燃料，进口57.55亿美元，同比下降3.2%；再者是机械，进口33.24亿美元，同比下降13.1%；动植物油位居第四，进口17.81亿美元，同比下降33.5%；橡胶及其制品进口最少，进口额为14.33亿美元，同比下降28.8%。

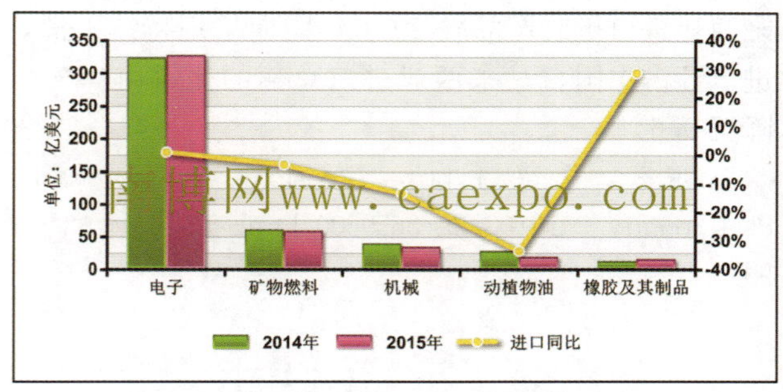

图1 2015年1～12月中国自马来西亚主要进口产品金额

同期，中国对马来西亚出口的前5位产品是电子、机械、家具、仪器设备、塑料及其制品，累计出口总额达204.34亿美元，占中国对马来西亚出口产品总额的46.2%。其中，电子出口最多，出口额达93.36亿美元，同比增长0.3%；其次是机械，出口49.70亿美元，同比增长0.1%；再者是家具，出口25.46亿美元，同比下降22.1%；仪器设备位居第四，出口19.07亿美元，同比下降20.1%；塑料及其制品出口最少，出口额为16.74亿美元，同比下降0.6%。

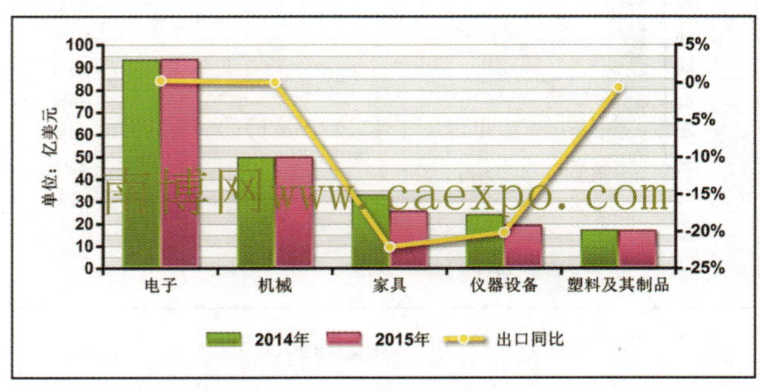

图2 2015年1～12月中国对马来西亚主要出口产品金额

综上所述，2015年1～12月，中国与马来西亚双边贸易呈现以下特点：

中马两国在2015年的双边贸易约占中国与东盟总贸易额的1/4，中国是马来西亚的最大进口国。与2014年同期相比，中马双边贸易总额呈现下降态势，中国对马来西亚贸易逆差进一步缩小。

一直以来，信息技术产品和棕榈油是中马两国贸易中的主要产品。但近年来，两国贸易的主要产品结构发生了变化。2015 年，棕榈油在进口产品中所占的份额有所下滑，在所属的动植物油品类中位居第一，占进口总额的 4%。由此可知，近年来，中马贸易已不仅仅局限在棕榈油贸易方面，两国贸易的产品逐渐呈现多样化，尤其表现在出口方面，2015 年家具、仪器设备、橡胶虽然呈现下降的态势，但机械和电子产品仍然是中马双边贸易的最大产品，占双边贸易总额的 70%。2015 年，中国自马来西亚进口橡胶产品较 2014 年同期呈现持续下滑，进口额占中国自马来西亚进口总额的比重由 3.7%降至 0.6%。

（来源：南博网. http://customs. caexpo. com/data/country/2016/03/29/3659600. html. 2016－03－29）

2015 年 1～12 月中国—缅甸重点产品进出口趋势分析

据海关数据统计，2015 年 1～12 月，中国与缅甸双边贸易总额达 152.8 亿美元，较 2014 年下降 38.8%，占中国与东盟 10 国双边贸易总额的 3.2%，是中国在东盟的第 7 大贸易伙伴。其中，中国自缅甸进口 56.25 亿美元，同比下降 63.9%；对缅甸出口 96.55 亿美元，同比增长 3.1%。2015 年，中国对缅甸贸易呈现顺差，顺差额为 42.87 亿美元。

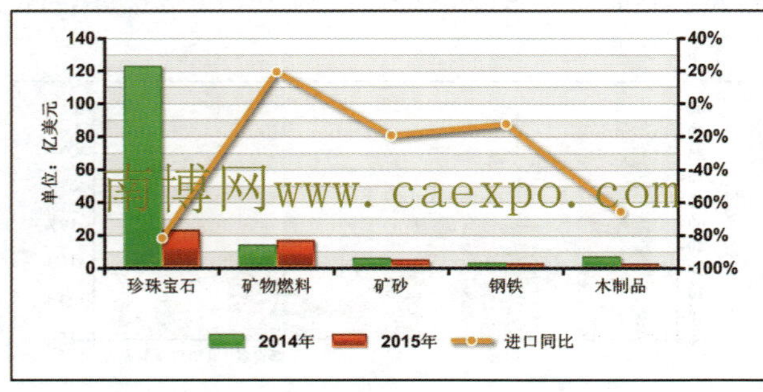

图 1　2015 年 1～12 月中国自缅甸主要进口产品金额

从产品结构来看，2015 年 1～12 月，中国自缅甸进口的前 5 位产品有珍珠宝石、矿物燃料、矿砂、钢铁和木制品，累计进口总额达 48.40 亿美元，占中国自缅甸进口产品总额的 91.8%。其中，以进口珍珠宝石最多，进口额达 22.67 亿美元，同比下滑 81.5%；其次是矿物燃料，进口额达 16.39 亿美元，同比增长 19.6%；再者是矿砂，进口 4.54 亿美元，同比下降 19.2%；钢铁位居第四，进口 2.52 亿美元，同比下降 12.3%；对木制品进口最少，进口额为 2.28 亿美元，同比大幅下降 65.5%。

同期，中国对缅甸出口的前 5 位产品是电子、机械、船舶、车辆及其零件、钢铁，累计出口总额达 54.64 亿美元，占中国对缅甸出口产品总额的 58.1%。其中，电子是第一大出口产品，出口额达 16.09 亿美元，同比下降 2.1%；其次是机械，出口 10.21 亿美元，同比增长 0.8%；再者是船舶，出口 10.01 亿美元，同比激增 2503.8%；车辆及其零件位居第四，出口 9.89 亿美元，同比增长 2.4%；对钢铁出口最少，出口额为 8.45 亿美元，同比下降 14.0%。

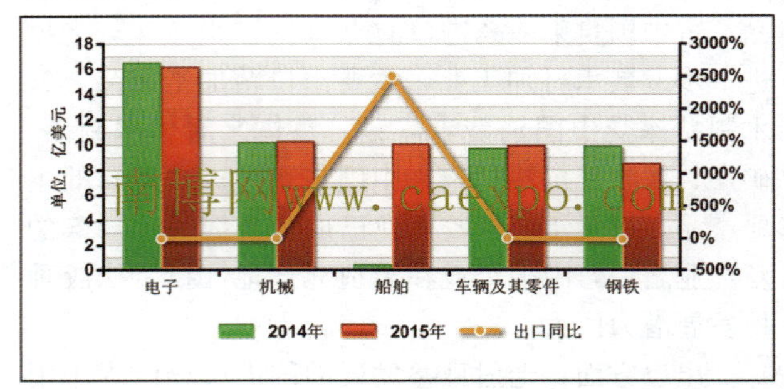

图 2　2015 年 1～12 月中国对缅甸主要出口产品金额

综上所述，2015 年 1～12 月，中国与缅甸双边贸易呈现以下特点：

中国是缅甸最大的贸易国，与 2014 年相比，中国与缅甸双边贸易总额呈现迅猛增长态势，增幅非常明显，进口与出口增长都呈现良好态势，而进口增速远超出口。

进口方面，中国自缅甸进口的绝大部分商品是珍珠宝石、矿产品，占中国自柬埔寨进口的 90.1%。随着 2014 年 4 月缅甸开始实施禁止原木出口的政策，木材原料大大减少，2015 年中国自缅甸进口的木制品将向高附加值产品领域发展。众所周知，缅甸是全球主要的翡翠原石产地，而中国则是翡翠的主要消费国之一。珍珠宝石、矿物燃料等仍然是未来中国自缅甸进口贸易的主要产品。

出口方面，缅甸积极的贸易政策拉动中国出口贸易增长，机电产品和工业制成品成为中国出口缅甸的主要产品。同时，缅甸对通讯、汽车、摩托车的管制进一步放宽，一定程度上刺激了中国对缅甸的出口贸易。2015 年，机械、电子、船舶成为中国对缅甸出口的重点产品，全年出口额达到 36.31 亿美元，占中国对缅甸出口总额的 3/5（66.5%）。

（来源：南博网. http://customs. caexpo. com/data/country/2016/03/30/3659658. html. 2016—03—30）

2015 年 1～12 月中国—菲律宾重点产品进出口趋势分析

据海关数据统计，2015 年 1～12 月，中国与菲律宾双边贸易总额达 456.5 亿美元，较 2014 年增长 2.7%，占中国与东盟 10 国双边贸易总额的 9.7%，是中国在东盟的第 6 大贸易伙伴。其中，中国自菲律宾进口 189.76 亿美元，同比下降 9.57%；对菲律宾出口 266.73 亿美元，同比增长 13.7%。2015 年，中国对菲律宾贸易呈现顺差，顺差额为 76.97 亿美元。

从产品机构上看，2015 年 1～12 月，中国自菲律宾进口的前 5 位产品有电子、机械、矿砂、矿物燃料、食用水果，累计进口总额达 172.16 亿美元，占中国自菲律宾进口产品总额的 18.8%。其中，电子是第一大进口产品，进口额达 94.63 亿美元，同比增长 0.4%；其次是机械，进口额为 41.41 亿美元，同比下降 17.6%；再者是矿砂，进口 19.79 亿美元，同比下降 39.7%；矿物燃料位居第四，进口 10.58 亿美元，同比激增 109.3%；食用水果进口最少，进口额为 5.75 亿美元，同比下降 7.1%。

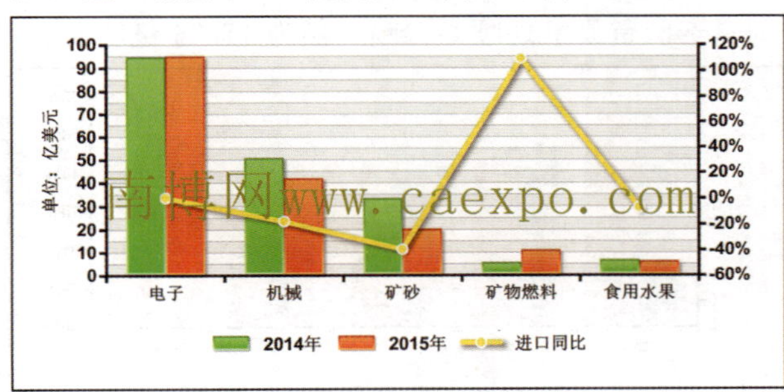

图 1　2015 年 1～12 月中国自菲律宾主要进口产品金额

同期，中国对菲律宾出口的前 5 位产品是电子，机械，钢铁，车辆及其零件，玩具、游戏品、运动用品，累计出口总额达 112.98 亿美元，占中国对菲律宾出口产品总额的 12.4%。其中，电子出口位居第一位，出口额为 43.92 亿美元，同比增长 17.6%；其次是机械，出口 25.38 亿美元，同比增长 2.7%；再者是钢铁，出口 21.73 亿美元，同比下降 15.5%；车辆及其零件位居第四，出口 11.48 亿美元，同比增长 28.4%；对玩具、游戏品、运动用品出口最少，出口额为 10.46 亿美元，同比增长 43.9%。

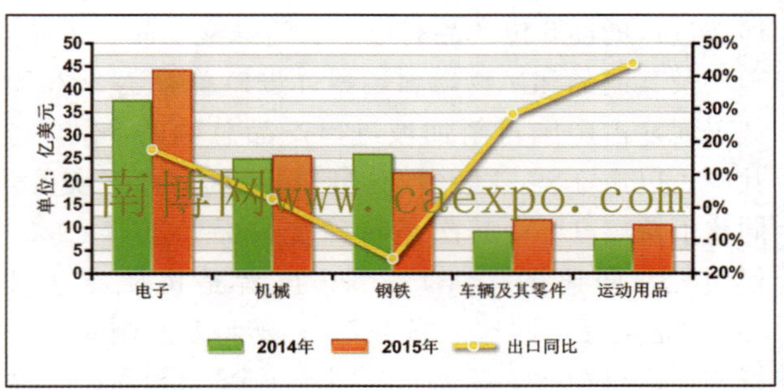

图 2　2015 年 1～12 月中国对菲律宾主要出口产品金额

综上所述，2015 年 1～12 月，中国与菲律宾双边贸易呈现以下特点：

中国与菲律宾双边贸易总额稳步增长，创下历史最高纪录，进口额和出口额都呈现两位数的增长。

尽管菲律宾国土面积不算太大，但拥有十分丰富的矿产资源，中国依然是菲律宾矿产主要出口的对象国，2015 年矿产品在中国自菲律宾进口的总额中占据 17.6%的份额，是 2015 年仅次于机电产品的第 2 大进口产品。其中，机电产品在进口中占据 79%的比重，同比增长略为明显。另外，机电产品也是中国对菲律宾主要出口的商品，出口额达 69.3 亿美元，在中国对菲律宾的出口总额中占据 61.3%的比重，双方的机电产品具有较强的互补性。

从两国主要出口的产品来看，目前两国相互出口的不仅是对方的优势产品、互补性产品，还有食用水果、游戏品、运动用品等新兴产品，中国和菲律宾的经贸合作领域逐渐多元化。从新兴产品的出口形势来看，增长幅度较大，前景看好。

（来源：南博网. http://customs. caexpo. com/data/country/2016/03/24/3659434. html. 2016—03—24）

2015 年 1～12 月中国—新加坡重点产品进出口趋势分析

据海关数据统计，2015 年 1～12 月，中国与新加坡双边贸易总额达 795.7 亿美元，较 2014 年同期下降 0.1%，占中国与东盟 10 国双边贸易总额的 16.8%，是中国在东盟的第 3 大贸易伙伴。其中，中国自新加坡进口 275.56 亿美元，同比下降 10.54%；对新加坡出口 520.08 亿美元，同比增长 6.47%。2015 年，中国对新加坡贸易呈现顺差，顺差额为 244.52 亿美元。

从产品结构上看，2015 年 1～12 月，中国自新加坡进口的前5位产品有电子、特殊交易品、机械、塑料及其制品和矿物燃料，累计进口总额达242.50亿美元，占中国自新加坡进口产品总额的88.0%。其中，以电子进口最多，进口额达88.10亿美元，同比下降2.1%；其次是特殊交易品，进口49.29亿美元，同比激增480.3%；再者是机械，进口39.87亿美元，同比下降4.7%；塑料及其制品位居第四，进口36.27亿美元，同比下降13.9%；矿物燃料进口最少，进口额为28.96亿美元，同比下降39%。

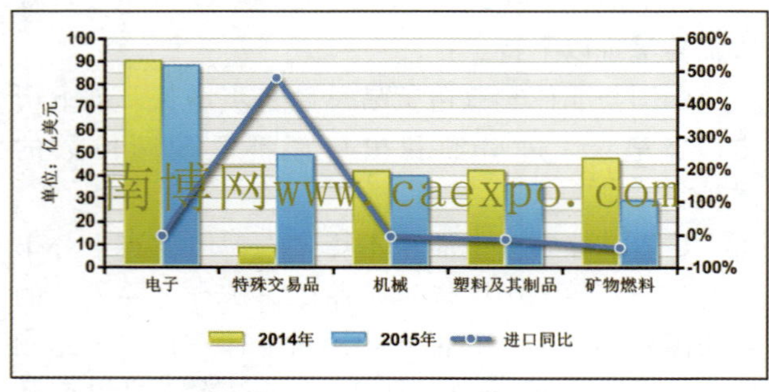

图1 2015年1～12月中国自新加坡主要进口产品金额

同期，中国对新加坡出口的前5位产品是电子、机械、船舶、矿物燃料和家具，累计出口总额达355.25亿美元，占中国对新加坡出口产品总额的66.8%。其中，对电子出口最多，出口额达148.77亿美元，同比增长29.4%；其次是机械，出口80.39亿美元，同比下降5.6%；再者是船舶，出口55.38亿美元，同比增长27.2%；矿物燃料位居第四，出口38.90亿美元，同比下降1.6%；对家具出口最少，出口额为31.81亿美元，同比增长4.8%。

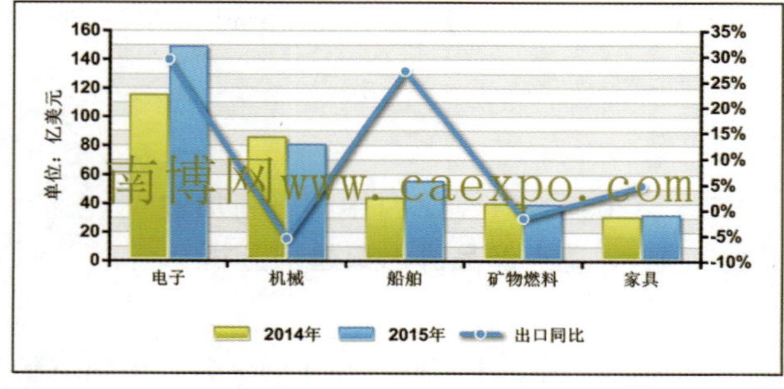

图2 2015年1～12月中国对新加坡主要出口产品金额

综上所述，2015年1～12月，中国与新加坡双边贸易呈现以下特点：

2015年，中国与新加坡双边贸易有所下降，期间贸易总额下降率为0.1%，其中进口贸易下降10.5%，出口贸易增长6.5%。中国与新加坡对外贸易在总体上呈现顺差，而且近年来呈现逐步加大的趋势，从2014年的158.66亿美元降至2015年的244.42亿美元。可见，中国与新加坡双边贸易联系日趋紧密，中方在两国经贸合作领域相对活跃。

两国在贸易总量扩大的同时，产品贸易结构进一步优化，朝多元化的方向发展。机电产品一直是新加坡对中国出口的主力产品，2015年出口额为127.97亿美元，占新加坡对中国出口总额的52.8%。另外，中国在新加坡家具、船舶市场上也有较大优势，为其主要进口来源地，2015年分别占据进口总额的9%和15.6%。

（来源：南博网. http：//customs. caexpo. com/data/country/2016/04/07/3659993. html. 2016—04—07）

2015年1～12月中国—泰国重点产品进出口趋势分析

据海关数据统计，2015年1～12月，中国与泰国双边贸易总额达754.6亿美元，较2014年增长3.8%，占中国与东盟10国双边贸易总额的16%，是中国在东盟的第4大贸易伙伴。其中，中国自泰国进口371.7亿美元，同比下降3.14%；对泰国出口382.93亿美元，同比增长11.64%。2015年，中国对泰国贸易呈现顺差，顺差额为11.24亿美元。

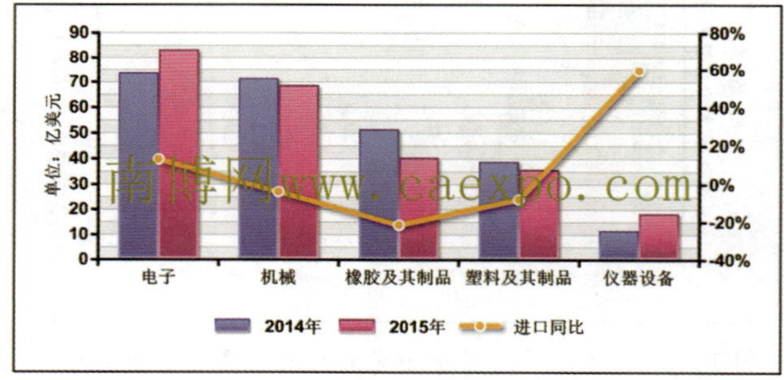

图1 2015年1～12月中国自泰国主要进口产品金额

从产品结构上看，2015年1～12月，中国自泰国进口的前5位产品有电子、机械、橡胶及其制品、塑料及其制品、仪器设备，累计进口总额达244.78亿美元，占中国自泰国进口产品总额的65.8%。其中，电子是第1大进口产品，进口额达82.90亿美元，同比增长13.0%；其次是机械，进口额为68.31亿美元，同比下降3.9%；再者是橡胶及其制品，进口40.08亿美元，同比下降21.6%；塑料及其制品位居第四，进口35.48亿美元，同比下降8.0%；对仪器设备进口最少，进口额为18.01亿美元，同比增长59.4%。

同期，中国对泰国出口的前5位产品是电子、机械、钢铁、塑料及其制品、钢铁制品，累计出口总额达199.16亿美元，占中国对泰国出口产品总额的52%。其中，电子出口最多，出口额达86.34亿美元，同比增长35.3%；其次是机械，出口65.15亿美元，同比增长3.9%；再者是钢铁，出口20.12亿美元，同比下降3%；塑料及其制品位居第四，出口14.53亿美元，同比增长11.5%；钢铁制品出口最少，出口额为13.01亿美元，同比增长8.8%。

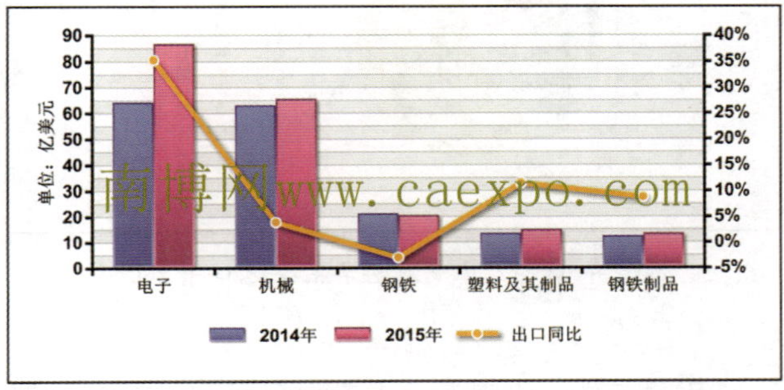

图2　2015年1～12月中国对泰国主要出口产品金额

综上所述，2015年1～12月，中国与泰国双边贸易呈现以下特点：

2015年，中国与泰国双边贸易呈现缓慢上升，出口增速仍优于进口。近年来，泰国对中国的出口贸易异常活跃，中国也在积极地开拓泰国市场，两国贸易逐渐趋于平衡。

两国进出口贸易的产品结构也在不断优化，呈现优势互补、互利双赢的格局。机电产品在双边贸易中所占比重最大，增长稳健。电子是2015年双边进出口第1大产品，机械是双边进出口第2大产品。上述两类产品占泰国对中国出口总额的76.1%，占泰国自中国进口总额的61.8%。其中，2015年中国电子产品自泰国进口的增幅为13.0%。塑料及其制品是泰国对中国出口的重要产品，占泰国对中国出口总额的7.3%，2015年的增幅有所下降。仪器设备是2015年泰国自中国进口的第5大产品，占泰国自中国进口总额的5.3%。

此外，中国与泰国主要进出口产品结构中，塑料及其制品正日益成为双边贸易的主要产品，双边产品结构进一步优化，2015年出口额分别达到14.53亿美元，占2015年中国对泰国出口总额的7.3%，并在2015年获得了进一步的增长。

（来源：南博网. http://customs. caexpo. com/data/country/2016/03/31/3659718.html. 2016—03—31）

2015年1～12月中国—越南重点产品进出口趋势分析

据海关数据统计，2015年1～12月，中国与越南双边贸易总额达959.7亿美元，较2014年增长14.7%，占中国与东盟10国双边贸易总额的20.3%，跃居中国在东盟的第2大贸易伙伴。其中，中国自越南进口298.42亿美元，同比增长49.9%；对越南出口661.24亿美元，同比增长3.8%。2015年，中国对越南贸易呈现顺差，顺差额为362.82亿美元。

从产品结构上看，2015年1～12月，中国自越南进口的前5位产品是电子、棉花、机械、矿物燃料和鞋靴类似品，累计进口总额达160.59亿美元，占中国自越南进口产品总额的67%。其中，电子是第1大进口产品，进口额达115.04亿美元，同比增长38.7%；其次是棉花，进口14.56亿美元，同比增长13.6%；再者是机械，进口11.16亿美元，同比增长0.1%；矿物燃料位居第四，进口9.93亿美元，同比下降40.7%；鞋靴类似品进口最少，进口额为9.91亿美元，同比增长48.3%。

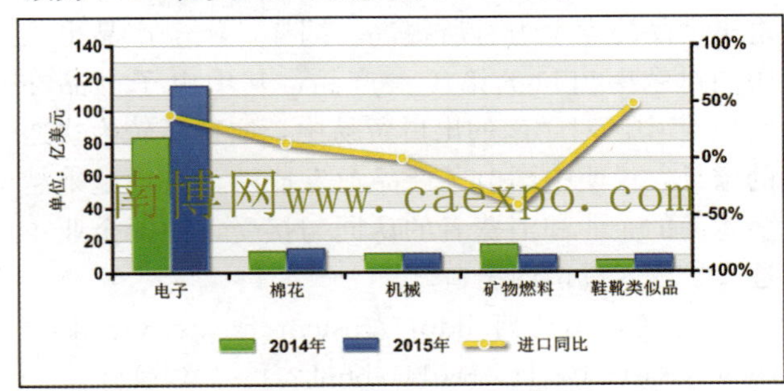

图1　2015年1～12月中国自越南主要进口产品金额

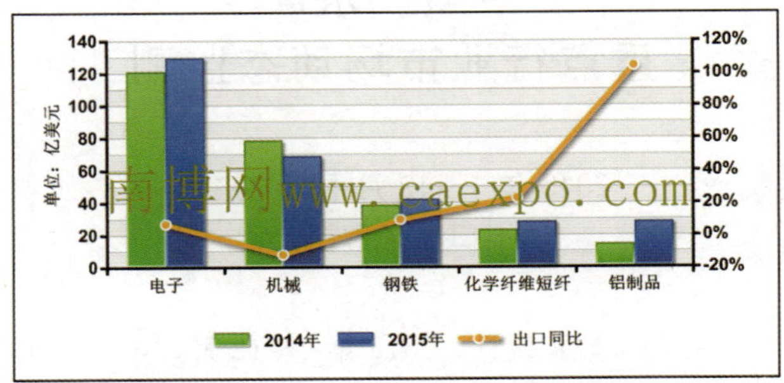

图2　2015年1～12月中国对越南主要出口产品金额

同期，中国对越南出口的前5位产品是电子、机械、钢铁、化学纤维短纤和铝制品，累计出口总额达294.29亿美元，占中国对越南出口产品总额的44.3%。其中，电子是第1大出口产品，出口额达

129.03亿美元，同比增长7.0%；其次是机械，出口68.19亿美元，同比下降12.3%；再者是钢铁，出口41.53亿美元，同比增长9.6%；化学纤维短位居第四，出口27.78亿美元，同比增长22.9%；铝制品出口最少，出口额为27.76亿美元，同比激增104.5%。

综上所述，2015年1～12月，中国与越南双边贸易呈现以下特点：

相比其他东盟国家，2015年，中国与越南双边贸易呈现迅猛发展，进口和出口增速非常明显，中国对越南贸易仍然保持较大幅度的顺差。越南跃居中国在东盟的第2大贸易伙伴，两国的优势产业拉动贸易额持续上涨。

长期以来，中国自越南进口的主要产品有电子、能源、机械等，中国对越南主要出口的产品有电子、机械、钢铁等。从2015年两国的产品贸易形势来看，中国铝制品对越南的出口金额持续增加，2015年中国对越南出口铝制品同比激增104.5%；自越南进口大宗产品的金额也在增加，2015年中国自越南进口棉花同比增长13.6%，对电子产品的进口同比增长38.7%。电子产品的进口额非常大，且在自越南进口产品中增速很快，是近期呈现的贸易增长点。电子产品进口逐渐增加说明越南在该领域电子产品的竞争力有所提高。同样，机电产品也是中国对越南出口的第1大产品，其中电子产品在2015年中国对越南的出口贸易中，取得了较为快速的增长，说明中国电子产品愈发成熟，获得越来越多越南的企业和消费者的认同与接受，中国企业正逐步扩大对越南的出口。

（来源：南博网.http://customs.caexpo.com/data/country/2016/04/11/3660141.html.2016—04—11）

中国—东盟
重点行业市场动态监测

2015年1～12月中国与东盟进出口电子贸易分析

据海关数据统计，2015年1～12月，中国与东盟电子双边贸易额为1300.58亿美元，同比增长8.8%。其中，中国自东盟进口电子720.02亿美元，同比增长6.6%；中国对东盟出口电子580.56亿美元，同比增长11.8%。

从单一国别来看，进口方面，中国电子进口的前3位东盟国家有马来西亚、越南、菲律宾，进口额分别为326.08亿美元、115.04亿美元、94.63亿美元，同比分别增长1.1%、38.7%、0.4%，进口额分别占中国自东盟进口电子总额的45.3%、16%、13.1%。

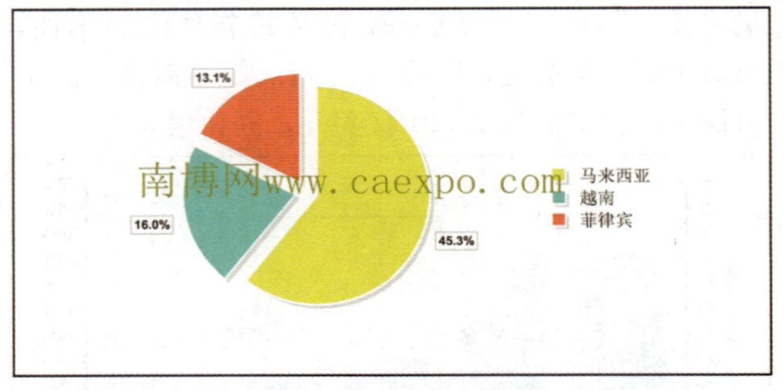

图1　2015年1～12月中国电子主要进口东盟国家金额占比

出口方面，中国电子主要出口东盟国家有新加坡、越南、马来西亚，累计出口额为371.16亿美元，占中国电子对东盟出口总额的63.9%。其中，中国对新加坡出口额最大，为148.77亿美元，同比增长29.4%；其次是对越南的出口额，为129.03亿美元，同比增长7%；再者是对马来西亚的出口额，为93.36亿美元，同比增长16.1%。

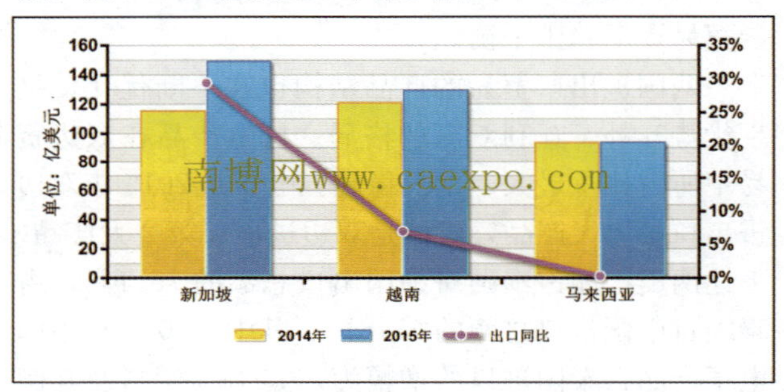

图2　2015年1～12月中国电子主要出口东盟国家金额

从产品结构来看，进口方面，2015年中国自东盟进口电子的前3位产品是集成电路、半导体器件、电话机及其他发送或接收设备，进口额分别为451.93亿美元、51.42亿美元、48.40亿美元，同比分别增长4.7%、−7.2%、59.3%。

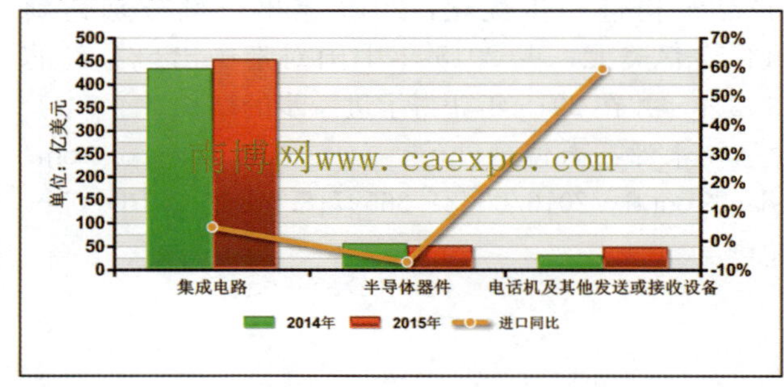

图3　2015年1～12月中国自东盟主要进口电子产品金额

出口方面，中国对东盟主要出口电子产品是电话机及其他发送或接收设备，集成电路，变压器、静止式变流器及电感器，累计出口额占中国对东盟出口电子总额的47.3%。其中，电话机及其他发送或接收设备的出口额最大，为155.81亿美元，同比增长19.3%；其次是集成电路，出口额为90.34亿美元，同比增长15.6%；再者是变压器、静止式变流器及电感器，出口额为28.28亿美元，同比增长4.7%。

图4　2015年1～12月中国对东盟主要出口电子产品金额占比

2015年1～12月，中国与东盟双边电子贸易整体上呈现持续增长的趋势。进口方面，中国自东盟进口电话机及其他发送或接收设备金额同比大幅增长59.3%；出口方面，新加坡是中国电子在东盟的第1大出口国，同比增长29.4%。据南博网分析，新加坡作为亚洲新近发展起来的国家，近年来经济发展水平有很大提高，对消费类电子产品的需求在不断攀升，其电子市场具有极大的拓展空间。

（来源：南博网.http://customs.caexpo.com/data/trade/2016/04/12/3660207.html.2016—04—12）

2015年1～12月中国与东盟进出口动植物油贸易分析

据海关数据统计，2015年1～12月，中国与东盟动植物油双边贸易额为49.55亿美元，同比下降14.6%。其中，中国自东盟进口动植物油48.98亿美元，同比下降14.5%；中国对东盟出口动植物油0.57亿美元，同比下降19.7%。

从单一国别来看，进口方面，中国动植物油进口的前3位的东盟国家有印度尼西亚、马来西亚、泰国，进口额分别为30.66亿美元、17.81亿美元、0.2亿美元，同比分别增长2.9%、－33.5%、－24.5%，进口额分别占中国自东盟进口电子总额的62.6%、36.4%、0.4%。

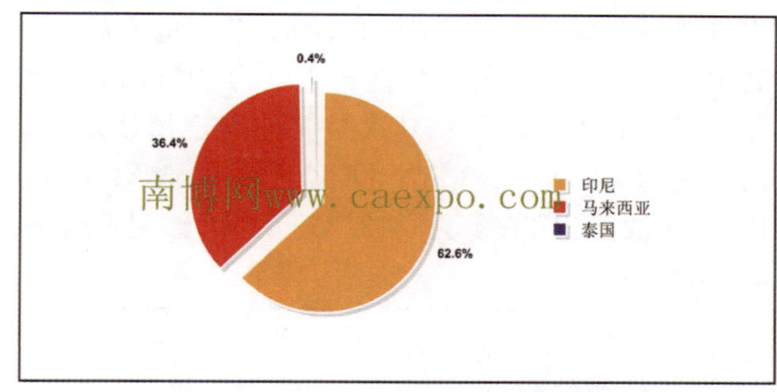

图1　2015年1～12月中国动植物油主要进口东盟国家金额占比

出口方面，中国动植物油主要出口东盟国家有马来西亚、新加坡、泰国，累计出口额为0.4亿美元，占中国动植物油对东盟出口总额的70.2%。其中，中国对马来西亚出口额最大，为0.16亿美元，同比下降4.1%；其次是对新加坡的动植物油出口额，为0.14亿美元，同比下降30.7%；再者是对泰国的出口额，为0.1亿美元，同比下降20.1%。

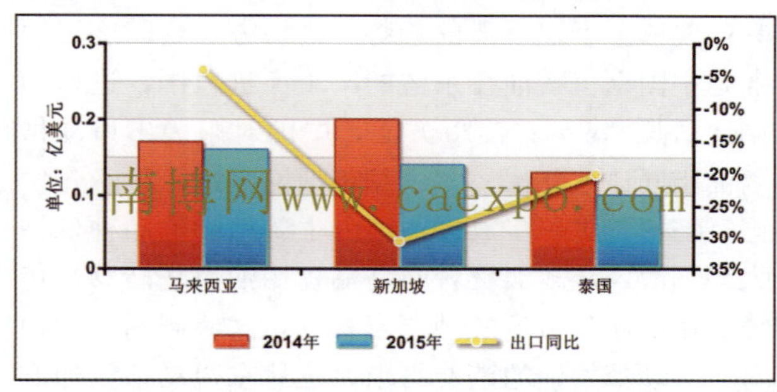

图2　2015年1～12月中国动植物油主要出口东盟国家金额

从产品结构来看，进口方面，中国自东盟进口动植物油的前3位产品是棕榈油，椰油、棕榈果仁油，人造黄油，进口额分别为36.99亿美元、7.48亿美元、2.29亿美元，同比分别增长－15.6%、0.3%、－16.6%。

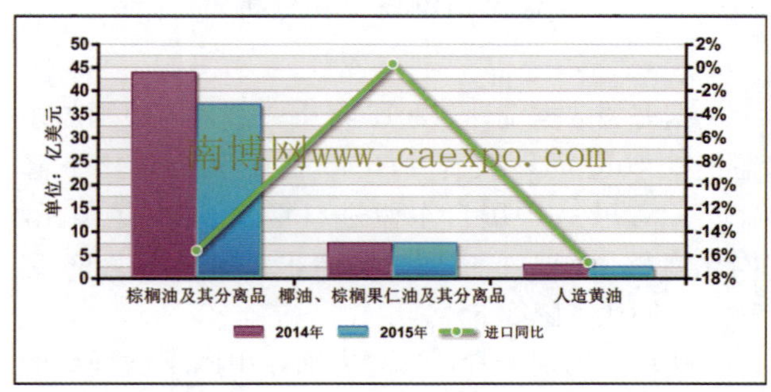

图3　2015年1～12月中国自东盟主要进口动植物油产品金额

出口方面，中国对东盟主要出口动植物油产品是动植物油脂、其他固定植物油脂、葵花油，累计出口额占中国对东盟出口动植物油总额的 68.4%。其中，动植物油脂的出口额最大，为 2176.15 万美元，同比下降 26.5%；其次是其他固定植物油脂，出口额为 892.93 万美元，同比下降 17.5%；再者是葵花油，出口额为 813.36 万美元，同比下降 11.9%。

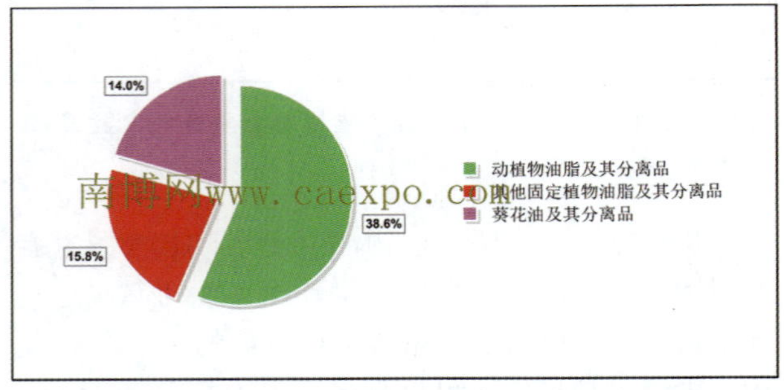

图 4　2015 年 1～12 月中国对东盟主要出口动植物油产品金额占比

2015 年 1～12 月，中国与东盟动植物油双边贸易额整体上呈现下滑的趋势。进口方面，印度尼西亚是中国动植物油在东盟的第 1 大进口国，进口额同比增长 2.9%；出口方面，中国对东盟出口动植物油脂同比下降 42.9%。据南博网分析，2015 年中国经济增长进一步放慢，国内主要植物油品种价格大幅下滑，众多消费者向高端食用油市场转移，传统食用油原料市场的动销不景气，这些制约了中国对东盟动植物油的消费需求。虽然东盟动植物油产量日益增长，但是中国整体消费增幅放慢，当前中国对马来西亚和泰国的动植物油市场依赖仍较高。

（来源：南博网．http://customs.caexpo.com/data/trade/2016/04/13/3660271.html.2016—04—13）

2015 年 1～12 月中国与东盟进出口钢铁贸易分析

据海关数据统计，2015 年 1～12 月，中国与东盟钢铁双边贸易额为 144.42 亿美元，同比下降 2.4%。其中，中国自东盟进口钢铁 6.46 亿美元，同比增长 40.1%；中国对东盟出口钢铁 137.96 亿美元，同比下降 3.8%。

从单一国别来看，进口方面，中国钢铁进口的前 3 位东盟国家有印度尼西亚、缅甸和马来西亚，进口额分别为 2.97 亿美元、2.52 美元、0.45 亿美元，同比分别增长 1009.4%、－12.2%、－39.4%，进口额分别占中国自东盟进口钢铁总额的 46%、39%、7%。

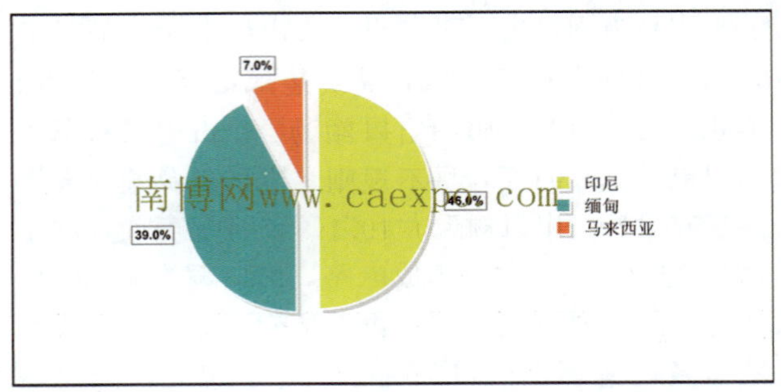

图 1　2015 年 1～12 月中国钢铁主要进口东盟国家金额占比

出口方面，中国钢铁主要出口东盟国家有越南、菲律宾、泰国。其中，中国对越南出口额最大，为 41.53 亿美元，同比增长 9.6%；其次是对菲律宾的出口额，为 21.73 亿美元，同比下降 15.6%；再者是对泰国的出口额，为 20.12 亿美元，同比下降 3%。

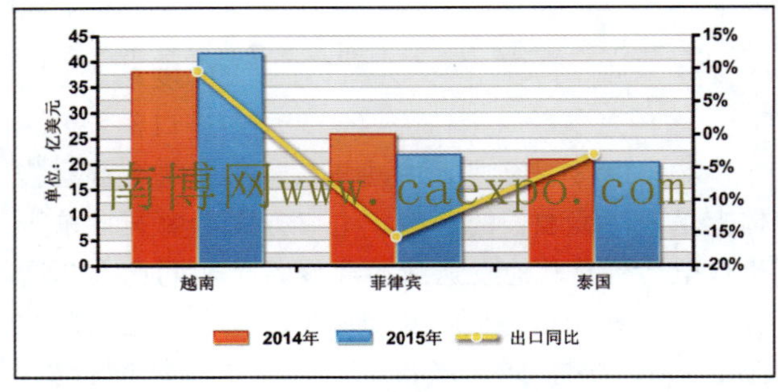

图 2　2015 年 1～12 月中国钢铁主要出口东盟国家金额

从产品结构来看，进口方面，2015 年中国自东盟进口钢铁的前 3 位产品是铁合金、其他合金钢平板轧材（宽＜600mm）、钢铁废碎料，进口额分别为 5.48 亿美元、0.22 亿美元、0.11 亿美元，同比分别增长 67.6%、－29%、－21.4%。

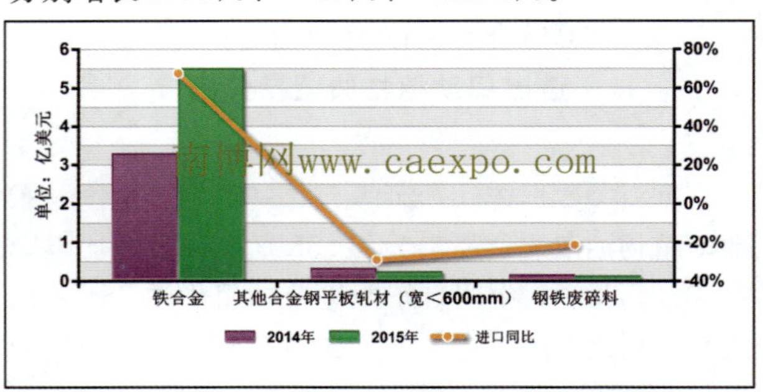

图 3　2015 年 1～12 月中国自东盟主要进口钢铁产品金额

出口方面，中国对东盟主要出口钢铁产品是其他合金钢条、杆、角材、型材及空心钻钢，其他合金钢平板轧材（宽度≥600mm），不规则盘卷的其他合金钢热轧条、杆，累计出口额占中国对东盟出口钢铁总额的 66.7%。其中，其他合金钢条、杆、角材、型材及空心钻钢的出口额最大，为 49.18 亿美元，同比增长 11.2%；其次是其他合金钢平板轧材（宽度≥600mm），出口额为 23.63 亿美元，同比下降 6.2%；再者是不规则盘卷的其他合金钢热轧条、杆，出口额为 19.19 亿美元，同比下降 13.8%。

图 4　2015 年 1～12 月中国对东盟主要出口钢铁产品金额占比

2015 年 1～12 月，中国与东盟钢铁双边贸易额整体上呈现下降的趋势。进口方面，印度尼西亚跃居中国自东盟进口钢铁的第 1 大国，进口额同比激增 1009.4%；出口方面，中国对东盟出口其他合金钢条、杆、角材、型材及空心钻钢的金额同比增长 11.2%。据南博网分析，近年来东盟市场钢材需求强劲，但由于当地钢铁工业较弱，东盟国家主要依靠进口来满足钢铁需求，2016 年建筑钢材在东盟国家的钢材消费中的占比依然较高。

（来源：南博网．http://customs.caexpo.com/data/trade/2016/04/14/3660343.html.2016—04—14）

2015 年 1～12 月中国与东盟进出口机械贸易分析

据海关数据统计，2015 年 1～12 月，中国与东盟机械双边贸易额为 567.01 亿美元，同比下降 5.6%。其中，中国自东盟进口机械 197.33 亿美元，同比下降 8.84%；中国对东盟出口机械 369.68 亿美元，同比下降 3.8%。

从单一国别来看，进口方面，中国机械进口的前 3 位东盟国家有泰国、菲律宾、新加坡，进口额分别为 68.31 亿美元、41.41 亿美元、39.87 亿美元，同比分别下降 3.9%、17.6%、4.7%，进口额分别占中国自东盟进口机械总额的 34.6%、21%、20.2%。

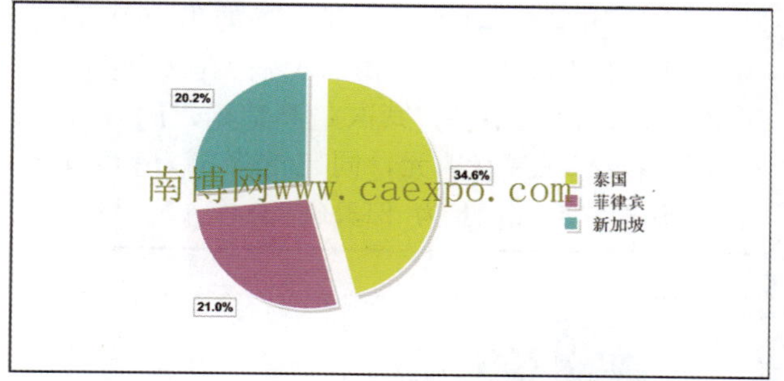

图 1　2015 年 1～12 月中国机械主要进口东盟国家金额占比

出口方面，中国机械主要出口东盟国家有新加坡、越南和泰国，累计出口额为 213.73 亿美元，占中国机械对东盟出口总额的 57.8%。其中，中国对新加坡出口额最大，为 80.39 亿美元，同比下降 5.5%；其次是对越南的出口额，为 68.19 亿美元，同比下降 12.3%；再者是对印度尼西亚的出口额，为 65.15 亿美元，同比增长 3.9%。

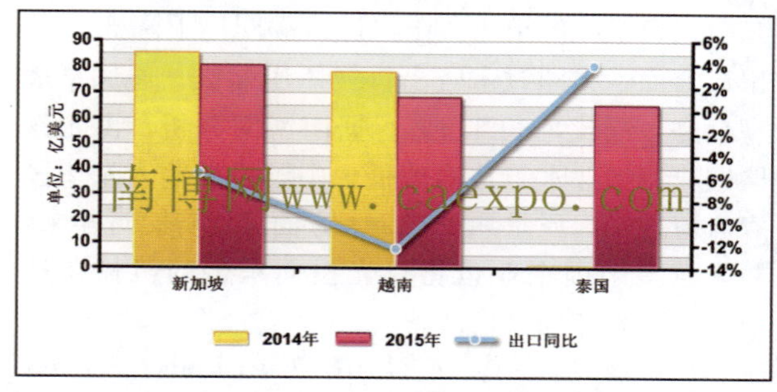

图 2　2015 年 1～12 月中国机械主要出口东盟国家金额

从产品结构来看，进口方面，中国自东盟进口机械的前 3 位产品是自动数据处理设备及其部件，办公用机器零件，印刷用版、滚筒及其他印刷部件进行印刷的机器，进口额分别为 87.86 亿美元、39.94 亿美元、19.53 亿美元，同比分别下降 9.6%、7.6%、18.7%。

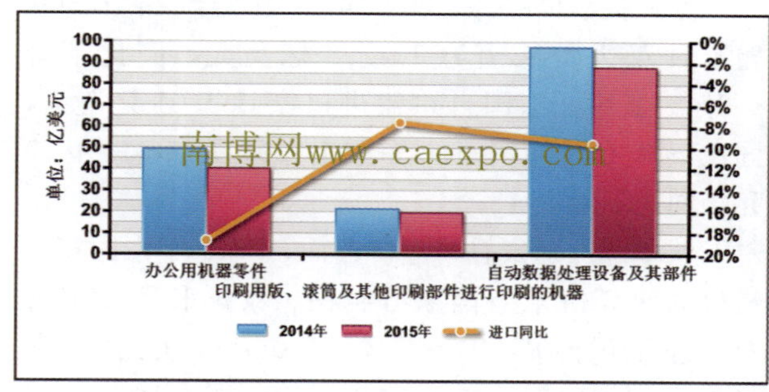

图 3　2015 年 1～12 月中国自东盟主要进口机械产品金额

出口方面，中国对东盟主要出口机械产品是自动数据处理设备，办公用机械零件，气体压缩机、通风罩，累计出口额占中国对东盟出口机械总额的

30.3%。其中，自动数据处理设备的出口额最大，为69.11亿美元，同比下降8.6%；其次是办公用机械零件，出口额为25.69亿美元，同比下降4.2%；再者是气体压缩机、通风罩，出口额为17.16亿美元，同比增长1.4%。

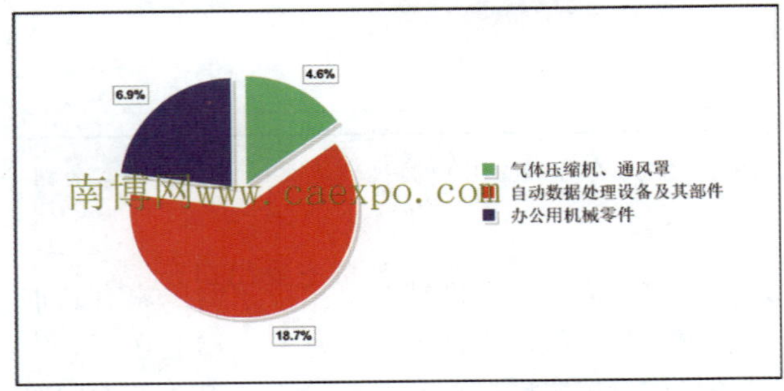

图4　2015年1～12月中国对东盟主要出口机械产品金额占比

2015年1～12月，中国与东盟机械双边贸易额整体上呈现下降的趋势。进口方面，泰国是中国自东盟进口机械的第1大国，进口额同比下降3.9%；出口方面，中国对东盟出口气体压缩机、通风罩表现良好，同比增长1.4%。据南博网分析，由于东盟国家制造业水平普遍偏低，中国机械输入东盟国家有着地缘、质量和价格3大方面的优势。近年来，越来越多中国企业也将目光投向东盟的机械制造业，未来合作前景广阔。

（来源：南博网.http://customs.caexpo.com/data/trade/2016/04/15/3660412.html. 2016—04—15)

2015年1～12月中国与东盟进出口家具贸易分析

据海关数据统计，2015年1～12月，中国与东盟家具双边贸易额为104.98亿美元，同比下降5.3%。其中，中国自东盟进口家具4.01亿美元，同比下降2.7%；中国对东盟出口家具100.97亿美元，同比下降5.4%。

从单一国别来看，进口方面，2015年中国家具进口的前3位东盟国家有越南、泰国和印度尼西亚，进口额分别为1.96亿美元、0.71亿美元、0.57亿美元，同比增长－5.9%、1.7%、－14.1%，进口额分别占中国自东盟进口家具总额的48.9%、17.7%、14.2%。

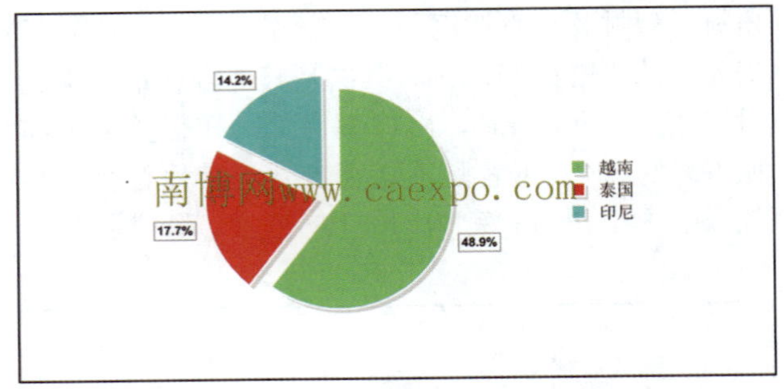

图1　2015年1～12月中国家具主要进口东盟国家金额占比

出口方面，中国家具主要出口东盟国家有新加坡、马来西亚、泰国，累计出口额为69.22亿美元，占中国家具对东盟出口总额的68.6%。其中，中国对新加坡出口额最大，为31.81美元，同比增长4.8%；其次是对马来西亚的出口额，为25.46亿美元，同比下降22.1%；再者是对泰国的出口额，为11.95亿美元，同比增长11.6%。

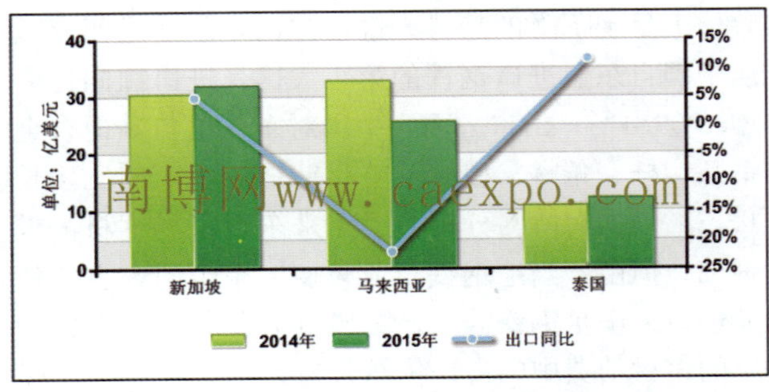

图2　2015年1～12月中国家具主要出口东盟国家金额

从产品结构来看，进口方面，中国自东盟进口家具的前3位产品是其他家具及其零件、坐具及其零件、灯具及照明装置，进口额分别为1.97亿美元、1.30亿美元、0.37亿美元，同比分别增长0.2%、－18.8%、－14%。

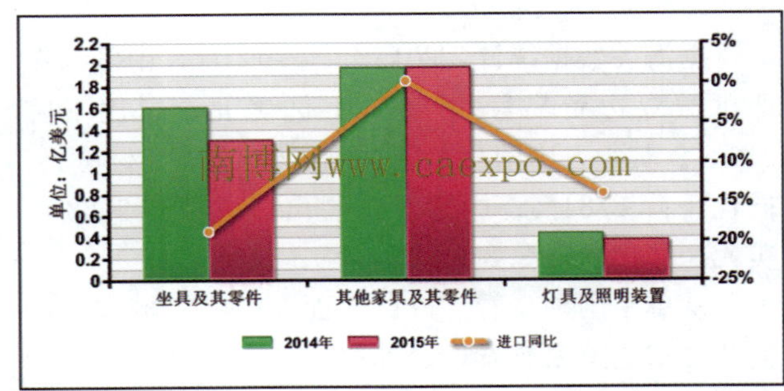

图3　2015年1～12月中国自东盟主要进口家具产品金额

出口方面，中国对东盟主要出口家具产品是其他家具及其零件、灯具及照明装置、坐具及其零件，累计出口额占中国对东盟出口机械总额的91.8%。其中，灯具及照明装置的出口额最大，为

38.96 亿美元，同比增长 0.9%；其次是其他家具及其零件，出口额为 35.78 亿美元，同比下降 10.2%；再者是坐具及其零件，出口额为 17.93 亿美元，同比下降 14.3%。

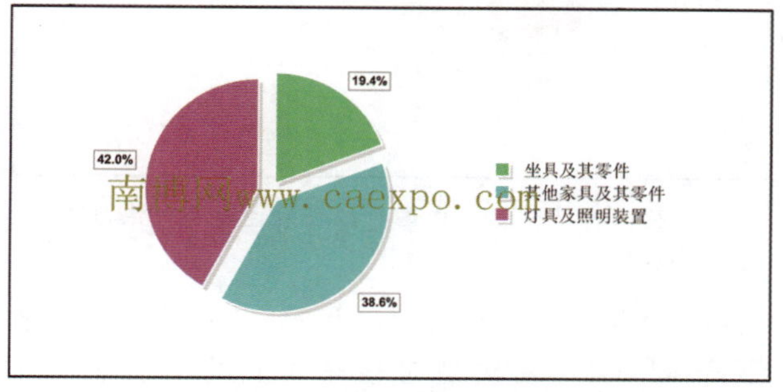

图 4　2015 年 1～12 月中国对东盟主要出口家具产品金额占比

2015 年 1～12 月，中国与东盟家具双边贸易额整体上有所下降，中国对东盟出口家具的金额仍然保持高位，是进口家具的 25 倍。进口方面，泰国是中国家具在东盟的第 2 大进口国，中国自泰国进口家具金额同比增长 1.7%；出口方面，中国对东盟出口灯具及照明装置表现强劲，同比增长 0.9%。据南博网分析，随着木制品、金属制品、藤制品、塑料制品和竹制品在内的家具生产持续增长，2016 年中国与东盟的家具市场需求上升，未来发展前景广阔。

（来源：南博网 .http://customs.caexpo.com/data/trade/2016/04/18/3660465.html. 2016—04—18）

2015 年 1～12 月中国与东盟进出口矿物燃料贸易分析

据海关数据统计，2015 年 1～12 月，中国与东盟矿物燃料双边贸易额为 278.23 亿美元，同比下降 20.8%。其中，中国自东盟进口矿物燃料 198.56 亿美元，同比下降 18%；中国对东盟出口矿物燃料 79.67 亿美元，同比下降 26.9%。

从单一国别来看，进口方面，中国矿物燃料进口的前 3 位东盟国家有印度尼西亚、马来西亚和新加坡，进口额分别为 64.68 亿美元、57.55 亿美元、28.96 亿美元，同比分别下降 23.4%、3.2%、39%，进口额分别占中国自东盟进口矿物燃料总额的 32.6%、29%、14.6%。

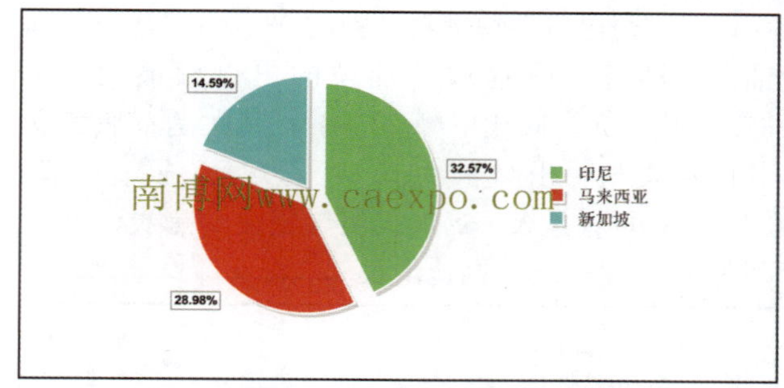

图 1　2015 年 1～12 月中国矿物燃料主要进口东盟国家金额占比

出口方面，中国矿物燃料主要出口东盟国家有新加坡、越南和印度尼西亚，累计出口额为 63.94 亿美元，占中国矿物燃料对东盟出口总额的 80.3%。其中，中国对新加坡出口额最大，为 38.9 亿美元，同比下降 1.6%；其次是对越南的出口额，为 16.59 亿美元，同比下降 31.3%；再者是对印度尼西亚的出口额，为 8.45 亿美元，同比下滑 61.4%。

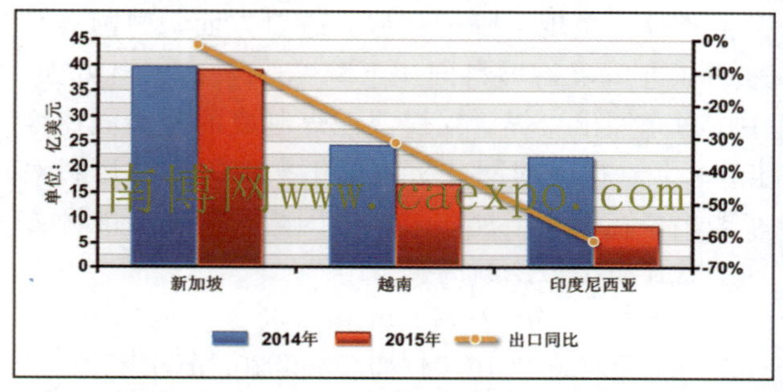

图 2　2015 年 1～12 月中国矿物燃料主要出口东盟国家金额

从产品结构来看，进口方面，中国自东盟进口矿物燃料的前 3 位产品是石油气及其他烃类气、天然沥青矿物焦油、石油及从沥青矿物提取的油类，进口额分别为 44.13 亿美元、41.90 亿美元、28.27 亿美元，同比分别增长 16.3%、73.3%、−55.9%。

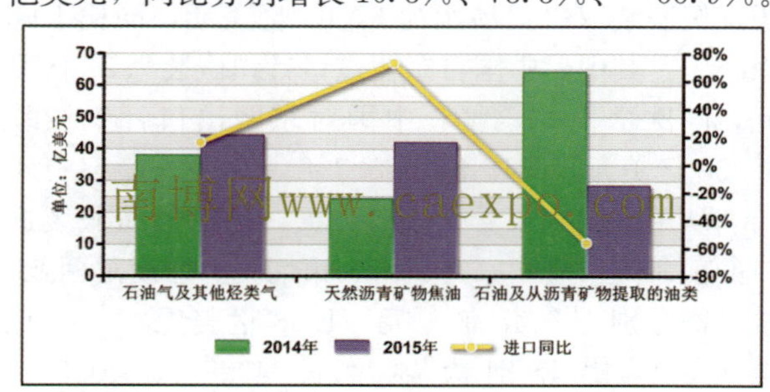

图 3　2015 年 1～12 月中国自东盟主要进口矿物燃料产品金额

出口方面，中国对东盟主要出口矿物燃料产品是石油及从沥青矿物提取的油类，石油气及其他烃类气，煤、褐煤或泥煤制成的焦炭，累计出口额占中国对东盟出口矿物燃料总额的93.1%。其中，石油及从沥青矿物提取的油类的出口额最大，为67.05亿美元，同比下降28.3%；其次是石油气及其他烃类气，出口额为5.34亿美元，同比下降35.4%；再者是煤、褐煤或泥煤制成的焦炭，出口额为1.77亿美元，同比增长6.5%。

图4　2015年1～12月中国对东盟主要出口矿物燃料产品金额占比

2015年1～12月，中国与东盟矿物燃料双边贸易额整体上呈现下降的趋势。进口方面，中国自马来西亚进口矿物燃料同比下降23.4%；出口方面，中国对东盟出口煤、褐煤或泥煤制成的焦炭同比增长6.5%。据南博网分析，近年来中国矿物燃料对东盟出口在不断增加，未来中国与东盟在新能源方面的合作有望催生新商机。

（来源：南博网.http：//customs. caexpo. com/data/trade/2016/04/19/3660520. html. 2016—04—19）

2015年1～12月中国与东盟进出口针织服装贸易分析

据海关数据统计，2015年1～12月，中国与东盟针织服装双边贸易额为67.65亿美元，同比下降14.6%。其中，中国自东盟进口针织服装7.27亿美元，同比增长37.4%；中国对东盟出口针织服装60.38亿美元，同比下降18.3%。

从单一国别来看，进口方面，中国针织服装进口的前3位东盟国家有越南、柬埔寨、印度尼西亚，进口额分别为3.48亿美元、1.53亿美元、1.11亿美元，同比分别大幅增长43.8%、40.6%、40.5%，进口额分别占中国自东盟进口珍珠宝石总额的47.9%、21.1%、15.3%。

出口方面，中国针织服装主要出口东盟国家有越南、马来西亚、菲律宾，累计出口额为45.65亿美元，占中国针织服装对东盟出口总额的75.6%。

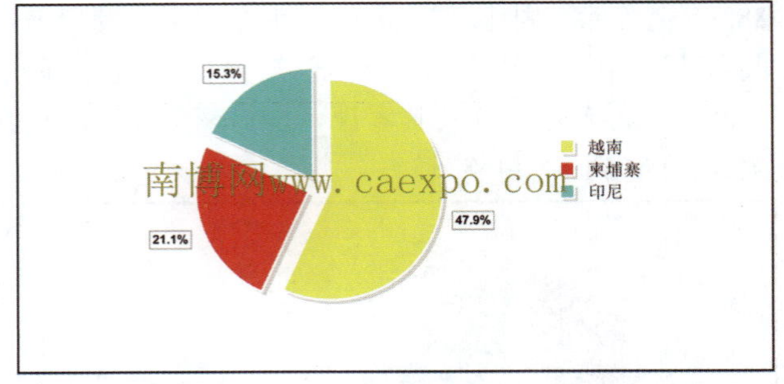

图1　2015年1～12月中国针织服装主要进口东盟国家金额占比

其中，对越南出口额最大，为24.41亿美元，同比下降32.6%；其次是对马来西亚的出口额，为11.28亿美元，同比下降10.4%；再者是对菲律宾的出口额，为9.96亿美元，同比大幅增长52.2%。

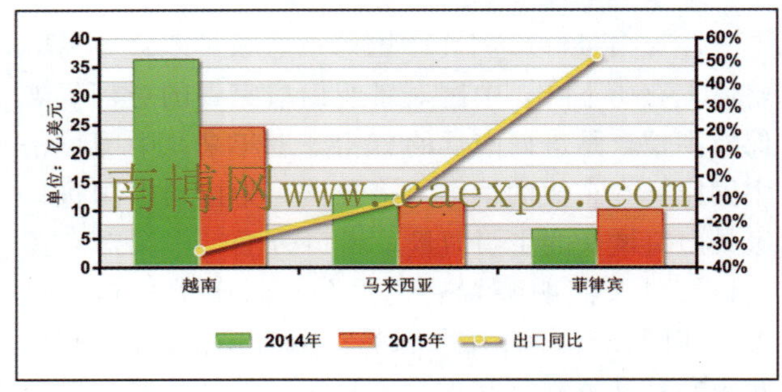

图2　2015年1～12月中国针织服装主要出口东盟国家金额

从产品结构来看，进口方面，中国自东盟进口针织服装的前3位产品是针织套头衫、针织T恤衫及其他背心、针织女士西服，进口额分别为1.84亿美元、1.60亿美元、1.13亿美元，同比分别增长57.6%、28.9%、23.3%。

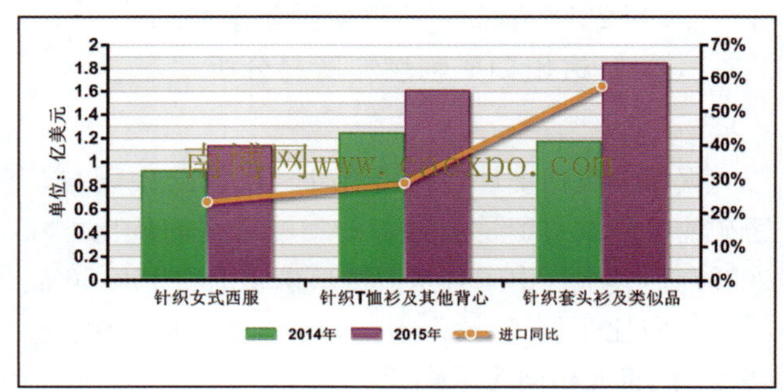

图3　2015年1～12月中国自东盟主要进口针织服装产品金额

出口方面，中国对东盟主要出口针织服装产品是针织女士西服、针织男士西服、针织套头衫，累计出口额占中国对东盟出口针织服装总额的67.1%。其中，针织女士西服的出口额最大，为23.35亿美元，同比下降35.2%；其次是针织男士西服，出口额为9.83亿美元，同比下降23.1%；

再者是针织套头衫，出口额为 7.33 亿美元，同比增长 11.1%。

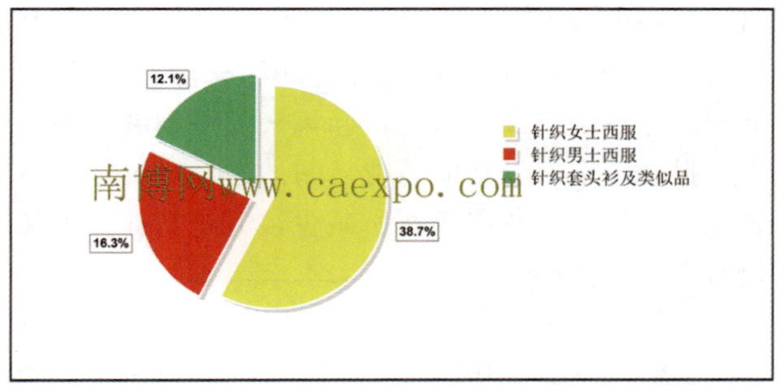

图 4　2015 年 1～12 月中国对东盟主要出口针织服装产品金额占比

2015 年 1～12 月，中国与东盟针织服装双边贸易额整体上呈现下降的趋势。进口方面，越南保持中国针织服装自东盟进口的第 1 大国，进口额同比增长 43.8%；出口方面，针织西服是中国对东盟出口的主要产品。据南博网分析，近年来，中国对东盟出口纺织品日益增多，东盟已成为拉动中国纺织服装出口增长的主要力量。

（来源：南博网．http：//customs. caexpo. com/data/trade/2016/04/20/3660580. html. 2016—04—20）

2015 年 1～12 月中国与东盟进出口珍珠宝石贸易分析

据海关数据统计，2015 年 1～12 月，中国与东盟珍珠宝石双边贸易额为 45.29 亿美元，环比下滑 69.3%。其中，中国自东盟进口珍珠宝石 37.12 亿美元，同比下滑 72.1%；中国对东盟出口珍珠宝石 8.17 亿美元，同比下降 44.8%。

从单一国别来看，进口方面，中国珍珠宝石进口的前 3 位东盟国家有缅甸、泰国、新加坡，进口额分别为 22.67 亿美元、13.25 亿美元、0.79 亿美元，同比分别增长－81.5%、44.2%、188.1%，进口额分别占中国自东盟进口珍珠宝石总额的 61.1%、35.7%、2.1%。

出口方面，中国珍珠宝石主要出口东盟国家有新加坡、缅甸、越南，累计出口额为 6.78 亿美元，占中国珍珠宝石对东盟出口总额的 83%。其中，对新加坡出口额最大，为 3.16 亿美元，同比激增 155.5%；其次是对缅甸的出口额，为 3.04 亿美元，同比大幅下降 73.4%；再者是对越南的出口额，为 0.58 亿美元，同比增长 5.8%。

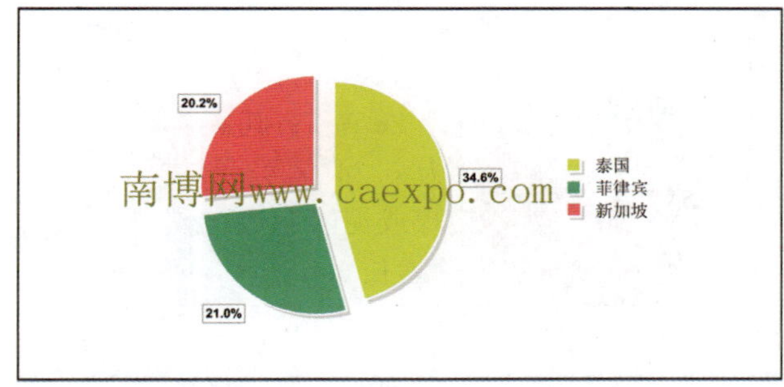

图 1　2015 年 1～12 月中国珍珠宝石主要进口东盟国家金额占比

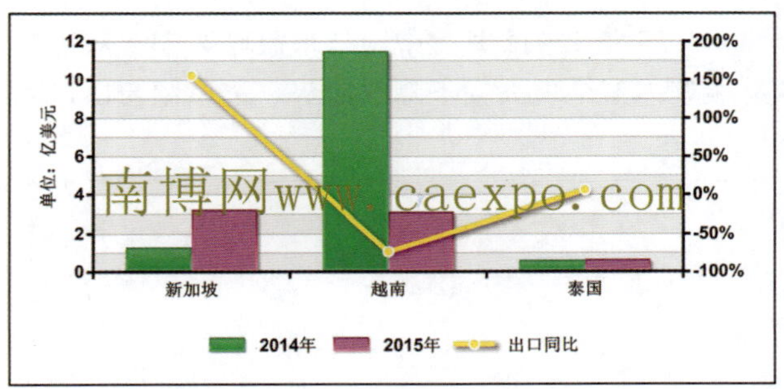

图 2　2015 年 1～12 月中国珍珠宝石主要出口东盟国家金额

从产品结构来看，进口方面，中国自东盟进口珍珠宝石的前 3 位产品是天然宝石、珍珠或宝石制品、仿首饰，进口额分别为 29.61 亿美元、3.35 亿美元、0.7 亿美元，同比分别增长－76.5%、－32.3%、22.8%。

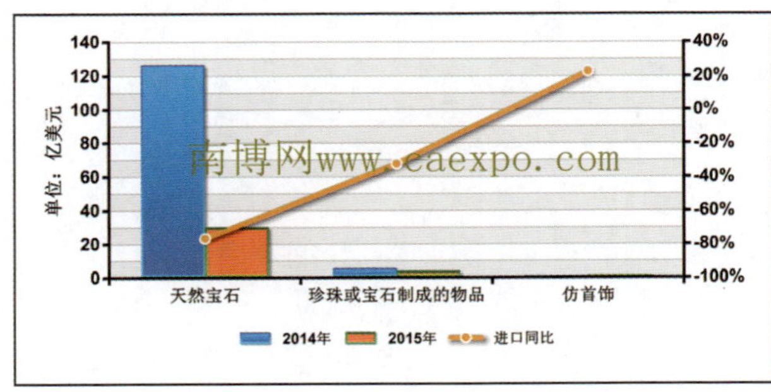

图 3　2015 年 1～12 月中国自东盟主要进口珍珠宝石产品金额

出口方面，中国对东盟主要出口珍珠宝石产品是天然宝石、珍珠或宝石制品、贵金属或包贵金属制的首饰，累计出口额占中国对东盟出口珍珠宝石总额的 58.4%。其中，珍珠或宝石制品的出口额最大，为 2.99 亿美元，同比下降 34.1%；其次是贵金属或包贵金属制的首饰，出口额为 1.02 亿美元，同比增长 5.2%；再者是天然宝石，出口额为 0.76 亿美元，同比下滑 89%。

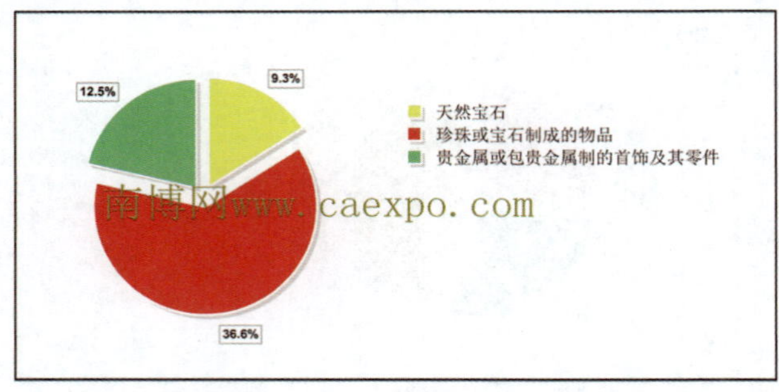

图 4　2015 年 1～12 月中国对东盟主要出口珍珠宝石产品金额占比

2015 年 1～12 月，中国与东盟珍珠宝石双边贸易额整体上呈现大幅下降的趋势，进口额与出口额平均降幅超过 70.7%。进口方面，缅甸一直是中国自东盟进口珍珠宝石的第 1 大国，进口额同比下降 81.5%；出口方面，中国对东盟出口珍珠或宝石制成的物品表现有所下降。据南博网分析，东盟作为亚洲新近发展起来的国家，近年来经济发展水平有很大提高，由于受其他消费品的冲击，对黄金宝石这类奢侈品的消费需求有所减少，但是其珠宝市场仍有极大的拓展空间。

（来源：南博网．http：//customs. caexpo. com/data/trade/2016/04/21/3660645. html. 2016—04—21）

文　献

重要文献

中马联合声明

2014年11月23日，中华人民共和国和马来西亚在吉隆坡发表《中华人民共和国和马来西亚联合声明》。联合声明全文如下：

一、应马来西亚总理达图·斯里·穆罕默德·纳吉布·宾·敦·阿卜杜尔·拉扎克邀请，中华人民共和国国务院总理李克强于2015年11月20日至23日赴马来西亚出席东亚合作领导人系列会议并对马来西亚进行正式访问。

二、访问期间，李克强总理同纳吉布总理举行会谈。双方回顾了近年来中马关系发展成就，特别是对2014年5月两国领导人在北京签署联合公报后中马全面战略伙伴关系发展取得的成果表示欢迎。

三、双方重申致力于在相互尊重的基础上发展积极、全方位的中马伙伴关系，推进两国政治、经济、人文、安全等领域合作，进一步提升中马全面战略伙伴关系水平，服务于两国人民的利益和福祉。

四、双方强调，相互信任和理解作为提升建设性紧密关系的基石十分重要。加强两国领导人以及各个层级包括执政党、立法机构、政府部门、非政府组织、私营部门间密切交往将推动两国关系向全方位和战略方向发展。双方将继续发挥好两国外交部战略磋商等双边交流机制作用，就共同关心的问题交换意见，推动两国关系持续发展。

五、马来西亚欢迎中华人民共和国提出的共建丝绸之路经济带和21世纪海上丝绸之路（“一带一路”）合作倡议，双方同意在该框架下加强发展战略对接，推进务实合作。

六、中华人民共和国认为，在过去5年，马来西亚政府和经济实现良好转型，全球竞争指数排名持续上升。马来西亚新经济模式和国家转型计划中的项目管理和金融监管原则将促进符合双方利益的项目快速落实。

七、双方认为两国加强产能和装备制造合作潜力巨大，对于推动双边贸易增长、促进共同发展具有重要意义，同意进一步发挥各自优势，加强产能领域的合作。双方欢迎两国签署《关于加强产能与投资合作的协定》。

八、双方同意继续推动“两国双园”协调发展，共同探讨推进钢铁、船舶、通讯、电力、轨道交通等重点领域合作。

九、为促进两国经贸合作，双方同意根据两国经贸合作5年规划，进一步扩大双边贸易规模，积极鼓励和支持双向投资，促进民营企业的参与，支持两国中小企业和服务机构之间合作。

十、基于深化合作的良好意愿，双方欢迎中华人民共和国商务部和马来西亚贸易与工业部签署《关于进一步推进中马经贸投资发展的合作计划》，相信该计划将进一步提升两国经济合作水平。

十一、双方欢迎在日益增长的跨境贸易、投资和资金流动中扩大两国本币使用，密切金融合作，包括货币互换和跨境抵押安排、人民币和林吉特间直接交易、在吉隆坡指定人民币清算行以及向马来西亚提供500亿元人民币合格境外机构投资者（RQFII）额度等，以促进两国间日益紧密的经济联系。

十二、双方同意促进市场主体准入和知识产权尤其是商标领域合作，共同支持知识产权权利相关的市场活动，促进双方信息和理念交流，便利知识产权权利人和潜在合作伙伴开展知识产权活动。双方欢迎两国签署《关于政府市场主体准入和商标领域合作谅解备忘录》。

十三、双方同意进一步提升两国农业合作水平，召开第5次农业联合工作组会议，加强两国棕榈油贸易合作，欢迎签署《马来西亚输华棕榈油质量安全的谅解备忘录》。

十四、双方同意根据两国海洋科技合作协议，召开中马海洋科技合作联委会第3次会议。双方欢迎建立中马联合海洋科研中心，推动海洋科技合作。

十五、双方同意加强包括航天领域在内的科技合作，欢迎两国政府尽快签署空间合作及和平利用外层空间的协定，推动双方开展遥感、全球导航及其他卫星技术应用合作。

十六、双方领导人积极评价两国防务和军队建设领域的良好合作，包括成功举行2014年12月两军首次联合桌面推演和2015年9月两军首次联合实兵演练，相信未来两国防务合作将取得更加丰硕的成果。

十七、双方同意进一步加强执法安全合作，增进两国执法安全部门间的友好交往，开展执法安全磋商，实施好刑事司法协助条约。

十八、双方重申将全面落实两国政府高等教育学位学历互认协议。鉴于基础教育合作十分重要，两国将继续推动在该领域开展合作。双方同意进一步加强人文和媒体等领域合作，开展青年代表团互访，欢迎中华人民共和国在马来西亚设立文化中心。双方愿鼓励更多本国民众赴对方国家参观旅游，进一步增进人员往来。

十九、双方领导人高度评价马来西亚主办2015年东亚合作领导人系列会议取得的成果。中华人民共和国对马来西亚成功主办东亚合作领导人系列会议和东盟共同体宣布建成表示祝贺，积极评价马来西亚担任东盟轮值主席国期间为中国—东盟关系发展所做的贡献。双方支持发展中国—东盟战略伙伴关系，进一步增进战略互信，提升中国—东盟自由贸易区水平。

二十、双方重申根据国际法公认原则维护南海和平、安全与稳定及航行自由的重要性。

二十一、双方强调，各直接有关的主权国家应根据包括1982年《联合国海洋法公约》在内公认的国际法原则，通过友好磋商和谈判以和平方式解决分歧和争议，各国应保持克制，避免采取使问题复杂化或导致局势升级的行动。

二十二、双方重申致力于全面有效落实《南海各方行为宣言》，并同其他东盟国家一道，争取在协商一致的基础上早日达成“南海行为准则”。

二十三、中华人民共和国对马来西亚在李克强总理和代表团访问期间给予的热情友好接待表示感谢。

二〇一五年十一月二十三日于吉隆坡发表

（来源：新华网．http：//news．xinhuanet．com/world/2015－11/24/c _ 128459810．htm．2014－11－24）

中新联合声明

2015年11月7日，中华人民共和国和新加坡共和国在新加坡发表《中华人民共和国和新加坡共和国关于建立与时俱进的全方位合作伙伴关系的联合声明》。联合声明全文如下：

应新加坡共和国总统陈庆炎的邀请，中华人民共和国主席习近平于2015年11月6日至7日对新加坡进行国事访问。此访标志着中新两国为庆祝建交25周年实现互访。访问期间，习近平主席会见陈庆炎总统、李显龙总理，就双边关系以及共同关心的地区和国际问题坦诚友好地深入交换意见，达成广泛共识。

双方一致认为，自中新1990年10月3日建交以来，双方始终从战略高度和长远角度规划两国关系发展方向，使之紧密契合两国的独特优势和发展需求。多年来，两国开展了领域广泛、层次多样、务实创新的全方位合作，双边关系前瞻性和与时俱进的特点突出。值此中新建交25周年的重要里程碑时刻，双方一致同意建立中新与时俱进的全方位合作伙伴关系，推动两国关系迈向更高水平。

双方高度评价两国老一辈领导人奠定的友好交往传统，同意在相互理解和信任的基础上，进一步密切高层交往与合作。新方继续奉行一个中国政策。

双方强调，双边关系正处在重要历史节点上，双方应以此为契机，在业已取得的成果上不断向前迈进。新加坡欢迎中方“一带一路”倡议，这一倡议契合本地区发展需要。双方将继续开辟符合两国发展需要的合作新领域和新内容，为两国和两国人民带来更大福祉。双方达成以下具体合作共识：

一、充分发挥现有年度中新双边合作联合委员会等副总理级政府间合作机制对两国各领域合作的规划和指导作用，统筹中新全领域合作。

二、经济合作是双边关系的重点领域之一，新加坡和中国将通过投资促进委员会等平台继续鼓励和推动双边经贸投资。新加坡欢迎中国企业以新加坡为平台“走出去”。双方将鼓励两国企业在“一带一路”倡议和东盟互联互通总体规划下，探索开拓第三方市场的合作模式。

三、根据习近平主席与陈庆炎总统达成的共识，中新两国就中国—新加坡自由贸易协定升级谈判进行了联合研究。基于联合研究，中新自由贸易协定升级应是全面的、平衡的和互惠的，包括货物贸易、服务贸易和投资等要素。中国和新加坡同意启动中新自由贸易协定升级谈判，并力争于2016年内结束谈判。

四、推动中新苏州工业园区和中新天津生态城项目发展，认可园区的先行者角色，将其成功和创新经验向中国其他合适的项目推广。继续办好新方同中国地方政府建立的7个地方经贸合作机制以及中新广州知识城、新川创新科技园区、中新吉林食品区、中新南京生态岛等企业主导、政府支持的合作项目，不断为新加坡参与中国地方发展注入新活力。

五、双方全力支持在中国西部地区的第三个政府间合作项目发展，认为这一项目以“现代互联互通和现代服务经济”为主题，契合“一带一路”、西部大开发和长江经济带发展战略，将成为又一个高起点、高水平、创新型的示范性重点项目。双方同意选择重庆直辖市作为项目运营中心，将金融服务、航空、交通物流和信息通信技术作为重点合作领域，确定项目名称为“中新（重庆）战略性互联互通示范项目”。该项目将形成合作网络，推动西部地区的发展。双方将全力支持该示范项目取得成功。双方同意给予该示范项目必要的创新举措，包括但不限于政策和机制创新，并将与中国全面深化改革相一致。双方有关政府部门将对示范项目的规划和实施予以积极支持。

六、保持金融合作快速上升势头。中国正大力推动对外产能合作。新方愿同中方进一步探讨提升在新中国金融机构融资服务能力的方式方法，共同将新打造成区域产能合作的金融支撑平台。扩大人民币在双边贸易和投资中的使用，用好在新加坡人民币清算行平台，稳步推进跨境人民币业务，探讨双方在金融监管等领域开展交流合作。未来，中国和新加坡将开展证券监管机构间的定期高层对话，共同探讨监管合作和产品开发，强化两国资本市场合作。

七、加强两国在交通运输和信息通信领域合作。深化在海运、航空和信息通信产业的合作。在中国—新加坡民航合作框架下，探讨进一步扩大中新航权安排的可能性，增强两国国际航空港地位，增进双方人员往来，拓展和深化经济合作，加强人文交流。

八、推动两国社会治理交流与合作持续向纵深发展。共同办好中新社会治理高层论坛，不断增进两国官员在应对社会治理挑战时的相互理解和合作。

九、进一步推进两国领导人才培训合作，继续办好两国官员互访交流与培训项目。探讨开展中新干部培训机构间交流与合作。全面落实两国政府《中高级官员交流项目的框架协议》。办好中新领导力论坛。

十、通过双边创新合作联委会机制加强科技创新合作。在创新政策、前沿技术研究、产业技术开发、成果转化等方面开展全方位合作，服务两国产业发展。继续开展中新联合研究计划，推进在上述领域的合作。

十一、进一步加强文化合作。在《文化合作谅解备忘录》执行计划指导下，探讨开展两国文化产业合作。新加坡欢迎新加坡中国文化中心成立。

十二、进一步推动两国生态环境保护和水处理合作。根据中新部门间环境合作和水处理合作谅解备忘录，重点开展环境执法、城市水环境管理、水处理和环保企业协作、绿色发展以及绿色金融等领域的合作。

十三、推进农业及食品安全交流与合作。共同加强现代农业管理人才培训。加强质检领域合作。拓展在质量管理、进出口食品安全等方面的务实合作。

十四、推进中新两国海关在贸易便利化、海关执法等领域合作。

十五、加强执法安全合作，共同打击腐败、洗钱等跨国犯罪。双方将根据各自法律，在司法互助和追赃等事务上相互给予大力支持。深化反恐合作，加强两国在双边和多边领域反恐信息交流合作。推动两军交流合作健康稳定向前发展，继续推进双方在高层交往、机制磋商、人员培训、联合训练、专业交流和多边协调等领域合作交流。

十六、不断拓展教育合作新领域和新模式，共同推动中国—东盟教育交流合作实现新发展。

十七、加强在地区和国际事务中的沟通与配合。中方祝贺东盟共同体即将建成，将继续支持东盟在地区架构中的中心地位，支持东盟发展壮大并在东亚合作中发挥核心和主导作用。新方于2015年8月接任中国—东盟关系协调国。中方愿同新方密切合作，以明年中国—东盟建立对话关系25周年为契机，同其他东盟国家一道，推动中国—东盟战略伙伴关系取得更大发展，维护地区和平与稳定。

十八、中方欢迎新方成为最早支持亚洲基础设施投资银行创建的意向创始成员国之一，并积极参与亚洲投资银行协定的起草工作。作为亚洲基础设施投资银行意向创始成员国，中方愿同新方与其他亚洲投资银行意向创始成员国一道，推动亚洲投资银行尽早正式成立并投入运作，为本地区基础设施发展和互联互通建设提供融资支持。新方支持人民币纳入国际货币基金组织特别提款权货币篮子。

十九、进一步加强在联合国、世界贸易组织、亚太经济合作组织、亚欧会议、亚洲合作对话等地区和国际机制中的协调与配合，共同维护地区和世界繁荣稳定。

二十、本声明涵盖双边合作诸多领域，但不排除随着时间推进，加入双方共同决定的其他合作领域。

（来源：新华网．http：//news. xinhuanet. com/world/2015－11/07/c＿1117071914. htm．2015－11－07）

中印尼关于加强两国全面战略伙伴关系的联合声明

（2015年3月26日，北京）

一、应中华人民共和国主席习近平邀请，印度尼西亚共和国总统佐科·维多多于2015年3月25日至28日对中国进行国事访问并出席博鳌亚洲论坛2015年年会。

二、访问期间，习近平主席同佐科总统在亲切友好气氛中举行会谈，就双边关系及共同关心的国际地区问题广泛深入交换意见，达成重要共识。国务院总理李克强、全国人大常委会委员长张德江也分别会见佐科一行。

三、两国元首对两国关系发展表示满意并强调，中印尼建立全面战略伙伴关系以来，政治互信不断加深，务实合作成果丰硕，人文交流日益密切。两国关系持续深入发展符合两国人民共同利益，也为地区和平稳定和世界发展繁荣作出重要贡献。双方应共同努力，使两国全面战略伙伴关系在新形势下更加体现主权平等、相互尊重、相互信任、互利互惠、团结协作的特性。

四、两国元首一致认为，中国和印度尼西亚在地区和多边层面拥有广泛共同利益，在维护地区和平稳定、促进世界繁荣发展、全面推动南南合作、应对全球性议题方面是重要合作伙伴，应加强战略沟通与协作。两国元首一致同意未来双方将重点加强以下领域合作：

（一）政治、防务和安全领域

1. 双方同意继续保持高层交往势头，加强两国领导人间互动沟通，做好两国关系顶层设计，及时就双边关系和共同关心的问题交换意见，增进互信，扩大共识。两国元首一致同意将尽快商签《中印尼全面战略伙伴关系未来五年行动计划》。两国元首一致同意，作为中印尼全面战略伙伴关系重要组成部分，双方应积极推动各领域可行、互利的具体合作项目。

2. 双方强调将充分发挥由中国国务院国务委员分别与印度尼西亚政治、法律和安全统筹部长、经济统筹部长牵头的中印尼副总理级对话和高层经济对话、两国外交部长牵头的政府间双边合作联委会等各领域、各层级交流合作机制作用，统筹协调两国各领域合作，为中印尼全面战略伙伴关系向纵深发展做好科学设计和总体规划。两国元首支持建立由中国负责人文交流事务的副总理和印度尼西亚人类发展与文化统筹部长牵头的中印尼副总理级人文交流机制。

3. 双方同意进一步加强司法、执法领域合作，加强在打击跨国犯罪、禁毒、反贪、追逃追赃、网络安全、出入境管理以及执法能力建设领域务实合作，承诺在情报信息交流、案件协查、缉捕和遣返犯罪嫌疑人等方面相互支持。双方将尽快签署中国公安部和印度尼西亚警察总部关于打击跨国犯罪的有关合作文本。双方愿在力所能及范围内继续在执法培训和技术装备等方面相互支持。

4. 双方认为，恐怖主义是人类公敌。双方将在情报交流、联合侦讯、网络反恐、去极端化等领域加强合作，共同应对恐怖主义威胁。双方将积极在提高各自反恐能力建设方面相互支持。

5. 双方积极评价两国防务合作成果，承诺将进一步加强军事高层交往，用好防务安全磋商、国防科技工业合作联委会、海军对话等机制，提升联演联训、军工军贸、军舰互访、人员培训、多边安全等领域合作水平。双方一致鼓励建立两国其他军种间的对话平台。

6. 两国元首表示，双方将在涉及彼此核心利益的重大问题上继续给予对方坚定支持，继续奉行和平共处五项原则，相互尊重主权、独立和领土完整。习近平主席表示，中国支持印度尼西亚政府为维护国家统一和领土完整所作努力。佐科总统重申，印度尼西亚坚定奉行一个中国政策，支持中国和平统一事业。

（二）贸易、投资和经济发展领域

1. 双方认为，习近平主席提出的建设“21世纪海上丝绸之路”重大倡议和佐科总统倡导的“全球海洋支点”战略构想高度契合。双方同意发挥各自优势，加强战略交流和政策沟通，推动海上基础设施互联互通，深化产业投资、重大工程建设等领域合作，推进海洋经济、海洋文化、海洋旅游等领域务实合作，携手打造“海洋发展伙伴”。

2. 双方欢迎中印尼高层经济对话首次会议于2015年1月26日在北京举行，承诺积极落实中印尼经贸合作五年发展规划，尽快签署《中华人民共和国和印度尼西亚共和国经贸合作五年发展规划优先项目清单》，共同推动两国经贸和投资合作长期、健康、平衡、可持续发展。双方同意落实中国—东盟自由贸易区有关协议，以改善全面市场准入条件。双方欢迎中国国家发展和改革委员会与印度尼西亚经济统筹部签署《中印尼经济合作谅解备忘录》。

3. 中方将鼓励企业扩大进口印度尼西亚产品，为印度尼西亚企业来华举办贸促活动提供便利。双方同意扩大双向投资规模，鼓励各自企业到对方国家投资，支持探讨重签中印尼投资保护协定，并按照双方法律规定保护投资者合法利益。双方欢迎中国国家开发银行与印度尼西亚国有企业部签署共同支持中国优质企业与印度尼西亚国有企业的合作谅解备忘录。

4. 双方同意深化基础设施与产能合作，鼓励两国企业在铁路、公路、港口、码头、机场等基础设施领域，在电力、光伏、钢铁、有色金属、造船、建材等产能领域开展交流与合作。双方同意就比通经济特区等项目保持密切沟通，深入探讨具体合作设想和方式。双方欢迎中国国家发展和改革委员会与印度尼西亚国有企业部签署《中印尼基础设施与产能合作谅解备忘录》和《中印尼雅加达—万隆高铁合作谅解备忘录》。

5. 双方支持两国企业就印度尼西亚第一期1000万千瓦燃煤电站租赁运营开展合作。中方欢迎印度尼西亚未来五年电站发展规划，同意鼓励中国企业寻找互利投资机遇。印度尼西亚方欢迎中方参与印度尼西亚下一阶段3500万千瓦电站建设，并愿与中方积极探讨在电网规划、建设、运营和维护方面合作。双方同意使用环保、可持续技术开展电站建设互利合作。

6. 双方承诺将加快推进中印尼综合产业园区建设，并尽快成立两国政府间协调委员会。印度尼西亚方表示将尽快出台园区配套优惠政策，为更多中国企业根据印度尼西亚法律法规入园提供保障和便利，加快推进园区建设。

7. 双方同意发挥两国能源论坛作用，尽早召开第五次中印尼能源论坛，加强中印尼海陆油气资源开发、炼化、储存以及煤炭、电力等领域合作，探讨水电、太阳能、风能等清洁能源领域合作，尽早签署《中华人民共和国政府和印度尼西亚共和国政府关于和平利用核能协议》，推动中印尼能源合作向更多层次、更宽领域发展。

8. 双方同意用好中印尼农业联委会机制作用，加强在杂交水稻种植、经济作物开发、农业技术交流、动物疫病防控、食品安全等领域合作，探讨建立农业合作产业园区和水稻合作生产园区。加强两国检验检疫合作，促进两国农产品贸易顺利发展。

9. 中方将继续通过双多边金融渠道为印度尼西亚基础设施和大项目建设提供融资支持。双方同意在两国双边本币互换协议执行层面加强合作，并探讨进一步扩大本币结算规模。双方积极评价亚洲基础设施投资银行对于促进区域互联互通和经济发展的重要意义，表示将与有关各方共同努力将亚投行打造成专业高效的基础设施投融资平台。

10. 双方同意将积极开展税务合作，共同为加强全球税收合作，打击国际逃避税，帮助发展中国家和低收入国家提高税收征管能力而努力，为两国投资和经贸往来提供有利的税收环境。双方欢迎签署中印尼避免双重征税协定议定书及谅解备忘录。

11. 双方同意加强两国航空运输合作，以促进中印尼经贸、旅游合作及人文交流。

（三）海上、航天、科技领域

1. 双方积极评价两国海上合作取得的长足进展，认为应继续用好两国海上合作委员会机制和中印尼海上合作基金，加快推进“海事卫星地面站建设”、“中印尼国家联合海上搜救沙盘推演”和“中印尼海洋与气候中心建设”等项目，并继续加强在航行安全、海上安全、海上搜救、海洋科研环保等领域务实合作。欢迎中国交通运输部和印度尼西亚国家搜救局签署《中印尼海上搜救合作谅解备忘录》。

2. 双方充分肯定中印尼航天合作联委会机制在推动两国航天合作中的重要作用，欢迎中国国家航天局和印度尼西亚航空航天研究院签署《2015～2020中印尼航天合作大纲》，进一步明确两国未来航天合作领域和重点方向。双方同意将继续加强在卫星遥感、卫星通信、卫星导航、卫星发射服务、航天测控、探空火箭、航天基础设施、卫星分系统及零部件、空间科学、人员交流培训、航空技术等领域的合作，全面提高两国航天合作水平。印度尼西亚方愿继续根据印度尼西亚国家法律和双边协议为中方测控船只赴印度尼西亚海域执行测控任务提供便利。中方愿在探空火箭能力建设方面与印度尼西亚方进行合作。

3. 双方同意在两国政府间科技联委会框架下，积极推进共建中印尼技术转移中心、生物技术联合实验室、遥感卫星数据共享与服务平台、青年科学家交流等合作，并探讨核电技术交流、科技创新政策等领域合作。

（四）文化、社会领域

1. 2015年是中印尼建交65周年。双方同意将“和平繁荣伙伴”作为纪念两国建交65周年的主题。两国元首一致同意共同规划并举办庆祝活动，总结有益经验，深化双方相互了解与信任，传承并发扬两国传统友谊。

2. 双方认识到文化中心对传播本国文化，加深相互了解具有积极作用，愿尽早商签互设文化中心谅解备忘录，并于时机成熟时启动相关文化中心建设。双方还将探讨新签两国政府文化合作协定和文化交流执行计划，不断密切两国文化交流。

3. 双方一致认为青年是两国关系的未来，加强青少年交流有利于传承两国传统友谊和中印尼全面战略伙伴关系的长远可持续发展。双方同意继续开展每年向对方国家派遣100名青年访问交流项目，中方将继续邀请印度尼西亚优秀青年代表来华参加东盟青年干部培训班。

4. 双方同意在有关双边教育合作协议框架下，加强在学生交流、语言教学、高等教育和职业培训等领域务实合作，加快商签互认高等教育学位学历协议。印度尼西亚方积极评价孔子学院在汉语传播方面的重要作用。中方欢迎在北京和广州建立印度尼西亚研究中心。印度尼西亚方邀请中方派员赴印度尼西亚参加印度尼西亚艺术和文化奖学金项目和高级别外交官培训。中方将继续通过多种渠道向印度尼西亚提供奖学金，欢迎更多印度尼西亚学生来华求学深造。

5. 中方欢迎印度尼西亚政府近期宣布给予中国公民免旅游签证待遇。两国同意进一步开展旅游合作，力争两国公民年度往来早日突破200万人次。双方同意推进文化遗产旅游合作。为此，印度尼西亚邀请中国游客赴印度尼西亚体验“重走郑和路”旅游新项目。双方同意致力于通过中印尼旅游合作联合工作组探讨互利项目和倡议，并在多边场合讨论旅游议题时加强磋商，协调立场。双方将积极推进中国大熊猫赴印度尼西亚合作研究项目和印度尼西亚科莫多巨蜥赴中国合作繁育项目。

6. 双方将进一步扩大两国媒体、智库、高校、研究所等机构交流合作，办好“感知中国”、“中印尼关系研讨会”等交流活动，继续邀请印度尼西亚宗教人士访华。

（五）国际和地区事务

1. 双方认为，中印尼在维护亚洲及世界和平、稳定与繁荣方面拥有共同利益，担负共同责任。双方支持世界多极化和国际关系民主化，主张推动国际秩序和国际体系朝着公正合理的方向发展。双方认为，国际社会应通过对话与合作，消除贫困，缩小南北差距，促进各文明、文化和宗教间和谐与合作，实现共同繁荣。

2. 双方重申联合国在维护全球和平稳定和促进共同发展方面发挥重要作用，致力于同国际社会一道加强联合国体系，使其能在有效、合理的多边基础上解决全球问题。双方均认为联合国成立70周年意义重大，愿在联合国系列纪念活动中保持沟通协调。中国和印度尼西亚一致认为，联合国改革应该是全方位和多层面的，也应是全面、透明、包容、平衡的，需遵循《联合国宪章》有效、负责地予以推进，应充分尊重该组织的政治性及其作为政府间、全球性民主国际组织的特性。双方支持对安理会进行改革，以更好地履行《联合国宪章》赋予的维护国际和平与安全的职责。安理会改革应增加发展中国家代表性和发言权，并通过民主、耐心的政府间谈判，协商寻求兼顾各方利益和关切的全面解决方案，推动改革朝有利于维护联合国整体利益和会员国团结的方向发展。

3. 双方认识到中国和印度尼西亚在联合国维和行动中的重要作用，欢迎各自扩大参与联合国维和行动的努力。中方欢迎印度尼西亚方提出的“维和愿景4000”。双方同意推进在维和方面的合作。

4. 双方一致认为，万隆会议是亚非国家自主举办的历史性国际会议，树立了发展中国家联合自强、反殖反霸的伟大旗帜，在和平、独立、社会公正基础上推进世界秩序建设。会议倡导“团结、友谊、合作”的万隆精神，至今仍对国际关系具有指导意义。中国支持印度尼西亚举办万隆会议60周年相关纪念活动，愿与印度尼西亚方密切配合，推动亚非各国增进互信，深化南南合作，实现共同发展。

5. 中方祝贺东盟将建成亚洲地区首个次区域共

同体，重申支持东盟共同体建设，支持东盟在东亚合作中的主导地位，支持东盟为地区和平、稳定与繁荣作出更大贡献。中方将继续为东盟一体化建设进程提供力所能及的支持和帮助，愿同包括印度尼西亚在内的东盟国家加强在中国—东盟、东盟与中日韩（10+3）、东亚峰会、东盟地区论坛、其他由东盟主导的机制等区域合作机制内的合作，共同维护东亚和平、发展与繁荣。

6. 关于南海问题，双方重申致力于全面有效落实《南海各方行为宣言》，并在协商一致的基础上尽早达成“南海行为准则”。双方强调通过磋商和谈判以和平方式解决南海分歧和争议的迫切必要。

7. 双方高度评价中国—东盟战略伙伴关系发展，认为中国与东盟合作不仅促进了中国和东盟国家的经济社会发展，也为地区和平、稳定与繁荣作出积极贡献。印度尼西亚欢迎中方在中国—东盟“2+7合作框架”内的各项提议和倡议。双方致力于加强中国和东盟间的政策协调和务实合作。

8. 双方高度评价2013年、2014年分别在印度尼西亚巴厘岛和中国北京举办的亚太经合组织（APEC）领导人非正式会议在实现茂物目标、区域经济一体化、互联互通、经济创新发展与改革、可持续公平增长等方面取得的重大务实成果。双方一致同意在APEC内加强协作，共同推动亚太自贸区建设，落实《十年期互联互通蓝图》、《经济创新发展、改革与增长共识》等会议成果，为亚太长远发展和共同繁荣作出积极贡献。

9. 中方欢迎印度尼西亚担任环印度洋联盟2015～2017年主席国。作为联盟对话伙伴国，中方相信印度尼西亚将引领联盟在海上安全、贸易投资便利化、渔业管理、灾害风险管理、学术科技、旅游文化交流等六大优先领域有效开展深度合作。

10. 双方一致同意在二十国集团、亚欧会议等多边组织中加强合作，积极考虑相互支持各自候选人竞选国际组织职位，就重大国际问题经常性交换意见，加强在气候变化、多哈回合谈判、能源和粮食安全、国际金融机构改革和全球经济治理等重大全球性问题上的沟通协调，共同维护发展中国家利益。为此，印度尼西亚表示将支持中方主办2016年二十国集团峰会。中方欢迎印度尼西亚在联合国框架内在维护国际和平与安全方面发挥更大作用。

11. 会谈结束后，习近平主席和佐科总统共同出席了两国有关合作文件的签字仪式。

（来源：新华网. http：//news. xinhuanet. com/2015—03/26/c_127625705. htm. 2015—03—26）

中越联合声明

一、应越南共产党中央委员会总书记阮富仲、越南社会主义共和国主席张晋创邀请，中国共产党中央委员会总书记、中华人民共和国主席习近平于2015年11月5日至6日对越南进行国事访问。

访问期间，中国共产党中央委员会总书记、中华人民共和国主席习近平分别同越南共产党中央委员会总书记阮富仲、越南社会主义共和国主席张晋创举行了会谈，并会见了越南政府总理阮晋勇、国会主席阮生雄。两党两国领导人在友好坦诚的气氛中，就进一步深化两党两国关系及共同关心的国际和地区问题深入交换意见，达成了重要共识。

双方一致认为，访问取得了圆满成功，为巩固中越传统友谊、深化全面战略合作、促进本地区乃至世界的和平、稳定与发展作出了重要贡献。

二、双方对两国在符合本国国情的社会主义建设事业中取得的历史性伟大成就感到高兴，同意加强相互交流和借鉴，推动中国改革开放和越南革新事业向前发展，为各自社会主义建设事业注入新活力。

中方衷心祝愿越南共产党2016年年初成功召开第12次全国代表大会，相信在越南共产党领导下，越南人民将胜利实现既定目标，把越南建设成为民富、国强、民主、公平、文明的社会主义国家。

越方衷心祝愿并相信中国人民在中国共产党领导下，一定能协调推进全面建成小康社会、全面深化改革、全面依法治国、全面从严治党，胜利实现建成富强民主文明和谐的社会主义现代化国家目标。

三、双方回顾了中越建交65年来两党两国关系发展历程，一致认为由毛泽东主席和胡志明主席等老一辈领导人亲手缔造和精心培育的中越友谊是两国人民共同的宝贵财富，双方应共同继承、维护和发扬，落实好“长期稳定、面向未来、睦邻友好、全面合作”方针和“好邻居、好朋友、好同志、好伙伴”精神，牢牢把握中越友好的正确方向，加强战略沟通，增进政治互信，在相互尊重、平等互利基础上推进各领域合作，管控好和妥善处理分歧，推动中越全面战略合作伙伴关系健康稳定发展。

四、双方认为，两党两国高层保持经常接触，对增进政治互信、推动双边关系发展具有重要作用，同意通过双边互访、互派特使、热线电话、年度会晤、多边场合会晤等灵活多样的方式保持高层交往，及时就两党两国关系中的重大问题交换意见。

五、双方认为，中越均处在经济社会发展的重要时期，双方视对方的发展为自身发展的机遇，同意发挥好中越双边合作指导委员会的统筹协调作用，重点推动以下领域合作：

（一）执行好两党合作计划，深化两党中央各部门和地方特别是接壤各省（区）党组织间交流合作，继续办好理论研讨会，实施好此访期间签署的两党干部培训合作计划（2016～2020年）。积极推进中国全国人大与越南国会、中国全国政协与越南祖国阵线之间的友好交流合作，促进两国民间友好交流。

（二）落实好两国外交部合作议定书，保持两部领导经常交往，继续举办年度外交磋商，加强两部对口司局交流，实施好两部干部培训工作。越方愿为中国在越南岘港设立总领事馆提供便利。

（三）保持两军高层交往，用好两军防务安全磋商、边境高层会晤机制和国防部直通电话，加强两军在边防友好交流、人员培训、军事学术研究、海军北部湾联合巡逻和军舰互访等领域交流合作，深化联合国维和及军队党务政治工作方面经验交流。

（四）加强两国间发展对接，推动“一带一路”倡议和“两廊一圈”构想对接，加强在建材、辅助工业、装备制造、电力、可再生能源等领域产能合作。加紧成立工作组，积极商签跨境经济合作区建设共同总体方案，推进中国在越前江省龙江、海防市安阳两个工业区的建设并积极吸引投资，督促和指导两国企业实施好中资企业在越南承包建设的钢铁、化肥等合作项目。

用好中越经济贸易合作委员会机制，积极研究续签《中越经贸合作5年发展规划》，加紧修订《中越边境贸易协定》，推动双边贸易平衡、稳定、可持续发展，努力实现2017年双边贸易额1000亿美元目标。加强在《农产品贸易领域合作谅解备忘录》框架下的合作，鼓励双方企业扩大农产品贸易合作，欢迎两国有关部门和地方探讨设立贸易促进机构。

用好基础设施合作工作组和金融与货币合作工作组，推动有关领域合作不断取得积极进展。实施好河内轻轨二号线（吉灵—河东）项目，加紧制定老街—河内—海防标准轨铁路线路规划，推进云屯—芒街高速公路等基础设施互联互通合作。

深化海关合作，共同打击跨境走私行为，继续探索促进边境口岸通关便利化的合作措施，加强两国边境口岸基础设施建设和管理，提升两国边境口岸开放合作水平。

（五）扩大科技、教育、文化、旅游、新闻等领域合作。用好两国科技合作联委会机制，积极推进技术转移、科学家交流等合作，探讨建立联合实验室。争取于2017年建成越中友谊宫并投入使用，早日在对方国家设立文化中心，办好河内大学孔子学院。加强两国媒体交流，加大对中越友好的宣传力度。继续办好中越青年友好会见、人民论坛等活动，2016年在越南举办第3届中越青年大联欢。

六、继续发挥好中越陆地边界联合委员会作用，落实好此访期间签署的《北仑河口自由航行区航行协定》和《合作保护和开发德天瀑布旅游资源协定》，总结两国陆地边界3个管理文件实施5年来的情况。加强两国边境省区合作，促进边境地区发展。

七、双方就海上问题坦诚交换意见，强调恪守两党两国领导人达成的重要共识，认真落实《关于指导解决中越海上问题基本原则协议》，用好中越政府边界谈判机制，坚持通过友好协商和谈判，寻求双方均能接受的基本和长久解决办法，积极探讨不影响各自立场和主张的过渡性解决办法，包括积极研究和商谈共同开发问题。

双方宣布于2015年12月中旬启动北部湾湾口外海域共同考察海上实地作业，认为这是双方开展海上合作的重要开端。双方将稳步推进北部湾湾口外海域划界谈判并积极推进该海域的共同开发，同意加大湾口外海域工作组谈判力度，继续推进海上共同开发磋商工作组工作，加强低敏感领域合作，宣布启动中越长江三角洲与红河三角洲全新世沉积演化对比合作研究项目。

八、越方重申坚定奉行一个中国政策，支持两岸关系和平发展与中国统一大业，坚决反对任何形式的“台独”分裂活动。越南不同台湾发展任何官方关系。中方对此表示赞赏。

九、双方同意继续加强在联合国、亚太经合组织、中国—东盟等多边框架内的配合，共同维护与促进世界的和平、繁荣与发展。中方支持越方成功主办2017年亚太经合组织领导人非正式会议。

十、访问期间，双方签署了《中国共产党与越南共产党干部培训合作计划（2016～2020年）》、《中华人民共和国政府与越南社会主义共和国政府关于北仑河口自由航行区航行的协定》、《中华人民共和国政府与越南社会主义共和国政府关于合作保护和开发德天瀑布旅游资源的协定》、《中华人民共和国政府与越南社会主义共和国政府关于互设文化中心的协定》、《中华人民共和国政府与越南社会主义共和国政府关于越南老街—河内—海防标准轨铁路线路规划项目可行性研究换文》、《中华人民共和国国家发展和改革委员会与越南社会主义共和国工业贸易部关于促进产能合作的谅解备忘录》、《中华人民共和国商务部与越南社会主义共和国计划投资部关于越中友谊宫项目优化设计谅解备忘录》、《中国共产党广西壮族自治区委员会与越南共产党广宁省委员会关于建立友好地方组织的交流协议》、《中国共产党云南省委员会与越南共产党老街省委员会关于开展地方党委友好交往协议》等合作文件。

十一、中国共产党中央委员会总书记、中华人民共和国主席习近平对越南共产党中央委员会总书记阮富仲、越南社会主义共和国主席张晋创以及越南共产党、政府和人民所给予的隆重、热情和友好接待表示衷心感谢。

二〇一五年十一月六日于河内发表

（来源：人民网．http：//politics. people. com. cn/n/2015/1106/c1001－27786514. html. 2015－11－06）

附　　录

中国驻东盟各国大使馆

（名称/大使/地址/电话/电子邮箱/网址）

驻文莱达鲁萨兰国大使馆/杨　健(Yang Jian)/NO.1, 3, 5 SIMPANG 462, KAMPUNG SUNGAI HANCHING BARU, JALAN MUARA, BC2115, BANDAR SERI BEGAWAN, BRUNEI DARUSSALAM /00673－2－334163; 00673－2－335710（传真）/ EMBPROC @ BRUNET. BN, BN @ MOFCOM. GOV. CN /http://bn. china－embassy.org

驻柬埔寨王国大使馆/布建国(Bu Jianguo) / No.156, Blvd Mao Tsetung, Phnom Penh, Cambodia? / 00855－12810928, 12901923; 00855－23－720922（传真）/chinaemb_kh@mfa.gov.cn/http://kh.china－embassy.org

驻印度尼西亚共和国大使馆/谢　锋(Xie Feng)/ JL. MEGA KUNINGAN NO. 2 JAKARTA SELATAN 12950 INDONESIA / 0062－21－5761037;0062－21－5761038（传真）/chinaemb_id@mfa.gov.cn /http://id.china－embassy.org

驻老挝人民民主共和国大使馆/关华兵(Guan Huabing)/ WAT NAK ROAD, SISATTANAK, VIENTIANE, LAO P. D. R./00856－21－315100; 00856－21－315104（传真）/ chinaemb_la@mfa.gov.cn /http://la.china－embassy.org/

驻马来西亚大使馆/黄惠康(Huang Huikang) / 229, JALAN AMPANG, 50450 KUALA LUMPUR, MALAYSIA / 00603－21411729, 21447652; 00603－21414552, 21453924（传真）/ CHINAEMBMY@MFA.GOV.CN/http://my.china－embassy.org/chn/

驻缅甸联邦共和国大使馆/洪　亮(Hong Liang) / NO.1 PYIDAUNGSU YEIKTHA ROAD, YANGON, UNION OF MYANMAR /0095－1－221280, 221281;0095－1－227019（传真）/ chinaemb_mm@mfa.gov.cn /http://mm.china－embassy.org

驻菲律宾共和国大使馆/赵鉴华(Zhao Jianhua) / 4896 Pasay Road, Dasmarinas Village, Makati, Metro Manila, Republic of the Philippines /0063－2－8443148（总机）0063－2－8452465（传真）/chinaemb_ph@mfa. gov. cn/http://ph. china－embassy.org

驻新加坡共和国大使馆/陈晓东(Chen Xiaodong)/东陵路150号新加坡247969邮编247969(150 Tanglin Road, Singapore 247969)/ 0065－64180252, 67344737; 0065－64793250?（传真）/chinaemb_sg@mfa.gov.cn /http://www.chinaembassy.org.sg

驻泰王国大使馆/宁赋魁(Ning Fukui)/ 57 RACHADAPISAKE ROAD HUAY KWANG, BANGKOK 10310, THAILAND /0066－2－2457044;0066－2－2468247（传真）/chinaemb_th@mfa.gov.cn /http://www.chinaembassy.or.th

驻越南社会主义共和国大使馆/洪小勇(Hong Xiaoyong)/46 Hoang Dieu Road, Hanoi, Vietnam, P. O. BOX 13（信箱）/ 00844－38235517; 00844－37338064（传真）/chinaemb_vn@mfa. gov. cn / http://vn.china－embassy.org

（来源：中华人民共和国外交部网站. http://www. fmprc. gov. cn/mfa_chn/wjb_602314/zwjg_603776/zwsg_603778/）

东盟各国驻中国外交机构

（名称/大使/地址/电话/电子邮箱）

文莱达鲁萨兰国驻华大使馆/张慈祥(H.E.Mrs. Magdalene Teo)/北京市朝阳区亮马桥北街1号(No. 1, Liang Ma Qiao Bei Jie, Chaoyang District)/010－

65329773,65329776 65324093;010—65324097(传真)

柬埔寨王国驻华大使馆/凯・西索达(H.E.Mrs. Khek Caimealy Sysoda)/北京市东直门外大街9号(No.9,Dong zhi men wai Daj ie)/010—65321889;010—65323507(传真)/cambassy@public2. bta.net.cn

印度尼西亚共和国驻华大使馆/苏更・拉哈尔佐(H.E.Mr.Soegeng Rahardjo)/北京市朝阳区东直门外大街4号(No.4,Dong Zhi Men Wai Da Jie, Chaoyang District)/010—65325486,65325489;010—65325368,65325782(传真)/set. indonesia. kbri @deplu.go.id

老挝人民民主共和国驻华大使馆/万迪・布达萨冯(H.E.Mr.Vandy buda Feng)/北京市三里屯东四街11号(No.11,Dong Si Jie,San Li Tun)/010—65321224;010—65326748(传真)

马来西亚联邦驻华大使馆/拿督・扎伊努丁・叶海亚(H.E.Mr.Zai—nuddin Bin Yahya)/北京市朝阳区亮马桥北街2号(No.2,Liang Ma Qiao Bei Jie, Chaoyang District)/010—65327990;010—65323617(传真)/mwbjing@kln.gov.my

缅甸联邦共和国驻华大使馆/吴帝林翁(H.E. Mr.Tnit Lin Ohn)/北京市东直门外大街6号(No.6, Dong Zhi Men Wai Da Jie)/010—65321488;010—65321344(传真)/info@myanmarembassy.com

菲律宾共和国驻华大使馆/艾尔琳达・巴西里奥(H.E.Mrs.Erlinda F.Basilio)/北京市建国门外秀水北街23号,100600(邮编)23 Xiu Shui Bei Jie,Jian Guo Men Wai, 100600/010—65321872; 010—65323761(传真)/main@philembassy—china.org

新加坡共和国驻华大使馆/罗家良(H.E.Mr.Loh Ka Leung)/北京市朝阳区建国门外秀水北街1号(No.1 Xiu Shui Bei Jie,Jian Guo Men Wai)/010—650321115;010—65329405(传真)/singemb_bej@sgmfa.sg

泰王国驻华大使馆/醍乐堃・倪勇(H.E.Mr. Theerakun Niyom)/北京市光华路40号(NO.40, Guang Hua Lu) /010—65321749;010—65321748(传真)/thaibej@public.bta.net.cn

越南社会主义共和国驻华大使馆/邓明魁(dang minh khoi)/北京市建国门外光华路32号(NO.32, Guang Hua Lu,Jian Guo Men Wai)/010—65321155;010—65325720(传真)/suquanbk@yahoo.com

(来源:中华人民共和国外交部网站 http://www.fmprc.gov.cn/mfa_chn/ziliao_611306/wjgmc_611378/)

中国驻东盟各国总领馆

(名称/总领事/地址/电话/电子邮箱)

驻泗水总领事馆(印度尼西亚)/于 红(Yu Hong)/Jalan Mayjend. Sungkono Kav. B1/105, Surabaya Jalan Paris Argosari V D—3,Surabaya(签证厅)/0062—31—5675825;0062—31—5674667(传真)/chinaconsul_sur@mfa.gov.cn/

http://surabaya.china—consulate.org/(网址)

驻棉兰总领事馆(印度尼西亚)/朱洪海(Zhu Honghai)/Jalan Walikota No.9,Medan 20152/0062—61—4571232;0062—61—4571261(传真)/ chinaconsul_mdn_id@mfa.gov.cn/http://medan.chineseconsulate.org(网址)

驻古晋总领馆(马来西亚)/付吉军(Fu Jijun)/马来西亚砂捞越州古晋市王长水路10段276号(Lot 276, Block 10, Jalan Ong Tiang Swee, 93200 Kuching,Sarawak,Malaysia)/0060—82—240344;0060—82—232344(传真)/ consulate_kuching@mfa.gov.cn/http://kuching.chineseconsulate.org(网址)

驻曼德勒总领馆(缅甸)/王 愚(Wang Yu)/ Yadanar Lane,Yanfyi Aung Road/00952—34457;00952—35944(传真)/ chinaconsul_man_mm@mfa.gov.cn/http://mandalay.china—consulate.org(网址)

驻宿务总领馆(菲律宾)/宋荣华(Song Ronghua)/ 7th Floor,Mandarin Plaza Hotel,Archbishop Reyes Avenue Corner Escario Street,Cebu City,Philippines/ 0063—32—2563422,2563455;0063—32—2563499(传真) consulate_cebu@mfa.gov.cn / http://cebu.chineseconsulate.org/chn/(网址)

驻拉瓦格领事馆(菲律宾)/赵桥梁(Zhao Qialiang)/菲律宾北伊罗戈省圣尼古拉斯县三蕃镇一区国道216号(No 216 National Highway,Brgy.1, San Francisco San Nicolas,Ilocos Norte 2901,Philippines)/0063—9178051226;0063—77—6706338(传真)/ Chinaconsul_lg_ph@mfa.gov.cn/http://laoag.china—consulate.org

驻宋卡总领馆(泰国)/周海成(Zhou Haicheng)/ NO.9,Sadao Road,Ampur Muang,Songkhla,90000(邮编)/0066—74—322034 / chinaconsul_skh_th@mfa.gov.cn / http://songkhla.chineseconsulate.org/

驻清迈总领馆(泰国)/巢小良(Chao Xiaoliang)/泰国清迈昌罗路111号(No.111,Changlo Road,

Chiangmai 50000，Thailand)/ 6653— 276125；6653—274614(传真)/ http://chiangmai. chineseconsulate. org(网址)

驻胡志明市总领事馆(越南)/陈德海(Chen Dehai)/ 175 Hai Ba Trung Road，District 3，Ho Chi Minh City / 00848—38292457；00848—38295009(传真)/ chinaconsul _ hcm _ vn@mfa. gov. cn / http://hcmc.chineseconsulate.org/ (网址)

(来源：中华人民共和国外交部网站. http://www. fmprc. gov. cn/mfa _ chn/wjb _ 602314/zwjg _ 603776/zwzlg_603792/)

东盟国家贸促机构与商协会通讯录

国家	机构名称	地址	电话、传真	电邮、网址
文莱	文莱国家工商会	No.1，Block D，Beribi Industrial Complex 1，Kg.Beribi BE 1119 Negara Brunei Darussalam	Tel：00673—2421839 Fax：00673—2421839，2237843	E—mai：sybas@brunet.bn
	文莱斯市中华总商会	72 Jalan Robert 2/3/4 Floor，Bandar Seri Begawan BS8811，Brunei Darussalam	Tel：00673—2235495 Fax：00673—2235492	E—mail：ccc@brunet.bn
柬埔寨	商业部	Lot 19—61，MOC Road (113broad)，phum Teuk Thla，Sangkat Teuk Thia，Khan Sen Sok，Phnom Penh	Tel：00855—23426024 Fax：00855—23426024	E — mail：wtooffice @ camnet. com.kh(东盟与国际组织司)，itd@gocambodia.com(国际贸易司) http://www.moc.gov.kh
	柬埔寨中国商会	金边市106街19号(捷运旅游集团大厦2楼)	Tel/ Fax：00855—12—811919	E—mail：sinocam@hotmail.com
	柬埔寨金边总商会	No.7B the corner of Road No.81—109，sangkat boeung Raing，khan daun penh，phnom phenh	Tel：00855—23—212265 Fax：00855—23—212270	
印度尼西亚	印度尼西亚中华总商会	23rd Fl.，Tower A Landmark Building Tower，Jl. Jend. Sudirman Kav.1，Jakarta 12190，Indonesia	Tel：0062—21—5209393 Fax：0062—21—5202680	
	印度尼西亚工商会	Menara Kadin Indonesia 29th FloorJl. H.R.Rasuna Said X—5Kav.2—3，Jakarta 12950	Tel：0062—21—5274485，9165535 Fax：0062—21—5274486	E—mail：inquiry@kadinnet.com http://www.kadinnet.com
	印中商务理事会	Gedung Pusat Niaga Lt.4，Arena PRJ Kemayoran，Jakarta 10620 Indonesia	Tel：0062—21—3910947 Fax：0062—21—6678353，6612338	
	印度尼西亚工贸部出口促进局	ITC Building，Jl. Abdul Muis No. 8，Jakarta 10180，Indonesia	Tel：0062—21—3800654 Fax：0062—21—38558850	E—mail：kabpen@dprin.go.id；E—mail：kabpen@nafed.go.id http://www.nafed.go.id
老挝	老挝国内外投资促进管理局	LuangPrabang Road，Vientia — Ne，Laos	Tel：00856—21—217005 Fax：00856—21—215491	E—mail：fimc@laotel.com http://www.invest.laopdr.org
	老挝工商会	Rue Ponexay Post Box 4596 Vieentiane	Tel：00856—21—414383 Fax：00856—21—414383	

续表

国家	机构名称	地址	电话、传真	电邮、网址
马来西亚	国际贸易及工业部	Block 10, Kompleks PejabatPejabat Kerajaan, Jalan Duta, 50622 Kuala Lumpur	Tel:00603—62033022 Fax:00603—62012337	http://www.miti.gov.my
	马来西亚中华工商联合会	Lot 6.05&6.06, 6th Floor, Menara Promet, Jalan Sultan Ismail, 50250 Kuala Lumpur	Tel:00603—21452503, 21452653 Fax:00603—21452562, 21457819	E－mail: acccim@acccim.org.my http://www.acccim.org.my/
	马来西亚中国经济贸易总商会	No.8－2, Jln Metro Pudu, Fraser Business Park Off Jalan Yew, 55100 Kuala Lum－pur	Tel: 0060—3—92231188 Fax: 0060—3—92221548	E－mail: mccc.sec@mccc.my enquiry.mccc@gmail.com http:// www.mccc.my
	马来西亚全国工商总会	Level 3, West Wing, Menara MATRADE, Jalan Khidmat Usaha, Off Jalan Duta, 50480, Kuala Lumpur, Malaysia	Tel:00603—6204 9811 Fax:00603—6204 9711	E－mail: enquiry@nccim.org.my http://www.nccim.org.my
缅甸	缅甸中国企业商会商务中心	Room 0305, Business Suite, Sedona Hotel, Yangon, Myanmar	Tel:0095—1—666900—7904 Fax:0095—1—666900—7904	E－mail: dongbobo@myanmar.com.mm
	缅甸联邦商业和工业联合会	No.29, Min Ye Kyawswa Road, Lanmadaw Township, Yangon, Myanmar	Tel :0095—1—214344, 214345 Fax :0095—1—214484	E－mail: umcci@mptmail.net.mm http://www.umfcci.com.mm
	缅甸华商商会	No.1－5, Shwe Dagon Pagoda Road, Latha Tsp., Yangon	Tel:0095—1—246076	
菲律宾	菲律宾工商联合会	G/F, Philippine International Convention Center, East Wing, Secretariat Building, CCP Complex, Roxas Blvd., Pasay City, Metro Manila, Philippines.	Tel :0063—2—8338591, 8338595 Fax :0063—2—8338895	
	菲律宾中华总商会	1122 Soler St., Manila, Philippines.	Tel:00632—7114141, 2327231 Fax: 00632—7436366	
	菲律宾华工商总会	6th Floor Birch Tree Plaza Bldg., 825 Muelle de la Industria, Binondo, Manila, Philippines	Tel:0063—2—2444991, 2444996 Fax: 0063—2—2444997, 2416475	http://www.cfbc.com.ph
	菲律宾华商联总会	6th Floor, Federation Center, Muelle De Binondo St.Manila, Philippines	Tel:0063—2—2419201 Fax:0063—2—2422361, 2422347	E－mail: secretariat@ffcccii, com.ph http://www.ffcccii.com.ph
新加坡	新加坡中华总商会	47 Hill Street #09－00, Singapore 179365	Tel:0065—63378381 Fax:0065—63390605	http://www.sccci.org.sg
	新加坡中小企业协会	ASME Secretariat 167 Jalan Bukit Merah Tower 4, #03－13 Singapore 150167	Tel:0065—65130388 Fax:0065—65130399	E－mail: sme@asme.org.sg
	新加坡贸易与工业部	100 High Street #09－01 The Treasury, Singapore179434	Tel:0065—62259911 Fax:0065—63327260	http://www.mti.gov.sg/

续表

国家	机构名称	地址	电话、传真	电邮、网址
新加坡	新加坡中国商会	6001 Beach Road ＃11－01 Golden Mile Tower, Singapore 199589	Tel:0065—62213900 Fax:0065—62251558	http://www.scbworld.com
	新加坡工商联合总会	19 Tanglin Shopping Centre, Singapore 247909	Tel:0065—68276828 Fax:0065—68276807	http://www.sbf.org.sg
	新加坡国际商会	6 Raffles Quay ＃10—01 Singapore 048580	Tel:0065—62241255 Fax:0065—62242785	E—mail:general@sicc.com.sg http://www.sicc.com.sg/
	新加坡制造商联合会	The Enterprise ＃ 02 － 02, No. 1 Science Centre Road, Singapore 609077	Tel: 0065—68263000 Fax: 0065—68228323	http://www.smafederation.org.sg
泰国	泰国中华总商会	No.889 Thai C.C. Tower, 9th Floor, Sathorn Road. Bangkok 10120, Thailand	Tel:0066－26758577 Fax:02—2123916	
	泰国贸易院	150 Rajbopit Rd., Bangkok 10200	Tel:02—2211827 Fax:02—2253995	E－mail: Bot@bkk.a－net.net.th
	泰国工商总会	464/11 Nakornchaisri Rd., Dusit, Bangkok 10300	Tel:0066－23984671 02—2430484	www.thaicci.orq
	泰华进出口商会	No. 1249/143 Gems Tower 16Fl., Charoenkrung Rd., Bangrak, Bangkok 10500	Tel:0066－22677662 02—2677670	www.tcea.or.th
	泰中促进投资贸易商会	16th Asok Tower BLDG., 219/53 Sukhumvit 21 Rd., Bangkok 10110	Tel:02—2600181－90 Fax:02－2613492	
	泰国商会	150 Rajbopit Rd., Bangkok 10200, P.O.Box 2－146	Tel:02—6221860—77 02—2253372	
	泰国华人青年商会	160/808－811 ITF Silom Palace 31 Fl., Silom Rd., Bangkok 10500	Tel:0066－22356136 Fax:02－2372381	www.tycc.orq
越南	越南工商会	9 Dao Duy Anh Str., Hanoi, Vietnam	Tel:0084—4—5742017 Fax:0084—4—5742020	http://www.vcci.com.vn
	越南科技联合总会	53 Nguyen Du Str., Hanoi	Tel:0084—4—9438108 Fax:0084—4—8227593	E—mail:vanphonglhh@yahoo.com http://www.vusta.org.vn
	越南工业财产协会	100B Ngoc Ha Street, Ba Dinh, Hanoi	Tel:0084—4—7332266 Fax:0084—4—7340646	E—mail: Vipa@fpt.vn
	越南标准及消费者协会	14 ngo 22 pho Ton Tat Tung, Hanoi	Tel:0084—4—8527769 Fax:0084—4—8527769	E—mail: Vanatas@fpt.vn
	青年企业协会	64 Ba Trieu, Hanoi	Tel:0084—4—9437527	E—mail: Dnt@hn.vnn.vn
	越南银行协会	193 Ba Trieu Str., Hanoi	Tel:0084—4—8218679 Fax:0084—4—8218732	

（资料来源：中华人民共和国驻各国大使馆经济商务参赞处）

中国—东盟自由贸易区部分关税削减时间表

起始时间	关税税率	覆盖关税条目	参与的国家
2000 年	对所有东盟成员国 0%～5%	85%的 CEPT 条目	原东盟 6 国
2002 年 1 月 1 日	对所有东盟成员国 0%～5%	全部 CEPT 条目	原东盟 6 国
2003 年 7 月 1 日	WTO 最惠国关税税率	全部	中国与东盟 10 国
2003 年 10 月 1 日	中国与泰国果蔬关税降至 0%	中泰水果蔬菜	中国、泰国
2004 年 1 月 1 日	农产品关税开始下调	农产品	中国与东盟 10 国
2005 年 1 月	对所有成员开始削减关税	全部	中国与东盟 10 国
2006 年	农产品关税降至 0%	农产品	中国与东盟 10 国
2010 年	对所有东盟成员国 0%	全部减税产品	原东盟 6 国
2010 年	关税降至 0%	全部产品(部分敏感产品除外)	中国与原东盟 6 国
2015 年	对所有东盟成员国 0%	全部产品(部分敏感产品除外)	东盟新成员国
2015 年	对中国—东盟自由贸易区成员国关税降至 0%	全部产品(部分敏感产品除外)	东盟新成员国
2018 年	对东盟自由贸易区和中国—东盟自由贸易区所有成员国 0%	剩余的部分敏感产品	东盟新成员国

(来源:2002 年 11 月签署的《中国与东盟全面经济合作框架协议》)

中国和东盟各国的主要港口及国际航空港

国家	主要港口	国际航空港(机场)
中国	海港:大连、营口、秦皇岛、天津、烟台、青岛、日照、连云港、上海、宁波、厦门、汕头、广州、湛江、北海、钦州、防城、海口、香港、澳门、基隆、高雄 河港:重庆、万州、武汉、芜湖、南京、扬州、常州、张家港、南通、广州、梧州、贵港	北京首都、广州白云、上海浦东、上海虹桥、深圳宝安、昆明巫家坝、成都双流、西安咸阳、厦门高崎、重庆江北、天津滨海、大连周水子、杭州萧山、福州长乐、南京禄口、沈阳桃仙、桂林两江、南宁吴圩、哈尔滨阎家岗
文莱	海港:穆阿拉、斯里巴加湾、马来亦、卢穆、诗里亚	斯里巴加湾
柬埔寨	海港:西哈努克	金边、暹粒
印度尼西亚	海港:丹戎不碌、泗水(丹戎佩拉)、三宝垄、勿拉湾、雅加达	巴厘岛登帕萨、雅加达苏加诺—哈达
老挝	河港:沙湾拿吉	琅勃拉邦、万象瓦岱、巴色、沙湾那吉
马来西亚	海港:巴生港、槟城、关丹、新山、纳闽(拉布安)、哥打基纳巴卢。 河港:古晋	吉隆坡、槟城、兰卡威、哥打基纳巴卢、古晋
缅甸	海港:仰光 河港:勃生	仰光敏加拉洞、曼德勒
菲律宾	海港:宿务、马尼拉、怡朗、三宝颜	马尼拉阿基诺、宿务马克丹、达沃、苏比克、克拉克、拉瓦格
新加坡	海港:新加坡	新加坡樟宜
泰国	海港:宋卡、普吉 河港:曼谷	曼谷素旺那普、清迈、普吉、合艾
越南	海港:海防、岘港、金兰湾、广宁、炉门、归仁、义安、芽庄、西贡	河内内排、岘港、胡志明市新山一国际机场

(来源:《中国—东盟自由贸易区与广西》)

东盟国家的主要报纸

国家	本国文报纸	华文报纸	英文(其他语言)报纸
文莱	《婆罗洲公报》《文莱灯塔》	《文莱美里日报》《文莱诗华日报》《联合早报》	《婆罗洲公报》
柬埔寨	《柬埔寨之光报》《人民报》《和平岛报》《柬埔寨日报》《柬埔寨时报》	《华商日报》《柬华日报》《星洲日报》《大众日报》《新时代日报》	《柬埔寨日报》《金边邮报》《柬埔寨时报》
印度尼西亚	《罗盘报》《专业之声报》《印度尼西亚媒体报》《共和国日报》《革新之声报》《印度尼西亚商报》《华文邮报》	《印度尼西亚日报》《华文邮报》《国际日报》《商报》《新生日报》《星洲日报》《世界日报》《千岛日报》	《雅加达邮报》《印度尼西亚观察家报》
老挝	《人民报》《新万象报》《人民军报》《青年报》《巴特寮》		《Vintiane Times》(英文报)《Le-renovateur》(法文报)《每日消息》(英、法文)
马来西亚	《马来西亚使者报》《每日新闻》《祖国报》	《南洋商报》《星洲日报》《中国报》	《新海峡时报》《星报》《马来邮报》
缅甸	《缅甸之光》《镜报》《首都报》《曼德勒报》《雅德那崩报》	《缅甸华报》	《缅甸新光》
菲律宾	《消息报》《菲律宾快报》	《世界日报》《商报》《菲华时报》《联合日报》《环球日报》	《马尼拉公报》《菲律宾星报》《菲律宾询问日报》《自由报》《马尼拉时报》《马尼拉纪事报》
新加坡	《每日新闻》《泰米尔日报》	《联合早报》《联合晚报》《新明日报》	《海峡时报》《商业时报》《新报》
泰国	《泰叻报》《民意报》《每日新闻》《国家报》《沙炎叻报》《经理报》等	《新中原报》《中华日报》《星暹日报》《亚洲日报》《京华中原日报》《世界日报》等	《曼谷邮报》《民族报》
越南	《人民报》《人民军队报》《大团结报》《西贡解放日报》	《西贡解放日报》	《西贡时报》

(来源:据新华网相关资料整理)

中国和东盟各国主要通讯社、电台、电视台

国家	通讯社	电台	电视台
中国	新华通讯社(简称“新华社”,1931年11月7日创建)、中国新闻社(简称“中新社”,于1952年9月14日正式成立,并于1952年10月1日正式对海外播发电讯通稿)	中央人民广播电台(全称“中华人民共和国国家广播电台”,诞生于1940年12月30日)、中国国际广播电台(中国唯一使用外语以及汉语普通话和方言向全世界广播的国家广播电台,创建于1941年12月3日)	中央电视台(全称“中华人民共和国国家电视台”,于1958年5月1日试播,1958年9月2日正式播出,英文简称“CCTV”)

续表

国家	通讯社	电台	电视台
文莱	文莱新闻社(唯一官方新闻机构,创建于1959年)	文莱广播电台(创建于1957年5月,拥有两个广播网,一个用马来语和方言广播,一个用英语、华语和廓尔喀语广播)	文莱广播电视台(创建于1957年5月,从1975年起开设彩色电视频道,播放马来文和英文节目)
柬埔寨	柬新社(AKP)(成立于1980年,为柬埔寨唯一的官方通讯社)	FM103国家台	国家电视台(建台于1984年,以柬语广播为主)、仙女台第11频道(私营)、第9频道(私营)、第5频道(军队频道)、首都第3频道(官方开办)、巴戎台(私营,每日有中文新闻报道);有线电视台:柬埔寨有线电视台、金边有线电视台、微波无线电视台
印度尼西亚	安塔拉通讯社(创办于1937年12月13日,系印度尼西亚国家通讯社)、印度尼西亚民族通讯社(私营,于1967年成立)	印度尼西亚共和国广播电台(国营,于1945年9月11日成立)	印度尼西亚共和国电视台(于1962年8月17日正式运营)、鹰记电视台、太阳电视台、教育电视台、美都电视台
老挝	巴特寮通讯社(于1968年1月成立,国营)	老挝国家广播电台(用老挝语广播,对外用越、柬、法、英、泰语广播)、老挝人民军广播电台	老挝国家电视台(建于1983年12月),每天播放老挝语节目5小时左右
马来西亚	马来西亚国家新闻社(简称“马新社”,半官方通讯社,成立于1968年)	马来西亚广播电台(官办,建于1946年,拥有6个广播网,用马来语、英语、华语和泰米尔语广播)、马来西亚之声电台(建于1963年,用马来语、阿拉伯语、英语、印度尼西亚语、缅甸语、他加禄语和泰语等8种语言对外广播)	马来西亚电视台(官方,建于1963年)、第三电视台(TV3)、城市电视台(METRO VISION)、国民电视台(NTV)、ASTRO卫星有线电视频道、8TV电视台
缅甸	缅甸通讯社	缅甸之声(建于1937年,目前用缅甸语、英语及八种少数民族语言广播)	缅甸电视台(建于1980年),妙瓦底电视台(创办于1995年3月27日,军方创办)
菲律宾	菲律宾通讯社(官方通讯社,成立于1973年3月1日)	菲律宾广播局	人民电视台
新加坡		新加坡国际广播电台(每天以华语、英语、马来语及印度尼西亚语播音)	TCS(新加坡最大的电视公司,有3个频道,占有新加坡80%的收视率)
泰国	泰国通讯社	泰国国家广播电台(设有国外部,用泰、英、法、中、马来、越、老、柬、缅、日等语言广播)	泰国国家电视台
越南	越南通讯社(国家通讯社,于1945年创立,1976年合并越南南方解放通讯社)	越南之声广播电台(目前共有6个频率,以中波(SW)AM,调频和短波(SW)AM等向越南各地和世界其他地区播出)	越南电视台(VTV)(越南社会主义共和国的国家电视台,成立于1970年9月7日,1987年4月30日正式取名为“越南电视台”,成为越南的国家电视台)

(来源:中国网、新华网有关资料)

中国—东盟博览会参展物主要入境口岸局一览

名称	简介	地址	邮编	电话	传真
桂林检验检疫局	桂林检验检疫局成立于1999年11月。下设办公室、检务科、检验检疫1科、2科、3科、两江机场办事处、旅检1科、2科等12个科室。	桂林市漓江路25号	541004	0773—5813528	0773—5845585
东兴检验检疫局	东兴检验检疫局成立于1999年10月,下设办公室、检务科、检验检疫科、旅检科、货场办事处、垌中办事处、江山办事处等11个科室。	东兴市兴新华路265号	538100	0770—7682811	0770—7682477
凭祥检验检疫局	凭祥检验检疫局成立于1999年11月。下设办公室、财务科、政工科、综合业务科、友谊关办事处、浦寨办事处、爱店办事处、火车站监管科、叫隘监管科、弄怀监管科、综合技术服务中心和综合实验室12个科室。	凭祥市南大路1支9号	532600	0771—8521560	0771—8521560
北海检验检疫局	北海检验检疫局成立于1999年10月。下设办公室、综合业务科、卫生检疫科、动植物检疫科、食品检验科、检验鉴定科、检务科、财务科、政工科、综合实验室等10个科室。	北海市广东南路126号	536000	0779—3206192	0779—3206199
防城港检验检疫局	防城港检验检疫局成立于1999年11月。下设办公室、综合业务科、卫生检疫科、动植物检疫科、食品检验科、化矿检疫科、检验鉴定科、检务科、财务科、政工科、综合实验室等11个科室。	防城港市港口区兴港大道91号	538001	0770—2821830	0770—2821830

(来源:广西出入境检验检疫局网)

东南亚国家联盟
(Association of Southeast Asian Nations—ASEAN)

成立日期

1967年8月8日

目 标

《东盟宪章》确定的目标包括:(一)维护和促进地区和平、安全和稳定,并进一步强化以和平为导向的价值观;(二)通过加强政治、安全、经济和社会文化合作,提升地区活力;(三)维护东南亚的无核武器区地位,杜绝大规模杀伤性武器;(四)确保东盟人民和成员国与世界和平相处,生活于公正、民主与和谐的环境中;(五)建立一个稳定、繁荣、极具竞争力和一体化的共同市场和制造基地,实现货物、服务、投资、人员资金自由流动;(六)通过相互帮助与合作减轻贫困,缩小东盟内部发展鸿沟;(七)在充分考虑东盟成员国权利与义务的同时,加强民主,促进良政与法律,促进和保护人权与基本自由;(八)根据全面安全的原则,对各种形式的威胁、跨国犯罪和跨境挑战作出有效反应;(九)促进可持续发展,保护本地区环境、自然资源和文化遗产,确保人民高质量的生活;(十)通过加强教育、终生学习以及科学技术领域的合作,开发人力资源,提高人民素质,强化东盟共同体意识;(十一)为东盟人民提供适当的就业机会、社会福利和公正待遇,提高其福利和生活水平;(十二)加强合作,为东盟人民营造一个安全、没有毒品的环境;(十三)建设一个以人为本的东盟,鼓励社会各界参与东盟一体化和共同体建设进程,并从中受益;(十四)增强对本地区丰富文化和遗产的认识,促进东盟意识;(十五)在一个开放、透明和包容的地区架构内,发展与域外伙伴的关系与合作,维护东盟的主导力量、中心地位和积极作用。

成 员

10个(截至2014年8月):印度尼西亚、马来西亚、菲律宾、新加坡、泰国、文莱、越南、老挝、缅甸、柬埔寨。总面积约444万平方公里，人口6.01亿。观察员国：东帝汶、巴布亚新几内亚。

主要负责人

首脑会议是东盟最高决策机构，由东盟各国轮流担任主席国，负责召集。现任主席国为文莱，2013年1月接任。东盟秘书长是东盟首席行政官，向东盟首脑会议负责，由东盟各国轮流推荐资深人士担任，任期5年。黎良明（Le Luong Minh，越南前副外长）于2013年1月接任东盟秘书长，任期至2017年。

总　部

东盟秘书处设在印度尼西亚首都雅加达（70A Jl. Sisingamangaraja, Jakarta 12110, Indonesia）。网址：http://www.asean.org/。

出版物

东盟拥有众多定期或不定期发行的出版物，如《东盟年度报告》、《东盟商务通讯》等。

组织机构

2008年12月，《东盟宪章》正式生效。根据该宪章，东盟调整了组织机构，主要包括（一）首脑会议：就东盟发展的重大问题和发展方向做出决策，每年举行两次。（二）东盟协调理事会：由东盟各国外长组成，是综合协调机构，每年举行两次会议。（三）东盟共同体理事会：包括东盟政治安全共同体理事会、东盟经济共同体理事会和东盟社会文化共同体理事会，协调其下设各领域工作，由担任东盟主席的成员国相关部长担任主席，每年至少举行两次会议。（四）东盟领域部长机制：加强各相关领域合作，支持东盟一体化和共同体建设。（五）东盟秘书长和东盟秘书处：负责协助落实东盟的协议和决定，监督落实。（六）常驻东盟代表委员会：由东盟成员国指派的大使级常驻东盟代表组成，代表各自国家与东盟秘书处和东盟领域部长机制进行协调。（七）东盟国家秘书处：是东盟在各成员国的联络点。（八）东盟人权机构：负责促进和保护人权与基本自由的相关事务。（九）东盟基金会：与东盟相关机构合作，支持东盟共同体建设。（十）与东盟相关的实体：包括各种民间和半官方机构。

主要活动

自1976年以来东盟共举行了22次首脑会议。

2003年10月举行的第9届东盟首脑会议发表《东盟协调一致第二宣言》（亦称《第二巴厘宣言》），宣布将于2020年建成东盟共同体，其三大支柱分别是“东盟政治安全共同体”、“东盟经济共同体”和“东盟社会文化共同体”。2004年11月举行的第10届东盟首脑会议通过为期6年的《万象行动计划》（VAP），以进一步推进一体化建设，并决定建立“东盟发展基金”以保障其落实。2005年12月举行的第11届东盟首脑会议签署《关于制定〈东盟宪章〉的吉隆坡宣言》。2007年1月第12届东盟首脑会议签署《关于加速于2015年建立东盟共同体的宿务宣言》、《关于〈东盟宪章〉蓝图的宿务宣言》和《关于建设一个关爱和共享的共同体的宿务宣言》。同年11月举行的第13届东盟首脑会议签署《东盟宪章》、《东盟经济共同体蓝图宣言》、《东盟环境可持续性宣言》和《东盟关于第十三次〈联合国气候变化框架公约〉缔约方会议和第三次〈京都议定书〉缔约方会议的宣言》。

2009年2月在泰国曼谷举行的第14届东盟首脑会议以落实《东盟宪章》和合作应对全球金融危机为重点。会议签署《东盟政治安全共同体蓝图》、《东盟社会文化共同体蓝图》、《东盟共同体2009～2015年路线图宣言》，发表《关于全球经济和金融危机的新闻公报》、《东盟地区食品安全声明》和《关于东盟实现千年发展目标的联合宣言》、第2份《东盟一体化倡议工作计划》，并见证签署《东盟货物贸易协定》、《东盟全面投资协定》和《东盟石油安全协定》。

2009年10月泰国昌安华欣举行的第15届东盟首脑会议以“促进互联互通，提高人民能力”为主题，强调推进基础设施建设，以及通过教育合作和能力建设加强各国民众的东盟意识和认同感。会议发表《东盟领导人关于东盟互联互通的声明》、《关于加强教育合作实现东盟关爱与共享的共同体的昌安华欣宣言》、《关于成立东盟政府间人权委员会的昌安华欣宣言》和《东盟关于气候变化的联合声明》，通过《东盟协调理事会职责范围》，签署《东盟特权与豁免协议》。

2010年4月第16届东盟首脑会议在越南河内举行，主题为“迈向东盟共同体：从愿景到行动”，重点就进一步落实《东盟宪章》、加快共同体建设和加强后金融危机合作等进行讨论。会议签署《东盟宪章争端解决机制议定书》，发表《东盟关于持续复苏和发展的声明》、《东盟领导人关于联合应对气候变化的声明》，宣布启动东盟促进和保护妇女儿童权利委员会，并将妇女儿童发展等确定为社会文化共同体建设优先领域。

2010年10月第17次东盟首脑会议在越南河内举行。会议通过《东盟互联互通总体规划》，签署《东盟服务框架协议第8个一揽子计划》，修订《东盟货物贸易协定为大米和糖提供特殊补贴的议定书》,发表《为经济复苏和可持续增长的人力资源和技能开发东盟领导人声明》和《促进东盟妇女儿童福利和发展河内宣言》。

2011年5月,第18次东盟首脑会议在印度尼西亚雅加达举行,主题为"全球大家庭中的东盟共同体",重点就加快东盟共同体建设、东亚峰会发展、柬泰边界冲突等问题进行讨论。会议发表了《全球大家庭中的东盟共同体联合声明》,表示到2022年东盟成立55周年时,东盟将更有能力在国际事务中发挥建设性作用。

2011年11月,第19次东盟首脑会议在印度尼西亚巴厘岛举行。会议通过了《全球大家庭中的东盟共同体巴厘宣言》(也称第3份《巴厘宣言》),阐述了东盟成员国在政治与安全、经济、社会、文化等方面应如何加强合作,并承诺在2022年建立应对全球事务的东盟共同平台。

2012年4月,第20次东盟首脑会议在柬埔寨金边举行,主题为"东盟:共同体、共命运",重点就提升东盟一体化水平等问题进行讨论。会议发表了《金边宣言——东盟:共同体、共命运》、《东盟共同体建设金边议程》、《2015年实现无毒品的东盟宣言》、《"全球温和派运动"概念文件》等文件。东盟领导人还共同庆祝了东盟成立45周年。

2012年11月,第21次东盟首脑会议在柬埔寨金边举行,主题为"东盟:共同体、共命运",重点就确保共同体于2015年如期建成等问题进行讨论。会议发表了《东盟人权宣言》、《东盟领导人关于建立东盟区域地雷行动中心的宣言》、《巴厘协调一致第三行动计划(2013～2017年)》。

2013年4月,第22次东盟首脑会议在文莱举行,主题为"我们的人民、我们的未来",重点就进一步加强东盟共同体建设、建设"以人为本"的东盟进行了讨论。会后发表了《主席声明》,强调东盟当前重点仍在于加强内部建设和融合,推进政治安全、经济和社会文化共同体进程。

2013年11月,第23次东盟首脑会议在文莱举行,主题为"我们的人民、我们的未来"。会议总结了东盟发展成绩及东盟共同体建设进展,为2015年建成东盟共同体做准备。

2014年5月,第24次东盟首脑会议在缅甸内比都举行,主题为"团结起来,迈向和平与繁荣的共同体",重点围绕东盟共同体建设、区域合作及国际地区问题等议题进行讨论。会议发表《关于2015年实现东盟共同体的内比都宣言》和《主席声明》,强调团结是共同体建设的核心,敦促各成员加强合作,按时完成东盟共同体建设,并尽快制定东盟共同体后2015年远景规划。

对外关系

东盟积极开展多方位外交。自1978年始,东盟国家每年与其对话伙伴(时为美国、日本、澳大利亚、新西兰、加拿大、欧盟,后相继增加韩国、中国、俄罗斯和印度)举行对话会议,就重大国际政治和经济问题交换意见。1994年7月,东盟倡导成立东盟地区论坛(ARF),主要就亚太地区政治和安全问题交换意见。1994年10月,东盟倡议召开亚欧会议(ASEM),促进东亚和欧盟的政治对话与经济合作。1997年,东盟与中、日、韩等共同启动了东亚合作,东盟与中日韩(10+3)、东亚峰会等机制相继诞生。1999年9月,在东盟的倡议下,东亚—拉美合作论坛(FEALAC)成立。

近年来,美国、日本、韩国、澳大利亚等主要域外国家不断加强与东盟关系。2009年7月,美国签署《东南亚友好合作条约》。2009年,日本提出"亚洲经济倍增倡议",对以东盟为主的亚洲发展中国家打出包括官方发展援助、贷款保险、贸易融资担保、环保投资倡议等共约700亿美元援助计划。韩国于2009年6月举行了纪念与东盟建立对话关系20周年特别峰会,宣布东盟—韩国自由贸易区将于2010年1月正式启动。2009年,澳大利亚、新西兰与东盟签署自由贸易区协议,2012年1月正式生效。2009年,印度与东盟签署了货物贸易领域自由贸易协定,并于2010年1月开始实施,但针对服务贸易和投资自由化的谈判一直没能取得重大进展。2011年11月,东盟提出"区域全面经济伙伴关系(RCEP)"倡议,旨在构建以东盟为核心的地区自贸安排。2012年11月,在第7届东亚峰会上,东盟国家与中国、日本、韩国、印度、澳大利亚、新西兰6国领导人同意启动"区域全面经济合作伙伴关系"(RCEP)的谈判。

(来源:中华人民共和国外交部网.http://www.fmprc.gov.cn/mfa_chn/gjhdq_603914/gjhdqzz_609676/lhg_610158/)

亚洲基础设施投资银行
(Asian Infrastructure Investment Bank－AIIB)

成立日期

2014 年 10 月 24 日

总 部

中国北京

创立背景

亚洲经济占全球经济总量的 1/3,是当今世界最具经济活力和增长潜力的地区,拥有全球六成人口。但因建设资金有限,一些国家铁路、公路、桥梁、港口、机场和通讯等基础建设严重不足,这在一定程度上限制了该区域的经济发展。各国要想维持现有经济增长水平,内部基础设施投资至少需要 8 万亿美元,平均每年需投资 8000 亿美元。8 万亿美元中,68%用于新增基础设施的投资,32%是维护或维修现有基础设施所需资金。现有的多边机构并不能提供如此巨额的资金,亚洲开发银行的总资金约为 1600 亿美元,世界银行也仅有 2230 亿美元,两家银行目前每年能够提供给亚洲国家的资金大概只有区区 200 亿美元,都没有办法满足这个资金的需求。由于基础设施投资的资金需求量大、实施的周期很长、收入流不确定等的因素,私人部门大量投资于基础设施的项目是有难度的。

另一方面,中国已成为世界第 3 大对外投资国,中国对外投资 2012 年同比增长 17.6%,创下了 878 亿美元的新高。而且,经过 30 多年的发展和积累,中国在基础设施装备制造方面已经形成完整的产业链,同时在公路、桥梁、隧道、铁路等方面的工程建造能力在世界上也已经是首屈一指。中国基础设施建设的相关产业期望更快地走向国际。但亚洲经济体之间难以利用各自所具备的高额资本存量优势,缺乏有效的多边合作机制,缺乏把资本转化为基础设施建设的投资。

2014 年 10 月 24 日,包括中国、印度、新加坡等在内 21 个首批意向创始成员国的财长和授权代表在北京正式签署《筹建亚投行备忘录》,共同决定成立亚洲基础设施投资银行(AIIB),标志着这一中国倡议设立的亚洲区域新多边开发机构的筹建工作将进入新阶段。

该组织经历了 8 次谈判代表会议,分别在 2014 年 11 月 28 日(云南昆明)、2015 年 1 月 15 至 16 日(印度孟买)、2015 年 3 月 30 至 31 日(哈萨克斯坦阿木图)、2015 年 4 月 27 至 28 日(北京)、2015 年 5 月 20 日至 22 日(新加坡)、2015 年 8 月 24 日(格鲁吉亚首都第比利斯)、2015 年 9 月 28 日至 29 日(德国法兰克福)、2015 年 11 月 3 日至 4 日(印度尼西亚首都雅加达)。最终,2015 年 3 月,亚洲基础设施投资银行总部的选址已确定北京西城区金融街,位于全国政协礼堂附近。

性 质

亚洲基础设施投资银行(简称亚投行)将是一个政府间性质的亚洲区域多边开发机构,按照多边开发银行的模式和原则运营,重点支持亚洲地区基础设施建设。亚投行将与世行、亚行等其他多边及双边开发机构密切合作,促进区域合作与伙伴关系,共同解决发展领域面临的挑战。

成 员

57 个(截至 2015 年 4 月 15 日):亚洲 34 国,欧洲 18 国,大洋洲 2 国,南美洲 1 国,非洲 2 国。57 个国家已全部成为正式的意向创始成员国。

联合国安理会 5 大常任理事国已占 4 席:中国、英国、法国、俄罗斯。

G20 国家中已占 14 席:中国、印度、印度尼西亚、沙特阿拉伯、法国、德国、意大利、英国、澳大利亚、土耳其、韩国、巴西、俄罗斯、南非。

西方 7 国集团已占 4 席:英国、法国、德国、意大利。

金砖国家全部加入亚投行:中国、俄罗斯、印度、巴西、南非。

亚投行的 12 个理事席位,将被划分为 9 个地区性席位和 3 个非地区性席位,中国和另外几个国家将占有永久席位,其他国家则可轮流进入理事会。

投资方向

作为由中国提出创建的区域性金融机构,亚洲基础设施投资银行主要业务是援助亚太地区国家的基础设施建设。在全面投入运营后,亚洲基础设施投资银行将运用一系列支持方式为亚洲各国的基础设施项目提供融资支持——包括贷款、股权投资以及提供担保等,以振兴包括交通、能源、电信、农业和城市发展在内的各个行业投资。

运行机制

根据现有章程《筹建亚投行备忘录》,亚投行作为“多边开发银行”治理最核心问题的投票权实际上分为两个部分:一部分是亚洲区域内国家和地区所占有的 75%,另一部分是区域外非亚洲国家和地区占有的25%。亚洲区域内国家和地区的投票权将通过GDP、人口等一系列指标来决定。这与世界银行、亚洲开发银行根据出资占股比例决定投票权截然不同。

自2014年10月筹建亚投行备忘录签署以来，各意向创始成员国先后举行了5次谈判代表会议。2015年5月20日至22日，筹建亚洲基础设施投资银行第5次谈判代表会议通过3天的谈判，各方就《亚投行章程》文本达成一致，并商定于2015年6月底在北京举行《亚投行章程》签署仪式。

亚投行的法定资本为1000亿美元，针对出资比例，中国计划向亚洲区域内国家分配75%，向欧洲等域外国家分配25%。亚投行最大股东将为中国(30.85%)，以下依次为印度(10.4%)、印度尼西亚(3.99%)、德国(3.96%)和韩国(3.93%)

(来源：综合整理自百度百科、21世纪经济报道)

中国—东盟博览会出入境检验检疫服务指南

为了办好中国—东盟博览会，方便各国客商和有关人士出入境检验检疫，根据《中华人民共和国进出口商品检验法》、《中华人民共和国进出境动植物检疫法》、《中华人民共和国国境卫生检疫法》和《中华人民共和国食品安全法》的规定，以及国家质量监督检验检疫总局(以下简称：国家质检总局)专为中国—东盟博览会批准的便利措施，制定本服务指南。

一、广西出入境检验检疫局机构设置

中国—东盟博览会期间，广西出入境检验检疫局在各主要口岸设置中国—东盟博览会入境参展物检验检疫专用通道、参会人员礼遇通道和专用通道，实行优先检验检疫，优先通关。主要航空口岸有南宁、桂林、北海；海港口岸有北海、防城港；边境陆路口岸有凭祥、东兴。中国—东盟博览会秘书处委托中国金球广西公司和广西中邮物流有限公司全权办理参展物出入境检验检疫有关事宜。

二、入境参展物检验检疫方式和工作流程

(一)检验检疫方式

广西出入境检验检疫局对参展物实行“口岸查验，展出地集中检验检疫监管”的方式。

广西出入境检验检疫局在南宁国际会展中心专门设立有中国—东盟博览会检验检疫现场办公室(以下简称“检验检疫现场办公室”)，负责会展现场的咨询、报检和检验检疫监管工作，并在会展期间实行24小时电话值班制度。

(二)参展物出入境检验检疫工作流程(见下图)

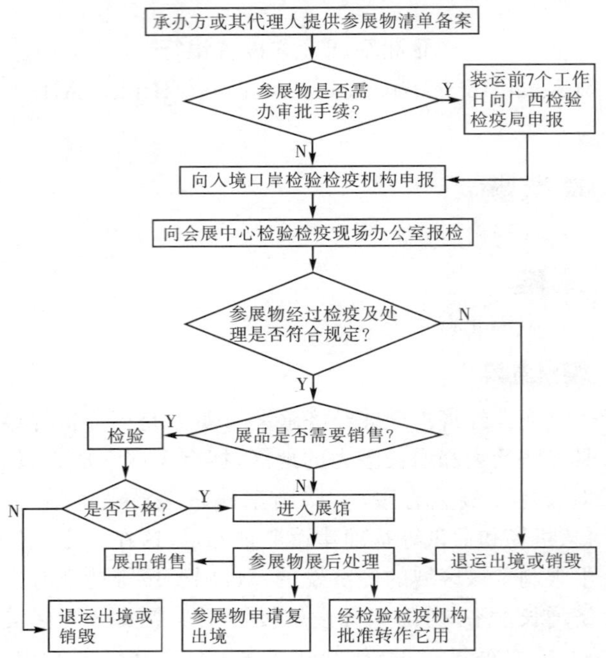

三、入境参展物的报检管理

(一)参展物主要是指展品、礼品及样品等，需由参展商或其代理人在入境时向口岸检验检疫机构申报，提交参展物清单及有关参展物的证明文件，提单/运单等，并注明是否展后销售。

(二)入境口岸检验检疫机构根据参展物的性质，实施感观检查或检疫处理后，予以放行。必要时，出具通关单或有关检验检疫证单。

(三)参展物运达展出地点后由参展商或其代理人，向检验检疫现场办公室申请办理报检手续。

(四)对非销售的展品可免予检验，涉及放射性检测的重金属矿、石材产品等除外。

(五)展品为动植物及其产品的，报检时必须附有输出国官方出具的动物检疫证书或植物检疫证书。属于需要办理检疫审批的，还须提交国家质检总局或者广西出入境检验检疫局签发的《中华人民共和国进境动植物检疫许可证》，或农业、林业部门签发的检疫审批单。

(六)需要展后销售的预包装食品、化妆品，报检时应申请品质、安全卫生、标签等项目的检验，检验合格后领取《卫生证书》才予以销售。报检时需提供下列材料：

1. 原标签和中文标签样张，中文标签内容应符合中国法规、标准规定；

2. 当标签中有特别强调某一内容，如获奖、获证、法定产区等内容时，应提供相应的证明材料；新资源食品、保健食品还需提供中国卫生部门的进口

批准件。

3. 化妆品还应全成分标注，并提供主要成份配比等相关材料。

（七）展品为微生物、生物制品和血液及其制品等特殊物品的，报检时须持有广西出入境检验检疫局签发的入境《特殊物品卫生检疫审批单》。

（八）展品为列入中国强制性产品认证（以下简称 CCC 认证）管理的产品，报检时须持有效的《强制性产品认证证书》（以下简称 CCC 证书）或广西出入境检验检疫局签发的《免于办理强制性产品认证证明》（以下简称《免办证明》）。

（九）进境参展物使用木质包装的，应当在输出国家或者地区政府检疫主管部门监督下按照国际植物保护公约（以下简称 IPPC）的要求进行除害处理，并加施 IPPC 专用标识。除害处理方法和专用标识应当符合国家质检总局公布的检疫除害处理方法和标识要求。

（十）为提高通关速度，参展商或其代理人可提前办理报检手续，参展物运抵入境口岸时，进行必要的查验后，即可快速放行。

（十一）参展物一律免收检验、检疫、除害处理和监管费用。

四、中国对入境参展物品的有关规定

（一）下列物品禁止入境

动植物病原体（包括菌种、毒种等）、害虫及其他有害生物；动物尸体、土壤；动植物疫情流行的国家和地区的有关动植物、动植物产品和其他检疫物，其目录可参阅国家质检总局在网站 WWW.AQSIQ.GOV.CN 上《动植物检疫》栏目公布的《禁止从动物疫情流行国家/地区输入的动物及其产品一览表》和《中华人民共和国进境植物检疫禁止进境物名录》。

（二）参展的动植物及其产品检疫审批的规定

1. 以下参展的动植物及其产品入境前由广西检验检疫局负责办理检疫审批手续

动物及其产品：(1)观赏鱼；(2)食用性动物产品；(3)蚕茧；未经加工的养殖珍珠。

植物及其产品：(1)果蔬类：新鲜水果、番茄、茄子、辣椒果实；(2)粮谷类：大麦、黑麦、燕麦、高粱等及其加工产品，如麦芽等；(3)豆类：绿豆、豌豆、赤豆、蚕豆、鹰嘴豆等；(4)薯类：马铃薯、木薯、甘薯等；(5)饲料类：麦麸、豆饼、豆粕等。

2. 以下参展的植物种子、种苗及其他繁殖材料，入境前由广西农业或林业行政主管部门审批。栽培或野生的可供繁殖的植物全株或部分，如植株、苗木（含试管苗）、果实、种子、砧木、接穗、插条、叶片、芽体、块根、块茎、鳞茎、球茎、花粉、细胞培养材料等。

3. 以下参展物不需要办理检疫审批手续

动物产品：蓝湿（干）皮、已鞣制皮、净洗羽绒、洗净毛、碳化毛、条毛、贝壳类、水产品、蜂产品、蛋制品（不含鲜蛋）、奶制品（鲜奶除外）、熟制肉类产品（如香肠、火腿、肉类罐头、使用高温炼制的动物油脂）；

除上述以外的动物产品，向广西出入境检验检疫局申报，由国家质检总局检疫审批。

4. 需要检疫审批的参展物，参展商或其代理人在展品交付装运前至少提前 7 个工作日，向广西出入境检验检疫局提出申请，申办时须提交参展物清单和有关参展证明文件。因特殊情况未能事先办理审批手续的，在入境时可向广西出入境检验检疫局申请补办。

（三）下列特殊物品报检前须办理卫生检疫审批手续

微生物、生物制品、血液及其制品、人体组织等特殊物品。

参展商或其代理人在展品交付装运前至少提前 7 个工作日，向广西出入境检验检疫局提出申请，申办时须提交中国政府省级以上主管部门签发的《医用特殊物品准入境证明》。

（四）凡列入《实施强制性产品认证的产品目录》而未获得 CCC 认证的展品，报检前须办理《免办证明》审批手续

1. 目前，国家质检总局和国家认监委公布列入目录内的产品有以下 20 大类：电线电缆、电路开关及保护或连接用电器装置、低压电器、小功率电动机、电动工具、电焊机、家用和类似用途设备、音视频设备类、信息技术设备、照明设备、电信终端设备、机动车辆及安全附件、汽车零部件、机动车辆轮胎、安全玻璃、农机产品、消防产品、安全技术防范产品、装饰装修产品、玩具、无线局域网产品。

有关详细产品目录和信息，可查阅网站 http://www.cnca.gov.com/，国家质检总局、国家认监委 2001 年第 33 号、2002 年第 60 号、2004 年第 6 号、62 号、2005 年第 137 号、198 号、2006 年第 103 号公告和国家认监委 2005 年 3 号公告等。

2. 参展商或其代理人在展品交付装运前至少提前 7 个工作日，向广西出入境检验检疫局提出申请，由国家认监委备案核准。申报时须提供有关参展证明、生产厂家产品合格证书、生产国官方认可的检测机构出具的安全检测合格证书以及生产厂家对该展品在使用过程中的安全问题负责的自我申明、海关

《暂时进口货物审批表》或《暂时进口货物批准书》等;需要申报汽车、摩托车产品的,还应提供《自动进口许可证》。申报的数量不应超出展览用途。因特殊情况未能事先办理备案核准手续的,在入境时可向广西出入境检验检疫局申请补办。

需要申报汽车产品的,由广西检验检疫局请示国家认监委,经同意后方可予以报检。

五、参展物的展后处理

(一)参展物展后处理的基本要求

展后需在中国境内销售的展品,须由参展商或其代理人填写《入境货物报检单》,并补齐相关的手续,随附入境时检验检疫机构签发的相关证单,经检验检疫合格后方可销售;参展后复出境的参展物,应填写《出境货物报检单》,并附上入境时检验检疫机构签发的相关证单,检验检疫机构依法出具通关单。

(二)动植物及其产品的展后处理

展览结束后,参展的动植物及其产品一般应退回参展国或作销毁处理。参展商或代理人要求保留的,必须经广西出入境检验检疫局批准,并按规定进行检验检疫。经检验检疫合格的,准许保留使用;经检验检疫不合格的,作除害或销毁处理。

(三)预包装食品、化妆品的展后处理

需要展后销售的预包装食品、化妆品,应当在入境报检时申请进行品质、安全卫生、标签等项目的检验,经检验合格领取《卫生证书》者方可销售,不合格者不准销售,展后作退运出境、销毁等处理。

(四)列入中国强制性产品认证展品的展后处理

列入中国强制性产品认证("3C"认证)管理的入境参展物,对已获得"3C"认证并加施"3C"认证标志及已经办理备案核准手续的展品可以在展后进行销售;未获得"3C"认证资格或未经办理备案核准手续的,不准在中国境内销售,展后一律作退运出境或销毁处理。

六、人员出入境检验检疫流程

(一)入境检验检疫:旅客入境时按规定主动申报—→现场检疫查验—→查验携带物品—→合格放行。

(二)出境检验检疫:旅客出境时按规定主动申报—→现场检疫查验—→合格放行。

如果有发热、寒战、咳嗽、呼吸困难、腹泻、呕吐等体征或症状之一的旅客,以及患有传染性疾病、精神病的旅客,在出入境时,须主动口头向检疫官员申报,并接受检验检疫。

七、人员携带物入境检验检疫管理规定

携带的参展物品按入境参展物的规定执行。广西出入境检验检疫局将在各出入境口岸公告栏和中国—东盟博览会秘书处的网站(http://www.caexpo.org)上公布人员携带物出入境检验检疫的有关信息。根据农业部、国家质检总局1712号公告《中华人民共和国禁止携带、邮寄进境的动植物及其产品名录》,以下物品禁止携带入境:

(一)动物及动物产品类

1. 活动物(犬、猫除外),包括所有哺乳动物、鸟类、鱼类、两栖类、爬行类、昆虫类和其他无脊椎动物,动物遗传物质。

2.(生或熟)肉类(含脏器类)及其制品;水生动物产品。

3. 动物源性及奶制品,包括牛奶、鲜奶,动物源性奶油、黄油、奶酪等奶类产品。

4. 蛋及其制品,包括鲜蛋、皮蛋、咸蛋、蛋液、蛋壳、蛋黄酱等蛋源产品。

5. 燕窝(罐头装燕窝除外)。

6. 油脂类,皮张、毛类,蹄、骨、角类及其制品。

7. 动物源性饲料(含肉粉、骨粉、鱼粉、乳清粉、血粉等单一饲料)、动物源性中药材、动物源性肥料。

(二)植物及植物产品类

1. 新鲜水果、蔬菜。

2. 烟叶(不含烟丝)。

3. 种子(苗)、苗木及其他具有繁殖能力的植物材料。

4. 有机栽培介质。

(三)其他类

1. 菌种、毒种等动植物病原体,害虫及其他有害生物,细胞、器官、组织、血液及其制品等生物材料。

2. 动物尸体、动物标本、动物源性废弃物。

3. 土壤。

4. 转基因生物材料。

5. 国家禁止进口的其他动植物、动植物产品和其他检疫物。

注:1. 通过携带或邮寄方式进境的动植物及其产品和其他检疫物,经国家有关行政主管部门审批许可,并具有输出国家或地区官方机构出具的检疫证书,不受此名录的限制。

2. 具有输出国家或地区官方机构出具的动物检疫证书和疫苗接种证书的犬、猫等宠物,每人仅限一只。

八、法律责任及解释

(一)对不如实申报或逃避检验检疫监管的,或造成疫情疫病扩散等严重后果的,检验检疫机构依据有关法律法规追究其法律责任。检验检疫工作人员应严格履行职责，违法、失职的依法给予行政处分，构成犯罪的追究刑事责任。

（二）本服务指南由广西出入境检验检疫局负责解释。

广西出入境检验检疫局

二〇一六年三月二十一日

（来源：广西出入境检验检疫局网.http://www.gxciq. gov. cn/jqzl/fwzgdm/zgdmbszn/11693. htm. 2013—03—21）

中国—东盟中心

2009年，在第12次中国—东盟领导人会议期间，中华人民共和国政府（以下简称“中国”）和文莱达鲁萨兰国、柬埔寨王国、印度尼西亚共和国、老挝人民民主共和国、马来西亚、缅甸联邦共和国、菲律宾共和国、新加坡共和国、泰王国和越南社会主义共和国等东盟10国签署了《中华人民共和国政府和东南亚国家联盟成员国政府关于建立中国—东盟中心的谅解备忘录》。缔约各方据此建立一个信息和活动中心，即中国—东盟中心。

中国—东盟中心是一个政府间国际组织，旨在促进中国和东盟在贸易、投资、旅游、教育和文化领域的合作。中心总部设在北京，今后将不断拓展，并在东盟各成员国和中国的其他地区设立分中心。

根据《谅解备忘录》，中国和东盟10个成员国是中心成员，中国和东盟的企业和社会团体可通过向中心秘书处提出申请成为联系会员。中心将根据《谅解备忘录》所赋予的使命，推动中—东盟各领域的务实合作。

2010年10月，温家宝总理同东盟国家领导人共同启动了中心官方网站（www.asean－china－centre.org），并宣布2011年建成实体中心。2011年11月18日，中国—东盟中心在第14次中国—东盟领导人会议暨中国—东盟建立对话关系20周年纪念峰会上正式成立，时任中国国务院总理温家宝与东盟10国领导人及东盟秘书长共同为中心揭牌。

根据《谅解备忘录》，中心职责如下：

一、成为信息、咨询和活动的核心协调机构，为中国和东盟的商务人士和民众提供一个关于贸易、投资、旅游、文化和教育的综合信息库；

二、成为中国与东盟就有关促进贸易、投资、旅游和教育信息进行有益交流的渠道，包括涉及市场准入，特别是支持中小企业发展的规章制度；

三、通过对数据和信息的广泛收集、分析，以及对市场趋势的预测，开展贸易和投资领域的研究，彰显中国—东盟自由贸易区的益处；

四、通过宣传中国和东盟的传统艺术、手工艺品、音乐、舞蹈、戏剧、电影和语言，以及在中国和东盟的教育机会，促进文化和教育；

五、通过征询意见、提供教育咨询服务和组织贸易投资交易会、旅游展、食品节、艺术展和教育展，向中国和东盟的公司、投资者和民众介绍和宣传中国和东盟的产品、产业和投资机会、旅游资源、文化及教育；

六、开展市场调查活动，确定潜在市场和合作领域；

七、管理中心框架内设立的永久性东盟贸易、投资和旅游展厅；

八、成为核心的投资促进机构，建立行业联系，向中国和东盟企业推介商机，特别是协助投资者和公司寻找当地的商业伙伴；

九、与中国政府、东盟各成员国政府，以及相关区域和国际组织在贸易、投资和旅游领域保持密切合作；

十、为中国和东盟之间的贸易和投资活动提供便利；

十一、提供中国和东盟与贸易、投资和旅游领域有关的机构和政府官员名录；

十二、开展能力建设活动以支持中国和东盟之间的贸易、投资和旅游促进活动；

十三、支持中小文化企业发展，促进文化旅游；

十四、组织中国与东盟成员国之间关于贸易、投资和旅游便利化等问题的研讨会或研修班；

十五、建立一个艺术、文化和语言的学习中心，以加强民间交流，增进中国和东盟民众和社会之间的相互了解；

十六、研究开展与贸易、投资和旅游领域相关的人员交流项目的可能性；

十七、支持关于缩小东盟国家间发展差距的项目；

十八、开展中心实现其目标所需其它活动。

（来源：中国—东盟中心官方网站.http://www.asean－china－center.org/zxgk/）

索　　引

A

阿卜杜拉·巴达维　39b,426
阿卜杜勒·哈利姆·穆阿扎姆·沙阿　15a
阿卜杜勒·哈密德　4b
阿卜杜拉　4b
阿布·巴卡尔　4b
阿布里扎尔·巴克利　10a
阿德南　4b
阿尔穆塔迪·比拉　4b
阿尔韦特·德尔罗萨里奥　20b
阿贡·拉克索诺　34a
阿基诺　20a,44a,44b,45a
阿里夫·维博沃　162a
阿利亚　199a,199b
阿罗约　44a,44b,426
阿姆兰·苏莱曼　10a
阿披实·威差奇瓦　26a,49b,427
阿齐兹·G·佩雷斯　188b
阿桑·劳里　13a,36b,422b,426
阿兹兰　39b
埃尔皮迪奥·基里诺　20b
埃斯特拉达　21a,44a,46a
艾尔琳达·巴西里奥　529a
昂山素季　17b

B

部分节日
　菲律宾　19b
　柬埔寨　5b
　老挝　12a
　马来西亚　14a
　缅甸　16b
　泰国　24b
　文莱　3b
　新加坡　22b
　印度尼西亚　9a
　越南　27b
　中国　1b
巴纳达·迪沙军亲王　25b
《东盟自由贸易区协定》　76a
巴妮·雅陶都　12b,13a,36b
巴苏坤　170b
巴索素　49b
巴威·翁素万　25b
巴育·占奥差　25b,104a,160b,413a,442a,444b
班邦·布罗佐内戈罗　10a
贝尔蒙特　44a
贝尼尼奥·西米恩·阿基诺三世　20a
本扬·沃拉吉　12b,13a,36b,422a,427,440b,442b
本赞·佩阿萨　58b
比里亚通·贴瓦军亲王　25b
波松·布帕万　422a,426
伯尔泰勒·加斯明　20b
布安·马哈拉尼　10a
布迪约诺　34a,422b,426
布建国　440b,528a
布莱尔　200b
德贝内西亚　44a
东盟经济共同体　265b,266a

C

财政
　柬埔寨　7b
　泰国　26b
　中国　3a
产业
　菲律宾　21a
　柬埔寨　7b
　老挝　13a
　马来西亚　15b
　缅甸　18b
　泰国　26b
　文莱　5a
　新加坡　23b
　印度尼西亚　10b
　越南　28b
　中国　2b
传媒
　菲律宾　22a
　柬埔寨　8b
　老挝　13b
　马来西亚　16a
　缅甸　19a
　泰国　27a
　文莱　5a
　新加坡　24a
　印度尼西亚　11b
　越南　29a
猜·奇触　49b
曹刚川　30b
常万全　29b,34a,442a
巢小良　529b
陈炳德　33b
陈大光　28b
陈德海　530a
陈德良　51b
陈德铭　49a,285b
陈连庞　207a
陈庆炎　23a,46b,437a,520b,531b,532a
陈锡强　23b
陈晓东　528b
陈毅　41b
陈玉光　206a,207a
陈至立　32b,49b
陈智敏　402a

程志斌　161a
迟浩田　38a

D

《大湄公河次区域便利运输协定》　408a
《东盟互联互通总体规划》　525a
《东盟领空开发协议》　162a
《东盟—湄公河流域开发合作基本框架》　415a
《东盟宪章》　537a,538a,538b
《东南亚友好合作条约》　404b
达图·帕拉尼威·哥维达萨米　15b
大湄公河次区域　405b,406a,407a,409a,409b,410a,410b,412a,412b,413a,413b,414b,415b
大湄公河次区域经济合作　406a,407b,408a,408b,410b,411a,412a,521a
戴秉国　29b,33b
戴德兴　181b,182a,182b,183a,183b
戴维·曼恩　161b
丹·斯里·阿卜杜尔·甘尼·帕泰尔　15b
丹·斯里·阿布·扎哈　15a
丹·斯里·达图·班迪卡·阿敏　15a
丹·斯里·达图·斯里·扎基　15b
德尔罗萨里奥　44a
德卡斯特罗　44b
邓陈海登　205a
邓明魁　441a,529a
迪奥斯达多·马卡帕加尔　20b
迪洛瓦特经济特区　296b
迪瓦马尼　290b
第12届中国—东盟博览会　405a,423b
第12届中国—东盟商务与投资峰会　428a
丁进勇　28b
丁罗升　28b
东博会　417a,417b,418a,418b,420b,421b,526a
东盟国家的主要报纸(表)　534
东盟经济共同体　180a,199a,207b,441b,443b
东盟自由贸易区　177a,415a
东南亚国家联盟　536a
杜梅　51b
端古·阿尔哈吉·阿卜杜尔·哈利姆·慕阿扎姆·沙阿　15a

E

《2011年至2020年在老挝开发经济特区和专业经济区战略规划》　285b
《2013～2014年全球竞争力报告》　164b
《2013～2017年泰国物流系统发展战略》　199b,200a
《2016年国际工业数据年鉴》　161b
2001～2015年中国与菲律宾贸易统计(表)　94a,94b
2003～2015年中国和新加坡贸易情况(表)　99b
2007～2012年柬埔寨汇率变动情况(表)　69b
2007～2013年文莱原油、天然气产量(表)　62a
2007～2014年新加坡元兑美元汇率变化情况(表)　97b
2007～2014年中国在柬埔寨经济合作情况(表)　72a
2008～2016年印度尼西亚水泥销售　172b
2011年柬埔寨商品市场需求量(表)　69a
2012～2015年中国出口新加坡LED照明产品数量和单价(图)　198a
2014年越南部分商品进口税率(表)　321a
2015年1～12月中国电子主要出口东盟国家金额(图)　510b
2015年1～12月中国电子主要进口东盟国家金额占比(图)　510b
2015年1～12月中国—东盟双边贸易额(图)　495a
2015年1～12月中国动植物油主要出口东盟国家金额(图)　511b
2015年1～12月中国动植物油主要进口东盟国家金额占比(图)　511b
2015年1～12月中国对东盟出口电子产品金额(图)　495b
2015年1～12月中国对东盟出口钢铁金额(图)　496a
2015年1～12月中国对东盟出口机械产品金额(图)　497a
2015年1～12月中国对东盟出口家具金额(图)　498a
2015年1～12月中国对东盟出口针织服装金额(图)　497b
2015年1～12月中国对东盟国家贸易统计(表)　445
2015年1～12月中国对东盟主要出口电子产品金额占比(图)　511a
2015年1～12月中国对东盟主要出口动植物油金额占比(图)　512a
2015年1～12月中国对东盟主要出口钢铁产品金额占比(图)　513a
2015年1～12月中国对东盟主要出口机械产品金额占比(图)　514a
2015年1～12月中国对东盟主要出口家具产品金额占比(图)　515a
2015年1～12月中国对东盟主要出口矿物燃料金额占比(图)　516a
2015年1～12月中国对东盟主要出口针织服装产品金额占比(图)　517a
2015年1～12月中国对东盟主要出口珍珠宝石产品金额占比(图)　518a
2015年1～12月中国对菲律宾主要出口产品金额(图)　507b
2015年1～12月中国对柬埔寨主要出口产品金额(图)　503a
2015年1～12月中国对老挝主要出口产品金额(图)　504b

2015 年 1～12 月中国对马来西亚主要出口产品金额(图) 505b
2015 年 1～12 月中国对缅甸主要出口产品金额(图) 506b
2015 年 1～12 月中国对泰国主要出口产品金额(图) 509a
2015 年 1～12 月中国对文莱主要出口产品金额(图) 502b
2015 年 1～12 月中国对新加坡主要出口产品金额(图) 508a
2015 年 1～12 月中国对印度尼西亚主要出口产品金额(图) 504a
2015 年 1～12 月中国对越南主要出口产品金额(图) 509b
2015 年 1～12 月中国钢铁主要出口东盟国家金额(图) 512b
2015 年 1～12 月中国钢铁主要进口东盟国家金额占比(图) 512b
2015 年 1～12 月中国机械主要出口东盟国家金额(图) 513b
2015 年 1～12 月中国机械主要进口东盟国家金额占比(图) 513b
2015 年 1～12 月中国家具主要出口东盟国家金额(图) 514b
2015 年 1～12 月中国家具主要进口东盟国家金额占比(图) 514b
2015 年 1～12 月中国矿物燃料主要出口东盟国家金额(图) 515b
2015 年 1～12 月中国矿物燃料主要进口东盟国家金额占比(图) 515b
2015 年 1～12 月中国省份对东盟国家进出口贸易统计(表) 445
2015 年 1～12 月中国针织服装主要出口东盟国家金额(图) 516b
2015 年 1～12 月中国针织服装主要进口东盟国家金额占比(图) 516b
2015 年 1～12 月中国珍珠宝石主要出口东盟国家金额(图) 517b
2015 年 1～12 月中国珍珠宝石主要进口东盟国家金额占比(图) 517b
2015 年 1～12 月中国自东盟进口电子产品金额(图) 501a
2015 年 1～12 月中国自东盟进口机械产品金额(图) 500b
2015 年 1～12 月中国自东盟进口矿物燃料金额(图) 499a
2015 年 1～12 月中国自东盟进口塑料及其制品金额(图) 500a
2015 年 1～12 月中国自东盟进口珍珠宝石金额(图) 498b
2015 年 1～12 月中国自东盟主要进口电子产品金额(图) 510b
2015 年 1～12 月中国自东盟主要进口动植物油产品金额(图) 511b
2015 年 1～12 月中国自东盟主要进口钢铁产品金额(图) 512b
2015 年 1～12 月中国自东盟主要进口机械产品金额(图) 513b
2015 年 1～12 月中国自东盟主要进口家具产品金额(图) 514b
2015 年 1～12 月中国自东盟主要进口矿物燃料产品金额(图) 515b
2015 年 1～12 月中国自东盟主要进口针织服装产品金额(图) 516b
2015 年 1～12 月中国自东盟主要进口珍珠宝石金额(图) 517b
2015 年 1～12 月中国自菲律宾主要进口产品金额(图) 507a
2015 年 1～12 月中国自柬埔寨主要进口产品金额(图) 503a
2015 年 1～12 月中国自老挝主要进口产品金额(图) 504b
2015 年 1～12 月中国自马来西亚主要进口产品金额(图) 505b
2015 年 1～12 月中国自缅甸主要进口产品金额(图) 506a
2015 年 1～12 月中国自泰国主要进口产品金额(图) 508b
2015 年 1～12 月中国自文莱主要进口产品金额(图) 502a
2015 年 1～12 月中国自新加坡主要进口产品金额(图) 508a
2015 年 1～12 月中国自印度尼西亚主要进口产品金额(图) 503b
2015 年 1～12 月中国自越南主要进口产品金额(图) 509b
2015 年文莱部分食品价格(表) 64a
2015 年印尼 5 大类进口商品(表) 75b
2015 年印尼前 6 位出口国家/地区排名(表) 75b
2015 年印尼前 6 位进口国家/地区排名(表) 75b
2015 年中国出口新加坡 LED 照明产品类型(图) 198b
2015 年中国电子产品主要出口东盟国家(图) 496a
2015 年中国电子产品主要进口东盟国家(图) 501a
2015 年中国钢铁主要出口东盟国家(图) 496b
2015 年中国机械产品主要出口东盟国家(图) 497a
2015 年中国机械产品主要进口东盟国家(图) 500b
2015 年中国家具产品主要出口东盟国家(图) 498b
2015 年中国矿物燃料主要进口东盟国家(图) 499b
2015 年中国塑料及其制品主要进口东盟国家(图) 500a
2015 年中国针织服装主要出口东盟国家(图) 498a
2015 年中国珍珠宝石主要进口东盟国家(图) 499a
2015 年中泰贸易、投资统计(表) 104b
21 世纪海上丝绸之路 54a,54b,55b,56a,194b,217b,405a,405b,412b,436b,437b,439a,443b,444a,519a

F

《非传统安全领域合作谅解备忘录》 402a
范家谦 426
范平明 28b,51b,53a,413a,423a,442a

范世阅　41b
范长龙　34a,53a
方侨生　168b,169a,170a
房地产税税率(非业主自用的住宅产业税税率)(表)　310a
房地产税税率(业主自用的住宅产业税税率)(表)　310a
菲律宾工业品外观设计代理须提交的申请文件(表)　395b
菲律宾商标代理须提交的申请文件(表)　372b
菲律宾专利代理须提交的申请文件(表)　385b
风险分类矩阵(表)　174b
冯光青　28b
冯镇安　56b
付吉军　529b
傅莹　44a,51b
印花锐纳税义务人确定原则(表)　310b

G

国徽
菲律宾　19b
柬埔寨　5b
老挝　12a
马来西亚　14a
缅甸　16b
泰国　24b
文莱　3b
新加坡　22b
印度尼西亚　8b
越南　27b
中国　1a
国会
印度尼西亚　9b
新加坡　23a
国家政要
菲律宾　20b
柬埔寨　6b
老挝　12b
马来西亚　15a
缅甸　17b
泰国　25b
文莱　4b
新加坡　23a
印度尼西亚　10a
越南　28a
国民
菲律宾　20a
柬埔寨　6a
老挝　12a
马来西亚　14b
缅甸　17a
泰国　25a
文莱　4a
新加坡　22b
印度尼西亚　9a
越南　28a
中国　2a
国名
菲律宾　19a
柬埔寨　5b
老挝　11b
马来西亚　13b
缅甸　16b
泰国　24a
文莱　3b
新加坡　22a
印度尼西亚　8b
越南　27a
中国　1a
国内生产总值
菲律宾　21a
柬埔寨　7b
老挝　13a
马来西亚　15b
缅甸　18b
泰国　26b
文莱　4b
新加坡　23b
印度尼西亚　10b
越南　28b
中国　2b
国旗
菲律宾　19a
柬埔寨　5b
老挝　11b
马来西亚　13b
缅甸　16b
泰国　24b
文莱　3b
新加坡　22a
印度尼西亚　8b
越南　27a
中国　1a
国体
老挝　12b
文莱　4a
新加坡　23a
越南　28a
国体政体
菲律宾　20a
柬埔寨　6a
老挝　12b
马来西亚　14b
缅甸　17a
泰国　25b
文莱　4a
新加坡　23a
印度尼西亚　9b
越南　28a
国土与资源
中国　1b
《关于实行越南汽车工业发展规划与战略的政策机制》　208a
敦·帕马威奈　25b
盖博拉斯美　7a
高德发　28b
格里高利·多明戈　426
格实　49b
葛甘·瓦塔纳瓦朗军　25b
各商业类别的比例税率(表)　301b
顾秀莲　29b,422a
关华兵　528a

H

《河内行动计划》　281a
《河内宣言》　281a
哈达　34a
哈达·阿里　10a
哈达·拉加萨　10b
哈迪　204b
哈吉·哈桑纳尔·博尔基亚·穆伊扎丁·瓦达乌拉　29b
哈莉玛　23a
哈桑纳尔　422a,436b,442b
海上丝绸之路　436a,444a,444b,445a,445b,446a,447b,448b,

449a,451b,452a,453b,454a
韩强畴　169a
韩桑林　6b,7a,31b
何厚铧　51b
何雄强　28b
贺国强　39b
贺南洪　31b,422a
洪亮　528a
洪森　7a, 31b, 32b, 71a, 410b, 413a,422a,423a,426,442a
洪小勇　441a,528b
洪逊霍　6b
胡锦涛　31b,39b,44a,49b
胡孟俊　208a
胡志明　530a,537a
黄春林　168b
黄根成　46b
黄惠康　528a
黄金辉　46b
黄孟复　421b
黄若诗　161a
黄喜源　161a
黄永宏　23b
黄忠海　28b,422a,426
辉比威　169b
回良玉　31b,34a
霍英东　36b

J

金融
菲律宾　21b
柬埔寨　8a
老挝　13a
马来西亚　16a
缅甸　18b
泰国　26b
文莱　5a
新加坡　23b
印度尼西亚　10b
越南　28b
中国　3a
进出口贸易
菲律宾　21b
柬埔寨　8a
老挝　13b
马来西亚　16a
缅甸　18b
泰国　26b
文莱　5a
新加坡　24a
印度尼西亚　11a
越南　28b
中国　3a

经济
菲律宾　21a
柬埔寨　7b
老挝　13a
马来西亚　15b
缅甸　18b
泰国　26b
文莱　4b
新加坡　23b
印度尼西亚　10b
越南　28b
中国　2b
吉迪拉·纳拉农　422b,426
吉米内兹　44a
吉司马迪　422b,426
加西亚　44a
贾阿法　39b
贾庆林　29b,31b,39b,42a,44a
柬埔寨《关于特别经济区设立和管理的148号次法令》　275a
柬埔寨工业品外观设计代理须提交的申请文件(表)　391b
柬埔寨工资税税率(表)　273b
柬埔寨其他税种及其税率/税额(表)　274a
柬埔寨商标代理须提交的申请文件(表)　365b
柬埔寨主要商品的税率(表)　272a
柬埔寨专利代理须提交的申请文件(表)　379b
江泽民　29b,44a,46b
蒋树声　44a
杰乔马·比奈　20b
截至2007年与贸易相关的主要法规(表)　267a
居民个人所得税税率(表)　309a

K

《昆明宣言》　408a
《跨太平洋伙伴关系协定》　207b
吉隆坡市超级市场部分基本生活用品的参考价格(表)　82a
柬埔寨物价水平(市场平均参考价)(表)　69a
近6年柬埔寨贸易情况统计(表)　70a
近6年缅甸进出口总额(表)　89a
近6年中国对柬埔寨直接投资情况(表)　71b
近8年中国在文莱经济合作统计(表)　66a
近9年中国和柬埔寨贸易情况统计(表)　71a
近9年中国和文莱贸易统计(表)　65b
近年缅甸主要贸易伙伴(表)　89a
凯·西索达　529a
凯山·丰威汉　36b
坎代·西潘敦　36b
坎潘·西提丹帕　13a
坎培·乔布拉帕　36b
坎山·苏冯　13a
科甘·瓦他那朗泰　203b,204a
克莱罗·阿里拉诺　20b
坎佐　17b

L

《澜湄国家产能合作联合声明》　521b
《澜湄国家减贫合作非文件》　522a
《联合国宪章》　536a
《旅游产业战略合作协议》　171a
拉赫马特·戈贝尔　10a
拉莫斯　20b,44a
莱拉·德利玛　20b
老挝工业品外观设计代理须提交的申请文件(表)　393a
老挝商标代理须提交的申请文件(表)　368b
老挝专利代理须提交的申请文件(表)　381b
蕾特诺·马尔苏迪　10a
黎德英　51b
黎可漂　51b
黎良明　423a,426,443b

李光耀　23b,46b
李建国　36b,51b
李克强　29b,31a,31b,34b,38a,39b,42a,49b,54a,104a,166b,405b,413a,418a,422b,423a,425a,427,437b,441b,460b,462a,464a,469a,519a,520a,522a,555a,561a
李岚清　39b,46b
李鹏　29b,33b,39b,44a,46b
李瑞环　39b,42a
李显龙　23a,44a,44b,45a,46b,55b,422a,426,436a,437a,444a
李奕贤　422b,426
李源潮　34a,42a,47a
李长春　34a
李兆焯　422a
李肇星　32b
李润生　56b
里亚米扎尔德·里亚库杜　10a
厉无畏　51b
梁光烈　30b,38a,44a,46b
林康宪　423a,426
林瑞莲　23b
林瑞生　23b
林勋强　23a,49a
林玉成　29b
刘少奇　31b,41b
刘思敏　204a
刘云山　51b
刘中林　199b,200a
卢莱斯棱　7a
卢莱斯伦　7a
罗哈斯　422b,426
罗家良　529a
罗德里戈·杜特尔　20b

M

民族
　　菲律宾　20a
　　柬埔寨　6a
　　老挝　12a
　　马来西亚　14b
　　缅甸　17a
　　泰国　25a
　　文莱　4a
　　印度尼西亚　9b
　　越南　28a
　　中国　2a
《缅甸公民投资法》　88a
《缅甸金融机构法》　88a
《缅甸联邦外国投资法》　129a,131a
马蒂　34a
马尔祖基　34a
马科斯　44a
马来西亚对外贸易年度和月度表　484
马来西亚对主要贸易伙伴出口额(2015年)　485
马来西亚工业品外观设计代理须提交的申请文件(表)　394a
马来西亚贸易差额主要来源(2015年)　486
马来西亚商标代理须提交的申请文件(表)　370a
马来西亚专利代理须提交的申请文件(表)　383a
马来西亚自主要贸易伙伴进口额(2015年)　485
马中关丹产业园　291a
玛斯娜　422a
麦俊荣　197b
曼努埃尔·罗哈斯　20b
梅加瓦蒂·苏加诺普特丽　10b,34a
孟建柱　34a,39b,46b
缅甸财政和税收管理部门及相关税收表(图)　130b
缅甸工业品外观设计代理须提交的申请文件(表)　395a
缅甸商标代理须提交的申请文件(表)　371a
缅甸通讯、媒体等有关数据(表)　85b,86a
缅甸专利代理须提交的申请文件(表)　384b
莫尼列　31b
穆迪约诺　34a
穆罕默德·比拉　29b
穆罕默德·博尔基亚　4b,29b,31a
穆赫塔迪·比拉　4b,422a,426
穆斯塔法·穆罕默德　426
穆希丁　422b,426
涅本才　7a,7b

N

《内比都宣言》　408b
拿督·扎伊努丁·叶亚海　529a
纳吉布·敦·拉扎克　15a,39b,422b,426
尼空·瓦拉帕尼　49b
尼瓦塔隆·汶顺派汕　423a
年林　423a
聂慧慧　205a,205b
宁赋魁　528b
农德孟　51b
诺罗敦·拉纳烈　6b,7b
诺罗敦·西哈莫尼　6b,442b,443b

P

帕奎托·奥乔亚　20b
潘迪卡尔　40a
潘文凯　51b
裴光荣　28b
披尼　421b
披尼·扎禄颂巴　160a
披帕·颇沃拉蓬　26a
普拉博沃·苏比延托　10b
普拉蒂克诺　10a
普罗斯培·诺格拉雷斯　21a,44a,422a,426
普密蓬·阿杜德　25b,443b

Q

签证办理指南
　　菲律宾　354b
　　柬埔寨　346b
　　老挝　349a
　　马来西亚　350b
　　缅甸　352a
　　泰国　361a
　　文莱　345a
　　新加坡　357b
　　印度尼西亚　347b
　　越南　362b
《清迈倡议》　401a

戚建国　31b,42a
钱其琛　31a,33b,35b
茜拉・托马斯　160b
乔石　44a
全球及亚洲主要汽车生产国家和地区排名(表)　213b
亚洲、大洋洲及中东地区汽车销量排名(表)　213b,214a

R

人口
　菲律宾　20a
　柬埔寨　6a
　老挝　12a
　马来西亚　14b
　缅甸　17a
　泰国　25a
　文莱　4a
　新加坡　22b
　印度尼西亚　9a
　越南　28a
　中国　2a
阮春福　28b,422b,426,428a
阮富仲　20a,51b,52a,525b,529a,530a,536b,441a
阮和平　28b
阮晋勇　28a,51b,410b,422a,422b,426
阮明哲　51b
阮涅　6b
阮青山　51b
阮善仁　51b
阮生雄　28a,422b,528a
阮太平　28b
阮文安　51b
阮志咏　51b

S

双边关系
　中国与菲律宾　44a
　中国与柬埔寨　31a
　中国与老挝　36a
　中国与马来西亚　39b
　中国与缅甸　41b
　中国与泰国　49a
　中国与文莱　29b
　中国与新加坡　46b
　中国与印度尼西亚　33b
　中国与越南　51a
司法
　菲律宾　20b
　老挝　13a
　马来西亚　15b
　缅甸　17b
　泰国　25b
　文莱　4b
　新加坡　23b
　印度尼西亚　10a
　越南　28b
商标指南
　菲律宾　371b
　柬埔寨　365b
　老挝　367b
　马来西亚　369a
　缅甸　370a
　泰国　374b
　文莱　364a
　新加坡　373b
　印度尼西亚　366b
　越南　376a
《世界投资报告》　93b
萨利赫・胡辛　10a
赛冲　6b
赛茂康　17b,413a,422b,442a
塞特亚・诺凡多　10a
桑德莱什・麦农　23b
沙玛　49b
沙曼・维亚吉　36b
沙南　49b
尚达曼　23a,46b
尚穆根　23b,46b
韶肯　31b
邵拉尼　7b
诗丽吉　49b
诗琳通　49b
史蒂芬・格罗夫　411b
私营有限责任公司和公众有限责任公司比较(图)　145b
斯梦　199b
宋清润　187a,187b
宋荣华　529b
宋沙瓦・凌沙瓦　13a,36b,285b,422b
颂猜　49b
颂迈・帕西　25b
颂奇　422a,426
颂萨・革素拉暖　49b
苏丹・哈吉・哈桑纳尔・博尔基亚・穆伊扎丁・瓦达乌拉　4b,29b,426
苏迪尔曼・赛义德　10a
苏尔亚达尔马・阿里　10b
苏甘・马哈腊　423a
苏更・拉哈尔佐　529a
苏哈托　33b
苏貌　42a
苏西洛・班邦・尤多约诺　10a,34a,403b,422a,427
苏约伊　4b
素拉蓬・多威差猜恭　423a
素拉育　422a,426
素林　40a,422b,426
素帕猜　199b
素帕差　423a
素瓦攀・丹育万塔纳　25b
梭温　421b,422a,426
索菲安・贾里尔　10a

T

投资东盟十国手续
　菲律宾　133a
　柬埔寨　114a
　老挝　122b
　马来西亚　125a
　缅甸　129a
　泰国　145a
　文莱　110b
　新加坡　141a
　印度尼西亚　118a
　越南　153a
投资环境
　菲律宾　91a
　柬埔寨　66b
　老挝　77a
　马来西亚　80a
　缅甸　84b
　泰国　100b
　文莱　60a
　新加坡　95a
　印度尼西亚　72a

越南　105a
他信　200b,201a
塔纳萨　25b,49b,55b,56a,422b,436a,444a
泰国对外贸易年度和月度表　489
泰国对主要贸易伙伴出口额(2015年)　487
泰国工业品外观设计代理申请须提交的文件(表)　397b
泰国湖南工业园　319b
泰国贸易差额主要来源(2015年)　488
泰国商标代理须提交的申请文件(表)　375b
泰国主要进口商品的关税税率(表)　314b
泰国专利代理须提交的申请文件(表)　388a
泰国自主要贸易伙伴进口额(2015年)　488
泰坤蓬・素旺那达　49b
泰中罗勇工业园　319b
唐家璇　32b
特佐・埃迪・普尔迪亚特诺　10a
醍乐堃・倪勇　529a
通伦・西苏里　12b,422a
通伦・西苏利　36b
通邢・塔马冯　12b,13a,410b,413a,426,438b,439a,442a
土瓦经济特区　296a
托尼・费尔南德斯　162a

外资
菲律宾　21b
柬埔寨　8a
老挝　13b
马来西亚　16a
缅甸　18b
泰国　26b
文莱　5a
新加坡　24a
印度尼西亚　11a
越南　29a
《外国投资法》　84b,88a
瓦查拉・里拉瓦特　59a,59b,60a
哇集拉隆功　49b
外国直接投资(PMA)申请程序及其执行准则(图)119a
外资在缅甸投资情况(表)90a
宛纳勒・参努军　26a
万迪・布达萨冯　529a
万钢　422b,423a
王鼎昌　46b
王国强　51b
王久玲　59b
王景荣　421b,422a,426
王岐山　46b,422a,426
王毅　32b,34a,49b,436a,442b
王愚　529b
威沙努・科岩　25b
威素・西素攀　25b
维克托・伊布拉多　46a
维文　23b
尉健行　51b
温家宝　34a,39b,49b,71a,104a,403b,422b,426
文莱工业品外观设计代理须提交的申请文件(表)　390b
文莱农业中长期规划指标(表)　62b
文莱商标代理须提交的申请文件(表)　364b
文莱专利代理须提交的申请文件(表)　378b
吴埃敏　18a
吴邦国　31b,34a,39b,44a,49b
吴丹丁　18a
吴登盛　17b,18a,40a,405a,410b,422a,423a,425a,426,428a,463b,464a,469b
吴帝林翁　529a
吴丁温　18a
吴官正　33b
吴觉伦　17b
吴拉吞　49b
吴貌貌卡　41b
吴貌貌登　18b
吴敏莱　17b
吴奈温　41b
吴年吞　17b,42a
吴年温　42a
吴钦貌基　18a
吴钦貌瑞　18a
吴瑞曼　18a,42a
吴赛埃榜　18a
吴梭温　18a,42a
吴廷觉　17b
吴泰乌　18a
吴吞吞乌　17b
吴吞伊　18a
吴温敏　17b
吴温纳貌伦　42a,436a
吴温吞　17b
吴温欣　17b
吴翁丁　18a
吴仪　42a,49b,71a,420b,426
吴作栋　46b
武德担　28b
武东德・西达布　25b
武辉煌　28b,211b
武文宁　28b

行政区划
菲律宾　20a
柬埔寨　6a
老挝　12b
马来西亚　14b
缅甸　17a
泰国　25a
文莱　4a
新加坡　22b
印度尼西亚　9b
越南　28a
中国　2a
宪法
菲律宾　20a
柬埔寨　6a
老挝　12b
马来西亚　14b
缅甸　17b
泰国　25b
文莱　4a
新加坡　23a
印度尼西亚　9b
越南　28a
西哈努克　6b,31b,67a
西索瓦・西里拉　7a
希达亚特　34a

希拉里·克林顿 415a
习近平 32a,34a,39b,42a,54a,71a,74a,182b,405a,426,437b,520b,522a,525b
先锋产业的免税期(表) 269b
谢锋 528a
谢辛 7a,31b
新加坡对外贸易年度和月度表 491
新加坡对主要贸易伙伴出口额(2015年) 490
新加坡工业品外观设计代理须提交的申请文件(表) 397a
新加坡进口管制物品及主管机构(表) 305a,306b
新加坡贸易差额主要来源(2015年) 491
新加坡商标代理须提交的申请文件(表) 374a
新加坡应纳税商品及关税/国内货物税(表) 308a
新加坡专利代理须提交的申请文件(表) 387a
新加坡自主要贸易伙伴进口额(2015年) 490
许文远 23b
薛胜文 204a,204b
徐蕴峰 57b

Y

议会
- 菲律宾 20a
- 柬埔寨 6b
- 老挝 12b
- 马来西亚 15a
- 泰国 25b
- 文莱 4b
- 越南 28a

语言
- 菲律宾 20a
- 柬埔寨 6a
- 老挝 12b
- 马来西亚 14b
- 缅甸 17a
- 泰国 25a
- 文莱 4a
- 新加坡 22b
- 印度尼西亚 9b
- 越南 28a

亚历克斯·卡普里 200a,200b
亚斯敏 31b,32b
亚索纳·劳利 10a
亚洲基础设施投资银行 539a,539b
亚洲开发银行 407a,407b
严隽琪 34b,44a,49b
严贤铭 160b
杨健 528a
杨洁篪 34a,39b,41b,44b,440b,443b
杨晶 423a
姚金龙 161a,161b
叶海亚 4b,29b,233a,235a,422b,423a,426,469b
一带一路 56b,57a,57b,58a,58b,59a,59b,60a,197b,198a,214a,214b,217a,217b,219b,223b,224a,227b,230b,236a,237b,265a,330a,330b,337a,338a,339b,340b,342a,415a,415b,416a,416b,438a,443a
印度尼西亚3大水泥生产商市场份额(表) 172b
印度尼西亚对外贸易年度和月度表 492
印度尼西亚对主要贸易伙伴出口额(2015年) 492
印度尼西亚工业品外观设计代理须提交的申请文件(表) 392a
印度尼西亚贸易差额主要来源(2015年) 493
印度尼西亚前10大财产公司保费收入市场占比(表) 173a
印度尼西亚商标代理须提交的申请文件(表) 367a
印度尼西亚专利代理须提交的申请文件(表) 380b
印度尼西亚自主要贸易伙伴进口额(2015年) 493
英德罗约诺·苏西洛 10a
英拉·西那瓦 49b,104a,423a,426
永育·育塔翁 25b
尤素夫·卡拉 10a,34a
尤霍格里 6b
于红 529b
于宁宁 171a
于永波 38a
越南工业品外观设计代理须提交的申请文件(表) 398b
越南鼓励投资的区域划分(表) 326a
越南商标代理须提交的申请文件(表) 377a
越南专利代理须提交的申请文件(表) 389b

Z

政党
- 菲律宾 20b
- 柬埔寨 7a
- 老挝 13a
- 马来西亚 15b
- 缅甸 17b
- 泰国 26a
- 文莱 4b
- 新加坡 23b
- 印度尼西亚 10a
- 越南 28b

政府
- 菲律宾 20b
- 柬埔寨 7a
- 老挝 12b
- 马来西亚 15a
- 缅甸 17b
- 泰国 25b
- 文莱 4b
- 新加坡 23a
- 印度尼西亚 10a
- 越南 28b

政体
- 菲律宾 20a
- 柬埔寨 6a
- 马来西亚 14b
- 缅甸 17a
- 泰国 25b
- 印度尼西亚 9b

自然地理
- 菲律宾 19b
- 柬埔寨 5b
- 老挝 12a
- 马来西亚 14a

缅甸　17a
泰国　24b
文莱　3b
新加坡　22b
印度尼西亚　9a
越南　27b
宗教
菲律宾　20a
柬埔寨　6a
老挝　12b
马来西亚　14b
缅甸　17a
泰国　25a
文莱　4a
新加坡　22b
印度尼西亚　9b
越南　28a
中国　2a
主要城市
中国　2b
政策法规
菲律宾　297b
柬埔寨　271a
老挝　282b
马来西亚　286a
缅甸　292a
泰国　313a
文莱　267a
新加坡　304b
印度尼西亚　275a
越南　320a
专利指南
菲律宾　384b
柬埔寨　378b
老挝　381a
马来西亚　382a
缅甸　383b
泰国　387a
文莱　377b
新加坡　386a
印度尼西亚　379b
越南　388b
《中国—东盟全面经济合作框架协议》　400a,400b,402b,403a,404a
《中国—东盟全面经济合作框架协议货物贸易协议》　277a,403a
《自由贸易协定》　93b
曾培炎　422a,426
曾庆红　421b
扎赫约·库莫罗　10a
乍鲁蓬·荣素旺　26a
占蒲拉西　422a,422b,426
张慈祥　528b
张高丽　46b,405a,423a,437b
张和平　28b
张晋创　536b
张万年　38a
张永仲　422b,426
张志贤　23a,46b,426,437a,437b
赵桥梁　529b
赵鉴华　528b
郑水兴　180b,181a,181b
中国—东盟保险合作论坛　431b
中国—东盟博览会参展物主要入境口岸局(表)　536
中国—东盟电子商务峰会　428a
中国—东盟环境合作论坛　429a
中国—东盟技术转移与创新合作大会　432a
中国—东盟农资产业高峰会议　429b
中国—东盟商务与投资峰会　403b,404b,405a,443b
中国—东盟市长论坛　431a
中国—东盟文化论坛　434a
中国—东盟信息港论坛　434b
中国—东盟药品合作发展高峰论坛　433a
中国—东盟中心　543a
中国—东盟自由贸易区　162b,399a,399b,400a,400b,401a,403a,403b,404b,405a,436b
中国—东盟自由贸易区部分关税削减时间表(表)　533
中国对菲律宾进出口商品构成表(2015 年)　469
中国对柬埔寨进出口商品构成表(2015 年)　450
中国对老挝进出口商品构成表(2015 年)　458
中国对马来西亚进出口商品构成表(2015 年)　461
中国对缅甸进出口商品构成表(2015 年)　465
中国对泰国进出口商品构成表(2015 年)　476
中国对文莱进出口商品构成表(2015 年)　446
中国对文莱直接投资统计(表)　66a
中国对新加坡进出口商品构成表(2015 年)　473
中国对印度尼西亚进出口商品构成表(2015 年)　454
中国对越南进出口商品构成表(2015 年)　480
中国和东盟各国的主要港口及国际航空港(表)　533
中国和东盟各国主要通讯社、电台、电视台(表)　534
中国—马来西亚钦州产业园区　391a
中国吸收新加坡直接投资统计(表)100a
中越双边贸易统计(表)　110a
钟飞腾　205b,206a
周恩来　31b,41b
周海成　529b
周铁农　42a
祖尔基夫里·哈桑　9b
朱拉蓬　49b
朱马里·赛雅颂　12b,13a,426
朱镕基　29b,31b,39b,44a,49b,400a,402a
朱洪海　529b
邹家华　36b
佐科·维多多　10a,172a,522a,533b